JOHANNES THIELE

Das Buch ihres Lebens

BASTEI
LÜBBE

BASTEI-LÜBBE-TASCHENBUCH
Band 61426

1. Auflage September 1998

Immer sah sie die Realität als etwas Niedriges,
und nun erscheint sie uns, die so wahrhaft kaiserlich
vom Kranz auf ihrem Haupte bis zu den Füßen,
als ein großartiges Beispiel der Einsamkeit,
Macht und Freiheit.

Hugo von Hofmannsthal

Stammtafel von Kaiserin Elisabeth und Kaiser Franz Joseph I.

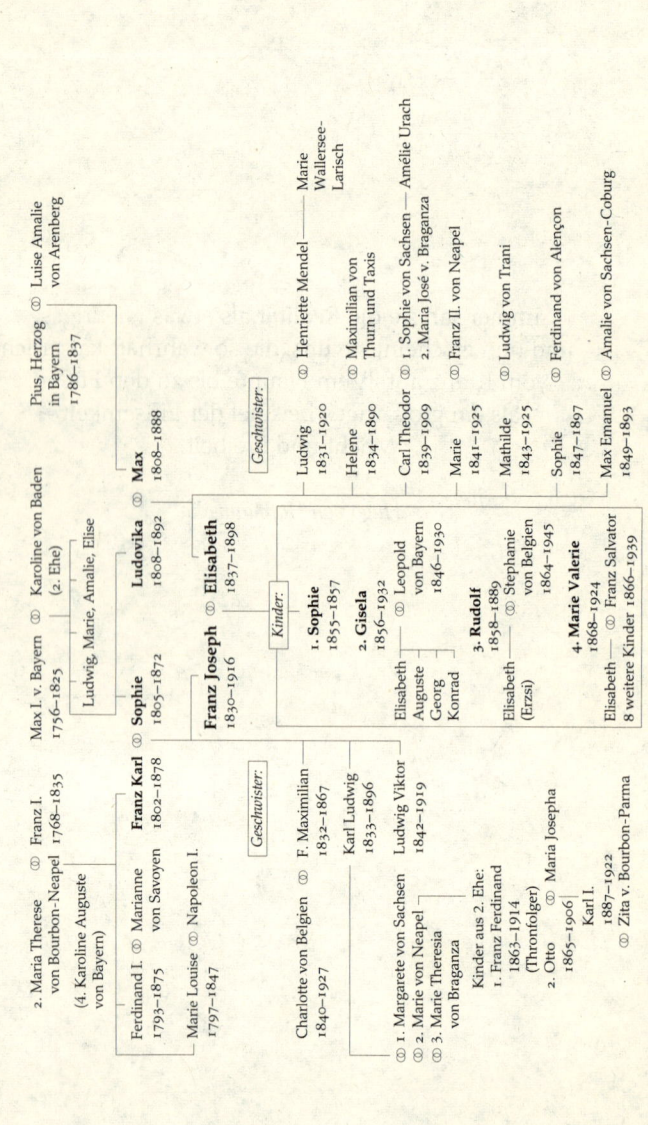

*S*ie war unbestritten eine der faszinierendsten Frauengestalten des 19. Jahrhunderts, die schönste Frau ihrer Zeit, schillernd zwischen Phantasie und Wirklichkeit. Doch kaum eine andere Figur des vergangenen Jahrhunderts lebt in der Erinnerung in einer so unauflösbaren Mischung aus Geschichte und Mythos wie Elisabeth Amalia Eugenia, 1837 in München geboren. Als blutjunge Prinzessin wird sie 1854 zur Gemahlin von Kaiser Franz Joseph von Österreich, einem der mächtigsten Herrscher Europas. Als an allen Kaiser- und Königshöfen verehrte Schönheit fasziniert sie ihre Zeitgenossen nicht zuletzt wegen ihrer ungewöhnlichen Persönlichkeit.

Sie scheint geschaffen für das Glück, und doch verläuft ihr Leben in einer unaufhörlichen Melancholie. Getrieben von ihren Obsessionen, desillusioniert und von der Welt abgesondert, fühlt sie sich unfähig, ein erfülltes Leben zu führen. Sie soll eine Märchenprinzessin sein, aber sie verweigert die ihr zugedachte Rolle, lehnt alle Konventionen ab. Sie könnte einer ganzen Epoche ihre persönliche Prägung geben, doch sie flieht aus der Öffentlichkeit, wo sie nur kann. Ihre Anonymität stilisiert sie mit der Zeit immer undurchdringlicher hinter Fächern und Schirmen, Schleiern und Kutschenfenstern. Zuletzt, nach zahlreichen Schicksalsschlägen, wird sie zur irrlichternden, ein Jahrzehnt lang in Schwarz gekleideten Frau, rastlos auf ihren Reisen über die Meere.

Ihr Leben ist der Stoff, aus dem die Träume sind, umwoben von märchenhafter Kulisse und tragischen Erfahrungen, ein Fixpunkt von magischer Anziehungskraft. Die Vielseitigkeit dieser von Natur maßlosen, aber zugleich durch die Verhältnisse zur Untätigkeit gezwungenen Frau, die sich, wie Friedrich Nietzsche, »ihre ästhetischen Traumbilder, die das Leben erträglich machen«, selbst schafft, fordert zu den unterschiedlichsten Auffassungen und Beurteilungen heraus. Aber ob man auf Elisabeth das erbarmungslose, harte Scheinwerferlicht der Psychoanalyse richtet oder sich mit überkritischen und deshalb zugleich oft halbblinden Blicken auf die verrückten Leidenschaften, Ticks und Irritabilitäten ihres Lebens stürzt, ob man dieser berückenden Ikone der Schönheit verfällt und vor ihr alle Waffen streckt oder in ihr nur einen pathologischen Fall sieht, eine allenfalls bemitleidenswerte magersüchtige Psychotikerin mit manisch-depressiven Gemütsschwankungen – es bleiben immer Fragen offen.

Fragen? Welche Fragen sollten noch ohne Antwort geblieben sein? Ist denn nicht schon alles gesagt? Sind wir nicht bereits über jedes Detail hinreichend in Kenntnis gesetzt, historisch-kritisch, psychologisch, soziologisch aufgeklärt? Haben uns nicht schon Dutzende von Untersuchungen und Veröffentlichungen alles verraten, all die zusammengetragenen Fakten und heute so modern gewordenen Unterfangen, »Mythos« und »Wirklichkeit« fein säuberlich zu trennen, obwohl sie gerade im Falle Elisabeths untrennbar zusammengehören? Ist denn noch irgend etwas unklar?

Ja. Die wichtigste Frage ist unbeantwortet geblieben – die Frage nach dem Warum. Und sie kann nicht beantwortet werden, indem man sich selbst zum historischen Scharfrichter ernennt und auspackt, »wie Elisabeth wirklich war«. Diese Frage ist begraben unter einer Lawine von biographischen Schriften und anderem bedrucktem Papier, Studien, Analysen, Artikeln, Büchern. Wir wissen genauestens Bescheid über Elisabeth, die Kaiserin von Österreich und Königin von Ungarn. Über *Sisi*. Über das verpfuschte Leben dieses naiven Hascherls, dieser hochgradigen Hysterikerin, dieser rastlosen Herumtreiberin, dieser »Kaiserin wider Willen« (Brigitte Hamann), dieser »seltsamen Frau« (Conte Corti).

Wir wissen alles. Aber auf die Frage nach dem Warum gibt es bislang kaum Antworten.

Warum nur verrauscht dieses Leben so ereignislos, in so rascher Geschwindigkeit und zugleich stillstehender Tristesse? Warum ist es Elisabeth verwehrt geblieben, die Biographie, die sie sich als blutjunge Sisi einst zurechtgelegt hatte, zu leben? Warum hat sie das Talent zum Glück, das ihr bei der Geburt zugeteilt wurde, schon mit sechzehn Jahren aufgebraucht? Warum dieser Freiheits-, dieser Unabhängigkeits-, dieser nicht zu beruhigende Bewegungsdrang schon des Mädchens, eines romantischen Wildfangs, erst recht der erwachsenen Frau? Warum diese melancholischen Rückzüge aus der Welt, diese Weigerung, älter zu werden, dieser Abbruch seelischen Wachstums, dieses durch nichts zu beschwichtigende Gefühl der Unzulänglichkeit trotz eines ästhetischen Anspruchs, der sich in der Verzauberung so vieler Menschen ja auch einlöst? Und zugleich das Gefühl der Außergewöhnlichkeit, ja der Arroganz, eines bestimmt und trotzig dahingeworfenen »Was geht mich die Welt an?«

Warum ist sie eine, ist sie *diese* Legende geworden? Und warum stimmt der furchtbare Satz, den Emile M. Cioran zwar nicht auf sie gemünzt hat, der aber gleichwohl ihr Leben in einem Atemzug zusammenfaßt: »Nie etwas vollbracht haben und dennoch erschöpft sterben«?

Warum finden wir keine Erklärung für ihre düstere Lebensphilosophie: »Lachen und Weinen sind wie Asche aus der Glut unsrer Seele, worunter sie erstickt«? Für die Stimmungsschwankungen aus heiterem und bewölktem Himmel, überhaupt für die »Verstimmung«? Dieses Leben stimmt nicht, es befindet sich mit nichts im Einklang. Es hängt wie ein hoher, dünner Ton in der Luft, ein Sirenenlaut, eine leise, nur geflüsterte Aufforderung, an ihm nicht spurlos vorüberzugehen.

Elisabeth ist schwer faßbar, vielschichtig, hochintelligent und zugleich gedankenlos. Wer sich nur auf die biographischen Daten und Fakten ihres Lebens stützt, muß feststellen, daß diese nur wenig Licht auf ihre Person werfen, erkennt in dem, was die Historiker über sie mitteilen, wie in einem blinden Spiegel bestenfalls ihre schattenhaften Umrisse. Elisabeth fordert zur Projektion geradezu heraus, sie weckt Wünsche und Sehnsüchte, sie zeigt uns die irritierenden Bilder ihrer Weiblichkeit, voll schimmernder Unschärfe und suggestivem Reiz.

Die Faszination, die Elisabeth noch immer auslöst, das Staunen, das sie hervorruft, verdankt sich zweifellos auch ihrem rigorosen und durch nichts beschwichtigten »Nein« zu den meisten an sie herangetragenen Rollen und Erwartungen. In dieser grandiosen Weigerung, ihr Sein zugunsten eines Bildes aufzugeben, in diesem unbedingten Willen, »an sich selbst festzuhalten« und dafür einen hohen Preis zu zahlen, verfängt sie sich immer mehr, setzt sie sich einem geradezu selbstmörderischen Kampf aus – bis hin zum grauenhaften Mißverständnis ihres Todes.

Den Rahmen für ihre äußere Existenz bildet bekanntlich das starre Protokoll des Wiener Hofes und der asketische und überaus arbeitsreiche Alltag ihres Mannes. Vor diesem festgelegten öffentlichen Hintergrund aber schafft sich Elisabeth ihr eigenes Reich, eine immer subjektivere und ausschweifendere Phantasiewirklichkeit: im wilden Ritt durch beschwerliches Gelände, während stürmischer Segelfahrten, bei Reisen nach Ungarn und Griechenland, im zähen, fanatischen Schönheitskult, im Aufbruch zu immer neuen psychischen Abenteuern.

Alle diese Bewegungen der Flucht und der Verweigerung müssen wir als Teil von Elisabeths Suche nach einem persönlichen Leben außerhalb der Zwänge ihrer Rolle als Kaiserin, die sie so ungern spielt, verstehen: das Ablegen der einschnürenden Kleider, das Empfinden des eigenen Körpers beim Turnen, die Lust am Reiten bei Wind und Sonne, die unverstellte und gleichzeitig gebändigte Erotik. Den offiziellen Repräsentationspflichten entkommt sie mit Bahn und Schiff an exklusive Orte; sie reist unentwegt und erklärt, das Paradies verwandle sich in die Hölle, wenn man darin bleiben müsse. Nach ihrem vierzigsten Geburtstag verbietet sie jegliche Photographie: »Wenn mich jemals die Zeit berührt«, hatte sie gesagt, »werde ich mich verschleiern, und die Leute werden von mir sprechen als von der Frau, die einst war.«

Während der Kaiser pflichtschuldig für sein Volk arbeitet, lebt Elisabeth für sich. Aber immer häufiger sieht sie sich gezwungen, ihre Wachträume zurückzunehmen. Je weiter sie sich in ihre poetische und erotische Erlebnisfähigkeit vorwagt, um so größer wird ihre Einsamkeit, um so drückender das auf ihr lastende Gefühl, völlig unverstanden zu sein. Sie erschrickt vor dieser Empfindung so, als würde alles um sie herum vereisen oder verbrennen.

Sie empfindet eine ausgesprochene Leidenschaft für die Wildheit, für alles Extreme, für alles, was vom üblichen Schicksal abweicht. Sie spürt sehr genau, daß die Gefahr des Wahnsinns in ihr ist. Sie schaut in Dunkelheiten, »an denen alle Lichtstrahlen zerfließen, die alles Licht aufsaugen und nie wieder zurückgeben«. Und sie weiß: »Es gibt in jeder irdischen Laufbahn einen Augenblick, wo die Seele stirbt; das braucht keineswegs zu der Zeit zu sein, wo man körperlich stirbt. ... Wenn der Wunsch zu leben aufhört, befindet man sich eigentlich außerhalb des Lebens.«

Ohne Wissen ihrer Zeitgenossen betätigt sich Elisabeth heimlich als Dichterin, in der Nachfolge des von ihr glühend verehrten (und am Wiener Hof verfemten) Heinrich Heine. Die vereinsamte Kaiserin benützt ihre tagebuchartigen Gedichte als Ventil für vielfältige Frustrationen und Verstörungen. Das Gefühl für die Nähe des Todes beherrscht oft Elisabeths Gedanken. Immer wieder denkt sie an das Sterben, sehnt sie es sich herbei. Ihr eigener tragischer Tod durch die Hand des Anarchisten Luigi Lucheni, der nach Genf gekommen war, um eigentlich den Herzog von Orléans zu töten, macht sie zum Opfer einer zufälligen Verkettung von Umständen, einer Tat aus sozialromantischer Motivation. Mancher Tod aber steht im Einklang mit dem Leben, das er beendet. Elisabeth, die ihr Grauen vor dem unausweichlichen Ende in keiner Qual des Lebens verliert, wünschte sich, allein zu sterben und nicht zu spät, »leicht wie der Vogel der auffliegt und im Äther verschwindet wie der aufsteigende Rauch«. Am Tag vor ihrem Tod gesteht sie: »Ich wollte, meine Seele entflöge zum Himmel durch eine ganz kleine Öffnung des Herzens.« Schließlich hat sie erleben müssen, daß all ihre Energie aufgebraucht ist und der Tod nicht nur zum Schicksalsschlag, sondern zur letzten Befreiung wird. Und so kommt ihr Ende, das sie sich heftig wünscht, für sie alles andere als überraschend.

Elisabeth ist aber auch ein Opfer des Mythos, den sie zugleich geschaffen und verachtet hat. Sie ist in der gesamten Welt sehr bewundert worden, während man ihr in Österreich mit zunehmendem Befremden begegnete. Vierzig Jahre lang hat sie ganz Europa überrascht, verblüfft, provoziert, schockiert. Sie hat sich nie verbogen, ist immer sie selbst geblieben, und darin liegt zugleich ein Fluch wie auch eine hohe Leistung ihres Charakters. Sie ist sicherlich zutiefst davon überzeugt, daß ihr das österreichische Kaiserhaus alles Unglück ihres Lebens eingetragen hat. Und doch wird vieles schon in ihrer Persönlichkeit sichtbar, was die meisten Historiker bisher nur aus Aversionen gegen den Wiener Hof zu erklären versucht haben.

Die erstaunliche Kombination von zaghafter Scheu und zugleich großer Überlegenheit, von Schüchternheit und Souveränität, das Gefühl einer gewissen exzentrischen Originalität läßt Elisabeth immer menschenscheuer werden. Nur sehr wenigen gewährt sie einen Zugang zu ihrem Leben, zu ihren Gedanken und Gefühlen; Kaiser Franz Joseph gehört nicht zu diesen Auserwählten. Eine durch nichts zu tröstende Traurigkeit wird zu ihrem Temperament, eine Melancholie, ein Gefühl für das Unglück, das sie magisch anzieht. Auch ohne die schrecklichen Erlebnisse, die Elisabeth in deprimierender Anzahl widerfahren, hätte sie diese Einstellung zum Leben gehabt, diese Disposition für die Erfahrung des Verlorenseins und der Einsamkeit: »Wenn man nicht nach seiner Art glücklich sein kann, so bleibt einem nichts übrig, als sein Leid zu lieben.« Ein ungeheuerlicher Satz.

So schafft sie sich selbst das Drama ihres Lebens, einen Mythos von unwiderstehlicher Kraft und eine Wahrheit, die erschreckend und faszinierend zugleich ist: »Wir leben am Rande eines Abgrunds von Not und Schmerz, den die Lüge der Menschen gegraben. Es ist die Kluft zwischen unserm jetzigen Zustand und dem, in welchem wir uns befinden sollten. Sowie wir sie überschreiten wollen, stürzen wir ab und zertrümmern.«

Flieg, Möwe, flieg. Elisabeths Leben ist eine einzige Anstrengung, sich mit brüchigen Flügeln über die Wirklichkeit zu erheben. Leicht und elegant wie ein Chiffontuch, seidig glänzend, zieht sie durch die Realität, nichts berührend, nichts zerbrechend, aber auch nichts beglückend. Eine filigrane Schönheit, bewußt inszeniert, ja verbissen den Widrigkeiten der Zeit abgetrotzt: »Das Gefühl der Zeit ist immer schmerzhaft, denn es gibt uns das Gefühl des Lebens.« Leicht und mühelos wirkt gleichwohl ihr Flug durch die Zeit und über alle Abgründe hinweg.

Um diesen Abgrund, um diese Gratwanderung entlang unbegriffener Gefühle und irritierender Ängste, um diese ebenso berauschende wie fieberhafte Dramatisierung eines Lebens, um den betörenden Zauber einer Vorstellung, in der ein ganzes Dasein verschwindet, weil es nicht so gelebt werden kann, wie sie es möchte und sich erträumt hat – darum geht es ihr. Darum gibt es für sie, dies die bitterste Erkenntnis, keine »Lösung« ihrer Probleme – und auch keine Erlösung.

So zeigt sich in Elisabeth ein Charakter voller faszinierender Widersprüche: rastlos und verträumt, leidenschaftlich und ermüdet, selbstquälerisch und rücksichtslos, pflichtvergessen und überbeschäftigt, gebildet und unklug, himmelhoch jauchzend und zu Tode betrübt, empfindsam und verletzend, liebevoll und abweisend, nervös und launenhaft, hochherzig und kleinlich, emanzipiert und frustriert, erregbar und gequält, angehimmelt und unbeliebt, hochgelobt und kritisiert, angestarrt und übersehen.

Es ist der Charakter Elisabeths, es sind gerade diese Widersprüche, die mich dazu verlockt haben, die Reize dieser Frau neu zu entdecken: nicht nur die aufregendste und schönste Frau des ausgehenden 19. Jahrhunderts, irritierend in ihrem Wesen, eine Ikone des Fin de Siècle, sondern eine Figur, die in ihrer ganzen psychischen Dramatik erst noch zu entdecken ist. Eine Reiterin, die ihre sprichwörtliche Zurückhaltung vergißt, wenn sie in wilden Parforceritten die Gefahr herausfordert. Eine leidenschaftliche Frau mit unbändigem Bildungshunger, sprachbegabt und poesieverliebt. Eine Romantikerin, die sich in ihrer stolzen Einsamkeit immer komplexer, tiefer und schmerzwacher erfährt. Eine Verliebte, die nicht glücklich werden kann.

Warum kann Elisabeth für uns heute interessant sein? In Zeiten grassierender Unsicherheit wirkt sie wie ein Spiegel, in dem wir die Gefährdungen unserer Epoche erkennen können. Emile M. Cioran ist deshalb beizupflichten: »Sissi ist das Sinnbild einer verdammten Welt. Sie selber war zu verfeinert, zu edel, zu – ohne Nachwelt. Eine Art Fluch lag auf ihrer Familie und fast auf der gesamten Kultur, mit der sie verbunden war. Sie ist ein Fall und ein Symbol zugleich. Deshalb kommt man an ihr nicht vorbei. Sie war als menschliche Erscheinung die anziehendste Gestalt eines Zerfalls, einer Dekadenz. Die Phantasien, Launen, Sonderbarkeiten einer Sissi konnten nur in einer solchen Periode vorkommen. Sie bildeten sozusagen den Hintergrund der hereinbrechenden Katastrophe, deren alle sich mehr oder weniger bewußt waren. Deswegen ist diese Gestalt so bedeutsam und großartig! Deswegen verstehen wir sie besser als ihre Zeitgenossen.«

Elisabeth von Österreich ist ein Kind des 19. Jahrhunderts, aber sie wirkt weit in unsere Zeit hinein. Paul Morand sagt, sie sei in das vergangene, das 19. Jahrhundert eingetreten, »als sei sie an die verkehrte Tür geraten«. Während fast alle Bücher und Filme sie als Märchenfigur der habsburgischen Doppelmonarchie schildern, erscheint sie uns heute zugleich als »Naturkind« und als ganz moderne, als übernervöse Frau, die sich ihre traumhafte Schönheit durch alle nur denkbaren Torturen zu erhalten sucht: Geradezu verbissen achtet sie auf ihre knapp fünfzig Kilo Gewicht und ihre Taillenweite von 45 Zentimetern.

»Eine tragische Wanderung vom Sein in kindlicher Unbekümmertheit über Bild, Maske und Rollenanspruch als Kaiserin, zum Sein in der stolzen Einsamkeit einer ihre Persönlichkeit immer dichter und tiefer werden lassenden Leidfähigkeit. Elisabeth, unsere Schmerzen auf einer möglichen, ähnlichen Wanderung vorerfahrend, und so unser Spiegel und unser Modell« (Peter Gathmann).

Vor diesem Hintergrund überrascht das Urteil der »Frankfurter Allgemeinen Zeitung« nicht: »Unnahbar und fesselnd, Weib und Melusine zugleich, narzißtisch über ihren Körper wachend, öffentlichen Ehrungen abhold, nicht aber dem Luxus, frei in ihrem Urteil, doch Sklavin ihrer Melancholien, könnte Elisabeth von Österreich dem neu erwachten weiblichen Selbstbewußtsein geradezu als Kultfigur dienen.«

Wie hinreißend aber auch immer Elisabeths Aussehen gewesen sein mag, mich interessieren mehr die psychischen Verletzungen, die das Leben ihr einträgt: ihre Verwundbarkeit, ihre Sehnsüchte und Wünsche, ihre Anfälligkeit für das tragische Verhängnis und für eine nicht zu stillende Trauer. Es wurde bereits angedeutet, daß Elisabeth ständig einen Fächer, einen geöffneten Schirm vor ihr Gesicht hält, um sich den Blicken der Menschen zu entziehen. Sie hat instinktiv gespürt, daß sie sich zurückziehen muß, um überhaupt noch einen Rest eigenen Lebens für sich zu reservieren. Elisabeth verbirgt sich und zahlt einen hohen Preis für ihr Verschwinden. Zurück läßt sie ein irritierend schillerndes Kaleidoskop von Traum und Klischee, Mythos und Imagination.

»Jetzt ist uns ihre Existenz schon fast etwas Unwirkliches, ihre Gestalt schwebend wie die Gestalten eines Traumes, und auf ihr Schicksal blicken wir kaum noch wie auf ein gelebtes Dasein, sondern wie auf eine Dichtung«, schreibt Felix Salten, Poet der Belle Époque, in einem Nachruf. Seither ist Elisabeth vor allem ein Objekt der Ästhetisierung, eine Kunstfigur, eine Roman-, Operetten-, Film- und neuerdings Musicalheldin. Aber was lebt hinter der Bühne des inszenierten Lebens dieser Frau, die sich ständig der öffentlichen Phantasie ausgesetzt sieht? Was hat Elisabeth wirklich gefühlt, erlitten, beweint und geträumt?

Wer Elisabeth verstehen will, muß sie hinter ihrem Schleier sehen, hinter der Fassade, die ihr Erschrecken verdeckt und ihr Leiden an der Vulgarität der Welt verbirgt. Zustände irritierender Schwäche, undefinierbare Erregungen, grundlose Ängste machen ihre Psyche anfällig für die subtilsten Erschütterungen, aus denen sie zeit ihres Lebens nie einen Ausweg findet. Ist es nicht ihr Lebenssinn, jeglicher Pflicht auszuweichen, um »She« zu sein, sie selbst, unberührbar und wie ein ferner Komet ihre Bahn ziehend? Alle Ansprüche abzuweisen, ihre Versponnenheiten auszuleben? Elisabeth flüchtet, sie reist, sie entzieht sich der auf sie einstürmenden Realität. Niemand ruft sie mehr zur Ordnung. Keiner hat einen nennenswerten Einfluß auf sie. Alle haben sich damit abgefunden, daß sie ihren Schatten nachjagt, die immer länger und dunkler werden. Sie ist auf eine furchtbar deprimierende Weise allein gelassen, weil sie sich selbst treu bleibt, ihrem kleinen, verwundeten und doch so stolzen Selbst.

Wir mögen noch immer beeindruckt sein von Elisabeths zerbrechlicher Anmut, aber unser Interesse bleibt vordergründig, solange wir nicht auch die Tragik dieser Frau wahrnehmen, die Vergötterung der Einsamkeit, den Fluch der Selbstverwirklichung und die Flucht in das eigene Innere als letztes Refugium der Seele, die Schönheit sucht.

Sich auf die Welt der Biographien einzulassen, ist ein ebenso faszinierendes wie niederschmetterndes Unterfangen. Die erste Hürde bildet eine furchtbare Gewißheit: Ein Verfasser von Biographien sollte wissen, daß es auf dasselbe hinausläuft, ob man das Leben eines Menschen nacherzählt oder völlig neu erfindet. Einzig streng chronologisch geordnete Fakten bleiben von diesem zermürbenden Dilemma unberührt.

Die zweite Hürde liegt in der Schwierigkeit, die Fakten sicherzustellen. In den meisten Fällen bleibt den Biographen nichts anderes übrig, als auf bereits vorhandene Biographien zurückzugreifen, was dem Eingeständnis eigenen Unvermögens gleichkommt. Damit wollte ich mich nicht zufriedengeben, obwohl mir geradezu schmerzlich bewußt ist, wieviel auch diese Biographie ihren Vorgängern verdankt, an Wissen und an Einsichten. In diesem Fall gehen die Ergebnisse eigener Forschung während eines Jahrzehnts und die Daten, Fakten, Schilderungen, Beschreibungen, die ich der Literatur entnommen habe, eine hoffentlich nicht ganz mißglückte Verbindung ein. Als Quelle zu den Kapiteln, die das enge Verhältnis der Kaiserin zu Korfu behandeln, konnte ich – mit freundlicher Genehmigung von Robert Holzschuh – dessen Buch »Die letzte Griechin« verwenden.

Doch dazu soll die Farbe kommen, das Gespür fürs Erzählerische, die mäandernde Bewegung auf das Ziel, Elisabeth nahezukommen und zugleich die notwendige Distanz zu ihr einzuhalten. Mir liegt – auch im Vergleich zu den bereits erschienenen Büchern über Elisabeth – sehr viel daran, historische Präzision mit einem gewissen narrativen Schwung, auch mit der Schilde-

rung von Atmosphäre und etwas so wenig Faßbarem wie Stimmung, Fluidum, Ambiente zu verknüpfen. Sicherlich ist deshalb
das, was Sie in Händen halten, keine im streng wissenschaftlichen Sinn historisch-kritische Biographie, als vielmehr eine
magische Falle. Es soll ein Bild von Elisabeth entstehen, das
wirklich an ein tieferes Verstehen ihrer Persönlichkeit heran-
führt, das auch ihre Zeit ebenso lebendig werden läßt wie die
Personen, die mit ihr zusammenleben und auf sie »abfärben«.
Also nicht ein grundloses Sich-Verlieren in die oft so öde kritische Faktenhuberei, vor allem auch nicht das prätentiöse Vorhaben einer »Enthüllung« oder das Ausspielen der sogenannten »Wahrheit« gegen den »Mythos«. Noch immer gilt ein Satz,
den eine Hofdame, Landgräfin Therese von Fürstenberg, gesagt
hat: »Wie sie wirklich war und was an ihr so anziehend und
bezaubernd wirkte, das kann kein Meißel und kein Pinsel wiedergeben, das war nur ihr eigen. Sie wird in der Legende fort-
leben, nicht in der Geschichte.«

Dieses Buch ist, wie jedes Werk, nur ein schwacher Ersatz für
versäumte Grazie im Leben. Und trotz des Umfangs nur ein
Essay, ein Versuch, die »innere Biographie« Elisabeths zu zeichnen, ihrer Mentalität und ihren Gefühlen auf die Spur zu kommen, sie im Spiegel ihrer seelischen Entwicklung zu zeigen.
Fangen wir an mit den Lebenszeichen. Diese schönen Augenblicke nachts, wenn alle Anstrengungen vergangener Zeiten
geringfügig und unbedeutend erscheinen, aber man den
Anfang einer Geschichte findet, nach dem man lange gesucht
hat, einer unvergeßbaren Geschichte voller Erinnerungen.

*V*om Meer her steigt unvermittelt der Küstenhang auf, bedeckt mit Ölbäumen, aus denen sich schwarz und kerzengerade einige Zypressen erheben. Weiß leuchtet auf der Höhe über den Laubwellen von Silber und Schwarzgrün das Schloß. Marmorn schimmern die Treppen, die über die Terrassen emporführen. Gleich auf der ersten Terrasse ruht in halbliegender Stellung der Held, der dem Schloß den Namen gab: der sterbende Achilles. Sie bewundert ihn, er ist schnellfüßig wie sie, dazu stark und trotzig, hat alle Könige und Traditionen verachtet. Er hat nur seinen eigenen Willen heilig gehalten und nur für seine Träume gelebt. Seine Trauer war ihm wichtiger als das ganze Leben, geht ihr durch den Sinn.

Ein schwaches Lächeln zeichnet sich auf den blassen, schönen Lippen ab.

Sie schreitet auf dem glatten Marmor voran, schwebt über die spiegelglatte Fläche. Ihre Füße spüren den eiskalten Stein. Im Saal fangen sich die ersten Morgenlichter, zaubern einen irisierenden Glanz. Ein schwarzes Tüllkleid umhüllt sie, der Hals ist eingerahmt von einem kostbaren Spitzenkragen. Sie hat Lust zu tanzen, streckt ihre Arme aus. Und umsprüht von Licht, wirbelt sie ein paar Schritte.

Sie liebt diese Morgenstimmungen in ihrem Schloß. Korfu, das ist ihre Insel. Und sie liebt die Wehmut, die durch ihre Brust zieht wie ein leichter, schmerzender Schnitt. Ein paar rasche, federnde Schritte über die Terrasse. Unter ihr rauscht das grüne Meer. Das Frühlicht durchdringt den Dunst über dem Wasser, dessen weite Fläche sich sacht kräuselt. Sie steht an der Böschung, an einem Felsen, weit nach vorn geneigt. Sie lauscht auf die Stimme, ganz in der Ferne, verloren im Ozean. Über die Zeit hinweg, diese ewig lange, verfluchte, unendliche Zeit, durchströmt sie plötzlich eine Erinnerung, in der sie sich verliert. Schien ihr damals nicht alles möglich zu sein? War es nicht ein Traum, den sie nie, niemals verraten wollte? Sie ist ihm treu geblieben, aber sie hat den Preis bezahlt, den man für alle Träume entrichten muß, von denen man sich nicht lösen kann und will. Über vierzig Jahre hat der Wind zurückgelegt, den sie jetzt an ihrer Wange spürt.

Die Erinnerung. Der Mädchentraum. Ein Morgen in den bayerischen Bergen. Vierzehn Jahre war sie damals. Sie hatte sich eine Begegnung erhofft, als sie am Abend in ihrem kühlen Bett lag. Mit wem oder womit, sie weiß es nicht genau. Aber etwas wartet auf sie dort draußen, in dieser Wildbahn, auf ihrem Weg. Alles ist dort immer so voller Stimmen, voller Lichter und Geheimnisse. Sie liegt mit wachen Augen in der hellen Stille. Sie hat den Schlaf verlacht, heute nacht, mein lieber Bettgefährte, will ich dich nicht.

Sie liebt die weißen, klaren Frühmorgenstunden. Die Familie schläft noch. Sie hält es nicht mehr aus, fährt jäh auf, springt aus dem Bett. Sie schlüpft in den Unterrock, das Kleid, die Strümpfe, eilt mit den Schuhen in der Hand die Treppe hinunter in die Küche.

Dort sitzt sie und genießt die Einsamkeit, die Stunden außerhalb der Familie, die sie ganz allein für sich hat, die Stille, das Ticken der Uhr, die Dinge, die zu ihr zu sprechen scheinen. Morgendämmerung. Die Nebel lichten sich. Gleich wird sie hinausgehen.

Der große Weg. Wird sie den großen Weg gehen? Sie zuckt die Schultern. Ach was, schließlich gehört ihr dieser Morgen. Sie kann gehen, wann und wohin es ihr gefällt, wer will es ihr verbieten. Die Gouvernanten werden zanken, aber die Mutter wird kein Wort sagen. Doch, manchmal schimpft sie. Aber was hat sie schon zu befürchten? Sie geht immer allein hinaus.

Nur der Vater kann verstehen, was sie empfindet. Aber auch er wird nicht in alle Geheimnisse eingeweiht. Der Vater! Sein Lächeln, seine ungestüme Zärtlichkeit. Sie hat das Gefühl, daß er sie versteht.

Sie schließt das Tor hinter sich. Mit raschen Schritten geht sie über die Felder, kommt an den Waldrand. Jetzt beginnt sie zu laufen. Die Steine scheinen vor ihr zurückzuweichen. Mit der ganzen Energie ihrer vierzehn Jahre schwingt sie sich auf, bezwingt den unter ihr davonhuschenden Boden. Sie kommt schnell voran, wie immer, mit ihrer fast mutwilligen Kraft.

In der Ferne hört sie Stimmen. Sucht man nach ihr? Ach was, das kann ja nicht sein. Sie lacht. Ein heftiges Lachen, sie vertreibt damit den Anflug von Schuldbewußtsein, der sich in ihr Herz schleichen will. Sie hat nichts gegen die anderen, sie will nur allein sein. Allein, allein, ist das denn so schwer zu verstehen? Sie will weiter in das Dickicht des Waldes, wo es undurchdringlich wird, geheimnisvoll, in den völlig ungestörten Raum der schwebenden Luft und der aromatischen Düfte. Sie will als einzige dem Wind entgegen, allein den Steinen begegnen, die Bäume begrüßen, ihre Freunde.

Unermüdlich klettert sie den schwindelerregend steilen Hang empor. Der Wind wird stärker, eine frische Brise kommt auf, bauscht ihr Kleid. Sie fröstelt ein wenig, aber nicht sehr. Hinter den Bergen ballt sich ein Gewitter zusammen, die Erde ist bitter und dampft. Sie verspürt ein unermeßliches Verlangen nach Freiheit, den Wunsch, rückhaltlos und anstößig zu sein. Mitten im Laufen stöhnt sie, keucht sie, schreit sie. Sie will als erste dort oben sein, auf dem Gipfel der Anhöhe, die sie mit raschen, sicheren Schritten erklimmt. Wie sie es liebt, so zu laufen, so ungestüm, so leichtfüßig, so uneinholbar.

Sie hört nur den Wind und ihre eigenen hastigen Schritte, das Knistern der Fichtennadeln unter ihren Füßen. Zum Glück gibt es diesen Wald, diesen Schutz, die große leuchtende Erde. Und die Steine. Und die Bäume, sie spricht mit den Bäumen, sie scheint einen jeden zu kennen und manchen auch zu lieben. Die Bäume, sie haben Jahrhunderte überlebt, sie scheinen sogar die Zukunft zu kennen. Sie antworten ihr, wenn sie ihnen Fragen stellt, Fragen, die aus ihrem kleinen verschlossenen Herzen hochsteigen, in das sie niemand einen Blick hineinwerfen läßt.

Sie beeilt sich, jetzt rennt sie noch schneller, achtet nicht mehr auf die Bäume, fliegt über die Steine hinweg. Ihre Füße fühlen den moosigen Boden, der federnd unter ihr nachgibt.

Manchmal zählt sie jeden Tag, jede Stunde, jede Minute. Sie will dem Leben nichts schenken. Manchmal, wenn der Mond über dem Schloß steht, atmet sie den Geruch der Erde. Ein Duft, der sie berauscht. Manchmal möchte sie für immer davonlaufen. Obwohl sie dieses Land so liebt, diese Berge, diesen See, der sich im Morgendunst silbern schimmernd vor ihr ausdehnt. Von dort oben wird sie alles ganz winzig klein sehen, das winzige Schloß, den Rosenweg zum kleinen See, kaum so groß wie eine Pfütze.

Sie steigt immer höher. Es fängt an zu regnen, die ersten Tropfen fallen, doch sie spürt sie nicht, noch bietet der Wald ihr Schutz. Der violette Himmel aufgerissen, sie sieht ihn durch die Baumwipfel dunkel leuchten. Ein Morgengewitter, wie ungewöhnlich.

Sie läßt alles zurück. Der Weg wird rutschiger, sie achtet nicht darauf. Sie folgt einem Ruf. Ihre Füße finden kaum Halt auf dem Boden. Die Bäume helfen ihr, strecken ihr die Äste und Zweige entgegen, die rissigen, dunkelrindigen Freunde.

Hier macht sie eine flinke Drehung, dort schlüpft sie unter dem alten Baum durch, da klettert sie über ein Gewirr ineinander verschlungener Wurzeln. Der Wind braust jetzt böse, wirbelt Blätter, kleine Zweige auf. Plötzlich kommt sie sich ganz zart und zerbrechlich vor. Dann ist sie oben. Sie hat den Gipfel erreicht.

Elisabeth geht bis an den äußersten Rand der Felswand, von wo aus sie bis hinab ins Tal blicken kann. Sie überschaut das ganze sturmdurchtobte Land, es gehört ihr. Sie schweigt, sie lauscht dem Wind, den tanzenden Bäumen unter ihr. Dann endlich rauscht es auf sie herab. Sie hält das Gesicht in den Regen. Ein Lächeln stiehlt sich in ihre Mundwinkel, als sie spürt, wie ihre Brüste sich unter der Nässe zu spannen beginnen.

Das also ist sie, die Liebe.

Ein Jahr geht zu Ende, in dem Victoria als Königin den englischen Thron besteigt und eine der am längsten andauernden Regentschaften der Geschichte antritt, eine Rekordzeit, die nur noch von Kaiser Franz Joseph I. übertroffen werden wird. In Österreich hat kurz zuvor Kaiser Ferdinand I., eine schwache, aber sympathische Persönlichkeit, die Regierung übernommen, die in den Stürmen der Revolution von 1848 abtreten wird.

In Bayern herrscht König Ludwig I. Das Adelshaus der Wittelsbacher gehört zu den ältesten Fürstenfamilien des Abendlandes, vielleicht ist sie sogar die älteste. Seit dem 12. Jahrhundert ist sie an der Macht, 1918 wird Ludwig III. als letzter König die Krone niederlegen.

Das Haus Wittelsbach besteht aus zwei souveränen Zweigen: dem Zweig der Herzöge von Bayern und dem der Kurfürsten von der Pfalz, die in Heidelberg und Mannheim residieren. Erst gegen Ende des 18. Jahrhunderts, nach fünf Jahrhunderten des Getrenntseins, werden Bayern und die Pfalz miteinander verbunden.

Neben diesen beiden spielt ein jüngerer Zweig, eine Nebenlinie, die auf den Pfalzgrafen Johann Karl (1638–1704) zurückgeht, eine bescheidene Rolle. Als 1799 Maximilian Joseph Herzog wird, gesteht er diesen Wittelsbachern ebenfalls den Titel Herzog zu, doch heißen sie Herzöge *in* Bayern – im Unterschied zu den Herzögen *von* Bayern des älteren Zweiges. König Ludwig I. erkennt ihnen 1845 den Rang von Königlichen Hoheiten zu. Was sie jedoch wirklich der Vergessenheit entrissen hat, ist das Schicksal einiger ihrer Töchter. Vor allem das von Elisabeth, Herzogin in Bayern, Kaiserin von Österreich, Königin von Ungarn. *Sisi.*

Am Abend vor Weihnachten, 24. Dezember 1837, kurz vor elf Uhr. In dieser Christnacht wird man noch lange Licht in den

Herzogin Louise (Ludovika) mit ihren drei ältesten Kindern
Ludwig (* 1831), Helene (* 1834)
und – in der Wiege – Elisabeth (* 1837).

Fenstern des herzoglichen Palais an der Ludwigstraße in München sehen. Vorsichtig wiegt die junge Mutter ihr neugeborenes Kind im Arm. Ungewöhnlich, daß es schon einen Zahn im Mund hat, was in Bayern als besonderes Glückszeichen gilt. Ein Weihnachtsgeschenk ist dieses Kind. Ein Sonntagskind. Ein Glückskind.

Die Geburt in fürstlichen Kreisen ist kein privates Ereignis. Kaum hat die Kleine das Licht der Welt erblickt, werden nach höfischem Zeremoniell die Türen zum weißen Boudoir der Herzogin Louise in Bayern, genannt Ludovika, weit geöffnet. Zeugen werden hereingerufen, bald füllt sich das Zimmer mit freudig gestimmten Damen und Herren des Hofes, die Hebamme Weichselbaumer hält die soeben entbundene Prinzessin hoch, Bewunderung, Beifall.

Das Mädchen erhält den Namen Elisabeth Amalie Eugenie zu Ehren einer Schwester Herzogin Louises, Elise, die Gemahlin des späteren Königs Friedrich Wilhelm IV. von Preußen.

Die »Urkunde über die Entbindung Ihrer Königlichen Hoheit der Prinzessin Louise von Bayern, Gemahlin Seiner Hoheit des Herrn Herzogs Maximilian in Bayern von einer Herzogin ... Geschehen zu München in dem Palais Seiner Hoheit des Herrn Herzogs in der Ludwigsstraße« stellt fest: »Die neugeborene Herzogin ist ... zur Welt gekommen am 24ten December Eintausend achthundert sieben und dreyßig um 10 Uhr, 43 Minuten Abends.«

Die Tochter wird am 26. Dezember um zwölf Uhr mittags getauft, Taufpatin ist Auguste Amalie Herzogin von Leuchtenberg.

*S*chon als Kind hat man Prinzessin Louise für die Ehe mit ihrem Cousin Max bestimmt, der wie sie 1808 geboren ist. Es ist eine völlig konventionelle Verbindung und natürlich weit davon entfernt, glücklich zu sein. Ludovika, eine »junonische Schönheit«, kann sich kaum einen Mann vorstellen, der weniger zu ihr paßt, als Max. Und auch der heiratet seine Cousine, die Tochter des Königs Maximilian Joseph I. von Bayern aus seiner zweiten Ehe mit Karoline von Baden, keineswegs aus Neigung.

Herzog Max liebt die Ungebundenheit auch in der Liebe. Er hat seine ersten sexuellen Erfahrungen schon früh gesammelt, vielleicht in den Armen routinierter Huren, die an den meisten Fürstenhöfen dazu ausgewählt werden, jungen Aristokraten beizubringen, eine Frau zu nehmen. Während in der Erziehung junger Mädchen Gespräche über Sexualität völlig tabu sind. Ludovika geht ganz unerfahren in die Ehe, nicht einmal die Lektüre harmloser, schwärmerischer Liebesromane ist am bayerischen Hof des 19. Jahrhunderts erlaubt.

Max hat überhaupt nicht heiraten wollen, wenn die Königstochter auch eine glänzende Partie darstellt. Und Ludovika hatte eigentlich von einer Hochzeit mit dem Prinzen Miguel von Braganza geträumt, der später König von Portugal wird. Doch die Wittelsbacher Familie entscheidet anders und bringt diese beiden Menschen, die sich nichts zu sagen haben, für immer zusammen.

Die Hochzeit am 9. September 1828 ist daher nicht gerade ein Fest von heiterem Überschwang. Für beide muß die Hochzeitsnacht ein Schlüsselerlebnis gewesen sein: Die unerfahrene, sensible Herzogin erlebt sie als einen Alptraum, empfindet die von Max ausgeübte eheliche Pflicht wohl wie eine Vergewaltigung. Und der Herzog kann für die ängstlich verkrampfte Ludovika nur wenig Verständnis aufgebracht haben. Rücksicht und Zärtlichkeit gehören nicht zu seinen Tugenden. Und so wird das sexuelle Leben in dieser Ehe kaum jemals mehr als bloße Pflichterfüllung sein, um Nachkommen zu zeugen.

»Die Ehe der beiden war vom ersten Tag an unglücklich«, befindet kurz und knapp die Historikerin Brigitte Hamann. Wenn auch keine Liebe zwischen den beiden ist, sie gewöhnen sich doch aneinander, arrangieren sich trotz häufiger Reibereien. Am 21. Juni 1831 wird Ludwig, der erste Sohn, geboren. Danach packt Herzog Max wie so oft die Reiselust, er zieht mit seiner jungen Frau in der Schweiz und in Italien umher. Materielle Sorgen hat er nicht. Die Nebenlinie, bislang ohne Besitz, kommt durch die Verbindung mit dem königlichen Haus zu

Die Eltern Elisabeths:
Herzog Maximilian (links) und Herzogin Ludovika (rechts).

einigem Wohlstand, beinahe Reichtum. München erlebt in diesen Jahren einen ungewöhnlichen Bauboom, von dem auch die junge herzogliche Familie profitiert. Theater und Museen entstehen, Obelisken und Brunnen, repräsentative Bauten. Neben dem Englischen Garten wird ein breiter Prachtboulevard angelegt, wie Perlen aneinandergereihte Palais schmücken die Ludwigstraße. Eines dieser Palais erhält Max für sich und seine Familie von seinem Schwager, dem König, geschenkt.

Im Jahr 1834 kauft Max nach seiner Rückkehr für die Familie das achtundzwanzig Kilometer von München entfernte Schloß Possenhofen am Westufer des Starnberger Sees. Die erste Tochter Helene, genannt Néné, kommt am 4. April 1834 zur Welt. Doch daß die Familie nun rasch wächst, ist kein Zeichen gegenseitiger Zuneigung der Eheleute, sondern allein auf die häufige Verrichtung dynastischer Übungen zurückzuführen.

*L*udovika, ehrgeizig und manchmal sogar ein bißchen engherzig, hat eigentlich, als jüngste Königstocher, »unter ihrem Stand« geheiratet. Diese »Mißheirat«, dieses Gefühl, »unter Wert verkauft« worden zu sein, wiegt in ihren Augen besonders schwer und läßt ihr keine Ruhe. Wenn sie dagegen die Ehen betrachtet, die ihre Schwestern geschlossen haben! Karoline Auguste, Kaiserin von Österreich und Witwe des Kaisers Franz I. (gestorben 1835) ist zwar nur ihre Halbschwester aus der ersten Ehe ihres Vaters. Aber ihre Schwester Elisabeth hat den König Friedrich Wilhelm IV. von Preußen geheiratet, und Marie, die zweite Schwester, ist die Gemahlin des späteren Königs Johann von Sachsen, geistreicher Verfasser einer bekannten Dante-Übersetzung. Dann ist da noch Sophie, vermählt mit dem österreichischen Erzherzog Franz Karl, dem Bruder des Kaisers Ferdinand I. Sie wird ihren ältesten Sohn, Franz Joseph, wahrscheinlich einmal auf dem österreichischen Kaiserthron sehen. Die vierte der Schwestern, Amalie, heiratet König Friedrich August II. von Sachsen. Alles glänzende Partien...

Nur sie selber, Ludovika, die Jüngste, mußte sich bescheiden.

Sie fühlt Verbitterung darüber, daß sie als einzige der Töchter Maximilians nicht in ein Königshaus geheiratet hat. Wie demütigend, als bloße »Herzogin in Bayern« in München bleiben zu müssen, mit diesem merkwürdigen Titel ohne offizielle Repräsentation. Was ist schon ein Herzog in Bayern, noch dazu einer wie ihr Mann, der überhaupt keinen Wert auf irgendeine politische, militärische oder diplomatische Karriere legt? Schon mit zwanzig Jahren sieht sie ihr Leben zerrinnen, Groll sammelt sich, und unterdrückte Wut. Es gibt die hübsche Anekdote, sie habe schon in einer der ersten Nächte ihrem Zorn freien Lauf gelassen und ihren Bräutigam kurzerhand in einen Schrank gesperrt.

Im Laufe der Jahre wird aus dem stolzen Mädchen voller Ambitionen und Träume eine pflichtbewußte, resignierte, ein wenig langweilige Ehefrau und Mutter, ernüchtert und enttäuscht in ihrem Ehrgeiz. All dies zusammengenommen, fühlt sich Ludovika vom Schicksal außerordentlich benachteiligt. Diese Empfindung kristallisiert sich zu einem Ausspruch, den sie ihrem Mann häufig an den Kopf wirft: »Wir hätten uns nie heiraten sollen.«

Max und Ludovika gehören auch innerlich zwei ganz verschiedenen Welten an. Sie passen tatsächlich in keiner Weise zusammen. Die Herzogin wiederum besitzt nicht die Fähigkeit, ihren rastlosen Mann ans Heim zu fesseln, sie hat es auch rasch aufgegeben, Max erziehen zu wollen und aus ihm einen treuen Ehemann und familienbewußten Vater zu machen. Sie läßt ihn klugerweise gewähren. So gehen ihre Wege auseinander.

Ludovika wird oft als phantasielose, beschränkte, humorlose Frau dargestellt, gefangen in höfischen Traditionen. Mit ihrem Hang zu kategorischen Urteilen wirkt sie manchmal wie ein schwächeres Abbild ihrer energischen Schwester Sophie in Wien, nur nicht von so feuriger Orthodoxie erfüllt, eher mit einem in gewissen Dingen peniblen Gefühl für Anstand und Schicklichkeit. Doch so demütig und unterwürfig, wie sie ihrer Schwester begegnet, so groß ihre heimliche Angst vor dem Wiener Hof auch sein mag, Ludovika ist doch eher eine Frau mit legeren Ansichten, liberal eingestellt, nicht übermäßig religiös, schon gar nicht bigott wie die strenge Katholikin Sophie – halt »a bißl angeprotestantlt« und »verbauert«, wie sie sagt. Sie lebt für ihre Kinder, schafft eine familiäre Atmosphäre, darüber hinaus hat sie nur wenige Interessen. Sie sammelt Uhren, beschäftigt sich ein bißchen mit Geographie, damit sind ihre Leidenschaften auch schon alle genannt. Ihr Dasein bleibt unbefriedigt, und sie leidet nicht wenig unter der Langeweile und dem eintönigen Gefühlsleben, auch in der Sexualität frustriert von zahllosen Ängsten und depressiven Hemmungen. Ihre Schönheit verblüht, sie wirkt bald verhärmt.

Die Kinder wachsen frei und unbekümmert auf. Doch Ludovika ist bei aller Offenheit bisweilen ein wenig pedantisch. Eine ihrer Erziehungsmaximen lautet: »Surtout ne pas monter l'imagination.« Und den Spruch »Il faut que les princesses apprennent à s'ennuyer avec grâce« hören die Kinder oft von ihr. Der Herzog verweigert jedoch entschieden, sich zu langweilen, weder mit Anmut noch auf andere Weise. Er fühlt sich von der labilen psychischen Veranlagung seiner schwierigen Frau irritiert, empfindet ihre nur widerwillig ertragene Hingabe als Zumutung, ja sogar als Affront. Ludovika beklagt oft seine fehlende menschliche Wärme, sieht sich mit ihren emotionalen Problemen völlig allein gelassen. Keiner der beiden fühlt sich in der Lage, die verfahrene Situation zu ändern und für den Ehepartner etwas anderes als Mißachtung aufzubringen.

Wenn ihre Ehe auch eine Konvenienzehe ist, so läßt sie es immerhin an Fruchtbarkeit nicht fehlen. Aber auch die fünf Töchter und die drei Söhne, die dieser Ehe entstammen, vermögen die Eltern einander nicht näherzubringen. Sie werden in den Jahren zwischen 1831 und 1849 geboren, so daß also fast auf jedes zweite Jahr eine Geburt fällt.

Ludovika sucht Rückhalt und Trost in dieser stetig wachsenden Kinderschar, doch fällt es ihr nicht leicht, mit den wilden Rangen fertig zu werden. Jedes zeigt auf seine Art ganz originelle Anlagen, auch einen Hang zur Widersprüchlichkeit. Es scheint sogar, als würde etwas von dem Zwiespalt der Eltern den Kindern von vornherein auf den Lebensweg mitgegeben: Es sind fast alle scharf umrissene Charaktere, überdurchschnitt-

lich begabt, aber auch von hoher seelischer Komplexität. Und
für keines der acht Kinder gilt dies in höherem Maße als für Elisabeth, den dritten Sproß.

Glücklicherweise fällt auf die Kinder kaum ein Schatten des
unharmonischen Zusammenlebens der Eltern. Herzog Max
unterstützt sie noch in ihren Eigenarten, er besitzt die Gabe, mit
seiner aufgeräumten Fröhlichkeit manche Abgründe zu überbrücken, sei es auch oft nur nach außen hin. Ludovika, in höfischer Tradition zum Gehorsam gegen den angetrauten Mann
erzogen, gibt sich schließlich mit dem Leben, das man für sie
bestimmt hat, auf ihre Weise zufrieden. Sie ist nicht sentimen-
tal veranlagt, eher eine praktisch-handfeste Natur. Mit Nachsicht, manchmal mit Unverständnis, immer aber mit Liebe
blickt sie auf ihre Kinder: Wie sie spielen und lachen, wie sie
manchmal verschlossen sind und überempfindlich, dann wieder tatendurstig, mal scheu, wenn sie Fremden begegnen, und
übermütig laut, wenn sie unter sich sind. Leicht kommen ihnen
die Tränen, bockig und zornig reagieren sie auf allzu ambitio-
nierte mütterliche Erziehungsmaßnahmen, für die sie ein feines
Gespür entwickeln, doch bald lachen sie wieder und sind zu
munteren Streichen aufgelegt. Sie sind einfach anstrengend
und nicht zu bändigen.

*D*er Vater. Über ihn müssen wir mehr erfahren, denn er wird
für Elisabeths Entwicklung bestimmend sein.

Schon vier Wochen nach Sisis Geburt zieht es den reiselusti-
gen Herzog Max wieder in die Ferne. Er verläßt Haus, Hof und
Familie und unternimmt eine große Fahrt in den Orient. Sein
Buch »Wanderungen nach dem Orient«, 1839 in München
erschienen, enthält die Beschreibung dieser ausgedehnten Reise in die Türkei, nach Ägypten und Nubien. Es ist nicht ohne
literarischen Wert, läßt eine gewisse erzählerisch-feuilletonisti-
sche Begabung erkennen. Max schwärmt für die Literatur.
Schon mit fünfzehn Jahren hat er ein kleines Drama in einem
Akt verfaßt. Auch Gedichte schreibt er, mit Anklängen an den

von ihm glühend verehrten Heinrich Heine, jedoch ohne besondere herausragende poetische Qualitäten. Unter dem Pseudonym »Phantasus« veröffentlicht er Novellen und Gedichte, bietet er Zeitungen Artikel und Berichte an. Neben phantastischen und abenteuerlichen Stoffen, die ihn faszinieren, übt er sich auch in den kleinen Formen, in Dialektversen, Liedern, Reimen, »Gstanzln«, wie man in Bayern sagt.

Da Sisis Familie nur einer Nebenlinie der bayerischen Könige angehört, ist sie vom höfischen Zeremoniell und auch von politischen Zwängen befreit. Mit einer jährlichen Apanage von zweihundertfünfzigtausend Gulden läßt sich ohne Pflichten hervorragend leben. Natürlich begeben sich Max und seine Familie ab und zu an den Münchner Königshof, doch im großen und ganzen schenkt man ihnen dort wenig Aufmerksamkeit. Der Herzog ist darüber nicht böse.

So werden auch Sisis Kinderjahre und die ihrer schließlich sieben Geschwister in keiner Weise durch höfische Vorschriften belastet. Die Kinder leben um einiges ungebundener und freier, als es in adligen Familien üblich ist. Sie hängen alle mit leidenschaftlicher Verehrung und Liebe an ihrem Vater. Für ihre formale Erziehung bringt er jedoch kaum Interesse auf, die überläßt er seiner Frau. Es langweilt ihn, wenn Ludovika lamentiert, sich über die Launen und Streiche der Sprößlinge beklagt. Nur zum Reiten und richtigen Gehen hält er die Kinder an: »Ich möchte nicht, daß ihr wie Königinnen umherstolziert«, sagt er zu ihnen. Sie sollen »so wenig wie möglich sich über die Erde schleifen« und sich »nur ein Beispiel vor Augen stellen: die Schmetterlinge«.

Sisis Vater ist ein ausgesprochen zwangloser Mensch. Er kümmert sich weder um Tradition noch um Klassenunterschiede, und um die Politik schon gar nicht. Was soll er mit seinem Titel »Königliche Hoheit« (seit 1845) auch anfangen? Er tritt robust auf, ist aber eine romantische Seele und liebt es weit mehr, sich mit Kunst und Literatur, Musik und Wissenschaften zu beschäftigen, als sich auf dem Exerzierplatz durch Paraden hervorzutun. Er ist talentiert und begabt und verbringt viel Zeit mit ernsthaften Studien. Am liebsten jedoch zieht er eine Lederhose und

einen grünen Jagdrock an und setzt sich einen Hut mit Gams-
bart auf.

Ist Max überhaupt je richtig »erwachsen« geworden, ist er
nicht doch ein »Peter Pan« geblieben, den die schöne Welt lockt?
Er besucht als begeisterter Hellenist Griechenland und berauscht sich auf antikem Boden an der zauberhaften Landschaft. Die weiten Reisen unternimmt er meist unbehelligt von
der Familie, auf den kürzeren aber, nach Tirol, in die Schweiz
und nach Italien, nimmt er seine Frau, oft sogar seine zahlreichen Kinder mit.

Wenn man die Bilder des Herzogs Maximilian in Bayern aus
seinen späteren Lebensjahren betrachtet, so sieht man einen
durchaus bürgerlichen Herrn vor sich, mit klugen, etwas müden
Augen und einem resigniert wirkenden Mund, eine Zigarette
zwischen den Fingern. Die dicke Uhrkette auf der Samtweste
scheint die Unfürstlichkeit ihres Trägers noch betonen zu wollen. Da er keinen Hang zur Unnahbarkeit oder gar Arroganz
erkennen läßt, wird er rasch zum populärsten Wittelsbacher seiner Zeit. Offiziell bekleidet Herzog Max zwar den Rang eines
bayerischen Generals der Kavallerie, aber er trägt seine hell-
blaue Generalsuniform und den Federhut nur sehr selten. Vom
Kavalleristen besitzt er nur eines, die Vorliebe für Pferde. Unter
großen Kosten läßt er eine Reitbahn errichten, wo er die Hohe
Schule lernen kann. »Wenn wir nicht Prinzen wären, könnten
wir Kunstreiter sein«, hat er im Scherz von sich und seiner Tochter Elisabeth gesagt. Er wäre auch mit der Aufgabe eines Stall-
meisters zufrieden gewesen.

Freilich verzichtet er als General nicht auf die stete Begleitung
und Gesellschaft eines »Hofkammervirtuosen«, jenes seltsamen
Wiener Gastwirtssohnes Johann Petzmayer, den er 1837 in
Bamberg kennengelernt hat und seither nicht von seiner Seite
läßt. Petzmacher, ein Wiener Original, hat dem Herzog das
Zitherspiel beigebracht, er begleitet ihn auf den großen Reisen,
komponiert zur Erinnerung an die Visite in Ägypten einen »Nil-
fahrtwalzer«. Max erzählt gern die Anekdote, wie sie beide auf
der Spitze der Cheopspyramide die Bergzither erklingen ließen.

Der volkstümliche Wittelsbacher verkörpert einen liberalen

Geist, einen freiheitlichen Sinn, ja eine demokratische Einstellung, so unpolitisch er selber auch ist. Immerhin scheint ihm diese unkonventionelle Popularität am Hof zumindest einmal hoch angerechnet zu werden: Während der Straßentumulte und Unruhen des Revolutionsjahres 1848 flüchtet sich die königliche Familie in sein Palais, weil man sich von ihm einen gewissen Schutz vor Übergriffen und gewalttätigen Ausschreitungen verspricht.

Zu keiner Zeit hat Herzog Max auf seine Freiheiten verzichtet. Und was seine Ehe angeht, so führt die auf Gegenseitigkeit beruhende Gleichgültigkeit der beiden Eheleute mit der Zeit zu einem vernünftigen Arrangement. Es ist klug von der Herzogin, die Eigenart ihres Mannes zu respektieren. Sie findet sich damit ab, daß er sich auch räumlich separiert. Max bewohnt das Parterre des Possenhofener Schlosses – die Herzogin zieht in die Beletage –, seine Zeit und seine Freiheit sind nicht mehr an die Uhr des ersten Stocks gebunden. Besser, sich aus dem Weg zu gehen, als sich zu streiten. Max sorgt dafür, daß auch zufällige Begegnungen auf ein Mindestmaß beschränkt bleiben, er verbringt so wenig Zeit wie möglich zu Hause. Tagelang streift er mit Petzmayer, mit Jägern und Holzfällern durchs Gebirge.

Seiner Frau gegenüber verhält sich der Herzog leidlich korrekt. Er sorgt dafür, daß allen ihren Bedürfnissen umgehend Rechnung getragen wird. Doch während sie sich grämt, vergnügt er sich nach Lust und Laune, mal heiter, mal schwermütig, verpulvert viel Geld. Er provoziert Ludovika, durch die monatelangen Abwesenheiten, durch zahlreiche Liebschaften und Affären. Unbekümmert von allem Gerede zeugt er mit seinen Geliebten Kinder. Nachts stürzt er sich gern in erotische Abenteuer mit den schönen Töchtern des Landes, während zu Hause seine depressive, hadernde Ehefrau allein mit Migräne in den Kissen liegt oder ihre Hunde streichelt.

Die Töchter aus diesen illegitimen Verbindungen erhöhen noch seinen Ruf als volksnaher Bonvivant. Und Max findet nichts dabei, sie in seinen Räumen zur Mittagstafel zu empfangen oder seinen müde gewordenen herzoglichen Nachwuchs im Haus einer seiner Mätressen ausruhen zu lassen. Max ist wohl unfähig zur Verstellung, er verbirgt seine gesellschaftlich wie menschlich bisweilen fragwürdige Lebensweise keineswegs, weder vor seiner Frau, noch vor seinen Kindern. Mit der Zeit lernt Ludovika, darüber großzügig hinwegzusehen, es bleibt ihr allerdings auch nichts anderes übrig, will sie wenigstens einen kleinen Rest Familienleben aufrechterhalten. Als kränkend aber empfindet sie es, daß die illegitimen Töchter gegenüber dem ehelichen Nachwuchs noch bevorzugt werden. Wie demütigend, daß die kleinen Prinzen und Prinzessinnen stets angemeldet werden müssen, wenn sie ihren Vater sehen wollen, während seine außerehelichen Kinder kommen und gehen dürfen, wie sie wollen. Aber was macht das schon, alle mögen ihn trotzdem. Max ist ein leichtsinniger Ehemann, aber ein liebevoller Vater.

Ein abwesender Vater allerdings, immer unterwegs, nie richtig zu Hause. Ein jovialer Despot, ein barocker Lebenskünstler, ein Abenteurer. Oft monatelang bekommt ihn die Familie nicht zu Gesicht. Taucht er nach längerer Zeit wieder einmal auf, ist das für die Kinder wie ein Fest. Welch ein Gegensatz zu der allzu gegenwärtigen Mutter mit ihren Nörgeleien. Sisi und ihre Geschwister laufen ihm jubelnd entgegen. Das Haus ist voller Leben und Sonnenschein, und es kann geschehen, daß er Sisi und die anderen mitten aus ihren Unterrichtsstunden herausholt zu einer lustigen Landpartie, zu einer Schneeballschlacht oder um im Garten die Obstbäume zu plündern.

Auch wenn Max gerade nicht auf Reisen ist, geht er seiner Frau aus dem Weg, die kurzen Besuche reichen gerade, um mit ihr Kinder zu zeugen. Als Sisi gefragt wird, ob sie in letzter Zeit ihren Vater gesehen habe, antwortet sie: »Nein, aber ich habe ihn pfeifen hören.«

Max ist jugendlich schlank, von der Sonne gebräunt wie die bäuerlichen Jagdgefährten, ein ausdauernder und furchtloser Bergsteiger, ein hervorragender Schütze, ein glänzender Reiter. Er haßt jedes formelle Verhalten, er lacht gern und freut sich an urwüchsigen, bodenständigen, erdverbundenen Menschen. Lieber als alle Mitglieder des bayerischen Adels ist ihm die Gesellschaft von Gamsjägern, Holzfällern und Wildschützen in den Bergen. Er bevorzugt das Leben auf dem Land, wo er jagen und fischen geht oder schlichte Wirtshäuser aufsucht, um mit den Leuten aus dem Volk zu plaudern und zu zechen. Ein bayerischer Adliger aus dem Bilderbuch, der in malerischer Gebirgstracht, der grün ausgeschlagenen Lodenjoppe, nach einem langen Wandertag auf irgendeiner Jagdhütte in den Alpen rastet, sich auf die Bergwiese legt und beim melancholischen Klang der Kuhglocken in die Sterne schaut.

Überhaupt findet der Herzog Gefallen an derber Urwüchsigkeit, in gewisser Hinsicht wirkt er selbst wie ein Original, schätzt besonders den Umgang mit Freigeistern. Zum nie ermüdenden Erstaunen seiner Frau umgibt er sich gern in der Münchner Bohème mit Künstlern, Malern und Schriftstellern, in ihren Kreisen fühlt er sich besonders heimisch. Seine Gastmähler und Trinkgelage sind legendär. Nachsichtig lächelt Ludovika über die berühmt-berüchtigte »Tafelrunde« von vierzehn lebenslustigen »Rittern«, denen Max als König Artus präsidiert. Es wird viel getrunken, gelacht, gesungen, diskutiert, bis tief in die Nacht.

Als liebenswürdiger Dilettant befaßt sich der Herzog mit allem ein wenig, hat sogar die Universität München besucht und dort Vorlesungen in Geschichte und Naturwissenschaften gehört. Er besitzt eine umfangreiche Bibliothek mit mehreren zehntausend Bänden. Ein gebildeter Weltmann, ein vagabundierender Geist, von vielem gefesselt, aber nicht zu bändigen.

In dem für die Familie so entscheidenden Jahr 1853 sind Ludovika und Max fünfundzwanzig Jahre verheiratet. Am Tag ihrer Silbernen Hochzeit bedrückt die Herzogin ein leises Gefühl der Resignation, es ist ihrer Klugheit und Diplomatie nicht gelungen, ihren Mann wirklich für sich zu gewinnen. Wie gern hätte sie mit ihm am Hof eine größere Rolle gespielt, ein bißchen Repräsentation, ein wenig Politik, einfach etwas mehr Bedeutung, das hätte ihr gut getan. Aber ihr Mann ist nur darauf bedacht, offiziellen Feierlichkeiten aus dem Weg zu gehen und den Hof nach Möglichkeit zu meiden. Dabei rebelliert er nicht einmal gegen seinen Stand, er will ausschließlich nach seiner Fasson leben, Natur, Poesie, Reisen, gutes Essen in vollen Zügen genießen. Er ist der aristokratische Bohèmien geblieben, der er von Jugend auf war. Kopfschüttelnd denkt sie an die kleinen Sensationen und Eskapaden, für die ihr Max berühmt ist. Einmal hat er sogar für einen Skandal gesorgt, als er von seiner Expedition zwei kleine Mohren mitbrachte, die er taufen ließ und dann in Possenhofen als Wächter vor dem Schloßtor postierte.

Max hat jedoch seine verborgenen Tiefen, die Sisi von ihm erbt. Bei aller Bonhomie, bei aller offenherzig gezeigten Lebenslust und guten Laune, die er verströmt, manchmal legen sich dunkle Ahnungen auf das Gemüt des Herzogs, er versinkt in Depressionen, entwickelt vor den Menschen eine zeitweilige Scheu, gegen die er nicht ankommt. Dann zieht er sich zurück, er schreibt Gedichte, die seine seelische Verfassung auf bezeichnende Weise illustrieren, wie zum Beispiel die kleine Dichtung »Meine Zither«:

Drum ist mir wohl bei ihr allein
Weil sie, die einzge, mich versteht.
Ich laß die Menschen Menschen sein
Und spiel auf ihr von früh bis spät.
Die Menschen treiben auch ein Spiel
Doch ists ein ander Instrument.
Sie spielen auf dem Menschen viel
Der ihre Falschheit noch nicht kennt.

Elisabeth wird später ganz ähnliche Gedichte schreiben.

*S*isi nennt man sie, manchmal wird sie auch Sethy oder Beta gerufen. Sisi ist ein entzückender und passender Name für die kleine, etwas knabenhafte Prinzessin. Ihre Schwester Helene ist drei Jahre, der Bruder Ludwig sechs Jahre älter als sie. Als Sisi das Alter erreicht, wo sie Spielgefährten braucht, kommt nur die sechsjährige Helene oder Néné, wie sie genannt wird, in Frage. Die kleine Sisi liebt Néné sehr, obwohl die Ältere sie oft ihre Überlegenheit spüren läßt, sie sogar ziemlich tyrannisiert.

Helene ist ein energisches Mädchen, wohl auch ein wenig herrschsüchtig, Sisi dagegen weich und schmiegsam, viel zarter im Wesen als ihre größere Schwester. Die Gegensätze beeinträchtigen das gute Verhältnis der beiden Kinder nicht.

Später jedoch schließt sich Sisi mehr dem zwei Jahre jüngeren »Gackel« an, ihrem Bruder Carl Theodor, der im Jahre 1839 geboren wird. Sie sind sich sehr ähnlich im Wesen und im Charakter und verstehen sich deshalb ausgezeichnet. Während Gackel aber schon als kleiner Junge sehr hübsche Züge aufweist, ist Sisis Äußeres eher als apart zu bezeichnen. Sie wächst zu schnell und ist sehr mager, wirkt aber rassig mit ihrem schmalen, blassen Gesicht, den großen Kinderaugen, in denen der Schalk sitzt. Diesen schalkhaften Zug hat sie noch als Fünfzehnjährige, wie verschiedene Lithographien zeigen.

Sisi ist ein Wildfang, flink wie ein Eichkätzchen, das auf jeden Baum klettert, und sei er noch so hoch. Kein Graben ist ihr zu tief und zu breit. Gleichzeitig aber ist etwas Scheues, Schüchternes in ihr, besonders, wenn sie sich beobachtet fühlt. Gott sei Dank kommen in das Haus ihres Vaters nicht allzu viele Leute, die sie einschüchtern. Und an den Münchner Königshof werden die jüngeren Kinder des Herzogs in Bayern noch nicht mitgenommen.

Possenhofen am Ufer des malerischen Starnberger Sees, nicht weit von München, ist Sisis Kinderparadies. Ihr kleines Herz schlägt höher, wenn es im Frühjahr wärmer wird und die Familie von der Stadt aufs Land zieht, in die Sommerresidenz, die früher schon Kurfürst Max Emanuel als Jagdschlößchen gedient hat. Herzog Max hat das 1536 erbaute Schloß nach Plänen von Klenze im Stil des Historismus umbauen lassen.

Sisi liebt dieses Schloß, dieses alte, rechteckige Gemäuer aus roten Steinen, mit vier wuchtigen, von Zinnen gekrönten Türmen – Resten einer nutzlos gewordenen Verteidigungsanlage –, von denen man bis zum Wettersteingebirge sehen kann. Ein Park umgibt das Schloß mit schattigen Alleen, leuchtenden Rosenbeeten und alten Buchen sowie Büschen, in denen Vögel nisten, die im kalten Wasser des Starnberger Sees baden. Hier auf dem Land fühlt sich die Familie wohl, obwohl das Schloß

Schloß Possenhofen am Starnberger See.

von außen eher einen abweisenden Eindruck macht. Innen aber ist es zu einem gemütlichen Sommerwohnsitz für die Familie umgestaltet worden. »Das Haus ist einfach, aber gut geführt«, urteilt Elisabeths Hofdame, Gräfin Marie Festetics, Jahrzehnte später, »sauber, nett, gute Küche, ich fand keinen Prunk, es ist alles wohltuend altmodisch, aber vornehm.« In Wien hält sich jedoch das Vorurteil hartnäckig, Possenhofen sei mehr eine »Bettelwirtschaft«.

Hier in »Possi«, wie alle das Schloß liebevoll nennen, verbringt die herzogliche Familie die schönste Jahreszeit wie in einem Hotel. Bei einem Spaziergang im Schloßpark, der mit seinen Rosengärten bis zum Seeufer reicht, soll die noch nicht zehnjährige Sisi einmal ausgerufen haben: »Bei meinen Eltern und im Freien bin ich am glücklichsten.« Licht, Luft und Sonne – und Sisi spürt ein restloses Glück.

Im Winter zieht man dann in das von Klenze erbaute Palais Biederstein am Englischen Garten in München um. Schon äußerlich wirkt das Haus imposant, und drinnen weist es einige Attraktionen auf. So zum Beispiel den riesigen Ballsaal, den ein 44 Meter langer »Bacchusfries« schmückt. Oder die umfangreiche Bibliothek des Herzogs. Oder die Manege im Innenhof, eine Art Privatzirkus.

Sisi wird immer traurig, wenn sie mit dem Herbstanfang auf das ungebundene Landleben verzichten muß, um in die steinerne, ungemütliche Kälte ihres Elternhauses, die steife Geselligkeit und Langeweile des Stadtlebens zurückzukehren. Sie mag das Münchner Palais nicht besonders: Trotz der schönen Fresken und Bilder, mit denen sie geschmückt sind, wirken die strengen Räume kühl und nüchtern auf sie. Aber die große Reitbahn, in der sie nach Herzenslust ihre Pferde reiten kann, versöhnt sie ein wenig mit den langen Winteraufenthalten in der Residenz.

Es sind die Sommer in Possenhofen, die auf Elisabeths Charakter die stärkste Wirkung haben. Die Familie des Grafen Paumgarten, die in der Nähe wohnt und oft ins Schloß zu Besuch kommt, entwickelt sich zu einer näheren Bekanntschaft. Mit dem kleinen David Paumgarten versteht sie sich blendend, und seine Schwester Irene wird Sisis Freundin. Sie streifen zusammen durch die dunklen Wälder, verlieren sich in Träume- reien, teilen ihre kleinen Geheimnisse miteinander.

Sisi hat eine ganze Menagerie in Possenhofen, ein kleines Reh, ein Lämmchen, ein paar Kaninchen, auf dem Geflügelhof spielt sie mit den Hühnern. Immer wieder entschlüpft sie ihrer Gouvernante, Baronin Luise Wulffen, und läuft in den Park. Die Klavierstunden, die sie absolvieren muß, stellen sich bald als vergebliche Mühe heraus, sie kann der Musik nicht viel abge- winnen. Doch sie hat Zeichentalent, greift oft zu Block und Stif- ten, sie zeichnet Tiere, Bäume, das Schloß, die Gipfel der Alpen, am liebsten Landschaften. Die Natur ist schon in diesen frühen Kinderjahren Sisis große Leidenschaft: Sie unternimmt lange Wanderungen durch weite Wiesen oder auf abgelegenen Wegen, immer in einem einfachen Kleid. Auch die Begeisterung für das Reiten packt sie schon als Kind, von Luft und Weite be- rauscht vergißt sie die Zeit. Die Natur entzückt sie mit dem Glanz des anbrechenden Tages und dem großartigen Schauspiel flammender Sonnenuntergänge, mit dem Murmeln der Bäche, dem stillen Schatten der Wälder und den geheimnisvollen Was- serflächen. Eine Welt zu ihren Füßen, ein geheimer Garten.

*D*ie Mutter, die immer versucht, ein wenig streng zu sein, kommt Sisi nicht sonderlich nahe, aber den Vater liebt sie um so mehr, mit nicht zu übertreffendem Enthusiasmus. So sein wie er – das ist es, was sie möchte. Sie idealisiert ihren Vater nicht nur, sie vergöttert ihn. In ihm sieht sie ein fast unerreichbares Vorbild an innerer Unabhängigkeit, unbändigem Freiheits- drang, Verachtung leerer Formen und Lust am Alleinsein. Er scheint es gewesen zu sein, der ihr eine an Gefühlsmomenten überreiche Kindheit und Jugend ermöglicht hat, an welche die erwachsene Elisabeth immer wehmütig zurückdenken wird. In ihrer Erinnerung werden diese Szenen ungetrübten Glücks stets lebendig bleiben: die Klänge des Zitherspiels, die Glut der Morgenröte in den Bergen, der herbe Duft der Nadelbäume.

Lachtränen laufen Vater und Tochter übers Gesicht, wenn sie das entsetzte Gehabe der Gouvernanten nachahmen, die wie aufgescheuchte Hühner flattern und gackern. Es ist auch wirklich zu komisch, daß die Gouvernanten in ständiger Ohnmachtsgefahr schweben, wenn Sisi auf Bäume klettert, mit Bauernbuben über die Felder jagt, mit den Hunden herumtollt und ähnlichen für angehende Damen unwürdigen Beschäftigungen nachgeht. Bei ihrem Vater findet Sisi immer die größte Nachsicht. Das Wichtigste im Leben, das, worauf es wirklich ankommt, ja eigentlich alles lernt sie von ihm. Worauf ihre Mutter und die Gouvernanten Wert legen, höfisch-sittsames Benehmen zum Beispiel, ist beiden gleichermaßen suspekt.

Herzog Max, das große Vorbild, dem Sisi nacheifert. Wie ein Junge tobt sie sich im Park von Possenhofen aus, sie reitet phantastisch – alles ziemlich ungewöhnlich für ein junges Mädchen ihrer Zeit. Sie nimmt das Ideal des modernen sportlichen Mädchens vorweg, doch mit der Sportlichkeit verbindet sich bei ihr bald auch eine gewisse Härte und innere Unberührbarkeit.

Der Vater pflanzt die Liebe zur Natur, zum einfachen Leben, zum unbekümmerten Umgang mit Tieren in die Seele seiner kleinen Tochter. Es ist ihr ganzer Stolz, mit ihm Schritt zu halten, und neben ihm auf dem Rücken eines Pferdes durch Feld und Wald zu jagen, ist ihr größtes Vergnügen. Der Vater zeigt sich entzückt, wenn es ihr gelingt, die wildesten Pferde zu bändigen, wenn sie ihn auf seinen Wanderungen begleitet und mit ihm durchaus gefährliche Klettertouren in den Bergen unternimmt. Sie schwimmt, wie sie es zum ersten Mal beim Vater gesehen hat. Ja, sie geht sogar wie er: Später meint sie, ihr federnder Gang rühre nur daher, daß sie durch ihren Vater daran gewöhnt wurde, ihre Füße durch lange Wanderungen zu trainieren.

Sie haben vieles gemeinsam, manche Charaktereigenschaft, manche Neigung erbt sie von ihm. Sogar äußerlich sind sie sich ein wenig ähnlich. Wenn man das Bild des Herzogs Max betrachtet, so stellt man bei ihm die gleiche Augenstellung fest wie bei Elisabeth. Sonst aber gleicht sie eher der Mutter. Und wenn auch Ludovika nie die Schönheit ihrer Tochter besessen haben mag, das feine Oval des Gesichtes, den schön geschwungenen Mund mit den zarten Lippen hat Sisi von der Mutter.

Ihr Charme hingegen kommt eindeutig vom Vater. Und wie er unterhält sie sich gern mit den einfachen Dorfleuten. Gelegentlich sitzt sie mit dem Herzog an den Tischen der Bauern, hört den Vater Zither spielen und zu selbstverfaßten Reimen singen. Sisi erbt seine künstlerischen Ambitionen, auch die Neigung zu ruhelosem Umherschweifen.

Dem Vater bedeutet Sisi viel, von allen seinen Kindern steht sie ihm wohl seelisch und geistig am nächsten. Sie wird bald seine Lieblingstochter, sein »Weihnachtskind«, die unangefochtene Favoritin seines Herzens. Und dies, obwohl Herzog Max seinen legitimen Kindern im allgemeinen weniger Beachtung schenkt als seinen außerehelichen Sprößlingen. Sisi ist eine Tochter ganz nach seinem Geschmack, mit einem ähnlichen Naturell und Charakter, mit den gleichen Neigungen zum ungebundenen Leben, mit dem gleichen warmen Sinn für die Natur und dem gleichen Widerwillen gegen Konventionen und Heuchelei. Doch Herzog Max erzieht seine Tochter nicht, er ist ihr gegenüber eher wie ein Kamerad und Freund.

Natürlich ist sie begeistert, wenn er in seiner eigenen Manege als Kunstreiter auftritt, wenn sie in der Zeitung Berichte über seine Erlebnisse in fernen Ländern liest. Doch sie spürt auch, was sein liebloses Verhalten in der Ehe anrichtet, ihr bleibt die Enttäuschung und das Unglück in den Augen ihrer Mutter nicht verborgen. Und so wird mit seinem zunehmenden Desinteresse an der Familie Sisis Verhältnis zu ihrem Vater mit den Jahren zwiespältiger.

Die Kinder der herzoglichen Familie halten zusammen und verstehen sich gut, von den üblichen Zankereien unter Geschwistern abgesehen. Das problematische Elternhaus läßt die Kinder nur noch enger zusammenrücken. Sie bilden eine verschworene Gemeinschaft, vor allem Carl Theodor, Sisi und Helene. Dieser Zusammenhalt ist so fest, daß er alle Lebensstürme übersteht. Auch später erfahren wir nie von größeren Auseinandersetzungen zwischen den Geschwistern oder gar von Entfremdungen. Schloß Possenhofen bleibt für alle der

Elisabeth mit ihrem Lieblingsbruder Karl Theodor (»Gackel«).

unangefochtene Mittelpunkt, noch in Jahrzehnten werden hier Familientreffen stattfinden.

Helene ist ganz anders als Sisi. Die älteste Tochter ist der Mutter ähnlich, ein stilles Kind, längst nicht so unbefangen wie ihre jüngere Schwester. Sie unterscheidet sich auch äußerlich von Sisi: Nichts hat sie von deren knabenhaften Merkmalen, nicht die Geschmeidigkeit des überschlanken Körpers, nicht die schönen Augen, nicht das leuchtend hellbraune Haar.

Doch auch Helene besticht durch ihre äußere Erscheinung: gut gewachsen, groß und schlank, imponiert sie durch ihre Eleganz. Ihr schönes, regelmäßiges Gesicht, ihre interessanten Züge und ihre dunkelgrauen Augen geben ihr den Ausdruck kühler Schönheit. Sehr ernst, sehr fromm und nicht dumm. Doch es fehlt dieser Tochter des Herzogs Max das, was die um drei Jahre jüngere Sisi in so hohem Maße besitzt: Charme und liebenswürdige Anmut. Um Helenes jungen Mund spielt schon früh ein etwas herber Zug. Immer wirkt sie sehr vornehm, alle ihre Bewegungen sind gemessen, trotz ihrer Jugend.

1839 kommt Carl Theodor zur Welt, in der Familie »Gackel« genannt, Sisis Lieblingsbruder, der ihr sein ganzes Vertrauen entgegenbringt. Dann 1841 Marie, 1843 Mathilde, die man, weil sie so zart ist, »Spatz« ruft, vier Jahre später schließlich Sophie, das Nesthäkchen. Der Jüngste ist Max Emanuel, den man »Mapperl« nennt.

Im Sommer unternimmt Ludovika mit den Kindern oft kleinere Ausflüge und Reisen in die Sommerfrische, ins Gebirge. Néné, Sisi und Carl Theodor kommen mit nach Österreich, zum Aachensee, nach Jenbach und nach Innsbruck. Am 10. Juni 1848 treffen sie dort die kaiserlichen Verwandten aus Wien. Bei diesem Besuch sehen sich Sisi und Franz Joseph zum ersten Mal. Der achtzehnjährige Erzherzog beachtet sie wenig, amüsiert sich über das elf Jahre alte Cousinchen. Sein Bruder Karl Ludwig aber ist sehr von Sisi angetan, er verliebt sich während des gemeinsamen Sommeraufenthaltes sterblich in sie, folgt ihr, wohin sie auch geht, bringt ihr von seinen Spaziergängen Blumen und Früchte mit.

Nach der Rückkehr aus Innsbruck beginnen die Kinder eine

kleine Korrespondenz, Karl Ludwig schreibt Sisi in gestochener Schrift zärtliche Briefe, macht ihr Komplimente. Er läßt keinen Zweifel an seiner Zuneigung, schickt ihr einen Ring und eine Rose, Süßigkeiten und einmal sogar eine Uhr mit Kette, die sie sich schon lange wünscht. Für alles bedankt sie sich artig, ohne je mehr als ein höfliches Wort für ihn übrig zu haben. Kleine, unschuldige Jungmädchenbriefe, voller idyllischer Schilderungen ihrer Erlebnisse und Plaudereien über dieses und jenes, nichts Bewegendes.

Sisi ermüdet zuerst bei diesem Briefaustausch. Sie scheint sich nicht besonders viel aus ihrem Cousin in Wien zu machen. Mit den Jahren werden die Schreiben seltener, obwohl Karl Ludwig auch weiterhin immer voller Liebe an sie denkt und ihr zum Neujahrstag 1850 ein Armband schenkt. Ein zwar kühler und inhaltsloser Brief, immerhin auf hübsch mit Rosen und Blumen umrahmtem blauem Papier, ist Sisis Antwort.

Im Jahr 1850 macht Ludovika eine Reise nach Oberammergau. Vermutlich werden zwischen ihr und ihrer Schwester, Erzherzogin Sophie, dort die ersten Pläne geschmiedet, wie sie ihre Kinder verehelichen können.

*W*elche Biographie man aufschlägt, welche Briefe, Quellen und Zeugnisse man sich auch anschaut, die glückliche Kindheit Elisabeths steht außer Zweifel. Vielleicht ist sie nicht einmal so viel anders gewesen, als viele Mädchen ihrer Zeit sie erleben: mit den kleinen Sensationen des Alltags, den Streitigkeiten, der Flucht aus der Umklammerung allzu großer elterlicher Fürsorge, den Heimlichkeiten und Verborgenheiten einer Kinderseele. Sisi erlebt eine Kindheit von strahlender Unbekümmertheit.

So träumt und schwärmt sie, reitet und streift sie im Park umher und lernt verzweifelt wenig, obwohl ihr das Lernen nicht schwerfällt. Nur an fremden Sprachen zeigt sie sich interessiert. Ihr Sprachtalent – sie wird später sowohl Englisch und Französisch, als auch Ungarisch und Griechisch fließend sprechen – wird bereits erkennbar.

Als Mädchen schon bezwingt sie durch ihr Wesen die Herzen. Man hat sie überall gern. In Possenhofen kennt sie jeden, sie spricht unverfälschten bayerischen Dialekt. Sie tollt mit ihren temperamentvollen Schwestern und Brüdern und den Kindern aus der Nachbarschaft herum. Die langen Wintermonate in München sind kurzweiliger geworden: Das Palais des Herzogs kann mit einer neuen Attraktion aufwarten, es gibt ein »Café chantant« ganz *à la parisienne*. Sisi liebt es, durch den Tanzsaal mit seinen geradezu riesigen Ausmaßen zu springen, staunend bleibt sie jetzt vor den recht freizügigen Szenen des »Bacchusfrieses« stehen, die sie sonst immer übersehen hat. Im Hof führt Herzog Max in seinem Zirkus mit richtigen Logen und Sperrsitzen zum Ergötzen der Münchener Gesellschaft wilde Scharaden, Pantomimen, Spektakel, Reiterkunststücke und Clownerien auf. Und die Kinder toben nun im Winter nicht anders durch das Palais als in Possenhofen, durchstreifen den tiefverschneiten Englischen Garten und den Bogenhausener Park.

Auch in München haben die Erzieher, Lehrer und Gouvernanten alle Mühe, die lebhafte Schar zu bändigen und zum Lernen anzuhalten. Die Unterrichtsstunden sind auch zu langweilig! Sisi kann noch weniger stillsitzen als ihre Geschwister, sie ist die lebhafteste von allen, läßt sich immer leicht ablenken. Sobald die Lehrerin sich umdreht, schweift ihr Blick durchs Fenster. Zu manchen Zeiten, klagt Baronin Wulffen, habe man sie buchstäblich an den Stuhl binden müssen. Ruhig sitzen kann sie nur beim Zeichnen, wenn sie mit ihrem Mal- und Zeichenlehrer Johann Hueber zusammenhockt. Und, später, beim Schreiben von Gedichten.

Dann kommt einer der seltenen Tage, wo der Vater im Haus ist. Er hat ihr versprochen, sie mitzunehmen. Wohin? Ist doch ganz gleich. Die Mutter sagt nichts. Sie zupft an der Kleidung, richtet hier etwas und dort. Was Sisi tut, darauf hat sie ein Auge. Doch das Tun und Lassen ihres Mannes ist ihr inzwischen gleichgültig. Sie hätte ihn lieben können, wenn er nicht so her-

Elisabeths Geburtshaus:
Palais Biederstein an der Ludwigstraße in München.

Herzog Max als Kunstreiter in der Zirkusmanege
seines Palais in München.

umzigeunern würde. Nun haben sie sich nicht mehr allzuviel zu
sagen. Sisi spürt das genau. Wie können ihre Eltern so neben-
einanderher leben? Die Ehe! Wie gräßlich! Sie denkt an das
große Bett, verspürt ein Gefühl des Widerwillens, begreift es
nicht. Heute wird sie mit dem Vater losziehen, das verspricht
einen Spaß. Ludovika schaut ihre Tochter zärtlich an, die so
schön sein kann, wenn sie lächelt und sich freut. Sie blickt den
beiden kopfschüttelnd nach. Wann werden sie endlich aufhören, in der Gegend herumzurennen? Immer diese Streune-
rei.

Allein im Haus, beginnen ihre Gedanken zu flanieren. Insgesamt kann sie mit ihren Töchtern zufrieden sein. Sie wachsen
zu echten Schönheiten heran, jede auf ihre Art. Das ein wenig
ernste Gesicht Helenes wird weicher durch das Leuchten ihrer
schönen blaugrauen Augen. Marie wird groß und schlank, hat
ein apartes Gesicht, durch das ein unbändiger Stolz hindurch-
schimmert. Mathilde, leichtfüßig und lebhaft, ist ein Teufels-
mädchen. Sophie nimmt sofort durch das Delfter Blau ihres verträumten Blickes gefangen und durch den Klang ihrer ernsten
Stimme.

Und Sisi? Das heranwachsende Mädchen wird auf eine ganz
eigenartige Weise schön. Ihr wunderbar volles Haar fällt in langen, kastanienbraunen Locken, ihre großen dunklen Augen
verfolgen einen überallhin. Abgründige Gedanken schauen aus
diesen Augen, Zeichen jener Mysterien ihrer Seele, die ein
unlösbares Rätsel bleiben werden. Sie verspricht hinreißend zu
werden, wenngleich sie mit vierzehn Jahren als das am wenigsten »fortgeschrittene« Mitglied der Familie gilt. In diesem Alter
wird Sisi von ihrer Mutter auf Hofbälle mitgenommen. Erfreut
sich das Mädchen in der ersten halben Stunde auch an dem glitzernden Schauspiel, so wird es, nachdem es seinen Anteil an Eis
und Zuckerwerk erhalten hat, von verzweifeltem Gähnen und
müder Unruhe befallen. Elisabeth wird zeit ihres Lebens öffentlichen Belustigungen und Vergnügungen nichts abgewinnen
können. Schon als kleines Mädchen von vier Jahren hat man sie
mit ins Theater genommen, wo sie sich natürlich tödlich, aber
gemäß dem mütterlichen Prinzip »avec grâce« hätte langweilen

müssen, doch sie spielt vergnügt und heimlich, sobald die Lichter erloschen sind, unter der Logenbrüstung mit ihren Puppen – eine Anekdote, die Elisabeth als Erwachsene häufig erzählt.

Bereits in diesen Jahren tritt neben Sisis Natürlichkeit etwas anderes in Erscheinung: »der Schatten junger Mädchenblüte«, ein Hang zur Träumerei, zum poetischen Schwärmen. Sisi hat eine romantische Ader und eine lebhafte Phantasie. Wenn sie auch übermütiger und ungebärdiger ist als alle ihre Geschwister, so flüchtet sie zugleich in eine unzugängliche Welt der Imagination auf ihren einsamen Streifzügen durch die herbstlich-melancholische Landschaft rund um den Starnberger See. Sie hat ein offenes Ohr und ein empfängliches Gemüt für die Sagen und Legenden, wandert mit heißen Wangen durch die bilderreichen Säle des elterlichen Palais, durch die Gärten Possenhofens mit ihren verborgenen Grotten, ihren mamornen Figuren und weißen Statuen der Göttinnen, die den Weg säumen.

Ihre knabenhafte Härte, die sie sich durchs Reiten und Laufen erwirbt, kontrastiert also recht unvermittelt mit der Blüte erster Mädchenträume. Und da sie später ihre Liebesgefühle ebenfalls in die Phantasie verlagert und sie nur dort wirklich erlebt, kommt sie in dieser Beziehung niemals über die Träume ihrer Kindheit richtig hinaus.

Im April 1853 wird Sisi gefirmt, doch fällt auf die Feier ein Schatten, weil ihr Spielgefährte und liebster Kinderfreund David schwer erkrankt ist und stirbt. Die erschütterte Prinzessin begegnet zum ersten Mal dem Tod, der ihr furchtbarer Begleiter durchs ganze Leben sein wird. Sie hat ein kleines, geheimes Buch, in das sie traurig-zärtliche Verse schreibt:

> *Du bist so jung gestorben*
> *Und gingst so rein zur Ruh'.*
> *Ach, wär', mit dir gestorben,*
> *Im Himmel ich wie du.*

Lachen und Weinen, wie eng beieinander. Wie früh und wie mächtig ist dieses Gefühl, auf der Erde nicht zu Hause sein zu können, sie wird sich ihm nie entziehen können. Eine unbe-

Elisabeth (Mitte der fünfziger Jahre).

stimmte Todessehnsucht zieht durch ihre junge Seele, Welt-schmerz, Liebeswünsche, Begeisterung wechseln sich in ihren Briefen und Gedichten ab.

Sisis erste, süße Schwärmerei gilt Richard Graf von F., einem schönen jungen Offizier. Der heimlich Auserwählte, den sie am Hof ihrer Eltern in München kennenlernt, hat sie durch den Glanz seiner Augen und den Charme seiner Stimme vollkom-men bestrickt. Niemand weiß davon, nur ihrem kleinen Buch vertraut sie im Winter 1852/53 ihre erste Liebe an. Zu den Vor-zügen, die sie von ihrem Vater geerbt hat, gehört die schriftstel-lerische Begabung. Abends schreibt sie heimlich verliebte Gedichte in ihr Buch, zarte Verse von Liebe und Sehnsucht, aber etwas elegisch für das Mädchen, das man sonst nur heiter und lebenslustig zu kennen meint. Allerdings ist es auch keine fröh-liche Geschichte, diese aufkeimende Herzensliebe der jungen Prinzessin. Ihre ersten Liebesregungen klingen im Gedicht so:

Oh, ihr dunkelbraunen Augen,
Lang hab ich euch angesehen,
Und nun will mir euer Bildnis
Nicht mehr aus dem Herzen gehen...

Sisi sieht den jungen Mann zwar täglich, doch sie sprechen kaum miteinander, der Angebetete hat wahrscheinlich nicht die geringste Ahnung davon, wie tief er Sisis Herz getroffen hat. Das erfährt nur ihr »Poesiealbum«, eifersüchtig hütet sie ihre Gedichte in diesem Büchlein, das sie in der Schublade ihres Schreibtisches versteckt. Aber vielleicht haben es ihm manch-mal die leuchtenden Augen des jungen Mädchens verraten. Wenn er am Schloßgarten in München vorübergeht – als Offi-zier scheint ihn der Hofdienst dort vorbeizuführen –, steht Sisi heimlich hinter einer Hecke und wartet mit klopfendem Her-zen auf ihn. Sie besitzt auch ein Bild von ihm, niemand weiß davon. Nur Marie, ihre heißgeliebte Schwester, wird vermutlich von ihr ins Vertrauen gezogen, als sie diese idyllische Romanze erlebt. Schließlich gelingt es Sisi, dem jungen Mann zu begeg-nen und ihm ihre Liebe zu gestehen.

Und zum ersten Mal erfährt Elisabeth, was es heißt zu leiden. Eines Tages findet ihr junger Liebestraum ein plötzliches Ende. Ihre unschuldige Leidenschaft wird entdeckt: Herzogin Ludovika kommt bald hinter Sisis erste, vollkommen harmlose Schwärmerei, schimpft sie aus und verbietet ihr streng, je wieder diesen jungen Offizier zu sehen, und sei es auch nur von weitem. Richard ist als Partie völlig indiskutabel, die Mutter fühlt sich genötigt, der Liebelei sicherheitshalber einen Riegel vorzuschieben. Dann wird er vom Hofdienst entfernt und in die Ferne geschickt. Natürlich vergißt Sisi ihn nicht. Wie könnte sie? Auch ihren ersten Liebesschmerz faßt sie in ein Gedicht:

Vorbei

Du frische junge Liebe,
So blühend wie der Mai,
Nun ist der Herbst gekommen
Und alles ist vorbei.

Und nun ist er mir so ferne
Und ich sehe ihn gar nie.
Ach, ich wollt zu ihm wohl gerne,
Wüßt' ich nur, wohin und wie.

Eine vergebliche Hoffnung, denn einige Monate später kehrt der junge Mann krank zurück, kurz darauf stirbt er. Sisi erfährt es durch Zufall und trauert im stillen lange um ihn. Sie fühlt sich schuldig, hat Richard nicht ihretwegen den Hof verlassen müssen? Nur die Verse verraten das erste tiefe Weh ihres Herzens:

An Ihn

Die Würfel sind gefallen,
Ach, Richard ist nicht mehr!
Die Trauerglocken schallen
Oh, hab Erbarmen, Herr!

Es steht am kleinen Fenster
Die blondgelockte Maid.
Es rührt selbst die Gespenster
Ihr banges Herzeleid.

Sisi durchlebt zum ersten Mal schwermütige Stimmungen, schließt sich in ihrem Zimmer ein, weint und schreibt sich ihren Kummer von der Seele. Erneut hat ihr der Tod einen Menschen entrissen, den sie liebgewonnen hat. Natürlich ist sie noch zu jung, um die Tragik des Lebens zu verstehen, doch in den Gedichten aus ihrer Pubertät fallen die immer wiederkehrenden Gedanken über den Tod und das Sterben besonders auf. Diese Melancholie scheint tiefer zu gehen als die gelegentlichen Anwandlungen von Verstimmung, wie sie Mädchen erleben, die ihre Kindheit hinter sich lassen und zur Frau werden. Sie sind so wenig mit Sisis sonst schalkhaftem, heiterem Wesen, mit ihrem herzlichen Lachen und den frechen Streichen zu vereinbaren, zu denen sie jederzeit aufgelegt ist. Aber auch das hat sie vom Vater, der – obwohl so oft lustig und lebensbejahend – manchmal von schweren Depressionen heimgesucht wird. Und wie Herzog Max hat Elisabeth diesen Hang, sich bei deprimierenden Erfahrungen völlig in sich zurückzuziehen und innerlich niemanden mehr an sich heranzulassen.

Doch die fünfzehnjährige Sisi hat Geschmack an der Liebe gefunden, verliebt sich bald darauf aufs neue, wie man aus dem geheimen Büchlein erfahren kann. Der Erwählte ist diesmal ein Graf aus der Nachbarschaft:

Zu lang hab' ich gewendet
Mein Aug' aufs Antlitz dein,
Und nun bin ich geblendet
Von seiner Schönheit Schein.

Tag und Nacht denkt sie nur an ihn:

Wenn der erste Sonnenstrahl
Mich des Morgens grüßt,

Frage ich ihn jedesmal,
Ob er Dich geküßt.

Und den goldenen Mondenschein
Bitt ich jede Nacht,
Daß von mir er insgeheim
Dir viel Liebes sagt.

Neben das Wort »Mondenschein« malt Sisi fein säuberlich das Gesicht des guten, alten Mondes. Unglücklicherweise wird sie jedoch nicht im selben Maße wiedergeliebt. Der Angebete läßt ihre Schwärmerei unbeachtet, es dauert nicht lange, und er entzieht sich ihr mit ausweichenden Komplimenten. Und wieder wird Sisis Liebe »unglücklich«:

Denn ach, ich kann ja nimmer hoffen
Daß liebend je Du Dich mir neigst.
Die harte Wahrheit sah ich offen
's ist Freundlichkeit nur, was Du zeigst.

*W*ährend Sisi von einer unbeschwerten Kindheit in die Unruhe ihrer Mädchenzeit kommt, befindet sich Franz Joseph in Österreich plötzlich auf der Schwelle zur Macht. Dabei ist es merkwürdigerweise die Revolution, die ihn auf den habsburgischen Thron bringt.

Vor allem zwei Motive bewegen die revolutionären Aufstände in der ersten Hälfte des 19. Jahrhunderts: der Aufschwung liberaler Ideen im allgemeinen und wachsendes Nationalitätsbewußtsein der Völker im besonderen. Beide sind der österreichischen Regierung höchst suspekt, rufen ihre erbitterte Gegenwehr herauf. Die Unzufriedenheit der unterdrückten Völker und die stürmische Entwicklung nationaler Gefühle bilden eine explosive Mischung, auf die der Wiener Hof mit elektrisierter Nervosität reagiert, zumal Österreich ja selbst kaum eine »nationale Grundlage« hat und mehr ein geographischer als ein politischer Begriff, das System selbst eher eine Bürokratie als ein Reich ist. Österreich, das ist der Besitz der Habsburger, ein riesiges, zusammengerafftes Konglomerat von Ländern und Völkern, zum Teil nichts als Kriegsbeute, zum Teil erheiratet nach der Maxime »Bella gerant alii, tu felix Austria nube« (Kriege mögen andere führen – du, glückliches Österreich, heirate). So ist der Kaiser von Österreich auch Herrscher in Ungarn, in der Lombardei, in Böhmen, Machthaber eines künstlichen Gebildes, das höchst anfällig für Erschütterungen ist: ein Vielvölkerstaat mit vierzig Millionen Einwohnern, in dem alle demokratischen und nationalen Kräfte reglementiert oder unterdrückt werden.

Das System hat zwar durchaus seine Vorzüge ganz im Sinne des Bonmots eines französischen Diplomaten: »Wenn Österreich nicht schon bestehen würde, müßte es erfunden werden«, aber es findet kaum Rückhalt im Volk. Jeder österreichische Staatsbeamte ist im Grunde ein Polizist: Überwachung, Repression, ein feingesponnenes Netz von Abhängigkeiten, Reglementierungen, Verordnungen halten die Donaumonarchie zusammen. Und das Nationalgefühl wirkt darin wie ein Ferment der Zersetzung, so daß der intelligente Graf Alexander Hübner, der österreichische Botschafter in Paris, in sein Tagebuch notiert: »Heute ist das Wort ›Nationalität‹ die Zauberformel, welche die Massen, nicht das Proletariat, sondern die Vertreter der Intelligenz im Banne hält. Deutsche, Italiener, Polen, Magyaren, Slawen! Mit dieser Formel glaubt man die Welt aus den Angeln zu heben. Der Hebel, den Archimedes vergeblich suchte. Die Rädelsführer haben ihn nun entdeckt! Mittels dieses Hebels haben sie im Verlaufe weniger Tage die alte soziale Ordnung umgestürzt und die Augen der Kurzsichtigen mit der trügerischen Verheißung immerwährenden Glückes geblendet.«

So stürmt die Revolution 1848 voran, mit besonderer Heftigkeit in Ungarn. Die aufständischen Wellen schlagen bis nach Wien. Der Hof bereitet hastig seine Flucht vor, zunächst nach Innsbruck im loyalen Tirol (von wo aus Franz Joseph einen Kriegsabstecher nach Italien macht). Nachrichten, daß sich die Lage stabilisiert hat, veranlassen ihn zur Rückkehr nach Wien, erweisen sich dann aber als trügerisch. Eine hastig gewährte Verfassung beruhigt die Gemüter nur kurze Zeit. Ungarn, Böhmen, Italien sind schon im August wieder in hellem Aufruhr, dann werden auch in Wien Barrikaden gebaut. Der Bürgerkrieg führt in Prag und Budapest zu neuen Ausschreitungen. Im September wird der Oberkommandeur der kaiserlichen Truppen in Budapest von einer aufgebrachten Volksmenge buchstäblich in Stücke gerissen, im Oktober der Kriegsminister aus seinem Wiener Amtssitz herausgeholt und an einer Straßenlaterne aufgeknüpft. Die in Wien stationierten Truppen erweisen sich als zu schwach, um den völligen Zusammenbruch der Staatsmacht zu verhindern.

Nun wird es wieder ernst für den kaiserlichen Hof, der sich schleunigst in Sicherheit bringen muß und deshalb erneut flieht. Diesmal nach Olmütz in Mähren, in den Schutz der noch loyalen Truppen. Das Haus Habsburg droht endgültig einzustürzen.

Drei alte Herren bieten sich als Retter an: Feldmarschall Graf Joseph Radetzky, achtzig Jahre alt, Fürst Alfred zu Windischgrätz, der unbeugsame Aristokrat, und Joseph Freiherr von Jellacic, der polternde, selbstbewußte Banus von Kroatien. Sie sind sich einig, daß Kaiser Ferdinand ein debiler, alter Narr ist, der sich von unliebsamen Ministern, die ihm aufgedrängt werden, zu unsinnigen Maßnahmen verleiten läßt. Und sie sehen es als ihre verdammte Pflicht und Schuldigkeit an, das Heft des Handelns selbst in die Hand zu nehmen und Renitenz zu zeigen. So bleibt Radetzky, als er den Befehl erhält, die Lombardei zu räumen, trotzdem dort, Windischgrätz, der einen Teil seiner Truppen dem Kriegsminister zur Verfügung stellen soll, erwidert kalt, er könne sie jetzt nicht entbehren, und Jellacic weigert sich beharrlich, seiner Entlassung Folge zu leisten und das Kommando niederzulegen.

Zu dieser militärischen Führung, die dem Haus Habsburg treu ergeben ist, tritt Fürst Felix zu Schwarzenberg, ein scharfsinniger Diplomat. Er wird für Franz Joseph in den nächsten Jahren die wichtigste Rolle spielen.

Die gegen Wien losziehenden Ungarn werden von Jellacic

zurückgeworfen. Windischgrätz schlägt erst den Aufstand in Böhmen nieder, marschiert dann nach Wien und belagert die Stadt, während Radetzky als Verstärkung zu ihm stößt. Die Stadt wird beschossen, der Einzug erzwungen, die Barrikaden werden erstürmt. Aufflackernder Widerstand läßt sich rasch ersticken, nach einigen militärischen Todesurteilen kehren wieder »Ruhe und Ordnung« ein. Nur in Ungarn schwelt der Brand weiter.

Die Regierung von Fürst Clemens Metternich geht zu Ende, zur selben Zeit auch die Herrschaft Kaiser Ferdinands. Sein Bruder und der nächste in der Thronfolge, Erzherzog Franz Karl, ist eine ängstliche Natur, ein leichtsinniger Kopf und schwacher Charakter. Zum Glück für die Dynastie hat er eine Frau geheiratet, die alle jene Fähigkeiten besitzt, die ihm abgehen: die Wittelsbacherin Sophie, im Jahr 1805 geboren und seit 1824 mit Franz Karl verheiratet, eine Frau mit eisernem Willen. Engherzig, aber von rascher Auffassungsgabe und von großem Scharfblick, ehrgeizig, arrogant, tatkräftig und hartnäckig, bringt die Erzherzogin allen politischen Problemen ein brennendes Interesse entgegen. Ihr herber und kämpferischer Katholizismus macht sie in moralischen Fragen unerbittlich.

Bislang hat sie sich aus der Politik herausgehalten. Doch nun will sie ihren Sohn Franz Joseph durchsetzen, mit Unterstützung von Windischgrätz, der im November 1848 das militärische Kommando übernimmt, sowie von Schwarzenberg, der die Gegenrevolution anführt und die Barrikadenstürmer mit einer Verfassung zu beschwichtigen sucht – einem Meisterwerk der Heuchelei, denn nur schwach verschleiern einige liberale Zugeständnisse die tatsächliche Allmacht der gut organisierten kaiserlichen Bürokratie. Er weiß genau, daß sich das Volk nur zufriedengeben wird, wenn man ihm die durch die Revolution errungenen Rechte wenigstens in einer »konstitutionellen Monarchie« garantiert.

Die Abdankung des Kaisers ist gründlich überlegt und von langer Hand vorbereitet. Metternich, Kaiserin Maria Anna und Erzherzogin Sophie, der schon das Wort »Verfassung« ein Greuel ist und die sich zu einer erbitterten Reaktionärin entwickelt hat, haben die Köpfe zusammengesteckt und die Sache ins rei-

Die Eltern Franz Josephs:
Erzherzog Franz Karl und Erzherzogin Sophie.

ne gebracht. Keiner von ihnen hat sich dabei irgendwelchen Illusionen über den Regenten hingegeben. Und es gelingt ihnen sogar, das Komplott geheimzuhalten.

Während der Revolution, in den November- und Dezembertagen, als der kaiserliche Hof in die Festung Olmütz flüchtet und das alte Gebäude der Habsburger Dynastie in allen Fugen kracht, trifft Sophie kaltblütig die Entscheidung. Sie leitet die Debatten zwischen Schwarzenberg, dem Ministerpräsidenten, Generalissimus Windischgrätz, Graf Stadion, dem Minister des Innern, und General Jellacic.

Am 2. Dezember 1848, um acht Uhr morgens, tritt feierlich eine Versammlung von Erzherzoginnen und Erzherzögen, Feldmarschällen, Prälaten, hohen Würdenträgern, Ministern, Generalen und Gouverneuren unter dem Vorsitz von Kaiser Ferdinand in Kremsier, in der Sommerresidenz des Erzbischofs von Olmütz zusammen. Kaum jemand kann die Spannung vor der kaiserlichen Familie verbergen, alle verharren in tiefem und erwartungsvollem Schweigen. Die seltsamsten Gerüchte kursieren, aber merkwürdigerweise hat niemand auch nur die geringste Ahnung, was sich nun hier abspielen wird.

Es ist ein fahler Morgen, die Gesichter der Anwesenden sind vor Nervosität gespannt, als Kaiser Ferdinand eine vorbereitete Erklärung abliest, die einfache Mitteilung, daß gewichtige Überlegungen ihn dazu bewogen hätten, die Krone seinem Neffen Franz Joseph zu übergeben. Felix Schwarzenberg, sonst unerschütterlich, verliest mit bewegter Stimme drei Urkunden, die das Schicksal der Monarchie und damit Franz Josephs besiegeln: die Großjährigkeitserklärung des jungen Monarchen, die Verzichtsleistung von Erzherzog Franz Karl zugunsten seines achtzehnjährigen Sohnes und die förmliche Abdankung des Kaisers.

Es ist Sophie gewesen, welche die Abdankung ihres Schwagers und den Verzicht ihres Mannes auf das ihm zustehende Recht der Thronfolge eingefädelt, ihren Sohn auf den Thron gebracht und dadurch die Dynastie der Habsburger gerettet hat. Und sie hat für Franz Joseph ein Opfer gebracht, das sie ihm immer wieder vorhalten wird: den Titel einer Kaiserin. Aber was braucht Sophie einen Titel: Sie herrscht wie eine Kaiserin, unumschränkt, mit unverhohlener Lust an der Macht.

»Leb wohl, meine Jugend«, soll Franz Joseph gesagt haben, als man ihn, den jungen, beinahe noch knabenhaften Kaiser zum ersten Mal mit »Majestät« anredet. Er ist sich der gravierenden Änderung seines Lebens voll bewußt. Dabei hat er wohl nie erfahren, was Jungsein bedeutet. Er ist einfach die einzige Hoffnung der Habsburger, also nimmt er die ganze Last des Geschlechtes auf sich, wird seinen Kurs durch ein Meer von Konflikten steuern. Und er wird in den nächsten Jahren hart und verzweifelt um seinen keineswegs gesicherten Thron kämpfen müssen.

*W*ien, Anfang der fünfziger Jahre. Auf dem Reitweg neben einer Fahrbahn nähert sich in leichtem Galopp eine Reitergruppe. Kleine, schwach verwehende Staubwölkchen steigen unter den Hufen der eleganten englischen Vollblutpferde auf. An der Spitze reitet ein schlanker junger Mann mit hellen blauen Augen, in weißer Feldmarschallsuniform: Österreichs »blutjunger Kaiser«, wie ihn die Zeitungen nennen (wobei der Akzent geflissentlich auf der ersten Silbe liegt). Hinter ihm folgen Offiziere, Adjutanten, Hüte mit wehenden Federbüschen, Tschapkas in Kaisergelb und Rot. Die Menschen am Weg starren schweigend, verbissen, ziehen stumm den Hut und lassen die glänzende Kavalkade passieren. Irgendwo versucht ein diensteifriger Konstabler in Zivil eine Ovation – wie es so schön im altösterreichischen Kanzleideutsch heißt – zustande zu bringen, ein Versuch, der jedoch im drohenden Schweigen der Passanten erstickt.

Franz Joseph ist nicht beliebt. Seine ersten Regierungsjahre sind belastet mit dreitausend Todesurteilen in Ungarn und Italien, brutalen Ausschreitungen, Standgerichten, Exekutionskommandos en masse – das alles wird nicht vergessen. Und das lastende Schweigen, das ihm entgegenschlägt, wo immer er auftritt, wirkt ärger als jeder Fluch, als drohend gereckte Fäuste.

Um den Kaiser ist stets eine eisige Atmosphäre, eine Aura der Abwehr und Abneigung.

Bei einem dieser Spazierritte wird es Graf Carl Wilhelm Grünne, dem Flügeladjutanten Seiner Majestät, zuviel: Erbittert über die demonstrative Unehrerbietigkeit des Volkes, treibt er sein Pferd vom Reitweg herunter unter die Passanten, zieht den Säbel und schlägt mit flacher Klinge dem Nächstbesten über den Schädel. Zufällig ist das Opfer ein armer Schwachsinniger, der von den ganzen Vorgängen gar nichts begreift. Laut aufschreiend vor Schmerz bricht er zusammen. Der junge Kaiser aber, unbekümmert weiterreitend, blickt mit seinen stahlblauen Augen über diese Szene hinweg.

Franz Joseph, am 18. August 1830 in Schönbrunn geboren, Sohn von Erzherzog Franz Karl und Erzherzogin Sophie, wächst in der Friedenszeit zwischen den großen revolutionären Stürmen auf, die Europa vom System Metternichs befreien, einer Periode, zu deren Beginn Metternich den Gipfel seiner Macht erreicht hat, und die mit seiner überstürzten Flucht vor dem aufgebrachten Volk endet.

Franz Joseph erhält eine gründliche und pragmatische Erziehung, dazu eine militärische Ausbildung in sämtlichen Waffengattungen: Er wird mit allen Pflichten und Aufgaben eines Soldaten vertraut gemacht, er lernt, eine Kanone zu richten, ein Pferd zu besteigen, eine Schanze zu graben, Säbel und Gewehr zu handhaben. Er bekommt außerdem eingehenden Unterricht in Geschichte, Literatur, Mathematik, Chemie, Astronomie und Naturgeschichte, wird einmal wöchentlich sogar von Metternich persönlich in der Staatskunst unterwiesen. Er eignet sich Kenntnisse in Fremdsprachen an, in Ungarisch, Böhmisch, Polnisch, Französisch, Italienisch, auch etwas Englisch. Schon lange bevor er politische Verantwortung übernimmt, zeigt er sich ernst und zurückhaltend, immer seiner Würde bewußt. Ein braver Sohn der Familie, klug und wohlerzogen, ganz in der Pflicht, »ein Habsburger zu sein«, festverwurzelt in der Auffassung, daß das Haus Habsburg »von Gottes Gnaden« dazu berufen ist, in Mitteleuropa zu herrschen.

Mit achtzehn Jahren ist dieser Mann Kaiser eines der mächtigsten Reiche Europas geworden, ein mit absoluter Macht herrschender Souverän, dem keine Verfassung und kein Parlament irgendeine Vorschrift macht, oberster Kriegsherr eines Militärstaats. Er will seine Stellung mit Würde ausfüllen, er spielt sich in die Rolle des absoluten Herrschers hinein, bis sie ihm paßt wie eine maßgeschneiderte Uniform. Dieser blutjunge Kaiser, hart und einsam auf seiner entrückten Höhe, sucht keinerlei Kontakt zu seinem Volk, unternimmt nicht den kleinsten Versuch, es für sich zu gewinnen und die Herzen der Menschen zu erobern.

Franz Joseph, mit klarem Geist ausgestattet, gebildet, mutig, willensstark und zäh, jedoch bisweilen zur Verstellung neigend, und gleichzeitig von lebhaftem und sinnlichem Temperament, interessiert sich nahezu ausschließlich für die praktische Seite des Lebens. Literatur, Kunst, Werke der Phantasie liegen außerhalb seiner Interessensphäre. Nach und nach gelangt der junge Kaiser vor allem durch die täglichen »Anregungen« seiner Mutter zu einer außerordentlich hohen Vorstellung von seinem kaiserlichen Amt und seiner moralischen Verantwortung. Sophie hat ihm eingetrichtert: »Du bist geboren, um zu herrschen«, er hat es völlig verinnerlicht. Die Erzherzogin wiederholt immer wieder, daß er nicht der Nutznießer, sondern der verantwortliche Träger der Tradition sei: Die Vorstellung von einem ruhmreichen Herrschertum, als dessen Instrument er wirkt, ist Prinzip und treibende Kraft des ganzen Reiches; seine Staaten bilden das persönliche Erbe der Habsburger; »seine Völker« sind durch kein anderes Band miteinander verbunden als durch ihren Treueid; die Minister und Beamten haben nur eine Pflicht zu erfüllen, nämlich dem Kaiser zu gehorchen. Und schließlich: Der österreichische Patriotismus ist in erster Linie dynastisch.

Diese Lektionen lernt Franz Joseph auswendig, bis sie ihm in Fleisch und Blut übergehen. Er spart weder Zeit noch Mühe. Täglich steht er um vier Uhr morgens auf und beginnt um fünf Uhr mit den Empfängen. Alle Angelegenheiten der Armee, der Verwaltung, der Polizei, der Diplomatie, der Finanzen werden hier vorgebracht, alle Fäden laufen bei ihm zusammen. Er perfektioniert die seit Metternich auf die Spitze getriebene Zentralisation der Regierungsgeschäfte noch, so daß das Reich schließlich nur mehr wie eine ungeheure Bürokratie mit einem riesigen Räderwerk erscheint. Dieser eiserne Apparat schließt sogar die Kirche ein. Trotz ihrer moralischen Autorität, ihren Adelsvorrechten und ihren reichen Pfründen funktioniert die österreichische Kirche weitgehend als eine religiös-klerikale Abteilung des Staates.

Die allgemeinen Richtlinien der Politik werden Franz Joseph von seiner Mutter vorgegeben. Kategorisch verlangt sie, daß alle wichtigen Fragen ihr zuerst vorgelegt werden, und sie entscheidet in ihrer trockenen Art, die keinen Widerspruch gestattet. Im übrigen erkennt sie nur eine einzige Regierungsgrundlage an: den reaktionären Absolutismus. Alle Minister sind ihrem Befehl unterstellt, den ganzen Hof bringt sie zum Zittern, denn von ihr, und nur von ihr, gehen alle Gunstbezeigungen, geht jede Ungnade aus. Auch nach seiner Thronbesteigung beugt sich Franz Joseph gefügig dem despotischen Willen seiner Mutter.

Die Zeiten, so meint er, erfordern eine unerbittliche Hand. Auf die Revolution ist längst die Reaktion gefolgt, sie hat in Österreich auf der ganzen Linie gesiegt. Vollblutaristokraten wie Fürst Schwarzenberg, Reaktionäre wie Feldmarschall Windischgrätz und Polizeiminister Baron Kempen beherrschen die Szene. Ultrakonservative Kleriker mit Kardinal Joseph Othmar von Rauscher, dem Erzbischof von Wien, an der Spitze, stehen ihnen kompromißlos zur Seite. Die demokratische Euphorie von 1848 ist längst verflogen, das Haus Habsburg steigt wie Phönix aus der Asche. Mit absolutistischer Macht regiert das System auf den Spitzen der Bajonette. Belagerungszustand in Galizien, Ungarn, Wojwodina, Italien, in Mailand und Prag. Polizeispitzel, Gendarmen, Statthalter, Kavalleriegenerale. Blut und Eisen.

Das Jahr 1853, in dem Franz Joseph seine Braut kennenlernt, erweist sich für ihn politisch als besonders schwierig. Gegen Ende des Sommers ist Europa vom Lärm kriegerischer Auseinandersetzungen erfüllt. Rußlands Verlangen nach dem Protektorat über die orthodoxen Christen in der Türkei droht das mühsam austarierte Gleichgewicht der Mächte zu zerstören. Ein erstklassiger internationaler Streit bahnt sich an. Für Österreich stehen lebenswichtige Fragen auf dem Spiel.

Im Reich herrschen unruhige Zeiten. An die Umtriebe der in London und Paris lebenden ungarischen Emigranten hat man sich in Wien fast schon gewöhnt. Doch nun rumort es auch wieder in Italien. Der fünftägige Aufstand in Mailand, im Februar des Jahres, kann erst nach erbitterten Straßenkämpfen niedergeschlagen werden. 978 lombardische Adelsfamilien werden nach dem Zusammenbruch der Rebellionen enteignet. Graf Radetzky, der hochverdiente, aber greise Feldmarschall, zieht als Oberbefehlshaber Lombardo-Venetiens mit der ihm eigenen Rücksichtslosigkeit die Zügel noch schärfer an: Beschlagnahme von Vermögen, Festnahmen, Hinrichtungen. Die Schreckensherrschaft ruft einen unstillbaren Haß hervor.

In diesen Jahren ist Felix Schwarzenberg der wichtigste Berater des Kaisers; Franz Joseph, der ihn rückhaltlos bewundert, bezeichnet ihn später stets als den größten Minister, den er je gehabt hat. Er bildet die neue Regierung, er beherrscht den Wiener Hof in politischen Fragen unumschränkt, er spiegelt dem Volk eine illusionäre Freiheit vor, um das Kaiserhaus zu stärken. Sein stolzer, unerschütterlicher Patriotismus, verbunden mit einem kaltblütigen Zynismus, wird nur unzulänglich von der lässigen Art des Grandseigneurs überdeckt. Schwarzenberg bleibt bis zu seinem Tod 1852 in den unruhigen ersten Regierungsjahren des jungen Kaisers die unumstrittene, strahlende, alles beherrschende Leitfigur einer geschmeidigen Staatskunst, die sich populärer Versprechungen und liberaler Schlagwörter virtuos bedient, um das immer stärker werdende Bürgertum zu täuschen – im Interesse des Vaterlandes, versteht sich.

Zwar haben sich innenpolitisch einige liberale Ideen durchgesetzt, vor den nationalen Aufständen aber ist Schwarzenberg keinen Meter zurückgewichen. Die Erhebungen sind mit härtester Unterdrückung beantwortet worden. Dabei erweist sich die Herrschaft in Ungarn als die schwierigste Herausforderung des jungen Monarchen. Früher einmal ist Franz Joseph als Vertreter des Kaisers dort gewesen und mit jubelnden Hochrufen begrüßt worden, seine frühreife Jovialität hat zweifellos Eindruck gemacht. In einer Zeit, in der die ungarischen Privilegien und die neue Verfassung heiß umstritten auf dem Spiel stehen, genügt dies nicht mehr. Es geht um mehr als um Liebe und Treue für den österreichischen Kaiser, es geht um Bedingungen, um Forderungen. Franz Joseph, und mehr noch den Männern neben, besser: unter ihm, erscheinen sie völlig unerfüllbar.

Die Magyaren treten dem Hof selbstbewußt, ja trotzig gegenüber. Sie zeigen nicht die geringste Neigung, sich »germanisieren« zu lassen. Unter Franz Joseph ist das »System Bach« eingeführt worden. Alexander Freiherr von Bach ist der Nachfolger Schwarzenbergs im Ministerium des Innern, ein Bürokrat, der alles und alle germanisieren will, was den Tschechen und Kroaten begreiflicherweise nicht zusagt. Den Ungarn schon gar nicht, sie haben ein besonders ausgeprägtes Gefühl für ihre Unabhängigkeit, die sie durch die Statuten von 1723 ein für allemal garantiert sehen. Und sie wollen Franz Joseph nicht eher anerkennen, bis er in Pest die Krönung empfangen und dort geschworen hat, die Gesetze des Königreiches unter der Stephanskrone zu achten. Das bekommt der junge Kaiser in unmißverständlicher Deutlichkeit zu hören, als er in einer Proklamation seine Absicht kundtut, »alle Länder und Völker der Monarchie zu einem einheitlichen Staate zu vereinigen«. Ungarn aber ist gerade nicht Teil des Staates, sondern ein Staat für sich.

Der Versuch Habsburgs, Ungarn zu dominieren, hat sich als nahezu undurchführbares Unterfangen erwiesen. Im Sommer des Jahres 1849 überflutet eine russische Armee von über zweihunderttausend Mann unter dem Befehl des Fürsten Paskiewitsch ganz Ungarn: die Hilfe des Zaren Nikolaus für den jungen österreichischen Kaiser, der mit der ungarischen Revolution nicht allein fertig werden kann. Die ungarischen Freiheitskämpfer kapitulieren vor der russischen Übermacht. Ludwig Kossuth, ihr Anführer, flieht mit seiner Revolutionsregierung über die türkische Grenze. Mit einer generösen Geste überläßt Zar Nikolaus dem österreichischen Kaiser das eroberte Land. Das einzige, was er sich ausbittet, ist eine »gerechte Milde für Ungarn«. Die aber wird durch eine »ungerechte Strenge«

ersetzt: Dieser vergessene Krieg zieht eine schier unendliche Reihe von Demütigungen nach sich. Der österreichische General Haynau richtet ein Blutbad unter mehreren hundert Personen an, einige Tausend, darunter Frauen der Aristokratie, werden ins Gefängnis gesteckt. Dreizehn ungarische Generale werden hingerichtet, hundertvierzehn Todesurteile vollstreckt, 1765 Offiziere und Zivilisten zu langen Freiheitsstrafen verurteilt. Die entkommenen Mitglieder der ungarischen Volksregierung werden in Budapest öffentlich »in effigie« gehängt. Auch Graf Gyula Andrássy und Ludwig Kossuth, die fliehen können, werden in Abwesenheit verurteilt, »ihre Bilder gehängt«.

Unvergessen bleibt hier das skandalöse Blutbad, das die russischen Truppen anrichten, die gnadenlose Vergeltung für Ausschreitungen. Ungarische adlige Offiziere werden als gemeine Soldaten in österreichische Regimenter gesteckt mit der unverhohlenen Absicht, sie kleinzukriegen und ihren Lebensmut zu brechen. Nicht einmal die hervorragendsten ungarischen Adelshäuser, wie die Esterházy und Batthyány, bleiben davon verschont.

Als größte und berüchtigtste Grausamkeit wird in Ungarn die Hinrichtung des ehemaligen ungarischen Ministerpräsidenten Ludwig Batthyány empfunden. Er versucht, sich mit einem stumpfen Messer den Hals durchzuschneiden, wird dann erschossen statt gehenkt, weil es einen zu großen Skandal verursacht hätte, den Schwerverwundeten zum Galgen zu schleppen. Seine Witwe lädt ihren Fluch über das Kaiserhaus ab, läßt ihren Sohn einen heiligen Eid schwören, daß er unter keinen Umständen jemals mit Franz Joseph sprechen noch ihn jemals anerkennen werde. Elemér Batthyány wird diesen Schwur halten. Noch viele Jahre später wird er immer wieder den Kaiser auf der Jagd »schneiden«, was ihn aber nicht davon abhält, hinter seinem Rücken Elisabeth den Hof zu machen.

Kaiser Franz Joseph weist alle Gnadengesuche ohne Ausnahme ab. Fürst Schwarzenberg gibt für ihn die Antwort: »Vorerst wollen wir ein bißchen hängen.«

Die Nachwirkungen des blutigen Gerichtes über die ungarischen Freiheitsbestrebungen wird die Donaumonarchie nie ver-

Kaiser Franz Joseph (Anfang der fünfziger Jahre).

winden. Der Kampf von 1849 wird im verborgenen weitergeführt: hart, grausam, blutig – wie jeder unterirdische Freiheitskampf. Erst Jahre später wagen es die Verschwörer, wieder an die Öffentlichkeit zu treten, Einfluß auf das politische Leben Ungarns zu gewinnen, wobei sie die nationalistischen Gefühle der jungen europäischen Völker geschickt zu nutzen verstehen.

Schließlich ist sogar das Leben des jungen Kaisers selbst bedroht. Bei einem Spaziergang auf der Schottenbastion versucht ihn im Februar 1853 der ungarische Schneidergeselle Janós Libenyi hinterrücks zu erstechen, um seine unterdrückten Landsleute zu rächen. Doch der Anschlag mißglückt. Nur dadurch, daß sich sein Adjutant Graf Maximilian O'Donnell dem Attentäter entgegenstellt, die Spitze der Klinge vom Nacken des Kaisers auf den goldbestickten Kragen ablenkt, kommt Franz Joseph mit einer Verletzung davon: eine tiefe, aber nicht lebensgefährliche Halswunde. Er zeigt sich tapfer und unerschrocken. »Hab' keine Angst, liebe Mutter, mein Hals ist nur ein wenig steif«, tröstet er Sophie, und zu den Offizieren seines Gefolges sagt er: »Nichts von Bedeutung! Schließlich war ich in keiner größeren Gefahr als meine tapferen Soldaten in Italien.« Ein kaltblütiger Kaiser.

Janós Libenyi, der noch in Fesseln »Lang lebe Kossuth« ruft, wird auf der Simmeringer Heide vor Wien aufgeknüpft. Eine Atmosphäre des Grauens breitet sich aus. Überall Füsilierte, Gehenkte, ausgepeitschte Frauen in Ungarn und Italien, überall dumpfe Auflehnung und brütender Haß – und in Wien, in den Kneipen der Arbeitervorstädte, in Studentenzirkeln und Demokratenclubs gärt es.

Franz Joseph ist für die Kriegsgreuel in Ungarn kaum persönlich verantwortlich zu machen, er ist letztlich nichts weiter als der Strohmann einer blutdürstigen und verstockten Kamarilla am Wiener Hof. Wenn die Erzherzogin Sophie ausfährt, geschieht es nicht selten, daß ihr Wagen umdrängt wird, daß ihr die Namen derer in die Ohren geschrien werden, die man in Ungarn hingemordet hat.

Aber auch der Kaiser bringt sich immer wieder in ein schlechtes Licht, indem er eine ostentative Unnachsichtigkeit an den

Tag legt und Gnadengesuche selbst dann kaltherzig ablehnt, wenn Mütter, denen es gelungen ist, zur Audienz vorzudringen, sich ihm weinend zu Füßen werfen und um das Leben ihrer Söhne flehen. Die Macht des Zweiundzwanzigjährigen, auf den Kampffeldern in Ungarn, auf der Niederwerfung des rebellischen Wien begründet, unbeschränkter und gefestigter noch als der vormärzliche Absolutismus, diese Machtfülle versinkt jedoch vor den Türen der mütterlichen Appartements. Franz Joseph ist der ergebenste Sohn, den man sich vorstellen kann. Die Mutter hat den Thron wieder auf feste Beine gestellt; der Kaiser des mächtigsten Reiches in Europa verwandelt sich vor ihr in einen fügsamen Knaben.

Franz Josephs Mutter gehört zu jener Art katholischer Frauen, die streng religiös sind, ohne prüde zu sein. Sexuelle Dinge werden recht freimütig behandelt, wobei sie sich intuitiv mit der alten, aristokratischen Tradition der katholischen Kirche in Übereinstimmung weiß. Erzherzogin Sophie hat keine Scheu vor den Schlafzimmergeheimnissen ihrer Söhne. Sie faßt es als praktische Vernunft auf, die Knaben bei den ersten Schritten in das geheimnisvolle Land der Liebe selber an der Hand zu führen, eine Methode, die nicht ihre Erfindung ist, sondern seit jeher im Kaiserhaus geübt wird.

In Liebesdingen zeigt Sophie noch etwas von jener gewissermaßen natürlichen Offenheit und Unvoreingenommenheit des 18. Jahrhunderts, die zum Beispiel eine Kaiserin Maria Theresia veranlaßt hat, ihrer Tochter Marie Antoinette in ihren Briefen genaue und eingehende intime Ratschläge zu erteilen, wie sie den faulen, indolenten und gehemmten Ludwig XVI. zu ehelichen Liebesbezeugungen anregen könne. Die Wiener Aristokratie, längst nicht mehr unbeeinflußt von der französischen Noblesse des untergehenden *ancien régime* und seiner frivolen Dekadenz, prägt das boshafte Wort von den »hygienischen Damen« am Hof, von den *initiatrices*, deren Aufgabe es ist, die jungen Erzherzöge des Hauses Habsburg in die Mysterien der

Liebe einzuweihen. Die aristokratische Umgebung, die zynisch und gelegentlich witzig ist, trifft damit das Wesen einer Institution, die man allgemein als notwendig und vernünftig betrachtet. Die *initiatrices* nehmen sogar eine zwar inoffizielle, aber angesehene Stelle im Hofstaat der heranwachsenden Erzherzöge ein. Bei der Wahl dieser Damen wird weder auf Geist und Intelligenz, noch auf die Herkunft geachtet, sondern das Augenmerk richtet sich ausschließlich auf eine gewisse animalische, gesunde Konstitution.

Wie Sophie alles in der Erziehung ihres Sohnes penibel geregelt hat, so läßt sie auch dieses Gebiet nicht unbeachtet. Der junge Kaiser von Österreich soll der Ehe nicht gerade als Anfänger in der Liebe gegenübertreten. Die außerordentlich sorgfältige Mutter, die mit viel kluger Voraussicht seine Erziehung überwacht, seine Studien geleitet und seine Lehrer ausgewählt hat, achtet nun auch darauf, daß in dieser wichtigen Phase im Leben ihres Sohnes nichts dem Zufall überlassen bleibt. Franz Joseph bekommt Lektionen in der *ars amandi*, genau wie er auch Unterricht in Geschichte oder Religion erhält. Mit seiner »Lehrerin«, einem üppigen, vollerblühten Bauernmädchen aus der Gegend von Krems, in dessen Armen Franz Joseph die Anfänge einer nicht sonderlich raffinierten Liebeskunst kennenlernt, ist er zufrieden. Die Kremser Frauen sind hochbrüstig und breithüftig und versorgen seit Generationen die gute Wiener Gesellschaft mit den besten Ammen. Erzherzogin Sophie, die Graf Grünne mit der heiklen Aufgabe betraut, die ersten erotischen Erfahrungen ihres Sohnes anzubahnen, zeigt sich zufrieden.

Die *initiatrice* findet bald Nachfolgerinnen, namenlose Frauen, kaum mehr als Reisegefährtinnen durch das Land der Leidenschaften. Franz Joseph schätzt den unkomplizierten Sex; Exzesse – mit Ausnahme solcher in der Erledigung bestimmter Staatsgeschäfte und in der Niedermetzelung von Hochwild – sind ihm fremd. Er hat sich völlig unter Kontrolle, bloß keine Komplikationen, keine Aufregungen im Gefühlsleben.

Der jugendliche Kaiser verändert das Leben des Hofes, die Schönheit der Frauen spielt eine große Rolle, Intrigen werden inszeniert, man amüsiert sich wieder, macht die Nächte zum Tag. Der Winter 1851 entschädigt die Wiener Gesellschaft durch einen besonders glänzenden Fasching für die trüben Zeiten der vergangenen drei Bürgerkriegs- und Revolutionsjahre. Der Hof ergibt sich ebenfalls dem Drang nach berauschenden Lustbarkeiten, bis Aschermittwoch veranstaltet Erzherzogin Sophie nicht weniger als sieben Bälle, mit der Begründung, ihrem Sohn Erholung von anstrengenden Regierungsgeschäften bieten zu wollen.

Es scheint besonders befremdlich, daß der Hof meint, ausgerechnet während der Schreckensherrschaft eine fröhliche Stimmung herauskehren zu müssen. Nicht, daß Franz Joseph dafür die Schuld zugeschoben werden kann, der sich geradezu naiv über jede Ablenkung freut. Aber die Baronesse von Beck schildert die Stimmung wohl zutreffend: »Ball folgte auf Ball, Soirées wurden angekündigt und Gesellschaften wurden veranstaltet; aber Rahel weinte immer noch um ihre Kinder und wollte sich nicht trösten lassen. Der Lloyd veröffentlichte Tag um Tag hochtrabende Berichte über die Hoffestlichkeiten, lange Listen der Schönheiten, die daran teilnahmen, und Beschreibungen der prunkvollen Kostüme, die sie trugen. Aber sie wurden ohne jede Teilnahme gelesen. Sie waren nicht am Platze, denn die Stadt war voller Trauer; solche phantastischen Versuche zur Heiterkeit waren nicht zeitgemäß, denn sie drängten sich wie Mißtöne in das Gefühl des Publikums. Wenn sie zuweilen auf einen Augenblick Gnade vor den Augen der Leser fanden, so wirkte es wie ein Lächeln einer Witwe, dem schnell ein Schamerröten darüber, daß sie ihren großen Kummer auf Minuten vergessen konnte, folgte.«

Franz Joseph nimmt alles als selbstverständlich hin. Er sieht gut aus mit seinen rötlichblonden Haaren und seinem seidigen Schnurrbart, seine Gesichtsfarbe ist frisch, die Augen strahlen einen gewissen verführerischen blauen Glanz aus, blicken mit einer unerschrockenen Lebenslust in eine Welt, die ihm bis dahin alles gegeben und nichts dafür verlangt hat. Sein Körper, schlank und geschmeidig wie eine Damaszenerklinge, übt eine nicht zu leugnende Attraktivität aus, die Frauen sind verrückt nach diesem ebenso begeisterten wie begabten Tänzer auf den Hofbällen. Und er wird von einer ganzen Reihe der schönsten Frauen umschwärmt: »Der Kaiser tanzt so gern und ganz vortrefflich«, schreibt eine entzückte Dame, »ohne zu schmeicheln ist er der beste Tänzer und auch der unermüdlichste. ... Die Komtessen schwelgen im Glück, des Kaisers Erwählte zu sein. Sie fliegen dahin wie von Oberons Horn beseelt, und genießen das bald zu Ende gehende Glück in vollen Zügen.«

So erlebt der Wiener Hof, allen voran Franz Joseph in seiner jungenhaften Begeisterung, eine rauschende Saison: Staatsbälle, exklusive Hofbälle, Kammerbälle, die in den Privatgemächern der Hofburg oder des Schlosses Schönbrunn stattfinden. Sophie ist eine exzellente Gastgeberin, arrangiert phantasievoll noch das letzte Detail, von der Dekoration bis zum Blumenschmuck und den Sträußchen für den Kotillon, den Höhepunkt eines jeden Balls.

Und wer ist die »Erwählte« des Kaisers? Unter den »Kaiserkomtessen«, wie sie in der Wiener Gesellschaft genannt werden, findet Franz Joseph in der acht Jahre älteren, reizenden Gräfin Elisabeth Ugarte seine Herzdame. »Die Hofbälle«, schreibt die schöne Komtesse an eine Freundin nach Deutschland, »interessieren mich am meisten, da ich jedesmal mit unserem deliziösen Kaiser tanze. Schon zweimal tanzten wir den Kotillon zusammen, was, wie Du Dir denken kannst, großes Aufsehen erregte und ma petite vanité nicht wenig schmeichelte. Ich bin so wie alle entzückt von unserem allerliebsten Monarchen, der alles, was man sich Gutes, Edles denken kann, in sich vereinigt. Er ist auch lieb und bestrickend in der Konversation und gewinnt außerordentlich bei näherem Kennenlernen...«

Franz Joseph feiert leichte und mühelose Triumphe, hält sich daher für unwiderstehlich. Immer befehlen zu können und niemals gehorchen zu müssen, immer entzückter Unterordnung, niemals Gleichgültigkeit oder arroganter Geringschätzung zu begegnen, stets der Erfüllung sicher zu sein und nichts zu ahnen vom Schmerz aufsteigender Hoffnung und heimlichen Zweifels

– das alles erspart ihm die Verlegenheit, um eine Frau werben zu müssen, ihr den Hof zu machen. Er nimmt, was sich ihm anbietet, und das sind viele. Die Damen der Hocharistokratie, die Prinzessin Alexandrine Dietrichstein, die Fürstinnen Clary-Aldringen und Trauttmansdorff, die er 1850/51 auf den Bällen beim Fürsten Eduard Liechtenstein, bei den Schwarzenberg und Kinsky kennenlernt, machen ihm schöne Augen und bestärken ihn nur noch in diesem Selbstgefühl. Auch sie finden den jungen, eleganten und liebenswürdigen Kaiser »einfach bezaubernd«.

Franz Joseph steht unbezweifelbar im Mittelpunkt, und alles ist auf ihn bezogen. Rücksichtnahme kennt er trotz der oberflächlichen Politur seines Charmes nicht. Selbst beim Essen nicht, immer kommt er zum Diner eine Viertelstunde zu früh, und seine Tischmanieren stürzen seine Umgebung in Verzweiflung. »Wir wundern uns stets«, vermerkt die Baronin Helene Redwitz einmal, »in welcher Geschwindigkeit die hungrigen jüngeren Herrn, die zuletzt bedient werden, so große Portionen verschlingen können. Dieses Speisen macht keinen behaglichen Eindruck.« Der Kaiser selbst gibt das Tempo vor, ißt zeitlebens überaus hastig, erhebt sich dann nach beendetem Mahl sogleich, womit die Tafel aufgehoben ist, zündet sich eine Virginia an, summt eine Walzermelodie. Die anderen mögen sehen, wie sie satt werden.

Vielleicht ist die Dame nur neidisch, die ein Jahr später einem Kreis von Bekannten die Neuigkeit auftischt, daß der Kaiser nicht mehr mit Elisabeth Ugarte tanze, und dann höhnisch hinzufügt: »Elle n'a pas le talent de conserver les affections.« Die kleine Komtesse jedenfalls gibt sich nicht lange traurigen Gefühlen hin, tröstet sich rasch damit, sich in den tollen Wirbel der Wiener Geselligkeit zu stürzen. Ihr Herz scheint nicht gebrochen zu sein.

Und auch Franz Joseph gibt sich mit Liebeskummer nicht ab. Der Zweiundzwanzigjährige verliert durch keine Affäre, durch keine *amour fou* das Vertrauen zu sich selbst, stellt sich niemals Fragen nach seinem Selbstwert, wie es junge Männer ja tun, wenn sie Angst haben, die Geliebte nicht erobern zu können, und eine lange, ungewisse Reise in das unentdeckte Land der eigenen Seele unternehmen. Franz Joseph fliegen am Hof Wärme, Zuneigung und Leidenschaft einfach zu, als wäre dies sein gutes Recht in der natürlichen, von Gott gegebenen Ordnung des Lebens. In dieser Hinsicht besteht zwischen ihm und einem Husarenleutnant, der eine kleine Grisette bei einer Flasche Champagner in einem Chambre séparée verführt, nicht der geringste Unterschied.

*D*ie Briefe, die Franz Joseph in diesen Jahren an seine Mutter schreibt, lassen seine Persönlichkeit, seinen Charakter nur allzu deutlich erkennbar werden. Alles kommt in ihnen zum Vorschein: seine ritterliche Höflichkeit, der große Respekt vor der Mutter, seine prosaische Nüchternheit und Phantasielosigkeit, die Vorliebe für alles Militärische, seine Jagdleidenschaft, die Pflichttreue und sein großer Hang zur Pedanterie. Sie wirken gar nicht wie Briefe, in denen Persönliches mitgeteilt wird, sondern bestehen zum größten Teil aus formelhaften Berichten über das Wetter, über das Wohlergehen von Verwandten und Bekannten, über Paraden auf der Schmelz, Empfänge, Besichtigungsreisen, Visiten oder Kavalleriemanöver. Selbst die Anrede bleibt stereotyp: »Meine liebe Mama« – Jahre, Jahrzehnte, ein halbes Menschenleben hindurch. Die Unterschrift erstirbt respektvoll in der Formel »Ihr treuer Sohn Franz«. Erst später, nach seiner Heirat, tritt bisweilen noch ein »Ich küsse Ihnen mit Sisi die Hände« hinzu. Das alles ist weniger ein Mangel an Stilgefühl, an persönlichem Ausdrucksvermögen, das besitzt er sehr wohl. Nur empfindet er, ein Meister der Konvention, kein Bedürfnis, es dort anzuwenden, wo es nicht unbedingt nötig ist.

Solange der junge Kaiser diese Konvention, diese starren Richtlinien für sein Leben als fast schicksalhaft gegeben hinnimmt, ohne davon ernstlich berührt zu werden, so lange hat seine Mutter Zeit und Muße, seine Ehe vorzubereiten. Seit zwei Jahren jedoch muß Erzherzogin Sophie befürchten, daß ihr Sohn in Gefahr gerät, Elisabeth von Este, die keineswegs für ihn bestimmt ist, ernsthaft zu lieben. Es ist also der Moment gekommen, den Kursus der Liebe abzuschließen, die Tage der Ungebundenheit zu beenden und Franz Joseph eine Frau zu suchen. Dreiundzwanzig Jahre ist er jetzt, Sophie hält es für höchste Zeit, ihn standesgemäß zu verheiraten. Eine der heiligen Pflichten eines Kaisers sich selbst, seinem Volk und der göttlichen Weltordnung gegenüber besteht schließlich darin, zu heiraten und Kinder, oder besser gesagt, eine direkte, legitime Nachkommenschaft zu zeugen.

Um das Jahr 1852 scheinen sich die Mütter katholischer Prinzessinnen in ganz Europa beim Niederknien zum Gebet wienwärts zu wenden. Der Kaiser von Österreich gilt fraglos als die beste Partie der westlichen Hemisphäre, denn der Zarewitsch Alexander ist bereits verheiratet, der Prinz von Wales noch ein Kind und außerdem Protestant, die Würde des Kaisers der Franzosen noch ein wenig zu jungen Datums. Zu den unbestreitbaren Vorteilen, die Franz Joseph bietet, zählt außerdem der immense Reichtum seiner Dynastie.

In Hofkreisen wird viel über die Aussichten der Erzherzogin Elisabeth von Este, aus der ungarischen Linie des Hauses Habsburg, spekuliert. Sie ist eine Tochter von Paladin Joseph, also eine Cousine zweiten Grades. Eine Ungarin! Völlig inakzeptabel für Sophie, die für Ungarn nicht das geringste übrig hat. Elisabeth, eine ebenso schöne wie kluge Frau, ist bereits mit zweiundzwanzig Jahren die Witwe des frühverstorbenen Erzherzogs Ferdinand aus der jüngeren Linie der Este, mit dem sie nur ein Jahr verheiratet gewesen war. Zwischen ihr und dem um ein Jahr jüngeren Franz Joseph entwickelt sich eine tiefe Freundschaft, die, wie die Umgebung wahrzunehmen glaubt, dabei ist, sich in eine wirkliche Liebe zu wandeln. Und ist es nicht ein Zeichen, daß bei einem Staatsball, zu dem der Kaiser in ungarischer Husarenuniform erscheint, zum ersten Mal seit der Revolution wieder der Csárdás getanzt wird?

Erzherzogin Sophie zögert nicht, sich da einzumischen, diese Verbindung muß vereitelt werden. Sie beendet die Sache, bevor sie richtig begonnen hat. Wie sie einst Tage und Nächte mit Grübeln verbrachte, um den wankenden Thron für den Sohn zu retten, so wendet sie jetzt alle Sorgfalt der Aufgabe zu, die passende Frau für ihn zu finden.

Die energische, zielbewußte Erzherzogin will ihr Werk vollenden. Sie hat ein Recht, sich als Retterin Österreichs, als die Bewahrerin der habsburgischen Hausmacht zu fühlen. Gab es fünf Jahre zuvor, 1848, in den Tagen der Ratlosigkeit, des Zauderns, der Schwachheit am Wiener Kaiserhof, im ganzen Kreis der Erzherzöge, Fürsten, Minister, Diplomaten und Generale nicht nur einen Mann – die Erzherzogin Sophie? Ihr Machtwille hat den Feuerbrand der mitteleuropäischen Revolution gelöscht. Sie hat die Skepsis des Hofs und die schleichende Toleranz besiegt, den Säbel der Konterrevolution in den drei Fäusten von Radetzky, Jellacic und Windischgrätz in Schwung gebracht. Sie hat Österreich wieder einen Kaiser gegeben. Den eigenen Sohn. Hat sie, die wirkliche Regentin, nicht jedes Recht, ihrem Sohn auch die Gemahlin auszusuchen?

Sophie, deren Entschlossenheit Franz Joseph seinen Thron verdankt, ergreift ohne zu zögern die Initiative. Sie trifft ihre Wahl und ist entschlossen, sie durchzusetzen. Es muß eine deutsche Prinzessin sein, die Erzherzogin denkt an Sidonie von Sachsen. Doch das Mädchen kränkelt, und Franz Joseph zeigt nicht das geringste Interesse. Da wäre Anna, die Nichte des preußischen Königs, schon eher nach seinem Geschmack. Der Kaiser hat sie anläßlich eines Besuches in Berlin im Winter 1852 kennengelernt, seine Gefühle entzünden sich rasch, er verliebt sich in die gleichaltrige Prinzessin, schwärmt der Mutter in Briefen von ihr vor. Sie hat allerdings einen Nachteil: Sie ist schon verlobt. Alle Interventionen Sophies bei ihrer Schwester Elise, Königin von Preußen, fruchten nichts. Umsonst die drängende Frage Sophies, »ob es keine Hoffnung gibt, daß diese traurige Heirat, die man dieser reizenden Anna auferlegt und die keinerlei Aussicht auf Glück für sie übrigläßt, vermieden werden könnte«. Nein, es gibt keine Hoffnung. Franz Joseph und Anna – das paßt der preußischen Politik nicht ins Konzept. Und Elise muß die Anfrage aus Wien abschlägig beantworten: Es kommt leider nicht in Frage, daß Anna zum Katholizismus übertritt und die Verlobung mit einem Prinzen aus dem Haus Hessen-Kassel aufgelöst wird.

Nun bleibt nur ein Ausweg: der Blick nach Bayern. Der Kaiser soll in ihre Familie heiraten. Was spricht dagegen? Was liegt näher als das Vorbild des väterlichen Hauses? Vernunft und Kalkül sind die besten Heiratsstifter, die traditionell engen Bindungen zwischen Österreich und Bayern lassen diese Konstellation einer neuen Heiratsverbindung als geradezu zwingend erscheinen. Der Kreis der Auswahl ist ohnehin eng geworden, er zieht sich schließlich fast zwangsläufig um München zusammen. Bei dieser Entscheidung ergeben sich zwei Vorteile: Die Rücksicht, die man der Kirche schuldig ist, die Braut aus einem streng katholischen Haus zu wählen, kommt zugleich der eigenen Familie zustatten. Erzherzogin Sophie fällt es nicht schwer, ihrer jüngeren Schwester Ludovika zu sagen, was sie wünscht. Es ist die große Glücksbotschaft für die »armen Verwandten« in Possenhofen.

Sophie hat sich Helene als Schwiegertocher in den Kopf gesetzt, Franz Joseph wird seine Cousine zur Frau nehmen und keine andere. Dabei scheint die Erzherzogin nicht einmal das schwerwiegende Faktum in Betracht zu ziehen, daß ihr Sohn und die Prinzessin Geschwisterkinder sind.

Der Kaiser kennt Helene bereits, er hat sie in Innsbruck und Ischl kennengelernt, bei ihren Begegnungen mochte man meinen, daß sie einander sympathisch sind. Das genügt der Mutter des Kaisers. Sie findet Helene vorzüglich geeignet für die Rolle der Kaiserin. Ist sie nicht wie geschaffen für eine hohe Stellung? Néné ist für ein großes Hofleben ja systematisch erzogen und vorbereitet worden, sie spricht mehrere Sprachen, tanzt, singt und musiziert ausgezeichnet und besitzt auch sonst Kenntnisse, die man von einer zukünftigen Herrscherin verlangt. Dafür hat die Mutter rechtzeitig gesorgt. Denn Ludovika hat stets gehofft, ihren Töchtern werde die Rolle in der Welt zukommen, die sie selbst nicht hat spielen dürfen. Immer wieder hat sie darüber gegrübelt, wie sie ihnen durch Verheiratung einen höheren Rang ermöglichen könne, als sie durch die Entscheidung ihrer Eltern erreicht hat. Doch den Wunschblick nach Wien, nach dem kaiserlichen Neffen, hat sie nur in der Phantasie gewagt. Österreichs junger Kaiser ist Europas beste Partie. Nein, so hoch, bis an den ersten Thron Europas, hat Ludovika nicht zu denken gewagt. Gibt es doch genug heiratsfähige Fürstentöchter, für die sich der junge Kaiser von Österreich entscheiden kann. Keine Prinzessin königlichen Geblüts könnte eine bessere Partie machen.

Die stille, etwas formelle Herzogin, welche die Freiheiten ihrer Kinder zwar großzügigerweise selten beschneidet, jedoch immer darauf bedacht ist, das Ansehen des Hauses zu steigern, braucht also nicht erst überredet zu werden. Ein paar Briefe nach Possenhofen, und alles läuft schon am Schnürchen. Der Unterricht Helenes, der in heiterer Unbekümmertheit vernachlässigt worden war, wird unverzüglich forciert, und kaum ist die Familie mit Beginn der kühlen Jahreszeit wieder in die Münchener Residenz gezogen, sorgt ein Schwarm von Näherinnen, Haarkünstlerinnen und Putzmacherinnen für Auftrieb. Die Ausstattung wird schon jetzt emsig zusammengestellt: Hüte, seidene Roben, Samtstiefelchen, pelzbesetzte Mäntel – alles für Helene. Sisi kann froh sein, wenn für sie ein Abendkleid genäht wird.

Für Ludovika ist es eine Genugtuung, ja eine gewisse Entschädigung, daß ihre sehr einflußreiche Schwester am Wiener Hof in ihre Richtung gedacht hat. Sophie ist es, die diesen Plan ausheckt, nach der sorgfältig getroffenen Wahl wird alles weitere zwischen den beiden Schwestern in konspirativen Briefwechseln vereinbart. Kein Detail wird dabei außer acht gelassen.

Der Beschluß ist gefaßt, das Vorhaben steht fest: Néné wird, die Mütter wollen es, die Gemahlin Franz Josephs, eine würdige Kaiserin auf Habsburgs Thron sein. Und Ludovika betet jeden Morgen und jeden Abend, daß Gott ihrem Kind das große Glück bescheren möge.

Eines schönen Junimorgens 1853 bringt ein Kurier der herzoglichen Familie in Possenhofen ein offizielles Schreiben von Erzherzogin Sophie: Ludovika, Max und Néné werden nach Ischl eingeladen. Der Herzog zieht ein verdrossenes Gesicht, er hat wenig Lust, sich von seiner herrischen Schwägerin kommandieren zu lassen. Doch an seiner Stelle wird Sisi mitfahren, deren sehnsüchtig bittende Augen ihre Lust auf diese Reise deutlich verraten.

*S*chließlich ist es soweit. Die jungen Leute sollen sich endlich liebenlernen, das Kennenlernen ist ja schon früher geschehen. Erzherzogin Sophie sieht kein Problem, sie glaubt bemerkt zu haben, daß Franz Joseph und Néné einander nicht unsympathisch sind. Für eine Kaiserehe scheint das zu reichen. In Wirklichkeit hat keiner von beiden bei ihren Begegnungen je den gewissen Funken gegenseitiger Anziehung verspürt. Für Franz Joseph, der noch Erzherzog ist, als er die Cousinen zum ersten Mal sieht, sind sie eigentlich noch Kinder, denn Helene ist vierzehn und Sisi elf Jahre alt, liebe nette Mädchen, mit denen man sich anfreunden kann, sonst nichts. Auch bei einer etwas späteren Begegnung mit ihnen hat Franz Joseph keinen anderen Eindruck gewonnen.

Inzwischen aber sind einige Jahre vergangen. Aus den beiden ältesten Töchtern des Herzogs Max, besonders aus Helene, sind junge Damen geworden. Doch die Erinnerung an die Kinder ist Franz Joseph geblieben. Er kann sich Néné nur als halbwüchsiges Mädchen vorstellen. Daher fährt er in diesem für ihn entscheidenden Frühjahr 1853 mit sehr gemischten Gefühlen nach Ischl, im Grunde nur, um seiner Mutter einen Gefallen zu tun. Ihm ist Sophies Absicht natürlich nicht verborgen geblieben, sie hat ihm deutlich genug zu verstehen gegeben, daß sie ihn zur Brautschau führt. Merkwürdigerweise hat der sonst außerordentlich gehorsame Sohn in diesem Fall seine eigene Meinung. Er sagt seiner Mutter geradeheraus, er wolle auf sein Gefühl vertrauen und Helene nur zur Frau nehmen, wenn sie ihm wirklich gefalle. Sophie ist unbesorgt. Néné wird ihm schon gefallen. Wer auch sonst? Sisi? Die ist noch viel zu jung. Sie wird zwar mit in Ischl sein, doch weder Sophie noch sonst jemand denkt auch nur entfernt an die Möglichkeit, daß die kleine Sisi ihrer älteren Schwester den Bräutigam ausspannen könnte.

Prinzessin Helene ist die Hauptdarstellerin in dieser Inszenierung.

Sisi hat nur mitkommen dürfen, weil sie so sehr darum gebeten hat. Ist Reisen nicht wunderbar? Außerdem braucht sie nach ihren traurigen kleinen »Liebesaffären« eine Abwechslung. Es heißt, Erzherzog Karl Ludwig und seine Brüder werden den Kaiser und die Erzherzogin Sophie nach Ischl begleiten. Karl Ludwig hat übrigens Sisi auch geschrieben, daß sie sich nun endlich wiedersehen werden, und er freue sich ganz besonders auf sie. Diese Ankündigung ihres nun zwanzigjährigen Verehrers versetzt sie weder in Aufregung, noch ist sie sehr neugierig auf ihn. Er ist wohl ganz lieb, aber weit mehr interessiert sie jetzt, was mit Néné geschehen wird.

Und so sitzen nun alle drei mit Sisis Gouvernante Roedi in dem bequemen Reisewagen, der sie nach Ischl fährt. Sie tragen alle schwarze Trauerkleidung, vor einigen Tagen ist eine Tante gestorben. Sisis aufgeregte Stimmung wird dadurch nicht getrübt, für sie ist jede Reise, und wenn sie sie auch schon öfter gemacht hat, ein Erlebnis. Niemand kümmert sich um sie, sie schaut aus dem Fenster, sieht die Landschaft vorbeiziehen, hängt ihren Gedanken nach. Sie bedauert nur, daß der Vater nicht dabei ist.

Ludovika hat jetzt Zeit, über die kleinen Feinheiten der Regie nachzudenken, die bei der Werbung eine große Rolle spielen. Am Plan selbst kann sich nichts ändern, Sophie will es so, und ihren Segen haben die beiden. Mit Stolz und Vorfreude blickt sie auf Néné. Spürt sie, daß sie selbst im Wesen der stillen Helene sehr ähnlich ist? Die Prinzessin, die zur Brautschau geführt wird, ist heute noch artiger als sonst, sitzt blaß und traurig im Reisewagen neben ihrer jüngeren Schwester wie eine Kränkelnde auf dem Weg zum Arzt.

Die Herzogin bereut jetzt nicht, die zweite Tochter mitgenommen zu haben. Sisi zeigt sich an diesem Tag besonders aufgeweckt, unbefangen und unterhaltend, heitert ihre Schwester wenigstens hier und da auf. Sie ist der Herzogin oft zu natürlich, zu zwanglos, zu jungenhaft, und auch auf dieser Reise hat Ludovika an Sisi allerhand auszusetzen. Besonders fürchtet sie,

in Ischl vor der strengen Erzherzogin Sophie und den sie beglei-
tenden, formenstarren Hofleuten mit Sisi nicht bestehen zu
können. Sie weiß, daß der ehemalige Gouverneur und jetzige
Generaladjutant des jungen Kaisers, Graf Grünne, anwesend
sein wird, und vor seinem durchdringenden prüfenden Blick ist
ihr am meisten bange. Daher gibt es auf der Fahrt im Wagen
allerhand wohlgemeinte Verhaltensmaßregeln für die noch so
kindliche Prinzessin.

Doch die Reise nach Ischl läuft nicht ganz ohne Ärger ab. Der
Wagen verspätet sich, die verfluchte Migräne zwingt Ludovika
und Helene, sich auszuruhen. Sie müssen ihre Schläfen mit kaltem Wasser kühlen. Ihre Kleider sind zerknittert, die Haare
staubig, die Hitze drückt auf ihr Gemüt, der zweite Wagen mit
den Reisekisten und der Garderobe ist weit zurückgeblieben.
Und die mütterlichen Ermahnungen fruchten nichts: Elisabeth
führt sich auf wie ein ungebärdiges, ein unmögliches Kind. Sie
hat zwar den besten Willen, der Mama zu gehorchen und ihr
Freude zu machen, aber ihr Drang, auch auf dieser Reise etwas
Besonderes zu erleben, ist stärker. Was kann sie dafür, daß es so
reizvolle Dinge auf der Fahrt gibt, wie an den Stationen die Pferde zu füttern und sie mit zur Tränke zu führen? In Rosenheim
findet ein Gespannwechsel statt. Sisi kann sich ein so wunderbares und seltenes Vergnügen doch nicht entgehen lassen. Bei
den Kutschern und Postillionen fühlt sie sich besonders wohl,
und alles, was Pferde betrifft, interessiert sie brennend. Und was
macht´s, wenn Schuhe und Kleider ein wenig naß geworden
sind? Im Koffer sind ja genug Kleidungsstücke zum Wechseln.

Doch Mama und die Gouvernante sind anderer Ansicht.
Ludovika, deren Kopf auf dieser Fahrt – wie so oft – zum Zerspringen schmerzt, droht entnervt, Sisi bei nächster Gelegenheit wieder nach München zurückzuschicken. Vorwurfsvoll
weist sie auf Helene, die sittsam neben der Mutter in der rumpelnden Reisekutsche sitzt. Nun wird Sisis Bewegungsfreiheit
eingeschränkt, auch die Gouvernante hilft der Mutter, sie im
Zaum zu halten. Also bemüht sich die Prinzessin, wenigstens
eine Zeitlang stillzusitzen. Brav lehnt sie sich in ihre Ecke
zurück.

Doch nicht dies allein bewirkt, daß Sisi während der letzten Strecke der Fahrt stiller ist. Der Reisewagen hat den Chiemsee passiert, im alten Traunstein, in Salzburg hat man Station gemacht. Nun geht es zu den Seen im Salzkammergut. Die Herzogin redet nur mehr zu Helene, das Gespräch der Mutter und das Verhalten der älteren Schwester lassen Sisi ahnen, daß in Ischl eine Überraschung wartet.

Ludovika bringt es endlich über sich und klärt Helene wenigstens andeutungsweise über den wahren Zweck der Reise auf. Mit einem Mal wird es auch Sisi klar: Diese Reise nach Ischl wird nur wegen Néné unternommen. Sie weiß sofort, worum es geht. Ihre Schwester wird sich verloben! Liebt denn Néné den jungen Kaiser? Sisi kann sich nicht erinnern, daß Helene je von ihm geschwärmt hätte.

Endlich findet auch diese Reise trotz allen Ärgers und aller Aufregungen ein Ende. Ischl kommt in Sicht, die Sommerfrische mit ihren gelben Biedermeier-Villen, einem Kurhaus mit Kolonnaden und einigen Hotels, bevorzugter Badeort der exklusiven Gesellschaft. Jedes Jahr mietet Sophie die Villa Eltz, deren schattiger Garten zur Traun führt. Dort hält die kaiserliche Familie in heiterer, ungezwungener Atmosphäre ihren sommerlichen Séjour.

Mit einiger Verspätung kommt die kleine Reisegesellschaft am 15. August 1853 in Ischl an, steigt im »Hotel Talachini« ab, wo Erzherzogin Sophie schon ungeduldig wartet. Die Vorkehrungen, die sie für den ersten Tag getroffen hat, müssen geändert werden, außerdem fehlen noch die Koffer mit der hellen Garderobe. Herzogin Ludovika wird von ihrer Schwester trotz aller Echauffierung herzlich empfangen. Helene und Sisi küssen mit einem tiefen Knicks ihrer Tante Sophie die Hand. In die Herzlichkeit, wie sie unter nahen Verwandten üblich ist, mischt sich die Betonung des Respekts, den man dem mächtigeren Haus schuldig ist. Rasch werden die Prinzessinnen hergerichtet, Helene natürlich besonders sorgfältig angekleidet und frisiert, Sisi kämmt ihr herrliches Haar selbst.

Trotz der Würde, die sie auch im einfachen Sommerkleid ausstrahlt, kann die Erzherzogin herzlich sein. Sie ist besonders neugierig auf Helene, die sie lange nicht gesehen hat. Die Langsamkeit und Schwerfälligkeit ihres Mannes Franz Karl wirkt im Vergleich zu der aufgeräumten Energie Sophies diesmal besonders lähmend, er schaut nur freundlich, lächelt stets (und ähnelt sehr seinem ältesten Bruder, dem abgedankten Kaiser Ferdinand, der als Pensionist in der Prager Burg lebt).

Seit dem letzten Besuch in Ischl hat sich nichts geändert, und doch ist diesmal alles anders. Die Brüder des jungen Kaisers sind da, Sophies Hofstaat ist gewachsen, man sieht neue Gesichter, mehr Uniformen. Und wo ist Franz Joseph? Von dringenden Regierungsgeschäften in Wien aufgehalten, hat er seine Abreise nach Ischl zweimal verschieben müssen. Als der Kaiser endlich mit seinem Generaladjutanten, Graf Grünne, aufbricht, sieht er den Ferien mit ambivalenten Gefühlen entgegen. Ihm ist klar, welche Absichten seine Mutter verfolgt, was in Ischl auf dem Spiel steht. Wird ihm Helene gefallen? Er ist bereit zur Ehe, nicht zuletzt, nachdem sein bester Freund, der jungverheiratete Prinz Albert von Sachsen, in begeisterten Briefen die Vorzüge des Ehelebens in den glühendsten Farben geschildert hat.

Und dann kommt der Kaiser schneller in Ischl an, als man erwartet hat. Die Strecke von Wien, für die man sonst dreißig Stunden braucht, hat er in nur neunzehn Stunden zurückgelegt.

*N*achdem auch Franz Joseph am Ort seiner glücklichsten Kindheitserinnerungen eingetroffen ist, beginnt eine Geschichte von märchenhaftem Glanz. Kaum ein anderes Ereignis des 19. Jahrhunderts – mit Ausnahme der dunklen Tragödie von Mayerling – hat die Phantasie stärker angeregt, hat solch ein dichtes, zauberisches Gespinst der Legende entstehen lassen. Was ist nicht alles geschrieben, zusammengedichtet und rührselig ausgemalt worden. Sisi ist keineswegs im Hotel zurückgelassen worden, und Franz Joseph ist ihr auch nicht zufällig begegnet, als sie allein durch den Wald reitet oder singend durch die Felder streift. Doch selbst wenn wir all die kitschigen Schilderungen aus dem Reich romanhaft-dichterischer Phantasie beiseite schieben, so bleibt es doch eine Tatsache, daß die Begegnung zwischen Franz Joseph und Elisabeth in den ersten Augenblicken wohl ein Ereignis von purer Magie ist.

Vielleicht gehört schon der durcheinandergeratene Ablauf zum Plan des Schicksals. Während sich nämlich Helene in aller Eile schön herrichten läßt, wird Sisi kurzerhand ihrer Gouvernante anvertraut. Elisabeth bekommt alles mit, was um sie herum geschieht, spürt die allgegenwärtige Aufregung wie ein Kind, das im Nebenzimmer spielt, ausgeschlossen von der Gesellschaft der Erwachsenen. Die Mutter und Helene haben kaum einen Blick für sie übrig, im Salon wird der Empfang vorbereitet. Vorher erscheint Tante Sophie bei ihrer Schwester, es kommen Diener mit Blumen, ein Adjutant des Kaisers übergibt einen mysteriösen Brief. Sisi ist mit ihrer Gouvernante Roedi allein, aber die Unruhe der anderen springt auch auf sie über.

Franz Joseph hat bislang nicht an den Ratschlägen und Wünschen seiner Mutter gezweifelt. Doch seine neue, unbeschränkte Macht als Kaiser hat in den vergangenen Jahren auch das Gefühl für die Freiheit eines festen und bestimmten Willens wachsen lassen. Als er seiner Cousine Helene gegenübertreten soll, empfindet er zum ersten Mal einen Wunsch der Mutter als fremdes, beengendes Gebot. Er hat ihr in mehreren Gesprächen und Andeutungen seine Skepsis zu verstehen gegeben, auch seine Absicht, nur der eigenen Stimme folgen zu wollen. Beim Tee, zu dem Sophie mehrere Verwandte, darunter auch ihre anderen Söhne und ihre Schwester Elise, die Königin von Preußen, eingeladen hat, fällt eine Entscheidung, mit der niemand rechnet.

Franz Joseph weiß nicht, daß Sophie und Ludovika ihren Plan in einer ausführlichen Korrespondenz schon bis ins kleinste Detail ausgearbeitet haben. Er spürt aber, daß eine Entscheidung von ihm erwartet wird. Er ist verlegen, Helene befangen, sie wissen beide genau, was auf dem Spiel steht. Die Cousine steht linkisch und verkrampft vor ihm, mit vor Aufregung zusammengepreßten Lippen, bringt zwar eine formvollendete Verbeugung zustande, macht aber keinen besonderen Eindruck auf den Kaiser. Ihr Lächeln erstarrt, als sie die vielen Blicke auf sich gerichtet fühlt. Franz Joseph findet sie durchaus attraktiv, wer würde das nicht, schön, groß und schlank, wie sie ist. Aber sie erscheint ihm in ihrer Schönheit doch etwas streng, in ihrer Eleganz konventionell, in ihrem Auftreten allzu wohlerzogen und verschämt. Und er bemerkt noch etwas, was ihn irritiert: Für ihre zwanzig Jahre hat sie einen sehr energischen Zug um die Mundwinkel. Eine spröde, kühle Schönheit, die sein Herz nicht zu erwärmen vermag. Was soll er sagen, hier in diesem Salon, wo sich sein Schicksal entscheiden soll, ohne diese jetzt aufs äußerste gespannten Erwartungen zu enttäuschen und zerstörte Hoffnungen, verletzte Gefühle und Empfindungen zurückzulassen?

Der junge Kaiser setzt sich mit der Gesellschaft zu Tisch. Sisi speist mit ihrer Gouvernante im Nebenzimmer, der Herzogin schien es ratsam, die ungestüme jüngere Tochter in dieser entscheidenden Stunde zu separieren. Die Zeit des Besuches ist abgesteckt, jede Minute rückt den Uhrzeiger dem Punkt näher, der von Franz Joseph einen Entschluß fordert. Er fühlt die Hand der Mutter, stark und drängend, die ihn durch die Bangigkeit dieser Minuten führen will. Er spürt aber auch die aufsteigenden Zweifel nur allzu deutlich, er sieht sich Abschied nehmen von den vielen kleinen Wonnestunden des Junggesellenlebens und der leidenschaftlichen Liebesabenteuer. Er hört jeden Sekundenschlag in den Pausen, die das Gespräch stocken lassen, er ist bedrückt beim Blick auf Helenes Befangenheit, auf die Augen der Tante, aus denen eine bange Frage spricht. Dann ist auch diese Stunde überstanden.

Die Augustsonne zaubert schon den Duft des fernen Herbstes über die Landschaft. Elisabeth ist nach dem hastig heruntergeschlungenen Essen im Park gewesen und stürmt lachend, glücklich und erhitzt, einen großen Strauß Feldblumen in der Hand, in den Raum, wo sie vielleicht ein paar Süßigkeiten zu finden hofft. In ihrer kindlichen Unbefangenheit ahnt sie nichts von der Bedeutung des Augenblicks. Den schlankgewachsenen jungen Mann, der ihr strahlend im Weiß, Rot und Gold seiner Feldmarschallsuniform gegenübertritt, erkennt sie sofort: Franz

Joseph, ihr Cousin, der Kaiser. Unbekümmert und ohne die geringste Verlegenheit begrüßt sie ihn mit ihrer frischen hellen Mädchenstimme. Es ist die erste Begegnung der beiden seit langem. Und sie entscheidet ihr Leben.

Da steht sie vor ihm, mit ihrem ovalen zarten Gesicht, ihren weichen Lippen, dunkelbraunen Augen, halb verdeckt von langen Wimpern, mit ihrer sehr weißen Haut, der Flut dunkelblonder Haare, ihrer zierlichen Gestalt. Für Franz Joseph ist es, als träfe ihn ein Blitz, er ist von ihr wie geblendet. Im Handumdrehen hat der Kaiser Feuer gefangen, spürt er eine heiße Welle der Zuneigung für dieses Mädchen. Er folgt, jede Hemmung, jeden Zweifel beiseite schiebend, einem ursprünglichen, durch kein Zögern getrübten Impuls. Alles ist so verwirrend und konfus und doch so einfach und klar. Wenn je das Wort von der »Liebe auf den ersten Blick« Wirklichkeit war – auf Franz Joseph trifft es in diesem Moment zu. Elisabeth, dieses zauberhafte Wesen, ist die Frau, die er begehrt und nach der er ein nicht zu unterdrückendes Verlangen spürt.

Die Atmosphäre lockert sich, Ludovika, Sophie und Elise haben sich viel zu erzählen, im Garten spielt eine kleine Kapelle auf, man singt die Refrains aus den neuesten Operetten. Das Eis ist gebrochen. Karl Ludwig versorgt seine angebetete Cousine mit Eis und Kuchen. Sisis Blicke mustern unbefangen die hochgewachsene Gestalt Franz Josephs. Eigentlich sieht er aus wie ein fescher Leutnant in seiner blitzenden Uniform. Er ist sehr elegant, und Sisi findet ihn hübsch, viel schöner, als sie sich ihn vorgestellt hat.

Als die Gäste gegangen sind, sagt Karl Ludwig enttäuscht zu seiner Mutter: »Die Sisi hat dem Franzi so gut gefallen, viel besser als Néné. Du wirst sehen, er wird viel eher sie wählen als die ältere Schwester.« Sophie lacht belustigt: »Aber wo denkst du hin, diesen Fratz!«

Die fünfzehnjährige Elisabeth soll auch am Abend noch nicht an der Tafel der Erwachsenen mitessen, erst recht nicht, wenn so hohe Gäste wie heute teilnehmen: der österreichische Kaiser, die Kaisermutter, die Königin von Preußen, Prinz Alexander von Hessen, Feldmarschall in österreichischen Diensten, alles ganz formell. Aber auf Franz Josephs ausdrücklichen Wunsch ist sie doch dabei, wird ans Ende der Tafel plaziert. Vage ahnt Sisi die Bedeutung dieser Geste, und ihr ist keineswegs wohl dabei. Heimlicher Stolz, daß sie, das kleine Mädchen, offenbar etwas Eindruck auf den Kaiser gemacht hat, Schüchternheit, Angst vor dem Neuen, Unbekannten, alle diese Gefühle wechseln sich in rascher Folge ab. Und mit einem Mal, als fegte ein Wind alle Sicherheiten hinweg, ist es mit ihrer Unbefangenheit vorbei. Die Angst siegt und behält die Oberhand. Sisi sieht blaß aus und bringt, eingeschüchtert durch die vielen Leute, kaum einen Bissen herunter, so daß es allen auffällt und manche sie zu necken beginnen. Immer wieder wandern Franz Josephs Blicke zu Sisi herüber, die verlegen mit der Gabel auf dem Teller herumstochert.

Für seinen Bruder Karl Ludwig bricht eine Welt zusammen. Seine Augen haben einen zärtlichen Glanz, wenn er zu Sisi hinüberblickt, und das tut er fast immer. Es stört Sisi ein wenig, und sie setzt daher lieber ihre versteckte Beobachtung des Kaisers fort. Was sie sieht, gefällt ihr, keine Frage. Plötzlich merkt sie, daß auch er sie beobachtet und nur unkonzentriert bei der Unterhaltung ist, die Helene – verkrampft in dem vergeblichen Bemühen, seine Aufmerksamkeit zu erringen – mit ihm führt. Sisis Gesicht überzieht flammende Röte, als sich ihre Blicke begegnen. Fällt es denn nicht auf, daß der Kaiser nur Augen für sie hat, daß er kaum ein Wort an ihre Schwester richtet?

Nein, niemand scheint etwas gemerkt zu haben. Außer Karl Ludwig, der hat mit dem feinen Instinkt des eifersüchtigen Bruders wieder das Aufflammen in den Augen Franz Josephs gesehen, als er Sisi angeschaut hat. Und er weiß schon jetzt: Sisi wird Kaiserin von Österreich werden, und nicht Helene. Später schreibt er in einem Brief an seine Mutter, »daß in dem Augenblick, als der Kaiser Sisi erblickte, ein Ausdruck so großer Befriedigung in seinem Gesicht erschien, daß man nicht mehr zweifeln konnte, auf wen seine Wahl fallen würde«. Und Erzherzogin Sophie berichtet über die denkwürdige Begegnung an Marie von Sachsen, ihre Schwester: »Er strahlte, und Du weißt, wie sein Gesicht strahlt, wenn er sich freut. Die liebe Kleine ahnte nichts von dem tiefen Eindruck, den sie auf Franzi gemacht hatte. Bis zum Augenblick, da ihre Mutter ihr davon sprach, war sie nur von Scheu und Schüchternheit erfüllt, die ihr die vielen sie umringenden Menschen einflößten.«

*A*m nächsten Morgen, in aller Frühe schon, eröffnet Franz Joseph seiner erstaunten Mutter, daß Sisi ihm gefalle. Er ist vor Begeisterung außer sich: »Nein, wie süß Sisi ist, sie ist frisch wie eine aufspringende Mandel und welch herrliche Haarkrone umrahmt ihr Gesicht! Was hat sie für liebe, sanfte Augen und Lippen wie Erdbeeren.« Sophie, erschrocken über diesen Gefühlsausbruch, ermahnt ihn aufgebracht, nichts zu überstürzen. Doch Franz Joseph hört kaum hin: »Sisi – Sisi – dieser Liebreiz, diese kleinmädchenhafte und doch so süße Ausgelassenheit!«

Am Abend des 17. August 1853 findet aus Anlaß des bevorstehenden Kaisergeburtstages ein Ball statt. Fast hundert Personen sind eingeladen worden und drängen sich in der kleinen Villa, darunter die Mitglieder des österreichischen und des preußischen Hofstaats. Helene erscheint in einem spektakulären weißen Atlaskleid, das ihre dunkle, monumentale Schönheit zur Geltung bringt, ihre Stirn ist mit Efeuzweigen geschmückt. Elisabeth kommt in einem einfachen Kleid aus weißrosa Musselin. Franz Joseph setzt sich über alle Vorschriften der Etikette hinweg, hat nur Augen für sie, er tanzt besser als sie, wirbelt aber die halbe Nacht durch mit seinem Traummädchen übers Parkett. Die Polka darf sein Adjutant Hugo von Weckbecker mit ihr tanzen, der Kaiser freut sich an diesem Anblick, sie tanzt für ihn. Sisi bewegt sich trotz der vielen Blicke, die auf sie gerichtet sind, ungezwungen im Rhythmus der mitreißenden Musik. Nachdem der Adjutant sie an ihren Platz zurückgeführt hat, vertraut er einem Freund an: »Ich glaube, ich habe mit der zukünftigen Kaiserin getanzt.«

In einer Pause zeigt Franz Joseph ihr ein Album mit kolorierten Abbildungen von Bewohnern der achtzehn Staaten Österreichs in Nationaltracht. »Das sind meine Untertanen«, sagt er und fügt unbeholfen hinzu: »Wolltest du nicht auch, es wären deine?« Dann spielt wieder die Musik auf, er tanzt auch den letzten Tanz, den Kotillon, mit ihr, überreicht ihr danach sein Bukett, ein Sträußchen selbstgepflückte Edelweiß – ein ebenso traditionelles wie eindeutiges Zeichen, daß er *sie* gewählt hat. Eine Wahl ohne Worte, eine Geste, die Sisi in ihrem tieferen Sinn nicht versteht. Sie schämt sich nur, derart im Mittelpunkt des Interesses zu stehen. Aber alle außer der kleinen Prinzessin beginnen zu ahnen, mit welcher Ernsthaftigkeit der Kaiser seine Absicht verfolgt.

Und Helene? Niemand spricht mehr von Helene. Den ganzen Abend über hat sie diesen Ball nicht eine Minute genießen können. Zu groß ist die Enttäuschung, die Demütigung vor den versammelten Familien Habsburg und Wittelsbach. Sie trägt es mit Würde, beißt die Zähne zusammen. Sie hat keine Kraft, sich gegen diese so offensichtliche Zurückweisung zu wehren. Sie flirtet nicht, sie versprüht keinen Charme, sie fühlt sich nur erniedrigt und verzweifelt. Sie ist zwanzig Jahre alt, bestimmt für ein Leben in Glanz und Herrlichkeit. Nun steht sie vor einem Scherbenhaufen zerplatzter Träume, während alle sich auf ihre Kosten amüsieren.

Sophie jedoch gibt nicht kampflos auf. Für sie ist die Sache noch nicht entschieden. Vor dem Schlafengehen nimmt sie sich ihren Sohn vor. Der Instinkt der Mutter lehnt die Wahl des Kaisers ab. Alles, was Franz Joseph vorbringt, stößt auf taube Ohren. Wie eiskalte Wellen kommen die Einwände seiner Mutter: Warum um Himmels willen Sisi, ein unvollendetes Geschöpf, fast noch ein Kind. Warum nicht Helene? Néné ist doch beständiger, besser auf das sie erwartende Leben vorbereitet als Sisi, die kleine Göre. Sie zu heiraten wäre eine Beleidigung, nicht nur Helenes, sondern der ganzen herzoglichen Familie. Ein so junges Mädchen ist keine Kaiserin. Zur Kaiserin wird man geboren. Sisi kommt ganz nach dem Vater, Helene hat den Charakter ihrer Mutter. Und so weiter. Und so fort.

Vernunftgründe, Beschwörungen, Bitten, selbst Drohungen, alles prallt an der Starrköpfigkeit des sonst so ehrerbietigen Sohnes ab, der sich nun zum ersten Mal – und es soll unglücklicherweise beinahe das einzige Mal bleiben – seiner Mutter widersetzt. Franz Joseph hört das, was er schon überaus häufig von seiner Mutter zu hören bekommen hat: Der Kaiser hat Pflichten, er lebt nicht wie jedermann, er ist nicht nur sich selbst gegenüber, er ist auch dem Haus Habsburg, er ist Gott verantwortlich. An diesen Worten hat Franz Joseph bislang nie gezweifelt, jetzt klingen sie wie aus einer anderen Welt. Er fühlt sich so stark und selbstbewußt, daß ihn auch die eindringlich vorgetragenen Einwände seiner Mutter nicht zu irritieren vermögen.

Das stundenlange Gespräch führt zu keinem Ergebnis, das heißt: zu keinem für Sophie befriedigenden Ergebnis. Franz Joseph beharrt ihr gegenüber auf seinem eigenen Willen. Das erschüttert die Mutter, die bisher an blinden kindlichen Gehorsam gewöhnt ist. Sie spürt eine Abneigung gegen das kleine Mädchen in sich aufsteigen, das ihren Sohn mit seiner ansteckenden Fröhlichkeit, mit seinen tiefdunklen Augen, mit dem schmalen blassen Gesicht so beeindruckt hat. Und Sisis Schönheit erweist sich als stärker als der Wille dieser machtbewußten Frau. Niemals wird Sophie ihr das verzeihen. Der klassische, uralte Konflikt: die Mutter, die ihren über alles geliebten Sohn an eine andere Frau, an *diese* Frau verliert. Sisi, das spürt Sophie instinktiv, ist nicht die richtige Wahl für Franz Joseph. Gewiß, sie ist hübsch, wenn sie auch zu gelbe Zähne hat, wie Sophie sogleich zu bemängeln beginnt. Aber was nützt das schöne Aussehen schon?

Nach langem, trotzigem Schweigen erklärt Franz Joseph, dann eben überhaupt nicht heiraten zu wollen.

Er ist mit der ganzen Impulsivität seiner dreiundzwanzig Jahre in Sisi verliebt. Kategorisch erklärt er: Ich fühle es, sie ist mein Glück. Und auch die Mutter wird mit der Zeit lernen, Sisi zu lieben. So denkt er, so sagt er es Sophie. Er befürchtet nicht eine Minute, daß es mit der Erlaubnis, Sisi zu heiraten, keineswegs getan ist, daß seine Ehe jahrelang Schauplatz eines erbitterten Kampfes sein könnte. Er unterschätzt, daß sich seine Mutter in ihrem brennenden Ehrgeiz niemals von diesem »unmöglichen Kind« aus dem Herzen des Sohnes verdrängen lassen wird. Die

Liebe, die wie ein Feuer aufflammt, unterbindet jeden Anflug von Realismus.

Schließlich setzt er seinen Willen durch. Er bekommt die Erlaubnis, Sisi einen Antrag zu machen. Von Helene ist nicht mehr die Rede. Der Gedanke, daß Sisi nein sagen könnte, kommt Franz Joseph nicht in den Sinn. Er zweifelt nicht an sich, an seiner Attraktivität und Unwiderstehlichkeit, er hat niemals auch nur den geringsten Zweifel kennengelernt. Ist es ihm denn bislang nicht gelungen, jede Frau zu bekommen, die er gewollt hat?

Es ist eine Wahl nach seinem Herzen, sie folgt weder traditionellen, noch dynastischen oder anderen Gründen. Nichts wird ihn umstimmen. Zum ersten Mal in seinem Leben hat er etwas unbeeinflußt und ganz für sich entschieden. Er ist kein Menschenkenner, auch später wird er sich oft die falschen Ratgeber, Diener, Freunde auswählen. Und so hat er auch Sisi gewählt. Kein Gedanke daran, ob diese sensible, phantasievolle junge Frau mit ihrer komplizierten Seele auch zu ihm paßt. Er ahnt nicht einmal etwas von ihren Tiefen und Abgründen, geschweige, daß er sie verstehen würde.

Unvoreingenommen, objektiv und vom Standpunkt des Historikers aus gesehen, hat Sophie nicht einmal unrecht, wenn sie versucht, diese Heirat zu verhindern. Sie spürt sehr genau Sisis Differenziertheit, sie fürchtet ihren starken Eigenwillen, ihre überlegene Intelligenz. Sophies Fehler ist nur, daß sie Elisabeth später niemals raten und helfen wird, daß es ihr nur darum geht, den Willen der jungen Kaiserin zu brechen. Sie wird keine Minute lang vergessen, daß Sisi es war, die ihren Sohn zur Auflehnung gegen den mütterlichen Willen veranlaßt hat. Die Erzherzogin wird eine wirksame Methode entwickeln, sie sich gefügig zu machen.

Der Morgen, es ist Samstag, 18. August, verspricht heiß zu werden, schon früh brennt die Sonne unbarmherzig vom Himmel. Die Hälfte der Festgesellschaft wacht mit Kopfschmerzen auf. Alle Schwestern des Hauses Wittelsbach leiden an Migräne, in ihren Tagebüchern und Briefen ist ständig die Rede davon. Sophie hat eine unruhige Nacht hinter sich, aber sie ist die erste, die ihrem Sohn zum Geburtstag gratuliert. Ihr widerwilliges Einverständnis zu seiner Brautwahl ist das wichtigste Geschenk, das er bekommt. Sophie hat sich mit seiner Entscheidung abgefunden, sie mag sich nicht weiter auf Helene kaprizieren. In einem Brief an ihre Schwester Marie übertreibt sie sogar ihre Schwärmerei von der Erscheinung Sisis am Vorabend: »Die Haltung der Kleinen ist so anmutsvoll, so bescheiden, so untadelig, so graziös ja beinahe demutsvoll, wenn sie mit dem Kaiser tanzt. Sie war wie eine Rosenknospe, die sich unter den Strahlen der Sonne entfaltet, als sie neben dem Kaiser beim Kotillon saß. Sie erschien mir so anziehend, so kindlich bescheiden und doch ihm gegenüber ganz unbefangen. Es waren nur die vielen Menschen, die sie einschüchterten.«

Der Geburtstag wird im Kreis der Familie gefeiert. Beim großen Diner, so Sophie weiter, »war der Kaiser so stolz, daß Sisi, die neben ihm sitzen durfte, mit sehr gutem Appetit gegessen hatte. Nachmittags machten wir einen Ausflug nach Wolfgang.« Natürlich setzt sie sich mit in die Kutsche, auch Helene wird mitgenommen. Eine unglückliche Konstellation, Franz Joseph und Sisi sitzen sich schweigend gegenüber, während Helene ununterbrochen mit vorgetäuschter Heiterkeit plaudert, was der Erzherzogin auf ihre ohnehin schon strapazierten Nerven geht.

Nach der Ausfahrt bittet Franz Joseph entwaffnend offen seine Mutter, bei Ludovika vorzufühlen, ob er um Sisis Hand anhalten könne. Er wünscht aber, daß man Elisabeth auf keinen Fall unter Druck setzen soll.

Die Ereignisse überstürzen sich. Zunächst führen die Erzherzogin und Ludovika lange Gespräche, über die Sophie berichtet: Ludovika »drückte mir bewegt die Hand, denn sie hatte in ihrer großen Bescheidenheit immer gezweifelt, daß der Kaiser wirklich an eine ihrer Töchter denken würde«.

Elisabeth reagiert auf den Antrag weniger glücklich, als vielmehr ratlos und ängstlich. Sie kann nicht verhehlen, daß sie plötzlich eine unüberwindlich scheinende Ablehnung gegen die sich so rasch anbahnende Ehe mit ihrem Cousin empfindet. Die Herzogin versucht sie zu beruhigen, redet auf Elisabeth ein. Vergeblich. Dann spielt Ludovika den Trumpf der Einschüchterung aus: Dem Kaiser von Österreich gibt man keinen Korb, erklärt sie kategorisch. »Wäre er doch nur kein Kaiser«, entgegnet Sisi schüchtern. Auch ihrer Gouvernante Roedi schüttet sie ihr Herz aus: »Ja, ich habe den Kaiser schon lieb. Wie soll man diesen Mann nicht lieben können. Aber wie kann er nur an mich denken, ich bin ja so jung, so unbedeutend. Ich will alles tun, um den Kaiser glücklich zu machen. Aber ob es wohl gehen wird?«

Was Sophie bei ihrem Sohn nicht gelungen ist, nämlich ihn doch noch umzustimmen, das erreicht Ludovika bei Sisi. Unter Mühen, unter Tränen, aber immerhin. Elisabeth gibt das ersehnte Ja-Wort, halb freiwillig, halb von ihr erpreßt. Ludovika informiert ihre Schwester über Sisis Zustimmung schriftlich. Der Brautvater, Herzog Max, wird telegraphisch informiert, ebenso der König von Bayern.

Sonntag, 19. August. Franz Joseph ist voll frühmorgendlichem Tatendrang. Schon um acht Uhr fährt sein Wagen vor dem Hotel vor. »Ist Prinzessin Elisabeth schon auf?« fragt der Kaiser, und als man ihm mitteilt, sie wäre noch beim Ankleiden, fordert er: »Dann will ich mit der Herzogin sprechen.« Er hält nun in aller Form um die Hand Elisabeths an. Nach der Einwilligung Sisis eilt Franz Joseph zu ihr, empfängt sie mit ausgebreiteten Armen. Ludovika in einem Brief an eine Verwandte: »Ich ließ ihn mit Sisi allein, denn er wollte selbst mit ihr reden, und als er wieder zu mir hereintrat, sah er recht zufrieden, recht heiter aus, und sie auch – wie es einer glücklichen Braut ziemt.« Mit Elisabeth am Arm verläßt der Kaiser das Hotel wieder. Sophie hat die ganze Familie zu einem Frühstück eingeladen. Bei allen bricht ein Freudentaumel aus. Der Kaiser läßt seinen Generaladjutanten Grünne und die anderen Adjutanten kommen und stellt ihnen seine Braut vor. Die Verlobung ist ein *fait accompli*.

Um elf Uhr begibt sich die kaiserliche Familie mit ihren Gästen zur Morgenmesse in die kleine Pfarrkirche. Am Kirchenportal tritt Erzherzogin Sophie mit einer tiefen Verbeugung einen Schritt zurück und läßt der errötenden Elisabeth den Vortritt. Neugierige Blicke treffen sie wie Nadelstiche. Die Zeugen dieses Vorgangs glauben nicht recht gesehen zu haben. Die arrogante Frau, die erste Dame bei Hofe, die »Frau mit dem grauen Gesicht«, wie sie allenthalben genannt wird, gibt diesem Kind, ihrer Nichte, den Vortritt? War denn nicht überhaupt von Helene die Rede gewesen? Das kann nur eines bedeuten. Der Hof und die Welt wissen nun, was sich ereignet hat. Die Nachricht verbreitet sich wie ein Lauffeuer. Eine Sensation, halb Ischl eilt herbei, die Kirche ist zum Bersten voll. In aller Eile wird das Städtchen beflaggt.

Nach dem Hochamt, als der Pfarrer vom Altar heruntersteigt, um die Gläubigen zu segnen, nimmt der Kaiser Sisi bei der Hand und sagt zu ihm: »Ich bitte, Hochwürden, segnen Sie uns, das ist meine Braut.« Alle umdrängen das Paar, es regnet Glückwünsche. Flügeladjutant Hugo von Weckbecker beschreibt die Szene: »Die Prinzessin war so ergriffen und verlegen, daß sie kaum zu antworten vermochte.« Vor der Kirche wird das Paar von einer großen Menschenmenge mit Hochrufen empfangen, Blumenkränze mit weißblauen Bändern werden in die kaiserliche Kutsche geworfen. Sisi ist dieser Überschwang unheimlich, der Jubel ist zuviel für das aufgeregte junge Mädchen, das es haßt, so angestarrt zu werden. Sie spürt von der jubelnden Menge keine Bewunderung und Zuneigung, sondern nur Gewalt ausgehen. Zwar bedankt sie sich für die Hochrufe mit einem scheuen Lächeln, doch unwillkürlich tastet sie nach der Hand ihres Bräutigams, ein panikartiger Reflex, den sie jetzt immer wieder erleben wird.

Franz Joseph versteht sie in diesem Augenblick gut, hat er doch noch am Morgen gesagt: »Sie weiß es ja nicht, sie kann es gar nicht wissen, wie meine Lage schwer ist, daß es bei Gott keine Freude ist, sie mit mir zu teilen.« Die beiden fliehen vor den Huldigungen der herandrängenden Menge, Sophie schaut ihnen kopfschüttelnd nach. Ludovika bringt ihre Tochter, die alle Mühe hat, nicht in Tränen auszubrechen, ins Hotel zurück, damit sie sich von den Strapazen der Huldigungen ausruhen kann.

Da zunächst die Einwilligung von Herzog Max und die des

bayerischen Königs Maximilian eingeholt werden müssen,
erfolgt die offizielle Verlautbarung der Verlobung erst am 22.
August 1853. Die »Wiener Zeitung«, das Amtsorgan und Journal der Staatsregierung, bestätigt sie zwei Tage später durch eine
umständlich abgefaßte Nachricht: »Seine Kaiserliche und
Königliche Apostolische Majestät unser allergnädigster Herr
und Kaiser, Franz Joseph I., haben während Allerhöchst Ihres
Aufenthaltes zu Ischl Ihre Hand der durchlauchtigsten Prinzessin Elisabeth Amalie Eugenie, Herzogin in Bayern, Tochter Ihrer
königlichen Hoheiten des Herzogs Maximilian Josef und der
Herzogin Louise, geborenen königlichen Prinzessin von Bayern, nach eingeholter Zustimmung Seiner Majestät des Königs
Maximilian II. von Bayern, sowie der durchlauchtigsten Eltern
der Prinzessin-Braut anverlobt. Der Segen des Allmächtigen
möge auf diesem für das Allerhöchste Kaiserhaus und das Kaiserreich beglückenden, freudenvollen Ereignisse ruhen.«

Die Verlobung ist der Auftakt zu einer Reihe glänzender Feste,
welche die kleine Stadt Ischl einige Tage lang in Atem halten.
Am Nachmittag des 19. August fährt der Kaiser mit seiner Braut
zu einer »Verlobungsjause« nach Hallstatt, ins »Hotel Post«. Ein
Ausflug bei strahlendem Wetter, in den Sonnenuntergang hinein, der Berge und See in ein schimmerndes Licht taucht.

Bei ihrer Rückkehr erwartet sie in Ischl Festbeleuchtung,
Transparente und Fahnen in den österreichischen und bayerischen Farben schmücken die meisten Häuser, Lampions illu-
minieren die Promenaden, die Villen des Städtchens strahlen im
Lichterglanz. Auch auf den Berghöhen sieht man Freudenfeuer
leuchten. Mit farbigen Lampen wird das Bild eines klassischen
Tempels in den Himmel gezeichnet, die verschlungenen Initia-
len Franz Josephs und Elisabeths, über denen eine mit Kränzen
geschmückte Kaiserkrone schwebt.

Dann Gala mit Diner, Spazierfahrten, Ausflüge, Landpartien,
am 22. August großer Hofball. Ein berauschende, erlebnisreiche
Festwoche. Nicht einmal Erzherzogin Sophie kann sich dem
Zauber, der von Sisi ausgeht, entziehen. Sie schenkt der Braut
Armreifen und Halsketten aus Diamanten und Perlen.
Überhaupt wird Elisabeth mit Geschenken überhäuft, nicht

*Ausfahrt des Brautpaares am Verlobungstag (21. August 1853)
in der Umgebung von Ischl. Generaladjutant Graf Grünne
kutschiert sechs Schecken im sogenannten Wildgang.*

nur vom Kaiser: kostbare Juwelen, einen Reif mit goldenen Blüten, Smaragden und Diamanten als Schmuck für ihr prächtiges Haar. Verlegen läßt sie alles über sich ergehen. Auch Herzog Max ist eingetroffen, was mag Vater und Tochter durch den Kopf gegangen sein, als sie sich umarmen? Elisabeth ist sehr still, sehr schüchtern in diesen Tagen, oft kann sie die Tränen nicht zurückhalten. Sophie zu ihrer Schwester: »Du kannst dir nicht vorstellen, wie reizend Sisi ist, wenn sie weint!«

Franz Joseph zeigt sich sehr rücksichtsvoll, verhält sich seiner Braut gegenüber behutsam und voller Verständnis für ihre ungewohnte Situation. Bei einer Ausfahrt kutschiert sie Carl Graf Grünne, Elisabeth, reizend in ihrem mit Feldblumen geschmückten Strohhut, faßt Vertrauen zu ihm, läßt sich von seinem jovialen Charme beeindrucken. Zu dritt geht es in die reizende landschaftliche Umgebung Ischls.

In einer Atmosphäre trubeliger, ausgelassener Festfreude feiert die Verwandtschaft die Bälle, die jungen Leute vergnügen sich mit lauten, farbsprühenden Feuerwerken. Ludovika schreibt ihren bayerischen Verwandten: »Das hiesige Leben ist äußerst belebt. Sisi besonders ist das noch gar nicht gewohnt, besonders das späte Schlafengehen. Ich bin angenehm überrascht, wie sie sich darein findet, mit den vielen fremden Menschen zu reden und daß sie trotz ihrer Verlegenheit eine so ruhige Haltung hat.«

Doch hier ist wohl der Wunsch die Mutter des Gedankens. Elisabeth hat zwar ihr Jawort gegeben, allerdings stimmt die so oft erzählte rührende Geschichte, die in den verschiedensten Versionen verbreitet ist, in einem wichtigen Punkt mit der Wirklichkeit nicht überein: Sisi hat sich nicht Hals über Kopf verliebt. Das so oft heraufbeschworene herzergreifende Idyll zweier Verliebter, die gegen den Widerstand ihrer Familien zusammenkommen – nichts als reine Erfindung. Zwar hat Herzog Max Franz Josephs Antrag in der Tat ein wenig widerwillig zur Kenntnis genommen, er sieht nicht ohne Groll, daß der Kaiser seine jüngere Tochter der ältesten vorzieht. Andererseits kann er aber eine diebische Freude nicht unterdrücken, daß Sisi in nur zwei Tagen die sorgfältig ausgearbeiteten Pläne seiner Frau und seiner Schwägerin durchkreuzt hat.

Franz Joseph tritt ihm gegenüber energisch auf, und schließlich gibt auch der Schwiegervater seinen Segen. Der Kaiser dankt ihm in einem Brief »unter den Regungen eines vollkommen befriedigten Herzens«, gibt sich »vollkommen der freudigen Hoffnung hin, in den vortrefflichen Eigenschaften meiner Braut mein Lebensglück zu finden«, vergißt auch nicht zu erwähnen, »daß diese Verbindung ... die Bande welche unsere Familien umfaßt, um so dauernder und fester knüpfen werde«.

Sisi kennt ihren Cousin kaum. Sie ist fünfzehn Jahre alt. Sie hat keine Ahnung von Männern und fürchtet sie. Sie weiß nichts von den »hygienischen Damen«, die der Wiener Hof für seine jungen Erzherzöge bereithält. Sie ist noch viel zu jung, um von dieser Seite der Liebe überhaupt etwas zu wissen. Ihr zukünftiger Mann erscheint ihr liebenswert in seiner strahlenden Jugendlichkeit, in seiner Unbekümmertheit und Selbstsicherheit. Seine elegante Erscheinung blendet sie. Und doch warnt etwas in ihr vor dieser Ehe, sie fühlt sich ihr nicht gewachsen. Nur ist dieses Etwas noch unklar, gewinnt es keine Gestalt.

Daß Sophie mit Franz Josephs Wahl nicht so einverstanden ist, wie sie nach außen hin zu erkennen gibt, merkt Sisi sehr wohl, und es bangt ihr ein wenig vor der Tante, die nun ihre Schwiegermutter werden wird. Die Erzherzogin macht auf die junge Braut anfangs nur den Eindruck einer sehr energischen Frau. Sie hat sogar ein gütiges Gesicht mit ausdrucksvollen, klugen Zügen, die einen starken Geist verraten, auch sie war früher eine hübsche Frau. Sophies hohe Gestalt wirkt sehr majestätisch, und sie ist mit viel Geschmack und Sorgfalt gekleidet. Das gefällt Sisi, denn sie selbst legt großen Wert auf gute Kleidung. Wird es ihr gelingen, das Herz dieser manchmal so schroff und unnahbar wirkenden Frau zu gewinnen? Sie hofft es.

Elisabeth hat sich bisher kaum Gedanken über ihr zukünftiges Leben gemacht. Später, sehr viel später wird sie zu ihrer Vertrauten, der Hofdame Gräfin Irma Sztáray, sagen: »Wer vom ersten Augenblick an meine Sympathie gewann, der besitzt sie noch heute; wen ich aber antipathisch fand, an den konnte ich

*Das Brautpaar bei einem Ritt in der Nähe von Ischl,
im Hintergrund die spätere Kaiservilla (1853).*

mich nicht gewöhnen, obgleich ich mich mehr als einmal darum von ganzem Herzen bemühte. Meine Seele empfindet die Seelen, und es ist nicht ohne Grund, wenn sie ihr Veto einlegt.« Besser als mit ihren eigenen Worten läßt sich ihr inneres Verhältnis zu Franz Joseph nicht ausdrücken. Ihre Seele legt ihr Veto ein.

Elisabeth versucht, das unter Tränen gegebene Versprechen, das Versprechen einer ratlosen Verzweiflung, einzulösen und den Kaiser »glücklich zu machen«, ihm auch innerlich näherzukommen. Franz Joseph gelingt es mit seiner Liebenswürdigkeit, Sisis Schüchternheit zu überwinden. Er liest ihr jeden Wunsch von den Lippen ab, und als sie ihm erzählt, wie gerne sie schaukele, stellt er ihr im Garten der Villa eine Schaukel auf. Fast zwei Wochen bleibt er in Ischl, widmet sich nur der heißgeliebten Braut. Sie reiten zusammen aus, er kann gut reiten, und Elisabeth ist darin in ihrem Element. Vielleicht sind dies ihre glücklichsten Tage.

*H*elene ist mit dem Vater nach München zurückgefahren. Sophie und Ludovika, die Schwestern, schweigen vor dem Glück der Kinder. Die Mutter des Kaisers aber weiß, daß ihr eine schwere Aufgabe bevorsteht: Sie muß ein »Naturkind« zur Kaiserin erziehen. Zur Erinnerung an die Verlobung kauft Erzherzogin Sophie die bislang von ihr nur gemietete »Villa Eltz« und läßt sie zur »Kaiservilla« ausbauen, die nun jedes Jahr für die Sommerfrische der kaiserlichen Familie genutzt wird.

Sisi hat sich ein wenig gefaßt, versucht sich in ihre neue Situation einzuleben. Sie wird gemalt, Franz Joseph sitzt bei ihr, um ihr Gesellschaft zu leisten und die Zeit zu vertreiben. Bis zum letzten Augusttag bleibt das junge Paar in Ischl, dann kommt der Tag der Trennung. Die Kaiserbraut fährt nach München zurück, und Franz Joseph muß wieder ins »Joch«, wie Sisi sich ausdrückt. Am 31. August nehmen die Brautleute im romantisch geschmückten Salzburg voneinander Abschied, »sehr zärtlich«, wie Sophie in ihrem Tagebuch notiert.

Oktober, November, Dezember 1853, Januar, Februar, März

1854 sind Monate langer Briefe und kurzer Besuche in München und in Possenhofen. Die Traumzeit ist vorbei. Ungeduldig wartet man auf die ersten Gemälde und Lithographien der Braut. Von Sisi werden jetzt viele Bilder gemalt. Auch in der Bevölkerung ist man neugierig auf die junge Kaiserbraut, die wie im Sturm Franz Josephs Herz erobert hat. Die Künstler haben Hochsaison, drei Maler fertigen gleichzeitig Porträts von Sisi an, übertreffen sich gegenseitig in hochromantischen Bildern der bezaubernden »Rose des Bayernlandes«. Immer wieder wird Elisabeth auf diesen Bildern mit Rosen geschmückt oder umrahmt dargestellt, wobei sinnigerweise zartrosa Knospen oder halbgeöffnete Blüten dominieren.

Erst nach ihrer Rückkehr in Possenhofen kommt ihr eigentlich richtig zu Bewußtsein, daß sich ihr Leben nun bald vollkommen verändern wird. Sie kann es nicht verhehlen: Sie hat Angst vor dem Neuen, dem Unbekannten, das auf sie wartet. Sie beginnt zu ahnen, daß sie mit ihrer Heirat nicht nur alles aufgeben muß, was ihr bisher lieb und wert gewesen ist. Die Angst vor dem Verlust der Freiheit wird immer stärker. Elisabeth glaubt, die Bindungen einer Ehe, die Pflichten einer Kaiserin nicht ertragen zu können. Sie malt sich die großen Zeremonien und Hofempfänge schauderhaft aus, fühlt sich unwohl bei der Vorstellung, nun bald im Mittelpunkt zu stehen. Sie, die alles Sichsehenlassen und Hervortreten haßt. Schon als ganz junges Mädchen empfindet sie diese große Scheu vor der Öffentlichkeit. Wie wird sie sich am österreichischen Hof zurechtfinden?

Sisi erlebt in Possenhofen einen melancholischen Herbst. Unruhig wandert sie durch das Schloß, streift ziellos durch den Park, wehmütig bleibt sie vor ihrem alten, tintenbekleckstem Schreibpult stehen. Mit sehnsüchtigen Augen schaut sie aus dem Fenster. Die ersten Nebel ziehen über den See, die Schwalben machen sich auf ihre Reise in den Süden. Und wie stets in diesen Jahren drückt sie ihre intimsten Gefühle in Poesie aus:

Oh Schwalbe, leih mir Deine Flügel,
Oh nimm mich mit ins ferne Land,

Wie selig sprengt' ich alle Zügel,
Wie wonnig jedes fesselnd' Band.

Oh, schwebt' ich frei mit Dir dort oben
Am ewigblauen Firmament,
Wie wollte ich begeistert loben
Den Gott, den man die Freiheit nennt.

Wie wollt' ich schnell mein Leid vergessen,
Die alte und die neue Lieb'.
Und niemals sollt' ein Schmerz mich pressen
Und nimmer wär' mein Auge trüb.

Merkwürdige Zeilen für eine junge Braut. Alle beneiden sie, doch sie kann das Gerede nicht mehr hören. Als ihre Schwester Marie davon schwärmt, wie sehr sie sich freue, bald Sisis Zimmer zu bekommen, kann sich Elisabeth gegen die aufsteigenden Tränen nicht wehren. Betroffen fragt die zwölfjährige Marie: »Aber bist du nicht glücklich, daß du Kaiserin wirst?« Sisi schüttelt nur den Kopf. Selbst Ludovika ist ihr keine Hilfe mehr, sie wiederholt immer nur die Ratschläge ihrer Schwester Sophie, die mit entnervender Regelmäßigkeit aus Wien eintreffen.

Wie grauenhaft, malt Sisi sich aus, wird dieses von der Etikette bestimmte Leben sein, das sie erwartet. Sie wird nur mehr in Palästen leben, ständig fremde Damen um sich haben, die darauf achten, daß sie ihre Handschuhe selbst in den Privaträumen trägt. Wachen werden vor den Türen ihrer Gemächer stehen, sie wird keinen Augenblick unbeobachtet sein. Und nie mehr wird sie morgens unbekümmert barfuß in den Park laufen können und den Nachttau der Gräser unter ihren Füßen spüren.

Der junge Kaiser ist wieder in Wien, er ahnt nichts von dem, was seiner Braut durch den Kopf geht. Für Briefe nach Bayern bleibt ihm wenig Zeit. Er ist wie zuvor der pünktlichste und zuverlässigste Beamte seines Staates. Und doch ist er verändert. Auf seinem Arbeitstisch steht das Bild Elisabeths. Es scheint ihn zu großzügigeren Haltungen und Entscheidungen zu verführen. Franz Joseph hebt den Belagerungszustand auf, der über Wien und Prag verhängt war. Er gibt den Liguorianern die Kirche zu Maria Stiegen und ihr ehemaliges Kloster in der Inneren Stadt zurück. Er mildert das Todesurteil gegen acht junge Leute der Prager Gesellschaft, Gymnasiasten, Hochschüler, Künstler, zu Schanzarbeit mit leichtem Eisen. Die reaktionäre Regierung bedauert dieses Zurückweichen vor der gerechten Strafe, wittert mißbilligend eine Gefahr für die Autorität der Gesetze und der Polizei.

»Es war ein harter und schwerer Sprung aus dem irdischen Himmel in Ischl in die hiesige papierne Schreibtischexistenz mit ihren Sorgen und Mühen«, schreibt Franz Joseph seiner Mutter am 6. September aus Schönbrunn. Und am 15. September: »Ich kann den Augenblick gar nicht mehr erwarten, wo ich nach Possenhofen reisen kann, um Sisi wiederzusehen, an die ich unaufhörlich denken muß. Ich habe schon zwei sehr liebe Briefe von ihr bekommen...« Ende September schickt er einen Kurier mit seinem in Ischl angefertigten, in ein Armband aus Diamanten eingefaßten Miniaturbild nach Possenhofen. Und für Mitte Oktober ist ein Besuch Franz Josephs angesagt.

In der Zwischenzeit ist er wieder ganz Kaiser, sitzt am Schreibtisch, bearbeitet Akten und regiert, reitet zu Paraden auf der Schmelz, dem großen Exerzierplatz Wiens, inspiziert die Sachsen-Kürassiere oder die König-von-Sizilien-Ulanen. Dazwischen aber gibt es immer wieder Augenblicke des »verliebten Leutnants«. Als der Generalinspekteur der Gendarmerie und Minister des Innern und der Polizei, Baron Johann Kempen von Fichtenstamm, ein Mann von stupider, geistloser Grimmigkeit, ihm einmal einen langatmigen Vortrag hält, schweifen Franz Josephs Gedanken ab. Der Kaiser unterbricht ihn plötzlich und zeigt ihm mit strahlendem Lächeln das Bild seiner Braut, das auf dem Schreibtisch steht. Kempen trägt den Vorfall am Abend dieses Tages entrüstet in sein Tagebuch ein. Er versteht seinen kaiserlichen Herrn nicht mehr. Er begreift auch nicht, warum der Kaiser in seiner Freude den Belagerungszustand von Wien und Prag aufhebt, daß er die Todesurteile über die Prager Verschwörer zurückgenommen hat. Er bangt um die

Politik des Polizeisäbels und der Kavallerieattacken gegen Demonstranten. Die zweihunderttausend Goldgulden, die der Kaiser an arme Leute verteilen läßt, passen ebenfalls schlecht zur bisherigen habsburgischen Politik der Einschüchterung.

Franz Joseph ist in der Tat überglücklich. Trotz aller Anstrengungen des Regierens, trotz aller Pflichten, die ihn nach wie vor in Anspruch nehmen: Es ist sein Lebensfrühling, die Zeit reinen Glücks, in der er nichts als verliebt sein darf. Immer wieder schweifen seine Gedanken zu dem »göttlichen Ischler Séjour« zurück. Und Sisi wird für ihn mit jedem Tag schöner.

In der Erinnerung des jungen Kaisers sind die Tage in Ischl eine bezaubernde Zeit. Nie war er so froh, so ausgelassen lustig, nie sah man ihn, der schon in früher Jugend ein korrekter, äußerst pflichtbewußter Staatsbeamter war, so hellauf lachen und so jungenhaft sich austoben wie in Sisis hinreißender Gesellschaft. Seine blauen Augen leuchten förmlich, wenn er von ihr spricht. Ihr noch kindhaftes Wesen, ihre zart veranlagte, poetische Natur, gepaart mit einem lebhaften, rasch für alles Schöne begeisterten Temperament, haben ihm neue Wunder offenbart. Die Ausritte mit ihr, waren sie nicht herrlich? War Sisi nicht reizend in ihrem unschuldigen Vertrauen, ihrer zaghaften Zärtlichkeit, und erstaunlich, wenn sie plötzlich waghalsig mit einem Satz vom Pferd sprang, um am Waldrand Blumen zu pflücken? Noch nie in seinem Leben ist er einem so zauberhaften Menschenkind begegnet.

Viel zu schnell sind diese glücklichen Tage vergangen. Er spürt die Last unangenehmer Regierungsgeschäfte, der Verantwortung für das Reich, denn er ist sein eigener Kriegsminister und seit Schwarzenbergs Tod auch sein eigener Außenminister, der unfähige und unbeherrschte Graf Karl Buol-Schauenstein ist ihm keine große Hilfe. Die politischen Sorgen dieser Monate sind enorm: die Wirtschaftskrise in Österreich, ein sich abzeichnendes Finanzdesaster, der Orientkonflikt, die ungelösten Fragen auf dem Balkan halten den Kaiser in Atem. Ein Krieg um die Krim droht, in dem Österreich zwischen dem Zarenreich, dem es zu Dank verpflichtet ist, und den Westmächten hin- und hergerissen wird und vergeblich um eine neutrale Haltung und um einen Frieden ringt, an dem niemand interessiert ist.

So ist Franz Joseph gerade in den wichtigsten Belangen auf sich selbst angewiesen. Doch er vergißt selbst über den drängendsten Problemen seine Sisi nicht. Nach anstrengenden Arbeitstagen setzt er sich hin und schreibt lange, verliebte Briefe an Elisabeth, den »geliebten Engel« in München. Ihr Bild zu Pferd – er hat es selbst in Ischl malen lassen – steht auf seinem Schreibtisch in Wien. Stolz zeigt er es allen, die ihn besuchen, sogar den steifen, im Hofdienst verknöcherten Staatsräten und Ministern, die er in Audienz empfängt.

Mit seiner Mutter spricht er nur über Sisi. Er möchte so gerne auch sie von der unvergleichlichen Lieblichkeit und dem Zauber überzeugen, die von seiner entzückenden kleinen Braut ausgehen. Seine Briefe an die Mutter, wenn er bei Sisi in Possenhofen weilt, strömen über von seligem Verliebtsein. Immer wieder versichert er ihr, nur Sisi und keine andere passe zu ihm. Er liebe sie täglich mehr. Sisi und die Mutter sind die einzigen Menschen, denen Franz Joseph seine ganze Liebe schenkt.

Die Erzherzogin hat ihre Skepsis gegen die Verbindung ihres Sohnes nicht abgelegt. Doch an dem *fait accompli* kann sie nichts mehr ändern. So nimmt Sophie sich vor, die kleine Unerfahrene so zu erziehen, wie nach ihrer Meinung die Frau ihres Sohnes, die Kaiserin eines großen Reiches, sein muß. Die Erzherzogin hält es nicht für sonderlich schwierig, dieses junge Ding nach ihrer Fasson umzukrempeln. Ihrem Plan liegt keine böse Absicht zugrunde. Vielleicht wird die Erzherzogin wirklich nur von dem Wunsch geleitet, ihrem Sohn eine Gefährtin und Freundin fürs Leben, wie er sie braucht, heranzubilden. Nur hat Sophie, die sonst so gute Menschenkennerin, dabei versäumt, sich die scheinbar immer heitere, sorglose Sisi genauer anzusehen. Sie hat nicht bemerkt, daß dieses Mädchen manchmal merkwürdig still und in sich gekehrt sein kann. Sie hat nicht bemerkt, welch stolze Seele Sisi besitzt, in die sie nie einen anderen Menschen ganz hineinschauen lassen wird. Sophie ahnt nichts von Elisabeths wahrem Charakter und davon, daß die junge Kaiserin sich zu nichts zwingen lassen wird.

Und Elisabeth, ist sie nach anfänglichem Zweifel nun die glückliche, sich in Liebe und Sehnsucht verzehrende Braut? Der Mythos sieht sie so, doch die Wahrheit schaut anders aus. Zwar bemüht sie sich, so zu sein, wie man sich normalerweise eine Braut vorstellt. Doch die künftige Schwiegermutter macht es ihr schon jetzt nicht leicht. Bereits kurz nach der Verlobung in Ischl bemerkt Sophie gegenüber ihrer Schwester, die Kleine möge sich doch die Zähne besser putzen, sie seien zu gelb, ein Hinweis, über den Sisi, als sie davon erfährt, sehr gekränkt ist. Die zu gelben Zähne geistern noch lange durch die zwischen Wien und Possenhofen gewechselten Briefe.

Aber es gibt auch noch andere Mißhelligkeiten. Elisabeth dankt ihrer Tante für einige Zeichnungen, die diese ihr geschenkt hat, und schreibt am 29. September 1853 aus Possenhofen arglos und voll kindlichem Vertrauen: »Jetzt zähle ich schon mit Ungeduld die Tage bis zur Ankunft des Kaisers, denn wie sehr ich mich auf den Augenblick freue, ihn nach so langer Zeit wiederzusehen, begreifst wohl Du, liebe Tante, am besten. – Erlaube mir noch, liebste Tante, Dir nachträglich für die große Güte und Freundlichkeit zu danken, mit der Du mich in Ischl immer behandelt hast, und Dich bittend, mich auch ferner lieb zu behalten, küsse ich mit Helene Deine und des Onkels liebe Hände und verbleibe, liebe Tante, Deine dankbare, ergebene Nichte Sisi.«

Da fährt Sophie auf: Unerhört, ganz einfach unehrerbietig sei es, sie in diesen Briefen mit Du anzureden. Sie habe doch wohl noch wenigstens Anspruch auf das respektvolle »Sie«. Eine Kleinigkeit, gewiß, doch schon jetzt zeichnet sich eine typische Reaktion Franz Josephs ab: Er weicht zurück und schreibt Sisi, das sei nicht erlaubt, er selbst sage zur Mutter »Sie«.

Dieser Vorfall gibt Elisabeth bereits einen Vorgeschmack auf die Zukunft und beschwichtigt ihre Ängste keineswegs. Nur Franz Joseph, seine Liebe und sein Verstehen können und werden ihr über alle diese Schwierigkeiten hinweghelfen. Sein Bild trägt sie in dem diamantengeschmückten Armband, das er ihr geschickt hat. Täglich schaut sie in seine Augen. Die trügen nicht. Er wird sie sorgsam durchs Leben führen.

Elisabeth lebt wie im Wachtraum. Sie hat von Franz Joseph nicht mehr gewußt, als was die Bilder ihr gezeigt haben: ein junger Leutnant, der Kaiser sein muß. Franz Joseph hält es in Wien nicht mehr aus, noch länger von seiner Braut getrennt zu sein, er fährt in der kaiserlichen Kutsche ohne Unterbrechung in der Rekordzeit von einunddreißig Stunden nach Bayern. Am 11. Oktober trifft er für einen zehntägigen Besuch in Possenhofen ein, nach einem noch schnell zuvor absolvierten Besuch beim König in München. Nun steht ein junger Mann vor ihr, der die Rolle des Kaisers ablegen und ganz einfach er selbst sein kann. Noch immer findet sie ihn attraktiv. Seine raschen Bewegungen, seine großen blauen Augen lassen ihn jünger erscheinen, als er ist. Er kann so schnell und so elegant auf Pferde steigen wie sie. Elisabeth denkt an den Vater, doch neben dem jungen Kaiser zu reiten ist noch schöner. Nie zuvor hat sie diese Freude an der Bewegung, die Lust am Reiten so stark empfunden wie an der Seite Franz Josephs. Er hält Schritt, er überholt sie, sie erreicht ihn, sie verlangsamen den Gang, sie reichen einander die Hand. Sie sind allein. Man riecht den Wald, spürt den raschen Atem der Pferde. Die Wiesen leuchten. Wer von beiden findet zuerst am Rande der Bergstraße Beeren? Elisabeth springt vom Pferd und pflückt sie. Es sind ihre schönsten Vormittage.

Diesen Besuch erleben beide als ungetrübte Freude. Der Kaiser findet Sisi noch anmutiger und noch schöner als in Ischl. Und er beginnt zu spüren, welch starke Wirkung die Frau an seiner Seite ausübt: Bei einem Theaterbesuch in München wird das Brautpaar beim Betreten der Loge mit ungeheurem Jubel begrüßt. Alle Augen, alle Operngläser richten sich auf die Königsloge, Elisabeth weiß nicht, wo sie hinblicken soll. Auch beim Hofball am nächsten Abend fliegen ihr die Herzen zu. Und wieder empfindet sie es als wenig erfreulich und enttäuschend, fast den ganzen Abend neben dem Kaiser auf einer Estrade zu stehen, während der König scharenweise ältere Gesandte vorstellt, die alle darauf bestehen, ihr die Hand zu küssen.

Am 17. Oktober 1853 schreibt Franz Joseph an seine Mutter aus München: »Alle Tage liebe ich Sisi mehr und immer über-

Elisabeth als Braut (1854).

zeuge ich mich mehr, daß keine für mich besser passen kann als sie. Nebst vielen wichtigeren guten Eigenschaften reitet sie scharmant. ... Ich habe, wie Sie es mir rieten, die Schwiegermama gebeten, daß Sisi nicht zu viel reiten möge, doch, glaube ich, wird es schwer durchzusetzen sein, da Sisi es ungern aufgibt. Es schlägt ihr übrigens sehr gut an, denn sie hat seit Ischl noch zugenommen und sieht jetzt nie übel aus. Ihre Zähne sind auch, dank Ihrer Fürsorge, ganz weiß geworden, so daß sie wirklich allerliebst ist.«

Ob das stimmt? Elisabeth neigt dazu, die geringfügigste Kritik allzu ernst zu nehmen, vergißt nie eine unfreundliche Bemerkung, die über sie gemacht wird. Die »gelben Zähne« hat sie als persönliche Beleidigung empfunden, die niemals vergeben und vergessen wird. Sie führen nur zu noch größerer Schüchternheit, so daß Sisi künftig mit geschlossenen Lippen lächelt und beim Sprechen kaum den Mund zu öffnen wagt. Die Kritik der Schwiegermutter hat ihr Lächeln schon halb zum Verschwinden gebracht.

Am 21. Oktober muß der Kaiser wieder heimfahren, er ist in Possenhofen ganz selig gewesen, hat die politischen Geschäfte vergessen können, den Krieg, in den der Zar ihn hineinziehen will, die Hofburg, die Familie, die Öffentlichkeit, die jeden seiner Schritte überwacht. Bei seinem Besuch ist er einfach nur ein verliebter Mann gewesen. Zum Namenstag Sisis am 19. November übergibt ein kaiserlicher Leibgendarm eine Brosche, ein prachtvoll gefaßtes Rosenbukett in Diamanten.

Weihnachten 1853. Elisabeths Geburtstag, sie wird sechzehn Jahre alt. Wieder kommt Franz Joseph nach München, trifft in der Nacht vom 20. auf den 21. Dezember ein, und sofort muß er Sisi sehen. Das Weihnachtsfest wird ganz familiär verbracht, in zwangloser Geselligkeit und ausgelassener Stimmung. Das offizielle Geburtstagsgeschenk sind außer den schon obligatorischen Juwelen ein silbernes Frühstücksservice für die Reise; die zukünftige Schwiegermutter läßt einen Kranz und ein Bukett frischer Rosen überreichen – mitten im Winter eine kleine Sensation. Die Brautleute beschenken einander am Weihnachtstag mit den Bildern, die sie auf ihren Lieblingspferden zeigen. Aus Wien, aus der Schönbrunner Menagerie ist sogar ein Papagei eingetroffen, Franz Joseph überreicht ihn seiner Braut unter dem Christbaum.

Man ist zuweilen sehr vergnügt beisammen, mit Ludovika als künftiger Schwiegermama – falls sie nicht gerade mit einem ihrer schweren Migräneanfälle auf der Chaiselongue liegt – oder mit Elisabeths Geschwistern. Es wird Champagner getrunken, man ist lustig, scherzt, lacht und tanzt. Dann erfordert die prekäre politische Lage leider eine vorzeitige Rückkehr des Kaisers nach Wien.

Selbst in Zeiten, in denen er sie nicht sehen kann, erfüllt Franz Joseph seiner Braut jeden Wunsch. Kaum klagt sie in einem Brief über die ungewöhnliche Kälte in München und wie sehr sie friere, schon kommt am 16. Januar 1854 – wieder mit einem kaiserlichen Sonderkurier – ein kostbarer Pelz an. Alles scheint sich gut anzulassen, Sisi ist jetzt oft wirklich von der verliebten Beschwingtheit einer Braut. Nur manchmal meldet sich ein untergründiges Gefühl, daß sie in dieser Ehe vielleicht nicht bestehen kann.

Schon wird jeder Ausgang zu einem Ereignis, überall erregt sie Bewunderung und Neugierde. Früher hat sich niemand für sie interessiert, jetzt wird sie ständig beurteilt und gelobt oder kritisiert. Auf einmal scheint noch die kleinste ihrer Gesten von Bedeutung zu sein. Die Zeit der einsamen Wanderungen und der Ausritte in den frühen Morgenstunden ist vorbei. Aus der kleinen Prinzessin wird eine Dame von Welt.

In den ihr noch verbleibenden Monaten muß Elisabeth viel Versäumtes nachholen, sie erhält Unterricht in Italienisch und Französisch, muß Fakten und Daten der österreichischen Geschichte auswendig lernen. Die Geschichte und Volkskunde der Böhmen, Kroaten und Slowenen, der Ungarn, Ruthenen, Serben, Banater, Italiener, all der Völker, deren Kaiserin sie im nächsten Jahr werden soll, paukt sie wie eine Schülerin. Das ungebändigte, freiheitsliebende Mädchen sitzt stundenlang über dickleibigen Geschichtsbüchern, studiert Landkarten, möbelt ihre Sprachkenntnisse auf. Professoren werden aus München nach Possenhofen geholt, mit viel Universitätswissen im Gepäck, mit dem sie die prominente Schülerin überhäufen.

Sisis wichtigster Lehrer aber wird Graf Johann Majláth, ein kleiner Mann von siebzig Jahren, der in der Geschichte sehr bewandert ist und aus dem Kreis um Herzog Max kommt, welcher ihn auch als Hauslehrer einstellt. Bei aller Loyalität gegenüber Wien ist dieser intelligente, gebildete und humorvolle Lehrer ein stolzer und überzeugter Magyar geblieben. Er liest der Prinzessin aus seinem Werk »Geschichte des österreichischen Kaiserstaates« vor, bis in die Abendstunden hängt Sisi gebannt an seinen Lippen, und selbst Carl Theodor und Helene nehmen an den Lektionen teil, die Majláth gleichwohl nur »pour les beaux yeux de Sisi« hält. Er erzählt auch viel über seine Heimat, gibt ihr Unterricht in der ungarischen Literatur, Sagen- und Märchenwelt. Dem aufnahmefähigen Herzen der jungen Kaiserbraut eröffnet sich eine poetische Welt. Sonst haßt sie die Unterrichtsstunden, doch auf diesen Lehrer freut sie sich immer, mit der Zeit spüren die charmante Schülerin und ihr Lehrer eine immer größere Sympathie füreinander. Und Majláth legt wohl den Grundstein für die spätere Einstellung der Königin von Ungarn, er prägt entscheidend ihre Vorstellung von diesem Land. Brigitte Hamann meint: »Diese gemütlichen Geschichtslektionen im Kreis der herzoglichen Familie in Possenhofen legten bei der fünfzehnjährigen Kaiserbraut die Basis für ihre spätere politische Anschauung. Sie können in ihrer Bedeutung kaum überschätzt werden.«

Ein ungarischer Lehrer, welcher der künftigen Kaiserin österreichischen Geschichtsunterricht gibt? Ungewöhnlich genug, doch Franz Joseph zeigt sich mit den Ergebnissen zufrieden. Sisi lerne jetzt viel und recht Verschiedenes, schreibt er der Mutter am 27. Dezember stolz aus München. »Ich habe Sisi sehr wohl und blühend wiedergefunden. Sie ist immer gleich lieb und anziehend.«

Für die Komtessen in Wien wird der Fasching zu einer flauen Saison. Sie vermissen den glanzvollsten Tänzer, der jeden Ball zu einem grandiosen Erlebnis macht. Doch Franz Joseph hat keine Augen mehr für andere Frauen. Und so richtet sich die Aufmerksamkeit nicht nur der Wiener Komtessen, sondern der ganzen Gesellschaft auf die Vorbereitung der kaiserlichen Hochzeitsfeierlichkeiten.

Vom 9. bis 14. März 1854 kommt Franz Joseph wieder zu Besuch nach München. Es sind dies, in der eisenbahnlosen Zeit, romantische Brautfahrten des Kaisers. Er überreicht Sisi diesmal als Geschenk der Mutter jenes Diadem mit Kollier und Ohrringen in Opalen und Diamanten, das diese an ihrem Hochzeitstag getragen hat. Besorgt hat ihm Sophie aufgetragen, es solle »gut aufgehoben und gleich versperrt« werden. Elisabeths Dankbrief an die künftige Schwiegermutter klingt geradezu unterwürfig: »Seien Sie aber überzeugt, liebe Tante, daß ich Ihre große Güte für mich recht tief fühle und daß es ein wohltuender Gedanke für mich ist, stets und in allen Lagen meines Lebens mich vertrauensvoll Ihrer mütterlichen Liebe hingeben zu dürfen.« Wer hat ihr das diktiert? Das ist so gar nicht Sisis Sprache, und es entspricht auch nicht ihrem Gefühl.

Diese Visite des Kaisers steht schon ganz im Zeichen der bevorstehenden Hochzeit, es gibt Festessen, Veranstaltungen, diplomatische Empfänge *en masse*. Dazwischen ein Tag, der Franz Joseph ganz besonders gut gefallen hat: »Gestern haben wir bei dem herrlichsten Wetter, welches hier seit einigen Tagen herrscht, und sehr angenehmer Wärme eine Exkursion nach Possenhofen gemacht«, schreibt er. »Das Gebirge, mit Schnee bedeckt und so nahe erscheinend, als wenn wir am Fuße desselben gewesen wären, spiegelte sich in dem dunkelblauen See, auf welchem eine Menge Wildenten schwammen. Wir waren nur en famille, nämlich die Schwiegermama, Sisi, Néné, Marie, Spatz, Louis, Gackel und ich, und sehr lustig, besonders nach dem Diner, bei welchem die Jugend etwas mehr Champagner genossen hatte, als sie vertragen konnte.«

Und Sisis Hochzeit, sie rückt bedrohlich näher. So begeistert Elisabeth von Majláths Geschichtsunterricht ist, die vielfältigen Vorbereitungen der Hochzeitsfeiern einschließlich ihrer Aussteuer interessieren sie weniger. Dabei gibt es unendlich viele Dinge zu erledigen – und natürlich Kleidersorgen.

In Possenhofen ist schließlich zuerst die Aussteuer der älteren Schwester Helene angefertigt worden, die ja eigentlich für Franz Joseph »bestimmt« war. In aller Eile wird nun umdisponiert, in Windeseile der »Trousseau«, die Ausstattung der Braut, für Elisabeth zusammengestellt. Fieberhaft arbeiten die Putzmacherinnen, Schuster, Stickerinnen und Schneiderinnen von morgens bis abends. Das Inventar über die Ausstattung der kaiserlichen Braut wird mit äußerster Akkuratesse aufgestellt, neben jedem einzeln aufgeführten Gegenstand steht der genau bezifferte Wert. Franz Joseph hat kostbare Geschenke geschickt, um die Mitgift aufzubessern. Juwelen, Kleinodien und Geräte aus Gold bilden die erste Abteilung, Silber die zweite.

Die dritte Gruppe, die Garderobe, ist am reichhaltigsten: Siebzehn Putzkleider (Festkleider mit Schleppe) werden verzeichnet, vierzehn seidene Montantkleider, sechs Morgenmäntel, neunzehn leichte Sommerkleider (mit Blütenmotiven verziert: Vergißmeinnicht und Veilchen, Rosen und Kornähren), dazu vier Ballkleider. Viele »Putzgegenstände« zum Schmuck ihres Haares, darunter etliche »Coiffuren«, zehn Blumenkränzchen, sechzehn Hüte und Schleier mit Federn und Blütengarnituren, auch jener Strohhut mit einem Kranz aus Feldblumen, der Franz Joseph in Ischl so bezaubert hat. Sechs Mäntel, acht Mantillen und fünf Mantelets aus Samt und schwerem Tuch vervollständigen die Ausstattung.

Nachts wird die Kaiserin keineswegs nackt bleiben. Die Wäscheliste verzeichnet drei Dutzend Nachthemden und etliche Négligés, die Nachtjäckchen aus Seide und Musselin. Dazu zwölf gestickte Nachthauben, drei Négligé-Häubchen, zwei Dutzend Nachthalstücher. Nicht zu vergessen die Unterwäsche und Dessous: zwölf Dutzend (also 144 Stück) Unterhemden, davon ein Dutzend aus Batist mit Valenciennespitzen, vierzehn Dutzend Strümpfe aus verschiedenen Materialien von feinster Seide bis zu warmer Winterwolle, sechs Dutzend Unterröcke, fünf Dutzend Beinkleider, vierundzwanzig Frisiermäntel und drei Hemden fürs Baden.

Schließlich vervollständigen sechs Paar Stiefel und Schuhe die Garderobe, insgesamt 113 Paar aus Seide, Samt, Toile, Atlas, nur sechs Paar aus Leder. Und schließlich zwanzig Dutzend Handschuhe in allen Sorten und Farben. Eine Abteilung »Andere Gegenstände« beschließt die Aufstellung, auch hier fehlt kein Detail: zwei Regenschirme, zwei Fächer, sechs Sonnenschirme, Kämme, Bürsten, Schuhanzieher, ein Karton mit Haarnadeln, Knöpfen und Bändern. *C'est tout.*

Und die Krinolinen? Drei Stück wird die Kaiserin besitzen. Interessant, daß sich in diesem ganzen Trousseau nur vier Mieder finden, dazu drei für das Reiten vorgesehene Korsetts; für ihre schlanke Silhouette, kaum weiter als fünfzig Zentimeter Taille, braucht Sisi eigentlich kein Mieder.

Wir können uns auch heute noch eine Vorstellung von Elisabeths Aussteuer verschaffen: Aus ihrer Jugendgarderobe ist das Kleid erhalten geblieben, das sie am Polterabend getragen hat (Kunsthistorisches Museum Wien): eine märchenhafte Robe und Stola aus grünem Organdy, bestickt mit arabischen Motiven.

Das Brautkleid wird aus »moire antique« gefertigt, mit Gold und Silber bestickt, mit Brüsseler Spitze kunstvoll besetzt. Alle Frauen können dieses Modell in der Wiener Modezeitung »Iris« bewundern. Das Kleid ist mit Ausnahme der Schleppe nicht aufbewahrt worden; nach einer alten Tradition wird es der Kirche geschenkt, um daraus Meßgewänder machen zu lassen.

Elisabeth bekommt eine Brautausstattung mit auf den Weg in ihre Ehe, die wir heute vielleicht unglaublich reichhaltig und kostbar finden. In ihren Augen ist er ein Wunder an prunkvollem Aufwand, doch als der Trousseau in fünfundzwanzig Koffern pünktlich in Wien eintrifft, wirkt er für den kaiserlichen Hof wohl eher kärglich. Die Silberausstattung, nimmt sich sogar mehr als bescheiden aus und hat nur einen Wert von insgesamt rund siebenhundert Gulden. Reichhaltiger ist die Garderobe der Braut bestückt, deren Wert immerhin mit fünfzigtausend Gulden veranschlagt ist, wobei freilich das wertvollste Stück, ein blauer Samtmantel mit Zobelbesatz, ein Geschenk des Kaisers ist.

Doch so verschwenderisch uns die Aussteuer vorkommen mag, der Wiener Hof empfindet sie als nicht gut genug für eine künftige Kaiserin. Die allgemeine Enttäuschung erscheint angesichts der bürgerlichen Ausstattungen, wie sie Mitte des 19. Jahrhunderts üblich sind, verständlich: Der Unterschied zwischen einer gewöhnlichen und dieser kaiserlichen Aussteuer ist nach damaligem Maßstab tatsächlich nicht sonderlich groß. Und die schönsten und teuersten Sachen haben ohnehin Franz Joseph und die Schwiegermutter Sophie als Geschenke beigesteuert.

Sisi bringt für ihre Garderobe – bis auf die Reitkleidung – kein besonderes Interesse auf, das ständige Getue um sie herum, die ewigen Anproben werden ihr bald lästig, sie flüchtet, wann immer sie kann. Laß die Wäschenäherinnen und Schneiderinnen jammern, die Prinzessin sei ständig fort, einfach nicht zu packen. Und hat man sich einmal Sisis bemächtigt, dann ist sie gereizt und voller Ungeduld, will gleich fertig sein und rasch wieder weg. Es ist schwer, für sie zu arbeiten, sagen die Frauen, und doch schön, einen so schlanken Mädchenkörper anzukleiden und zu schmücken. So geht es mit dem Trousseau nur langsam voran, zum Schluß verzweifelt sogar Franz Joseph: »Ich kann mir nicht recht denken«, schreibt er an seine Mutter, »daß es hübsch wird.«

Auch in Wien laufen die Vorbereitungen zur Hochzeit des Jahres auf Hochtouren. Erzherzogin Sophie richtet die Wohnung des Kaiserpaares in der Hofburg ein: Vorzimmer, Speisesaal, ein prunkvoller Spiegelsaal für offizielle Begegnungen, Salon, Kabinett und Schlafzimmer, jedoch keine Toilette (man setzt sich noch auf Stühle), kein Badezimmer, keine eigene Küche. Alles reichhaltig bestückt mit Preziosen aus diversen Schatzkammern und Sammlungen des Kaiserhauses: Uhren, Statuen, Bilder, Silber, Porzellan, für die junge Kaiserin soll das Schönste, Beste und Teuerste gerade gut genug sein. Verständlich, daß die Erzherzogin, die hier in ihrem Element ist, auf ihre Bemühungen besonders stolz ist. Jedes Einrichtungsstück, von den Teppichen und Möbeln bis zu den Tapisserien und Brokatvorhängen, läßt sie in Österreich fertigen. Durch die gesamte Suite zieht sich ein verschwenderischer Prunk, der freilich die Gemütlichkeit eines Landsitzes wie Possenhofen vermissen läßt und deshalb Elisabeths einfachem Geschmack wohl kaum entgegenkommt.

Die Brautzeit bringt eine Reihe offizieller Verpflichtungen mit sich. Papst Pius IX. ist um Dispens ersucht worden, wegen des nahen Verwandtschaftsverhältnisses der Brautleute (sie sind ja Cousin und Cousine ersten Grades); er wird umgehend erteilt. Dann müssen die juristischen und finanziellen Formalien ausgehandelt und geklärt werden. Am 4. März 1854 wird in Wien der Ehekontrakt zwischen »Kaiser Franz Joseph und Herzogin Elisabeth in Bayern« unterzeichnet, allerdings in Abwesenheit des Bräutigams. Die Juristen haben ganze Arbeit geleistet: Der Vertrag regelt in vierzehn Artikeln die vermögensrechtlichen Aspekte dieser Verbindung. Die finanzielle Mitgift der Verlobten nimmt sich bescheiden aus, gemessen am Vermögen ihrer Eltern: fünfzigtausend Gulden, überreicht durch eine Urkunde »aus elterlicher Zuneigung und Liebe«. Dem Kaiser scheint das zu bescheiden zu sein, er erhöht sie durch eine Schenkung von weiteren hunderttausend Gulden, wozu laut Artikel 5 noch einmal zwölftausend Dukaten als »Morgengabe« kommen, eine Entschädigung, die der Bräutigam der Ehefrau als Preis für die Jungfräulichkeit zuwendet, die sie in der Hochzeitsnacht verlieren wird: ein Geschenk nach dem Vollzug der Ehe. Franz Joseph kümmert sich auch hier noch um jedes Detail, ordnet in einem Brief vom 26. März 1854 an seinen Finanzminister von Baumgartner an, daß die Morgengabe für den Tag nach der Hochzeit in einer »anständigen Kassette zur Behändigung an die durchlauchtigste Braut« bereitzuhalten sei, und zwar in neuen Gold- und Silbermünzen.

Der Artikel 6 des Ehekontraktes regelt die jährliche Apanage der Kaiserin: »Desgleichen versprechen Seine kaiserlich königliche Majestät Ihrer Allerdurchlauchtigsten Frau Gemahlin während der Ehe zu Ihrem eigenen Gebrauche und freien Verwendung alljährlich die Summe von Einhundert Tausend Gulden Conventions Münze in monatlichen Raten bar auszahlen zu lassen. Diese Summe soll lediglich für Putz, Kleider, Almosen und kleinere Ausgaben dienen, indem alle übrigen Kosten und Auslagen für Tafel, Wäsche und Pferde, Unterhalt und Besoldung der Dienerschaft und sämmtliche Hauseinrichtung von Seiner Majestät dem Kaiser bestritten werden.« Diese Summe wird aber tatsächlich weit überschritten. Und weitere hunderttausend Dukaten, das ist der feste Satz, werden der Gemahlin schließlich für den Fall der Witwenschaft zugesichert. Am 11. März ratifiziert König Maximilian II. von Bayern diesen Vertrag, am 19. März besiegelt ihn in München auch Herzog Max durch seine Unterschrift, erteilt »demselben Unsere väterliche Einwilligung mit innigster Freude Unseres Herzens« und bittet »Gott um Segnung dieses Herzens-Bündnißes«.

Nach dem Wittelsbacher Gesetz muß Sisi in einem »Renunziationsakt« offiziell auf ihre eventuellen Rechte an einer Nachfolge auf den bayerischen Königsthron verzichten. Am 29. März 1854 beschwört sie den Verzicht und unterschreibt im festlich hergerichteten Thronsaal der Münchener Residenz die Urkunde. Zum ersten Mal repräsentiert Elisabeth in der Öffentlichkeit und erlebt etwas, das sie später fürchtet wie der Teufel das Weihwasser: bei Zeremonien und öffentlichen Anlässen ganz im Mittelpunkt zu stehen. Es ist nur ein formaler Akt, der hier abläuft, und doch wühlt er sie innerlich auf. Nachdenklich kehrt sie von der Zeremonie heim, es ist ihr, als hätte sie die Fäden durchgeschnitten, die sie an ihre bayerische Heimat binden. Sie hat nicht nur ihr Vaterland gewechselt, sie beendet auch den ersten Abschnitt ihres Lebens.

Und irgendwann, vielleicht erst nach einigen Jahren, wird sie die ganze umfängliche Bedeutung ihres »Großen Titels« erfassen: Elisabeth Amalie Eugenie, Kaiserin von Österreich, Königin von Ungarn und Böhmen, Königin der Lombardei und Venedig, von Dalmatien, Kroatien, Slavonien, Galizien, Lodomerien und Illyrien; Erzherzogin von Österreich; Großherzogin von Krakau; Herzogin in Bayern, Herzogin von Lothringen, Salzburg, Steyer, Kärnten, Krain, der Bukowina, Ober- und Niederschlesien; Großfürstin von Siebenbürgen; Markgräfin von Mähren, gefürstete Gräfin von Habsburg und Tirol.

Und wie wird Österreich, wie wird Franz Josephs Vaterland auf die Kaiserbraut reagieren? Wie wird Wien sie empfangen? Die Zeichen scheinen zunächst nicht günstig zu stehen.

Franz Joseph ist bis zum Tag seiner Hochzeit in der Hauptstadt seines Reiches alles andere als beliebt. Maria Theresia, Joseph, Leopold, Franz, Ferdinand – sie alle haben in der Residenz andere Maßstäbe gesetzt, als Franz Joseph dies in den ersten Jahren seiner Regentschaft getan hat. Der Absolutismus des Kaisers Franz war patriarchalisch-kleinbürgerlich; jedermann konnte zu ihm kommen. Er selber sah, wenn er mit der Kaiserin die Basteien entlang spazierenging, wie ein Wiener Bürger aus. Ferdinand war ein schüchterner, freundlicher Herr, unvorstellbar, sich ihn als Generalissimus vorzustellen. Franz Joseph hingegen tritt immer nur in militärischer Uniform auf, den »rothosigen Leutnant« sieht man nie anders als zu Pferd und stets von Offizieren umgeben.

Der junge Kaiser hat genug Anlässe für Unzufriedenheit geschaffen: Es gibt keine Vereine, keine Zusammenkünfte mehr. Die Presse duckt sich fügsam unter der strengen Zensur. Die Selbstverwaltung der Gemeinden ist aufgehoben worden. Reisen werden durch die vielen Paßvorschriften der Polizei sehr erschwert. Die Steuern haben Rekordhöhen erreicht; gerade in diesem Jahr wurde die Zuckersteuer eingeführt, die Branntweinsteuer und die Grundsteuer erhöht, die Stempelsteuer verdoppelt. Das Silbergeld verschwindet aus dem Verkehr. Die Ausgaben für die Armee steigen von Jahr zu Jahr.

Mit der zentralistischen Organisation fällt alle Verantwortung auf den Kaiser. Er hat Wien mit dem Schwert zurückerobert, aber während der ersten fünf Jahre seiner Herrschaft die Herzen der Stadt nicht zu gewinnen vermocht. Durch seine rigorose Militärregierung hat er allzu viele Bürger vor den Kopf gestoßen. Bis wenige Wochen zuvor war die Haupt- und Residenzstadt unter militärischer Herrschaft, im Ausnahmezustand. Ein Teil der Gesellschaft, die stets Untertänigen, Beamten, Offiziere, der Klerus, auch viele Kleinbürger, sind damit zufrieden; sie ziehen die Ordnung der Polizeigewalt einer Freiheit ohne Sicherheit vor. Die anderen jedoch, nicht nur die Enttäuschten der Revolution, die Intellektuellen, Advokaten, Ärzte, die vielen höheren Beamten, auch Kaufleute und Handwerker lassen sich nicht überzeugen, daß ihr Kaiser den richtigen Weg eingeschlagen hat.

Doch jetzt scheinen die Wiener allen Grund zu haben, sich zu freuen. Vor den Schaustellungen des Hofes, vor der festlichen Pracht dieser Feierlichkeiten stecken sie jeden Anflug von Kritik zurück. Ein deutlicher Stimmungsumschwung zeichnet sich anläßlich der Kaiserhochzeit ab. Die Stadt hat große Summen aufgewendet, um die Straßen zu schmücken. Viele Häuser sind beflaggt. Über den Wienfluß ist eine neue Brücke gebaut worden, an den Ufern werden Palmen und andere exotische Gewächse gepflanzt. Die Kuppeln und Türme der Kirchen werden gereinigt, Denkmäler und Standbilder abgestaubt, in den Remisen der großen Paläste die Karossen für den Festzug hergerichtet. Das bayerische Weißblau wird zur Modefarbe dieses Frühlings, in den Schaufenstern der Modegeschäfte, an den Ständen der Blumenfrauen, an den Pferden der Fiakerkutschen. Und in allen Auslagen sieht man Bilder des Kaisers und seiner Braut.

Die Regie leistet hervorragende Arbeit: Elisabeths Ankunft, die Begrüßung, die langsame Fahrt von Nußdorf zum Schönbrunner Schloß, die unendliche Reihe von Ansprachen, Beteuerungen, respektvollen Deklamationen und Kundgebungen der Ergebenheit sollen ein großes Schauspiel von unübertreffbarer Pracht werden, von der alten Regiekunst des spanischen Hofzeremoniells kunstvoll und mit dem größten Aufwand in Szene gesetzt.

Elisabeth nimmt Abschied von Bayern, Abschied von ihrer Kindheit, ihrer Jugend, von der einzigen wirklich glücklichen Zeit ihres Lebens. Nervös und niedergeschlagen verbringt sie ihre letzten Tage in München. Noch einmal fährt sie zu ihrem geliebten Possenhofen hinaus. Adieu, kleines Jungmädchen-zimmer. Sie hat Tränen in den Augen.

Lebet wohl, ihr stillen Räume,
Lebe wohl, du altes Schloß.
Und ihr ersten Liebesträume,
Ruht so sanft im Seesschoß.

Lebet wohl, ihr kahlen Bäume,
Und ihr Sträucher, klein und groß.
Treibt ihr wieder frische Keime,
Bin ich weit von diesem Schloß.

Bei aller Unbeholfenheit, mit der diese Verse dahinrumpeln, ist die namenlose Melancholie der Abschiedsstunden Elisabeths in Possenhofen zu spüren. Immer näher rückt der Tag der Abreise nach Wien. Noch nie hat sie stärker empfunden, wie sehr sie mit dem Haus, mit der Landschaft verbunden ist. Wie sehr das alles zu ihrem Leben gehört: Possenhofen, München, der Vater, die Geschwister, der Starnberger See, die Berge am blaßblauen Horizont, die Freiheit sommerlicher Tage. Elisabeth kann nicht sagen, warum, sie weiß nur, daß es in ihrer neuen Heimat anders sein wird. Der Abschied fällt ihr furchtbar schwer. Sie weint viel in den letzten Tagen, und niemand, nicht einmal der Vater und der von ihr so sehr geliebte Bruder Gackel, vermögen Sisi zu trösten. Auch als die Prinzessin den Jägerburschen, Reit-knechten, Dienern, Zofen und Köchinnen zum letzten Mal die Hand gibt, steigen ihr die Tränen in die Augen. Alle wünschen ihr Glück, alle beneiden sie. Doch für sie ist es kein Glück, Kai-serin zu werden.

Sie verläßt ihre Heimat, ihre Familie, das Haus, welches ihr Rückhalt gegeben und ein Gefühl der Geborgenheit geschenkt hat. Was wird sie in Wien erwarten? Die Wittelsbacher in Mün-chen sind ein phantasiebegabtes, freizügiges Adelshaus, das privaten Interessen keine Fesseln auferlegt; im Haus Habsburg-Lothringen herrscht dagegen ein starres Zeremoniell, hinter dessen prächtiger Kulisse sich ein schlichtes bürgerliches

Dasein verbirgt. Der Münchner Hof ist viel kleiner als die Wiener Hofburg, aber er strahlt so viel mehr Leben, Freiheit und Offenheit aus als das immer etwas beengt wirkende österreichische Kaiserhaus.

»Möge der Segen des Allmächtigen«, so hat es pathetisch die Zeitung Franz Josephs formuliert, »über diesem für unser Kaiserhaus und das Kaiserreich so glücklichen und frohen Ereignisse ruhen.« Es ist die Sprache der großen Welt, der Elisabeth nun angehört, die Sprache der gratulierenden Könige, Fürsten, Bischöfe, Diplomaten, Generale. Diese Sprache wird Elisabeth jetzt Tag für Tag hören, eine Flut bedruckten Papiers wird ihr Zimmer überschwemmen, Deputationen, Vereine, Menschen, die sie nicht kennt, werden untertänigst huldigend um Audienz bitten. Sie wird nicht mehr sich selber gehören, nie mehr wirklich allein sein, jedes Wort, das sie spricht, wird von hundert Ohren aufgefangen werden. Auch deshalb wirkt ihr Abschied von den Leuten in Possenhofen so rührend, vom Gärtner und seiner alten Frau, vom Bootsmann, von allen, die ihr so nahestehen. Sisi, das Mädchen, wird plötzlich von einem so heftigen Schmerz überfallen, daß sie ihn herausschreien muß.

Am Abend des Ostersonntags, 16. April, findet am Münchener Hof ein festliches Konzert statt, zu dem auch Elisabeth erscheint. Es ist gleichzeitig die offizielle Abschiedscour der bayerischen Prinzessin. Am 20. April 1854, einem herrlichen Frühlingstag, erlebt sie ihre letzten Stunden in München.

Der Tag beginnt mit einem Gottesdienst in der Hauskapelle des herzoglichen Palais. Nach dem Frühstück verabschiedet sich Elisabeth vom Personal, jedem drückt sie ein kleines Abschiedsgeschenk in die Hände. Alle sind sehr gerührt, auch der Braut stehen die Tränen in den Augen.

Bis hinauf zum Siegestor drängen sich die Münchner zu beiden Seiten der Ludwigstraße. Hier beginnt Elisabeth zusammen mit ihren Eltern, mit Néné und ihrem ältesten Bruder Ludwig eine stürmisch umjubelte Reise in einer mit sechs Apfelschimmeln bespannten Karosse. Elisabeth erlebt diese Abschiedsstunde, als ob sie in eine reißende Strömung geraten wäre. Ein ungeheurer Wirbel von Menschen, Musik, Stimmen, weißblau-

Abschied Elisabeths von München,
Fahrt in der offenen Kutsche durch das Siegestor (20. April 1854).

en Fahnen und Blumen stürmt auf sie ein. Ihr Herz kann es nicht fassen, daß sie, gestern noch die unbekannte Prinzessin ihres eigenen Traumreiches, heute diesen Aufruhr von Begeisterung und Anteilnahme eines ganzen Landes auslösen soll. Sie winkt mit dem Spitzentaschentuch, bis die Stadt hinter ihr liegt.

Die Mutter fühlt ein unbekanntes Glück in diesen brausenden Beifallsstürmen ihrer Landeskinder, verbeugt sich mit strahlendem Lächeln voller Stolz nach allen Seiten; der Vater wirkt eher bedrückt und niedergeschlagen und schaut wie seine Tochter etwas verlegen. Nur während kurzer Strecken zwischen freien Feldern ergeben sich wohltuende Pausen der Stille. Vor dem nächsten Ort krachen schon wieder Böllerschüsse, Musik ertönt, Kinderstimmen rufen. Dann müssen die Wagen halten, Bauern in festlicher Kleidung kommen herbei. Das wiederholt sich in jedem Dorf, an jeder Station.

In Straubing wartet der kleine Raddampfer »Stadt Regensburg«. Die Donau trägt das Schiff gemütlich nach Passau zur bayerischen Grenze, von dort an geben ihm zwei festlich geschmückte Dampfer Geleit bis nach Linz. Die Orte an den Ufern des Stromes sind beflaggt, die Leute schwenken Tücher und Fahnen, überall Feiertag und Musik. Der Brautzug auf der Donau: Anlaß für patriotische Demonstrationen aller Art. Gedichte sind geschrieben, Hymnen komponiert worden, Lieder werden vorgetragen, alle haben sie diesen überschwenglichen Ton:

Rose von Baierland
Grad im Erblüh'n,
Sollst nun am Donaustrand
Duften und glüh'n.

Oder:

Rose aus Bayerland,
Lieblich und traut,
Nun grüßt Dich ganz Öst'reich
Als hehre Braut!

Und so weiter, und so weiter.

In Passau kommt die erste österreichische Abordnung, die Elisabeth an der Grenze ihrer neuen Heimat begrüßt. Sisi ist wie betäubt. Die Donau wird breiter, die Ufer entfernen sich vom Schiff. In Linz, der oberösterreichischen Hauptstadt, wo sie am 21. April gegen sechs Uhr abends ankommt, gibt es den ersten Aufenthalt. Hier wird die Begeisterung fast zum brausenden Orkan. Alle Glocken läuten mit schweren Schlägen. Am Ufer drängen sich viele Menschen, auf dem Landungssteg wartet bei einer hohen Ehrenpforte eine festlich gestimmte Menge. Sisi sieht die grünen Federn der Generalshüte, das Weiß der Paraderöcke, leuchtendes Rot und Gold, Mädchen mit Blumen, die geraden Reihen des aufgestellten Bataillons, das Empfangskomitee mit gespannten Gesichtern. Ihr wird schwindlig unter den Tausenden von Blicken, die auf sie gerichtet sind.

Hier empfängt der junge Kaiser – ganz außerhalb des Protokolls und zur Überraschung aller – seine Braut. Er ist ihr mit freudiger Ungeduld entgegengefahren, es ist seit Wochen das erste Wiedersehen. Er schließt Sisi mit solcher Leidenschaft in seine Arme und küßt sie so stürmisch, daß die dichtgedrängte Zuschauermenge in tosenden Beifall ausbricht. Man hat Franz Joseph immer für kühl gehalten, nun sind alle erstaunt, daß dieser nüchterne Mensch doch zu enthusiastischen Gefühlen fähig zu sein scheint. Sisi aber ist rot geworden. Mit gesenktem Blick und tief verlegen schreitet sie am Arm des Kaisers an der Menschenmenge vorüber, die immer wieder in neue Begeisterungsrufe ausbricht.

Das »Gott erhalte«, wird intoniert, die Musik spielt die habsburgische Hymne. Eine Woge von Farben über Farben strömt über die junge Braut herein – Dragoner in Weiß und Lichtblau mit vergoldeten Bügelhelmen, Ulanen mit breiten, übergeknöpften Paraderabatten, die Beamten der Statthalterei mit Krapphüten und Degen. Alles überwältigt mit farbenfroh sinnlichen Eindrücken die schüchterne Sechzehnjährige. Die neugierigen Blicke machen Sisi nervös. In manchen Minuten hält sie nur mühsam die Tränen zurück. Infanterie präsentiert, Offiziere senken salutierend den Degen, Böllerschüsse krachen. Das alte Gebäude der Statthalterei ist festlich hergerichtet. Am Abend leuchten Tausende Fackeln vor den Fenstern, Musikanten begleiten den Fackelzug, Männerchöre singen. Im Schauspielhaus patriotisches Theater, es wird eine Festvorstellung gegeben: »Die Rosen der Elisabeth.« Die Ovationen wiederholen sich, der Zug geht durch die feierlich erleuchtete Stadt. Die Hochrufe nehmen kein Ende, sie scheuchen die erschöpfte Braut noch aus dem Schlaf auf.

Am frühen Morgen des 22. April verläßt der Kaiser die Stadt, um zur offiziellen Begrüßung seiner Braut rechtzeitig in Wien zu sein. Gegen acht Uhr nimmt auch der Raddampfer »Franz Joseph«, ein größeres und schöneres Schiff, mit der Hochzeitsgesellschaft Fahrt auf. Auf Befehl des Kaisers ist es mit Girlanden aus sämtlichen Rosen der Gärten von Schönbrunn geschmückt worden. Elisabeths Kabine ist mit purpurnem Samt ausgekleidet, auf dem Deck eine Rosenlaube aufgestellt worden. Auch die Wände des Schiffes schmücken Rosengirlanden. Die Flaggen – bayerisch weißblaue, österreichisch rotweiße und habsburgisch schwarzgelbe – knattern im Wind.

Auch diesmal säumen wieder Zehntausende Menschen die Ufer, Böllerschüsse, immer wieder Hochrufe und Kaiserhymne. Duftend und blühend fährt das Schiff auf der Donau, an der Burgruine Dürnstein vorbei. Melk mit seiner Benediktinerabtei und dem Barockdom, oberhalb von dunkelgrünen Terrassen alter Ulmen und Platanen, zieht vorüber. Die Flußufer liegen in strahlendem Sonnenschein. In der Wachau wogt ein blaß aprikosenfarbenes Meer von Apfelblüten. Stufenförmig angeordnete Weingärten, düstere Ruinen, phantastische Felsspitzen ziehen an dem Dampfschiff vorüber. Als man sich Wien nähert, ballen sich jedoch Wolken am Himmel – Wetterlaunen des April.

Die Reisegesellschaft kleidet sich um, Elisabeth steigt in ein duftiges Seidenkleid. Am Nachmittag legt das Schiff in Nußdorf an, dem Hafen Wiens am Fuße des Leopoldsbergs. Hier herrscht schon Feststimmung, hier empfängt sie wieder der Kaiser. In ihrem weitgebauschten rosa Kleid, mit weißer Spitzenmantille und einem kleinen weißen, mit Rosen geschmück-

Ankunft Elisabeths in Nußdorf bei Wien (22. April 1854).

ten Hut verläßt Elisabeth wie eine Märchenprinzessin das Rosenschiff, Franz Joseph schließt sie wieder in die Arme und küßt sie vor allen Leuten. Graf Alexander Hübner, der eifrige Tagebuchschreiber und Augenzeuge der Ankunft, hält diesen Moment fest: »Die Prinzessin, groß, schlank, von majestätischer Haltung und klassischen Zügen, obwohl fast noch ein Kind, eroberte im Fluge alle Herzen. Viel Landvolk, aber wenig Personen vom Hofe und aus der Gesellschaft standen längs des Ufers. Auf allen Physiognomien war eine sanfte und freudige Gemütsbewegung zu bemerken. Jeder schien sich mit dem kaiserlichen Brautpaar eng verbunden zu fühlen.«

Begrüßung der Familie, allen voran Erzherzogin Sophie, dann Onkel und Tanten, Cousinen und Vettern. Am Ufer hat man eine goldverzierte »Triumphhalle« aufgestellt, im Inneren mit »Spiegelwänden, Blumen, Draperien gleich einem Zaubertempel herrlich verziert«, wo sich die Hochzeitsgesellschaft kurz ausruht, bevor Jubelrufe, Böllerschüsse und Musik das Brautpaar herausrufen und das »offizielle Wien« zum Empfang bereitsteht: Diplomaten, Stadträte, Geistliche, Militär und Adel, Minister und Provinzstatthalter.

Schon vom ersten Augenblick schlägt Elisabeth in Wien eine Woge der Sympathie entgegen. Sie begibt sich an der Seite des strahlenden Kaisers, unter den Hochrufen einer tausendköpfigen harrenden Menge, zu dem von acht Lipizzanerhengsten gezogenen Wagen.

Dann ein pompöser Empfang, zahlreiche Honoratioren, alle Kirchenglocken läuten, Kanonendonner erfüllt die Luft. Elisabeth fliegen in Wien die Herzen zu, bevor sie noch richtig Fuß gefaßt hat. Sie selbst muß es fühlen: Hier kann sie durch ihre bloße Anwesenheit Wunder wirken. Wären nur nicht die vielen ermüdenden Zeremonien, das Starren der Menschen, das Zurschaugestelltsein, das sie immer mehr in Verlegenheit bringt.

Der Wagenzug formiert sich, im ersten Wagen sitzt Franz Joseph mit Herzog Max, im zweiten Elisabeth mit Sophie, im dritten Ludovika mit dem Vater des Kaisers. Die Fahrt geht durch ein Fahnenmeer und mehrere eigens aufgestellte Triumphbögen, vorbei an einem unendlichen Spalier lachender und winkender

Menschen über Döbling, Währing, Hernals und die Schmelz zur
Mariahilfer Straße. Langsam bewegen sich die Hofwagen mit der
Kaiserbraut nach Schönbrunn. Ein Sonnenuntergang taucht die
kaisergelbe Kulisse des Schlosses in ein goldenes Licht, als der
Wagen Elisabeths das hohe Gitter des Schloßtores erreicht. Der
große Park ist an diesem Tag für das Publikum geöffnet, dicht
gedrängt stehen auch hier Neugierige und freudig erregte Menschen, alle Zufahrtsstraßen sind mit unzähligen Kutschen und
Fiakern verstopft. Franz Joseph öffnet seiner Braut persönlich
den Wagenschlag.

Die Welt der Habsburger Majestät umfängt sie. Im Innern
Schönbrunns herrscht ein prunkvoller Stil. Elisabeth hat das
Schloß bisher nicht gekannt, sie ahnt kaum, was es in seinen
eintausendvierhunderteinundvierzig prunkvoll ausgestatteten
Gemächern birgt. Sie erschrickt nicht so sehr vor der Größe, vor
den riesigen Ausmaßen der Architektur, sie fühlt nur wie unter
einem Frösteln, daß diese Mauern, deren Hunderte Fenster sie
wie kalte neugierige Augen betrachten, ein fremdes Leben bergen.

Doch der nervenaufreibende, inhaltsschwere Tag, der sie vom
frühen Morgen bis hierher in Atem gehalten hat, ist noch nicht
zu Ende. Auch hier im Park von Schönbrunn erwartet die Braut
eine Begrüßungscour, die ihr kaum Zeit läßt, sich einen Augenblick zu erholen. Auf der Treppe stehen die Erzherzoginnen
parat, in der langen Spiegelgalerie drängen sich die Damen des
Hofes, Prinzessinnen, Fürstinnen.

Von dem vielen Lächeln, Kopfnicken und Winken ist Elisabeth furchtbar müde und gleichzeitig von allem sehr aufgeregt.
Sie muß sich aber, kaum dem Wagen entstiegen, gleich mit dem
Kaiser auf dem großen Balkon des Schlosses zeigen, vor dem
die schnurgeraden Linien des geometrisch gegliederten Parks
sich scheinbar im Unendlichen verlieren. Jetzt erst ist es den
Wienern so recht vergönnt, ihre künftige Kaiserin näher zu
betrachten. Sie begrüßen ihre künftige junge Herrscherin
enthusiastisch, das Wiener Herz ist empfänglich für weibliche
Schönheit, vor allem aber für den romantischen Zauber, der dieser Kaiserverlobung vorausging. Aus dem Dunkel des Abends

leuchten tausend Lampions, Kopf an Kopf staut sich die Menge, und die vielen Stimmen, Schreie von Männern und Frauen,
klingen zu einem ungeheuren Getöse zusammen, vor dem
man, sobald man die Augen schließt, Angst bekommen kann.
Es ist kalt, als Franz Joseph seine Braut vom Balkon ins Innere
des Schlosses führt.

Im Großen Salon erhält die Braut ihre Hochzeitsgeschenke,
darunter das Brautgeschenk Franz Josephs, eine Diamanten-
krone mit passender Corsage. Die weitverzweigte Familie der
Habsburger wird ihr vorgestellt, die aus Prag angereiste Kaise-
rinwitwe Karoline Augusta, die Verwandten aus den ungarischen und toskanischen Nebenlinien. Man präsentiert Elisabeth auch ihren künftigen Hofstaat, die Obersthofmeisterin
Gräfin Sophie Esterházy, geborene Fürstin von Liechtenstein,
eine Dame von sechsundfünfzig Jahren, staubtrocken und sit-
tenstreng; die erste Ehrendame, die lustige und hübsche Gräfin
Paula Bellegarde (die einzige, zu der Elisabeth ein schüchternes
Zutrauen fassen wird) und die zweite Ehrendame Gräfin Karoline Lamberg. Obersthofmeister der Kaiserin ist Fürst Lobkowitz; Franz Joseph überträgt ihm sein Amt mit den Worten: »Ich
vertraue Ihnen das Liebste an, was ich auf der Welt habe.« Im
Juni wird er durch den fünfundfünfzig Jahre alten General
Friedrich Hannibal Fürst zu Thurn und Taxis abgelöst.

Alle Personen sind von Erzherzogin Sophie sorgfältig ausgewählt worden, angeführt von der Gräfin Esterházy, mit ihrer
großen, steifen Figur, mit pergamentartigem Gesicht, dünnen
Lippen, kurz angebunden und von unzugänglicher Art. Eine
imposante Erscheinung.

Der Hofstaat schüchtert Elisabeth ein, kaum kann sie sich alle
Namen und Funktionen ihres Haushalts merken: Sekretär,
Kammerfrau, zwei Kammerdienerinnen, zwei Kammermäd-
chen, ein Kammerdiener, ein Türhüter, vier Lakaien, ein Haus-
knecht und ein Kammerweib.

Aus dem schmalen Saal, in dem Elisabeth schließlich für
einen Moment allein ist, blickt man in einen dunklen Park. Sie
kann nur wenige Minuten Atem schöpfen. Dann kommt schon
der Höhepunkt des Abends: ein großes Hof-Galadiner.

Seit der Ankunft im Schönbrunner Schloß erlebt sie, daß der starre Zwang der österreichischen Etikette sie wie ein eiskalter Mantel umfängt. Seit der Zeit Karls V. und Philipps II. hütet die Habsburgerdynastie eifrig die Traditionen des spanischen Hofzeremoniells. Elisabeth erwarten keine offenen Arme, es ist kein herzlicher Empfang, der ihr vom Hof bereitet wird. Am Abend dieses anstrengenden Tages, vor dem Schlafengehen, als sie vor Müdigkeit und Aufregung fast zusammenbricht und nur mit Mühe die Tränen zurückhält, zwingt man sie, obwohl sie sich lieber ausruhen möchte, ein langweiliges, umfangreiches Dokument zu lesen: »Zeremoniell bei dem öffentlichen Einzug Ihrer königlichen Hoheit der durchlauchtigsten Prinzessin Elisabeth, Herzogin in Bayern.« Sie möge es genau studieren, läßt man sie untertänig, aber bestimmt wissen. Die Meister der berühmten »spanischen Etikette« des Wiener Hofes, Landgraf Nepomuk Fürstenberg und Fürst Vinzenz Carl Auersperg, haben fieberhaft gearbeitet. Das »Zeremoniell für die Vermählung Seiner Kaiserlichen und Königlichen Apostolischen Majestät«, das man gleich dazulegt, ist noch beträchtlich umfangreicher, neunzehn Seiten stark, und gleicht einer kleinen wissenschaftlichen Abhandlung. Elisabeth fallen darüber die Augen zu.

*B*ereits am Tag vor der Vermählung entfaltet der Wiener Hof um die zarte Braut ein Schauspiel von unerhörtem Glanz und verschwenderischem Prunk. Das Pathos einer großen Tradition, hier wird es noch einmal beschworen. Man hat Sisi vorbereitet: Die Feste, das Zeremoniell, all die Pracht wird unerhört sein, mühsam und anstrengend genug. Aber was sie nun wirklich in Wien erlebt – so hat sie es sich doch nicht vorgestellt. Das »Ceremoniel«, sie sollte es studieren, es bleibt ungelesen auf dem Nachttisch liegen. Erst am anderen Morgen kommt sie dazu, sie erschrickt vor ihrem vor Aufregung pochenden Herzen.

Dabei ist Franz Joseph rührend um sie besorgt, sucht ihr alles zu erleichtern, fragt tausendmal nach ihren Wünschen. Himmel, welche Wünsche soll sie denn haben? Er versucht sie zu beruhigen, ihre Sorgen auszuräumen, ihre Ängste zu beschwichtigen. »Ach Gott, denk nicht daran, Liebling«, sagt er, »das gehört einmal zu unserem Beruf, und du wirst sehen, wie die Wiener von meiner lieben, reizenden Braut entzückt sein werden.«

Am frühen Morgen schon geht es mit großer Gala weiter. Die Damen in reichen, »runden« Kleidern, die Krinoline diktiert die Mode.

Nach altem Brauch beginnt am späten Nachmittag der traditionell feierliche Einzug der Kaiserbraut in die Haupt- und Residenzstadt, so wie seit Jahrhunderten die Braut jedes Monarchen ihren Einzug nimmt. Elisabeth ist mit ihrer Mutter schon am Morgen zur »Favorita«, dem alten Kaiserschloß, gefahren. Um vier Uhr soll der Triumphzug hier vom Theresianum beginnen, bis dahin Stunden qualvoller Erwartung und Aufregung. Als die Braut, gekleidet in einen Traum aus silberdurchwirktem Rosa, geschmückt mit Girlanden aus Rosen, endlich ihren Fuß in die Galakutsche setzen will, glitzern Tränen in ihren Augen. Sie kann das Angestarrtwerden kaum ertragen, nur mühsam ist sie zu beruhigen. Ludovika, selbst verängstigt und aufgeregt, zischt ärgerlich, sie möge sich zusammenreißen. Sie nehmen in einer gläsernen, von acht Lippizanern gezogenen Kutsche Platz. Elisabeth wischt sich die Spuren von Tränen aus ihrem blassen, ernsten Gesicht. Ein Augenblick der Schwäche, schon ist er vorüber. Für einen Moment tritt ein entschlossener, energischer Ausdruck in ihr Gesicht.

Dann fährt der Wagen los, und der Zug setzt sich in Bewegung. Die Route führt über die neue Wienbrücke bei der Karlskirche über die Kärntnerstraße, den Stock-im-Eisen-Platz, Graben und Kohlmarkt zum Michaelerplatz. Es ist ein märchenhaftes Schauspiel, als Elisabeth in diesem Prunkwagen der Habsburger zur Hofburg fährt. Die Mähnen der Tiere, die den gläsernen Wagen ziehen, sind mit roten und goldenen Borten durchflochten, Zaumzeug und Zügel sind mit Gold besetzt, neben jedem Pferd geht ein Diener in Gala. Das Dach der Kutsche trägt die kaiserliche Krone, und zwischen den geschwungenen rückwärtigen Federn prangt ein vergoldeter Doppeladler mit Reichsapfel und Szepter.

Zum ersten Mal wird Elisabeth die alte Burg sehen, deren graue Mauern im Herzen der Inneren Stadt hochwachsen und der man noch die ehemalige Festung anmerkt. Interessante Lithographien veranschaulichen diesen mit außerordentlichem Gepränge veranstalteten Einzug der Braut in Wien. Die Straßen sind zu einem Blumenmeer geworden, und unübersehbar ist die schaulustige Menge, die sich hinter dem militärischen Spalier drängt.

An der neuen Brücke über die Wien (die nach ihr den Namen Elisabethbrücke erhält) empfängt der Bürgermeister mit den Stadträten und Honoratioren die Braut. Der Fahrdamm ist hier mit sattgrünem Rasen bedeckt, über den Rosenblüten gestreut sind. Eine Hecke von Rhododendron mit orangefarbenen Blüten säumt die Fahrbahn. Die schönsten Wiener Mädchen, alle in Weiß gekleidet, überschütten die Braut mit Rosenblättern. Am Kärntnertor, durch das man die Innere Stadt betritt, erhebt sich die Statue einer geflügelten Göttin, gemeißelt in graurötlichem Granit.

Unter wuchtigem Kanonendonner und dem Dröhnen der Kirchenglocken, unter Hochrufen und dem Jubel der Menschen rollt der Wagen im Schrittempo durch die Straßen, beklemmend langsam für die junge, allzu befangene Braut. Es nimmt kein Ende. Überall sind die Häuser mit Blumen und kunstvollen Draperien geschmückt. Zehntausende von Bürgern im Festtagsstaat starren Elisabeth voll Neugierde an. Den Kaiser lieben sie zwar nicht, aber seine Braut, dieses schmale Mädchen, das sich verwirrt immer wieder zur Seite neigt in unsicherem, verlegenem Dank, macht mitten in diesem goldflirrenden Prunk einen so rührenden, menschlich bewegenden Eindruck, daß es sie immer wieder zu Beifallsstürmen hinreißt. Dieser Zug Elisabeths durch die Stadt ist eine Lust für die Augen.

Über die Schönheit der Braut besteht bei niemandem ein Zweifel: Die Schlankheit ihres Körpers, das Ebenmaß ihrer Formen, die Zartheit ihres Gesichts, der Glanz ihrer dunklen Augen, das prächtige Haar und schließlich ein aus Grazie,

Feierlicher Einzug Elisabeths in Wien (23. April 1854).
Oben: Fahrt über die neu errichtete »Elisabethbrücke«
über den Wienfluß am Karlsplatz.
Unten: Die Braut und ihre Mutter im Krönungswagen.

Geheimnis und Stolz gemischter Charme machen aus ihr eine Erscheinung, die man so leicht nicht vergißt.

Unter dem Geläut der großen Glocken des Stephansdomes biegt der Zug in den Graben, dann in den Kohlmarkt ein, wo er im Gedränge kaum noch schrittweise vorankommt, die Kavallerie, die den Weg freihalten soll, kann die Menschen nicht mehr zurückhalten.

Vor dem riesigen düster-grauen Komplex der Hofburg wird Elisabeth vom Kaiser mit seiner Mutter und seinen Brüdern sowie allen Erzherzögen und Erzherzoginnen erwartet. Franz Joseph strahlt vor Glück, geht behende auf seine Braut zu. Ein weißer Spitzenschal hüllt ihre dünnen, eckigen Schultern ein, in der Krone ihres dunklen Haares schimmert ein Diamantdiadem. Er ist wie verzaubert von dem stillen Blick, mit dem Elisabeth ihn anschaut, ein Blick, in dem er eine leicht verwirrte Sehnsucht zu erkennen glaubt.

Mit vor Aufregung gerötetem Gesicht klettert die Braut aus dem Prunkwagen. Ein plötzliches Schweigen im Aufschrei der Bewunderung, das sich in dem Augenblick ausbreitet, als beim Aussteigen aus der Karosse ihr Diadem ans Wagendach stößt, an der Türeinfassung hängenbleibt und herabzufallen droht. Ein Schatten gleitet über Elisabeths Gesicht, sie runzelt die Stirn. Dann ist alles wieder in Ordnung, mit einer leichten anmutigen Handbewegung rückt sie das Diadem zurecht, richtet sie sich das Haar. Sophie findet ihre künftige Schwiegertochter *ravissante*, ganz entzückend, schreibt in ihr Tagebuch: »Das Benehmen des lieben Kindes war vollendet, voll süßer und graziöser Würde.« Bislang hat sie keinerlei Grund zum Tadel.

In der Hofburg die »Gratulationscour«, ein ermüdender Empfang der »k. k. Generalität und des Offizierskorps, dann des männlichen Hofstaats und der Damen«, den die Braut wie in Trance über sich ergehen läßt. In ihren schrecklichsten Träumen hat sie sich nicht eine derart strapaziöse Huldigung ausgemalt.

Dann ist endlich auch dieser Tag überstanden. Am Abend bringt ihr die Obersthofmeisterin wieder umfangreiche Schriftstücke, die Elisabeth zum Teil auswendig lernen soll. Mit Schauder liest sie von »Allerhöchsten und Höchsten Frauen«, von

»palast- und appartementmäßigen Damen«, von »Edelknaben und Schleppenträgern«, von »aufwartenden Generalen« und von »Cortegirung« in die Kirche und zurück und bis in die privatesten Gemächer. »Was sind appartementmäßige Damen?« fragt sie belustigt und erfährt, daß dies solche seien, die im Unterschied zu denen des »großen« und des »kleinen« Zutrittes nur nach vorheriger Ansage und zu ganz bestimmten Stunden in den kaiserlichen Appartements erscheinen dürfen.

Verschreckt gibt Elisabeth der Gräfin Esterházy das erste Schriftstück zurück. Die andere Akte enthält die »Alleruntertänigsten Erinnerungen«, Weisungen für den nächsten Tag. Das Regiebuch ihrer Hochzeitsfeier. Das Zeremoniell zeigt wieder seine Macht.

Der Morgen des 24. April ist hell und sonnig. Elisabeth öffnet, obwohl es verboten ist, selbst das Fenster. Taufrische, kalte Luft strömt aus dem Park herein. Es ist schön, aus dem Fenster zu schauen. Der Park ist noch leer. Nur in weiter Entfernung, wo die geraden Linien zusammenfließen, sieht man Gärtner, die den Sand der Wege glätten. Wie schön wäre es, in den Park hinunterzulaufen. Wo sind die Tiere, von denen man Elisabeth erzählt hat? Sie hat keine Zeit, es ist der große Tag. Das ganze Reich wartet auf das Ereignis. Fünfundsiebzigtausend Menschen aus allen Teilen der Monarchie, fremde Fürsten, Abgesandte des Vatikans, der großen Höfe und der Regierungen, Diplomaten aus fernen Ländern, aus Alexandrien, aus Saloniki und Smyrna, Deputationen aller Städte und Gemeinden Österreichs und Ungarns, die Statthalter des Kaisers, die Kommandanten seiner Korps, siebzig Bischöfe, hundert Geistliche sind nach Wien gekommen, um die Hochzeit des Kaisers zu erleben.

Seit dem Wiener Kongreß hat die Haupt- und Residenzstadt keine solchen Tage erlebt wie gestern und heute. Die Stadt scheint zu eng zu sein, so dicht drängen sich die Menschen in den Gassen. Was hat sie hierhergeführt? Ein wirkliches Gefühl, Anteilnahme, Pflicht, Neugier, Traditionsbewußtsein? Die überall spürbare Lebhaftigkeit, das Bild der Straßen mit dem Flaggenschmuck, die Entfaltung des selten gesehenen phantastischen Prunks des habsburgischen Hofes, die Erregung und Neugier der vieltausendköpfigen Menge – all das erzeugt jedenfalls eine erwartungsvolle Atmosphäre, die sich in der ganzen Stadt bemerkbar macht.

Elisabeth ist seit dem frühen Morgen von dem ausgeklügelten Zeremoniell in Anspruch genommen. Stundenlang haben sich viele Hände um ihr Brautkleid bemüht. Es ist aus schwerer, reiner Seide, reich mit Gold und Silber durchwirkt, liegt in der Taille eng an und fällt dann in weiten Falten. Darüber fließt ein goldgestickter Überwurf, der in der Schleppe endet. Eine Diamantbrosche hält den langen Schleier aus zartesten Brüsseler Spitzen. Schwerer wiegt das glitzernde Diamantdiadem, die Brautgabe von Erzherzogin Sophie. Die Mutter des Kaisers hat dieses Prachtstück auch an ihrem Hochzeitstag getragen. Jetzt leuchtet es in Elisabeths Haar, vom Brautkranz aus frischer Myrte und Orangenblüten umschlossen. Ein Band aus Diamanten umschlingt ihren Hals.

Es ist eine harte Geduldsprobe, diese mühevolle Einkleidung; Elisabeth fühlt bei jeder fremden Hand, die an ihrem Körper glättet, richtet, steckt und stickt, mehr und mehr die Verwandlung, die mit ihr vor sich geht. Wird es nicht schwer sein, dieses Diadem zu tragen? Die Uhr läßt ihr keine Zeit zum Nachdenken, sie diktiert, was von Minute zu Minute zu geschehen hat. Der Brautwagen wartet. Acht der edelsten Pferde des kaiserlichen Marstalls, wieder blendend weiß, von barockem, goldverziertem Zaumzeug gehalten, warten darauf, daß die Braut des Kaisers den Wagen besteigen wird. Die berühmte Wagenburg des Wiener Hofs hat ihren kostbarsten Schatz hergegeben. Die Vorreiter, Hoffouriere, Kutscher und Lakaien tragen den goldbetreßten roten Frack nach spanischem Schnitt, unterm Dreispitz die weiße Perücke.

Der Brautzug setzt sich in Bewegung. Leibgardisten zu Pferde in glänzenden dunkelgrünen Uniformen mit roten Aufschlägen und schneeweißen Hosen sowie die Trabantengarde bilden die Eskorte, Infanterie, lange Linien mit blitzenden Bajonetten, steht Spalier. Elisabeth fährt in einer alle Zuschauer blendenden Karosse: Das Innere des Wagens ist mit schwarzem Samt ausgeschlagen, die Bilder auf den Füllungen sind von Rubens gemalt. Wieder geht neben jedem Pferd ein Lakai zu Fuß in graugelber, goldbordierter Gala. Hofeinspanniere und Hofkammerfouriere reiten voraus, gefolgt von Galawagen mit Kämmerern und Geheimen Räten.

Die Braut sieht wieder hinreißend aus in ihrem gold- und silbergestickten, weißen Seidenkleid, als sie den kurzen Weg zur Kirche fährt. Der lange Spitzenschleier fällt über das braungoldene Haar und das zarte Gesicht, um eine Nuance blasser als sonst. Ein Strauß weißer Rosen schmückt ihre Brust. Elisabeths Antlitz und ihr liebenswürdiges Lächeln erregen die größte Bewunderung. Doch die Menge, die sie bestaunt und bejubelt, ahnt nichts von der Qual, die es der Prinzessin bereitet, in solch einem nach allen Seiten hin durchsichtigen Wagen zu fahren und wie ein Weltwunder angestarrt zu werden.

Die Trauung wird in der Augustinerkirche stattfinden, zu deren Pfarrei die Hofburg gehört, die nur einen Steinwurf von ihr entfernt liegt. Der lange, prunkvolle Brautzug braucht für diese kurze Strecke fast eine Stunde. Es ist sieben Uhr abends, als er die Kirche erreicht. Die Regiekünstler des habsburgischen Hofzeremoniells haben sich zusammen mit den Meistern des katholischen Prunks einiges einfallen lassen, um die Kirche für diesen Akt zu schmücken. Die Wände sind mit den kostbaren Gobelins des Hofes bekleidet, Säulen, Stühle und Bänke mit Damast überzogen, schwere Teppiche bedecken den steinernen Boden. Die Familienkapelle der Habsburger ist ganz mit rotem und goldenem Brokat ausgeschlagen. Mehr als zehntausend Wachskerzen, ein flackerndes, zuckendes Lichtermeer, verbreiten einen feenhaften Glanz.

Über tausend Menschen drängen sich in der Kirche. Eine von Männern dominierte Szenerie: Ungarische Magnatentrachten in goldverschnürtem Dunkelblau und Karmesin, funkelnd von Rubinen und Smaragden, mit Pelzen und edelsteinbesetzten Krummsäbeln, polnische Adelskostüme mit seidenweißen pelzverbrämten Konföderatkas und Saffianstiefeln bestimmen

in geradezu orientalischem Prunk das Bild. Österreichs Feld-
marschälle leuchten in Weiß und Rot und Gold. Die Ritter des
Goldenen Vlieses stehen Spalier. Ungarns Husarengenerale tragen feurigrote Attilas und weiße goldverschnürte Pelze, dazu
den Kalpak mit der Reiherfeder. Leibgardekapitäne in Dunkelgrün, Weiß und Dunkelrot, die scharlachroten Roben der Kardinäle, die violetten Soutanen von siebzig Bischöfen, Diploma-
tenfräcke, Minister mit Tressenhüten, Arcierengarden in roten
Röcken mit goldenen Hellebarden bilden den Rahmen dieser
Hochzeit. Blinkende Schwerter, gezogene Pallasche überstrah-
len selbst die Galatoiletten der anwesenden Damen, deren Farben vor dieser furiosen Entfaltung männlicher Pracht fast verblassen.

Unter grellem Trompeten- und Fanfarengeschmetter, unter
dumpfrollendem Trommelwirbel gelangt der Brautzug in die
Kirche. Elisabeth ist, wie es die Tradition vorschreibt, unver-
schleiert. Beim Eintritt überreicht der Erzbischof von Wien, Kardinal Joseph Othmar von Rauscher, dem kaiserlichen Paar das
Weihwasser, worauf sich beide in tiefem Ernst bekreuzigen, um
dann unter einem kostbaren Baldachin von Gold und Samt
Platz zu nehmen.

Fürsterzbischof Rauscher, der Lehrer des Kaisers und Vertraute der Erzherzogin Sophie, mit dem sarkastischen Mund,
mit dem Gesicht eines Zynikers, nimmt die Trauung vor. Er wird
den Bund zwischen Elisabeth und Franz Joseph segnen. Es ist
ganz still, als er an Braut und Bräutigam die obligatorischen Fragen richtet. Franz Joseph antwortet mit klarer, fester Stimme,
Elisabeth sieht sich, bevor sie leise und kaum hörbar ihr Jawort
flüstert, zaghaft nach ihrer Mutter um. Die Ringe werden
gewechselt.

Die Braut erzittert bei der ersten Salve, die vom Josephsplatz
herüberschmettert. Kanonendonner zerreißt die weitschweifige
Ansprache des fortan »Kardinal Plauscher« genannten Wür-
denträgers. Seine Worte klingen anfangs sehr befremdend. Er
spricht von der Frau, die ihren Mann nicht liebt, wenn sie ihn
um seines Reichtums willen geheiratet habe. Elisabeth
erschrickt und errötet, als sie es hört. Sie kann sich die taktlose

Trauung in der Augustinerkirche (24. April 1854).

Anspielung nicht erklären. Was will man ihr damit zu verstehen geben? Sie hat doch Franz Joseph nicht aus Geldinteresse geheiratet. Was bezweckt der Kardinal mit seiner sonderbaren Traurede? Später, als Elisabeth Zeit hat, darüber nachzudenken, fällt ihr ein, daß ja der Fürsterzbischof der geistliche Berater ihrer Schwiegermutter ist. Nun weiß sie, woher er seinen Text bekommen hat.

Dann geht es weiter im klerikalen Pathos: »Friede und Einigkeit ... das Band der Liebe ... da strömt das Glück ... Sie können ihm Ihr Herz mit Vertrauen auf seine unerschütterliche Liebe ... Ihre Freude und Ihre Hoffnung, Ihr Stolz und Ihre Ehre ... Vom Bodensee bis zu den Grenzen Siebenbürgens, vom Po bis zum Weichselstrand blicken achtunddreißig Millionen Menschen voll Liebe ... Die Last, die auf seine Schultern gelegt ist ... Sie, Fürstin, sind berufen...« Der Lärm der Kanonen, die Salven der Infanterie, Stimmengewirr verschlingen ein Zitat des heiligen Augustinus. Die Rede an die Braut klingt aus in idyllischer Rührung: »Sie werden ihm eine Insel sein, die friedlich inmitten der brausenden Wogen liegt, eine Insel, wo Veilchen und Rosen sprossen.«

Elisabeth, welche die Augustinerkirche als kleine, sechzehnjährige Prinzessin betreten hat, verläßt sie nun am Abend als Kaiserin eines der mächtigsten Reiche Europas, dessen Territorium von der Lombardei bis zur Bukowina und von Böhmen bis Dalmatien reicht. Immer noch donnern entlang der Glacis die Kanonen, die auf dem Lobkowitz- und Josephsplatz aufgestellten Grenadierbataillone feuern Salven ab, in den Straßen schreien die Leute »Hoch«, im Prater blüh'n wieder die Bäume, es gibt ein Volksfest mit Heurigem und Backhendln.

Trompetenfanfaren und Paukenwirbel begleiten das Brautpaar zurück in die Hofburg. Nach der Zeremonie begeben sich Kaiser und Kaiserin in den Thronsaal. Wieder eine »Gratulationscour«. Botschafter und Gesandte, Minister, Generale und Würdenträger werden der jungen Kaiserin vorgestellt, eine unendliche Reihe von Menschen defiliert an ihr vorüber. Die großen Namen Altösterreichs klingen vor ihr auf: Radetzky, Windischgrätz, Nugent, Jellacic. Prinzessinnen, Herzoginnen,

Gräfinnen, Fürsten und Barone, Durchlaucht und Erlaucht. »Die Damen wurden zum Handkuß zugelassen.« Fast zwei Stunden sitzt Elisabeth auf dem hochlehnigen Thronsessel, eine Hand auf ein besticktes Kissen gelegt. All die vielen Unbekannten, was soll sie mit ihnen reden? Als sie zufällig eine Verwandte entdeckt und sich zu einer herzlichen Begrüßung hinreißen läßt, wird gezetert. Sie darf auch ihre Cousinen, zwei Prinzessinen in bayerischer Tracht, nicht küssen. Keine Herzlichkeiten, keine Gefühlsregungen, nur gemessene Reaktionen auf die vorbeiziehenden, schwer mit Juwelen behängten Fürstinnen sind erlaubt.

Dann verliert Elisabeth beim Empfang der Gratulationen und Glückwünsche des Hofes plötzlich die Contenance und flüchtet in ein Nebenzimmer. Nur mühsam beruhigt sie sich wieder. Als sie wieder erscheint, ist sie verweint, erschöpft, verunsichert.

Warum weint die Braut? Der Arzt Professor Franz E. Schilke zeigt sich in einer vor wenigen Jahren veröffentlichten Studie ungehalten über das verunsicherte Mädchen: »Dabei wäre die Situation an sich auch für eine Sechzehnjährige durchaus kein Grund gewesen, derartig verstört zu reagieren. Ein psychisch gesundes Mädchen in diesem Alter hätte sicherlich ein ganz anderes Auftreten gezeigt, jenem liebevoll gemeinten Spektakel um seine eigene Person auch positive Seiten abgewonnen.« Er sieht in Elisabeths Verhalten schon »die ersten auffälligen psychiatrischen Störungen in Form von wiederholt auftretenden ängstlich-depressiven Verstimmungen«.

Nur war das »Spektakel« keineswegs »liebevoll gemeint«. Solche Beschwörungen eines angeblich »normalen Verhaltens« und Pathologisierungen einer nachvollziehbaren Reaktion gehören zu der heutzutage modischen Kritik an Elisabeths Charakter und Verhalten, die in ihr ständig nur das Exaltierte und Überspannte anprangert (bzw. das, was man dafür hält). Die Autorin Dörthe Binkert kommt zu einer psychologisch feinfühligeren und vor allem sehr viel plausibleren Erklärung als der diagnosewütige Arzt: »In den Tränen der Braut wird Rückschau gehalten auf das, was nun aufgegeben werden muß, liegt auch die Angst vor dem Neuen. Was naturhaft erscheint, … ist in

*Gratulationscour und Vorstellung des Hofstaats
nach der Trauung im Zeremoniensaal der Hofburg (24. April 1854).*

Wirklichkeit auch die Entscheidung für einen ganz bestimmten Lebensweg, dessen Breite und dessen Verlauf von gesellschaftlichen Normen fest abgesteckt ist.«

Und nichts erscheint Elisabeth fest abgesteckter, unerbittlich vorgezeichneter als der Weg durch diese protokollarisch gewaltige Welt. Sie hat keinen Begriff davon, keinen Namen dafür, doch ihre Tränen lassen erkennen, daß ihre Seele dies bereits ahnt und begreift.

Das offizielle Fest endet laut Protokoll mit der feierlichen Illumination verschiedener Plätze der Stadt, für die Brautleute gibt es jedoch noch ein Diner, ein Brautsouper im Kreis der Familie, das bis elf Uhr dauert. Die berühmten massivgoldenen Schüsseln und Teller des Hauses Habsburg zieren die Tafel. Elisabeth bekommt vor Erschöpfung kaum einen Bissen hinunter. Gegen ein Uhr geruhen die Majestäten, wie der offizielle Bericht respektvoll meldet, sich »unter Cortegirung aus dem Saale in die inneren Gemächer zurückzubegeben, worauf sich Alles entfernt«. Zwölf fackeltragende Pagen, assistiert von Gräfin Esterházy und vier Zofen führen Elisabeth, die von ihrer Mutter begleitet wird, langsamen Schrittes in das Schlafgemach.

Eine halbe Stunde später klopft es, Erzherzogin Sophie führt traditionsgemäß den Kaiser seiner Braut zu. Elisabeth liegt bereits im Bett und tut so, als ob sie schliefe, versteckt, wie Sophie schildert, »ihr hübsches, von einer Fülle schönem Haar umflossenes Gesicht in ihrem Kopfpolster, wie ein erschreckter Vogel sich in seinem Nest versteckt«. Der Vorhang fällt. Eine Traumhochzeit, ein Märchen war das. Ein großer Tag, unvergeßlich.

Die Hochzeitsnacht findet nicht statt. Am nächsten Morgen können sich die neugierigen Mütter kaum beherrschen, wie Sophies Tagebuch verrät: »Vertrauliche Unterredung eines jeden Kindes mit seiner Mutter.« Also peinliche Fragen, kopfschüttelnde Antworten. Der Hof weiß es ohnehin schon, die Kammerzofen haben sich die Betten genau angesehen.

Auch in den nächsten beiden Nächten wird die Ehe noch nicht vollzogen. Was ist los? Wehrt sich Elisabeth? Kann Franz Joseph nicht? Und als es endlich so weit ist, wird es furchtbar für die junge Ehefrau.

Bislang hat sie nichts als Jugendliebe kennengelernt, nichts als Schwärmereien. Mit sechzehn Jahren weiß sie noch nicht das Geringste von den Realitäten der Liebe. Und es scheint nicht so, als ob sich »Franzi«, nachdem er die Tür hinter sich geschlossen hat, besonders zartfühlend verhalten hätte. Seine einschlägigen Erfahrungen hat er mit gefälligen, routinierten Frauen gemacht. Und er besitzt ein heißblütiges Temperament. Monate hat er auf Elisabeth gewartet. Nun ist die Zeit, sie in Besitz zu nehmen. Wund und ernüchtert fühlt sie sich nach dieser Nacht. Der befriedigte Gemahl merkt es nicht einmal.

Man hat ihr den Himmel verheißen, die Liebe und unendliches Glück. Jetzt aber, in dieser einen, einzigen Nacht, stürzt dieser Himmel für sie ein.

*G*leich in den ersten Tagen dieser Ehe wird klar: Die strenge Mutter des Kaisers übt ihre Macht in einer Weise aus, welche die junge Kaiserin bis ins Innerste verletzt. Elisabeth fühlt, hier ist sie in einen goldenen Käfig geraten, aus dem zu fliehen ihr schwer werden wird. Sophie, ganz mit den Traditionen des Hofes verwachsen, hat das gewisse Feingefühl für Höflichkeit und Takt verloren. Sie ist gewöhnt, mit ihren Söhnen über alles zu sprechen, auch über ihre Angelegenheiten mit Frauen. Am Wiener Hof behandelt man diese Dinge mit Direktheit. Man ist nicht zurückhaltend in der Wortwahl. Man redet offen über alles.

Am Morgen des zweiten Tages nach der Hochzeit verlangt Elisabeth ein kleines Frühstück in ihr Zimmer. Damit beginnt eine kleine Tragödie. Sophie besteht erbarmungslos darauf, daß Elisabeth mit dem Kaiser am gemeinsamen Frühstückstisch erscheint, so verlangen es nun mal die Hausgesetze. Die junge Kaiserin will nicht kommen, diese Aufforderung versetzt sie in die peinlichste Verlegenheit. Sie hält es für entwürdigend und schamlos, sich den indiskreten Blicken ihrer Verwandten aussetzen zu müssen, die in ihrem Gesicht zu lesen versuchen, wie die vergangene Nacht gewesen und ob es endlich zum »Vollzug der Ehe« gekommen ist. Sie malt sich das neugierige, fragende oder vielsagende Lächeln auf den Gesichtern aus. Nein, sie möchte mit Franz Joseph allein sein.

Erzherzogin Sophie verbirgt weder ihre Überraschung noch ihre Mißbilligung, als sie ihren Sohn allein ins Speisezimmer eintreten sieht. Kurz und bündig fordert sie ihn auf, seine Frau zu holen. Und Franz Joseph, folgsam wie immer, macht sich widerspruchslos auf den Weg.

Erstaunt nimmt Elisabeth zur Kenntnis, daß ihr Mann offensichtlich nichts dabei findet, an diesem großen Familienfrühstück teilzunehmen. Die Mutter, sagt er, wolle keine Einwände hören, sie bleibe hart. Alles Bitten und Flehen nützt nichts. Die junge Kaiserin erscheint an der Frühstückstafel, sehr blaß und nervös, kann vor Verlegenheit kaum einen Bissen essen. Sie spricht kein Wort, heftet die scheuen Augen auf ihren Teller. Die Erzherzogin fragt ganz ungeniert ihren Sohn über Einzelheiten aus, welche die junge Frau bis in die Haarwurzeln erröten lassen. Elisabeth hält es schließlich nicht mehr länger aus und läuft weinend aus dem Zimmer, wirft sich auf ihr Bett. Franz Joseph schneiden wohl diese Tränen seiner geliebten Sisi ins Herz, doch er hat nicht den Mut, ihre Stellung als Kaiserin seiner Mutter gegenüber zur Geltung zu bringen. Und Elisabeth selbst ist noch zu jung, um sich durch selbstsicheres Auftreten zu behaupten. Es ist für die Sechzehnjährige unendlich schwer, eine Frau wie die erfahrene und kluge Erzherzogin, die seit sechs Jahren die unangefochtene Beraterin des Kaisers in allen Staats- und Privatangelegenheiten ist, zu überzeugen, daß ihr Sohn durch seine Heirat nicht mehr nur ihr Sohn, sondern auch der Mann einer geliebten und liebenden Frau ist, der von nun an der wichtigste Teil seines Denkens und Tuns gehören sollte.

Sophies erster Sieg. Der erste Triumph ihrer »Erziehungsmaßnahmen«, die von jetzt an mit eiskalter Logik ablaufen. Gewiß ist es der Erzherzogin nicht vorzuwerfen, daß sie sich bemüht, ihre junge Schwiegertochter mit dem für sie völlig neuen und etwas schwierigen Terrain des Kaiserhofes vertraut zu machen, doch *c'est le ton qui fait la musique*. Nie werden sich die beiden in Charakter und Temperament so verschiedenen Frau-

Patriotische Darstellung:
Vertreter aller Stände huldigen dem Kaiserpaar nach der Hochzeit.

en verstehen: Sophie, in höfischem Zwang groß geworden und unerbittlich den Gesetzen der traditionellen Macht folgend, mit einer unerschöpflichen und nicht zu besiegenden Energie ausgestattet, und Elisabeth, die zarte, ganz romantisch und poetisch veranlagte Natur mit der empfindsamen Seele und dem stolzen Herzen. Wie sollen sie einander näherkommen?

Am vierten Tag nach der Hochzeit ist Elisabeth durch die vielen Zeremonien so erschöpft, daß sie sich weigert, weiterhin zu erscheinen. Franz Joseph gewährt ihr einen Tag Pause, die geplanten Empfänge werden abgesagt, dafür fährt das Kaiserpaar in den Prater aus. Es ist nicht nur körperliche Müdigkeit, auch ihre Seele leidet darunter, ständig an die Öffentlichkeit gezerrt zu werden. Wieviel lieber wäre sie mit ihrem Mann in den ersten Wochen ihrer Ehe unerkannt in irgendein kleines Nest an einen der österreichischen Seen gefahren. Nun aber ist sie eine große Kaiserin. Kein Schritt ihres Lebens wird mehr unbeobachtet bleiben. In diesen drei Tagen hat sich ihr Leben von Grund auf geändert. Sie gehört jetzt nicht mehr sich selbst oder etwa ihrem Mann. Sie gehört der Öffentlichkeit, dem Volk, dem Land.

Die Empfänge, zum Beispiel der Deputationen österreichischer Länder, strengen nicht nur sie an. Selbst Sophie gibt zu, daß sie »nicht mehr konnte«, sie findet alles nicht weniger zermürbend als Elisabeth. Zu jeder offiziellen Veranstaltung, zu jeder Mahlzeit kleiden sich die Damen komplett um. Kein Wunder, daß die Nerven zum Zerreißen gespannt sind.

Auch in den nächsten Tagen stehen Empfänge, Bälle, Umzüge, Festlichkeiten und andere glanzvolle Veranstaltungen auf dem Programm, mit dem Hofball am 27. April als Höhepunkt. Die Kaiserin erscheint in einem schneeweißen Kleid, einen Gürtel aus Brillanten um die Taille, im Haar ein Diadem und ein Kränzchen aus weißen Rosen. Erstmals werden – zum Kotillon – die »Elisabethsklänge« von Johann Strauß gespielt, ein Musikstück, das sowohl das Bayernlied wie die Kaiserhymne zitiert. Leidlich bewegt sich Elisabeth auf dem Parkett, mit unsicheren Tanzschritten noch.

Am Samstag, 29. April, findet dann ein Ereignis statt, das

Vermählungs-Festball in den Redoutensälen und in der Winterreitschule (30. April 1854).

tatsächlich dem Geschmack Elisabeths entgegenkommt: das fröhliche und zwanglose Volksfest im Prater. Nachmittags um drei Uhr Auffahrt des Adels: Eine unübersehbar lange Reihe glänzender Equipagen bewegt sich über den Stephansplatz, durch die Rothenturmstraße über die Schlagbrücke und die Jägerzeile in den Prater die Hauptallee hinaus bis zum Rondeau. Musikkapellen und Chöre säumen den festlich mit Flaggen, Ballons und Blumengirlanden geschmückten Weg vom Praterstern aus. Am Nachmittag ein großartiger Festzug der Kunstreitergesellschaft des Zirkus Renz: kleine Ponys, Musikchor auf einem Triumphwagen, Amazonen und Ritter in mittelalterlichen Kostümen, Herolde, Darbietungen einer »Produktion in der höheren Reitkunst«.

Am Abend erstrahlen der Praterstern, der Lustgarten und die Hauptallee im bunten Lichterglanz von fünfzehntausend farbigen Lampions und dreiundsiebzig Lusterleuchten. Die Musikkapellen von Strauß, Lanner und Morelly spielen auf, Akrobaten zeigen ihre Kunst, auf den großen Wiesen sind Tanzpaläste errichtet worden. Höhepunkt dieses Volksfestes: ein Feuerwerk mit »aufsteigenden Raketen, welche sich oben, gleich Füllhörnern, tausend und tausend färbige Blüthen herniedersendend, entleeren«. Am Rondeau erglänzen die Namenszüge des Kaisers und der Kaiserin »umgeben von einer Brillantsonne im elektrischen Lichte«.

. Den Ausklang der Festwoche bildet am 30. April ein »Vermählungs-Festball« der Stadt Wien in der Winterreitschule, deren eigens durchbrochene Mauern sich jetzt zu den Redoutensälen hin öffnen. Auch an diesem Abend spielt Johann Strauß auf.

Danach ebbt die Hochstimmung, die Wien, ja ganz Österreich erfaßt hat, allmählich ab.

Wo immer die junge Kaiserin erschienen war, überall hat man ihre Schönheit, ihre geschmeidige Figur bewundert, die auch die Krinoline nicht beeinträchtigen kann, und ihre geschmackvollen Kleider. In großer Hoftoilette sieht Elisabeth besonders schön aus, obwohl sie gerade so kostbare Kleider am wenigsten liebt. Wodurch sich die junge Kaiserin aber am meisten von allen anderen Damen unterscheidet, ist die auffallende Harmonie in ihren Bewegungen. Es ist eine ungewöhnliche Grazie in ihr, die den Reiz ihrer Persönlichkeit noch erhöht. Die zarten, jugendlichen Linien ihrer Gestalt zu beobachten, wenn sie mit leichtem, schwebendem Gang durch einen Raum geht, ist ein Genuß eigener Art. Jeder, der mit ihr zusammenkommt, fühlt die Macht dieser Erscheinung. Und man kann die junge Kaiserin nicht oft genug sehen und bewundern. Sie muß sich immer wieder zeigen. Elisabeth jedoch findet all diese offiziellen Repräsentationen, auf denen sie sich zur Schau stellen muß, immer grauenhafter.

*W*ährend mehrerer Wochen folgt für das kaiserliche Paar eine unaufhörliche Reihe von Zeremonien, Festen, Galavorstellungen, Audienzen, Bällen, Umzügen und Schaustellungen. Und jeden Morgen legt Gräfin Esterházy ihrer jungen Kaiserin das »Generalprotokoll des Hofes« vor, dem immer geschmacklose, bisweilen sogar unangenehme Notizen beigefügt sind, wie beispielsweise »Respektvolle Hinweise für Ihre Majestät die Kaiserin...« Und Erzherzogin Sophie gewöhnt sich nun an, ihre Schwiegertochter bei jeder sich bietenden Gelegenheit zu belehren, zu ermahnen, zu gängeln, mäkelt ständig an ihr herum: »Du mußt dich besser halten! ... Beweg deinen Fächer nicht in dieser Weise! ... Gib dir doch wenigstens ein bißchen den Anschein, als interessiertest du dich für das was vorgeht! ... Du hättest den Großstallmeister nicht so lange hinhalten sollen! ... Du hast dich zu rasch hingesetzt! ... Du hättest mit dem Fürsterzbischof von Salzburg ein wenig liebenswürdiger sein können! ... Du hättest dich daran erinnern sollen, daß die Herzogin von Ratibor eine geborene Fürstenberg ist! ...« So in etwa.

Elisabeth ist bald völlig erschöpft von diesem pomphaften und ganz auf Äußerlichkeiten eingestellten Leben am Hof. Die ständigen Rügen ihrer Schwiegermutter zerren an ihren Nerven und führen zu einer zunehmend ungeduldiger und gereizter werdenden Stimmung. Es grollt dumpf in ihrem Inneren, und es fällt ihr schwer, sich zu beherrschen.

Franz Joseph hingegen erlebt eine Phase ungetrübten Glücks. »Ich bin verliebt wie ein Leutnant und glücklich wie ein Gott«, schreibt er nach der Hochzeit seinem besten Freund, dem Kronprinzen Albert von Sachsen. Er ist jetzt von einer Mitteilsamkeit, die man bislang an ihm nicht gekannt hat. Die ungetrübte Lust am Leben hat seinen Panzer der angeborenen und anerzogenen Vereinsamung aufgebrochen. Der junge Kaiser kann nicht widerstehen, alle läßt er an seinem Glück teilnehmen. Bislang war er von tausend Rücksichten eingeschnürt, nun fühlt er seinen Mut wachsen.

Man merkt es ihm an, alle Zeugnisse bestätigen es, daß die Lebensfreude, die ihn gepackt hat, hellere und freundlichere Seiten in ihm sichtbar macht, daß er freier und optimistischer wirkt. König Leopold von Belgien, der ihn in dieser Glückszeit wiedersieht, schreibt seiner Nichte, der jungen Königin Victoria von England, es sei erstaunlich, wie »herzlich und glücklich« der Kaiser geworden sei, man müsse ihn einfach gern haben. »Sein Gemüt und die Kühnheit«, die aus den »warmen, blauen Augen« sprechen, sowie die »liebenswürdige Fröhlichkeit« nähmen seiner »angeborenen Autorität« nichts.

Und der Herzog Ernst von Sachsen-Coburg-Gotha berichtet im Mai 1854 an seine Schwägerin, Königin Victoria: »Ich finde den Kaiser, seit ich ihn zuletzt gesehen, außerordentlich vorteilhaft verändert, er ist kräftiger geworden, in seinen Bewegungen freier und bestimmter. Trotz der trüben Lage der Dinge und des Frostes der Situation war an dem jugendlich frischen Monarchen eine gewisse freudige Anregung zu erkennen; die Gründung des häuslichen Glücks scheint in wohltätigster Weise auf sein Gemüt gewirkt zu haben.«

Ist es Elisabeth, die bewirkt, daß der Kaiser eine von allen kleinlichen Bedenken freie Amnestie erläßt? Alle Prozesse wegen Majestätsbeleidigung und Störung der öffentlichen Ruhe werden niedergeschlagen, fünfhundert sogenannte Hochverräter auf freien Fuß gesetzt, die Sequestrierungen in Lombardo-Venetien werden aufgehoben. Die Beendigung des

Belagerungszustands in Galizien, in Ungarn und in der Wojwodina, die Überweisung der Strafgerichtsbarkeit an die ordentlichen Gerichte retten viele der Beschuldigten vor dem Tode oder vor langer Gefängnishaft.

Selbst den Unglücklichen, die schon unmittelbar vor dem Tod durch den Strang stehen, wie jenen drei vom Hermannstädter Kriegsgericht verurteilten Damen, der Witwe des Gutbesitzers Kenderessy zu Mikefalva, der Professorengattin Török zu Maros-Vàsàrhely und der Pächterswitwe Szentkiretyi, wird sozusagen unter dem Galgen die Freiheit wiedergegeben. Es ist kein Zufall, daß die Öffentlichkeit in der jungen bayerischen Prinzessin eine wunderbare Fee sieht, die eine glückliche Fügung nach Österreich geführt hat. Und es muß der sechzehnjährigen Kaiserin ein befriedigendes Gefühl geben, daß sie durch ihr bloßes Dasein das aus Erfahrung und Staatsräson geborene Mißtrauen zu erschüttern vermag, welches in allen politischen Ambitionen Bösartigkeit wittert und nur der Gewalt vertraut. Sie erlebt das Wunder der geliebten Frau: Sie enthusiasmiert den jungen Kaiser, sie beflügelt ihn, und es gibt Augenblicke, Stunden, in denen er ihr ganz nahe ist. Beim vertrauten Zusammensein zu zweit meint Elisabeth, ihn ganz zu besitzen. Sie ist noch zu jung und unerfahren, als daß sie eine Ahnung von der Gefährdung dieses Glücks hätte haben können.

Dem vierundzwanzigjährigen Kaiser ist der Begriff der Majestät schon so zu eigen geworden, die eigene Urteilskraft und die Unbeschränktheit des Willens sind so unumstößlich, daß ihn bereits in diesen jungen Jahren weder Lust und Freude, noch Unlust und Trauer wirklich zu erschüttern vermögen. Gleich zu Beginn seiner Regierung hatte er mit Fürst Schwarzenberg einen Mann neben sich, dessen Persönlichkeit und fast geniale Begabung den jungen Kaiser gefangengenommen haben; die Erfolge Österreichs in den ersten Jahren Franz Josephs sind zweifellos diesem Talent zuzuschreiben. Schon jetzt wird aber deutlich, daß der Kaiser starke Persönlichkeiten eigentlich nicht erträgt. Fürst Schwarzenberg empfing er sozusagen mit der Krone, er konnte sich ihm nicht entziehen. Es ist ein ungleiches Spiel: auf der einen Seite das aufsteigende Genie Bismarcks, die

Routine der westländischen Diplomatie, Rußlands expansive Balkanpolitik, auf der anderen Seite der naive Glaube des jungen Kaisers an die Überlegenheit der eigenen Entschlüsse, eine machtbewußte Mutter und in Graf Buol-Schauenstein ein unzulänglicher Gehilfe.

An der schweren Krise des Krimkrieges, deren Höhepunkt in Franz Josephs glücklichstes Jahr fällt, ist der Kaiser nicht ganz unschuldig. Der Preis, den seine Neigung zur Mittelmäßigkeit kostet, ist hoch: Buol verspielt in wenigen Monaten die ansehnliche Erbschaft, die Schwarzenberg dem Reich hinterlassen hat. Aber Franz Josephs gänzlich nüchterner Sinn zieht ihn zu nichts anderem als zu eben dieser praktischen Mittelmäßigkeit. Er ist zutiefst davon überzeugt, daß Gott die Welt nach gleichsam utilitaristischen Prinzipien eingerichtet hat, etwa so, wie er selbst sein Leben und sein Reich einzurichten wünscht. Trotz des Aufwinds, den Franz Joseph jetzt in seinem Leben spürt, wird er ein Alltagsmensch ohne Flügel bleiben. Sein Geist und seine Seele werden sich niemals zum Flug erheben, er wird auch aus dem schönen Phantasiereich Elisabeths zurückkehren zur strengen Nüchternheit seiner eng umzirkelten Welt.

Der junge Ehemann, bislang nur an flüchtige Liebschaften gewöhnt, empfindet für Elisabeth zwar eine stürmische, leidenschaftliche Liebe, die ihn aus sich herausgehen läßt. Doch verstehen kann er seine Frau nicht, weder ihre scheue Schamhaftigkeit noch ihre Naivität in der Liebe. Er will sie mit stürmischer Glut erobern.

Elisabeth gibt ihm alles, nur eines nicht, ihr Herz. Sie empfindet Angst und Scham vor der Sexualität ihres Mannes, der durch die unkomplizierte Schule der *initiatrices* gegangen ist und sich eine gewisse rüde Rücksichtslosigkeit im raschen Verkehr angewöhnt hat. Nicht Gefühlsarmut macht es Elisabeth unmöglich, in ihrer Ehe Erfüllung zu finden, und auch mit dem schnell bereitgehaltenen Wort Frigidität kommt man der Sache keineswegs näher. Sie ist eher allzu sensibel und romantisch, zu fein empfindend und in den ersten Wochen ganz einfach auch viel zu gestreßt, als daß sie der körperlichen Seite der Liebe anfangs etwas anderes als Angst und Abscheu entgegenbringen kann. Mit Franz Joseph lernt *sie* die Freuden des Fleisches jedenfalls nicht kennen.

In seinem arglosen Selbstbewußtsein ist der frischgebackene Ehemann weit entfernt von dem Gedanken, seine junge Frau könne etwa nicht glücklich sein. Die Auseinandersetzungen zwischen Sophie und Elisabeth hält er für Anpassungsschwierigkeiten, er sitzt sie aus oder schlägt sich auf die Seite seiner Mutter und legt gegenüber Elisabeth dann eine höfliche Überredungskunst an den Tag, als ginge es allemal nur um Kleinigkeiten: »Schau mal...«, »Sieh es doch so...«, »Die Mutter hat doch recht...«

Weil Franz Joseph glücklich ist, muß Elisabeth es auch sein – ein traurig einfacher Gedanke, der Fehlschluß vieler unbedarfter Ehemänner, die ihre Frau zutiefst enttäuscht haben. Und bei Franz Joseph kommt noch etwas anderes hinzu: seine Überzeugung, daß er gar nicht anders könne, als glücklich zu machen.

Es ist durchaus nicht so, daß Elisabeth sich dem höfischen Zeremoniell nicht fügen wollte. Sie hätte sich gewiß anpassungsbereit und lernwillig gezeigt – wenn Franz Joseph ihr Lehrmeister gewesen wäre. Bei ihm sucht sie Schutz und Hilfe vor dem ihr unerträglich scheinenden Zwang, den seine Mutter auf sie ausübt. Sie findet zwar Liebe, aber keinen Halt und keinen Beistand gegen die Stärkere. Und als Sophie siebzehn Jahre später stirbt, ist es zu spät.

Zwei Habsburger Schlösser liegen in der Umgebung Wiens, Schönbrunn und Laxenburg. Als kleiner Junge hatte Franz Joseph einmal einen Aufsatz über ihre jeweiligen Vorzüge zu verfassen, und darin heißt es: »Sehr verschieden sind diese beiden Gärten in fast allen ihren Teilen; wer das Großartige, das Kaiserliche, das Symmetrische, die bestimmten Formen liebt, den wird Schönbrunn mehr ansprechen als Laxenburg. Für den, der das Abwechselnde, das Freundliche, das Wasser, die Natur selbst vorzieht, hat Laxenburg mehr Reiz. Ich jedoch werde immer Schönbrunn höher schätzen als Laxenburg.«

Der Geschmack Franz Josephs hat sich nicht geändert. Auch als Erwachsener schätzt er die lange, gerade, nüchterne Fassade des kaisergelb gestrichenen Schönbrunn, die schnurgeraden, glattgeharkten Wege seines Parks mehr als das Lustschloß Laxenburg aus dem 18. Jahrhundert mit seinen bizarren Türmen und Türmchen, mit seiner die Phantasie beflügelnden Romantik.

Elisabeth aber gefällt Schloß Laxenburg, die angenehme, geräumige Residenz, die fünfundzwanzig Kilometer südlich von Wien in einer waldreichen Gegend liegt, am Rande einer weiten Ebene, die sich bis nach Ungarn erstreckt. Ein großer englischer Park, hübsch angelegte Seen, »mittelalterliche« Ruinen und Brücken. Der Blick geht bis zu den entfernten Gipfeln des Schneebergs und des Semmerings. Elisabeth entdeckt erfreut, daß man ihre Hunde und ihren Papagei aus Possenhofen hierher gebracht hat, daß in den Stallungen prächtige Pferde für sie bereitstehen und in den Gärten ihre Lieblingsblumen angepflanzt sind.

Den ersten Sommer verbringt das junge Kaiserpaar in diesem Schloß, das für den Kaiser den Vorteil hat, nahe genug bei der Hauptstadt zu sein, so daß er sich jeden Morgen in die Hofburg begeben und abends zurückkehren kann. Elisabeth bekommt ihren Gemahl recht wenig zu sehen, da er früh aufsteht, fleißig arbeitet und zeitig schlafengeht. Sie würde gern mehr Zeit mit ihm verbringen. Statt dessen isoliert sie sich mit ihren Pferden und Hunden, um der Gegenwart der immer bissiger werdenden Erzherzogin auszuweichen, die oft von Schönbrunn nach Laxenburg kommt, um ihr »Gesellschaft zu leisten« und ihr »beim Eingewöhnen zu helfen«.

Doch die beschwingte Schönheit dieses Landsitzes vermag Elisabeths Gefühle nicht zu erfüllen. Sie hat niemanden, dem sie ihre Nöte und Ängste anvertrauen kann, spürt, wie sich die Einsamkeit eng um ihr Herz zieht. Nur ihre Hofdamen sind um sie, voran die strenge Gräfin Esterházy, fremde Menschen, vor denen sie bisweilen in ihrer Schüchternheit panische Furcht erfaßt. Und sonst gibt es nur würdevolle Diener, die Leibgardisten der Hofwache, Gärtner, Zofen und Reitknechte.

Dem Alleinsein in Laxenburg, der grassierenden Langeweile versucht Elisabeth durch intensive Lektüre zu entkommen. Mit der Zeit aber merkt sie, daß Franz Joseph, wenn er sie beim Lesen antrifft, nicht besonders erfreut zu sein scheint. Von nun an versteckt sie ihre Bücher, liest sie nur mehr heimlich. Wie gerne hätte sie mit ihm über das Gelesene gesprochen. Doch der Kaiser liest nie ein Buch. Er versteht auch nichts von Musik, weder die Oper noch das Schauspiel interessieren ihn sonderlich, obwohl er in seinem Reich als Mäzen der Künste gilt. Er findet einfach keinen Zugang zu diesen Dingen, an denen Elisabeth die größte Freude hat, obwohl auch sie nicht sonderlich musikalisch begabt ist. Aber sie genießt die Literatur, das Theater, die Musik. Franz Joseph geht kaum aus, um sich zu zerstreuen.

So hat sie eigentlich nur ihre Hofdamen zur Unterhaltung. Doch die stehen alle im Bann der Erzherzogin. Außerdem ist Sisi jung, gehört einer anderen Generation an, hat eine andere Mentalität. Und Unterhaltungen mit den Damen sind ohnehin gar nicht so einfach: Als Kaiserin muß Elisabeth ihnen immer zuerst ein Thema geben. Sie muß sie stets fragen, nie dürfen sie selbst, von sich aus, ein Gespräch über ein Thema anfangen, das für die Kaiserin neu und interessant wäre. Ein richtiger Gedankenaustausch kommt für Elisabeth, deren rege Phantasie immer beschäftigt sein möchte, so natürlich nicht zustande. Um so verständlicher scheint es, daß die Kaiserin sich später so gut und unbefangen mit ihren verschiedenen ungarischen und griechischen Sprachlehrern unterhält. Mit ihnen findet sie immer ein Thema, das den Kontakt herstellt.

In diesen ersten Wochen ihrer Ehe zeigt sich Franz Joseph dort, wo er es sein kann, ohne mit den Prinzipien der Mutter in Konflikt zu geraten, von verliebter Ritterlichkeit gegenüber seiner jungen Frau. Er fürchtet dieses sich anbahnende Zerwürfnis zwischen seiner Frau und seiner Mutter, fühlt sich zwischen die Fronten gedrängt, bekommt jeden Abend die Klagen der einen wie das Lamentieren der anderen zu hören. Er vermeidet es, Partei zu ergreifen. Gewiß billigt er die Methoden der Erzherzogin nicht, aber er respektiert und fürchtet sie. Vermutlich denkt er, daß Sisi doch zu jung und unerfahren ist und eine leitende Hand braucht. Seine Weigerung, sich rückhaltlos für sie zu entscheiden, verletzt Elisabeth tief.

An manchen Tagen überfällt die junge Kaiserin ein Gefühl grenzenloser Verlassenheit. Sie möchte dann am liebsten einen Wagen anspannen lassen und zum Kaiser nach Wien eilen. Sie möchte ihn Tag für Tag und Schritt auf Tritt begleiten. Die Erzherzogin protestiert; sie hält es für unmöglich, daß die Kaiserin sich benimmt, als liefe sie ihrem Mann nach, gerade so, als ob sie die Frau irgendeines kleinen Beamten wäre. Ein einziges Mal setzt sich das kaiserliche Paar über die Ansicht Sophies hinweg, aber bei der Rückkehr läßt sich der Kaiser wie ein Schulbub ausschelten und wagt es danach nicht wieder. Sophie schiebt weiteren Ausflügen sofort einen Riegel vor: »Es ist unschicklich für eine Kaiserin, ihrem Mann nachzulaufen und dorthin und dahin zu kutschieren wie ein Fähnrich«, erklärt sie kategorisch. Elisabeth zieht sich eingeschüchtert in sich selbst zurück. Sie kann den Grundsatz Sophies nicht annehmen: »Ich habe beschlossen, glücklich zu werden.« Sie fühlt sich nur verlassen und verraten. Zwischen Aufbegehren und Anpassung überfällt sie Heimweh nach der herzlichen, natürlichen Atmosphäre von Possenhofen, nach dem legeren München. Sie sehnt sich nach einer Jugend zurück, die klar und unverfälscht gewesen ist. Und sie flüchtet sich wieder in die Poesie:

Sehnsucht

Es kehrt der junge Frühling wieder
Und schmückt den Baum mit frischem Grün,
Und lehrt den Vögeln neue Lieder
Und macht die Blumen schöner blüh'n.

Doch was ist mir die Frühlingswonne
Hier in dem fernen, fremden Land?
Ich sehn' mich nach der Heimat Sonne
Ich sehn' mich nach der Isar Strand.

Ich sehn' mich nach den dunklen Bäumen,
Ich sehn' mich nach dem grünen Fluß,
Der leis in meinen Abendträumen
Gemurmelt seinen Abschiedsgruß.

Anfangs hat Elisabeth in einem naiven Selbstgefühl, in einer Art heiterer Unbekümmertheit manches getan, das verrät, wie sehr sie auch als Kaiserin noch ein junges Mädchen ist. Als Lichtpunkt ihrer Hochzeitsfeierlichkeiten hat sie beispielsweise Zirkusdirektor Renz auf seinem schneeweißen Araberhengst beim Volksfest im Prater empfunden. Seine sechzig Schulpferde, die er dort in Freiheitsdressuren gezeigt hat, haben sie, die enthusiastische Pferdeliebhaberin, in helles Entzücken versetzt, und sie hat sogleich den Wunsch geäußert, ihn kennenzulernen. Doch gerade solche Freiheiten, die sie sich von ihrer neuen Würde erhofft hat, sind aus Gründen der Etikette schwierig durchzusetzen. Dafür überreichlich Kleiderzwänge, Protokoll, Empfänge. Sie sieht ein Leben in einer unendlich langen, langweiligen Bahn vor sich – und erschaudert.

Manchmal gelingt es ihr doch, Franz Joseph zu überreden, sie in den Zirkus Renz zu begleiten. Elisabeth ist begeistert von den Reitkünsten und den Vorführungen der Hohen Schule. Sie selbst möchte auf einem solchen Pferd sitzen und mitreiten. Später schafft sie sich auch wirklich einige richtige Zirkuspferde an, mit denen sie ihre Springkünste ausführt. Das Lieblingspferd der Kaiserin wird Whaleson, ein weißer Araberwallach, mit dem sie die schwierigsten Hindernisse nehmen kann.

Oder sie malt sich aus, sie könne wie ihr Verwandter, Prinz Carl von Bayern – der Inhaber eines österreichischen Husarenregiments ist –, eine solche Truppe feuriger Söhne der Pußta übernehmen. Sie stellt sich die Uniform der Husaren vor, leichtweißen Tschako und dunkelblaue, gelbverschnürte Attila und Pelz. Doch Franz Joseph muß ihr auch diesen Traum zerstören: Weibliche Regimentsinhaber seien in der kaiserlichen Armee niemals üblich gewesen.

Als der Park von Laxenburg wieder dem Publikum offensteht – er war während der Hochzeitsfeierlichkeiten geschlossen gewesen, freut sich die Kaiserin an den vielen Kindern, denen sie auf ihren Spaziergängen begegnet. Manchmal nimmt sie sie mit zu sich ins Schloß und läßt ihnen Schokolade oder Milch servieren und kleine Geschenke verteilen. Die Kinder sind selig, und Elisabeth ist es auch. Erzherzogin Sophie aber ist anderer Meinung. Für eine Kaiserin sei es nicht passend, sich unters Volk zu mischen. Der Kontakt mit den Kindern ist Elisabeth von nun an untersagt.

In diesen ersten Monaten ihrer jungen Ehe sehnt sich Sisi halbtot nach ihrem Mann, der den ganzen Tag über fort ist. Nur mit ihm und in seiner Gesellschaft fühlt sie ein wenig Geborgenheit. Doch Franz Joseph ist von Regierungsgeschäften völlig in Anspruch genommen: Politische Probleme ballen sich bedrohlich zusammen, Krieg mit Rußland droht. Zweihunderttausend Mann starke Truppen unter Feldzeugmeister Heß sind bereits in der Bukowina zusammengezogen.

Weil die Kaiserin Franz Joseph nur so selten bei sich hat, schweifen ihre Gedanken wieder zurück in die noch nicht weit entfernten Zeiten ihrer ersten Liebe:

Nur einmal konnt ich wahrhaft lieben
Es war das erstemal.
Nichts konnte meine Wonne trüben
Bis Gott mein Glück mir stahl.

Geknüpfet war der Liebesknoten
Wir sahn uns jeden Tag;
Doch nun gehört er zu den Toten
Hart war des Schicksals Schlag!...

Den ganzen Tag konnt ich mich freuen
Auf einen einzgen Blick!
Soll in der Trübsal ich bereuen
Was damals war mein Glück?

Nur kurz warn diese schönsten Stunden,
Nur kurz die schönste Zeit.

Nun ist mein Hoffen all entschwunden,
Ihn geb ich nicht in Ewigkeit.

Da die junge Kaiserin so wenig auf die Gesellschaft ihres Gemahls zählen kann – sie sieht ihn nur morgens und dann erst wieder abends an der Tafel –, nimmt sie sich vor, sich ihr Leben nach ihrem Geschmack einzurichten. An den Abenden versucht sie, auch Franz Joseph für ihre Spaziergänge und Ausflüge zu interessieren. Auf Elisabeths Wunsch reitet und fährt er mit ihr sogar oft allein ohne weitere Begleitung aus. Die Erzherzogin billigt das zwar nicht, wagt aber diesmal keinen Einspruch.

In solchen Stunden mit ihm fängt sich Elisabeth wieder. Oft glaubt sie, ihn ganz für sich gewonnen zu haben. Sie weiß, er trägt sie auf Händen, es gibt für ihn keine andere, keine schönere Frau. Und doch fühlt sie, daß er, der ihr noch nie ganz nahe war, ihr jetzt immer fremder wird. Sie versteht ihn nicht, kann seinem Leben nicht folgen. Seine Liebe und Leidenschaft werden von Tag zu Tag größer, und diese Anbetung rührt Elisabeth, aber sie erschrickt vor der Leere, die sich in ihr ausbreitet.

Ja, doch, sie haben auch gemeinsame Vorlieben. Sie reisen gerne, die Jagd ist eine Passion des Kaisers, und das Reiten verbindet sie, auch wenn Franz Joseph es nicht – so wie seine Frau – der Kunstfertigkeit, der Tollkühnheit, der schönen Tiere und der herrlichen Bewegungsfreiheit wegen schätzt. Er ist gern in der Natur, die ihn aber nicht in einem romantischen Sinn begeistert wie seine Frau. Solche Unterschiede zwischen ihnen empfindet Elisabeth als stark. Sie sieht ihn recht klar in seiner nüchternen, praktisch denkenden Art. Aber sie versteht nicht, wie er seine Pflichttreue auffaßt, seine Aufgabe, seine Überzeugung von der absoluten Gewalt der Majestät. »Ich glaube nicht«, äußert sie einmal, »daß es außer ihm einen Monarchen gibt, der seine Person so sehr seinen Herrscherpflichten unterordnet wie er.«

Meist lebt sie also in Laxenburg allein oder nur in Gesellschaft ihrer Obersthofmeisterin und ihrer Hofdamen. Das Leben der jungen Kaiserin ist gekennzeichnet von einer unterschwelligen Tristesse, denn die Gesetze der Etikette gelten hier ebenso streng wie in Wien. Aufstehen, Ankleiden, Mahlzeiten,

Lektüre, Besuche, Audienzen, Spaziergänge, alles ist genau geregelt. Zu jeder Zeit, und fast stets überraschend, kann Erzherzogin Sophie eintreffen, um Kritik zu üben, zu befehlen, zu verbieten, zu schimpfen. Elisabeth wird angesichts dieser Flut an Vorwürfen immer ungeduldiger. Vergeblich beklagt sie sich bei ihrem Mann: Er sieht in ihr lediglich ein krankes Mädchen und glaubt, sie mit einigen flüchtigen Zärtlichkeiten trösten zu können. Dann kehrt er unbeschwert und beschwingt wieder an seine Arbeit zurück.

Elisabeth fühlt sich mutlos und niedergeschlagen. Sie schläft nicht mehr, sie wird neurasthenisch. Monatelang plagen sie Hustenanfälle und Angstzustände. Eines Tages überrascht sie ihre erste Kammerfrau, die einzige Bayerin, die man ihr gelassen hat, in dem Augenblick, als sie in ihrer Kapelle vor dem Betpult zusammenbricht. Die Dienerin, die sie zärtlich liebt, drängt sie, sich ihr anzuvertrauen, erhält jedoch nur zur Antwort: »Ich möchte sterben!«

Vierzehn Tage, ganze zwei Wochen Ehe haben gereicht, um sie zu der Erkenntnis zu führen: Ich bin einen falschen Weg gegangen, ich habe alles verspielt. Immer wieder Gedichte, um ihrer Verzweiflung, ihrem Heimweh Ausdruck zu geben. Schon am 8. Mai 1854 schreibt sie:

Oh, daß ich nie den Pfad verlassen,
Der mich zur Freiheit hätt' geführt.
Oh, daß ich auf der breiten Straßen
Der Eitelkeit mich nie verirrt!

Ich bin erwacht in einem Kerker,
Und Fesseln sind an meiner Hand.
Und meine Sehnsucht immer stärker
Und Freiheit! du, mir abgewandt!

Ich bin erwacht aus einem Rausche,
Der meinen Geist gefangenhielt,
Und fluche fruchtlos diesem Tausche
Bei dem ich Freiheit, Dich – verspielt.

*Ausritte (1854). Oben: Elisabeth, selbst kutschierend,
im Park von Laxenburg.
Unten: Das Kaiserpaar im Lainzer Tiergarten bei Wien.*

Sie weiß, daß es keine Erlösung gibt. Aber sie wehrt sich gegen diese Erkenntnis, mit einem Stolz, der ihr in seiner Eigenwilligkeit Kraft zur Rebellion gegen ihr »Schicksal« gibt. Die Gedichte sind ein Aufschrei ungeheurer seelischer Not.

Elisabeths niedergedrückte Stimmung meint man machmal sogar auf den Bildern dieser Zeit zu bemerken. In ihrem Gesicht liegt ein unendlich melancholischer und schmerzlicher Zug, sie lächelt fast nie. Und ist dabei doch noch ein halbes Kind. Wann wird sie die Kraft finden, sich mit ihrer Intelligenz durchzusetzen und den Platz zu erobern, der ihr gebührt?

Im Juli 1854 wird die Monotonie in Laxenburg endlich unterbrochen: Franz Joseph überrascht sie mit dem Geschenk eines langen Ferienaufenthaltes. Die kaiserliche Familie tritt ihren sommerlichen Séjour in Ischl an, wo Elisabeth mit ihrer Mutter, ihrer Schwester Mathilde und ihrem Bruder Carl Theodor zusammenkommt. Dadurch werden die Sommermonate für Sisi heiterer, als sie sich gedacht hat. Ihr Lieblingsbruder »Gackel« verspricht ein interessanter junger Mann zu werden. Elisabeth ist wie umgewandelt. Sie gewinnt ihr heiteres Wesen zurück und stellt sich nun auch den Winter in Wien nicht allzu schlimm vor. Wenn es ihr nur gelingt, den Empfängen und Festlichkeiten des Hofes fernzubleiben. Doch als sie zu Beginn des Herbstes in die Hofburg zurückkehrt, muß sie erneut den zänkischen Despotismus ihrer Schwiegermutter ertragen.

*T*rotz der Verschiedenheit ihrer Charaktere und der von Anfang an bestehenden Kluft klammert Elisabeth sich in den ersten Jahren noch fast leidenschaftlich an ihren Mann. In der feindseligen Atmosphäre der Verlassenheit, die sie verspürt, fühlt sie instinktiv: So sehr, wie Franz Joseph überhaupt zu lieben vermag, liebt er sie. Er allein kann sie aus ihrer Verlorenheit befreien, er ist der einzige, der für sie hier in Wien wirklich Zuneigung empfindet.

Doch er schwankt nach wie vor zwischen der Mutter und der Frau. Und je weniger Elisabeth die strahlende Geliebte ist, desto mehr neigt er sich wieder der Mutter zu. Sophie siegt, ohne es zu ahnen, selbst über das häusliche Glück des eigenen Sohnes.

Vor allem drei Personen stellen sich offen gegen Elisabeth: Die erste Gegnerin ist Sophie, erfüllt von der Befürchtung, Elisabeth, das bezaubernde junge Mädchen, könne ihre Position am Hof erschüttern. Sophie hat sich schon des öfteren erbarmungslos gezeigt: Gegenüber zwei Kaiserinnen hat sie sich durchgesetzt und ihren Vorrang bei Hof behauptet. Die eine, Marianne, lebt nun in glücklicher Abgeschiedenheit auf der Burg Hradschin in Prag. Die sanfte Gattin des gutmütigen, aber leicht debilen Ferdinand hat keinen anderen Ehrgeiz auf dieser Welt, als täglich die Messe zu hören. Sie bereitet Sophie keinerlei Schwierigkeiten. Anders dagegen Kaiserin Karoline Augusta. Die vierte Gemahlin und Witwe des Kaisers Franz ist Sophies ältere Schwester. Sie wird kurzerhand nach Salzburg verbannt, weil Sophie das unverzeihliche Vergehen dieser reizenden alten Dame, ihr den Vorrang streitig zu machen, nicht erträgt. Sophie will hinter niemandem zu Tisch gehen müssen. In tränenreichen Briefen bittet Karoline Augusta immer wieder darum, nach Wien zurückkehren und ihr Leben in der Nähe des Grabes ihres geliebten Franz beenden zu dürfen. Sie stößt auf diamantharten Widerstand.

Der zweite Gegner im Bund, beeinflußt von Sophie, ja völlig unter ihrer Kontrolle, ist Kardinal Joseph Othmar von Rauscher, geistreich, zynisch, korrupt. In seinem wie im Sinne Sophies ist die Kaiserin nicht einmal »gut katholisch«, wobei sich freilich in diesem Fall der Katholizismus auf die schematische Erfüllung gewisser kirchlicher Pflichten beschränkt. Doch er tut Elisabeth unrecht. Sie ist gewiß liberal und erlaubt sich den Luxus von Skepsis und Toleranz, aber keineswegs freidenkerisch.

Der dritte schließlich wird später Generaladjutant Graf Franz Folliot de Crenneville. Eindeutig schlägt sich Crenneville auf die Seite der mächtigen Erzherzogin Sophie. Schwer zu sagen, worauf sein Einfluß eigentlich beruht, denn militärisch wie politisch erweist er sich als ziemlich unfähig. Dafür aber führt er in der Armee einen erbitterten Kampf gegen die »Bücherwürmer«, wie er alle diejenigen Offiziere nennt, die gebildeter sind als er selbst (wozu nicht viel gehört). Crenneville hat einen gewissen Einfluß auf Franz Joseph, weil er ihn durch zweifelhafte Herrenwitze, wie man sie sich in den Offiziersmessen der Kavallerie beim Champagner zu erzählen pflegt, nach den anstrengenden Vorträgen der Minister zu erheitern weiß. Crenneville kann als Musterbeispiel eines Reaktionärs gelten: dumm, beschränkt, unwissend, rückständig und dazu brutal. Und gerade weil er dies alles ist, haßt er die junge Kaiserin, denn er wittert bei ihr »liberale« Ideen.

Dieses Triumvirat findet sehr bald diverse Verbündete, nicht nur etwa im Polizeiminister Kempen und im Leibarzt Dr. Seeburger (einem eingeschworenen Feind der Kaiserin, der erheblich dazu beiträgt, daß Elisabeth nie Vertrauen zu Ärzten fassen wird), sondern auch – und das ist weitaus gefährlicher – in den großen Familien der Wiener Hocharistokratie, welche die junge Braut als nicht reich, nicht gewandt, nicht vornehm genug, als zu »provinziell« empfinden.

Einen »Verbündeten« hat Elisabeth zunächst in Graf Carl Grünne, Franz Josephs väterlichem Freund und Vertrauten, einer der mächtigsten, einflußreichsten, aber auch gehaßtesten Menschen der Monarchie. Als Elisabeth ihn kennenlernt, steht er bereits in der Lebensmitte, er ist weltgewandt und gewinnt auch das Vertrauen der Kaiserin. Nicht zuletzt, weil er ihr als Chef der kaiserlichen Stallungen und als einer der besten Pferdekenner seiner Zeit imponiert und oft bereit ist, mit ihr auszureiten. Trotz aller Vertrauenswürdigkeit aber besteht eine Diskrepanz zu seiner Unbeliebtheit in der Öffentlichkeit, die sich Heinrich Laube, der Direktor des Burgtheaters, so erklärt: »Es war ihm ersichtlich große Ruhe angeboren oder angeeignet. Er hörte sehr gut zu, wenn man mit ihm sprach, er erwiderte in wenig Worten, sehr mäßig im Ausdrucke und mit schwacher Stimme, und zeigte sich alle Tage im Prater, ein stattlicher Mann, als trefflicher Reiter auf hohen Pferden. Wenn man mit ihm verkehrte, hatte man den Eindruck, die feindselige öffentliche Stimme verleumdete ihn.«

Grünne ist eines der wenigen Bindeglieder zwischen Elisabeth und Sophie, er bringt das erstaunliche Kunststück fertig, sich mit beiden Seiten zu verständigen. Wie intrigant er dabei vorgeht, ist unklar, und ob es auf sein Konto geht, daß Elisabeth sich in ihrer Überempfindlichkeit schließlich in eine Feindschaft zu ihrer Schwiegermutter hineinsteigert, sich sogar von ihr verfolgt fühlt, kann nicht mit Sicherheit entschieden werden.

Sophie hat auf die Krone einer Kaiserin verzichtet, im Glauben, sich in der Ergebenheit eines ihr zugetanen Sohnes noch größere Macht sichern zu können. Und dieses Kalkül ist aufgegangen. Sie ist nicht bereit, sich jetzt von einem so unbedeutenden kleinen Mädchen in den Hintergrund drängen zu lassen. Die Verbindung mit Elisabeth von Este hat sie unter anderem auch deshalb verhindert, weil ihr die junge Frau zu hübsch und zu klug war. Und sie hat die Ehe mit ihrer Nichte Helene einfädeln wollen, weil diese ihr so fügsam erschien. Elisabeth aber macht ihr einen Strich durch die Rechnung. Sophie kann sich mit der Ehe ihres Sohnes innerlich nicht abfinden. Und wenn sie die Heirat schon nicht ungeschehen machen kann, so sorgt sie doch – wenn auch bisweilen unbeabsichtigt – dafür, daß diese Ehe durch so manchen Stolperstein aus dem Tritt zu geraten droht.

Sophie ist keineswegs die warmherzige und liebevolle Frau, als die sie sich selbst in ihren zahlreichen Briefen an Verwandte darstellt. Wer das behauptet, verkennt die zähe, machtbewußte und durchsetzungsfähige Energie der Erzherzogin, die keine Nachgiebigkeit erlaubt, vielmehr äußerste Zielstrebigkeit verrät. Doch so wenig Sophie im nachhinein zur verkannten Sympathieträgerin stilisiert werden kann, so wenig läßt sie sich nur als hartherzig, gefühlskalt, ja bösartig veranlagt hinstellen.

Ihr Verhältnis zu Elisabeth ist von bemerkenswerten Ambivalenzen geprägt. Bisweilen schlägt sie in Briefen an ihre Schwestern geradezu liebevolle Töne an, die aber vor allem sie in ein günstiges Licht rücken sollen. Ersatzmütterliche Gefühle haben sie ganz gewiß nicht bewegt, sie neigt in dieser Hinsicht zu übertriebenen Schilderungen, aus denen die Adressaten entnehmen sollen, daß alles zum besten steht am Kaiserhof. Auffallend der stets wohlwollende Ton, der sich durch ihre Schreiben zieht, der Hang zum Plaudern, der den Verdacht heraufbeschwört, daß in ihnen ein gewisses Quentchen Verstellung und Schönfärberei versteckt ist.

Sophie besitzt sehr viel Familiensinn. Ihre Kinder – und Enkelkinder – bedeuten ihr alles. Sie sorgt sich um sie, wenn sie krank sind, wacht dann Tag und Nacht an ihren Betten. Sie hält die Familie zusammen, sie ist der heimliche Mittelpunkt des Hofes, sie ist aber auch reaktionär und apodiktisch.

Elisabeth – virtuos in übertriebenen Reaktionen – empfindet es so, als hätte ihr Sophie den Krieg erklärt. Auf ihrer Seite bestehen Animositäten, Eifersucht auf die routinierte Rolle, die Sophie am Hof spielt, Unfähigkeit, sich in irgendeiner Weise unterzuordnen, auch eine erhebliche Überempfindlichkeit gegenüber Kritik und eine bisweilen erschreckende Selbstgerechtigkeit. Natürlich kann Sophie ihre »Feindseligkeiten« nicht bis ins Schlafzimmer ausdehnen, aber sie macht nur knapp davor halt. Ihr Feldzug ist ein ausgeklügeltes »Erziehungsprogramm«; mit den Pflichten einer Kaiserin sucht sie ihre Schwiegertochter gefügig zu machen. Fügsamkeit aber ist das letzte, was sie bei ihr erreichen wird. Elisabeths Stolz erweist sich als ebenso empfindlich wie unbeugsam. In ihrer Unerfahrenheit, voller Abscheu gegen die angezettelten Intrigen und Gemeinheiten, denen sie sich jeden Tag ausgesetzt sieht, läuft sie Sophie ins Messer. Sie sieht nicht ein, daß sich dies nicht schickt und jenes verboten ist, daß sie das machen und darauf achten muß. Sie weigert sich, hundert Dinge zu tun, die man von ihr erwartet, und besteht darauf, hundert Dinge zu tun, die strengstens untersagt sind. Sophies Verbündete, ihre Spione und *agents provocateurs* aber sind überall. Der Hof, das Schloß hat tausend Augen und Ohren. Die Kaiserin wird rund um die Uhr beobachtet und bespitzelt.

Allerdings wären Klatsch und Tratsch nicht so leicht über die Lippen der Kammerdiener und Zofen gekommen, wenn sie nicht gespürt hätten, was die mächtigste Person am Hofe denkt. Und deren Instinkt wehrt sich gegen Elisabeth, ihr mütterlicher Spürsinn ahnt nun hinter der Anmut und Schönheit der jungen Nichte den Eigenwillen, hinter dem persönlichen Reiz des temperamentvollen Mädchens die schwer lenkbare Natur. Es war unmöglich gewesen, den Verliebten damals von seinem Vorhaben abzubringen; die Erziehung Elisabeths zur Kaiserin aber läßt sich Sophie nicht nehmen. Es ist eine oberflächliche Abrichtung, die Sisis Intelligenz beleidigt. Stundenlang wird sie von ihrer Obersthofmeisterin Gräfin Esterházy mit dem Tratsch des Hofes gelangweilt, muß sie Tanzstunden über sich ergehen lassen, Konversation üben, Etikette einstudieren. Nur die Unterrichtsstunden in Fremdsprachen absolviert sie mit Freude.

Ihr Hunger nach Wissen, nach ernstzunehmender Erfahrung wird jedoch nicht zur Kenntnis genommen und bleibt unbefriedigt. Zumal fast alle am Hof Elisabeth völlig zu Unrecht für ungebildet und beschränkt halten.

Sophie hatte zunächst die Geduld einer gönnerhaften Lehrerin an den Tag gelegt, welche die Ferien ungestört vorüberziehen läßt, um nachher mit der Erziehung um so strenger zu beginnen. Doch ist in diesem »Erziehungsplan« wirklich von Anfang an soviel Antipathie zu finden, wie Elisabeth es später ihren Hofdamen immer wieder erzählt? Ist alles tatsächlich nur kalte Berechnung und die Gewißheit, daß nichts schiefgehen kann, was sie einmal anpackt? Sophie ist ganz von der Aufgabe erfüllt, für ihren Sohn zu leben, für seine Mission, die sie vorbereitet hat. Und sie will auch gegenüber Elisabeth nichts anderes als Mutter spielen. Die im Grunde einfach strukturierte Frau hat sicherlich nicht im entferntesten damit gerechnet, daß ihre so plausible Form des pädagogischen Fanatismus auf solch widerborstigen Eigensinn stoßen wird. Sie hat sich gründlich verkalkuliert.

Elisabeth kann sich in den Auseinandersetzungen mit Sophie weder diplomatisch und anpassungsbereit zeigen, noch sich mit dem kleinen Lustgefühl heimlicher Überlistung begnügen. Sie kann nicht taktieren, sich nicht verstellen, sich dem Diktat der Schwiegermutter aber auch nicht fügen. Sie kann nur sich selber verteidigen, ihre innere Freiheit zu behaupten suchen. Schließlich wird sie einfach tun, was ihr gefällt, ohne ein Wort darüber zu verlieren. Ihr Schutz muß Franz Joseph sein.

Aber die Erzherzogin gehört nicht zu jenen Müttern, die ihre Rolle für beendet halten, sobald ihre Kinder verheiratet sind, und die sich dann in weiser Bescheidung zurückziehen. Ihre despotische Natur macht ihr jede Art von Abdankung oder Zurückstellung eigener Ambitionen unmöglich. Ihr heller Verstand, aber auch ihre Arroganz sagen ihr, daß ihre Schwiegertochter sehr jung und unwissend ist, ein »unmündiges Kind« (womit sie nicht unrecht hat), daß ihre Ratschläge also unerläßlich und ihre Führung unbedingt notwendig sind. Für sie ist die Etikette eine wahre Kirchenordnung, deren Unveränderlichkeit das Dogma und deren Gott der Kaiser ist. Nun muß sie sich jeden Tag mit den »Einfällen« ihrer Schwiegertochter auseinandersetzen.

Elisabeth erlebt böse Stunden. Sie hat ihren Weg nicht wie eine Karriere empfunden, auch nicht als goldenen Traum. Und doch ist die Entzauberung grausam und unerbittlich. Niemals in ihrem Leben hat sie so kaltschnäuzig erteilte Befehle empfangen. In gewisser Weise ist sie immer geschont, wenn nicht verwöhnt worden: Ihre eigene Mutter konnte streng sein, aber sie war es auf eine Art, die den Stolz Elisabeths nicht verletzte. Der Vater hat ihr nie etwas befohlen. Jetzt, als Kaiserin, wird sie von ihrer Schwiegermutter wie ein Pensionatsfräulein behandelt. Sie sind schlimm genug, diese vielen Unterweisungen in den Fragen der Etikette, der Gesetze und Tabus des Hofes; es ist eine neue, von tausend verschiedenen Normen und Regeln beherrschte Welt, die Elisabeth kennenlernen muß. Bei kleinen Konflikten steht Franz Joseph seiner jungen Frau zunächst bei. Es wird ihr nicht verwehrt, daß sie den weiten Park von Laxenburg allein durchstreift. Doch schon solche Kleinigkeiten müssen erkämpft werden.

Sophie hat ihre Augen und Ohren überall. Ständig gibt sie mit trockener Stimme und in herbem Ton Bemerkungen von sich, Hinweise, mehr oder weniger bestimmt vorgetragen, Ratschläge zu Elisabeths Verhalten, ihrer Toilette, ihre zu große Freundlichkeit, die sie hier an den Tag legt, ihrer zu geringen Ehrfurcht, die sie der Tradition entgegenbringt. Auch die Hofdamen Elisabeths werden eingespannt: Sie sind angehalten, ihr »respektvoll zu melden« oder »ehrfürchtig Beobachtungen mitzuteilen« über alle unangenehmen oder ärgerlichen Vorkommnisse. Ihre Gedichte muß Elisabeth immer verschlossen halten, es wäre furchtbar, wenn diese ihrer Schwiegermutter in die Hände fielen.

Die Kaiserin verträgt das permanente Schulmeistern nicht,

verliert rasch ihre Geduld und wird renitent. Bisweilen überrascht sie durch schlagfertige Reaktionen. Beim ersten Galadiner, zu dem sie erscheint, streift sie die langen Handschuhe ab, um bequemer zu speisen. Die Erzherzogin schickt sofort eine der Ehrendamen zu ihr, die ihr eher ungezogen als fürsorglich zuflüstert: »Majestät dürfen das nicht tun.« Elisabeth ist starr vor Erstaunen: »Warum nicht?« »Die Kaiserin von Österreich darf nur mit Handschuhen speisen, so verlangt es die Regel.« Elisabeths Antwort läßt keine Sekunde auf sich warten: »Von nun an wird *dies* die Regel sein«, sagt sie ruhig. Sie wird die Handschuhe nicht wieder anziehen.

Es gibt eine ganze Reihe solcher Scharmützel. Immer wieder wehrt sich Elisabeth gegen die einschränkenden Vorschriften des Hoflebens. In ihrer Heimat hat sie zum Mittagessen stets ein Glas Bier getrunken. Das starke dunkle Münchner Bier wird von den Ärzten sogar Kindern gegen Blutarmut und zur Kräftigung verschrieben. Anfangs steht auch in Wien Bier auf der Mittagstafel. Dann gräbt irgendein Übereifriger eine vergessene Vorschrift aus, und eines Tages fehlt das gewohnte Glas. Als Elisabeth Bier bestellen will, bekommt sie entrüstet zu hören: »Die Kaiserin von Österreich darf kein Bier trinken, die Etikette schreibt Wein vor.« Es kommt zu einem Sturm im Bierglas, aber Elisabeth setzt ihren Willen durch.

Nicht nur die Hofdamen sucht Sophie ihr aus, auch den Beichtvater hat sie eigenmächtig bestimmt. Die Beichtväter der österreichischen Kaiserinnen gehören traditionell der Gesellschaft Jesu an. Elisabeth will jedoch keinen Jesuiten, sie entscheidet kurzerhand, es soll ein Weltpriester oder ein Benediktiner sein. Und so geschieht es auch. In vielen Dingen weiß sie sich jetzt schon durchzusetzen, in anderen muß sie zurückstecken. Es ist ein ständiger, zäher Kampf.

*S*obald der Kaiser fern ist, weht eine fremde Luft um die junge Kaiserin. Sie fühlt sich isoliert, ist um so glücklicher, wenn sie mit ihm verreisen kann. Franz Joseph selbst läßt Elisabeth in ihren Gewohnheiten die größte Freiheit. Aber der Hofkreis seiner Mutter ist stärker als er. Bald findet man die junge Kaiserin höchst exzentrisch und launenhaft. Weil sie allzusehr bedacht ist auf die Erhaltung ihres schönen Körpers. Weil sie die reichlichen Mahlzeiten der Hoftafel ablehnt. Weil sie turnt und reitet wie ein Junge.

Elisabeth tut auch andere Dinge ganz harmlos, halb Kind, halb Kaiserin. Eines Morgens verlangt sie nach einem Paar Schuhe, das sie einige Tage zuvor getragen und das ihr besonders gefallen hat. Ihre Zofe unterrichtet sie, daß sie es ihr nicht bringen könne, denn »die Kaiserin von Österreich darf ein Paar Schuhe nicht öfter als einmal tragen«. Es kommt zu einem regelrechten Streit, Elisabeth kämpft um das Recht, ihre Schuhe so lange tragen zu dürfen, wie sie will. Schließlich schafft sie die absurde und kostspielige Sitte ab – sehr zum Leidwesen der Zofen, denen sonst die 365 Paar abgelegten Schuhe des Jahres zufallen und die ihre Kaiserin nun »knauserig« finden. Die zischelnde Kritik um sie herum wird heftiger.

Sie unternimmt gern weite Spaziergänge, sie reitet allein mit dem englischen Stallmeister Harry Holmes aus. Sie mischt sich, wo immer sich eine Möglichkeit ergibt, unbekümmert unters Volk. Die Polizisten runzeln indigniert die Stirn. Wohin soll das führen? Wie soll man die Kaiserin vor ihren Untertanen schützen? Sophie macht auch diesen Ausflügen ein Ende: Elisabeth scheine wohl zu glauben, sich noch in den bayerischen Bergen zu befinden...

Dann äußert die Kaiserin den Wunsch, nach Belieben Museen – Museen! Unmöglich, und wozu auch? – und Theater besuchen zu können. Sophie wirft sich noch stets rechtzeitig als Hüterin der bedrohten Etikette auf. Sie legt alle Vorschriften in ihrem Sinn aus, sie verwandelt die alte Hoftradition aus den Tagen der spanischen Herrschaft Habsburgs in ein Würgeeisen der Inquisition.

Als die Kaiserin Wien von einer anderen Seite kennenlernen möchte als nur durch die offiziellen Ausfahrten mit Sophie und dem Kaiser, kommt es sogar zu einem öffentlichen Eklat. In München ist sie mit Helene oft morgens in die Stadt gegangen, um Einkäufe zu machen. Mehrmals läßt sie jetzt auf der Rückkehr von der Promenade im Prater ihren Wagen und ihr Gefolge am Michaelerplatz halten, um zu Fuß, nur von einer Hofdame begleitet, über den Kohlmarkt und den Graben zu flanieren. Die Neugierde des Publikums, die siebzehnjährige Kaiserin zu sehen, ist sehr groß, noch größer als die Überraschung beim Anblick dieser zarten, mädchenhaften Dame, die vor den Schaufenstern stehenbleibt, die eleganten Geschäfte betritt, direkt mit den Verkäuferinnen spricht, hier Handschuhe, Schals und Stickereien, dort Parfums einkauft, wie sie es früher als junges Mädchen in München getan hat. Sie freut sich, einmal wenigstens wie die anderen Menschen sein zu dürfen. Und diese verhalten sich keineswegs taktlos, wenn auch der Wunsch, die Kaiserin möglichst aus der Nähe anzustaunen, Ansammlungen und Zusammenläufe verursacht. Die Polizei wird angesichts dieses ungewohnten Bildes, das sich ihr darbietet, unsicher und übereifrig, es gibt Berichte und Rapporte, Rechtfertigungen an das Obersthofmeisteramt. Am nächsten Tag steht es in der Zeitung, daß Ihre Majestät bei einem Bummel ganz zwanglos in der Stadt eingekauft habe. Vortrag beim Kaiser, Erzherzogin Sophie zeigt sich aufs höchste entrüstet. Elisabeth wird »befohlen«, solche Sperenzchen in Zukunft zu unterlassen.

Immer wieder, oft aus nichtigen Kleinigkeiten entstanden, erschüttern heftige Auseinandersetzungen das ohnehin gespannte Verhältnis zwischen der Kaiserin und der Erzherzogin. Die Antworten Elisabeths werden dabei allerdings von Tag zu Tag schärfer. Der Kaiser, der immer noch in seine Frau verliebt ist, aber seine Mutter nach wie vor fürchtet, versucht vergeblich, zwischen den beiden zu vermitteln und die auch an seinen Nerven zerrenden täglichen Streitereien zu schlichten.

Elisabeth bekommt die ersten bitteren Augenblicke des Verlassenseins zu spüren. Sie sieht ihren Mann immer wieder schwach werden vor der Macht der Mutter. Er knickt ein, wenn sie ihn tadelnd ansieht. Sophies Einfluß, vorübergehend durch seinen Feuereifer erschüttert, gewinnt wieder an Boden, die beginnende Entfremdung von der unkonventionellen Elisabeth treibt ihn wieder in die Arme seiner Mutter.

Vieles, was jeden Tag hinter den Kulissen des Hofes vorgeht, erfährt der Kaiser nicht. Durch das Schweigen, das ihn umfängt, dringt nichts von dem Gehechel und Getuschel zu ihm. Elisabeth ist zu zartfühlend und auch zu stolz, als daß sie den Kaiser mit jedem Klatsch, der ihr zugetragen wird, behelligt. Sie gewöhnt sich an, die Augen vor Mißgunst, Bosheit und Intrige zu schließen, sie lernt das Gefühl der Angst vor hinterhältiger Gemeinheit kennen, gegen die sie sich nicht wehren kann.

Immer wieder sieht sich Elisabeth gezwungen, auf Freiheiten, die in München, erst recht in Possenhofen zu den Selbstverständlichkeiten gehört haben, zu verzichten. Immer muß sie tadellos gekleidet sein, nie darf sie sich leger geben. Überlieferung und Zeremoniell unter der Fuchtel der Schwiegermutter erlauben keine selbstbewußte Regentin mit eigensinnigen Wünschen und eigenwilligen Vorlieben, sie fordern eine Kaiserin aus dem Bilderbuch.

Schlimmer als solches Mißverstehen der Konvention ist der Zwang in Gewissensfragen. Als Sophie einsehen muß, daß keine Hoffnung besteht, Elisabeth auf dem Gebiet der Etikette niederzuzwingen, weicht sie auf Glaubensfragen aus. Die Kaiserin ist zwar überzeugte Katholikin, aber sie kann mit strengen Doktrinen und dogmatischer Härte nichts anfangen, zeigt wohl auch für die kaiserliche Pracht anläßlich von Kirchenfesten, wo das Kaiserhaus, die Kirche und das Militär einträchtig politische Geschlossenheit demonstrieren, kein Verständnis. Dabei ist 1854 ihr erster »Auftritt« bei der Fronleichnamsprozession ein gesellschaftliches Ereignis, ja eine Attraktion: In einem prunkvollen Kleid mit Schleppe, ein Brillantdiadem auf dem Kopf, fährt sie in einer mit acht Schimmeln bespannten Galakutsche von der Bellaria über Kohlmarkt und Graben zum Stephansplatz, wo sich einige zehntausend Menschen eingefunden haben, um sich das Schauspiel anzusehen.

Elisabeths jugendhafter Sinn und ihr Unabhängigkeitsdrang hatten sich heftig dagegen gesträubt, die private Angelegenheit ihres Glaubens öffentlich zur Schau zu stellen und sich dabei von anderen kontrollieren zu lassen: »Aber würde es nicht genügen, wenn ich nur in der Kirche erscheinen würde?« hatte sie den Hofkaplan Dr. Hasel gefragt. »Ich glaube, ich bin noch zu jung und zu unerfahren, um mit voller Würde den Platz einer Kaiserin bei einer derartigen öffentlichen Feier einnehmen zu können; um so mehr, als man mir geschildert hat, welch imposanten majestätischen Eindruck die frühere Kaiserin bei diesem Anlasse gemacht hat. Vielleicht gelingt es mir in ein paar Jahren, mich zu dieser Höhe emporzuschwingen.« Sie findet sich nicht damit ab, nach vorgeschriebenem Stundenplan gläubig zu sein und religiöse Pflichten zu bestimmten Zeiten, in aller Öffentlichkeit und lediglich aus Gewohnheit zu absolvieren, wenn sie nicht selbst mit ihrer Seele beteiligt sein kann.

Elisabeth probt den Aufstand bisweilen mit ingrimmiger Lust an der Provokation. Ihre Ausritte mit dem Stallmeister Holmes regen den Klatsch an. »Ah, sie hat halt schnell einen Tröster gefunden.« Ihre Reitpassion, vielleicht unwillkürlich dem Bedürfnis entsprungen, wenigstens an Tieren ihre Leidenschaft und Kraft erproben zu können, solange die Menschen sich ihr versagen, findet man übertrieben. Ihre indigniert als »Pferdemanie« bezeichnete Freude am Reiten bringt den Hof in Rage.

Die Reitpassion Elisabeths ist psychologisch interessant. Das Pferd nimmt für die heranwachsende Frau wegen seiner positiven Eigenschaften wie Zuverlässigkeit, Geduld, Stärke, Wärme, eine attraktive Funktion ein. Mit dem Pferd gewinnt die Frau Macht und Kontrolle, es ist ihr wie ein Partner, der ihr zu Willen ist und sie mit anhänglicher Treue belohnt. Und es steht symbolisch für die Disziplinierung der Triebhaftigkeit, für die »Zügelung« allzu mächtiger Gefühle, manchmal auch für das Ausleben wilder Leidenschaft. Elisabeth liebt es, stundenlang im Sattel zu sitzen, auf das Tier Einfluß zu nehmen (ja mit ihm symbolisch zu »verschmelzen«), es sanft zu beherrschen und darin die eigene Kraft zu spüren. Sie mag die Sinnlichkeit rhythmischer Bewegung, das Gefühl von Weite und Abenteuer und absoluter Harmonie. Etwas Tiefes, Irrationales, Geheimnisvolles lebt Elisabeth in ihrer Beziehung zu den Tieren.

Die Kaiserin ist wild entschlossen, das eintönige und langweilige Leben am Hof durch Reitausflüge aufzulockern. Natürlich ist es einer Kaiserin von Österreich gestattet zu reiten, aber nur auf Pferden, die für diese erhabene Aufgabe besonders zugeritten sind, und auch nur zu bestimmten Stunden und auf bestimmten Wegen. Elisabeth schlägt alle Vorschriften mit leichter Hand in den Wind. Ihr größtes Vergnügen, ein wildes Pferd selbst zu bändigen, an das sich selbst die Reitknechte nur mit Vorsicht heranwagen, läßt sie sich nicht nehmen. Sie meistert jedes Pferd, wagt sich sogar an die Finessen der Hohen Schule heran, deren alte Traditionen, die Erbschaft der maurischen Reitkünstler von Córdoba, an der Spanischen Reitschule der Wiener Hofburg seit Jahrhunderten gepflegt werden. Am Morgen gilt ihr erster Besuch den Stallungen, Stunden kann sie damit verbringen, ihre Lieblingspferde zu füttern und zu striegeln oder mit den Pferdewärtern zu fachsimpeln, halbe Tage kann sie, ohne zu ermüden, auf den herrlichen Pferden die Wälder durchstreifen. Bald kennt man die kühne junge Reiterin in der Umgebung von Laxenburg. Es entstehen viele gute Reiterbilder von ihr.

Den Hofdamen sträuben sich angesichts dieses unziemlichen Verhaltens die Haare. Doch ist dies nur ein Beispiel von vielen: Elisabeth läßt sich nicht mehr ziehen und zerren, und nichts bringt die Hofgesellschaft mehr in Wut als diese Manifestationen eines ungebärdigen Charakters. Wer hat jemals von einer Kaiserin gehört, die lange, einsame Spaziergänge und Wanderungen unternimmt? Die auf solchen Touren kurze Röcke trägt, die ihre Knöchel sehen lassen, und Schuhe mit niedrigen Absätzen? Geradezu Entsetzen erregt Elisabeths fast schon an antiken Idealen orientierte Körperpflege. In dieser Welt ist es schon unstatthaft, daß eine Frau überhaupt einen Körper besitzt. Die Kaiserin aber turnt leicht bekleidet auf dem Jainzer Hügel bei der Ischler Villa im Freien; sie ist stolz auf ihre knabenhaft schlanken, »unweiblichen« Formen.

Und dann dieses penetrante Verlangen nach einem Badezimmer! Die Erfindung von Baderäumen ist bis in die Hofburg noch nicht vorgedrungen. Man betrachtet sie damals in weiten Kreisen als höchst überflüssig. Es ist eine der ersten Fragen Elisabeths in Schönbrunn gewesen: »Wo ist das Badezimmer?« Sie fordert eine Badewanne – womöglich, um nackt darin zu baden. Bisher ist die Hofburg noch ohne ein so unanständiges Gerät ausgekommen. Solch neumodischer englischer Unsinn ist nicht vorgesehen. Die Mitglieder der Allerhöchsten kaiserlichen Familie sind nicht so schmutzig, daß sie ein Badezimmer bräuchten. Karl V. hat kein Badezimmer gehabt, Maria Theresia und Leopold I. auch nicht. Es gibt andere Mittel, seinen Körper rein zu halten. Die Kaiserin verfügt weder über Waschtoilette noch Toilettenkabinett. Kannen und Schüsseln haben bisher genügt. Die Kammerfrauen sind ja da zum Wasserholen, und die Diener zum Leeren der Nachtstühle.

Elisabeth läßt sich mit solchen Einwänden nicht abfertigen. Sie dringt darauf, sie besteht darauf, sie kämpft dafür. Ein Jahr vergeht, zwei Jahre – aber sie läßt nicht locker. Schließlich setzt sie doch, wenn auch erst nach langen Kämpfen, durch, daß sie in der Burg und in Schönbrunn ihr Badezimmer bekommt. Ihre Beliebtheit erhöhen diese »exzentrischen Wünsche« nicht.

Dieser merkwürdige Geschmack, diese Vorliebe für ungewöhnliche Dinge. Was sie nicht alles liest, welch ein Spleen! Auch Franz Joseph liest bisweilen ein Gedicht – es ist die einzige Form von Literatur, die er wohldosiert verträgt, wenn er sie auch nicht liebt. Doch werden die Dichter mit Vorsicht ausgewählt: Baron Zedlitz zum Beispiel, ein vorzüglicher Autor, loyal und konservativ, oder Rudolf Hirsch, der ihm vom Innenminister wärmstens empfohlen wird. Auch zwei galizische Polizeibeamte schreiben Gedichte, die durchaus hübsch zu lesen sind. Elisabeth aber findet es nicht unter ihrer Würde, Atheisten wie Goethe und Rebellen wie Byron zu lesen. Oder sogar Heinrich Heine, der am Wiener Hof verfemt ist! Und sie gibt sich nicht einmal damit zufrieden, zu lesen, sie äußert auch den Wunsch, Schriftsteller kennenzulernen, sie einzuladen, damit sie mit ihnen geistreiche Gespräche führen kann. Undenkbar, daß Dichter, Künstler, Musiker und ähnliches Volk am Wiener Hof empfangen werden! Nicht einmal eine einfache Gräfin würde sich herablassen, solchen Leuten ihr Haus zu öffnen. Vorbei die Zeiten, als Mozart sich der Gunst höchster Kreise erfreute, Kaiser Josef II. einen Schreiber mit Namen Voltaire in dessen Dachkammer besuchte. Das war vor der Revolution gewesen. Und die Revolution hat doch wohl deutlich genug gezeigt, wohin es führt, wenn man sich mit solchen Leuten abgibt.

Elisabeth, die »Intellektuelle«, die »Liberale«. Sophie hat leichtes Spiel, ihrem Sohn nach und nach Mißtrauen einzuflößen. Politisch läßt sie sich das Heft ohnehin nicht aus der Hand nehmen. Ihr Einfluß prägt jeden Gedanken, jede Entscheidung österreichischer Politik. Franz Joseph findet alles gut, was seine Mutter ihm rät. Auch die später für Österreich so gefährliche und nachteilige rußlandfeindliche Politik des Kaisers geht zum größten Teil auf das Konto seiner Mutter.

Elisabeth beginnt, alle diese politischen Handlungen ihres Mannes mit scharfen Augen zu beobachten. Vieles, was geschieht, erscheint ihr nicht ratsam, doch ihre Jugend und Unerfahrenheit hindern sie daran, sich in Staatsangelegenheiten einzumischen. Weder der Kaiser noch die Erzherzogin fragen sie nach ihrer politischen Meinung. Die Mutter des Kaisers übergeht ihre junge Schwiegertochter hierbei geflissentlich. Das Urteil einer so jungen Frau ist für sie nicht maßgebend, ja nicht einmal interessant. Sophie ignoriert alles, was die Kaiserin sagt, und Elisabeth bekommt zu spüren, daß man ihren Rat und ihre Meinung nicht braucht. Aus Stolz gibt sie es auf, mit Franz Joseph über politische Fragen zu sprechen, weil sie von vornherein weiß, sie wird nicht ernst genommen.

Das einzige, womit sie ihn beeindrucken kann, ist ihr unerhörter weiblicher Charme. Er liebt sie, fühlt sich durch sie inspiriert. Fast nie schlägt er seiner Sisi eine Bitte ab, wenn es sich um Gnadenakte handelt. Bald weiß man auch in der Öffentlichkeit, daß vieles Erfreuliche in Franz Josephs Regierung seiner reizenden jungen Frau zu danken ist, und die Popularität Elisabeths im Volk wird immer größer. Überall, wo Franz Joseph mit seiner Frau erscheint, jubelt ihm die Bevölkerung begeistert zu.

Mit den Bildern der Kaiserin, auch mit den wenigen, auf denen sie mit dem Kaiser zu sehen ist, wird ein wahrer Kult betrieben. In allen Formaten und Größen kann man ihre Photos in den Kunsthandlungen der europäischen Haupt- und Kleinstädte kaufen. In dieser Zeit genießt die Schönheit der jungen österreichischen Kaiserin bereits internationalen Ruf. Es entstehen gerade in diesen Jahren zahlreiche Gemälde und Photos. Niemand ahnt, daß sich auf die strahlende junge Herrscherin bereits dunkle Schatten niedersenken und daß ihr Bild in der Öffentlichkeit mit der Realität ihres Lebens kaum etwas zu tun hat.

Bei der kritischen Beurteilung Elisabeths, die heute so *en vogue* ist, muß berücksichtigt werden, daß die junge Kaiserin erst sechzehn, siebzehn Jahre alt ist. Eine kindhafte Frau, fast noch ein Mädchen, ein wenig verwöhnt. Ein recht schwieriges Alter, in dem ihr ohnehin nicht sonderlich ausgeprägtes Selbstbewußtsein schmilzt wie der Schnee in der Sonne. Die Abwesenheit Franz Josephs, für den sie jetzt die ersten ernsthaften Gefühle der Zuneigung entwickelt, führt fast zwangsläufig dazu, daß Elisabeth sich oft vernachlässigt, vielleicht auch zu wenig geliebt fühlt. Das, was ihn so fasziniert hat, Sisis Natürlichkeit und Spontaneität, sieht er zudem mit den Erfordernissen eines Protokolls kollidieren, das er nicht zu ändern vermag. Er hält die Schwierigkeiten seiner Frau für ein Problem der Eingewöhnung und der Anpassung, das wird sich mit der Zeit legen, denkt er sich.

Doch Elisabeth bringt dafür die denkbar ungünstigsten Voraussetzungen mit: ihren Stolz, ihre jugendliche Unerfahrenheit, ihre Erziehung. Sie hadert mit dem Schicksal, macht aber kaum einen Versuch, die immer wieder hochgehenden Wogen zu glätten. Im Gegenteil, sie gießt noch Öl ins Feuer. Es muß nach ihrer Nase gehen, da können die formellen Umgangsformen am Hof noch so eingeschliffen sein. Ihre kritische, unkonventionelle Art wird dann rasch zur puren Opposition, sie sagt dann grün, wenn alle gelb sagen, sie lernt das schätzen, was alle ablehnen.

Elisabeth atmet tief durch, mit der Zeit wird ihre Haltung unabhängiger, sie befreit sich nach und nach von den Fesseln des Hofes und von ihrer Schwiegermutter. Man beobachtet erstaunt, wie sie mit sorgloser Verachtung über die geheiligten Riten der kaiserlichen Rangordnung hinweggeht: Bei den Emp-

fängen des Hofes verletzt sie ständig die Regeln des Protokolls,
sie spricht mit allen, die ihr gefallen, und so lange es ihr Vergnügen macht. Sie gestattet sich Freiheiten, die der Klatschsucht des Hofes immer neuen Stoff liefern.

Den Wiener Hof müssen wir uns genauer anschauen, angesichts der so zahlreich und vielfältig überlieferten Schwierigkeiten, denen Elisabeth dort begegnet. Zu einfach scheint die The-
se, die immer wieder verbreitet wird, daß Elisabeth, dieses freie
Kind der Natur, bei ihren ersten Schritten in Wien von den unpersönlichen Gesetzen der höfischen Ordnung, vom strengen
Hofzeremoniell nur gequält und zerdrückt worden ist.

Der Habsburger Hof hält in der Tat diese alte, zum Teil aus
Spanien übernommene Tradition hoch, er lebt unter Gesetzen,
die alle Beziehungen seiner Mitglieder zum Herrscher und untereinander regeln, er ist in allen seinen Teilen, bei jedem Dienst,
bei jedem Anlaß an bestimmte Formen gebunden, die bis in die
geringste Einzelheit festgelegt sind.

Die Geltung dieses Zeremoniells hindert aber nicht, daß sich
jeder Herrscher innerhalb dieser Ordnung das private Dasein
nach eigenem Geschmack einzurichten vermag. Maria Theresia,
die große Kaiserin, war auch eine Wiener Hausfrau, ihr Sohn
Joseph lebte, wenn es ihm gefiel, außerhalb jeglicher Etikette,
Kaiser Franz ließ sich nicht in seinen kleinbürgerlichen Neigungen stören, und Ferdinand war erst recht nicht zum Statisten eines großartigen Zeremoniells geboren. Franz Joseph wertet mit dem herausgestellten Begriff der Majestät auch die
Etikette an seinem Hof wieder auf, und sein privates Leben
scheint vom Zwang symbolischer Formen stärker belastet als
das früherer Generationen. Er stellt nie eine Frage nach der
Berechtigung oder Nützlichkeit der einen oder anderen Vorschrift. Er akzeptiert sie – und lebt danach.

Ende des 16. Jahrhunderts führte Kaiser Rudolf II. in Wien die
strenge, minutiös ausgefeilte Hofetikette ein. Sie regelte mit
ihren geschliffenen Diktionen auch noch den Hof unter Franz

Joseph I., obwohl Kaiserin Maria Theresia und ihr Gemahl Franz von Lothringen einige allzu strenge Regelungen abgeschafft haben. Gleichwohl strukturiert und definiert das Protokoll das tägliche Leben des Hofes in der »Öffentlichkeit« vom Aufstehen bis zum Schlafengehen bis ins letzte Detail: Spaziergänge, Andachten, Audienzen, Besuche, Mahlzeiten, Begrüßungen, Anreden, Verbeugungen, Rangordnungen, Wahl des Tafelgeschirrs. Wem das in Fleisch und Blut übergegangen ist, der hat zeitlebens keine Probleme damit, wenn ihn vielleicht auch manches absurd anmutet, etwa daß auch die Breite der Borten und die Länge der Handschuhe festgelegt sind.

Von der Kaiserin wird erwartet, daß sie sich innerhalb dieses Zirkulars bewegt. Ihre Gesellschaft beschränkt sich auf Hofdamen, auch sie muß einen Unterschied machen zwischen Wartenden, die sich anmelden lassen müssen, und den Privilegierten, die ohne Ankündigung die Gemächer betreten können. Sie kann nicht einfach ausgehen, wann sie will, und wenn sie es doch wünscht, dann nur, um ihren Aufenthalt offiziell zu verlegen, und stets nur in Begleitung. Sie darf nicht einfach tun, wozu sie Lust hat und wonach ihr der Sinn steht, ihr Terminplan ist im voraus festgelegt, und jeden Morgen liest ihr eine der Hofdamen das präzise ausgearbeitete Tagesprogramm vor.

Elisabeth ist kein bürgerliches Mädchen; sie ist bei aller Freiheit, die sie als Kind gehabt hat, doch wie eine Prinzessin erzogen worden, sie kennt den Münchner Hof. Es ist daher auch nicht so sehr die völlige Unvertrautheit mit den Erfordernissen eines zeremoniellen Lebens, die ihr den Himmel verfinstern. Doch man zeigt eben nicht viel Verständnis für ihre kleinen Verstöße gegen antiquierte Vorschriften und Einrichtungen, daß sie zum Beispiel ihre Schuhe länger tragen möchte als nur einen Tag, daß sie die Üppigkeit der Mahlzeiten ablehnt, daß sie bei ihrer Einteilung des Tages ganz nach den eigenen Wünschen vorgehen will und nicht immer die vorgeschriebene Distanz einhält. Der Kaiser zeigt sich vom ersten Tag der Ehe sehr bereitwillig, die Vorlieben Elisabeths, die Besonderheiten ihres Lebensstils, auch ihre Extravaganzen zu respektieren und gegen die allzu rigorosen Konventionen durchzusetzen. Er fährt mit ihr aus, er und sie steigen aufs Pferd, ohne daß die Adjutanten und der Hofstaat der Kaiserin bemüht werden. Graf Grünne, der Generaladjutant, zeigt sich über diese unvorbereiteten Ausflüge besonders ungehalten, weil sie es ihm unmöglich machen, die Polizei zu alarmieren und den Apparat des Geheimdienstes in Bewegung zu setzen. Er und der Hof sehen mit Erstaunen, daß der Kaiser jede Begleitung zurückweist, bei Ausfahrten mit Elisabeth allein sein will. Der Geschmack der Kaiserin, so flüstert die Hofgesellschaft schon bald, tritt allzu dominant hervor, er gewinnt die Oberhand, der Kaiser gerät »unter den Pantoffel«.

Elisabeth hat ganz offensichtlich Schwierigkeiten, sich den Erfordernissen des Hofes anzupassen. Immer wieder eckt sie an, wenn sie die Berechtigung irgendeiner protokollarischen Bestimmung nicht einsieht, wenn ihr gewisse Konventionen einfach nicht einleuchten. Es dürfte nicht überraschen, daß dieses Leben ständiger Repräsentation, in dem jede Vertraulichkeit unmöglich zu sein scheint, jede private Regung beargwöhnt, jede Abweichung mit kritschen Blicken verfolgt wird, die junge Kaiserin nicht befriedigen kann. Elisabeth ist weder darauf vorbereitet, den Grund dafür zu begreifen, noch ist sie von ihrem Charakter her dazu geeignet, die allzu engen Schnüre des Korsetts zu akzeptieren, das man ihr anzulegen versucht. Als sie noch in Bayern lebte, hat sie jedermann angesprochen, ohne einen Gedanken an seinen Rang und Stand zu verschwenden. Sie hielt sich bei den Bauern auf, betrat die Höfe ohne Scheu, spielte ungezwungen mit den Kindern. Nun sieht sie sich einem von Normen geregelten Dasein ausgeliefert, das über sie herrscht und dem sie nicht entrinnen kann. Ihre Obersthofmeisterin legt ihr das Protokoll der Hofetikette vor, wie man einem neuen Pensionsgast die Hausordnung hinlegt.

Der Hof zu Wien – eine kleine, überschaubare, wohlgeordnete Welt. Nur der höchste und reichste Adel hat Zugang zum Hof, in den »Österreichisch-kaiserlichen Hofkalendern« wird genau und fein unterschieden zwischen »Großem Zutritt« und »Kleinem Zutritt«. Neben den deutschen Adligen gehören auch ungarische Magnaten und einige polnische Fürsten zum Hofstaat. Die älteren leben auf ihren Schlössern und Besitzungen und erscheinen nur gelegentlich in der Hofburg, die jüngeren übernehmen Ämter am Hof: als Hofmeister, Flügeladjutanten, Kammerherren und Ehrendamen.

Viele Anekdoten kursieren über Elisabeths Auseinandersetzung mit dem Zeremoniell des Wiener Hofes. Längst nicht alle Geschichten besitzen den Vorzug der Wahrheit, doch sie gipfeln im Resümee darin, daß die strenge spanische Hofetikette Elisabeth seelisch zermürbt habe. Dabei malt die Kaiserin selbst noch in späteren Jahren das Hofzeremoniell zu einem absurden vierhundertjährigen Ungeheuer aus, das jedes wahre Leben am Hof erstickt habe. Und nur konsequent ist dann ihre Vorstellung, Österreichs Monarchen und Erzherzöge seien nichts weiter als wohldressierte Marionetten gewesen.

Doch Wien ist nicht der Escorial. Als Elisabeth an den Hof kommt, sind hundertfünfzig Jahre vergangen, seit die Habsburger ihre spanischen Besitzungen eingebüßt haben. Von dem Erbe Ferdinands und Isabellas ist kaum mehr übriggeblieben als ein Gestüt prächtiger andalusischer Pferde, die bei Reiterparaden vorgeführt werden, und die Gesetze der höfischen Gebräuche. Was die strengen Tage eines Philipp II. sich ausgedacht haben, ist längst in der heiteren Wiener Luft gemildert und verbürgerlicht worden. Geblieben ist allerdings der Prunk, die goldüberladene rote Mantelgala der Vorreiter und Hoffouriere bei feierlichen Aufzügen und Paraden, der die schaulustigen Augen der Wiener entzückt. Wenn das Zeremoniell auch von einigen abgeschmackten Vorschriften keineswegs frei ist, die Form an sich ist doch längst so elastisch geworden, daß sie allen im Hofstaat sehr wohl ein eigenes Leben erlaubt.

Es muß differenziert werden: Elisabeth zerbricht nicht am Zeremoniell an sich, sondern an der Etikette, wie sie ihre Schwiegermutter zelebriert. Sophie zieht die Maschen dieses Netzes – bewußt oder unbewußt – so eng, daß die darin gefangene junge Frau sich fühlt, als müsse sie ersticken. Die Welt, in der zu leben sie von Sophie verurteilt wird, erscheint ihr schnell als das, was sie ist: eine Welt der Äußerlichkeit, der Konvention, der Berechnung und der Falschheit, wo jeder Gruß seinen Zweck hat, jede Freundlichkeit falsch gemeint sein kann und wo jedes Lächeln bezahlt werden will. Der Hof kennt durchaus die Finessen eines »lässigen Umgangs« mit der Tradition, doch gerade diese innere Freiheit will Sophie unterbinden bzw. gar nicht erst aufkommen lassen. Sie läßt die Fesseln nicht locker, sondern zieht sie noch an. Und Elisabeth wehrt sich dagegen nach Kräften.

Und doch wird das an der Erzherzogin klebende Etikett der »bösen Schwiegermutter« weder ihrem Charakter noch ihren Absichten gerecht. Sie will einfach der jungen Elisabeth beibringen, daß sie jetzt eine Herrscherin sei und Pflichten habe und nicht mehr ihr ungebundenes Zigeunerleben, das sie von zu Hause gewohnt ist, nun auf höherer Ebene fortsetzen könne. Elisabeth wiederum hat nicht das geringste Gespür für die Erfordernisse ihrer kaiserlichen Rolle, sie fühlt nur, daß man sie, den wilden Vogel, in einen goldenen Käfig einsperren will.

Es dauert nicht lange, und die Kaiserin stößt beim Hochadel und bei den gesellschaftlich führenden Familien Wiens auf eisige Abwehr, auf eine undurchdringliche Wand der Ablehnung. Den einen erscheint sie als emanzipiert, als liberal, den anderen als ungeschliffen. Man nennt sie unter sich bald nur noch ironisch »die Perle von Possenhofen«. Damit hat sie ihren Stempel weg, sie weiß nun, wer sie ist: ein bayerisches Mädchen vom Land, das sich an einen Kaiserhof verirrt hat.

Elisabeth ist tatsächlich gesellschaftlich nicht erfahren genug. Und die großen fürstlichen Häuser Wiens – die Liechtenstein, Metternich, Kinsky, Lobkowitz, Esterházy, Collalto, Windischgrätz – gelten als Meister der höfischen Form und des gesellschaftlichen Taktes. Die junge Kaiserin vermag kein inneres Verhältnis zu ihnen zu gewinnen, und deren Stolz widerstrebt es, sich vor einem unerfahrenen sechzehn- oder siebzehnjährigen Mädchen zu beugen. Elisabeth wirkt auf sie exzentrisch. Nichts aber fordert diese Aristokratie, die bei aller Exklusivität stets die Form zu wahren versteht, mehr heraus als das.

Die Kritik des Hofes und der Aristokratie an Elisabeth zieht sich durch die nächsten Jahre und Jahrzehnte wie ein roter

Faden. Die Kaiserin bleibt eine Fremde in Wien; keiner weiß etwas mit ihr anzufangen. Nur im Bürgertum und bei den einfachen Leuten ist sie beliebt. Ihr wird Dankbarkeit für die menschenfreundlichen Ratschläge entgegengebracht, die den Kaiser im Jahr 1854 milde gestimmt und zur Aufhebung mancher harter Maßnahmen bewogen haben. Aber auf diese Leute, auf Bürger und Studenten, die hochdeutsch sprechen im Gegensatz zum echten, lässigen »Weanerisch« des Hofes und der Aristokratie, kommt es nicht an. Sie sind Pöbel, Steuerzahler, Objekte polizeilicher Maßnahmen.

Trotzdem hätte sich Elisabeth auch in den sogenannten tonangebenden Schichten der Wiener Gesellschaft durchsetzen können, wenn sich ihr Mann entschlossen auf ihre Seite gestellt hätte. Seiner jungen Frau gelingt es nicht, ihn dauerhaft an sich zu fesseln. Wie will sie, dieses unwissende Mädchen, das auch verstehen? Sie bleibt allein zurück in einer Welt von Fremden und Feinden.

*D*as Kaiserpaar geht auf Reisen. Am 17. Mai 1854 fahren Elisabeth und Franz Joseph zum ersten Mal mit der Eisenbahn über den Semmering. Für die Kaiserin eine Wohltat, weil sie mit ihrem »Franzl« allein sein kann und vom Hof weg ist. Sie erlebt zeitweise eine Befreiung von dem Druck, der auf ihr lastet. Elisabeth lernt in ihrer neuen Rolle als Kaiserin auf diesen Besichtigungsreisen eine wichtige Seite der Regierungstätigkeit ihres Mannes kennen.

Der Regie dieses Plans geht es allerdings nicht darum, dem Kaiser und seiner jungen Gemahlin ein Vergnügen zu bereiten; der Besuch der österreichischen Länder hat einen politischen Zweck: die neue bezaubernde Kaiserin zu präsentieren und der Monarchie dadurch einen Zuwachs an Sympathie zu verschaffen. Innenminister Dr. Alexander Bach, der diese Reisen arrangiert, instrumentalisiert Elisabeth ganz unverhohlen.

Er ist der wandlungsfähigste Mann unter Franz Josephs Räten, neben dem Finanzminister Bruck das einzige Talent, das seine

Geltung gegen alle Anfeindung zu behaupten weiß: Unnachgiebig regiert er das Reich, auch Ungarn, mit seinen Beamten und Gendarmen nach einem einzigen Willen, dem des Kaisers.

Sechs Jahre zuvor, in den Märztagen 1848, war der Wiener Advokatensohn Alexander Bach ein sehr radikaler, wilder Demokrat, der, einen Schlapphut auf dem Kopf, die Pistole in der Hand, in das Zimmer Fürst Metternichs stürzte und ihm ins Gesicht schrie: »Fünf Minuten noch, und ich bürge für nichts mehr.« Woraufhin Metternich Wien fluchtartig verließ. Das ist nun einige Zeit her und fast vergessen. Inzwischen hat Bach es verstanden, sich aus einem liberalen Vorkämpfer in einen Nachfolger Metternichs zu verwandeln, er ist gewissermaßen eine Taschenausgabe des verhaßten großen Staatsmannes geworden. Der jugendliche, begabte Renegat hat viele Feinde, er ist unbeliebt beim Adel wie bei Bürgern, aber er ist ein Talent, ein Kopf, wie man so sagt, der Kopf der neuen Herrschaft. Und seine Anpassungsfähigkeit genießt, seitdem er sich auch fromm und der Kirche ergeben zeigt, das Vertrauen von Erzherzogin Sophie.

Zwar fehlt es Bach an der aristokratischen Vornehmheit des Fürsten aus altem Adel, dafür ist er, der Pastorensohn, noch geschmeidiger, noch gewandter, skrupelloser auch und vor allem egoistischer. Als Intimus des verstorbenen Fürsten Felix Schwarzenberg hat er begonnen, »ein Advokat«, sagen die Wiener geringschätzig. Er regiert mittels der vielen braven, schnauzbärtigen, pflichtgetreuen, federbehelmten österreichischen Gendarmen. Ein Blick von ihm – und Bajonette blitzen, Handschellen schließen sich klirrend. Der Advokat wird zum Vollstrecker des kaiserlichen Willens.

Bach ist klug genug zu wissen, daß sich das strenge, selbstherrliche Regime nur aufrechterhalten läßt, wenn die tiefe Mißstimmung der Völker, ihre Enttäuschung und Verbitterung schwinden. Der Kaiser soll selbst für sich werben, er soll Sympathien gewinnen. Der Augenblick scheint günstig. Die junge Kaiserin wird den Plan fördern.

Elisabeth weiß trotz ihrer hastig betriebenen Studien noch wenig von dem Reich, dessen Kaiserin sie ist. Sie hat ein Bild davon, das der Wirklichkeit ähnelt wie eine Kinderzeichnung der Photographie. Was sie daheim in Bayern erlebt hat, die einfache Beziehung der Bauern und Kleinstädter zum Königshaus, das glaubt sie auch in Österreich zu finden. Die Belehrungen, die sie am Wiener Hof empfängt, bringen sie jedoch der Realität nicht näher.

Und auch Kaiserreisen sind kein effektives Mittel, um die Wirklichkeit kennenzulernen. Die Empfänge sind genau vorgezeichnet. Der Kaiser bekommt nur servile Untertanen zu Gesicht. Jedes Wort, das sie zu sagen haben, ist vorher geprüft worden. Die herausragenden Köpfe des Landes, Menschen, die mit ihrer Heimat vertraut sind und ein Urteil darüber haben, lernt der Kaiser nicht kennen. Minister Bach sorgt durch eine ausgeklügelte Regie dafür, daß dem Kaiserpaar nur zufriedene, devote Personen entgegentreten. Nicht nur Katharina der Großen von Rußland wurden Potemkinsche Dörfer präsentiert.

Ab 9. Juni stehen die Kronländer Böhmen und Mähren auf dem Programm. Elisabeth sieht zum ersten Mal die freundlichen hellen Trachten mährischer Bauern, die wogenden, reichen Felder, die liebliche Landschaft dieses Landes. Ihr Wagen wird in Böhmen von farbig geschmückten Bauernburschen begleitet, Blasmusik dröhnt ihr entgegen, alle Menschen scheinen froh und zufrieden zu sein. In Prag wohnt das Kaiserpaar im Hradschin, in der alten böhmischen Königsburg. Hier wetteifern Deutsche und Tschechen, Adlige und Abgeordnete, Generale und Deputierte, dem Herrscherpaar zu huldigen. Fahnenschwenkende Mädchen, Feststraßen im Girlandenschmuck. Reden, Audienzen, Diners, Grundsteinlegungen, Empfänge, Besichtigungen. Theateraufführungen, Galavorstellungen. Ein dichtgedrängtes Programm.

Die herrlichen Feste, die man dem Kaiserpaar gibt, der Hochzeitszug aus der Hanna, jener Gegend Mährens, die durch die Fruchtbarkeit des Landes und die malerischen Gewänder der Bewohner bekannt ist, all das entzückt die Kaiserin. Sie besucht Klöster und Kirchen, Spitäler, Waisen- und Armenhäuser, besonders solche für Mädchen und Frauen. Das wahre Gesicht des Landes lernt sie jedoch nicht kennen.

Franz Joseph, der nüchterne Herrscher im unerschütterlichen

Selbstbewußtsein seines Kaisertums, ist in eigener Sache ein schlechter Darsteller. Er wirkt nicht, er kommt nicht an. Doch das schöne junge Mädchen an seiner Seite schlägt alle in seinen Bann. Sogar der Ruf einer Befreierin eilt ihr voraus: Die Monarchie rechnet ihr alle guten Entwicklungen an, so zum Beispiel die Aufhebung des Belagerungszustandes in Galizien, in der Wojwodina und in Ungarn. Man schreibt es ihr zu bzw. ihrem Einfluß, daß fünfhundert Hochverräter aus den Gefängnissen entlassen worden sind, daß Güterenteignungen rückgängig gemacht, sämtliche Prozesse wegen Majestätsbeleidigung niedergeschlagen wurden. Elisabeth erobert für ihren Mann die Herzen seiner Untertanen. Sie wirkt wie ein erfrischender Wind in einer lastend dumpfen, stickigen Atmosphäre.

Das Kalkül Bachs geht auf. Elisabeth wird in die Kronländer eingeführt, der Kaiser verbringt mit ihr vierzehn Tage in Böhmen und Mähren. Elisabeth freut sich darüber, unbekannte Länder zu durchstreifen, in vollen Atemzügen die Düfte des Frühsommers einzuatmen, die Freude der Bauernbevölkerung zu spüren, deren Offenheit, Gastfreundschaft und malerische Trachten sie an die bayerische Heimat erinnern. Ganz besonders entzückt sie das prunkvolle Ritterfest mit Pferdekarussell und Turnier in mittelalterlichen Kostümen, das der böhmische Hochadel ihr zu Ehren in Prag, in der großen Reitschule des Palais Waldstein veranstaltet. Die Spitzen der Noblesse Böhmens, die Nostitz und Kinsky, Auersperg und Kaunitz, Thun und Sternberg, Fürst Camillo Rohan, Fürst Colloredo-Mansfeld, die Grafen Waldstein, Hartig, Desfours-Walderode und Bucquoi erweisen der jungen Kaiserin ihre Reverenz. Die glänzenden Militäraufmärsche, Paraden und Feldmanöver sind mehr nach dem Geschmack des Kaisers.

Auf diesen Reisen erweckt Elisabeths einfaches natürliches Wesen, ihre liebenswürdige Anteilnahme an allem, ihre mädchenhafte Erscheinung überall, wo sie hinkommt, Sympathie und Begeisterung. Dazu ist sie einfach, aber wunderschön angezogen. Sie hat viel Geschmack in der Kleidung und ist sehr elegant. Auf allen Bildern von ihr fällt diese persönliche Note in ihrer Toilette sofort ins Auge. Ihrem Haar widmet sie besondere Sorgfalt. Es ist nicht leicht, die schwere Pracht, in die sie sich wie in einen Mantel einhüllen kann, zu frisieren. In den ersten Jahren trägt sie das Haar hochgesteckt. Später muß ihre Friseuse es in langen Locken oder Zöpfen in den Nacken und über den Rücken fallend zu sehr kleidsamen Frisuren ordnen, die Elisabeth auf fast allen Bildern bis ungefähr zu ihrem vierzigsten Lebensjahr trägt.

Gegen Ende des Monats kehrt sie nach Wien zurück, der Kaiser bleibt noch, nicht ohne von seiner Mutter in einem Brief mit detailliertesten Verhaltensregeln ausgestattet zu werden. Wie immer mischt sich Sophie in alles ein.

Elisabeth hat sich ihre Macht und ihre Stellung ganz anders vorgestellt. Da sie nie etwas recht machen kann, sich nie einer Gleichgesinnten oder Freundin öffnen kann – auch dem Kaiser will sie nicht immer ihr Leid klagen –, droht ihr Selbstbewußtsein langsam verlorenzugehen. Immer wieder, wenn ihr alles zuviel wird und sie sich überfordert fühlt, zieht sie sich zurück, wird sie scheu und schüchtern. Erst mit der Zeit wird sie ihren Willen durchsetzen und das Zeremoniell verändern, wie es ihr paßt, wird sie ihre Stellung selber definieren. Alles, was früher war, erscheint ihr jetzt in ihrer Verzweiflung schöner. Sie weint viel um ihre verlorene Freiheit und schreibt immer mehr traurige Gedichte in ihr Poesiebuch.

*E*s sind nur Nadelstiche in der gespannten Beziehung zwischen Schwiegermutter und Schwiegertochter, aber sie vergiften die Atmosphäre, und manchmal verletzten sie bis aufs Blut. Doch bald gibt es Gelegenheit zu weit heftigeren Auseinandersetzungen.

Die Kaiserin erwartet ihr erstes Kind, fühlt sich öfter unwohl. Erzherzogin Sophie hat es an den untrüglichen Anzeichen festgestellt und sofort ihrem Sohn nach Böhmen geschrieben. Wahrscheinlich hätte Elisabeth ihrem Mann nach seiner Rückkehr lieber selbst gesagt, daß sie ein Kind erwartet.

In den ersten Monaten durchlebt Elisabeth ihre Schwangerschaft mit den heftigsten Beschwerden. Am 17. Juli 1854 schreibt Franz Joseph seiner Mutter aus Laxenburg: »Sisi konnte nicht erscheinen, da sie gestern recht miserabel war. Sie mußte schon aus der Kirche weg und erbrach sich dann mehrere Male, auch litt sie an Kopfweh und brachte fast den ganzen Tag auf ihrem Bette liegend zu; nur abends nahm sie mit mir den Tee auf unserer Terrasse beim herrlichsten Abend. Seit Mittwoch war sie ganz wohl gewesen, so daß ich schon fürchtete, es sei nichts mit den Hoffnungen, doch nun bin ich wieder ganz getröstet, wenn es mir gleich wehe tut, sie so leiden zu sehen.«

Herzogin Ludovika zeigt sich durch die Nachricht hocherfreut und schickt regelmäßig Briefe an ihre Tochter, traut sich aber zunächst nicht, sie in Wien zu besuchen, weil sie befürchtet, damit Elisabeths Heimweh anzufachen. Dafür kommen bereits Ende Juni »Die besorgten Ratschläge und Vorsorge-Empfehlungen eines Mutterherzens für die kleine bereits hoffende Tochter« in Laxenburg ein.

Immerhin kommt Ludovika nach Ischl, wohin die kaiserliche Familie gefahren ist, und berichtet ihrer Familie in Bayern: »Sisi fand ich größer und stärker geworden, obgleich man ihr ihren Zustand noch nicht viel ansieht, sie ist im ganzen wohl, nur viel mit Übelkeit geplagt, was sie manchmal etwas herabstimmt, sie klagt zwar nie und sucht nur zu sehr dieses Unbehagen zu verbergen; das macht aber, daß sie oft stiller ist, das nicht zu verbergende Farbewechseln verräth aber ihren Zustand am meisten.«

Durch die Schwangerschaft verändert sich Elisabeths Leben. Sie schämt sich und versucht, ihren Zustand so lange wie möglich durch Hungern und starkes Schnüren ihrer Kleider zu verbergen. Doch Sophie will, daß es das Publikum erfährt, sie hängt alles an die große Glocke. Es genügt ihr nicht, daß von einem gewissen Zeitpunkt an Notizen über das Befinden der Kaiserin während der Schwangerschaft in der Zeitung erscheinen. Elisabeth soll sich auch selbst täglich im Laxenburger Park den Wienern zeigen. So wollen es der Hofbrauch und die Tradition.

Als der Leib der Kaiserin sich gerundet hat, läßt Erzherzogin Sophie also den Park öffnen, damit die Wiener an der promenierenden Kaiserin feststellen können, welche Fortschritte sie in ihrer Schwangerschaft macht. Eine alte Tradition, durchaus zu begründen: Der Kaiser gehört seinem Volk ebenso wie das Volk ihm, seine Fruchtbarkeit, seine Nachkommenschaft sichern die Stabilität und die Macht. In Wien hält man es für notwendig, das erhoffte glückliche Ereignis nicht nur öffentlich zu verkünden, sondern auch jedermann Gelegenheit zu verschaffen, sich durch Augenschein gebührend zu überzeugen. Später wird sich Elisabeth einer Hofdame gegenüber erinnern: »Kaum war sie da, schleppte sie mich schon hinunter in den Garten und erklärte, es sei meine Pflicht, meinen Bauch zu produzieren, damit das Volk sehe, daß ich tatsächlich schwanger bin. Es war schrecklich. Dagegen erschien es mir als Wohltat, allein zu sein und weinen zu können.«

Elisabeth fühlt sich schamlos preisgegeben und in ihren Gefühlen verletzt, es ist ihr widerwärtig, wie ein prämiertes Muttertier ausgestellt zu werden. Nicht noch einmal wird man sie unten im Park sehen, das schwört sie sich. Man macht ihr Vorhaltungen, man redet auf sie ein, man appelliert an ihre Vernunft, man erinnert an die Tradition. Die Kaiserin beharrt eigensinnig auf ihrer Weigerung, sie verläßt ihre Gemächer nicht mehr, schließt sich stundenlang ein, um mit ihrem Hund und mit dem Papagei zu spielen. Wieder mischt sich die Erzherzogin ein. Vergeblich. Elisabeth findet es furchtbar, daß jedermann von ihrem Zustand weiß und genau die Zeit berechnen kann, wann das Kind gezeugt wurde und wann es zur Welt kommen wird. Zum großen Verdruß von Sophie geht sie überhaupt nicht mehr hinunter in den Park.

Die letzten Anstrengungen der Schwangerschaft übersteht Elisabeth schließlich gut. Am 5. März 1855, um sieben Uhr morgens setzen die Wehen ein, Franz Joseph weckt seine Mutter, die sich gleich mit einer Handarbeit bewaffnet vor das kaiserliche Schlafzimmer setzt und wartet. »Und der Kaiser ging und kam von ihr zu mir.« Um elf Uhr werden die Wehen stärker, Sophie weicht jetzt nicht mehr vom Bett der gebärenden Frau, beobachtet jede Regung des Paares und schreibt eine seitenlange Idylle in ihr Tagebuch.

Elisabeth bringt ein Mädchen zur Welt. Die Eltern haben sich beide einen Sohn gewünscht, und das ganze Reich hat auf den Thronfolger gehofft, dennoch ist Elisabeth sehr glücklich über ihr kleines Töchterchen, als es in ihren Armen liegt.

In ihrer gewaltsamen Art maßt sich Erzherzogin Sophie ohne weiteres den Titel einer Patin an und gibt dem Kind ihren Vornamen. Elisabeth wird dazu nicht einmal befragt. Mit siebzehn Jahren ist die Kaiserin Mutter geworden. Der Fehler, der so häufig an Fürstenhöfen begangen wird, die Kinder zu früh zu verheiraten, rächt sich an ihr. Sie ist sicherlich noch zu jung, um ganz zu erfassen, was Muttersein bedeutet. Doch Sophie scheint nach besten Kräften bestrebt zu sein, in der Kaiserin jegliches aufkeimende mütterliche Gefühl zu ersticken: Es wird Elisabeth verwehrt, ihre Tochter zu stillen, selbst aufzuziehen, ja sogar sie zu sehen, wann sie will. Die unerbittliche Schwiegermutter zückt die Palastordnung und konfisziert das Baby. Eine Amme, eine robuste Tirolerin, wird ihm ihre Milch geben. Nach alter habsburgischer Sitte wird es außerdem eine »Aja«, eine Ziehmutter erhalten. Sophie wählt Baronin Karoline von Welden, die Witwe eines k. k. Feldzeugmeisters, wohlerzogen, religiös und von unanfechtbar tugendhaftem Lebenswandel. Sie hat zwar nie in ihrem Leben ein kleines Kind aus der Nähe gesehen, aber was macht das schon. Die Absicht zählt, alles andere läßt sich lernen. Bevor sie ihren Posten antritt, fährt die Baronin nach München zu ihrer Freundin, Frau von Zurheim, und läßt sich zeigen, wie man ein Baby trägt.

Im übrigen bedauert Sophie es tief, daß es ein Mädchen ist. Das erste Kind einer Kaiserin von Österreich hat nach ihrer Auffassung ein Junge zu sein.

Nachdem die Kaiserin das Wochenbett verlassen hat, wird ihr die Tochter ganz weggenommen, die Kleine wird in die »Kindskammer« gebracht, die neben den Gemächern der Erzherzogin liegt. Die meiste Arbeit in der Kindskammer wird die Kinderfrau Leopoldine Nischer übernehmen, von Sophie sorgfältig instruiert und in mehreren Gesprächen auf ihre wichtige Aufgabe vorbereitet. Die Pflege des Säuglings geschieht ausschließlich nach Sophies Anordnungen, die Mutter hat kein Wort mitzureden. Wenn Elisabeth ihr Töchterchen sehen will, muß sie einen Stock höher steigen. Nur nach vorheriger Anmeldung bei ihrer Schwiegermutter, zu festgelegter Stunde und immer nur für kurze Zeit, läßt man die Kaiserin das Kinderzimmer betreten. Sie darf ihr Kind nur einmal am Tag besuchen. Zunächst bäumt sie sich dagegen auf, erst als der Kaiser sie eindringlich bittet, findet sie sich damit ab. Ist es ein Wunder, daß Elisabeth die Lust verliert, sich weiter um die Erziehung der kleinen Prinzessin zu kümmern?

Da man ihr das Kind entzieht, geht sie wieder zu ihren geliebten Pferden. Sie darf wieder reiten, was ihr während der Schwangerschaft verboten war, und sitzt nun stundenlang im Sattel. Sie turnt und trainiert ihren schlanken Körper, sie läßt sich massieren, damit ihr Körper nach Geburt des Kindes wieder straff wird. Das alles ist für Sophie Grund genug, der ihrer Meinung nach extravaganten und überspannten jungen Frau die Erziehung ihres Kindes nun erst recht nicht anzuvertrauen. Elisabeths Schönheit hat keine Einbuße durch die Schwangerschaft erlitten. Im Gegenteil, sie ist nach dem ersten Kind noch anmutiger und reizender geworden.

Manchmal scheint es Elisabeth aber doch gelungen zu sein, ihr kleines Töchterchen Sophie den Fängen der besitzergreifenden Schwiegermutter zu entwinden. Drei Wochen nach ihrer Niederkunft schreibt sie nach Bayern: »Meine Kleine ist wirklich schon sehr nett und macht dem Kaiser und mir ungeheuer viel Freude. Anfangs kam es mir recht sonderbar vor, ein ganz eigenes Kind zu haben; es ist wie eine ganz neue Freude, auch habe ich die Kleine den ganzen Tag bei mir, ausser wenn sie spazieren getragen wird, was bei dem schönen Wetter oft möglich ist.« Oder beschönigt die Kaiserin hier ihre Situation, um sich keine Blöße zu geben?

Endlich, ein paar Monate nach der Geburt der kleinen Sophie, darf Elisabeth im Sommer nach Possenhofen, zum ersten Mal seit ihrer Heirat. Am 21. Juni 1855 trifft sie am Ort ihrer Mädchenjahre ein, wo sich auch ihr Vater eingefunden hat. Das Wiedersehen macht Elisabeth besonders froh. Mit ihm und den Geschwistern fühlt sie sich wieder so frei wie früher. Welch ein Glück, diese Freiheit zu genießen, und sie nützt sie bis zum

Übermaß aus. Täglich reitet sie stundenlang bei Wind und Wetter mit dem Vater und mit Helene, oder sie unternimmt weite Spaziergänge. Vor allem aber genießt sie die herrliche Ungezwungenheit. Sie kann tun und lassen, was ihr Spaß macht. Niemand weist sie zurecht, keiner kritisiert ihre Lebensweise. Wie gern wäre sie lediglich die Herzogin Sisi! Wie gern tauschte sie mit Néné, die doch viel mehr Talent als sie besitzt, die Rolle einer großen Kaiserin zu spielen.

Die ältere Schwester fühlt Sisis maßlose Verlassenheit und wird ihre Vertraute. Doch was helfen die langen Gespräche der Komplizinnen, die ausgetauschten kleinen Geheimnisse und Vertraulichkeiten? Weder Helene noch die um ihr Kind besorgten Eltern können helfen. Man muß ja noch froh sein, daß die Ursache für Sisis Unglück anscheinend nur in der Disharmonie mit der Schwiegermutter zu suchen ist. Schlimmer wäre es, wenn die Erzherzogin ihr den Mann entfremdet, wie sie es mit dem Kind zu beabsichtigen scheint. Elisabeth sehnt sich schrecklich nach ihrer kleinen Tochter. Sie möchte sie ganz für sich haben, allein für sie sorgen und sie zärtlich in ihren Armen wiegen. Was nützt es, wenn man von ihr Bilder in der Öffentlichkeit verbreitet, auf denen sie als glückliche Mutter dargestellt wird? In Wirklichkeit gehört ihre Tochter, gehören auch die späteren Kinder nur Sophie. Und immer, wenn Elisabeth über alle diese Dinge nachdenkt, wünscht sie sich, Franz Joseph wäre ein einfacher, unabhängiger Fürst wie ihr Vater. Dann könnte sie mit ihm irgendwo in einem hübschen Schloß nach ihrem Geschmack leben. Doch es nützt nichts, dieses Grübeln. Sie muß wieder zurück, zuerst nach Ischl, dann nach Laxenburg.

Wie frostig das Klima zwischen der jungen Mutter und Sophie ist und zu welch unpersönlichen Floskeln das höfische Schreibzeremoniell führt, dokumentiert recht anschaulich ein Brief, den Elisabeth der Erzherzogin am 14. August 1855 aus Laxenburg schreibt: »Liebe Schwiegermutter, nachdem mir der Kaiser Ihren Wunsch ausgerichtet hat, ich möchte Ihnen Nachricht von uns geben, so richte ich diese Zeilen an Sie, um Ihnen zu sagen, daß wir sehr wohl sind, auch die Kleine, die immer so heiter ist und mit jedem Tage kräftiger und entwickelter wird. –

Mit großer Freude habe ich gehört, daß Sie glücklich in Ischl angekommen sind und die lange Fahrt und die große Hitze Ihrer Gesundheit nicht geschadet haben, nur bedauere ich sehr, daß Sie so schlechtes Wetter dort haben; auch hier regnete es vorgestern und heute den ganzen Vormittag. ... Nach einer telegraphischen Depesche, die der Kaiser bekommen hat, ist die Tante Marie schon in Ischl angekommen, sie wird wohl noch sehr ergriffen sein von der traurigen Reise, nach der ihr der Aufenthalt in Ischl gewiß recht gut tun wird. – Der Kaiser trägt mir auf, Ihnen zu schreiben, daß er sehr erfreut war, aus Ihrem Brief an Ludwig zu ersehen, daß Sie mit den neuen Wägen so zufrieden sind. – Mit dem Kaiser Ihre Hände küssend bleibe ich Ihre ergebene Schwiegertochter Elise.«

»Elise« – so unterschreibt die Kaiserin nur in Briefen an Sophie. Vom Kaiser, von ihren Eltern und Geschwistern wird sie noch immer Sisi gerufen.

In den folgenden Wochen zeigen sich erste Gesundheitsstörungen, Elisabeth fühlt sich niedergeschlagen und krank. Franz Josephs Briefe an die Mutter berichten gewissenhaft von Sisis häufigen Halsschmerzen, Hustenanfällen, Erkältungen und sonstigen Leiden. Sie verschweigen das Problem, an dem er, der einfache, gerade und unkomplizierte, sozusagen sprichwörtlich normale Ehemann mehr und mehr zu scheitern beginnt: Elisabeths seelische Kompliziertheit. Sie stellt ihn vor eine Schwierigkeit, die er nicht zu lösen, ja nicht einmal annähernd zu begreifen vermag.

*D*ie Hoffnung auf einen Thronfolger wird auch im nächsten Jahr enttäuscht. Im Alter von achtzehn Jahren schenkt Elisabeth am 15. Juli 1856 einem weiteren Mädchen das Leben. Ihre zweite Tochter erhält in der Taufe den Vornamen Gisela, den Namen der Schutzheiligen Ungarns. Wieder kein Sohn. Allgemeine Enttäuschung. Besonders Erzherzogin Sophie verbirgt ihren Unwillen nicht. Sie schreibt der unregelmäßigen und »unsinnigen« Lebensweise der Kaiserin die Schuld zu, daß sie nur

Die junge Kaiserfamilie mit drei Generationen.
Erzherzogin Sophie (links) hält die neugeborene Gisela im Arm,
Elisabeth und Franz Joseph sind mit ihrer Tochter Sophie dargestellt.
Im Hintergrund Erzherzog Franz Karl, der Vater des Kaisers (1856).

Mädchen zur Welt bringt. Elisabeth weiß, nun hat sie vollends bei der Mutter des Kaisers verspielt.

Sophie tut so, als erfaßten sie jetzt ernste Besorgnisse um das Wohl des Kaiserhauses. Ist Elisabeth etwa unfähig, einem Jungen das Leben zu geben? Der Wiener Hof macht sich diese Frage sofort zu eigen und behauptet es einfach. Sophies Alliierten bietet sich damit ein neuer Grund für ihren Feldzug gegen die Kaiserin. Der Kampf ist völlig risikolos, er geht nur gegen eine junge Frau ohne Rückhalt und ohne Schutz. Alle halten es hier aus Prinzip stets mit der stärkeren Partei, und das ist zweifellos Sophie.

Die Erzherzogin entzieht auch diese unerwünschte kleine Prinzessin der Obhut Elisabeths. Diesmal rebelliert die Kaiserin, hält nicht mehr mit ihrer Empörung zurück. Sie bittet nicht mehr, sie fordert. Von Franz Joseph verlangt sie, daß er ihre Rechte bei seiner Mutter verteidigt. Sie will ihre beiden Kleinen in ihrer Nähe haben und zu ihnen gehen können, wann sie will. Der Kaiser gerät in große Verlegenheit. Er weiß ganz genau, daß er, um sich mit seiner Mutter zu verständigen, alles tun muß, was sie will. Bisher hat er sich in keiner wichtigen Frage den Anordnungen seiner Mutter in bezug auf Elisabeths Angelegenheiten widersetzt. Doch seine Frau läßt nicht locker. Schließlich läßt er sich umstimmen.

Noch ein einziges Mal versucht Franz Joseph jetzt einen schwachen Widerstand gegen die Mutter, als es um die Frage einer Verlegung der Kinderzimmer innerhalb der Hofburg geht: Sie sollen für Elisabeth bequemer zu erreichen sein. Sophie sträubt sich dagegen, sie will allein die Erziehung der kaiserlichen Sprößlinge bestimmen und überwachen, »das lästige Kind«, wie sie Elisabeth nennt, soll nichts damit zu tun haben.

Doch Franz Joseph setzt sich dieses Mal durch, worüber seine Mutter äußerst entsetzt und wütend ist. Sie droht, dann überhaupt aus der Hofburg auszuziehen. Am 18. September 1856 schreibt ihr Franz Joseph: »Ich bitte Sie jedoch inständigst, Sisi nachsichtig zu beurteilen, wenn sie vielleicht eine zu eifersüchtige Mutter ist – sie ist ja doch so eine hingebende Gattin und Mutter! Wenn Sie die Gnade haben, die Sache ruhig zu überlegen, so werden Sie vielleicht unser peinliches Gefühl begreifen, unsere Kinder ganz in Ihrer Wohnung eingeschlossen mit fast gemeinschaftlichem Vorzimmer zu sehen, während die arme Sisi ... die Stiege hinaufkeuchen mußte, um dann selten die Kinder allein zu finden, ja auch Fremde bei denselben zu sehen, denen Sie die Gnade hatten, die Kinder zu zeigen, was besonders mir auch noch die wenigen Augenblicke verkürzt, die ich Zeit hatte, bei den Kindern zuzubringen – abgesehen davon, daß das Produzieren und dadurch Eitelmachen der Kinder mir ein Greuel ist; worin ich übrigens vielleicht Unrecht habe. Übrigens fällt es Sisi gar nicht ein, Ihnen die Kinder entziehen zu wollen, und sie hat mir eigens aufgetragen Ihnen zu schreiben, daß dieselben immer ganz zu Ihrer Disposition sein werden, wie es ja auch immer in Schönbrunn und Laxenburg der Fall war. ... Nie würde ich es zugeben, daß Sie Ihre jetzige Wohnung verlassen, oder gar, was ich nicht gelesen haben will, ganz aus der Burg ziehen würden. Ich hoffe noch immer, daß sich alles sehr gut machen wird; die Kinder bekommen eine viel bessere Wohnung, in der sie auch künftig bleiben können, und Alles wird zufrieden sein.«

Nun ja, Sophie wird nicht zufrieden gewesen sein, erst recht nicht erfreut über diesen Brief. Schwer gekränkt beugt sie sich dem Wunsch ihres Sohnes. Sie fügt sich – ein lehrreiches Beispiel, was geschehen wäre, wenn der Kaiser seiner Mutter gegenüber öfter seinen festen Willen gezeigt hätte. Die Kinder werden auf seinen Befehl in die sogenannten Radetzkyzimmer in der Hofburg gebracht, dicht neben den Räumen der Kaiserin. Es ist der erste wichtige Sieg, den Elisabeth über die Erzherzogin erringt. Natürlich verscherzt sie sich dadurch noch den letzten Rest von Sophies Sympathie.

Erst im Spätsommer 1856 ist Elisabeth wieder mit ihrem Mann allein, die Fahrt nach Kärnten und Tirol ist unbeschwert von politischem Gepäck und familiären Problemen. Über den Semmering und Mürzzuschlag geht es zunächst in Richtung Steiermark. In jedem Dorf warten die Honoratioren mit stolzgeschwellter Brust, singen Kinder die Kaiserhymne, ist der Empfang der jubelnden Bevölkerung warm und herzlich. Klagenfurt, die nächste Etappe, eine festliche Hoftafel in der Burg, Vorstellungen im Theater, die üblichen Stationen einer Kaiserreise. Ähnlich auch Villach, wo Elisabeth und Franz Joseph im Schloß von Fürst Alfons von Porcia wohnen. Dann reist das junge Paar in die Berge, unternimmt ohne größeres Gefolge Klettertouren. Es sind noch einmal kurze Ferienfreuden, Stunden eines schnell verwehenden Glücks.

In Heiligenblut krachen zum Empfang wieder die Böller, läuten die Glocken, begleiten Freudenfeuer auf den Bergen den abendlichen Spaziergang entlang des Tauernweges. Dann steigen Elisabeth und Franz Joseph zur Pasterze hinauf, das Gletschermeer des Großglockner. In Winklern beziehen sie Quartier und laden zu einer Hoftafel ein. Das Kaiserpaar zeigt sich großzügig, es hat Geldgeschenke, insgesamt zwölftausend Gulden im Gepäck, für die notleidenden Bauern der Region, denen Überschwemmungen einen großen Teil der Ernte vernichtet haben.

Einen Tag später wird zur Rückreise gerüstet, am 14. September trifft der Hofzug wieder in Wien ein. Im November 1856 steht schon Italien auf dem Reiseplan.

*I*talien – seit den Revolutionsjahren 1848/49 der schwierigste Problemfall der Monarchie. Die Lombardei, die ehemaligen Herzogtümer Mailand und Mantua, seit dem Spanischen Erbfolgekrieg dem Haus Österreich untertan, und Venedig, das im Frieden von Campo Formio und nach Napoleons Sturz erneut den Habsburgern zugesprochen worden war, haben sich während dieser Zeit nie anders als unter einer Fremdherrschaft gefühlt.

Franz Joseph hat die Lombardei und Venetien zuerst im Jahr 1848 kennengelernt, als er im Stab Radetzkys als junger Offizier hinter dessen wilder Garde durch die Lande ritt und gegen die Rebellen kämpfte. Seine sonstigen italienischen Erfahrungen beschränken sich auf das, was er in den Armen einer schönen Italienerin in Verona gelernt hat, seiner »Sprachlehrerin«, wie sie Obersthofmeister Montenuovo später spöttisch nennt.

Für die Italiener ist er der junge Offizier geblieben, sein Besuch in Venetien im Jahr 1852 hat diese Vorstellung nicht zu erschüttern vermocht. Und er selbst hat nichts getan, um sie von sich aus zu ändern.

Immer noch regiert der greise Graf Radetzky, der Sieger von Custozza, als Oberkommandierender von Verona aus ganz Oberitalien. Baron Burger, der Statthalter von Mailand, versucht sich in einer etwas nachgiebigeren Politik, aber er bleibt machtlos neben dem militärischen Kommando, das von einer Lockerung der Zügel Gefahren für die Sicherheit der Armee befürchtet. In der »Scala« und im »Teatro Fenice« werden noch immer bei jeder Vorstellung zwei schnauzbärtige Kroaten mit schußbereiten Gewehren als Theaterwache postiert, während auf der Bühne tief dekolletierte Primadonnen schöne Arien singen. Mit wahrhaft sadistischem Vergnügen demütigt Martinec, der Polizeidirektor von Mailand, ein aus kleinen Verhältnissen hochgekommener, gebürtiger Tscheche, die stolzen Herzöge und Grafen des lombardischen Adels, die in ihren Logen von der Macht des k. k. Beamten gezwungen werden, sich zu den Klängen der Kaiserhymne zu erheben. Wegen seines Namens gilt er lange Zeit als Spanier. »Das hat sicher der grausame Spanier getan«, ist die oft gehörte Erklärung, wenn ein neues Verbot oder eine Strafe in der Öffentlichkeit bekannt wird.

Dazu kommt die Schikane der Kontributionen, die Stand und Land auferlegt werden. Einigen Familien wird das ganze Vermögen konfisziert. An die zweitausend Personen sind bisher den österreichischen Standgerichten zum Opfer gefallen. Die Polizei ist dauernd damit beschäftigt, neue Verschwörungen ungeahnten Ausmaßes zu entdecken. In den subalternen Köpfen der Agenten und Kommissäre wachsen sich diese zu ganzen Revolten aus.

Bisweilen fühlt sich Franz Joseph durchaus geneigt, die militärische Verwaltung dieser unruhigen und renitenten Provinz zu ändern. Aber sein guter Wille scheitert noch stets am Beharrungsvermögen seiner leitenden Beamten und wohl auch an dem unauslöschlichen Haß, der sich in den Jahren der Unterdrückung überall eingefressen hat.

Innenminister Alexander Bach schlägt zur Verbesserung der Stimmung einen Besuch des Kaisers vor, die kürzlichen Visiten in der Steiermark und in Böhmen haben nur zu deutlich gezeigt, daß Franz Josephs stärkste Karte jetzt seine Frau ist. Bach meint, dem Charme der Kaiserin könne gelingen, was Radetzkys Bajonette nicht geschafft haben. Er empfiehlt nicht nur einen kurze Rundreise, sondern einen Aufenthalt von mehreren Monaten. Das Kaiserpaar soll in Venedig und Mailand hofhalten, um so den bis dahin intransigenten italienischen Adel zu gewinnen.

Der Vorschlag findet die eifrigste Unterstützung Elisabeths, die erfreut ist über die Aussicht, Wien für den bevorstehenden Winter zu entrinnen. Und Franz Joseph lockt der Gedanke, die beengende Atmosphäre in der Hofburg und die ständigen Reibereien zwischen Mutter und Ehefrau eine Zeitlang hinter sich zu lassen. Nur Erzherzogin Sophie spricht sich gegen das Vorhaben aus, sie rügt, daß die Minister ihren Sohn der Gefahr von Attentaten aussetzten, nur um einer Bande italienischer Verräter zu schmeicheln. Sie wendet sich auch dagegen, daß Elisabeth ihr ältestes Kind mitnehmen will, ein blasses kleines Mädchen von zarter Gesundheit, das nach Ansicht der Ärzte zu Hause viel besser aufgehoben wäre. Doch der Kaiser ist noch immer so verliebt, daß er seiner Frau nachgibt.

In Venedig und Mailand werden die kaiserlichen Paläste für den hohen Besuch vorbereitet, die Polizei wird verstärkt, die Ladenbesitzer in den italienischen Städten stellen Porträts des Kaiserpaares in die Schaufenster. In Triest arbeitet Franz Josephs Bruder Maximilian Tag und Nacht an den Vorbereitungen für den Kaiserbesuch.

Das Kaiserpaar trifft am 17. November 1856 im Italien des »Risorgimento«, der Wiedererhebung, ein. Erste Station ist Triest. Die Reise wird tatsächlich ein paar Monate dauern, die Zeit der Blitzbesuche zwischen zwei Flügen ist noch nicht gekommen. Elisabeth weiß sehr wohl, daß dem Kaiser daran gelegen ist, die Stimmung positiv zu wenden. Sie will ihn dabei unterstützen, das Eis zum Schmelzen bringen. Das Gefühl, für einige Monate der schwiegermütterlichen Observation entronnen zu sein, beflügelt sie geradezu. Sie zeigt sich weniger zurückhaltend, sie geht zwanglos auf die Menschen zu.

Dabei beginnt die Reise unter düsteren Vorzeichen: Im Rathaus von Triest, wo Franz Joseph Begnadigungen ausspricht, bricht ein Feuer aus, und der Kristallüster, welcher die Tribüne schmückt, zerspringt in tausend Stücke.

Ankunft dann in Venedig am 25. November. Die Venezianer sind für alles empfänglich, was die Sinne anspricht, sie lassen sich faszinieren vom Glanz der Feste, und sie sehen in der Entfaltung des höfischen Prunkes eine Reverenz an die Bedeutung ihrer Stadt. Zweifellos wirkt auch die Erscheinung der Kaiserin auf den ästhetischen Sinn der Venezianer, was Franz Joseph neidlos anerkennt und in einem Brief an seine Mutter berichtet: »Die Bevölkerung war sehr anständig, ohne besonderen Enthusiasmus zu zeigen. Seitdem hat sich die gute Stimmung aus verschiedenen Ursachen sehr gehoben, besonders durch den guten Eindruck, den Sisi gemacht hat.«

Und Elisabeth selbst ist von dieser Stadt begeistert, wenn sie auch vor der großen Leere erschrickt, die bei jedem Schritt deutlich wird. Die meisten Patrizierfamilien haben die Stadt der Dogen verlassen, um den österreichischen Besuch zu boykottieren. Und die wenigen Venezianer, die zunächst der kaiserlichen Einladung folgen, werden bei der Rückkehr zu ihren Gondeln beschimpft.

Schließlich aber bessert sich die Atmosphäre, als am 3. Dezember Amnestiedekrete erlassen werden und die politischen Flüchtlinge ihre Güter zurückerhalten. Obwohl das Volk völlig machtlos bleibt, die oberen Schichten sich weiter zurückhalten, fallen die Reaktionen der Bevölkerung und des Adels weit günstiger aus, als man erwarten konnte. Von neunundvierzig hoffähigen Damen der Aristokratie kommen immerhin neununddreißig zum Empfang, Franz Joseph nennt das in einem Brief an seine Mutter »ein recht hübsches Resultat«. Er ist ehrlich genug sich einzugestehen, daß er es wohl vorwiegend Elisabeth zu verdanken hat. Obwohl sie zu Beginn der Reise stark erkältet ist, viel hustet und sich alles andere als wohl fühlt, macht sie eine gute Figur.

Die Neugier auf die Kaiserin wächst, ein erster Stimmungsumschwung zeichnet sich ab. In Wien geht das Bonmot des Kaisers um, daß Elisabeths Schönheit »Italien besser eroberte, als
es meine Soldaten und Kanonen hätten tun können«.

Mehrmals fährt das Kaiserpaar mit der Dampffregatte »Elisabeth« hinüber nach Pola und zurück. Auch die Weihnachtstage
verbringt Franz Joseph mit seiner Frau in Venedig, und Elisabeth
erliegt dem Zauber dieser Stadt. Sie atmet die fiebrige Luft, die
von der Lagune aufsteigt, sie spürt den verwirrenden Duft, ist
fasziniert von dem morbiden Reiz, der von den alten Fassaden
und dem brüchigen Marmor ausgeht. Mitten in dem opernhaf-
ten Glanz der heruntergekommenen Serenissima feiert sie
ihren Geburtstag. Und was Elisabeth in Wien verboten ist, hier
ist es ihr ungehindert möglich: Sie besucht Paläste, Kirchen und
Museen, unternimmt Ausflüge, Gondelfahrten auf dem Canale
Grande und aufs Meer hinaus, geht in den engen Gassen spazieren, bewegt sich frei unter der Menge von San Marco, ohne
befürchten zu müssen, gegen irgendeine dumme Vorschrift der
Etikette zu verstoßen. Glücklich ist die Kaiserin, daß sie ihre
kleine Tochter Sophie bei sich hat, die nun für ein paar Wochen
ganz ihr gehört.

Allmählich schmilzt das Eis wirklich. Der Italienbesuch wird
immerhin so erfolgreich, daß die Gegner Österreichs, vor allem
Graf Cavour in Turin, unruhig zu werden beginnen. Die schön-
heitsliebenden Italiener scheinen der faszinierenden Kaiserin
nur schwer widerstehen zu können. Selbst jene, die bis zuletzt
nicht in den Jubel einstimmen, sind zu neugierig, um sich ganz
fernzuhalten. Mag auch die venezianische Aristokratie die
Galavorstellung im »Teatro Fenice« boykottieren, in den Gassen
und Plätzen murmeln die Männer »Com' è bella«, wenn Elisabeth vorüberkommt. Ein Augenzeuge erzählt, daß er sie in
einem blauen, mit Zobel besetzten Samtkleid in so hoheitsvol-
ler Haltung über den Markusplatz schreiten sieht, daß sogar die
enragiertesten Patrioten wider Willen in Beifall ausgebrochen
seien. Die Begeisterung steigt noch, als das Gerücht umläuft, die
Kaiserin sympathisiere mit den italienischen Nationalisten und
setze sich bei ihrem Gemahl mit allen Kräften dafür ein, politi-

schen Rebellen Amnestie zu gewähren und beschlagnahmte Vermögen zurückzugeben.

Auch Maximilian widersteht dem Zauber seiner Schwägerin nicht. Obwohl bereits Mutter zweier Kinder, ist sie doch erst neunzehn Jahre alt und entwaffnet alle mit ihrer geheimnisvollen, schwer zu beschreibenden Schönheit. Ihre Begeisterung für Venedig, ihre Sympathie für die Italiener freut Maximilian, und während er sie durch die Gassen und Kanäle der Lagunenstadt begleitet, scheint er das junge Mädchen Charlotte, das in Brüssel auf ihn wartet, vergessen zu haben.

Doch Venedig ist nur das Vorspiel, der schwierigere Teil der italienischen Reise steht noch bevor. Der Empfang in Brescia am 11. Januar fällt kühl aus. Auf Mailand, ein ungleich schwierigeres Terrain für das Kaiserpaar, hatte sich die nationalistische Propaganda konzentriert, geheime Listen gingen von Haus zu Haus, in die sich die Eigentümer eintrugen und damit die Zusage gaben, den Besuch des Kaiserpaares zu ignorieren. »Es ist unglaublich, wie von Piemont aus alles organisiert und gehetzt wird, um unseren Empfang in Mailand zu verderben. Alle Fäden dieser Machinationen führen bis zum Ministerium Cavour«, schreibt Franz Joseph an seine Mutter.

Und Mailand wird zum Fiasko, zeigt Elisabeth das wahre Gesicht der Monarchie, führt ihr Unterdrückung und Heuchelei vor Augen. Am 15. Januar trifft das Kaiserpaar in der Stadt ein. Die Polizei hat fieberhaft gearbeitet und sich selbst übertroffen. Tausende von Bauern sind aus den umliegenden Dörfern in die Stadt dirigiert worden mit der Aufgabe, hinter dem glitzernden Gitter der Bajonette der spalierbildenden Truppen unaufhörlich »Evviva« zu schreien. Man hat ein paar vorsorgliche Arrestierungen durchgeführt, Verdächtige aufgefordert zu verschwinden, einige Mitglieder der Aristokratie unter Hausarrest gestellt.

Für die Festvorstellung in der »Scala« hat die Polizei die meisten Karten aufgekauft und an »sichere«, zuverlässige Leute verteilt. Das Ganze soll unter der Schlagzeile: »Jubelnd empfing die Mailänder Bevölkerung ihr heißgeliebtes Herrscherpaar« ablaufen.

Franz Joseph und Elisabeth erfahren zu spät, daß man sie gewissermaßen zu Statisten eines verlogenen Spiels gemacht hat. Sie versuchen, die Maßnahmen für die Vorstellungen in der »Scala« rückgängig machen zu lassen. Doch umsonst: Mailand empfängt das Kaiserpaar mit eisigem Schweigen. Keine Hand regt sich zum Beifall. Der Adel in den Logen: schwarz in schwarz als Zeichen der Trauer. Manche haben sogar nur ihre Dienerschaft geschickt – ein enormer Affront. Unübersehbar wirkt die Symbolik der Farben: Die Frauen kleiden sich mit Vorbedacht in den italienischen Nationalfarben, und als der Chor aus »Norma« – »guerra, guerra« – erklingt, bricht ein frenetischer Beifall aus.

Bisweilen spiegeln sich bei den kaiserlichen Bällen und Empfängen die Lüster an der Decke ungehindert auf den verlassenen Parkettböden der Ballsäle, wohnen kaum mehr als zehn der geladenen Gäste den Konzerten bei. Nichts als Verneinung, Abwesenheit, Verachtung. Diese stumme, doch um so bedrohlichere Demonstration des Hasses treibt Elisabeth die Tränen in die Augen. Franz Joseph jedoch läßt keine Regung erkennen.

In den kommenden Wochen steigt und fällt die Intensität und Temperatur des Beifalls im Theater und bei den Empfängen mit den Gnadenakten, welche die »Gazzetta di Milano« am Morgen veröffentlicht. Bringt die Zeitung keine Überraschung, bleiben die guten Nachrichten aus, dann rührt sich am Abend in der »Scala« keine Hand, sieht man in den Logen Trauerkleidung und schwarze Handschuhe. Seismographisch reagiert die Stadt auf die kleinsten Veränderungen und überraschenden Wandlungen im habsburgischen Verhalten. Der Besuch des Kaiserpaares wird zu einer heiklen Gratwanderung der Diplomatie und des Fingerspitzengefühls.

Der Kaiser läßt die Minister Bach und Bruck, den Grafen Buol und Generaladjutant Grünne mit der Militärkanzlei nach Mailand kommen. Grünne, der verlängerte Arm von Erzherzogin Sophie, befürchtet ebenso wie Baron Burger und Martinec, die Verwaltung vor Ort, eine zu große Konzessionsbereitschaft des Kaisers, eine zu starke Abhängigkeit von der Stimmung in der

Das Kaiserpaar in der Loge der Mailänder Scala (1856).

Stadt. In den Berichten, die er nach Wien schickt, kann eine erboste Sophie lesen, wer die Schuld für die Gefahr trägt: Elisabeth. Und ist es nicht ärgerlich, daß der Kaiser »das Volk sehr lenksam, die Bureaukratie aber sehr ungeschickt« gefunden hat? Die Erzherzogin bangt im fernen Wien um ihren Einfluß, hält es jetzt für eine Fehlentscheidung, Franz Joseph so lange ungeschützt dem sichtbaren, ständig zunehmenden Einfluß seiner Frau auszusetzen.

Die antiösterreichische Agitation der national gesinnten italienischen Gruppen läßt nicht nach, sie wird um so reger, je mehr Sympathien sich das Kaiserpaar erwirbt. Doch manches Mal mißlingen der Monarchie hier die großen Gesten: Als am 6. Januar der Karneval beginnt, ordnet der Kaiser einige prächtige Bälle an, er läßt sogar Silber, Gobelins, Tischdekoration, Geschirr aus Wien kommen. Doch der Bürgerball scheitert an einer unmöglichen Bedingung: Das Organisationskomitee fordert, daß kein österreichischer Offizier eine Dame zum Tanz auffordert. Der Kaiser sagt die Hofbälle wieder ab, es wird nur ein Maskenball in der »Scala« veranstaltet.

Das Resultat dieser Reise kann sich insgesamt jedoch sehen lassen. Kaiserin Elisabeth hat nicht nur die Rolle einer schönen Statistin gespielt, ihr sind zu einem großen Teil die Ereignisse zu danken, die zur Entspannung beigetragen haben. Und dieses günstige Auftreten beruht auf einer glückhaften Wechselwirkung. Vom ersten Tag an, als sich vor Elisabeths Augen das blendende Panorama Venedigs enthüllt hat, steht sie unter dem Einfluß des Charmes, der Verführung durch die italienische Atmosphäre. Und während der ganzen fünf Monate der Reise ist dieser Zauber wirksam geblieben. Natur und Kunst, der Reichtum an Schönheit, die poetische Stimmung vieler Orte, die historischen Erinnerungen wühlen sie bis ins Innerste auf.

Obwohl auch in diesem neuartigen Leben die Repräsentation eine große Rolle spielt, empfindet sie nicht mehr wie in Wien das beängstigende Gefühl des Zwanges und der Langeweile. Elisabeth ist unbändig stolz, hier als Frau und Kaiserin anerkannt zu sein.

Als Franz Joseph sieht, wie glücklich seine Frau ist und wie sehr man sie feiert, liebt er sie um so mehr. Täglich fragt er sie um ihren Rat. Sie erklärt ihm, daß er mit weniger harten Methoden, mit einer großzügigeren Einstellung in den italienischen Provinzen mehr erreichen kann als mit dem Säbelgerassel und dem hartnäckigen Widerstand des unerbittlichen Radetzky. So schlägt die Stimmung tatsächlich um: Nach der großen Amnestie, die alle Begnadigten auch der »sorveglianza della polizia«, der Überwachung durch die Polizei, enthebt, ist es so, wie der Korrespondent der »Augsburger Allgemeinen Zeitung« schreibt: »Der Jubel ist hier grenzenlos, hunderte Familien weinen vor Freude.« Die Opposition wird kleiner, reduziert sich schließlich auf einige Adlige und auf die Damen, die noch nicht bei Hofe waren. Man ist zwar noch nicht österreichisch eingestellt, aber man beginnt schon »kaiserlich« zu fühlen. Unermüdlich besucht Elisabeth Schulen, Hospitäler, Klöster, Waisenhäuser. Sie erreicht beim Kaiser neben der Generalamnestie auch die Aufhebung der Konfiszierungen, die Ermäßigung der Abgaben.

Elisabeths Ratschläge sind sicher auch nicht unbeteiligt an dem Kurswechsel, den Franz Joseph im Anschluß an diese Reise vornimmt. Rasch hat der Kaiser erkannt, daß die »Verona Boutique« – wie Metternich sie genannt hat – ihre Aufgabe nicht mehr erfüllt. Es scheint ihm an der Zeit zu sein, dem einundneunzigjährigen Feldmarschall Radetzky einen ehrenvollen Abschied zu gewähren. Betroffen hat Franz Joseph festgestellt, wie mitleiderregend der Held seiner Kindheit vergreist und »verkindert« ist. Der fünfundzwanzigjährige Maximilian hat bei seinem Bruder Punkte gemacht, Franz Joseph äußert sich voller Lob über seine Leistungen in Venedig und Triest. Der Erzherzog wird zum Vizeadmiral befördert, dann zum Generalgouverneur von Venetien-Lombardei ernannt, Graf Gyulai, der Kommandeur der Armee in Italien, erhält den militärischen Oberbefehl. »Es war höchste Zeit, der Wirtschaft in Verona ein Ende zu machen«, so schreibt Franz Joseph der Mutter von dieser Reise. Das alte Regime wird abgelöst, der Spezialgerichtshof in Mantua aufgelöst, die beschlagnahmten Güter werden zurückgegeben, die desertierten Soldaten

dürfen in ihr Land zurückkehren. Es ist ein deutlicher Umschwung.

*A*m 15. April des Jahres 1857, nach fünf Monaten Abwesenheit, kehrt das Kaiserpaar nach Wien zurück. Als Elisabeth
wieder daheim ist, atmet sie auf, alles hinter sich zu haben.
Obwohl sie mit Franz Joseph in Venedig und Mailand sehr
glücklich war, ist sie doch von ihrem italienischen Aufenthalt
nicht ganz befriedigt. Dazu trägt bei, daß sie sich mit den Italienern nicht in der Landessprache unterhalten konnte. Merkwürdigerweise hat sie sich auch später nicht für die italienische
Sprache interessiert, so gern sie sich sonst mit Sprachstudien
beschäftigte, wie ihre gründlichen ungarischen und griechischen Sprachkenntnisse beweisen.

Der Tag der Heimkehr nach Wien: Elisabeth begrüßt die kleine Gisela stürmisch, aber das Mädchen hat sich an ihre
Großmutter gewöhnt. Die Kaiserin ist darüber enttäuscht und
flüchtet zu ihren »Freunden« – lange hat sie ihre geliebten Pferde entbehrt. Ihre Vorliebe fürs Reiten wird immer größer, und die
Tiere, die sie für ihre Ställe erwirbt, werden immer wertvoller.

In Wien gehen die Intrigen gegen Elisabeth, die nun als
»unfähig« gilt, einen Thronfolger zu gebären, unvermindert
weiter. Obwohl sie Kaiserin ist, fühlt sie sich schutzlos. Eines
Tages findet sie auf ihrem Schreibtisch ein seltsames Heft, auf
dessen aufgeschlagener Seite einige Stellen säuberlich mit Rot-
stift angestrichen sind: »Die natürliche Bestimmung einer Königin ist es, der Krone Nachfolger zu geben, und jener König, der
seiner Gattin antwortete : ›Madame, wir haben Sie genommen,
damit Sie uns Söhne und nicht, damit Sie uns Ratschläge
geben‹, hat allen Königen der Welt eine Lehre gegeben.« Und
weiter: »Die Bestimmung und der natürliche Beruf einer Königin ist es also, der Krone Erben zu schenken. Sobald Königinnen davon abweichen, werden sie zur Quelle der größten Übel:
Katharina von Medici, Maria von Medici, Anna von Österreich.
Wenn die Königin so glücklich ist, dem Staate Prinzen zu

schenken, sollte sie darauf ihren ganzen Ehrgeiz beschränken und sich auf keine Weise in die Regierung eines Reiches einmengen, deren Besorgung nicht den Frauen anvertraut ist. Das salische Gesetz schließt sie wegen der Torheit ihres Geschlechts für immer vom Herrscherberufe aus. Wenn die Königin keine Söhne gebiert, ist sie nur eine Fremde im Staate. Und eine höchst gefährliche Fremde dazu: Da sie nicht hoffen kann, hier jemals gern gesehen zu werden, und immer darauf gefaßt sein muß, dorthin zurückgeschickt zu werden, woher sie kam, so wird sie stets versuchen, den König durch andre als die natürlichen Mittel zu gewinnen, sie wird Ansehen und Macht durch Intrigen und Zwietrachtsäen zu erringen trachten, zum Unheil des Königs, der Nation, des Reiches.«

Wer hat das getan? Wer hat diese vergilbte Broschüre auf den Tisch der Kaiserin gelegt? Die Attacke ist raffiniert. Elisabeth fühlt sich zutiefst getroffen. Fragen schwirren durch ihren Kopf: Wer hat diese Sätze geschrieben, wie kommen sie hierher? Es ist ein altes Pamphlet gegen Marie-Antoinette: »Avis important à la Branche Espagnole, sur ses droits à la Couronne de France, à defaut d'héritiers; et qui peut être mesme très utile à toute la Famille de Bourbon; surtout au Roi Louis Seize. A Paris, MDCCLXXIV« (Wichtige Mitteilung an den spanischen Zweig über seine Rechte an der Krone Frankreichs mangels Erben, die vielleicht für die ganze Familie von Bourbon nützlich sein kann, besonders für König Ludwig XVI. Paris 1774). Beaumarchais hat es einst, nicht ohne erpresserische Absichten, Kaiserin Maria Theresia, der Mutter Marie-Antoinettes, zum Kauf angeboten.

Ein Exemplar einer alten anonymen Schmähschrift also, infam, beleidigend. Die Anspielung ist klar, Elisabeth braucht nicht zu rätseln, wer gemeint ist. So antiquiert bösartig diese Sätze auch klingen: Sind dies nicht die Gedanken, die seit einem Jahr am Wiener Hofe geflüstert werden? Auch dort kursiert ja die Meinung, die Bestimmung der Kaiserin sei es, der Krone den Thronfolger zu schenken. Warum bleibt der Erbe aus? Man hat sich allgemein schwer enttäuscht gezeigt, als Elisabeth im Juli 1856 eine zweite Tochter geboren hat. Sophie und Gisela, die beiden zarten Kinder, rühren in Erzherzogin Sophie die alten Zweifel wieder auf; sie klagt sich selber wegen ihrer Nachgiebigkeit an. Hat sie sich etwa geirrt, daß Elisabeth für Franz Joseph nicht bestimmt sein kann? Die Kaiserin ist starrköpfig, unlenksam und eigensinnig, sie lebt nicht wie eine Regentin, deren höchste Sorge es zu sein hätte, der Krone die Thronfolge zu sichern. Sie pflegt ihren heidnischen Leib nur, um schlank und geschmeidig zu bleiben. Sie denkt mehr an die Pferde als an die Kinder. Jeden Vormittag schaut sie sich die Formen ihrer endlos langen Reiterinnenbeine an, die kleinen Brüste, die sie nicht voll und weiblich haben will, die schlanke Linie ihrer langen Arme. Dieses Reiten und Turnen, so hört es Franz Joseph von seiner Mutter, ist unstatthaft und ungesund; der Kaiser sei zu nachgiebig, er lese ihr jeden Wunsch von den Lippen ab. Er habe es sogar zugelassen, daß Elisabeth sich auf dem Ischler Kaiserhügel, dem Jainzen, Turnapparate im Freien aufgestellt habe, wo sie, nur dünn bekleidet wie eine Akrobatin, ihre sportlichen Übungen betrieben habe.

Das intrigante Pamphlet fügt sich nahtlos in diesen Feldzug gegen Elisabeth ein. Alles wird zum verletzenden Hieb: das »lästige Kind« Sophies ebenso wie die »Perle von Possenhofen« des Adels oder die eingebildete Liberale und Umstürzlerin der Minister. Keiner kann Auskunft darüber geben, wer das Machwerk auf den Schreibtisch der Kaiserin gelegt hat. Es ist einfach da. Elisabeth ist entsetzt, verdächtigt natürlich Sophie. Die weiß nur zu genau, wie sie die Schwiegertochter am schmerzlichsten treffen kann.

Schon fürchtet die Kaiserin, verstoßen zu werden – wie Josephine Beauharnais, die von Napoleon verbannt wurde, weil sie ihm keinen Erben schenken konnte. In ihrer Not und Angst vertraut Elisabeth sich ihrer Mutter an. Ludovika versucht die Tochter zu trösten: »Du bist doch keine unfruchtbare Frau«, schreibt sie ihr, »Du hast doch bereits zwei Kinder.« Aber Sophie höhnt weiter: »Elisabeth – einen Knaben? Unmöglich!«

»Glaubst Du, daß Franz Napoleons Beispiel folgen und unsere Ehe trennen lassen wird, wenn ich keinen Sohn bekomme?« fragt Elisabeth geradezu rührend die Mutter in einem ihrer Briefe. Ludovika antwortet ihr: »Über solche Dinge darfst

Du nicht grübeln, mein Kind. Du weißt, daß Franz Dich innig liebt.« Und sie fügt harte Worte der Ermahnung hinzu: »Es gibt zweierlei Frauen, solche, die alles erreichen, was sie wünschen, und solche, die nichts verlangen von dem, was sie gerne haben möchten. Du scheinst zu den letzteren zu gehören. Du besitzest von Natur ausgezeichnete Gaben und Du hast einen edlen Charakter. Aber es fehlt Dir eine Eigenschaft, Du vermagst Dich nicht auf den Standpunkt Deiner Umgebung herabzulassen, und Du bist nicht imstande, Dich den Forderungen der Verhältnisse anzupassen. Du gehörst einer anderen Zeit an als der unsrigen, einer Zeit, wo es noch Heilige und Märtyrer gab. Ziehe die Blicke der Welt nicht dadurch auf Dich, daß Du allzusehr eine Heilige bist, aber laß Dir Dein Herz auch nicht dadurch brechen, daß Du Dir einbildest, eine Märtyrerin zu sein.«

So ganz unrecht hat die Mutter nicht. Auch einer ihrer Ärzte, Professor Skoda, sagt von Elisabeth: »Sie ist wie eine Heilige.« Aber was nützt das? Ihre Sorgen werden dadurch nicht geringer. Der Sohn bleibt ihr größter Wunsch in diesen Jahren. Erst durch ihn kann sie sich vor der Welt gerechtfertigt fühlen. Dieser Wunsch kostet sie viel Überwindung, ihr sexuelles Leben ist ein Fiasko, die Zeiten der Schwangerschaft sind ihr geradezu verhaßt. Jedesmal fürchtet sie, ihre schlanke Figur, ihre körperliche Eleganz zu verlieren. Und jedes Mal leidet sie unter allen möglichen Beschwerden, vor allem unter starkem Erbrechen. Doch diese ganze Skala der Widerwärtigkeiten will sie ertragen und auf sich nehmen, wenn sie nur endlich einen Sohn bekommt. Ihr Stolz leidet schwer unter dem kaum verhohlenen Hohn des Hofes über ihre »Unfähigkeit«. Sie fühlt sich bis aufs Blut gekränkt.

Das traurige und einsame Leben geht weiter. Schweigsam, ernst und verschlossen vermag Elisabeth dem Hofleben mit all seiner Langeweile, seinen Intrigen und Konkurrenzkämpfen, die unendlich viel Energie aufzehren, nichts mehr abzugewinnen. Sie bemerkt bald, daß ihr gegenüber nicht nur wegen der »fehlgeschlagenen« Schwangerschaften eine feindselige Haltung entsteht. Hinter ihrem Rücken wird ständig getuschelt.

Und sie hat nicht geringste Ahnung, wie sie sich wirksam wehren könnte.

*W*enige Wochen nach der Rückkehr aus Italien reist das Kaiserpaar nach Ungarn. Das Land der Magyaren ist eine gärende, unruhige Provinz, eine blutende Wunde der Monarchie geblieben. Durch die Revolution von 1848 ist Ungarn schwer erschüttert worden. Man hatte die österreichische Herrschaft abgeschüttelt und die staatliche Unabhängigkeit verkündet. Um den Aufstand niederzuschlagen, mußte Franz Joseph, soeben erst auf den Thron gelangt, beschämenderweise die Hilfe der Armee des zaristischen Rußland in Anspruch nehmen. Seitdem warten die ungarischen Patrioten nur auf eine Gelegenheit, um Rache zu nehmen.

Erst acht Jahre ist es her, daß Franz Joseph die Revolution niedergezwungen hat. In den alten ungarischen Adelsgeschlechtern, im Landadel und im Bürgertum lebt das Verlangen weiter, die Verfassung wieder einzusetzen und jene staatliche Selbständigkeit, die von den Vorfahren Franz Josephs vertraglich anerkannt worden war, neu zu gewinnen. Dieses Verlangen ist um so heftiger geworden, je verbissener Innenminister Bach versucht, das ehemalige Königreich mit Gewalt gleichzuschalten. »Germanisierung« heißt dieses Programm, das den Nationalstolz der Magyaren herausfordert und gegen das sie sich vehement zur Wehr setzen. Die Agenten, »Bachsche Husaren« genannt, installieren in Ungarn ein engmaschiges Netz der Überwachung und Bespitzelung. Altadlige Magnaten sind noch immer ihrer Güter beraubt und fristen als Emigranten in Paris oder London ihr Leben. Die Gendarmen des Polizeiministers Kempen verfolgen gewissenhaft jede noch so leise Regung des Unwillens. Franz Joseph ist in den Augen der Ungarn noch immer der gekrönte Henker der Jahre 1849 bis 1851.

Jetzt hält es der Kaiser für angebracht, das Prestige der Habsburger im Königreich des heiligen Stephan wiederherzustellen, indem er mit Elisabeth nach Ungarn reist. Sie will diesmal beide Kinder mitnehmen. Sophie ist dagegen, es gibt wieder Zwistigkeiten. Die ältere Prinzessin ist nicht besonders kräftig, sie könnte sich auf der Reise erkälten. Doch Elisabeth setzt ihren Willen durch, und die Kinder fahren mit nach Ungarn. Alles, was Sophie erreicht, ist, daß Leibarzt Dr. Seeburger Sisi und die Kinder begleitet und überwacht.

Bereits als junges Mädchen hat sich die Kaiserin einige Kenntnisse der ungarischen Sprache und über Land und Leute angeeignet. Graf Majláth, ihr Lehrer, liebte seine Sprache, sein Land leidenschaftlich und hatte seiner kleinen Schülerin den Charakter der Ungarn in den glühendsten Farben geschildert. Nun ist sie gespannt, ob das alles zutrifft. Und sie wird nicht enttäuscht.

Die ungarische Hauptstadt ist faszinierend. Die Donau trennt sie in zwei Hälften: die alte Zitadelle und der Königspalast des barocken Buda auf dem rechten Ufer, ein befestigter Platz, der von der überragenden Höhe seines Felsgipfels den Strom beherrscht, und Pest, die neue tiefliegende Stadt auf der linken Seite, mit kleinen, verwinkelten Sträßchen, die sich dann in großen Alleen und luftigen Vierteln in einer weiten Ebene ausbreitet. Mehrere Brücken verbinden die beiden Städte miteinander, die 1873 dann unter dem Namen Budapest zu einer einzigen Stadt werden.

Franz Joseph setzt alles daran, sich als gütiger Landesvater zu zeigen; er bereitet für Ungarn eine große Amnestie vor; das Prinzip des persönlichen Absolutismus soll jedoch unantastbar bleiben. Ungarn versteht die Absicht und bleibt zunächst verstimmt. Die Reise wird mit dem Schiff gemacht, über Preßburg nach Ofen, der Vorstadt von Buda und Pest. Als das Kaiserpaar am 4. Mai 1857 mit den beiden kleinen Töchtern in Ungarn eintrifft, wird es höflich und zuvorkommend, aber keineswegs begeistert begrüßt. Ein eher kühler Empfang. Zugleich läßt man den Monarchen fühlen, daß auch Ungarn auf seinen Prinzipien beharrt. Man ist verschnupft wegen Äußerlichkeiten. Franz Joseph trägt die österreichische Marschalluniform, nicht die des ungarischen Kavalleriegenerals. Man will ihm mit der ungarischen Trikolore zuwinken, nicht mit den verhaßten schwarzgelben Fähnchen, die allein erlaubt sind. Bei der Illumination der Stadt streikt der Adel. Recht demonstrativ werden bloß armselige Kerzenlichtchen in die Fenster des Adelskasinos gestellt. Nur ein reicher Kaufmann, der griechische Baron Sina, zeigt leuchtenden Patriotismus: Er läßt auf der Kettenbrücke von dem berühmten Pyrotechniker Stuwer ein sehr kostspieliges Feuerwerk abbrennen.

Obwohl sich Bachs Beamte die größte Mühe geben, Ungarn als ein mit seinem Schicksal zufriedenes Land erscheinen zu lassen, bleiben der hohe wie der niedere Adel, die entscheidenden Elemente der Repräsentation, den angesetzten Empfängen zunächst fern. Damit scheint das Schicksal der Reise schon von Anfang an entschieden. »Wo die Deáks fehlen, da gibt es kein Ungarn.«

Das zu Ehren des Kaiserpaares im Deutschen Theater gegebene Ballfest wird eine einigermaßen triste Veranstaltung: Die durch die Niederwerfung von 1849 dezimierten Familien haben abgesagt, das Orchester spielt in leeren Sälen, Beamte und Geschäftsleute halten sich an ihren Gläsern fest und langweilen sich. Auf ihrem Terrain allerdings, im Nationaltheater, bei der Aufführung der Festoper »Erzsébet«, glänzen die Magnaten in der vollen Pracht ihrer Kostüme, die Damen der Aristokratie im Brillantfeuer ihres unermeßlich kostbaren Familienschmucks.

Das Kaiserpaar revanchiert sich und veranstaltet, wie vorher in Venedig und Mailand, prächtige Feste auf der Königsburg zu Ofen. Dort erlebt Elisabeth einen glänzenden Erfolg; vor dieser verführerischen zwanzigjährigen Kaiserin vergessen die Ungarn plötzlich ihre bitteren Erfahrungen und politischen Ressentiments. Elisabeths Schönheit scheint, wie in Italien, einen Sieg davonzutragen: Irgend etwas an dieser Frau läßt die Herzen des ungarischen Adels höherschlagen. Alles an ihr gefällt ihnen: ihr Gesicht, ihre schöne schlanke Figur, ihr rhythmischer leichter Gang, ihre seidenweichen Haare, der Glanz ihrer Augen, ihr Lächeln. Seitenweise berichten die Zeitungen über Elisabeths Erscheinung, loben sie ihre Bemühungen, sich in der schwierigen ungarischen Sprache auszudrücken.

Der spürbare Wunsch der Kaiserin, den Ungarn zu gefallen,

der Zauber ihrer Persönlichkeit und die Offenheit, mit der sie sie empfängt, bleiben nicht ohne Wirkung. Sie versucht, sich ungarisch verständlich zu machen, reitet im Stadtwäldchen aus und besucht die Paraden zu Pferd. Sie verbirgt keineswegs den Aufruhr ihrer Gefühle. In ihrer Begeisterung nennen die Ungarn Elisabeth bald die »Königin der Amazonen« – kaum ein größeres Lob ist für dieses Reitervolk denkbar.

Und einiges ist – so seltsam es klingt – auch ihrer Garderobe zu verdanken: Erzherzogin Sophie, die Elisabeth oft Kleider schenkt, hat ein schönes ungarisches Galakleid in die Garderobenkoffer gepackt. Dieses Kleid trägt nicht unwesentlich dazu bei, daß die Kaiserin in Ungarn brilliert. Es entspricht den traditionellen Schnittmustern: verschnürtes, verziertes Oberteil, weißes Hemd mit Puffärmeln, weißer Spitze und einem Schleier aus Tüll, dazu eine Schürze über dem weiten Faltenrock. Ein Kleid, das sofort Aufsehen erregt, und da ungarische Frauen sich oft und gern patriotisch in den Farben rot, weiß und grün kleiden, erscheint auch Elisabeth in einem Gewand in den ungarischen Nationalfarben: in einem mit Smaragden und Rubinen bestickten weißen Kleid.

Die der Kaiserin entgegengebrachte Zuneigung fällt auf fruchtbaren Boden. Elisabeths Herz wird entzündet, als hätte man ein Streichholz in trockenes Stroh geworfen. Es ist eine Liebe auf den ersten Blick, die stürmisch erwidert wird. So wenig nah sie sich dem verhaßten Wien fühlt, so wohl ist ihr in Ungarn, entwickelt sie für dieses Land eine ostentative Vorliebe. Sie schätzt das leidenschaftliche Unabhängigkeitsgefühl der Magyaren, ihre unbezähmbare Tapferkeit, ihre romantische Poesie, ihre hinreißende Musik, nicht zuletzt ihre Geschichte. Sie erkennt sofort, daß in diesem Volk ein monarchisches Gefühl lebt, das nur durch die falschen Maßnahmen der reaktionären Clique am Wiener Hof unterdrückt worden ist.

Elisabeth erhält in Ungarn aber auch zum zweiten Mal politischen Anschauungsunterricht. Sie hat in Venedig und in Mailand intuitiv begriffen, daß selbst Charme und Anmut Widerstände nicht zu beseitigen vermögen, die tiefer verankert sind, als sich die Weisheit der Regierenden das träumen läßt. Hier begegnet ihr ein Volk, das in der Treue zu seiner Tradition, seinem Charakter, seiner Sprache verletzt worden ist. Ihr gefällt das charakterfeste Verhalten eines Adels, der zwischen Courtoisie und Politik zu unterscheiden weiß, der ritterlich ist, ihr und dem König alle Ehren erweist, ohne jedoch seine Gesinnung persönlichen Vorteilen zu opfern. Der Wiener Hof demonstriert nur seine Verachtung, wenn von Ungarn die Rede ist, eine Abneigung, die auf nichts als Hochmut und Angst begründet ist. Elisabeth, von der damals – wie der preußische Militärbevollmächtigte Prinz Hohenlohe-Ingelfingen in seinen Memoiren berichtet – ganz Wien glaubt, daß sie geistig kein Format habe und nur Interesse für den Reit- und Fahrsport aufbringe, sieht schärfer und tiefer als Bach, Kempen und Grünne.

Mit jedem Tag gefallen ihr die Ungarn besser. Sie wird die stolzen, selbstbewußten Menschen dieses Landes mit jener Maßlosigkeit lieben, die zweifellos ein Grundzug ihres Wesens ist. Ja, sie wird geradezu erobert durch das Land und die Menschen, die weite Ebene der Pußta und die frei sich tummelnden Pferde. Auf dem Land entzücken sie die malerischen Trachten der Bauern, die buntfarbigen Kleider, die beim Tanzen die gestärkten Unterröcke der Frauen aufblitzen lassen. Sie hat helle Freude an der Folklore, am rasenden Csárdás, an der aufregenden und zärtlichen Musik der Zigeunergeigen, an der sehnsuchtsschweren und wilden Poesie, die sie im Original lesen möchte.

Immer weniger kann Elisabeth den Haß begreifen, den die Erzherzogin gegen alles, was ungarisch ist, zur Schau trägt. Nie hat man Sophie dazu bewegen können, ungarischen Boden zu betreten. Nun feiert Elisabeth Triumphe in Budapest, wie sie vor ihr nur Maria Theresia erlebte.

Alles ist für die Reise zu den kleineren ungarischen Städten bereits vorbereitet, da erkranken am 13. Mai die zehn Monate alte Gisela und kurz darauf Sophie an Durchfall und hohem Fieber. Die Weiterreise muß verschoben werden, Franz Joseph schreibt beunruhigt seiner Mutter: »Sie (Sophie, d.V.) hat die ganze Nacht nur 1 1/2 Stunden geschlafen, ist sehr nervös und schreit immerwährend, daß es einem das Herz zerreißt.«

Dr. Seeburger sucht die Eltern zu beruhigen. Gisela ist widerstandsfähiger als ihr zweijähriges Schwesterchen. Sie wird bald wieder gesund, während Sophie noch krank zu Bett liegt, als Franz Joseph und Elisabeth nach zehn Tagen in Buda und Pest zu ihrer Ungarnrundreise aufbrechen. Am 23. Mai fahren sie nach Jászberény ab.

Der Kaiser ist erfreut, in den von Deutschen bewohnten Orten, wie Preßburg und Ödenburg, wie auch im Zentrum des slawischen Oberungarns, in Kaschau, eine ihm wohlgesonnenere Bevölkerung zu finden. Auch die Provinzen an der Theiß stehen auf dem Programm, die von der Revolution von 1849 so grausam betroffen worden sind. Das Kaiserpaar besucht Debreczin und trifft in dieser Stadt, in der Ludwig Kossuth die Absetzung der Habsburger verkündet hat, am 28. Mai ein.

Kaum angekommen, noch an diesem 28. Mai, ruft ein beunruhigendes Telegramm das Kaiserpaar nach Budapest zurück. Die kleine Sophie befindet sich in einem besorgniserregenden Zustand. Da sich ihr Schwesterchen Gisela rasch erholt hatte, schien die Angelegenheit zunächst harmloser, als sie tatsächlich war. Nun ringt die Zweijährige mit dem Tod. Franz Joseph und Elisabeth brechen sofort die Empfänge ab und fahren von Szegedin, links der Theiß, nach Ofen; eine Tour, welche die düstere Stimmung nur noch verstärkt. Wassertümpel von der Größe eines Sees, grenzenlose Pußta ohne Ansiedlung, meilenweit kein Dorf, nur hier und da ein melancholisches Zigeunerlager.

Als sie in der Burg eintreffen, besteht schon keine Hoffnung mehr für die schwer an Typhus erkrankte Sophie. Die behandelnden Ärzte, Dr. Seeburger aus Wien, Professor Götz und Hofrat Sauer aus Ofen, haben sehr bald erkennen müssen, daß sie nichts mehr ausrichten können. Elisabeth weicht nicht mehr vom Bettchen der Kleinen. Die Kaiserin ist völlig verzweifelt. Sie macht sich die größten Vorwürfe, die nur zwei Jahre und zwei Monate alte Sophie nicht in Wien gelassen zu haben. Vielleicht wäre sie dort nicht krank geworden. Nun vermögen alle Liebe und Zärtlichkeit, die sorgfältigste Pflege ihre Tochter nicht mehr gesund zu machen. Schon am nächsten Tag schließt sie ihre Augen für immer und stirbt in den Armen Elisabeths. »Unsere Kleine ist ein Engel im Himmel. Nach langem Kampfe ist sie zuletzt ruhig um 1/2 10 verschieden. Wir sind vernichtet. Sisi ist voller Ergebung in den Willen des Herrn«, telegraphiert Franz Joseph an den Obersthofmeister seines Vaters mit der Bitte, den Eltern diese Nachricht schonend zu übermitteln.

Die ungarische Reise wird sofort abgebrochen. Zwei Tage später ist Elisabeth in Laxenburg. Franz Joseph eilt zur Mutter. Sie verweist auf den strafenden Himmel. Der Kaiser muß Sophie versprechen, nach Mariazell zu wallfahrten.

Elisabeth ist in der Tat »vernichtet«. Sie macht Dr. Seeburger heftige Vorwürfe, der die Krankheit nicht rechtzeitig erkannt hat. Dann richtet sie ihre Anklagen gegen sich selbst. Eine stumme, klaglose Trauer verdunkelt ihre Augen, sie weigert sich, andere Menschen zu sehen und bleibt allein mit ihren düsteren Selbstanklagen. Es ist ein furchtbarer Schlag, verzweifelt weint sie Tag und Nacht. Sie ist nicht zu beruhigen. Außer dem Kaiser darf niemand zu ihr, doch auch er vermag sie nicht zu trösten.

Aus Laxenburg schreibt Elisabeth ihrer Schwägerin Margarethe, der ersten Frau von Erzherzog Karl Ludwig, Anfang Juni 1857, also wenige Tage nach dem Tod der kleinen Sophie einen Brief: »Liebe Margarethe, Deine liebevolle Theilnahme an unserem furchtbaren Verluste hat mich innig gerührt. Es ist ein recht entsetzliches Unglück, das den Kaiser und mich betroffen hat, so sein erstes Kind sterben zu sehen, ist ein Schmerz, der recht schwer und hart zu ertragen ist, und ich dachte nie, daß ich mich so unglücklich fühlen könnte wie jetzt. – Alles hier ist eine so wehmüthige Erinnerung an unsere liebe Kleine, jedes Stück in den Zimmern und im Garten, wo sie voriges Jahr noch so lustig war, und wo wir uns so gefreut hatten, sie diesen Sommer mit Gisela zu sehen. Unsere Kleine freilich ist jetzt glücklich, und wird im Himmel gewiß für uns bethen, daß uns Gott Kraft giebt, dieses Unglück zu ertragen, und dies kann auch unser einziger Trost sein. Der Kaiser dankt Dir ebenfalls für Deine Theilnah-

Eine der frühesten Photographien:
Elisabeth, wenige Monate nach dem Tod ihrer ersten Tochter Sophie (1857).

me, Dich herzlich umarmend, bin ich Deine treue Schwägerin Sisi.«

Als Mutter hat sich Elisabeth aufgrund der Maßnahmen Sophies, gegen die sie sich nicht auflehnen konnte, nur allzu wenig um ihre kleine Tochter kümmern können. Nun trauert sie um jede verlorene Stunde. Oft ist sie in Tränen aufgelöst. »Sisi ist heute gar traurig und weint in einem fort«, berichtet Franz Joseph seiner Mutter, »auch will sie bloß immer an unser liebes Baby denken.« Am 3. November 1857, ein halbes Jahr nach dem Tod der Tochter, schreibt er aus Wien: »Die arme Sisi ist sehr ergriffen von allen Erinnerungen, die ihr hier überall begegnen und weint viel. Gestern ist Gisela bei Sisi in dem kleinen roten Fauteuil unserer armen Kleinen, der in dem Schreibzimmer steht, gesessen und da haben wir beide zusammen geweint.«

Für Franz Joseph, diesen trockenen und absolut unbeschwingten Menschen, bedeuten diese Tränen sehr viel. Doch seine Trauer beschränkt sich immer nur auf Augenblicke; er hat sich rasch wieder in der Gewalt und nimmt sich in die Pflicht, die ihn von trüben Gedanken ablenkt. Auch er flieht – an seinen Schreibtisch. Elisabeth bleibt mit ihren Gefühlen allein, sie findet keinen Weg, Leiden zu vergessen und über seelische Schmerzen hinwegzufinden. Sie vergräbt sich nur tiefer und tiefer in ihren Schmerz.

Wer Elisabeth in dieser Zeit begegnet, sieht sie verändert. Sie magert zusehends ab, ihre Gesichtsfarbe wird fahl, die Augen liegen tief in den Höhlen. Sie ißt fast nichts, schläft kaum, reitet nicht mehr. Sie empfängt keine Gäste, läßt niemanden zu sich. Sie verlangt nur nach Ruhe. Diese körperliche und psychische Depression hält mehrere Monate an. Sophie läßt ihr gegenüber keine Vorwürfe laut werden. Jeder, der Elisabeth sieht, ist überrascht, daß die junge Kaiserin von diesem ersten großen Unglück so völlig untröstlich betroffen ist. Man hatte sie für oberflächlicher gehalten.

Im Sommer kommen Elisabeths Mutter und ihre drei jüngeren Schwestern Marie, Sophie und Mathilde zu Besuch, um sie abzulenken und ihr in dieser schweren Zeit beizustehen. Doch alle Ereignisse dieses Jahres gehen an Elisabeth wie unbemerkt vorüber, teilnahmslos läßt sie alles über sich ergehen. Sie zeigt keine Regung der Freude darüber, daß in Ischl der Kaiserpark fertiggestellt und der Umbau der Kaiservilla beendet ist, so daß die Familie nicht mehr in einem anderen Quartier absteigen muß. Die Hofburg in Ofen, die 1848 teilweise abgebrannt war, wird mit großer Pracht wieder aufgebaut. Und in der Familie tut sich etwas Wichtiges: Erzherzog Maximilian Ferdinand, Franz Josephs Bruder und Admiral der k. k. Kriegsmarine, heiratet die belgische Königstochter Charlotte. Franz Joseph fährt in diesem Jahr noch einmal nach Ungarn, diesmal ohne seine Frau, es wird eine Reise ohne besondere Vorkommnisse, wenn der Kaiser auch oft Forderungen nach einer Verfassung zu hören bekommt.

Ein weiteres Ereignis, das Elisabeth in ihrer deprimierten Verfassung kaum zur Kenntnis nimmt, wird sich für sie noch als eminent wichtig herausstellen: Graf Gyula Andrássy, einer der ins Exil getriebenen ungarischen Adligen, erhält die Erlaubnis, in seine Heimat zurückzukehren. Im Jahr zuvor hat er Gräfin Katinka Kendeffy geheiratet, die hübsche Erbin einer reichen ungarischen Familie.

Die Melancholie Elisabeths seit dem Tode des Kindes ist beängstigend. Sie sucht jetzt die Abgeschiedenheit noch mehr als früher. Sie beschleunigt ihren Schritt, wenn ihr im Umkreis des Schloßparks jemand nahekommt. Ihre Blicke sind scheu, fast ängstlich. Die kalten Augen des Hofes schauen erstaunt auf die Kaiserin, die verstört an jedem Glück vorbeigeht, trauernd die Pracht ihrer Schlösser durchschreitet, um dann in eine Einsamkeit zu entfliehen, in die ihr niemand mehr folgen kann.

*E*lisabeth zieht sich immer mehr in sich selbst zurück. Wenn es irgend geht, vermeidet sie es, mit fremden Menschen zusammenzukommen. Erst als sie gegen Ende des Jahres feststellt, daß sie wieder schwanger ist, schöpft sie neue Hoffnung.

Mit großer Unruhe sieht die Kaiserin dem Tag der Geburt entgegen. Sie weiß ja, man verlangt jetzt unbedingt einen Sohn von ihr. Auch Franz Joseph äußert sich besorgt, es könne am Ende wieder ein Mädchen sein. Elisabeth steigt das Blut zu Kopf, wenn sie sich an das unsägliche Pamphlet erinnert, das man ihr auf den Tisch gelegt hat. Sie selbst sehnt sich den Sohn herbei, bei den einsamen Wanderungen durch den Park von Laxenburg, in den stillen Nachtstunden, wenn das letzte Geräusch im Schloß verstummt, denkt sie unaufhörlich daran.

Sie erlebt eine lange, traurige, dunkle Zeit der Schwangerschaft. Die Niederkunft erweist sich als kompliziert, die seit Wochen über der Stadt brütende Hitze raubt jegliche Energie. Völlig erschöpft sehnt Elisabeth sich danach, alles hinter sich zu bringen. Oft hat sie das Gefühl, als würden die Schmerzen sie nicht mehr loslassen.

Am Morgen des 21. August 1858 zerreißen 101 Kanonenschüsse die vor Hitze stehende Luft über Wien. Das Kind, das um 10.15 Uhr auf Schloß Laxenburg geboren wird, ist der sehnlich erwartete Sohn. Er erhält den Namen Rudolf wie der Begründer der habsburgischen Dynastie, Rudolf II. Der Junge ist schwächlich, die Geburt war schwer. Franz Joseph hat kaum Augen für seine erschöpfte Frau, er schwelgt in Begeisterung und kann seinem kaiserlichen Entzücken nicht besser Ausdruck verleihen, als daß er das Ordensband des Goldenen Vlieses nimmt und es dem schreienden, zappelnden, noch ganz unprinzlichen Neugeborenen um den Hals legt. Er meint, sein Sohn sei »zwar nicht sehr schön, aber magnifique gebaut und stark«. Am 23. August wird der kleine Prinz in Laxenburg getauft.

Das ganze Land befindet sich in einem Freudenrausch, und nach ein paar Wochen schon können die Wiener ihre junge Kaiserin mit dem Thronfolger im Arm auf Bildern betrachten. In ihrem spitzenbesetzten Bett, mit einem kleinen zarten Spitzenhäubchen auf dem Kopf, sieht Elisabeth überaus mütterlich aus. Aber der Schein trügt.

Sie hat eine schwere Entbindung gehabt und ist sehr erschöpft. Nur langsam erholt sie sich, und da sie ihr Kleines nicht stillen darf, leidet sie unter schmerzlichem Milchandrang. Doch Sophie läßt sich davon nicht beeindrucken: Rudolf bekommt Milch von Marianka, einer Bäuerin aus Mähren.

Sicherlich die richtige Entscheidung, angesichts der wochen-
langen, immer wiederkehrenden Fieberanfälle Elisabeths. Bis
zum Herbst und Winter wird die Kaiserin nicht richtig gesund.

Nichts dringt zu ihr von dem Getöse der Wiener Straßen,
nichts von dem festlichen Lärm, mit dem die Hauptstadt das
Ereignis feiert. Immerhin: Ihr sehnlichster Wunsch ist in Erfüllung gegangen. Sie fühlt sich in eine Wolke von Sympathie, Liebe und Wohlwollen eingehüllt, die Mutter des Kaisers war wie
verwandelt, als sie ans Bett Elisabeths kam – Sophie, die den Tod
des ersten Kindes allen Ernstes als Strafe des Himmels für Elisabeths Unfrömmigkeit und Unfähigkeit angesehen hatte.

Die Kaiserin ist nicht einmal erstaunt, daß man auch jetzt versucht, ihr das Kind wegzunehmen. Was kann sie schon tun,
wenn Sophie auf dem Plan erscheint, um wieder einmal die
Rechte der Tradition geltend zu machen? Soll die Erzherzogin
sich etwa die Gelegenheit entgehen lassen, die Erziehung des
Erben zweier Kronen zu übernehmen? Der Kronprinz wird eine
»Aja« erhalten, wie alle Erzherzöge vor ihm. Und später würde
er seinen »Ajo primo« bekommen, wie Franz Joseph ihn in
Gestalt von Oberst Graf Johann Coronini-Cronberg besessen
hat.

Es war vorauszusehen, daß Erzherzogin Sophie sich mit der
Erziehung und Pflege des Thronfolgers noch intensiver beschäftigen würde, als sie das bei den beiden ersten Kindern getan hat.
Einen tüchtigen, zu seinem zukünftigen Herrscherberuf geeigneten Menschen aus ihm zu machen, dazu glaubt nur sie allein
berechtigt und qualifiziert zu sein. Und von nun an ist die Erziehung Rudolfs ein ständiges Streitobjekt zwischen der Mutter
und der Erzherzogin. So versetzt diese Geburt, die alle als
glückliches Ereignis begrüßen, dem Herzen Elisabeths einen
neuen Stoß und gibt Anlaß zu Auseinandersetzungen, bei
denen sie von vornherein unterlegen ist. Die Kaiserin zeigt sich
der Schwiegermutter gegenüber zunehmend starrköpfig und
unbeugsam. Sie will gerade in einer der wichtigsten Fragen
ihres Lebens nicht so beiseite gedrückt werden.

Und doch: Sie hat einfach keine Strategie zur Hand, um sich
gegen Sophie durchzusetzen. Elisabeth überkommt ein bitteres

*Elisabeth mit ihren Kindern Gisela und Rudolf in
Schloß Laxenburg. An der Wand ein Erinnerungsbild der 1857
verstorbenen Tochter Sophie (1858).*

Gefühl der Ohnmacht. Schließlich zieht sie sich wieder zurück und vergräbt sich in die Einsamkeit ihrer eigenen, unzugänglichen Gefühlswelt. Es sind nicht die täglichen Parforceritte, nicht die abhärtende Lebensweise und die strenge Diät, welche die Widerstandskraft ihres Körpers schwächen. Ihre Krankheit sitzt in der Seele.

*G*elangweilt und bedrückt vom Leben am Hof, unfähig zu verstehen, warum ihr Gemahl, der sie doch zu lieben beteuert, so wenig Zeit für sie erübrigen kann, ist Elisabeth für jeden Menschen dankbar, der etwas Abwechslung in ihr Leben bringt. Sie ist fasziniert von den Gesprächen mit ihrem Schwager Maximilian, von seinen Gedanken, seinen Reiseschilderungen. Und es mag Augenblicke gegeben haben, in denen Franz Joseph eine gewisse Eifersucht auf seinen Bruder empfindet, der so flüssig und gewandt von Menschen und Landschaften zu erzählen versteht, von denen der Kaiser nur gehört hat.

Wahrscheinlich versteht Maximilian sich deshalb gut mit Elisabeth, weil er das vollkommene Gegenteil seines Bruders ist. Er ist – ganz im Gegensatz zu Franz Joseph – gerade auf dem Gebiet der Literatur und Kunst in seinem Element. Er malt, dichtet, schreibt Tagebücher, entwirft architektonische und gartenbauliche Pläne. Elisabeth fühlt verwandte Saiten in der Seele des Schwagers anklingen. Die fast wittelsbachische Vielfalt seiner Ideen findet sie attraktiv, sie mag seine vielfachen künstlerischen und literarischen Interessen, schätzt ihn auch wegen seiner Leidenschaft für das Reisen.

Im August 1857 vermählt sich Maximilian mit Prinzessin Charlotte von Belgien, einer schönen, begabten und wie Elisabeth sehr sensiblen Frau. Sie paßt äußerlich gut zu dem Erzherzog, einem Mann von glänzendem Auftreten, hochgewachsen, mit einem schöngepflegten, seidig-blonden Bart, den er in Augenblicken der Verlegenheit gern spielerisch durch die Finger gleiten läßt. Erzherzogin Sophie fährt dem jungen Paar nach Linz entgegen. In Wien herrscht noch immer Trauer um den Tod der kleinen Kaisertochter. Sophie, die mit inniger Liebe an ihren Enkelkindern hängt und ebenso unglücklich ist wie die Schwiegertochter, nur beherrschter, bereitet Max in Linz darauf vor, daß er seinen Besuch in Wien abkürzen müsse, denn niemandem sei nach Festen zumute.

Sophie blickt mit Wohlgefallen auf die strahlende, gesunde Charlotte. Von ihr sind Söhne zu erwarten, die Elisabeth so lange schuldig geblieben ist. Erfreut stellt Max fest, daß sich seine Ehefrau und seine Mutter instinktiv zueinander hingezogen fühlen. »Die liebe Erzherzogin behandelt mich bereits wie eine Tochter«, berichtet Charlotte nach Hause.

In Wien jedoch ist die Atmosphäre weniger erfreulich, obwohl der Kaiser, seit langem daran gewöhnt, seine persönlichen Gefühle öffentlichen Pflichten unterzuordnen, Befehl gegeben hat, die Hoftrauer für einen Galaempfang zu Ehren der neuen Erzherzogin zu unterbrechen. Franz Joseph, der trauernde Vater, ist wieder zuerst und vor allem Kaiser, und so begrüßt er Charlotte mit zuvorkommender Höflichkeit als neues Familienmitglied, behandelt Max mit brüderlicher Zuneigung, gibt aber zu verstehen, daß er mit ihrer Weiterfahrt nach Italien für den nächsten Tag rechne. Elisabeth nimmt es jedoch übel auf, daß sie eigens aus Laxenburg anreisen muß, um eine Schwägerin zu begrüßen, die sie nicht im geringsten interessiert und die ihr schon wegen der Komplimente der Schwiegermutter unsympathisch ist. Max ist ein charmanter und lustiger Junggeselle gewesen, der Elisabeths Liebe zur Poesie und Natur versteht, und mit dieser Beziehung scheint es nun für immer vorbei zu sein, da er eine Frau hat, die seine Interessen teilt. Die Sache wird auch nicht gerade besser, als Elisabeths Gegnerinnen am Hof, jene Damen der Aristokratie, die kein Entrée zu ihren Gemächern haben, Lobeshymnen auf die belgische Prinzessin anstimmen.

Charlotte hat unbestreitbar Talent, obwohl Elisabeth es nicht zugeben würde: Sie malt, spielt gut Klavier und hat eine wunderbare Singstimme. Doch sie wirkt wie ein überzüchtetes, nervöses Vollblut. Die junge Kaiserin findet kein näheres Verhältnis zu ihr. Sophie spielt beide gegeneinander aus, Elisabeth

Die kaiserliche Familie auf der Terrasse.
Von links: Franz Joseph, Ferdinand Maximilian mit Gemahlin Charlotte,
davor sitzend Elisabeth mit den Kindern Rudolf und Gisela
sowie den Eltern des Kaisers, Sophie und Franz Karl,
dahinter beider jüngere Söhne Ludwig Viktor und Karl Ludwig
(Photo von Ludwig Angerer, 1860).

bekommt pausenlos die Vorzüge Charlottes zu hören: eine so elegante Frau, dazu intelligent und ehrgeizig. Sophie schwärmt für ihre Schwiegertochter: »Charlotte ist charmant, schön, anziehend, liebevoll und zärtlich zu mir. Es kommt mir so vor, als hätte ich sie schon immer geliebt. ... Ich danke Gott von Herzen für die charmante Frau, die er Max geschenkt hat und für das weitere Kind, das er uns gegeben hat.«

Elisabeth erscheint auf dem Galaempfang in Schönbrunn in Weiß, ein hinreißend schönes und herzbewegend trauriges Bild. Sie gibt sich keine Mühe, es der Schwägerin leichtzumachen, spricht den ganzen Abend fast kein Wort. Es ist ein glanzvolles Fest, zu dem der österreichische Hof seine ganze Tradition aufbietet. Die höchsten Würdenträger des Reiches sind versammelt, Erzherzöge und Angehörige des Hochadels, Erzherzoginnen im strahlenden Schmuck, ungarische Magnaten in prunkendem, goldbesticktem Umhang und mit juwelenbesetztem Degen. Der majestätischste Hof Europas entfaltet wieder seine archaische Pracht. Vierundzwanzig Stunden später ist die belgische Prinzessin jedoch bereits mit ihrem Max auf dem Weg nach Italien. Sie ist zu jung, zu sehr beeindruckt, um die verborgenen Spannungen in Wien zu spüren.

Aber auch gegen sie betreibt Erzherzogin Sophie den Feldzug ihrer sogenannten Erziehungsmaßnahmen. Die beiden Schwiegertöchter hätten sich solidarisieren können, gehen aber zueinander auf Distanz. Reibereien. Rivalitäten. Eifersucht. Elisabeth fürchtet, an Boden zu verlieren. Charlotte erscheint der Kaiserin schon damals bisweilen von eigenartiger, hysterischer Verstiegenheit, erfüllt von einem Elisabeth unnatürlich erscheinenden brennenden Ehrgeiz, den niemand hinter dem sanften, stillen Ausdruck des Gesichts mit den großen, seelenvollen Augen vermutet. Und Charlotte wiederum blickt mit heimlichem Neid auf Elisabeth, die bereits einige Geburten erlebt hat, während sie noch auf eine erste Schwangerschaft wartet.

Maximilian, der geistreiche Dilettant auf allen möglichen intellektuellen Gebieten, entwickelt sich mit der Zeit zum verträumten Phantasten, weil er keine wirklich befriedigende Aufgabe findet, immer hinter seinem kaiserlichen Bruder zurückstehen muß und es nicht akzeptieren kann, nur die zweite Geige zu spielen. Er stößt sich oft an der nüchtern beschränkten Mittelmäßigkeit des Kaisers. Er unternimmt große Reisen, steht in Granada an den Gräbern seiner Vorfahren, Ferdinands von Aragonien und seiner Gemahlin Isabella, die Kolumbus über den Ozean geschickt hatten, um eine neue Welt zu entdecken.

Und seitdem läßt ihn der Zauber der Neuen Welt nicht mehr los. Seine Phantasie spiegelt ihm die bunten Bilder der Vergangenheit vor, als Cortés das Aztekenreich mit seinen Indianerheeren über den Haufen warf und das Kreuz auf den weißgelben Tempelpyramiden Tenochtitláns aufpflanzte. Mexiko scheint für ihn noch immer das Land der Krieger Montezumas zu sein. 1859 schreibt er in sein Tagebuch: »Ein Märchen scheint es mir, daß ich der erste Blutserbe Ferdinands und Isabellas bin, dem es von Kindheit an eine Lebensaufgabe war, einen Kontinent zu betreten, der für die Geschichte der Menschheit eine so riesenhafte Bedeutung erlangt hat.«

Maximilian glaubt eine Berufung in sich zu fühlen. Amerika zieht ihn magisch an. Außerdem faßt er nach einem Besuch in Paris eine geradezu schwärmerische Verehrung für Napoleon III., den größten Abenteurer des damaligen Europa. In Berlin erklärt er seiner Tante, der Königin Elisabeth von Preußen: »Ma tante, ce n'est pas une admiration que j'ai pour cet homme, c'est un culte.«

Doch Amerika ist in weiter Ferne. Vorerst muß sich Maximilian begnügen, die Provinzen Lombardei und Venetien zu regieren, als Vizekönig mit seiner Frau zur Seite in einem Palast in Mailand zu residieren, umgeben von einer Leibgarde hochgewachsener Montenegriner in Nationaltrachten mit blutrotem Fez. Franz Joseph läßt dem Bruder, dessen Schwärmereien er nicht ernst zu nehmen vermag und den er nur nachsichtig belächelt, nicht allzuviel Freiheit. Weil Maximilian von Natur ein weicher, gutmütiger Mensch ist, schafft er öffentliche Auspeitschungen und Güterenteignungen kurzerhand ab. Aber der kaiserliche Bruder in seinem polizeilichen Starrsinn durchkreuzt regelmäßig und gewissenhaft jede in seinen Augen allzu liberale Maßnahme. Die Italiener sind seiner Auffassung nach nur mit Strenge zur Vernunft zu bringen. Maximilian dagegen sieht schon drohend jene Gewitterwolken aufziehen, die sich zwei Jahre später, 1859, bei Magenta und Solferino so furchtbar entladen werden. Er warnt und warnt. Franz Joseph läßt sich nicht beeindrucken, bleibt stur.

Im Norden von Triest baut sich Maximilian auf einer Landzunge der Adria das wie eine normannische Ritterburg aussehende Schloß Miramar – ein halb gotisches, halb maurisches Schloß, eine Mischung aus Windsor und Alhambra –, das nach seinem Tod in den kaiserlichen Besitz übergeht. Elisabeth wird dieses Schloß oft als Ausgangs- und Zielpunkt ihrer Mittelmeerfahrten mit der Yacht nehmen.

*A*uf Franz Josephs Schreibtisch häufen sich die Nachrichten der österreichischen Spione aus Turin und anderen Städten: Piemont rüstet auf, mobilisiert seine Armee; in seinen Arsenalen und Pulvermagazinen wird Tag und Nacht gearbeitet. Der Kaiser erfährt viel, doch das Wichtigste bleibt ihm verborgen. General Patricede Mac Mahon, der Stratege Napoleons III., reist, als einfacher Tourist getarnt, nach Mailand, Brescia, Verona und Mantua, um die Verteidigungsstärke Österreichs zu erkunden. Franz Joseph verachtet und fürchtet den unruhestiftenden Gegenspieler in Paris, von dem Lord Palmerston, der englische Premierminister gesagt hat: »Der Kopf Napoleons III. gleicht einem Kaninchenstall; die Ideen pflanzen sich beständig fort wie die Kaninchen.«

Was dieser Kopf diesmal ausbrütet, wird für Österreich fatal werden. Für Kaiser Napoleon III., der ein Buch über Cäsar geschrieben hat, ist der große Römer ein Gott. Und er hält sich für einen Nachfolger des antiken Feldherrn. Wenngleich der Unterschied schon in der Physiognomie sichtbar wird: Cäsars Kopf – groß, markant und geistvoll geschnitten, mit einem Wort faszinierend; der Napoleons III. kleinbürgerlich, mit dickem, glänzendem Haar, einem pechschwarzen, langgezogenen

Schnurrbart und fahlen Wangen. Er hält sich an die Worte seines Onkels, der auf Sankt Helena sein Ende gefunden hat: »Der
erste Herrscher, der sich die Sache der Völker zu eigen macht,
wird an der Spitze Europas stehen.«

Franz Joseph hat keine Ahnung, daß Napoleon wenige
Wochen zuvor in Plombières ein Verteidigungsbündnis mit dem
piemontesischen Minister Graf Camillo Cavour, dem »Bismarck
Italiens«, geschlossen hat. Endlich kommt sie zustande, die von
Piemont schon lange herbeigewünschte Verschwörung gegen
Österreich. Cavour will diesen Krieg unbedingt, er ist der festen
Überzeugung, daß die Einigung Italiens, als deren Vorkämpfer
er sich sieht, nur durch einen bewaffneten Konflikt mit Österreich zu realisieren ist, daß Franz Joseph nur durch eine militärische Niederlage dazu gezwungen werden kann, auf die Lombardei und Venetien zu verzichten. Und Napoleon III. hat ihm
vorlaut die Befreiung Italiens »von den Alpen bis zur Adria« versprochen, allerdings mit dem kleinen Vorbehalt, daß Österreich
als erstes angreifen muß. Um den Krieg anzuzetteln, fehlt jetzt
also nur noch der »ehrliche Grund«.

Cavour wird ihn finden. Als er Plombières verläßt, hat er es
nicht mehr nötig, den Hut tief in die Stirn zu ziehen, wie er es
bei der Ankunft getan hatte. Er zerreißt den falschen Paß, er ist
nicht mehr Signore Giuseppe Benso, er ist »Seine Exzellenz
Graf Camillo von Cavour, Minister der auswärtigen Angelegenheiten bei Seiner Majestät dem König Viktor Emanuel II.«. Im
Herbst liegen Cavours Pläne fertig auf dem Tisch: Er wird Zwi-
schenfälle schaffen, Reibungspunkte vervielfachen, Provokationen anzetteln und gleichzeitig militärische Kundgebungen
betreiben. Man wird im Fürstentum von Massa und Carrara, das
dem Herzog von Modena gehört, einen Aufruhr inszenieren,
die Revolte dann nach Parma, Reggio, Modena und Bologna tragen und schließlich, unter dem Vorwand, sich gegen die Revolution zu schützen, Massa und Carrara besetzen.

Franz Joseph, der seit mittlerweile zehn Jahren regiert, hat
bisher äußere Konflikte geschickt zu vermeiden verstanden. Er
hat sich geweigert, im Krimkrieg an die Seite Rußlands zu treten (trotz der Hilfe, die er fünf Jahre zuvor bei der Niederwer-

fung des ungarischen Aufstandes erhalten hatte), weil er Verwicklungen auf dem Balkan voraussah. Die Sympathien Frankreichs und Englands hat er dabei verspielt, seine Unentschlossenheit, seine definitive Weigerung, Partei zu ergreifen, haben sie glauben lassen, er treibe ein doppeltes Spiel.

Am Weihnachtstag 1858 liegt der Vertrag Napoleon III. zur Unterschrift vor. Beim Neujahrsempfang 1859 in Paris fängt das Spiel an; Napoleon sagt zu Graf Alexander Hübner, Österreichs Gesandten: »Ich bedauere, daß die Beziehungen zwischen unseren Ländern nicht mehr so gut sind wie früher; wollen Sie indessen Kaiser Franz Joseph versichern, daß sich meine persönlichen Gefühle ihm gegenüber nicht geändert haben.« Diese Worte, die mit lauter Stimme und in ernstem Ton gesprochen werden, gehen durch die ganze Welt und finden einen unheilverkündenden Widerhall. Cavour wird es an diesem Tage unverschlüsselt auf den Punkt bringen: »Nun haben wir Österreich endlich in der Sackgasse, aus der es nicht herauskommt, ohne die Kanonen abzufeuern.« Zehn Tage später erklärt Viktor Emanuel im Parlament von Turin: »Dieses Jahr beginnt unter einem dunklen Himmel, denn wenn wir auch die Verträge respektieren, so sind wir doch den Schmerzensschreien gegenüber nicht unempfindlich, die von so vielen Punkten Italiens aus zu uns dringen. Daher erwarten wir, unseres guten Rechts gewiß, mit Klugheit und Entschlossenheit die Beschlüsse der göttlichen Vorsehung.«

Sie lassen nicht lange auf sich warten. Ein erstes Gewittergrollen, und Europa beginnt sich hektisch – und wie immer vergeblich – um die Einberufung einer Friedenskonferenz zu bemühen. Napoleon selbst sinkt zwischenzeitlich schon wieder der Mut. Der Neffe des großen Korsen ist nicht der Mann, der furchtlos einen Plan zu Ende führt. Als im März England vermitteln will, läßt er durch russische Gesandte einen Kongreß vorschlagen. Cavour hat nur ein Mittel, Napoleon den Rückzug abzuschneiden: Er rüstet weiter.

Doch während sich die Kanzleien der Mächte bemühen, den Kongreßplan zu retten, verliert Franz Joseph die Geduld. Er erinnert sich an 1850, als Österreich in einen ähnlichen Spannungszustand mit Preußen geraten war, das damals Hessen-

Kassel besetzt hatte. Ein Ultimatum aus Wien hatte genügt, um einen Rückzug der preußischen Truppen durchzusetzen. Er tut dasselbe wie damals. Franz Joseph fordert am 23. April 1859 in einem Ultimatum, das er in Turin überreichen läßt, die Rücknahme der piemontesischen Mobilmachung. Binnen drei Tagen sollen die Streitkräfte zurückgezogen und die Milizen entlassen werden. Doch Franz Joseph hat sich verrechnet, Piemont weist das Ultimatum zurück. Diesmal wird die Herausforderung angenommen.

Der ehrenwerte, aber völlig unfähige Graf Karl Buol-Schauenstein, der die auswärtigen Geschäfte der Monarchie leitet, erfährt von diesem Ultimatum, das der Kaiser selbständig abschicken läßt, am nächsten Morgen. Am Frühstückstisch liest er in der Zeitung, daß es Krieg geben wird. Wer hat den Kaiser beraten? Man weiß, daß die Fäden auch zum Papst nach Rom laufen, gesponnen durch Kardinalerzbischof Rauscher: Piemont ist zu mächtig geworden, das bedeutet Gefahr für den Kirchenstaat. Und so muß das österreichische Kaiserhaus seine Soldaten marschieren lassen.

Piemont indessen fühlt sich schon durch das österreichische Ultimatum angegriffen, und das Bündnis mit Frankreich tritt in Funktion. Eine französische Armee marschiert in Richtung Oberitalien.

Das österreichische Heer ist keineswegs in schlechter Verfassung, seine Regimenter haben seit den Tagen Wallensteins und Prinz Eugens manchen Ruhm geerntet. Nur ihre Führer erweisen sich als unwissend und unfähig. Der beste Kopf in der Armee ist noch der alte Feldzeugmeister Freiherr Heinrich von Heß, aber leider kommt er für den Posten eines Oberkommandierenden nicht in Frage, denn er gehört zu den vom Hof bekämpften »Bücherwürmern«. Grünne hält den Oberbefehlshaber schon bereit, den Feldzeugmeister Graf Franz Gyulai, eine komplette Null. Dieser selbst fühlt sich der Aufgabe keineswegs gewachsen, doch Grünne ermuntert ihn mit den Worten: »Was fällt Dir denn ein? Was der alte Esel Radetzky zustande gebracht hat, wirst Du auch können.«

Gyulai kann es nicht. Franz Joseph, der den Oberbefehl über

die Armee selbst übernimmt, versäumt den entscheidenden Schlag gegen Piemont, bevor die Franzosen Zeit genug haben, heranzurücken. Die Überlegenheit der österreichischen Streitkräfte hätte einen Sieg sehr wahrscheinlich gemacht. Doch Gyulai bleibt so lange untätig, bis sich Piemontesen und Franzosen unter Marschall Mac Mahon vereinigt haben. Am 27. April gibt der Kaiser den Befehl, die Grenzen zu überschreiten.

Trotz heftigen Widerstands von seiten Elisabeths will Franz Joseph nach Oberitalien, die Kaiserin begleitet ihn mit den Kindern, der fast dreijährigen Gisela und dem acht Monate alten Rudolf, zum Bahnhof. Es wird ein tränenreicher, rührender Abschied, Taschentücher werden gezückt, die Kleinen winken ihrem Vater hinterher. Leopoldine Nischer, die Kinderfrau, beschreibt die Fahrt zum Bahnhof im sechsspännigen Wagen, um den sich eine dichte Menschenmenge sammelt: »Auch drängten sich manche weinende Frauen an's Fenster, welche hineinriefen ›die armen Kinder‹, so daß es den armen Kleinen schon ganz unheimlich wurde.«

Elisabeth fährt bis Mürzzuschlag mit, aufgeregt, unruhig. Beim Abschied beschwört sie Graf Grünne: »Sie denken gewiß immerwährend an Ihr Versprechen und geben recht acht auf den Kaiser; das ist mein einziger Trost in dieser schrecklichen Zeit, daß Sie es immer und bei jeder Gelegenheit tun werden. Wenn ich nicht diese Überzeugung hätte, müßte ich mich ja zu Tode ängstigen.« Sie tut es gleichwohl, wie ein weiterer Brief an Grünne bezeugt: »Aber was an Ihnen liegt, werden Sie gewiß auch thun, um den Kaiser zu bewegen, bald zurückzukommen und Ihn bei jeder Gelegenheit daran zu erinnern, daß Er ja auch in Wien so nothwendig ist. Wenn Sie wüßten, wie ich mich gräme, hätten Sie gewiß Mitleid mit Mir.«

Elisabeth bleibt nicht lange tapfer, sie verliert schon einen Tag nach der Rückkehr aus Mürzzuschlag – verstört von düsteren Ahnungen – ihre Fassung. Sie hört nicht auf zu weinen, berichtet Leopoldine Nischer, »ißt nichts und bleibt immer allein – höchstens mit den Kindern.« Auch die kleine Gisela erschrickt vor den Tränen ihrer Mutter: »Gestern abend saß sie ganz still in einem Winkel und hatte ganz nasse Augen. Als ich sie frug,

was ihr fehle, sagte sie: ›Gisela muß ja auch weinen um den guten Papa.‹«

Auch die Krönung Maries zur Königin von Neapel und Sizilien in diesem Monat veranlaßt Elisabeth eher zu dunklen
Gedanken. Dagegen wirkt die Hochzeit ihres Bruders Ludwig
mit der Schauspielerin Henriette Mendel, die kurz vor der
Hochzeit zur Baronin von Wallersee erhoben wird, fast wie ein
burleskes Zwischenspiel.

Die französisch-piemontesische Armee bringt den Österreichern am 4. Juni 1859 bei Magenta eine vollständige Niederlage bei. Der Krieg wird daraufhin zu einem Duell zwischen dem
neunundzwanzigjährigen Franz Joseph und dem einundfünf-
zigjährigen Louis Napoleon. Napoleon selbst übernimmt den
Oberbefehl, und auch Franz Joseph eilt nach den ersten schlimmen Nachrichten persönlich auf das Schlachtfeld, um seine
Truppen anzuführen. Er hat sein Testament gemacht, bevor er
Wien verließ. Als er den Kriegsschauplatz erreicht, ist die Lombardei bereits verloren. Jetzt, als es zu spät ist, wird Heß zum
Generalstabschef ernannt.

Eine gereizte Atmosphäre beginnt Österreich, ja selbst die
Armee zu erfassen. Die kaiserfeindliche Stimmung feiert jetzt,
angesichts der ersten Niederlagen in Italien, wahre Orgien. Man
jubelt in allen Ländern der Monarchie, wenn die Truppen des
Kaisers in Italien geschlagen werden. In Ungarn sind schon
unmittelbar nach dem Auftritt Napoleons beim Neujahrsempfang Plakate angeschlagen worden: Der Tag der Rache ist nahe
– »Kossuth, komm und erlöse uns von der Tyrannei.« Napoleon macht sogar mehrere Millionen Francs locker, um Ungarn
zum offenen Aufstand zu bewegen.

Am Hof geht derweil der Kampf der Clique um Erzherzogin
Sophie gegen Elisabeth unentwegt weiter. Für die Kaiserin,
deren Nerven bloß liegen und die nun allein in Wien inmitten
ihrer »Feinde« zurückgeblieben ist, fängt eine Zeit der Aufregung und rastloser Angst an. Ludovika stellt entsetzt fest, in
welchen Zustand hysterischer Verzweiflung sich ihre Tochter
hineingesteigert hat: »Ihre Briefe sind von Thränen verwa-
schen.« Als sie Franz Joseph bittet, Elisabeth die Reise nach Ita-

lien zu erlauben, antwortet der Kaiser höflich, aber bestimmt: »Ich kann leider Deinem Wunsche für jetzt nicht entsprechen, so unendlich gern ich es thäte. In das bewegte Hauptquartiersleben passen keine Frauen, ich kann meiner Armee nicht mit schlechtem Beispiel vorangehen.«

Die Kriegssorgen des Kaisers sind gewaltig, die Politik seiner Mutter bricht zusammen. Elisabeth ist verzweifelt, ihn in Gefahr zu wissen. Die Ungewißheit steigert ihre Nervosität. Sie möchte bei ihm sein. Täglich schreibt sie ihm, und immer energischer verlangt sie, zu ihm ins Hauptquartier nach Verona kommen zu dürfen. Dies geht natürlich nicht, was alle Welt versteht, nur Elisabeth nicht. Sie muß in Wien auf seine Rückkehr warten. Sie findet keinen Schlaf mehr, macht Hungerkuren und beginnt systematisch mit dem Springreiten – hilflose Versuche, sich zu beruhigen und der wachsenden Erregung Herr zu werden.

Wieder überfällt die junge Kaiserin ein Gefühl grenzenlosen Alleinseins. Und um sich zu betäuben, um ihre Angst und Einsamkeit zu vergessen, stürzt sie sich in wirbelige Aktivität. Die Unruhe und Verlassenheit sucht sie im exzessiven Reiten, ihrer größten Leidenschaft, abzufangen, gleichsam als Therapie, um ihre wachsende innere Anspannung zu bekämpfen. Sie wird immer kühner, immer waghalsiger auf dem Pferd. Halbe Tage lang ist sie unterwegs. Einmal reitet sie nach Vöslau und wieder zurück, ohne zu rasten. Im Springreiten bringt sie es sogar zu großer Kunst. Der Kaiser, dem man davon berichtet, ist in größter Sorge um sie. Vergeblich bleiben seine Ermahnungen, »nicht gar zu viel und heftig« zu reiten. Da er weiß, daß Elisabeth oft allein mit dem Pferd unterwegs ist, bittet er sie, sich wenigstens begleiten zu lassen. Daraufhin nimmt sie manchmal ihren Stallmeister Harry Holmes mit, aber nur ihn und keinen Reitknecht – was den Klatsch von neuem beflügelt. Nachts liest sie oder schreibt, weil die Angst und die Aufregungen sie keinen Schlaf finden lassen.

Am Hof betrachtet man dieses Verhalten mit immer größerem Mißfallen. »Sie entspricht weder als Kaiserin noch als Frau ihrer Bestimmung«, berichtet Leibarzt Dr. Seeburger an den Polizeiminister Kempen. »Während sie eigentlich unbeschäftigt

Doppelporträt des jungen Kaiserpaares (1858).

ist, sind ihre Berührungen mit den Kindern nur höchst flüchtige, und während sie um den abwesenden edlen Kaiser trauert und weint, reitet sie stundenlang zum Abbruch ihrer Gesundheit. Zwischen ihr und der Erzherzogin Sophie besteht eine eisige Kluft, und die Obersthofmeisterin Gräfin Esterházy besitzt gar keinen Einfluß auf die Kaiserin.«

Der Wiener Hof findet also nahezu alles, was Elisabeth in der Abwesenheit des Kaisers unternimmt, tadelnswert und unschicklich; man wirft ihr Leichtsinn und Oberflächlichkeit vor. Man dichtet ihr Liebesgeschichten an. Es werden sogar Namen genannt, und nicht nur der von Holmes. Kurz, man sucht die junge Kaiserin bei ihrem Mann zu verleumden. Besonders scharfe Kritik findet ihre exzentrische Lebensweise. Dem Kaiser werden die harmlosesten Vorgänge in verdrehter Weise erzählt. Elisabeth spürt das genau, entzieht sich – mißtrauisch geworden – gänzlich jeder Gesellschaft und verscherzt es sich dadurch mit dem Hochadel. Sophie ist seit der Geburt des Thronfolgers versöhnlicher gestimmt und versucht Elisabeth näherzukommen, doch die Kaiserin geht in ihrem verletzten Stolz nicht mehr auf diese Angebote ein. Sie sehnt sich nur danach, daß ihr Mann möglichst bald und gesund heimkommt. Natürlich stellt sie sich vor, daß er als Sieger aus dem Feld zurückkehrt.

Elisabeths Unrast nimmt weiter zu, je ärgere Nachrichten vom Kriegsschauplatz eintreffen. Sie findet immer von neuem Ausdruck in leidenschaftlichen Gewaltritten, bei denen die Pferde fast zu Tode gehetzt werden. »Um die arme Sisi bin ich sehr besorgt, denn sie ängstigt und grämt sich beständig, und ich fürchte, daß das ihrer ohnehin nicht starken Gesundheit doch schaden könnte«, schreibt Franz Joseph am 16. Juni 1859 aus dem Hauptquartier in Verona an seine Mutter. Und seine Frau erinnert er an ihre Pflichten: »Vergesse auch nicht nach Wien in Anstalten zu fahren, damit sich die gute Stimmung in Wien erhalte. Es ist mir dies von der größten Wichtigkeit.« Ein paar Tage später: »Ich bitte Dich, um der Liebe willen, die Du mir geweiht hast, nehme Dich zusammen, zeige Dich manchmal in der Stadt, besuche Anstalten. Du weißt gar nicht, was Du mir dadurch helfen kannst. Das wird die Leute in Wien aufrichten und den guten Geist erhalten, den ich so dringend brauche. Sorge durch Gräfin Esterházy, daß der Hülfsverein recht viel schicke, besonders charpie bandagen für die vielen, sehr vielen Blessirten, vielleicht auch Wein.«

Die Nachrichten, die der Kaiser seiner Frau zukommen läßt, sind nicht dazu angetan, ihre Sorgen zu zerstreuen und ihre Ängste zu beschwichtigen. Er unterrichtet sie über militärische Operationen, nennt Namen von Toten und Verwundeten: »Es ist so erbittert gekämpft worden, daß ganze Haufen von Todten gelegen sind. Der große Abgang von Offizieren wird schwer zu ersetzen sein.«

Auch die Kaiserin schickt lange Briefe an ihn, hilflos, angsterfüllt, verzweifelt. Nach wie vor möchte sie zu ihm nach Verona kommen, und es kostet große Mühe, ihr diesen Plan auszureden. Franz Joseph verweigert es ihr auf die denkbar zärtlichste Weise: »Ich kann leider Deinem Wunsche für jetzt nicht entsprechen, so unendlich gerne ich es täte. Ich bitte Dich, mein Engel, wenn Du mich lieb hast, so gräme Dich nicht so sehr, schone Dich, zerstreue Dich recht viel, reite, fahre mit Maß und Vorsicht und erhalte mir Deine liebe kostbare Gesundheit, damit, wenn ich zurückkomme, ich Dich recht wohl finde und wir recht glücklich sein können...«

Elisabeth gerät allmählich ganz außer sich, ihre Nerven halten dieser erneuten Belastung nicht mehr stand. Ihre Gesundheit ist jetzt schon angegriffen, die Ärzte stellen eine Lungenaffektion fest. Franz Josephs Briefe antworten in einem für ihn sehr starken Gefühlsüberschwang mit Beteuerungen seiner unverbrüchlichen Liebe zu ihr, immer wieder mit liebevollen Anreden wie »Meine liebe himmlische Sisi... Mein einziger schöner Engel...«, verzweifelte Rufe mitten aus dem Kriegslärm. Noch am Vorabend der Schlacht von Solferino bittet er sie um das Versprechen, nicht so lange zu reiten und beim Springen vorsichtig zu sein: »Du ermüdest mir sonst gar zu sehr und wirst mir zu mager.«

Am 8. Juni zieht Napoleon in Mailand ein. Eine ungarische Division, die naturgemäß nicht geneigt ist, ihr Blut für den Kaiser von Österreich zu vergießen, flüchtet als erste. Franz Joseph verliert die Nerven. Die französischen Gardegrenadiere in ihren Bärenmützen und blutroten Pantalons, die Maximilian bei seinem Besuch in Paris so bewundert hatte, erstürmen die befestigten Stellungen der Österreicher.

Der 24. Juni 1859, der Tag von Solferino, bringt die erlösende Wendung in dieser Atmosphäre zermürbender Unruhe und Rastlosigkeit, aber eine Erlösung, die auf österreichischer Seite nur Entsetzen auszulösen vermag: Die Armee Franz Josephs wird abermals geschlagen. Der voreilige Rückzug beginnt auf Befehl des Kaisers selbst. Ein letztes Gewehrfeuer verflackert, fliehende Bataillone von Weißröcken überfluten ungeordnet die Straße, dumpf rasselnd und polternd fahren Kanonen ab, deren Fahrer auf die müden Pferde einschlagen. Überall liegen Tote und Verwundete.

Elisabeth macht sich in Laxenburg ernsthafte Gedanken um die Verwundeten. Verzweifelt beschwört sie ihren Mann, so bald wie möglich in Friedensverhandlungen einzutreten. Franz Joseph attestiert ihr: »Dein politischer Plan enthält sehr gute Ideen...« Aber ist dies mehr als ein Beschwichtigungsversuch, mehr als eine Geste des Trostes?

Obwohl der Kaiser durchaus über die Mittel zur Fortsetzung des Krieges verfügt, bittet er schließlich um Waffenstillstand. Im Dorfwirtshaus zu Villafranca tritt er am 11. Juli kühl und gelassen in tadellos weißer Uniform dem Kaiser der Franzosen gegenüber, auf den diese Selbstbeherrschung großen Eindruck macht. Der Krieg ist beendet, die Diplomaten haben das Wort, um den Friedensvertrag aufzusetzen.

Beide Herrscher erhalten schlechte Nachrichten: In Ungarn brechen Unruhen aus, und Preußen macht mobil. Österreich tritt die Lombardei ab, behält aber Venetien. Es ist ein Übereinkommen, das nur eine Etappenlösung darstellt, es befriedigt in diesem Augenblick keinen der beiden Kontrahenten. Franz Joseph, der seine Fehler noch teurer hätte bezahlen können, wird trotzdem Napoleon III. nur den »Erzschuft von Villafranca« nennen.

Zu Prinz Jérôme Napoleon, der die endgültige Fassung des Vertragsentwurfs nach Verona bringt, sagt Franz Joseph: »Ich bringe ein großes Opfer; die Lombardei war meine schönste Provinz.« Der Prinz erzählt später, bei der ersten Zusammenkunft mit ihm habe der Kaiser geweint. Diese Tränen besiegeln den Verlust von Land. Doch nicht nur dies allein, sondern auch den endgültig erscheinenden Zerfall seiner Ehe.

Franz Joseph kehrt nach Wien zurück, geschlagen, von der Niederlage tief getroffen. Er fühlt sich gedemütigt vor seiner Frau, seiner Mutter, seiner Armee, vor ganz Europa. Nun ist es nicht mehr Elisabeth, sondern er selbst, der keinen Menschen mehr sehen will, der aus der Hauptstadt flieht, der Alleinsein und Schweigen sucht.

Das Reich liegt am Boden, Tausende von Gefallenen und Verwundeten – und Elisabeth will Liebesschwüre. »Hast Du mich über all den Ereignissen vergessen? Liebst Du mich noch? Wenn das nicht wäre, wäre doch alles gleichgültig, was immer geschehe.« Das ist Elisabeths Aufschrei nach der Schlacht, ihr einziger Gedanke.

Dann faßt sie sich, mit realistischem Blick sieht sie, was zu tun ist. Keine Wehleidigkeit mehr, keine Tränen. In Laxenburg richtet die Kaiserin für die Verwundeten – zweiundsechzigtausend Kranke und Verwundete sind nach den blutigen Schlachten in Spitälern, Klöstern, Schlössern zu verpflegen und versorgen – ein großes Spital ein. Franz Joseph ist froh, daß Elisabeth sich dieser Aufgabe stellt: »Gebe die Verwundeten wohin Du willst, in alle Häuser von Laxenburg. Sie werden sehr glücklich sein unter Deiner Obhut. Ich kann Dir nicht genug dafür danken.« Als er hört, daß Elisabeth, tagsüber pausenlos im Einsatz, den Schlaf dann ihren geliebten Beschäftigungen opfert, schreibt er besorgt: »Ich beschwöre Dich, gebe dieses Leben gleich auf und schlafe bei der Nacht, die ja von der Natur zum Schlafen und nicht zum Lesen und Schreiben bestimmt ist. Reite auch gar nicht zu viel und heftig.«

Österreich nach Solferino: verletzter Stolz, unterdrückte Wut, heimliche Anklagen und Vorwürfe. Mit der Lust an der Selbstbeschimpfung, mit der Freude am eigenen Unglück verarbeiten Wien und Österreich die Niederlage auf ihre Weise. Alle haben versagt: die Diplomaten, die Generale, die Bürokraten. »Löwen von Eseln geführt«, spottet man über die Generalität, »Absolutismus der Dummköpfe«, »Niederlage der nichtswissenden Arroganz« sind die Schlagworte des Tages.

Nicht anders als in den politisierenden Zirkeln, im Kaffeehaus und am Wirtshaustisch, zeigt sich die Katastrophe im Kaiserhaus. Auch hier wird nach dem Schuldigen gerufen. Franz Joseph ist in seinem Stolz, in seiner Waffenehre tief verletzt. Er sieht sich enttäuscht, von seiner Umgebung verraten. Aber er sucht die Schuld nicht bei sich, sondern nur bei anderen. Und so beginnt die Jagd nach denen, welche die Niederlage herbeigeführt haben sollen. Die Mauer der Allianz gegen Elisabeth zerbricht: Der Kaiser entläßt Bach, den allmächtigen Polizeiminister Kempen, er streicht Generale aus der Liste der Armee, er ordnet strengste Untersuchungen an. Graf Grünne, der Versager, für die Berufung Gyulais und Clam-Gallas' verantwortlich, bleibt zunächst noch im Amt. Der Finanzminister Baron Karl Bruck wird beschuldigt, aus der Niederlage finanzielle Vorteile zu ziehen und muß seine Entlassung entgegennehmen. Aus Kummer darüber schneidet sich der rechtschaffene und ehrliche Mann mit dem Rasiermesser die Kehle durch. Wenige Tage darauf stellt sich seine völlige Unschuld heraus.

In seinem eigenen Haus muß sich Franz Joseph heftige Vorwürfe anhören. Auch hier spottet man drauflos und ergeht sich in Sticheleien. Sein Onkel, Kaiser Ferdinand, der zu Franz Josephs Gunsten hatte abdanken müssen, läßt in einem seiner lichten Momente die süffisante Bemerkung fallen, um Schlachten zu verlieren und Provinzen loszuwerden, hätte man wahrhaftig nicht den Herrscher wechseln müssen. Da sich die Anklagen immer massiver gegen Franz Joseph richten, unverhohlen auch die Erzherzöge an ihm Kritik üben, will er von niemandem mehr einen Rat annehmen. Sein jüngerer Bruder Maximilian, der liberalisierende Schöngeist, setzt sich als Wortführer an die Spitze der Opposition. Franz Joseph wird trotzig. Er zeigt sich nicht gewillt, dem »Druck der Straße« nachzugeben. Er läßt sich auch zu keiner Konzession bewegen. Solferino ist seine erste schmerzvolle Niederlage. Er wird sie niemals vergessen. Er verschließt sich, entfernt sich sogar von der Mutter, auch von Elisabeth. Vor den immer stärker werdenden Differenzen zwischen seiner Frau und Erzherzogin Sophie versucht er sich noch mehr als sonst abzuschotten.

Graf Carl Grünne, bis dahin der engste Vertraute Franz Josephs und einer der wichtigsten Männer am Hof, stürzt tief. Eine Sensation. Er muß den Posten des Generaladjutanten freimachen und kann nun in schweigendem Groll, nur noch mit der vergleichsweise bescheidenen und etwas fadenscheinigen Würde eines Oberstallmeisters ausgerüstet, auf den Gütern seiner unermeßlich reichen Frau, einer geborenen Gräfin Trauttmansdorff, den Rest seines Lebens verbringen. Elisabeths freundschaftliche Gefühle für Grünne bleiben davon unberührt. Sie wünscht ihm nach seiner Entlassung »vor allem eine beßere glücklichere Zeit wie die letzten waren. Ich kann mich noch immer nicht darein finden, daß jetzt Alles so ganz Anders ist wie früher, und besonders einen Anderen an Ihrem Platz zu sehen, aber mein einziger Trost ist, daß wir Sie doch nicht ganz verloren haben, und wie dankbar ich Ihnen dafür bin wißen Sie.« Auch später zeigt sie diesem in der Öffentlichkeit so verhaßten Mann offen ihre Sympathie: »Ich hoffe, daß Sie mich ein wenig vermissen, und Ihnen mein vieles Seckiren, das Sie immer mit so viel Geduld ertragen, abgeht.«

Franz Joseph fährt fort – nach dem altbewährten Rezept seines Großvaters Franz I. –, »Exempel zu statuieren«. Seine Niederlage gesteht er vor niemandem ein, am allerwenigsten vor Elisabeth, vielleicht in dem unbewußten Empfinden, dadurch den letzten Glorienschein zu verlieren, den er für sie immer noch besitzt. Er ahnt nicht, daß seine Frau die Tragödie durchschaut, gewissermaßen mit angeborener Intuition das Drama *hinter* dieser Niederlage erkennt. Und ihren bayerischen Verwandten gegenüber klagt sie: »Was wollt ihr von Franz Joseph, er ist doch nur ein Feldwebel«, eine Erkenntnis, in der Bitterkeit und Resignation zu spüren ist.

Gerade vor ihr aber zeigt sich der Kaiser von seiner empfindlichsten Seite. Sein Stolz erträgt es nicht, Fehler einzugestehen. Es wird sich nichts ändern in seinem Reich, auch nichts im Dasein der Kaiserin, das wird Elisabeth nun nach Solferino mit letzter Deutlichkeit klar. Franz Joseph hat nicht nur seine schönste Provinz verloren. Er läuft Gefahr, viel mehr zu verlieren: die Zuneigung seiner Frau.

Zunächst bemüht sie sich sehr, ihn aus der Erstarrung zu ziehen, ihn zu trösten, ihm Vertrauen und Hoffnung zu geben. Sie will vor allem, daß er Lehren aus dieser bitteren Niederlage in der Lombardei zieht, daß er die Notwendigkeit von Reformen einsieht, in Verwaltung und Armee notwendige Maßnahmen ergreift. Sie beurteilt die Lage ganz richtig, wenn sie zu dem Schluß kommt, jetzt sei die historische Stunde für tiefgreifende Veränderungen in Österreich. Doch Franz Joseph will nichts davon hören, er weicht aus, entzieht sich jeder Diskussion.

Es wird ein trauriger Sommer. Erzherzogin Sophie lädt, in einem rührenden Versuch, die Familie wieder zusammenzuführen, das Kaiserpaar wie auch Charlotte und Max nach Ischl ein. Ihrer Mutter zuliebe bemühen sich die beiden Brüder, zum vertrauten Verhältnis ihrer Kindheit zurückzufinden, vermeiden Gespräche über Politik und beschränken sich auf familiäre Themen. Wie üblich erliegt Franz Joseph schließlich Maximilians Charme, und auch Max bemüht sich, seinen Bruder aufzuheitern, der sein Selbstvertrauen verloren hat. Wenn der Besuch trotzdem ein Mißerfolg wird, so haben daran hauptsächlich ihre Frauen schuld. Elisabeth, in ziemlich neurotischer Verfassung, macht ihre Schwiegermutter und deren Protégés für den katastrophalen Ausgang des Krieges verantwortlich. Sie ist nur schwer zu bewegen gewesen, mit nach Ischl zu kommen, und hält sich dort den größten Teil des Tages in ihrem Zimmer auf. Sie hat nichts übrig für Charlotte, die sie anmaßend und blasiert findet, und es gefällt ihr auch nicht, daß sie Max herumdirigiert. Charlotte hat nicht vor, sich ignorieren zu lassen. Voll Stolz auf ihre königliche Abkunft kann sie die Haltung einer Schwägerin, die aus zwar fürstlichem, aber nicht regierendem Hause stammt und ihre Stellung nur ihrer Schönheit verdankt, nicht akzeptieren. Wahrscheinlich ist auch Eifersucht im Spiel, denn Max

Elisabeth (Photo von Ludwig Angerer, 1860).

scheint noch immer von Elisabeth verzaubert zu sein. Und Charlotte, die sich in Italien in der Bewunderung von Malern und Dichtern gesonnt hatte, ist am Wiener Hof nicht mehr als eine hübsche kleine Erzherzogin, während sich alles um Elisabeths Launen und Eskapaden dreht.

Solferino ist nicht nur ein Wendepunkt in der habsburgischen Geschichte, sondern zugleich der Beginn einer großen Ehekrise zwischen Elisabeth und Franz Joseph. Ein offenes Geständnis, ein Zeichen des Vertrauens, ein einziger Anflug von Selbsterkenntnis – es hätte vieles in dieser Ehe zu retten vermocht. Elisabeth ist ihrem Mann in diesen Wochen überlegen, sie hätte ihm raten, sie hätte ihm helfen können. Franz Joseph stößt sie zwar nicht zurück, er läßt sie aber auch nicht wirklich an sich herankommen. Er will keine Hilfe und keinerlei Rat, er kann eine Mitarbeit nicht ertragen. Er braucht auch jetzt nur gehorsame Diener, mehr nicht. Er, der letzte wahre Herrscher von Gottes Gnaden, will nicht teilen und kann es nicht. Er spielt stur in verzweifelt-hartnäckiger Selbstherrlichkeit die Rolle des Monarchen, die zu spielen er sich entschlossen hat. Elisabeth versteht das wohl, aber zu ertragen vermag sie es nicht. Jetzt, nach Magenta und Solferino, erkennt sie die Wahrheit: Sie ist nichts als ein geschicktes, mit Routine betriebenes Spiel. Dieses Band, das sie mit Franz Joseph verknüpft hat, zerreißt nun endgültig.

Der Kaiser sucht Rat bei seiner Mutter. Doch Sophie ist längst nicht mehr so stark wie früher. Sie steht unter Druck, in der Öffentlichkeit wird sie für das Desaster in Italien verantwortlich gemacht. Man weiß sehr wohl, daß sie den Krieg befürwortet, daß sie alle Versöhnungsversuche abgeschmettert, daß ihr ungeschicktes Verhalten die verhängnisvolle Entwicklung nur beschleunigt hat. Man weiß sehr wohl, daß alle diese Minister, Generale, alle diese Bürokraten, die sich als so unfähig erwiesen haben, alle diese »Dummköpfe und eingebildeten Tröpfe« – Bach, Grünne, Rechberg, Kempen, Clam-Gallas und die anderen –, mehr oder weniger ihre Geschöpfe sind, abhängig von ihrer Gunst. Franz Joseph, mürrisch und verbittert, beschränkt sich darauf, mit finsterer Miene die Lektionen zu wiederholen, die ihm seine Mutter diktiert.

Als er sich auch nach Wochen auf keine Auseinandersetzung, kein Gespräch über die Lage mit Elisabeth einläßt, verfällt auch sie in eine resignative Stimmung, die alle ihre Energie verschluckt. Seit seiner Rückkehr aus Villafranca beginnt Franz Joseph in den Augen seiner Frau mehr und mehr an Prestige zu verlieren. Das imposante, strahlende Bild, das sie früher von ihm hatte, schwindet dahin. Jetzt erscheint er ihr mittelmäßig und unentschlossen, durch die Ereignisse gelähmt und aus der Fassung gebracht, unfähig, sich von der mütterlichen Tyrannei zu befreien. Die Enttäuschung setzt sich tief in ihr fest.

Im Juli 1860 erreicht die Ehekrise des Kaiserpaares ihren ersten Höhepunkt. Elisabeth kann nicht mehr, diese ewigen Auseinandersetzungen mit Sophie, nicht nur wegen der Kinder, auch um politische Positionen, haben sie zermürbt. Sie hält es nicht mehr aus, verläßt Wien überstürzt, beinahe fluchtartig, fährt gemeinsam mit ihrer Tochter Gisela nach Possenhofen, wo sie bis Mitte August bleibt, bevor sie, um Aufsehen zu vermeiden, zum Kaisergeburtstag am 18. August zurückkommt. In Wien, Linz und Salzburg finden Feiern statt, die Strecke der »Kaiserin-Elisabeth-Bahn« wird eröffnet, die Kaiserin läßt sich nirgendwo blicken. Als sie in Begleitung ihrer Geschwister Carl Theodor und Mathilde nach Österreich zurückkehrt, reist ihr Franz Joseph bis Salzburg entgegen.

*D*as Gefühl, welches Elisabeth vierzehn Tage nach der Hochzeit schon einmal beschlichen hatte – daß diese Ehe untragbar sei –, kehrt zurück, nachdem fünf Jahre der Qual ins Land gegangen sind. Es wird nun übermächtig. Der Faden, der diese Ehe noch zusammenhält, wird zum Zerreißen dünn. Franz Joseph ist nahe daran, ihn völlig durchzutrennen.

Und die Quintessenz all dieser Jahre? Das sind die Verse Lord Byrons, die Elisabeth, damals dreiundzwanzig Jahre alt, in dem gewöhnlich von ihr benutzten Buch für sich notiert hat:

Versuche all Dein Glück zu nennen
Und zähle all Dein Leid daneben,
Wer Du auch seist, Du wirst bekennen,
Am besten ist es – nicht zu leben.

Bald sieht sie von neuem unruhige Zeiten auf sich zukommen. Auch in ihrer Familie sind Veränderungen eingetreten. Die jahrelange Mesalliance ihres ältesten Bruders Ludwig mit der bürgerlichen Schauspielerin Henriette Mendel, mit der er eine uneheliche Tochter hat, wirbelt in der Familie in München großen Staub auf. Schließlich heiratet der junge Herzog seine Geliebte, verzichtet auf sein Erstgeburtsrecht, auf Geld und Würden. Er ist ein ebenso unabhängiger, seine persönliche Freiheit über alles liebender Charakter wie Elisabeth, und nur sie allein scheint ihn zu verstehen. Auch Helene hat geheiratet, sie ist eine der reichsten Fürstinnen Deutschlands geworden. Ihre Hochzeit mit Prinz Maximilian von Thurn und Taxis wird als ein glanzvolles gesellschaftliches Ereignis gefeiert.

Etwas anderes aber noch beunruhigt Elisabeth während dieser Monate: das ungewisse Schicksal ihrer vier Jahre jüngeren Schwester Marie. Über ihre Heirat mit Kronprinz Franz von Neapel-Sizilien herrscht zunächst große Freude in der herzoglichen Familie in Bayern, die stolz und glücklich ist, daß eine zweite Tochter auf einen Thron berufen wird. Doch mit dieser Verbindung ihrer Schwester ist Elisabeth am wenigsten einverstanden. Sie ist davon unangenehm berührt, stört sich vor allem an der kalkulierten, geschäftlichen Art, mit der man die Prinzessin an einen Mann gebracht hat, den sie noch nie gesehen hat, dessen Sprache sie nicht versteht und mit dem sie sich auch weder auf deutsch noch auf französisch verständigen kann. Denn Franz spricht beide Sprachen nur sehr mangelhaft. Daß man Marie so verkauft hat! Man hat ihr nur ein auf Elfenbein gemaltes, mit Brillanten besetztes Bildnis überreicht, das einen hübschen jungen Mann in italienischer Uniform darstellte. Das war die ganze Brautwerbung!

Im Jahr 1857 ist Elisabeths kleine Schwester mit dem damaligen Kronprinzen verlobt worden, man kann dies ruhig im Passiv schreiben, denn es geschah *per procura*, also mit einem Stellvertreter ihres zukünftigen Mannes und ohne ihr Einverständnis. Sie hat ihren Mann niemals vorher gesehen, geschweige denn näher kennengelernt. »Allgemeines Entzücken! Gott gebe seinen Segen dazu!« schreibt Franz Joseph damals lapidar, aber voll ehrlicher Begeisterung an seine Mutter.

Marie ist vielleicht nicht ganz so schön wie ihre berühmte Schwester, hat aber noch feinere Gesichtszüge. Sie ist größer, doch ebenso schlank wie die Kaiserin und hat auch den gleichen leichten, schwebenden Gang. Sehr klug und energisch, weiß Marie sich überall durchzusetzen. Damit tröstet Elisabeth sich vorläufig, als ihre Schwester in die völlig neuen Verhältnisse an den Hof von Neapel kommt.

Das Jahr 1859 begann mit einem lang ersehnten Besuch: Marie macht auf der Fahrt in ihre neue Heimat einen Abstecher nach Wien zu ihrer kaiserlichen Schwester. Elisabeth will ein Stück des Weges mit nach Triest fahren. Dort ist das Donnergrollen der Revolution bereits zu hören, welches das ganze Jahr über nicht verstummen wird.

Brigitte Hamann schildert die pompös inszenierte Ankunft in Triest: »Trotz ihres schlechten Gesundheitszustandes begleitete Elisabeth ihre jüngere Schwester noch bis Triest. Auch der älteste Bruder, Herzog Ludwig (›Louis‹), fuhr mit. Mit großem Erstaunen erlebten die drei Geschwister die mittelalterlichen Zeremonien, mit denen die Neapolitaner ihre künftige Königin empfingen. Im großen Saal des Statthalterpalastes in Triest war in der Mitte eine Seidenschnur gezogen, die die Grenze zwischen Bayern und Neapel symbolisierte. Unter der Seidenschnur befand sich ein großer Tisch, von dem zwei Beine in ›Bayern‹, zwei in ›Neapel‹ standen. Marie wurde zu einem Armsessel am bayrischen Teil des Tisches geleitet. Aus den beiden mit Wappen und Flaggen geschmückten Türen traten nun die beiden Delegationen ein, bewacht von jeweils neapolitanischen und bayrischen Soldaten. Über die Seidenschnur hinweg tauschten die Bevollmächtigten die Dokumente aus, verbeugten sich gravitätisch voreinander und reichten die Dokumente an die Mitglieder des Gefolges weiter. Der bayrische Bevollmächtigte sprach nun die

Abschiedsworte für Marie. Alle Bayern durften noch einmal Maries Hand küssen. Dann wurde die Seidenschnur herabgelassen und Marie mußte sich in den ›neapolitanischen‹ Armsessel begeben. Die neapolitanische Delegation wurde vorgestellt, Marie dann auf die königliche Yacht ›Fulminante‹ gebracht.

In der Schiffskabine folgte ein tränenreicher Abschied der Geschwister. Maria Sophia, die siebzehnjährige Prinzessin von Kalabrien, Kronprinzessin von Neapel und Sizilien segelte nun mit wildfremden Menschen, deren Sprache sie kaum verstand, nach Bari. Die einzige lebende Kreatur aus der Heimat, die sie begleitete, war ihr Kanarienvogel. Es erwarteten sie eine unglückliche Ehe, Revolution und Vertreibung aus ihrem Königreich.« Und ein Alptraum. Am 3. Februar 1858, dem Tag, an dem sie ihn zum ersten Mal sieht, wird Marie mit ihrem Unbekannten vermählt. Doch der Mann, der vor ihr steht, gleicht nicht im entferntesten jenem Bild, das man geschickt hatte. Der Bräutigam ist ein blasser, kränklich aussehender Mann, schüchtern, fast unbeholfen. Er stellt sich als körperlich und geistig schwach, wahnhaft und impotent heraus. Kein Wunder, daß sich alle Befürchtungen Elisabeths bewahrheiten und diese Ehe in einer furchtbaren Enttäuschung endet.

Nach einem Jahr, 1859, stirbt Ferdinand II., der Vater des Kronprinzen, und Franz wird König von Neapel, besteigt den Thron des Reiches beider Sizilien. Die Regentschaft wird nur achtzehn Monate dauern. Schon bald bedrohen die verwegenen Truppen Garibaldis das bourbonische Königreich, Sizilien wird besetzt, umjubelter Einzug in Neapel, Revolution.

Die Lage wird so bedrohlich, daß Elisabeths Brüder Ludwig und Carl Theodor am 13. Juli zu einer geheimen »Krisensitzung« nach Laxenburg kommen, um über eventuelle Hilfsaktionen für ihre bedrängte Schwester Marie zu beraten. Vergeblich denken sie über Mittel und Wege nach, Marie zu unterstützen. Angesichts der unglücklichen Lage Österreichs erscheinen alle Maßnahmen, die sie durchspielen, als undurchführbar. Und Franz Joseph will sich nach den Niederlagen von Magenta und Solferino erst recht nicht einmischen.

Schon im ersten Jahr seiner Regentschaft muß sich Franz II.

vor der Übermacht des nach dem Feldzug von 1859 unter Garibaldis Führung national geeinten Italien zurückziehen. Der junge Herrscher und seine Frau flüchten, suchen am 7. September 1860 in der Festung Gaeta Schutz, die jetzt eingeschlossen und belagert wird.

Marie führt in der Festung einen aussichtslos scheinenden Kampf. Schweizer Söldner sind die letzten, die hier bis Anfang 1861 die wankende Herrschaft ihres Mannes, des Bourbonenkönigs verteidigen.

Kläglich reagiert der König, unfähig, die Herrschaft auszuüben und die Verteidigung zu leiten. Doch die schöne, junge Frau an seiner Seite, deren tiefdunkle Augen Feuer verraten, zeigt sich um so tapferer und wagemutiger. Marie springt im wahrsten Sinn des Wortes für ihn in die Bresche, einen blanken Degen in der Hand, pulvergeschwärzt das Gesicht, und feuert die Truppen zum Ausharren an. Sie facht den Widerstand an, wehrt mit dem Heroismus ihres neunzehnjährigen Herzens die Sturmangriffe ab.

Wie lange mag sich die Festung halten? Man weiß durch Überläufer, daß Marie die Seele des Widerstandes ist und sich auf wunderbare Weise einsetzt, um vor der Welt die Schwäche ihres Mannes nicht offenbar werden zu lassen. Und später, als der neapolitanische Thron fällt, beweist Marie durch ihr außerordentlich kluges und energisches Handeln, daß sie aus härterem Holz geschnitzt ist als ihre Schwester.

Franz Joseph weigert sich weiterhin, trotz Elisabeths flehentlicher Bitten, zu vermitteln. Aus seiner Sicht mag das klug gehandelt sein, seiner Frau vermag er sein Verhalten jedoch nicht verständlich zu machen. Bis in den Februar 1861 hinein hält sich die Festung unter dem Kommando der verwegenen Marie gegen eine vielfache Übermacht. Als man schließlich einsehen muß, daß das Königreich Neapel nicht mehr zu retten ist, kapitulieren die letzten Reste der neapolitanischen Truppen. Doch selbst der Gegner bezeugt der Tapferkeit der Königin, welche die Verteidigung geleitet hat, seine höchste Achtung.

Elisabeth fühlt sich erst erleichtert, als sie erfährt, daß das Königspaar am 13. Februar 1861 – dem Tag, an dem Gaeta fällt –

nach Rom fliehen, sich unter den Schutz von Papst Pius IX. stellen kann und hier im Exil Zuflucht findet. Die Gefahren und Strapazen haben die Gesundheit von König Franz ernstlich gefährdet, und Marie lebt an der Seite eines kranken Mannes, der sich nur langsam erholt. Sie ist jung und schön, eine einsame Frau, gefangen in einem liebeleeren Dasein. Doch dann erlebt sie den Roman ihres Lebens: Mit Hilfe ihrer Schwester Mathilde verliebt sie sich in den jungen belgischen Grafen, der als Offizier der päpstlichen Garde für ihre Sicherheit verantwortlich ist. Und Mathilde selbst verguckt sich in einen spanischen Granden.

Im folgenden Jahr verläßt Marie – mit einem Kind von ihrem Geliebten schwanger – in höchster Not ihren Gemahl und reist nach Possenhofen, wo sie ihren Bauch und ihren Kummer verstecken kann. Die offizielle Version: Krankheit. Ludovika ist entsetzt, Herzog Max bleibt gelassen: »Na ja, solche Sachen passieren nun einmal. Wozu also das Gegacker!«

Elisabeth, Mathilde, Marie – drei verschworene Schwestern, miteinander verbunden durch ein Geheimnis, das eines bleiben soll. Die Komplizinnen sitzen Stunden und Tage zusammen, beratschlagen, stecken unentwegt die Köpfe zusammen und tuscheln. Schließlich fällt ihnen ein Ausweg ein: Augsburg. Im Kloster der Ursulinerinnen bekommt Marie im November ihr Kind, die Entbindung bleibt streng geheim, das Kind wird dem Vater übergeben. Marie will im Kloster bleiben, Schutz suchen vor einer Ehe, die ihr nichts als Abscheu eingeflößt hat. Erst nach inständigen Bitten ihres Mannes kehrt sie zu ihm zurück, Franz läßt sich seine Phimose operieren und wird durch die späte Beschneidung von seiner Impotenz erlöst. Die Ehe wird doch noch glücklich. Manchmal, denkt Elisabeth erstaunt, gibt es kleine Wunder.

*A*nfangs hat Elisabeth in der stickigen, traditionsgeschwängerten Atmosphäre der Wiener Burg wie ein erfrischender Lufthauch gewirkt. Doch die Trakte der Burg sind weitläufig, der Luftzug ist verweht. Elisabeths Charakter, belastet mit dem Erbe der problematischen Ehe der Eltern, erweist sich als zu stark. Sie kann nicht loslassen, nicht ihren Stolz, nicht ihre Scheu, nicht ihre Angst. In den Armen Franz Josephs gibt sie sich nicht hin, zeigt nur Anspannung und Verwirrung. Sie hat kein Talent, sich zu verstellen oder etwas vorzuspielen, was sie nicht empfindet. Sie kann nicht lächeln, wenn ihr zum Weinen zumute ist. Und wie oft ist es ihr danach! Dabei leidet sie in ihrem Stolz maßlos unter der Geringschätzung, die sie rings um sich spürt, die jeder sie erbarmungslos fühlen läßt. Es ist gelungen, Elisabeth die Sprache wegzunehmen; sie leidet schweigend, sie bleibt stumm, obwohl sie aufschreien will.

Die dauernde Unterdrückung der Gefühle bleibt nicht ohne Spuren. Elisabeth ist jetzt fast ständig nervös und überreizt. Es gibt Augenblicke, die den Anschein vermitteln, sie habe den Kampf aufgegeben. Die jahrelange, tödlich quälende, langsame Abwertung ertragen zu müssen, hat sie mit der Zeit völlig wehrlos gemacht. Sie schwankt zwischen dumpfer Niedergeschlagenheit, stolzem Trotz und vereinzeltem Aufbegehren.

Eine Episode ist dafür bezeichnend: Als einmal auf einem Hoffest der päpstliche Nuntius sich mit seinen Füßen in die lange Schleppe der Kaiserin verwickelt, reißt Elisabeth, der all die hohen römischen Erzpriester um die Schwiegermutter verhaßt sind, die Schleppe mit einem so gewaltsamen Ruck an sich, daß der Diplomat des Heiligen Vaters ins Wanken gerät und fast zu Boden gestürzt wäre. Solche Szenen entspringen ihrer gereizten Stimmung, und sie verstärken nur die Abneigung gegen sie, sind wirkungsvolle Munition im Kampf des Hofes, wenn Elisabeth auch für den Augenblick die Lacher auf ihrer Seite hat.

Auf Franz Joseph zählt sie nicht mehr. Sie findet sich damit ab, daß er ihr inzwischen nur noch ein temperiertes, wohl bisweilen auch rührend-zärtliches, keineswegs mehr aber ein leidenschaftliches Interesse entgegenbringt. Worüber sollen sie auch reden? Diese Ehe erstirbt in völliger Sprachlosigkeit. Sobald Elisabeth versucht, den Katalog der fünfzig Sätze zu vergrößern, über den sie sich als ihre gemeinsame Sprache geeinigt haben, verstehen sie einander nicht mehr. Immer wieder nimmt sie sich vor, ihm etwas von ihren Gedanken und

Gefühlen mitzuteilen, doch jedesmal zerbricht die Absicht an der ersten trocken-nüchternen Antwort, die er ihr gibt. Und manchmal scheint es, als wollten sie einander auf besonders höfliche Weise mißverstehen.

Die Geschichte von der trotzigen Prinzessin, die sich der Etikette nicht beugen will, ist eine zu bequeme Erklärung. Elisabeth ist vieles lästig an der höfischen Tyrannei der Formen, es ist unbequem und unangenehm, sich die eigene Freiheit so einengen lassen zu müssen. Sie hätte vielleicht manchen Zwang ertragen, doch womit sie sich nicht abfinden kann, ist die Isolation, die man über sie verhängt. Sie kapseln sich von ihr ab, diese Damen und Herren des Hofes, von ihrem Denken und Empfinden, von ihrem Lebensstil und ihrem Geschmack. Die Kinder wurden ihr ja nicht entzogen, weil die Etikette es verlangt hätte; die Etikette wurde nur vorgeschoben, um ihr die Kinder wegzunehmen. Sie selbst wird zu einem Kind degradiert, zu einem unfertigen, unerzogenen, zu einem krankhaft veranlagten Menschen. Man weigert sich, sie so zu akzeptieren oder nur zu sehen, wie sie ist. Man hindert sie daran, sich mit anderen Menschen zu treffen, sich mit ihnen ungezwungen zu unterhalten, Freundschaften zu suchen, Liebe zu empfinden. Man sperrt sie weg, weil man sie als lästig empfindet.

Auch Franz Joseph behandelt sie nicht anders: immer diese höflichen Gesten bereitwilliger Bejahung, hinter denen doch deutlich zu spüren ist, wie wenig er sie ernst nimmt. Was liebt er eigentlich an ihr, wo er doch in ihrem Wesen, ihrem Geschmack, ihren Vorlieben nur die Launen eines Kindes, einer Kranken sieht? Der Kaiser versteht es perfekt, Elisabeth mit Zuneigung und Courtoisie auf Distanz zu halten, was sie fast an den Rand des Verrücktwerdens bringt: Er behandelt sie zärtlich und zuvorkommend, aber so, als ob sie einem Wahn verfallen wäre. Diese subtile Entmündigung empfindet sie als besonders demütigend.

Sieben Jahre sind seit ihrer Traumhochzeit vergangen. Elisabeth spürt eine unbestimmte Sehnsucht, doch sie weiß genau, warum sie allein ist, so verloren einsam in ihrer Phantasielandschaft, in dieser hellen dünnen Luft, tausende Meter über den Menschen, wo sie sich aufhält, ohne schwindelig zu werden vor dem Abgrund. Sie weiß, daß sie immer einsam bleiben wird. Sie fühlt sich nicht wohl in dieser Einsamkeit, in ihrem Abgehobensein. Sie fühlt sich auch nicht wohl unter Menschen.

Die unmittelbare Lebensfreude ihrer Kindheit ist längst vorbei, der Hauch frischer Natürlichkeit, der alle bezaubert hat, lange verflogen. War es nicht das, was Franz Joseph so angezogen und gefesselt hat? Elisabeth schien ein glitzerndes Talent zu haben, Menschen zu begeistern. Wenn sie in einem enganliegenden dunkelblauen Reitdreß auf dem Rücken eines eleganten Vollblüters durch den Prater jagte, oder wenn sie in einem ihrer vielbewunderten Kleider, etwa einem aus weißem Samt mit hohem, von weißen Federn eingefaßten Kragen erschien, mußte ihr einfach jeder zujubeln.

Doch auch Elisabeths anfängliche Beliebtheit unter den Bürgern und einfachen Leuten beginnt mit der Zeit zu schwinden. Je deutlicher ihre Ehe zur Tragödie wird, je schärfer der Hof den Kampf gegen sie führt, desto mehr verliert sie den Kontakt mit allen Schichten der Bevölkerung. Man bekommt ein exzentrisches Bild von ihr, man beginnt zu glauben, sie lebe nur noch für ihre eigenen Extravaganzen, ihre egoistischen Ziele und vernachlässige ihre Aufgaben als Kaiserin.

Das Drama ihrer Ehe muß notwendig zu einer Lösung führen: mit einer Aussöhnung, mit gütlicher Trennung oder mit einem gewaltsamen Bruch. Eine Aussöhnung kann in diesem Fall nicht in Betracht kommen, denn einer der beiden Partner, Franz Joseph, sieht überhaupt keinen Anlaß, warum er sich aussöhnen soll, seiner Ansicht nach ist doch alles vortrefflich. Freilich ist seine Frau bisweilen höchst sensibel und in manchen Dingen von einer unbequemen Eigenart und Überspanntheit, aber das, meint er, muß er eben ertragen.

Eine Trennung ist erst recht indiskutabel. So bleibt nur der gelegentliche Ausbruch aus dem goldenen Käfig. 1860 ist das Jahr der ersten großen Krise. Erstickende Atmosphäre, Schikane, Franz Josephs ernüchternde Indifferenz, alles kommt zusammen. Dazu drei Schwangerschaften innerhalb eines Zeitraumes von vier Jahren, der Tod ihres Kindes, eine seelisch unerfüllte Ehe, die Aufregungen des Kriegsjahres 1859 – jetzt ist es wahrlich genug. Elisabeths Gesundheit ist angegriffen. Doch die körperlichen Symptome sind nicht das Wesentliche. Schwerer wiegen ihre nervösen Erschöpfungszustände und ihre tiefen Melancholien.

In den letzten Jahren hat die Kaiserin mehrmals den Eindruck gehabt, daß ihr Mann sich für andere Frauen interessiert, über die er jedoch mit ihr nicht spricht. Franz Joseph, von lebhaftem Temperament und tatsächlich für weibliche Reize außerordentlich empfänglich, vielleicht durch die Launen und häufigen Migränen, ganz sicher durch die rasch aufeinanderfolgenden Schwangerschaften seiner Frau vom ehelichen Schlafzimmer ferngehalten, erliegt den »Versuchungen«, die sich ihm häufig anbieten. So sehr er auch seine Frau anbetet, findet er doch gleichzeitig Geschmack an weniger kühlen Schönheiten. Zwar spielt sich alles einigermaßen diskret ab, doch im Herbst 1860 erfährt auf Umwegen auch die Kaiserin von den Seitensprüngen ihres Mannes.

Am Hof ergeht man sich in seltsamen Andeutungen, die sich die junge Kaiserin zunächst nicht zu erklären weiß: Was macht der Kaiser, wenn er nicht zu Hause ist? Flüchtet er nicht aus der Atmosphäre seiner Familie? Meidet er nicht mehr die frühere Gesellschaft? Er ist viel auf der Jagd; er ist nicht allein. Betrügt Franz Joseph sie vielleicht mit dieser polnischen Gräfin, einer slawischen Sirene, deren katzenartige und geheimnisvolle Grazie seit einiger Zeit den Klatsch der Wiener Gesellschaft in so amüsanter Weise belebt? Elisabeth kann sich auf Dauer gegen die aufsteigenden Vermutungen und Verdachtsmomente nicht wehren. Und sie fühlt durch die galanten Abenteuer ihres Mannes den Rest ihrer ehelichen Liebe vernichtet. Vor allem aber demütigt sie die Vorstellung, eine Rivalin zu haben. Sie leidet da, wo sie am empfindlichsten ist: in ihrem ungeheuren Stolz. Ist ihre körperliche Schönheit nicht vollkommen? Warum wendet er sich von einem Körper ab, auf den sie soviel Sorgfalt verwendet? Was um Himmels willen sucht, was findet Franz Joseph bei anderen Frauen? Sie vergißt dabei völlig ihr eigenes kühles Verhalten, wenn er bei ihr anklopft. Sie kann sich einfach nicht vorstellen, daß ein Mann von seiner

Gefährtin mehr erwartet als stumme Duldung und träge Hingabe.

In der Hofburg kursieren täglich neue geflüsterte Gerüchte, der Kaiser habe »einige seiner Junggesellengewohnheiten« wieder aufgenommen. Die Gerüchte stellen sich diesmal als wahr heraus. Auf die erste Geliebte, die polnische Gräfin, folgt eine Schauspielerin, schließlich verliebt er sich auf der Jagd in ein Bauernmädchen. Es sind beileibe keine Exzesse, die liegen der pedantischen Natur des Kaisers fern. Es sind nur kleine Streifzüge auf verbotenes Gebiet. Der Wiener Hof findet an solchen amourösen Abenteuern durchaus nichts Ungewöhnliches, im Gegenteil, sie entsprechen den allgemeinen Gepflogenheiten. Eher fällt schon die vollkommene moralische Makellosigkeit Elisabeths auf. Wien ist seit jeher leichtlebig, ein lockeres Pflaster. Unter dem Doppeladler regiert Eros, der Gott der erotischen Phantasie.

Sophie sorgt dafür, daß die Kaiserin von den Liebeserlebnissen ihres Gemahls erfährt. Sie scheint immer genau zu wissen, wie sie Elisabeth am schwersten treffen kann. Es ist nicht unbedingt Eifersucht, was Elisabeth empfindet, so sehr liebt sie Franz Joseph wirklich nicht. Wohl aber fühlt sie sich in ihrem Stolz als Frau verletzt. Zu der Abneigung, die ihr entgegenschlägt, zu der Geringschätzung, die man sie fühlen läßt, gesellt sich nun etwas, das sie noch mehr trifft: Mitleid.

Der Bogen ist überspannt. Er zerbricht mit grellem Mißklang, den zu unterdrücken der Wiener Hof sich vergeblich bemüht. Das Unglaubliche, das, was niemand von Elisabeth erwartet hat, tritt ein: Sie will fliehen, will Wien verlassen. Eine ungeheure Unruhe und Sehnsucht nach einem Land, wo es all das, was sie so maßlos bedrückt, nicht gibt, überfällt sie mit voller Wucht. Einmal alles hinter sich lassen, alles vergessen in Ruhe und Einsamkeit. Sie will fort aus dem engen Kreis des Hofes, fort von den Prinzipienreitern, die sie umgeben. Die Tragödie findet ihren ersten Höhepunkt im Herbst des Jahres 1860.

Bestürzt muß der Kaiser erleben, daß sein Privatleben zum Gesprächsstoff wird, in den Wiener Salons wie in den europäischen Kanzleien, denen ihre in Wien akkreditierten diplomati-

schen Vertreter in verschiedenen Versionen über die gesund-
heitliche Krise der jungen Kaiserin berichten und über ihre
Gründe Spekulationen anstellen.

»Ich fühle mich krank, ich will weg aus dem Lande, weit
weg.« Das sind Elisabeths eigene Worte. Doch was sie denkt
und plant, was sie tut, ist nicht einfach nur eine Flucht, das
bedarf auch keines Mitleids. Es ist vielmehr eine Auflehnung –
eine Rebellion gegen die Jahre des Unglücks in ihrer Ehe, gegen
den Verrat Franz Josephs, gegen das stumpfe, tötende Gleichmaß der Dinge.

Nach außen hin erscheint Elisabeth als eine Frau, die sich in
enttäuschter Liebe verzehrt. Sie liebt aber nicht, sie rebelliert.
Ihr Stolz verlangt endlich Genugtuung. Auf den Bildern aus all
diesen und den folgenden Jahren kann man nichts von vergeblich sich sehnender Liebe erkennen; in diesen marmornen, fein-
gemeißelten, beherrschten Zügen ist nur harte, unversöhnliche
Abwehr. Ihre Augen verraten eine eisige Ablehnung der Welt.
Und um ihren Mund spielt bisweilen ein fast unmerklicher Zug
von Sarkasmus.

»Ich fühle mich krank«, sagt sie. Ein sehr bezeichnender Satz.
Sie sagt nicht: »Ich bin krank«. Es ist ein Gefühl, bald auch ein
Vorwand. Sie will einfach heraus aus diesem erdrückenden
Wien. Es ist nicht wahr, was am Hof kolportiert wird, daß ihre
Lebensweise den Körper übermäßig geschwächt hätte: geringe
Nahrung bei viel körperlicher Bewegung, wenig Schlaf, die kal-
ten Bäder, das Turnen im Freien, die Lust am Reiten. Es ist genau
umgekehrt: Trotz der besonderen Lebensweise, trotz der an-
spruchsvollen Pflege ihres Körpers fühlt sich Elisabeth krank.
Die Zerstörung der Selbstsicherheit hat ihre Nerven reizbar
gemacht.

Aufgescheucht eilen die Ärzte des Hauses Habsburg herbei.
Dr. Johann Seeburger, der Komplize Sophies, zu dem Elisabeth
nicht das geringste Vertrauen hat, dann Professor Dr. Josef Skoda von der Wiener Universität, der Begründer der modernen
physikalischen Diagnostik, ein Meister der Perkussion und Aus-
kultation. Skoda ist ein hervorragender Mediziner, aber kein
Psychologe. Dabei sind Elisabeths Leiden vor allem seelisch

bedingt. Seelisch? Um Gottes willen! Da denken die Leute am Ende noch, sie sei toll geworden, verrückt. »Merkwürdig ist sie halt immer gewesen« – und damit muß die Sache doch erledigt sein. Nein, um den Eheskandal – einen Eklat hat selbst Sophie nicht heraufbeschwören wollen – zu vertuschen, wird energisch nach körperlichen Symptomen gesucht. Elisabeth muß eine Krankheit haben, deren Behandlung man in Angriff nehmen kann. Das Bronchialleiden, das anfangs eilig konstatiert wird, das Lungenleiden, das man dann festzustellen meint, wird abgelöst von einer Anämie. Und schließlich das Gerede von einer Herzaffektion – aus dieser Mischung können die wildesten Gerüchte aufschießen.

Sie irren sich alle, aber daraus kann man ihnen keinen Vorwurf machen, damals sind nervöse Erkrankungen noch kaum bekannt, weder weiß man etwas über ihre Ursachen, noch kennt man eine geeignete Behandlung.

Im November 1860 ist Elisabeth durch ihre Leiden völlig erschöpft. Mehrmals geht in Wien sogar das Gerücht von ihrem Tod um. Die Ärzte können sich diesen mysteriösen Verfall, der durch kein Mittel aufzuhalten ist, nicht erklären. Die Diagnosen widersprechen einander, eine Theorie jagt die andere. Man stellt wieder beginnende Lungenschwindsucht, dann eine Verletzung der weiblichen Organe fest. Niemand sieht – oder vielleicht wagt es auch keiner zu sagen, daß Elisabeths Leiden eine seelische, eine intime Ursache hat. Es sind ihre Nerven, die zerrüttet sind. Und sie hat einfach keine Kraft, keine Reserven mehr.

Es wird ein langer Kampf mit den Ärzten. Elisabeth weiß selbst, daß sie am Rande ihrer Kräfte ist; der Körper hat seine Kraft verloren, die Lunge ist vielleicht angegriffen, sie spürt es an dem Fieber, das sie täglich befällt, an der Mattigkeit der Glieder und an dem völligen Versagen des Magens. Trotzdem wehrt sie sich gegen die Ärzte, deren Kunst an der Oberfläche sucht, rät und tastet, ohne Ahnung, wo eine Krankheit wirklich zu suchen wäre. Wie gräßlich, dieses tägliche Ausfragen und fürsorgliche Anordnen.

Die Ärzte einigen sich nach mehreren Untersuchungen und verschiedenen Konsultationen auf die Diagnose einer beginnenden Schwindsucht. Sie raten der Kaiserin zu einem längeren Kuraufenthalt in einem milden und kräftigen Klima, zum Beispiel am Gardasee. Es gibt in Österreich viele herrliche Orte und Seen, an denen sie Erholung finden könnte, Abbazia und die Adria mit der heilenden Sonne, Franz Joseph schlägt einen Aufenthalt in Meran in Südtirol vor, inmitten der besonnten Berghänge im malerischen Rahmen alter Häuser. Elisabeth aber wehrt sich heftig dagegen: Sie will viel weiter fort, bis übers Meer, wohin man ihr nicht so leicht folgen kann. Wo sie nicht so leicht zu erreichen ist. Wo sie nichts mehr hört und sieht. Sie will nach Madeira, zur Insel des Weins und der Blumengärten, mitten im Atlantik. Sie weiß, daß nur eine vollkommen andere Umgebung das Gefühl der furchtbaren Leere und Zerrissenheit heilen kann. Und da die Ärzte mit ihren Vorschlägen keinen Erfolg haben, erklären sie sich schließlich mit einem Kuraufenthalt auf Madeira einverstanden.

Die Krankheit der Kaiserin hat die Öffentlichkeit aufgerüttelt, aus allen Teilen des Reiches, sogar aus dem Ausland treffen Ratschläge, Heilmittel, sogar »Wunderarzneien« ein.

In großer Eile werden die Vorbereitungen für die Reise getroffen. Elisabeth wird nur ein kleines Gefolge mitnehmen, Hofdamen, Ärzte, Zofen, Kammerdiener und einen Ehrenkavalier, den Husarenoberleutnant Graf Imre Hunyady. Sophie hat ihrer Schwiegertochter einst Kräutertee als geeignetes Mittel gegen ihre Melancholien empfohlen, und Graf Grünne ist in seiner unverfälschten Wiener Art für Tokayer gewesen. Doch Elisabeth hat selbst das einzige Mittel gefunden: die Freiheit.

*A*ufbruch nach Madeira, zu der Insel, die das ganze Jahr über in Blüte steht. Sie liegt mitten im Ozean, zwölfhundert Kilometer von Lissabon, dreitausend Kilometer von Wien entfernt. Gerade diese Entfernung reizt Elisabeth. Anscheinend nicht eine Minute haben ihre Pflichten als Frau, als Mutter und Kaiserin sie zögern lassen, ihrem Fluchtbedürfnis nachzugeben. Aber wie dorthin kommen? Sie bewegt nur die Frage, ob sie von

Venedig oder von Triest aus nach Madeira hinausfahren soll. Und auf welchem Schiff.

Die Etikette legt ihr wieder einmal einen Stein in den Weg: Die Kaiserin kann nicht einfach wie eine Passagierin reisen oder das Schiff irgendeiner Schiffahrtsgesellschaft mieten, die erhabene Gemahlin »Seiner Apostolischen Majestät des Kaisers und Königs« darf natürlich nur ein Schiff besteigen, das die Flagge mit dem Wappen der Habsburger führt. Die kaiserliche Admiralität befindet sich begreiflicherweise in der größten Verlegenheit, weil kein Avisoschiff verfügbar ist. Die Kaiserin findet es lächerlich, eigens ein Kriegsschiff umzudirigieren, das doch immer unbequem bleibt. Und die sorgfältigen Vorbereitungen, die der Hof verlangt, nehmen mehrere Wochen in Anspruch. Elisabeth wird zunehmend ungeduldiger und nervöser.

Da kommt Hilfe von unerwarteter Seite. Königin Victoria von England befreit sie aus der Verlegenheit, bietet ihre Yacht »Victoria and Albert« an, um sie von Antwerpen nach Funchal zu bringen, während auf der »Osborne« Dienerschaft und Gepäck befördert werden.

Endlich ist alles klar. Elisabeth verläßt Wien am 17. November 1860 zusammen mit dem Kaiser, der sie bis nach Bamberg begleitet. Sie geht in Antwerpen an Bord der Yacht. Victoria sei Dank! Die englische Königin sympathisiert sehr mit dem Wiener Hof und ist glücklich, der jungen Kaiserin, von der so beunruhigende Nachrichten nach London dringen, die Reise zu erleichtern. Die Yacht ist ein kleiner schwimmender Palast und bietet ihr alle nur denkbaren Bequemlichkeiten. Sogar Baderäume gibt es, die Elisabeth in den Wiener Schlössern so sehr vermißt.

Der Himmel strahlt bei der Abfahrt. Elisabeth steht an Deck, als sich die Anker lichten, atmet tief durch. Ihr blasses Gesicht belebt sich. In ihre Augen tritt ein Leuchten, wie von den Reflexen der glitzernden Wellen auf dem Wasser. Schon jetzt spürt sie, wie heilsam die Seeluft auf ihre Nerven wirkt. Leicht und federnd geht sie auf dem Deck des Schiffes auf und ab und ist so frisch wie schon lange nicht mehr.

Dann erhebt sich auf der Fahrt ein Sturm, der die Yacht wie eine Nußschale hin- und herwirft. Alle leiden furchtbar unter der Seekrankheit und flüchten unter Deck, nur die Kaiserin fühlt die Krankheit von sich abfallen. Sie ist wie elektrisiert und verzaubert von dem Aufruhr der Elemente, läßt sich sogar in ihrem Liegestuhl auf Deck festbinden, um nicht von den überschlagenden Wellen über Bord gespült zu werden. Keinen Augenblick dieses grandiosen Schauspiels der Natur will sie sich entgehen lassen. Sie wird nicht müde, den Anblick des wildtobenden Meeres und das Spiel der prächtigen Farben des Himmels und des Meeres auf sich wirken zu lassen. Die »allgewaltige Natur«, die sie einmal selbst »die große Vermittlerin« nennt, wirkt wie ein Spiegelbild ihres aufgewühlten Inneren und beginnt Schmerz und Leid aus ihrer Seele zu vertreiben.

Nach einer zehntägigen Schiffsreise bei ständig hohem Seegang, unter dem sie bis zuletzt nicht im geringsten leidet, trifft sie in Funchal ein. Eine neugeborene, leichtbeschwingte junge Frau verläßt das Schiff. Zwar ist ihr Gesicht ernst und blaß, doch der gequälte Ausdruck ist daraus verschwunden. Graziös trägt sie eine spanische Spitzenmantille und einen entzückenden, breitrandigen Florentiner Hut. Und sofort beginnt für sie ein neues Leben.

In Wien wirbelt der Winter seine Schneeflocken, hängen die Nebel grau um den Stephansdom. In Madeira wird Elisabeth von Palmen erwartet, Palmen mit breiten, sanftgeschwungenen Wedeln, in denen leise ein lauer Wind flüstert, von Drachenbäumen, kristallblauem Meer und lachender Sonne. Ein Grande als Vertreter des portugiesischen Königs Pedro begrüßt sie an der Mole, übergibt ihr einen Willkommensbrief, obwohl sie sich jeden Empfang verbeten hat, weil sie vergessen will, daß sie Kaiserin ist. Er begleitet sie zu ihrer Villa, die hoch auf einem weit ins Meer hinausragenden Felsen liegt. Graf Carvahal, der reichste Grundbesitzer der Insel, hat ihr das einfache, aber geräumige Haus überlassen und es zu ihrer Bequemlichkeit eingerichtet. Über eine breite Terrasse führt der Weg hinab zum Meer. An der äußersten Felswand, die einige hundert Meter senkrecht ins Meer abstürzt, befindet sich inmitten tropischer Blumenpracht ein zu der Villa gehöriger Pavillon.

Der belebende Einfluß des blauen Himmels, der Seewinde,

des unendlichen Horizonts, der kräftigen Luft, der üppigen Vegetation wirkt wie ein Zauber: Rasch, innerhalb weniger Tage kehren ihre Kräfte zurück, ihre ängstlichen Stimmungen verlieren sich, der Aufruhr ihrer Seele legt sich an manchen Tagen völlig. In Funchal wird Elisabeth völlig zurückgezogen leben können, wie eine verwunschene Prinzessin, in diesem rosenumhegten Haus. Die Blumen duften betörend. Orangen- und Zitronenhaine, wundervolle Kamelienbäume, die herrliche Lage Funchals am Meer, was will sie mehr?

Zwar haben ihr die Ärzte das Reiten verboten, dafür aber darf sie lesen – Werke von Rousseau, Gedichte von Heine und Lamartine. Sie kann ungestört ihren Gedanken nachhängen, sie ist ihre eigene Herrin. Wien mit seinen Aristokraten, mit der Kaisermutter, mit dem Kaiser, der jetzt allein in den Zimmerfluchten des Schlosses Schönbrunn logiert, sind fern. Zum ersten Mal kommt sie ihren eigenen, tiefen, unwiderstehlichen Bedürfnissen auf die Spur. Jeden Tag liest sie in ihrem Boudoir oder einem duftenden Mimosenwäldchen stundenlang in ihren Büchern. Dante, Shakespeare, Byron, Shelley, Keats, Schopenhauer, Sand, Leopardi, sie alle haben ihr viel zu sagen. Sie fühlt die Anziehung der unsichtbaren Welt, das tragische Rätsel des Leidens und des Todes, die Schönheit des Spiels der freien Kräfte – und schließlich jene Pflicht, die allen anderen vorangeht: die Pflicht, gegen sich selbst ehrlich zu sein.

Elisabeth denkt viel über sich nach. Erst hier kommt sie zur Ruhe, die Stürme in ihrem Herzen legen sich und machen einer Ausgeglichenheit, ja einem tiefen Gefühl der Freude Platz, das sie nicht mehr für möglich gehalten hat.

Sie liest Rousseaus »Emile«. Und Heinrich Heine erregt wieder ihre Aufmerksamkeit, in ihren späteren Jahren wird er ihr Lieblingsdichter. Er ist der Poet der romantischen Ironie für sie, der Witz, mit dem er über die verlorenen Illusionen des Lebens schreibt, schlägt verwandte Saiten in ihrer Seele an. »Verriet mein blasses Angesicht – Dir nicht mein Liebesweh«, das ist schön gesagt, aber sie verehrt in Heine mehr als den Sänger enttäuschter Liebe.

Die Villa am Ufer des Meeres liegt ganz hinter Blumen

Elisabeth auf Madeira (1860).

versteckt. Elisabeth ist entzückt darüber, sich den Augen der neugierigen Öffentlichkeit völlig entziehen zu können. Täglich unternimmt sie lange Spazierfahrten. Sie berauscht sich an blauem Himmel, Sonne und Meer, genießt die Landschaft, fühlt ein ungeahntes Glück. Hier stört und kritisiert sie niemand. Die Luft ist verführerisch weich. Elisabeth füllt ihr Haus mit Singvögeln. Ihren mit weißen Ponys bespannten leichten Wagen fährt sie selbst, und Shadow, ihr irischer Terrier, läuft hinterher.

Schmerzlich vermißt sie jedoch ihre Kinder. Sie schreibt ihnen oft Briefe, wie zum Beispiel diesen an ihren Sohn: »Mein lieber Rudolph, Ich habe gehört Du warst ja ganz bös, daß ich Dir nicht auch geschrieben habe. Ich habe gedacht Du wärest zu klein, um das zu verstehen, aber Du bist ja jetzt auch schon ganz vernünftig, ich werde Dir recht viele und schöne Spielsachen mitbringen. Erinnerst Du Dich denn noch ein wenig an mich? Es küßt Dich innigst und von ganzem Herzen, mein liebes liebes Bubi Deine Mama.«

Elisabeth sehnt sich maßlos nach den Kindern, in Wien hat sie sie doch wenigstens täglich gesehen. Ein Widerspruch? Nein, sie folgt ihrer unstillbaren Sehnsucht nach der Ferne, nach einer unbekannten Welt, in der sie selbst unerkannt sein darf, nach dem Abenteuerlichen. Es ist nur so, daß sie immer einen Preis zahlen muß.

Auch in Madeira wechseln ihre Stimmungen oft. Nach ein paar Wochen passiert es, daß sie sich tagelang in ihre Zimmer einschließt, keinen Schritt auf die Straße tut. Dann wieder ist sie lustig wie ein Kind, vor allem, wenn sie mit Caroline Gräfin Hunyady, genannt Lily, zusammen ist, sie ist zu ihrer Lieblingshofdame geworden, zu ihr hat sie eine enge und vertrauensvolle Bindung entwickelt. Die Kaiserin läßt sich mit ihr und den anderen Hofdamen – Helene Gräfin Thurn und Taxis (nicht zu verwechseln mit Elisabeths Schwester Néné) und Mathilde Gräfin Windischgrätz – photographieren. Alle vier Damen sind betont leger *à l'espagnole* gekleidet, tragen alle Matrosenblusen, die Kaiserin spielt Mandoline. Elisabeth schickt das Bild dem Kaiser nach Wien, auch an die Eltern in Possenhofen. Der frühere glückliche Zug um ihren Mund ist wieder da.

Nicht so erbaut von dem langen Aufenthalt im Paradies scheint die kleine Hofgesellschaft zu sein, die Begleiterinnen klagen gereizt über das unproduktive Nichtstun und die Langeweile.

Dreiundzwanzig Jahre ist Elisabeth damals, ein Alter, in dem heute die meisten Frauen gerade beginnen, sich ihr Leben und ihre Ehe aufzubauen. Sie aber hat scheinbar alles schon durchlebt, ist durch eine harte und bittere Schule des Lebens gegangen. Und trotzdem hat sie bislang nicht einmal eine Ahnung davon bekommen, was Liebe ist. Franz Joseph vermochte ihr außer der Leidenschaft des verliebten Mannes nichts entgegenzubringen, und jeder andere, der sich ihr hatte nähern wollen, wurde durch ihre kaiserliche Würde abgehalten, sie anzusprechen. Erst hier auf Madeira in der Freiheit kommt ihr die wirkliche Liebe zum ersten Mal nahe.

Graf Imre Hunyady macht keinen Hehl aus seiner Neigung für die schöne und unglückliche junge Kaiserin, die anfangs von einer unnatürlichen, eisigen Abwehr ist. Er würde sein Leben dafür geben, ein Lächeln auf ihr Gesicht zu zaubern. Elisabeth, weich geworden durch die Atmosphäre dieser lichtüberfluteten Insel, gibt offen zu, daß er ihr gefällt. Er sieht gut aus, ist schlank, elegant und klug. Bald nennt sie ihn »lieber Freund«. In seinen Blicken liest sie unschwer, wie verliebt er ist.

Sie scheint bereit, sich auf ein Abenteuer einzulassen. Doch das Idyll wird allzu schnell zerstört. Das Gefolge der Kaiserin hat seit langem nichts besseres mehr zu tun als zu spionieren und zu kombinieren, wie weit wohl die Beziehung zwischen dem Kavalier und der Kaiserin von Österreich schon gediehen ist. Plötzlich glaubt man, der entscheidende Moment sei gekommen – was eigentlich geschehen ist, ist bis heute nicht bekannt, jedenfalls fliegt ein Telegramm nach Wien. Man berichtet, Hunyady folge der Kaiserin auf Schritt und Tritt, ein Skandal sei zu befürchten. In Wien werden energische Maßnahmen getroffen, Hunyady wird sofort abberufen.

Der Besuch ihrer Schwester Helene ist eine wirkliche Überraschung für Elisabeth. Die Welt ihrer Kindheit tut sich wieder auf und vertreibt die vielen Stunden tiefer Melancholie, die sie trotz allem auf dem blühenden, duftenden Madeira durchlebt.

Sie bekommt viele Briefe aus der Heimat, der Kaiser schreibt ihr unermüdlich, unterzeichnet seine Briefe zärtlich mit »Dein Kleiner«. Auch Elisabeth wird zu einer fleißigen Korrespondentin, tauscht mit ihren Geschwistern zahllose Briefe aus und erfährt alles, was vorgeht, unter anderem von Maries Schicksal in Gaeta und dann in Rom.

Auch Graf Carl Grünne, der Freund in Wien, darf sich über Briefe von Elisabeth freuen: »Ich bin ... überzeugt, daß Sie recht viel an mich denken, und ich Ihnen, besonders wenn Sie in Wien sind, auch ein wenig abgehe. Wir sprechen sehr oft von Ihnen, Ihre Gesundheit war bei unserer Abreise doch nicht ganz hergestellt, und da Sie in letzter Zeit oft leidend waren, werde ich sehr froh sein, einmal von Ihnen selbst zu hören, wie es Ihnen geht. ... Ich bitte, schreiben Sie mir auch recht ausführlich über unsere Pferde, wie sehr mir das ordentliche Reiten abgeht, kann ich Ihnen gar nicht sagen. Ich kann den Augenblick nicht mehr erwarten, wieder auf dem Forester oder der Red Rose zu sitzen, das stundenlange Schrittreiten auf dem schrecklichen Pflaster hier, und dazu die furchtbaren Pferde ist ärger wie gar nicht reiten, aber am Ende doch die einzige Art, um ein wenig weiter zu kommen.«

An einem der düsteren Tage voller Langeweile schreibt sie: »Das wäre etwas für Sie, hier zu leben, ich glaube Sie hielten es nicht 14 Tage aus. Wenn ich gewußt hätte, wie es hier ist, hätte ich mir für so lange Zeit schon lieber einen anderen Ort gewählt, denn wenn auch die Luft nichts zu wünschen übrig läßt, so gehört dennoch mehr dazu, um angenehm zu leben.«

Mit den langsam verstreichenden Wochen wächst in Elisabeth das Gefühl des Fernwehs, aber auch der Unzufriedenheit. Sie sorgt sich um Ungarn, um Italien, um drohende Aufstände und Feldzüge, beklagt sich wortreich gegenüber Grünne, daß Franz Joseph ihr so gar nichts über die politische Entwicklung schreibt, und bittet: »Über Alles das können Sie mir nicht genug schreiben, ich bitte Sie, thuen Sie es mit jedem Curier, Sie machen mir eine so große Freude, und ich werde Ihnen sehr dankbar sein.« Immer wieder unterschreibt Elisabeth ihre Briefe an Grünne mit einer ehrlichen »Versicherung meiner aufrichtigen Freundschaft, mit der ich immer bleibe, Ihre Sie innigstliebende Elisabeth.«

Wenn sie an Grünne denkt, regt sich sogar eine bescheidene Vorfreude auf die Rückkehr nach Wien: »Mir ist es leid, den Mai in Wien zu versäumen, besonders die Rennen. In anderer Hinsicht ist es wieder angenehm, so kurz als möglich in der Stadt und mit, oder doch in der Nähe von Jemand zu sein, die (gemeint ist Sophie, d.V.) sich gewiß die Zeit meiner Abwesenheit recht zu Nutzen gemacht hat, um den K. (Kaiser, d.V.) und die Kinder zu dirigiren und zu überwachen. Der Anfang wird nicht süß sein und ich werde eine Weile brauchen, bis ich mich wieder hineinfinde, das Hauskreuz aufzunehmen. ... Wie freue ich mich, das Erste Mal wieder mit Ihnen im Prater zu reiten, ich bitte Sie, lassen Sie mir den Forester dazu richten und für das zweite Mal die Gipsy Girl, auf die ich mich besonders freue, weil ich einen Hut habe, der gerade für ein schwarzes Pferd paßt. Jetzt sehe ich ordentlich, wie Sie mich auslachen, wenn Sie das lesen. ... Wir haben sehr kalte Ostertage und ich bin eigentlich empört, daß es nicht grüner ist, wenn man schon einmal in Madeira sitzt, will man auch heiß haben und nicht frieren wie in der lieben Heimath.«

Franz Joseph bekommt allerdings nicht nur die durch seine Frau gefilterte Wahrheit zu lesen. Graf Louis Rechberg, den er nach Madeira schickt, erstattet ihm Bericht, sicherlich sehr zurückhaltend, während er in einem Brief an seine Tante Pauline Rechberg deutlicher wird: »Moralisch ist ... die Kaiserin schrecklich gedrückt, beinahe melancholisch, wie es in ihrer Lage wohl nicht anders möglich ist – sie sperrt sich oft beinahe den ganzen Tag in ihrem Zimmer ein und weint. Unbegreiflicherweise hat sie noch keinen Brief der Königin von Neapel, seitdem sie hier ist. Durch mich hoffte sie, einen zu bekommen und weinte den ganzen Tag meiner Ankunft, als sie sich enttäuscht sah.« Er beklagt sich: »Sie ißt schrecklich wenig, so daß auch wir darunter leiden müssen, denn das Essen, vier Speisen, vier Desserts, Kaffee etc. dauerte nie über fünfundzwanzig Minuten.« So verlangt es die Vorschrift des Hofes: Keiner darf weiteressen, wenn die Kaiserin Messer und Gabel aus der Hand gelegt hat.

Ende April 1861 ist Elisabeth so erfrischt und vollständig wiederhergestellt, daß kein zwingender Grund mehr besteht, noch länger auf Madeira zu bleiben. Ihre Gesundheit hat sich, für alle sichtbar, wesentlich gebessert. Sie hustet nicht mehr und schläft gut. Aber Heilung bedeutet Rückkehr nach Wien. Nicht ohne Bedauern verläßt Elisabeth die Insel, obgleich ihre Zugvogelnatur sie auch weitertreibt: »Wenn ich gewußt hätte, wie es hier ist, hätte ich mir für so lange Zeit schon lieber einen anderen Ort gewählt, denn wenn auch die Luft nichts zu wünschen übrig läßt, so gehört dennoch mehr dazu, um angenehm zu leben.« Die unruhige Zugvogelnatur zieht es schon wieder davon: »Jedes Schiff, das ich wegfahren sehe, gibt mir die größte Lust, darauf zu sein, ob es nach Brasilien, nach Afrika oder ans Kap geht, es ist mir einerlei, nur nicht so lang auf einem Fleck sitzen.«

»Ich könnte es nie lange an ein und demselben Ort aushalten«, gesteht sie bei der Abfahrt. Die Bevölkerung Madeiras zeigt deutliche Zeichen von Trauer.

Auch für die Rückreise stellt ihr die englische Königin die Yacht zur Verfügung. Elisabeth, die Funchal am 28. April 1861 verläßt, zeigt jedoch keine Eile heimzukehren: Sie trödelt auf dem Heimweg wie eine Schülerin, die Kirschen pflückt. Die Rückreise führt sie über Spanien. Zunächst in die spanische Hafenstadt Cádiz, dann in der vergeblichen Hoffnung, ihr Inkognito wahren zu können, mit der Bahn weiter für einige Tage nach Sevilla, wo sie einen prunkvollen Empfang über sich ergehen lassen muß, den ihr der Herzog von Montpensier, ein Bourbone, bereitet, obwohl sie nichts so sehr verabscheut wie solche höfischen Veranstaltungen. Ganz Sevilla ist auf den Beinen, als die Kaiserin die Stadt durchstreift, sie flüchtet vor den Neugierigen, die ihr einen längeren Aufenthalt verleiden. Es bleibt gerade noch Zeit, um sich, zum ersten Mal in ihrem Leben, einen Stierkampf anzusehen.

Sie vagabundiert fast einen Monat lang herum, streift Gibraltar, Mallorca, Malta und schließlich Korfu, wo sie am 15. Mai an der Küste von Gasturi eintrifft. Elisabeth ist von dieser Insel so begeistert, daß sie ernsthaft denkt, für länger hier zu bleiben.

*Elisabeth und Franz Joseph zu Besuch in
Schloß Miramare bei Erzherzog Maximilian (vorn rechts)
und Charlotte, dem späteren Kaiserpaar von Mexiko.*

Doch der Kaiser drängt jetzt energisch auf ihre Rückkehr. Franz Joseph und sein Bruder Maximilian fahren ihr zur See mit fünf Dampfern bis Lacorma entgegen. Am 18. Mai steigen sie zusammen bei Schloß Miramar bei Triest, das sich Erzherzog Maximilian auf einem die Adria beherrschenden Felsen hat erbauen lassen, an Land. Auf der breiten Landungstreppe des Schlosses umarmt Erzherzogin Charlotte die heimkehrende Kaiserin, während alle Kriegsschiffe auf der Reede Salut schießen.

Dieser Besuch, der ganz nach einer Versöhnung zwischen den Brüdern aussieht, wird durch das Verhalten Elisabeths ihrer Schwägerin gegenüber verdorben. Kaum haben sich die Ehemänner entfernt, um in Triest öffentliche Pflichten wahrzunehmen, verzieht sich die Kaiserin in ihre Räume und verläßt sie erst wieder, als sie zurückkehren. Noch tiefer wird Charlotte gekränkt, als einer der großen englischen Schäferhunde, die Elisabeth aus Madeira mitgebracht hat und nicht im Zwinger einschließen lassen will, Charlottes kläffendes Schoßhündchen, ein Geschenk von Königin Victoria, angreift und totbeißt.

Wenigstens findet Elisabeth hier einen Übergang von der völligen Unabhängigkeit in die ihr so bekannte und verhaßte Atmosphäre des Reglements, die sie wieder umfängt, kaum daß sie am 25. Mai das Tor der Hofburg durchschreitet. Die Wiener, die bereits nicht mehr an eine Rückkehr glauben wollten und oft ein widersprüchliches Verhalten zu ihrer Kaiserin an den Tag legen, bereiten ihr einen begeisterten Empfang.

*N*un ist sie wieder angekommen, in der pompösen, theatralischen Welt, die sie so sehr verabscheut, gefangen in der zeremoniellen Pracht ihres Lebens als Repräsentantin und Souveränin. Der erste Zusammenstoß ereignet sich gleich bei ihrer Rückkehr. In ihrer Eile, ihre Kinder wiederzusehen, stürzt Elisabeth, kaum daß sie aus dem Wagen gestiegen ist, in ihre Gemächer. Sofort wird sie zur Erzherzogin Sophie bestellt: Vor den Kindern muß sie erst sämtliche Familienmitglieder nach Rang und Alter empfangen. Warum sollte sich das Leben in

Elisabeth (Ende der fünfziger Jahre).

Wien auch geändert haben? Nur weil es ihr gefallen hat, es im sanften Streicheln des Seewindes und im wunderbaren Duft der Gärten zu vergessen?

Während der ersten Tage überläßt sie sich ganz der Freude, ihre Kinder wiederzusehen, besonders das jüngste, ihren Sohn Rudolf. Aber er wirkt wie ein kleiner Fremder auf sie. Der nächste Gang führt sie zu den Ställen, zu ihren Pferden. Jeden Morgen zieht sie sich das Reitkostüm an und jagt in raschem Tempo unter den Kastanienbäumen des Prater dahin.

Da Elisabeth immer in aller Öffentlichkeit reitet, kann sie sich den offiziellen Verpflichtungen freilich nicht entziehen und sich von den Empfängen nicht fernhalten. Sie stellt sich also zur Verfügung und gibt sich alle Mühe. Elisabeth hat nachgedacht, beherzigt auch Helenes Rat: Sie will sich zwar ihre kleinen Reservate nicht nehmen lassen, sich aber dem Hof mehr anpassen als bisher. Doch ihr Körper gibt sofort wieder seine Warnsignale. Sie bekommt Beklemmungen, unbestimmte Schmerzen quälen sie, nicht lokalisierbar und doch pochend wie eine offene Wunde, Schlaflosigkeit, Bedrücktheit, irritierende Angstgefühle, Schwindelanfälle stellen sich wieder ein, all das unbestimmte und wirre Unbehagen, von dem sie sich befreit geglaubt hat. Erneut eingehende Untersuchungen der Ärzte, endlose Konsultationen, man ist sich nicht schlüssig. Dr. Fischer, ihr Familienarzt, wird aus München gerufen, er diagnostiziert zusammen mit dem behandelnden Wiener Arzt Dr. Skoda eine drohende tuberkulöse Entzündung. Wieder eine Diagnose, mit welcher die Ärzte völlig danebenliegen, weil sie sich psychosomatische Symptome nicht erklären können. Immerhin verabschieden sie sich – trotz der Hustenanfälle – schließlich von der Diagnose Tuberkulose, lassen aber alles im ungewissen, legen sich nicht fest. Und auch diesmal irrt sich die medizinische Wissenschaft. Die merkwürdigen Gesundheitsstörungen der Kaiserin, die seltsame Krankheit ohne Namen, die durch den Aufenthalt auf Madeira geheilt zu sein schien und nun nach kurzer Rückkehr erneut auftaucht – reine Nervensache, eine Form von Psychoasthenie.

Doch die Fieber- und Hustenanfälle werden schlimmer,

Schmerzen im Unterleib kommen hinzu. Ein Verdacht, den sie früher von sich gewiesen hat, meldet sich von neuem. Eine Geschlechtskrankheit? Übertragen durch Franz Joseph? Elisabeth, nun ernstlich beunruhigt, sagt sogar die Reise zur Hochzeit ihrer Schwester Mathilde mit dem ältesten Bruder von König Franz II., Graf Ludwig von Trani, am 5. Juni ab. Wieder flammen in der Hofburg die Streitigkeiten um die Kinder auf, wieder zieht sich die Kaiserin vom Hofleben zurück. Wieder geistern Gerüchte vom zu befürchtenden Ableben der Kaiserin durch die Gazetten und Kaffeehäuser. Der bayerische Gesandte Graf Bray meldet nach München, es bestehe nur wenig Hoffnung auf Genesung, die Krankheit sei tödlich. Auch der englische Gesandte glaubt, die Kaiserin müsse schwer krank sein.

Als Elisabeths Zustand täglich schlechter zu werden scheint, zeigt sich der Hof wirklich beunruhigt. Schließlich verständigen sich die Koryphäen darauf, eine neue Kur in einem milden Klima zu verordnen. Sie drängen darauf, daß die Kaiserin Wien so bald wie möglich verläßt, raten jedoch zu dem am Eingang des Adriatischen Meeres gelegenen, zwei Tagesreisen von Triest entfernten Korfu. Dort hat man wieder eine entzückende, ganz von Blumen umgebene Villa ausfindig gemacht, die zehn Kilometer vom Hafen an einem Berghang liegt.

Der Abschied von Wien wird herzzerreißend. In Tränen aufgelöst, umarmt Erzherzogin Sophie die Kleinen, Gisela und Rudolf, als sei es ein Abschied für immer und als gingen »sie einem großen Unglück entgegen, dem Verlust ihrer armen Mutter«. Völlig verstört schreibt die Schwiegermutter in ihr Tagebuch: »Traurige Trennung von unserer armen Sisi, vielleicht fürs Leben. Sie weinte und war extrem bewegt und bat mich um Verzeihung für den Fall, daß sie für mich nicht so gewesen ist, wie sie es hätte sein sollen. Ich kann meinen Schmerz, den ich empfand, nicht ausdrücken, er zerriß mir mein Herz.«

Elisabeth selbst muß geglaubt haben, mit einer unheilbaren Krankheit geschlagen zu sein. Sie gibt beim Abschied ihrer Kinderfrau Leopoldine Nischer die beiden Kinder mit den Worten, »es wäre ja das einzige, was dem Kaiser bliebe«.

Die Nachrichten überstürzen sich, in der Öffentlichkeit

wächst die Sorge um die Kaiserin, die Zeitungen übertreffen sich gegenseitig in Meldungen und Spekulationen. Erzherzogin Therese berichtet von der großen Aufregung in der Bevölkerung beim ergreifenden Abschied des Kaiserpaares von Laxenburg: »Eine zahllose Menge hatte sich am Bahnhofe eingefunden. Es herrschte eine lautlose Stille, nur unterbrochen von dem Schluchzen einiger Frauen. Als der Zug langsam sich fortbewegte, hatten die Leute den Eindruck, als ob ein Leichenzug vorüberführe.«

Als Franz Joseph seinen Bruder Max bittet, Elisabeth nach Korfu zu begleiten und dort für ihre Bequemlichkeit zu sorgen, kommt das ohnehin schlechte Verhältnis zwischen Elisabeth und Charlotte auf seinem Tiefpunkt an. Verständlicherweise ist die Schwägerin empört, weil man sie völlig übergeht und weil ihr »wunderbarer und brillanter Max«, dem man eine seinen Talenten entsprechende Stellung versagt hat, nun wie ein Kammerherr behandelt wird, den man jederzeit beauftragen kann, sich um eine neurotische Schwägerin zu kümmern. Ihr ganzer coburgischer Stolz lehnt sich dagegen auf, und da sie viel willensstärker ist als Max, bringt sie ihn dazu, daß auch er sich gegen die »Zumutung« auflehnt, die er sonst schweigend akzeptiert hätte. Nun bekommen auch seine Bemerkungen über die Kaiserin einen ungewohnt sarkastischen Ton. Durch die Augen seiner Frau gesehen, ist Elisabeth mit einem Mal nicht mehr die schöne Undine, sondern eine verwöhnte, lästige Frau, die ihren Pflichten gegenüber Kaiser und Land nicht nachkommt.

Doch es bleibt dabei: Franz Joseph bringt seine Frau nach Triest, Maximilian empfängt sie in Miramar und begleitet sie nach Korfu.

Die Kaiserin trifft am 27. Juni 1861 auf Korfu ein. Auf der Insel der großen Erinnerungen des Odysseus, »der glücklichen Insel mit den prächtigen Gärten« und des sagenhaften Königreichs des Alkinoos und der Nausikaa, »durch Anmut und Schönheit den Unsterblichen gleich«. Rasch entdeckt Maximilian, daß die Todeskrankheit, an der Elisabeth angeblich leidet, im Grunde nichts anderes ist als nervöse Unrast. Und sie haben noch nicht Korfu erreicht, als er schon nach Hause schreibt, sie erhole sich so gut, daß es an ein Wunder grenze.

Die Landschaft gefällt Elisabeth noch besser als auf Madeira, sie mag die poetischen Reminiszenzen, die sich mit ihr verknüpfen. Sie trinkt in vollen Zügen die Atmosphäre dieser traumhaften und bezaubernden Insel, die sie als die wahre Heimat ihrer Seele zu schätzen lernt. Sie äußert sogar einmal, sie liebe Korfu so sehr, daß sie gern auf jede andere Reise verzichten würde, und wenn es in ihrer Macht läge, so würde sie sich dort für immer niederlassen.

Die ganze Insel scheint ein Blumenteppich mitten im smaragdgrünen, griechischen Meer zu sein. Die Sonne zieht lange glitzernde Streifen über das Wasser, Orangen und Zitronen blühen, die Myrtenbäume erfüllen die Luft mit ihrem berauschenden Duft. Elisabeth liebt es, in den verschwiegenen Buchten zu baden, sie läuft durch den Schaum der anbrandenden Wellen am Strand entlang, sie klettert auf Felsen, lauscht dem Gesang der Vögel.

Wie Madeira wird Korfu zu einem Zufluchtsort. Zuerst zieht Elisabeth sich ganz zurück und will keinen Menschen empfangen. Sie wohnt in der von einem großen Park umgebenen »Villa Monrepos«, die ihr der britische Lordoberkommissar der Ionischen Inseln, Generalmajor Sir Henry Storks, bereitwillig zur Verfügung gestellt hat. Manchmal besucht die Kaiserin Padre Simon, einen Mönch in der Einsiedelei auf der kleinen Insel.

In der ersten Zeit nimmt man alle erdenklichen Rücksichten auf ihren Zustand, selbst die Kanonenschüsse, die morgens und abends vom Fort donnern, werden ihretwegen eingestellt. Ihr Jugendarzt Dr. Fischer weilt wieder ständig in ihrer Nähe, auch Helene von Thurn und Taxis trifft am 23. August ein. Es ist merkwürdig, wie sehr Elisabeth mit all ihren Gedanken und Gefühlen in der eigenen Familie verwurzelt ist. Sie bereist so viele Länder, lernt so viel Neues und Unbekanntes kennen, aber immer sind es ihre Leute aus Possenhofen, mit denen sie alles verknüpft, so daß manchmal sogar ihr Gesundheitszustand davon abhängt, ob das eine oder andere Mitglied der Familie bei ihr ist.

Die Kaiserin schöpft Zuversicht, hier wieder gesund werden zu können. Ängstlich beobachtet sie ihren Körper, sie erschrickt vor dem Gedanken, möglicherweise ein Leiden zu haben, das sich nicht fassen läßt. Man hat den Fanatismus, mit dem sie ihren Körper bis an die Grenzen seiner Leistungsfähigkeit brachte, mißbilligt. Doch es ist nicht nur Eitelkeit, die sie treibt, sie liebt einfach dieses Gefühl der Leichtigkeit und Ausdauer, sie will die Kraft ihrer Lungen, die Härte der Schenkel wiederhaben.

Monate des Nichtstuns, der Ruhe und Stille, des Wartens. Worauf? Elisabeth unternimmt lange Spaziergänge, schwimmt ausgiebig im Meer, hungert sich halb zu Tode, wie immer. Das sich bald einstellende Gefühl der Langeweile vermag sie nicht zu unterdrücken. Auch die Sehnsucht nach den Kindern stellt sich wieder ein, Gisela bekommt Briefe von ihr, und auch für Rudolf, der das Schreiben an seine Schwester lesen darf, werden noch ein paar persönliche Zeilen angefügt: »Lieber Rudolph, Eben habe ich der guten Gisela einen langen Brief geschrieben, so daß mir nichts zu erzählen übrig bleibt. Jetzt reitest Du also schon, und sollst so schön gerad oben sitzen. Ich danke Dir auch für die schönen Alpenrosen, die lang in meinem Zimmer gestanden sind. Ich schicke Dir englische Bleisoldaten zum Aufstellen, wenn es regnet und Du im Zimmer bleibst. ... Umarme Dich innigst Deine Mama.«

Elisabeth hat auch hier wieder Muße, über ihre ehelichen und familiären Probleme nachzudenken. Verzweifelt sinnt sie auf eine Lösung, doch es fällt ihr keine ein. Manche unangenehme Auseinandersetzung hätte auch von ihr aus vermieden werden können, sie ist oft unversöhnlich und starrköpfig gewesen. Sie hat die um so vieles ältere und erfahrenere Sophie vielleicht nicht immer verstanden. Elisabeth schüttet Helene ihr Herz aus, und die Schwester hält es für das beste, wenn sie sich mit dem Kaiser über alles ausspricht. Sie bietet sich an, bei Franz Joseph zu vermitteln. Von Korfu aus fährt sie direkt nach Wien, um dem Kaiser Bericht zu erstatten, sie rät ihm auch, seine Frau auf Korfu zu besuchen.

Zunächst aber wird Ende Juli Graf Carl Grünne nach Korfu geschickt, um die gespannte Atmosphäre zwischen Elisabeth und Franz Joseph zu lockern. Der Vermittlungsversuch schlägt völlig fehl. Auch die Vertrautheit zwischen der Kaiserin und dem Oberstallmeister zerbricht. Die Gründe bleiben unklar, aber zu vermuten ist, daß Elisabeth dem kursierenden und in seinem Wahrheitsgehalt nicht völlig von der Hand zu weisenden Klatsch glaubt, Grünne habe in den Liebesaffären des Kaisers vermittelt und sei keineswegs schuldlos am Unglück ihrer Ehe. Sie überhäuft ihn mit Vorwürfen, und Grünne pariert wohl mit der Unterstellung, die Kaiserin selbst sei ihrem Mann untreu geworden. In seiner jovialen Bonhomie soll er ihr dazu noch gute Ratschläge gegeben haben, was ihm die zu Unrecht verdächtigte Elisabeth nie verzeiht. Der Groll setzt sich fest, und noch 1872 vertraut sie einer Hofdame an: »Der Mensch hat mir so viel angethan, daß ich glaube, selbst in meiner Todesstunde kann ich's ihm nicht verzeihen.«

Mit einem grellen Mißklang zerbricht diese Freundschaft. Nach seiner Abfahrt schickt Elisabeth ihrem früheren Vertrauten einen eisig formulierten Brief hinterher: »Obwohl die Resultate Ihrer Reise weder für den Kaiser noch mich irgend eine Änderung der Lage hervorgebracht haben, scheint es, als hätten Sie keine Wiederholung Ihrer langen Fahrt und Ihres wenig erquickenden Aufenthaltes zu befürchten.« Es sei sehr fraglich, »ob wir uns bald, oder überhaupt je wieder sehen sollten«.

Und Franz Joseph? Wie erträgt er die Trennung? Sein Leben läuft im gewohnten kaiserlichen Gleichmaß fort. Die Briefe an seine Mutter bezeugen das. Am 11. August 1861 schreibt Franz Joseph: »Donnerstag früh ließ ich die neuangekommenen Kürassierregimenter Sachsen und Braunschweig auf der Schmelz ausrücken und war recht zufrieden. Von Sisi habe ich immer gute Nachrichten, so daß ich hoffe, daß sie recht bald wird zurückkommen können.« Diese Briefe entsprechen vollkommen dem einzigen Bestreben des Kaisers, keine Probleme an die Oberfläche kommen zu lassen. Sie spiegeln sein eigenes Wunschbild wider, alles sei durchaus harmlos und natürlich. Sie lassen das glauben, was er die Welt gern glauben machen will, obwohl sie ja nur für seine Mutter bestimmt sind. Sein Wunsch, stets die kaiserlichen Belange voranzustellen, geht weiter als das Bedürfnis, irgendwelche persönlichen Probleme zu klären. Und außerdem – für Klagen jeglicher Art hätte Sophie ohnehin nur taube Ohren gehabt.

Franz Joseph hat sich in den acht Jahren seit seiner Heirat ziemlich verändert. Er trägt jetzt einen am Kinn geteilten, für die damalige Mode typischen Backenbart, der ihn älter erscheinen läßt, als er ist. Seine Sorge um Sisi und ihre Krankheit, mit der er nichts anzufangen weiß, und ihr fluchtartiges Fernbleiben von Wien sind nicht spurlos an ihm vorübergegangen.

Am 2. September 1861 schreibt er: »Von Sisi habe ich gottlob recht befriedigende Nachrichten. Sie hat sich über Helenens Ankunft sehr gefreut, ist recht heiter, fährt zu Wagen und zu Schiff und ißt über Andringen ihrer Schwester jetzt viel mehr Fleisch und trinkt mittags und abends Bier.«

Schließlich hält er es doch nicht mehr aus, am 30. September benachrichtigt er die Mutter, er wolle nun auf einige Tage zu seiner »lieben Sisi« nach Korfu fahren, wohin ihn nach so langer Trennung die größte Sehnsucht treibe. Er reist und findet Elisabeth, als er am 13. Oktober auf Korfu eintrifft, »sehr wohl«. Aber Franz Joseph findet noch immer keinen Zugang zu seiner Frau und ihrer komplizierten Psyche. Gleich anschließend an den Bericht über ihren Gesundheitszustand fährt er in dem Brief an seine Mutter fort: »Ich habe bereits inkognito dem Exerzieren der englischen Truppen beigewohnt, was mich sehr interessierte und des steifen Wesens wegen auch amüsierte.«

Dann reist er wieder ab, nachdem er vor aller Welt die Rolle des treusorgenden Gemahls gespielt hat. Von einer Aussprache oder gar Aussöhnung ist nicht die Rede. Das Treffen hat zu keinem greifbaren Ergebnis geführt, sie kommen nur hinsichtlich des nächsten Aufenthaltsortes Elisabeths und des von ihr ersehnten Wiedersehens mit den Kindern zu einer Regelung. Der Kaiser hat Elisabeth sofort mit nach Wien nehmen wollen, doch sie will noch im Süden bleiben.

Herbstanfang. Die Kaiserin reist Ende Oktober nach Venedig, wo sie den Winter verbringt und ein halb familiäres, halb freies

*Gondelfahrt Elisabeths in Venedig (1862)
mit ihren Kindern Gisela (rechts) und Rudolf sowie der Erzieherin
des Kronprinzen, Baronin Karoline von Welden.*

Leben verbringt. Am 3. November treffen Rudolf und Gisela dort ein, begleitet von Gräfin Sophie Esterházy. Elisabeth ist froh, die Kinder endlich einmal ganz für sich zu haben. Sie nimmt sie auf ihren Spaziergängen und Gondelfahrten mit. Gisela, die fünf Jahre alt ist, kann schon gut lesen, und der dreijährige Rudolf läßt eine frühreife Empfindlichkeit erkennen; er ist oft traurig, sein Körper schwächlich. Mit Gräfin Esterházy, die selbstverständlich eingehende Instruktionen Sophies mitgebracht hat und eigensinnig darauf beharrt, gibt es bald Streit.

Der Aufenthalt in Venedig hätte ungetrübter verlaufen können, wäre nicht die Abneigung zu spüren, welche die Venezianer allem, was österreichisch ist, entgegenbringen. Elisabeth fühlt sich wie eine Fremde in einem eroberten Land. Und doch bleibt sie acht Monate dort, in dieser Zeit besucht der Kaiser sie zwei Mal. Die Feuchtigkeit der Lagune tut ihr nicht gut: Ödeme, Blutarmut, eine schon vorher beobachtete Neigung zur Wassersucht verstärkt sich, Elisabeth klagt über geschwollene Füße. Sie ist vierundzwanzig Jahre alt und kann sich kaum noch bewegen. Zur Immobilität gezwungen, vertreibt sie sich die Zeit, indem sie ein »Schönheiten-Album« mit Photographien schöner Frauen aus aller Welt anlegt. Mit verbissener Energie macht sie alle Welt mit ihrem Wunsch verrückt, den Außenminister, die Auslandsbotschaften der Monarchie, ihre Geschwister, sie alle werden eingespannt, um Photos von den schönsten Frauen herbeizuschaffen, von Prinzessinnen und Huren, Damen von Welt, Damen der Halbwelt, von Bäuerinnen und Mägden, Haremsfrauen und Bäckerstöchtern, ohne Rücksicht auf Stand, Rang und Rasse. Elisabeth ertrinkt fast in der Flut der Bilder, die im Palazzo eintreffen. Auch Photos zu den Themen »Familienmitglieder«, »Fürstenhäuser«, »Künstler und Zirkusleute« werden gesammelt und in Alben geklebt. Eine bleierne Zeit. Kartenspielen, Lesen, Briefeschreiben.

Elisabeths Klagen über Gräfin Esterházy tragen endlich Früchte: Im März 1862 wird während eines Besuchs Franz Josephs auf den dringenden Wunsch der Kaiserin die Obersthofmeisterin durch die frühere Hofdame Paula Bellegarde, verheiratet mit dem Grafen Königsegg, ersetzt. Im April kommen

Elisabeth mit einer Hofdame in Venedig (1862).

Herzogin Ludovika und Herzog Carl Theodor in Begleitung von
Dr. Fischer. Der Münchner Hausarzt, zu dem sie wirklich Vertrauen hat, stellt fest, daß die Gefahr der Tuberkulose wohl
gebannt ist, die der Blutarmut, vielleicht sogar Bleichsucht
jedoch nicht. Die Mutter hat es ohnehin nicht glauben wollen,
daß ihre hustende Tochter lungenkrank sein soll, und als sie Elisabeth sieht, macht sie ihr auch keinen besonders kranken Eindruck. Sie erscheint ihr zwar etwas angegriffen, recht blaß und
sehr mager, doch sie hat weder Fieber, noch quält sie der für
Lungenkranke typische trockene Husten. Ludovika zeigt sich
aber beunruhigt über Elisabeths Fahrigkeit und versucht, ihre
Tochter zu mehr Anpassungsbereitschaft zu bewegen.

Angesichts der alles andere als erfreulichen psychischen Verfassung ihrer Tochter schreibt sie: »Sie ist unendlich gut und liebevoll für mich, aber ich finde sie oft traurig und deprimirt.«
Erschrocken über Elisabeths Angst davor, nun jahrelang
»kränklich zu bleiben und dem Kaiser dann nur eine Last zu
sein«, notiert sie die bangen Fragen der Kaiserin, »ob wir sie
recht verändert finden, ob sie wassersüchtig aussähe. Wir wissen oft nicht mehr, was wir sagen sollen. ... Wenn sie so recht
melancholisch ist, was auch phisisch ist, sagt sie: ›Wenn ich nur
lieber eine Krankheit hätte, die mich schnell wegraffte, dann
könnte der Kaiser doch wieder heirathen, und mit einer gesunden Frau glücklich werden, aber in diesem Zustand geht man
langsam und elend zugrunde. ... Es ist ein Unglück für ihn und
das Land, deshalb darf es nicht so bleiben.‹«

Aber es gibt auch andere Momente, in denen Elisabeth aufblüht: »Mitunter ist sie aber auch wieder recht heiter; meine
Damen finden sie ungeheuer liebenswürdig und Abends meist
recht munter.«

Im Mai reist der Kaiser erneut in die Lagunenstadt, diesmal,
um seine Frau abzuholen. Ohne in Wien Station zu machen,
fährt Elisabeth nach Reichenau an der Rax, in die Berge Tirols
und des Salzkammergutes. Dr. Fischer verschreibt ihr wieder
eine Kur. Am 2. Juni kommt die Kaiserin in Kissingen, im bayrischen Franken an, auch dort trifft sie wieder mit ihrem Bruder
Carl Theodor zusammen – und mit ihrem Vater Herzog Max.

Hier stellt man fest, daß es nicht die Lunge ist, die der Kaiserin zu schaffen macht, sondern eine hochgradige Anämie. Alle in der Umgebung Elisabeths atmen auf bei dieser Diagnose, auch die Kaiserin selbst. Die Blutarmut schiebt man natürlich, wie alles, auf die unregelmäßige Lebensweise, die Diäten und Hungerkuren.

Ein Korrespondentenbericht aus Kissingen löst schließlich einen handfesten Presseskandal aus. In der Tageszeitung »Die Presse« erscheint ein Artikel über die ausbleibenden Fortschritte der Kaiserin bei ihrer Kur. Details werden beschrieben, alles von Interesse für die Leserschaft, die auch Boshaftigkeiten zu lesen bekommt, welche als Majestätsbeleidigung empfunden werden: »Außerdem hat der Aufenthalt in Kissingen auf die Kaiserin derart unliebsam gewirkt, daß sie dort leider mehrere ihrer schönsten Zähne einbüßte.«

Ausgerechnet die Zähne! Sie sind Elisabeths wundester Punkt, der einzige Makel in ihrer strahlenden Schönheit. Der Satz bringt Franz Joseph in Rage. Wie kann der Herausgeber und Chefredakteur der »Presse«, August Zang, so etwas durchgehen lassen? Rasch wird ein Familienstreit daraus, denn Zang ist ein Freund Maximilians, der von Franz Joseph in einem Brief attackiert wird: Er könne es nicht hinnehmen, »daß Mitglieder der kaiserlichen Familie auf eine ebenso leichtsinnige als pflichtvergessene Art gegenüber einer solchen Canaille wie Zang kompromittiert werden. ... Ich brauche Dich wohl nicht zu versichern, daß sich Sisi um den bewußten Artikel nicht gekümmert hat und daß hier also nicht von weiblicher Eitelkeit, sondern von der gerechten Entrüstung die Rede ist, die der Artikel in mir und in jedem treuen Unterthan erwecken mußte.«

Mitte Juli meldet dann die »Wiener Zeitung«, daß die Kur zu positiven Ergebnissen führt: »Ich sah die Kaiserin«, schreibt ein Reporter, »welche vor wenigen Wochen beinahe nur getragen werden konnte, wiederholt stundenlang am Curplatze promeniren ohne auszuruhen, ohne ein einzigesmal zu husten, wiewohl sie zumeist im Gespräch begriffen war.«

Ja, die Behandlung schlägt an. Wien ist weit weg und soll es bleiben. Der Gedanke, jetzt wieder unter die Fuchtel der

Schwiegermutter zu geraten, ist Elisabeth unangenehm. Sie hat Angst, wahrscheinlich auch Schuldgefühle. Wie wird Sophie wohl auf die Abberufung ihrer Vertrauten, Gräfin Esterházy, und auf die neue Obersthofmeisterin Paula Bellegarde reagieren? Dieser Wechsel bedeutet für Elisabeth eine große Erleichterung, aber er ist natürlich nicht gerade dazu angetan, ihr Verhältnis zu Sophie zu verbessern. Nein, vorerst geht sie ihr besser noch aus dem Weg. Wie von Madeira aus nimmt die Kaiserin nicht die kürzeste Route, um nach Wien zurückzukehren. Sie flattert sozusagen um den goldenen Käfig herum, ehe sie hineingeht, fährt lieber erst nach Possenhofen, um in der Atmosphäre ihrer Kindheit neue Kraft zu schöpfen. Dort sieht Elisabeth im Juli ihre »italienischen Schwestern«, Exkönigin Marie und Gräfin Mathilde Trani wieder.

Dann läßt sich die Rückkehr nicht weiter aufschieben. Am 14. August 1862 kommt Elisabeth, von Carl Theodor begleitet, in Wien an. Während der vergangenen vierzehn Monate hat sie sich in Österreich nur flüchtig aufgehalten. In der Hauptstadt hat man auf die offensichtlichen Versuche der Kaiserin, sich ihren Pflichten zu entziehen, verschnupft reagiert. Brigitte Hamann hat zahlreiche Belege dafür zusammengetragen, wie sehr die Österreicher wegen der ständigen Abwesenheit der Kaiserin verstimmt sind. Sie machen sich Sorgen um Elisabeth, unterstellen ihr aber auch alle möglichen Motivationen. Ist sie nicht eine hypochondrische Nomadin geworden? Doch angesichts ihrer Rückkehr schlägt die Stimmung um.

Franz Joseph ist ihr bis Freilassing entgegengefahren. Die Ankunft der Kaiserin in Wien wird zu einem gesellschaftlichen Ereignis ersten Ranges. Ihre lange Abwesenheit hat hier vielen zu denken gegeben. Niemand spricht mehr von Hysterie, von exzentrischem Wesen. Man zeigt Mitleid für die junge Mutter, der wohl übel mitgespielt worden ist.

Elisabeth fühlt, daß das Volk sie versteht. Aber sie bemerkt auch den politischen Unterton des Beifalls, der sie in der Hauptstadt empfängt. An der Oberfläche Wiens mag es ruhig geworden sein, doch rührt sich heimliche Kritik der liberalen Intelligenz an der Regierung Franz Josephs, wird in den freien Zirkeln

Elisabeth mit ihrem Bruder Carl Theodor (Mitte August 1862).

offen darüber gesprochen, daß im politischen Leben vieles im argen liegt. Mag sein, daß man die Vorgänge bei Hofe in seine eigene Welt und Sprache übersetzt, dabei manch bösen Zug der Erzherzogin Sophie übertreibt und die Leiden der jungen Kaiserin in wahre Höllenpein verwandelt. Doch instinktiv werden die Fluchten Elisabeths richtig erkannt, die politisierenden Männer reimen sich die Dinge zusammen: daß die Mutter den Kaiser steuert, ihn mißtrauisch macht gegen alle liberalen Anflüge – und dabei auch gegen die »liberale« Elisabeth hetzt.

Und die Frauen fühlen den Schmerz und die Verbitterung der Mutter, der man die Kinder weggenommen hat. Sie glauben nicht mehr an die Geschichten von der »exzentrischen« Kaiserin. Elisabeth wird geradezu ein Symbol der zum Verstummen gebrachten Menge, des bevormundeten Volkes. Die Kaiserin wird bei ihrer Ankunft gefeiert, Bürgermeister Zelinka begrüßt sie mit einer herzlichen Ansprache, frenetische Begeisterung schlägt ihr entgegen.

Die Begrüßung am 14. August hat jedoch nur begrenzt den Charakter loyaler Ergebenheit, es ist eine Kundgebung voll spontaner und emotionaler Ovationen. Die Jubelrufe hinter dem Spalier der Truppen und Polizisten bei ihrem Empfang nehmen fast den Charakter einer habsburgfeindlichen Demonstration an. Polizeiagenten stellen es mit verärgerten Mienen und gerunzelten Brauen fest.

Man hat der Kaiserin vor der Ansprache des Bürgermeisters eine vorformulierte Antwort in die Hand gedrückt, abgefaßt in der Kanzlei des Kaisers. Sie legt sie beiseite, dankt mit ihren eigenen Worten, die einfach klingen, aber herzlicher sind, als der Hof es vorgesehen hat. Am Abend veranstaltet die Stadtverwaltung der Haupt- und Residenzstadt einen prächtigen Fackelzug, über fünfzehntausend Menschen, Bürger, Arbeiter, Studenten ziehen nach Schönbrunn. Und Franz Joseph? »Das Ereignis des gestrigen Tages, die Rückkehr meiner vielgeliebten Gemahlin nach einer langen Zeit der Leiden, ist für mich ein erfreuliches«, heißt es etwas steif in einem Schreiben, das er an Erzherzog Rainer, den bekannten Papyrusforscher, richtet. In dem Dankbrief, den Elisabeth an die Stadt Wien schreibt, klingt es zuversichtlich: »Ich hoffe, daß das Glück, das ich darüber empfinde, in Ihrer Mitte weilen zu können, fortdauern und durch nichts getrübt werden möge.«

Das ist allzu voreilig optimistisch. Doch Elisabeth versucht, in ein normales Eheleben zurückzufinden und wohl auch länger in Wien zu bleiben. »Denselben Abend (18. August) kam Hofrat Fischer, um bei Elisabeth nachzusehen, und war recht zufrieden«, meldet Franz Joseph seiner Mutter lakonisch.

Die Kaiserin verbringt die ganze zweite Jahreshälfte teils in Schönbrunn, teils in Reichenau. Es geht ihr wieder besser, die Ärzte zeigen sich zufrieden, seit der Badekur in Kissingen wird ihr eine ausgezeichnete, leistungsfähige Konstitution bescheinigt. Und psychisch sucht sich Elisabeth weiterhin zu stabilisieren, indem sie nach Möglichkeit ihre Familie um sich versammelt, wie schon das ganze Jahr über. Nach Carl Theodors Abreise bittet die Kaiserin ihre Schwester Marie zu sich, im weiteren Verlauf des Jahres erscheint auch Helene wieder. Vom 9. bis 14. September trifft sie in Passau ihre Mutter.

In Wien ist Elisabeth endlich entschlossen, sich der Situation zu stellen. Die Trennung von den Kindern ist zu schmerzlich gewesen, als daß sie sich weiterhin damit abfinden könnte. Sie hat keine Lust mehr, sich ständig zur Flucht treiben zu lassen, und will einen wirklichen Neuanfang. Diesmal soll alles anders sein. Franz Joseph bereitet ihr einen warmen Empfang, der sie tief rührt.

Das eheliche Zusammenleben wird unter günstigen Vorzeichen wieder aufgenommen. Doch das interne Leben des Hofes – die Empfänge, Audienzen, Ehrungen, Gottesdienste, Spaziergänge, Mahlzeiten, das ganze rigoros geregelte und verplante Tagespensum, dieses mechanisch ablaufende Programm – interessiert Elisabeth nicht mehr, jedenfalls nur so weit, wie sie es nach ihren Wünschen beeinflussen kann. Sie macht das Franz Joseph unmißverständlich klar, der darauf unwirsch reagiert. Sie beschränkt ihre eigene Rolle künftig auf ein absolutes Minimum, verlangt, daß man so wenig wie möglich davon spricht. Dies ist die einzige Forderung, die sie an ihren Obersthofmeister stellt, wenn er sich bei ihr einfindet,

*Das Kaiserpaar mit den Kindern nach Elisabeths Rückkehr
aus Korfu (1862).*

um ihre Wünsche zu erfahren und ihre Anordnungen einzuholen.

In vier Jahren hat Elisabeth dem Kaiserreich drei Kinder geschenkt, darunter einen Sohn, den Thronfolger. Sie hat ihre biologische und dynastische Aufgabe erfüllt. Nun will sie sich ihr eigenes Leben schaffen, außerhalb der verhaßten Etikette.

Nur für kurze Zeit läßt sie sich ab und zu in Wien sehen. Aber auch wenn sie in der Hofburg wohnt, bekommt sie kaum jemand zu Gesicht. Sie pflegt, so gut sie es weiß, ihren Körper, auf den sie stolz ist. In einer Zeit, die üppige Formen und schwellende Brüste schätzt, hält sie sich schlank, schmal und geschmeidig. In ihren Gemächern hat sie Turngeräte aufstellen, eine Dusche sowie einen Massagetisch einrichten und montieren lassen. Sie turnt jeden Morgen an Ringen und am Trapez. Sobald ihr Gewicht 46 Kilo überschreitet, die sie ihrer Körpergröße von 172 Zentimetern gerade noch zugesteht, unterwirft sie sich harter Ernährungsdisziplin, die an die Diät heutiger Filmstars denken läßt.

Morgens, wenn der Prater noch verlassen ist, sieht man sie auf ausgedehnten Spaziergängen. Ihre größte Zerstreuung jedoch bleibt das Reiten und Fahren, hier lebt sie ihre Leidenschaft aus. Stunden verbringt die Kaiserin in den Stallungen und im Hundezwinger. Sie liebt Tiere über alles. Neben den Pferden vor allem Hunde (die Franz Joseph nicht ausstehen kann), die sie sich immer größer wünscht. Einmal sagt sie nachdenklich: »Ich glaube, einen so großen Hund, wie ich ihn mir wünsche, gibt es gar nicht.«

Ihre lebhafte Intelligenz beschäftigt sie durch Sprachstudien und Lektüre. Sie beginnt Griechisch zu lernen, um Homer im Urtext lesen zu können. Und Heinrich Heine gehört nach wie vor zu ihren Lieblingsdichtern, in seinen Gedichten findet sie ein Echo ihrer Träume und ihres Heimwehs, ihres Freiheitsdrangs, den Rhythmus, der ihre unbefriedigte Seele, ihre düstere Stimmung in den Schlaf wiegt.

Dieses teils intellektuelle, teils sportliche Leben, so sehr es den Geist beschäftigt und den Körper ermüdet, die Seele spricht es nicht an. Als Franz Joseph ohne Lorbeer aus Italien zurückkehrte, hat sie ihm ihr mitfühlendes Herz geben wollen, doch die Einigkeit im Angesicht der Katastrophe ist nur oberflächlich und vor allem nicht von langer Dauer gewesen. Der Kaiser hat sich daran gewöhnt, Elisabeths Zögern für Anpassung, ihre Anflüge von Herzlichkeit für seelische Aufschwünge zu halten. Es wird noch andere Perioden geben, die dem Paar diese Illusion des Einverständnisses schaffen, aber immer nur in den seltenen Augenblicken gemeinsamer Trauer. Oder dann, wenn wirklich etwas auf dem Spiel steht. Und diese Phasen werden nie lange andauern. Ein einziges Wort nur, eine Geste, eine Andeutung, eine Mahnung, ein Versäumnis genügen, um aus den Tiefen des schlafenden Gedächtnisses die Erinnerungen an die Enttäuschungen, Wunden und Schmerzen wieder aufsteigen zu lassen.

Für irgendeine Form von Alltagsleben taugt diese Ehe nicht. Franz Joseph wird sich seiner Frau gegenüber immer absolut zuvorkommend und voll zärtlicher Fürsorglichkeit zeigen. Aber **er wird sich nie ändern.** Elisabeth hält lange an Illusionen fest, unternimmt manche Anstrengung, um den zerbrechlichen Zustand zu erhalten, es wird immer umsonst sein. Sie sind einfach zu verschieden, zu unterschiedlich in ihren Charakteren, ihren Wünschen, ihren Interessen, als daß zwischen ihnen je ein wirkliches Einverständnis entstehen könnte, das ihnen ein Zusammenleben erlaubt.

Im Februar 1863 nimmt die Kaiserin, zum ersten Mal seit drei Jahren, wieder an einem der Hofbälle teil. Und sie setzt ihr systematisches Sprachstudium fort, lernt ungarische Vokabeln, während Franziska (»Fanny«) Angerer, die als Friseurin bisher am Hofburgtheater beschäftigt war, zur Coiffeuse Elisabeths avanciert. Sie richtet und steckt der Kaiserin in überaus langwierigen Prozeduren kunstvolle und variantenreiche Flechtfrisuren, kleine Meisterwerke.

Und Elisabeth verstärkt ihr Körpertraining an den Turngeräten, an Ringen und Hanteln, um für das Reiten die nötige Geschmeidigkeit zu erlangen. Von jedem Pferd läßt sie vom

Maler Zellenberg Porträts anfertigen, die »Reitkapelle«, der Salon, in dem die Bilder aufgehängt werden, füllt sich mit eindrucksvollen Bildern.

In diesen Monaten wächst Elisabeths Selbstbewußtsein, sie vertritt energischer als bisher ihre Interessen. Ihre Teilnahme an der Fronleichnamsprozession in Wien wird als kleine Sensation gewertet und macht sie zum Mittelpunkt dieses Hochamts katholischer Selbstdarstellung.

Im Juni wiederholt die Kaiserin die Badekur, die ihr so gutgetan hat, sie fährt wieder nach Kissingen. Dort fährt sie fast täglich den blinden Herzog von Mecklenburg auf der Promenade spazieren und nimmt sich in rührender Weise des gelähmten Engländers John Collett an, der sich nur im Rollstuhl fortbewegen kann. Die drei werden in diesem Sommer unzertrennliche Freunde.

John Collett, dieser ihr gesellschaftlich fernstehende Mann, verehrt die Kaiserin, bewundert ihr wundervolles langes Haar, schreibt ihr Gedichte. Warum pflegt sie ihn? Ein unterdrücktes Bedürfnis, sich jemandem liebevoll mitteilen zu können? Elisabeth schreibt ihm: »Sie sind so leidend und müde, und vergessen doch nicht, für mich zu beten, wie lieb ist das von Ihnen. Oh, bitte hören Sie damit nicht auf und bitten Sie für mich, daß mir Gott einen Wunsch erfülle, den einzigen, um den ich morgens und abends jeden Tag in der Messe bitte. Dieser Wunsch ist Ihre Gesundheit.«

Am 25. Juli 1863 verläßt Elisabeth die Kurstadt. Zu Hause stehen wieder Ungarischstudien auf dem Programm. Eines Abends erscheint Elisabeth in der Hofloge im Theater sogar mit der goldgestickten Haube einer ungarischen Magnatenfrau.

Das Ehe- und Familienleben erlebt nach einer monatelangen kühlen Phase wieder ein Zwischenhoch. Selbst Sophie scheint zu erkennen, wie abträglich es ist, wenn dauernd Streitereien das Zusammenleben stören. Und Elisabeth ist gar nicht mehr so darauf aus, sich mit der Erzherzogin anzulegen. In dieser Zeit der äußeren Zufriedenheit des Familienlebens entstehen eine Fülle guter Bilder Elisabeths, die Öffentlichkeit ist süchtig nach Bildern vom Kaiserhaus, das Publikum stürzt sich vor allem auf Photographien oder Zeichnungen, welche die strahlende Mutter im Kreis ihrer Lieben zeigen. Mit solchen Photographien wird ein wahrer Kult betrieben, und immer ist es Elisabeth, die im Mittelpunkt steht, mit (selten) und ohne (oft) Gemahl, mit und ohne Kinder, zu Pferd oder mit einem ihrer Hunde.

Im Februar 1864 beeinflußt die Politik wieder ihr Leben, oder besser: die Folgen der Politik. Verwundete des Schleswig-Holsteinischen Krieges kommen in Wien an, Elisabeth kümmert sich um medizinische Versorgung und Pflege. Mit dem österreichisch-dänischen Krieg ist sie nicht einverstanden, sie sieht die Sache ganz anders. Die Dänen haben Preußen in die Ostsee eingesperrt, das somit seinen Handel nicht entfalten kann. Mit Hilfe der österreichischen Kriegsmarine wird der erfolgreiche Versuch unternommen, Dänemark zu bezwingen und die Ausfahrt von der Ostsee in die Nordsee freizumachen. In der Seeschlacht bei Helgoland, welche die Dänen verlieren, stellt die österreichische Marine unter Vizeadmiral Wilhelm von Tegetthoff ihre Durchschlagskraft unter Beweis.

Im März beginnt ein ganz besonders verwegenes Abenteuer: Das erzherzogliche Paar Maximilian Ferdinand und Charlotte greift nach der Kaiserkrone von Mexiko. Sie kommen zuvor nach Wien, scheinen wild entschlossen. Elisabeth warnt, wie andere auch, eindringlich vor diesem riskanten Entschluß, doch sie kann sie nicht von der Annahme der Kaiserkrone in Mexiko abbringen. Das Schloß Miramar steht nun leer, wird aber von der gesamten kaiserlichen Familie als Refugium und Ferienresidenz genutzt.

Am 10. März stirbt der bayerische König Maximilian II., der Künstler und Gelehrte, ein Freund des Kaiserhauses, besonders Elisabeths. Im Sommer fährt die Kaiserin wieder zur Kur nach Kissingen, trifft dort den erst achtzehnjährigen Nachfolger auf dem bayerischen Königsthron: Ludwig II., der sich für ein paar Tage in die Kurstadt begeben hat, um das Kaiserpaar zu begrüßen. Er bleibt fast einen Monat, spricht auf langen Spaziergängen so vertraut mit seiner Cousine, daß Elisabeth ganz »beglückt über Gleichgestimmtheit, von vielen gemeinsamen

Stunden« nach Hause berichtet. Ihr Bruder Carl Theodor spürt einen Stich Eifersucht über diese neue Vertrautheit.

In den Zeitungen wird viel darüber spekuliert, ob der junge König sich vielleicht in die einzige Tochter von Zar Alexander II. verliebt, die sich mit ihrem Vater ebenfalls in Kissingen aufhält. Doch diese Spekulationen laufen völlig ins Leere.

Elisabeth stattet auch Possenhofen einen Besuch ab, dann kehrt sie nach Wien zurück, wo die preußisch-österreichischen Verhandlungen stattfinden. Elisabeth versucht wieder, sich ihren Repräsentationspflichten nach Möglichkeit zu entziehen. Aber sie besucht Verwundete in Spitälern, redet mit den ungarischen Soldaten in ihrer Muttersprache, fühlt sich beglückt, wenn sie verstanden wird.

Nun wünscht sie sich eine ungarische Hofdame, der sie voll und ganz vertrauen kann. Sie beauftragt Gräfin Almássy mit der Suche nach einer passenden Gesellschafterin für sie, und bekommt schließlich eine lange Liste mit Namen zur Auswahl vorgelegt. Spontan entscheidet sich Elisabeth für eine junge Frau aus dem niederen Adel: Ida Ferenczy. Die junge Frau aus **Kecskemét in Südungarn** hat keinen **wohlklingenden Titel** vorzuweisen und scheint für den Hofdienst eigentlich gar nicht geeignet zu sein. Doch sie bezaubert sofort durch ihre Ungezwungenheit und ihren Charme. Ida, das kleine Fräulein aus der Provinz, ist sechsundzwanzig Jahre alt, als sie der nur zwei Jahre älteren Elisabeth zum ersten Mal gegenübersteht. Sie ist arm und schüchtern, aber scharfsinnig und hochintelligent, gebildet in Geographie und Geschichte, selbst in klassischer Philologie, dazu von Andrássy wärmstens empfohlen, wenn er sie nicht gar »eingeschleust« hat.

Elisabeth ist sogleich begeistert vom natürlichen, aufrichtigen und einnehmenden Wesen Idas. Und Ida ist bezaubert von der Anziehungskraft und Liebenswürdigkeit der Kaiserin. Bereits die erste Audienz legt den Grundstein für eine lebenslange Anhänglichkeit und Freundschaft der beiden Frauen.

Bevor man Ida jedoch für den persönlichen Dienst »Ihrer kaiserlichen und königlichen Majestät« bestimmen kann, muß man sie erst zur Brünner Stiftsdame ernennen, um dadurch die

Mittelmäßigkeit ihrer Herkunft zu verdecken und ihr die Anrede »Frau« geben zu können. Am Hof von Byzanz hätte die Etikette nicht strenger sein können.

Im November 1864 wird Ida Ferenczy Vorleserin und Konversationspartnerin der Kaiserin. Man kann sich leicht vorstellen, was es für diese junge Frau bedeutet, aus einer ungarischen Kleinstadt unmittelbar in die Wiener Hofburg zu geraten. Ida gibt sich alle Mühe, die strengen Vorschriften des Hofes, die hunderterlei verschiedenen Regeln des Protokolls und der Etikette, die Ränge und Anreden zu lernen. Sie bekommt die Geringschätzung der alteingesessenen Adligen zu spüren, wenn sie auch ganz zu Anfang noch von den Hofdamen der Erzherzogin Sophie umgarnt wird. Sie aber verliert kein Wort darüber, was die Kaiserin ihr erzählt, es gelingt nie, sie auszuhorchen. Vom ersten Augenblick an schlägt sie sich kompromißlos auf die Seite Elisabeths, dient sie einzig und allein ihrer Herrin. Aus den Intrigen hält sie sich heraus, am Tratsch beteiligt sie sich nicht. Sie kann schweigen – vielleicht die wichtigste Eigenschaft, die Elisabeth an ihr zu schätzen beginnt. Die Kaiserin bietet Ida sogar das Du an.

Wie rasch die Beziehung zwischen Elisabeth und Ida Ferenczy vertraulich wird, belegt ein Brief, den die Kaiserin an ihre Freundin am 17. Juli 1865 in ungarischer Sprache schreibt: »Meine liebe Ida! Ich schreibe wieder, und zwar mitten im Walde, wohin ich vor der entsetzlichen Hitze entfloh. Dein versprochener zweiter Brief ist noch nicht angekommen. Ich bin schon so erregt, endlich etwas zu hören, daß ich es fast nicht aushalten kann. Wenn es bei Dir in Ungarn so heiß ist wie hier, wirst Du sicherlich viel leiden, besonders in der Puszta, wo selbst der Schatten fehlt. Hier ist ein großer, dichter Wald, ich fahre jeden Morgen aus, nach dem Frisieren, und wo der Wald beginnt, steige ich ab und gehe zu Fuß zu einem schönen Platz, wo sich unter den Bäumen, unter einem kleinen hölzernen Dach ein Tisch und einige Bänke befinden. Ich bleibe dort bis zum Mittagessen, lesend, schreibend oder mit der Dame plaudernd. Ich lese auch oft laut, zwecks guter Aussprache. Daß sie (die Hofdame, d.V.) davon kein Wort versteht, kümmert mich nicht. Den Nachmittag verbringe ich ebenso, nur gehe ich etwas mehr spazieren, wenn es anfängt, kühler zu werden.

Am 18.: Diesen Morgen erhielt ich Deinen Brief; ich bin sehr glücklich, daß Du in Ordnung bist. Ich ängstige mich also nicht mehr und schaue ruhiger in die Zukunft. Oh, wie freue ich mich auf die Minute, wenn ich Dich wiedersehen werde und Du mir alles erzählen wirst, Wort für Wort, was Du mit Deinem Kálmán sprachst; aber leider ist dieser Zeitpunkt noch recht weit. Dir vergehen die Wochen freilich rascher und angenehmer, Du wirst im Kreise Deiner lieben Familie jede Minute genießen, und ich hoffe nur, daß Du kein Heimweh nach den Bergen in Ischl haben wirst.

Dieser Brief läßt sich nicht leicht lesen, da er schon 2 Tage mit mir Ausflüge macht. Gott mit Dir, liebe Ida, Horse-Guard läßt Dich vielmals küssen, ich verbleibe aber Deine treue Freundin – E.«

Im Februar 1865 heiratet »Gackel«, Elisabeths Lieblingsbruder Carl Theodor, in Dresden die Prinzessin Sophie von Sachsen. Ohne Absicht und ohne ihr Zutun stellt Elisabeth allein durch ihr Auftreten ganz Dresden auf den Kopf. Und doch fühlt sie sich dort nicht ganz wohl. Am 28. März reist sie nach München, wird von Ludwig am Bahnhof abgeholt. Diesmal ist ihr die exaltierte Vertraulichkeit, mit welcher der bayerische König ihr begegnet, schon ein wenig lästig. In einem Brief schreibt sie an ihren Sohn, den kleinen Kronprinzen Rudolf: »Gestern hat mir der König eine lange Visite gemacht, und wäre nicht endlich Großmama dazugekommen, so wäre er noch da. Er ist ganz versöhnt, ich war sehr artig, er hat mir die Hand so viel geküßt, daß Tante Sophie (Elisabeths Schwester, d.V.), die durch die Türe schaute, mich nachher fragte, ob ich sie noch habe. Er war wieder in österreichischer Uniform und ganz mit Chypre parfümiert.«

Nein, ganz ernst nehmen kann sie Ludwig nicht. Sie macht sich über ihren königlichen Verehrer sogar lustig, wie Gottfried von Böhm überliefert: »S. M. beabsichtigte eines Tages, der in Possenhofen weilenden Kaiserin von Österreich von Berg aus einen Besuch abzustatten. Er war in Uniform, und da es regnete, als er aus seinem Dampfer stieg, trug er in der einen Hand seinen besonders großen Regenschirm und in der anderen den Helm. Dieser Anblick war so überaus komisch, daß die Kaiserin, die gerade am Fenster stand, in ein lautes Gelächter ausbrach, in das die Begleiter S. M. unwillkürlich einstimmten. Der König war sehr erzürnt darüber und äußerte: ›Ich werde mir doch meine Frisur nicht verderben!‹«

Eine der wenigen offiziellen Veranstaltungen, an denen die Kaiserin dieses Jahr in Wien teilnimmt, ist am 1. Mai die feierliche Eröffnung der Ringstraße. Am 29. Mai kommt sie nach Ischl, wo die kaiserliche Familie zum Sommer-Séjour zusammentrifft. Franz Joseph findet endlich wieder Zeit für seine Frau, schreibt am 1. Juli an seine Mutter: »Vorgestern habe ich allein mit Sisi beim herrlichsten Wetter eine sehr hübsche Partie gemacht. Wir sind um 10 Uhr zum Steg gefahren und von dort zu Fuß auf der Solenleitung auf den Rudolfsturm und dann nach Hallstatt gegangen, wo wir schon um 1 Uhr waren und um 2 Uhr auf dem Balkon des Wirtshauses speisten. Nach Tisch sind wir zum Waldbachstrub gegangen. Das Tal war herrlich beleuchtet und vom frischesten Grün; nur durch eine Menge Trotteln, wie immer, und durch eine neue, in dieser schönen Gegend höchst unpassende Zivilisation verunstaltet. Es sind nämlich am ganzen Wege eine Menge Butiken mit Schnitzereien und Steinen aufgestellt und sogar ein Kaffeehaus ist entstanden, so daß ich schon erwartete, man müsse wie in der Schweiz beim Wasserfall Entree zahlen. Allein das ist denn doch noch nicht der Fall. Wir waren beide seit unserem Verlobungstage nicht in dem schönen Tal gewesen und gedachten recht viel der damaligen Zeit. Von Hallstatt fuhren wir zu Schiff nach Gosaumühl, gingen von dort zu Fuß nach Steg, von wo wir zu Wagen hierher fuhren und vor 8 Uhr zu Hause waren. Sisi ist jetzt so gut zu Fuß, daß wir, wenn sie zurückkommt, noch viele große Fußtouren vorhaben; auch wird sie mich auf kleine Gemsjagden begleiten und bei mir auf dem Stande sitzen.«

Gegen Ende der ersten Juliwoche beginnt Elisabeth ihren nun schon fast traditionellen alljährlichen Kuraufenthalt in Kissingen. Sie schreibt ihrer Tochter Gisela: »Ich bin so froh, Horse-

Elisabeth mit 27 Jahren (1865).

guard (einen Hund, d.V.) hier zu haben, er hatte eine furchtbare Freude, als er mich sah, und erdrückte mich fast mit seinen Armen . ... Ich gehe viel in den Wald, denn am Kurplatz laufen mir die Leute zu viel nach. Vom König (Ludwig II., d.V.) habe ich einen sehr liebenswürdigen Brief erhalten, worin er mir sagt, daß ihm die Ärzte verboten haben, hierherzukommen. ... Ich werde also ganz ruhig und ungestört hier leben können.« Weit gefehlt. Diesmal findet Elisabeth weder die richtige Ruhe noch die richtige Gesellschaft, traurig reist sie wieder nach Ischl zurück. Sie ist froh, Ida um sich zu haben, ihre neue Vorleserin.

Im August 1865 erreicht der schon lange schwelende Konflikt um die Erziehung der Kinder seinen Höhepunkt. An die Geburt des Kronprinzen hat Franz Joseph, mehr noch als Elisabeth, die größten monarchischen Hoffnungen geknüpft. Rudolf ist ein zartes Kind, wächst behütet unter den wachsamen Augen seiner »Aja« Karoline von Welden – »Wowo«, wie er sie nennt – auf. Viel zu früh beginnt man nach höfischer Sitte mit der Ausbildung des Jungen. Franz Joseph scheint viel daran gelegen zu sein, daß sie mit der gebotenen Härte erfolgt.

Rudolf ist vielversprechend, intelligent. Doch seine Erziehung ist noch strenger als die seines Vaters. Im Alter von vier Jahren beginnt sein Unterricht in vier Sprachen auf einmal: Deutsch, Französisch, Ungarisch und Tschechisch. Latein und Polnisch kommen später dazu. Von sieben Uhr morgens bis acht Uhr abends ein ausgetüfteltes Programm, Reiten, Schwimmen, Fechten, Schießen, Exerzieren. Rudolf ist etwas schwächlich, in seiner körperlichen Entwicklung zurückgeblieben, und doch wird alles unternommen, um ihn abzuhärten und zu »stählen«. Eines winterlichen Morgens, es ist erst sieben Uhr, hört der Kaiser unter seinem Fenster Rufe erschallen, er blickt hinaus: Knietief im Schnee exerziert ein kleiner Knabe beim Licht einer Laterne nach einem aus dem Fenster gegebenen Kommando. Eine »mörderische« Übung.

Kein Wunder, daß Rudolf schon in jungen Jahren zum Nervenbündel wird. Erzherzogin Sophie hat ihm 1864 Generalmajor Graf Leopold Gondrecourt als Erzieher zugeteilt, von dem selbst die ergebensten Hofdiener sagen, »daß die übertriebenen

Abhärtungsmaßregeln den Nerven des Kindes zweifellos geschadet haben«. Gondrecourt ist der harte soldatische Typ. Ein Erzieher ohne Erbarmen, unerbittlich und rücksichtslos, ohne jedes Gefühl für das Kind. Er unterzieht den Sechsjährigen einer brutalen Schule des Drills und Exerzierens, versucht seinen Charakter zu festigen, indem er in seinem Schlafzimmer einen Revolver abfeuert, während das Kind schläft, oder er schließt ihn allein im Tierpark ein und ruft, hinter Büschen versteckt: »Es kommt ein Wildschwein.«

Elisabeth zeigt sich über solche Erziehungsmethoden entsetzt. Marie Festetics hat die Reaktion der Kaiserin in ihrem Tagebuch festgehalten: Die Behandlung und die Maßnahmen des Generalmajors müßten Rudolf ja »beinahe zum Trottel machen. Es ist ein Wahnsinn, ein Kind von sechs Jahren mit Wasserkuren erschrecken und zum Helden machen zu wollen«, empört sich Elisabeth.

Die nächsten Auseinandersetzungen lassen unter diesen Umständen nicht lange auf sich warten. Es kommt zu einem Eklat. Elisabeth will der fehlschlagenden Erziehung Rudolfs einen Riegel vorschieben und fordert ihre mütterlichen Rechte zurück, vollständig, ausschließlich und uneingeschränkt. So liebenswürdig die Kaiserin sein kann, ihrer Schwiegermutter tritt sie jetzt höflich, aber äußerst bestimmt gegenüber.

Diesmal kracht es heftig zwischen den beiden. Erzherzogin Sophie hat die Abwesenheit ihrer Schwiegertochter benützt, um das häusliche Leben des Hofes und die Erziehung der kaiserlichen Kinder Gisela und Rudolf ganz nach ihrem eigenen Geschmack zu regeln. Sie hat dabei ihre Maximen durchgesetzt, ohne auf Widerspruch zu treffen. Warum sollte das alles in der von ihr festgelegten Form nicht auf Jahre hinaus so bleiben? Sophie erklärt kategorisch, daß sie keineswegs bereit ist, die Aufsicht über die kaiserliche Nachkommenschaft abzugeben. Sie wird sich das Heft nicht aus der Hand nehmen lassen, auch nicht von der selbstbewußter gewordenen Kaiserin. Gisela und Rudolf seien ja von ihrer eigenen Mutter verlassen worden und nun als »ihre Kinder« zu betrachten, sie denke nicht im Traum daran, die Erziehung und Vormundschaft, die ihr von der »Vorsehung« übertragen wurde, an »jemand anderen« abzutreten. Sie wird böse und verletzend, als die Kaiserin den Versuch wagt, sich ihr Recht zu nehmen.

Als diese freche Herausforderung Elisabeth brutal ins Gesicht geschleudert wird, wird sie rot vor Wut. Der Haß, der sich in so langer Zeit angesammelt hat, bricht plötzlich ungehemmt und mit voller Wucht hervor. Die Auseinandersetzung artet in ein erbittertes Wortgefecht aus. Der Streit ist so heftig, daß die Diener auf den Fluren den stimmengewaltigen Lärm ungefiltert mitbekommen und den Kopf einziehen, so laut wird die Stimme Elisabeths. Der Hof hat sein Tagesgespräch.

Angesichts dieser Ungerechtigkeit, auch des unverzeihlichen Verrats ihres Mannes, der sie wieder einmal im Stich läßt, läuft Elisabeth aus dem Zimmer, schlägt die Tür mit Gewalt hinter sich zu. Sie hastet über den Flur, mit rauschendem Faltenwurf, totenblaß, mit zuckenden Lippen ein Schluchzen unterdrückend. Dann schließt sich in ihre Gemächer ein, wo sie zusammenbricht. Sie hat verloren.

Franz Joseph gerät wegen dieses Streits in gelinde Verzweiflung. Hat er noch die Kraft, das Ruder herumzureißen und seine Ehe zu retten? Er schlägt sich wieder auf die Seite seiner Mutter, stellt sich schließlich gegen die ungestümen Forderungen seiner Frau. Mit einer Geste der Resignation befiehlt er, daß die Erziehung seiner Kinder in den Händen Sophies bleiben soll. Und er verliert in dieser Minute seine Frau für immer.

Wohin mit dieser Enttäuschung, dieser ohnmächtigen Wut, dieser Verzweiflung? Nach einer schlaflosen und tränenreichen Nacht, in der Elisabeth tausend Pläne faßt und wieder verwirft, nachdem sie fieberhaft zwanzig Briefe geschrieben und wieder zerrissen hat, kommt sie zu dem einzigen Schluß, den sie im Hinblick auf ihre fehlgeschlagene Ehe fassen kann: Sie wird den Hof verlassen, um nie wieder zurückzukehren.

Der Aufruhr der Gefühle legt sich langsam, macht einer kalten Entschlossenheit Platz. Am 24. August 1865 übergibt sie ihrem Mann ein schriftlich abgefaßtes Ultimatum: »Ich wünsche, daß mir vorbehalten bleibe unumschränkte Vollmacht in allem, was die Kinder betrifft, die Wahl ihrer Umgebung, den

Ort ihres Aufenthaltes, die komplette Leitung ihrer Erziehung, mit einem Wort, alles bleibt mir ganz allein zu bestimmen, bis zum Moment ihrer Volljährigkeit. Ferner wünsche ich, daß, was immer meine persönlichen Angelegenheiten betrifft, wie unter anderem die Wahl meiner Umgebungen, den Ort meines Aufenthaltes, alle Änderungen im Haus etc. etc., mir allein zu bestimmen vorbehalten bleibt. Elisabeth.«

Der Bruch scheint endgültig zu sein. Als sie Franz Joseph mit ihren »Wünschen« konfrontiert, ist Elisabeth achtundzwanzig Jahre alt. Nichts scheint sie zurückhalten zu können; nicht die Bitten des Kaisers, der aus der Erstarrung erwacht und um Schadensbegrenzung bemüht ist; nicht das eilig zu Hilfe gerufene Aufgebot der Verwandten; nicht der Hinweis auf die so oft beschworenen Pflichten, auf den Thron und die Würde des Hauses. Da ist keinerlei Bereitschaft zu Kompromissen mehr. Elisabeth hat sich wiedergefunden, es hat nur eine Nacht gedauert, und sie hat sich von allen Fesseln befreit.

Geschickt verknüpft die Kaiserin die Erziehung ihrer Kinder mit ihren eigenen Belangen. Und die ultimativen Forderungen bleiben nicht ohne Wirkung auf den Kaiser. Franz Joseph, so in die Enge getrieben, gibt nach. Rudolf wird endlich einen fähigeren und liberaleren Erzieher bekommen. Zwar setzt Elisabeth in diesem Machtkampf ihren Standpunkt durch, aber es ist ein problematischer Sieg, weil er das Verhältnis des Ehepaares zueinander und auch die ohnehin schwierige Beziehung zur Schwiegermutter extrem belastet.

Der Befreiungsschlag schärft ihr Gefühl für die Einsamkeit, die sie auf sich zukommen sieht und der sie sich schmerzwach stellt. Noch wenige Jahre zuvor, in Madeira, zwischen Meer und Büchern, hat sie ein Frösteln bei dem Gedanken überfallen, allein bleiben zu müssen. Jetzt blickt sie trotzig dieser uferlosen Einsamkeit entgegen. Sie beneidet die Menschen, die niemand kennt und keiner anstarrt. Elisabeth fühlt sich verfolgt, sie fürchtet die giftigen Zungen und die boshaft neugierigen Augen, die hinter ihrem Wagen herschauen, jeden ihrer Schritte überwachen. Sie muß weit weg, um diesem Terror zu entfliehen. Sie muß dorthin, wo es keine Wege und Ruhepunkte gibt: aufs Meer.

Elisabeth mit offenem Haar.
Gemälde von Franz Xaver Winterhalter (1864).

Franz Josephs Briefe folgen ihr nach, wo immer sie hinfährt. Der Kaiser hat erkannt, daß es keine Macht mehr gibt, die Elisabeth zur Umkehr bewegen könnte; er wirbt kleinlaut um ihr Vertrauen, er bietet seine Freundschaft, den Schutz der Krone, seinen Reichtum an. Es ist nicht so sehr ein Gefühl der Reue, das ihn treibt, schließlich hat er sich nichts vorzuwerfen, sondern eher das Gefühl, die Würde des Kaiserhauses wahren zu müssen. Sie vor allem steht auf dem Spiel, und auf Elisabeth wirkt dieser Sinn für Äußerlichkeiten erschütternd.

Sie sehnt sich nach Freiheit, nach einer grenzenlosen Freiheit. Sie lehnt das Angebot ab, sich unter den Schlössern des Kaisers eines auszusuchen oder ein neues Schloß ganz nach eigenem Geschmack zu bauen. Sie wird reisen, trotz der Mahnungen ihrer Mutter, zu ihrer Pflicht, zu ihren Kindern zurückzukehren. Sie entzieht sich den Blicken Wiens, sie sieht Österreich nur noch als Silhouette aus der Ferne. Dieses plötzliche »Verschwinden« der Kaiserin ist in der Hauptstadt natürlich nicht unbemerkt geblieben. Elisabeths letzter Einzug in Wien und der Empfang hätten erwarten lassen, daß sie jetzt für längere Zeit als gesellschaftlicher Mittelpunkt am Hof bleibt. Bisher waren die Reisen Elisabeths, jedes längere Fernbleiben, öffentlich begründet worden; jetzt schweigt der Hof. Es entsteht das Bild von der unglücklichen Kaiserin, die auf weiten Meeren Ruhe sucht. Wahrheit und Dichtung liegen hier eng beieinander. Die Fluchten bringen Elisabeth einen großen Gewinn: Sie geben ihr die innere Freiheit wieder.

Ich sollte mich selbst bezwingen?
Das brächte mir auch Gewinn?
Wer ist denn der Besiegte,
Wenn ich der Sieger bin?
Das ist ein närrischer Räuber,
Der sich zu bereichern glaubt,
Wenn er sich selbst im Walde
Auflauert und beraubt.

So fühlt sie, so dichtet sie. Elisabeth hat jede Forderung nach Anpassung und Unterordnung, nach Gehorsam abgeschüttelt. Sie fühlt sich jetzt wieder frei, souverän in ihren Wünschen, unbehelligt von der Tortur eines in jedem Detail geregelten und durchorganisierten Lebens. Es werden Tage der Ruhe und der Entspannung sein, die Elisabeth auf ihren Meeresfahrten genießen wird. Wenn sie müde ist, Himmel und Wasser zu betrachten, wenn die sorgfältige Pflege ihres langen Haares abgeschlossen ist, das immer schöner und dunkler wird, schließt sie sich in ihre Kabine ein, um Ungarisch zu lernen, eine der schwierigsten Sprachen überhaupt. Sie fängt mit sehr gründlichen Studien an, und dank ihres Eigensinns und ihrer Beharrlichkeit macht sie bald große Fortschritte. Auf dem Meer, so unbeschränkt wie die Wellen, frei in allen Entschlüssen, keinem als sich selbst gehorchend, kommt sie den verlorenen Träumen nahe. Ist nicht schon in ihren Kindheitsphantasien immer der See zum großen Meer geworden?

Doch ihr Leben bleibt unausgefüllt. Sie sieht nichts, wo sie ihre überfließende, vitale Energie sinnvoll einsetzen kann. Ihr energischer Versuch, sich außerhalb des höfischen Lebens und der kaiserlichen Rolle als Persönlichkeit zu profilieren, scheitert. Sie droht in wachsender Einsamkeit zu vereisen. Wer ist denn noch bei ihr? Ein paar Tiere, Pferde, Papageien. Riesige Wolfs- und Windhunde, die trotz aller Proteste in den innersten Gemächern der Hofburg leben und nicht von ihrer Seite weichen.

*A*uch politisch geht die Kaiserin einen eigenen Weg, jedenfalls einen anderen als der Hof. Sie setzt sich in den Kopf, Österreich und Ungarn, die beiden Staaten diesseits und jenseits der Leitha, einander näherzubringen. Ein gewisser Einfluß Ida Ferenczys scheint sich bemerkbar zu machen, und die Ernennung von vierzehn ungarischen Palastdamen läßt erkennen, daß Elisabeth entschlossen ist, den Hof »ungarischer« zu machen.

Ungarisch wird zu der bevorzugten Sprache, in der sie sich mitteilt. Fast schon eine »Geheimsprache«, mit der sie ihre Sympathie für dieses ihr immer vertrauter werdende Land offen erkennen läßt. Elisabeth kann also ungeniert und ungeschützt reden, vor allem mit ihren Hofdamen. Der Hof fühlt sich ausgegrenzt und brüskiert, denn nur wenige verstehen dort Ungarisch. Alles selbstverständlich nicht dazu angetan, die Kaiserin in Wien beliebter zu machen.

Aber sie lernt nicht nur eine der schwersten europäischen Sprachen, sie schaut mit sehnsüchtigen Blicken nach Ungarn. Sie spürt: Hier wird sie eine Aufgabe finden. In diesen Jahren wird sich der Kaiser schließlich doch über die verfahrene Politik seiner Mutter klar, die zu einem gewichtigen Teil von ihrer persönlichen Abneigung gegen alles Ungarische herrührt. Sophie erfährt mehr und mehr den Einfluß ihrer Schwiegertochter. Sie steht jetzt etwas abseits. Nach zwölfjähriger Ehe beginnt Franz Joseph, Vertrauen zu seiner Frau als Ratgeberin auch in der einen oder anderen Frage der Politik zu gewinnen. Er ist überzeugt, Elisabeth wird sein bester Minister in Ungarn sein.

1865 besucht der Kaiser Budapest, und bei dieser Gelegenheit erklärt ihm der ungarische Politiker Franz Deák mit beispielloser Offenheit: »Majestät, jetzt wo sich Ihre Lande versöhnen wollen, müssen Sie auch Sorge tragen, daß es in Ihrer Familie zu einer Aussöhnung kommt.« Und diese Offenheit scheint selbst auf Franz Joseph außergewöhnlichen Eindruck zu machen, denn am folgenden Tage berichtet er in einem Telegramm Elisabeth über die Herzlichkeit, mit der er empfangen worden sei. Er beschließt, den Landtag, der das neue versöhnlichere Verhältnis zwischen den beiden Ländern anerkennen soll, am Elisabethtag, dem 14. November 1865, zusammentreten zu lassen. Die Begeisterung der Ungarn flammt hoch auf. Elisabeth bestickt Bänder in den ungarischen Farben für die ersten Honvedbataillone.

In der Umgebung des Kaisers denkt man freilich erheblich anders über die Lösung der ungarischen Frage. »Nicht das zuvorkommende Wesen des Kaisers, nicht das Erscheinen der

Elisabeth (um 1865). Photographie von Ludwig Angerer.

Kaiserin in Pest werden von Einfluß auf die Lösung der politischen Differenzen sein, sondern allein die Kanonen, die ultima ratio gegenüber Ungarn«, erklärt der kaiserliche Generaladjutant Graf Coudenhove dem preußischen Militärattaché in Wien.

Elisabeth flüchtet vor den Schwierigkeiten. Am 13. Dezember fährt sie plötzlich nach München zu ihrer Familie. Den Kaiser hat sie davon unterrichtet, aber der hält sich in Ofen auf. Erst am 30. Dezember kehrt sie mit ihrer Mutter nach Wien zurück, und den Neujahrstag 1866 verbringt sie wieder im Kreis der Familie. Sie nimmt auch an der Seite des Kaisers an den offiziellen Festlichkeiten teil.

Bei einem Empfang am 8. Januar 1866 erscheint Elisabeth in ungarischer Nationaltracht, sie sieht zum ersten Mal Gyula Andrássy, begrüßt ihn und den Kardinalprimas sowie die Deputation des ungarischen Reichstages fehlerfrei und mit herzlichen Worten in der Landessprache: »Seitdem mich die Vorsehung durch Seine Majestät, meinen geliebten Gemahl, mit ebenso zarten als unlösbaren Banden an das Königreich Ungarn geknüpft hat, war die Wohlfahrt desselben stets der Gegenstand meiner lebhaftesten Teilnahme. Dieselbe wird noch gesteigert durch die Beweise treuer Anhänglichkeit und herzlicher Huldigung, welche jüngst angesichts des Landes meinem erlauchten Gemahl – heute durch die zum Herzen dringenden Worte Eurer Eminenz mir gegenüber – einen so begeisterten Ausdruck fanden. Nehmen Sie hierfür meinen aufrichtigen, innig gefühlten Dank und entbieten Sie jenen, die Sie hierher gesendet, auch bis dahin meinen herzlichen Gruß, als es mir gegönnt sein wird, dem Wunsche des Landes entsprechend, an der Seite meines erlauchten Gemahls in Ihrer Mitte zu erscheinen.«

Diese Ansprache macht auf die anwesenden Ungarn einen überwältigenden Eindruck, wie der preußische Gesandte Freiherr von Werther an Bismarck berichtet. Vivat und Hoch, ein brausendes »Eljen« ist die Antwort im Marmorsaal der Wiener Hofburg. Elisabeth wird offiziell nach Ungarn eingeladen, und bereits am 29. Januar 1866 trifft sie mit Franz Joseph in Budapest ein. Wieder ein großer, begeisterter Empfang. Das Kaiserpaar wohnt im königlichen Schloß, in dem sich Elisabeth seit

Elisabeth mit ihrem Lieblingshund Shadow (um 1865).
Photographie von Ludwig Angerer.

dem Tod ihrer kleinen Tochter Sophie im Jahre 1857 nicht mehr aufgehalten hat. Schmerzlich steigen die Erinnerungen hoch, aber die Bewunderung der begeisterten Ungarn lenkt sie bald ab. Am 1. Februar, bei einem Empfang des Kaiserpaares durch Abordnungen beider Parlamente, bringt Franz Joseph keine greifbaren Entscheidungen mit, was allgemeine Enttäuschung auslöst. Doch Elisabeth wirbt um Vertrauen, so geduldig und rührend, daß sich ein Zauber über diese Versammlung legt. Ihr wird der Dank der ungarischen Nation ausgesprochen, worauf sie wieder in Ungarisch antwortet.

Am 2. Februar 1866 schreibt Elisabeth ihrer Tochter Gisela aus Ofen: »Hier gibt es viel zu tun. Das ofte Aus- und Anziehen ist mir recht langweilig; sehr fatiguant war der Damencercle, das lange Stehen und Sprechen.« Die Anstrengungen des Repräsentierens sind fast schon wieder zu viel für ihre zarten Nerven, zumal sie damals wieder ihr »Münchener Übel« spürt, wie der Kaiser ihr Leiden vom Jahr 1861 euphemistisch nennt: Husten, Schwächeanfälle, Weinkrämpfe. »Sisi hatte sich bis dahin tapfer gehalten«, schreibt er der Mutter nach dem Empfang durch die ungarischen Magnaten, »aber wie wir allein waren, fing sie bitterlich an zu weinen.« In einer Hinsicht muß man den Kaiser ganz sicher bewundern: Nie verliert er ein Wort des Tadels oder des Unwillens über all diese ihm sicherlich seltsam erscheinenden Reaktionen seiner Frau, die gerade für ihn, den unkomplizierten Mann, gewiß nicht leicht zu ertragen sind. Ihre Töchter hätten alle gute Ehemänner bekommen, pflegt Ludovika zu sagen, aber sie seien ihnen nicht immer bequeme Frauen gewesen.

Acht Tage muß Elisabeth in ihrem Gemächern bleiben, bis sie sich einigermaßen wieder erholt hat. Enttäuschte Reaktionen vieler Ungarn, die in die Hauptstadt gekommen sind, um »ihre Königin« zu sehen. Auch Franz Joseph schreibt bedauernd nach Hause: »Unser Ball war wieder sehr brillant und voll, aber eigentlich eine Enttäuschung, denn es sind viele Leute aus allen Teilen des Landes eigens gekommen, um Sisi zu sehen und ihr vorgestellt zu werden und fanden nur mich allein.«

Fünf Wochen bleibt das Kaiserpaar in Ungarn. Empfänge, Feierlichkeiten, Ballabende. Auf den Festen in der Ofener Burg erscheint Elisabeth in bezaubernden Toiletten, Büste und Rücken tief dekolletiert, ein Brillantdiadem in der Krone des dunklen Haares – ganz so, wie sie 1864 Franz Xaver Winterhalter, der Hofmaler des damaligen Europa, gemalt hat: Diese berühmten Bilder zeigen Elisabeth auf dem Höhepunkt ihrer Schönheit, auf den Lippen ein liebenswürdiges, aber flüchtiges Lächeln, die Augen strahlend.

Die Reise entfacht wieder Elisabeths unauslöschliche Liebe zu Ungarn. Erst am 5. März wird die Rückfahrt nach Wien angetreten. Die Kaiserin hat die Herzen der Magnaten im Sturm erobert. Und irgendwann sagt sie zu Andrássy: »Wenn des Kaisers Angelegenheiten in Italien schlecht gehen, so schmerzt es mich, wenn aber das gleiche in Ungarn der Fall ist, so tötet mich das.« Außer Ungarn beschäftigen Elisabeth nur wenige Themen. Und der Kaiser vermeidet es in der Regel, mit ihr über Politik zu sprechen. Nur manchmal fragt er sie nach ihrem Urteil über bestimmte Personen. »Ich habe«, sagt sie einmal, »nur wenig Interesse für Politik; die Politiker meinen, die großen Begebenheiten zu leiten, während sie doch von den Ereignissen stets überrascht werden. Jede Regierung trägt vom ersten Augenblick an den Keim zu ihrem Fall in sich. Was an geschichtlichen Ereignissen geschieht, es geschieht aus innerer Notwendigkeit, weil die Zeit dazu gekommen ist.« Diese pessimistische Geschichtsphilosopie läßt dem Glauben an die Macht der Persönlichkeit nur wenig Spielraum. Vielleicht kommt diese Skepsis auch daher, daß Elisabeth den Personen, die in Österreich Geschichte machen, zu nahe steht.

Doch bevor sie sich für Ungarn aktiv einsetzen kann, steht ein nervenzerreißender politischer Konflikt kurz vor dem Höhepunkt.

*I*n Preußen hat Otto Graf Bismarck, bis vor kurzem noch auf untergeordneten Posten tätig, die Welt durch den Realismus, die Geschmeidigkeit und die äußerste Geschicklichkeit seiner Politik in Erstaunen versetzt. Im Herbst 1865 hat er in Biarritz brillant gehandelt: Auf den ersten Blick stellte er fest, daß die Träumereien Napoleons III. nichts als Illusionen waren, voll von Selbstberauschung. Der französischen Neutralität und des italienischen Bündnisses sicher, macht er sich rasch ans Werk. Wer sollte ihn schon aufhalten? Österreich, in dem der nationale Zusammenhalt immer weiter abnimmt, ein durch drückende Polizeiherrschaft, Reaktion und Absolutismus gehemmtes Reich?

Franz Joseph hat einen Teil der Vormachtstellung seines Hauses in Italien verloren; jetzt steht die Geltung Habsburgs in Deutschland auf dem Spiel. Preußen läßt seinen Willen zur Macht unverhohlen erkennen, und mit jedem Tag wird die Gefahr größer, als die herrenlosen Herzogtümer Schleswig und Holstein die Entscheidung fordern. Zwei Jahre zuvor ist man noch gemeinsam gegen Dänemark vorgegangen, hat eine gemeinschaftliche Regierung über die Herzogtümer eingerichtet, nachdem Schleswig von Dänemark widerrechtlich besetzt worden war. Die Einigkeit zwischen den beiden Großmächten hält jedoch nicht an. Otto von Bismarck hat Franz Joseph seine Absichten beim Besuch zusammen mit seinem König in Schönbrunn offengelegt: Er will die beiden Herzogtümer annektieren. Österreich soll mit Geld sowie mit einer Garantie für Italien entschädigt werden; es fällt das Wort von der »Jagdgesellschaft«, die gemeinsam Beute macht, ohne doch die Beute nach Prozenten zu verteilen. Franz Joseph hat diesem Plan mißtraut. Da er Preußen die Beute nicht lassen wollte, sind beide, Österreich und Preußen, in Schleswig einmarschiert. Die Frage der Zukunft, was nachher mit den Ländern geschehen wird, hat man offengelassen. Der Vertrag, den Franz Joseph 1865 mit dem Gegner in Gastein geschlossen hat, verdeckt nur notdürftig »die Risse im Bau«. Das diplomatische Duell, das seit Januar 1866 zwischen Preußen und Österreich ausgefochten wird, dreht sich unter verschiedenen Vorwänden nur um eines: die Vorherrschaft in Deutschland. An diesem Streit zwischen Hohenzollern und Habsburgern entzünden sich öffentliche Leidenschaften, auf beiden Seiten werden die Rüstungsanstrengungen verstärkt.

Im März 1866 erhebt Preußen öffentlich den Vorwurf, Österreich verstärke seine Truppen und ziehe sie in Böhmen zusammen. Franz Joseph versucht dem Gegner auszuweichen. Auch König Wilhelm will nicht der Angreifer sein, doch hat Preußen sich die Unterstützung des jungen Königreiches Italien gesichert. Als der Kaiser die Nachricht von Piemonts Kriegsrüstung erhält, läßt er am 21. April die Südarmee mobilisieren. Die beiden Verbündeten von einst sind jetzt Feinde.

1859 hatte Generaladjutant Graf Grünne noch mit einer gewissen österreichischen Leichtfertigkeit zum Krieg gedrängt, 1866 fällt diese Rolle seinem Nachfolger, dem Grafen Franz Crenneville zu. Auch im Ministerium des tschechischen Grafen Richard Belcredi stehen die Zeichen bald auf Sturm. Das »Dreigrafenministerium« legt sich eindeutig auf eine militärische Auseinandersetzung fest: Die treibenden Kräfte sind Graf Belcredi als Staatsminister, Graf Larisch als Finanzminister und Graf Alexander Mendsdorff-Pouilly als Außenminister. Wobei Mendsdorff-Pouilly, eigentlich General der Kavallerie, selbst undeutlich fühlt, daß er keinerlei Fähigkeiten zur Führung der auswärtigen Geschäfte einer Großmacht besitzt.

Diese drei Grafen werden höchst wirkungsvoll ergänzt durch einen vierten, den Grafen Moritz Esterházy, Minister ohne Portefeuille. Diese Bezeichnung entspricht seinem wichtigsten Ziel, nämlich ungenannt zu bleiben, obwohl in Wahrheit er es ist, der alle Fäden knüpft. Es ist jedoch keineswegs unangebrachte Bescheidenheit, die ihn so handeln läßt, sondern eine ausgesprochene Verantwortungsscheu. In der Gesellschaft wird er nur der »geheimnisvolle Moritz« genannt, denn er wirkt in der Tat äußerst geheimnisvoll und seltsam. Als Gesandter in Rom hat er es fertigbekommen, fünf Monate hindurch keinen einzigen Bericht abzusenden, so daß man ihn abberufen mußte. Zuweilen befällt ihn eine unüberwindliche Arbeitsscheu, dann schließt er sich tagelang in ein verdunkeltes Zimmer ein. Ein merkwürdiger Minister, der erst »auffällt«, als es zu spät ist – als er seine Frau zu verprügeln beginnt und sein Schloß in Brand stecken will. Man interniert ihn in einer sächsischen Irrenanstalt. Inzwischen hat er jedoch längst seinen Teil zum Unheil des kommenden Krieges beigetragen.

Preußen verfügt in diesem Krieg über ein geradezu geniales politisch-militärisches Triumvirat: Otto von Bismarck, Helmuth von Moltke und General von Roon. Doch in Österreich wird, wie so häufig, selbstverständlich nicht der Fähigste zum Oberbefehlshaber ernannt. In Böhmen hätte an und für sich dem Erzherzog Albrecht, dem Sohn des berühmten Siegers von Aspern, Erzherzog Karl, der Oberbefehl gebührt. Das Erzhaus kann sich jedoch nicht der Gefahr aussetzen, eines seiner Mitglieder von preußischen Generalen schlagen zu lassen, und so gibt man das Kommando dem Feldzeugmeister Ludwig von Benedek, der sich im italienischen Feldzug von 1859 als Divisionskommandeur ausgezeichnet hat. Dieser kennt das italienische Terrain vorzüglich, nicht aber das böhmische, und bittet nachdrücklich, ihn doch dort zu verwenden, wo er etwas leisten könne. Franz Joseph ruft ihn streng zur Ordnung, hier gehe es schließlich um die Ehre des kaiserlichen Hauses. Was bleibt ihm übrig? Er nimmt an, doch befürchtet er aufs stärkste: Er wird unterliegen, er ist zur Niederlage einfach verurteilt. Gefaßt erwartet er die Erfüllung seiner dunklen Ahnungen. Sie bleibt nicht aus.

Der Streit zwischen Österreich und Preußen kommt zum offenen Ausbruch. Bismarck hat es nun leichter, seinen preußischen König zu überzeugen. Im Mai rollen auf Österreichs Bahnen Militärzüge nach Olmütz und Verona. Am 21. Juni tauschen die Vorposten bei Zwickau und bei Oswiecim die Kriegserklärungen aus.

Und dieses elementare Ereignis bewirkt, daß Elisabeth zu ihrem Mann zurückfindet. Außerdem kämpft ihre Heimat Bayern als Verbündeter Habsburgs gegen Preußen. Bei Ausbruch des Krieges wohnt Elisabeth mit ihren Kindern in Ischl. Sie reist am 29. Juni sofort nach Wien und läßt die Kinder zurück. Sie zeigt Wien, wo ihre lange, nur von seltenen und flüchtigen Besuchen unterbrochene Abwesenheit sie unpopulär gemacht hat, ein anderes Gesicht. Sie weiß, Franz Joseph braucht ihre Nähe in den schweren Zeiten. Sie ist wie verwandelt, wie immer, wenn sie sich mit einer Gefahr konfrontiert sieht. Dann greift sie tatkräftig zu, wo es zu helfen gilt. Sie vergißt alle kapriziösen Allüren, auch ihre privaten Sorgen und Nöte.

Sie legt auch ihre bisherige Zurückhaltung in politischen Dingen ab und sucht Franz Joseph klarzumachen, daß es nur eine Hilfe gibt: Ungarn. Als im Jahre 1741 das österreichische Heer unter Graf Neipperg von den Preußen Friedrichs des Großen bei Mollwitz geschlagen worden war, hatte sich Maria Theresia hilfesuchend an die Ungarn gewandt und bei den Magnaten begeisterte Unterstützung gefunden. Elisabeth glaubt, daß sich Ungarn auch dieses Mal nicht verweigern würde, wenn man ihm die Hand zur Versöhnung bietet.

Mit der Gewalt und der Geschwindigkeit eines Orkans spielt sich alles Weitere ab. Sofort besetzen die preußischen Heere Hessen, Sachsen, das bayerische Franken, Hannover und die nach Böhmen führenden Pässe, während die Italiener südlich des Gardasees die Offensive ergreifen. Am 24. Juni erleiden die Italiener zwar eine klägliche Niederlage, werden auf dem Land bei Custozza, zwischen Verona und Mantua, durch Erzherzog Albrecht, zur See bei Lissa durch Admiral Tegetthoff geschlagen. Doch Preußen erringt an der Grenze von Böhmen bei Sadowa, in der Nähe von Königgrätz, einen glänzenden und entscheidenden Sieg, einen Sieg fast im napoleonischen Stil, nach dem Muster von Austerlitz, Jena und Wagram. Wie immer schlagen sich die österreichischen und sächsischen Truppen tapfer, während die Heeresführung Fehler über Fehler macht. Es dringen grausige Nachrichten bis nach Wien. Landgräfin Therese Fürstenberg schreibt: »Es ist der blutigste Krieg, den die Geschichte kennt. ... Die Österreicher waren so von Kugeln übergossen, daß sie scharenweise niederfielen, es war, als werfe man ihnen Sand ins Gesicht; es muß ein grauenhaftes Blutbad gewesen sein.« Die österreichische Armee zieht sich zurück, zerstreute und sich irgendwo zwischen Wien und den Preußen auflösende Truppenteile schlagen sich durch die Wälder.

Vorsichtig schreibt Elisabeth an Oberst Latour, den Erzieher ihres Sohnes, er möge Rudolf nur so viel über den Krieg erzählen, wie er es für gut halte: »Die Verhältniße sind leider so, daß ich Ihnen durch den Telegraf leider keine Nachrichten mehr geben kann, aber um meinem Versprechen nachzukommen, will ich Ihnen schriftlich mitteilen, wie es jetzt um uns steht. Die Nordarmee hat durch die letzten Kämpfe furchtbar gelitten, bei 20 000 Mann Verlust, fast alle Stabs- und höheren Officire sind aus den Regimentern herausgeschoßen. Auch die Sachsen sind schlecht zugerichtet. ... Der Kaiser ist bewunderungswürdig, immer gleich ruhig und gefaßt. ... Das sind schlechte Nachrichten, die ich Ihnen gebe, aber man darf den Muth nicht sinken lassen.«

Der Tag nach der entscheidenden Schlacht. Wieder ein Brief Elisabeths an Latour: »Schon Gestern Abend erhielten wir die Nachricht, die unsere letzten Hoffnungen vernichtete. ... Der Verlust soll furchtbar sein.«

In der Nacht vom 3. zum 4. Juli sitzen Franz Joseph und Elisabeth lange schweigend beisammen und warten auf weitere Nachrichten vom böhmischen Kriegsschauplatz. Gegen sieben Uhr abends trifft das Telegramm ein: Bei Königgrätz ist die österreichische Armee restlos geschlagen worden, in der größten Schlacht des 19. Jahrhunderts. Vierhundertfünfzigtausend Mann haben erbittert gekämpft. Eine Niederlage mit unübersehbaren Verlusten für Österreich. Und der Weg nach Wien ist für die Preußen frei.

Um zwei Uhr morgens fährt der Kaiser zum Bahnhof, um den König von Sachsen, seinen Verbündeten, zu empfangen, der noch nicht einmal weiß, daß seine Armee gemeinsam mit der österreichischen eine Niederlage ungeahnten Ausmaßes erlitten hat. Das Schicksal Habsburgs liegt jetzt in Bismarcks Hand. An diesem 3. Juli 1866 steigt Preußen zur europäischen Großmacht auf, werden in ganz Europa die Weichen für die Zukunft gestellt. Acht Tage später sieht sich Österreich zur Kapitulation gezwungen. Eine einzige Schlacht hat genügt, um diesen Krieg zu entscheiden. Warum hat Österreich versagt? Die Niederlage wurde eher für Preußen erwartet. War es die ausbleibende Unterstützung der Verbündeten, daß König Ludwig II. von Bayern das österreichische Reich hängen läßt?

Am 13. Juli 1866 befindet sich die preußische Vorhut bereits bei Nikolsburg, nur fünfundfünfzig Kilometer von Wien entfernt. Um die »verfluchten Preußen« aufzuhalten, die auf die Hauptstadt zumarschieren, »anerkennt Österreich die Auflösung des Deutschen Bundes, wie er bisher bestanden hat, und gibt seine Zustimmung zu einer Neuordnung in Deutschland ohne Österreich«. Der Kaiser, geschlagen und einsam, sehnt sich nach Elisabeth, nach einem tröstenden Wort, und schreibt ihr am 28. Juli 1866, zwei Tage nach dem Waffenstillstand, der die Gefahr des Einmarsches bannt: »Ich bitte Dich, komme daher, mich besuchen, ich habe so eine Sehnsucht nach Dir und Dich freut es ja vielleicht auch, mich in so trüber Zeit wiederzusehen.«

Durch den Vertrag von Prag verliert Franz Joseph das letzte Juwel aus der italienischen Krone: Venedig. Noch schmerzlicher empfindet er, daß Österreich seinem völligen Ausschluß aus dem Deutschen Bund zustimmen muß. Nach sieben Jahrhunderten sind die Habsburger endgültig vom Kaiserreich ausgeschlossen, überläßt die Dynastie Karls V. und Maria Theresias Deutschland der Vorherrschaft der Hohenzollern. Neben diesem Ausscheiden haben einige Grenzänderungen, denen sie sich unterwerfen muß, sowie die zu zahlende Kriegsentschädigung nur noch geringes Gewicht.

Elisabeth ist mit ihrem humanitären Engagement sofort zur Stelle. Sie beginnt damit, für die vielen Verwundeten ein Spital in Laxenburg einzurichten und die Verletzten auch in den Garnisonsspitalen in Wien und Unter-St. Veit zu besuchen. Von früh bis spät ist sie auf den Beinen. In Budapest besucht sie die Choleraspitäler: »Gerade in der Gefahr ist mein Platz an der Seite meines Gemahls.« Am 2. August, bei einem ihrer ausgedehnten Ritte, lernt sie das neunundzwanzig Kilometer von Budapest entfernte Schloß Gödöllö kennen, wo ein Lazarett eingerichtet worden ist, in dem sie Verwundete besucht.

Habsburgs historische Rolle in Deutschland ist ausgespielt, es wird aus Deutschland, es wird aus Italien vertrieben – der schwerste Schlag, den der sechsunddreißigjährige Kaiser hinnehmen muß. Sieben Jahren zuvor hat er die Niederlage von Solferino eigenwillig überwunden, indem er bald alle Verantwortung von sich wies. Jetzt ist sein Selbstbewußtsein stärker erschüttert, er sieht das übernommene Erbe in seiner »unglücklichen Hand« zerbröckeln.

Der Glanz der Herrschaft Franz Josephs ist erloschen. Wieder hat alles versagt; keiner der Ratgeber ist das Vertrauen wert gewesen, das man ihm entgegengebracht hat. In der Hauptstadt wachsen Kritik und Opposition, an den Wänden der Hofburg sind Spottverse zu lesen. Bei einer Fahrt von Schönbrunn nach der Stadt muß sich der Kaiser den Ruf »Es lebe Maximilian« anhören, was einer unverhohlenen Aufforderung zur Abdankung zugunsten seines liberaleren Bruders nahekommt. Wien hat keine Angst vor Franz Joseph. Der Bürgermeister hat dreimal Verfassungsänderungen anzusprechen gewagt; der Kaiser antwortet mit der Verhängung des Belagerungszustands. Vor allem fürchtet er Ungarn. Die Fäden, die Bismarck mit den ungarischen Emigranten verbinden, reichen bis nach Pest. Überall ist die die Arbeit der piemontesischen Agenten und enthusiastischen Studenten zu spüren, die für den Abfall von Habsburg agitieren. Eine neue revolutionäre Welle kann morgen das ganze Land überfluten.

Die unvermeidliche Katastrophe drückt auch Elisabeth nieder. Am meisten zu befürchten sei ein unehrenhafter Frieden, so ihre Ansicht nach der Schlacht. Sie bedauert Franz Joseph, der mit Kriegen kein Glück hat. Sie haben aber beide nicht viel Zeit zum Grübeln. Den Kaiser nehmen die Ereignisse in Anspruch und Elisabeth die ungarischen Soldaten, denen jetzt ihre besondere Fürsorge gilt, besonders jenen, die nicht deutsch können. Die Kaiserin unterhält sich oft stundenlang mit ihnen, spricht mit ihnen in ihrer Muttersprache. Abends sitzt Elisabeth dann, so berichtet sie nach Hause, mit Franz Joseph ein wenig beim offenen Fenster. Es ist seine einzige Erholung.

Die Kaiserin zeigt dieselbe tapfere und unerschrockene Haltung wie 1859 nach Solferino. Die Gefahr hat alle ihre sonst brachliegenden Energien wachgerufen, die letzten Reserven in ihr mobilisiert. Elisabeth reist von einem Lazarett zum anderen, was sogar Sophie lobende Worte abringt.

Jetzt erst, in der Stunde des Unglücks, findet der Kaiser die Kraft, einen sehnlichen Wunsch Elisabeths zu erfüllen: Sie darf ungestört mit ihren Kindern zusammen sein. Die ersten unruhigen Tage nach der Katastrophe verbringt sie in Ischl. Österreichs Debakel hat auch die Macht der Erzherzogin Sophie gebrochen. Franz Joseph hat vor allen wichtigen Entscheidungen ihren Rat gehört; was er tat, geschah niemals gegen ihr Wort, immer mit ihrer Zustimmung. Dieses Österreich, das in den Krieg zog, war *ihr* Österreich: mit dem Ministerium der drei Grafen an der Spitze, mit den Korpschefs aus alten Adelsfamilien als den Anführern der Truppen, mit Untertanen, die nicht wußten, wofür sie kämpften. Völlig niedergedrückt, ohnmächtig und fatalistisch schreibt Franz Joseph an seine Mutter: »Wenn man alle Welt gegen sich und gar keinen Freund hat, so ist wenig Aussicht auf Erfolg, aber man muß sich so lange wehren, als es geht, seine Pflicht bis zuletzt tun und endlich, mit Ehre, zu Grunde gehen.«

In Königgrätz wird auch Erzherzogin Sophie geschlagen. Die zweiundsechzigjährige Frau sucht vergeblich diese Fügung des Himmels zu enträtseln. Die Mißerfolge erschüttern nachhaltig Franz Josephs Glauben an die Vortrefflichkeit des mütterlichen Rats. Elisabeth gewinnt ihre Kinder, und nun – ihrer Traumwelt entrissen, auf den Boden der Wirklichkeit gestellt – wird sie tätig, in der Hilfsbereitschaft engagiert. Mit kritischem Blick begegnet sie in den Wiener Spitälern dem wahren Gesicht des Krieges. Sie nennt es eine Blasphemie, den »tröstenden Engel« spielen zu wollen, wo nur geregelte Pflege und ein gewissenhafter Einsatz der Ärzte helfen können. Elisabeth übt die Samariterdienste wirklich aus, nicht in der üblichen Weise fürstlicher Wohltäterinnen, die sich damit begnügen, durch die Spitäler an den Betten entlangzueilen, hier und da an einen der Kranken die vorgeschriebene Frage zu richten, um dann – ohne Verständnis für Menschen und Leiden – rasch zum nächsten zu eilen. Elisabeth durchdringt das Kriegselend tiefer, darum ihr unermüdlicher Einsatz für ein gesundes und geordnetes Sanitätswesen, für die Verbesserung der Verpflegung von Verwundeten und Kranken. Aber auch hier stößt sie meist auf die eingefahrene Bürokratie, die nicht mit sich reden läßt. Oft verzweifelt sie, wenn sie sieht, daß trotz ihrer eifrigsten Bemühungen doch alles im alten Schlendrian weitergeführt wird. Sie fordert mit Nachdruck eine bessere Verwundetenfürsorge, und als

das sehr vernachlässigte Sanitätswesen sich nur im Schnecken-
tempo der österreichischen Armeeverwaltung zu rühren vermag, droht sie damit aufzuhören, »die Leidenden durch Besuche weiter zu belästigen«.

Elisabeth hat in diesem Einsatz sich selbst wieder gefunden.
Für Franz Joseph ist Königgrätz eines der wenigen Ereignisse
seines Lebens, die ihn wirklich erschüttert haben. »Ich habe
eine unglückliche Hand«, ruft er aus, als ihn die Nachricht von
der Niederlage erreicht. Die verlorene Schlacht beendet einen
Abschnitt seines Lebens, die Phase des harten, unbedingten,
»blutjungen« Kaisers. Jetzt kann er der Frage nach einer neuen
Ordnung seines Reiches nicht mehr ausweichen. Elisabeth trifft
ihn in einem psychologisch sehr günstigen Augenblick, um ihn
für einen Ausgleich mit Ungarn zu gewinnen.

*D*och vor ihr liegt ein langer, harter Weg. Ein starker revo-
lutionärer Wind weht über Ungarn, Böhmen, Mähren, Kroatien,
Slawonien. Selbst im Mittelpunkt des Reiches, in Wien, nimmt
die Unruhe von Tag zu Tag zu. Man erweist Franz Joseph keinen
Respekt mehr, macht ihm Vorwürfe, pfeift ihn aus, wenn er im
offenen Wagen durch die Stadt fährt. An den Mauern der Hofburg werden revolutionäre Plakate angeschlagen.

In Ungarn ist die Lage am bedrohlichsten. Das magyarische
Volk versucht, die österreichische Herrschaft abzuschütteln, mit
Nachdruck verlangt es seine Unabhängigkeit. Während man
sich in Wien in Spottversen über die Niederlage lustig macht,
werden in Budapest patriotische Gesänge angestimmt. Die
Ungarn sind in zwei unversöhnliche Richtungen gespalten: die
Kossuth-Anhänger, die jede Verbindung mit Österreich durch-
trennen wollen, und der gemäßigte Flügel um Andrássy und
Deák.

Franz Joseph hat einen glücklichen Einfall. Um den unvermeidlich scheinenden Bruch zu verhindern, sendet der Kaiser
in aller Eile Elisabeth nach Pest, wo die nationale Begeisterung
auf dem Höhepunkt angelangt ist. Sie soll die Stimmung

Die Männer des österreichisch-ungarischen Ausgleichs.
Rechts: Gyula Andrássy. Links: Franz Deák.

gegenüber dem Kaiserhaus sondieren, beruhigend auf die erregten Gemüter einwirken und Verhandlungen vorbereiten. Er bittet sie – das sind seine eigenen Worte, sein Anwalt zu sein.

Bei ihrem Eintreffen in Budapest am 9. Juli 1866 wird sie freundlich empfangen. Gyula Andrássy und Franz Deák haben sich auf dem Bahnhof eingefunden, und der ruhige, gelassene Advokat Deák meint: »Ich würde es für eine Feigheit halten, der Kaiserin im Unglück den Rücken zu wenden, nachdem wir ihr entgegengingen, als die Angelegenheiten der Dynastie noch gut standen.«

Magnaten, Klerus und Landadel sind, so stellt Elisabeth erfreut fest, zur Verständigung bereit. Doch die Stimmung im Volk selbst ist noch immer höchst revolutionär und wird mit jedem neuen Sieg der Preußen gereizter. Denn die Begleitmusik zu Elisabeths Verhandlungen bildet der weitere Vormarsch der preußischen Armeen, der Sieg von Tobitschau am 15. Juli, wo preußische Kürassiere die österreichischen Artilleriestellungen attackieren, die Besetzung von Nikolsburg, die Bedrohung Wiens. In Ungarn jubeln Tausende den italienischen Kriegsgefangenen zu, und zahllose junge Burschen fliehen in die Wälder, um sich dem Militärdienst zu entziehen. In Pest tragen die Studenten auf offener Straße rote Federn am Hut, zeigen sich so herausfordernd wie möglich. Sie spüren Aufwind, mit preußischer Unterstützung versucht man, eine nationale Legion zum Kampf gegen Österreich aufzustellen. Erfundene Gerüchte bringen selbst Andrássy mit diesen Bestrebungen in Zusammenhang. Doch dieser ist einer der entschiedensten Anhänger der Verständigung, nicht zuletzt auch wegen seiner persönlichen Neigung für die schöne Kaiserin.

Elisabeth kehrt am 12. Juli kurzfristig nach Wien zurück, um die in der Zwischenzeit aus Ischl angereisten Kinder abzuholen, wieder einmal gegen den erbitterten Widerstand Sophies. Sie bringt Gisela und Rudolf nach Budapest mit, wo sie am 13. Juli eintrifft. Gleichzeitig werden die kostbaren Kleinodien nach Ungarn übersiedelt und im Zeughaus der Ofener Burg deponiert.

Der Einfall mit den beiden Kindern erweist sich als Glücksgriff. Elisabeth will den Ungarn zeigen, daß sie das Liebste, was sie auf der Welt besitzt, in ihre Hände legt. Die psychologische Wirkung dieses Besuches ist ungeheuer: Den Aufständischen, die den Glauben an die Habsburger verloren haben, die gegen sie nur einen unversöhnlichen Haß empfinden, erscheint Elisabeth plötzlich wie eine Freundin, eine Beschützerin. In einem anonymen Brief wird sie als der »irdische Schutzgeist Ungarns« bezeichnet.

Die Kaiserin nimmt persönlich mit Andrássy und Deák, den Hauptanführern des Aufstandes und großen Revolutionären des Jahres 1848, Verhandlungen auf. Seit einigen Jahren schon zeigen sich diese beiden ungarischen Politiker gemäßigter und beweglicher. Sie haben bittere Erfahrungen machen müssen und erkennen die Autorität ihres früheren Oberhauptes Ludwig Kossuth nicht mehr an, der nun als Emigrant in Florenz lebt und – unzugänglicher denn je – sich auf seinen demagogischen Chauvinismus versteift.

Und Franz Joseph hat sich nicht getäuscht. Was weder ihm noch den Staatsmännern des Wiener Kabinetts bisher gelungen ist – die unversöhnlichen Ungarn von den aufrichtigen Absichten der Regierung zu überzeugen –, das bringt Elisabeth mit ihrer Erscheinung, ihrer menschlichen Wärme und ihrem Charisma zustande. Die Ungarn haben vom ersten Augenblick an das Gefühl: Diese Frau hat Verständnis für uns, sie liebt uns. Sie haben erfahren, daß die Kaiserin mit dem größten Eifer ihre Sprache lernt und die Dichter liest, um sich mit der ungarischen Volksseele bekannt zu machen. Und Elisabeth kommt tatsächlich bestens vorbereitet. Gewissenhaft hat sie ihre Studien der ungarischen Sprache vorangetrieben, hat Vokabeln und Grammatik gelernt, bis sie sich wirklich gut in Ungarisch ausdrücken kann.

Sie riskiert einiges für diese Liebe zu Ungarn. Einige ihrer mutigen Aussprüche erregen wahre Stürme der Begeisterung. So sagt sie beispielsweise zu Bischof Horvath: »Glauben Sie mir, wenn es in unserer Macht stände, die Arader Blutzeugen wieder ins Leben zurückrufen, mein Mann und ich würden die ersten sein, die es täten.« In Arad waren 1849 einige Generäle

der ungarischen Revolutionsarmee standrechtlich erschossen
worden. Daß in Wahrheit nicht so sehr ihr Gemahl als vielmehr
sie von diesen Gefühlen erfüllt ist, haben die Ungarn wohl
gespürt. Um so mehr vergöttern sie die schöne Kaiserin.

Diese zarte, in der Politik sonst unerfahrene, in der Öffentlichkeit schüchterne und zaghafte Frau erstaunt alle. In Ungarn
ist sie ein ganz anderer Mensch als in Wien, weil sie sich hier
freier bewegen kann. Als sie nach der Niederlage von Königgrätz mit ihren Kindern nach Budapest geht, erkennt sie sofort
die Gründe für die gespannte Lage und nimmt sich vor, ihre
Aufgabe radikal, von der Wurzel her anzupacken. Hat sie in
Staatsangelegenheiten in Wien nichts zu sagen, so will sie sich
wenigstens für Ungarn einsetzen, denn hier hat Erzherzogin
Sophie ihrerseits keinerlei Einfluß.

Elisabeth verkennt keine Stunde lang die Schwierigkeiten
ihrer Mission, gibt sich keinen Illusionen hin. Sie weiß, daß der
ungarische Adel und die Gentry, die Herren des Landes, bei
aller Ritterlichkeit in den Lebensformen doch ihrer politischen
Haltung treu bleiben werden – und sich auch gegenüber den
anderen Kronländern der Monarchie profilieren wollen. Aber
sie ist fest entschlossen, das Vertrauen der führenden Männer zu
gewinnen und eine Verbindung zwischen ihnen und dem Kaiser herzustellen. Elisabeth wächst, von ihrer Sympathie für
Ungarn getragen, an dieser Aufgabe, sie wird Franz Josephs
bester, sein einziger Diplomat. Nicht einer der Räte des Kaisers
hat das Talent der neunundzwanzigjähren Elisabeth, den enttäuschten und getäuschten, verbitterten und trotzigen Ungarn
den Glauben an die Aufrichtigkeit des Wiener Hofes wiederzu-
geben. Auf diese Räte trifft zu, was Gyula Andrássy einmal seiner Frau schreibt: »Nicht umsonst habe ich es immer wiederholt: Der größte Fehler der Minister des Kaisers ist es, daß sie
Esel sind.« Elisabeth siegt, wo das Unvermögen der kleinen
Geister versagt hätte. Es ist schade, daß der Hof die allermei-
sten Briefe Elisabeths an den Kaiser verloren, vernichtet oder
versteckt hat; sie wären der beste Beweis für das politische
Talent der Kaiserin. Sie verschweigt dem Kaiser nichts, sie
berichtet ihm von der wahren Stimmung des Landes.

Allmählich beginnt Elisabeth planmäßig und mit einer bewundernswerten Zähigkeit auf eine Verständigung mit Ungarn hinzuarbeiten. Freilich finden diese Bestrebungen in Ungarn nur bei jener kleinen Gruppe von Männern Widerhall, die schon immer den Gedanken einer Aussöhnung mit Österreich verfolgt haben. An der Spitze dieses Kreises steht Franz Deák, ein früherer Gutsbesitzer, ein stämmiger, einfacher Mann mit hängendem Schnauzbart. Seinem biederen Gesicht sieht man den scharfen Verstand und das klare politische Urteilsvermögen kaum an, das er besitzt. Und doch ist es vor allem seine weise, maßvolle und ruhige Art, die endlich der Versöhnung den Weg bereitet.

Elisabeth setzt von Anfang an auf den älteren Deák und den noch verhältnismäßig jungen Andrássy. Sie müssen ihrer Meinung nach in der ungarischen Frage mehr Einfluß gewinnen. Besonders Andrássy. Ihr gefällt der Mann mit der schönen, hohen Gestalt und den dunklen, interessanten Zügen ja nicht nur äußerlich, sondern sie traut seiner virilen Energie zu, die verfahrene Politik wieder in Ordnung zu bringen.

Es ist jedoch für Elisabeth ein Stück harte Arbeit, ehe sie den Kaiser dazu bewegen kann, den Mann der Revolution von 1848, den er einst zum Tode verurteilte, zu empfangen. Aber die Kaiserin läßt nicht locker. Franz Joseph erkennt sie fast nicht wieder, beginnt ihre Hartnäckigkeit zu bewundern. Ist sie sonst nicht immer mutlos gewesen, hat schnell resigniert, wenn ihr etwas mißlang? Jetzt zeigt sie so viel Willenskraft, daß Franz Joseph schließlich nicht anders kann, als nachzugeben.

Elisabeth hat rasch gehandelt. Noch bevor Deák ihr den Rat gibt, Andrássy als Vertrauensmann und Unterhändler dem Kaiser zu empfehlen, hat sie Franz Joseph bereits dringend gebeten, ihren Vertrauten zu empfangen.

Es ist ihr sehr rasch gelungen, auch Andrássy zu der Ansicht zu bekehren, daß Ungarn unter dem Zepter der Habsburger die Möglichkeit finden wird, seine nationale Eigenart zu behalten. Sie schlägt ihm vor, die Rolle eines Vermittlers zwischen dem Wiener Hof und den ungarischen Patrioten zu übernehmen. Noch mehr: Sie beschwört Franz Joseph sogar, Andrássy zum

Außenminister zu ernennen, anstelle von Mensdorff, den man nach all seinen unverzeihlichen Fehlern unmöglich weiter im Amt lassen kann.

So schreibt sie am 15. Juli an den Kaiser: »Eben komme ich zurück von Königseggs, wo ich eine Unterredung mit Andrássy hatte, natürlich allein. Er sprach seine Ansichten klar und deutlich aus. Ich habe sie verstanden und die Überzeugung gewonnen, daß, wenn Du ihm vertraust, aber ganz, so sind wir, und nicht Ungarn allein, sondern die Monarchie, noch zu retten. Du mußt aber jedenfalls selbst mit ihm reden, und zwar gleich, denn jeder Tag kann die Verhältnisse so gestalten, daß er es am Ende gar nicht mehr übernehmen würde; in so einem Moment gehört auch wirklich viel Aufopferung dazu es zu tun. Spreche also gleich mit ihm, Du kannst es ohne Rückhalt tun, denn diese Versicherung kann ich Dir geben, Du hast keinen Mann vor Dir, der um jeden Preis eine Rolle spielen will, nach einer Position hascht, im Gegenteil, er stellt eher seine jetzige Stellung, die eine schöne ist, aufs Spiel. Aber wie jeder Ehrenmann ist auch er bereit, in dem Moment, wo der Staat dem Schiffbruch nahe ist, alles, was in seiner Macht steht, zur Rettung beizutragen; was er hat, seinen Verstand, seinen Einfluß im Land wird er Dir zu Füßen legen. Zum letztenmal bitte ich Dich im Namen Rudolfs, versäume den letzten Moment nicht. ... Ich habe Andrássy gebeten, Dir die Wahrheit ganz offen zu sagen, Dich von allem in Kenntnis zu setzen, wenn es auch leider nicht erfreulich ist. Ich bitte Dich, telegraphiere mir gleich nach Erhalt meines Briefes, ob Andrássy abends mit dem Zug nach Wien fahren soll. Ich bestelle ihn auf morgen wieder zu Paula (Königsegg, ihre Obersthofmeisterin, d.V.), wo ich ihm die Antwort sage. Sagst Du ›nein‹, willst Du in der letzten Stunde nicht einmal mehr einen uneigennützigen Rat hören ... dann bleibt mir nichts mehr übrig, als mich mit dem Bewußtsein zu beruhigen, daß ich, was immer auch geschehe, Rudolf einmal ehrlich sagen kann: Ich habe alles getan, was in meinen Kräften stand. Dein Unglück habe ich nicht am Gewissen.«

Franz Joseph faßt diesen erstaunlichen Brief auf, wie er gemeint ist: als eine freundliche Erpressung. Er hat nicht die

Absicht, sich erpressen zu lassen, will aber auch nicht Elisabeth vor den Kopf stoßen. Er schickt ihr eine chiffrierte Depesche, Ida und ihre Herrin brauchen ziemlich lange, bis sie das Telegramm entschlüsselt haben. Als sie damit fertig sind, liest Ida vor: »Habe Deák im geheimen kommen lassen. Lasse Dich daher mit Andrássy nicht zu weit ein.«

*Ü*ber Gyula Andrássy müssen wir mehr als ein paar Worte verlieren. Er spielt eine besondere Rolle in diesem Stück. Andrássy ist nicht nur Elisabeths »Verbündeter« wie Franz Deák, er findet ihre Liebe. Ein Rebell von 1848, Major der Revolutionsarmee, Gesandter der Kossuth-Regierung von 1848, von Franz Joseph zum Tode am Galgen verurteilt, vom Hof tief gehaßt, von der Mutter des Kaisers verflucht – der schlanke Aristokrat mit dem zigeunerhaften Künstlerkopf steht als tatendurstiger Mann vor der Kaiserin.

Ein bestrickender Zauber geht von ihm aus. Mit großer Ungezwungenheit bewegt sich dieser Romanheld, dessen Leben aus einer Kette von galanten Abenteuern zu bestehen scheint, in dem historischen, eleganten, ja theatralischen Kostüm, das die ungarischen Magnaten bei offiziellen Festlichkeiten anlegen: Schlank und federnd, einen verschnürten Pelz um die Schultern, den Kalpak mit dem Reiherbusch und der Diamantagraffe etwas schief auf dem Kopf, die Linke am Griff des edelsteinbesetzen Krummsäbels. Sein Gesicht mit dem seidigschwarzen Bart, mit den schmalen, blitzenden Augen unter den stark geschwungenen Brauen ist nicht frei von einer gewissen Eitelkeit. Graf Alexander Hübner, der ihn aus Paris kennt, schildert ihn in seinem Tagebuch: »Persönlich ist er nicht antipathisch, er hat etwas von Bohémien und Cavalier, von sportsman und Spieler. Er sieht aus wie ein Verschwörer und doch im selben Moment wie ein Mann, der alles sagt, was ihm durch den Kopf geht. Er ist der kühnste Lügner seiner Zeit und gleichzeitig der indiskreteste aller Großsprecher.«

Doch das ist natürlich die Wahrnehmung eines Mannes. Für

Elisabeth strahlt Andrássy Mut und Willenskraft aus, er fasziniert sie sofort, und er wird in diesen Jahren nicht nur ihr Vertrauter in der ungarischen Frage, sondern auch der Freund ihres Lebens. Sie gibt ihre starke Neigung für ihn offen zu erkennen. Es besteht kein Zweifel: Von ihrem ersten Gespräch an erkennen Elisabeth und Andrássy, daß sie sich in der Seele verstehen. Um diese Zeit, im Juli 1866, befindet sich die Kaiserin in der vollen Blüte ihrer Schönheit. In Andrássy begegnet ihr ein verführerischer Typ von Mann, ein ungarischer Grandseigneur: Er ist gerade zweiundvierzig Jahre alt geworden, er ist groß, hat feine Züge, eine nicht sehr tiefgründige Bildung, dafür aber eine große Vielseitigkeit. Seine Politik beruht nicht auf Grundsätzen und Erfahrungen, sondern auf fast spielerisch zu nennender intuitiver Sicherheit.

Im Jahr 1848 verurteilte ihn ein österreichisches Kriegsgericht *in contumaciam* zum Tode. In Budapest wurde an einem Galgen ein Bild befestigt, welches den Honvedmajor Graf Gyula Andrássy darstellte, der wegen seiner Teilnahme an der Schlacht bei Schwechat vom k. k. Standgericht hingerichtet werden sollte. Dem Gericht unterliefen etliche Fehler im Urteil: Es bezifferte das Alter des Delinquenten auf neunundzwanzig Jahre, während er in Wahrheit zwei Jahre jünger war. Auch ließ man ihn fälschlicherweise in Wien geboren sein, in Wirklichkeit hat er in Kaschau das Licht der Welt erblickt. Doch bei der eifrigen Tätigkeit der Standgerichte jener Tage konnten derlei kleine, unbedeutende Versehen vorkommen. Leider war jedoch die Vollstreckung des Urteils in diesem Fall einstweilen unmöglich, denn der Graf war ins Ausland geflohen. Deshalb mußte man vorerst mit seinem Bild vorliebnehmen.

Als Emigrant lebt der junge Graf in Paris und in London. Die Damen reißen sich um ihn, elegant, bestrickend und feurig wie er ist. Er scheint sie alle wie schwerer ungarischer Wein zu berauschen. »Le beau pendu« – der schöne Gehenkte wird der Held aller Salons der vornehmen Welt. »Eine liebenswürdige kleine Frau ist meine einzige Zerstreuung«, so schreibt er selbst damals. Als dann im Jahre 1858 seine Familie endlich die Begnadigung durchgesetzt hat und er nach einer inzwischen erlassenen Amnestie nach Ungarn zurückkehren kann, schließt er sich dort dem Kreis der verständigungbereiten Patrioten um Deák an, der schon bald die unbestreitbaren staatsmännischen Fähigkeiten des jungen Magnaten erkennt. Andrássy und Deák, nicht nur äußerlich so verschieden wie Feuer und Wasser, der eine so aristokratisch wie der andere bürgerlich, der eine so impulsiv wie der andere bedächtig, werden auf der Seite Ungarns den Ausgleich mit Österreich suchen. Und genau achtzehn Jahre nach seiner »Hinrichtung« wird es Andrássy sein, der als Palatinstellvertreter dem Kaiser von Österreich die Stephanskrone Ungarns aufs Haupt setzt. Eine der seltsamsten und erstaunlichsten Laufbahnen des Jahrhunderts.

Andrássy hat mit Ida Ferenczy eine Frau ganz in der Nähe Elisabeths plaziert, die ihm ebenso treu ergeben ist wie der Kaiserin. Zusammen mit Ida, die Elisabeth in die ungarische Geschichte einführt und den schon halb vergessenen Unterrichtsstoff ihrer Brautzeit wieder auffrischt, gelingt Andrássy etwas, das dem Kaiser nie gelungen ist: die Kaiserin für Politik zu interessieren. Wenn Franz Joseph über Politik spricht, findet sie es fast immer langweilig und trocken. Bei Andrássy dagegen ist es faszinierend, erregend, romantisch. Sie sieht die Gefahren und Chancen Ungarns mit seinen Augen, redet darüber mit seinen Worten. Sie wird Andrássys Sprachrohr am Wiener Hof.

Elisabeth setzt alles auf eine Karte, auf Andrássy. Ob das klug ist? Durch die inständigen Bitten, durch den »uneigennützigen Rat« seiner Frau gerührt, erklärt sich der Kaiser schließlich bereit, sich Deáks *und* Andrássys Vorstellungen anzuhören – trotz der heftigen Opposition seiner Familie, besonders der von Erzherzogin Sophie. Am 16. Juli 1866 schreibt Elisabeth dem Grafen: »Soeben habe ich die Nachricht erhalten, daß der Kaiser Sie in Wien erwartet. Alles übrige mündlich, heute nachmittag, wieder bei der Gräfin Königsegg.« Sie hat bereits einen weiteren Brief an ihren Mann aufgesetzt, in dem sie ihm die ungarische Sache noch einmal wärmstens ans Herz legt. Diesen Brief gibt sie Andrássy mit auf den Weg nach Wien.

Am 18. Juli um halb sechs Uhr morgens – die Zeit, zu der er gewöhnlich seine Korrespondenz erledigt – schreibt der Kaiser seiner Frau nach Budapest: »Meine heiß geliebte Sisi, von ganzem Herzen danke ich Dir für Deinen lieben, langen und interessanten Brief vom 16., den mir Gyula Andrássy Gestern übergab, als ich ihn um 12 Uhr empfing. Er war eineinhalb Stunden bei mir, sprach sehr offen und gescheit, entwickelte alle seine Ansichten und bat mich vor Allem, mit dem Alten zu reden (gemeint ist Deák, d.V.). Dieser kommt wohl Heute oder Morgen und so bat ich Andrássy noch hier zu bleiben. Ich fand ihn übrigens wie früher immer, zu wenig präcis in seinen Absichten und ohne die nothwendige Rücksicht auf die übrigen Theile der Monarchie. Er begehrt sehr viel und biethet für den jetzigen, entscheidenden Augenblick zu wenig. ... Er ist ein braver, ehrlicher und höchst begabter Mann, aber ich fürchte er hat weder die Kraft, noch findet er im Lande die Mittel, um seine jetzigen Absichten durchzuführen und dann wird er nach seiner eigenen konstitutionellen Theorie abtreten und ich bin dann vis à vis der äußersten Linken oder des Belagerungszustandes.«

Dann wird der Kaiser privat und läßt etwas von seiner heimlichen Eifersucht durchblitzen: »Sehr dankbar bin ich Dir für die genaue Beschreibung der Villa Kochmeister, die sehr hübsch sein muß. Nur freut mich die Glasthüre an Deinem Zimmer gar nicht, denn da kann man gewiß hineinsehen, wenn Du Deine Waschungen vornimmst und das ängstigt mich. Lasse doch einen großen Vorhang vor die ganze Thüre machen. ... Hohenlohe wird Dir diesen Brief übergeben. Wie beneide ich ihn um das Glück, Dich sehen zu können, meine Sisi. Mit der größten Sehnsucht umarme ich Dich und die Kinder und bleibe Dein treues Männchen.«

Elisabeths unausgesetzten Bemühungen ist es also zu verdanken, daß auch Franz Deák in Wien vom Kaiser empfangen wird. Er steigt im Hasengasthof in Meidling als bescheidener Privatmann ab und kommt in einem wackligen alten Einspänner zur Hofburg gefahren. Der Kaiser gewinnt einen günstigen Eindruck von ihm, kann die Bedingungen, die Deák stellt, nicht als inakzeptabel abweisen. Der ungarische Staatsmann empfiehlt ihm Andrássy, um eine Regierung zu bilden.

Elisabeth liest in einem Brief des Kaisers zwei Tage später:

»Gestern war um 7 Uhr früh richtig der Alte bei mir und wir sprachen eine Stunde sehr eingehend und offen über alle denkbaren Eventualitäten. Ich habe ihn nie so ruhig, so klar und so aufrichtig gefunden. Viel klarer wie A. und viel mehr der übrigen Monarchie Rechnung tragend. ... Deák hat mir eine hohe Achtung für seine Ehrlichkeit, Offenheit und dynastische Anhänglichkeit eingeflößt und mich in meiner Überzeugung bestätigt, daß wenn der unglückliche Krieg nicht dazwischen gekommen wäre, ich mich in nicht zu langer Zeit mit dem Landtage auf dem eingeschlagenen Wege verständigt hätte; allein Muth, Entschlossenheit und Ausdauer im Unglücke ist dem Manne nicht gegeben. Mit A. wollte er durchaus nicht zusammenkommen und um 11 Uhr ist er wieder in aller Stille abgereist. Heute will ich wieder mit A. sprechen, um den Faden der Verhandlungen nicht abreißen zu lassen, da wenn die äußere Situation einmal entschieden ist, mit ihm doch etwas zu machen sein wird. Jetzt muß ich schließen, um zu arbeiten. Adieu meine Sisi. Mit den Kindern Dich umarmend, Dein Dich ungeheuer liebender Kleiner.«

Das Schwerste ist getan. Es ist ein Wunder, daß der Kaiser zu diesen Zusammenkünften zu bewegen war; wie vieles mußte Franz Joseph vergessen, um Andrássy die Hand geben zu können! Der Kaiser ist von der Noblesse der Ungarn überrascht; sie scheinen die Schwäche der Dynastie nicht auszunutzen, ihre Forderungen sind dieselben wie vor dem Krieg.

Einen Tag darauf, die Verhandlungen für eine fünftägige Waffenruhe mit Preußen sind gerade abgeschlossen und lassen einen Waffenstillstand als nicht unrealistisch erscheinen, schlägt der Kaiser Elisabeth vor, mit den Kindern nach Ischl zu gehen, »um Dich in der dortigen Luft zu erholen, denn Deine Gegenwart in Ungarn wäre dann nicht mehr nothwendig, da die politische Frage sodann dort in Angriff genommen werden muß und das Land sich beruhigen wird. Ruhe und Gebirgsluft sind Dir am nothwendigsten und ich kann Euch vielleicht manchmal besuchen, denn auch mir wird ein oder der andere Tag sehr wohl thun.«

Doch Elisabeth wird nicht nach Ischl fahren. Sie hat keine

Lust, das interessante, lebendige, faszinierende Budapest zu verlassen. Sie spürt auch, daß sie aufs politische Abstellgleis geschoben werden soll. Immerhin freut sie, daß Franz Joseph noch einmal mit Andrássy sprechen will: »Endlich müssen die Leute sich klarwerden, was sie wollen und wie sie es durchführen können, ohne mich bei der ersten Schwierigkeit, auf die sie stoßen würden, sitzen zu lassen«, läßt der Kaiser seine skeptische Haltung durchblicken.

Ja, was wollen »die Leute« eigentlich? Elisabeth weiß es selbst nicht so genau. Sie hat sich ganz auf die Seite Andrássys geschlagen, kritiklos, immer um seinen Standpunkt bemüht. Der Graf fährt nach Puszta Szent-Lászlò, auf das Gut Franz Deáks. Die beiden Männer konferieren dort über die Grundzüge eines ungarischen Ausgleichs mit Österreich, dann eilt Andrássy wieder nach Buda zurück. Franz Joseph mache ihm große Schwierigkeiten, klagt er.

Es ist doch – alles in allem – ein verheißungsvoller Auftakt. Gleichwohl beginnt jetzt erst der eigentliche Kampf. Franz Joseph ist ein langsamer Denker und ein Zauderer *par excellence* dazu. Vorläufig geschieht – nichts. Das »Dreigrafenministerium« des ungarfeindlichen Belcredi stellt sich ihm warnend in den Weg. Elisabeth vermag einstweilen nichts weiter, als eine nochmalige Audienz Andrássys beim Kaiser zu erreichen. Der Graf erläutert ihm präzise und sachlich, wie er sich den Ausgleich vorstellt, und bemüht sich, Franz Joseph klarzumachen, daß die Überwindung des Zwiespaltes zwischen Österreich und Ungarn der einzige Weg sei, in einer Zeit erwachender Nationalitätsgefühle den Bestand der Donaumonarchie zu sichern. Ein Föderalismus, der sich auf die Feudalaristokratie der einzelnen Nationen stützt und dessen höchste Weisheit darin besteht, jeweils die eine Nation gegen die andere auszuspielen, habe keine Zukunft mehr. Es gelingt ihm, selbst Franz Joseph mit seiner Offenheit zu verblüffen, und das will viel heißen. Doch der Kaiser erklärt zurückhaltend, er werde das alles »genau durchstudieren und überlegen«. Er werde sicher die Konsequenzen auf die anderen Länder der Monarchie berücksichtigen müssen. Doch er wird auch diesen Vorstoß schließlich mit habsburgi-

scher Schwerfälligkeit abfangen. Der Waffenstillstand ist geschlossen, die Friedensverhandlungen mit Preußen haben begonnen, jetzt können ihn die Ungarn nicht mehr so leicht unter
Druck setzen. Andrássy wird mit vagen Versprechungen entlassen.

Elisabeth reist von Pest nach Schönbrunn, wohin sie am 30.
Juli 1866 Andrássy zu einem neuen Gespräch einlädt. Sie will
Franz Joseph umstimmen, doch die Rechnung geht nicht auf.
Sie hat alles versucht und fast nichts erreicht. Andrássy
bekommt nur noch einmal zu hören, daß der Kaiser unnach-
giebig geblieben ist.

Hier tritt eine zarte, aus ihren Träumen geweckte Frau ins
Rampenlicht der großen Politik, kämpft gegen das Mißtrauen in
ihrem Land, auch gegen die Flügellahmheit des Kaisers an. Es
ist eine mühevolle, zermürbende Arbeit, Franz Josephs Zweifel
zu besiegen. Die furiose Überredungskunst Andrássys allein
vermag es nicht; er selber gesteht es in seinem Tagebuch:
»Sicher ist, daß, wenn ein Erfolg erzielt wird, Ungarn der schönen Vorsehung, die über ihm wacht, mehr zu danken hat, als es
ahnt.« Die »schöne Vorsehung« ist Elisabeth. Mit Leidenschaft
beschwört Andrássy den Kaiser, sich von den Vorurteilen des
Absolutismus zu befreien und dem Reich zu geben, was die Zeit
erfordert. Doch er dringt nicht vor, seine Mühe scheint vergeblich zu sein.

Franz Joseph zeigt sich irritiert über die Nähe, die Elisabeth
und Andrássy so offenkundig suchen. Übereifrig, energisch, wie
sie jetzt ist, wirft sie dem Kaiser seine politische Unentschlossenheit vor. Franz Joseph geht das alles viel zu schnell, er hat
noch nicht einmal Königgrätz verkraftet. Elisabeth beschwört
ihn, jetzt nicht auch noch Ungarn aufs Spiel zu setzen. Ein
handfester Ehekrach ist die Folge, einen Tag später reist sie enttäuscht und verärgert wieder nach Ungarn, wird jedoch von
einem Brief ihres Gemahls eingeholt wird: »Mein lieber Engel,
jetzt bin ich wieder mit meinem vielen Kummer allein und sehne mich nach Dir. Komme bald wieder, mich zu besuchen, das
heißt, wenn es Deine Kräfte und Deine Gesundheit erlauben,
denn, wenn Du auch recht bös und sekant warst, so habe ich

Dich doch so unendlich lieb, daß ich ohne Dich nicht sein kann. Schone Dich nur recht und gebe beim Reiten acht, denn ich ängstige mich sehr.«

Als er anzudeuten wagt, es sei an der Zeit, den Aufenthalt in Budapest zu beenden und mit den Kindern nach Wien zurückzukehren, wird Elisabeth sofort wieder störrisch. Sie schaltet erbarmungslos auf stur, ist nicht bereit, ihm so schnell zu vergeben. Dabei überspannt sie den Bogen, und dem Kaiser reißt der Geduldsfaden. »Meine liebe Sisi«, schreibt er kühl, »innigsten Dank für Deinen Brief, ... dessen ganzer Inhalt nur den Zweck hat, mir mit einer Menge Gründen zu beweisen, daß Du mit den Kindern in Ofen bleiben willst und wirst. Da Du einsehen mußt, daß ich jetzt im Augenblicke eines wiederbeginnenden Krieges in Italien und der Friedensverhandlungen mit Preußen nicht von hier weg kann, daß es gegen meine Pflicht wäre, mich auf Deinen ausschließlich ungarischen Standpunkt zu stellen und diejenigen Länder, welche in fester Treue namenlose Leiden erduldeten und gerade jetzt der besonderen Berücksichtigung und Sorgfalt bedürfen, zurückzusetzen, so wirst Du begreifen, daß ich Euch nicht besuchen kann. ... Ich werde mein langgewöhntes Alleinsein wieder mit Geduld tragen. In dieser Beziehung habe ich schon viel auszuhalten gelernt und man gewöhnt's endlich. Ich werde über diesen Punkt nicht ein Wort mehr verlieren, denn sonst wird unsere Korrespondenz zu langweilig, wie Du sehr richtig bemerkst und ich werde in Ruhe erwarten was Du später beschließt.« Und diesmal wird der Brief nicht mit »Dein Männeken« oder »Dein Kleiner« unterschrieben, sondern schlicht mit »Franz«.

Elisabeth bleibt unbeeindruckt. Sie ignoriert den Brief einfach und schreibt harmlos über ihre weiten Ritte übers Land und über das kleine Schloß Gödöllö, das ihr so gut gefallen hat. Franz Joseph, der sonst immer sofort auf die kleinsten Andeutungen ihrer Wünsche eingeht, bleibt hart: »Wenn Du willst, kannst Du nach Gödöllö zu den Verwundeten fahren. Schaue Dir es aber nicht so an, als wenn wir es kaufen wollten, denn ich habe jetzt kein Geld und wir müssen in diesen harten Zeiten ungeheuer sparen. ... Das Hofbudget für das nächste Jahr habe ich auf 5 Millionen herabgesetzt, so daß über 2 Millionen erspart werden müssen. Fast der halbe Stall muß verkauft werden und wir müssen sehr eingeschränkt leben. Dein trauriges Männeken.« Diese Ablehnung ihres Wunsches bringt die Kaiserin zum Nachdenken. Auch Andrássy und Ida geben ihr zu verstehen, daß sie vielleicht etwas zu energisch vorgegangen ist und den Kaiser dadurch verstimmt habe. Der Graf rät ihr, nach Wien zu fahren, nicht nur für eine Nacht, für etwas länger, vielleicht sogar für eine ganze Woche. Und er meint, es sei vermutlich klug, in dieser Zeit die ungarische Frage so wenig wie möglich zu erwähnen.

Zögernd stimmt Elisabeth dem Vorschlag zu. Es rührt sie auch, wie unsagbar einsam sich ihr Mann fühlt: »Ich bin sehr melancholisch und herabgestimmt«, schreibt ihr Franz Joseph, »eigentlich abgestumpft, und muß mich sehr zusammennehmen, um gerade jetzt nicht zu ermatten. ... Ich sehne mich sehr nach Dir und Deiner erheiternden Gesellschaft.«

Der Kaiser reagiert begeistert auf die Nachricht der baldigen Ankunft seiner Frau: »Ich danke Dir von ganzem Herzen dafür, daß Du so gut bist und mich wieder besuchst. Jetzt habe ich noch drei Tage, wo ich mich auf das Wiedersehen freuen kann und dann fast acht glückliche Tage, wo ich Dich ganz habe und wo wir so viel als möglich zusammen sein wollen.«

Elisabeth kehrt nach Wien zurück, der sechsunddreißigste Geburtstag des Kaisers wird in entspannter Atmosphäre gefeiert. Ihr wird klar, daß ihr Egoismus viel an gegenseitigem Vertrauen zerstört hat. Ungarn ist jetzt kein Thema mehr zwischen den beiden, und sie denkt an Andrássys Warnung, nicht wieder allzu forsch zu werden. Die Woche in Wien scheint ihr endlos, sie ärgert sich auch über den kühlen Empfang ihrer Schwiegermutter und die versteckten Anspielungen über ihren so langen Aufenthalt in Ungarn. Elisabeth ist bemüht, liebenswürdig zu bleiben, doch sie zählt die Stunden.

Einen Tag nach dem Geburtstag fährt sie nach Buda zurück, ihre Kinder sind noch dort. Am 23. August wird in Prag der Friedensvertrag unterzeichnet, es gibt also jetzt keinen Grund mehr für Elisabeth, länger in Ungarn zu bleiben. Als in Buda und Pest eine Choleraepidemie ausbricht, findet sie sich endlich bereit, den angsterfüllten Appellen ihres Mannes zu folgen und mit den Kindern nach Wien zurückzukehren. Am 2. September kommt die Kaiserin mit ihren Kindern, Ida Ferenczy und dem Hofstaat in Wien an.

Zweimal ist der Gesprächsfaden abgerissen, jedesmal wird er von Elisabeth wieder geknüpft. Es sind die Geburtsstunden des neuen Österreichs. Alles scheint verloren. Da gelingt es Elisabeth, den Kaiser dafür zu gewinnen, daß er Andrássy in der zweiten Augusthälfte ein drittes Mal empfängt. Der ausdauernde Überredungskünstler beschwört den Kaiser: »Ich wage es zu sagen, der Stern Eurer Majestät wird von dem Tag steigen, da dieser Schritt erfolgt! Gedenken Majestät dieses Satzes!« Er entwickelt sein Programm in Grundzügen: Österreich und Ungarn sollen künftig die tragenden Pfeiler der Donaumonarchie sein, jeder vertreten durch ein nationales Parlament, beide vereint unter der ausgleichenden Majestät des Kaiser- und Königshauses, das so etwas wie eine »Richtlinienkompetenz« bekommt.

Es scheint vergebens. Aus unzähligen Kehlen hört der Kaiser nur Warnrufe. Die drei amtierenden gräflichen Minister, voran Belcredi, sind sämtlich überzeugte Föderalisten. Sie erkennen sehr wohl, daß Andrássy den deutsch-ungarischen Dualismus nicht ohne eigennützige Gedanken vertritt: Die herrschende Schicht Ungarns muß geradezu zwangsläufig eine energische Unterdrückung des Nationalitätsprinzips betreiben, will sie ihre Stellung gegenüber den verschiedenen Nationen Ungarns, den Serben, Rumänen, Slowaken und Kroaten behaupten.

Unter dem Eindruck der furchtbaren Niederlage von Königgrätz zeigt sich anfangs sogar Belcredi gewissen Zugeständnissen nicht ganz abgeneigt. Als aber Bismarck seine Bereitschaft zu einem nicht allzu strengen Friedensschluß erkennen läßt, wird die Haltung des Ministeriums sofort wieder härter. Andrássy muß unverrichteter Dinge abreisen.

Nach dem Fiasko auf dem Schlachtfeld wälzt man die ganze Schuld auf Benedek ab. Er hat sein Wort gegeben, zu schweigen und sich nicht zu verteidigen, und man wird sich auf ihn verlassen können. In der Presse erscheint, inspiriert vom Kaiser, durchgesehen vom Kriegsminister Baron John und von Erzherzog Albrecht, der bei Custozza über die Preußen und verbündeten Italiener einen leichten Sieg errungen hat, ein verleumderischer Artikel: Benedek habe die Ehre des kaiserlichen Hauses mit Füßen getreten, doch das Gesetz sehe ja keine Strafe für ein Defizit an höheren Geistesgaben vor. Franz Joseph versucht mit dieser Gemeinheit seinen Kopf aus der Schlinge zu ziehen. Er »verteidigt« die Würde des kaiserlichen Hauses und läßt Benedek dafür ins Messer laufen. Wie hatte Fürst Schwarzenberg einst gesagt? »Die Welt wird staunen über unseren Undank.«

Mit Ungarn aber werden die Karten neu gemischt. Belcredi jammert – und wenn man es nüchtern betrachtet, nicht ganz zu Unrecht –, die Kaiserin habe die niedergeschlagene Stimmung ihres Mannes nach dem Desaster von Königgrätz ausgenutzt, um ihm ihre ungarischen Pläne schmackhaft zu machen. Und doch läßt sie sich nicht einfach blind von ihrer Vorliebe für dieses Volk leiten, wie Belcredi und seine Freunde ihr unterstellen.

Die Skeptiker, die Gestrigen, die Versöhnungsunwilligen wollen sich nicht ergeben. Sie säen unablässig Mißtrauen und Zweifel, schrecken auch vor vergifteten Pfeilen nicht zurück, wo es die bedrohte Macht zu verteidigen gilt. Das Pathos, mit dem sie Franz Joseph einreden wollen, er müsse sich von einem Mann abwenden, der schließlich einmal die Absetzung der Dynastie gefordert habe, zündet jedoch nicht, prallt ab an der Nüchternheit, die der Kaiser auch in der ungarischen Frage an den Tag legt. So versuchen sie auf anderen Wegen, den Erfolg der Mission Elisabeths zu vereiteln.

Doch nach und nach kommen die Verhandlungen zwischen Wien und Budapest wieder in Gang. Schließlich wird die Kaiserin doch triumphieren.

Franz Joseph, der versprochen hat, sich in Ischl zu entscheiden, überrascht die Welt mit einer Sensation: Graf Belcredi ist

Feierlicher Einzug des Kaiserpaares in der
ungarischen Hauptstadt (1866).

entlassen worden, weil er das Reich in die Niederlage gesteuert hat. Franz Joseph versucht wieder einmal etwas Neues, beruft einen Ausländer als Staatsminister, den sächsischen Baron Friedrich Ferdinand Beust. Wie Franz Joseph schmerzt ihn die gemeinsame Niederlage, beide wälzen Gedanken an Revanche.

Beust hat von Anfang an schlechte Karten. Metternich hat ihn einmal einen politischen Seiltänzer genannt, und Bismarck sieht in seinem Gegenspieler nur einen »eitlen und boshaften Intriganten«. Beust ist ein kluger Kopf, aber tatsächlich auch sehr selbstgefällig. Man verbreitet das Bonmot, er rede am liebsten mit geschlossenen Augen, weil er sich dann selbst besser reden hören könne. In Wien wird er sehr kühl empfangen, denn alle einheimischen Diplomaten betrachten seine Berufung als eine Bescheinigung ihrer eigenen Unfähigkeit.

Elisabeth teilt Andrássy die Berufung Beusts mit, und mit welcher Offenheit sie miteinander umgehen, geht daraus hervor, daß sie ihm bei der gleichen Zusammenkunft erzählt, sie habe ein häßliches anonymes Schreiben ihn betreffend erhalten. Der Graf erkundigt sich, ob sie diesen Verleumdungen denn auch Glauben schenke. Elisabeth antwortet selbstbewußt: »Wäre das der Fall, so hätte ich es Ihnen nie gesagt, sondern hätte Sie beobachtet, um mich von der Stichhaltigkeit der Anklagen zu überzeugen.« So treuherzig, wie ihr immer unterstellt wird, ist sie gegenüber Andrássy nicht.

Der Graf warnt vor Beust und gibt der Kaiserin seine Bedenken auch unumwunden zu verstehen. Ein fremder Feldherr könne vielleicht ein geschlagenes Heer retten, aber ein fremder Staatsmann keinen ihm völlig unbekannten Staat führen: »Ich halte ihn für unfähig, die Monarchie zu neuem Leben zu erwecken«, erklärt Andrássy rundheraus und fügt hinzu, sie möge ihn nicht für unbescheiden halten, wenn er behaupte, er sei der einzige Mann, der im Augenblick helfen könne. Darauf Elisabeth schnell: »Wie oft habe ich das dem Kaiser schon gesagt!«

Immerhin bringt die Wahl Beusts einen Vorteil: Er fegt die Männer des Widerstands gegen die ungarische Aussöhnung hinweg. Wider Erwarten ist er klug genug, den Ausgleich mit

Ungarn zu fördern. Er läßt den von Elisabeth gesponnenen Faden nicht mehr abreißen.

Elisabeths Ziel ist die Krönung zur Königin von Ungarn. Baron Beust unterschätzt zunächst die Energie der Kaiserin, er braucht erst einen Umweg, um zu einer ähnlichen Zukunftsvorstellung zu gelangen. Er spricht, wie der preußische Gesandte von Werther berichtet, sogar noch geraume Zeit davon, wenn der Ausgleich scheitere, habe der Kaiser ja immer noch seine »starke und zuverlässige Armee«.

Nach ihrer Rückkehr nach Ischl und dann nach Wien Anfang September befaßt sich Elisabeth intensiv mit ungarischer Geschichte, studiert auf Anraten von Max Falk, dessen offizielle Aufgabe darin besteht, ihrem Ungarisch den letzten Schliff zu geben, die Schriften von Stephan Széchényi und von Josef Eötvös, dessen Gedichte von der Zensur verboten sind. Franz von Ferenczy hat ihr die Bekanntschaft mit dem jüdischen Journalisten vermittelt, mit dem Elisabeth jetzt ungarische Bücher liest. Täglich sprechen sie miteinander, und da Franz Joseph keine Ahnung über den Inhalt ihrer Gespräche hat, packt ihn die Eifersucht, so daß Elisabeth ihn beschwichtigen muß: »Mit den Manieren des Falk bin ich sehr zufrieden. Brauchst auf ihn nicht eifersüchtig zu sein, er ist das lebendige Bild des echten Juden, aber sehr gescheit und angenehm.«

Ida Ferenczy hat ausgezeichnete Vorarbeit geleistet, Elisabeth spricht ein ansehnliches Ungarisch, und Falk bestätigt ihr eine »durchaus reine und korrekte ungarische Aussprache«. Doch die Kaiserin ist mit den Ergebnissen nicht zufrieden. Mit nie ermüdender Aufmerksamkeit, geradezu verbissen vertieft sich Elisabeth in dieses Studium. Sie schreibt Franz Joseph: »Grade sagte mir Falk, daß mein Stil noch sehr steif und deutsch ist und es fehlt in ihm der gewisse ungarische Schmelz. Nach vierjähriger Mühe nicht weiter zu kommen ist traurig und entmutigend. Ich bitte Dich schreibe mir wenigstens ein einzigesmal einen ungarischen Brief, damit ich einen Vergleich machen kann.«

Der Eifer, mit dem sie Falks Unterricht folgt, kennt keine Grenzen. »Gestern war ich den ganzen Tag durch Audienzen in Anspruch genommen«, sagt sie einmal zu ihm, »abends war

Elisabeth empfängt in der Burg von Ofen ungarische Magnatenfrauen.

Hofkonzert und nach demselben fühlte ich solche Ermüdung, daß ich mich allsogleich zu Bett begab. Doch da fiel mir ein, daß meine Aufgabe noch nicht gemacht war. Ich nahm daraufhin einen Kalender, welcher auf meinem Nachtkästchen lag, nahm hiervon ein Blatt ab und übersetzte eine der im Kalender enthaltenen Geschichten.« Mit diesen Worten überreicht sie ihm ihre Arbeit.

Franz Joseph, ahnungslos und ohne Argwohn, findet nichts an dieser Bekanntschaft. Er berichtet nur der Mutter: »Sie macht unglaubliche Fortschritte im Ungarischen.« Sophie nimmt es indigniert zur Kenntnis. Wenn der Kaiser wüßte, daß Falk Elisabeth auf dem Index stehende liberale Werke, Briefe von Josef Eötvös, verbotene Bücher über die ungarische Politik zuschmuggelt, würde er wohl anders über diese Dinge denken. Elisabeth betreibt diese Lektüre mit einem geradezu sportlichen Ehrgeiz. Sie will alles wissen, und Falk kommt mit seinen Informationen kaum nach. Selbst Falk gibt zu, daß »der in engerem Sinn genommene Unterricht immer mehr in den Hintergrund trat. ... Wir fingen an, hier und da auch von den Tagesereignissen zu sprechen, gingen dann schön langsam auf die Politik überhaupt über, und mit ein paar vorsichtigen Schritten nach vorwärts waren wir bei den ungarischen Angelegenheiten angelangt.«

Elisabeth äußert sich auch in der Öffentlichkeit lobend über Werke, deren Verkauf in allen Ländern der Monarchie bei schwerer Strafe untersagt ist, wie etwa das Buch des Bischofs Michael Horvath »Ungarns Unabhängigkeitskrieg«. Und ihr Ungarisch ist bald so perfekt, daß sie selbst die Bewunderung des großen Romanschriftstellers Mauriz Jokai erregt. Ihre Vorliebe für alles Ungarische ist keineswegs nur mit Trotz und Aversion gegen den Wiener Hof zu erklären, wie der Kaiserin von ihren Biographen oft unterstellt worden ist. Sie liebt die Ungarn tatsächlich.

Im November 1866 wird man sich in Wien und Budapest über die grundsätzlichen Fragen eines Ausgleichs einig: Das österreichische Kaiserreich und das Königreich Ungarn werden eine unzertrennbare Doppelmonarchie bilden, die in der männlichen Nachkommenschaft der Dynastie erblich ist. Aus Österreich wird Österreich-Ungarn, die kaiserliche und königliche (»k. und k.«) Monarchie des Hauses Habsburg. Gemeinsam will man nur auftreten, wenn Fragen des internationalen Rechts berührt werden. Jedes der beiden Länder erhält eine eigene Regierung und ein Parlament als Volksvertretung. Die gemeinsamen Angelegenheiten werden von einem Ministerium des Kaiserreichs geführt werden, dessen Kompetenz auf die auswärtige Vertretung, auf die Armee und auf die Finanzen beschränkt ist.

Durch diesen Vertrag sieht sich Franz Joseph von einer schweren Last befreit: Er hat nun die Teilung seiner Staaten, die demütigende Verlegung seines Ahnensitzes, nicht mehr zu befürchten. Doch ruft dieses System keineswegs überall einhellige Begeisterung hervor. In Prag zeigt man sich beunruhigt, weil die Slawen sich ins Abseits gestellt sehen, man fordert die Schaffung eines dritten Königreiches in Böhmen. Franz Joseph läßt sich zu einigen Versprechungen hinreißen, doch hält er sie nicht ein. Preußen hätte ihm auch sicherlich nicht erlaubt, an seiner Grenze eine Tschechoslowakei zu etablieren. Die entsteht dann auch erst nach dem Zusammenbruch der Mittelmächte im Jahre 1918.

Zum Geburtstag der Kaiserin am 24. Dezember 1866 trifft eine ungarische Glückwunschdeputation mit Andrássy an der Spitze in Wien ein. Gegen Ende des Jahres fällt schließlich ein weiteres Hindernis der Aussöhnung fort: Graf Belcredi scheidet nach seiner Entmachtung auch aus dem Staatsrat aus. Jetzt endlich steht dem »Ausgleich« mit Ungarn nichts mehr im Weg.

Im Januar 1867 erfährt Elisabeth bei einem kurzen Besuch in München von der bevorstehenden Verlobung ihrer Schwester Sophie mit König Ludwig II. von Bayern. Am 25. August, dem Tag, an dem Ludwig zweiundzwanzig Jahre alt wird, soll die Hochzeit gefeiert werden. Auf der Rückreise nach Österreich begleitet Ludwig die Kaiserin ein Stück weit auf der Eisenbahn und schwärmt sie in einem nachfolgenden Brief so sehr an, als sei sie seine Braut und nicht Sophie: »Du machst Dir keinen Begriff, liebe Kusine, wie glücklich mich das gemacht hat. Die neulich im Waggon zugebrachten Stunden rechne ich zu den glücklichsten meines Lebens; niemals wird die Erinnerung daran verlöschen. ... Das Gefühl der aufrichtigsten Liebe und Verehrung und der treuesten Anhänglichkeit, das ich, schon als ich noch im Knabenalter war, für Dich im Herzen trug, es macht mich den Himmel auf Erden wähnen und wird nur mit dem Tode verlöschen.« Merkwürdige Komplimente eines Mannes, der mit ihrer Schwester verlobt ist.

Elisabeth hat für ihn jetzt keine tieferen Gedanken übrig, sie ist fast ausschließlich auf Ungarn konzentriert. Vom 24. Januar bis 8. Februar hält sie sich aber noch inkognito als »Gräfin Hohenembs« in Zürich auf, besucht ihre Schwester Mathilde, die Gräfin Trani, die einer Tochter das Leben geschenkt hat. Wie ungeniert Elisabeth auf Menschen zugehen kann, wenn diese ihr sympathisch sind, verrät sie ihrem inzwischen neunjährigen Sohn Rudolf in einem Brief aus Zürich: »Mit einem zwölfjährigen sehr hübschen belgischen Mädchen sind wir bekannt geworden, das prachtvolle lange Haare besitzt. Wir reden oft mit ihr, und einmal küßte ich sie sogar!! Du kannst Dir also vorstellen, wie süß sie sein muß.«

Nach ihrer Rückkehr gelangt Elisabeth schließlich ans Ziel ihrer Wünsche: Sie erhält von Ungarn das Angebot, sich als Königin krönen zu lassen.

Inzwischen hat Beust am 1. Februar im Ministerrat den Ausgleich so formuliert: Die Regierung müsse sich auf diejenigen stützen, welche die meiste Lebenskraft besitzen und sich in ihren gegenseitigen Interessen unmittelbar berühren, nämlich das deutsche und das ungarische Element. Am 18. Februar wird das selbständige Ministerium Ungarns eingerichtet, Andrássy an die Spitze berufen. Er leistet in Wien demselben Kaiser, in dessen Namen er einst zum Tod am Galgen verurteilt worden war, den Eid als ungarischer Ministerpräsident. Das alles geht so rasch, daß sich der ganze Hof widerspruchslos fügt. Es ist Elisabeths Verdienst. Sie und jeder weiß das. An diesem Tag kapituliert auch Franz Josephs Mutter: Die Erzherzogin, die gegen alles eine Abneigung hat, was mit Ungarn zusammenhängt, lädt den Todfeind von einst an ihren Tisch.

Im selben Monat, in dem Sophie von Sachsen, Elisabeths Schwägerin stirbt, fährt Franz Joseph zur Unterzeichnung des Ausgleichs nach Ungarn. Am 12. März wird er in Budapest begeistert empfangen. Das Kaiserpaar wird ein wunderbares Geschenk in Aussicht gestellt: Schloß Gödöllö.

Mit dem Projekt der österreich-ungarischen Doppelmonarchie verfolgt der Kaiser ein neues System. »Ein solcher Monarch wie Franz Joseph kommt in der Geschichte gar nicht wieder vor; er hat ja fast jedes erdenkliche politische System angewendet«, meint der zeitgenössische Historiker Heinrich von Treitschke. Bach ist mit seinen Zentralisierungsbestrebungen gescheitert, der galizische Großgrundbesitzer und Föderalist Graf Angenor Golochowski hat ihn abgelöst. Dieser ist durch Baron Anton Schmerling ersetzt worden, und Schmerling, der deutsche Liberale, hatte wiederum dem föderalistischen, ungarnfeindlichen und hochfeudalen tschechischen Grafen Belcredi weichen müssen. Immer wieder Kehrtwendungen in der Politik, Positionswechsel, Kurskorrekturen, Unberechenbarkeiten. Auch Elisabeth verliert den Überblick, wie ihre skeptische Frage in einem Brief an Franz Joseph am 21. März verrät: »Glaubst Du, daß die Krönung stattfindet? Ich fürchte mich sehr, der politische Horizont ist wieder so trüb, daß ich auf das Schlechteste gefaßt bin. Wenn ich mich irren sollte, bitte beruhige mich; meine Quellen sind nur die Zeitungen, doch die zu lesen ist nicht sehr erfreuend, umso dringender ist der Ausgleich mit Ungarn. Gott gebe es, daß der bald zu Stande kommen möge.«

Er kommt doch endlich zustande, der Ausgleich zwischen Österreich und Ungarn. Über den Anteil und Verdienst der Kaiserin an diesem geschichtlich so bedeutsamen Ereignisses zu spekulieren, ist müßig und unmöglich zu entscheiden. Der Historiker Stefan Malfèr stellt kurz und bündig fest: »Elisabeths Rolle in diesem historischen Drama ist unverwechselbar und daher so wichtig, daß sie nicht fehlen darf.«

Politisch ist der Ausgleich skeptischer zu bewerten, obwohl er der Monarchie einen größeren inneren Zusammenhang beschert hat: Der Dualismus zweier Nationen geht auf Kosten anderer Kronländer, vor allem der slawischen, die den Ausgleich deshalb ablehnen. Stefan Malfèr plädiert für eine differenzierte Bewertung: »Insofern der Ausgleich den überfälligen Kompromiß zwischen der Krone und den damaligen staatstragenden sozialen und nationalen Kräften herbeiführte, trug er auch bei zur inneren Stabilisierung, zu einem wirtschaftlichen Aufschwung und zur Ausgestaltung des bürgerlichen Rechtsstaates. Indem er aber die Macht letztlich ungerecht verteilte und eine Erstarrung der politischen und sozialen Struktur bewirkte, erschwerte er die Lösung anderer anstehender Probleme.«

Im Rückblick und auf die Person der Kaiserin bezogen meint aber Emile M. Cioran, Elisabeths Vorliebe für das ungarische Volk habe letztlich das Ende der Donaumonarchie beschleunigt. »Sie hat immer die Ungarn auf Kosten der anderen Volksgruppen privilegiert, deren Revolte nicht hauptsächlich gegen Wien, sondern gegen Budapest war. ... Politisch gesehen war Sissis Verhalten ein großer Irrtum. So sehr sie die Gefahr im allgemeinen spürte, das politische Feld in seinen Einzelheiten blieb ihr verschlossen. Sie war von allem, was bei den Ungarn so verführerisch ist, wie verzaubert.«

Es hat Momente in den monatelang dauernden Auseinandersetzungen und Verhandlungen gegeben, in denen auch Elisabeth ihren Optimismus verloren hatte. Doch traute sie ihrer Intuition, sie, die »Träumerin«, die sich plötzlich doch recht sicher und gewandt auf dem Parkett der Politik zurechtgefunden hat. Es war für sie nur ein Schritt vom Traum zur Tat. Sie hatte den Glauben an die »gute Sache« auf ihrer Seite. Sie konnte sich immer leicht mit Deák und Andrássy verständigen, und die beiden Politiker ergriffen die Chance und beeinflußten sie massiv. Elisabeth blieb engagiert, wenn sie sich auch manchmal nach ihrer Einsamkeit zurücksehnte. Doch daran ist jetzt nicht zu denken: Die Vorbereitungen für die Krönung in Ungarn laufen an.

Die bewundernde Protektion der Kaiserin bringt Gyula Andrássy auch in Zukunft Glück. Greifen wir etwas vor: Im Jahr 1871 wird er zum kaiserlichen und königlichen Hofminister und zum Außenminister ernannt. Er ist es, der 1877 durch geschlossene Geheimverträge mit Rußland für Österreich-Ungarn den Weg nach dem Balkan öffnen wird. Und im folgenden Jahr vertritt er in glänzender Weise die Doppelmonarchie auf dem Berliner Kongreß. Die Habsburgerdynastie hat ihm auch den letzten militärischen Erfolg zu verdanken, nämlich die Besetzung Bosniens und der Herzegowina, die dem Namen nach der Oberherrschaft des Sultans unterstehen. Der Erwerb dieser beiden türkisch-serbischen Provinzen löst bei Franz Joseph eine ungeheure Freude aus und tröstet ihn endgültig über den Verlust der Lombardei und Venetiens hinweg. Doch gerade diese Einverleibung Bosniens und der Herzegowina wird später den Zusammenbruch des habsburgischen Reiches noch beschleunigen.

Am 11. Mai 1867 fährt Elisabeth mit Franz Joseph nach Gödöllö, wo fleißig renoviert wird, um das Schloß als Wohnsitz der kaiserlichen Familie herzurichten. Der Schriftsteller Josef Eötvös, Kultusminister in der neuen Regierung Andrássys, schreibt an Max Falk: »Ihre hohe Schülerin wurde bei uns mit Blumen empfangen. Tagtäglich wächst die Begeisterung. So fest ich daran glaube, daß noch nie ein Land eine Königin hatte, die dies mehr verdient, so sehr weiß ich, daß es noch niemals eine gab, die so geliebt wurde.«

Die Liebe wächst auch wieder zwischen Elisabeth und Franz Joseph. Die Briefe der Kaiserin lesen sich jetzt wieder wie zärtliche Liebeserklärungen, wie zum Beispiel dieser aus Budapest: »Mein geliebter Kaiser! Auch heute bin ich noch sehr traurig, ohne Dich ist es unendlich leer hier. Jede Minute glaube ich, Du mußt hereinkommen oder ich zu Dir eilen. Doch hoffe ich bestimmt, daß Du bald zurückkommst, wenn nur am 5. die Krönung stattfinden möchte.« Ein Brief in ungarischer Sprache, versteht sich.

Elisabeth spürt es genau: In Gödöllö wird für sie ein neues Leben anfangen. Hier kann »Erzsébet« ihr Glück finden. Und Andrássy, auf dessen Schloß Tokay sie einige Zeit wohnt, wird ihr Glücksstern sein. Doch da seine Gemahlin just in diesen Wochen nicht anwesend ist, kommt es zu zahlreichen Gerüchten um den Grafen und seine schöne Besucherin. Daß Elisabeth und Andrássy eine Affäre miteinander haben, steht für viele Leute am Hof fest.

Am 6. Juni sollen die Krönungsfeierlichkeiten beginnen, am 7. Juni, bei einer ausführlichen Probe der Krönung in der Mathiaskirche, erreicht das Kaiserpaar die Nachricht vom Tod der achtzehnjährigen Mathilde, der jüngsten Tochter von Erzherzog Albrecht. Ein Unfall fügt ihr schwere Verbrennungen zu, als sie – beim Rauchen ertappt – eine noch glühende Zigarette unter ihrem Kleid versteckt und der Stoff sofort in Flammen aufgeht. Einen Monat lang kämpft sie mit dem Tod, doch das Feuer siegt über ihr Leben.

*D*ann ist der große Tag gekommen, der 8. Juni 1867. Im *Kiraly Palota* wird die Krönung mit größter Pracht und unter Entfaltung des traditionellen Zeremoniells stattfinden. Die Stelle des Palatinstellvertreters, der dem Kaiser die eiserne Stephanskrone aufs Haupt zu setzen hat, ist seit dem Jahr 1848 noch immer unbesetzt. Man bietet sie Deák an, doch der alte Herr lehnt bescheiden ab und schlägt an seiner Stelle Andrássy vor, den einstigen Mitkämpfer der ungarischen Revolutionsarmee. Franz Joseph ist einverstanden.

Nach den alten Gebräuchen Ungarns ist eine gemeinsame Krönung nicht vorgesehen, die Königin wird traditionell einige Tage nach dem König gekrönt. Doch der Wunsch der Notabeln, ihre Königin an der Seite Franz Josephs zu sehen, hebt diesen Brauch auf.

So sehr sich Elisabeth auf das Ereignis freut, ihre Befürchtungen wird sie nicht los. Die Krönung werde, schreibt sie ihrer Mutter am am 5. Juni 1867 aus Ofen, »eine furchtbare Plage, so von Früh angefangen in Schlepp und Diadem zu sein, fortwährend Empfänge, Cercle machen und dazu diese schreckliche Hitze. Wie angenehm muß es jetzt in Possi sein. Samstag um sieben Uhr früh ist die Krönung, die Tage vorher und nachher sind ausgefüllt mit ermüdenden Zeremonien, das Ärgste werden die Bälle und Theater sein, denn selbst nachts ist es jetzt nicht kühler.«

Krönung Franz Josephs zum König von Ungarn (8. Juni 1867)
in der Mathiaskirche zu Budapest.
Graf Gyula Andrássy bringt das »Eljen« aus.

Elisabeth hat, nach jahrhundertealter Sitte, am Vorabend den Mantel des Heiligen Stephan geprüft, er war von Kossuth in einer Kiste versteckt und in ungarischer Erde vergraben worden und erst nach einer langen Suchaktion gefunden worden. Die Kaiserin bessert den Mantel aus, er hat in den letzten Jahren schwer gelitten. Sie stopft auch die von Königin Gisela gewebten Strümpfe, die der König bei der Zeremonie tragen wird.

Aus allen Teilen des Landes strömen sie in Scharen zur Königskrönung nach Pest: Magyaren aus den bakonyschen Wäldern, Schwaben aus dem Banat, Serben, Slowaken, Kroaten. Gerüchte, daß die Festlichkeiten durch nationale Fanatiker gewaltsam gestört oder die Tribüne mit den Schaulustigen in die Luft gesprengt werden soll, bewahrheiten sich nicht, sie vermögen die allgemeine Freude auch nicht zu dämpfen. Sechzigtausend Soldaten stehen beim Einzug des Kaiserpaares Spalier.

Um vier Uhr in der Nacht donnern von der Zitadelle einundzwanzig Kanonenschläge durch die Luft. In den Städten Buda und Pest ist man früh auf den Beinen, die Nacht war kurz. Um sieben Uhr setzt sich der Festzug in Bewegung, mit Gyula Andrássy an der Spitze. Franz Joseph reitet auf einem prächtigen Schimmel im Stephansmantel durch die Straßen, die von jubelnden Menschen erfüllt sind, Elisabeth fährt in der gläsernen, reich vergoldeten mittelalterlichen Krönungskutsche, die mit acht spanischen Schimmeln bespannt ist. Ihre langen Mähnen und Schweife sind mit goldenen Bändern durchflochten. Auf dem Dach des Wagens prangt eine riesige Krone.

Es ist Elisabeths Glückstag, vielleicht der glücklichste Tag ihres Lebens. Ihr ganz persönlicher Triumph, ein Sieg ihrer Schönheit, ihrer Intelligenz und ihrer Geduld. Sie ist unbestritten der Mittelpunkt des großartigen Schauspiels. Rings braust immer wieder das »Eljen Erzsébet!« der jubelnden Menge. Sie fühlt sich wie vor einem Rendezvous, dem sie entgegengefiebert hat. Junge Mädchen in weißen Kleidern streuen ihr Blumen, und Kanonen schießen Salut. Die Begeisterung der Ungarn strömt über, ein wahrer Taumel packt die Menschen. Trotz der Ermüdung, die sie bei solchen Festen befällt, und ihrer notorischen Abneigung gegen offizielle Repräsentation und

Elisabeth am Tag ihrer Krönung zur Königin von Ungarn
(8. Juni 1867).

monarchisches Gepränge ist Elisabeth stark bewegt, denn ihr vor allem gilt der stürmische Tumult. Wenn sie sonst den Zulauf der Menge als »jedem Affen, der seine Kunststücke macht, gezollten Beifall« wertet, heute ist sie überglücklich über die Freude »ihrer Ungarn«.

Hinter dem Wagen der Kaiserin reiten auf nervigen Pferden, deren Zaumzeug von Edelsteinen blitzt und funkelt, die Magnaten Ungarns als Ehrengeleit – in edelsteinbesetzter Tracht, mit wehenden Reiherbüschen am Kalpak und buntscheckigen Fellen um die Schultern. Zu Fuß folgen ihnen die Scharen ihrer Heiducken mit altertümlichen Streitäxten, folgen Kammerhusaren in verschnürten Dolmanen, Läufer mit ihren federgeschmückten Kasketts und Lakaien in den buntesten und seltsamsten Trachten.

Der Kaiser und sein Gefolge haben bereits in der Kirche Platz genommen, als Elisabeth mit Tränen in den Augen eintritt. Sie trägt ein Kleid aus weißem Seidenbrokat, reich bestickt mit Blumenmotiven aus Silberfäden, ein Samtmieder mit echter Perlenverschnürung, weißen Puffärmeln aus Spitze und schwarzer diamantbesetzten Taille, um den Hals ungarischen Diamantenschmuck. Ihr Krönungsmantel ist von blauem Samt, mit weißem Atlas gefüttert. Das Ensemble folgt ganz der alten ungarischen Tradition, und doch ist es eine Kreation des Modeschöpfers Charles Frederic Worth. Auf der Fülle des langen, offen getragenen Haares der Kaiserin funkelt die habsburgische Hauskrone, die einst Maria Theresia getragen hat. Franz Joseph, der am Vortag den gedankenlosen Fehler begangen hat, sich in seiner gewohnten österreichischen Uniform zu zeigen, ist als ungarischer General gekleidet. Um das Kaiserpaar drängen sich die Magnaten in straff anliegenden Hosen und mit federgeschmückten Samtbaretts. Sie bringen das Glitzern ihrer traditionellen Tracht in das Schaugepränge römischer Pracht, die weißen Dalmatiken, den Purpur der Bischofsmützen und die feinen Spitzen der Chorhemden.

Unter dem Beistand von Andrássy, der den Vizekönig von Ungarn ersetzt, salbt und krönt der Erzbischof von Kalocsa in seiner Würde als Fürstprimas von Ungarn das kaiserliche Paar.

Elisabeth im ungarischen Krönungskleid.
Gemälde von Georg Raab (1867).

Die Würdenträger reichen Franz Joseph den Reichsapfel, das Szepter, den Kelch, das Heilige Kreuz und das Schwert. Die Krönung erreicht ihren dramatischen Höhepunkt in dem Augenblick, als Andrássy dem König die legendäre Stephanskrone aufs Haupt setzt. Elisabeth, »schöner denn je«, erzittert, als man ihr die Krone über die rechte Schulter hält. Für einen Moment hält sie den Atem an. In dieser Sekunde, in diesem symbolträchtigen Augenblick scheint sich ihr Leben zu erfüllen.

Zum Abschluß der festlichen Zeremonie, musikalisch umrahmt von der »Ungarischen Krönungsmesse« von Franz Liszt, wird ein Tedeum angestimmt, dessen Klänge machtvoll im Gewölbe der riesigen Kirche widerhallen. Draußen werden Geschütze abgefeuert, die Infanterie schießt Ehrensalven. Im ganzen Land Ungarn erdröhnen die Kirchenglocken. Die eiserne Krone des Heiligen Stephan hat wieder einen Träger erhalten.

Als das Königspaar die Kirche verläßt und die letzten Orgelklänge verklingen, ist der Tumult der Ovationen auf der Straße so gewaltig, daß die Rosse scheuen. Zwei Bischöfe fallen zu Boden.

Den bewegendsten Moment der Zeremonie bildet der »königliche Gruß des Kreuzes durch das Schwert«: Unmittelbar nach der Krönung in der Kirche steigt Franz Joseph auf sein Pferd und begibt sich zum Krönungshügel, einer mit Rasen bedeckten Terrasse, deren Erde aus allen Provinzen Ungarns herbeigeschafft worden ist. Oben angekommen, richtet er sich in seiner ganzen Größe in den Steigbügeln auf und schlägt mit der Spitze seines Degens vier Kreuze in die vier Himmelsrichtungen, zum Zeichen, daß er die ungarische Verfassung gegen alle Feinde verteidigen werde.

Einer der Teilnehmer beschreibt uns Elisabeth in diesem feierlichen Augenblick: »Sie stand aufrecht da auf einer Tribüne, die mit Blumen in den bayrischen Landesfarben, blau und weiß, geschmückt war. Ich hatte sie noch nie so schön gesehen. Unter der glänzenden Krone sah sie totenblaß aus und die seltsame Starrheit ihrer dunklen Augen verlieh ihr das Aussehen einer Traumwandlerin.«

Den Schlußakt der Krönung bildet das Festbankett mit mehr

als tausend Gästen in der königlichen Burg, an dem außer dem Kaiserpaar auch der Fürstprimas von Ungarn, der päpstliche Nuntius und Graf Andrássy in seiner Eigenschaft als Palatinstellvertreter teilnehmen. Das Volk feiert am Abend auf seine Weise mit, ein großes Fest in malerischer Atmosphäre, das Ludwig von Przibram schildert: »Ochsen und Hammel wurden am Spieß oder auf wahren Scheiterhaufen gebraten; aus Stückfässern floß der Wein, in Riesenkesseln brodelte das Gulasch; aus Pfannen vom Durchmesser eines Wagenrades schöpfte man ein Gemisch von Fischen, Speck und Paprika, und alle diese Genüsse wurden gratis geboten.« Auch Franz Joseph läßt sich blicken, »umringt von einer Schar meist bäuerlich gekleideter Männer und Weiber, einige davon kniend, andre mit hoch emporgereckten Armen, Eljen rufend, und dazwischen schwirrende Geigenklänge einer wie toll darauflos fidelnden Zigeunerbande, das Ganze beleuchtet vom Feuerschein eines der offenen Scheiterhaufen – fürwahr ein abenteuerliches Bild«.

Am 12. Juni enden die Krönungsfeierlichkeiten in einem Taumel von Begeisterung und nationalem Stolz. In den Augen der Magyaren ist Elisabeth jetzt von einem faszinierenden Nimbus umgeben, sie wird fast zu einer Nationalheiligen, zur Ikone der Ungarn.

In diesem Jahr verbringt die Kaiserin eine lange Zeit in Gödöllö. Das Zusammensein mit Franz Joseph gewinnt wieder an Schwung, ja in Elisabeth rührt sich sogar so etwas wie Eifersucht. Sobald Franz Joseph auf Reisen geht, muß er sich rechtfertigen. Aus Paris schreibt er, er habe »recht viele und recht hübsche« Frauen gesehen. »Ich denke aber nur an Dich, mein Engel, Du kannst ruhig sein.«

*N*ach der Krönung fahren Franz Joseph und Elisabeth am 12. Juni 1867 nach Ischl und Bayern, um sich für längere Zeit auszuruhen. Kaum sind sie dort angekommen, erreicht sie eine tragische Nachricht: Der Bruder des Kaisers, der romantische und verführerische Maximilian, der sich vom Glanz des mexikanischen Kaiserthrons hat blenden und täuschen lassen, ist tot.

Zehn Tage nach dem Triumph von Budapest, am 19. Juni 1867, wird Maximilian im Hof des Gefängnisses der mexikanischen Stadt Querétaro von einem Exekutionskommando erschossen. Eine knatternde Gewehrsalve, ein Gnadenschuß aus der Pistole des Offiziers macht seinem Leben ein rasches Ende.

Maximilian hatte sich in ein Risiko gestürzt, das seine Kräfte und Fähigkeiten bei weitem überstieg. Franz Joseph und Elisabeth hatten ihn oft genug gewarnt, doch der Ehrgeiz, verursacht von einem inneren Gefühl des Unbefriedigtseins und angefacht noch durch seine Frau, hatte ihn vorwärts getrieben. Diesmal stimmte die Kaiserin sogar mit ihrer Schwiegermutter überein. Elisabeth konnte nicht verstehen, warum Maximilian ein sorgloses, freies Leben mit lästigen und schwierigen Herrscherpflichten vertauschen wollte, und macht es Charlotte zum Vorwurf, daß sie ihn nicht friedlich in dem romantischen Miramar leben ließ.

Doch Maximilian wollte sich seinen Traum erfüllen, wollte Mexiko, das Land, das Cortés erobert hat, das Land der Krieger Montezumas beherrschen. Wie passend und verführerisch das Angebot einer Gruppe konservativer mexikanischer Emigranten war, er möge Kaiser dieses Landes werden. Ein Fingerzeig des Schicksals. Kaiser Napoleon III., den er seit seinem Pariser Besuch als Genie bewundert und verehrt, sagt ihm seine Unterstützung durch Geld und Truppen zu. So willigt er ein, Kaiser Maximilian I. von Mexiko zu werden. Das Reich der Habsburger würde wieder wie zur Zeit Kaiser Karls V. ein Reich werden, in dem die Sonne nicht untergeht.

Wenn Mexiko nur einen Paradekaiser gebraucht hätte, wäre Maximilian durchaus fähig gewesen, seine Stellung glänzend auszufüllen, aber zu einem wirklichen Herrscher ist er sowohl von seinem Intellekt wie von seinem Temperament her völlig ungeeignet. Charlotte redet unermüdlich auf ihn ein, und da er auch von Napoleon und von den Exilmexikanern nur schmeichelnde Worte zu hören bekommt, läßt er sich zu ihrem Werkzeug machen. Er lernt Spanisch, unternimmt Reisen durch Europa, um in Erfahrung zu bringen, wie die herrschenden Monarchien über sein Vorhaben denken. Er schließt einen Vertrag mit Napoleon und tritt auch mit Franz Joseph wegen seiner künftigen Stellung als Habsburger in Verhandlungen.

Doch trotz allem ist Maximilian nur mit halbem Herzen bei der Sache. Ein Zauderer, der Konflikte scheut, harmoniesüchtig, aber leicht intrigant und immer bestrebt, für seine Position etwas herauszuschlagen. Er stürzt sich geradezu dilettantisch in das riskante Unternehmen der Gründung eines europäisch dominierten Kaiserreiches in Zentralamerika, ohne die Opposition blutdürstiger Republikaner auch nur einen Augenblick ernst zu nehmen. »Ich für mein Teil«, soll er jedoch gesagt haben, »würde mich in mein Zimmer einschließen und vor Freude tanzen, wenn jemand käme und mir sagte, daß die Verhandlungen abgebrochen wären. Aber Charlotte...?« Ein klares Geständnis, daß er die Kaiserwürde nur seiner Frau zuliebe annimmt.

Wäre er nur in Miramar am Adriatischen Meer geblieben und hätte sich weiter, wie so manche österreichische Erzherzöge, mit dem Verfassen von Gedichten und politischen Broschüren begnügt. Doch Charlottes Ehrgeiz, Kaiserin zu werden, läßt auch ihn nach Ruhm und Ehre greifen. Als alles unter Dach und Fach ist, kommt Franz Joseph mit großem Gefolge, mit Erzherzögen, Ministern, Kanzlern und Vizekanzlern, Kämmerern, Adjutanten, Feldmarschällen, Statthaltern, mit dem ganzen Aufgebot des habsburgischen Kaiserhauses für ein großes festliches Schauspiel nach Miramar. Nachdem die Urkunde unterzeichnet und die Festtafel aufgehoben ist, nehmen die Brüder zackig Abschied voneinander, ohne Umarmung, ohne Händedruck, nur mit militärischem Gruß.

In Miramar wird die mexikanische Flagge auf dem Turm gehißt, gibt man vor der Abreise ein rauschendes Fest. Doch Maximilian selbst läßt sich nicht blicken. Seine Nerven erweisen sich als zu schwach für den waghalsigen Plan, bevor es überhaupt losgeht. Während in den Sälen getanzt wird, während die Geigen erklingen und die Paare im Walzertakt über den spiegelnden Boden dahingleiten, während man »Hoch«

ruft und der Champagner in den Gläsern perlt, schreitet Maximilian verstimmt und schwermütig in seinem Park auf und ab. Charlotte bringt ihm ein Glückwunschtelegramm Napoleons, doch er stößt nur erregt hervor: »Ich verbiete dir, mit mir von Mexiko zu sprechen.« Die Tag der Abreise muß verschoben werden, bis Maximilian seine Fassung wiedergewinnt.

Am 14. April 1863 schiffen sich der Erzherzog und seine Gemahlin von Miramar aus mit dem österreichischen Kriegsschiff »Novara« nach Amerika ein. Als die Küste aus seinem Gesichtskreis verschwindet, bricht Maximilian vor aller Augen in Tränen aus, zieht sich dann in seine Kabine zurück, um sich auszuweinen. Zwischenstation in Rom. Segen des Papstes. Dann dampft das Schiff über den großen Ozean.

Charlotte fühlt sich in Hochform. Sie wird Kaiserin von Mexiko. Was macht es, daß sie nichts von diesem Land weiß, außer daß El Dorado irgendwo da drüben liegt. Sie hat keine Ahnung von den Aufgaben, die das Kaiserpaar erwarten. Sie sieht nur den Glanz, glaubt, daß sie ein Rosenbett über einer Goldgrube vorfinden wird. Sie denkt an nichts anderes als an Festlichkeiten, Empfänge, Hofbälle. Sie bewegt nur, welches Zeremoniell und welche Ordensverleihungen man einführen soll.

Die Wirklichkeit ist von ihren Träumen so weit entfernt, daß die Enttäuschung mit deprimierender Konsequenz eintritt. Maximilians kaiserliche Aufgabe in Mexiko besteht im wesentlichen darin, einen Bürgerkrieg zu führen, und so lange ihm Marschall François Achille Bazaine und die französische Okkupationsarmee zur Seite stehen, bleiben die Erfolge zunächst nicht aus. Doch Maximilian kann sich nur sicher fühlen, solange die französischen Bajonette seinen Kaiserthron stützen. Napoleon läßt ihn jedoch nach einer Intervention der Vereinigten Staaten, die auf die Monroe-Doktrin pochen, fallen, gibt seinen Truppen das Kommando zum Abzug.

Die Angst steht Maximilian ins Gesicht geschrieben. Seine Lage wird bald völlig hoffnungslos. Auch Charlotte verliert die Nerven. Sie versucht noch einmal alles und reist am 8. Juli 1866 allein nach Europa zurück, um Unterstützung für ihren Gemahl zu organisieren, die europäischen Regierungen um Hilfe zu bitten, vor allem aber, um den französischen Kaiser umzustimmen. Ihre verzweifelten Bemühungen sind vergeblich. Napoleon küßt ihr galant die Hand, will jedoch nichts für sie tun und weist sie verlegen ab. Er ist »liebenswürdig, aber unerbittlich«, wie seine Mutter, Königin Hortense, immer von ihm gesagt hat. Charlotte wirft sich ihm zu Füßen, macht ihm eine tränenreiche Szene, er sagt wohl auch ein paar beruhigende Worte, mehr aber nicht. Die mexikanische Expedition, meint er, sei unpopulär geworden, habe ihn schon zuviel Geld und zu viele Menschenleben gekostet. »Dann werden wir abdanken«, ruft Charlotte in dem Glauben, daß diese Drohung den Kaiser einschüchtern könnte. »In der Tat, ich glaube, das wäre das beste«, antwortet Napoleon höflich. Das ist alles, was sie aus ihm herausbringen kann, und seine Minister zeigen sich noch weitaus zugeknöpfter.

Auch bei den anderen Herrschern findet sie keine Unterstützung. Schließlich hält sie den Aufregungen nicht mehr stand. Ihr Geist verdunkelt sich. Aus ihren Briefen an Maximilian spricht keinerlei Realismus mehr, nur noch hochfliegende Hysterie. Napoleon wird für sie zum »Antichrist«. Er habe versucht, ihr ein Glas vergiftete Limonade reichen zu lassen. Sie eilt nach Rom zum Papst, der sie prompt empfängt, ihr sogar einen Gegenbesuch im Hotel abstattet. Sie wirft sich auch ihm weinend zu Füßen und bittet und fleht, er möge ihr doch helfen. Doch was kann der Heilige Vater schon tun? Er versichert ihr, er wolle für sie beten. Sie möge sich doch ein wenig beruhigen. Als er erkennt, in welch schwer hysterischem Zustand sich Charlotte befindet, läßt er ihr ein Appartement im Vatikan, in der Nähe seiner eigenen Gemächer, anweisen.

Doch Charlotte findet keine Ruhe. Sie leidet an Monomanie, hat die fixe Idee, daß man sie vergiften wolle und besteht darauf, daß alle für sie bestimmten Speisen vor ihren Augen erst einer Katze vorgesetzt werden, bevor sie davon ißt. Eines Morgens rennt sie halb angekleidet in die päpstlichen Gemächer. Ihre gellenden Schreie, der Heilige Vater möge sie vor den gedungenen Mördern Napoleons schützen, versetzen die würdigen Kardinäle und Patres in flatternde Aufregung. Ihr Geist scheint für immer umnachtet. An Maximilian wird ein Telegramm geschickt: »Ihre Majestät die Kaiserin Charlotte ist am 4. Oktober in Rom von einer schweren Gehirnkongestion befallen und nach Miramare zurückgeleitet worden.«

Charlottes tragisch-abenteuerliche Fahrt findet ihr Ende. Maximilian, verstört und stolz zugleich, weigert sich abzudanken. Als die französischen Truppen die Stadt Mexiko verlassen, sieht er ihrem Abzug hinter verschlossenen Fensterläden zu und bleibt unsichtbar. Nachdem der letzte Mann aus seinem Blickkreis verschwunden ist, macht er die Fenster auf und ruft mit der Geste eines dramatischen Helden seinem Adjutanten zu: »Nun bin ich endlich frei!«

Er droht Benito Juárez und anderen republikanischen Führern mit dem Kriegsgericht und dem Tod durch Erschießen. Diesem leichtfertig ausgesprochenen Todesurteil folgt eine überstürzte Reaktion des Kaisers: Am 13. Februar verläßt er Mexiko, wird in Querétaro mit Jubel empfangen. Zwei Monate wird er dort von vierzigtausend Republikanern belagert, denen nicht einmal zehntausend kaisertreue Soldaten gegenüberstehen. In den frühen Morgenstunden des 15. Mai muß Maximilian sich ergeben. Der mexikanische Traum ist ausgeträumt.

Es ist manchem oft geäußerten Mißverständnis zum Trotz keineswegs Napoleon, der das Schicksal Maximilians besiegelt und für Querétaro verantwortlich zu machen ist. Zu der Zeit, als Charlotte ihre Reise antritt, steht es Maximilian noch völlig frei, Mexiko in jedem Augenblick zu verlassen. Die Kaiserin hat nichts anderes vor, als von Napoleon weitere militärische Unterstützung für ein aussichtsloses Unterfangen zu fordern, damit Maximilian gegen den Willen des größten Teils der mexikanischen Bevölkerung auf dem Kaiserthron bleiben kann.

Die zunehmend unter Verfolgung leidende Charlotte wird im »Castelletto«, einem Pavillon in Miramar, in Gewahrsam genommen, später dann nach Belgien auf das Schloß Tervueren und nach Bouchot gebracht, wo sie in den Armen einer an ihren Mann erinnernden Pappfigur Trost sucht.

In Österreich ruft die Tragödie von Querétaro Entsetzen hervor, das allerdings ohne politische Wirkung bleibt – anders als in Frankreich, wo den Gegnern der bonapartistischen Herrschaft eine wirksame Waffe in die Hand gegeben wird. Das Kaiserpaar verbringt einen seiner seltenen Erholungsaufenthalte in Bayern, als es am 30. Juni die Nachricht wie ein Blitz trifft. Franz Joseph hatte nie geglaubt, daß es so weit kommen würde. Ohne eine Bestätigung der Meldung abzuwarten, eilt er nach Wien zurück, um als erster seinen Eltern die Trauerbotschaft zu überbringen. Nun, da Max nicht mehr lebt, sind aller Streit, aller Zank vergessen. Was bleibt, ist eine überwältigende Reue, daß er nichts unternommen hat, um Max von seinem mexikanischen Wahntraum abzubringen. Er weiß keinen Trost für seine Mutter, die ihren Lieblingssohn verloren hat. Als Sophie die Nachricht erhält, sinkt sie in den Armen ihres Mannes zusammen und schluchzt immer nur: »Erschossen! Erschossen!«

Sophie macht sich die heftigsten Vorwürfe, und sie hat auch Grund dazu. Sie hatte ihrem Sohn in einem Neujahrsbrief 1867 keine andere Wahl gelassen, als in Mexiko zu bleiben. Daß sie, die Maximilian doch sehr liebte, ihm solch einen Brief schrieb, läßt sich nur damit erklären, daß sie in Europa keine Zukunft für ihn sah. Ein schreckliches und zugleich berührendes Schreiben: Sophie spricht Maximilians Eitelkeit an, schreibt ihm, jeder sei voller Bewunderung für seinen Entschluß, seinen Thron zu behaupten: »Und doch muß ich jetzt wünschen, daß Du in Mexiko so lange ausharrst als möglich ist und mit Ehren geschehen kann.« Als der Sohn diesen Brief las, wußte er, daß er keine andere Wahl hatte, als zu bleiben, selbst als es schon nicht mehr »möglich« war und ihm nur noch die letzte heroische Geste blieb, seine Hauptstadt zu verlassen und an der Spitze seiner Armee ins Landesinnere zu reiten.

Noch ein Todesfall in der Familie: Am 26. Juni stirbt Elisabeths Schwager Maximilian von Thurn und Taxis, der Mann Helenes. Das Kaiserpaar fährt nach Regensburg, nimmt dort an der Trauerfeier teil. Nach einem kurzen Aufenthalt in Possenhofen reist Elisabeth Anfang Juli nach Ischl zurück.

Die folgenden Wochen sollen der Erholung im Salzkammergut dienen. Die erzbischöfliche Stadt Salzburg legt ihren schönsten Festschmuck an, denn ein Ereignis von einiger Tragweite steht bevor: das Treffen des Kaisers mit Napoleon III. Der französische Herrscher will Franz Joseph persönlich sein Beileid für den Vorfall in Querétaro ausdrücken. Acht Jahre sind vergangen, seit Franz Joseph und Napoleon sich in der Dorfschenke von Villafranca gegenüberstanden. Inzwischen hat sich vieles verändert. Insgeheim hat Napoleon immer eine Zuneigung zu dem Besiegten von Solferino gehegt. Er beginnt zu verstehen, welch großen Fehler er begangen hat, als er Preußen und Italien auf Kosten Österreichs in ihrer Macht gestärkt hat. Die einstigen Feinde wollen nun Freunde werden, ja sogar Verbündete. Franz Joseph hat verdrängt, daß Napoleon ihm die Lombardei aus der Hand gerissen hat. Die Lombardei! Schnee von gestern! Der Feind sitzt jetzt in Berlin, der emporgekommene König von Preußen hat die Vorherrschaft in Deutschland an sich gerissen.

Elisabeth spielt mit dem Gedanken, dem sensationsgeladenen Treffen fernzubleiben, doch Franz Joseph läßt sich nicht erweichen. Möglicherweise ist sie wieder schwanger, jetzt, einen Monat nach der Krönung in Budapest? Sie fühlt sich unwohl und liest daraus ein Indiz: »Vielleicht bin ich in der Hoffnung«, schreibt sie ihrem Mann. »In dieser Ungewißheit ist der Salzburger Besuch sehr drückend. Den ganzen Tag könnte ich weinen, so unendlich traurig bin ich. Meine liebe Seele, tröste mich, da ich es sehr nötig habe. Jede Lust verging mir, will nicht reiten, auch nicht spazierengehen, alles ist mir auf der Welt Pomade.«

Ein sonniger Vormittag im August. Ehrenkompagnien, Feldmarschalleutnants mit Federhüten, ungarische Kavalleriegenerale, Flügeladjutanten auf dem Salzburger Bahnhof. Der Zug mit seinen prominenten Gästen fährt ein. Welch ein Gegensatz: Franz Joseph, groß, schlank und elegant, eilt mit den berühmten elastischen Schritten seinem Gast entgegen, umarmt ihn gleich auf dem Bahnsteig. Leise klirren die Sporen an seinen spiegelnden Stiefeln. Der Kaiser der Franzosen dagegen mit gelblichem, aufgeschwemmtem Gesicht und schwarzem Haar, das lang in den Nacken reicht. Man könnte ihn eher für einen Bierbrauer als für einen Kaiser halten, spottet Prinz Hohenlohe-Ingelfingen.

Napoleon hat angenommen, die Hoftrauer um Maximilian gelte auch trotz des bevorstehenden Kaisergeburtstages und ist daher in Schwarz mit umflortem Zylinder erschienen, worüber Franz Joseph verstimmt ist, denn er selbst trägt große Uniform. Und Elisabeth erscheint mit blitzendem Brillantschmuck, der seltsam von dem dunklen Trauerkleid der Kaiserin Eugénie absticht.

Die beiden Kaiserpaare fahren zum Schloß Hellbrunn bei Salzburg. Als der vorgeschriebene Überschwang der Begrüßung vorbei ist, tritt einige Augenblicke eine leichte Befangenheit ein. Jeder sieht, daß der andere weiß, was er denkt. Maximilian. Gemurmel von höflichen Beileidsworten – Schicksal ... unersetzlicher Verlust ... unerforschlicher Ratschluß Gottes ... unendliches Bedauern. Der Schatten zieht vorüber. Das wäre erledigt. Sie sprechen über andere, wichtigere Dinge. Mit Rücksicht auf das tragische Ereignis, das den Anlaß der Begegnung bildet, sieht das Programm allerdings nicht eine einzige Festlichkeit vor; es gibt lediglich private Empfänge und schöne Spaziergänge in der Umgebung.

Franz Joseph und Napoleon fühlen sich, wenn sie zusammen sind, nicht unbehaglich, und sie unterhalten sich fast freundschaftlich. Ihre Begegnung bleibt jedoch in politischer Hinsicht ziemlich bedeutungslos, man beschränkt sich auf den Austausch von Nichtigkeiten, während die Frauen einander Liebenswürdigkeiten und Komplimente sagen. Und da das Treffen nun mal politisch so wenig ergiebig erscheint, richtet sich die Aufmerksamkeit der Zeitgenossen ganz auf die »Schönheitskonkurrenz« der beiden Fürstinnen. Eugénie läßt in einem leicht gekürzten Kleid ihre Knöchel sehen – wie schockierend!

Elisabeth macht nach Jahren der scheuen Flucht und gelegentlich aufflackernden Rebellion eine hinreißende Figur, spielt bravourös die Rolle der Gastgeberin. Kaiserin Eugénie ist jetzt zweiundvierzig Jahre alt. Die Schönheit der ehemaligen spanischen Gräfin Montijo hat wohl etwas Verführerisches, doch haftet ihr gleichzeitig ein gewisser Hautgout an. Sie ist immer noch sehr attraktiv, wenn auch ihr Körper die ersten Alterserscheinungen erkennen läßt. Elisabeth brilliert ihr

Gipfeltreffen in Salzburg:
Napoleon III., Kaiser der Franzosen (links) und Eugénie,
Kaiserin der Franzosen (rechts).

gegenüber noch mit jugendlicher Eleganz, nicht nur weil sie elf Jahre jünger ist. Sie findet Geschmack an Eugénie, die beiden verstehen sich recht gut, obwohl sie so verschieden im Wesen sind. Die französische Kaiserin ist überrascht, an Elisabeth »Eigenschaften des Geistes und der Seele zu entdecken«, von denen sie sagt, »sie paßten viel besser unter Franzosen als zu den Deutschen«. Die Kaiserinnen bleiben von dieser ersten Begegnung an durch Sympathie verbunden. Auch nach langen Jahren, als Eugénie ihre Macht in vollen Zügen genossen, längst ihren Thron verloren hat und an der Riviera lebt, wird Elisabeth sie immer wieder besuchen.

Daß die »Schönheitskonkurrenz« nicht nur ein Thema der Zeitungen, sondern auch zwischen den beiden Protagonistinnen ist, verrät Graf Hanns Wilczek, Eugénie als Kämmerer zugeteilt, in einer amüsanten Schilderung: »Als ich eines Tages im Vorzimmer der Kaiserin Eugénie Dienst hatte und auf ihre Anweisungen wartete, kam sie plötzlich auf mich zu und sagte: ›Die Kaiserin kommt mich gegen Mittag besuchen. Ab diesem Zeitpunkt hat die Türe zu meinem Zimmer für alle Leute verschlossen zu bleiben. Ich bitte Sie ausdrücklich, niemanden durchzulassen, wer immer auch kommt.‹ Eine Dame aus Frankreich, die die Kaiserin begleitete, verabschiedete sich, und einige Minuten später betrat die Kaiserin (Elisabeth, d. V.) in voller Pracht ihrer Schönheit das Vorzimmer. Sie befahl mir, sie bei der Kaiserin zu melden. Das tat ich auch, und nachdem die Kaiserin eingetreten war, verharrte ich ergeben auf meinem Posten. Ich mußte niemanden abweisen, da niemand kam. Ungefähr eine Viertelstunde später erschien Kaiser Napoleon. ›Ist Ihre Majestät die Kaiserin in ihren Zimmern? Wenn ja, so bitte, melden Sie mich sofort bei ihr, da ich mit ihr eine sehr wichtige Unterredung zu führen habe.‹ – ›Es tut mir leid, Sire, aber die Kaiserin empfängt im Moment niemanden. Sie hat mir Befehl gegeben, die Türe zu ihrem Zimmer strengstens zu bewachen.‹ – ›Mein lieber Graf, wenn ich sie zu sprechen wünsche, wird sie mich sicherlich empfangen.‹ Er unterstrich diese Anweisung mit einer Geste seiner Hand, und es blieb mir also keine andere Wahl, als hineinzugehen und sein Kommen zu melden. Sehr leise öffnete ich die Türe und mußte durch zwei leere Zimmer und sogar durch das Schlafzimmer in das Umkleidezimmer gehen, zu dem die Türe halb geöffnet war. Der Türe gegenüber war ein großer Spiegel, und mit dem Rücken zu meinem Aussichtspunkt standen zwei Kaiserinnen und nahmen an ihren Waden Maß – wahrscheinlich an den wohlgeformtesten, die Europa zu dieser Zeit kannte! Die Szene war unbeschreiblich, und ich werde sie mein ganzes Leben lang nicht vergessen. Aber ich hatte sie zu Ende zu bringen, weshalb ich die Türe leicht bewegte. Die beiden Kaiserinnen drehten sich um und lachten sehr gnädig, als sie mich erblickten. Kaiserin Eugénie sagte: ›Oh, natürlich, Kaiser Napoleon möchte mich sprechen. Sagen Sie ihm bitte, daß er fünf Minuten warten soll.‹ Und er mußte tatsächlich fünf Minuten warten, bis er vorgelassen wurde.«

Am 18. August wird der siebenunddreißigste Geburtstag Kaiser Franz Josephs mit dem üblichen Pomp gefeiert. Wie gut das Verhältnis der beiden Kaiserpaare mittlerweile geworden ist, läßt sich an einer Anekdote ersehen. Einen Tag vor der Abreise spielt Kaiser Napoleon während eines festlichen Déjeuners in Schloß Hellbrunn einen Streich: Die Konversation gerät plötzlich ins Stocken, verlegen sucht Elisabeth die Pause zu überbrücken und greift nach ihrem Besteck. Doch wie von Zauberhand sind Messer und Gabel mitsamt dem Champagnerglas auf mysteriöse Weise vom Tisch verschwunden. Die übermütig heitere Frühstücksgesellschaft sucht die verschwundenen Gegenstände, der französische Kaiser, der wohl einige solcher Taschenspieler-Kunststücke beherrscht, bricht in Gelächter aus.

Napoleon und Eugénie kehren nach Paris zurück, Franz Joseph in seine Residenz, Elisabeth fährt zu einem Wiedersehen mit ihren Schwestern Marie und Mathilde nach Zürich, dann reisen sie gemeinsam nach Schaffhausen. Franz Joseph holt sie dort ab und fährt mit ihr über München nach Wien. Staatsgeschäfte warten. Über die dunkelblaue Weite des Atlantischen Ozeans kreuzt derweil das kaiserliche Fregattenschiff »Novara« nach Osten, die Fahne auf halbmast, eine kaiserliche Bahre an Bord.

In den Wäldern um Ischl beginnt der sich ankündigende

Herbst rote, goldene und bronzene Muster in den grünen Teppich des Sommers zu weben. Von den Höhen der Berge klingt das Röhren der Hirsche, die Jagdzeit beginnt, und Franz Joseph wird ungeduldig. Er schreibt an seinen Cousin und besten Freund, den Kronprinzen Albert von Sachsen, daß er »selbst in diesem Jahr des Schmerzes und der Trauer« vom 25. September bis zum 12. Oktober in der Umgebung Ischls jagen wolle. Er und Sisi wären entzückt, Albert dort bei sich zu sehen, und auch wenn die Jagdgesellschaft eines »ihrer besten Schützen und treuesten Freundes« beraubt worden sei, man werde sich sicherlich prächtig amüsieren.

*D*ie Wirkung Elisabeths ist faszinierend. Nicht nur Deák und Andrássy, die Männer erliegen reihenweise ihrem Charme, schwärmen von ihrer Persönlichkeit. Die Kaiserin zeigt zu dieser Zeit keine Spur eines verträumten, menschenscheuen Wesens. Doch ist sie zart, tastend beim ersten Gespräch, sensibel versucht sie dem Menschen näherzukommen, der ihr gegenübersteht. Sobald sie Kontakt gefunden hat, läßt sie ihren Charme spielen. Sie hat eine eigene Macht, auf Menschen zu wirken. Schon ihre dunkle Stimme betört. Sie spricht immer ein wenig undeutlich und leise.

Sie ist eine ausgezeichnete Gastgeberin. Nie haben die Eingeladenen das Gefühl, daß sie bei einer Kaiserin zu Gast sind. Elisabeth geht sofort auf die besonderen Interessen ihrer Besucher ein und ist entzückt, wenn sie Leute findet, die sich nicht von der »Majestät« beeindrucken oder gar einschüchtern lassen. Doch sind es immer nur sehr wenige Menschen, denen sie wirklich nahekommt. Konversation zu machen, oberflächliche Plauderei findet sie schrecklich. Dann langweilt sie sich und verstummt. Vor allem haßt sie es, nur deshalb im Mittelpunkt der Aufmerksamkeit zu stehen, weil sie die First Lady ist. Da dies aber meist der Fall ist, werden die Einladungen bei der Kaiserin immer seltener. Später sieht sie Gäste nur noch auf Reisen bei sich, wo sie sich ihre Gesellschaft aussuchen kann. Bei ihren – unregelmäßigen – Mahlzeiten will sie am liebsten allein sein, allenfalls in Gesellschaft einer Hofdame.

Einen besonders nachhaltigen Eindruck macht sie auf Ludwig, ihren Cousin. Als in München im Jahr 1864 plötzlich der kunstverständige und gelehrte König Maximilian II. von Bayern stirbt, besteigt sein begabter, aber politisch völlig desinteressierter und von Regierungsgeschäften bald gelangweilter Sohn Ludwig den Bayernthron. Elisabeth schätzt ihren Cousin wegen seiner künstlerischen Talente und seiner außergewöhnlichen Begabungen sehr. Wie sie ist er romantisch veranlagt, glüht er im Feuer seiner Ideale. Seit Madeira führt sie einen lebhaften Briefwechsel mit ihm.

Bei einer Begegnung in München hat sich der Achtzehnjährige, sonst scheu und verschlossen, Elisabeth anvertraut. Unter den Büchern und Noten seines Vaters hat er »Das Kunstwerk der Zukunft« gefunden, eine Schrift Richard Wagners. Davon erzählt er ihr, und was er seither im Münchner Hoftheater bei »Tannhäuser« und »Lohengrin« empfunden hat. Ludwig gerät in einen rauschhaften Zustand, wenn er den Namen Wagner nennt, er brennt vor Sehnsucht, das Genie kennenzulernen. Elisabeth schämt sich etwas bei den verwunderten Fragen, die Ludwig ihr stellt: Wagner lebt doch mitten in Wien; er sucht einen König, der bereit ist, dem Kunstwerk der Zukunft eine Stätte zu geben. Warum hat man am Hof der Habsburger kein Ohr für ihn? Sieht die Kaiserin denn nicht, daß ein Genie die Hand ausstreckt?

Ludwig will der Fürst werden, den Wagner sich erhofft; er wird als König dem Genie dienen. Eine schwärmerische Freundschaft zu Richard Wagner beginnt, voll Bewunderung, die immer wieder umschlägt in nicht zu bremsende Begeisterung.

Der bayerische König ist ein Romantiker, extravagant und geistvoll, vielleicht mit Anlagen zur Genialität, immer aber auf einem sehr schmalen Pfad am Rande des Abgrunds. Otto von Bismarck, der ihn 1863 bei der Tafel im Nymphenburger Schloß zum Tischnachbarn hatte, fand nichts Sonderbares an ihm. Elisabeth, die ihn am Tag des Begräbnisses seines Vaters wieder-

Ludwig II. von Bayern als junger König.

sieht, beobachtet ihn, wie er, an der Spitze des endlosen Trauerzuges, hinter dem Sarg hergeht: »Inmitten unheimlicher Stille schritt ein junger Gott, ernst und erhobnen Hauptes, jedoch als gleite, kaum merklich, ein Lächeln über seine Züge. Ein Unbekannter, doch jedermann entsann sich, ihn schon gesehen zu haben. ... Es war kein König von Fleisch und Blut, es war der Märchenprinz, der König der Gedichte, den die olympischen Götter herabgesandt. ... Alle Frauenherzen schlugen ihm sogleich liebestoll entgegen.«

Was wird er mit seinen Träumen anfangen, dieser schöne junge Märchenkönig mit den verträumten Augen? Er interessiert sie. Sie möchte öfter mit ihm zusammentreffen. Und so geschieht es. Immer wenn sich Elisabeth in München aufhält, versäumt er es nach Möglichkeit nicht, bei ihr zu erscheinen.

Die erste Tat dieses Königs, vier Wochen nach dem Tod des Vaters: Er ruft Richard Wagner zu sich. »Unbewußt«, so schreibt er ihm, »waren Sie der einzige Quell meiner Freuden, von meinem zarten Jünglingsalter an der Freund, der mir wie keiner zum Herzen sprach.« Er ist konsequent in der Treue zu seinen Träumen, ein König für Genies; er schiebt die Kanzlei beiseite, verschließt die Türen vor »dem verabscheuungswürdigen Geschwätz der Beamten«, überläßt ihnen die »beharrliche wiederkehrende Fron im Dienste der Staatsfadaisen«. Und für Wagner, auf der Suche nach einem fürstlichen Mäzen lange erfolglos, wegen seiner Schulden bereits am Ende, kommt der Bayernkönig gerade recht. Er nimmt die Gastfreundschaft auf Schloß Berg an, und Ludwig begeht für ihn ebenso viele Unsinnigkeiten wie sein Großvater Ludwig I. für Lola Montez.

Er dient Wagner und lebt in seiner Märchenwelt, baut Schlösser in verwegenen Stilmischungen, inspiriert von der Wartburg und von Versailles. Politische Fragen interessieren ihn nicht, genausowenig die Frauen. Einen Hofstaat lehnt er ab, er empfängt auch keine Minister oder Gesandten. Nur die Zufluchtsorte bewegen seine ausufernde Phantasie, Zufluchtsorte vor den Realitäten der Welt und des Lebens, Materialisationen seiner inneren Träume. Und die Musik erleichtert ihm diese wollüstige Flucht in die Traumwelt.

Wer ahnt etwas von den vertrauten Gespräche von »Taube und Adler«, wie sich Elisabeth und Ludwig bald romantisch nennen? Es scheint ein vollkommenes Einverständnis zwischen den beiden zu herrschen. Aber auch ein undurchdringliches Geheimnis um diese Freundschaft, um die Begegnungen Elisabeths und Ludwigs auf der Roseninsel des Starnberger Sees. Hier sind sie vor fremden Augen geschützt, der Ort ihres Zusammentreffens bleibt vor jedem neugierigen Blick verborgen. Auch das Boot, das sich von Feldafing dem Ufer nähert, erlaubt keinen Blick in das Innere der Insel. Sie ist am Rand von Büschen und hohen Bäumen umsäumt. Die kleine Landungsbrücke, an der »Tristan«, Ludwigs schmale Yacht, anlegt, ist von Seegras und Sträuchern umwachsen. Man erzählt, auf der Insel habe es einst einen heidnischen Tempel gegeben, vielleicht an dem Platz, wo jetzt die alte Kapelle steht. Den Garten hat schon Ludwigs Vater, Maximilian II., angelegt; die prachtvollen Rosenstöcke, insgesamt fünfzehnhundert, hat jedoch Ludwig aus aller Welt zusammengetragen.

Eine kleine Barockvilla und das Häuschen des Gärtners sind die einzigen Gebäude auf dieser phantastisch unheimlichen Insel. Hier versteckt sich Ludwig, hier findet er Schutz und Zuflucht. Hier trifft er Elisabeth. Sie haben eine Verabredung auch für den Fall, daß die vertraute Verständigung einmal nicht möglich ist oder etwas Unvorhergesehenes die Begegnung verhindert. Dann gibt ein Brief im geheimen Fach des Schreibpults Nachricht. Dort ruhen die Botschaften »Von der Taube an den Adler«.

Niemand weiß, was Elisabeth und Ludwig auf den einsamen Spazierwegen der stillen Insel im Starnberger See miteinander gesprochen haben. Wahrscheinlich hat Elisabeth bei einem solchen Gespräch den jungen König auf ihre jüngste Schwester Sophie aufmerksam gemacht. Sie ist ihm im Wesen und Charakter sehr ähnlich, auch Sophie ist enthusiastisch und idealistisch veranlagt. Und sie liebt Wagner. Elisabeth ist überzeugt, ihr Cousin könnte bei einer Frau wie Sophie Verständnis und Glück finden. Schließlich kommt es zu einer seltsamen, überstürzt geschlossenen Verlobung: Nach einem Ball, den der

König an der Seite Sophies verbringt, wird Herzog Max um sechs Uhr morgens aus dem Schlaf gerissen: Ludwig bittet um die Hand seiner Tochter. Er erhält sie. Vier Stunden später wird die Verlobung bekanntgegeben.

Die Vorgeschichte dieser dann doch nicht zustandekommenden Ehe ist so phantastisch, wie das meiste, was Ludwig tut. Mehrmals verschiebt der junge König den Hochzeitstag, zu dem bereits die verschwenderischsten Vorbereitungen getroffen werden. Er läßt einen prunkvollen goldenen Hochzeitswagen bauen und ihn, mit acht Pferden bespannt, durch ganz München fahren, um dem Publikum einen Vorgeschmack von dem Glanz der bevorstehenden Vermählungsfeier zu geben. Er entführt kurz vor dem festgesetzten Tage nachts die Braut aus ihrem Elternhaus, bringt sie in sein Schloß, holt die Krone der Wittelsbacher aus der Schatzkammer und setzt sie ihr im Prunksaal aufs Haupt, um zu sehen, ob sie ihr paßt. Im rasenden Galopp bringt er sie dann wieder zu ihren Eltern zurück. Er nennt sie »Elsa«, seine künftige Schwiegermutter »Walküre«, und sieht sich selbst als geheimnisvollen Ritter, läßt seine Räume mit Gralswappen ausstaffieren.

Die Brautzeit jedoch wird zum Martyrium für Sophie. Manchmal überrascht Ludwig sie mit den verwegensten Ansichten, dann quält er sie mit seinen Sonderbarkeiten, erscheint mitten in der Nacht mit sechs Schimmeln in Possenhofen, um seiner unglücklichen Braut einen Besuch zu machen (aber keineswegs zum erotischen Vergnügen), entflieht wieder, während sie sich ankleidet, und läßt nur einen Strauß wunderbarer Rosen zurück.

Er inszeniert für sie Rituale, die nur er versteht. Er schiebt den Termin der Hochzeit unter nichtigen Vorwänden immer wieder hinaus, läßt dafür aber Stapel von Photographien seiner hübschen Braut drucken, die am Tag der Hochzeit unters Volk verteilt werden sollen.

Allzu leicht wird Ludwig zudem das Opfer einer Hofintrige. Man flüstert ihm zu, daß seine Braut ein »Liebesverhältnis« mit seinem Stallmeister, Graf Holnstein, habe. Irgendwie ist es bewerkstelligt worden, die beiden zusammen zu photographie-

ren, und dieser Beweis der »Kamera, die nicht lügen kann« wird
Ludwig in die Hände gespielt. Er erfährt auch von einem Ring,
den Holnstein trägt, angeblich ein Geschenk Sophies, während
er in Wirklichkeit der Prinzessin gestohlen worden war und auf
dem Umweg über eine Schauspielerin in den Besitz des ahnungslosen Grafen geriet.

Auf diese so durchsichtige Intrige fällt Ludwig herein. Er
forscht nicht nach, er verlangt keine Aufklärung dieses »Falles«.
Schließlich bleibt Sophie nur ein Abschiedsbrief von ihm, ein
merkwürdiger Brief, voll von Todesahnungen: »Du weißt, daß
ich nicht viele Jahre mehr zu leben habe, daß ich diese Erde verlasse, wenn das Entsetzliche eintritt, wenn mein Stern nicht
mehr strahlt, wenn Er dahin ist, der treugeliebte Freund. ... Der
Inhalt unserer Freundschaft war, Du wirst es mir bezeugen, R.
Wagners merkwürdiges ergreifendes Geschick. O, zürne mir
nicht, bleibe mir gut, bedenke, Dein Freund hat nur wenige Jahre noch zu leben; soll seine karg bemessene Lebenszeit ihm
durch die Qual verbittert werden, daß eines der wenigen Wesen,
die ihn verstanden, ihn nun im stillen haßt? – Lebe wohl, meine liebe Sophie.«

Da platzt dem sonst so gutmütigen Herzog Max der Kragen,
der wütende Schwiegervater macht Ludwig heftige Vorwürfe
wegen seines Zögerns. Ludwig steigert sich in unbeherrschte
Erregung hinein, verbrennt die Photographien mit dem Porträt
Sophies. Sie soll heiraten, wen sie will, schreit er wütend, nur
soll man ihn in Ruhe lassen. Die Büste seiner schönen Braut
wirft er einfach aus dem Fenster.

Elisabeth erreicht die Nachricht von diesem Kraftakt ihres
Cousins am 19. Oktober in Schönbrunn. Aufgebracht schreibt
sie an ihre Mutter: »Wie sehr ich über den König empört bin
und der Kaiser auch, kannst Du Dir vorstellen. Es gibt keinen
Ausdruck für ein solches Benehmen. Ich begreife nur nicht, wie
er sich wieder sehen lassen kann in München, nach allem, was
vorgefallen ist. Ich bin nur froh, daß Sophie es so nimmt, glücklich hätte sie weiß Gott mit so einem Mann nicht werden können.«

Im November 1867 also ist Schluß mit dem Spektakel, entnervt löst Max die Verlobung auf. Ludwig schreibt erleichtert in sein Tagebuch: »Sophie abgeschrieben! Das düstere Bild verweht! Nach Freiheit verlangte mich, nach Aufleben von qualvollem Alp.« Und ein paar Tage später: »Gott sei Dank, nicht ging das Entsetzliche in Erfüllung.«

Sophie trägt es mit Fassung, obwohl sie Ludwig wohl wirklich geliebt hat. Als dessen Wutausbruch vorüber ist, ist auch er unglücklich, beschwört er ihr Bild wieder herauf, das Idealbild einer Göttin, die er anbeten kann. Diese ständige Bereitschaft zur Verehrung läßt ihn keine Frauen mehr anschauen, obwohl diese dem interessanten, faszinierenden König förmlich auflauern.

Von dem »schrecklichen Alpdruck«, nämlich der Aussicht, eine Frau in die Arme schließen zu müssen, befreit, wendet sich Ludwig Schauspielern und Reitknechten zu. Sophie, das arme Mädchen, ist dem Gespött der Welt ausgesetzt. Während sich die herzogliche Familie in stolzes Schweigen hüllt, findet Ludwigs Verhalten in Bayern und Österreich schärfste Kritik.

Elisabeth hält umgehend Ausschau nach einem Mann für Sophie, ihre unglückliche Schwester soll so rasch wie möglich verheiratet werden. Ein Gemahl findet sich ein Jahr später in dem gutaussehenden Herzog Ferdinand von Alençon. Die heitere, lebenslustige Sophie hat den Affront, den ihr Ludwig angetan hat, glücklicherweise ziemlich rasch verschmerzt, sie heiratet den Herzog am 28. September 1868. Aber die Ehe mit dem attraktiven, charakterlich jedoch nicht unproblematischen Mann wird nicht so ungetrübt glücklich, wie sie sich erhofft.

Elisabeth geht in den folgenden Jahren auf Distanz zu Ludwig, unterhält nur mehr frostige Beziehungen von kurzer Dauer mit ihrem Cousin. Ludwig lebt in einem ständigen Rausch von Ruhm, Macht und Musik, von hochfahrenden Träumen und der Sehnsucht nach Einsamkeit. Es folgt die Zeit seiner Bauwut, seiner Verschwendungssucht, seiner Extravaganzen und Phantastereien. Immer heftiger steigert sich der König in Zustände der Verwirrung hinein, in die ihm niemand mehr folgen kann. Immer wieder zieht er sich auf die Roseninsel im Starnberger See zurück, ist tagelang für niemanden zu sprechen, auch nicht für seine Minister, abends brennt er ganz für sich allein ein Feuerwerk ab. Das Jahr 1868 bringt er weitgehend mit seinen Lieblingsbeschäftigungen zu, tagsüber mit Photographieren, nachts mit Reiten. Seine Tagebücher sind voll mit merkwürdigen Spleens und Verrücktheiten, man kann sie heute kaum ohne Mitleid für Ludwigs furchtbare innere Kämpfe und Bizarrerien lesen. Die Konfrontation mit seinen homophilen Neigungen stürzt den König immer wieder in tiefe Verzweiflung: Er bedroht sich selbst mit den schwersten Strafen und leistet sich dann die feierlichsten Eide, nunmehr rein bleiben zu wollen. »Ich der König« oder »Louis« (in Verehrung des großen Bourbonen, mit dem er sich in seinen Phantasien gern identifiziert) sind diese Beschlüsse meist unterzeichnet. Dann senkt sich die Nacht der Einsamkeit wieder auf ihn herab, und er ist mit seinen Gedanken allein.

*I*mmer wieder kehrt Elisabeth wie eine verirrte Tochter zurück in die Landschaft und zu den Menschen, denen sie sich zugehörig fühlt. Vieles mußte geschehen, bevor sie, eine Nebelwand nach der andern zerreißend, endlich wieder festen Fuß fassen und zu sich selber finden konnte. Im Rückblick erkennt sie, wie sehr sie diese Jahre verändert haben. Sie kann das Erlebnis, das mit der Überraschung, mit den traumhaften Sommertagen in Ischl begann, sie in Wolken hob und dann furchtbar in einen Abgrund fallen ließ, sie kann dieses unfaßbare Erlebnis nicht auslöschen. Und sie kann auch nicht einfach zurückkehren zu den Eltern. So gern sie Vater und Mutter hat und mit ihren Schwestern zusammen ist.

Elisabeth lebt bisweilen wie eine geschiedene Frau, die sich mit ihrem Mann arrangiert hat und mit ihm in gutem Einvernehmen geblieben ist. Sie hat ihre Entschlußfreiheit, gibt nur dann und wann den Wünschen des Kaisers nach, bei seltenen repräsentativen Anlässen den Schein der Ehe aufrechtzuerhalten. Sie trifft mit Franz Joseph in Kissingen und an der Riviera zusammen, sie kommt nach Wien, besucht die Kinder, wie ein

Gast im eigenen Haus. Lange wird sich nichts an diesem Leben ändern: Elisabeth segelt mit ihrer Yacht durchs Mittelmeer, sie besucht Paris, wo sie unerkannt allein oder mit der Schwester Helene einige Wochen verbringt, sie entdeckt für sich das ganze westliche Europa, die Nordküste Afrikas. Dazwischen sucht sie immer wieder München auf und ihre eigentliche Heimat: den Starnberger See.

An den Wendungen im Leben der Kaiserin nimmt ihre Familie lebhaften Anteil. Die »Biedersteiner«, wie der Münchner Hof Elisabeths Eltern und Geschwister nach dem von ihnen bewohnten Palais am Englischen Garten nennt, verfolgen mit großer Sorge die Ehe der Kaiserin. Ludovika seufzt, wenn man von ihren Kindern spricht. Kaum eines, dessen Glück ungetrübt ist. Ihr ältester Sohn Ludwig hat auf die Rechte des erstgeborenen Sohnes verzichtet, um die Schauspielerin Henriette Mendel zu heiraten. Herzog Max nimmt es seinem Sohn begreiflicherweise nicht übel, aber die Mutter wird sich mit dieser Heirat kaum abfinden.

Helenes erster Schicksalsschlag war die Enttäuschung in Ischl; dann kam der nächste: Sie wurde früh Witwe. Und beginnt, sich zu vernachlässigen. Fromm und kirchlich, aber »so unpünktlich wie möglich«, wie ihre Mutter tadelt, läßt sie selbst den Papst in Rom warten, was man ihr nicht verzeiht, obwohl man im Vatikan ihr großes Vermögen und ihre ebenso große Opferbereitschaft sehr zu schätzen gelernt hat. Elisabeth liebt Helene mit einer seltsam verrückten Zärtlichkeit, ihre ältere Schwester, die nie ordentlich frisiert und nie gut angezogen ist, die lieber Bücher liest als Stunden mit aufwendigen Toiletten zuzubringen.

Carl Theodor, der Arzt, der in der Familie auch als erwachsener Mann noch immer »Gackel« gerufen wird, ist das Lieblingskind seiner Mutter. Er war mit seiner Cousine, der Prinzessin Sophie von Sachsen, vermählt, die aber früh stirbt.

1867 ist ein Jahr des Todes. Nicht nur Helenes Mann stirbt, auch die Frau Carl Theodors und Franz Josephs Bruder Maximilian. Das fünfte Kind Ludovikas, Königin Marie von Neapel, hat Land und Krone verloren. Sie ist Elisabeth nicht nur äußer-

Elisabeths Schwestern:
Erbprinzessin Helene von Thurn und Taxis (rechts oben),
Marie, Königin beider Sizilien (links oben),
Mathilde, Gräfin von Trani (rechts unten),
Sophie von Alençon (links unten).

lich ähnlich, auch sie hat ihre »Marotten«. Immer raucht sie so mondän, und wie alle Kinder des Herzogspaares redet sie leise, was Ludovika oft ungeduldig werden läßt. »Sie schnuseln alle so«, sagt sie dann ärgerlich.

Mathilde, die sechste in der Reihe, der »Spatz«, hat Graf Ludwig Trani, den Bruder des Königs von Neapel geheiratet. Auch keine glückliche Ehe. Und die jüngste Schwester Elisabeths, Sophie, hat als Braut von König Ludwig Schlimmes mitgemacht.

Nur dem achten Kind, dem von den Münchnern »Mapperl« genannten Max Emanuel, ist bisher kein Unheil widerfahren. Mapperl, Gackel und Spatz – die Spitznamen der Kinder verraten viel über die Atmosphäre des Hauses. Die Kaiserin erzählt lachend die komische Geschichte, die sich in Ischl zugetragen hat. Eines Tages telegraphiert Herzogin Ludovika: »Kaiserin Elisabeth Ischl. Komme abends Schnellzug mit Gackel und Spatz. Louise.« Die Depesche geht anstatt in die Kaiservilla an das »Hotel Kaiserin Elisabeth« in Ischl. Das Hotel schickt einen Hausdiener mit zwei Käfigen zum Schnellzug aus München, um die avisierten Vögel in Empfang zu nehmen.

Elisabeth ist gern bei der Mutter in München, sie hält mit ihr enge Verbindung, schreibt ihr wohl auch viel mehr Briefe als ihrem Mann. Alltagssorgen, Reisepläne, Eheschwierigkeiten, über alles wird die Mutter in Kenntnis gesetzt, wie in diesem Brief vom 1. Mai 1866 aus Schönbrunn: »Ich feiere den 1. Mai dieses Jahres nicht auf die gewöhnliche, langweilige Art (beim Maikorso im Prater, d.V.), sondern bleibe, mich mit meinem Husten entschuldigend, ruhig hier, was ohne Vergleich angenehmer ist, als mit einer Erzherzogin im Schritt, angegafft von hunderten Menschen, die Allee auf und ab zu fahren.«

Elisabeth fühlt sich wohl im Palais Biederstein, unter den originellen Mitgliedern ihrer Familie. Es gelingt der Herzogin, zu besonderen Familientagen alle Kinder des Hauses zu versammeln. Die Mutter ist die lebendige Geschichte des Hauses. Sie weiß hundert Erinnerungen an ihren Vater aufzufrischen, den König Max Joseph, der bis zur Revolution Oberst eines französischen Grenadierregiments in Straßburg war. Bei der Geburt des ersten Sohnes übernahm Ludwig XVI. die Patenstelle. Die

Grenadiere des väterlichen Regiments opferten Schnurr- und Backenbärte, um das Kissen für den künftigen Kriegshelden damit zu füllen. Das seltsame Geschenk wird in der herzoglichen Familie aufbewahrt.

Ludovika ist die liebende Mutter geblieben, sie hat es mit jeder der Töchter gut gemeint. Wenn sie daran zurückdenkt, wie man sie und ihre Schwestern unter die Haube gebracht hat, können sich ihre Töchter nicht beklagen. Ihr Vater, König Max Joseph, hatte in ihrem Fall damals keinen Einwand gelten lassen, keinen Widerspruch hingenommen. Eine Prinzessin hat den Mann zu nehmen, den die Eltern für sie auswählen. Napoleon, von dessen Gnaden Max Joseph die bayrische Königskrone empfangen hatte, sprach den Wunsch aus, daß sein Adoptivsohn Eugène Beauharnais eine Tochter Max Josephs heiraten möge – der Wunsch des Kaisers war dem König Befehl. Es traf das zweite Kind aus der ersten Ehe Max Josephs, Prinzessin Auguste. Napoleon bestimmte auch das Schicksal der zweiten Halbschwester, Charlotte, die auf seinen Befehl hin mit Prinz Wilhelm, dem späteren König von Württemberg, vermählt wurde. Diesmal sträubte sich der Bräutigam, der seiner Schwärmerei für die russische Großfürstin Katharina, die Zarentochter, treu bleiben wollte und auch treu blieb. Die Prinzessin, die den ihr anbefohlenen Mann liebte, mußte schwesterlich neben ihm leben. Nur einmal, so erzählt die Herzogin, sollen sich die beiden mit den Fingerspitzen berührt haben: als sie gemeinsam einem Papagei Futter geben. Als man Prinzessin Sophie, Franz Josephs Mutter, ankündigte, daß der ebenso unattraktive wie geistig nicht sehr bewegliche Erzherzog Franz Karl von Österreich für sie bestimmt sei, warf sie sich weinend ihrem Vater zu Füßen. Er antwortete, der Wiener Kongreß wolle es so, sie habe sich zu fügen.

Familiengeschichten. Anekdoten. Die Erzählungen klingen wie eine Entschuldigung der Mutter, sie sind aber auch als Lehre für die Töchter gemeint. Die jüngere Generation freilich stellt auch die Frage: Sind sie denn glücklich geworden, die sechs Töchter des ersten Bayernkönigs? Die Mutter zeigt keine Spur von Verlegenheit, wenn man das Wort von den »sechs

Unglücksschwestern« zitiert, sie haben das Schicksal eben so nehmen müssen, wie es kam.

Elisabeth kommt nach den Aufenthalten bei der Mutter immer beruhigt und gelassen nach Wien zurück. Manchmal sogar mit dem leisen Vorsatz, sich den Gegebenheiten besser zu fügen. Sie sagt einmal: »Ich habe in Tölz eine Bäuerin gesehen, wie sie den Kindern und den Knechten die Suppe austeilte: sie kam gar nicht dazu, ihren eigenen Teller zu füllen. Es ist gut, so beschäftigt zu sein, daß einem keine Zeit bleibt, über sich nachzudenken, selbst wenn man dabei vergißt, den Himmel anzusehen, der auf unsere Blicke wartet.«

*N*ie hat Elisabeth begehrenswerter ausgesehen als in diesen Jahren. Franz Joseph fühlt, wie seine glühende Liebe zurückkehrt. Ihrer Ehe scheinen Flügel zu wachsen. Elisabeth ist einfach in Hochstimmung. Und doch hält es die Kaiserin nicht lange in Österreich aus. Am 5. Februar 1868 verläßt sie Wien auf längere Zeit und begibt sich, ohne die Kinder mitzunehmen, für mehrere Monate nach Ungarn. Franz Joseph fährt zwischen Budapest, Gödöllö und Wien hin und her.

Zehn Jahre nach der Geburt Rudolfs wird Elisabeth wieder Mutter. Wir können davon ausgehen, daß Elisabeth diese Schwangerschaft als eine Anerkennung, ja »Belohnung« Franz Josephs für die gemeinsamen Erfahrungen des vergangenen »ungarischen« Jahres aufgefaßt hat. Obwohl die Gerüchte nicht verstummen wollen, die Gyula Andrássy die Vaterschaft anlasten. Doch keines ihrer anderen Kinder sieht so »habsburgerisch« aus wie die am 22. April 1868 geborene Tochter des Kaiserpaares, die auf den Namen Marie Valerie getauft wird.

Die Geburt ihres vierten Kindes ruft eine interessante Wendung im Leben der Kaiserin hervor. Die Freude, die sie über den in Budapest errungenen Triumph empfindet, bewirkt, daß sie ihr persönliches Selbstwertgefühl zurückerlangt. Sie scheut sich nicht mehr, offen zu sagen, was sie denkt, und nach eigenem Ermessen zu handeln.

Erzherzogin Marie Valerie, das »ungarische Kind«.

Eines der ersten Zeichen ihrer neuen Unabhängigkeit besteht darin, daß sie ihre jüngste Tochter auf ungarischem Gebiet, im *Kiraly Palota* von Buda zur Welt bringt, und nicht in Wien oder Schönbrunn, wie es ein scheinbar unabänderlicher Brauch vorschreibt. Ein Affront gegen Wien. Die in der Ofener Burg stattfindende Taufe, mit Marie von Neapel und Mathilde Trani als Patinnen, gerät zu einem großen ungarischen Fest, ja zu einer Manifestation der jungen Doppelmonarchie. In Österreich kommt das alles andere als gut an, in den Wiener Salons und am Hof wächst die Opposition gegenüber der Kaiserin, man scheut nicht davor zurück, sie zu verleumden und über die »Königin von Ungarn« die schlimmsten Gerüchte zu verbreiten.

Ein zweites Zeichen ihrer neuen Selbstsicherheit: Sie allein wählt den Namen Marie Valerie aus, und zwar aus dem einzigen Grund, weil er ihr gefällt. Diesmal wird sie sich die Tochter nicht streitig machen lassen, sie wird nicht zulassen, daß das Kind wie Gisela und Rudolf von ihr entfernt wird. Da Elisabeth sogar fürchtet, daß man ihr die Tochter heimlich rauben könnte, gibt sie für ihre Umgebung die strengsten Verhaltensregeln aus. Sie behütet die kleine Marie Valerie mit einer beinahe beängstigenden Liebe. Die Tochter wird ihr schönstes Kind, mit dunklem Haar und großen blauen Augen. Leicht gerät die Mutter in helle Aufregung und Panik, wenn ihrem Liebsten nur das geringste zu fehlen scheint: »Wenn ich Dir jetzt erzähle«, schreibt Elisabeth am 5. Oktober 1868 aus Gödöllö an Ludovika, »was ich durch eine Woche gelitten und für Todesängste ausgestanden, wirst Du mich schon von Herzen bedauern. Meine Valerie war krank (sie bekam einen Zahn, d.V.), und da ich sie ebenso liebhabe wie Du den Gackel und mich ebenso für sie agitiere wie Du für ihn, als er klein war, so wirst Du Dir eine Vorstellung machen können von meinem Zustande. ... Gott sei gedankt, geht es ihr viel besser.«

Mit Marie Valerie findet das so offenkundige Desinteresse der Kaiserin an familiären Angelegenheiten ein vorläufiges Ende. In Biographien, die in letzter Zeit veröffentlicht wurden, kommt Elisabeth als Mutter ganz schlecht weg. Der häufig zu lesende

Vorwurf, sie habe Ehemann und Kinder nur deshalb monatelang verlassen, um fernab der Familie ihren eigenen Interessen nachgehen zu können, und Erzherzogin Sophie, die liebevollste und rührendste Großmutter, habe sich der Kinder notgedrungen annehmen müssen, verwechselt jedoch Ursache und Wirkung. Gerade weil der – zugegeben noch sehr jungen – Mutter ihre Kinder vorenthalten wurden, entzog sich Elisabeth einem Hof, der alles von ihr erwartete, aber nichts zu geben bereit war.

Auffallend bleibt, daß Elisabeth ihren Kindern gegenüber immer Phasen einer gewissen Gefühlskälte hat. Mit Gisela, dem »häßlichen Entlein«, verbindet sie überhaupt nichts. Auch Rudolf muß die Mutter während langer Jahre entbehren, ein richtiges Verhältnis gewinnt die Kaiserin zu ihm nie. Nur für Valerie entwickelt sie mütterliche Gefühle. An diesem Lieblingskind, so vermuten die Psychologen Gerti Senger und Walter Hoffmann, »konnte Sisi all das ungeschehen machen, was sie ihren älteren Kindern angetan hatte. Nicht nur, daß sie ihre ›Einzige‹ von früh an bei sich hatte und auch auf ihre Reisen mitnahm, überhäufte sie ihre kleine Tochter auf geradezu exaltierte Weise mit Zuwendung. Sie tat alles, um Marie Valerie an sich zu binden und die Liebe der Tochter mit niemandem zu teilen.«

Zweifellos empfindet Erzherzogin Sophie für ihre Enkelkinder die wärmsten Gefühle, wenn sie auch bei der Erziehung Rudolfs gravierende Fehler macht und in der Auswahl der Erzieher keine glückliche Hand beweist. Die »Beleidigung«, daß ihr Valerie so ganz entzogen wird, trifft sie sehr. Die Kaisermutter sieht schon seit längerem ihren Einfluß unaufhaltsam schwinden. Sie hat in der Hofburg und in der öffentlichen Meinung rapide an Ansehen verloren. Königgrätz ist für sie ein schwerer Schlag gewesen. Mit noch größerer Überzeugung und vielleicht auch mit mehr Berechtigung als nach Solferino hat man sie für die Katastrophe des politischen und militärischen Scheiterns Österreichs verantwortlich gemacht; sie ist es gewesen, welche die Minister terrorisiert und dadurch die unheilvollen Beschlüsse erzwungen hat. Unter diesem Sturm von Schmähungen wird auch Elisabeth klar, daß selbst Franz Joseph das Vertrauen in seine Mutter verloren hat. Sophie stürzt von ihrem heimlichen Thron. Verbittert beschließt sie, die traurige Zeit, die ihr noch bleibt, in einer Art selbstgewählter Verbannung zu verbringen.

Nun beginnt am Wiener Hof ein großes Aufräumen und Stühlerücken. Elisabeth zögert keine Stunde, aus ihrer Umgebung alle Personen zu entfernen, die von Sophie eingesetzt worden waren.

In den vergangenen Jahren ist Ida Ferenczy eine der wichtigsten Vertrauten der Kaiserin, ja ihre Freundin geworden. Elisabeth ist von ihr entzückt, sie hat einen Menschen gefunden, dem sie alles sagen, buchstäblich alles anvertrauen kann, ohne befürchten zu müssen, daß Ida sie je an die Wiener Hofkamarilla verraten würde. Ihr Vertrauen geht so weit, daß Ida zum *Postillon d'amour* wird, die privaten Briefe zwischen der Kaiserin und Andrássy wandern nicht über die offizielle Korrespondenz hin und her, sondern über Idas Adresse, deren Wohnung gegenüber der Hofburg zu einem geheimen Postfach wird. Darüber hinaus übernimmt Ida eine winzige, aber für die Kaiserin nicht unwesentliche Aufgabe: Sie bekommt die Leitung einer kleinen Meierei übertragen, die für die Lieferung von garantiert guter Milch verantwortlich ist, Elisabeths wichtigstem Lebensmittel.

Mit Ida Ferenczy wurde 1864 ein Anfang gemacht. Die Umgebung der Kaiserin wird nach Valeries Geburt von Jahr zu Jahr ungarischer. Die kleine Prinzessin betreuen ausschließlich ungarische Ammen, Pflegerinnen und Kindermädchen. Elisabeth geht noch weiter, sie räumt radikal auf. Sie verabschiedet den Obersthofmeister ihres Hofstaates, er wird durch einen transsylvanischen Magyaren, Baron Franz von Nopcsa aus Siebenbürgen, ersetzt, der künftig Elisabeths Hofhaltung leitet.

In Gödöllö nimmt sie von der benachbarten Grundherrin, der Gräfin Károlyi, einen sehr berührenden Abschied: »Ich reise ab, aber spätestens im Herbst bin ich wieder *daheim*.« Gödöllö wird in der Tat zu ihrer Heimat. Und auch die Ungarinnen in ihrer Nähe geben Elisabeth ein heimatliches Gefühl, ein Gefühl vorbehaltlosen Vertrauens und enger Anhänglichkeit.

Am 9. Juni 1868 fährt Elisabeth nach Ischl, um sich von der

Geburt zu erholen, dann Anfang August nach Garatshausen am Starnberger See, wohin am 13. August Ludwig II. zu Besuch kommt. Im September wieder ein familiäres Fest: Elisabeths Schwester Sophie heiratet Ferdinand von Bourbon-Orléans, Herzog von Alençon. Im selben Monat reist die Kaiserin über Wien nach Gödöllö, wo sie bis Anfang Dezember bleibt. Dann geht es nach Ofen, und am Weihnachtstag wieder nach Wien zurück.

Ungarn bleibt das Land, das sie am meisten liebt, das Land, in dem auch ihr »ungarisches Kind«, Marie Valerie, aufwächst, das einzige ihrer Kinder, das sie wirklich erlebt und darum wirklich liebt, das Kind, das sie einmal selbst als »die einzige wahre Freude meines ganzen ehelichen Lebens« bezeichnet.

Niemand wird Elisabeth verstehen, der sie nicht in Gödöllö sieht. Sie hat in diesen Jahren nicht nur eine Vorliebe für das *Magyarorszäg*, das Land der Magyaren entwickelt, sie hält sich auch immer öfter dort auf. Die Ungarn haben sich erinnert, wie sehr Elisabeth bei einem früheren Aufenthalt das einsam und idyllisch einige Meilen nördlich von Pest gelegene Schloß Gödöllö gefallen hat. Dann haben sie es ihr und dem König aus Anlaß der Krönung als Sommerresidenz geschenkt. Es befindet sich in einer Gegend, die landschaftlich mit ihren Weiden, Teichen und Wäldern viel Abwechslung bietet. Vom ersten Tag an gefällt es Elisabeth außerordentlich gut dort, und Gödöllö wird ihr Lieblingsschloß, vor allem wegen der idealen Jagdgelände. Sie sind für Elisabeths Reitleidenschaft wie geschaffen, und der Kaiser findet als Jäger hier die größte Befriedigung.

Gödöllö wird das ungarische Jagdschloß der kaiserlichen Familie, ein niedriges, langgestrecktes Gebäude mit kuppelförmigen Türmen, in einer weiten, sandigen, mit Buschwald bedeckten Ebene gelegen. Der Sohn eines kroatischen Schäfers namens Grassalkovic, der sich unter Maria Theresia ein großes Vermögen und den Adelstitel erworben hat, hat es gebaut. Nachdem 1841 der letzte Fürst Grassalkovic gestorben ist, ohne männliche Erben zu hinterlassen, ging das Schloß an den ungarischen Staat über. Und nun gehört es dem Königspaar von Ungarn.

Elisabeths Welt ist in den siebziger Jahren unlösbar mit dem Namen »Gödöllö« verknüpft. Hier verblassen für sie all die großen bewegenden Ereignisse dieser Zeit, der deutsch-französische Krieg 1870/71, die Pariser Kommune so gut wie die Hohenwart-Krise, die das Jahr 1871 beherrscht.

In Ungarn findet die Kaiserin eine Gesellschaft, die sich von der in Wien, die ihr so verhaßt ist, in wesentlichen Punkten unterscheidet. Die Adeligen sind fröhliche, schneidige und alles andere als gehemmte Menschen – und Pferdeliebhaber. Sie lieben Vollblutpferde, schwierige Hindernisse, gewagte Wetten und elegante, verheiratete Frauen.

Eines aber stört Elisabeth von Anfang an: die Menge von Zuschauern, die sich einfindet, um die Königin zu sehen. Sie haßt es noch immer, »wie eine Mißgeburt im Zirkus« angestarrt zu werden. Die Tatsache, daß die Leute sich aus Liebe und Verehrung um sie drängen, ändert nichts an der Tatsache. »Sie zeigen eben auf diese Art ihre Gefühle«, schreibt Andrássy, »und dagegen kann man gar nichts machen.«

Zunächst nimmt Elisabeth nicht an den ungarischen Jagden teil, beschränkt sich darauf, zu Pferd das weite, flache Land zu durchstreifen. Die Einsamkeit und Abgeschiedenheit der großen Ebenen sagen ihrer romantischen Natur sehr zu. »Wie gerne würde ich mein ganzes Leben auf dieser ungarischen Tiefebene verbringen – und nichts anderes tun, als mich um diese herrlichen Geschöpfe kümmern«, schreibt sie einer Freundin. Gyula Andrássy zeigt sich besorgt, daß sie so allein durch die Lande streift und durch die Wälder reitet. Dort machen wilde Hunde die Gegend unsicher, von denen man weiß, daß sie bereits Pferde angegriffen und deren Reiter aus dem Sattel gerissen haben. Um die Sicherheit der Königin bangend, läßt er für sie einen kleinen, wunderschön gearbeiteten Damenrevolver anfertigen, eine ziselierte, in Gold angelegte Damaszenerarbeit. Auf dem Lauf ist sein Name und das in Südeuropa bekannte Zeichen gegen den bösen Blick eingraviert, was die

Jagdschloß Gödöllö in Ungarn.

abergläubische Elisabeth mächtig beeindruckt. Auf allen Ritten ist der kleine Revolver ihr ständiger Begleiter.

Dann packt auch sie das Jagdfieber. Die Jagden in Gödöllö werden zu einer der Hauptattraktionen der Saison und des Hofes. Die Kaiserin, bei diesen Gesellschaften absolut tonangebend, ist der Mittelpunkt, um den sich alles dreht. Im Galopp hinter dem braunweißschwarz gefleckten Knäuel der Meute her auf der Fährte des Wildes. Die Kaiserin fliegt über die Gräben, immer die erste auf ihrem rassigen Pferd, immer im gleichen dunkelblauen, geradezu unnatürlich gutsitzenden Reitkleid mit dem kleinen Zobelbesatz, auf dem Haar einen leichten Reitzylinder, an den schmalen und doch so energischen Händen Lederhandschuhe, und stets außer der Gerte einen kleinen Fächer mit sich führend. Hinter ihr das Feld der Gäste, das leuchtende Rot der Jagdfräcke und das Schwarzgrün der Damen. Jagd auf Jagd, über das novembergelbe Gras der weiten Ebenen, durch die Wälder, die der Herbst in Rostrot, Gelb und Braun getaucht hat.

Sie ist unermüdlich, unerschöpflich sind ihre Kräfte, und Angst ist etwas, das sie nicht kennt. »Hinter uns stürzten Elemér Batthyány, Pferd am Platz tot, Sarolta Auersperg, die über ihn fiel, und ihr Reitknecht mit Klepperschimmel; beiden geschah nichts. Vor dem Run stürzten Bela Keglevich und Viktor Zichy«, heißt es in einem ihrer Briefe an den Kaiser über diese Jagden. Und: »Es war ein wunderbarer Run, Holmes und ich lagen an der Spitze des Feldes, aber der Fuchs flüchtete sich in einen Bau.«

Reiten, den ganzen Tag nichts als das Spiel der Pferdeohren vor sich zu sehen, die Hunde, das Wild, nichts zu hören als das Kläffen und Jaulen der Meute, das Schnauben der Gäule, die sich zum fliegenden Sprung über Graben und Hecke strecken. Reitet sie vor dem Leben davon?

Der Engländer Harry Holmes, »dear Holmes«, wie sie ihn nennt, ist noch immer der Leiter ihres Stalles, obwohl er schon über sechzig Jahre zählt. Die Grafen Béla Wenckheim, Albert Keglevich, Nikolaus (»Nicky«) Esterházy, Viktor Zichy, Pista Károlyi und Elemér Batthyány, der ebenso schöne wie melancholische Sohn des 1849 hingerichteten Ministerpräsidenten Ludwig Batthyány, bilden den Kreis ungarischer Magnaten, mit denen sie sich hier umgibt und die ihr im Jagdfeld folgen. Graf Batthyány, der es nicht schafft, seine große, aber hoffnungslose Neigung für die Kaiserin zu verheimlichen, macht ihr chevaleresk den Hof, und es gelingt ihm dabei noch das Kunststück, den Kaiser zu schneiden, wie er es seiner Mutter nach der Hinrichtung des Vaters hat versprechen müssen.

Oft kommt auch Gyula Andrássy zu den Jagden, ebenso Franz Joseph, bisweilen reitet auch Rudolf mit, obwohl er nicht das Reiterblut der Mutter geerbt zu haben scheint. Marie Wallersee, Elisabeths Nichte und damals noch im Besitz des vollen Vertrauens der Kaiserin, ist dabei, stets bereit, sich zumindest für eine kurze Zeit in jeden gutaussehenden Mann zu verlieben. Überheblich und boshaft schreibt Marie Festetics über die »Lieblingsnichte« der Kaiserin in ihr Tagebuch: »Ich möchte sie gernhaben, sie gefällt mir manchmal, aber – aber was? Es ist etwas, was mich hält, und ich traue mich fast nicht, es zu schreiben, aus Angst, ihr unrecht zu tun. Ich habe das Gefühl, recht zart will ich's schreiben, als sei sie nicht wahr, nicht aufrichtig, als hätte sie ›schauspielerisches Talent.‹«

Zeitweilig kommt auch die Baronin Helene Vetsera nach Gödöllö. Man tuschelt, sie sei jene Herzdame, an die Rudolf seine frühen Zärtlichkeiten verschenke. Elisabeth läßt das Geschwätz kalt. Sie schätzt die Baronin, auch ihrer Brüder wegen, den Baltazzis, die hervorragende Sportsleute und Reiter sind. Gutes Reiten gilt zu jener Zeit mehr bei ihr als die sechzehn vorgeschriebenen Ahnen der Hofetikette, welche die Familie Baltazzi nicht vorweisen kann.

Elisabeth ist von Männern umgeben, und noch dazu von feurigen ungarischen Aristokraten, Virtuosen der Liebe und des Flirts. Und sie ist eine schöne und einsame Frau. Jeder weiß von ihrem Unglück, und jeder betet sie an. In Gödöllö herrscht immer eine Atmosphäre der lockenden, betörenden Verwirrung der Sinne, voll geheimster, aber nicht ausgesprochener Wünsche. Und Elisabeth ist der strahlende Mittelpunkt dieser Gesellschaft junger, eleganter und reicher Männer, denen oft

Kaiserliches Familienleben in der Ofener Burg (um 1868).
Von links: Franz Joseph mit Gyula Andrássy,
die ungarische Amme mit der kleinen Marie Valerie,
dahinter Elisabeths Vorleserin Ida Ferenczy.
Neben der Kaiserin ihre Kinder Gisela und Rudolf,
im Hintergrund rechts die Hofdame Marie Festetics und Elisabeths
Obersthofmeister Baron Franz Nopcsa.

Gedanken durch den Kopf gehen, wie sie die Grenze des Verbotenen streifen, ja mehr noch, sie überschreiten können.

Ein Brief Andrássys, mit dem Elisabeth, wenn sie sich in Wien aufhält, viel im Prater ausreitet, an Ida Ferenczy, die Vertraute der Kaiserin, beleuchtet jäh die seltsame Verwirrung der Gefühle, die sie in ungarischen Herzen hervorruft. »Sie können sich vorstellen«, schreibt er am 5. November 1872, »wie begeistert die Jugend ist, wenn sie sie sieht. Sie gibt diesen Gefühlen hie und da durch allzu nahes Begleiten Ausdruck – wie die Delphine am Schiff – daran kann niemand zweifeln. ... Gestern war es schon ganz finster, und es regnete, als wir nach Hause kamen. Zufällig stand mein Fiaker da, und ich bot ihn den Majestäten an. S. Majestät nahm an, aber nur für die Königin, und so hatte ich das Glück, sie zur Bahn begleiten zu können. ... Übrigens muß ich gestehen, daß ein langer Weg im Finstern auf einer holprigen Straße eine heikle Sache werden kann, selbst für den vernünftigsten Familienvater; allerdings dauerte dies nur Minuten, und so schnell könnten selbst Albert Keglevich noch ihr Freund Pista (Graf Károlyi) vergessen, wen man ihm anvertraut hat...«

Gerade die Unmöglichkeit aber, zu vergessen, wer sie ist, steigert noch die Faszination dieser Welt von Gödöllö. Elisabeth scheint Artemis selbst zu sein, herrlich hart und kühl. Und sie wirkt wie eine Verführerin, die sich nur allzu oft und allzu gern einreden mag, sie sei nichts als eine nur schwach verteidigte und schlecht behütete Festung, die durch einen einzigen kühnen Handstreich leicht zu nehmen sei. Sie macht keinen Hehl daraus, daß ihr diese flirrende erotische Atmosphäre, diese Flirts Spaß machen, ja, daß sie dies alles förmlich braucht. Sie sucht immer Bestätigung. Und doch spürt sie, daß bereits etwas in ihr gestorben ist, oder vielleicht auch nie in ihr gelebt hat: der Rausch des Sichschenkens, der Hingabe.

Rudolf Liechtenstein ist einer ihrer Freunde, bei dem sie schwach werden könnte. Ein blendender Kavalier, ein famoser Reiter, aber immer etwas schüchtern und steif. Elisabeth gibt ihm den ungarischen Spitznamen »a scep herczeg« (der schöne Prinz).

»Ein Leben ohne Liebe hätte für mich jeden Reiz verloren«,

Die königliche Familie im Park von Gödöllö.

sagt sie, aber das ist nur ein Gerede. Ein anspruchsvoller Satz, hinter dem sich wenig verbirgt. Auch die legere moralische Haltung, die Elisabeth ihrer Nichte Marie Wallersee gegenüber zu erkennen gibt, entspricht zwar ihrem Denken, führt aber zu keinerlei Konsequenzen in ihrem eigenen Leben: »Liebe ist keine Sünde. Gott hat die Liebe geschaffen, und jeder hat seine eigene Moral. Solange man mit seiner Liebe keinen Dritten verletzt, sollte niemand sich zum Richter über sie aufwerfen.« Aus ihren Gesprächen mit der Kaiserin zieht Marie das Fazit: »Elisabeth war in die Liebe verliebt, weil sie ihr das Lebensfeuer bedeutete. Sie betrachtete die Sensation, angebetet zu werden, als einen Tribut, der ihrer Schönheit zukam. Doch ihre Begeisterungen dauerten nie lange, offenbar, weil sie zu künstlerisch empfand, um ihre Sinne gefangen zu geben. Und der Geliebte, der den Glauben an seine Idealgestalt erschütterte, erhielt sofort den Laufpaß.«

So wird die Schönheit nicht nur zur Anziehungskraft, sondern mehr noch zum Schutzschild gegen die andrängenden Verehrer. Elisabeth fühlt sich nie von einer »großen Liebe« entflammt, ist immer eher romantisch als sinnlich und eher mutwillig als kokett. Zugleich aber bleibt sie so davor bewahrt, in die Niederungen der alltäglichen Untreue unglücklich verheirateter Fürstinnen abzusinken oder wie jene Habsburgerin Marie Louise, Gemahlin Napoleons I., in der Liebe zu ihrem Stallmeister Genüge zu finden. Elisabeth bleibt auf einsamer Höhe, bleibt zeit ihres Lebens trotz (oder wegen?) ihrer bitteren Erfahrungen in der Ehe innerlich unberührt. All die pikanten Histörchen, die da geschwätzig erfunden werden, an ihnen ist nicht die Spur Wahrheit.

Die siebziger Jahre bedeuten den Höhepunkt der Reitleidenschaft Elisabeths. Sie hat sich in Gödöllö eine ganze hippologische Bibliothek angelegt, sie führt selbst in einem kleinen roten Notizbuch in täglichen Eintragungen gewissenhaft Buch über all ihre Reitkunststücke und verzeichnet ebenso sorgfältig, wenn einmal etwas nicht gelungen ist, wie etwa »das Galoppchangement um die Sesseln herum«.

Stundenlang kann sie in den nach englischen Vorbildern eingerichteten Ställen verweilen, in denen außer einem Pony und einem Esel sechsundzwanzig Reitpferde stehen. Von ihren Pferden und deren Eigenschaften habe sie, wie die Gräfin Kleinmichel, die einmal mit der Kaiserin in Ischl reitet, in ihren Erinnerungen berichtet, wie von menschlichen Wesen gesprochen.

Bisweilen verlegt Elisabeth den Schauplatz der Jagden auch nach Pardubitz in Böhmen, dessen Parforcejagden damals als die besten des Kontinents gelten. Es ist das gleiche Bild, die gleiche Symphonie von Rot, Schwarz, Weiß, Braun und wieder Schwarz – unvergeßlich in ihrer Schönheit –, nur ist die Folie noch glänzender. Der böhmische Hochadel als Veranstalter dieser Jagden gilt als der reichste und vornehmste Adel der Monarchie: Fürst Ferdinand Kinsky vom Schloß Hermanmester, Fürst Franz Auersperg aus Slatinan, Graf Harrach auf Hradek, Fürst Colloredo-Mannsfeld von Schloß Opocno. Das Rot der Jagdröcke ist vielleicht noch eine Spur strahlender, die Zylinder sind glänzender, die Pferde fast noch edler als die der Magnaten Ungarns. Ein glänzendes Meet, die Damen erscheinen in eleganten langen Reitkleidern. Fünfzehn Koppeln ausgesucht schöner englischer Hirschhunde hetzen.

Doch eines ist Elisabeth lästig bei diesen Jagden und den ihnen folgenden gesellschaftlichen Veranstaltungen der böhmischen Herren, die untereinander alle wie eine einzige große Familie zusammenhalten: die geheime Kritik ihrer Blicke. Sie scheinen immer nur darauf zu warten, daß sie sich eine Blöße gibt. Die Kaiserin muß sich zusammennehmen, sie ist hier »im Geschirr«, wie sie es immer nennt.

Angenehmer sind da schon die Parforcejagden auf Hochwild, die der Kaiser in den Jahren zwischen 1878 und 1886 auf seinen Besitzungen bei Göding abhält. Oft beteiligt er sich selbst daran, meist ist Elisabeth dabei, manchmal auch Rudolf. Nicky Esterházy, der Jagdleiter aus Gödöllö, fehlt auch hier nicht. Er ist derjenige ihrer Freunde und Verehrer, für den Elisabeth als Frau vielleicht die größte Zuneigung in ihrem Leben empfindet. Ihm gilt vermutlich jenes Gedicht, das Gräfin Marie Wallersee-Larisch aus dem Nachlaß Elisabeths mitgeteilt hat:

Nur »eine« streifet meine Hand,
Die einzig »gute Haut«
aus meinem lieben Ungarland,
Dir – hab ich ganz vertraut!

Du gabest Rang und Ehren hin
Du liebtest einzig mich –
Ich war Dir mehr als Königin,
Du hast geopfert Dich!

Auch Andrássy kommt als Gast, die Fürsten Hohenlohe, Auersperg, Lobkowitz, die Grafen Stockau und Larisch sind anwesend. Allen voran wie immer Elisabeth, dicht hinter der Meute. Sie scheint mit dem Pferd wie verwachsen zu sein. Reiten, Reiten... Galopp... ein fliegender Sprung. Sie braucht die körperliche Anstrengung, sie braucht die rasende Schnelligkeit dieses verwegenen Dahinstürmens. Und ständig wechseln dabei ihre Launen. Der kaiserliche Oberstallmeister Prinz Emmerich Thurn und Taxis hat oft keinen leichten Stand, es ist eine harte Probe für seine Nerven, wenn Elisabeth mehrmals am Tag eine Jagd an- und kurz darauf wieder absagt.

Es gibt viele gute Reiter, die der kühnen Kaiserin nicht folgen können, wenn sie ihrer Leidenschaft nach Herzenslust nachgeht. Täglich reitet sie fünf oder sechs Pferde bis zur Erschöpfung. Die größten Anstrengungen, das schlechteste Wetter vermögen sie nicht abzuhalten. Auf ihren langen und wilden Ritten durchpulst sie eine heiße Freude, das köstliche Gefühl, mit der Natur verbunden zu sein. Ein Hauch heidnischen Geistes erfüllt und belebt sie, reißt Elisabeth, die Amazone, mit sich fort.

Bald genügt ihr auch der Rausch dieser wilden Ritte nicht mehr. Sie hat den Ehrgeiz, die gefährlichen Kunststücke der Manege zu lernen. Sie will eine vollendete Kunstreiterin werden, will alle Zirkuskunststücke beherrschen. Ihre Lieblingspferde sind so vortrefflich, daß sie sich mit ihrer Herrin des Abends im grellen Lampenlicht der Manege präsentieren könnten. Doch Elisabeth ist noch ehrgeiziger. Sie will auch die höchsten Finessen der Reitkunst, die »Hohe Schule« erlernen. Sie geht bei den Stallmeistern der Spanischen Hofreitschule in die Lehre. Die Kunst dieser Männer in Dreispitz und goldbetreßtem braunem Frack auf ihren schneeweißen Hengsten, scheint ihr das Vollendetste zu sein, was es in der Reiterei gibt, vielleicht das schönste Erbe, das die Habsburger aus den Zeiten ihrer spanischen Herrschaft übernommen haben. Ihre Tradition geht noch auf die alten maurischen Stallmeister der einstigen Kalifen von Córdoba zurück. Elisabeth im samtenen, enganliegenden Schwarz auf ihrem entzückenden Lippizaner Majesto beherrscht alles, Piaffe und Passage, Courbette und Lebade und schließlich sogar die berühmte Ballotade, den Sprung aus dem Stand mit allen vier Beinen zugleich.

Seit einiger Zeit gastiert in Wien wieder der berühmte Zirkus Renz, der mit unvergleichlicher Meisterschaft von dem ehemaligen Seiltänzer Ernst Jakob Renz geleitet wird und dessen Attraktion seine Tochter Elisa Renz ist, die den Reiz der Jugend mit Eleganz, Kühnheit und Geschicklichkeit bei ihren Reitkunststücken verbindet. Die Wiener verehren sie, und jeden Abend braust tosender Beifall der Zuschauer im Zirkuszelt auf.

Die Kaiserin läßt in Gödöllö eine große Manege errichten und erwirbt vier wunderbare Pferde, welche die schwierigsten Schritte der Hohen Schule beherrschen sollen. Sie lädt Elisa Renz ein, zu ihr zu kommen und ihr Stunden zu geben, um noch perfekter zu werden. Zu diesem Zweck nimmt sie sie ins Schloß auf. In wenigen Wochen erreicht Elisabeth, die wahrlich Talent für die Dressur zeigt, bei ihren Pferden alles, was sie will: Aufbäumen, Passagen, Courbetten, Niederknien, Caracolen. Von nun an sind Kaiserin und Kunstreiterin unzertrennlich, sie schließen sogar Freundschaft miteinander.

Die Wiener Aristokratie beweist freilich für diese Dinge wieder einmal wenig Verständnis. Eine Kaiserin als Freundin einer Zirkusreiterin? Man runzelt die Stirn. »Merkwürdig ist sie halt immer gewesen.« Aber diese neueste Sonderbarkeit geht denn doch zu weit. Die neue Laune der Kaiserin ruft in den Kreisen der Hofburg und in den aristokratischen Salons der Hauptstadt wahre Bestürzung hervor. Man empört sich geziemend, ringt verzweifelt die Hände. Und in den entrüsteten vertraulichen

Gesprächen, den vieldeutigen Nebenbemerkungen, den perfiden Andeutungen geht man sehr weit... Da die Gerüchte um Elisabeth nie vor ihrem Schlafzimmer haltmachen, wird sogar die Albernheit verbreitet, sie sei in Elisa Renz verliebt. Wenn schon nicht in einen der feschen Ungarn, so doch wenigstens in die Zirkusreiterin. In Wien hält man bei anderen nichts für unmöglich, weil alles möglich ist, und in der großen Welt gilt keine Frau als makellos, weil es die meisten Damen sowieso nicht mehr sind...

Mehrere Jahre hintereinander verbringt Elisabeth viele Monate in Gödöllö. Am Abend liest sie in ihren geliebten Büchern oder aber sie spielt stundenlang auf dem Flügel. Mozart, Beethoven, Schumann, Mendelssohn, Brahms, Liszt. Nachtmusiken. Ungarische Tänze.

*W*ie eine Gegenwelt zur freien Luft von Gödöllö wirkt Wien in diesen Jahren – zumindest auf die Kaiserin.

Das Wien des alten habsburgischen Österreichs fasziniert bis heute die ganze Welt – durch Bilder nostalgischer Erinnerung: Sehnsüchtige, schwebende Walzertakte von Lanner und Strauß ...Fiakerbälle, bei denen Kutscher und Grafen am gleichen Tisch sitzen ... Die elegantesten und vornehmsten Aristokraten der Welt ... Die feschesten Offiziere in Hechtgrau oder im Gold, Rot und Blau der Kavallerieuniformen ... Die prächtigsten Adelspaläste, an deren Portalen die Türhüter in ihren mächtigen, goldverzierten Pelzen stehen ... Fiaker, die im schärfsten Trab die Praterallee entlang fahren – das alles hat sich zu einem einzigartigen Bild der Schönheit einer versunkenen Welt vereint.

Die Form gilt alles in dieser Welt, die elegante, selbstsicher in sich ruhende, traditionell wohlabgewogene Form höfischer, adeliger oder besser aristokratischer Lebenskunst. Sie wirkt wie eine Kulisse, hinter der sich die Dekadenz einer Welt des Abschieds von verführerischer Anziehungskraft verbirgt.

Die siebziger und achtziger Jahre werden Wiens große Zeit, eine Zeit des beginnenden Aufstiegs eines immer selbstbewußter werdenden Bürgertums, des Wohlstands und des Optimismus. Der Abschied Habsburgs von der alten Herrschaft in Deutschland ist endgültig. Der Ausgleich mit Ungarn öffnet dem Liberalismus eine prosperierende Zukunft. Das Wachstum der Industrie, die Entwicklung von Handel und Gewerbe geben Wien kräftigen Auftrieb. Die neue Macht, die sich ihre Paläste und Villen baut, heißt Rothschild, Todesco, Springer, Schey, Königswarter und Epstein. Die Angehörigen dieser Familien sitzen in den Logen der Oper, lassen die schönsten Pferde und Karossen durch die Hauptallee des Praters galoppieren, bauen Sommerresidenzen in Hietzing und Mödling, in Baden und Vöslau. Und der Kaiser adelt den Reichtum, öffnet den Söhnen der Finanzbarone und Handelsherren die alten Reiterregimenter. Aus der alten, kleinen Gesellschaft Wiens, dem familiären Kreis der Beamten und des soignierten Geldes wird die große Gesellschaft, in welcher der Adel langsam, aber sicher an Einfluß verliert. Noch immer ist er vorbildlich in den Sitten, in den Lebensformen, in Geschmacksfragen. Aber auch er wird in den Sog eines lebenslustigen, lebenshungrigen Wirbels hineingezogen, welcher in der Donaumetropole den Takt anzugeben beginnt.

Fast wie ein Fremdkörper wirkt der Kaiser mit seinen angeborenen und erworbenen Tugenden der Ritterlichkeit und des Pflichtbewußtseins in dieser frivolen, leichtfertigen und lebhaften Welt. Sein Mangel an Phantasie, sein wenig musischer Sinn, seine Abwehrhaltung gegenüber Geist und Intelligenz machen aus dem Wiener Hof ein Schneckenhaus: Er verschanzt sich hinter seiner Würde, schottet sich gegen die Umwelt ab und hält sich für den Mittelpunkt der Welt.

Und doch gilt Franz Joseph beispielsweise als der großherzigste Mäzen der Bühnen und Kunstsammlungen, er verschließt sich nie einem Wunsch seiner Kunststätten. Seine grandseigneurale Noblesse ist aber mit einer seltenen Gleichgültigkeit für die Werke der Kunst verbunden. Vielleicht hindert ihn ja sein Taktgefühl, seinen Geschmack hervorzukehren und in Kunstfragen ein Urteil zu sprechen? Franz Joseph ist darin merkwürdig zurückhaltend. Man hört nie ein Wort von ihm, das

Das Kaiserpaar Ende der sechziger Jahre.
Photographie von Ludwig Angerer.

als Kritik gewertet werden könnte, er bejaht alles in seiner konventionellen Form, er gibt niemals ein abfälliges Urteil.

Auch in diesen Jahren, als Wien nach der Schleifung der Bastionen und dem Bau der repräsentativen Ringstraße ein neues Gesicht erhält, läßt Franz Joseph den Architekten und Baukünstlern freie Hand. Während seine Vorfahren immer auch – zum Teil leidenschaftliche – Bauherren gewesen sind, kommen die großen Bauten des neuen Wien, die Schaustücke der Ringstraße, ohne eigentliche Mitbestimmung Franz Josephs zustande. Vielleicht ist diese Freiheit den bürgerlichen Künsten förderlich gewesen, vielleicht ist sie der Grund, daß sich Burgtheater und Oper als die ersten Kunststätten des Reiches etablieren, jedenfalls hält sich Franz Joseph vom kulturellen Leben fern. Unvorstellbar, daß er wie die bayrischen Könige auf den Gedanken käme, bestimmten Künstlern seine Vorliebe und Gunst zuzuwenden, oder gar wie Ludwig II. seinen ganzen Ehrgeiz darein zu setzen, einen großen Mann und dessen Werk zu fördern. Er läßt die Künste, er läßt die Wissenschaft gewähren, ohne Anteil daran zu nehmen.

Im Haus des Kaisers kommt so gut wie nie das Gespräch auf Kultur, Geist, Intelligenz, literarisches und künstlerisches Leben. Franz Joseph weicht schon in jüngeren Jahren den Versuchen Elisabeths aus, ihn in solche Unterhaltungen hineinzuziehen. Es erscheint ihm taktlos, von der Religion zu reden, er verweigert geistige Auseinandersetzungen. Der Kaiser entspricht dem repräsentativen Typus seiner Zeit, dem kommerziellen Bourgeois, viel eher als den alten Adelsgeschlechtern. Nie zuvor hat es in Wien eine so amusische Zeit gegeben wie in jenen Jahren des großen bürgerlichen Aufschwungs, als sich der Sieg des Kommerzes über die Feudalität in neuen Vermögen und neuen Palästen manifestiert. Der kommerziell denkende und handelnde Bürger kommt traditionslos zu seinem Reichtum, er hat keinen eigenen Geschmack, und wo er ihn hat, hindert ihn die Scham, sich dazu zu bekennen.

Die Ringstraße, dieser pompös angelegte Boulevard wird zum Symbol der Gründerjahre, der »Ringstraßenzeit«. Für Geist und

Genialität scheint da kein Platz zu sein. Richard Wagner wird von Wiens Gesellschaft, von der großen Kritik als anmaßender Narr behandelt; Schopenhauer als stellenweise amüsanter Halbnarr; Nietzsche ist unbekannt. Elisabeth hat dem Komponisten Richard Wagner heimlich Geld zukommen lassen, hätte sie es öffentlich getan, wäre es zum Eklat gekommen. Sie wagt es nicht einmal in ihrem eigenen Haus, ihre Vorliebe zu erkennen zu geben.

Die Presse ist unter der notgedrungen gewährten Freiheit eine nicht mehr zu übersehende Macht geworden. August Zang, erst Leutnant, dann Kipfelbäcker, nun Herausgeber des größten Blattes der Stadt, vermittelt eine Vorstellung davon, was Elisabeth als Verehrerin Richard Wagners zu erwarten hätte. Zang spielt in einem Artikel der »Presse« auf Elisabeths Geistesart an, so recht nach jenem Geschmack des beim Börsengewinn vergnügten Bürgers, der die Witzkanonade gegen Richard Wagner sehr amüsant gefunden hat. Franz Joseph steht der Kaiserin in diesem Fall ritterlich zur Seite, er wendet sich wieder einmal von Zang angewidert ab. Ein Hervortreten Elisabeths aus dem engen Zirkel der Majestät, ein offenes Bekenntnis zu diesem oder jenem Künstler aber hätte er niemals verziehen. Die Kunst ist nur eine Spielerei – darin stimmt Franz Joseph mit den zur Herrschaft gelangten bürgerlichen Schichten überein. Der kommerzialisierte Bürger überläßt die Künste der Frau, gewissermaßen als ein Stück der Inneneinrichtung seines Hauses, dabei von der sicheren Überzeugung beherrscht, daß die Beschäftigung mit solchen Dingen eines ernsthaften Mannes nicht würdig ist.

In diesem Österreich der siebziger und achtziger Jahre, das fast nur noch nach Formen sucht, aber nicht mehr nach Inhalten, beginnt Elisabeth zu verzweifeln: »Ich hasse die Zeremonien des Lebens.« Aber sie ist Kaiserin, und es wird ihr niemals gelingen, sich ihnen völlig zu entziehen.

Da ist zum Beispiel die Zeremonie der Fußwaschung während der Karwoche, eine Tradition des Wiener Hofes, die zu den eindrucksvollsten, aber auch den schwierigsten und umständlichsten aller höfischen Gebräuche gehört. Am Gründonnerstag jeden Jahres findet dieser feierliche Akt statt. Um neun Uhr morgens sagt der Obersthofmeister dem Kaiser den Kirchgang an. In der Pfarrkirche der Hofburg wird ein feierliches Hochamt zelebriert, zu dem die Majestäten und alle übrigen Mitglieder des Kaiserhauses erscheinen müssen, gefolgt von den obersten Hofchargen, von Leibgardekapitänen und Hofdamen in feierlich rauschendem Schwarz. Edelknaben tragen die lange Schleppe der Kaiserin.

Inzwischen erwarten schon im Zeremoniensaal an zwei langen Tafeln je zwölf Greise und zwölf Greisinnen den Kaiser und die Kaiserin. Hinter der Tafel stehen zwölf Trabantenleibgardisten im scharlachroten Rock mit dem satten Schwarz der Aufschläge und dem funkelnden Gold der Litzen. Und in allen Sälen der Hofburg, die der Zug des Hofstaates zu passieren hat, bilden die Garden Spalier, die Arciere mit ihren Hellebarden in Rot wie die Trabanten, die Infanteristen und Kavalleristen in Dunkelgrün.

Das Schauspiel beginnt mit der Speisung der vierundzwanzig alten Leute. Begleitet von der Ungarischen Krongarde in ihren scheckigen Pantherfellen und verschnürten Attilas tragen Truchsesse und Edelknaben unter der Leitung des Obersttafelmeisters die Speisen auf, die von den Majestäten den alten Leuten vorgesetzt werden. Sind die letzten Speisen abgetragen, ziehen die Hofoffiziere den alten Männern, die Palastdamen den alten Frauen die Schuhe und Strümpfe aus und bedecken ihre Knie mit langen weißen Leinentüchern. Der Hofkaplan singt in dem gedehnt-klagenden und doch so seltsam ergreifenden Kirchenlatein das Evangelium des Tages. Der Kaiser entblößt sein Haupt, die Kaiserin empfängt aus den Händen der Obersthofmeistern ein Handtuch. Bei den Worten »Et coepit lavare pedes discipulorum« knien die Majestäten gleichsam als irdische Statthalter Christi nieder, um gemäß dem Brauch der alten Kaiser des Heiligen Römischen Reiches Deutscher Nation, den Ärmsten ihrer Untertanen die Füße zu waschen. Vielleicht eine der sinnfälligsten Zeremonien des Habsburgischen Hofes überhaupt. Natürlich wird die Handlung selbst nur mehr symbolisch vollzogen, indem die Maje-

Elisabeth bei der traditionellen Fußwaschungszeremonie
am Gründonnerstag.

stäten kniend von einem zum anderen weiter rücken, wobei einer der anwesenden Priester das Wasser ausgießt, während ein anderer ein silbernes Handbecken darunter hält. Es ist ein Akt freiwilliger Selbsterniedrigung, der mit einer unnach-ahmlichen Würde vollzogen wird. Das Gesicht Elisabeth ist dabei von marmorner Ungerührtheit, die nicht erkennen läßt, was in ihr vorgeht.

Oder das Fronleichnamsfest, an dem der ganze Hofstaat mit einem unglaublichen Gepränge die Prozession beherrscht. Die Wiener Bevölkerung ist seit Jahrhunderten daran gewöhnt, an diesem Tag die Majestäten zu sehen: Der Kaiser folgt dem Aller-heiligsten zu Fuß, hinter ihm die Erzherzöge und Würdenträger des Reiches. Auf dieses Schauspiel verzichten die Wiener nicht. Auch die Prozession am Karsamstag gehört zu der Vorstellung, die sich der kleine Mann vom Hofe macht.

So wichtig Franz Joseph diese Kirchenfeste sind, er erreicht nur selten, daß Elisabeth sich an den Ritualen beteiligt. Keine Bitte, kein Appell an die Majestätspflicht vermag die Kaiserin zu einer Konzession zu bewegen. Dann, nach hundert Bestür-mungen, wenn Elisabeth endlich einmal die Zusage gegeben hat, sich der Tradition des Hofes zu fügen, sagt sie im letzten Augenblick ab, verläßt Wien und entschuldigt ihr Fernbleiben mit dem Argument, daß eine plötzliche Erkrankung sie zur Abreise gezwungen habe. Solche kleinen Affären wachsen sich rasch zu großen Konflikten aus und rufen mit enervierender Regelmäßigkeit die heftigsten Anklagen hervor. Man mißdeu-tet die Motive, gibt ihnen eine antikirchliche Färbung und weiß damit den Kaiser zu verstimmen. Nichts liegt Elisabeth jedoch ferner, als mit ihrer Abwesenheit eine Gesinnung deutlich machen zu wollen – sie erträgt es nur einfach nicht, sich stun-denlang zur Schau zu stellen, sich Tausenden neugierigen Augen preiszugeben und dabei auf die Wirkung der eigenen Person bedacht sein zu müssen. Die Wiener können nicht begreifen, warum Elisabeth sich so vehement aus der Öffent-lichkeit zurückzieht, sie nehmen ihr diese Verweigerungen übel; der kleine Mann meint, von der Kaiserin verlangen zu dürfen, daß sie sich ihm bisweilen zeigt.

Franz Joseph liebt Zeremonien, sie sind für ihn Ausdruck von Macht und Herrlichkeit, sinnfällige Zeichen der gloriosen Habsburger Herrschaft, Symbole für die Kraft der Tradition. Dieser konservative Monarch, der später nie gern Automobil fährt, der nie einen modernen Fahrstuhl betritt, der im Zeitalter der Elektrizität in seinen Schlössern am liebsten noch Kerzenlicht brennen läßt, wird erst in den Jahren vor dem Weltkrieg resignieren: »Sie sehen in mir den letzten Monarchen alter Schule.« Erst als alle um ihn, Frau, Sohn und Freunde, ins Reich der Schatten gegangen sind, überkommt ihn ein Anflug wahrer Erkenntnis, wie die Kaiserin Eugénie in ihren vertrauten Gesprächen mit dem Botschafter Maurice Paléologue bezeugt hat.

Nein, die Notwendigkeit der Demonstration kaiserlicher Würde steht für ihn völlig außer Frage. Ist Elisabeth wenigstens dieses Jahr dazu zu bewegen, am Maikorso im Prater teilzunehmen? Die Bäume leuchten in frischem Grün. Der Himmel ist von tiefstem Blau, von zarten, weißen Wölkchen übertupft. Der Glanz des alten feudalen Österreichs entfaltet sich. Wagen über Wagen, leichte, elegante, mit Blumen geschmückte Fiaker, auf goldenen Rädern die Prunkkarossen der Erzherzöge mit Lakaien in silberbordierten Livreen auf Vor- und Rücktritt, Postkutschen nach englischer Art, Vierer- und Sechserzüge mit eleganten Kavallerieoffizieren. Die Wiener in leichten, bunten Kleidern säumen die schattigen Alleen, auf die das Sonnenlicht durch das Laubdach der Bäume goldene Flecken streut.

Jedes Jahr gibt der Kaiser am 1. Mai um drei Uhr nachmittags im Pavillon des Kaisergartens im Prater ein Galadiner für die Mitglieder seiner Familie und die sonst gerade noch in Wien weilenden Angehörigen regierender Häuser. Rauschende Hochrufe, die immer stärker anschwellen, wenn die Majestäten von der Hofburg kommend auf der Praterstraße erscheinen. Die Schutzmänner erstarren zu Statuen. Die rechten Hände in blendend weißen Handschuhen fliegen an die Kopfbedeckung, wenn in federndem Trab der kaiserliche Hofwagen, à la Daumont bespannt, mit seinen gelblivrierten Dienern und Jockeys naht. Im Wagen Franz Joseph, und an seiner

Seite Elisabeth, bewundert, umjubelt. Hinter ihnen abermals Wagen über Wagen, Fiaker, Viererzüge, Phaetons – eine endlose Reihe vom Schwarzenbergplatz bis zum Lusthaus im Prater.

Gegen fünf Uhr nachmittags begibt sich dann das Kaiserpaar mit seinen Gästen zum Korso, der in der Hauptallee des Praters stattfindet. Die Galawagen des Hofadels fahren auf, prachtvoll wieder die einzelnen Livreen der Kutscher und Diener, die in den Wappenfarben der großen Häuser gehalten sind. Liechtenstein, Esterházy, Salm, Schwarzenberg, Kinsky, Lobkowitz, Colloredo, Windischgrätz – endlos die Namen, unerschöpflich der Reichtum. Namen, die einen alten, guten Klang besitzen. Die besten Namen der Monarchie...

In den breiten Alleen des Praters, überflutet vom Gold der ersten Maisonne, drängen sich die Menschen Kopf an Kopf. In den Kaffeegärten ist jeder Tisch besetzt. Girlanden schaukeln bunt in der Luft. Auf dem Reitweg sprengen zahlreiche Reiter und Reiterinnen auf eleganten schwarzen Pferden in leichtem Galopp. Auf dem Fahrweg bewegen sich in endlosen Kolonnen die Wagen. Vom Kaisergarten her nahen die Wagen des Hofes, biegen in die Hauptallee ein. Im ersten Wagen sitzt die Kaiserin, an ihrer Seite der jeweils ranghöchste Gast. Franz Joseph besteigt seinen glänzenden Fuchs und galoppiert an der Spitze seines Gefolges von Generalen und Adjutanten die Reitallee am Hauptweg entlang. Der Hochadel stellt an solchen Tagen seinen ganzen Reichtum zur Schau. Eine zeremonielle Feier von schlechthin vollendeter Eleganz, ein Fest der feudalen Epoche, von dem sich die weiterschreitende Zeit bald immer rascher entfernt, gegen welche die Menschen immer drängender Sturm zu laufen beginnen. Sie ist gleichsam schon überschattet von der bangen, schmerzlichen Frage »Wie lange noch?«

Elisabeth sucht in diesen Jahren ihres Lebens allen Pflichten der Repräsentation ängstlich aus dem Weg zu gehen. Sie nimmt nur selten an der Fußwaschung, an der Fronleichnamsprozession, am Maikorso und an den Hofbällen teil, und wenn sie sich einmal dazu überwindet, geschieht es mit äußerstem Widerstreben. Sie lehnt sich dagegen auf, indem sie sich ihre eigene Welt schafft.

*I*n den sechziger und siebziger Jahren des vergangenen Jahrhunderts gilt Elisabeth als schönste Frau Europas. Sie wird angestaunt wie eine Sehenswürdigkeit, wie ein Weltwunder, doch nach wie vor machen ihr Bewunderung und Anbetung angst. Sie ist nicht von so »angeborener Schüchternheit«, wie man oft liest, aber auf Festen, Bällen und Empfängen fühlt sie sich nie wohl. Daß Schönheit nicht nur ein Geschenk, sondern auch eine Anstrengung bedeutet, hat Elisabeth immer wieder erfahren.

Schönheit – das Leitmotiv ihres Lebens. Hat sie nicht Franz Joseph schon vom ersten Tag an durch ihre sinnliche Erscheinung beeindrucken können, durch ihre langen Haare, ihre blassen, mit leichter Röte überzogenen Wangen, die fragile Mädchenhaftigkeit, den zarten Körperbau? Sie erkennt sehr bald, welch ein Kapital ihr da zur Verfügung steht. Sie entwickelt mit der Zeit ein immer raffinierteres ästhetisches Bewußtsein, erarbeitet immer neue Formen des Ausdrucks. Ihr Körper ist das einzige, dem sie nicht melancholisch oder schwermütig gegenübersteht, er ist eine strahlende Vision. Elisabeth hat ein Faible für Schönheit. Sie schwärmt für schöne Männer, ihre Hofdamen müssen schön sein, sie steckt immer neue Bilder in ihr »Schönheiten-Album«. Die Schönheit aber muß immer echt, natürlich, unverbildet sein, allem Künstlichen mißtraut sie zutiefst.

Sie ist ihr Leben lang unglaublich schlank, legt nur in späteren Jahren ein Mieder an, dessen Schnüren fast eine Stunde in Anspruch nimmt. Die Schönheit, ihr »Lebenselixier«, dürfte ihr in die Wiege gelegt, modern gesagt: genetisch bedingt gewesen sein, sie ist in jeder Hinsicht perfekt, ja nach dem »Goldenen Schnitt« ausgerichtet. Über ihre Maße sind immer wieder Vermutungen angestellt worden, dabei sind sie wohl zeit ihres Lebens konstant gewesen: ein Taillenumfang von nicht mehr als

50 Zentimetern, nur geringe Schwankungen zeigt die Waage, bleibt zumeist bei 48 bis 50 Kilo stehen. Und das bei einer Größe von 1,72 Meter.

Elisabeth achtet strikt auf ihr Gewicht, gerät in Panik, wenn sie nur ein Pfund mehr wiegt, als sie sich selbst an Idealgewicht zugesteht. Dann beginnt sofort wieder ein penibel ausgetüftelter und rigoros eingehaltener Diätplan, ja sogar vor exzessiven Hungerkuren schreckt die Kaiserin nicht zurück. Hofrat Dr. Kerzl verflucht die Waage, die »eine vernünftige Ernährung fast nicht zuläßt«, 1897, gegen Ende ihres Lebens, wird Dr. Viktor Eisenmenger sogar die bestürzende Diagnose »Hungerödeme« stellen. Kaum verwunderlich, meint der Arzt, als er hört, daß sie manchmal außer sechs Orangen am Tag nichts ißt. Ein typischer Dialog, überliefert von ihrem Biographen Conte Corti: »›Aber ich nehme doch an Gewicht zu‹, wandte Elisabeth ein. ›Natürlich, Majestät, weil sich in den Geweben infolge Unterernährung Wasser ansammelt.‹ Elisabeth schüttelt ungläubig den Kopf und verspricht nun, im Tage ein paar Gläser Schafmilch trinken zu wollen.«

Auch dieses mühsam abgerungene »Zugeständnis« wird ihre Konstitution wohl kaum verbessert haben. Die Kaiserin scheint sich im Lauf der Jahre ihren Appetit förmlich »wegzutrainieren«. Und dies bei größter körperlicher Beanspruchung durch stundenlange Gewaltmärsche und exzessives Reiten. Josef Cachée berichtet in seinem Buch »Die k.u.k. Hofküche und Hoftafel« über die Spezialitäten, mit denen Elisabeth ihr Hungergefühl zu überwinden sucht: »Kaiserin Elisabeth frühstückte erst zwischen acht und neun Uhr (Déjeuner). Da sie stets auf ihre schlanke Linie bedacht war, nahm sie nur eine Schale Tee, dazu etwas kleines Gebäck und frisches Obst. In früheren Jahren vergönnte sie sich noch ein Stück gebratenes oder gedünstetes Rindfleisch und ein Glas Rotwein. Zum Diner um fünf Uhr nachmittags gab es zweierlei Suppen, Fleisch, Gemüse und Früchte. Besonderen Wert legt sie auf die sogenannte Kraftsuppe: Zwei bis drei Pfund des besten Fleisches werden in Stücke geschnitten, unter einer silbernen Presse mürbe gemacht und dann wie ein Extrakt abgekocht. ... Bevor Kaiserin Elisabeth zur Jagd ritt, nahm sie eine Suppe zu sich, worin Rindfleisch, Huhn, Reh und Rebhuhn zu einem Extrakt verkocht waren. Hinzu kamen noch zwei Glas Wein. Ihre Köchin Theresia Teufel erzählte unter dem Siegel der Verschwiegenheit, daß für die Kaiserin Elisabeth einmal ein ganzer Ochse gekocht werden mußte. Von der daraus gewonnenen Essenz ernährte sie sich tagelang. ... Einmal, es war in Cap Martin an der französischen Riviera, sah Kaiser Franz Joseph im Zimmer der Kaiserin eine Flasche mit roter Flüssigkeit stehen – es war der Saft von sechs Kilogramm ausgepreßtem Ochsenfleisch. Sich abwendend, murmelte der Kaiser ›Schrecklich!‹ und ging kopfschüttelnd davon.«

Franz Joseph bringt den Schlankheitskuren und »unsinnigen Diäten« seiner Frau keinerlei Verständnis entgegen. Sind nicht auch, fragt der Kaiser und monieren die Ärzte, ihr fast ständiges Kopfweh, ihre zahllosen Unpäßlichkeiten, ihre zunehmende Nervosität auf diese unzureichende Ernährung zurückzuführen? Oft bemüht der Kaiser sich, seine Frau zu einem »vernünftigen Essen« zu bewegen. Meist vergeblich versucht er, sie vom Hungern und Abmagern, auch von den Überanstrengungen ihrer sportlichen Aktivitäten abzubringen. Wie ein roter Faden ziehen sich Elisabeths Eßgewohnheiten über lange Jahre durch die kaiserliche Korrespondenz.

Joseph Cachée unterrichtet uns auch über andere Vorlieben der sich exzentrisch ernährenden Kaiserin: Milch und Eis. Da Elisabeth Milch für ein vorzügliches Nahrungsmittel hält, trinkt sie – aus diätetischen Gründen – täglich Milch, die allerdings einwandfrei und roh, direkt von der Kuh oder der Ziege kommen muß. Im Tirolergarten Schönbrunns steht ein Stall mit erstklassigen Kühen, die ständig von einem Tierarzt überprüft werden. Auch auf den Reisen, selbst auf den Schiffen, werden Kühe oder Ziegen mitgeführt, damit die Kaiserin überall, wo sie es wünscht, Milch trinken kann.

Das Eis freilich dürfte einen Nährwert haben, der sich gar nicht mehr ausdrücken läßt. Aber sie genießt es, das »Veilchensorbet«, natürlich ohne Schlagrahm oder Obers. Das Rezept nach Joseph Cachée: »Eine Handvoll Veilchenblätter wird im Mörser zerstoßen. Dazu werden etwas warmes Wasser und 125

Gramm Zucker gegeben. Nach einer Stunde kommt die Masse ins Gefrierfach, um dann serviert zu werden.« Oft läßt Elisabeth sich das Eis auch von der Hofkonditorei Demel bringen. Ein Genuß mit dem flüchtigsten Geschmack, den man sich vorstellen kann.

Hat Elisabeth dann endlich wieder ihr »Idealgewicht«, scheint ihr auch das Essen wieder zu schmecken. Es stimmt also nicht, was oft behauptet wird, sie hätte Essen überhaupt verschmäht. Auf ihren Reisen, so berichtet die Hofdame Irma Sztáray, kommt es vor, daß die Tafel reichlich gedeckt, daß in Konditoreien Gebäck, Eis und Kuchen verzehrt werden. Auch mit ihren Schwestern nimmt sie gern Unmengen von heißer Schokolade und Torten zu sich. Anläßlich eines Aufenthalts in Zürich schwärmt sie ihrem Sohn Rudolf von den »exzellenten Dingen« der Konditoreien vor.

Richtigen Hunger aber hat Elisabeth selten, und es kommt ganz auf die Gesellschaft an, die sie an der Tafel antrifft. Meist ißt sie nur sehr wenig, manchmal hält sie Milch- oder Früchte-Diättage, um ihre schlanke Figur zu bewahren. Erschütternd für ihre Zeitgenossen, die fünfmal am Tag viel und gut essen. Auf sie wirkt es exzentrisch, wenn die Kaiserin, vor allem in den letzten Jahren ihres Lebens, fast ausschließlich kalte Speisen zu sich nimmt, zum Abendessen ein Glas eiskalte Milch, ein paar rohe Eier und einen Becher Tokayer.

Die Zurückhaltung gegenüber allzu ausladenden Gastmählern hängt sicherlich auch mit den ungemütlichen Formen der geschliffenen Etikette zusammen: Das Hofzeremoniell schreibt genauestens vor, wer die Kaiserin zur Tafel geleitet, wer ihr den Stuhl zurechtrückt, wer ihr den Hut oder die Handschuhe abnimmt, wer ihr Wasser reicht, wer die Speisen heranträgt und wer sie auf den Tisch setzt. Auch die Dauer des Essens ist im voraus festgelegt, mehr als fünfundvierzig Minuten dauert ein zwölfgängiges Menü kaum. Das bewirkt ein hastiges Herunterschlingen der üppigen Köstlichkeiten, denn der Teller wird abserviert, sobald der Kaiser den Gang beendet hat.

Die Familie muß zumeist ohne die Kaiserin speisen. Elisabeth mag es nicht, dieses hastige Essen, läßt sich an den Familientafeln nur selten blicken. Alles schweigt, den Kaiser wagt niemand anzusprechen, und stellt er selber eine Frage, so gibt man nach der Regel eine möglichst knappe Antwort. Von einer Konversation, von anregenden Tischgesprächen und einer gemütlichen Atmosphäre kann keine Rede sein. Nach dem Essen geht die Gesellschaft in das Zimmer nebenan und wartet, bis der Kaiser, gewöhnlich beim Kamin, Platz nimmt. Franz Joseph raucht eine Zigarre, stellt manchmal die eine oder andere Frage, die meist mit »Ja, Majestät« oder »Nein, Majestät« beantwortet wird. Diese ungemütlichen Unterhaltungen beim Kamin werden in der kaiserlichen Familie das »Feuersitzen« genannt.

Für derlei Diners hat Elisabeth nichts übrig, ein Leben lang widersetzt sie sich dem Aufmarsch der Speisen, so gut es nur geht. Meistens speist sie allein oder mit einer der vertrauten Hofdamen in ihren Gemächern. Nur wenn die Tochter Marie Valerie da ist, erscheint sie öfter zur gemeinsamen Tafel. Bisweilen nimmt sie eine Hauptmahlzeit mit Franz Joseph ein. Beim Frühstück besteht sie darauf, völlig ungestört zu bleiben. Die Kaiserin gibt jedoch, wie Marie Wallersee verrät, oft »entzückende kleine späte Soupers zu einer Zeit, zu der die meisten ehrsamen Bewohner der Hofburg längst im Schlummer lagen«.

Fast alle aus ihrer Familie sind auch ohne ausgeklügelte Diäten rank und schlank, bis auf Helene, die im Alter etwas zunimmt. Doch bei Elisabeth wird es zur fixen Idee, daß sie auf ihre Linie achten muß. Ihre asketischen Anwandlungen lassen sich wohl auch aus der melancholischen Stimmung erklären, der sie sich hingibt. In der winzigen Küche des Amalientraktes der Hofburg stellt ihre Köchin Theresia Teufel »Kraftbrühe« und »Blutsuppe« her, sammelt kuriose Abmagerungsrezepte.

Man hat sich angewöhnt, Elisabeth das Etikett »magersüchtig« anzuheften und daran allerlei psychoanalytische Erklärungen anzuschließen. Warum ißt sie so wenig, warum bestraft sie sich mit den strapaziösen Hungerkuren? Natürlich, es ist ihre problematische Psyche, es sind ihre »persönlichen Probleme«. Eine plausible Strategie der Disziplinierung, wenn man alles Befremdliche pathologisch erklären kann. Man hat dann wenigstens einen Begriff von der »Krankheit«, und das so schwer zu

Deutende und Verstehende verliert gleich viel von seinem Schrecken.

Elisabeth ist jedoch nicht magersüchtig im heutigen Sinn, jedenfalls nicht im Sinne einer klinischen Erkrankung, die medizinisch zu behandeln wäre. Freilich hat sie ihre schwer enträtselbaren Vorlieben, die Wertschätzung für das Frugale – ein bißchen Fleisch, Brühe, Früchte, Wein, Milch – ebenso wie überhaupt für alles Flüssige. Fast wie ein heiliges Ritual nimmt sie die von ihr so geliebte Milch zu sich, wie ihr Griechischlehrer Konstantin Christomanos es schildert: »Zumal wenn sie ihre Milch trinkt, deren Zubereitung und Verwahrung sie mit einem fast religiösen Zeremoniell vornehmen läßt, wirft sie den Kopf zurück wie unter einem geistigen Raptus oder infolge der Intensität einer seelischen Berührung.« Christomanos scheint dies sehr treffend beobachtet zu haben, das fast rauschhafte, rasche Herunterstürzen des Getränks, den heftigen, orgiastischen Genuß.

Elisabeth hat jedoch keinerlei Neigung zur Selbstquälerei. Sie nimmt die Askese nur ganz unbefangen, ja instrumentell in Anspruch, weil sie sich davon etwas verspricht: eine »unerträgliche Leichtigkeit des Seins«. Rasch gehen zu können, federleicht zu sein, zu schweben, das fasziniert sie ungemein. Ihr Fasten scheint also letztlich dazu zu dienen, in fast mystischen, »eruptiven« Augenblicken das Eine, Wunderbare, Reine zu sich nehmen zu können. Auch alle ihre Kuren, die Kaltwasser-, Frischluft- und Sandkuren dienen nur dieser Selbsterkenntnis, diesem Wunsch, bis an die Grenze gehen zu können, ja noch einen Schritt über sie hinaus. Leicht will sie sein, unbeschwert vom Druck der Erde, der irdischen Existenz. Sie will in die Höhe des Geistes, dorthin wo alles licht und transparent wird, wo sie das Geheimnis vermutet.

Viel Mühe und Zeit verwendet Elisabeth jeden Tag darauf, als Idealbild zu erscheinen. Täglich stundenlang Toilette – eine Strapaze. Mehrere Stunden dauern die Anproben für ihre Balltoiletten, allein das Ankleiden vor einem offiziellen Fest geht kaum unter vier bis fünf Stunden ab. Keinen Fingerbreit weicht sie von dem Tagesprogramm ab, das sie sich vornimmt, unermüdlich geht sie ihren »Pflichten« nach, die sie sich selbst auferlegt. Sie steht bereits vor Tagesanbruch auf, um rechtzeitig fertig zu werden. In den späteren Jahren braucht sie immer mehr Zeit.

Jeden Morgen erscheint die Kammerfrau zum sogenannten »Vermessungsdienst«, auch abends wird der Umfang von Taille, Waden und Schenkel der Kaiserin gemessen und in ein Buch eingetragen. Dann stellt sich Elisabeth mit bangem Blick auf die Waage, ihr Gewicht wird gleichfalls festgehalten. Bei den geringsten Schwankungen wird nicht nur der Speiseplan zusammengestrichen, sofort kommen mit nie nachlassendem Eifer allerlei kuriose Methoden zur Anwendung. Marie Wallersee berichtet, daß Elisabeth dann »mit feuchten Tüchern oberhalb der Hüften« schläft, »um ihre Schlankheit zu bewahren«. Oder sie trinkt eine Mixtur aus dem geschlagenen, mit Salz gewürzten Eiweiß von fünf bis sechs Eiern.

Dazu kommen intensive gymnastische Übungen, überhaupt viel Sport, Turnen, Fechten, Reiten. Sie tut alles für ihren Körper, sucht ihn geschmeidig zu erhalten. Viel ist über den »Körperkult« Elisabeths gerätselt und geschrieben worden, dabei verwendet die Kaiserin kaum mehr Kosmetik als Frauen heute, eher weniger. Schminke lehnt sie ab, die Kosmetikprodukte der damaligen Zeit sind in der guten Gesellschaft verpönt und außerdem von schlechter Qualität. Elisabeth hat aber viele verschiedene, zum Teil geheime Rezepte, um ihre Haut zu verschönern und jung zu erhalten. Starke Düfte erträgt sie nicht, auch an Parfüm findet sie keinen Gefallen, trägt es jedenfalls kaum auf, allenfalls umweht sie ein schwacher Duft von Veilchen. Oder sie läßt in kleine Leinensäckchen gefülltes pulverisiertes Irisparfüm zwischen ihre Wäsche legen. Nur der Duft von Rosen bildet eine Ausnahme, im 19. Jahrhundert ist kaum ein kosmetisches Präparat ohne Rosenöl und Rosenwasser denkbar, fast alle Gesichtswässer und Lotionen duften nach dieser Blume. Oder Lavendel, eine Essenz aus Lavendelblüten, die zu ihren Lieblingswassern gehört. Auf Bällen trägt sie in ihrer Robe ein mit Lavendelessenz besprengtes Tüchlein am Busen.

Der Teint ist Elisabeth eminent wichtig, sie tut einiges dafür, um immer frisch auszusehen. Morgens etwas Cold Cream, ein Hautpflegemittel, dessen verdunstendes Wasser kühlend wirkt, Kampfer, Borax zur Desinfektion. Da Elisabeth sich viel draußen bewegt und sich der Sonne aussetzt, pflegt sie sich anschließend durch Gesichtsmasken aus Honig oder Quark, die sie zwei Stunden lang auflegt. Überhaupt befürchtet die Kaiserin, daß die Sonnenstrahlen ihr Gesicht altern lassen, sie trägt, Marie Wallersee zufolge, »stets einen wunderlichen blauen Schirm an ihrem Hute zur Abwehr gegen Sonnenbrand und Sommersprossen; auch am Abend hatte sie immer einen Fächer zur Hand, zum Schutze ihres Gesichts«. Trotzdem ist Elisabeth stets recht braun, und in späteren Jahren droht ihre Haut trocken und ledrig zu werden.

Und die Zähne, die in ihrer Jugend gelb gewesen sind, wie ihre Schwiegermutter immer wieder monierte? Sie putzt sie häufig, mit einer eigens für sie angefertigten Zahnpasta. Später werden ihr Brücken und Kronen eingesetzt. Aber sie »traut« ihren Zähnen nicht, lacht selten lauthals, öffnet beim Sprechen kaum den Mund, was ihr den Vorwurf einträgt, sie nuschele stets. Elisabeth hält sich beim Sprechen dazu meist noch ein Taschentuch vor den Mund. Wer sie nicht kennt, kann sie nur sehr schwer verstehen, und oft gibt es bei Unterhaltungen mit Fremden die peinlichsten Mißverständnisse, denn es wäre unhöflich, eine Kaiserin von Österreich dauernd zu fragen: »Wie bitte?« Es scheint ein direkter Zusammenhang zu bestehen zwischen ihrer unverständlichen Aussprache und dem Unverständnis, dem sie überall zu begegnen meint.

Viktoria, die preußische Kronprinzessin, hat dazu eine hübsche Anekdote parat, die sie ihrer Mutter, Queen Victoria, 1863 in einem Brief erzählt: »Die Kaiserin von Österreich spricht sehr leise, da sie ziemlich schüchtern ist. Neulich sagte sie zu einem sehr schwerhörigen Herrn: ›Sind Sie verheiratet?‹ Der Herr antwortete: ›Manchmal‹. Die Kaiserin sagte: ›Haben Sie Kinder?‹ und der Unglückliche brüllte: ›Von Zeit zu Zeit.‹«

Schönheitsrezepte. Eine beeindruckende Vielfalt diverser Methoden und Mittel, um die Haut zu straffen, die Konturen zu stärken. Manches eher obskur, anderes geradezu modern. Wunderbar hautglättende Masken aus Rahm, Quark, frischem Eidotter mit süßem Mandelöl. Gelees aus Quittenkernen und Leinsamen, mit Rosenwasser angesetzt. Erdbeersalbe – eine Spezialität aus antibakteriell wirkender Salizylsäure, die mit wilden Erdbeeren und ölhaltiger Salbe eingekocht und dann aufgetragen wird. Warme, manchmal sogar gefährlich heiße Olivenölbäder, um ihre Haut jung und geschmeidig zu halten (als das Öl des Bades einmal zu heiß war, wäre sie fast als Märtyrerin ihrer Schönheit gestorben). Masken gefüllt mit rohem Kalbfleisch, die auf Stirn, Wangen und Dekolleté gelegt werden. Auf Reisen wird ein Holzkoffer mitgeführt, der die verschiedensten Präparate, Tinkturen und Salben, Phiolen mit Rosmarin, Thymian, Majoran und Lavendel enthält.

Dazu kommt ein ausgetüfteltes Pflegeprogramm. Viermal wöchentlich nachts drei Stunden lang ein Leibwickel. Schon am frühen Morgen, gleich nach dem Aufstehen, massiert Elisabeth sich mit einer Bürste, läßt sich mit einer Essenz aus Rindergalle und Glyzerin auf alkoholischer Basis einreiben. Bäder in destilliertem Wasser. Massagen des mit Puder eingeriebenen Körpers. Spaziergänge, mindestens zwei Stunden lang. Ein ausgefüllter Morgen, von dem sie sich dann auf einem Sofa ausruht, für die Füße stehen warme Ziegel bereit.

Elisabeth wird wegen ihrer Schönheit von den Männern angebetet, von den Frauen beneidet, doch den ersten Platz in der Wiener Gesellschaft nimmt die fast gleichaltrige Pauline Metternich-Sándor ein, schon als Gemahlin des österreichischen Gesandten in Paris tonangebend in modischen Dingen, nach ihrer Rückkehr im Jahr 1871 bestimmend auch für die Wiener Mode. Eine Grande Dame, berühmt für ihre Liebhaberaufführungen, glänzenden Abende und Soiréen, die sie so gern veranstaltet, die geborene Gastgeberin. Für Paulines aufgedonnerte Erscheinung hat Elisabeth nur Hohn und Spott übrig, all diese grellen Farben, die sie aufträgt, die auffallende Schminke, grauenhaft findet sie das. Sehr gewandt, äußerst klug, frech und respektlos ist die Fürstin, wegen ihres flotten Mundwerks auch »Mauline« genannt, und ihr gespreiztes Auftreten ist zwar gesellschaftlich *comme il faut*, für die Kaiserin jedoch unerträglich. Nach dem Ball der Industrie 1885 dichtet sie über Pauline Metternich spöttische Verse:

Sie stand im weiten Kreis der Damen;
Auch sie war Lady Patroness,
Beleuchtet von des Gases Flammen
Die Lauteste in dem Kongress.

Das Haupt besetzt mit Diamanten,
Vom stolzen Federschmuck umwallt;
In reichen Stoff aus fernen Landen
Den allzu üpp'gen Leib geschnallt.

Ihr Antlitz, wie soll ich's beschreiben?
Als würden hundert Affen drin
Ihr tolles Wesen höhnend treiben,
So war's, als es vor mir erschien.

Mit weisser Farb war's überzogen,
Und hinter keck geschwärzten Brau'n
Da war, mir freundlich nicht gewogen,
Ein boshaft Augenpaar zu schau'n.

Doch ihren Mund nun auszumalen,
Wo nehme ich die Farben her?
Zu Rosen, Kirschen, solch banalen
Vergleichen greif' ich nimmermehr.

Ein solches Rot schmückt keine Blume,
Und auch kein Obst nannt's jemals sein;
Nicht heut' und nicht im Altertume
Gab's einen zweiten solchen Schein.

Zwei Zoll breit sind die Wunderlippen
Mit diesem Purpur angetan...
Und glaubt ihr, dass ich übertriebem,
So geht, und schaut sie selber an.

Und auch die gegenüber der Kaiserin stets Freundlichkeit heuchelnde Pauline läßt an Elisabeth buchstäblich kein gutes Haar: Selbst nicht mit üppiger Haarpracht gesegnet, spottet sie angesichts der kaiserlichen Flechtkrone eifersüchtig über das »Kronen-Gezeter«. Eifersüchteleien zweier »Intimfeindinnen«.

Der Neid Paulines ist berechtigt. Besonders viel Zeit der täglichen Körperpflege braucht Elisabeths legendäres Haar, das bis zu den Knöcheln reicht. Es ist kräftig und doch weich, gewellt, schön zu frisieren. Verständlich, daß die Friseuse Fanny Angerer als eine der wichtigsten Personen in der kaiserlichen Hofhaltung gilt. Die komplizierte Steckfrisur, eine geflochtene Haarkrone mit Zopf und langen Locken, macht Weltmode. Alle Frauen wollen sie nachahmen, sind aber nur selten dazu in der Lage.

Mit ihrer Friseuse hat die Kaiserin einen Glücksgriff getan. Franziska Angerer ist die Tochter einer Hebamme, hat eine hervorragende Ausbildung durch ihren Vater erhalten, der einen kleinen Friseurladen am Wiener Spittelberg betreibt. Mit sehr geschickten Händen, mit ausgezeichnetem Geschmack, mit Witz und Gespür für Eleganz arbeitet sie als Theaterfriseuse, betreut Schauspielerinnen wie Marie Geistinger, Katharina Schratt oder Pauline Lucca. Als die Kaiserin auf sie aufmerksam wird, ist sie am Burgtheater beschäftigt, die von ihr frisierten Haare der Schauspielerin Helene Gabillon faszinieren Elisabeth, und schon ist die geschickte »Fanny«, wie sie bald nur noch genannt wird, engagiert.

Mit einem Salär von zweitausend Gulden – das als ungewöhnlich hoch, ihrer besonderen Aufgabe aber auch als angemessen gilt – tritt Fanny im April 1863 in den kaiserlichen Dienst und wird bald zur unentbehrlichen Vertrauten der Kaiserin. Sie hat eine ebenso schlanke und große Figur wie Elisabeth, was dazu führt, daß sie auf Reisen die Schaulust des Publi-

Fanny Angerer, die Friseuse Elisabeths.

kums befriedigt, indem sie bisweilen die Kaiserin »vertritt« und sie, mit tief ins Gesicht gezogenem Hut auf dem Perron auf- und abgehend, tadellos repräsentiert, während Elisabeth in einen weiten Umhang gehüllt unerkannt bleiben kann. Eine Scharade ganz nach dem Geschmack der Kaiserin. Fannys Mann Hugo Feifalik, ein kleiner Bankbeamter, steigt übrigens zum Privatsekretär Elisabeths auf, wird dann später Regierungsrat, sogar Hofrat und Schatzmeister des hochadeligen Sternkreuzordens, avanciert schließlich zum Freiherrn.

Selbst im fünfzigsten Lebensjahr entdeckt Elisabeth in ihrer Pracht kein einziges graues Haar, Fanny ist wirklich famos, ihre Haarpflegemittel – Cognac mit sechs Eidotter verquirlt sowie ein spezieller Toilette-Essig, der Spliss beseitigt und die Haare kräftiger und glänzender macht – wirken wahre Wunder. Ein Gedicht im »Poetischen Tagebuch« zeigt sehr deutlich, wie eng die Haare der Kaiserin mit ihrer jeweiligen Stimmungslage verknüpft sind:

An meinen Haaren möcht' ich sterben,
Des Lebens ganze, volle Kraft,
Des Blutes reinsten, besten Saft
Den Flechten möcht' ich dies vererben.
O ginge doch mein Dasein über,
In lockig seidnes Wellengold,
Das immer reicher, tiefer rollt,
Bis ich entkräftet schlaf' hinüber.

Fannys Frisierkünste erregen jedenfalls die neidvolle Bewunderung der Wiener Gesellschaft, zumindest des weiblichen Teils. Elisabeths Frisur wird nicht nur von den Hofdamen kopiert, so zum Beispiel von Marie Festetics, Katharina Schratt, den Schwestern Elisabeths, auch Fanny frisiert sich ganz ähnlich wie Ihre Majestät. Zum 3. Wiener Frisuren-Kongreß im Jahr 1885 wird dann endlich genau festgelegt, wie die »Elisabeth-Frisur« aussehen muß: »Das Haar wird fünf Zentimeter von der Stirn kreuzgescheitelt, das rückwärtige Haar durch einen Querscheitel in eine obere und untere Hälfte geteilt und jede Partie gebunden.

Stirn und Schläfenhaar wird zurückfrisiert und beim oberen Bunde befestigt. Die Stirnfrisur bilden Frisetten in einigen Zentimetern Länge. Aufputz ist Granat- und Brillantschmuck. Zum Abschluß wird die Frisur mit Gold und Brillantstaub leicht gepudert und mit silber- oder goldfärbigem Haarnetz umschlossen.« Jetzt wissen es die putzsüchtigen Damen der vornehmen Gesellschaft genau, sie bestürmen ihre Friseure, doch es braucht reichlich Haare dafür, die nur wenige Schönheiten besitzen.

Jeden Morgen steht das Ritual der Haarpflege auf dem Programm. Unter den kritischen Blicken Elisabeths entstehen in der Frühe kunstvolle Frisuren, arrangiert von Fannys geschickten Händen, die weiße Handschuhe trägt, ringlos und mit kurzgeschnittenen Nägeln die Haarfluten der Kaiserin zu bändigen sucht. Bei Hofbällen und anderen festlichen Anlässen wird die Kronenfrisur mit Diamantsternen geschmückt, wie wir es auf dem wohl berühmtesten Gemälde von Franz Xaver Winterhalter sehen können, auch Agraffen oder Kamelienblüten werden verwendet. Ja, das Haar in seiner kastanienbraunen Fülle ersetzt sogar die Krone.

Elisabeths Griechischlehrer Konstantin Christomanos hat die Prozedur der Haarpflege und des Frisierens, die jeden Vormittag kaum weniger als zwei Stunden beansprucht, detailgenau als ein eindrucksvolles Zeremoniell voll künstlerischer, ja mythischer Kraft geschildert: »Die Kaiserin saß an einem Tisch, der in die Mitte des Raumes gerückt und mit einem weißen Tuch bedeckt war, in einen weißen, mit Spitzen besetzten Frisiermantel gehüllt, mit aufgelösten Haaren, die bis zum Boden reichten und ihre Gestalt vollkommen einwickelten. Nur ein schmaler Teil ihres Gesichtes blickte daraus hervor, wie bei jenen verhüllten Madonnen mit mandelförmigen Antlitzen. ... Haare sah ich wie Wellen, den Boden erreichend und sich auf ihn niederlegend und weiterhin fließend. Vom Haupte, dessen zarte, anmutige Form und reine vollendete Linie sie ungetrübt offenbarten, flossen sie herab über den weißen Mantel von Spitzen, der ihre Schultern bedeckte. ... Hinter dem Sessel der Kaiserin stand die Friseuse in schwarzem Kleide mit langer Schleppe, eine weiße Schürze aus Spinngeweben vorgebunden, als

Dienende selbst von imposanter Erscheinung, Spuren verblüh-
ter Schönheit auf dem Gesicht, und Augen voll finsterer Ränke
– an eine bekannte vertriebene Königin zweiten Ranges im
europäischen Osten erinnernd. Mit weißen Händen wühlte sie
in den Wellen der Haare, hob sie dann in die Höhe und tastete
darüber wie über Samt und Seide, wickelte sie um die Arme wie
Bäche, die sie auffangen möchte, teilte die einzelne Welle mit
einem Kamme von goldgelbem Bernstein in mehrere und
trennte dann jede von diesen in unzählige Fäden, die im Sonnenlicht wie Gold wurden, und die sie behutsam auseinander-
zog und über die Schultern hinlegte, um ein anderes Gewirr von
Strähnen wieder in Goldfäden aufzulösen. Dann wob sie aus all
diesen Strahlen, die aus erloschenem Gold zu Blitzen dunklen
Granatrots aufflammten, neue ruhige Wellen, flocht diese Wellen zu kunstvollen Geflechten, die in zwei schwere Zauber-
schlangen sich wandelten, hob die Schlangen empor und rin-
gelte sie um das Haupt und band daraus, mit Seidenfäden
dieselben durchwirkend, eine herrliche Krone. Dann ergriff sie
einen anderen spitzig zulaufenden Kamm aus durchsichtigem
Schildkrot mit Silber beschlagen und wellte den Polster von
Haaren, der am Hinterhaupt die Krone zu tragen bestimmt war,
in jene Linien zurück, welche dem atmenden Meere zu eigen.
Dann zog sie die verwaist irrenden Strähnen über die Stirn herab in die Nähe der Augen, so daß sie wie goldene Fransen vom
Kranz der Krone herabhingen und die lichte Stirn wie ein
Schleier verhüllten, entfernte mit einer silbernen Schere, was
bei diesen Fäden Harmonie und Gleichheit zerstörte und den
ruhigen Lauf der geschwungenen Brauen nur hemmte, neigte
dann andere Fäden, wie schaumiges Wellengekräusel, über die
Ohren. ... Dann wurde der weiße Mantel aus Spitzen von den
fallenden Schultern gehoben und die schwarze Kaiserin entstieg gleich einer göttlichen Statue der bergenden Hülle. Die
Herrscherin neigte dann den Kopf – die Dienerin versank in den
Boden, leise flüsternd: ›Zu Füßen Eurer Majestät ich mich lege.‹
Und so ward die heilige Handlung vollendet.«

Überlesen wir einfach die exaltierte Sprache des ergriffenen
und verehrungswilligen Sprachlehrers, so bleibt der zeremoni-

elle Akt des Frisierens, an dessen Ende die Kaiserin wie Venus, wie eine Göttin der Schönheit aus den Wellen auftaucht, schaumgeboren jeden Morgen.

Ein Wunderkamm also bringt das zustande, ein Kamm aus Bernstein, mit Silber beschlagen. Elisabeth ist fest überzeugt davon, daß er Haarausfall verhindert. Sie ist in diesem Punkt sehr heikel, wird leicht unwillig, wenn zuviel von ihrer Haarpracht verlorengeht. Am Ende des Frisierens werden die ausgekämmten Haare auf einer Silberschüssel präsentiert, und Fanny handelt sich vorwurfsvolle Blicke ein, wenn es zu viele sind. Ob sie – um dem drohenden Tadel zu entgehen – wirklich den Trick angewandt hat, unterhalb ihrer Schürze an einem Klebeband die ausgegangenen Haare »verschwinden« zu lassen?

Fanny Angerer ist alles andere als eine unterwürfige »Dienerin« ihrer »Herrin«. Zwischen beiden besteht eine enge Vertrautheit, und Fanny ist den Launen der Kaiserin keineswegs hilflos ausgeliefert, abhängig ist vielmehr Elisabeth von ihrer Friseuse. Wenn Fanny sich »krank meldet« und ein unerfahrenes Kammerfräulein, kaum »eingeweiht in alle Mysterien« die Frisur herzurichten versucht, ist Elisabeth am Ende immer »ganz mürbe«. Sie weiß genau, daß Fanny dann nur auf ein Zeichen des Verzeihens, auf ihre »Kapitulation« wartet. Ihre Stimmungen hängen oft auch von Fannys Kunstfertigkeit ab – etwas, das sogar Franz Joseph begreift, der sonst mal ahnungs-, mal fassungslos vor der Launenhaftigkeit seiner Frau steht. Nicht einmal dem Kaiser entgehen die Tricks der Hoffriseuse, aus Ofen schreibt er am 2. Mai 1896 an Katharina Schratt: »Frau v. Feifalik ist bei der Abreise von Corfu wieder krank geworden und wurde hier vom Bahnhofe aus ins Schloß in einem Wagen der Rettungsgesellschaft transportirt, es geht ihr aber schon so weit besser, daß sie Morgen die Frisur der Kaiserin mit dem Diadem wird machen können. Es ist ein Elend«, seufzt Franz Joseph, »wenn man so vom Befinden, manchmal auch von den Launen einer Person abhängt.«

Einmal in der Woche höchstens wird die Haarpracht gewaschen, fast ein Tag muß dafür veranschlagt werden. Das gesamte Personal der Kammer hält sich zur Verfügung, nicht einmal

Franz Joseph darf sich blicken lassen. Elisabeth genießt dieses Ritual der Haarwäsche, wenn sie es auch jedesmal kokett mit der Bemerkung »Ich bin die Sklavin meiner Haare« einleitet. Sie steigt in einen bodenlangen, wasserdichten Mantel, Franziska trägt ein eigens zubereitetes Shampoo auf, das eine Stunde lang einwirkt, dann wird das Haar mit warmem Wasser sorgfältig gewaschen, mit dem Sud von ausgekochten Walnußschalen, schließlich mit Rosenwasser nachgespült, die Stubenmädchen empfangen die Kaiserin mit vorgewärmten Mousselintüchern, frottieren das Haar und fächeln ihm warme Luft zu. Dann geht Elisabeth in einem Seidenmantel auf und ab, bis das Haar ganz getrocknet ist.

Und abends? Drei Kammerfrauen entflechten jeden Abend das Haar der Kaiserin, kämmen Elisabeth, auch mit Handschuhen. Wie eine Schleppe wird ihr das offene Haar nachgetragen und schließlich am oberen Bettende vorsichtig ausgebreitet. Die Kaiserin schläft unbeweglich liegend wie eine Statue, mit einer Kopfrolle im Nacken.

Schönheit. Sie ist Elisabeths einzige Chance, die Kluft zwischen ihr, ihrem Mann und ihrer Familie, bald auch der Öffentlichkeit zumindest oberflächlich zu überbrücken. Wir müssen den aberwitzigen »Schönheitskult« (Brigitte Hamann), den Elisabeth bis zum Äußersten treibt, als eine verquere Art der Kommunikation, als ein Ausdrucksmittel ansehen, aber auch als ein Indiz für ihr Bedürfnis nach Unerreichbarkeit, nach Distanzierung, als ein Macht- und Druckmittel ihrem Mann, aber auch der Öffentlichkeit gegenüber: Die schlimmsten Provokationen verzeiht man Elisabeth, wenn überhaupt, nur wegen ihrer Schönheit.

*O*bwohl Elisabeth immer sehr elegant ist, kleidet sie sich nie nach dem *dernier cri*. In ihrer Zeit wechselt die Mode oft das Gesicht. Die Formen weiblicher Kleidung in der Mitte des 19. Jahrhunderts sind Ausdruck der Unterdrückung der Frau: Kleider in unbequemen und komplizierten Formen, aus teuren

Stoffen gefertigt und mit üppigen Verzierungen versehen, sollen den Reichtum und die Macht des Ehemannes repräsentieren.

In den fünfziger Jahren dominiert noch die Barockmode: Das Frauenideal ist die junge, würdevolle Dame mit lockig-welligem Haar, Schute, enggeschnürter Taille und mit einem Rock, der sich wellenartig um die Hüften wiegt. Sie hat gleichsam keine Füße, höchstens die Spitzen der Schuhe blitzen hervor, was die jungen Herren in außerordentliche Aufregung versetzen kann. In diesem Jahrzehnt, bis weit in die sechziger Jahre hinein herrscht außerdem die tollste Idee der Kostümgeschichte: die mit technischen Neuerungen raffiniert ausgestattete, aus Stahlschleifen geschaffene Krinoline, deren Durchmesser bisweilen bis zu drei Metern betragen kann. Dieses Monstrum bleibt fast zwanzig Jahre in Mode, wenn auch Kleinigkeiten sich rasch ändern. Über die neuesten Ideen informiert die Modezeitung, eine wachsende Modeindustrie offeriert eine große Auswahl für die verschiedensten Portemonnaies.

Die sechziger Jahre bringen dann das sogenannte zweite oder bürgerliche Rokoko, mit vielen Girlanden und Draperien, Volants, Blumen und Rüschen. Die Krinoline bleibt zusammen mit der meterlangen Schleppe bis 1867 beherrschend, aber die Frauen kokettieren schon 1860 und dann immer wieder nach 1865 mit kurzen, bis zu den Knöcheln reichenden Röcken. Mit der *genre canaille* kommt 1868 eine neue und komische Erfindung auf, die den Po betonende Tournüre, keine wirkliche Neuheit, sondern ein Rückgriff auf die Mode des 17. und 18. Jahrhunderts. Die Schleppe bleibt, wird sogar noch länger. Unbequem die Kleider, voller Verzierungen und komplizierter Drapierungen, fast erdrückend ist die Kleidermenge: Mehrere Stücke liegen übereinander, Oberteil, Rock, Schürze, Polonaise oder Tunika, der sogenannte Doppelrock.

Dann wird der Rock enger, 1876 verschwindet die Tournüre in der Versenkung des Kostümfundus, noch kompliziertere Drapierungen brauchen immer mehr Stoff. In den »zurückgebundenen Röcken« kann die Frau kaum mehr gehen, und dazu werden die Schleppen noch einmal länger, bis zu vier oder fünf

Meter. Da diese Mode aber als zu gewagt gilt – man kann die Hüfte sehen! –, greift man doch wieder für kurze Zeit auf die Tournüre zurück. Doch die Silhouette ändert sich völlig: Der Kopf ist wieder klein, man trägt Froufrou und hinten einen Knoten, eine eng geschnürte Taille, alles schmiegt sich figurbetonend an den Körper, der Rock wird wieder dreiteilig, aber mit weniger Volants, Rüschen und Blumen verziert.

Das weibliche Ideal wird die reife, üppige, energische Frau, die sich auf der Straße sogar im Herrensakko sehen läßt. In der Tagesgarderobe triumphiert der kurze Rock, der nur bis zu den Knöcheln reicht, eine akzeptable Länge, nicht mehr *shocking*. In Wien setzt sich immer mehr der sogenannte Makart-Stil durch, nach dem berühmten Maler Hans Makart: historische Motive und Zitate *en masse*: Rubens-Hüte, Medici-Kragen, Maria-Stuart-Hauben usw. Noch einmal, bis 1889, erlebt die Tournüre ein Comeback, dann verschwindet sie völlig und für immer. In den achtziger und neunziger Jahren finden hochgeschlossene Kleider mit hohem Kragen Beifall, Rüschen um den Hals, Puffärmel. Der Rock wird aus mehreren Teilen geschnitten, glatt, ohne Reifröcke, stützende Kissen, nur mit kurzer Schleppe, die allenfalls noch bis zum Boden reicht. Die Silhouette, die ganze Erscheinung wird einfacher, bequemer, ja leger. Und wie immer folgt darauf die Gegenbewegung: Um 1895 werden die Ärmel riesengroß, die Röcke voluminöser, unten wieder breiter, mit Reifen optisch erweitert.

Erst als in der Kunst die Sezession aufkommt, der »Jugendstil« Aufsehen erregt, setzt sich in der Mode ein neuer Stil durch: die Frau als Ornament, biegsam, schlank, mit langen, schlangenartigen Haaren. Üppigere Frauen setzen sich auf Diät, hungern sich mit den absurdesten Diäten Pfunde herunter, um diesem »geheimnisumwitterten«, ja esoterischen Ideal zu entsprechen. Schon 1896 verändert sich die Mode in dieser Richtung, propagiert kleine Röcke und Ballonärmel, längere Schleppe, Kleider für die schwingende Gestalt, schlank auch in den Hüften. Elisabeths Figur entspricht diesem Ideal, und ihre furchtbaren Diäten finden zahllose Nachahmerinnen.

Die Kaiserin ist stets exquisit gekleidet, wenn sie auch längst nicht allen Moden der Zeit folgt. Im Zweifelsfall entscheidet sie sich immer für schlichte, praktische und elegante Kleidung. Galaroben legt sie nur zu Hofbällen und zeremoniellen Anlässen an.

Elisabeths anspruchsvollen Geschmack lassen die erhalten gebliebenen Dessous erkennen, die aus besticktem, feinem Leinen sind, oder die hauchdünne Batisthaube, die sie wahrscheinlich im Kindbett getragen hat. Doch obwohl sie der Mode folgt, vor allem beim Rockschnitt und bei den Puffärmeln, zeigt sie durchaus auch eigenen, ja eigenwilligen Geschmack. So bevorzugt sie zum Beispiel hohe Kragen aus Spitzenrüschen, Spitzenjabots, schwarze Perlen, vor allem breite Gürtel. Hundertzwanzig Paar Glacéhandschuhe werden ständig von den Putzerinnen der Hofburg gereinigt, farblich sortiert in weißen Kartons aufbewahrt.

Die Wiener Hofschneider haben immer alle Hände voll zu tun. Viele Kleider liefert auch der Pariser Modekönig Charles Frederic Worth, bei dem Elisabeth Stammkundin ist. Ein dunkelblauer Tuchbolero mit Tressen und Schnurverzierung hat sich aus diesem Modehaus erhalten – eine ungarische Verschnürung, von der man nicht weiß, ob sie eine Idee des Couturiers gewesen ist oder auf den Wunsch der Kaiserin zurückgeht.

Schwarz ist die Lieblingsfarbe Elisabeths, denn Schwarz betont ihre Figur am meisten. Im Kunsthistorischen Museum Wien wird eine Robe aufbewahrt, die vermutlich für die Trauerzeremonie für Kronprinz Rudolf angefertigt worden ist: Die aus schwarzem Seidenmoiré angefertigte, mit Jett bestickte und Chantilly-Spitzen verzierte Taille ist phantastisch schmal, die Brustteile aber rund und mollig – eine für Elisabeth typische Mischung.

Die Kaiserin hat wunderbare Reitkostüme in ihren Garderobenschränken, aus dunkelblauem oder schwarzem Tuch, mit schwarzem Hut und Schleier, auf vielen Bildern ist sie so dargestellt. Die Kaiserin liebt sie, weil unter diesen Röcken die Krinoline und Tournüre fehlen, sie schmiegen sich sehr eng an ihren Körper. Schaudernd flüstert man bei Hofe, sie lasse sich jedesmal beim Ankleiden »hineinnähen«. Auch Marie Wallersee berichtet von diesem Trick, damit das Reitkleid dann wie angegossen sitzt: »Sie wurde jedesmal, wenn sie ausritt, hineingenäht. Hiermit meine ich, daß der Schneider, nachdem sie die Taille (den oberen Teil des Kleides) angezogen hatte, den Rock darannähte. Den Grund dieser seltsamen Marotte habe ich nie einsehen können.« Ein schwieriges Ritual für die Schneiderin, denn die Etikette verbietet ihr, den Körper der Kaiserin während der Arbeit zu berühren. Dann werden hohe Schnürstiefel mit winzig kleinen Sporen angezogen, Handschuhe, manchmal drei Paar übereinander, um die Hände vor dem Einschneiden der Zügel zu schützen, der unvermeidliche Fächer wird in die Satteltasche gesteckt, und die Amazone ist fertig. Sie macht selbstverständlich Mode mit ihren Reitkostümen, viele Damen versuchen sie nachzuahmen.

Auffallend schmale, meist schwarze Atlasschuhe mit niedrigen Absätzen werden von der Kaiserin bevorzugt getragen, sie sind an der Seite mit Schnürbändern und am oberen Rand mit schwarzer Spitze verziert. In ihren jungen Jahren trägt sie gern weiße Atlasschuhe, mit Spitzenrosetten versehen, oder maßgefertigte Schnürstiefeletten, immer mit sechs Knöpfen.

Erinnern wir uns an Elisabeths Unwillen bei der Zusammenstellung ihres Trousseaus, erscheint die Geduld und Ausdauer, die sie nun für die endlosen Anproben und Sitzungen beim Schneider aufbringt, bewundernswert. Sie achtet sehr darauf, daß alle Kleider, ob Ballroben oder Reitkostüme, durch exzellente Paßform und raffinierten Schnitt ihre schlanke Figur betonen. Marie Wallersee notiert: »Elisabeth verbrachte Stunden bei ihrem Schneider, denn sie war sehr schwer zufriedenzustellen.« Sie kümmert sich noch um die kleinsten Details, ihr Erscheinungsbild soll wie ein Kunstwerk sein. Dafür nimmt sie dann in Kauf, noch mehr angestarrt, von neugierigen Augen beobachtet zu werden, die auch die geringste Abweichung in ihren Toiletten zur Kenntnis nehmen. Als sie im Theater eine goldbestickte Haube ungarischen Stils trägt, erregt dies gleich große Aufmerksamkeit selbst in ihrer Familie. Conte Corti hat uns diese Szene so überliefert: »Als Erzherzogin Sophie dies erblickt, beginnt sie ihre Schwiegertochter mit dem Lorgnon auffallend zu fixieren, ja sie erhebt sich sogar und beugt sich über die Logenbrüstung, um besser zu sehen. Dann lehnt sie sich wieder in ihren Fauteuil zurück und schüttelt halb verwundert, halb entrüstet den Kopf. Das Publikum hat die Szene mit angesehen. Allgemeine Bewegung und Flüstern geht durch den Saal, und Kaiserin Elisabeth verläßt vorzeitig, gefolgt von ihrem Gatten, das Theater.«

Maßgeschneiderte Negligés werden der Kaiserin von der Wienerin Herta Maretschek geliefert. Seit den sechziger Jahren verzichtet Elisabeth auf Unterröcke. Über ihre hauteng anliegenden Dessous sind wir durch Marie Wallersee bestens unterrichtet, sie hat in ihrem Buch »Meine Vergangenheit« einige »Intimitäten« ausgeplaudert: »Die Kaiserin liebte kleine, dicht anschmiegende Hemdchen, ihre Beinkleider waren im Sommer aus Seidentrikot, im Winter aus Leder. Ihre bunten Seiden- und Moirékorsetts wurden in Paris gearbeitet. Sie trug sie nur einige Wochen. Sie hatten vorn keine Mechanik, Elisabeth wurde vielmehr stets in ihre Korsetts hineingeschnürt. Diese Prozedur dauerte bisweilen eine geschlagene Stunde. Ihre seidenen Strümpfe lieferte die Londoner Firma Swears & Wells, und in jenen vorstrumpfbänderlichen Tagen befestigte die Kaiserin sie mit Bändern an das Korsett. Tantes Wäsche war wundervoll und außerordentlich fein, ihre Nachthemden waren ganz einfach, aber immer mit mauve Seidenbändern durchzogen und gebunden. Unterröcke trug sie nie, und bei ihren frühen Spaziergängen im Sommer zog sie die Schuhe über die nackten Füße und trug das Kleid unmittelbar auf dem nackten Körper. Bei diesen Promenaden duldete sie auch keinen Hut. Doch die Sonnenschirme, die sie trug, waren groß, plump, mit Leder gefüttert, sehr unelegant und schwer.«

Und der Schmuck? Elisabeth trägt wenig wertvolle Juwelen, ausgenommen natürlich bei Hofbällen und Galaempfängen und anderen zeremoniellen Anlässen, wenn sie repräsentieren und »ins Geschirr« muß. Ihren Ehering trägt sie nicht am Finger, sondern verborgen unter ihren Kleidern an einer goldenen Halskette. In ihre Taschenuhr aus Chinasilber ist der Name

»Achilles« eingraviert, ihres Lieblingshelden aus der griechischen Mythologie. Am Handgelenk der abergläubischen Kaiserin klimpert ein Armband mit kleinen Glücksbringern.

*A*uch 1869, das Jahr nach der Geburt Marie Valeries, wird wieder ein ungarisches Jahr. Nach einem kurzen Aufenthalt in Agram fährt Elisabeth im März nach Ofen, empfängt im Monat darauf Franz Deák in der Burg zum Essen. Die Tochter wird jetzt auf nahezu alle Reisen mitgenommen, so daß Franz Joseph nach wie vor auf kurzfristige, kurzzeitige Besuche angewiesen ist. Elisabeth, ungeübt darin, ihre Gefühle auszudrücken oder auch nur ein aufrichtiges Wort ihrer Sehnsucht auszusprechen, schickt ihm manches Mal einen ironischen Brief hinterher: »Du gehst mir recht ab, mein lieber Kleiner, ... die letzten Tage hatte ich Dich wieder so nett erzogen. Nun muß ich wieder von vorn anfangen, wenn Du zurückkehrst« (14. April 1869 aus Ofen).

In Österreich wird erneut Kritik an der Kaiserin laut, die auch dieses Jahr nicht daran denkt, ihren »Repräsentationspflichten« nachzukommen. Verständnislos, verärgert wird registriert, daß sie zwar im Mai in Wien ist, an der feierlichen Eröffnung des neuen Opernhauses am Ring jedoch nicht teilnimmt. Eine endlose Kritik löst ihre Entscheidung aus, doch Elisabeth bleibt hart. »Mit großer Hingabe hatten die Architekten einen eigenen Salon für die Kaiserin gebaut und ausgestattet«, schildert die Historikerin Brigitte Hamann, »im Renaissancestil, mit violetter Seide als Wandbespannung, reichen Goldornamenten. Alles war auf Sisis Geschmack abgestellt: An den Wänden waren riesige Gemälde von Possenhofen und vom Starnberger See; der prunkvolle Tisch hatte Gravuren mit Elisabeths Monogramm. An der Decke waren drei Gemälde mit Themen aus Webers ›Oberon‹. Im Mittelbild erschienen Oberon und Titania als Herrscher des Feenreiches in einem von Schwänen gezogenen Muschelwagen – ein sehr feinfühliger Bezug auf Elisabeths Lieblingsdrama, den Sommernachtstraum und dessen Feenwelt. ... Der Eröffnungstermin der neuen Wiener

Oper wurde Elisabeth zuliebe verschoben, da sie sich wieder länger als erwartet in Budapest aufhielt. ... Obwohl sie zugesagt hatte und sich inzwischen auch in Wien befand, sagte sie kurzfristig vor Beginn des ›Don Giovanni‹, der Eröffnungsvorstellung, ab – und zwar recht fadenscheinig ›wegen Unpäßlichkeit‹.«

Immerhin zeigt sie sich, zum ersten Mal wieder nach sieben Jahren, bei der Fronleichnamsprozession. Die Frau des belgischen Gesandten de Jonghe berichtet nach Brüssel: »Man war wütend; wenn sie heute morgen nicht mitgemacht hätte, wäre wohl eine Revolution ausgebrochen.« Um sieben Uhr morgens steht die Kaiserin in einem malvenfarbigen, silberbestickten und diamantenbesetzten Kleid mit langer Schleppe auf dem Stephansplatz und friert. »Die Unglückliche war dekolletiert«, schreibt die Gräfin de Jonghe, »und es wehte ein leichter, aber ziemlich kalter Wind. Zwölf Prinzessinnen folgten, alle mit langen Schleppen und dekolletiert. Wenn sie heute Abend nicht alle krank sind, haben sie Glück.« Wie immer, gelingt es Elisabeth auch diesmal, eine beeindruckende Figur zu machen: »Der Gang der Kaiserin glich dem Dahingleiten eines schönen Schwanes auf dem Wasser. Bis zum letzten Moment hatte man geglaubt, sie würde nicht erscheinen.«

Anfang Juli zieht es sie wieder nach Bayern. Sechs Wochen in Garatshausen, sie mietet dort das Schloß, das ihrem Bruder Ludwig gehört. Der Herzog und seine Frau kommen besuchsweise vorbei, auch Andrássy läßt sich blicken. Mitte August steht die übliche Visite in Ischl an. Doch den ganzen Herbst verbringt die Kaiserin wieder in Ungarn.

Und Rudolf? Wo ist der Sohn in diesen Jahren? Er ist, wie es in den amtlichen Akten heißt, »physisch und geistig mehr als Kinder seines Alters entwickelt, jedoch eher vollblütig und nervös reizbar«. Häufig ist er krank, und Franz Joseph klagt einmal in einem Brief an seine Mutter: »Es dauert nur jede Kleinigkeit bei ihm so lang.«

Eine überanstrengte, überfüllte, überreizte Kindheit. Dieser begabte Junge, von rascher Auffassung, lebhafter Phantasie und unersättlicher Wißbegierde, wird ständig überfordert. Ununterbrochene Anstrengungen jedoch verträgt er nicht, er kann sich auch nur schwer konzentrieren. Auf Zwang jeder Art reagiert er rebellisch, er macht ihn buchstäblich krank. Immer ist der kleine Prinz heftigen Stimmungen unterworfen, schwankt zwischen Euphorie und Niedergeschlagenheit. Ein echter kleiner Wittelsbacher. Elisabeths Sohn.

Etwas Entscheidendes fehlt seiner Erziehung von vornherein: der Einfluß der Mutter. Daß die Kaiserin sich vom Hof fernhält und dauernd von fremden Menschen umgeben ist, spürt der Sohn allzu empfindlich, schmerzlicher als er es sich selbst und anderen eingestehen würde. Er kommt an Elisabeth nicht heran. »Hier in London«, schreibt er später an seinen Freund, König Ludwig II. von Bayern, »sah ich Mama noch weniger allein, während der wenigen Stunden, die sie hier zubrachte, war sie fortwährend von Tante Marie von Neapel und Marie Larisch umgeben.« Elisabeth vermag es nicht, für ihre beiden Kinder Rudolf und Gisela Liebe aufzubringen, allenfalls ein höfliches Gefühl der Wahrnehmung. Bezeichnend ihre bisweilen über den Sohn zu hörende Äußerung, sie sei seine Mutter nur durch Zufall geworden (was auch ein gewisses Schlaglicht auf ihre Ehe wirft).

Während Rudolf heranwächst, steht er seiner Mutter fremd und scheu gegenüber. In der zweiten Hälfte der sechziger Jahre bestimmen die alternde Erzherzogin Sophie und der Kaiser den Erziehungsplan des Jungen, und Erzieher führen ihn durch. Zum ersten Mal in der Geschichte des Hauses Habsburg kommen diese Erzieher nicht nur aus dem Offizierskorps und der hohen Geistlichkeit, sondern setzen sich aus hervorragenden Wissenschaftlern zusammen. Doch was nützt das alles? Von Anfang an fehlt dem Knaben ein stabiles, wohlwollendes Elternhaus.

Rudolf läßt gute Anlagen erkennen. Er lernt leicht, hat eine vortreffliche Auffassungsgabe, beobachtet genau und ist klug. Aber man begeht einen zweiten schweren Fehler: Ungeachtet seiner schwächlichen Konstitution überlastet und überfordert man den Zehn-, Zwölf- und Fünfzehnjährigen. Insgesamt sind nicht weniger als fünfzig Personen an seiner Bildung beteiligt.

Kronprinz Rudolf, fast immer in Uniform.

Und doch macht der Kronprinz gute Fortschritte. Franz Joseph läßt sich mit pedantischer Regelmäßigkeit darüber Bericht erstatten. Aber von dem, was seinen Sohn wirklich bewegt, was ihm so durch den Kopf geht, hat er nicht die geringste Ahnung.

Elisabeth geht jetzt ganz in der Liebe und Sorge um die kleine Valerie auf. Mit der Zeit rückt ihr Rudolf etwas näher, sie freut sich, daß er sich besonders für Naturwissenschaften zu interessieren scheint. Doch sie wird ihm nie die Liebe und Zuneigung entgegenbringen, mit der sie Valerie überschüttet.

Als der Kronprinz heranwächst, zeigt sich, daß er zwei für einen echten Habsburger unverzeihliche Mängel hat: Er sitzt unsicher zu Pferd und ist ein schlechter Schütze. Sein Vater schreibt ihm in einem Brief, wenn er zur Jagd gehe, müsse von Anfang an vollkommen sicher sein, daß er etwas schieße. Rudolf hat die Liebe zur Natur von Elisabeth geerbt und hätte es vielleicht vorgezogen, die Tiere zu beobachten, statt sie abzuschießen, aber damit kann er auf Franz Joseph keinen Eindruck machen. Naturkunde ist kein »Metier« für den Erben des habsburgischen Thrones. So setzt Rudolf seinen ganzen Ehrgeiz darein, ein verwegener Reiter und ein blutrünstiger, wilder Jäger zu werden, der alles über den Haufen knallt, was ihm in den Weg kommt. Die Jagdleidenschaft ist fast die einzige Verbindung, die er zu seinem Vater hat. Franz Joseph nimmt seinen Sohn schon so früh wie möglich mit zum Pirschgang. Wie Elisabeth als Kind mit ihrem Vater durch die Wälder gestreift und begeistert von diesen Wanderungen zurückgekehrt ist, so bemerkt sie die helle Freude in den Augen ihres Sohnes, der die große Scheu und Zurückhaltung dem Vater gegenüber nur ablegt, wenn er mit ihm zur Jagd darf.

Noch lieber aber reitet Rudolf mit Elisabeth aus. Anfangs verbietet ihm seine Mutter, mit ihr zusammen auszureiten, mit seiner Ungeschicklichkeit macht er neben ihrer eigenen überlegenen Reitkunst keine gute Figur. Doch später, als er zu einem eleganten, jungen Herrn heranwächst, jagt er mit ihr durch die Alleen. Er ist stolz auf seine schöne, schlanke Mutter, die ihre Pferde besser als die geübteste Kunstreiterin beherrscht und die alle anstaunen, wenn er mit ihr im Prater spazierenreitet.

Kronprinz Rudolf (1874).

Rudolf hat nichts von dem ruhigen, festen Charakter seines Vaters und auch nicht Elisabeths leidenschaftlichen Perfektionismus geerbt. Er ist vielseitig interessiert, aber seine Neigungen wechseln ständig, nirgendwo entwickelt er Ausdauer. Der heranwachsende Sohn macht Elisabeth mit seiner physischen und geistigen Frühreife nicht geringe Sorge, er gewöhnt es sich an, an seiner Mutter herumzukritisieren. Seine Lehrer beklagen sich über die für einen Vierzehnjährigen merkwürdigen Ansichten und Ideen über Religion, die Sucht, alles anzuzweifeln, und die erstaunliche Renitenz des über seine Jahre weit entwickelten Knaben.

Feldmarschalleutnant Joseph Latour von Thurmburg, der 1865 Gondrecourt abgelöst hat, macht dem Kronprinzen in einem Bericht an den Kaiser zum Vorwurf, daß Rudolf »zu optimistischen Anschauungen neige und Unangenehmes womöglich zu vergessen suche«. Die Familie ist erstaunt und peinlich berührt, als Rudolf in schöner Offenheit acht Jahre später seinem Erzieher schreibt: »In meinem Kopf sieht es wüst aus; es kocht darin und arbeitet den ganzen Tag. Ist ein Gedanke draußen, kommt ein anderer herein. Jeder sagt mir was anderes, einmal fröhlich und heiter, einmal rabenschwarz, erfüllt voll Wut; sie bekämpfen sich und daraus wird dann langsam erst das Wahre. Ich denke stets: Was wird das Ende sein? ... Sind wir höhere Geister, sind wir Tiere? Tiere sind wir. Doch, stammen wir vom Affen ab, oder haben Menschen stets bestanden neben den Affen? ... Die Geistlichen, so scheint mir«, schreibt Rudolf, »schadeten am meisten dadurch, daß sie sehr gut verstanden, das Volk durch Aberglauben und übertriebene Frömmigkeit so niederträchtig und untertänig zu machen, daß sie sowohl wie der Adel leichtes Spiel hatten und mit den armen Leuten machen konnten, was sie wollten ... Wenn ich richtig sehe«, fährt er fort, »hat das Königtum seine Macht eingebüßt. Es ist eine mächtige Ruine, die von heute auf morgen bleibt, aber endlich sinken wird. Solange das Volk sich blind leiten ließ, war's gut, doch jetzt ist's zu Ende, die Menschen sind frei, die Ruine bricht beim nächsten Sturm zusammen.« Wer hat, so schreien Erzieher und Lehrer, das Kind auf solche Gedanken gebracht?

Verrät dieses radikale Bekenntnis des vierzehnjährigen Thronerben den aufsässigen Geist der Mutter? Elisabeth ist jedoch bei der Wahl der Erzieher und Lehrer Rudolfs weitgehend ausgeschlossen, sie hat kaum einen Einblick in den Lehrplan, hat auch nicht wie Latour Gelegenheit, mehrere Stunden am Tag mit ihrem Sohn allein zu sein. Wenn es auch nicht beabsichtigt war, so hat es sich doch ergeben, daß Rudolf seiner Mutter entfremdet wird. Elisabeth hat nach ihrer »Rückkehr« den Sohn sogar erst für sich gewinnen müssen, es war mühsam genug. Nein, sie ist wohl kaum verantwortlich zu machen für die erstaunlichen Denkfrüchte Rudolfs, und doch hält man sie für die Urheberin dieses aufsässigen Rüttelns an den Lehren der Kirche, dieser frühen Angewohnheit, alles in Zweifel zu ziehen, dieses überkritischen Blickes. Woher sonst kann dies kommen als von der Mutter? Elisabeth sieht sich mit Vorwürfen konfrontiert, ist es nicht ihr Einfluß, der hier spürbar wird? Der Junge geht jedoch in allem seine eigenen Wege. Selbst über die Liebe stellt er bereits Überlegungen an: »Die Liebe ist sicher das Schönste im organischen Wesen, es ist noch ein Gefühl, das der Mensch noch so rein besitzt wie das Tier, in diesem stimmt er noch ganz mit der Natur zusammen.« Nicht nur in solchen Äußerungen wird deutlich, wie ähnlich sich Rudolf und Elisabeth in mancher Hinsicht sind. Auch der Kronprinz hat eine Tendenz zur Launenhaftigkeit, einen oppositionellen Geist, ist getrieben von innerer Unruhe.

Seine Biographen haben viel Mitgefühl mit ihm gezeigt, weil der Vater die intellektuellen Fähigkeiten des Sohnes nicht zu schätzen weiß und ihm dann keine Verantwortung in der Regierung überläßt, abgesehen von undankbaren Pflichten wie die Unterhaltung kaiserlicher Besucher und die Inspektion entlegener Garnisonen. Die Politik seines Vaters hält Rudolf sehr früh schon für völlig verfehlt, manche Gedanken seiner Sturm- und Drangjahre klingen liberal, fast revolutionär, sozialistisch. Später wird er in Briefen an seine Freunde die Konservativen ganz offen als seine Feinde bezeichnen und von seinem Haß gegen Zwang jeder Art sprechen.

Die Konflikte zwischen Vater und Sohn treten erwartungsgemäß ein. Und der Vater hinter seinem Schreibtisch wird siegen, jedesmal, unweigerlich, unumstößlich. Er sitzt immer am längeren Hebel, zäh und gesund, rigoros, prinzipienfest.

Durch ein kaiserliches Handschreiben für mündig erklärt, tritt Rudolf 1877, mit neunzehn Jahren, ins erwachsene Leben. Die Gefahren, die Stolpersteine sieht er nicht. Einer seiner Erzieher, Rittmeister Baron von Walterskirchen, gibt ihm in diesem Jahr mit auf den Weg: »Das mir gestern übersandte Porträt zeigt mir, daß Sie kräftig und männlich geworden sind; dennoch kann es mich nicht ganz befriedigen: ich vermisse daran jenen Zug geistiger Frische, der uns alle an Ihnen immer so gefreut hat. ... Auch ist ein düsterer Ernst um Ihre Züge gelagert, den ich bisher auf denselben nicht kannte. Sollte Ihnen das Leben in der kurzen Spanne Zeit Ihrer Selbständigkeit schon so kalt gegenüberstehen? ... Sie haben eine schöne, freudenvolle Jugendzeit hinter sich. Sie haben nicht Not, den Becher des Lebens mit Hast – einem lange Dürstenden gleich – hinunterzustürzen. Genießen Sie die Freuden des Lebens mit Maß. Sie haben ein Recht dazu. Und lassen Sie sich durch grübelnde Spekulationen, deren Spuren ich ebenfalls aus den Augen Ihres Porträts zu lesen glaube, die Freude am Leben nicht vergällen.«

Rudolf greift zum Becher des Lebens mit einem raschen, ebenso unbedenklichen wie sicheren Griff. Er birst vor Energie und Tatendrang. Er schreibt, er liest, er unternimmt Reisen. In München besucht er oft König Ludwig II., der sich ihm gegenüber von seiner besten, geistvollsten Seite zeigt. Nichts von den Wahnideen seiner Tagebücher, dafür nächtelange Gespräche mit dem Kronprinzen, der ihm außerordentlich gut gefällt. Er veranstaltet für ihn glänzende Feste im phantastisch ausgestatteten Wintergarten des Münchner Schlosses.

Nicht nur Elisabeth, auch Rudolf gegenüber legt der König eine schwärmerische Verehrung an den Tag: »Du Glücklicher, Beneidenswerter«, schreibt er dem Kronprinzen, »dem es vergönnt ist, so viel bei der angebeteten Kaiserin weilen zu dürfen, o bitte, lege mich Ihr zu Füßen und flehe Sie in meinem Namen an, gnädig Ihres getreuen, Sie von jeher und immer verehrenden Sklaven zu gedenken. ... Dein Bild will ich mir einrahmen lassen,

Familienidylle anläßlich der Verlobung der sechzehnjährigen Gisela mit Herzog Leopold von Bayern. Unten die fünfjährige Marie Valerie.

damit ich es zugleich mit dem der Kaiserin beständig vor Augen habe. Denn niemand auf Erden ist mir so teuer als Du und Sie.«

Rudolf und Ludwig, deren Tod von Rätsel und nie mehr aufzuklärenden Fragen gekennzeichnet ist, scheinen sich seltsam zueinander hingezogen zu fühlen. Auch hier wird Elisabeths Prägung spürbar. Rudolf und Ludwig, irreal gestimmt, hochfliegend, in mancher Hinsicht lebensfremd, ja lebensunfähig. Keiner steht mit beiden Beinen fest auf dem Boden der Tatsachen. Auf Rudolfs Bildern aus all diesen Jahren liegt stets ein seltsamer, schwer erfaßbarer Ausdruck. Überspitzt gesagt: eine gewisse Disposition für das Scheitern.

Dabei läßt Franz Joseph seinem intelligenten Sohn ungewöhnliche Freiheiten. Er hat nichts gegen die Freundschaft mit Gelehrten wie dem großen Zoologen Alfred Brehm und mit anderen Wissenschaftlern, die offiziell am Hof nicht empfangen werden. Er erlaubt ihm den Umgang mit jüdischen Intellektuellen und Zeitungsleuten, von denen einige politische Radikale sind.

Inzwischen ist Gisela zum jungen Mädchen herangewachsen. Sie ist nicht besonders schön, hat aber ein apartes Gesicht, die etwas derben, aber sehr frischen Züge der Habsburger. Ein bäuerlich-kräftiges Äußeres. Für ihre fünfzehneinhalb Jahre ist sie sehr gut entwickelt. Nicht die geringste Ähnlichkeit mit der Mutter, der sie übrigens auch innerlich am fernsten von allen Kindern steht. Daher weiß Elisabeth wenig von dem Innenleben ihrer Tochter und ist sehr erstaunt, daß sich die für ihre Begriffe noch kindhafte Gisela in einen Verwandten, den Sohn des Prinzregenten, Leopold von Bayern, verliebt hat und darauf besteht, sich so bald wie möglich zu verloben. Als diese Nachricht sich verbreitet, findet die Verleumdung gegen die Kaiserin neue Nahrung. Man sagt, sie wolle das Kind nur deshalb so schnell wie möglich aus dem Hause haben, damit sie nicht immer mit der erwachsenen Tochter erscheinen müsse und dadurch zur alten Frau abgestempelt würde. Das Gegenteil ist wahr: Elisabeth verlangt, daß Gisela erst ein Jahr später, 1873, heiraten soll, betreibt aber die Verlobung sehr aktiv. Und sie freut sich, daß der Schwiegersohn Leopold ein Bayer ist.

*E*nde 1869 steht die Reise des Kaisers zur Eröffnung des Suezkanals bevor, Franz Joseph reist zusammen mit Gyula Andrássy nach Kairo. Elisabeth, sonst so gern zu Seereisen bereit, bleibt zu Hause. Wahrscheinlich graust es ihr vor dem öffentlichen Charakter, den diese Reise hat. Oder sie will der Zusammenkunft mit Kaiserin Eugénie entgehen. Sie hat es auch vermieden, sich ein Jahr vorher mit Franz Joseph an den Pariser Hof zu begeben. Damals kam ihr als Ausrede die beginnende Schwangerschaft mit Valerie gerade recht.

Elisabeth traut ihrem Franz Joseph nicht über den Weg. Aus Gödöllö schreibt sie ihm: »Nun bist Du wohl glücklich vereinigt mit Deiner geliebten Kaiserin Eugénie. Ich bin auch sehr eifersüchtig bei dem Gedanken, daß Du ihr jetzt eben den Charmanten spielst, während ich allein hier sitze und mich nicht einmal rächen kann.«

Eugénie weiß Franz Joseph tatsächlich zu fesseln: »Die Kaiserin«, berichtet er Elisabeth mit seiner üblichen treuherzigen Offenheit, »der ich bald nach ihrer Ankunft meine Aufwartung auf ihrer Yacht ›Aigle‹ machte, war unendlich liebenswürdig und heiter, erkundigte sich gleich nach Dir und gab mir im Laufe des Tages die Visite auf dem Greif (Franz Josephs Schiff, d.V.) zurück!!! Das ist doch mehr als man verlangen kann.«

Der Kaiser sendet ihr gewissenhafte Reiseberichte und macht darin einmal eine boshafte Bemerkung über Andrássy, der in Jericho abends ganz allein noch in der Stadt spazierengegangen war. Darauf dichtet Elisabeth an den Grafen:

Apropos, ein Wörtchen über den Grafen Andrássy,
Ging spazieren in Jericho abends ganz alleine,
Kam des Morgens in das Zelt, nackt die beiden Beine,
Ohne Kalpak und Attila. Sehr laszives Mirakel.
Wurde beim Fensterln erwischt, grandioses Spektakel.

Andrássy sendet eine scherzhafte Erwiderung an Ida Ferenczy mit der Bitte, sie der Kaiserin zu übermitteln:

> *Falsch, falsch berichtet hat der Floh*
> *Über Andrássy in Jericho.*
> *Fenster sah er keine, nur Jalousie,*
> *Geschaffen, zu erhitzen die Phantasie.*
> *Wie eine Türkin aussieht in nächster Näh,*
> *Davon hat er leider keine Idee.*
> *Doch konnte er sündigen frei*
> *Und wäre gerne gewesen dabei.*
> *Denn er konnte frei schalten und walten,*
> *Hatte er doch in Jerusalem für alle Zukunft*
> *Absolution erhalten.*

Am 30. November 1869 läßt Franz Joseph seine Yacht auf der Rückkehr von Ägypten für kurze Zeit auf Korfu anlegen. Nostalgische Gefühle bewegen ihn, als er Elisabeth schreibt, es habe ihn gefreut, »alle die Plätze einer zwar traurigen, aber doch unvergesslichen Zeit wiederzusehen. Es kam mir Alles wie ein Stück Heimath vor.«

Als der Kaiser aus dem Orient zurückkehrt, fährt ihm Elisabeth, wie er es früher getan hat, wenn sie von einer Reise kam, bis Miramar entgegen. Dann reist sie weiter nach Rom zu ihrer Schwester Marie, die wieder zu ihrem Gemahl zurückgefunden hat und nun einem weiteren Kind das Leben geben soll. Sie nimmt am 8. Dezember 1869 an der Eröffnung des Vatikanischen Konzils teil und wird am nächsten Tag vom Papst empfangen, der wiederum der Kaiserin am 12. Dezember im Palazzo Farnese einen Gegenbesuch abstattet. Elisabeth ist in Rom zunächst sehr auf ihr Inkognito bedacht, vermeidet Empfänge beim diplomatischen Korps und bei den Fürsten der Stadt. Statt dessen durchstreift sie wie eine Touristin die Stadt, besichtigt Sehenswürdigkeiten. Am 24. Dezember, Elisabeths Geburtstag, bringt ihre Schwester eine Tochter zu Welt, die allerdings schon im folgenden Jahr sterben wird. Elisabeth ist um Marie sehr bemüht und viel bei ihr.

Dann genießt sie doch das gesellschaftliche Leben, das ihr der römische Adel bietet – die Piano, Gaetani, Torlonia, Doria, Odescalchi und Chigi –, nimmt an einer großen Fuchsjagd in der Campagna teil und findet in dem jungen Grafen Malatesta, der ihr als Begleiter zugeteilt ist und ihr sehr gut gefällt, wieder einmal einen glühenden Verehrer.

Ohne Umweg über Wien reist die Kaiserin von Rom direkt nach Ofen. Im Sommer dieses Jahres ist sie teils in Ischl, teils in Neuberg an der Schneealpe nördlich von Mürzzuschlag, um näher beim Kaiser zu sein.

Nicht mehr lange genießt das neapolitanische Exkönigspaar die angenehme Gastfreundschaft Roms. Es grollt bedenklich im Westen, der Krieg Frankreichs und Preußens steht vor der Tür, und im September 1870, als Napoleon III. seinen Thron verloren hat, gibt es auch in Italien kriegerische Auseinandersetzungen. Als die Truppen des Vereinigten Italien im September Rom besetzen, müssen Franz und Marie wieder fliehen. Ein Wiedersehen dieses nun ruhelos von Ort zu Ort ziehenden Paares mit Elisabeth gibt es in Meran, die Kaiserin ist mit ihren Töchtern im Oktober über Salzburg, Kufstein und Innsbruck dorthin gefahren. Sie wohnt in Schloß Trauttmansdorff am äußersten Ende von Obermais. Den ganzen Winter über, sechs Monate bleibt sie in Meran.

Sie ist froh, daß Marie ihr Gesellschaft leistet, sie freut sich an ihrer Schönheit und Eleganz, fühlt zu ihr eine besondere Affinität. Man könnte sie manchmal beinahe miteinander verwechseln, die beiden Wittelsbacher Schwestern, Marie hat dieselbe hohe Gestalt, wenn ihr Gesicht auch etwas spitzer ist und ihr sehr schmaler Mund nicht ganz den schönen Schwung der Lippen Elisabeths aufweist. Auch die Vorliebe für schöne Pferde und Hunde hat die Königin von Neapel mit ihrer Schwester gemeinsam. Da sie in Meran, in Ischl, in München fast immer zusammen sind, fehlt Elisabeth etwas, wenn sie Marie nicht bei sich hat.

Im Frühjahr 1868 hatte Erzherzog Albrecht Kaiser Napoleon III. in Paris einen Besuch abgestattet. Was 1867 in Salzburg angebahnt worden ist, sollte vollendet werden. In Österreich träumt man von einer großen Koalition gegen das aufstrebende Preußen, um die verlorene Vormachtstellung wiedergewinnen zu können. Frankreich, Österreich, Italien und Dänemark sollten sich zu einem Bündnis zusammenschließen, im Kriegsfall sollte eine Armee von dreihunderttausend Franzosen, Österreichern und Italienern in Süddeutschland eingreifen. Am 6. Juni des Jahres 1870 trifft nun der kaiserliche Generaladjutant Lebrun als französischer Unterhändler in Wien ein. Erzherzog Albrecht empfängt ihn in seiner Sommerresidenz in Baden. Der Erzherzog ist der Sohn jenes Erzherzog Karl, der 1799 Jourdan bei Stockach und Masséna bei Zürich geschlagen und als erster 1809 Napoleon in offener Feldschlacht bei Aspern besiegt hat. Der Ruhm seines großen Vaters, der sich bei Aspern selbst an der Spitze seiner Grenadierbataillone den französischen Kürassieren entgegengeworfen hat, umweht ihn, im Jahr 1866 hat er ihm seinen eigenen – freilich weit billligeren – Sieg von Custozza dazugefügt. So träumt er von der Revanche für Königgrätz, und ein Sieg über Moltke wäre für ihn nicht weniger bedeutsam als der Sieg seines Vaters über Napoleon.

Militärische Besprechungen finden statt. Der Erzherzog bedauert lebhaft, sie auf militärische Fragen beschränken zu müssen, nicht auch bereits feste politische Abmachungen treffen zu können. Er entwirft einen Feldzugsplan, will alle verfügbaren Kräfte mobilisieren. In einer Note fordert er ausdrücklich auch den Einsatz der farbigen Truppen Frankreichs, der Turkos und Spahis, der afrikanischen Reitenden Jäger. Er macht sogar Vorschläge für ihre Verstärkung. Im kommenden Jahre 1871 soll der Krieg beginnen. Zwei französische Armeen würden am Rhein und in der Pfalz erscheinen, eine österreichische Armee in Böhmen zusammengezogen werden und ein italienisches Korps durch Tirol in Bayern einfallen. Bei Nürnberg könnten sich Österreicher und Franzosen vereinigen und dann gemeinsam auf der ganzen Linie vorrücken, auf der Napoleon 1806 seinen preußischen Feldzug angelegt hatte. Bei Leipzig, wo Napoleon geschlagen wurde, gedenkt er nach napoleonischem Vorbild Preußen ein neues Jena und Auerstedt zu bereiten.

Am Abend des 14. Juni 1870 empfängt Franz Joseph den

Elisabeth (um 1870). Photographie von Ludwig Angerer.

General Lebrun im Park von Laxenburg. Er erklärt sich mit allen militärischen Plänen und Abmachungen einverstanden. Aber er sagt weiter wörtlich: »Vor allem wünsche ich den Frieden; soll ich Krieg führen, so muß ich dazu gezwungen werden.« Zwei Niederlagen, Solferino und Königgrätz, haben ihn vorsichtig gemacht. Wenn er jetzt ein drittes Mal einen großen Einsatz wagt, will er sicher gehen. Vor der Welt muß Österreich von den »brutalen Preußen« überfallen werden. »Sollte aber der Kaiser Napoleon in der Zwangslage, den Krieg annehmen oder erklären zu müssen, sich dazu entschließen können, nicht als Feind, wohl aber als Befreier in Süddeutschland einzurücken, so würde ich meinerseits keinen Anstand nehmen, zu erklären, daß seine Sache auch die meine ist. In den Augen meiner Völker würde ich dann nichts besseres tun können, als meine Armeen mit den französischen zu vereinigen«, erklärt Franz Joseph dem General Lebrun und bittet ihn, seinem Kaiser dies mitzuteilen.

Der Krieg kommt früher, als alle gedacht haben. Doch der Kaiser schreibt seiner Frau beruhigende Briefe, und Elisabeth hält es nicht für nötig, nach Wien zurückzukehren. Dieses Mal ist sich die Kaiserin mit den Mitgliedern des Hofes einig – einig im Haß gegen Preußen. Sie ängstigt sich um ihre Brüder, Schwäger und Cousins, die unter verschiedenen Flaggen kämpfen. Trotzdem kann der französische Militärattaché de Brouillé am 25. Juli 1870 kaum anderes nach Paris berichten, als daß Österreich nicht mobilmacht. Franz Joseph hat beschlossen, vorerst nichts zu unternehmen. Die Monarchie wartet ab, wie sich die Dinge entwickeln. Österreich-Ungarn bleibt neutral, weil es mit seinen Rüstungen noch nicht fertig ist und weil es Rußland als eventuellen Verbündeten Preußens in seinem Rücken fürchtet. Der Donner österreichischer Geschütze vereint sich nicht dem Knarren und Rasseln französischer Mitrailleusen, und die stolzen Schwadronen der Lanciers der Kaiserin reiten nicht zusammen mit den Dragonern des Kaiserhauses zur Attacke. Erzherzog Albrecht schlägt kein Jena. Italien bleibt schließlich gleichfalls neutral, Dänemark denkt nicht ans Eingreifen. Und die vernichtenden Schlachten von Weißenburg und Wörth, Mars-la-Tour und Sedan bedeuten das Ende Kaiser Napoleons III., der gefangengenommen wird und dessen Reich wie ein Kartenhaus zusammenstürzt. Franz Joseph ist entsetzt und deprimiert, er schaut trübe in die Zukunft, schreibt er Sophie. Und Elisabeth befallen noch schlimmere Ahnungen als ihr Mann: »Wir werden aber vielleicht doch noch ein paar Jahre vegetieren, bis die Reihe an uns kommt. Was meinst Du?«

Der Sieg Preußens über Frankreich bringt eine Annäherung zwischen dem preußischen und dem österreichischen Hof mit sich. Der Kaiser ist bemüht, seine Beziehungen zum Deutschen Reich zu verbessern, zumal er Rußland noch immer nicht traut. Für Elisabeth bringt die neue Politik die Genugtuung, daß ihr Freund Andrássy zum Außenminister der Monarchie ernannt wird. Es wird sein Werk sein, daß Österreich seine Beziehungen zu Preußen in Ordnung bringt.

Im März 1871 reist Elisabeth aus Gödöllö ab, ist wieder für kurze Zeit in Wien und Ofen, fährt dann nach Meran zurück. Auch nach den Sommermonaten, die sie teils in Bayern, teils in Ischl verbringt, ist Schloß Rottenstein bei Meran im Oktober wieder ihr Ziel, diesmal mit Valerie. Von den politischen Verwicklungen bekommt sie nicht viel mit, doch mit der Nachricht, daß Andrássy am 9. November an Stelle von Graf Beust zum Minister des Äußeren ernannt wird, geht ein Herzenswunsch von ihr in Erfüllung. Wieder nur kurz wird der Aufenthalt in Südtirol unterbrochen, bevor Elisabeth im Dezember nach Meran zurückkehrt. Ungewöhnlich, daß sie es so lange dort aushält.

Der 21. Dezember 1871 ist übrigens der Tag, an dem sie eine neue Hofdame in ihr Gefolge aufnimmt, die Ungarin Gräfin Marie Festetics von Tolna, ein entzückendes Geschöpf aus dem Hochadel, eine junge elegante Frau von Welt, die im Leben und im Herzen ihrer Souveränin einen wichtigen Platz einnehmen wird. Die Kaiserin behält in ihrer unmittelbaren Umgebung lediglich zwei alte Österreicherinnen, zwei harmlose Puppen, Marie Gräfin Goess als Obersthofmeisterin und Ludwiga Gräfin Schaffgotsch. Nie hat die Hofburg einen solchen Skandal erlebt.

Marie Festetics wird auf Elisabeth einen noch größeren, vor allem politischen Einfluß ausüben als Ida Ferenczy, mit der die Kaiserin in erster Linie ihre persönlichen Erlebnisse bespricht. Auch Marie ist mit Deák und Andrássy befreundet, wird von dem Grafen protegiert. Sie ist klüger, kritischer, souveräner als Ida, geistreich und selbständig. Mit Marie ist neben Ida Ferenczy und Franz von Nopcsa das ungarische Dreigestirn, das künftig Elisabeths engsten Kreis bildet, komplett. Die Hofdame ist zweiunddreißig Jahre alt, ein Jahr älter als die Königin, über die sie begeistert in ihr Tagebuch schreibt: »Sie ist so schön, wie ich noch keine sah. Hoheitsvoll und wunderlieblich dabei und eine Stimme, so sanft. Ihre Augen sind zu köstlich!« Zwischen den beiden entwickelt sich eine Freundschaft, die lange dauern soll, und die von gegenseitiger Sympathie bestimmt ist.

Allerdings legt Elisabeth auf eine exklusive Bindung wert, Flirts, Liebeleien ihrer Hofdamen, Heiratsanträge gar rufen sofort ihre energische Abwehr herauf. Als Ida in ihr Gefolge eintrat, war sie so gut wie verlobt. Ein Jahr später schrieb ihr Elisabeth aus Kissingen: »Jetzt Gott mit Dir, liebe Ida, heirate nicht während dieser Zeit, weder Deinen Kálmán noch einen anderen – sondern bleibe treu – Deiner Freundin E.« Auch Marie Festetics bekommt diesen vehementen Anspruch auf Gefühle zu spüren. Im Jahr 1872 erhält sie von einem langjährigen Verehrer, Prinz Dolgoruki aus dem Gefolge von Zar Alexander II., einen Heiratsantrag, gegen den Elisabeth umgehend Protest einlegt: »Unterhalten erlaube ich Ihnen, aber verlieben nicht und noch weniger heiraten. Ich will nicht, daß Sie mich eines fremden Menschen wegen verlassen!«

Die Einsamkeit, die sie sich selbst zumutet, verlangt Elisabeth auch von ihren Hofdamen. Bei einem Spaziergang fragt die Kaiserin Marie Festetics: »Wundern Sie sich nicht, daß ich so lebe wie ein Einsiedler? Es blieb mir nichts anderes übrig, als dieses Leben zu wählen. In der großen Welt haben sie mich so verfolgt, mir Übles nachgeredet, mich verleumdet, so stark mich gekränkt und verletzt – und Gott sieht meine Seele, daß ich niemals Böses getan habe. Ich dachte also, ich werde eine Gesellschaft suchen, die meine Ruhe nicht stört und mir Vergnügen bietet. Ich bin in mich selbst zurückgekehrt und habe mich der Natur zugewendet. Der Wald tut mir nicht weh. ... Die Natur ist viel dankbarer als die Menschen.«

*I*m Januar 1872 kommt die Kaiserin nach Wien, erscheint kurz bei den Hofbällen und fährt dann, diesmal in Gesellschaft ihres Mannes, wieder nach Meran. Nach der Abreise Franz Josephs lebt Elisabeth sehr zurückgezogen, wird bei ihren Spaziergängen nur von ihrem Hund begleitet und zeigt sich bei diesen einsamen Wanderungen stets tief verschleiert. Marie Festetics schreibt in ihr Tagebuch: »Schade, daß sie die ganze Zeit eigentlich mit Grübeleien verändelt und gar nichts tun muß. Sie hat Hang zu geistiger Trägheit und dabei einen Freiheitstrieb, dem jede Beschränkung schrecklich ist. Ist sie bei einem kleinen Diner, dann ist sie reizend, vorausgesetzt, daß kein Element da ist, das ihr unsympathisch ist. Wenn ja, ist es steif um sie.«

Im März berichtet Andrássy ihr über die wachsende Verstimmung, die sich in Wien wieder einmal über ihre langen Abwesenheiten breitmacht. Doch auch die kaum verhüllten Ermahnungen ihres Freundes bringen sie nicht in die Hauptstadt zurück. Sie läßt sich von niemandem etwas vorschreiben. Anfang April wird die Verlobung von Erzherzogin Gisela mit dem Prinzen Leopold im Beisein des Kaiserpaares in Ofen gefeiert, wo Elisabeth wie immer begeistert begrüßt wird.

Wenig später fährt sie erneut nach Meran. Dann wird sie am 16. Mai nach Wien gerufen. Die Kaiserin kehrt in die Hauptstadt zurück, weil der Gesundheitszustand ihrer Schwiegermutter Anlaß zu ernster Besorgnis gibt. Mit Erzherzogin Sophie geht es zu Ende. Zurückgezogen hat sie in den letzten Jahren in Ischl gelebt. Die wachsende Isolation, der Tod Maximilians, der drohende Zerfall ihrer Welt, das alles hat sie nicht mehr verkraftet. Eine Lungenentzündung, Fieber und Schmerzen löschen ihren Lebenswillen. Franz Joseph rechnet mit dem Schlimmsten, er ist wieder ganz der liebevolle Sohn, läßt auf dem Platz unter dem Fenster seiner Mutter Stroh ausstreuen, um den Lärm der

Wagen und Pferde zu dämpfen. Der starken, energischen, erst siebenundsechzigjährigen Frau wird das Sterben nicht leicht. Elisabeth sitzt Tage und Nächte an ihrem Bett, legt ihre kühle Hand auf die heiße Stirn ihrer Schwiegermutter, die sie jetzt zärtlich anblickt.

Sophie ringt lange mit dem Tod, bis er sie endlich in den frühen Morgenstunden des 27. Mai 1872 erlöst. Elisabeth ist nicht von ihrer Seite gewichen. Sie ist bis ins Innerste erschüttert, hat sich nicht vorgestellt, daß Sterben so schwer ist. Nun kann sie sich gegen eine Welle des Mitleids nicht wehren. Der Tod löscht allen Haß, alle Bitterkeit aus. Sie weiß, auch sie war nicht ohne Schuld an der Disharmonie, die zwischen ihnen herrschte. Und Franz Joseph ist erschüttert, vom Schmerz überwältigt. Am 1. Juni wird seine Mutter feierlich beigesetzt.

Die furchtbar pedantischen und ermüdenden Förmlichkeiten, die bei Hochzeiten, Geburten und Taufen an einem großen Hof beachtet werden müssen, sind vielleicht noch komplizierter, wenn ein Mitglied des Hauses seinen letzten Atemzug getan hat. Elisabeth findet es gerade am Sterbelager gräßlich und absurd zugleich, daß sich alle mit großer Hoftoilette und Uniform versammeln müssen, um zuzusehen, wie die arme Sterbende mit dem Tode ringt, und ihr selbst den Abschied von der Welt so schwer wie möglich zu machen. Für Elisabeth sind im Tod alle Menschen gleich. Warum läßt man die Großen nicht wie die Kleinen in aller Stille heimgehen?

In Ischl beginnt der Sommer-Séjours der kaiserlichen Familie. Franz Joseph ist tief deprimiert. Mitte September reist Elisabeth nach Possenhofen. Dort gibt es ein Wiedersehen mit der Mutter, den Schwestern Marie, Helene und Mathilde und den Brüdern Carl Theodor und Max Emanuel. Auch Ludwig schaut bei ihr vorbei. Obwohl sie sich mit ihrem Cousin so verbunden fühlt, spürt Elisabeth jetzt doch ein leichtes Unbehagen in seiner Gegenwart, hat ihm wenig zu sagen und ermüdet rasch bei seinen langen, meist schweigsamen Visiten. Auch Marie Festetics, die Hofdame der Kaiserin, zeigt sich nach dem Vorstellen irritiert von dem jähen Wechsel der Stimmungen im Blick des Königs mit seinen »wundervollen dunklen Augen, die schnell im Ausdruck wechseln; schwärmerisch sanft, dann wieder wie ein Blitz ein Aufleuchten wie von Schadenfreude, – und daß ich alles sage – das glühende, sprühende Auge wird kalt und ein Blick, ein Leuchten mehr wie von Grausamkeit zuckt darin! Dann blickt es wieder schwermüthig und sanft; was er sagt, zeigt Geist; er spricht gut und selbstbewußt.«

Im Oktober fährt die Kaiserin zunächst nach Ischl, dann nach Ofen. Sie liebt den Ausblick vom Blocksberg, der auf schroffen Felsen über der Donau steht. In Gödöllö nimmt sie wie immer mit größtem Vergnügen an den Reitjagden teil. Franz Joseph ist, sofern es ihm seine Arbeit gestattet, mit dabei, und auch Andrássy reitet oft mit.

Ihre Unruhe, ihr nicht zu stillender Freiheitsdurst wird immer größer. »Der Gedanke, an einem Ort gebannt zu sein, könnte mir das Paradies in eine Hölle verwandeln. ... Man darf nicht längere Zeit an einem Ort verbringen. Nur wenn ich weiß, daß ich den Ort bald verlassen muß, gewinne ich ihn lieb. ... Ich will ans Meer. Den Menschen zu nahe zu sein, ist eine Qual.«

Viel später, im Jahr 1887, schreibt sie in ihren »Winterliedern« ein Gedicht über das Gefühl einer unbezähmbaren Lust an wilden Fahrten über die Meere:

Liberty

Ja, ein Schiff will ich mir bauen!
Schön'res sollt ihr nimmer schauen
Auf dem hohen weiten Meer;
»Freiheit« wird vom Maste wehen,
»Freiheit« wird am Buge stehen,
Freiheitstrunken fährt's einher.

»Freiheit«! Wort aus gold'nen Lettern,
Flattert stolz in allen Wettern
Von des Mastes schlankem Baum,
Freiheit atmen meine Nüstern,
Freiheit jauchzt der Wellen Flüstern,
Freiheit! Dann bist du kein Traum.

Sucht es dann ihr Telegraphen,
Für ein Hoffest mich zu schaffen
In die Kerkerburg zurück;
Fischt im Klaren, fischt im Trüben,
Fangt die Möve nach Belieben;
Hurrah! wir sind frei und flügg'!

Von den Spitzen meiner Finger
Send' ich euch, ihr lieben Dinger,
Die mich einst gequält so sehr,
Einen Kuss und meinen Segen,
Schert euch nimmer meinetwegen;
Ich bin frei auf hohem Meer!

Nur eine Yacht wird ihr diesen Traum erfüllen können. Ein Dampfschiff, ein Hotel auf dem Wasser, das wäre ganz nach ihrem Wunsch. Elisabeth hat bislang nur eines kennengelernt, das Schiff der englischen Königin Victoria. Danach fertigt sie Entwürfe. Zunächst hat sie eine einfache und praktische Schiffswohnung im Kopf, dann wird alles viel teurer als geplant.

Das in England gebaute Schiff »Miramare«, das in diesem Jahr vom Stapel läuft, belegt Elisabeths aufwendigen Lebensstil. Mit einer Länge von zweiundachtzig Metern und einer Breite von zehn Metern, 1 830 Tonnen Gewicht, zweitausend Pferdestärken, einer Geschwindigkeit von siebzehn Seemeilen und 159 Mann Besatzung ist dieser Raddampfer aus Eisen schon ein Schiff der Luxusklasse. Ungewöhnlich ist auch das Bad: imposant in den Maßen, kein zweckdienlicher Raum, den man rasch wieder verläßt, sondern ein Salon, verschwenderisch ausgestattet mit antiken Thermen, riesigen Spiegeln, großen Blumenständern, bequemen Diwanen und Polstern. Elisabeth wird die »Miramare« in den kommenden Jahren häufig für ihre Fahrten kreuz und quer durchs Mittelmeer benutzen.

Am 15. Dezember 1872 ereignet sich eine kleine Episode, die ein bezeichnendes Licht auf Elisabeths Verständnis von finanziellen Dingen wirft. Sie fährt mit Marie Festetics im Sikló, der kleinen Zahnradbahn, von der Ofener Burg zur Kettenbrücke, um zu »Gerbeaud«, der weltberühmten Konditorei Kugler zu gehen. Im Coupée fragt sie ihre Hofdame: »Haben Sie Geld mit?« »Jawohl, Majestät.« »Wieviel?« »Nicht sehr viel, zwanzig Gulden.« »Das ist ja viel!« Und dann kauft sie für hundertfünfzig Gulden für Valerie ein.

Im Jahr 1873 fühlt sich Elisabeth mehrmals genötigt, für einige Zeit ihre Rolle als Kaiserin zu spielen. Sie widmet sich vor allem in der ersten Jahreshälfte ihren Repräsentationspflichten, nimmt sogar an den Zeremonien der Karwoche und am Fronleichnamsfest teil.

Im Februar stirbt eine ihr sehr nahestehende Tante, Karoline Augusta, die Schwester von Herzogin Ludovika und vierte Gemahlin von Kaiser Franz I. Sie ist stets auf der Seite Elisabeths gewesen, und so trauert die Kaiserin um diese Frau mehr als nur pflichtschuldig. Doch bald fühlt sie wieder eine Langeweile, die jeden Gedanken an Glück und Zufriedenheit in weite Ferne rückt. Sie wird immer abweisender und schwermütiger, Marie Festetics stellt es in ihrem Tagebuch erschüttert fest: »Sie ist eine Schwärmerin und ihre Hauptbeschäftigung ist Grübeln. Wie gefährlich das ist! Sie möchte alles ergründen und sucht zu viel herum. Ich möchte sagen, daß der gesündeste Sinn unter dieser Art Leben leiden muß. Sie brauchte eine Beschäftigung, eine Position, und da die einzige, die sie hätte, ihrer Natur zuwider ist, liegt in ihr alles brach.«

Immer klarer tritt die Tragik der Kaiserin hervor: Sie hat keine Heimat, sie hat keine Aufgabe, sie hat keine Liebe. Immer wieder sieht die menschenscheue Elisabeth als einzige und letzte Chance den Rückzug in sich selbst, in eine zumeist quälende, phantastische Gedankenwelt. Die Entfernung zu ihrem Ehemann wächst: Die »Wolkenkraxeleien« Elisabeths quittiert Franz Joseph mit amüsierter Verständnislosigkeit. Die Gedichte der Kaiserin offenbaren eine vollkommene menschliche Isolation, aber auch Narzißmus und Anflüge von Sarkasmus, die von Menschenverachtung nicht mehr weit entfernt sind und in Allmachtsphantasien münden:

Ja, wenn ich der Dachstein wäre
Oh der grossen Herrlichkeit!
Schaute stolz auf alle Meere,
Trotzte Zeit und Ewigkeit.
Sinnverwirrend, schön und blendend,
Säß ich da in hehrer Pracht,
Donnernde Lawinen sendend,
Boten meiner wilden Macht.

Liess den Blick auf- abwärts gleiten
Auf die Seen, klein und gross,
Die sich um die Ehre streiten,
Meines Bilds in ihrem Schoss.
Und erst gar der Sonne Minnen,
Früh bis spät ihr tolles Glühn,
Grad als wäre sie von Sinnen,
Brennt und buhlt sie auf mich hin.
Und trotz allen heissen Küssen
Bleibt mein Eisherz starr und kalt;
Machtlos wird sie weichen müssen
Meines Frostes Allgewalt.

Am 20. April vermählt sich Elisabeths älteste Tochter, die sechzehnjährige Erzherzogin Gisela, mit Prinz Leopold von Bayern. Elisabeth nimmt an der Feierlichkeit teil, und als das »Ja« durch den Raum klingt, fühlt sie ein wenig Rührung. Sie stellt ihre sechzehnjährige Tochter mühelos in den Schatten. Fünfunddreißig Jahre ist die Kaiserin alt, eine strahlende Erscheinung, wie Marie Festetics nicht müde wird zu betonen: »Wie schön sie war in ihrem silbergestickten Kleid, dem herabwallenden, wirklich schimmernden Haar mit dem glitzernden Diadem, ist nicht zu sagen. Das Schönste ist aber nicht das physische Wesen an Ihr – nein was über diesem schwebt – Es ist etwas wie eine Atmosphäre – ein Hauch von Anmuth – Hoheit – Lieblichkeit – Mädchenhaftigkeit – Züchtigkeit und doch wieder Großartigkeit.«

Mehr als ein gefürchteter Auftritt ist dieses Hochzeitsfest für

Elisabeth nicht. Als das Brautpaar am Bahnhof zur Abfahrt in die Flitterwochen verabschiedet wird, kommt es zu einer großen Familienszene, die selbst im »Neuen Wiener Tagblatt« ausführlich beschrieben wird: »Den rührendsten Anblick bot der Kronprinz Rudolf; er weinte unausgesetzt und vermochte weder den Thränenfluß zu hemmen, noch das Schluchzen zu unterdrücken, so sehr er auch sichtlich nach Fassung rang.« Kein Wunder, daß der vierzehnjährige Kronprinz trauert, er und Gisela sind zusammen aufgewachsen und in ihrer Kindheit eng aneinander gerückt. Auch die erst sechzehnjährige Braut kann die Tränen nicht zurückhalten – und selbst in den Augen des Kaisers schimmert es verräterisch. Elisabeth bewahrt die Fassung. Während alle um sie herum weinen und schluchzen, beschränkt sie sich darauf, »das Taschentuch an die thränenden Augen« zu drücken, wie der Zeitungsbericht respektvoll die reduzierte Gemütsbewegung der Kaiserin vermeldet.

Elisabeth bleibt in Wien, denn ein großes Ereignis wirft seine Schatten voraus. Am 1. Mai eröffnet der Kaiser in einem pompösen Akt die Weltausstellung, Anlaß vieler Zeremonien und Festlichkeiten. Elisabeth ist dabei, und als sie in den ungarischen Pavillon kommt, wird sie mit frenetischer Begeisterung begrüßt. Sie ärgert sich aber einmal mehr darüber, in der Menschenmenge auf dieser Ausstellung begafft und direkt bedrängt zu werden. Gleichwohl absolviert sie alle Feste und Diners. Zahlreiche Besucher aus dem Ausland, darunter Kaiser Wilhelm, Kronprinz Friedrich Wilhelm von Preußen, Zar Alexander II., König Viktor Emanuel, König Leopold von Belgien, der englische Thronfolger Prinz Edward, die deutsche Kaiserin Augusta, die Königin von Spanien, Isabella, sind nacheinander Gäste in der Hofburg, müssen begrüßt und betreut werden.

In dieser langen Reihe von Festen, als sich in Wien alle gekrönten Häupter einfinden, stöhnt Elisabeth merkwürdigerweise nicht so sehr wie sonst darüber, daß sie ständig repräsentieren muß. Sie scheint sich in dem ihr stets angenehmen Gefühl zu sonnen, unbestritten die schönste aller Majestäten zu sein. Sie ist auf dem Höhepunkt ihres Lebens, befriedigt stellt sie fest, daß ihr Körper immer noch geschmeidig ist, ihr Teint

*Die Kaiserfamilie mit den berühmtesten Gästen
der Weltausstellung in der Rotunde (1872).
Rechts sitzend der Schah von Persien, hinter ihm der russische
Außenminister Graf Gortschakow, der deutsche Kronprinz,
Fürst Bismarck und Außenminister Graf Andrássy. Zwischen Franz
Joseph und Kronprinz Rudolf der deutsche Kaiser Wilhelm I.*

vollkommen frisch wirkt. Europas reizvollste, zweifellos schönste Monarchin. Eugénie, einst die personifizierte Eleganz auf dem Thron, lebt seit Sedan im Exil.

Die erste Ehrendame der Kaiserin, Marie Festetics, greift nun, nachdem sie Elisabeth auf einem Hofball bewundert hat, zu einem ganzen Tableau von Vergleichen: Sie sei wie eine Lilie, ein Schwan, eine Gazelle. Sie habe etwas von Melusine, der schönen Meerfee, an sich, und sei doch so ganz Frau. Selbst ihre schlimmsten Feinde geben neidlos zu, daß sie unvergleichlich aussieht.

Ende Juli aber wird der Trubel Elisabeth doch zuviel. Es mißfällt ihr, Zeit und Mühe den Zeremonien zu opfern, an denen sie nur das Mißverhältnis zwischen äußerem Aufwand und Inhalt wahrnimmt. »Was haben«, sagt sie zu diesem Thema, »Titel und Würden zu bedeuten? Es sind bunte Lappen, mit denen man sich behängt, um Kümmerlichkeiten zu bedecken.« Sicherlich stimmt sie mit Marie Festetics überein, die erschöpft in ihr Tagebuch schreibt: »Das ist kein Leben, sondern ein Rausch! Die Weltausstellung ist wie ein Fegefeuer, das Alles verschlingt. Alle anderen Interessen scheinen verschwunden, und die Sucht, recht toll zu genießen, setzt über Alles hinweg, als wenn wirklich aller Ernst verschwunden. Es ist fast beängstigend.«

Elisabeth drückt sich vor ihren Pflichten, zieht sich flugs nach Payerbach bei Reichenau zurück, während Franz Joseph und Rudolf ohne sie repräsentieren müssen. Die Kaiserin will endlich ihre Ruhe, sie will ausspannen, gute Gebirgsluft atmen und sich vom Trubel in Wien erholen. Sie hat genug von Feuerwerken und Fürstlichkeiten, Soiréen und Bällen, Empfängen und Verbeugungen.

Etwa gleichzeitig erscheint der Schah Nasreddin von Persien auf seiner großen Reise durch Europa in Wien. In seinem Tagebuch lesen wir von zahllosen Begegnungen mit den Damen der europäischen Gesellschaft, er beschreibt ihre äußere Erscheinung in den glühendsten Farben, notiert aber auch, wenn er sie als zu geschwätzig empfindet.

Orientalischen Fürsten gegenüber, die kennenzulernen Eliṣabeth merkwürdigerweise besonders interessiert, zeigt sie stets ein außergewöhnliches Charisma. Bereits der 1867 in Wien weilende Scheich Abdul Aziz war von der Schönheit der Kaiserin von Österreich ganz begeistert.

Für den Schah steht Elisabeth hoch oben am Firmament. Er besteht darauf, die Kaiserin zu sehen, und sie gibt dem wachsenden Druck nach, kommt tatsächlich zur Soirée des orientalischen Monarchen nach Schönbrunn. Marie Festetics schildert die Begegnung: »Es war sehr amusant, als das erste Mal er Ihrer ansichtig wurde. Er blieb ganz paff vor Ihr stehen, nahm seine goldenen Augengläser hervor und schaute sie ganz ruhig vom obersten Lockerl bis zum Fußspitzel herunter an – ›ah qu'elle est belle‹ fuhr ihm heraus.«

In Laxenburg, wo er einquartiert ist, schreibt der Schah am 5. August 1873 mit orientalischem Überschwang: »Nun habe ich auch die Frau des Kaisers zu Österreich zu Gesicht bekommen. Sie ist auf jeden Fall die schönste Herrscherin von all den Frauen an den europäischen Höfen, denen ich bisher begegnet bin. Sie hat eine wunderschöne, weiße Haut und die Gestalt einer Zypresse, eine Majestät vom Scheitel einer prächtigen Haarfülle bis zur Sohle.«

Zwei Tage später trifft er sie noch einmal bei einem Galasouper: »Sie ist, es muß bei der schon einmal getroffenen Behauptung bleiben, mit ihren vielfältigen Reizen ein Genuß für das Auge. An diesem mit Frauenschönheit nicht sonderlich gesegneten Hof ist ihre Erscheinung ein Labsal. ... Ich drückte dies auch dem neben mir an der Tafel sitzenden Kaiser aus. Ich glaube, daß er sich über diese meine Feststellung gefreut hat.«

Elisabeth findet den Gast nicht unsympathisch, sie amüsiert sich blendend in seiner Gegenwart. Ihr gefällt die ungezwungene Überschwenglichkeit, die er ihr gegenüber an den Tag legt. Und sie macht sich für ihn besonders schön, legt ihm, der kostbare Steine liebt, zu Ehren besonders reichen Schmuck an, erscheint in einem weißsilbernen Kleid mit einer purpurnen Schärpe, eine mit Diamanten und Amethysten besetzte Krone im Haar, das ihr offen in langen Locken über den Rücken fällt und den Schah in helle Begeisterung versetzt. Er bittet um ein

Porträt Elisabeths, die Kaiserin sitzt sogar zu einem Gemälde Modell – in weißer, diamantenübersäter Toilette, mit dem Diadem im halboffenen Haar.

Als der persische Monarch abreist, hält es auch Elisabeth nicht mehr in Wien, sie fährt Mitte August nach Ischl. Erst im September kehrt sie wieder in die Hauptstadt zurück, zieht sich hier aber ein Magenleiden zu und begibt sich im Oktober nach Gödöllö.

Und schließlich feiert Franz Joseph am 2. Dezember sein fünfundzwanzigjähriges Regierungsjubiläum. Eine großartige Feier, für Elisabeth jedoch eine furchtbare Hetzerei. Die Festlichkeiten erzwingen natürlich die Anwesenheit der Kaiserin, sie kann sich ihnen nicht entziehen. Doch ihr auffallend menschenscheues Verhalten dabei wird allgemein kritisiert. Dabei ist es nur zu verständlich. Die Kaiserin geht mit Marie Festetics über die Wiener Ringstraße, innerhalb weniger Minuten sammeln sich tausend begeisterte Menschen an, es entsteht ein derartiger Andrang und Jubel, daß die Polizei dem Auflauf machtlos zusehen muß. Einige beherzte Männer und die halb ohnmächtige Marie Festetics zerren ihre Kaiserin schließlich zu ihrem Wagen.

Sie hält es nicht länger als einen Tag aus, bereits am 3. Dezember fährt Elisabeth umgehend wieder nach Gödöllö und erregt damit bei der Bevölkerung, vor allem in der Wiener Presse prompt »Ärger«. Eine Zeitung bringt die Schlagzeile »Die Kaiserin, diese merkwürdige Frau«, immer sei sie woanders, nie in der Hauptstadt. Der Kaiser gerät über die schlechte Presse derart in Wut, daß er den Vorfall vor dem Verein der Presseschriftsteller »Concordia« anspricht. Die Journalisten sollen sich künftig gefälligst nicht mehr in das Privat- und Familienleben der Kaiserin einmischen. Sensationspresse, Boulevardjournalismus, Paparazzi – schon im 19. Jahrhundert eine lästige Begleiterscheinung der Reichen und Schönen.

Elisabeth denkt nicht im Traum daran, sich den Radius ihrer Aktivitäten verkleinern zu lassen. Sie wird auch weiterhin reisen, wohin und wann es ihr gefällt. Obwohl sie das Eisenbahnfahren nicht sonderlich schätzt, wird in diesem Jahr bei der Firma Ringhoffer in Prag mit dem Bau einer Garnitur Reisewagen für die Kaiserin begonnen, bestehend aus einem Salon- und einem Schlafwagen.

Zum Jahresanfang 1874 bekommt Erzherzogin Gisela ihr erstes Kind. Elisabeth reist nach München, trotz der Cholerafälle, die dort aufgetreten sind. Sie besucht ein Irrenhaus, sogar ein Cholera-Spital, geht von Bett zu Bett, reicht den Kranken ungeniert die Hand. Nach dem Besuch gibt sie alle ihre Kleider weg und läßt sich zwei Tage nicht blicken. Es gibt ein Wiedersehen mit Marie und der Mutter Ludwigs II. Der Bayernkönig hat sich mehrmals angesagt, doch Elisabeth weicht ihm aus, wo es geht. Am 17. Januar aber muß sie ihn empfangen. Trotz aller Seelenverwandtschaft wird der Umgang mit ihm immer schwieriger.

In der zweiten Januarhälfte reist Elisabeth nach Ofen, ist aber rechtzeitig zum Hofball wieder in Wien. Im Februar stürzt sich ganz Wien in den Faschingstrubel, aus den Palais erklingen Walzermelodien von Strauß, der Duft gerösteter Maroni und brutzelnder Krapfen erfüllt die Luft, der Wind wirbelt Konfettiwolken über die Ringstraße, in den schneebedeckten Bäumen hängen bunte Papiergirlanden.

Elisabeth steht in der Hofburg am Fenster. Sie hat viel Aufregendes über die Bälle gehört, auf denen nur die Frauen maskiert erscheinen und dann im Schutz der Maske unbeschwert mit jungen Männern flirten. Und sie hat Lust, einmal etwas ganz anderes zu erleben als diese steifen Bälle, auf denen sie den ganzen Abend auf einem Podium sitzen, an die Frauen der Botschafter ein paar höfliche Worte richten muß, während die Herren nur darauf warten, daß sie pünktlich um Mitternacht den Saal verläßt, damit sie dann im Getriebe eines nun außer Rand und Band geratenden Balls untertauchen können.

Am Faschingsdienstag findet wieder die Redoute im Großen Musikvereinssaal statt. Ein großer Maskenball, alle Welt spricht davon, wie herrlich er dieses Jahr sein wird, und Elisabeth spürt große Lust, die Redoute zu besuchen und einen schönen, unge-

Mit 36 Jahren wird Elisabeth Großmutter. Zur Taufe
der kleinen Elisabeth, ihres ersten Enkelkindes und Patenkindes,
reist sie nach München.

zwungenen Abend zu erleben – im geheimen, versteht sich, damit sie es wirklich genießen kann. Die Geschichte dieses kleinen, harmlosen, für Elisabeth aber bezeichnenden »Abenteuers« ist so hübsch, daß sie hier in der von Conte Corti rekonstruierten Fassung erzählt werden soll.

Nur die Kammerfrau Gabriele Schmidl wird ins Vertrauen gezogen, dazu natürlich Fanny Feifalik und Ida Ferenczy, sie müssen schwören, nichts zu verraten. Sobald es im Haus ruhig wird, steht Elisabeth auf, wirft sich einen ungewöhnlich schönen Domino aus schwerem gelbem Brokat über, versteckt ihr Haar unter einer rotblonden Perücke und ihr Gesicht hinter einer schwarzen Spitzenmaske. Ida Ferenczy, in einem roten Domino, muß die Kaiserin »Gabriele« nennen, um einen möglichen Verdacht auf die ebenfalls große und schlanke Kammerfrau zu lenken. Im Ballsaal geht es hoch her, die beiden Damen nehmen auf der Galerie Platz, beobachten amüsiert das lustige und lärmende Treiben. Sie trauen sich kaum hervor, bleiben still und immer zusammen da sitzen, so daß sich ihnen kein anderer Ballgast nähert. Um elf Uhr beginnt Elisabeth sich zu langweilen. Ida schlägt ihr vor, sie solle sich jemanden im Saal aussuchen, sie werde ihn dann heraufbringen, »man muß auf einer Redoute die Leute ansprechen und intrigieren«.

Elisabeth beugt sich über die Brüstung, ihre Blicke wandern durch den Saal, ein junger eleganter Mann fällt ihr auf, der allein da unten durch den Raum flaniert. Ida eilt zu ihm, forscht ihn aus und stellt fest, daß es niemand aus der Hofgesellschaft ist. Dann fragt sie ihn ganz unvermittelt: »Willst du mir einen kleinen Gefallen tun?« »Ja, gerne«, kommt zur Antwort. »Ich habe eine schöne Freundin hier«, sagt der rote Domino, »die ganz einsam oben auf der Galerie sitzt und sich furchtbar langweilt. Möchtest du sie nicht einen Augenblick unterhalten?« Eine schöne Freundin? Das Interesse des jungen Mannes ist geweckt.

Auf der Galerie prüfende Blicke, als sich beide gegenüberstehen. Fritz Pacher, ein junger Ministerialbeamter, erkennt auf den ersten Blick, daß er es mit einer Dame der großen Welt zu tun hat, die schwere Seide ihres Dominos, jedes Wort, die ganze Erscheinung verraten es ihm. Tastend beginnt ein verlegenes

Gespräch, der gelbe Domino bringt es sogar auf politische Fragen und wie man in der Bevölkerung das Kaiserhaus einschätze. Mit wohl etwas bewegterer Stimme kommt die Frage: »Kennst du auch die Kaiserin? Wie gefällt sie dir und was spricht und was denkt man über sie?«

Damit hat sie sich verraten. Augenblicklich durchzuckt Friedrich der Gedanke: »Du stehst neben der Kaiserin, und sie fragt dich nach sich selbst.« Oder ist sie es doch nicht? Er ist nicht ganz sicher, will keinen Fauxpas begehen, parliert freundlich: »Die Kaiserin, die kenne ich natürlich nur vom Sehen, wenn sie im Prater ausreitet. Ich kann nur sagen, sie ist eine wunderbare, schöne Frau. In der Öffentlichkeit fällt es unangenehm auf, daß sie sich so ungern sehen läßt und sich wohl allzu viel mit ihren Pferden und Hunden beschäftigt...«

Elisabeth unterbricht ihn: »Sag mal, für wie alt hältst du mich eigentlich?« Da wagt Fritz das genaue Alter zu nennen: »Du, du bist sechsunddreißig Jahre alt.« Unwillkürlich zuckt der gelbe Domino zusammen, sagt mit etwas betretener Stimme: »Du bist aber nicht sehr höflich«, und wechselt sofort das gefährliche Thema. Sie wird einsilbig, verschließt sich wie eine Auster. Die Unterhaltung kommt ins Stocken, dann erhebt Elisabeth sich plötzlich mit der Bemerkung, daß er entlassen sei. Fritz läßt sich so leicht nicht abwimmeln, im Wiener Fasching ist es einer Maske nicht erlaubt, sich einen jungen Mann auszusuchen und ihn dann ohne jede Gunstbezeugung wieder wegzuschicken. Ironisch sagt er: »Das ist ja wirklich liebenswürdig, erst läßt du mich zu dir heraufkommen, quetschst mich aus und gibst mir dann den Laufpaß. Gut, ich gehe, wenn du genug von mir hast, aber mir steht doch wenigstens ein Händedruck zum Abschied zu.« Elisabeth nimmt die ihr entgegengestreckte Hand nicht, sieht ihn nur erstaunt an und fordert ihn zum Bleiben auf.

Das Eis ist gebrochen. Indem Fritz so tut, als hätte er sie nicht erkannt, lockt er sie aus der Reserve. Ganz gelöst, wie ausgewechselt ist der bisher so formelle und steife Domino. Elisabeth beginnt über Gott und die Welt zu reden, plaudert ironisch über die politischen und gesellschaftlichen Zustände in Österreich, hängt sich dann leicht in den Arm ihres Begleiters und flaniert mit ihm zwei Stunden lang durch die Festsäle. Fritz Pacher fühlt sich nicht ganz wohl in seiner Haut, registriert aber doch stolz, welches Aufsehen die wunderbare Dame an seiner Seite erregt. Er vermeidet jedes zudringliche Wort, läßt sich zu keiner zweideutigen Bemerkung hinreißen. Es fällt ihm auf, wie wenig sie daran gewöhnt ist, im Ballgedränge geschoben und gestoßen zu werden; wenn man ihr nicht augenblicklich Platz macht, geht ein Beben durch ihren Körper. Sie zuckt zusammen, wenn er ihren Arm nur etwas fester umfaßt. Das alles gehört sichtlich nicht zu ihren üblichen Erfahrungen. Die aristokratischen Herren interessieren sich für dieses Paar, und vielleicht hat einer den Domino an seinem Gang erkannt: Nikolaus Esterházy.

Elisabeth erkundigt sich genau nach Namen und Beruf, Herkunft und Lebenslauf ihres Begleiters. Friedrich List Pacher von Theinburg heißt er, sechsundzwanzig Jahre ist er alt, der junge Mann, der in der Hoffnung auf einen kleinen Flirt, ein flüchtiges Abenteuer auf diesen Ball gegangen ist und und sich statt dessen nun mit einer Frau über Religion und Philosophie und Shakespeares Dramen unterhält. Als das Gespräch schließlich auf Heinrich Heine kommt, den Lieblingsdichter der Kaiserin, dessen »Buch der Lieder« sie halb auswendig kennt, hat Fritz ihre Sympathie ganz gewonnen. »Jetzt weiß ich, wer *du* bist«, meint sie, etwas mutiger geworden, »aber nun sag mir, für wen du *mich* eigentlich hältst.« »Du bist eine große Dame«, antwortet Fritz, »vielleicht eine Fürstin. Das zeigt dein ganzes Wesen.«

Elisabeth lacht. Er bittet sie, doch wenigstens ihren Handschuh auszuziehen, doch sie lehnt ab: »Du wirst mich schon noch kennenlernen, aber nicht heute. Wir sehen uns wieder. Würdest du nach München kommen, wenn ich dir dort ein Rendezvous gäbe? Du mußt nämlich wissen, daß ich fast immer auf Reisen bin.«

Fritz ist bereit, überallhin zu kommen, tausend Gefühle und Gedanken stürmen auf ihn ein. Ist sie die Kaiserin, ist sie es nicht? Die Zeit fliegt dahin, längst ist es weit nach Mitternacht, und Ida, der rote Domino, flattert immer wieder um sie herum, ohne je herangerufen zu werden, gibt durch aufgeregte Zeichen zu verstehen, daß es Zeit sei, in die Hofburg zurückzukehren.

Endlich der Abschied, Elisabeth läßt sich seine Adresse geben, mit der Aussicht auf ein Wiedersehen. »Nur eins noch«, sagt sie, »du mußt mir noch ein Versprechen geben. Begleite mich an den Wagen und kehre nicht mehr in den Saal zurück. Hand darauf.« Sie hat einen erschrockenen Blick von Nikolaus Esterházy aufgefangen und befürchtet, daß Fritz ihn mit Fragen bestürmen würde, wenn er sich nochmals blicken läßt.

An der großen Treppe, wo sie ein wenig warten, bis der Fiaker vorfährt, kann Fritz, von seinem Erfolg und vom Champagner beschwingt, seine Neugier nicht mehr bezähmen. Er versucht übermütig die Spitze der Maske zu lüften, da springt der rote Domino mit einem spitzen Schrei dazwischen. In diesem Augenblick fährt glücklicherweise der Wagen vor, ein Händedruck, im Nu sind die Masken im Wagen, und die Pferde ziehen an. Die Kutsche wird von der dunklen Nacht verschluckt.

Ida ist den Tränen nahe, Elisabeth aber, in glänzender Stimmung, sagt erregt: »Gott, wenn der wüßte, wer ich bin. Wir dürfen nicht gleich in die Hofburg zurück. Am Ende fährt er uns womöglich nach.« Nach einem Umweg bis in die Vorstadt hinaus kehren die beiden Abenteurerinnen nach Hause.

Fritz Pacher, in einer Art rauschhaftem Höhenflug, findet in den nächsten Tagen keine Ruhe mehr, stromert stundenlang durch den Prater, um der Kaiserin zu begegnen, treibt sich in der Nähe der Hofburg herum, will sie wenigstens bei ihrer Ausfahrt zu Gesicht bekommen. Einmal gelingt es ihm, die nah an ihm vorbeifahrende Elisabeth zu grüßen. Sie sieht ihn, für eine Sekunde begegnen sich ihre Blicke, und kaum ist der Wagen vorüber, schaut sie durch das rückwärtige Guckloch zurück, läßt dann aber sofort die Klappe fallen.

Eine Woche später bekommt Fritz einen Brief aus München, das Datum rechts oben ist in der Schrift der Kaiserin, der Rest des Briefes aber sichtlich verstellt: »Lieber Freund! Sie werden erstaunt sein, meine ersten Zeilen aus München zu erhalten. Ich bin seit wenigen Stunden hier auf der Durchreise und benütze die kurzen Augenblicke meines Aufenthaltes, Ihnen das versprochene Lebenszeichen zu geben. Und wie sehnsüchtig haben Sie es erwartet. Leugnen Sie nicht mit Ihrer ehrlichen deutschen Natur. Aber fürchten Sie nicht, ich fordere keine Erklärungen, ich weiß ja so gut wie Sie, was seit jener Nacht in Ihnen vorgeht. Mit tausend Frauen und Mädchen haben Sie schon gesprochen, sich auch zu unterhalten geglaubt, aber Ihr Geist traf nie auf eine verwandte Seele. Endlich haben Sie im bunten Traum das gefunden, was Sie jahrelang suchten, um es für ewig vielleicht wieder zu verlieren...«

Ganz zweifellos verrät Elisabeth in dieser »Projektion« viel über sich und ihre Gefühle. Und auch Fritz fragt – in einem postlagernd adressierten Brief – den gelben Domino, ob er denn manchmal an ihn denke, möchte tausend Dinge wissen, was, wann, wie, wo. »Gabriele« solle ihr schreiben, mit wem sie zusammen ist, was sie den ganzen Tag treibt, ob er eifersüchtig sein soll. Die unschuldige Liebesgeschichte läuft in einer heimlichen Korrespondenz aus, ein paar Briefe fliegen hin und her, und Elisabeth unterhält sich noch wochenlang mit Ida über das kleine Abenteuer, ist entschlossen, es zwar zu keinem Rendezvous, wohl aber zu weiteren Briefen kommen zu lassen. Dabei zeigt sie sich ziemlich geschickt in der Kunst der Camouflage, tut so, als wäre sie schon in England, obwohl sie eine Reise dorthin erst für den Spätsommer plant, verwischt die Spuren, indem sie den Brief ihrer Schwester Marie mitgibt, die gerade nach England fährt.

Und Elisabeth erzählt ihrem Kavalier, der sich in erregtem Aufruhr zu befinden scheint: »Manchen Tag saß ich stundenlang am Fenster und starrte in den trostlosen Nebel, dann war ich wieder pudelnärrisch und stürzte mich von einer Unterhaltung in die andere.« Doch sie müsse ihn enttäuschen, ihr Leben sei so gar nicht interessant, »ein paar alte Tanten, ein bissiger Mops, viele Klagen über meine Extravaganz, zur Erholung jeden Nachmittag eine einsame Fahrt im Hydepark. Abends eine Gesellschaft nach dem Theater und Du hast mein Leben mit all seiner Öde und Geistlosigkeit und verzweiflungsvollen Langeweile. ... Träumst Du in diesem Moment von mir oder sendest Du sehnsuchtsvolle Lieder in die Stille der Nacht hinaus?«

Elisabeth phantasiert Fritz in ihren Briefen etwas vor, spielt mit seinen Gefühlen, neckt ihn in einem fort und streut jede

Menge irreführender Hinweise. Doch in ihrem Kopf hat sie die harmlose Begegnung längst zu einer romantischen Affäre voll erotischer Raffinesse dramatisiert. Schließlich ist sie nicht allein mit Ida im Fiaker weggefahren, elf Jahre später, 1885, spukt die Geschichte immer noch durch ihre Gedanken und nimmt eine andere Wendung:

Nun folg' mir noch zu Maskenscherzen,
Was kümmert's uns, dass draußen kalt!
Wir tragen Sommer in dem Herzen;
Der Saal von tausend Lichtern strahlt.

Wo sich die bunten Masken drängen,
Welch Summen, Toben, Lärmen, Schrei'n,
Wie sie zu tollen Walzerklängen,
Den Mücken gleich, sich dreh'n und freu'n.

Doch wir zwei wählen uns das Beste;
Wir sassen in den Wagen ein,
Der ward uns bald zum warmen Neste;
Und Dunkelheit hüllt' rings uns ein...

Friedrich Pacher erinnert sich, er habe Elisabeth einige Jahre später einmal im Prater gesehen und sei sicher, daß sie ihn erkannt habe. Tatsächlich hat Elisabeth auch diesen flüchtigen Augenblick in einem Gedicht festgehalten:

Ich seh' dich reiten, ernst und traurig,
In Winternacht im tiefen Schnee;
Es bläst der Wind so eisig schaurig,
Mir ist so schwer zumut, so weh!

Im dunkeln Osten, fahl verschwommen,
Da dämmert jetzt ein blasser Tag,
Mit Centnerlast das Herz beklommen,
Trägst heimwärts du die bitt're Klag.

Doch Elisabeth ist eine zu schlechte Schauspielerin, weiß zu wenig über das Leben, als daß sie einen gewitzten jungen Wiener täuschen könnte. Als Fritz zeigt, daß er sich nicht länger an der Nase herumführen lassen will und in einem seiner Briefe unverhüllt auf die Person der Kaiserin anspielt, indem er sagt, sie heiße nicht Gabriele, wohl aber könne sie Elisabeth heißen, wird die Korrespondenz abrupt abgebrochen. Aus der Traum, vorbei die Walzerklänge, die Stürme des Herzens.

Franz Joseph befindet sich zu diesem Zeitpunkt übrigens auf einer Rußlandreise, er kehrt am 27. Februar mit Andrássy aus Petersburg zurück.

Das Jahr, das so überraschend verheißungsvoll begonnen hat, verspricht abwechslungsreich zu werden. Anläßlich eines Besuches in Wien schildert Elisabeths Schwester Marie, die jetzt ein Jagdhaus in England besitzt, die Vorzüge des dortigen adligen Landlebens in den leuchtendsten Farben, schwärmt von den Runs und den Hindernissen. Sofort fängt die Kaiserin Feuer, plant ihre erste Englandreise. Es ist auch wieder eine Flucht vor den gehässigen Kommentaren verschiedener politischer Gruppen in Österreich und Böhmen, die in den Zeitungen kursieren. Elisabeth gewöhnt sich an, allem Streit einfach aus dem Weg zu gehen.

Am 29. Juli verläßt sie Wien und tritt unter dem Namen »Gräfin Hohenembs« gemeinsam mit Marie Valerie und Marie Festetics sowie Ida Ferenczy im Gefolge die Reise an, die über Straßburg und Le Havre zur Isle of Wight führt. In Straßburg besichtigen Mutter und Tochter unerkannt das Münster. Aus politischen Gründen wird Paris umfahren, am 2. August treffen sie auf der Insel ein.

Es soll wieder ein ganz privater Besuch werden, aber die Pflichten der Repräsentation und der Höflichkeit holen sie auch hier ein. Natürlich versucht sich Elisabeth – wie es immer ihre Art ist – soviel als möglich dem englischen Hof zu entziehen, zur großen Verwunderung der Queen, die ihr persönlich einen Besuch machen und sie einladen muß, damit sich Elisabeth zu einer Visite bequemt. Während eines Zwischenaufenthalts in London wird sie von Königin Victoria empfangen. Die kleine

Valerie versteckt sich ängstlich vor der dicken Frau mit dem unschönen Gesicht. Sie kann sich nicht vorstellen, daß das eine Königin sein soll, und will ihr nicht die Hand geben. Elisabeth muß ihrem Töchterchen sehr zureden, bis sie Mut dazu faßt.

Die Queen, von diesem Besuch tief beeindruckt, hält im Tagebuch ihren Eindruck von Elisabeth fest: »Mit ihrem herrlichen kastanienbraun schimmernden Haar, das sie wie ein Diadem um den Kopf geflochten trägt, sieht sie wirklich reizend aus – ein wunderschönes Bild. Ihre Taille ist schmäler, als man sich vorstellen kann, und ihr Gang ist von großer Anmut.«

Victoria lädt die Kaiserin zu sich nach Osborne ein, doch Elisabeth lehnt ab, was die Königin enttäuscht und kränkt. »Ich tat's«, schreibt die Kaiserin in ihrer unübertroffenen Naivität ihrer Mutter, »weil mich das tödlich langweilt.«

Sie ist fest entschlossen, diesen Sommer ganz privat zu verbringen, genießt London, wo sie unerkannt Besichtigungen machen kann. Sie läßt einen Schimmel aus Budapest kommen, reitet mit ihm im Hydepark aus. Die Spaziergänge durch die Stadt werden zu einer einzigen Hetzjagd. Selbst das Wachsfigurenkabinett von Madame Tussaud wird nicht ausgelassen, schaudernd steht Elisabeth mit ihrer Tochter vor ihrem eigenen Abbild (»Ungeheuer amüsant, aber doch teilweise sehr grauslich!«). Nachdem sie durch die Weltstadt London gehetzt ist, muß es wieder einmal der Besuch eines Irrenhauses sein, das zehnmal größer ist als das in München, die riesige Anstalt von Bedlam, wo sich die Kaiserin über die Behandlung der Kranken informiert.

Dann geht es weiter nach Belvoir, zum Schloß des Herzogs von Rutland, wo Elisabeth zum ersten Mal mit englischen Hunden in Berührung kommt und eine Fuchsjagd reitet. Das Gefühl, ein rassiges Pferd unter dem Sattel zu haben, das Donnern der Hufe auf dem Gras stimulieren sie. Auch die Brüder Hektor und Alexander Baltazzi, Levantiner mit ungarischer Verwandtschaft, brillante Reiter und Besitzer etlicher Gestüte und Güter in England, Österreich und Ungarn, sind mit von der Partie. Die gutaussehenden, schneidigen Männer finden das Gefallen der Kaiserin. Besorgt schreibt Marie Festetics in ihr Tagebuch: »Man muß sehr achtgeben. Die Brüder gehen im Sport auf, reiten famos, drängen sich überall hin, sind für uns gefährlich, weil sie ganz englisch sind, und wegen der Pferde.«

Dann wieder Strandleben mit viel Schwimmen, große Ausflüge, auch einige wenige Höflichkeitsbesuche (bei der preußischen Kronprinzessin Viktoria, der ältesten Tochter der Queen, außerdem bei Prinz Edward und seiner Gemahlin, der Kronprinzessin Alexandra). Die Kaiserin erhält ein großes englisches Jagdpferd geschenkt, lernt durch Marie die internationale Gesellschaft der Jagd- und Rennreiter kennen.

Über das Badeleben wird der Kaiser genauestens informiert: »Während ich bade«, schreibt ihm Elisabeth, »sind immer Marie Festetics und eine der Frauen im Wasser, damit die Zuseher am Ufer und auf der Anhöhe nicht wissen, welche ich bin. Auch bade ich hier gegen meine Gewohnheit in lichtem Flanell.« Franz Joseph darf sich sogar über eine Einladung freuen: »Zu schade, daß Du nicht kommen kannst. Nach den vielen Manövern, ich habe die Liste mit Dank erhalten, könntest Du eigentlich auf 14 Tage kommen, Dir London ansehen, einen Rutscher nach Schottland machen, dabei die Königin besuchen und in der Nähe von London ein wenig jagen. Pferde und alles haben wir hier, also wäre es schade, es nicht zu benützen. Denke einige Tage darüber nach, ehe Du gleich mit gewöhnter Stützigkeit *Nein* sagst.«

Franz Joseph, vielbeschäftigt wie immer, denkt nach und lehnt den »Rutscher« ab. Jagen kann er schließlich auch zu Hause, wofür wiederum Elisabeth alles Verständnis hat: »Ich bitte Dich, laß Dich in Deinen Plänen ja nicht stören«, schreibt sie ihm kurz vor der Abreise aus England. »Die Jagden sind Dir eine so nothwendige Erholung, daß ich trostlos wäre, wenn meine Rückkehr Dich nur um eine brächte. Ich weiß, daß Du mich liebhast, auch ohne Demonstrationen, und wir sind deshalb glücklich zusammen, weil wir uns gegenseitig nie genieren.«

Das Eheleben des Kaiserpaares hat sich, folgt man dem Tonfall der Briefe in diesen Jahren, normalisiert, stabilisiert. Große Gefühle, Stürme des Herzens, Sehnsucht und Begehren, das alles hat einem ruhigen, aufmerksamen und liebevollen Umgang Platz gemacht. Marie Festetics hat wohl recht mit ihrer Einschätzung: »Die Kaiserin hat ihren Gatten geschätzt und war ihm innig anhänglich. Nein, ... er hat sie nicht gelangweilt, das ist nicht das richtige Wort. Aber sie empfand es natürlich, daß er an ihrem geistigen Leben keinen Anteil nahm und ihrer Erhebung zu höheren Dingen als ›Wolkenkraxeleien‹, wie er sich ausdrückte, nicht zu folgen vermochte. Im ganzen muß ich sagen, daß sie ihn achtete und gern hatte, aber geliebt hat sie ihn wohl nicht.« Bezeichnend auch, daß Elisabeth in ihrer oft so überaus kritischen Einstellung gegen die Monarchie im allgemeinen und Kaiserhaus und Hof im besonderen Franz Joseph immer behutsam ausgenommen hat. Sie achtet ihn, bedauert ihn wohl manchmal, aber stellt ihn nie in eine Reihe mit den habsburgischen Verwandten und sagt ihm, den sie wohl so gut kennt wie niemand sonst, nichts Negatives nach.

Ende September dann die Rückreise, die über Boulogne und Baden-Baden zunächst nach Possenhofen führt. Ludwig sagt sich wieder an, Elisabeth ist nicht in der Stimmung für seine absonderlichen Hirngespinste. »Wenn mich nur der König in Ruhe läßt«, schreibt sie.

In Possenhofen lernt Elisabeth ihre neue Schwägerin Prinzessin Marie José, die schöne Infantin von Portugal, kennen, die ihr Bruder Carl Theodor in zweiter Ehe im April dieses Jahres geheiratet hat. Einige Gedichte entstehen in dieser Zeit, so »Ruhelos« und »Selbstbeherrschung«. Anschließend reitet Elisabeth mit ihrem Gemahl in Pardubitz. In Wien, wo der Zirkus Renz wieder gastiert, betreibt sie auf dem Rennplatz in der Freudenau ein verbissenes Reit- und Sprungtraining. Diese gleichsam öffentlichen Auftritte machen Elisabeth bei der Bevölkerung nicht gerade beliebter, sie zieht sich deshalb wieder nach Gödöllö zurück, wo sie sich dem Hindernisspringen ungestört und ohne unliebsame Zuschauer widmen kann. In dieser Zeit wird dort die kleine Manege gebaut, nimmt die Kaiserin wieder Unterrichtsstunden im Dressur- und Kunstreiten bei Elise Petzold, der Tochter des Zirkusbesitzers Ernst Jakob Renz, wird das berühmte Zirkuspferd Avolo angeschafft, das sich mit der Kaiserin im Sattel auf beide Knie niederläßt. Elisabeth ist hellauf begeistert.

*J*ahreswechsel 1874/75. Die Kaiserin ist bei den Hofbällen anwesend, nur höchst ungern hat sie sich von Ofen losgerissen. In einem Brief an ihre Mutter heißt es: »Ich bin eigentlich desperat darüber (nach Wien zurückzukehren, d.V.), denn hier lebt man so ruhig ohne Verwandte und Sekkaturen, und dort diese ganze kaiserliche Familie. Auch bin ich hier ganz ungeniert wie am Lande, kann allein gehen, fahren usw.«

In der zweiten Monatshälfte ist sie schon wieder in Ofen und Gödöllö. Wieder allein und »ungeniert«. Jetzt dürfen auch wieder die Zigeuner kommen und in der Nähe des Schlosses ihr Lager aufschlagen. Sie läßt sich von den Geigen wehmütige Melodien vorspielen, obwohl das Personal jedesmal allergisch darauf reagiert, daß Elisabeth die Zigeuner ins Schloß einlädt, sie bewirtet und mit Lebensmitteln beschenkt.

Dann kehrt sie nach Wien zurück. Als Franz Joseph im April für mehrere Wochen nach Triest und Venedig fährt, nimmt sie von ihm tränenreich Abschied und macht sich um ihn wegen neuer Attentatsdrohungen große Sorgen. Etwa gleichzeitig verdoppelt sie ihre körperlichen Anstrengungen, läßt sich auch wieder im Dressurreiten unterrichten.

Im Frühling gibt Elisabeth einer Laune nach: Sie will an die Küste der Normandie, um Bäder zu nehmen. Der Kaiser erhebt alle möglichen Einwände: Die politische Lage in Frankreich sei äußerst unsicher, die Stellung von Marschall Patricede Mac Mahon kaum gefestigt, das Verhältnis der französischen und der österreichisch-ungarischen Regierung alles andere als unproblematisch. Und laufe eine kaiserliche Majestät nicht Gefahr, sich einer Beleidigung oder einem Attentat in diesem Frankreich auszusetzen, das gerade in letzter Zeit Zuflucht der Anarchisten geworden sei? Franz Joseph beschwört seine Frau, auf diesen Plan zu verzichten: »Wenn Du nach Frankreich gehst, so begegnet Dir ein Unglück...«

Diese Besorgnis scheint schließlich doch etwas Eindruck auf Elisabeth zu machen, denn sie setzt ein Testament auf. Aber von ihrer Idee läßt sie sich nicht abbringen. Noch ein paar Familienangelegenheiten, dann will sie aufbrechen. Wenig später findet die über Vermittlung der Kaiserin zustande gekommene Verlobung ihres Bruders Herzog Max Emanuel mit Amalie von Sachsen-Coburg statt. Ende Juni stirbt Exkaiser Ferdinand I., Franz Joseph ist sein Universalerbe. Elisabeth erhält aus der Erbschaft von ihrem Gemahl zwei Millionen Gulden geschenkt. Ihre chronische Geldknappheit wird aufgebessert, doch die Reisen verschlingen nach wie vor Unsummen.

Ein Beamter der Hofburg mit dem feierlichen Titel »Adjunkt des Hofkontrollaramtes« (Hofwirtschaftsamt) wird in die Normandie mit dem Auftrag entsendet, die nötigen Vorbereitungen für die Reise und den Aufenthalt der Kaiserin mit ihrem Gefolge zu treffen. Er setzt sich mit Perquer, einem großen Reeder in Le Havre in Verbindung, der sich bereit erklärt, sein Schloß zu vermieten, vom 15. Juli bis 15. Oktober, für insgesamt dreißigtausend Francs. Es liegt in Sassetôt-les-Mauconduits in der Nähe von Fécamp, an der felsigen, sturmzerklüfteten Küste der Normandie. Nicht weit vom Meer und völlig abgeschieden, nur ein paar armselige Bauerndörfer in der Nähe. Ein schöner Besitz aus dem 18. Jahrhundert, der von einem prächtigen Buchenhain umgeben und wegen seiner üppigen Hortensienpracht berühmt ist. Für das Gefolge der Kaiserin werden mehrere Häuser in der Umgebung gemietet.

Der Obersthofmeister der Kaiserin, Baron Franz von Nopcsa, arbeitet die Reiseroute aus: Wien, Salzburg, München, Stuttgart, Karlsruhe, Straßburg, Paris, Beuzeville, Fécamp. Elisabeth trifft am 31. Juli 1875 um zehn Minuten vor neun Uhr morgens mit dem Hofzug am Bahnhof ein, begleitet von ihrem siebenjährigen Töchterchen Marie Valerie, das während der Reise ständig eine in slowakische Tracht gekleidete Puppe unter den Arm klemmt. Elisabeth hat inkognito reisen wollen, doch alle Vorsorge und Bitten um Diskretion fruchten nichts: Der Bahnhof muß für die gesamte Bevölkerung gesperrt werden. Eine Kutsche wartet auf die Kaiserin, bringt sie über

Valmont an ihr Ziel. In ihrer Gesellschaft auch Rudolph Rustimo, ein kleiner Mohr, nur einen Meter dreißig groß, ein Geschenk des Schahs von Persien an die Kaiserin, der nun in Sassetôt Elisabeths Lieblingshund Shadow ausführen darf und überdies Valerie als Spielkamerad Gesellschaft leisten soll.

Das Entsetzen der Hofdamen kann man sich ausmalen. So schreibt Landgräfin Therese von Fürstenberg an ihre Schwester: »Die Erzherzogin (Valerie, d.V.) nahm unlängst den Mohren mit auf die Promenade, er wurde zur französischen Lehrerin in den Wagen gesetzt, die ganz beschämt und traurig neben dem Heiden saß; die Erzherzogin gibt den Kindern am Weg stets Zuckerln. Nun traute sich aber keines in die Nähe, als sie den Schwarzen sahen und suchten auf alle Art dem zähnefletschenden Ungethüm auszuweichen, zu den Zuckerln zu gelangen, was der Kleinen einen Hauptspaß machte.«

Rustimo – eine reichlich bizarre Sensation am Wiener Hof. Elisabeth läßt ihn später sogar taufen, mit ihrem Sohn Rudolf als Paten. Ein exzentrischer Spaß, gut zur Provokation und gegen Langeweile.

Bei aller Neigung zur Weltflucht verzichtet Elisabeth keineswegs auf den gewohnten Luxus der kaiserlichen Umgebung. Wie stets auf ihren Reisen wird sie auch diesmal von einer großen Dienerschaft, begleitet: Ein französischer Küchenchef und ein englischer Stallmeister, Mr. Allen, sind selbst in der normannischen Einsamkeit unerläßlich. Dazu natürlich eine ungarische Suppenköchin, Köche, Zuckerbäcker, Küchenjungen, Geschirrwäscher, Haushofmeister, Kammerdiener, Kammerfrauen, Wäscherinnen, Friseusen, Vorreiter, Stallburschen, Kutscher. Elisabeth hat auch ihre eigenen Wagen und Pferde, drei englische Vollblüter aus den Stallungen in Wien, mitgenommen. Das Personal zählt dieses Mal über siebzig Personen, dazu kommt das offizielle Gefolge der Kaiserin, das aus einem Zeremonienmeister, einer Ehrendame, einem Kammerherrn, einem Arzt, einem Monsignore, einem Sekretär und einem Schatzmeister besteht. Ihre Reisen kosten gewöhnlich fabelhafte Summen, die der Kaiser, seiner Frau gegenüber stets von einer unglaublichen Nachsicht, sofort ohne den geringsten Einwand aus seiner Privatschatulle bezahlt.

Durch Joseph Cachée sind wir über die Details dieser Reise außerordentlich genau informiert: »Die Hofzuckerbäcker hatten Säcke mit ungarischem Mehl aus Wien mitgebracht, um den Haushalt ständig mit original heimischen, frischen Semmeln versorgen zu können, die dreimal täglich gebacken wurden. Außer dem Gebäck stellten sie auch in Frankreich die berühmten Wiener Bonbons her, die in kleine Dosen mit den Porträts des Kaisers, der Kaiserin, des Kronprinzen oder mit dem der beiden Erzherzoginnen Gisela oder Valerie verpackt wurden. Erzherzogin Valerie trug stets einen Vorrat dieser süßen Kostbarkeiten bei sich und verteilte sie während der Spaziergänge an Leute, auf die sie traf.«

Sechs verschiedene Tafeln werden in dieser Sommerfrische mit Essen versorgt: die der Kaiserin, eine für Valerie und je eine für den Hofstaat, für das Gefolge (Obersthofmeister, Hofdamen usw.), für das Stallpersonal und für das Gesinde. »Insgesamt waren zweiundsiebzig Personen zu bekochen, wobei der Kochaufwand für die Kaiserin die geringste Arbeitszeit beanspruchte. Sie nahm morgens um sechs Uhr früh eine Tasse Kaffee mit einem einzigen Stück Biskuit zu sich. Nach der Toilette folgte gegen zehn Uhr ein zweites Frühstück, das aus einer Tasse Bouillon und einem Ei bestand. Während des Tages begnügte sich die Kaiserin mit einigen Gläsern verschiedener Säfte und verzichtete abends meist ganz auf eine Mahlzeit. Sogar, wenn die Kaiserin Gäste zum Essen empfing, ließ sie sich ausschließlich ein Glas eisgekühlter Milch, ein rohes Ei und etwas Portwein servieren.«

Anfangs, in den ersten beiden Wochen, hält sich das Badevergnügen in Grenzen, wie Elisabeth ihrem Sohn Rudolf in einem in ungarischer Sprache abgefaßten Brief zum Geburtstag schreibt: »Lieber Rudolf! Von ganzem Herzen wünsche ich Dir alles Gute zum Geburtstag. Gott sei mit Dir und Er möge Dich auch in Zukunft begleiten wie bisher. Ich war sehr froh, Deine Briefe zu erhalten. Von mir konntest Du ja nur durch den guten Papa Nachricht bekommen. Ihm schreibe ich regelmäßig. Nach meiner Ankunft habe ich den Platz aufgesucht, wo Mr. Allen die Hindernisbahn errichtet hat. Das Meer ist hier sehr ruhig, ich schwimme sehr wenig, da die Küste nicht ideal, voll mit kleinen Steinen, ist. Valérie konnte bisher nur viermal baden, sie spielt aber viel am Strand. Manchmal ist sie dreimal am Tag dorthin gegangen. Anfangs war es mir peinlich, mit allen gemeinsam zu baden, jetzt habe ich mich aber schon daran gewöhnt. Ich wünsche Dir nochmals alles Gute und umarme Dich mit Küssen, Deine Mama.«

Jeden Morgen nimmt Elisabeth ein Seebad am Strand von Petites-Dalles, wo man für sie ein eigenes Badehaus aus hellem Tannenholz gezimmert hat, fast eine kleine Villa »mit hübschem Portal, deren Inneres man über eine Außentreppe erreichte. Ein schmaler Flur gab den Weg in zwei weitere Räume frei. Über die rechte Seite betrat man ein Zimmerchen mit Toilettetisch und einer schlichten Holzbank, über die linke Seite eine Art Garderobe, die durch einen Vorhang nochmals geteilt war, wodurch eine zusätzliche Umkleidemöglichkeit für die Hofdamen geschaffen wurde. Um von neugierigen Badegästen nicht angesprochen oder belästigt zu werden, hatte man der Kaiserin einen mit Leinen bespannten Gang von der Badehütte zum Meer geschaffen, der erst im Wasser endete.«

An den Nachmittagen durchstreift Elisabeth das Land auf langen und schnellen Ritten, hält hier und dort an, um eine Kirche, ein Schloß, einen Bauernhof, einen Friedhof zu besichtigen oder um von der Höhe einer Klippe aus das Meer zu betrachten. Die waldreiche, malerische Landschaft sagt ihr sehr zu. Doch mit der Bevölkerung, sowohl den Schloßbesitzern wie den Bauern, scheint sie nicht so gut auszukommen, sie findet sie unhöflich, unfreundlich oder allzu vertraulich. Bei ihren Ritten über das Land wird sie oft von Bauern und Fischern aus den umliegenden Dörfern beschimpft, man belästigt sie und versucht, ihr Pferd zum Scheuen zu bringen. In Frankreich, das gerade den Aufstand der Kommune von 1871 hinter sich hat, gilt Reiten als volksfeindliche und aristokratische Marotte.

Sonst liest sie wieder viel oder unterrichtet Marie Valerie, lebt im übrigen völlig abgeschieden, und nur Ida Ferenczy darf manchmal zu ihr. Je einsamer ihre Aufenthaltsorte sind, um so lieber sind sie ihr: »Wenn ich ganz allein in einer einsamen Landschaft bin und weiß, daß sie nicht oft von Menschen betreten wird, dann fühle ich, daß mein Verhältnis zu dieser Natur ein ganz anderes wird, als wenn sich auch andere Menschen dort befinden. Das Leben unter den Menschen gibt uns allen eine gleichartige äußere Uniform, aber im Inneren wahren wir nur in niederen Instinkten eine wirkliche Gemeinschaft.«

Sie will allein bleiben, lehnt alle Einladungen ab, doch sie spendet großzügig Geld: für die Errichtung eines Schutzwalles am Strand, für die Armen der Gemeinden Sassetôt, St. Martin und Fécamp. Als sie eines Tages sieht, wie eine Barke auf dem tosenden Meer in Seenot gerät und die ganze Besatzung ins Meer geschleudert wird, läßt sie dem Besitzer des Bootes auf der Stelle so viel Geld überbringen, daß er sich eine neue Barke kaufen kann. Sie kommt auch für die Schäden auf, welche ihre Pferde auf den Feldern anrichten.

Bei einem ihrer Reitausflüge passiert es dann. Am 11. September besteigt die Kaiserin ein Pferd, das erst vor kurzem eingetroffen ist und das Gelände von Sassetôt noch nicht kennt. Vor einem unbedeutenden Hindernis, einer Hecke, springt das erschreckte Tier plötzlich so heftig zur Seite, daß es sich überschlägt. Dabei wird Elisabeth in hohem Bogen aus dem Sattel geschleudert und bleibt ohnmächtig im Gras liegen.

Man ruft Hilfe herbei. Sie wird ins Schloß getragen. Erst allmählich erlangt sie ihr Bewußtsein wieder. Im ersten Augenblick kann sie sich an gar nichts erinnern. Sie stammelt nur verwirrt, als sie aus ihrer Ohnmacht aufwacht: »Bin ich nun ein Trottl?« Sie hat Glück gehabt und kommt mit einer Gehirnerschütterung und mehreren Quetschungen davon. Einige Tage Ruhe, und sie hat alles überstanden.

Franz Joseph, beim Eintreffen der ersten Nachrichten entsetzt, faßt sofort den Entschluß, unverzüglich in die Normandie abzureisen. Gyula Andrássy fleht ihn jedoch an, zu bleiben. Bei einer so ernsten, so aufsehenerregenden Angelegenheit kann seiner Ansicht nach die Reise des Kaisers nicht unbemerkt bleiben und muß zu heilloser Verwirrung in einigen europäischen Hofkanzleien führen. Die Beziehungen zu Frankreich sind gerade in dieser Zeit etwas gespannt, und die Kaiserin hat – *pro forma* – bei ihrem Besuch strengstes Inkognito gewahrt. Das Publikum würde neugierig nach den Gründen fragen. So wird schließlich nur einer seiner Leibärzte losgeschickt.

Am folgenden Tag sind die Nachrichten aus Sassetôt bereits besser. Franz Joseph schreibt seiner Frau: »Dem allmächtigen Gott heißen Dank, daß es so weit ist. Ich kann den Gedanken nicht ausdenken, was geschehen hätte können. Was sollte ich auf der Welt ohne Dich, den guten Engel meines Lebens?«

Elisabeth bleibt, ganz gegen ihre Gewohnheit, in all dieser Aufregung die Ruhe selbst. »Es tut mir leid, daß ich Dir diesen Schreck machte«, schreibt sie dem Kaiser, »aber auf solche Unfälle sind wir ja doch beide gefaßt. ... Ich freue mich schon sehr, wieder mehr Pferde zu haben. Ich hatte hier zu wenig für die Arbeit. ... Ich lege meinen Stolz darein, zu zeigen, daß ich eines solchen Rumplers wegen nicht das Herz verloren habe.«

Bald aber treibt in Wien wieder der übliche Klatsch und Tratsch seine sonderbaren Blüten. Der Arzt sei aus ganz anderen Gründen in die Normandie geschickt worden, der Reitunfall nur ein »Vorwand« gewesen. In Wahrheit habe die Kaiserin dort in aller Stille – ein Kind – ein »heimliches« Kind, wohl verstanden – zur Welt gebracht. »Wissen's schon...«, und die Köpfe werden zusammengesteckt. Man kennt ja ihre »Liebhaber«, Esterházy, Batthyány, Liechtenstein, Keglevich und so weiter. Wiener Tratsch. Lieblingsbeschäftigung in aristokratischen Salons. Doch dieser Tratsch erweist sich als so zäh, daß er noch im 20. Jahrhundert für bare Münze gehalten wird. Im Jahr 1914, kurz nach dem Ausbruch des Krieges, erscheint in London das Buch »The secret of an empress« von Gräfin Zanardi-Landi, die sich darin als ebendieses »heimliche« Kind der Kaiserin vorstellt. Peinlicherweise hat das ganze Buch vor allem einen Fehler: Die Gräfin will als Tochter Elisabeths im Jahr 1882 in Sassetôt das Licht der Welt erblickt haben, nur hat die Kaiserin dieses Schloß nach 1875 nicht wieder betreten... Bereits dieser kleine Unterschied von nur sieben Jahren erledigt die ganze Geschichte als frechen Schwindel.

»Am 25. September 1875 vormittags«, schreibt Joseph Cachée, »verließ Kaiserin Elisabeth mit ihrem Gefolge Schloß Sassetôt, nachdem sie vorher noch großzügige Geldgeschenke verteilt hatte: Eine Seemannsfamilie, deren Haus abgebrannt war, erhielt 500 Francs, 100 Francs wurden an den Pfarrer von Sassetôt übergeben.« Der Hofzug fährt Richtung Paris durch das Département Eure, wo Marschall Mac Mahon, Präsident der französischen Republik, gerade an Manövern teilnimmt. Sein Wunsch, von der Kaiserin empfangen zu werden, wird am Bahnhof von Vernon abschlägig beschieden. Eine Laune Elisabeths, der Präsident muß enttäuscht zu den Manövern zurückkehren.

Ende September trifft Elisabeth erholt in Paris ein, steigt im »Hotel du Rhin« an der Place Vendôme ab. Einkaufsbummel werden unternommen, bald beginnt auch wieder das übliche immense Laufpensum durch Kirchen und Schlösser, Museen und Paläste. Zusammen mit Marie Festetics besucht Elisabeth den Louvre. Auch das Grab des Kaisers Napoleon im Invalidendom sucht sie auf, kniet vor dem Sarkophag nieder. Einige Tage später verabschiedet sie sich von Valerie, die mit ihrem Gefolge nach Wien weiterfährt.

Elisabeth macht Zwischenstation in München, wird von Gisela »steif, kalt, förmlich« empfangen, wie Marie Festetics bemängelt. Auch in Wien hält sich Elisabeth wie üblich nicht lange auf, einen Tag später ist sie schon auf der weiteren Reise nach Gödöllö zum Herbst-Séjour. Franz Joseph besucht sie, zeigt sich erleichtert, daß in Frankreich alles so gut abgelaufen ist. Glück im Unglück. Er macht seiner Frau keine Vorwürfe, zieht nicht einmal ein mißbilligendes Gesicht. Marie Festetics notiert beglückt in ihr Tagebuch: »Er ist so glücklich, daß die Kaiserin wieder da und ganz ist, daß er sich vor Heiterkeit nicht auskennt! ... Sie weiß ihn bei Athem zu erhalten mit tausenderlei. Und ihre Eigentümlichkeit, Eigenart, ist ihm vielleicht nicht immer bequem. Aber gelangweilt hat sie ihn sicher nie. Elle sait se faire désirer, ohne Pose aber. Es liegt in ihrer Art, und er ist unter ihrem Charme wie ein Liebhaber und glücklich, wenn er sie an etwas erinnernd antupfen kann.«

Woher hat der Kaiser nur seine gute Laune? Mit einer Erfahrung dieses Jahres hat er Elisabeth ganz bestimmt nicht »angetupft«: Franz Joseph hat eine neue Geliebte gefunden – Anna Nahowski, Frau eines Eisenbahners. Eines schönen Junimorgens begegnet er der jungen, attraktiven Blondine in der Nähe der künstlich angelegten »Römischen Ruine« im Park von Schönbrunn, wo er sie schon des öfteren gesehen hat und spricht sie an: »Sie gehen aber fleißig spazieren.« Sechzehn Jahre ist Anna alt, und vermutlich hat sie es bewußt darauf angelegt, den Kaiser zu treffen. Warum sonst geht jemand schon so früh morgens durch Schönbrunn spazieren?

Aus der flüchtigen Begegnung wird eine schüchterne Annäherung, dann ein immer leidenschaftlicheres Verhältnis, das Annas Mann angesichts reichlicher Geschenke, zum Beispiel eines Hauses in der Nähe von Schönbrunn, notgedrungen hinnimmt.

Dreizehn Jahre lang wird dieses Verhältnis dauern, Anna vermerkt in ihrem Tagebuch jeden Besuch des Kaisers, jede intime Stunde. Immer, wenn Franz Joseph in Schönbrunn ist, werden Treffen arrangiert, bisweilen auch außerhalb von Wien, zum Beispiel in Laxenburg. Sie sehnt sich seine Besuche herbei, »in fieberhafter Aufregung«, immer in der Angst, eines Tages fallengelassen zu werden, notiert aber auch erleichtert, wenn Elisabeth in Wien ist: »Zu den Weihnachten kehrt die Kaiserin zurück, und ich athme erleichtert auf. Ruhe, o wie angenehm, wenn die Furcht und Angst auf einige Zeit beseitigt ist.« Sobald sie feststellt, daß »der Kaiser nach Wien zurückkehrt ohne die Kaiserin«, ist ganz klar, »daß ich Ihn für nächsten Tag zu erwarten habe«. Eines Morgens, um fünf Uhr früh, schreibt sie: »Das Frühstück ist vorüber, wir rauchen und nehmen Abschied für längere Zeit. Er bittet mich heraus zu fahren, sobald die Kaiserin Wien verläßt.« Immer werden die Abfahrts- und Ankunftsdaten Elisabeths notiert, die Besuche des Liebhabers richten sich nach dem Reiseplan der Kaiserin.

Nach den Visiten geht das Liebespaar oft spazieren, und

Franz Joseph äußert seine Wünsche recht deutlich: »Beim Abschied hielt Er mich noch zurück und sagte: Wenn ich komme, werden Sie das lästige Mieder nicht haben. Wenn Sie es wünschen werde ich keines anziehen. Wissen Sie was, fuhr Er fort, wenn Sie mich lieb haben, erwarten Sie mich im Bett. ... Ich wurde verlegen, konnte nicht gleich Antwort finden. Dann aber sagte ich, das geht doch nicht, Majestät, ich muß Ihnen ja die Thüre öffnen. Nach langen hin und her reden gab Er sich zufrieden.« Jedenfalls wird dies eine sexuell befriedigende Beziehung, der Altersunterschied von fast dreißig Jahren macht dem Kaiser keine Probleme.

Der Reitunfall ist vergessen. Elisabeth jagt in Gödöllö, alle Proteste und Warnungen des Kaisers in den Wind schlagend, mit ihrem alten Schwung und Elan, findet jedoch alles immer mühsamer und langweiliger. Nein, sie wird doch lieber nach England zurückkehren und dort jagen. Nichts wird sie davon abhalten können.

Einige Monate führt sie auf ihrem ungarischen Schloß ein ruhiges, regelmäßiges Leben, in dem Reiten, Lektüre und Musik den größten Raum einnehmen. Ein friedliches, fast behäbiges Landleben. Auch Franz Joseph kommt mehrmals, außerdem Elisabeths Bruder Ludwig und dessen Tochter Marie Wallersee. Am 19. November, dem Namenstag der Kaiserin, wird ein Fest mit Ball veranstaltet, Elisabeth stürzt sich mit Feuereifer in die Vorbereitung. Das Jahr endet jedoch traurig: Shadow, ihr Lieblingshund, stirbt und erhält im Park von Gödöllö ein Grab mit Gedenkstein.

*D*as Jahr 1876 beginnt mit einem Todesfall: Ende Januar stirbt, von Elisabeth tief betrauert, Franz Deák. Die Szene der weinenden Kaiserin an der Bahre – ein Sujet, das in Ungarn auf vielen Zeichnungen verbreitet wird und zur Bildung des Erzsébet-Mythos nicht wenig beiträgt.

Die geplante Reise nach England schlägt in Wien hohe Wellen der Empörung. Die Gemüter sind so sehr erhitzt, daß es zu einem Demonstrationszug am Bahnhof kommt, der gegen die Abreise der Kaiserin protestieren will. Die Kundgebung wird jedoch von der Polizei rechtzeitig aufgelöst, so daß Elisabeth die Hauptstadt in freudiger Erwartung und ohne eine Ahnung von den Vorkommnissen verläßt.

Anfang März trifft die Kaiserin in England ein. Sie will, einer plötzlichen Laune folgend, der Königin ihre Aufwartung machen, doch Victoria läßt ihr ausrichten, sie sei zu beschäftigt, um sie zu empfangen. »Stell Dir nur einmal vor, ich wäre so ungezogen«, schreibt Elisabeth empört an Franz Joseph. Ihr kommt nicht in den Sinn, daß ihr eigenes Verhalten vor noch gar nicht langer Zeit ganz ähnlich war. Typisch Elisabeth: Sie vergißt, was sie anderen antut, erinnert sich aber in allen Einzelheiten, wenn ihr etwas angetan wird.

Auch in London reitet die Kaiserin, man kann sie täglich im Hydepark mit den Damen und Herren ihres Gefolges und einigen Mitgliedern des englischen Hochadels beim Ausreiten bewundern. Dann geht es weiter auf den in der Nähe von Towcester gelegenen Landsitz Easton Neston, wo sie in strahlender Laune am 6. März mit dem Mittagszug ankommt. Elisabeth mietet sich in dem alten Herrensitz der Hawksmoor mit schönem Park eine Wohnung, logiert dort in unmittelbarer Nachbarschaft zu ihrer Schwester Marie und macht nur wenige Besuche (unter anderem bei Lord Spencer auf dessen Schloß). Die Kaiserin ist stundenlang im Sattel, zum Erstaunen ihrer englischen Freunde, manchmal sechs Stunden reitet sie ununterbrochen, legt hundert Meilen am Tag zurück. In gestrecktem Galopp durchquert sie Teiche und bricht quer durch Gehölze. Diese berauschend frische Luft, dieses ungehinderte Jagen. Diese herrlichen Pferde: Bravo, Mahomet, Shadox, Platon. Und Minotaurus, der Vollblüter. Die Reitpassion geht so weit, daß Elisabeth in Kunstausstellungen nur mehr Gemälde schöner Pferde kauft.

Anfangs ist es schwer gewesen, einen »Piloten« für sie zu finden, das heißt einen Reiter, der sie im Jagdfeld unmittelbar begleitet, ihr bei eventuellen Schwierigkeiten oder gar nach Stürzen behilflich ist und den Weg für sie auswählt. Niemand hat die heikle und verantwortungsvolle Aufgabe, Elisabeth zu pilotieren, übernehmen wollen. Schließlich trägt man Oberst Hunt und einem der bekanntesten Steeplechasereiter der Zeit, Captain William George Middleton – ein gebürtiger Schotte, zudem ein Freund von Lord Spencer – diese schwierige und ehrenvolle Aufgabe an. Er ist nicht sonderlich erbaut. Wieder irgendein Mitglied der kaiserlichen Familie, das sich vermutlich einbildet, reiten zu können. Seine Reaktion ist entsprechend mißmutig: »Was soll ich mit einer Kaiserin? Wie komme ich dazu, auf sie achtzugeben? Ich mach's ja, wenn es sein muß, aber ich würde es vorziehen, meinen eigenen Weg zu reiten.« Doch dann pilotiert er sie zum ersten Mal, sieht sie reiten, ist entzückt, wie ungemein schneidig die Kaiserin im Sattel sitzt, und überhaupt hingerissen von ihr.

Middleton ist groß, gar nicht einmal sonderlich hübsch, aber ein exzellenter Fuchsreiter, und er besitzt eine geradezu magnetische Ausstrahlung. Ein verhinderter Exzentriker mit einer Vorliebe für derbe Späße und mutwillige Streiche. Keiner kann ihm böse sein, nur wenige vermögen sich seinem Charme zu entziehen. Und er hat riesige Kräfte. Alle lachen, wenn er bei Gesellschaften zuweilen Geldstücke zwischen den Fingern krumm biegt, und alle nennen ihn zumeist nur bei seinem Spitznamen »Bay« wegen seiner rotbraunen Haare. Es gibt freilich auch noch einen anderen Spitznamen für ihn, »Tell«, nicht etwa, weil er so trefflich zielen kann, sondern weil er von einer für einen Schotten ganz ungewöhnlichen Redseligkeit ist (*to tell* = erzählen). Darum sagt man »Tell« auch nur in seiner Abwesenheit, um ihn nicht zu kränken.

John Welcome hat die Jagden in England ungemein farbig geschildert: Um die Aufregung um die reitende Kaiserin »richtig einschätzen zu können, muß man verstehen, was sie sich vornahm und wie ungeheuer schwierig die Aufgabe war, die sie sich stellte. Es waren dies die großen, die ganz großen Tage der englischen Fuchsjagd. Es gab keine oder nur wenige Drahtzäune, keine asphaltierten Straßen und keine Autos, die das Gelände zerteilt und die Meute daran gehindert hätten, schnell, weit und geradeaus zu laufen. Vor allem aber gab es keine Äcker:

Jeder Zoll Land war Weideland, gutes, zum Galopp einladendes englisches Grasland, auf dem das Vieh seit Jahrhunderten weidete. ... Die Meuten für das auf Galoppieren zugeschnittene Gelände wurden auf Schnelligkeit gezüchtet – mußten so gezüchtet werden –, und die Jagden wurden mit außerordentlichem Tempo geritten. In jenen Tagen war das Tempo einer guten Jagd fast so schnell wie das der damaligen Hindernisrennen und schneller als viele Point-to-Point Rennen. ... Ein Sturz von einem dieser mächtigen, hoch im Blut stehenden Jagdpferde, wenn es sich gerade über einen Oxer (kräftige Holzbarriere, d.V.) streckte oder ein unerwartetes Gefälle falsch einschätzte, hatte all die Wucht und barg all das Risiko eines Sturzes bei einem Rennen. Noch höher war das Risiko für eine Frau, die durch die voluminösen Gewänder jener Zeit zusätzlich behindert war. Wenn das Pferd stürzte, verhedderten sich die Kostüme der Reiterinnen allzuoft in den Vorderzwieseln ihrer Damensättel. In jenen großen Tagen der Fuchsjagd in den siebziger Jahren des verflossenen Jahrhunderts gehörte großer Mut dazu, an der Spitze des Feldes zu reiten, wenn die Pytchley-Meute hinter einer heißen Spur herjagte.«

Jagdtage! Jedesmal gibt es vor dem Ritt in der dunkelgetäfelten, kamingeschmückten Halle irgendeines Landhauses, dessen Wände Bilder von Gainsborough und Romney zieren, ein Frühstück. Der Tisch ist mit kostbarem Familiensilber gedeckt. Wildpasteten, heißer, gebutterter Toast, Portwein und Sherry stehen bereit. Es ist das England der viktorianischen Glanzzeit, wie es in den Romanen von Galsworthy lebt. Gemütlichkeit, Reichtum und Zufriedenheit schaffen eine behagliche Atmosphäre. Auch die glänzend gepflegten, wohlgenährten Jagdpferde mit ihren dünn gestutzten Schweifen und ihrem blanken Fell, auf dem sich die blasse Märzsonne spiegelt, scheinen diese sichere Ruhe und innere Ausgeglichenheit zu haben. Und selbst die alten Jagdstiche in der Halle, auf denen die Postkutsche mit vier Pferden bespannt über die holprige Landstraße dahinrollt, während die »Meute« mit den Rotröcken sie überholt, strahlen sie aus.

Elisabeth liebt diese Tage, wenn alles fröhlich ist und lacht, liebt diese rasenden Ritte über Ochsenzäune und Gräben, die alles vergessen lassen, bei denen sie nur noch eines ist, Herrin ihres Körpers und ihres Tieres. Rings um sie gleicht das Feld oft einer Kavallerieattacke, übersät mit den farbigen Tupfen gestürzter Rotröcke, sie aber fliegt wie der Pfeil, der von der Sehne des Bogens geschnellt ist, unaufhaltsam über alles hinweg. Sie strahlt vor Freude, Begeisterung und Dankbarkeit. Sie tut hier etwas mit unvergleichlichem Können, was sie schon immer hat tun wollen. Sie freut sich jeden Tag auf das erregendste aller Erlebnisse, das Erlebnis, nach dem sie sich stets gesehnt hat: über englisches Gras und englische Hindernisse zu springen. Solche Stunden, solche Minuten sind für sie das ganze Glück.

Und sie hat in Middleton einen neuen Freund gefunden, in dem Mann, der sie anfangs so ungern pilotiert hat. John Welcome schreibt: »Was Middleton betrifft, so war er ihr von diesem Augenblick (des ersten Reittages, d.V.) an verfallen. Alles andere als ein lästiges Anhängsel, war sie die meiste Zeit an seiner Seite geritten und würde ihn ein- oder zweimal, hätte er es zugelassen, sogar überholt haben. Diese Sylphide mit ihrem wundervollen Haar auf dem mächtigen Jagdpferd, die sich, ihre Züge von Entzücken verklärt, Sprung für Sprung mit ihm zu messen wußte – das war ein Anblick, der jedes Mannes Herz höher schlagen ließ. Nun war keine Rede mehr davon, daß sie ihn stören oder gar behindern könnte. Er wünschte sich nur zu sehr, sie wieder pilotieren zu dürfen, wenn sie es gestatten wollte. Sie ihrerseits zweifelte nicht daran, daß sie endlich den Mann gefunden hatte, den sie schon immer gesucht hatte – zumindest wenn es darum ging, über schwieriges Gelände zu reiten.«

Elisabeth lädt Bay Middleton, gleich nachdem sie ihn kennengelernt hat, für das kommende Jahr zu sich nach Gödöllö ein, damit er die ungarischen Jagden kennenlernen kann.

Der ganzen Jagdgesellschaft, allen fällt es auf, wie sehr Middleton die unvergleichlich kühne Reiterin, die schöne Frau verehrt. Selbst Elisabeths Schwester Marie äußert sich dahingehend, der Captain sei wohl allzu verliebt in die Kaiserin. Elisabeth erfährt es und ist sehr verstimmt über diese Kritik, doch sie kann auch nicht verbergen, daß sie Middleton sehr gern leiden mag. Sie ist verändert, wie umgewandelt in seiner Anwesenheit. Ein zartes Rot färbt ihre Wangen, ihre Augen schimmern in einem verräterischen Glanz. Etwas seltsam Verlorenes und doch Anziehendes wird sichtbar, das den guten Middleton verwirrt.

In England ist Elisabeth wie verwandelt, wenn sie reitet. Vergessen die nervösen Anfälle, die eingebildeten und tatsächlichen Leiden, die melancholischen Stimmungen. Sie gibt sich ganz dem Gefühl hin, geliebt und bewundert zu werden, von Middleton, von den Graftons, von Lord Spencer, von den Pennants, von all diesen impulsiven, unkonventionellen Menschen ihrer »Kolonie«, wie sie sie bald scherzhaft nennt. Sie machen eine so gute Figur, wenn sie über die Weiden dahinpreschen, sehen so elegant aus, wenn sie abends an der Tafel ihrer intimen Dinnerparties Platz nehmen. Welch ein Gegensatz zu der Pracht des Wiener Hofes und seiner langweiligen Bankette, wo das Protokoll genau vorschreibt, welche Menge Wein von jedem Gast konsumiert werden darf. Welch ein Unterschied in der Konversation, der jede steife Förmlichkeit fehlt. Das Lachen, das Geschichtenerzählen, das angeregte Plaudern, jede Stunde, jede Minute genießt sie in vollen Zügen.

Unermüdlich jagt Elisabeth durch das Gelände, der anstrengendste Tag wird ihr nicht zu lang. »Müde war ich noch nie einen Moment«, schreibt sie heiter dem Kaiser, während Marie Festetics verzweifelte Gedanken zu Papier bringt: »Andere Menschen reiten viermal in der Woche. Wir reiten alle Tage!« Auch Königin Victoria mißbilligt diesen Besuch, wie wir aus einer Eintragung in ihrem Tagebuch erfahren: »Die Kaiserin hält sich seit einer Woche in England auf und hat sich nur der Jagd wegen in Northamptonshire niedergelassen.«

England bringt Elisabeth in diesem Frühjahr 1876 die Erfüllung ihrer Reitpassion. Künftig will sie jedes Jahr in dieses klassische Land der Parforcereiterei kommen, um hinter den Hunden herjagen zu können. Nur ein protokollarisches Ereignis unterbricht das herrliche Leben: ein »Höflichkeitsbesuch« am 12. März bei Königin Victoria auf Windsor, den die Kaiserin in beleidigenden fünfundvierzig Minuten hinter sich bringt, ein taktloses Betragen, das im englischen Königshaus und in der Diplomatie ein mittleres Beben auslöst.

Doch Elisabeth bleibt davon völlig ungerührt und widmet sich anschließend wieder den anstrengenden und gefährlichen Reitjagden, sie wird nun zur gefeierten »Königin hinter der Meute«, stiftet zum ersten Mal einen silbernen Cup. In der Heimat kommen die Jagdreisen der Kaiserin nicht so gut an, in Wien ist man darüber wenig erbaut, teils aus Angst, daß Elisabeth ihre Gesundheit so fahrlässig gefährdet, teils wegen der immensen Kosten. 106 516 Gulden und 93 Kreuzer lautet unterm Strich die Abrechnung dieser Reise. Ein horrendes Budget, das in Wien nur Kopfschütteln hervorruft.

Von der Märzsonne braun gebrannt, kehrt die Kaiserin am 5. April 1876 nach Wien zurück, es erwarten sie Verpflichtungen wie zum Beispiel die Teilnahme an der Fronleichnamsprozession und der für Anfang Mai angesagte Besuch der Königin von Belgien und des griechischen Königspaares. Elisabeth ist darüber nicht gerade erfreut, sie wäre gern noch in England geblieben, und ihre Laune bessert sich erst, als die Majestäten Interesse für ihre Pferde zeigen.

Franz Joseph hat wieder große Sorgen: Zwischen Serbien und der Türkei ist Krieg ausgebrochen, Bulgarien in einen Aufstand verwickelt. Er fragt Elisabeth um Rat, doch sie erklärt ihm, sie werde sich nun nicht mehr in Politik einmischen.

Den Sommer verbringt Elisabeth in Ischl, wo der Kaisergeburtstag mit einem Hochamt, mit Flaggenschmuck und Festbeleuchtung gefeiert wird, und in Feldafing am Starnberger See. Dort erscheint selbstverständlich auch Ludwig II., der immer, wenn sich seine Cousine hier aufhält, zu Besuch kommt – von Schloß Berg am Starnberger See herüber im offenen vierspännigen Wagen, der stets den schärfsten Trab fahren muß, mit Vorreitern auf schäumenden Pferden.

In Feldafing bewohnt Elisabeth mit der achtjährigen Valerie und einem kleinen Hofstaat das einzige Hotel des Ortes. Es bietet eine luftige Terrasse und eine schöne, freie Aussicht auf den See und die Berge. Eines Tages besucht sie ihr Bruder Ludwig

mit seiner Frau Henriette und Tochter Marie. Die Kaiserin sagt:
»Ihr könnt mir die Marie für die Dauer meines Aufenthaltes hier
lassen.« Marie ist entzückt, es wird der Anfang eines neuen
Lebensabschnittes für sie, in dem sie sich immer enger an ihre
Tante anschließt.

Der Skandal um Elisabeths Bruder, der sich, als er Offizier
beim Chevauxlegerregiment in Augsburg ist, unstandesgemäß
in die schöne Schauspielerin Henriette Mendel verliebt, ihr
zuliebe auf die Rechte der Erstgeburt verzichtet und sie geheiratet hat, ist inzwischen Schnee von gestern. Henriette ist
nachträglich vom bayerischen König zur Baronin Wallersee
erhoben worden, und daher führt das Kind, das aus dieser Verbindung hervorgegangen ist, den Namen einer Baronesse Wallersee.

Marie Wallersee ist Ende der siebziger Jahre viel mit der Kaiserin zusammen. Sie reitet in Gödöllö ihre Reitjagden mit,
begleitet sie auch nach England. Bei ihrem ausgeprägten Hang
zur Opposition jeder Art findet Elisabeth ein gewisses Vergnügen daran, der Welt zu zeigen, daß sie sich aus dem Vorurteil der
Leute gegenüber der »morganatischen« Nichte nichts macht.

Anfang September fährt die Kaiserin nach Korfu, wo es ihr
fünfzehn Jahre zuvor so gut gefallen hat; von dort macht sie
einen kurzen Abstecher nach Athen. In der Monatsmitte trifft
Elisabeth in Miramar bei Triest ein und reist von hier aus direkt
nach Gödöllö. Hier hat sich eine große Jagdgesellschaft eingefunden, auch Ludwig, Henriette und Marie. Zum ersten Mal
treffen Kronprinz Rudolf und Marie Wallersee zusammen, sie
scheinen sich nicht unsympathisch zu sein. Gödöllö ist nicht
nur ein Treffpunkt der kaiserlichen und herzoglichen Verwandtschaft, sondern zieht in diesem Jahr auch viele ausländische
Gäste an, unter anderem werden Lord Spencer und Bay Middleton erwartet.

Franz Joseph, der nur mit Unterbrechungen in Gödöllö ist, da
ihn Staatsgeschäfte öfter nach Wien zurückrufen, verteilt seine
Zeit auf die Parforcejagden und auf die Schießjagden. Doch
richtig gemütlich ist es in Gödöllö nur, wenn er nicht da ist,
sonst ist »immer Etikette in der Luft«, wie Marie schreibt. Sie

kommt zum Meet, wird dort von Elisabeth kurz und bündig als
»meine Nichte« eingeführt und vom »Master of the hounds«,
Graf Nikolaus Esterházy, begrüßt. Eine spannungsvolle Szene,
die neugierig musternden Herren im roten Frack und Zylinder,
Esterházy mit schwarzer Samtkappe, die Hunde zitternd und
bellend vor Jagdfieber, wartend, daß sie endlich loslegen dürfen.

Dann endlich das Wiedersehen mit Bay Middleton, dem
galanten und witzigen *gentlemanrider*. In bester Laune trifft »der
famose Captain« ein, imponiert mit seiner großen Figur und
aufrechten Haltung auch Marie: »Er hatte ein merkwürdiges
Gesicht. Man wußte nicht, sollte man es hübsch oder häßlich
nennen. Vor allem war es mit Sommersprossen übersät, wie dies
bei Rothaarigen meist der Fall ist, denn Mister Middleton hatte
brennrotes Haar und einen kleinen Schnurrbart von gleicher
Farbe. Seine blauen Augen, die vergnügt in die Welt schauten,
und der Mund, mit den schönen Zähnen, der so nett lachen
konnte, machten ihn sympathisch. Mir wenigstens gefiel Middleton gleich von Anfang an. Auch sein degagiertes und doch
etwas militärisches Wesen mußte für ihn einnehmen.«

Die Jagden lösen in Elisabeth eine ungezwungene Freude
aus. »Oft klang das harmlos vergnügte Lachen meiner Tante an
mein Ohr«, erzählt Marie, »und ich gönnte ihr die kurzen
Augenblicke ungebundener Freiheit«. Bald freundet sich Bay
auch mit Marie an, er ist für sie wie ein großer Bruder, nennt sie
»little girlie«. Unübersehbar aber auch, daß Middleton bei den
Parforcejagden nicht von allen mit wohlwollenden Augen angesehen wird. Vor allem Nikolaus Esterházy reagiert ausgesprochen eifersüchtig und flegelt herum. »Weißt du, Marie«, sagt
Elisabeth eines Tages zu Marie, »ich ärgere mich über Nicky
Esterházy, ich hätte ihn nicht für so kleinlich gehalten. Diese
Animosität gegen Middleton ist lächerlich. Nicky haßt alles, was
englisch ist, das ist der pure Neid. Er glaubt, außer den Pester
Jagden gibt es keinen Sport. Sogar meine Freude, in England zu
jagen, mißgönnt er mir.«

Elisabeth ist glücklich, wenn sie Bay Middleton sieht. Er
beschäftigt ihre Phantasie, bringt sie mit seinen Scherzen zum
Lachen. Und noch einmal kommt ihr die Liebe ganz nahe. Es

Elisabeths Kavaliere in Gödöllö:
Graf Nikolaus Esterházy (rechts oben), Prinz Rudolf von Liechtenstein
(links oben), Graf Elemér Batthyány (rechts unten) und
Captain William »Bay« Middleton (links unten).

hätte nur eines Blickes, eines Nickens, eines Lächelns von sehnsüchtiger Müdigkeit bedurft, und dieser Mann hätte ihr zu Füßen gelegen, hätte alles für sie getan. Sie scheint das so zu empfinden, wenn in den Nächten der Park von Gödöllö im silbrigen Licht des Mondes schweigend im Sommerduft atmet, wenn eine große Stille über allem zu liegen scheint. Sie fühlt es auch, wenn sie an den warmen Sommerabenden Seite an Seite von der Jagd nach Hause reiten.

Franz Joseph ist erstaunt, welche Sympathie Middleton bei seiner Frau zu wecken scheint. Sie behandelt ihn nicht wie einen Stallknecht, während er in ihm eher eine Art Hofnarr sieht, dessen Sprache er nicht beherrscht und dessen Späße er nicht versteht. Es scheint ihm ausreichend, mit ihm mitzulachen. Elisabeth tut alles, um Middleton für sich allein zu haben, obwohl Marie Wallersee sie gelegentlich bei ihren Ausritten begleiten darf. Allerdings bleiben sie oft nicht lange zu dritt, wenn Marie, schon kurz nachdem sie losgetrabt sind, fortgeschickt wird, um irgendwelche unwichtigen Besorgungen zu erledigen. Das bleibt natürlich nicht unbemerkt.

Doch Elisabeth reagiert kühl und gelassen. Sie »mag« Bay nur »sehr gern«. Wenn sie ihn liebt, so nur auf eine zurückhaltende Art, die Anbetung reicht ihr, die Betörung, die Schwärmerei. Etwas anderes will sie nicht mehr. Und so geht auch diese kleine Affäre vorüber, ehe sie überhaupt begonnen hat, mehr als Sympathie zwischen den beiden ist pure Spekulation. Der Tratsch der Hofgesellschaft freilich erweckt sie zu einem geisternden, geflüsterten, geraunten Leben, kann sich mit Elisabeths Romantik der Unerfülltheit nicht zufriedengeben.

Bay jedenfalls betet sie an, das ist offensichtlich. Der Gedanke einer reinen Romanze entspricht durchaus der Geisteshaltung des viktorianischen Mannes. Im vergangenen Jahrhundert konnten Männer ins Grab sinken, und taten es auch, nachdem sie jahrelang in schwülstige, platonische Liebesaffären verstrickt gewesen waren, die den meisten von uns heute absurd und albern vorkommen würden. Doch so rein man sich eine romantische Liebe auch vorstellen mag, sie bringt ihre besonderen Probleme und Spannungen mit sich. Die aufreizende und ständige Nähe Elisabeths, dieses verführerischen Geschöpfes, das ihm manchmal in der Manege ihre Pferde vorführt, dann wieder in Kleidern, die schon fast *Déshabillés* sind, vor ihm mit Florett und Degen fechtet, muß für Middleton eine Qual gewesen sein. »Ich könnte dich immerzu ansehen«, soll er nach einer dieser Fechtstunden einmal geflüstert haben. Auch Marie Wallersee äußert, sie wäre nicht überrascht, daß es bei der Kleidung, die ihre Tante beim Fechten anlegt, zu Gerede käme.

Auch die *Diners intimes* wecken Mißtrauen. Bei Anwesenheit des Kaisers sind die Mittags- und Abendtafeln in Gödöllö immer von strengem Protokoll beherrschte Affären. Manchmal verfügt Elisabeth in ihrer impulsiven Art ein frühes Souper, zu dem sie nur einen engen Kreis von Freunden einlädt und bei dem Middleton natürlich nie fehlt. Diese Mahlzeiten finden für gewöhnlich an Jagdtagen statt, bald nachdem man gebadet und sich umgezogen hat. An diesen Tagen muß der Kaiser allein mit den restlichen Angehörigen des Hofstaats speisen. Elisabeth ist die Herrin auf Gödöllö, eine unstete, launische Göttin, ein ätherisches Wesen. Und Franz Joseph wagt keinen Widerspruch.

Als Middleton abreist und in Ida Ferenczys Wohnung der Abschied stattfindet, trifft Marie ihre Tante in Tränen aufgelöst an: »Ich benehme mich wie ein dummes Kind. Aber es ist so schwer, einen ehrlichen, treuen Freund zu vermissen.«

Sie tröstet sich mit Nikolaus Esterházy – und mit ihren Büchern. In der Bibliothek der Kaiserin steht die von Adolf Strodtmann in Hamburg bei Hoffmann und Campe herausgegebene Ausgabe »Heinrich Heines sämtliche Werke« in zweiundzwanzig Bänden, Elisabeth hat eine Sonderedition erworben. Jetzt beginnt eine Zeit, in der sie sich wieder intensiv mit Heine beschäftigt.

In diesem Jahr haben Elisabeth und Franz Joseph ein ausgezeichnetes Verhältnis zueinander. Sisi weiß ihren Franzl immer zu fesseln, und der Kaiser scheint von ihr wieder so entzückt zu sein wie in den ersten Jahren. Immer wieder schreibt oder sagt er: »Du bist der gute Engel meines Lebens.«

Auch das Jahr 1877 beginnt, wie das alte aufgehört hat: in Ungarn. Die Kaiserin fährt nach Ofen und im Verlauf des

Februars nach Wien. In der Spanischen Hofreitschule nimmt sie wieder Unterricht in der Kunst, Hohe Schule zu reiten. Sie wird immer perfekter, was sie mit einem unbändigen Stolz erfüllt.

Nach einem Februaraufenthalt in Wien geht es dann im März zu Hetzjagden nach Göding. Der offizielle Anlaß, bei dem Elisabeth zum letzten Mal gesehen wird, ist die Auferstehungsprozession in der Hofburg. Sie trägt eine Courschleppe aus fliederfarbenem Atlas, also in einer ihrer Lieblingsfarben.

Im Sommer ist Elisabeth wieder in Ischl, dann in Feldafing, wo auch Marie Wallersee sich einfindet, die uns eine hübsche Schilderung des familiären Lebens dort gibt: »Um 7 Uhr mußte ich mit Kaiserin Elisabeth einen zweistündigen Spaziergang machen, selbst bei Regenwetter. Dann wurde das Frühstück im großen Balkonzimmer eingenommen, das Wohnraum und Speisezimmer zugleich war. Hierzu fand sich stets die alte Herzogin-Mutter ein. Für sie war es das zweite Frühstück. Sie kam von Schloß Possenhofen heraufgefahren, bei schönem Wetter im offenen Wagen, neben sich ihre beiden weißen römischen Spitze, Romolus und Roma, ohne die ich mir meine Großmutter gar nicht denken konnte. Auf dem Rücksitz saß Baron Wulffen, der Hofmarschall und ständige Begleiter der alten Dame. Er war ein kleines zierliches Männchen, mit einem klugen Spitzmausgesicht und einer altmodischen Krawatte, das heißt, ein paar Meter schwarzer Seidenstoff waren um seinen dünnen Hals gewunden. Er saß vergraben zwischen Schals, Kissen und Schirmen, so daß man seiner erst bei näherer Betrachtung ansichtig wurde. Meine Funktion war es, auf der Stiege Großmutter entgegenzugehen und sie ins Zimmer zu geleiten, wobei ich stets in Sorge um meine Waden war, denn die beiden ›Römerchen‹ kläfften nach Noten und waren erst beruhigt, als sie auf weichen Kissen auf einem Stuhl neben ihrer Herrin liegen konnten. Tante Sissi haßte in der Stille diese kleinen Biester, denn sie liebte nur große Hunde und hatte stets einen solchen bei sich. ... Das Mittagsmahl war um 2 Uhr, und gegen Abend, wenn es kühler geworden war, unternahm meine Tante ihren Spazierritt, wobei ich sie begleiten durfte. Ein Groom folgte in einiger Entfernung. An kühlen Tagen ritten wir früher aus, bei

Regenwetter in wasserdichten Jacketts. Höchstens ein starkes Gewitter verhinderte unsern Reitausflug.«

Dann sagt sich Ludwig wieder an, es heißt nur: »Der König kommt.« Marie beschreibt auch diesen Besuch: »Zuerst sah man nur eine dichte Staubwolke, dann erschien der Vorreiter, gleich darauf der offene Wagen mit vier Pferden à la Daumont, für eine Visite auf dem Land etwas zeremoniell. Allein König Ludwig liebte es, sich mit Pracht zu umgeben. Er saß allein im Fond und war in Zivil. Rasch und mit unmerklichem Kopfnicken für die Umstehenden entstieg er dem Wagen. Der Besuch dauerte zwei Stunden. Nie werde ich vergessen, wie König Ludwig dann vom Wagen aus die auf dem Balkon stehende Kaiserin grüßte, indem er mit unnachahmlicher Grandezza den Hut zog.« Elisabeth wird mit belustigtem Kopfschütteln in das Zimmer zurückgegangen sein.

Über all der Lust am Reiten versäumt die Kaiserin in diesem Sommer nicht, in den Süden zu fahren. Kurze Zeit ist sie auf Korfu, spielt mit dem Gedanken, auf dem Gelände der »Villa Braila« ein Schloß nach ihren Wünschen zu bauen. Ein denkwürdiger Tag, wie eine Erinnerungstafel verkündet: »Elisabeth d'Austria. 20. Agosto 1877. Il faustissimo giorno.«

Rudolf, der neunzehnjährige Kronprinz, läßt gegen Marie Wallersee eine merkwürdige Abneigung erkennen. Ist sie echt, oder gespielt? Eine Koketterie, weil er sie insgeheim doch bewundert? Elisabeth ist über sein Verhalten verstimmt.

In dem Bestreben, ihrer Nichte eine gesellschaftliche Stellung zu verschaffen, vermittelt sie die Heirat Maries mit dem reichen Grafen Georg Larisch, der aus einer der vornehmsten österreichischen Familien kommt. Sie gibt kein Pardon, hat diese Verbindung in die Wege geleitet, obwohl sie weiß, daß es zwischen Marie und Georg nicht einen Funken von Liebe gibt. Vielleicht geschieht es nur aus einer ihrer Launen heraus, vielleicht auch, weil sie Angst hat, Marie könnte sich ernsthaft in ihren Sohn Rudolf verlieben. Jedenfalls heiratet Marie am 8. September Georg Larisch. Ein kleines Fest, ganz *en famille.*

Danach geht das Reit- und Jagdleben in Gödöllö weiter, woran auch der Kronprinz teilnimmt. Immer wieder wandern Elisabeths Gedanken nach England, doch die Verschlechterung in den Beziehungen zwischen Österreich und England machen 1877 die Hoffnung der Kaiserin auf eine baldige Rückkehr nach den Midlands zunichte. Alle Vorbereitungen müssen abgebrochen werden, Elisabeth verfällt wieder in melancholische Stimmungen, kann ihre Nervosität kaum noch bändigen.

Um sich fit zu halten und in dem verzweifelten Versuch, sich die Jugendlichkeit zu bewahren, tobt sich die Kaiserin an Turngeräten und bei Gymnastik aus. Zur Massage wird ein Spezialpräparat angefertigt, das Rindergalle, Glyzerin und Alkohol enthält. Wenn sie ausreitet, gebraucht sie ein anderes kosmetisches Mittel, das sie »Muskelwasser« nennt. Sie ist überzeugt, daß es die durch sportliche Betätigung hervorgerufenen körperlichen Spannungen löst. Ganze Fässer dieses seltsamen Wassers läßt sie zu Captain Middletons persönlichem Gebrauch nach England schicken.

Ganz gegen ihre Gewohnheit verfolgt Elisabeth jetzt die politischen Nachrichten, registriert jede kleinste Verbesserung in den Beziehungen zwischen England und Österreich. Sie läßt Ausschau nach einem passenden Jagdhaus halten, Middleton wird angewiesen, neue Pferde zu kaufen. Die Aussicht, den besten Teil einer ganzen Jagdsaison in England verbringen zu können, läßt ihre Melancholie wie Nebel in der Morgensonne verwehen. In freudiger Erwartung werden noch die Weihnachtstage in Gödöllö verlebt. Unmittelbar danach tritt die Reisegesellschaft wieder die Fahrt nach England an, mit einer kurzen Unterbrechung in München.

Von Rudolf und ihrer beider Gefolge begleitet, trifft Elisabeth Anfang Januar 1878 in London ein. Ihre Schwester Marie sowie Georg und Marie Larisch erwarten sie auf dem Victoria-Bahnhof und geleiten sie ins »Claridge's Hotel«. Rudolf bleibt in London zurück, was der Kaiserin nur lieb ist, denn seine Anwesenheit in England liefert ihr einen geeigneten Vorwand, um die Freuden der Jagd zu genießen. Sie nimmt Logis in Cottesbrooke Park in Northamptonshire, nur wenige Minuten von Althorp entfernt, ganz in der Nähe des Schlosses von Lord Spencer, dem

Master der berühmtesten und vornehmsten englischen »Meute«, den Pytchley-Hounds.

Hinter den Hunden reitet sie wieder Jagden. Einer der Teilnehmer, Mr. H. D. Nethercote, selbst ein begeisterter Verehrer Dianas, der Göttin der Jagd, schreibt über die österreichische Kaiserin: »Die ganze Gesellschaft, welche sie bei ihrem ersten Erscheinen ehrfurchtsvoll begrüßte, bemerkte sofort, daß sie sehr anmutig zu Pferde saß und dasselbe vorzüglich zu lenken verstand. Als die Hunde zu laufen begannen, war im wahrsten Sinne des Wortes kein Zaun zu hoch, der die Kaiserin in ihrem Ritte aufgehalten hätte.« Sie läßt sich, voller Begeisterung für diesen herrlichen Sport, keinen der Meets entgehen. Sie fliegt auf Bravo dahin, das Pferd macht während der ganzen Jagd keinen Fehler.

Ein zahlreiches und ausgesuchtes Gefolge österreichischer Kavaliere begleitet sie auf ihren englischen Expeditionen, die sich nun für geraume Zeit von Jahr zu Jahr wiederholen, Prinz Rudolf Liechtenstein, die Grafen Hans und Heinrich Larisch, Graf Ferdinand Kinsky, Fürst Tassilo Festetics (später einer der berühmtesten Vollblutzüchter Ungarns), die Grafen Clam, Wolkenstein und Metternich sowie Baron Orczy. Von den Hofdamen sind vor allem Marie Festetics und Ida Ferenczy ihre ständigen Begleiterinnen.

Elisabeth ist die Königin aller Herzen. »Sie genoß diese Stellung«, schreibt John Welcome, »die ihre besten Eigenschaften hervortreten ließ. Sie war heiter und glücklich, und wenn sie glücklich war, war sie gütig, rücksichtsvoll und großmütig – das genaue Gegenteil des selbstsüchtigen, introvertierten, launischen Geschöpfes am Wiener Hof.« John Welcome gibt auch einen detaillierten Einblick in die »Organisation« dieser zahlreichen Jagdtage: »Sie hatte jetzt schon eine gewisse Routine für die Stunden vor der Jagd festgelegt. Fand der Meet in einem Privatbesitz oder in unmittelbarer Nähe statt (und das war in jenen Tagen fast immer so), wurde dort ein Zimmer für sie reserviert. Schon am frühen Morgen kam eine Kutsche vorgefahren, in der sich eine ›Ankleiderin‹, für gewöhnlich Frau von Feifalik, und ein Lakai befanden; sie brachten die sorgsam verpackte Jagd-

Elisabeth und ihr Pilot Bay Middleton setzen über eine Hecke.
Im Vordergrund der englische Gastgeber Lord Harrington.

kleidung sowie sonstiges Zubehör mit, darunter auch das persönliche Nachtgeschirr Ihrer Majestät – aus Gold gefertigt und mit dem kaiserlichen Wappen geschmückt. Ein wenig später, immer noch lange vor dem Meet, verließ sie, von einem Stallmeister begleitet, Cottesbrooke in einem einspännigen Brougham. Zuvor nahm sie einen Teller Suppe zu sich – eine nach ihrem eigenen Rezept zubereitete Brühe aus Wild, Rindfleisch und Huhn – und sonst nichts.« Marie Wallersee meint: »Dieser Extrakt war stärker als die stärkste Kraftbrühe. Zu der Suppe trank sie zwei Glas Wein.«

Die Kaiserin paßt sich den Ernährungsgewohnheiten englischer Reiter an, die sich hauptsächlich von beinahe rohem Beefsteak ernähren, Brot nur in geringen Mengen und Mehlspeisen überhaupt nicht zu sich nehmen. In ihr Reitzeug steckt Elisabeth eine mit Fleisch gefüllte Silberdose, von deren Inhalt sie sich den Tag über ernährt.

John Welcome erzählt von den schlichten Genüssen: »Als sie einmal am Ende eines Tages Mr. Nethercote, einen der Chronisten des Pytchley-Reviers, besuchte, wies sie lächelnd den ihr angebotenen Tee zurück und ersuchte statt dessen um ein Glas Bier, das sie sich mit Genuß zu Gemüte führte.« Die Vorbereitungen laufen nach einem bestimmten Ritual ab: »Wenn sie in ihrem Brougham bei dem betreffenden Haus anlangte, trug sie Straßenkleidung. Sie wurde beim Eingang von den Besitzern erwartet und in das ihr zur Verfügung gestellte Zimmer geleitet. Nun folgte die komplizierte Prozedur ihrer Toilette für die Jagd. Mit Hilfe der Kammerfrau legte sie zunächst das Unterkleid aus Chamois an und dann ihr Reitkostüm. Sie hatte nicht weniger als sechzehn Kostüme mitgebracht und bestellte während ihres Aufenthalts noch weitere in London. Wenn sie endlich von ihrer Erscheinung befriedigt war – und dazu bedurfte es oft mehrmaligen Umziehens, viel Zusammennähens und wieder Auftrennens –, zeigte sie sich vor der Jagdgesellschaft. Sie legte eine wahrhaft kaiserliche Gleichgültigkeit gegenüber dem Unmut anderer Leute an den Tag, die häufig beträchtliche Verspätungen in Kauf nehmen mußten.«

Die Jagdtage stürzen Elisabeth in einen Rausch der Ge-

schwindigkeit und Bewegung. Middleton pilotiert sie vorzüglich: »Sie gehorchte ihm nahezu unterwürfig, denn sie wußte,
daß sie sich in der Gegenwart eines Meisters seiner Kunst
befand und daß sie allein von allen Damen das Privileg genoß,
zu ihrem Vergnügen und Nutzen sein Können bewundern zu
dürfen. Sie sah hinreißend aus und ritt wie ein Engel. Unter
ihrer leichten Hand und ihrem sicheren Sitz, gelenkt und geleitet von Bays Geschick, galoppierten und sprangen die großen
Hunters, die er für sie gekauft hatte, ihre Herrin in das Reich rei-
terlicher Unsterblichkeit. ... Die Abendgesellschaften auf Cottesbrooke, Althorp und anderen ausgesuchten Jagdsitzen, an
denen nur ihre engsten Freunde teilnamen, machten Elisabeths
Glück noch vollkommener. Man sah es ihr an: Sie war freude-
trunken, ekstatisch, und sie sprühte vor Leben. Gleichzeitig aber
war etwas Fürstliches und Unnahbares an ihr. Die Tafelrunde
schwärmte von ihrer Schönheit, ihrer Natürlichkeit und ihrem
Charme.« Und Elisabeth zögert nicht, auch Franz Joseph in ihr
Glück einzubeziehen: »Wärst Du nur hier, ich sage es auf jeder
Jagd, und wie populär wärst Du, dank Deinem Reiten und Deinem Verständnis für die Jagd. Aber gefährlich wäre es, denn Du
ließest Dich nicht von Captain Middleton hofmeistern und würdest über alles hinüberspritzen, wo nachgeschaut wird, ob es
auch nicht zu tief oder zu breit ist.« Die Kaiserin, der es nicht
waghalsig genug zugehen kann, sorgt sich um ihren Gemahl!
Sie scheint ihn tatsächlich zu vermissen: »Ich dachte so an Dich,
könnten wir nur teilen, einen Tag Du, den anderen ich. Ich sage
immer Lord Spencer, wie Du es genießen würdest. Ich habe ihn
sehr gern, er ist so angenehm und natürlich. Ich glaube, wenn
er uns einmal besucht, Du wirst ihn auch gern haben.«

Rudolf macht einen Besuch in Cottesbrooke, ungeachtet seiner liberalen Neigungen läßt er alle nur seine Arroganz spüren.
Für sein Gefühl geht es auf dem Jagdsitz seiner Mutter zu unbeschwert, viel zu zwanglos zu. Daß Middleton ein Favorit Elisabeths ist, macht ihm den Engländer kaum sympathischer.
Marie, die Schwester der Kaiserin, besitzt, wenn sie es darauf
anlegt, eine scharfe und verletzende Zunge. Marie Festetics, die
aus dieser Richtung Gefahr für ihre geliebte Kaiserin wittert,

schreibt in ihr Tagebuch: »Spitze Nase, spitzes Kinn, da sitzt der Teufel mitten drin.« Und Marie wird Rudolf wohl so manchen Tratsch zugesteckt haben, der über seine Mutter und Middleton im Schwange ist. Auf einem Ballfest, das der deutsche Botschafter in Carlton House Terrace in London gibt, begegnen sich Rudolf und Bay zum ersten Mal. Und Rudolf läßt es zu einem Affront kommen, der sich sofort durch den ganzen Ballsaal, tags darauf auch in den Salons bis in die Jagdreviere verbreitet: Er starrt den Engländer, der ihm formvollendet vorgestellt wird, mit eisigem Schweigen an. Dann dreht er sich auf dem Absatz um und stürzt davon.

Elisabeth ist tief verletzt, aber auch sehr verärgert, als ihr die Nachricht zugetragen wird. Der Aufenthalt ist ihr seit diesem Vorfall gründlich verleidet. Sie nimmt noch an ein paar Veranstaltungen und Rennen teil, weil sie zwei Pokale gestiftet hat, verkriecht sich dann für den Rest der Woche ins Bett. Ein letzter Meet in Hannington, ein trauriger, verdrießlicher Tag, an dem die Hunde keine Witterung aufnehmen. Rudolf, der die Einladung diesmal angenommen hat, kommt in Begleitung seines Obersthofmeisters Graf Bombelles zu den Rennen, die wie geplant stattfinden, Bay Middleton gewinnt den Pokal. Doch die Anwesenheit Rudolfs, das Gefühl, von Klatsch und Tratsch umgeben zu sein, vergällt Elisabeth den festlichen Tag. Unmittelbar nach dem Rennen reist sie über Paris nach Wien ab. Zur großen Freude Franz Josephs trifft sie am 23. Februar 1878 in der Haupt- und Residenzstadt ein. In den nächsten Tagen stirbt Erzherzog Franz Karl, der Vater des Kaisers. Tage der Trauer.

*E*in Mensch von vierzig Jahren löst sich auf, verfärbt sich, verdunkelt sich wie eine Wolke«, sagt Elisabeth. Sie fühlt sich in diesen zunehmenden Lebensjahren, die ihr jetzt gleichsam unter den Füßen wegeilen, von der Angst vor dem unaufhaltsam nahenden Alter verfolgt. Sie will nicht alt werden. Es ist nicht nur Eitelkeit, unbewußt wartet sie noch immer auf das eine große Erlebnis, das ihr bisher versagt geblieben ist. Das

Leben zerrinnt ihr, und sie weiß nicht, wie sie es festhalten soll. Ihr Körper scheint da noch das Verläßlichste zu sein, was sie hat. Darum bedeutet ihr die Schönheit so ungeheuer viel, darum haßt sie alles und jedes, was diese Schönheit gefährden könnte. »Kinder sind der Fluch der Frau«, sagt sie wider besseres Wissen, »denn sie vernichten ihre Schönheit, und sie ist die beste Gabe der Gottheit.«

Elisabeth hat Schwierigkeiten mit ihrem Leben als Frau, weil sie es nie voll lebt. So pflegt sie den Körper um des Körpers willen, stürzt sich in ihre geradezu fanatischen Abmagerungskuren. »Die Leute erwarten von mir, daß ich immer schön und elegant aussehe«, läßt Elisabeth ihre Nichte Marie Wallersee wissen. »Ich bedaure es oft, daß sie ihre Herrscher nicht in dem Gepränge vergangener Tage sehen können, wie die Könige und Königinnen der Sage. Manche Fürsten kleiden sich wie Spießbürger und bilden sich ein, ihre Würde verleihe ihnen hinreichend äußeren Glanz. Doch da irren sie sich, ihre Untertanen bedauern schmerzlich ihre geschmacklose Erscheinung. Die Prinzessin von Wales ist außer mir die einzige Frau in Europa, die in der Art sich zu kleiden eine hohe Kunst sieht, und einen Teil ihrer Beliebtheit verdankt sich sicherlich dem Takt, mit dem sie für jede Gelegenheit das passende Kleid zu wählen weiß.«

Ob Sommer oder Winter, Elisabeth unternimmt unermüdlich weite Spaziergänge, das Gehen wird in der zweiten Lebenshälfte zu ihrem großen »Gegenzeremoniell« (Juliane Vogel). Manche Hofdamen, die nicht mit der gleichen Konstitution wie die Kaiserin gesegnet sind oder einfach schlechteres Schuhwerk haben, »gehen sich« buchstäblich aus dem Amt.

Die Kaiserin schläft nicht in Prunkbetten mit weichen Kissen und seidenen Baldachinen, sondern immer in einem einfachen Eisenbett mit Rollen, so daß es bequem mit auf Reisen genommen werden kann. Und ohne Kopfkissen, irgend jemand hat ihr eingeredet, im Schlaf ganz flach zu liegen mache die Menschen schön. Elisabeth glaubt es aufs Wort. Das Eisenbett gehört zu ihren vielen Marotten und Überspanntheiten, die auf ihre Umgebung bisweilen rätselhaft, manchmal empörend wirken. Sie lehnt Parfüm nicht nur ab, rümpft nicht nur in der Gegenwart ihres Cousins Ludwig die Nase – der König liebt es, sich mit reichlich aufdringlichem Parfüm zu besprühen –, nein, sie muß in ihrer Überempfindlichkeit auch gleich ihrer ganzen Umgebung untersagen, es zu benutzen. Nie trägt sie einen Ring am Finger, nur immer einige Ketten um den Hals. Sie hat eine ausgesprochene Passion für Perlen und besitzt eine große Sammlung. »Perlen bedeuten Tränen«, sagt sie, und doch liebt sie sie.

Alle ihre Vorlieben und Abneigungen sind ausgeprägt und unabänderlich. Sie liebt etwas oder haßt es, dazwischen gibt es nichts. Maß kennt sie nicht, Mittelmaß verabscheut sie. Marie Festetics, ihre Vertraute, notiert in ihr Tagebuch am 14. September 1879: »Die Kaiserin ist lieb und gut, aber sie macht sich alles zur Qual, und was für andere eine Quelle reiner Freude ist, wird bei ihr zum Quell des Unbehagens. Sie kommt mir vor wie ein Kind aus der Feenwelt. Da kamen viele gute Feen und legten ihr eine schöne Gabe in ihre Wiege, Schönheit, Lieblichkeit, Anmut, Vornehmheit, Einfachheit, Güte, Demut, Geist, Witz, Schalkhaftigkeit, Scharfsinn und Klugheit. Dann aber kam die böse Fee und sagte: Alles hat man Dir gegeben, wie ich sehe, alles. Ich aber will diese Eigenschaften gegen Dich selbst kehren und keine Freude soll Dir daraus erblühen. Ich gebe Dir nichts. Ich nehme Dir aber ein hohes Gut, das wenig beachtet, aber ach, so nötig ist, um das Gleichgewicht der Seele zu erhalten, um in Harmonie des Herzens glücklich zu sein und dem Gemüte Frieden zu geben. Ich nehme Dir, was der Mensch unbewußt in sich trägt, das Maßhalten in Deinem Tun, Treiben, Denken, Empfinden. Nichts soll Dir zur Freude werden, alles sich gegen Dich kehren, selbst Deine Schönheit soll Dir nur Leid schaffen. Dein hoher Geist soll so tief in die Dinge eindringen, bis er Dich auf Irrwege bringt und Du die Menschheit verachtest, so wirst Du den Glauben an Güte und Liebe und das Vertrauen in die Besten verlieren, und gerade dort geben, wo es dann wieder mißbraucht wird. So wirst Du Deine Seele mit Widerwillen und Bitterkeit erfüllen, bis Du Deinen Frieden nicht mehr finden kannst.«

In ihrer »Lebensmitte« wird Elisabeth klar, wie ihr weiteres

Leben vorgezeichnet ist. Die Weichen sind gestellt, sie hat nicht mehr die Kraft, den Kurs zu ändern. Sie wird ihren Weg gehen, so wie er noch unermeßlich lang vor ihr liegt, mit schnellen Schritten, auf langen Fahrten, auf Reisen ins Schweigen und Vergessen. »Das Glück«, weiß sie jetzt, »das die Menschen in der Aufrichtigkeit suchen und von ihr verlangen, unterliegt tragischen Gesetzen. Wir alle leben am Rande eines Abgrundes von Kummer und Schmerz, den uns die Lüge der gesellschaftlichen Moral gegraben hat. Dieser Abgrund trennt unsere wirkliche Lage von jener, in der wir uns befinden sollten. Ein Abgrund bleibt immer ein Abgrund, und im Augenblick, wo wir über ihn hinweg wollen, stürzen wir ab und brechen Hals und Beine.«

»Was ich ohne Scheu tue, darüber brauchen sich andere nicht zu entrüsten«, sagt Elisabeth. Wie weltfremd, die Menschen regen sich gleichwohl auf über ihre Freunde, ihre Seltsamkeiten, ihre Eskapaden. Sie tun es, weil es nichts Befriedigenderes als den Klatsch gibt. Und dafür ist die Kaiserin ein geradezu prädestiniertes Objekt.

Elisabeth ist unbeliebt, jedenfalls am Hof. »Die Kaiserin ist mir widerwärtig«, schreit Graf Georg Larisch einmal wutentbrannt und gibt damit nichts anderes als die Meinung vieler kund. Der Hochadel haßt sie, seit bekannt wird, wie sehr sie Ungarn liebt. Er verabscheut sie, je unkonventioneller sie sich zeigt, man könnte auch sagen: je unverschämter. Elisabeth fügt sich einfach nicht ein, nicht in die Konvention, nicht in die Tradition, nicht in die Etikette. Sie fällt aus dem Rahmen aller Erwartungen und macht sich »unmöglich«. Immer dieses Lesen – welch eine Zeitverschwendung. Sie ist geistreich, gilt als emanzipiert. Sie nimmt sich Dinge heraus, die anderen nicht einmal im Traum einfallen würden. Sie ist kulturell interessiert – und fällt unangenehm auf. Geistvoll – das gilt als liberal.

Die Wiener Aristokratie weiß mit Elisabeth nichts anzufangen. In den Salons des Hochadels pflegt man nur noch die seichte Oberflächlichkeit gesellschaftlicher Formen, für die nun wiederum die Kaiserin nur Verachtung übrig hat. »On ne respecte pas l'esprit en Autriche«, äußert die Prinzessin Arenberg treffend und fügt hinzu: »et un pays où on ne respecte pas l'esprit est un pays qui baisse«. Der Tratsch – ein echt österreichisches Wort – blüht, wo immer die Kaiserin auftritt, und sie nährt ihn durch ihr Verhalten. Man dichtet ihr Verhältnisse an (selbst mit ihren diversen Sprachlehrern), findet sie exzentrisch und unmöglich, notiert jede kleinste nach außen dringende Regung. Je weniger man von ihr weiß, um so mehr schießen die Gerüchte ins Kraut. Man stürzt sich auf jedes noch so banale Vorkommnis, zum Beispiel, daß sie einmal in der Hofburg einem Kammerherrn, der ihr irgend etwas nicht recht gemacht hatte, im Zustand nervöser Überreizung eine schallende Ohrfeige versetzt. Der Kaiser kann schließlich den »Betroffenen« nur durch einen Orden wieder beschwichtigen. Doch die Geschichte von dem wegen einer Ohrfeige dekorierten Hofbeamten kursiert in ganz Österreich und trägt zur Beliebtheit Elisabeths keineswegs bei. Während man aber in bürgerlichen Kreisen Tränen lacht, empört sich der Adel über die Launenhaftigkeit der Kaiserin.

Auch im Volk schwächt sich die Zuneigung zur Kaiserin ab. Anfangs sieht man ihre Bilder überall, in Schulen, Universitäten, Hotels, in den Schaufenstern der Buchhandlungen. Die Damen tragen Hüte à la Elisabeth, es gibt Elisabeth-Mäntel, Elisabeth-Schleier. In Wien nennt man eine Aussicht, eine Allee nach ihr. Es herrscht eine regelrechte Elisabeth-Manie. Doch spätestens Ende der siebziger Jahre verliert der allgemeine Enthusiasmus merklich an Schwung. Nur ein Teil des Hofstaats und der Aristokratie begegnet ihr noch, und nur noch wenige Österreicher bekommen sie auf einigen wenigen Bällen der Saison, die sie noch mit ihrer Anwesenheit beehrt, zu sehen. Je weiter sie sich zurückzieht, um so mehr gilt sie als hochmütig und verschlossen. Sie nimmt nicht nur an den rauschenden Festen des offiziellen Hoflebens kaum noch teil, sie entzieht sich konsequent jeder Aufmerksamkeit. Und wenn sie doch einmal gezwungen ist, in der Öffentlichkeit zu erscheinen, versteckt sie sich hinter einer »Maske des Hochmutes«, um nicht erkennen zu lassen, wie zuwider ihr alles ist.

Die Wiener gewöhnen sich an, sie nur noch kühl zu grüßen, wenn Elisabeth sich herabläßt, unter ihnen zu erscheinen, und sie grüßt noch kühler zurück. Sie verzeihen ihr nicht, daß die Kaiserin ihre Schaulust nicht durch die Teilnahme an der Karprozession, am Fronleichnamsfest oder am Maikorso befriedigt. Vor jedem der großen Feste wird die Öffentlichkeit darüber in Kenntnis gesetzt, daß Ihre Majestät von einem plötzlichen Unwohlsein ergriffen und aufs Land gereist sei, um sich zu erholen.

In diesen Jahrzehnten stehen die Monarchien in ganz Europa auf dem Prüfstand. In Österreich eine Kaiserin, die ihre Pflichten nicht erfüllt, sondern nur in der Gegend herumreist, maßlos viel Geld ausgibt und zu Verschwendung neigt, vor allem an Pferden und Hunden interessiert ist – von der Warte des Bürgertums aus gesehen, gibt es durchaus berechtigte Punkte der Verstimmung und Ablehnung. Elisabeth liefert mit ihren Launen und Marotten genug Gründe, sie anzugreifen, und nicht alle ihre Kritiker sind borniert, engstirnig oder in veralteten Traditionen gefangen. Anfangs hat sich die Kaiserin sehr über jegliche Kritik geärgert, mit den Jahren wird sie immer gleichgültiger. Sie ist nicht bereit, ihrem Bild in der Öffentlichkeit ein Korrektiv entgegenzusetzen. Sie fühlt sich unverstanden und zeigt nicht die geringste Bereitschaft, selber etwas von dem verstehen zu wollen, was um sie herum geschieht.

Schirm und Fächer sind von nun an äußere Zeichen für Elisabeths Verschwinden aus der Öffentlichkeit. Etwas Fremdes, Seltsames, schwer zu Deutendes geht von ihr aus, wo immer sie sich aufhält, etwas, das die Phantasie anregt und zur Legendenbildung geradezu auffordert. Man sieht sie bald hier, bald dort, wie ein Komet unberechenbar ihre Bahn ziehend. Und so entstehen aus dem Bedürfnis, sie verstehen zu wollen, immer neue Legenden. Man versucht sie zu deuten und mißdeutet sie. Das Gerede von der in enttäuschter Liebe sich verzehrenden Frau ist bezeichnend und geht an der Wahrheit doch vorbei. Elisabeth paßt mit ihrer düsteren Melancholie nicht in das Wien des ausgehenden 19. Jahrhunderts, in dem Walzerklänge von

Johann Strauß schwebend durch die Luft fluten und die Sinne beflügeln.

*G*erade diese Jahre aber, in denen sich Elisabeth innerlich immer weiter von dem Geschehen ihres kaiserlichen Lebens entfernt, sind wichtige Jahre für Österreich. Rußland sucht einen Zugang zu den Meerengen, der russische Einfluß auf dem Balkan wird immer größer. Österreich glaubt, für jeden russischen Schritt zum Goldenen Horn einen solchen auf dem Balkan vorwärts machen zu müssen.

Seit 1875 herrscht in Bosnien und der Herzegowina Aufruhr gegen die türkische Zwangsherrschaft, drängen die österreichischen Militärs, allen voran Feldmarschalleutnant Rodiç, der Statthalter von Dalmatien, darauf, die günstige Gelegenheit auszunutzen und das Land zu besetzen. Rodiç geht es wie der Maus, die nur den Speck sieht, aber nicht die Falle über ihrem Kopf, meint der vorsichtige Andrássy als Außenminister der Monarchie. Er befürchtet im Falle einer Okkupation eine feindliche Reaktion vor allem Rußlands. Der Berliner Kongreß, der dem russisch-türkischen Krieg von 1877/78 folgt und auf dem die Interessen der europäischen Großmächte kollidieren, läßt die bosnische Frage endlich spruchreif werden. Bismarck rät Andrássy zur Okkupation. Der gutaussehende Freund Elisabeths beherrscht zumindest in seiner äußeren Erscheinung neben der Gestalt Bismarcks, des »eisernen Kanzlers«, diese Konferenz der größten Staatsmänner Europas von Premierminister Disraeli bis zu Fürst Gortschakow, dem greisen russischen Staatskanzler. Er zähle auf seine Umsicht und Gewandtheit in der bosnischen Frage, schreibt ihm Franz Joseph nach Berlin. Und Andrássy betreibt eifrig die Okkupation. Nicht ohne Erfolg, der Kongreß überträgt Österreich die beiden türkischen Provinzen: Bosnien soll von den Truppen der Donaumonarchie besetzt werden. Elisabeth warnt den Kaiser: »Schicke nur nicht zuviel Russenfreunde nach Bosnien, wie Kroaten, Böhmen usw.« Sie hat nicht viel Vertrauen in die ganze Sache.

Ende Juli 1878 rücken fünfundsiebzigtausend österreichische Soldaten unter Feldzeugmeister Baron Philippovich in Bosnien ein. Dem deutschen Botschafter, Heinrich Prinz Reuß, scheint es, wie er nach Berlin berichtet, als sei mit diesem Augenblick der melancholische Ausdruck, der sonst wie ein Schatten über den Zügen des Kaisers gelegen habe, verschwunden. Franz Joseph glaubt an einen raschen und glücklichen Verlauf der Okkupation. Der Überfall auf österreichische Husaren bei Maglaj und der fanatische Widerstand, den der Freiheitskämpfer Hadji Loja entzündet, belehren ihn jedoch bald eines besseren. Gefecht folgt auf Gefecht. Das Terrain ist überaus schwierig, die Wege sind steinig und schlecht, die Versorgung ist mangelhaft, und oft fehlt es an Wasser. Vor Dolnja Tuzla kommt die 20. Infanteriedivision unter Graf Gyula Szapáry nicht weiter. Die Gefechte bei Doboj, wohl die kritischsten Tage des Feldzuges in der ersten Augusthälfte, kosten in Wien Graf Frederick von Beck, den Chef der Militärkanzlei, nach seinen eigenen Worten schlaflose Nächte.

Andrássy ist heftigen Angriffen ausgesetzt, weil er zu wenig Truppen für dieses Unternehmen mobilisiert haben soll. Sein vorwitzig-frecher Ausspruch, er traue sich, die ganze Okkupation mit einer Kompanie Husaren und einer Musikbande durchzuführen, löst bei seinen Feinden unter den klerikalen und föderalistischen Hocharistokraten tobende Empörung aus. Verstärkungen sind notwendig. Erst als am 19. August Sarajewo erstürmt wird, zeichnet sich ein erster großer Erfolg ab, dem dann im September der Sieg von Majevica Planina folgt. Immerhin sind schließlich zweihunderttausend Mann mit vierhundertachtzig Geschützen nötig, um das Land vollständig in Besitz nehmen zu können – der erste österreichische Sieg seit den Tagen von Solferino und Königgrätz.

Elisabeth kümmert sich wieder voll Mitgefühl um die Verwundeten und Kranken des Feldzuges. Sie regt an, einen Hilfsfonds für sie zu schaffen, und schreibt an Andrássy, man möge doch einen patriotischen Frauenverein bilden, um die Kriegsgeschädigten oder in die Heimat entlassenen Soldaten unterstützen zu können. Dieser Verein ist ihre ureigene Idee und stiftet weit mehr Segen als jener bosnische Verein, der in diesen Jahren von klerikalen Aristokraten mit dem Zweck gegründet wird, die »katholische Durchdringung« des Landes zu fördern.

Im Sommer 1878 ist Elisabeth mit Rudolf und Valerie in Ischl, wohin auch Lord und Lady Spencer eingeladen werden. Am 9. September wird in Tegernsee die Goldene Hochzeit von Herzog Max und Herzogin Ludovika gefeiert, Kinder, Enkel und Urenkel wetteifern in Fest- und Dankesreden. Wie immer bei großen Familienfesten, wenn das häusliche Leben besonders trubelig wird, zieht sich die Kaiserin gerne zurück und »privatisiert«, geht allein in die Berge oder dichtet in der Abgeschiedenheit ihre holprigen Verse:

Wie der Pontius ins Credo,
Kam ich ins Familienjoch;
Denn zu fliehen die Familie,
War mein Drang von jeher doch.

Eine kurze Unterbrechung, gleich anschließend ist Elisabeth wieder in Wien bei ihren Verwundeten des bosnischen Feldzuges. Mitte September reist sie nach Gödöllö, wo auch Rudolf, Lord und Lady Spencer, Bay Middleton sowie Marie und Georg Larisch eintreffen. Aber auch von Gödöllö aus fährt die Kaiserin immer wieder nach Budapest, um dort die Spitäler und Lazarette zu besuchen. Der Kaiser sitzt in Schönbrunn und trägt die drückende Last seiner Verantwortung. Tag und Nacht, ohne Vertraute oder Trösterin.

Auf Gödöllö beherrschen wieder Pferde die Szene. Entspannung findet Elisabeth darin, ihre Zirkuspferde Flick und Flock zu dressieren. Die ganze Gesellschaft schaut ihr jeden Tag zu, wie sie die Tiere in der Manege trainiert. Dann wird wieder gejagt, doch nach den Erfahrungen in England kann die Kaiserin sich für die ungarischen Jagden nicht mehr vorbehaltlos begeistern. Nicht einmal das erregende Abenteuer, ein Manöver der Kavallerie im Rang eines Obersten zu begleiten und eine Attacke vor dem Husarenregiment zu reiten, bringt sie in die richtige Stimmung. Lord Spencer spürt das Unbehagen Elisa-

Das Kaiserpaar auf einer Fuchsjagd (1873).

beths, er und Middleton versuchen, sie für eine Jagd in Irland zu begeistern. Beide schwelgen in Erinnerungen an die Romantik, Schönheit und Wildheit des Jagens auf der grünen Insel. Und Elisabeth fängt Feuer.

*A*ls Rudolf neunzehn Jahre alt ist, begleitet er seine Mutter erstmals nach London zur Season. Er kommt hauptsächlich mit, um sich in das gesellschaftliche Leben zu stürzen. Er ist nicht nur bei den Wienern beliebt, er weckt auch Sympathien an den ausländischen Höfen, die er besucht. Als er ein wenig älter ist, tritt er wie ein Weltmann auf, gewandt, mit der Brillanz eines begabten, äußerst scharf und skeptisch denkenden Menschen. Nirgendwo aber, so berichtet ein Beobachter, ist er von »zärtlicherer Eleganz« als gegenüber seiner Mutter. »Man muß ihn gesehen haben, wenn er der Kaiserin den Steigbügel hält; kein Page der galanten Zeit kann so artig und liebevoll sein.« Der Sohn, der mit zwanzig Jahren dem Blick jeder Frau standhält, wird rot, wenn er der Mutter die Hand küßt. Er ist beglückt, ihre Handschuhe tragen zu dürfen. Er verehrt, was sie liebt.

Doch dann verliert Elisabeth seine Bewunderung. Die Begeisterung des jungen Mannes für seine schöne Mutter macht einer skeptischen Kritik Platz. Ihr wiederum mißfällt auch manches an ihrem Sohn. Früher hat sie sich immer gefreut, wenn sie in ihm einige ihrer eigenen Eigenschaften und Interessen entdecken konnte. Jetzt erzählt er seiner Mutter nicht mehr wie früher von seinem Leben, seinen Entdeckungen, seinen ersten Heimlichkeiten, den harmlosen Flirts des verliebten Knaben. In seiner Jugend konnte er ihr, wenn sie denn einmal da war, alle seine Zweifel, Freuden und Geheimnisse anvertrauen, zutraulich wie ein Bruder gegenüber seiner Schwester. Nun führt er sein eigenes, selbständiges Leben. Keiner kennt ihn wirklich, am allerwenigsten sein Vater. Elisabeth berät den Sohn, wenn er um Rat fragt, was selten genug vorkommt. Sie verurteilt ihn nie. Obwohl – oder weil – er in der Hofburg wie in einem Internat aufwächst, weitgehend ohne Kontakt zu seinen Eltern oder zu Gleichaltrigen, hat sich bei ihm eine gewisse Verwöhnung herausgebildet, die frühzeitig eine Neigung zum Hochmut und zum Zynismus befördert. Er sieht das höfische Leben ebenso kritisch wie seine Mutter. Seine mehrfachen Aufenthalte im liberalen England öffnen ihm die Augen. Er hat fest vor, wenn er einmal zur Regierung kommt, den ganzen Kram höfischer Verkrampfung abzuschaffen und in jeder Beziehung ein moderner, großzügiger Herrscher zu sein. Er zeigt großes Interesse für Militärwissenschaft, aber er haßt den Garnisonsdienst, zu dem ihn der Kaiser zwingt und der ihn in die verschiedenen Städte des Reiches abkommandiert.

Franz Joseph hat an Rudolf viel auszusetzen, er bringt nicht so viel Geduld auf wie Elisabeth. Doch auch er läßt ihn gewähren. Rudolf ist alt genug, er muß selbst wissen, was er tut. Seine Wesensart, sein Temperament, seine Neigungen und sein Intellekt sind dem Kaiser fremd, wie ihm auch Elisabeths Wesen verschlossen geblieben ist. Doch auch wenn er sie nicht zu halten vermag, steht er zu Elisabeth, dem »einzig geliebten Engel«, und sie ist für ihn da, wenn er sie braucht, auch wenn sie abwesend ist. Der ununterbrochen geführte Briefwechsel beweist es. Immer ist es tiefes Mitleid, das sie für ihn empfindet, er ist ja nicht weniger einsam als sie. Auch Valerie findet keinen rechten Zugang zu ihrem Vater. Er selbst ist in seinem Wesen zu erstarrt, zu sehr in sein Schneckenhaus eingeschlossen, als daß er die Brücke fände, die zu den Kindern führt.

Politisch trennen den Vater bald Welten von seinem Sohn. Rudolf hat viel für Frankreich übrig, das er als Heimat des Liberalismus, der Freiheit und aller großen Ideen des menschlichen Fortschritts ansieht. Und er haßt und verabscheut Deutschland. »Seine Erziehung soll so wenig deutsch als möglich sein«, soll Elisabeth angeblich seinem Erzieher gesagt haben. Wenn es so war, dann ist die Weisung mit Erfolg in die Tat umgesetzt worden. In dem neu entstandenen Deutschen Reich sieht Rudolf nichts anderes als eine »enorm erweiterte, preußische Soldateska«, den Triumph der plumpen, selbstgefälligen Brutalität des

Nationalismus. Er selber fühlt international, sieht sich als Kosmopoliten.

Die Reiselust hat er von seiner Mutter geerbt. Aber anders als sie bringt er für fremde Länder und Menschen ein wirkliches Interesse mit. Er schreibt in einem glänzenden Stil Bücher über seine Reisen. Überhaupt arbeitet er fieberhaft, als müsse er rasch etwas ganz Großes zustande bringen. Doch der Platz, den er als Thronfolger einnehmen soll, ist auf zunächst unabsehbare Zeit besetzt. Und Rudolf kann nicht warten, er verliert die Nerven bei dieser Untätigkeit, die ihm sinnlos erscheint. Er sieht, wie der Vater in seinen Augen Fehler über Fehler macht, er erkennt die ganze Unfähigkeit jener Clique von alten Männern, die mit dem Vater die Geschicke der Monarchie lenken: Erzherzog Albrecht, Graf Frederick von Beck, Ministerpräsident Graf Eduard Taaffe, die »mit dem heiligen Feuer der Miserabilität auftreten«. Letzterem verdankt die k. u. k. Monarchie ein echt österreichisches Wort; er faßt die eigene Politik in dem lapidaren Satz zusammen: »Mir wursteln halt so fort.« Stolpern von einem Notbehelf zum anderen, von einem Kompromiß zum nächsten, ohne festen Kurs, Regieren als Pfuschwerk. Taaffe, der »Kaiserminister«, vierzehn Jahre lang auf Posten, ist ein treuer Diener seines Herrn, mit einer ebenso einfachen wie unoriginellen Strategie: Er spielt die Deutschen gegen die Tschechen aus, die Ruthenen gegen die Polen, die Slowenen gegen die Italiener – und betrügt sie alle. Und er kann sich sicher sein, daß Mißtrauen und Angst des Kaisers ihm weitgehend freie Hand lassen.

Rudolf aber hat für dieses »Wursteln« nicht das geringste Verständnis. Er fühlt deutlich, daß die Zeit gegen Österreich arbeitet. Und er notiert in seinen Aufzeichnungen: »Es hat eine Zeit gegeben, da die Kaiserin sich um die Politik gekümmert und mit dem Kaiser über ernste Dinge gesprochen hat. Sie ließ sich dabei von Ansichten leiten, die den seinen diametral entgegengesetzt waren. Diese Zeiten sind vorüber. Der Einlaß liberal angehauchter Meinungen ist verschlossen. Gegen mich herrscht Mißtrauen. ... Der Kaiser war vor drei, vier Jahren schon bis zu einem gewissen Grade liberal und mit dem 19. Jahrhundert versöhnt. Jetzt ist er wieder so, wie zu den Zeiten der armen Großmama: klerikal, schroff und mißtrauisch; die Dinge können noch sehr weit gehen.«

Rudolf erkennt, wenn auch unscharf, die Erfordernisse seiner Zeit. Er schmiedet Pläne über Pläne für Reformen, arbeitet eine Denkschrift über alle ihn bewegenden politischen Fragen aus, die er dem Vater vorlegen will. Doch er macht sich keinerlei Illusionen über ihre Resonanz: »Wird der Kaiser diese kleine Arbeit ernst nehmen oder abends vor dem Schlafengehen durchblättern und ad acta legen, das Ganze für die Exzentrizität eines aus Art und Schablone geschlagenen Schwärmers halten, als was er, wie ich es oft bemerke, meine ganze Lebens-, Denkungs- und Schreibweise zu betrachten sich angewöhnt hat? ... Soll ich es erst der Kaiserin zu lesen geben? Sie ist eine untätige, aber durch und durch gescheite Frau.«

Kaum jemand am Hof nimmt den Kronprinzen ernst, dem Kaiser selbst geht sein »Geschwätz« auf die Nerven, er bezeichnet ihn als einen »Plauscher«. Instinktiv tut er aus reinem Machterhalt das Plausible: Er bremst den Thronfolger, der vor Tatenlust brennt, aus. Ja, er läßt ihn verbrennen, sitzt mit seinem unzerstörbaren Kaiserlächeln von fünf Uhr morgens bis abends punkt neun hinter dem Schreibtisch und »regiert«. Für Rudolf findet sich keine sinnvolle Aufgabe. Der Kronprinz im Wartestand. Warten aber, darin ist er seiner Mutter zu ähnlich, die rastlos durch die Welt jagt, Warten ist keine Kunst, die er beherrscht.

Rudolfs Pläne werden um so radikaler, je verächtlicher der Vater sie zurückweist. Seine lebhafte Phantasie spiegelt ihm Taten voller Kühnheit und Wagemut vor. Die einen erleben das an ihm als nervöse Überreizung, die anderen als kraftvolle Energie. Doch es bleibt beim Kokettieren mit diesen Ideen, bei Gedankenspielen. Er entwirft sogar den geheimen Generalplan eines Staatsstreiches samt seiner Ausrufung zum König von Ungarn. Realitätstauglich sind alle diese Konzeptionen nicht, gar in die Tat umgesetzt wird davon keine. Ein Kronprinz, der bestenfalls für die Schublade arbeitet, meist nur Makulatur für den Papierkorb produziert.

Rudolf hat es verstanden, in der Bevölkerung Sympathien für sich zu gewinnen. Er muß zweifellos unter die »glänzenden Habsburger« eingereiht werden, zumindest unter jene, die literarische und künstlerische Neigungen besitzen. Er gibt ein Monumentalwerk in zweiundzwanzig Bänden über die Länder der Monarchie heraus, verkehrt in liebenswürdiger Weise mit Künstlern und Gelehrten. Er gilt als populär, kann leutselig sein, ist aber ebenso sehr imstande, hochmütig und herablassend zu erscheinen.

Wäre er nicht letztlich feige und nervös, er hätte längst schon einmal etwas angepackt und zu Ende gebracht. Mißtrauisch verfolgt jedoch der Hof das kleinste Aufflackern seines Geistes und seines mit der Zeit unübersichtlich werdenden Liebeslebens. Ständig wird er von der Geheimpolizei überwacht. Selbst die Cognacs, die er in irgendeiner Loge des »Ronacher« abends trinkt, die Namen der Komtessen, die er in einem Separée des »Sacher« verführt, werden am anderen Tag säuberlich in kalligraphisch schöner Schrift in den Akten der Wiener Polizei verzeichnet. Er weiß genau, daß er überwacht wird. Jede seiner Bewegungen wird festgestellt, seine Briefe werden geöffnet, bis er damit aufhört, sie der Post zu übergeben, seine Telegramme chiffriert und Botschaften nur durch ihm treu ergebene Diener überbringen läßt. Sie versuchen, ihn durch Denunzianten, klug ausgedachte Fallen und *Agents provocateurs* zu fangen. Eine Masse anonymer und nicht-anonymer Briefe, Beschwerden, belastender Zeitungsausschnitte, Pamphlete und dergleichen mehr wird dem Kaiser täglich auf den Schreibtisch gepackt. Ein regelrechter Feldzug, dazu angelegt, ihn herabzusetzen, sorgfältig und kostspielig organisiert von einem Komitee, in dem Erzherzog Albrecht und Ministerpräsident Taaffe keine geringe Rolle spielen. Der Kaiser nimmt die Berichte zur Kenntnis, schüttelt den Kopf und legt sie ungerührt zur Seite. Er greift nie ein.

Die Kampagne gegen ihn treibt Rudolf jedoch nur dazu, noch heftiger auf sich aufmerksam zu machen. Kein Stubenmädchen in den Schlössern, die er bewohnt, ist ihm zu gering, keine junge Hofdame vor seinen Avancen sicher. Von den Operettensängerinnen, Ballettänzerinnen und Schauspielerinnen, die er kennt, gar nicht zu reden. Flüchtig stolpert er durch seine Affären, kaum eine Frau, die ihn wirklich zu fesseln versteht. Seine Cousine Marie Wallersee-Larisch erzählt, wie er sich über »liebeskranke Mädel« lustig macht und sich mit seinen Eroberungen brüstet: »Die dumme Pute glaubt, ich bin in sie vernarrt. Und daher kann ich mit ihr machen, was ich will.«

Selbstverständlich zeigt sich der Hof entsetzt über die revolutionären Anschauungen des Kronprinzen. Die Monarchie, dieses nur noch mühsam durch den Kaiser zusammengehaltene Konglomerat rivalisierender Nationen, verträgt keinen frischen Wind mehr. Öffentlich opponieren darf Rudolf nicht, heimlich aber stürzt er sich voller Begeisterung in eine Aufgabe, die seine scharfe, gewandte Feder liebt: Er wird zum heimlichen, unter Pseudonym schreibenden Mitarbeiter Wiener Zeitungen. Moriz Szeps und die Journalisten Berthold Frischauer und Gyula Futtaki werden seine besten Freunde. Moriz Szeps bekommt Geld von ihm, damit er eine neue liberale Zeitung, das »Wiener Tageblatt«, gründen kann. Rudolf ist in seinem Element. Er ahnt den Untergang des alten Österreich. Er sieht Throne stürzen und Reiche zusammenbrechen. Mit dem Mut der Verzweiflung läßt er bei jeder sich bietenden Gelegenheit seine Dissonanz mit der Regierung erkennen, seine Verachtung des Hofes und des Adels, seine Sympathie für liberale Ideen, seine Freundschaft mit den Anführern der Opposition, den Radikalen, Republikanern, Journalisten.

Gegen Ende 1884 schreibt er: »Immer mehr und mehr gewinne ich die Überzeugung, daß ernste, vielleicht blutige Tage kommen werden und daß über kurz oder lang die Armee, als der letzte Schutz und Hort des Staatsgedankens und der Ordnung, mit eiserner Hand eingreifen wird, zur Rettung des Bürgerstandes und des geordneten Staatslebens.«

Gewagte, ja gefährliche Worte. Rudolf setzt sein Leben aufs Spiel, wenn er seinen Diener mit dieser Korrespondenz losschickt. Wenn es gelänge, eine dieser Botschaften abzufangen, könnte Franz Joseph dann nur einen Augenblick zweifeln, wer die Armee anführen würde?

*I*m Januar 1879 ist die Kaiserin wieder in Wien, da sie an allen möglichen »Plagereien« teilnehmen muß. Sie erscheint sogar beim Hofball. Doch es hält sie wie immer nicht lange, schon im Februar sehen wir sie – gegen alle politischen Widerstände und diplomatischen Bedenken – mit Beginn der Jagdsaison nach Irland fahren, wo die Parforcejagden noch viel gefährlicher sind als in England. In Bosnien wird noch gekämpft, Irland steht kurz vor dem Aufstand gegen die Engländer – Elisabeth interessiert das alles nicht.

In Dover besteigt die Kaiserin einen eigens gecharterten Dampfer, die »Shamrock«, die sie sicher durch Schnee und Nebel nach Irland bringt. Die Ankunft Ihrer Majestät auf der Grünen Insel geht nicht besonders privat oder gar inkognito zu. In Dublin wird ihr ein halboffizieller Empfang bereitet, durch den Oberbürgermeister und die Vertreter der Eisenbahngesellschaft, die ihr einen Blumenstrauß und ein »zart parfümiertes Exemplar eines auf Seide gedruckten Fahrplans« überreichen.

Eine riesige, begeisterte Menge hat sich eingefunden, auch entlang der ganzen Strecke säumen Menschenreihen die Eisenbahngeleise. In Kilcock ist ein roter Teppich vom Bahnsteig zu ihrer Kutsche gelegt, die österreichische Fahne aufgezogen worden, und über die Brücke ein grünes Banner gespannt worden: »Erin heißt die Kaiserin herzlich willkommen«. Englische Fahnen sind nirgends zu sehen.

Auf der Fahrt nach Summerhill liegt tiefer Schnee, aber das hindert die Landbevölkerung nicht daran, der Kaiserin zuzuwinken und zuzujubeln. Elisabeth schlägt in Meath ihr Hauptquartier auf, wo die schärfste Meute Irlands jagt und Lord »Paddy« Langford, ein alter Kumpan von Spencer und Middleton, das herrlich gelegene Herrenhaus Summerhill besitzt. Die alten Freunde stellen sich wieder ein, als Pilot ist wiederum Captain

Bay Middleton engagiert, herrliche Pferde stehen ihr zur Verfügung, es scheint alles bestens zu sein.

Zunächst entledigt sich Elisabeth noch einer lästigen Verpflichtung. Mit der ihr eigenen Unbekümmertheit, lässig und beiläufig bringt sie einige floskelhafte Zeilen zu Papier, um Königin Victoria zu beschwichtigen: »Gräfin von Hohenembs an Ihre Majestät die Königin, Summerhill, 22. Februar 1879. Ich nehme den ersten Tag meines Aufenthalts in Irland zum Anlaß, um Eure Majestät von meiner Ankunft und meiner Absicht in Kenntnis zu setzen, das strikteste Inkognito zu wahren, während ich versuche, mich mit den Eigenheiten irischer Jagdgebräuche vertraut zu machen. In respektvoller Berücksichtigung des großen Schmerzes, der das mütterlich liebende Herz Eurer Majestät erfüllt hat, wollte ich mit einem Besuch nicht stören und sah mich, unter Zeitdruck stehend, genötigt, in größter Eile meinem Bestimmungsort zuzustreben. Der Kaiser hat mich ersucht, Eurer Majestät seine ergebenen Grüße zu übermitteln, Rudolf küßt Euch die Hände und erinnert sich dankbar der ihm von Eurer Majestät erwiesenen Aufmerksamkeit und Wohltaten, und ich selbst schließlich möchte mich auf das wärmste den unwandelbar schwesterlichen Gefühlen Eurer Majestät empfehlen.«

Elisabeth reitet auf der Heide von Meath, einer ungemein öden, mit niedrigem Ginster bedeckten Grasfläche, ihr Oberstallmeister, Prinz Rudolf Liechtenstein begleitet sie. Alles hier hat ein anderes Gesicht als in England. Die englischen Herren, Lord Langford, der Herr von Schloß Summerhill und Gastgeber der Kaiserin, General Fraser, Lord Randolph Churchill, Lord Killen, Lord Spencer, erscheinen im roten Frack, aber mitten unter ihnen tauchen auf ungeputzten, schlecht gesattelten Pferden in einfachem Rock auch ein paar irische Pächter auf, in derben Stiefeln, in denen ein dicker Reitstock steckt. Die Pferde dieser Pächter, selbst gezogen und selbst zugeritten, springen wie die Katzen über die typischen irischen Hindernisse, die »Banks«, Gräben, zwischen denen ein hoher Wall liegt, vor dessen Krone es gilt, im Ansprung den zweiten dahinter befindlichen Graben zu nehmen. »Mußtest du ziehen?« fragt ein echter Ire dann am Abend nach der Jagd, die über solche Banks ging, seinen Freund, womit er meint, ob dieser die Peitsche aus dem Stiefelschaft habe hervorholen müssen, um sein Pferd vor dem Sprung aufzumuntern. Doch meist lautet die Antwort dann: »Nein, es war nicht nötig.« Die Wälle sind jedenfalls eine viel stärkere Behinderung als die Holzzäune eines englischen Geländes, wenn auch die Jagden in Irland nicht mit dem halsbrecherischen Tempo geritten werden und auch die Stürze gewöhnlich harmloser sind als in England.

Elisabeth setzt alle immer von neuem bei diesen schwierigen Sprüngen in Erstaunen. Keiner der anderen bleibt im Sattel, selbst Bay Middleton stürzt wiederholt schwer, nur die Kaiserin nimmt Graben für Graben, Wall für Wall, mit unnachahmlicher und unerschütterlicher Sicherheit. Marie Festetics wird erneut zur widerwilligen Zeugin dieser Reiterabenteuer: »Es sind so hohe Drops, so tiefe Gräben, Doubles auch, und die Irish banks und Mauern und weiß Gott was alles zum Hand- und Fuß- und Halsbrechen. Ich höre nie so viel von gebrochenen Gliedern wie hier, und alle Tage sehe ich jemanden ›tragen‹. Bayzand ist recht böse gestürzt, Middleton hat sich überschlagen und auch Lord Langford, so geht das fort. Die Kaiserin hat herrliche Pferde, Domino ist das großartigste, ein prächtiger Rappe, der zu Lord Spencers Schrecken am ersten Tag mit der Herrin vom Fleck weg durchging. ... Mir stehen oft die Haare zu Berge.«

Die wilde, verwegene Jagd. Der Nebel liegt feucht und blaßgrau auf der Heide, Regentropfen hängen wie Perlen an den gelbgrünen Gräsern. Hundertfünfzig Reiter sind im Feld, in donnerndem Galopp, Hunde rasen mit hohem Geläut, und vorweg fliegt wie ein hüpfender Ball ein kleines rotes Tier, der Fuchs, dem dieses gewaltige Aufgebot von Menschen und Pferden gilt. Das sind die Tage auf der Heide von Meath zwischen dem Meer und der alten Burg Cabra.

Manchmal reitet die Kaiserin eine graziöse makellose Schimmelstute oder den von Marie Festetics erwähnten berühmten Rappen Domino, wohl ihr bestes Jagdpferd überhaupt, das sie zum Ende ihres Irlandaufenthaltes zum Geschenk bekommt. Stets trägt sie ein dunkelblaues oder schwarzes enganliegendes

Reitkleid, einen hohen Hut und eine weiße Schärpe. In der Hand hält sie den unvermeidlichen Fächer, hinter dem sie stets sofort ihr Gesicht versteckt, wenn sich ihr beim Meet Zeichner und Photographen nähern. Fast immer führt sie das Feld an, erbeutet so manchen Fuchsschwanz. Nur ein einziges Mal stürzt auch sie bei all diesen wilden Ritten, Domino ist mit seiner Reiterin durchgegangen, alle haben Angst, doch es passiert überhaupt nichts.

John Welcome schreibt: »Mit Middleton als Piloten, der, nachdem er gesehen hatte, was Domino zu leisten imstande war, alle Hindernisse nahm, wie sie kamen, und so forsch drauflosritt, wie er dies in den Midlands tat, machte sie eine blendende Figur. Mit ihrem Federgewicht auf dem Rücken, sprang Domino sicher und verläßlich. Zusammen mit Middleton ritt sie diese große Jagd zu Ende. Zwölf Meilen im Tempo eines Rennens mit nur einem Kontrollpunkt und auf diesem Gelände genügten, um das Feld zu lichten, als ob eine Sense durchgefahren wäre.«

Dann flüchtet sich nach langem Lauf der verfolgte Fuchs, erschöpft und am Ende seiner Kräfte, in den Garten des Priesterseminars von Maynooth, läuft quer über den Rasen. Auf schäumendem Pferd springt Elisabeth über die Mauer, in triefend nassem Reitkleid, weil sie dem Fuchs durchs Wasser gefolgt ist. Beinahe Dr. Walsh, dem Leiter des Seminars, auf den Kopf, er kann sich gerade noch ducken. Der Rektor begrüßt sie gleichwohl mit gebührender Reverenz, lädt sie zu einem Imbiß im Seminar ein und rät ihr, etwas überzuziehen, da sie sich sonst in ihren nassen Kleidern erkälten könnte. Sie nimmt das Angebot dankbar an, doch im ganzen Seminar ist natürlich keine Frauenkleidung aufzutreiben, die sie wechseln könnte, so daß sie sich schließlich lachend in den Mantel des Rektors hüllt und so nach Hause reitet. Eine Woche später fährt sie ins Seminar zur Messe, statt sie privat auf Summerhill lesen zu lassen. Die Seminaristen sind begeistert von ihr, für jeden von ihnen hat sie ein Kopfnicken und ein Lächeln, entfaltet sie ihren ganzen bezaubernden Charme. Die jungen Männer lassen sie hochleben und erhalten dafür einen freien Tag. Als Dank sen-

det sie den Seminaristen im Jahr darauf eine St. Gregory-Sta-
tue. Der Vorfall macht in Irland rasch die Runde, die irischen
Zeitungen schlachten die »Affäre« weidlich aus und versuchen,
die österreichische Kaiserin zu einer Art Galionsfigur zu
machen, die ihren Forderungen nach Unabhängigkeit Rückhalt
gibt. Während des gesamten Besuches glühen die diplomatischen Drähte zwischen den Höfen und Botschaften und
Gesandtschaften in Dublin, Ulster, London, Wien. Die Urheberin all dieser Aufregungen genießt jedoch das Leben in vollen
Zügen. Vor allem, weil Bay mit ihr reitet, von dem sie in Briefen
an den Kaiser viel erzählt: »Captain Middleton ritt ein sehr
ungeschicktes Tier, das nicht in Kondition war. Die Pace war
sehr scharf, die Hindernisse groß, so war auch er bald gestürzt.
Bei einer sehr hohen, steilen Bank stürzte er zum zweiten Mal.
... Bei einem Wall mit Graben fiel Captain Middleton hinein.
Noch auf dem Kopf stehend, rief er mir ganz vergnügt zu: ›All
right‹, und ich kam leicht hinüber. Der Graben war sehr verwachsen, darum machte sein Pferd einen Fehler und sprang
statt drüber mitten hinein, aber meines konnte den Graben
durch das Loch sehen, das er gemacht hatte.«

Daß Elisabeth zu wirklichen Gefühlen der Dankbarkeit und
Anteilnahme fähig ist und nicht (nur) die lieblose, egozentri-
sche Person, die nichts anderes im Kopf hat als ihre Bedürfnis-
se, belegt die Freundschaft mit Ida Ferenczy, die von Elisabeth
nur schweren Herzens zurückgelassen worden war. Sie schreibt
aus Summerhill: »Meine liebe Ida! Ich bedaure Dich sehr, da
ich weiß, wie sehr Du wegen des Todes Deines Vaters außer Fassung sein wirst. Aber ich hoffe, daß Du, wenn der erste große
Schmerz vergehen wird, einsehen wirst, daß es so besser ist, als
wenn er sein Leben noch monatelang kränklich fortgeführt hätte. Jetzt aber denke an Dich selbst, – Du hast Deine Pflicht
gegenüber Deinem Vater getan, und jetzt sei gesund und stark.
Ich hoffe, daß Du jetzt nach Wien fahren wirst, wo Du doch viel
ruhiger leben kannst, und dann vergiß nicht, mit Braun (Baron
Adolf von Braun, Leiter der kaiserlichen Kabinettskanzlei, d.V.)
zu sprechen. Schreibe mir bald. Herzlich küßt Dich mit aufrich-
tigstem Mitleid, Deine liebende Elisabeth.«

Am 20. März 1879 erreicht sie aus der Heimat die Nachricht, daß die ungarische Stadt Szegedin von einer schweren Überschwemmungskatastrophe überflutet und halb vernichtet ist. Sie zögert nicht eine Minute, gibt sofort bekannt, daß sie ihren Aufenthalt in Irland abbrechen und nach Österreich zurückkehren würde. »Darum finde ich es besser«, schreibt sie dem Kaiser, »wenn ich jetzt gehe, es wird Dir auch lieber sein. Es ist das größte Opfer, das ich bringen kann, aber in diesem Fall ist es notwendig.«

Die Nachricht von ihrer Abreise spricht sich rasch herum. Menschenmengen finden sich wieder ein, Flaggen werden aufgezogen, Banner mit dem Spruch »Auf Wiedersehen in Irland!« entrollt. Es gibt ein rauschendes Abschiedsfest mit einem riesigen Büfett, Elisabeth lädt alle in Summerhill, Arme und Reiche, Bauern und Stallknechte, Adjutanten und ihr Gefolge, ein, mit ihr zu speisen. Eine ihrer freigebigen Gesten, die in Irland großen Eindruck machen. Nur kurz und formell fällt die Audienz beim englischen Vizekönig, dem Herzog von Marlborough, im »Shelbourne Hotel« aus, bevor Elisabeth weiterfährt und über England den Kontinent erreicht. Erzherzogin Marie Valerie, die auf die mittlerweile allzu abenteuerlichen Reisen ihrer Mutter nicht mehr mitgenommen wird, vertraut ihrem Tagebuch die Vorfreude auf deren Rückkehr an. Auf dem Bahnhof wird Elisabeth von ihr und Franz Joseph begrüßt.

Auch diesmal übrigens begleicht der Kaiser – wie immer – die immense Reiserechnung der Kaiserin von 158 337 Gulden und 48 Kreuzern, ohne mit der Wimper zu zucken. Die Bemerkung eines Zynikers am Wiener Hof, wonach das Piedestal ihres Leidens aus Gold gefertigt sei, ist nicht ganz aus der Luft gegriffen.

In diesem Frühjahr rüstet sich nicht nur Wien, sondern die ganze Monarchie zu einem großen Fest. 24. April 1879, Silberne Hochzeit. Boshafte Leute bemerken, anderswo feiere man Silberhochzeiten nach fünfundzwanzig Jahren »de ménage« der Ehe, diesmal nach fünfundzwanzig Jahren »de manège«, was sowohl Reitkunst als auch Winkelzüge heißt.

Ein patriotisches Porträt der Kaiserin, erschienen anläßlich des Ehejubiläums, gibt einen trefflichen Eindruck davon, wie schöngefärbt Elisabeth in der Öffentlichkeit wahrgenommen wird. In einer Huldigung heißt es: »Sie hat keine Furcht, aber sie prahlt nicht mit ihrem Muthe. Man nennt die Kaiserin mit Recht eine Freundin jedes Sports; vor Allem aber hat sie den Sport des Wohlthuns. In einer Position, in welcher sonst die Kräfte sich zersplittern, hat Kaiserin Elisabeth sich das Bedürfnis nach Sammlung, nach Concentration bewahrt. Sie liebt es, allein, unbemerkt sich im Freien zu ergehen. Kaum, daß der Tag angebrochen ist, macht sie eine Promenade zu Fuß, zu Wagen oder zu Pferd. An besonders reizvollen Punkten, wo sie der Einsamkeit sicher ist, zieht sie ein Buch aus der Tasche und liest, die deutsche, englische und ungarische schöngeistige Literatur hat kaum irgendeine bedeutende Erscheinung, mit welcher die hohe Frau nicht innig vertraut wäre. Wie die Prinzessin an den Ufern des Starnberger Sees, so sucht auch die Kaiserin-Königin ihre reinste Freude bei den Dichtern und Denkern. Österreich kann sich glücklich schätzen, eine solche Fürstin zu haben.«

Elisabeth hat den Kaiser dafür zu gewinnen gesucht, in beider Namen darum zu bitten, von Festlichkeiten abzusehen. In Wien sind jedoch die Vorbereitungen zu weit fortgeschritten, als daß man auf jegliche Kundgebung verzichten könnte, ohne alle möglichen Leute vor den Kopf zu stoßen. Das Volk strömt in die Metropole der Donaumonarchie.

Die Kaiserin denkt über ihre fünfundzwanzig Jahre Ehe nach. Nach sechs Jahren schien das Zusammenleben mit Franz Joseph mit einer grellen Dissonanz zu Ende zu gehen. Sechs weitere Jahre hat sie gegen ihren Mann und seine Mutter rebelliert. Dann kam eine schwache Aussöhnung, eher ein Arrangement. Weitere Jahre der Rebellion, der Flucht.

In den Kronländern verzichtet das Kaiserpaar auf sämtliche Feiern und verfügt, was man hierzu aufwenden wolle, solle man lieber für wohltätige Zwecke ausgeben. In Wien dagegen ist der Jubel um so größer. Am Vorabend des Hochzeitsjubiläums haben sich die zahlreichen Erzherzoginnen und Erzherzöge ein Spektakel ausgedacht, um das Kaiserpaar zu erfreuen: Sie stellen »lebende Bilder« aus der habsburgischen Geschichte von Rudolf I. bis Maria Theresia dar. Viele Kostüme und Dekoratio-

Patriotische Darstellung zum Fest der Silbernen Hochzeit:
Das Kaiserpaar verläßt die Votivkirche,
im Hintergrund Kronprinz Rudolf (1879).

nen sind aus den Museen geholt worden, manches sogar aus der Schatzkammer.

Anläßlich der Silberhochzeit wird die aus Spendengeldern erbaute Votivkirche auf der ehemaligen Schottenbastion, ein neugotischer Dom, geweiht. Elisabeth und Franz Joseph treten vor den Altar der neuen Kirche, der Männergesangverein Wien führt eine festliche Haydn-Messe auf. Heute ist der Kaiserin der Aufwand besonders zuwider, vor allem die Fahrt durch die dichtgedrängten Gassen. Ihr Einzug in Wien kommt ihr in den Sinn, damals, als blutjunge Braut.

Huldigungen, Hochamt, Gratulationscour, Festvorstellung, Illumination. Wegen des einsetzenden Regens muß jedoch die Attraktion der Feierlichkeiten verschoben werden: der Festzug. Am 27. April findet er dann endlich statt, der große, prächtige »historisch-illustrierte Festzug«, den die Wiener Bürgerschaft für das Jubiläumspaar veranstaltet und den der berühmte Maler Hans Makart, ungekrönter König der Künstler von Wien, im Auftrag von Bürgermeister Julius von Newald inszeniert. Er wird, inmitten der schönsten Frauen Wiens, des Adels und der reichen Bürger, sogar selbst mitwirken. Vierzehntausend Mitwirkende stellen in historischen Kostümen Handel, Industrie, Handwerk, Gewerbe, Folklore, Eisenbahn und schöne Künste dar, die Triebfedern des geschichtlichen Fortschritts. Sie paradieren stolz an dem kaiserlichen Festzelt vorbei, das an der Ringstraße in der Nähe der Hofburg aufgestellt worden ist. Fast eine Viertelmillion Zuschauer säumen die Straßen, zwei Stunden lang rollt der gigantische historische Festzug, der dreieinhalb Jahrhunderte darstellt und bis Flandern zur Zeit Kaiser Karls V. zurückreicht, am Kaiserpaar vorbei. Reitergruppen, Fanfaren- und Trompetenbläser, dann die Zünfte auf prächtig geschmückten Wagen, die »Fleischhauer« und »Hafner«, die »Lust- und Ziergärtner«, die »Schön- und Schwarzfärber«, die »Anstreicher und Lackirer«, die »Branntwein-, Risoglio- und Liqueur-Erzeuger«, die »Zuckerbäcker«. Schließlich kommt die Gruppe der »bildenden Künste«, die »blendendste von allen, mit unendlichem Jubel begrüßt«, wie die »Neue Freie Presse« berichtet, an der Spitze Hans Markart, als Rubens verkleidet, in einem Kostüm aus schwarzem Samt und mit einem Federbarett auf dem Kopf. Der gefeierte Salonmaler, dessen dekorative Kunst symbolisch ist für die Verlogenheit und leere Zeremonie dieser öffentlich zelebrierten Silberhochzeit, und »dessen Pinsel so gern in glühenden Farben schwelgte, hatte die Entwürfe zu den einzelnen Gruppen ausgearbeitet. Ein Stück des farbenfrohen Mittelalters wurde in die nüchterne Gegenwart versetzt«. Die Zeitung feiert den Initiator des Spektakels überschwenglich: »Das vom schwarzen Barte umrahmte Gesicht des Malers war bleich vor Aufregung, aber aus den genialen Augen des Künstlers, der seine Phantasie herrlich ins Leben treten gesehen, blitzte ein Strahl der Freude. Wo der dunkle Reiter auf dem weißen Zelter erscheint, zeigt ihn Einer dem Andern, und ›Markart hoch! hoch!‹ schallt es durch die Reihen.«

Franz Joseph ist gerührt über diese pompöse Demonstration der Zuneigung seines Volkes, auf seinem Gesicht liegt ein Schimmer unzerstörbarer Freundlichkeit. Die Kaiserin läßt dagegen die Festlichkeit wie versteinert über sich ergehen, die große Soirée am Abend vorher hat sie sogar schon nach fünfzehn Minuten verlassen. »Die Kaiserin«, erinnert sich Marie Wallersee, »machte beim Fest meist eine Miene wie eine indische Witwe, die verbrannt werden soll, und als ich ihr dies in einem unbelauschten Augenblick sagte, lachte sie zwar, meinte aber es sei schon genug, 25 Jahre verheiratet zu sein, aber deshalb Feste zu feiern, wäre unnötig.«

Auch in Ischl findet ein Festakt mit Gottesdienst statt, dann ist endlich alles überstanden. Nach den Festlichkeiten flüchten Franz Joseph und Elisabeth nach Ungarn, kommen erst am 19. Juni wieder nach Ischl zurück. Hier unternimmt Elisabeth zahlreiche Wanderungen, obwohl sie sich auch diesmal ihre Pferde mitgebracht hat. In Hallstatt wird zur Erinnerung an die Silberne Hochzeit ein Obelisk errichtet. Doch die Kaiserin nimmt die patriotischen Kundgebungen unbeeindruckt entgegen. Sie klagt nur über ihr Alter, über ihre langweilige Ehe, über die Abneigung, die ihr am Hof entgegenschlägt. Marie Festetics: »Sie weiß nicht hinreichend zu schätzen, daß sie Kaiserin ist! Sie hat die schöne erhabene Seite davon nicht erfaßt, denn es hat sie Ihr niemand gezeigt; sie fühlt nur den kühlen Schatten davon, das Licht sieht sie nicht, und so sind die inneren Gefühle mit den äußeren Verhältnißen nicht im Einklange, und da kann keine Ruhe, kein Friede, keine Harmonie einziehen!«

Wie fast jeden Sommer weilt Elisabeth auch in diesem August einen Monat lang in Feldafing am Starnberger See, um ihre Mutter im nahe gelegenen Possenhofen besuchen zu können. Sie wohnt wieder mit ihrem Gefolge und Marie Valerie im »Hotel Strauch«. Mit einem erstaunten Blick auf ihre Begleitung – die Kaiserin bringt regelmäßig Vorleserin, Friseuse, Arzt, Masseuse, später noch einen griechischen Vorleser, zeitweilig den kleinen Mohren Rustimo als Spielkameraden für Valerie mit – pflegt Ludovika zu sagen, sie führe eine ganze Menagerie mit sich.

Die ganze Familie kommt in solchen Sommertagen zusammen. Elisabeths älteste Tochter Gisela, seit 1870 mit dem Prinzen Leopold von Bayern, dem späteren Feldmarschall, vermählt, erscheint aus München zu Besuch. Elisabeth nennt sie stets »des Kaisers Tochter« (nur »Mutzerl«, wie Valerie gerufen wurde, ist »ihre Tochter«). Manchmal ist auch Helene dabei, wie immer salopp, ja nachlässig gekleidet, obwohl die besten Ateliers der Rue de la Paix in Paris für sie arbeiten. Dann sind alle Besucher abgereist und Elisabeth fühlt sich einsam und verloren. Sie schreibt Ida Ferenczy aus München: »Meine liebste Ida, Gott sei Dank ist wieder ein Tag vorüber. Ich empfinde es schmerzlich, hier allein zu sein und mit niemandem reden zu können. Ich kann Ihnen gar nicht sagen, wie sehr ich Sie vermisse. ... Schreiben Sie mir doch, und erzählen Sie mir so viel wie möglich, lieber heute als morgen. Ich möchte so gerne ins Land der Träume reisen, aber das wird nie geschehen.«

Nach dem Sommer-Séjour geht es wieder nach Wien und Gödöllö, das immer mehr zum Zentrum des Familienlebens wird, weil dort viel mehr die Möglichkeit besteht, »unter sich« zu sein. Der Herbstaufenthalt in Ungarn steht wieder ganz im Zeichen des Reittrainings und der zusammen mit Franz Joseph und Rudolf gerittenen Jagden. Elisabeth setzt ihren ganzen Ehrgeiz darein, sich auf den zweiten Besuch in Irland vorzubereiten. Sie übt wieder die Hohe Schule, bestellt den Reitlehrer Baucher nach Gödöllö, der einige neue Figuren erfunden hat. Sie nimmt Privatunterricht bei ihm, bis sie perfekt ist, führt genau Buch über ihre Fortschritte im Training. »Galoppwechsel zwischen den Hindernissen«, schreibt sie, falle ihr äußerst schwer. Sie läßt sich Bücher über Pferde und Reitkunst schicken, abonniert den englischen »Racing Calendar«, um sich über Middletons Erfolge auf der Rennbahn auf dem laufenden zu halten.

Rudolf ist in diesem Herbst außergewöhnlich viel in Gödöllö. »Zu schießen gab es viel, die Strecken waren enorm, und er selbst war glücklich, wenn er töten konnte«, schreibt John Welcome. Der Kronprinz veranstaltet große Treibjagden, bei einer von ihnen tötet er sogar einen der Treiber. Elisabeth sieht diese Jagden, die sich so gravierend von ihren Erfahrungen unterscheiden, die sie in den grünen Feldern von Meath oder Northampton erlebt hatte, mit äußerster Mißbilligung. Sie bringt Rudolf kaum noch Sympathien entgegen, ekelt sich vor der Massenschlächterei, an der Rudolf und seine Freunde Gefallen finden.

In dieser Zeit ist auch Baronin Helene Vetsera in Gödöllö und sorgt für das Tagesgespräch. Als Zwanzigjähriger wird Rudolf wieder von der Levantinerin mit den »schönen, interessanten Augen« verfolgt. Obwohl diese Witwe ziemlich unbestimmten Alters zwei heranwachsende Töchter besitzt, schreckt sie nicht davor zurück, ihn mit Geschenken und Komplimenten zu überhäufen, so daß sogar dem vielbeschäftigten Kaiser ihre Unverschämtheit auffällt.

Im Oktober tritt, unmittelbar nach Abschluß des »Zweibundvertrages«, Gyula Andrássy als Minister des Äußeren zurück. Die Gründe dafür sind nicht ganz klar, der Graf gibt nur zu bedenken, er wolle selbst über das Ende seiner politischen Karriere in der Monarchie entscheiden.

Ihren Winter-Séjour verbringt Elisabeth teils in Gödöllö, teils auf der Ofener Burg. Dann soll es zurück nach Wien gehen, und sofort stellt sich Sehnsucht nach England oder Irland ein. Ende Januar 1880 unternimmt sie, nun inzwischen zweiundvierzigjährig und mehrfache Großmutter, wieder eine gefahrvolle Jagdreise, sie verläßt Wien mit einem Sonderzug, fährt mit großem Gefolge über Bayern, wo noch Schnee liegt, nach Irland, mietet sich unter ihrem alten Inkognito »Gräfin Hohenembs« in Schloß Summerhill ein.

Ihr Gefolge ist dieses Jahr kleiner als im Jahr zuvor, im wesentlichen besteht es aus Rudi Liechtenstein, Marie Festetics, Franz Nopcsa, einem Arzt und einem Sekretär. Die Behauptung, sie reise mit leichtem Gepäck, wäre übertrieben: Aus einem Güterzug, der ihrem Salonwagen gefolgt ist, werden vierzig Tonnen persönliche Habe entladen. Strahlender Sonnenschein, warme und milde Temperaturen, wie sie Anfang Februar nur in Irland möglich sind, empfangen sie auf der Grünen Insel.

Das Inkognito greift auch diesmal nicht. Obwohl offizielle Empfänge unterbleiben, ist doch in allen Gesprächen und in allen Zeitungen nur von der »Kaiserin« die Rede. Beim ersten Mittagessen setzen sich fünfundzwanzig Personen zu Tisch, darunter Lord Langford und Bay Middleton, und fünfundsechzig im Gesinderaum.

Gleich nach dem Essen will sie ausreiten. Nach sechsunddreißig Stunden ununterbrochener Fahrt mit Zug und Schiff, verspürt sie keinerlei Bedürfnis, sich auszuruhen. Sie schaut nach den Pferden, geht ohne Begleitung in die Ställe, dann beginnt sie im dunkelblauen Reitkostüm mit einem kleinen Federchen am Band mit dem Ausritt. Es genügt ihr nicht, mit Domino ein paar Hindernisse zu nehmen, sie läßt vier weitere Pferde satteln, um sie der Reihe nach auszuprobieren.

Sie jagt in diesem Jahr mit den Ward Stag Hounds, einer Hirschmeute, und wieder ist Bay Middleton ihr Pilot. »Die Kaiserin erschien gewöhnlich nach 11 Uhr; sie ritt einen prächtigen Fuchs, mit ihr kam Lady Rocksavage auf einem Apfelschimmel«, notiert eine Teilnehmerin an diesen Jagden.

Manche dieser schweren Jagden laufen nicht ungefährlich ab. Gegen Ende einer Jagd kollidiert jemand mit Domino, als dieser gerade ein Hindernis überspringt. Beim Landen wird er lahm, und die Kaiserin springt ab. Das Pferd kann sich kaum mehr bewegen, die Schulter ist verletzt, es muß in tierärztliche Behandlung. Ein zufällig im Schloßhof von Summerhill wartender Reporter des »Freeman's Journal« schreibt: »Wie ein Phan-

Elisabeth auf der Jagd. Gemälde von John Charlton (1879).

tom stand Ihre Majestät im trüben Dämmerlicht, plastisch trat ihre schlanke, hohe Gestalt gegen die Fenster der erleuchteten Stallungen hervor.«

Elisabeth macht sich schreckliche Sorgen um ihr Lieblingspferd, in Summerhill kehrt eine düstere Stimmung ein. Auch ein paar Stürze muß die Jagdgesellschaft diesmal wieder verkraften, Middleton hat Pech mit seinen Pferden.

Als die Kaiserin eines Abends zum Dinner den großen Speisesaal betritt, stehen alle auf und singen ihr ein Ständchen:

Die Königin der Jagd,
Die Königin! Ja, das ist die Kaiserin!
Schau, schau, wie sie fliegt,
Mit nie fehlender Hand,
Mit nie ersterbendem Mut.
Und Englands bester Reiter kann sie nicht mehr führen.
Am Boden liegt er, und braun ist sein Rücken.
Hört ihr das Jagdhorn, hört ihr das Hallo?
Drängt vor um einen Platz!
Denn reiten muß, wer folgen will
Der Königin der Jagd.

Diesmal gibt es auch politische Unruhen, die für einige Aufregung sorgen und Elisabeths Aufenthalt bald ungemütlich zu machen beginnen. Doch die Kaiserin läßt ungerührt alle Welt wissen, »daß sie sich noch nie so gut unterhalten hatte und daß kein Land ihr mehr als Herz gewachsen war als Irland. Einer seiner Vorzüge, das hatte sie ihrem Gastgeber schon gesagt, bestand darin, daß es keine fürstlichen Herrschaften gab. Die Menschen hier waren natürlich, und alle liebten sie. Mit ihren Pferden war sie hochzufrieden, und Bay Middleton war wieder in bester Form. Sie war entschlossen, erklärte sie, von nun an jedes Jahr zur Jagd zu kommen. Und ließ sogleich vier ihrer Pferde aus Österreich nach Irland schicken« (John Welcome).

Doch aus London treffen Depeschen ein, daß ein abermaliger Besuch der Kaiserin indiskutabel sei und nicht geduldet werden könne. Die Diplomatie kommt endlich in Gang, und

Franz Joseph, gerade damit beschäftigt, die österreichische Außenpolitik neu zu ordnen, ist an Auseinandersetzungen mit England nicht gelegen. »Man kann sich nur vorstellen, wie sie es aufnahm, ihre Hoffnungen auf diese Weise zerstört zu sehen«, schreibt John Welcome. »Aber sie gehorchte. Auch sie muß mittlerweile schon erkannt haben, daß Franz Joseph es ernst meinte, wenn er so weit ging, ihr etwas zu befehlen. Ohne irgendeinen Grund für ihren Entschluß anzugeben, kündigte sie an, daß sie ihren Besuch abbrechen und nach Österreich zurückkehren würde.«

Anfang März verläßt die Kaiserin das gastliche Schloß wieder, setzt mit der »Shamrock« nach England über. Auf ihrer Rückreise macht sie in London Station. Franz Joseph hat ihr Instruktionen gegeben, um die anstehenden formellen Besuche kommt sie nicht herum. Der Prinz von Wales erwartet sie am Bahnhof Paddington, fährt mit ihr ins »Claridge«. Am nächsten Morgen stattet sie dem Prinzen eine Visite im »Marlborough House« ab, läßt sich gleich zu den Stallungen führen. Da Königin Victoria eigens aus dem Buckingham Palace nach Windsor kommt, um die österreichische Kaiserin dort zu empfangen, bleibt Elisabeth nichts übrig, als sich zum Lunch einzufinden, beschränkt die Dauer ihres Besuches auf die kürzeste Zeit, die Protokoll und Höflichkeit gerade noch erlauben. Doch sie zeigt sich von ihrer charmanten Seite, und die Königin schreibt in ihr Tagebuch, daß sie sich ihrem Zauber nicht zu entziehen vermochte.

Nachdem Elisabeth auch noch eine Zusammenkunft mit dem englischen Premierminister Disraeli absolviert hat, ist der formelle Teil ihrer Stippvisite in England überstanden. Am 10. März 1880 erhält sie in London die Nachricht von der Verlobung ihres Sohnes.

*R*udolf und die Frauen. Ein Kapitel für sich. Der Kronprinz verbirgt seine unruhigen Gesichtszüge unter einem Bart, den er so elegant geschnitten trägt, daß die Frauen ihn schon auf den ersten Blick sehr attraktiv finden. Rudolf hat von frühester

Jugend keine Schwierigkeiten, das weibliche Geschlecht für sich zu interessieren. Es fühlt sich von seiner vibrierenden Energie, von seinem Charme, von seiner beweglichen Intelligenz in Bann gezogen, der interessante, aber etwas unheimliche Ausdruck seiner Augen fasziniert alle Damen. Und Rudolf, der *womanizer*, läßt nichts anbrennen.

Schon in jungen Jahren, als er bei der Infanterie in Prag ist, erlebt er ein merkwürdiges Abenteuer. Er hat das Ghetto besucht, die Stelle, an der einst der Golem eingemauert war, und dort hat ihn eine Kantorstochter zu Gesicht bekommen, die sich Hals über Kopf in ihn verliebt. Ihre Familie schickt sie zu Verwandten in eine andere Stadt, doch sie entkommt ihnen, fährt mitten im Winter zurück nach Prag. Unter den erleuchteten Fenstern der Kaserne, hinter denen sie Rudolf vermutet, bleibt sie die ganze Nacht hindurch stehen. Dabei holt sie sich eine Lungenentzündung, an der sie stirbt. Sie wird auf dem alten jüdischen Friedhof begraben.

Eine hochromantische Geschichte, die Rudolfs Herz entzündet. Nie sei ihm etwas Schöneres begegnet, sagt er. Das Mädchen sei das einzige Wesen auf Erden, das ihn je wahrhaft geliebt habe – womit er wahrscheinlich recht hat. Er kümmert sich um ihr Grab, bringt Blumen dorthin.

Es bleibt vermutlich die einzige Liebe, die den Kronprinzen wirklich berührt hat. Sonst begegnen ihm nur Frauen, die ihn ausnutzen wollen oder die er ausnutzt. Rudolfs Sympathie kann jeder Dame größtes Prestige verschaffen. Immer wieder begegnet er Frauen, denen jedes Mittel recht ist, ihre gesellschaftliche Stellung durch einen etwas näheren Umgang mit dem Kronprinzen zu heben.

Rudolf führt über seine Liebesaffären auf eine peinlich genaue, bürokratische Weise Buch, die sein Vater mit Vorbehalt bewundert hätte. Er legt ein »Register der Eroberungen« an, das die Namen und Besonderheiten jeder Frau enthält, die mit ihm intim geworden ist. Die Jungfrauen, darunter später auch seine eigene Frau, werden mit roter Tinte eingetragen. Darüber hinaus besitzt er einen großen Vorrat silberner Zigarettendosen, die er zur Erinnerung an jede glückliche Begegnung verteilt. Sie sind in einer Weise beschriftet, die das historische Bild Rudolfs als eines »demokratischen« Fürsten nicht bestärkt. Prinzessinnen aus Familien, die an Stand den Habsburgern gleichkommen, auch wenn sie nicht regieren, erhalten Dosen mit Rudolfs Namenszug. Damen aus dem Hochadel bekommen Dosen mit seinem Namen, zusammen mit den kaiserlichen und militärischen Titeln. Sehr adlige Damen, deren Blut jedoch durch die unbedachte Heirat eines Ahnen mit einer Bürgerin ein wenig »verschlechtert« ist, müssen sich mit der schlichten Initiale »R«, geschmückt mit der erzherzoglichen Krone, zufriedengeben. Noch Rangniedrigere erhalten Dosen mit der Krone allein, und den Damen des niederen Adels sowie den Frauen aus dem Bürgertum schenkt der Kronprinz Dosen, in die nur sein Wappen eingraviert ist.

Wenn die Damen nach einiger Zeit ihre Erinnerungen austauschen, müssen sie feststellen, daß es außer Zigarettendosen sehr wenig gibt, worüber sich zu reden lohnt.

Ein Mädchen scheint das ganz besondere Gefallen des Kronprinzen erregt zu haben. Es heißt Mizzi Kaspar und wird in den Polizeiakten als »eine Frau von zweifelhaftem Ruf« bezeichnet; sie ist also eine »Horizontale«, obwohl Rudolf sie in sein berüchtigtes Register mit roter Tinte einträgt. Mizzi verbringt die Nächte häufig in seinem Zelt, wenn er Manöver besucht, und in seinen Hotelzimmern, wenn er sich auf Inspektionsreise befindet.

Die Ehe ist für Rudolf keine Aussicht, der er etwas anderes als zurückhaltende Aufmerksamkeit entgegenbringt. Er legt sich nicht fest, läßt sich treiben. Begreiflich, daß auch diese Unentschlossenheit seinen Vater aufregt. Rudolf ist jetzt zweiundzwanzig Jahre alt, und Franz Joseph ist der Ansicht, es sei nun Zeit für ihn, die dynastischen Pflichten der Fortpflanzung auf sich zu nehmen. Er fühlt sich schließlich genötigt, selbst für seinen Sohn nach einer passenden Gemahlin Ausschau zu halten – passend zu den Interessen der Monarchie, versteht sich.

Der Plan ist ein Stück der Staatspolitik, er wird mit der gleichen praktischen Pedanterie in Gang gebracht wie die anderen Geschäfte des Kaisers. Franz Joseph hat im Konflikt um die

Braut des Sohnes das gute Gewissen auf seiner Seite. Die Ehen in Fürstenhäusern werden zumeist nach den Interessen der Hausmacht, den Bedürfnissen des Staates geschlossen; sein eigener Ausnahmefall bestätigt nur die Vernunft der bewährten Hausregel. Und ein Blick auf seine Ahnenreihe erspart ihm jede weitere Begründung. So wie Franz Joseph denkt der ganze Hof. Instinktiv reagiert er abwehrend, wenn sich zwischen Erzherzoginnen und Prinzen Liebesbeziehungen anbahnen, aus denen »mehr werden kann«. Vor dieser geschlossenen Formation erscheint Elisabeth wie eine gefährliche Kraft, die an den Grundfesten habsburgischer Prinzipien rüttelt und die Autorität der Majestät ins Wanken bringt.

Geschickt wird also die dynastische Frage zu entscheiden versucht: Man hält verschiedene katholische Prinzessinnen für Rudolf bereit, darunter einige Wittelsbacherinnen, zwei spanische Infantinnen. Keine sagt dem verwöhnten erotischen Connaisseur zu. Eine junge Prinzessin aus katholischem Haus muß es aber unbedingt sein, möglichst aus einem regierenden Königshaus. Bei einer Brautwahl am Hof haben im Familienrat bisweilen die Tanten, als die Anwälte des Familienansehens, mehr zu sagen als die Mütter. Die Schwester der Königin von Belgien, die österreichische Erzherzogin Elisabeth, genießt die besondere Wertschätzung Franz Josephs. Sie ist eine mächtige Persönlichkeit am Hof, hat mehr zu sagen als die Kaiserin. Der Plan der Brautwerbung ist ihr Werk: Ihr Blick wandert nach Brüssel, wo eine jüngere Coburg-Linie aus dem sächsischen Königshaus den Thron einnimmt. Zwar haben die Coburger dem Haus Habsburg bereits Charlotte angedient, die Gemahlin des unglückseligen Maximilian, die nun durch die dunklen Hallen und Gänge von Bouchot geistert. Ihr Name wird in Wien nicht mehr erwähnt, und es wird selbstverständlich vorausgesetzt, daß die kleine, siebzehnjährige Prinzessin Stephanie von Belgien aus härterem Holz geschnitzt ist als Maximilians überspannte Frau. Eine Ehe fürstlicher Konvention bahnt sich an, alles andere als eine Liebesheirat. Und Elisabeth ist zu schwach, die Argumente der Staatsräson und der praktischen Erwägungen zu erschüttern. Sie lehnt sogar einen näheren Umgang mit der Erzherzogin ab, die seit dem Tod der Mutter des Kaisers deren Stelle vertritt.

Franz Joseph wird in dieser für ihn so wichtigen Sache schließlich initiativ, seine Bewerbung wird König Leopold durch den kaiserlichen Gesandten am belgischen Hof, Graf Bohuslav Chotek, offiziell überbracht. Man hält den Dienstweg ein, das ist eine Sache zwischen Vätern. Die belgischen Majestäten lassen mit ihrer hocherfreuten Reaktion nicht warten, sie sind überglücklich. Königin Henriette ist eine geborene österreichische Erzherzogin, was kann da schiefgehen? Über die Details wird man sich rasch einig.

Merkwürdig, daß der Kronprinz in dieser für ihn lebenswichtigen Angelegenheit so antriebslos bleibt. Am 6. März 1880 kommt er in Brüssel an. Die Verlobung soll im Schloß Laeken bei Brüssel stattfinden, wohin Rudolf in Begleitung seiner Mätresse Mizzi Kaspar reist, die er in Brüssel im Hotel einquartiert. Er absolviert hier nur einen Termin, den andere für ihn festgemacht haben. In den Nächten will er sich vergnügen.

Am nächsten Tag nimmt er bereits an einem festlichen Familiendéjeuner im Schloß teil. Nach der Mahlzeit zieht sich die illustre Gesellschaft in das blaue Audienzimmer zurück, Rudolf und Stephanie werden auf dem Weg dorthin unauffällig zurückgelassen. Es dauert nur ein paar Minuten, und das junge Paar taucht mit glühenden Wangen und sichtlich zufrieden wieder auf. König Leopold faßt den Grafen Chotek unter den Arm und verkündet die Verlobung: »Ich bin sehr, sehr glücklich«, ruft er aus, als er bemerkt, wie Rudolf sich den kleinen Strauß Maiglöckchen, den Stephanie während des Déjeuners getragen hat, ins Knopfloch steckt. Die Prinzessin soll gesagt haben: »Er bat so lieb um meine Hand, daß ich sie ihm nicht wohl verweigern konnte.«

Gräfin Chotek und zwei ihrer älteren Töchter befinden sich unter den Gästen und werden Augenzeugen dieser erhebenden Szene. Und im Haus des Grafen warten nicht weniger als fünf weitere aufgeregte kleine Komtessen auf den Bericht ihrer großen Schwestern über die königliche Verlobung. Unter ihnen Sophie Chotek, ein großes, schmächtiges Mädchen von zwölf Jahren, hauptsächlich aus langen Beinen, großen braunen

Kronprinz Rudolf und Prinzessin Stephanie von Belgien (1881).

Augen und Verlegenheit bestehend. Träumt sie sich bei den Berichten ihrer älteren Schwestern vielleicht sehnsüchtig in die Rolle der Heldin? Erst Jahre später, nach einem Hofskandal, wird ihr Traum in Erfüllung gehen, in den Armen des Thronfolgers Erzherzog Franz Ferdinand.

Elisabeth macht auf der Rückreise von Irland, wo sie wilde Parforcejagden geritten war, und England einen kurzen Abstecher nach Brüssel. Ihre künftige Schwiegertochter, die Prinzessin Stephanie, will sie sich anschauen. Obwohl sich die Kaiserin jeden feierlichen Empfang verbeten hat, wird sie an der belgischen Landesgrenze schon mit dem üblichen organisierten Jubel begrüßt: Böllerschüsse, Kanonendonner, Kaiserhymne, Hochgeschrei. Und in Brüssel großer Bahnhof: Der Kronprinz erwartet sie mit seiner Braut und der königlichen Familie auf dem Bahnsteig. Eine elegante und schlanke Erscheinung steigt aus dem Zug, Elisabeth umarmt und küßt ihren Sohn mit demonstrativer Zärtlichkeit, begrüßt dann das belgische Königspaar und zum Schluß, fast beiläufig, Stephanie. Ihre schmalen Finger liegen kühl einen Moment in der kräftigen Hand der Prinzessin, dann beugt sie sich graziös zu dém Mädchen hinunter, haucht einen Kuß in die Luft, nah an Stephanies Wange, und nimmt von nun an so gut wie keine Notiz mehr von ihr.

Stephanie ist an diesem Tag hochgradig nervös, die Furcht vor der Kaiserin ist ihr ins Gesicht geschrieben, und entsprechend ungeschickt benimmt sie sich. Doch auch wenn sie gewandter und hübscher gewesen wäre, hätte sie bei Elisabeth kaum Gnade gefunden. Neben dieser blendenden Figur kommt sie sich plump und linkisch vor. Aber sie ist auch ehrgeizig und mutig und redet sich ein, sich an der Seite Rudolfs behaupten zu können.

Doch die Prinzessin ist noch ein halbes Kind. Elisabeth erinnert sich, daß sie selbst mit fünfzehn Jahren verlobt worden ist, und erfährt in einem ernsten Gespräch mit dem belgischen Königspaar, daß Stephanie körperlich sehr unentwickelt ist und noch nicht menstruiere. Ein willkommener Vorwand für die Kaiserin, auf eine Verschiebung der Hochzeit bis zu Stephanies geschlechtlicher Reife zu dringen.

Obwohl Elisabeth nur kurze Zeit in Brüssel zu bleiben beabsichtigt, einen Besuch will sie sich, wie immer vom Wahnsinn magisch angezogen, nicht entgehen lassen: Sie besteht darauf, ihre Schwägerin Charlotte, die Schwester des belgischen Königs und Witwe Maximilians, zu besuchen, die seit Jahren in geistiger Umnachtung auf einem Schloß unweit der Hauptstadt lebt. Es muß eine erschütternde Begegnung gewesen sein, denn Elisabeth verliert darüber kein einziges Wort. Hat Charlotte sie überhaupt erkannt? Worüber haben die beiden gesprochen? Es bleibt ein Geheimnis. Die Kaiserin fühlt sich nach dem Besuch nur unendlich deprimiert, sie überstürzt ihre Abreise. In ihr »Poetisches Tagebuch« notiert sie, sich an Charlotte erinnernd:

Gutes kam nie von dem Stamme (Coburg),
Der sich hier auch festgesetzt,
Wo genannt wird dieser Name,
Wird geschürt und wird gehetzt.

Elisabeth fährt bald nach Wien weiter, hält dem Kaiser düstere Ahnungen vor: »Wenn das nur gut geht mit Rudolf und Stephanie...« Die belgische Prinzessin hat Rudolfs Antrag akzeptiert, weil die Eltern es von ihr erwarteten und weil sie ohnehin keinerlei Chance auf eine Liebesheirat sah. Der künftige Kaiser von Österreich ist die glänzendste Partie, auf wen sollte sie sonst warten? Und Stephanie braucht sich nicht zu verstecken. Ihr Vater ist persönlicher Besitzer des Kongo und unermeßlich reich (wenn auch knausrig). Doch die Coburger, und darauf spielt Elisabeth immer wieder an, gelten unter den europäischen Dynastien als *nouveau riche*, als Aufsteiger.

Der Kronprinz scheint allerdings gar nicht so sehr in festen Händen angelangt zu sein, wie es den Anschein hat. Seine Freundin Mizzi bleibt in Brüssel nicht unentdeckt, was einen mittleren Skandal auslöst. Außerdem hat er zu dieser Zeit ein Verhältnis mit Stephanies sechs Jahre älterer Schwester Louise, die seit einigen Jahren in Wien lebt und mit Prinz Philipp Coburg, einem der besten Freunde Rudolfs, verheiratet ist.

Stephanie hat am Wiener Hof von Anfang an einen schweren Stand. Als die ersten Bilder der Braut eintreffen, zeigt man sich allgemein enttäuscht über diese reizlose Erscheinung. Marie Wallersee ist wohl eifersüchtig auf sie und beschreibt sie als simpel und stillos. Sie habe eine klägliche Gestalt und eine unmögliche Frisur, »das einzig Schöne an ihr war ihr porzellanweißer Teint«. Sie sei noch in den Kinderschuhen, sagt man in Brüssel, als sie verheiratet wird, man kleide sie nur so, als ob sie schon erwachsen wäre. Von heute auf morgen steckt man sie in lange Kleider und zwingt ihr Haar in die Frisur einer großen Dame. Stephanie ist noch so unerfahren wie eine höhere Pensionatstochter, als sie plötzlich an den einflußreichsten Thron Europas avanciert. Wie einige Jahrzehnte zuvor Elisabeth, kommt die belgische Prinzessin dem Wiener Hof etwas »provinzlerisch« vor. Und es gibt eine Menge Damen, die es sich zur Aufgabe machen, alles an ihr schlechtzureden. Später jedoch wird aus der häßlichen Ente ein schöner Schwan, Photographien belegen, daß sich die »Rose von Brabant« als Gräfin Lonvay zu einer Schönheit gewandelt hat.

Elisabeth bleibt einige Wochen in Wien, im Sommer steht wieder der übliche Séjour in Ischl sowie ein Aufenthalt am Starnberger See an. Auch der Herbst in Gödöllö bringt keine Überraschungen, die Kaiserin freut sich, diesmal Lord Langford als Gast begrüßen zu können.

Elisabeth geht es Anfang 1881 gesundheitlich und psychisch schlecht. Seit einigen Monaten leidet die Kaiserin in zunehmendem Maße an nervösen Störungen, sie schläft kaum, ißt zuwenig und bekommt bei ihren sportlichen Übungen immer mehr rheumatische Beschwerden zu spüren. Sie sehnt sich nach der Jagdsaison im Frühjahr. Eine neuerliche Irland-Reise erscheint jedoch aus politischen Gründen als nicht mehr tragbar. Die Kaiserin hatte sich zwar trotz der politischen Unruhen für Irland ausgesprochen, doch dann legte Franz Joseph ein Veto ein, dem sie sich schließlich unwillig und enttäuscht fügte. Schließlich, nach einigem Hin und Her, entscheidet sich Elisabeth für das Schloß des Lord Combermere in Cheshire, England.

Zunächst hatte es düster ausgesehen für ihre Pläne: Bay Middleton hatte einen schweren Sturz und einen gefährlichen

Schädelbruch erlitten, lag bewußtlos im Krankenhaus. Elisabeth war äußerst betroffen, ja untröstlich, bis die Nachricht kam, daß er das Bewußtsein wiedererlangt hatte und allmählich wieder gesund wurde. Doch Middleton ist ein zäher Bursche, seiner unglaublichen Kraft und Vitalität war es zu verdanken, daß er nach einem Monat bereits wieder im Sattel saß und wie eh und je ritt und jagte. Ja, er war sogar bereit, ihr wieder als Pilot zu dienen und mit ihr an der Spitze des Feldes über jedes nur mögliche Gelände zu galoppieren.

Am 15. Februar 1881 kommt Elisabeth mit ihrem Gefolge in Cheshire an, nimmt Logis in Combermere Abbey. Zwölf Tiere stehen ihr zur Verfügung, Rudi Liechtenstein ist wieder mit von der Partie, Bay erwartet sie am Bahnof von Wrenbury, alles scheint bestens. Combermere Abbey, ein pittoreskes Quartier, liegt in herrlicher wildromantischer Landschaft, inmitten samtgrüner Rasenflächen, auf denen alte Zypressen, Korkeichen und Zedern stehen. Vor der Terrasse lockt ein See. Es ist einer der historischen englischen Adelssitze, teils Schloß, teils Kloster, wie Marie Wallersee feststellt, die mit von der Partie ist: »Ein düsteres, aber nicht unheimliches Gebäude, dicht mit uraltem Efeu und wildem Wein bewachsen, lag es inmitten eines prächtigen Parks. ... Nur ein Teil des Schlosses war für Kaiserin Elisabeth eingerichtet worden, der andere blieb verschlossen. Man brauchte einige Zeit, bis man sich in all den Gängen, Treppen und Galerien auskannte; dennoch war es wohnlich. Ich hatte mein Zimmer nahe bei der Gräfin Festetics. Die Kaiserin bewohnte mit den Kammerfrauen den oberen Stock. Im Parterre waren das Speisezimmer und die Empfangsräume. ... Gleich anfangs gewann ich die Überzeugung, daß das Leben in Combermere ein zwangloses sein würde, ganz nach dem Gusto der Kaiserin.«

Elisabeth belegt eine Zimmerflucht, ihr Wohnzimmer hat ein Erkerfenster, von dem aus sie einen herrlichen Blick über den See und die Wälder genießen kann. Eine eigens für sie gebaute Wendeltreppe führt in ihre eigene Küche hinunter und erlaubt es ihr, sich jederzeit ungestört ihre Mahlzeiten servieren zu lassen.

Marie Valerie (rechts) mit Baronesse Marie Wallersee,
Elisabeths Lieblingsnichte.

Sofort besucht Elisabeth die Stallungen, um nach ihren Pferden zu schauen, die sie den Winter über in England gelassen hat, vier weitere Pferde bringt sie aus Österreich mit. Ihre Sehnsucht nach Irland läßt zwar nicht nach, dort entspricht die Landschaft wohl mehr ihrer Sentimentalität. Aber auch England scheint sie wieder zu entzücken. Und wiederum ist Bay Middleton ihr Pilot bei den Reitjagden. Sechs Wochen verlebt Elisabeth im Kreis einer sehr angenehmen Jagdgesellschaft. Im März besucht sie die Liverpooler Steeplechase, den Herzog von Westminster, die Königin in Windsor.

Täglich unternimmt sie Springreiten, damit die Pferde im Training bleiben. Bei den Jagden wird eine besondere Etikette geübt. Niemand darf vor ihr oder ihrem Piloten reiten, und wenn sie sich bei einer Wendung der Hunde nicht mehr an der Spitze des Feldes befindet, so müssen diejenigen, die vor ihr sind, abschwenken. Ist der Fuchs aufgebracht, so nähert sich einer der Herren des Jagdpersonals mit gezogenem Hut und fragt, ob es Ihrer Majestät angenehm sei, wenn die Hunde einen zweiten Fuchs aufspüren.

Doch die Jagd erweist sich diesmal nicht so recht nach ihrem Geschmack. Ein schwieriges Gelände, in dem man nur mit Mühe vorwärtskommt, kein Reiz der Gefahr, der den nötigen Adrenalinstoß bewirkt. Zwar reitet sie an den meisten der insgesamt achtundzwanzig möglichen Jagdtage (zwei fallen durch Schnee aus), doch sie spürt nicht mehr wie früher die unbändige Freude am Hetzen der Hunde und Hasten der Pferde. Ihre Jagdleidenschaft wird geringer, ihre Reitpassion kühlt ab.

John Welcome zieht das Resümee: »Alles war anders als früher, und sie war sich dessen wohl bewußt. Was Middleton oder sonst jemand auch sagte – dieses Land hatte dem undefinierbaren Charme Irlands und der Iren, der sie so bezaubert hatte, nichts Gleichwertiges entgegenzusetzen. Das Gefühl weltentrückten Andersseins, das sie so an die grüne Insel gefesselt hatte, fehlte hier, und sie vermißte es schmerzlich. ... Sie war dreiundvierzig geworden, und so fit, aktiv und entschlossen sie auch sein mochte, die Anstrengung, die es sie kostete, ... an der Spitze des Feldes Ruf und Ruhm zu verteidigen, brachte körperliche Erschöpfung mit sich. Sie forderte sich zu viel ab, und die allzu große Müdigkeit hatte Ruhelosigkeit und Schlaflosigkeit zur Folge. Diese wiederum ließen die Angst in ihr aufsteigen, daß ihr Aussehen und ihre Gestalt darunter leiden könnten. ... Diese ständigen Sorgen und der damit verbundene Verschleiß an Lebenskraft wirkten sich katastrophal auf ihre Nerven aus. Zum erstenmal bekamen auch die Mitglieder ihres engsten und vertrautesten Kreises ihre gereizte Stimmung zu spüren, und es fiel auf, daß Middleton von ihren Zornausbrüchen, wenn sie welche hatte, verschont blieb.«

Der Gedanke, Bay zu verlieren, muß Elisabeth sehr gequält haben. Er steht kurz vor seiner Verlobung mit Charlotte Baird, Elisabeth reagiert begreiflicherweise verstört und verstimmt auf seine Ankündigung, wie immer, wenn sich Leute aus ihrer unmittelbaren vertrauten Umgebung mit Heiratsplänen tragen und sie Liebesverlust, Trennung, Verlassenwerden befürchtet. Bald wird es das letzte Mal sein, daß sie sich sehen und miteinander reiten. Früher einmal, bei einem Abschied in Gödöllö, mußte sie weinen, sie weigerte sich an jenem Tag sogar, den Kaiser zu empfangen.

In englischen Zeitungen, vor allem linksgerichteten, erscheinen kritische Artikel über die Kaiserin von Österreich. Aber Elisabeth wiegelt ab: »Mich überrascht nur mehr, wenn jemand über mich schön schreibt oder redet.« Doch die abfälligen Zeitungsberichte, persönlich an sie adressierte, kränkende Briefe in rüdem Ton, die wachsende Kritik in der österreichischen Presse, die ihren Unmut über ihre lange Abwesenheit und deren Gründe immer unverhüllter und schärfer zum Ausdruck bringen – das alles wirft lange dunkle Schatten auf ihren England-Aufenthalt. Elisabeth zeigt sich zunehmend verärgert. Die Nerven liegen bloß. Verrauscht die Freude am Dahinfliegen.

Eine Liebelei, besser: eine Liebäugelei mit der Liebe, scheint sich zwischen Elisabeth und Prinz Edward anzubahnen, ein Intermezzo, das die Kaiserin natürlich wieder in einem witzigen Gedicht festhält:

Wir saßen im Drawingroom gemütlich beisammen,
Prinz Eduard und ich.
Er raspelte Süßholz und schwärmte,
Er sagte, er liebte mich.
Er rückte sehr nah und nahm meine Hand,
Und lispelte: Dear cousin, wie wär's?
Ich lachte von Herzen und drohte:
»There is somebody coming upstairs.«
Wir lauschten, es war aber nichts,
Und weiter ging das lustige Spiel.
Sir Eduard ward mutig,
Ja, er wagte auch viel.
Ich wehrte mich nicht, es war interessant,
Ich lachte: »Dear Cousin, wie wär's?«
Da ward er verlegen und flüsterte leis:
»There is somebody coming upstairs.«

Vielleicht ist es auch ein inszenierter Spaß gewesen, so wie Marie Wallersee die Geschichte erzählt: Der Prinz von Wales, der spätere König Edward VII., bittet Elisabeth, die er sehr bewundert, zum abendlichen Tee. Die Kaiserin will ihn offensichtlich reizen und kommt in einem Spitzennégligé, das Edward, der selten etwas »anbrennen« läßt, als kaum versteckte Einladung auffaßt. Als er sich dicht neben sie setzt, ruft Elisabeth im Spaß ihre Nichte »zu Hilfe«, die »in der unteren Halle, die gleichzeitig Bibliothek war und durch eine Zimmertreppe mit dem Salon in Verbindung stand«, wartet, bis sie gerufen wird. Marie erzählt: »Ich suchte mir ein Buch und vertrieb mir die Zeit mit Lesen. Dennoch hörte ich, wenn auch undeutlich, die Stimmen von oben und mitunter das typische kleine Lachen der Kaiserin. Plötzlich rief sie meinen Namen, ich warf das Buch zur Seite und eilte die Treppe hinauf. Oben an der Balustrade stand meine Tante, hielt sich das Taschentuch vor den Mund, an ihren Augen sah ich, daß sie mit dem Lachen kämpfte. An mir vorbei jedoch kam der Prinz, ziemlich eilig, wie es mir schien, und hatte für meine Verneigung nur ein kleines Kopfnicken.«

Freilich gibt es wieder einmal einen gewaltigen Tratsch, man

tuschelt, der englische Kronprinz und die Kaiserin hätten weit
mehr als standesbewußte Sympathie füreinander entdeckt.
Wahrscheinlich hat sie ihm aber nur ein paar freundliche Blicke
zugeworfen.

Gekränkt tritt Elisabeth Ende März die Rückreise an. In Paris
trifft sie mit den Schwestern Marie, Mathilde und Sophie von
Alençon zusammen. Auch der Präsident von Frankreich, der sie
im Hotel aufsucht, darf seine Aufwartung machen und wird
diesmal gnädig empfangen. Noch in Paris erhält Elisabeth ein
Telegramm, daß die Hochzeit des Kronprinzen am 10. Mai 1881
stattfinden wird.

Am Wiener Hof herrscht die bei solchen Anlässen übliche allgemeine Nervosität. Elisabeth ist gegen die Ehe zwischen
Rudolf und Stephanie. Sie ahnt, daß sie ihrem Sohn nur
Unglück bringen wird. Die mit dem üblichen Pomp ablaufende
Hochzeitsfeier stellt die Nerven der Kaiserin auf die härteste
Probe. Während des Trauaktes in der prachtvoll mit rotem Samt
ausgeschlagenen Kapelle der Hofburg bricht sie in krampfhaf-
tes Weinen aus. Stephanie ist totenblaß in ihrem Brautkleid aus
weißem Brokat. Die Hofburg hat wieder einmal alles an Prunk
und Herrlichkeit aufgeboten, um die kronprinzliche Hochzeit in
traditioneller Manier zu einem glänzenden Fest zu machen. Für
Mutter und Sohn scheint es eine Tortur zu sein. Marie Wallersee schreibt: »Ich konnte mir sehr gut vorstellen, was Tante Sissi über Stephanie dachte; ein Blick in ihr Gesicht genügte.
Rudolf sah aus wie ein Mann, der eine ruhmvolle Vergangenheit
für eine fragwürdige Zukunft hingegeben hat.«

Nach den Hochzeitsfeierlichkeiten ist Elisabeth nicht oft in
Wien. Innerlich verabschiedet sie sich jetzt wohl von ihrem
Sohn, sie ist besorgt über seine Unausgeglichenheit. Er wird
jetzt noch weniger als bisher in ihrer Nähe sein. Sie kümmert
sich so wenig wie möglich um den jungen Hausstand, sie weiß
aus Erfahrung, wie unwillkommen Schwiegermütter im allgemeinen sind. Zumal sie mit Stephanie so gut wie nichts verbindet, weder im Wesen, noch im Charakter. Aber auch zu Rudolf
geht sie jetzt auf Distanz.

Welche Gefühle empfindet Rudolf für seine junge Frau?

Die kaiserliche Familie mit dem Verlobungspaar Kronprinz Rudolf und Prinzessin Stephanie und deren Eltern, König Leopold II. von Belgien und Königin Maria Henriette (1881).

Gewiß wirkt sie in ihrer Frische und Jugendlichkeit nicht unangenehm auf ihn, aber letztlich ist sie ihm gleichgültig. Diese Frau oder eine andere, was macht es schon aus? Warum soll er sich deswegen Gedanken machen? Diese Hochzeit bedeutet für ihn nichts weiter als eine offizielle Zeremonie, eine jener grotesken, glanzvollen, antiquierten Rituale, die ihn schon lange nicht mehr interessieren.

Spätestens am Hochzeitsabend bekommt Stephanie den Eindruck, daß ihr eine trübe Zukunft bevorsteht. Als die endlosen Feiern endlich ihren Abschluß gefunden haben, fahren die Neuvermählten nach Schloß Laxenburg. Irgendwie scheint diese Residenz für Brautpaare nicht der richtige Ort zur Entfaltung ehelichen Glücks zu sein. »Es war nebliges, trübes Wetter«, schreibt die Prinzessin in ihren Erinnerungen, »vollkommen durchfroren und erschöpft lehnte ich mich in die Kissen des Wagens zurück. Allein mit einem Manne, den ich kaum kannte, überfiel mich im Dämmerlicht der einbrechenden Nacht das Gefühl einer seltsamen Angst. Diese Stunde schien kein Ende nehmen zu wollen. Der Wagen rollte auf einer einsamen Straße durch unermeßliche Felder, in einer traurigen und unschönen Gegend nahe bei der Stadt. Wir hatten uns nichts zu sagen; wir waren einander fremd. Vergeblich wartete ich auf ein liebenswürdiges oder zärtliches Wort, das mich von meiner Melancholie befreit hätte. Bald verwandelten sich meine Müdigkeit und meine unbestimmten Gefühle der Angst und der Vereinsamung in eine schwere Verzweiflung. Die mit Mühe zurückgehaltenen Tränen brannten in meinen Augen. ... Ich hatte gehofft, in Laxenburg heitere und schöne Räume vorzufinden. Als wir eintraten, benahm uns die feuchte und eisige Luft fast den Atem. Nicht eine grüne Pflanze, nicht eine Blume, um uns zu begrüßen, um in diese schlecht erleuchteten Zimmer eine frohe Note zu bringen. Es war nichts vorbereitet worden. Weder ein einziger weicher Teppich, noch ein Toilettentisch, noch ein Badezimmer – nur ein einfaches Waschbecken auf einem Dreifuß. Es war nichts da, das auch nur den geringsten Eindruck von Behaglichkeit oder Komfort hätte hervorrufen können; nichts sprach zum Herzen. ... Um allem die Krone aufzusetzen, wurde ich von einer vulgär aussehenden alten Kammerfrau empfangen, die ein unverständliches Deutsch mit entsetzlichem Akzent sprach und die einer Hexe glich. ... Welche Nacht, welche Leiden! Ich fror, ich zitterte vor Frost und erschauerte vor Fieber. Es herrschte ein schreckliches Wetter; Regen und Schnee peitschten die Scheiben, am 11. Mai, da in Belgien bereits der Frühling lachte. ... Diese Nacht glaubte ich vor Verzweiflung zu sterben; ich versuchte im Gebet die Kräfte für ein Opfer zu erlangen, das meine Kräfte zu übersteigen schien. ... Am folgenden Tag, gegen Mittag, besuchte mich mein Gatte.«

Die erste Nacht mit Rudolf versetzt Stephanie einen solchen Schock, daß sie ihr Leben lang nur mit Entsetzen und Übelkeit daran zurückdenken kann. Wie sich die Geschichte manchmal wiederholt: Auch die Kronprinzessin weiß – wie seinerzeit Elisabeth – weder, was mit ihr geschieht, noch, was von ihr erwartet wird. Ihr Mann ist ihr zwar nicht unsympathisch, aber sie kennt ihn kaum. Und er nähert sich ihr in einer Weise, die sie als widerlich empfindet. Bestimmt hat Stephanies ahnungslose Jungfräulichkeit auf den Kronprinzen einen gewissen Reiz ausgeübt. Er spielt eine neue Rolle, den Vergewaltiger. Stephanie fühlt sich wie eine unfreiwillige Prostituierte, die einem fremden Mann ausgeliefert wird, der mit ihr machen kann, was er will.

Grauenhafte Aussichten für die Kronprinzessin. Unerwünscht, ungeliebt, unerträglich. Vielleicht ist es ganz gut, daß sie Rudolf nicht oft zu Gesicht bekommt. Sie fühlt sich geschmeichelt, als sie anläßlich des Besuches von König Umberto I. von Italien und seiner Frau in Wien zu Elisabeth gerufen wird und diese sie bittet, an ihrer Stelle einen Teil der Repräsentationspflichten zu übernehmen. Doch das Gefühl, geehrt und ausgezeichnet zu sein, schwindet in dem Moment, als Freundinnen ihr zuflüstern, die Kaiserin habe ihr nur Belastungen zugeschoben, die sie selbst gern loswerden wollte. Auch in der Karwoche wird Stephanie als Ersatz fungieren: Sie wäscht am Gründonnerstag in der traditionellen Zeremonie den zwölf alten Frauen aus dem Armenhaus die Füße. Spätestens jetzt wird ihr klar, warum Elisabeth ihr diese Aufgabe überlassen hat.

Gleichwohl stürzt sich die Kronprinzessin mit Eifer, Fleiß und großen Ambitionen in die Vorbereitung auf ihre »große Rolle«, welche die alte Erzherzogin Sophie entzückt hätte. Sie lernt Kroatisch, sie lernt Ungarisch, sie lernt Tschechisch. Sie organisiert Wohltätigkeitsbasare, besucht Krankenhäuser und Kinderheime. Ihre Schwiegermutter weiß solche Bemühungen freilich nicht zu schätzen und hat nicht das kleinste anerkennende Wort für sie übrig. Im Gegenteil, sie schreibt an Stephanie adressierte, sarkastische Gedichte, welche die Kronprinzessin aber nie zu sehen bekommt:

> *Du bist nicht wie die Blume,*
> *Nicht lieblich, hold und fein,*
> *Auch fehlt dir jede Anmut*
> *Und Charme noch obendrein.*

> *Mir ist, als müsst ich falten,*
> *Zu Gott die Händ und fleh'n,*
> *Er möge gnädig walten,*
> *Dass wir uns selten seh'n.*

> *Du hast Diamanten und Perlen,*
> *Hast alles, was Menschen begehr;*
> *Doch mit deinen inneren Werten,*
> *Mein Liebchen, da happert es sehr!*

> *Und statt der schönsten Augen*
> *Hast du die böseste Zung',*
> *Die schmähet auf nahe und ferne*
> *Und schonet nicht alt noch jung.*

Über ihre langweiligen Repräsentationspflichten hinaus bringt Stephanie weitgehend nur für Hofklatsch und Kleider Interesse auf. Sie hat nicht das geringste geistige Format, hält sich aber auf ihre fade Geziertheit noch einiges zugute. Nein, dieses langweilige Frauenzimmer kann den sprühenden und lebensdurstigen Kronprinzen mit nichts beeindrucken, sie teilt kein einziges seiner Interessen am demokratischen Fortschritt der Zivilisation, an der Befreiung der Menschheit aus den Fesseln des Aberglaubens und der Tyrannei, kann mit seiner überschäumenden Begeisterung für Wahrheit und Gerechtigkeit und republikanische Ideen nichts anfangen.

Nach einer feierlichen Reise durch Ungarn läßt sich das Paar in Prag nieder, wo der Kronprinz inzwischen zum Kommandanten der 18. Infanteriebrigade ernannt worden ist. Er stürzt sich in seine militärischen Aufgaben, ständig befindet er sich in Kasernen, auf Manöverfeldern, im Casino, im Kreis der Offiziere.

An sein eheliches Glück verschwendet er keinen Gedanken. Er gibt es bald auf, in Stephanie eine Freundin und Kameradin zu sehen, nachdem sie sich bei einem nächtlichen Ausflug, zu dem er sie mitgenommen hat, zickig und blasiert gezeigt hatte. Um nicht erkannt zu werden, hatte sie an jenem denkwürdigen Abend einfache, bürgerliche Kleider angezogen. »Ich konnte mein Erstaunen nicht verbergen«, schreibt sie in ihren Erinnerungen, »wie wenig der Kronprinz darauf achtete, daß sein Inkognito gewahrt blieb. Meine Überraschung stieg noch, als wir zusammen die verschiedenen Café-chantants und anderen zweifelhaften Vergnügungslokale in der Stadt und in der Umgebung Wiens besuchten. Es herrschte dort eine lasterhafte Atmosphäre; es roch nach Knoblauch, schlechtem Fett, nach Wein und Tabak, und man vermochte kaum zu atmen. Trotzdem blieben wir bis zum Morgengrauen an fettigen Holztischen ohne Tischtuch sitzen, in Gesellschaft von Fiakerkutschern, die Karten spielten, pfiffen und sangen. Vor allem wurde getanzt. Mädchen stiegen auf die Tische und sangen immer wieder dieselben vulgären und sentimentalen abgedroschenen Lieder, von einem mittelmäßigen Orchester begleitet. Ich hätte mich gern amüsiert, aber der Aufenthalt in diesen Spelunken ekelte mich zu sehr. Es war gemein und obendrein noch langweilig. Ich verstand nicht, wie der Kronprinz daran Vergnügen finden konnte.« Nein, mit solchen Amüsements kann Rudolf seine verwöhnte Gemahlin weder beeindrucken noch gewinnen.

Auch auf die Jagd geht er natürlich ohne sie, das Abschlachten von Tieren ist für ihn inzwischen zu einer geradezu tyrannischen Leidenschaft geworden. Die tschechische Aristokratie streitet sich um die Ehre, ihn auf ihren alten prächtigen Gütern zu empfangen. Dort richtet er jedesmal eine große Metzelei unter den Tieren an, schießt alles nieder, was ihm vor die Flinte kommt, Hirsche, Hasen, Rebhühner, Rehe, Schnepfen, Fasanen, Enten und Wildgänse, Wildschweine, Gemsen, Füchse, Luchse, ja sogar Wölfe und Bären. Er empfindet ein großes Lustgefühl dabei, wie früher, als er sich im Alter von zehn Jahren damit vergnügte, Dompfaffen in ihrem Käfig zu töten.

Stephanie sieht ihn also nur selten, und wenn er dann mal auftaucht, ist er schlechter Laune oder todmüde oder mürrisch. Zu stolz, sich darüber zu beklagen, wird auch sie immer unzugänglicher und zieht sich zurück.

*A*ls Elisabeth in die Wiener Hofburg zurückkehrt, läuft eine geheimnisvolle Aktion an. Marie Wallersee wird zur Kaiserin gerufen, Elisabeth will einen alten Plan wahrmachen und ihre sämtlichen Aufzeichnungen, Tagebuchblätter, Gedichte sortieren und dann abschreiben lassen. Alles soll gedruckt und dann an einem geheimen Ort aufbewahrt werden. »Du hast nichts zu tun, als zu schreiben, was ich diktiere«, sagt Elisabeth zu ihrer Nichte. »Schön braucht's nicht zu sein, nur lesen muß man es können, und es muß in Manuskriptform geschrieben werden.«

Marie übernimmt die Aufgabe, zusammen mit Henny Pecz, ihrer Cousine, die Elisabeth in Feldafing näher kennengelernt hat. Henny wird, weil sie einen ungarischen Namen hat, als die Nichte von Ida Ferenczy ausgegeben. »Es wird eine Arbeit von mehreren Wochen sein«, sagt die Kaiserin, »und niemand darf etwas erfahren.« Auch Georg Larisch wird ins Vertrauen gezogen. Sogar von einer Geheimdruckerei im Keller der Hofburg ist die Rede. Alles sehr mysteriös, findet Marie.

»Das ist wieder ein Tick von der Kaiserin«, sagt Georg. Elisabeth selbst nennt es eine Marotte. Marie macht sich an die Arbeit, sieht bei Ida Ferenczy einen Teil des Materials durch, das sich in einem Safe im Schlafzimmer befindet. »Es waren zusammengebundene Bündel Papier«, erzählt Marie, »dann eine Anzahl gewöhnlicher Schulhefte, alles dicht mit Bleistift bekritzelt. Schrift konnte man es auf den ersten Blick nicht nennen. Ich hatte elegante Tagebücher erwartet, oder wenigstens verschließbare, wie die meinigen es waren, und stand vor einer offenen großen Kassette, in welche alles hineingepfropft war. Eine zweite, etwas kleinere, sah ich noch im Safe. Frau von Ferenczy, die mit allem vertraut schien, suchte sorgfältig ein Bündel heraus, steckte es unter ihr Cape.«

Dann gehen die beiden zur Kaiserin. Obwohl es Nachmittag ist, sitzt sie im Négligé in ihrem Boudoir, heiter und gelöst. Marie muß sich an den Schreibtisch setzen, Elisabeth öffnet das Paket und breitet eine Menge Blätter aus. »Unwillkürlich sah ich mich ängstlich um«, berichtet Marie weiter, »denn ich hatte es in Gödöllö öfter erlebt, daß der Kaiser unverhofft eintrat. Die Kaiserin erriet meine Gedanken. Etwas von ihrem alten Mutwillen blitzte für einen Moment in ihren Augen auf: ›Keine Gefahr, daß wir gestört werden. Um diese Zeit bin ich in der Kur, bekomme Abreibungen und Packungen, da wagt es niemand, zu mir zu kommen.‹ Dabei lächelte sie ihr verschmitztes Lächeln. ... Nun weihte mich die Kaiserin ein in das, was ich zuerst schreiben sollte. Es hieß ›Ein Sommernachtstraum‹ und behandelte ihr erstes Erlebnis als Kaiserin. Eine Episode voll Freud und Leid begann: ›Die scandalose Chronica der Königin Titania‹.«

Dann diktiert Elisabeth. Blätter, Tinte, Federn, und Papier liegen bereit. Zwei Stunden schreibt und schreibt Marie alles auf, bis ihr Arm und Hand steif werden. Die Kaiserin lehnt sich heiser und erschöpft zurück. Dann einigen sich beide darauf, daß Marie versuchen soll, alles selbst zu entziffern, damit das anstrengende Diktieren entfällt. Das Tagespensum wird nun zuerst vorgelesen, dann in Ruhe abgeschrieben.

Henny kommt zur Verstärkung und Ablösung. Tagelang sitzen die beiden im Boudoir von Ida Ferenczy, Marie an ihrem Schreibtisch, Henny an einem kleinen Extratischchen. In den Ruhepausen bekommen sie Tee, dazu Gebäck und etwas Obst serviert. Und abends gegen zehn Uhr fährt Marie heim.

Überwacht wird diese Geheimaktion von Prinz Rudolf

Liechtenstein, Elisabeths Vertrautem und Freund, und Graf Hanns Wilczek, der in Wien ein Palais neben der Hofburg bewohnt. Da Ida Ferenczys Wohnung sich in einem Haus genau zwischen diesem Palais und der Hofburg befindet, wird ein unterirdischer Verbindungsgang benutzt. Die Manuskripte werden in das geheimnisvolle Kellergewölbe gebracht, hier arbeiten ein paar Männer an Druckmaschinen. »Das war die improvisierte Geheimdruckerei der Kaiserin, in der allmählich alle Tagebücher Elisabeths, dann ihre Gedichte und Märchen und sonstigen Aufzeichnungen gedruckt wurden. Diese Werke ergaben zwei starke Bände, von denen nur je sechs Exemplare hergestellt wurden. Die Kaiserin verteilte diese Exemplare an sechs ihr vertrauenswürdig erscheinende Personen zur Verwahrung, gegen das Versprechen, daß diese Bücher sich von Generation zu Generation vererben sollten, um dann, wenn die Frist von sechzig Jahren nach ihrem Tode um sein würde, veröffentlicht zu werden. Mir selbst ist unbekannt, welche sechs Männer diese Auszeichnung traf, und ich bin da nur auf Vermutungen angewiesen. Sicher aber ist, daß sich Fürst Rudolf Liechtenstein unter ihnen befand. ... Sonstige Dokumente oder Niederschriften der Kaiserin aus jenen Zeiten existieren überhaupt nicht, da Kaiser Franz Joseph nach dem traurigen Ende Elisabeths, mit Rudolf Liechtenstein als einzigem Zeugen, den Schreibtisch der Kaiserin und alle Geheimfächer öffnete, ebenso die kleine silberbeschlagene Ebenholztruhe, in der die Kaiserin in einer Schachtel den Rest ihrer tiefsten Geheimnisse aufzubewahren pflegte. Dies alles wurde vom Kaiser vernichtet.«

Franz Joseph wäre höchst erstaunt gewesen, hätte er auch nur eines der Gedichte des »Poetischen Tagebuchs« zu Gesicht bekommen. Die monarchie- und habsburgkritische Einstellung der Kaiserin wird in sehr vielen Gedichten, die allesamt unzensierte Zeugnisse ihres geheimsten Denkens sind, nur allzu deutlich. Sie zeigen Elisabeth tatsächlich als eine »Kaiserin wider Willen« – pazifistisch, republikanisch, revolutionär, aber auch voller Illusionen und Träume. Sie zeigen in der vehementen Ablehnung von Absolutismus, Gottesgnadentum und aristokratischem Denken der habsburgischen Familie eine eigenständige politische Haltung. Ohne den eklatanten Widerspruch zu ihrer eigenen Stellung und den »Gewinn« an luxuriöser Unabhängigkeit überhaupt zu realisieren, schreibt sie voller Verachtung:

> *Bei Gott! Was soll aus dem Gewühl*
> *Aus Habsburgs Sprossen werden?*
> *Aus diesem teuren Ornament,*
> *Das jedes Land belastet*
> *Welches sich Monarchie benennt*
> *(Ob dem das Volk dann fastet).*

Die Monarchie, dieses »vergang'ner Pracht Skelett«, lehnt sie ebenso ab wie die in ihren Gedichten so bissig beschriebenen Fürsten, die untätigen und vergnügungssüchtigen Aristokraten. Das verschwenderische höfische Leben – dafür hat sie, ganz im Sinne Heinrich Heines, nur Kritik übrig. Die Habsburger – das sind für Elisabeth Witzfiguren. Oft gibt sie ihnen Tiernamen, skizziert sie auf besonders gehässige Art ihre Fehler und Schwächen, deckt sie unbarmherzig ihre Mängel auf. Was treibt sie dazu, die Monarchie im allgemeinen und die verhaßte angeheiratete Familie im besonderen mit derart spitzer Feder und einer geradezu unglaublichen Boshaftigkeit zu karikieren? Das Leiden an der eigenen rangniedrigeren Abkunft? Versteckte Minderwertigkeitsgefühle, die sich hinter ihrer vermeintlichen Überlegenheit verstecken? Eine instinktive Abneigung gegen Heuchelei, Unnatürlichkeit und Anmaßung?

Moral

> *Ihr lieben Völker im weiten Reich,*
> *So ganz im Geheimen bewundre ich euch:*
> *Da nährt ihr mit eurem Schweisse und Blut*
> *Gutmütig diese verkommene Brut.*

Es bleiben sozialromantische Anwandlungen, eine heimliche Verehrung der Moral einfacher und armer Menschen. Obwohl sie so klar und deutlich erkennt, worauf es politisch ankommt, daß nicht der gütige Kaiser sein dankbares Volk ernährt, sondern das Volk den Kaiser, ist Elisabeth, die heimliche Republikanerin, weit davon entfernt, daraus Konsequenzen für ihr eigenes Leben zu ziehen, ja ihre Notwendigkeit überhaupt zu sehen. Die Verschwendungssucht, die sie bei ihrer aristokratischen Verwandtschaft so heftig anprangert, ist ihr selbst ja durchaus nicht fremd: Ganz im Gegensatz zu ihrem persönlich anspruchslos und geradezu provozierend bescheiden lebenden Ehemann verbraucht sie allein mit ihren Reisen und ihrer Reitleidenschaft ein Vermögen.

Die Schriften Elisabeths werden versiegelt, und die Kaiserin schreibt ein Poem, das so etwas wie ein Vermächtnis darstellt:

Ich wandle einsam hin auf dieser Erde,
Der Lust, dem Leben längst schon abgewandt;
Es theilt mein Seelenleben kein Gefährte.
Die Seele gab es nie, die mich verstand.
Ich fliehe vor der Welt und ihren Freuden,
Und ihre Menschen stehen mir heut fern;
Es sind ihr Glück mir fremd und ihre Leiden;
Ich wandle einsam, wie auf anderm Stern.
Was einst mich schmerzte, wurde mir nun theuer,
Zum Paradies ward die Verlassenheit;
Entfalten kann mein Geist die Schwingen freier,
Fremd sind ihm alle Erdenseelen heut!
Und voll ist meine Seele zum Zerspringen,
Das stumme Sinnen ist ihr recht genug,
Was sie bewegt, muß sie in Lieder bringen,
Und diese senke ich nun in mein Buch.

Im Juli 1881 erholt sich Elisabeth in Garatshausen am Starnberger See. Sie beginnt, den Kontakt mit Ludwig II. intensiver zu suchen als in den vorangegangenen Jahren. Einmal fährt sie, nur in Begleitung des Mohren Rustimo, mit einem Kahn auf die Roseninsel, um den Bayernkönig zu besuchen.

Der Hof begibt sich im September zum Herbstjagdaufenthalt nach Gödöllö, auch der Bruder der Kaiserin, Herzog Ludwig,

und die Baronin Wallersee stellen sich ein. Elisabeth entdeckt
jetzt auch hier, wo sie sich bislang offen gezeigt hat, eine besonders wirkungsvolle Form der Abschirmung: den Fächer. Es wird
natürlich übel vermerkt, daß sie sich allen Blicken so konsequent zu entziehen versucht. Sogar in den Zeitungen wird darüber geschrieben, während von ihrer Hilfsbereitschaft und
Wohltätigkeit kaum noch Notiz genommen wird. Nur in einem
satirischen Blatt, dem »Kikeriki«, findet man den Mut, dieser Art
von ständiger Kritiksucht eine Abfuhr zu erteilen:

Die seltsame Frau

Wahrlich, die Frau ist sonderbar,
Die ohne Scheu vor der Gefahr,
Von Menschenliebe nur bewegt,
Trost in das Haus des Unglücks trägt.
Die, heiklich auf die Schönheit nicht,
Auch mit den Blatterkranken spricht,
Tränenden Blick's an Sterb'bett eilt,
Dort bei Verlassenen verweilt.
Ihr Patronessen seht euch an,
Wie still man auch human sein kann,
Nicht bloß bei der Musik von Strauß,
Auch einsam in dem Krankenhaus.
Dort Tränen trocknen, wo der Tod
In allerlei Gestalten droht:
So edlen und humanen Sinn,
Lernt ihn von uns'rer Kaiserin.

Im Oktober ist der Tod des Ministers des Äußeren Baron Hay-
merle, zu beklagen. Der Beileidsbesuch, den sie der Witwe
abstattet, stimmt Elisabeth traurig. Ende des Monats besuchen
König Umberto I. von Italien und seine Gemahlin Margherita
das Kaiserpaar in Wien, danach kehrt Elisabeth wieder nach
Gödöllö zurück.

Der Kaiser sitzt am 8. Dezember beim Abendessen, als er ein
Telegramm bekommt, daß das Ringtheater in Wien in Flammen

steht. Eine Katastrophe, ein großer Teil des Publikums findet in der Feuerhölle den Tod. Elisabeth ist ebenso erschüttert wie ihr Mann, alle angesagten Jagden unterbleiben, ein Hilfsfonds wird eingerichtet.

*N*ach ihrer Teilnahme am Hofball reist Elisabeth im Februar 1882 nach Cheshire, England. Sie weiß, daß das Jagen und Reiten für sie das einzige Mittel ist, der Langeweile und den durch sie hervorgerufenenen nervösen Beschwerden zu entfliehen. Doch politisch sind die Jagdreisen, zumindest nach Irland, anrüchig geworden. So fährt die Kaiserin wieder nach Combermere Abbey.

Als sie in der ersten Februarwoche in England eintrifft, erwartet sie die erschütternde Nachricht, daß Bay Middleton ihr nicht mehr als Pilot zur Verfügung steht. Obwohl alle die alten vertrauten Gesichter, unter anderem Rudolf Liechtenstein und Heinrich Larisch, um sie sind, vermag sie nichts über Middletons Abwesenheit hinwegzutrösten. Ein paar Ritte durchs Gelände, dann ist sie es leid. Zur Überraschung ihres Gefolges gibt sie eines Tages bekannt, sie sei zum Jagen zu müde und bleibe allein in ihren Räumen zurück. Als Georg und Marie Larisch in Whitchurch eintreffen, finden lange vertrauliche Gespräche statt, wie man den frischgebackenen Bräutigam Bay Middleton doch noch bewegen könnte, wieder an den Jagden teilzunehmen. Marie Wallersee-Larisch spielt den Kurier, und Middleton riskiert tatsächlich die Entrüstung seiner Verlobten und macht noch einmal seine Aufwartung.

Elisabeth begrüßt ihn mit großer Freude. Einige Ausritte mit ihm, und das alte Gefühl der Vertrautheit stellt sich sofort wieder ein. Und doch weiß sie, es ist das letzte Mal, daß sie gemeinsam auf den Pferden dahinrasen. John Welcome: »Der Gedanke, ihn gerade jetzt, da sie ihn wiedergesehen und mit ihm gejagt hatte, zu verlieren, muß sie halb wahnsinnig gemacht haben. Und die Vorstellung, sie nie wiederzusehen, muß für ihn die reine Hölle gewesen sein. Wieder wurde sie zu einem teilnahmslosen, reizbaren und ihren Stimmungen unterworfenen Geschöpf. Sie fing an, schon früh von der Jagd zurückzukehren und unbegleitet lange Spaziergänge zu unternehmen; alles Gewohnheiten, die so gar nicht in Einklang mit ihren bisherigen Gepflogenheiten während eines Jagdbesuches standen. Und wenn sie jagte, hatten ihre Gefährten den Eindruck, daß sie viel von ihrem alten Schwung und Feuer verloren hatte. ... Verbissener denn je zuvor jagte Middleton über das Flachland Mittelenglands – und spielte eifriger denn je den Lebemann. ... Abenteuerliche Geschichten über seine Besuche in Londoner Nachtlokalen begannen die Runde zu machen. So versuchte jeder auf seine Art, mit der Trennung fertigzuwerden.«

Dann ein letztes Dinner im intimen Kreis, nur mit Marie, Heinrich Larisch, Rudi Liechtenstein, Middleton und Elisabeth. Traurig und einsam sitzt die Kaiserin in einem fliederfarbenen Crêpe-de-Chine-Kleid neben Middleton, Marie singt, während der Kaffee gereicht wird, »Des Sommers letzte Rose« für die Anwesenden. Dann steht Elisabeth auf, verläßt die Tafel und zieht sich in ihre Gemächer zurück. Als Marie hinaufgeht, um ihr gute Nacht zu sagen, findet sie ihre Tante in nahezu hysterischem Zustand. Morgen, wiederholt sie immer wieder unter Schluchzen, würde sie in die Gefangenschaft zurückkehren, und diesmal gebe es keine Rettung. »Warum kann ich mir bei einem Hindernis nicht das Genick brechen und ein für allemal Schluß machen?«

Als sie am nächsten Morgen auf die Wagen zur Abreise wartet, die sie zum Bahnhof bringen sollen, kommt Bay in ihre Räume, um sich zu verabschieden. Wahrscheinlich hat er ihr noch einmal gesagt, daß sein Entschluß, zu heiraten, unwiderruflich sei und daß sie ihn nicht umstoßen könne. Sie schenkt ihm einen Ring als Andenken mit der Bitte, ihn immer bei sich zu tragen. »Die Minuten verflogen, und die beiden ließen sich nicht blicken«, berichtet John Welcome über diesen melancholischen Abschiedsmorgen. »In der Halle bildete das Hauspersonal Spalier, um von der Kaiserin Abschied zu nehmen. Immerfort auf die Uhr sehend, ging Heinrich Larisch auf und ab. Die Abfahrtszeit des Zuges rückte bedrohlich näher. Am Nachmittag war eine Audienz bei Königin Victoria auf Schloß Windsor angesetzt. Es ist allerdings nicht anzunehmen, daß die Kaiserin sich große Sorgen darüber machte, was geschehen könnte, wenn diese Audienz nicht zustande kam.

Schließlich konnte Larisch nicht länger warten. Er stieg die Treppe zu ihren privaten Gemächern hinauf. Wenige Augenblicke später kam er mit Middleton an seiner Seite die Treppe wieder herunter. Bay schien völlig die Fassung verloren zu haben, so als ob er eine schwere seelische Krise durchgemacht hätte. Die Kutschen fuhren vor, aber die Kaiserin ließ sich immer noch nicht blicken. Dann ging eine leichte Bewegung durch die Wartenden, und alle richteten den Blick nach oben. In einem schwarzen pelzbesetzten Reisekostüm, einen schwarzen Hut auf ihrem kastanienbraunen Haar, stand sie, die Hand auf dem Endpfosten des Geländers, einen Augenblick regungslos auf dem Treppenabsatz. ... Elisabeth kam langsam die Treppe herunter und schritt mit einem freundlichen Wort für jeden durch die Reihen des Hauspersonals. ... Der Butler und die Haushälterin erhielten kostbare Abschiedsgeschenke und Lord Combermere eine kunstvoll ziselierte Schnupftabaksdose mit der Kaiserkrone und dem Buchstaben E auf dem Deckel.

Entlang der Auffahrt warteten Gärtner, Knechte und Reitpersonal. Auch zu ihnen sprach die Kaiserin freundliche Worte. ... Sie bestieg ihre Kutsche, um sich zum Bahnhof fahren zu lassen. ... Als der Zug sich in Bewegung setzte, stand Middleton ein wenig abseits von den anderen auf dem Bahnsteig und ließ es geschehen, daß sie für immer aus seinem Leben schied.

Die Kaiserin nahm nie wieder an einer Fuchsjagd in England oder Irland teil.

Sie hatten ihre Rollen in diesem seltsam romantischen Drama nach dem Maß ihrer Einsicht, nach den Regeln und Grundsätzen ihrer Klasse gespielt, und sie hatten sie gut gespielt. Diese sechs Jahre der Trennungen und des Wiederfindens, heißen Bemühens, erregenden Tuns und verständnisvoller Gemeinsamkeit hatten ihr für kurze Zeit Glückseligkeit, wenn auch keine wahre Erfüllung geschenkt.«

Wie schon im Vorjahr macht Elisabeth in Paris Station, um

ihre drei Schwestern wiederzusehen. Jetzt, wo die große Zeit des Reitens vorbei ist, beginnt die Zeit der nahezu täglich unternommenen stundenlangen Spaziergänge. Fußmärsche durch die Stadt, Besichtigungstouren, Elisabeth ist fast ununterbrochen unterwegs. Doch diesmal findet sie keine so große Freude an ausdauernden Beschäftigungen, sie ermüdet leicht.

Dann sinken die Tage der Hetzjagden in den Nebel der Vergessenheit. Das letzte Signal ertönt für sie: Jagd vorbei! Die Piköre des Herzogs Heinrich von Aumale im Condé-Schloß Chantilly bei Paris blasen es auf goldenen, altertümlich geschweiften Hörnern. Er ist der Onkel ihres Schwagers, des Herzogs Ferdinand von Alençon, und er hat sie, weil er ihre Freude am Jagdreiten zu kennen glaubt, bei ihrer Rückkehr aus England aufgefordert, eine Hirschhetze nach altem bourbonischem Zeremoniell mitzureiten.

Hinter den Hirschhunden von Chantilly dürfen nur Mitglieder des alten bourbonischen Adels reiten. Kein anderer erhält vom Master den goldenen Jagdknopf, kein anderer darf die historische Jagduniform, dunkelroten Rock mit grünen Aufschlägen, tragen. Das Zeremoniell hat sich seit den Tagen des Sonnenkönigs nicht geändert. Elisabeth nimmt noch einmal an dieser Jagd teil, erhält nach einem langen Galopp eine Trophäe überreicht. Doch das alles wirkt auf sie jetzt plötzlich nur wie schlechtes Theater, wie ein Stück, das längst seinen Sinn verloren hat.

Die Jagdreisen verschlingen stets Unsummen, eine linksgerichtete Zeitung bringt einen kritischen Artikel über sie. Ein gewisser Herr Friedrichs aus Rotterdam richtet einen ironischen Brief an die Kaiserin, sie möge ihm doch die Kosten eines einzigen Jagdtages in England als rückzahlbares Darlehen vorstrecken, er brauche dringend Geld, um sein Geschäft fortführen zu können.

Wie bei all ihren Neigungen und Passionen verliert Elisabeth irgendwann die Lust an ihnen, nachdem sie ihnen allzu intensiv gefolgt ist. Schließlich spricht sie nur noch mit ironischem Lächeln von diesen Tagen, die ihr einmal das Schönste auf der Welt gewesen sind, als von ihrer »heroischen Zeit«. Sie werden

Vergangenheit. Und auch Bay Middleton wird für sie zu einer »historischen Person«. Ein Jahrzehnt später stirbt er den Reitertod in der Rennbahn.

Im April macht Elisabeth noch einmal bei den Reitjagden in Göding mit. Ein ganz besonderes Schauspiel bietet im selben Monat die Wiener Frühjahrsparade auf der Schmelz. Die Kaiserin erscheint hoch zu Roß, sie reitet Nihilist, das beste Pferd ihres Stalles, ein Anblick, der alle Offiziere und Zuschauer begeistert. So sieht man sie in Wien selten.

Ende April geht es wieder nach Ofen, während etwa gleichzeitig in Lainz mit dem Bau der sogenannten Hermesvilla im Tiergarten begonnen wird. Elisabeth reitet jetzt viel weniger als früher, dafür unternimmt sie Riesenspaziergänge, mindestens drei bis fünf Stunden ist sie unterwegs, ohne müde zu werden, ohne Rast einzulegen oder etwas zu essen. Nicht einmal die Polizisten, die sie bewachen sollen, können ihr folgen. Elisabeth ist bei jedem Wetter voll unstillbarem Bewegungsdrang, wie sie in einem Gedicht zugibt:

Im Mondenschein, in Sonnenhitz
Bis zu der höchsten Felsenspitz
Steig' täglich ich hinan.
Ob's donnert auch und stürmt und blitzt,
Ob droben grauer Nebel sitzt,
Was liegt mir wohl daran!

Bei ihren Spaziergängen gibt sie ein scharfes Tempo vor. »Sie lief wirklich«, berichtet der Kammerdiener des Kaisers, Eugen Ketterl. »Neben ihr her keuchte ihre Hofdame, hinterdrein ein Lakai. Wenn die Kaiserin ihr rasendes Tempo einschlug, warf sie alle Augenblicke bald den Mantel, bald die Jacke, dann den Shawl oder den Pelz ab, und der Lakai mußte die einzelnen Kleidungsstücke, wie sie die Kaiserin auf die Erde fallen ließ, aufheben und ihr nachschleppen.«

Sie marschiert drauflos, läßt die anderen weit zurück, wenn sie auf den Jánoshegy (Johannesberg) geht. Auch in Ischl sind es immer die Bergpartien, welche die anderen kaum mitmachen können. Die Hofdamen laufen völlig außer Atem hinter ihr her, Schritt halten mit der in ihrem Bewegungsdrang so exaltierten Kaiserin kann kaum eine. Hofarzt Dr. Widerhofer stellt 1881 fest: »Die Landgräfin Fürstenberg kann derartige Torturen ohne ernste Gefahr für ihre Gesundheit nicht mehr mitmachen.« Auch Ida Ferenczy, klein und rund und sonst immer guten Willens, wirft das Handtuch, weil sie bei den Märschen über viele Stunden einfach nicht mehr mitkommt. Also muß eine andere Hofdame her. Die junge Ungarin Sárolta von Majláth wird eingestellt und spezialisiert sich auf diese täglichen Marathonläufe mit der Kaiserin, sie wird vorher ausgiebig auf ihre »Marschfähigkeit« untersucht und getestet.

Elisabeths Tag wird nun nicht mehr durch die Maßgaben des Hofes bestimmt, sondern durch die Sportarten, wie Conte Corti berichtet: »In der Frühe Gymnastik, dann Fechten, dann sechs Stunden Lauf zu Fuß durch die Gegend oder weite Ritte in den Bergen und in der Ebene.«

Enorm diese Unrast, dieser Drang der Kaiserin, sich zu bewegen. Schon als Kind konnte Elisabeth nicht still sitzen, als Erwachsene ist sie gleichsam immer »auf dem Sprung«. In ihren Empfangsräumen werden keine Stühle aufgestellt, Besucher empfängt sie oft stehend, fertigt sie auf und ab gehend ab. Ständig in Bewegung zu sein, ist ihre Art, sich nicht angreifbar zu machen, sich nicht zu stellen. Die so rasch Gehende, die fast alles in schärfstem Tempo erledigt, bleibt »unzugänglich«. Wer von Elisabeth etwas will, muß hinter ihr herlaufen – in des Wortes wahrster Bedeutung. Und auch dann entzieht sie sich oft nicht nur körperlich, sondern auch seelisch allen auf sie einstürmenden Anforderungen. Bezeichnend auch ihre Angewohnheit, mehrere Dinge gleichzeitig zu tun, ihre Unzufriedenheit mit Überbeschäftigung zu kompensieren: Während sie frisiert wird, studiert sie Sprachen; während sie spazierengeht, läßt sie sich vorlesen oder deklamiert selbst Gedichte.

Stundenlang quält sich Elisabeth mit Gymnastik, in jedem Schloß, das sie bewohnt, steht Turnen auf dem Tagesplan, auch in ihrem Hotel in Feldafing. Ihr neuer Sport: Fechten mit Degen und Florett. In einem ihrer Gedichte schildert sie, daß sie sich auch von einem schweren Säbel nicht einschüchtern läßt:

Dann kamst du, Säbel, an die Reih'
Mit deiner schartdurchwetzten Schneid',
Und schwer warst du, bei meiner Treu,
Mir deucht, mein Arm zeigt es noch heut'.

Die untern Hiebe, mein Malheur,
Die bracht' ich nimmermehr zustand;
Sie kamen stets zu plump und schwer
Aus meiner ungelenken Hand.

Die sportlichen Aktivitäten Elisabeths werden nach Möglichkeit geheimgehalten. Daß sie die Kondition ihres Körpers zu verbessern sucht und in jedem Schloß einen Turnsaal hat, mit Geräten wie Sprungseilen, Ringen, Sprossenwand, Matten, dringt nicht in die Öffentlichkeit. Auch daß sie sich mit Begeisterung auf den Fechtsport stürzt, gern und ausgiebig schwimmt, auf die höchsten Berge steigt, gilt am Hof als unbotmäßiger, unwürdiger Exzeß. Doch Elisabeth erntet auch Anerkennung, nach einer langen Wanderung am 23. April 1882 zollt ihr zum Beispiel der Flügeladjutant Freiherr von Gemmingen bewundernden Respekt: »Alle Achtung, Majestät, das war ein Spaziergang, das ist eine Leistung, und ich bin doch als Jäger das Gehen gewöhnt.« Franz Joseph allerdings kann seine Skepsis gegenüber Elisabeths Ambitionen nicht verbergen, fragt Marie Festetics: »Leben Sie denn noch? Das hat ja schon keinen Namen.« Worauf sie damals, Conte Corti zufolge, meint: »Wir befinden uns ganz wohl, Majestät, nur hungrig sind wir, wir haben gar nichts gegessen.«

So zurückgezogen Elisabeth auch lebt, an den Jungmädchengesellschaften ihrer Tochter Marie Valerie nimmt sie immer teil. Sie lädt die Kinder des höchsten österreichischen Adels, der Kinsky, der Auersperg, der Liechtenstein ein. Valeries beste Freundin ist Aglae Prinzessin Auersperg, sie sind fast im gleichen Alter und unzertrennlich.

Valerie entwickelt sich, zur großen Freude Elisabeths, zu einem hübschen, wenn auch nicht hinreißend schönen Mädchen. Sie ähnelt im Äußeren wie auch Gisela mehr dem Vater als der Mutter, läßt aber ähnliche Neigungen wie Elisabeth erkennen, ist schwärmerisch und poetisch veranlagt, steht gleichwohl fester auf dem Boden als ihre Mutter. Sie hat keines der vielen Talente ihrer Mutter. Sie schreibt keine Gedichte. Sie hätte niemals gleichzeitig Alt- und Neugriechisch lernen können. Shakespeare, Byron, Shelley, Heine und die anderen Dichter, die Elisabeth beflügeln, bedeuten der Erzherzogin wenig.

Valerie ist schweigsam, vertraut ihre Gedanken nur einem Tagebuch an. Ihre Aufzeichnungen, die sie schon früh beginnt, zeugen von einer recht scharfen Beobachtungsgabe und von gesundem Menschenverstand. Sie hält sich ihren Horizont klein, damit sie nichts beunruhigen kann. Sie fürchtet sich vor romantischen Emotionen und großen Gefühlsausbrüchen. Sie liebt wie Elisabeth die Natur, die Berge, das Meer, aber ohne den großartigen Enthusiasmus ihrer Mutter. Zu Fuß allerdings kann Valerie mit ihr mithalten: Sie unternimmt Wanderungen und leistet dabei Erstaunliches. Wenn sie zusammen auf Reisen sind, hat Elisabeth in ihr eine tüchtige, ausdauernde Weggefährtin bei ihrem ausgedehnten Laufpensum. Valerie, jetzt fünfzehn Jahre alt, folgt ihrer Mutter unbekümmert: »Wir rannten wie die Wiesel hinauf bis auf die Zwiesel«, reimt sie.

Elisabeths Vorliebe für Ungarn teilt Valerie nicht. Sie spricht viel lieber Deutsch als Ungarisch, darf es aber nicht in Gegenwart ihrer Mutter. Nur wenn sie mit dem Kaiser allein ist, redet sie mit ihm bisweilen Deutsch, und zwar den Wiener Dialekt, den Franz Joseph unverfälscht spricht. Auch für Pferde und Reitsport hat Valerie nichts übrig, was aber seinen Grund wohl darin hat, daß Elisabeth, die passionierte Reiterin, ihrer Tochter aus Angst, es könne ihr etwas mit dem Pferd passieren, das Reiten verbietet: »Dies der Grund, warum ich Valerie nicht erlaube, ein Pferd zu besteigen: Ich wäre nicht fähig, die ewige Unruhe zu ertragen.«

Die Kaiserin verbringt den Sommer 1882 in Bayern und Ischl, wohin Anfang August Kaiser Wilhelm auf Besuch kommt. Im

September ist sie in Schönbrunn, abends unternimmt sie lange Spaziergänge mit Marie Wallersee in ihrem Privatgarten: »Während wir in der Dunkelheit auf und nieder schritten, sprach die Kaiserin von mancherlei Dingen und auch von Rudolfs Ehe, die sich schon damals als ein Fehlschlag erwies. Der Abend war sehr still, und von dem Garten aus konnten wir die erleuchteten Fenster im Schlosse überblicken. Plötzlich eilte ein Diener auf uns zu und meldete die Ankunft des Kronprinzenpaares. Im nächsten Augenblick zeichneten sich zwei Schattenrisse gegen das Licht ab, dann kam eine Gestalt die Stufen herab. Es war Stephanie. Elisabeth sah ihr gespannt entgegen. ›Ich habe nicht erwartet, Rudolf und das häßliche Trampeltier heute abend noch zu sehen‹, äußerte Tante Sissi zu mir, während sie über das Gras hinweg ihrer Schwiegertochter entgegenging, deren Äußeres sich seit ihrem Hochzeitstage merklich verschönt hatte.« Doch Stephanie genügt den hohen Ansprüchen der arroganten Kaiserin noch immer nicht, sie beleidigt wohl ihren überspannten Schönheitssinn.

Marie Wallersee findet mit der Zeit ein entspanntes Verhältnis zur Kronprinzessin: »Mir gegenüber war Stephanie immer außerordentlich nett, und als ich sie einmal um eine Audienz bitten ließ, forderte sie mich auf, sie in Zukunft ganz formlos zu besuchen. Es erscheint mir immer bedauerlich, daß sie sich so stark von ihrer Schwester Louise von Coburg beeinflussen ließ, die ihre Eifersucht aufstachelte und ihr alle möglichen Geschichten von dem Kronprinzen erzählte, der das Leben an ihrer Seite allmählich unerträglich fand. Denn Stephanie macht ihm so tolle Eifersuchts- und Wutszenen, daß Tante Sissi ihr Vorhaltungen über den Skandal, den solche Zwistigkeiten verursachten, machen mußte. Die Kaiserin hatte als Braut schweigend zu dulden gelernt und erwartete infolgedessen das Gleiche von ihrer Schwiegertochter.«

Für Franz Joseph steht eine Reise nach Triest und Dalmatien an, Elisabeth läßt sich nicht davon abbringen, ihren Mann auf dieser gefährlichen Fahrt, die von Attentatsdrohungen überschattet ist, zu begleiten. Am 16. September 1882 kommt das Kaiserpaar in Miramar, dem melancholischen Schloß an. Elisabeth geht mit Marie Festetics im strömenden Regen auf der Hauptstraße nach Triest und wieder zurück, beide sind voller Schlamm und naß wie die Badeschwämme. Die Kaiserin genießt solche Ungezwungenheiten.

Der Herbst steht im Zeichen eines längeren Aufenthalts in Gödöllö und Wien. Elisabeth fechtet jetzt jeden Morgen. Statt nach England fährt sie zum Jahresanfang 1883 mit Valerie nach Baden-Baden, steigt als »Gräfin von Hohenembs« mit sechsunddreißig Personen Gefolge im »Europäischen Hof« ab. Sie empfängt Besucher, unternimmt Fahrten in die Umgebung, ansonsten ist die Zeit ausgefüllt mit Eilmärschen, Gymnastik, Stadtgängen, Fechten und Ausflügen, unter anderem nach Heidelberg.

Anfang 1883 stellen die Ärzte bei Kronprinzessin Stephanie eine Schwangerschaft fest. Rudolfs Stimmung, die schon bedenklich abgesunken ist, schlägt sofort um. Er wird ein besorgter und liebevoller zukünftiger Vater. Ohne zu zögern, macht er sich auf den Weg nach Wien, um seinen Vater persönlich zu informieren, und schreibt von dort an Stephanie: »Der Kaiser läßt Dich vielmals grüßen, er hat eine fürchterliche Freude; Mama habe ich nach Baden-Baden geschrieben. ... Gebe sehr gut acht auf Dich und den Waclaw! Sei vorsichtig und denke an mich!« Wer ist Waclaw? Eine scherzhafte Bezeichnung für den erwarteten Thronfolger.

Es wird ein sehr familiäres Jahr. Den Frühsommer verbringt die Kaiserin in Bayern, am 8. Juni unternimmt sie einen gewaltigen Fußmarsch von München nach Feldafing zu ihrem Hotel. Im Juli Séjour in Ischl, eine der anstrengenden Wanderungen führt Elisabeth zu den Langbathseen. Inzwischen hat sie eingesehen, daß diese ruinösen Strapazen ihrer Begleitung nicht mehr zugemutet werden können, sie nimmt Tragsessel für die Hofdamen mit. Selbst als ihr die Füße zu schmerzen beginnen, wandert sie weiter.

Ende August Aufenthalt im kaiserlichen Jagdhaus in Mürzsteg, sie reitet mit einem Pony auf einer Brücke über einen tiefen Wildbach, das Pferd bricht durch, ein Waldarbeiter rettet die Kaiserin. Valerie, poetisch gestimmt ob dieser heroischen Tat,

Die kaiserliche Familie im Park von Laxenburg:
Franz Joseph auf dem Pferd, Elisabeth im offenen Wagen,
daneben Rudolf und Stephanie.

verfaßt ein Gedicht, das heute noch auf dem Gedenkstein dieser Brücke zu lesen ist.

Dann gibt es am 3. September wieder ein Familienereignis, das Freude auslöst: Elisabeth (ungarisch »Erzsi« genannt) wird geboren, die Tochter des Kronprinzenpaares. Für Stephanie ist es eine sehr schwere Entbindung. Sie hatte den ersehnten Thronfolger zur Welt bringen wollen, und nun ist es ein Mädchen. Tagelang weint sie, ist durch nichts zu trösten. Die Kaiserin fährt pflichtschuldig nach Laxenburg hinaus, um ihr niedliches Enkelkind zu bewundern. Für Stephanie zeigt sie nicht viel Verständnis. Dabei hatte sie selbst einmal eine ganz ähnliche Situation erlebt, als sie zwei Mädchen zur Welt brachte, der Hof aber einen Sohn erwartete. Damals klagte sie, eine Kaiserin sei nichts weiter als ein Brutkasten für Thronfolger, eine Maschine, die Kronprinzen zu produzieren hat. Nun, als auch Stephanie »versagt« hat, regt sich kein Mitleid in ihr.

Marie Wallersee verrät: »Rudolf liebte seine kleine Tochter, die Erzherzogin Elisabeth, abgöttisch, die im dritten Jahre der Ehe geboren wurde. Doch Stephanie machte sogar das Kind zu einer Quelle des Streites. So geriet meines Vetters häusliches Leben immer tiefer in den Sumpf, und wir alle dachten mit Schrecken daran, was daraus werden sollte.« Nach der Geburt der Tochter fällt Rudolf in seine alten Junggesellengewohnheiten zurück, er entwickelt sich wieder zum unwiderstehlichen und charmanten Liebling der Wiener Damen, zu dem feschen Erzherzog, der im Separée des Sacher intime Soupers gibt, der mit seinen Kameraden auf Manövern wilde Sauforgien feiert. Bei den Trinkgelagen wird er nur von seinem Cousin Otto, dem *enfant terrible* des Kaiserhauses, übertroffen, mit dem ihn eine starke Männerfreundschaft verbindet.

Stephanie weigert sich, die Waffen zu strecken. Sie gibt sich nicht geschlagen, kämpft mit allen Mitteln um ihre Stellung. Ihre Eifersucht ist nur allzu berechtigt, und meistens kann sich Rudolf vor ihren berüchtigten »Szenen« nur durch ausgedehnte Reisen retten. Wenn seine Anwesenheit in Wien erforderlich ist, sorgt er dafür, daß Stephanie nach Möglichkeit auswärtige

Taufe von Elisabeth (»Erzsi«), der Tochter von Rudolf und Stephanie.
In der Bildmitte Marie Valerie.

Verpflichtungen, repräsentative Aufgaben außerhalb der Stadt übernimmt oder Kuraufenthalte absolviert.

Während sich die Kronprinzessin in Abbazia erholt, fährt Rudolf zum Geburtstag von Kaiser Wilhelm I. nach Berlin. Er klagt über eine sich verschlimmernde Krankheit: »Meinen Husten kann ich nicht loswerden, oft hört es für viele Stunden nicht auf, dann kommen wieder förmliche Krämpfe, die besonders bei Diners und dergleichen Sachen sehr lästig sind. Ich bekämpfe das mit Morphin, was an sich schädlich ist. In Abbazia werde ich mir das abgewöhnen.« Doch Rudolf kommt nicht nach Abbazia, er zieht Manöver dem Besuch seiner Frau vor: »Ich schwitze den ganzen Tag und die ganze Nacht«, schreibt er an Stephanie. »Natürlich habe ich dann fürchterlichen Durst und trinke fortwährend Champagner. Die Hitze ist so, wie ich sie in unseren Gegenden noch nie erlebt habe; dabei stinken die ausgetrockneten Bäche und Sümpfe fürchterlich; das Ganze ist nicht gesund.«

Im Sommer 1883 kapituliert Elisabeth vor der zunehmenden Unlust ihrer Hofdamen an den Fußmärschen. Durch die übertriebenen Gewaltmärsche hat sie sich aber auch selbst heftige Ischiasschmerzen zugezogen. Sie fährt im Hofzug, begleitet von Valerie, mit dreiundzwanzig Personen Gefolge zur Kur nach Wiesbaden, wo sie am 17. März 1884 ankommt und in den »Vier Jahreszeiten« absteigt. Auch hier macht sie wieder Ausflüge, besonders oft nach Heidelberg, einmal reitet die Kaiserin nach Frankfurt und am selben Tag von dort wieder nach Wiesbaden zurück. Die Kaiserin denkt nicht daran, ihre körperlichen Aktivitäten einzuschränken, leidet aber in zunehmendem Maß an Schmerzen in den Beinen. Sie ist nicht wehleidig, spricht nicht oft über ihre Schmerzen. Als sich der Arzt verwundert zeigt, bei ihr in so jungen Jahren bereits Ischias feststellen zu müssen, und er sie fragt, ob die Krankheit in der Familie liegt, antwortet sie lachend: »Nein, leider nur in meinen Beinen.«

Anfang Mai beginnt sie eine mehrwöchige Massagekur in

Amsterdam, steigt im »Amstel-Hotel« ab, natürlich im strengsten Inkognito, was ihr wie meistens nichts nutzt. Sie nimmt Massagen bei dem bekannten Arzt Professor Dr. Metzger. Es heißt, »daß man bei seiner Methode beinahe Arme und Beine ausgerissen bekäme«, schreibt Marie Wallersee. Seine Bemerkung, daß sie bei fortgesetzten Gewalttouren und Hungerkuren »in zwei Jahren alt und runzelig wäre«, stimmt Elisabeth doch nachdenklich. Der Kaiser ist alles andere als erbaut von den Massagen, über die ihm Schreckliches zugetragen wird.

Am dritten Morgen steht plötzlich Bay Middleton im Vestibül des Hotels, etwas abgemagert und mitgenommen, den rechten Arm in einer Binde. »Howdy, little girlie?« sagt er zu Marie. Die Kaiserin empfängt ihn, noch vor dem Lunch machen sie einen kleinen Spaziergang. »Zum ersten Mal konstatierte ich, daß meine Tante auch langsam gehen konnte«, notiert Marie. »Es war so eine Art Trauermarsch.«

Im Juli fahren Elisabeth und Marie Valerie nach Feldafing und wenig später nach Ischl. Die Kaiserin macht mit Kronprinzessin Stephanie eine Partie auf die Hütteneckalm, alle Begleiterinnen bleiben wieder mal weit hinter Elisabeth zurück. Das Kaiserpaar empfängt während dieser Saison auch Gisela und deren Gemahl Leopold in Ischl, außerdem kommt Kaiser Wilhelm, der sich auf der Durchreise befindet, zu Besuch.

Marie Valerie bestärkt ihre Mutter darin, die »Poesie ihres Gedankenlebens« in Gedichte zu fassen. Die Kaiserin, welche sich seit einiger Zeit wieder verstärkt als Lyrikerin versucht, intensiviert daraufhin ihre literarischen Bemühungen. Am 11. September unternimmt Elisabeth eine Wallfahrt nach Mariazell. Auf einem Spaziergang mit Valerie außerhalb des Ortes begegnet sie einem Invaliden in zerfetztem Kleid und umgehängtem kleinem Sack, der ohne stehenzubleiben zum Himmel deutet. Er redet wirres Zeug, vom Kaiser, von Radetzky, vom Vaterland. Als er die Kaiserin erkennt, stürzt er weinend zu Boden. Elisabeth ist gerührt, beschenkt ihn reichlich.

Im Herbst ist die Kaiserin wieder in Gödöllö und Ofen. Dort wird sie am 11. November von Königin Elisabeth von Rumänien, geborene Prinzessin von Wied, besucht. Unter ihrem Künst-

lernamen »Carmen Sylva« ist sie einer größeren Öffentlichkeit
bekannt. Sie reden lange über Heine, zwischen beiden entwickelt sich eine Freundschaft. Auch die königliche Dichterin
bestärkt Elisabeth darin, ihre Gedanken in Gedichten niederzu-
schreiben, und rät ihr, sie in einem Buch zu veröffentlichen. Sie
selbst hat ihre Schriften, vor allem Lyrik, erfolgreich publiziert
und viel Ansehen gefunden. Doch die Kaiserin sträubt sich dagegen, sie meint, zu Lebzeiten möchte sie keinen Menschen in ihr
Inneres blicken lassen. »Erst wenn ich längst gestorben bin«, sagt
sie der rumänischen Königin, »soll es die Welt wissen, was ich
geschrieben habe«. Ihre Freundin wird mit ihren Gedichten,
Erzählungen und Märchensammlungen bald zum bewunderten
Vorbild für Elisabeth, die sich durch den Besuch der »Dichter-
kollegin« ernstgenommen und unterstützt fühlt. Nach der
Abreise von Carmen Sylva fährt die Kaiserin nach Wien.

Mehrmals geht die kaiserliche Familie in diesem Herbst und
Winter ins Burgtheater. Seit einem Jahr spielt dort die junge
Schauspielerin Katharina Schratt, die Franz Joseph gefällt, weil
sie so schlicht, einfach und natürlich ist, in gewisser Hinsicht das
exemplarische Gegenstück zu Elisabeth. Zu Kronprinz Rudolf
findet die Kaiserin kaum noch Zugang, er geht seine eigenen
Wege. Auch zu Stephanie hat sie nur wenig Verbindung.

Eine fiebrige Unruhe zieht durch das Jahr 1885. Im ersten
Monat werden in Budapest die wichtigsten Bälle absolviert, am
19. Januar trifft Elisabeth zu einigen Tagen in Miramar ein, mit
den Werken Heinrich Heines im Gepäck, in die sie sich wieder
eifrig vertieft. Auch Homers »Ilias« wird gelesen, Elisabeth
begeistert sich für Achilles, den Helden von Troja. Dann kehrt
sie nach Wien zurück, die Beschwerden durch das übermäßige
Reiten und Laufen melden sich wieder. Im März wird dann in
Holland die von Professor Metzger verordnete Kur wiederholt.
Die Kaiserin kommt mit nur einer Hofdame, wohnt in Zandvoort und fährt zu den Behandlungen nach Amsterdam.

Dort hält man sie für höchst exzentrisch, weil sie, wie immer,
beim Spazierengehen den Fächer vors Gesicht hält. Eines Tages schlägt ihr ein wildfremder Mann den Fächer aus der Hand.
Der ihr immer in diskretem Abstand folgende Detektiv ist sofort

zur Stelle und nimmt den Mann fest, der angibt, er habe den Fächer nur entrissen, um wenigstens einmal ihr Gesicht zu sehen.

Unter dem Einfluß Heines und der Poesie des Meeres entstehen wieder etliche Gedichte. Von ihrer gemieteten Villa in Zandvoort schaut Elisabeth direkt auf das schäumende Meer: »Hinaus, hinaus aufs weite Meer treibt mich ein mächtig Sehnen«, schreibt die Kaiserin in ihr Notizbuch. Die vom vielen Herumreisen müde gewordenen Hofdamen raten ihr, sich doch hier am Meer, das sie so sehr liebt, ein Schloß bauen zu lassen. Elisabeth spielt eine Zeitlang mit diesem Gedanken, doch ihre Unruhe erweist sich als stärker. Es drängt sie auch wieder zur Poesie: Sie schreibt nachts, wenn sie nicht schlafen kann, oder früh am Morgen. In einem dieser Gedichte befreit sie sich von dem Plan, ein Schloß zu bauen:

> *Ein Schloß soll ich mir bauen...*
> *Hier an der Nordsee Strand...*
> *Mit hohen güldenen Kuppeln*
> *Und manchem Flittertand.*
> *Wohl lieb ich Dich, Du großes,*
> *Du rauhes, harsches Meer*
> *Mit Deinen wilden Wogen,*
> *Mit Deinen Stürmen schwer.*
> *Doch Liebe, die muß frei sein...*
> *Darf kommen und darf gehn.*
> *Ein Schloß wär' wie ein Eh'ring,*
> *Die Lieb' hätt kein Bestehn...*
> *Frei will ich Dich umkreisen*
> *Wie Deine Möven hier.*
> *Ein bleibend Nest zu bauen?*
> *Für mich gibts kein Revier.*

Wenn Elisabeth vom Arzt in Amsterdam zurückkommt, unternimmt sie oft kleinere Ausflüge zur See, bis die Sonne untergeht. Sie will alles in Gedichte fassen, schreibt ein autobiographisches Gedicht mit dem Titel »Der Schmetterling«, das von ihrer Jugend bis zur Fahrt nach Madeira reicht und dann unvermittelt abbricht. Das Meer wird zur großen Inspiration:

Oh, hätt' ich so viel Lieder
Als Wellen du, mein Meer,
Ich schriebe sie dir nieder
Und brächte sie dir her.
Mein ganzes Fühlen, Denken,
Ja all mein irres Sein,
Ich wollt's in dich versenken...
Du mein kristall'ner Schrein,
Du meiner Augen Weide,
Du meines Hierseins Glück,
Früh meine erste Freude
Und nachts mein letzter Blick. –

Die Kur nähert sich ihrem Ende, sie hat größeren Erfolg gezeitigt, als Elisabeth zu hoffen gewagt hatte. Auf der Rückreise macht sie Station in Heidelberg, wo sie von Marie Valerie erwartet wird, Mutter und Tochter sind glücklich über das Wiedersehen. In Heidelberg wird Elisabeth auch von der deutschen Kaiserin Augusta empfangen. Sisi hat den Plan, mit ihrer Tochter in die Schweiz zu fahren, um die Ruine Habsburg zu sehen. Doch die Schweizer Behörden sehen es nicht gern, wenn die österreichische Kaiserin den einstigen Besitz der Habsburger besichtigt, und so muß Elisabeth ihre Absicht fallenlassen.

Rückkehr nach Wien, dann fahren Elisabeth und Valerie Ende Mai zusammen nach Feldafing. Die Kaiserin hat Zeit, sich wieder in die Bücher zu vertiefen, die »Ilias« kann sie inzwischen fast auswendig. In ihrem Hotel beschäftigt sie sich mit zunehmender Begeisterung mit der Welt Homers, die Sehnsucht packt sie, und sie plant eine Fahrt zu den Schauplätzen der Heldenepen.

Besonders schmerzlich empfindet sie es, daß sie sich auf Kosten ihrer Gesundheit nicht mehr so unbekümmert strapazieren kann. Beim Reiten, klagt sie, bekomme sie immer häufiger Kopfschmerzen. Und so verfällt sie in traurige Stimmungen.

Mitte Juni besucht sie, begleitet von ihren Töchtern Gisela und Marie Valerie, wieder einmal die Roseninsel im Starnberger See, wo sie in der kleinen Villa ein an Ludwig adressiertes Gedicht hinterläßt.

Du Adler, hoch auf den Bergen,
Dir schickt die Möve der See
Einen Gruß von schäumenden Wogen
Hinauf zum ewigen Schnee.

Einst sind wir einander begegnet,
Vor urgrauer Ewigkeit,
Am Spiegel des lieblichen Sees
Zur blühenden Rosenzeit.

Stumm zogen wir nebeneinander,
Versunken in tiefe Ruh,
Ein Schwarzer nur sang seine Lieder,
Im kleinen Kahne dazu.

Der »Schwarze« ist eine Erinnerung an den kleinen Mohren Rustimo, der sie begleitet hat. Häufig fliegen Briefe zwischen ihr und Ludwig hin und her: Er ist der Adler, der König der Berge, sie die Möve, die Königin der Meere. Der König wird ihr im September antworten: »Seit Jahren erfolgte meinerseits kein Besuch der Roseninsel, erst vor ein paar Tagen erfuhr ich welche Freude dort meiner harrt. Auf diese Nachricht hin, flog ich eilends nach dem idyllischen Eiland und fand dort den theuren Gruß der See-Möve! Tiefsten, innigsten Dank!«

Sommer-Séjour in Ischl, wie fast jedes Jahr. Am 6. August begleitet Elisabeth ihren Mann nach Gastein, sie steigen im »Hotel Straubinger« ab, treffen den deutschen Kaiser Wilhelm II. Und am 25. und 26. August fährt sie mit Franz Joseph zu einem Treffen mit Zar Alexander III. und seiner Gemahlin Maria Feodorowna nach Kremsier. Es wird eine Ischler Theatergruppe mitgenommen, die mit Schauspielern des Burgtheaters eine Festvorstellung gibt, darunter auch Katharina Schratt.

Elisabeth ist schlecht gelaunt. Wie ein Affe kommt ihr der Zar vor: »Im fremden Rock, gar ernst und gravitätisch; Ein grosses Tier aus Asias weitem Lande.« Wieder nichts weiter als ein lästiger Pflichttermin, für den die Kaiserin nur Spott übrig hat:

Wir sitzen lang bei der hohen Zunft
Und sammeln bescheiden unsre Vernunft.
Gilts doch die Völker zu beglücken,
Die Gesellschaft scheint dies wenig zu bedrücken.

Uns zu bekritteln, zu begaffen,
Interessiert am meisten die Affen.
Doch mit vielen Worten und wenig Sinn,
Fließt Gott sei Dank die Zeit dahin.

Endlich! Sie ziehen hinaus zum Tor,
Lassen uns gescheit, als wie zuvor.
Gott möge uns in Zukunft bewahren
Vor dieser Sippschaft mit ihrem Zaren!

Gedichte ohne jeden literarischen Wert, aus der Reimschmiede, weit entfernt von jeglicher Kunstfertigkeit. Nur Ventile für vielfältig erlebten Frust, der aufs Papier geschleudert wird. Nach der Rückkehr nach Schönbrunn klagt die Kaiserin entnervt:

Es haben russ'sche Hunde
Mir gar arg zugesetzt;
Ich fühl' mich noch zur Stunde
Wie fast kaput verhetzt.

Die Kaiserin bleibt nur kurze Zeit in Wien, fährt bald wieder nach Ischl und unternimmt dort mit Valerie viele Spaziergänge. Am 6. September 1885 führt sie die Tochter auf den Jainzen-Berg, wo sie zu Valeries Überraschung einen kleinen Marienaltar hat errichten lassen. Unter einem Marienbild stehen die ersten Zeilen eines Gedichts, das Elisabeth auf die Madonna verfaßt hat.

Wenige Tage später fährt die Kaiserin, wieder zusammen mit Gisela und Valerie, in das Jagdgebiet von Eisenerz, in eine Hütte bei Radmer. Hier kommt wieder der Gedanke an eine große Seereise auf. Wäre es nicht wunderbar, die Ausgrabungen von Troja, Mykene und Tiryns zu besichtigen? Die ersten Vorbereitungen für diese Reise werden flugs getroffen. Der Obersthofmeister, Baron Franz Nopcsa, wird beauftragt, einen den hohen Ansprüchen der Kaiserin entsprechenden Reisebegleiter und Führer durch Griechenland ausfindig zu machen. Nopcsa schlägt den österreichischen Konsul in Korfu, Alexander Freiherr von Warsberg, vor, den Verfasser vielgelesener Bücher wie »Ein Sommer im Orient« und »Odysseische Landschaften« und zahlreicher Reisefeuilletons, einer der besten Griechenlandkenner seiner Zeit. Vor seiner ersten Audienz bei der Kaiserin wird er vom Obersthofmeister instruiert, sich »kurz, concentriert« zu fassen; die prominente Touristin »vertrage nicht das viele Reden«.

Der erste Eindruck, den Warsberg von Elisabeth gewinnt, ist enttäuschend, ja vernichtend: »Sie säuselte mich an, knapp, nicht unartig; ich fand sie häßlich, alt, spindeldürr aussehend, schlecht angezogen, und hatte den Eindruck, nicht eine Närrin, sondern eine Wahnsinnige vor mir zu haben, so daß ich förmlich traurig wurde.« Einer der wenigen Männer, die Elisabeth nicht vom ersten Blick an verfallen. Später wird er diesen Eindruck relativieren, ja eine aufrichtige Zuneigung zu Elisabeth entwickeln. Vorerst aber steht eine strapaziöse Reise an. Die Kaiserin faßt ihre unruhige Vorfreude in ein Gedicht, dem sie den Titel »Sehnsucht nach Corfu« gibt:

Ich sehne mich nach den Cypressen
Die hoch auf grauem Felsen steh'n,
Von welchem, ernst und weltvergessen,
Sie träumend nach Albanien seh'n.

Doch ist der Insel lieblich Eden
Kein eitler Wahn, kein leeres Wort;
Gekettet bin mit tausend Fäden
Ich an den trauten, teuern Ort.

Am 5. Oktober 1885 sticht die Yacht »Miramare« zur großen Mittelmeer- und Orientreise in See. Wie praktisch, wie angenehm ist dieses Dampfschiff, das nach den eigenen Plänen der Kaiserin gebaut worden ist. Fast den ganzen Tag hält sich Elisabeth in dem großen runden Glaspavillon auf dem Deck auf, der nach allen Seiten Aussicht auf das Meer bietet. Er ist mit Vorhängen aus blauer Seide versehen, die man herablassen kann. Innen steht ein ringsumlaufendes Sofa, hier läßt sie sich jeden Morgen frisieren, während sie liest oder schreibt. Alle Gardinen sind dann heruntergelassen, und sie sitzt umflossen von einem mystischen bläulichen Licht. In dieser illusionistischen Welt leben die Kaiserin und ihr Begleiter, ohne von der Mannschaft an Bord irgendeine Notiz oder auf diese besondere Rücksicht zu nehmen.

Die Route führt an Lissa vorbei über Lacroma nach Korfu, dessen Zauber die Kaiserin wieder völlig gefangennimmt. Warsberg führt sie zur »Villa Braila« bei Gasturi, ein wunderschönes Fleckchen Erde, dessen bergab bis zum Meeresufer reichender Park Elisabeth geradezu entzückt. Von Korfu geht die Reise weiter nach Patras, Korinth, Zante, Milo bis zur Einfahrt in die Dardanellen, dort wird das sechs Kilometer landeinwärts gelegene Troja besichtigt. Dann weiter nach Santorin, Syra, Tenedo und Smyrna – die Stadt wird trotz Verbot des Kaisers angelaufen und angeschaut –, Rhodos, Zypern, Port Said, durch den Suezkanal, Ismailiah, Alexandrien und über Ithaka zurück nach Korfu.

Warsberg hat in seinem Tagebuch die teilweise skurrile Reisegesellschaft geschildert. Sie erregt überall größtes Aufsehen in ihrem seltsam bizarren Aufzug: Vorneweg die Kaiserin, groß, schlank, mit ungeheurem Tempo vorwärtsstürmend, so daß die Einheimischen sie als »Eisenbahn« bezeichnen. Dann der hinter ihr hereilende, ununterbrochen dozierende, von den Strapazen sichtlich gezeichnete Konsul, ein Reiseführer von angegriffener Gesundheit, in einiger Entfernung schleppt sich die »schnaufende, dickliche Gräfin Festetics« und der Rest der Begleitung.

Die heroische Besteigung des Sapphofelsens hat sich Wars-

berg als den Höhepunkt des touristischen Besichtigungspro-
gramms ausgedacht. Man nimmt einige junge Kadetten mit,
kein Glücksgriff, wie der Konsul in seinem Tagebuch beklagt:
»Dieser Rudel junger Leute schwatzte nun so und von so wenig
zur Örtlichkeit passenden Dingen, daß irgendeine poetische
Stimmung nicht möglich war. Da wir auf dem Sapphofelsen
standen, flüsterte die Kaiserin mir zu, sie habe den Eindruck, in
einem Eisenbahnrestaurant zu sein. Ich war schon längst
melancholisch schweigsam geworden, weil ich mir die Freude
verdorben sah, die Kaiserin hier ganz priesterlich weihevoll
gestimmt umherführen zu können.« Andächtig gestimmt ist
auch Marie Festetics nicht, die über den mißglückten Ausflug
ziemlich nüchtern schreibt: »Bis wir nach drei Stunden hinauf-
kamen, war es ganz trüb geworden und dann goß es, was es nur
konnte, der Weg war glatt und schwer, wir besichtigten daher
nur den Platz, von wo sie (Sappho, d.V.) hinuntersprang. Beim
Aufstieg sahen wir nichts, da wir so rannten, als wenn wir in
Gödöllö wären und mußten auf den Weg achten, um Hände
und Beine nicht zu brechen.«

Am 1. November läuft die Yacht wieder in den Hafen des
Schlosses »Miramar« ein. Der Stab, die Besatzung des Schiffes
wird mit einem Diner verabschiedet, Elisabeth findet herzliche
Worte des Dankes. Am selben Tag noch macht sie einen Spaziergang im strömenden Regen, gibt einem dünn angezogenen
Mädchen ein Tuch um die Schultern und den Schirm und
kommt selbst völlig durchnäßt nach Hause.

Eine rührende Geschichte. Sie zeigt auch die Hilflosigkeit, die
Elisabeth gerade in diesem Jahr voller Unruhen auf dem Balkan
befällt, als Franz Joseph einmal wieder mit seinem Lieblings-
spielzeug, dem Militär, beschäftigt ist und die Kaiserin sich pazi-
fistische Gedanken macht, die freilich nicht öffentlich geäußert,
sondern zu Papier gebracht werden und Papier bleiben:

Das arme Landvolk schwitzet,
Bebaut mühsam sein Feld.
Umsonst! Gleich wird stibitzet
Ihm wiederum das Geld.

Kanonen sind sehr teuer,
Wir brauchen deren viel,
Besonders aber heuer,
Wo Ernst wird aus dem Spiel.
Wer weiß! gäb's keine Fürsten,
Gäb es auch keinen Krieg;
Aus wär' das teure Dürsten
Nach Schlachten und nach Sieg.

Das alles bleibt ohne praktische Folgen und darum auch unpolitisch. Zwischenstation in Wien. Elisabeth schreibt wieder Gedichte:

Gold'ne Tage stiller Ruhe,
Klösterlicher Einsamkeit!
Tief ins Herz euch eingetragen
Hab ich, voller Dankbarkeit.

Ganz allein mit den Gedanken,
Die kein fremder Misston stört,
Tag und Nacht das tiefste Schweigen,
Glücklich, wer nur sich gehört!

Bei dem Springquell sich ergehend,
Lieblingsdichter in der Hand,
Schweift der Geist auf leichten Flügeln
Weit ins unbekannte Land...

Nur wenn ird'sche Lieb sie singen,
Dann erlahmt mein Flügelschlag,
Machtlos fallen meine Schwingen,
Grau umdüstert sich der Tag.

Trauernd denk' ich, wie ich einstens,
Eva gleich im Paradies,
Mich durch frevelhafte Neugier
Ach! so arg verleiten ließ.

Hatt' aus bunten Thonpagoden
Eine nette Garnitur,
Wie man den Kamin mit zieret;
Eitel Spielwerk freilich nur.

Wollte doch einmal erforschen,
Ob ein Fünkchen Geist nicht sei
Tief im Grund vielleicht verborgen.
Und ich schlug die Köpf' entzwei.

Und so schlug ich ganz zu Scherben
Einen nach dem andern her;
Kam zur Einsicht, zu der herben,
Dass sie alle komplett leer.

Im Dezember beginnt ein Aufenthalt in Gödöllö. Elisabeth leidet jetzt unter starken Schmerzen in den Beinen, ihre Stimmung wird immer düsterer. Nicht einmal Marie Valerie, die sie nach Ungarn begleitet, vermag sie aufzuheitern. Depressionen. Selbstmordgedanken.

Im diesem Jahr tritt auch überraschend eine Wendung in ihrem Leben ein, welche die Reisepassion der Kaiserin zur Flucht steigern wird. Bisher hat ihr das Reiten über vieles hinweggeholfen. Elisabeth hat die körperliche Anstrengung geradezu gesucht, um ihre traurigen Gedanken zu verjagen, um sie buchstäblich niederzureiten. Meilenweit ist sie in dämmernden, frühnebligen Morgenstunden oder unter sternklarem Himmel galoppiert. Halbe Tage hat sie bei Regen und Sturm mühelos im Sattel verbringen können. Selbst in Paris, einer Stadt, die sie sehr liebt, waren die Morgenritte im Bois de Boulogne wunderbar. Nun, mit einem Mal, ganz unerwartet, gibt sie das Reiten auf. Irma Sztáray, ihre Hofdame, läßt Elisabeth dazu selbst zu Wort kommen: »Plötzlich und ohne jeden Grund hatte ich den Mut verloren, und ich, die ich noch gestern jeder Gefahr spottete, erblickte eine solche in jedem Busch und konnte mich von ihrem Schreckbilde nicht mehr befreien.«

Angst? Das wäre das erste Mal in ihrem Leben, daß sie wirklich Angst empfände. Bisher ist sie immer völlig furchtlos gewesen, hat 1874 in München ohne jeden Anflug von Angst Choleralazarette besucht, mit Todesverachtung beim Triester Besuch von 1882 an der Seite ihres Gemahls ausgeharrt, als diesen Attentatspläne bedroht haben. Sie hat bei ihren Jagdritten immer eine verwegene Kühnheit gezeigt, die manchmal vermuten ließ, sie suche den Tod geradezu auf der Jagd. Und jetzt fürchtet sie sich nicht nur davor, ein Pferd zu besteigen, nein, auch vor Pferden selbst. Sie, die früher ihre Tiere so geliebt hat, daß sie sich stundenlang bei ihnen im Stall aufgehalten, sie sogar oft selbst gestriegelt, gefüttert und gepflegt hat, empfindet jetzt schon allein bei ihrem Anblick ein seltsames Gefühl der Scheu.

Der Hof schiebt die völlig überraschende und alle in höchstes Erstaunen versetzende Aufgabe des Reitsports auf ihr zunehmendes Ischiasleiden. Ihre Biographen haben zumeist ähnlich höfliche Erklärungen abgegeben. Doch ihr eigenes Bekenntnis widerlegt diese Beschönigung. Bereits im Jahr 1886 werden die Marställe in Gödöllö, Wien und Ischl aufgelöst. Nur ganz wenige Lieblingspferde behält sie und läßt ihnen das Gnadenbrot geben. Ihre »Reitkapelle« bleibt bestehen, an den Wänden hängen Porträts all ihrer Pferde. Viele Stunden sitzt sie schweigsam in dieser Galerie, betrachtet die Bilder, läßt die Erinnerungen an halb vergessene, aufregende und begeisternde Erlebnisse im Geist an sich vorüberziehen. Einmal sagt sie: »Ich habe alle diese Freunde verloren und keine neuen dazugewonnen. Viele sind für mich in den Tod gegangen. Kein Mann hat das je getan: Die würden mich lieber ermorden.«

Elisabeth wird in diesen Jahren mehr denn je die »Kaiserin wider Willen«, wie die Historikerin Brigitte Hamann sie bezeichnet. Ja, sie lehnt es ab, ihre Rolle auszufüllen. Bisweilen mißfällt Franz Joseph, der sich bemüht, in einer rings um ihn wankenden, zweifelnden, kritischen Welt die letzte Hochburg des Feudalismus, das Österreich der Habsburger, zu erhalten, diese so offensichtlich unkaiserliche Haltung seiner Frau, aber er läßt nach außen hin niemals auch nur eine Andeutung darüber fallen. Völlig fremd bleibt ihm Elisabeths Bedürfnis zu reisen, mißbilligend nimmt er ihre Sprachlehrer zur Kenntnis, Leute mit dem Wesen und der Kleidung zweifelhafter Kaffeehausliteraten. Wie kann sie nur solche Menschen um sich dulden, ihnen sogar Blumen schenken? Wie kann sie wie eine Artistin unter fremden, ständig wechselnden Namen – Megaliotis, Folna, Nicholson – ganz Europa durchstreifen? Er versteht diese Sehnsucht nicht, unter fremden Namen der Welt zu entfliehen, unterzutauchen im Meer der Reisenden, kann nicht nachvollziehen, wenn sie sagt: »Die Namen, die die Menschen einem geben, gelten doch nur für diese selbst. Sie behalten trotzdem ihre Anonymität und wo sie am freiesten und einsamsten sind, da reichen die Menschen mit ihren Nomenklaturen nicht hin.«

Und dabei weiß doch jeder, wer sie ist, wohin auch immer sie kommt. Nicht nur, daß Franz Josephs Telegramme und Briefe ihr folgen, auch die Wiener Geheimpolizei heftet sich an ihre Fersen. In der Hauptstadt ist ein Büro mit drei Agenten auf sie angesetzt, Dr. Zeichner, Erz und Huber, die ständig mit ihrer Überwachung beschäftigt sind und dauernd nicht nur Elisabeth selbst, sondern auch ihren ganzen Hofstaat bis hinunter zu Fanny Angerer, der Friseuse, bespitzeln. Und natürlich folgen ihr die Geheimpolizisten der fremden Länder, die sie bereist, müssen die österreichischen Konsulate und Gesandtschaften von ihren Reisen verständigt werden.

Während ihres Aufenthalts in Cap Martin hat die Polizei von Mentone für die Sicherheit der Kaiserin zu sorgen. Zwei Agenten in Zivil versuchen diskret diese Aufgabe zu erfüllen. Doch Elisabeths Hotel liegt einsam, und da man diskrete Agenten selbst im Gewühl erkennt, fallen sie hier auf, als wären sie von Scheinwerfern angestrahlt. Elisabeth läßt den Polizeidirektor zu sich bitten; die Überwachung ist ihr lästig, sie möchte sie nicht. Der Franzose bedauert überaus höflich, daß er dem Wunsch der Kaiserin nicht entsprechen könne, es gebe im anderen Fall für ihn nur einen Ausweg: die Demission. Bei so viel Delikatesse wird Elisabeth schwach; der Aufenthalt ist ihr aber seitdem verleidet.

Fast immer sind die Aufmerksamkeiten, die man der Kaiserin erweist, gut gemeint, kommen bei ihr aber schlecht an. So wenn der Wirt eines Bahnhofsrestaurants, der die in ihr Inkognito gehüllte Kaiserin erkennt, auf den sinnigen Einfall kommt, ihr den zweiten Gang auf allem Silber zu servieren, das er auftreiben kann, und dazu sämtliche Vasen seines Hauses stellt, die über und über mit Blumen gefüllt sind.

Elisabeth hat keine Ahnung, daß auch ihre Post und die ihrer Hofdamen überwacht wird. Wem vertraut sich die Kaiserin an, von wem befürchtet man Indiskretionen? Traut man den Hofdamen nicht? Marie Festetics ist so verschwiegen wie Ida Ferenczy. Doch das Auge der Polizei fällt auf Elisabeths Friseuse Fanny, diese geschickte, stets gutgelaunte, mit einem praktischen Verstand begabte Wienerin. Es besteht kein Zweifel, die Kaiserin mag Fanny sehr, sie hat erwirkt, daß der Bräutigam des Mädchens im Hofdienst angestellt wird, sie beschenkt die Friseuse mit ungewöhnlich großzügigen Gaben, hört ihren Erzählungen stundenlang zu. Man muß ein Auge auf sie haben. »Bei der Vermählung der Angerer mit dem zum Sekretär ernannten Hugo Feifalik«, so steht es in einem geheimen Bericht der Wiener Polizei, »erschien ein Hoflakai in der Kirche und beschied das neuvermählte Paar zur Kaiserin, welche es bereits erwartete, die junge Frau umarmte und auf die Wange küßte.«

Der Polizeiagent ist ein sehr genauer Reporter; er fixiert sogar die Art des Kusses. »Es ist nicht verwunderlich«, heißt es in einem anderen Bericht, »wenn die Angerer sehr pretentiös wird, und sich über alle Hofchargen erhaben fühlt. Sie behält Nachrichten, die nicht für die Öffentlichkeit bestimmt sind, nicht bei sich, und schreibt aus Rom an ihre Familie Mitteilungen, welche auf große Veränderungen der gegenseitigen Verbindungen zwischen Rom und Wien schließen lassen.«

Aus solchen detaillierten Berichten läßt sich vieles erfahren, der Tratsch des Hofgesindes über die Bevorzugung der Friseuse, aber auch, daß deren Briefe heimlich gelesen werden. Es ist wahrscheinlich harmlose Wichtigtuerei, wenn Fanny ihren Verwandten mit politischen Kenntnissen imponieren will; das mißtrauische Auge der Polizei aber wittert dahinter gefährlichen Verrat. Verständlich, daß die Wienerin auf ihre Vertrauensstellung bei der Kaiserin mit Freude und Stolz blickt, verständlich aber auch die Sympathie Elisabeths. Vor der Friseuse, vor der Masseuse haben Frauen keine Geheimnisse; eher schon vor dem Beichtvater. Fanny Angerer, verheiratete Feifalik, scheint viele Jahre lang der einzige natürliche, unbefangene Mensch in Elisabeths nächster Umgebung zu sein; auf die Kaiserin wirkt sie erfrischend wie klares Wasser in der Wüste.

Elisabeth reist wie in einem Rausch, getrieben von einer Unruhe, die das Gefühl der Sinnlosigkeit in ihr erzeugt. Ein detaillierter Bericht über ihre Reisen würde allein ein ganzes Buch füllen. Doch sie sind in ihren Einzelheiten fast alle unwesentlich für Elisabeths wirkliche und tiefere Persönlichkeit. Nur *daß* sie reist, ist charakteristisch, denn sie erweckt nie den Eindruck einer Touristin, die schauen, Eindrücke sammeln, Neues kennenlernen, sich bilden oder auch nur erholen will. Sie schweift rastlos umher.

Ihr ganzes Erleben verlagert sich mehr und mehr in die Phantasie. Auch in der Liebe. Sie kann über irgendeinen fremden Mann, den sie nie kennengelernt hat und auch niemals kennenlernen wird, in Gedanken förmlich in Ekstase geraten, kann sich immer mehr in eine Art Verzückung hineinsteigern. So entstehen dann Gedichte wie jenes am 23. März 1885 im Bracks-Doelen-Hotel in Amsterdam aufgeschriebene »An einen schönen Unbekannten«, der ihr ein paarmal auf der Straße begegnet ist:

> *Nur fort, nur fort von dir*
> *Ich kanns nicht mehr ertragen,*
> *Das tolle Herz will schier*
> *Den kranken Kopf erschlagen.*

Die Augen drück ich zu,
Ich will Dich nicht mehr sehn.
Um jeden Preis nur Ruh,
Eh alle Sinne gehn.

Denn heut, als ich Dich sah
Mußt ich schon an mich halten,
Um nicht, als wär Gott nah,
Die Hände doch zu falten,

Um nicht laut aufzuschrein,
Mich auf die Knie zu werfen.
Und oh, dabei die Pein,
Das Toben aller Nerven.

Ist dies wohl Nemesis,
Weil stets für irdisch Lieben
Mein Herz so ungewiß
Und ungetreu geblieben?

Shakespeares »Sommernachtstraum«, diese erotischste aller Komödien, erregt Elisabeths Sinne. Sie kann das Drama fast auswendig. Sie erkennt sich in der Feenkönigin Titania wieder, in vielen ihrer Schlösser und Paläste befinden sich Illustrationen und Bilder, auf denen Titania mit dem Esel dargestellt ist. Sie kann sich, wie sie selbst sagt, am »Eselskopf unserer Illusionen, den wir unaufhörlich liebkosen, ... nicht satt sehen«. Manchmal läßt sie Teile des Stücks aufführen und übernimmt selbst die Rolle der Titania:

Titania, du verwöhntes Kind der Sonne,
Du dauerst mich in deiner Einsamkeit!
Geschaffen bist du nicht für diese Zone,
Du brauchst des Lichtes goldne Seligkeit;
Verlass den grauen Felsen und bewohne
Dort jenen Stern voll ros'ger Herrlichkeit;
Denn hier in dieser Felden Nebellagen
Wirst du moros und kaum mehr zu ertragen!

Elisabeth verläßt die »grauen Felsen« für immer, stets auf der Suche nach ihrem »Stern«. Sie hat keine genaue Vorstellung, wie das Glück beschaffen sein kann. Die Liebe ist in diesem Theater des »Sommernachtstraums« jedenfalls ein herabstürzendes Ereignis, geprägt von der Faszination des ersten, verlangenden Blicks. Sie stürzt alle Beteiligten in die Verwirrung einer sexuell aufwühlenden Nacht, in der Titania mit dem Esel schläft. Die Identifikation Elisabeths mit Titania läßt auch sie – zumindest in der Imagination – zu einer heißblütigen, ekstatischen Liebhaberin werden. Die Theaterbühne als Lebensbühne, der Traum einer schwülen Sommernacht als Ahnung eines nicht gelebten Lebens. Voller dunkler Anziehungskraft, voller uneingestandener Sehnsüchte. Voller Gefahren auch und voller Schrecken.

So werden die erfolglosen Verehrer Elisabeths »Esel«, Titania selbst zur frustrierten Frau, die keine Erfüllung findet:

Nur ich, die schier wie Verfluchte,
Ich Feenkönigin,
Ich fand nie das Gesuchte,
Nie den verwandten Sinn. ...

In üpp'gen Sommernächten,
Bei schwülem Vollmondschein
Dacht' oft: »Jetzt hab ich den Rechten!«
Und wollte mich schon freu'n.

Doch immer beim Morgengrauen,
An's Herz gedrückt noch warm.
Musst' mit Entsetzen ich schauen
Den Eselskopf im Arm!

Nun wandl' ich einsamen Pfades
Schon manches lange Jahr;
Es weilt nicht einmal im Hades
Einer, der mir was war!

Auch Franz Joseph ist ein Akteur ihres Stückes, ihres Lebensdramas, ihres privaten, intimen Sommernachtstraums:

Oben aber im Gemache
Standen wir zum Tod betrübt,
Ohne Vorwurf, ohne Klage,
Wir, die uns zu sehr geliebt.

Bittre Thränen, lebensschwere,
Sah ich dir im Auge steh'n,
Glühend brannte deine Zähre
Schmerzte mich, wie zum Vergeh'n.

Deine früh ergrauten Haare
Stillen Vorwurf sprachen sie;
Und die Treue langer Jahre
Ich verdiente sie wohl nie.

Und doch schienst mit deinem grauen
Haupte du jetzt ganz und gar,
Dort dem Esel gleich zu schauen,
Ähnlich bis aufs kleinste Haar.

Gerti Senger und Walter Hoffmann haben aus dem Gefühlsleben der Kaiserin einige psychologisch dichte Beobachtungen herauskristallisiert. Sie deuten in Elisabeths getriebenem Verhalten »die Schubkraft unausgelebter Begierden«, die »aggressiver, aber auch sexueller Natur« sein können. Auch der Bewegungsdrang Elisabeths, ihr ständiges Laufen und Hetzen, läßt darauf schließen, daß »der Körper in dem Maß erschöpft (wird), in dem er es eigentlich durch einen befriedigenden Geschlechtsverkehr werden sollte.«

Elisabeths erotisches Leben ist die Geschichte einer unendlichen Reihe verpaßter Gelegenheiten, unerfüllter Sehnsüchte, heftiger Wachträume, stiller Resignation, bitterer Auflehnung und eines unbefriedigten Begehrens. Wir können im »Poetischen Tagebuch« unzählige solcher Gedichte finden, die alle nur um ein Thema kreisen: um die Liebe, die kein Genügen findet. Die nur einen nicht zu stillenden Hunger zurückläßt. Die den Männern nicht nachtrauert und in stolze Einsamkeit flieht. Eine Liebe, schwärmerisch herbeigerufen, brüsk abgewiesen, beweint, wieder ersehnt und wieder verabschiedet. Gefühle, die mächtig wirken und in strahlender Kälte erstickt werden. Als eines von vielen Beispielen soll dieses Gedicht zitiert werden, Elisabeths »Trinklied«:

Für mich keine Liebe,
Für mich keinen Wein;
Die eine macht übel,
Der andere macht spei'n!

Die Liebe wird sauer,
Die Liebe wird herb;
Der Wein wird gefälschet
Zu schnödem Erwerb.

Doch falscher als Weine
Ist oft noch die Lieb';
Man küsst sich zum Scheine
Und fühlt sich ein Dieb!

Elisabeths Gefühle bewegen sich selten in einer geraden Linie. Meistens sind sie verworren, haltlos, unbeständig: »Das Ziel der Reise ist anziehend«, bekennt sie, »hauptsächlich, weil die Reise dazwischen liegt. Wenn ich irgendwo wäre und wüßte, daß ich niemals wieder von dort fortkommen könnte, so würde mir der Ort wie eine Hölle erscheinen, selbst wenn es das Paradies wäre. Der Gedanke, daß ich den Ort, wo ich mich aufhalte, wieder verlassen muß, rührt mich und bringt mich dahin, ihn zu lieben. Jedesmal wenn ich reise, begrabe ich so einen Traum, der allzuschnell entschwindet. Und ich seufze nach einem Neuen.«

Was für die Reise gilt, hat auch für die Liebe Geltung. Im September 1885 bewegen Elisabeth melancholische Gedanken über ihre Ehe, sie meint sogar, die Liebe ihres Mannes zu ihr sei erloschen. Titania klagt wieder:

Tief ermüdet geht Titania in dem Garten auf und nieder...
Und sie denkt der längstvergangnen Zeiten, wo sie hier geweilet;
Sieht noch, wie im Mondenscheine dem Geliebten zu sie eilet
»Hier auf dieser Bank, da sassen Arm in Arm wir lang
                    verschlungen...
Und wir tauschten heiße Küsse, wie die Vollmondnacht,
                    noch schwüler,
Dachten nicht des nahen Morgens, wo es grau wird, ach!
                    und kühler!«
So Titanias schwere Abendgangerinnerungen.

Diese Liebesmelancholie, resignative Stimmung ebenso wie Schuldzuweisung an sich selbst, dauert den ganzen Sommer und Herbst des Jahres 1885 an. Ein klagender, bisweilen wehmütiger Ton, manchmal auch nur Selbstmitleid zieht sich durch viele ihrer Gedichte, wie durch diese Verse:

Wie der Pontius ins Credo
Kam ich ins Familienjoch;
Denn zu fliehen die Familie
War mein Drang seit jeher doch.
Meine Mutter war die Freiheit,
Die, als Kuckuck einst maskiert
In ein fremdes Nest mich legte;
So ist dies Malheur passiert.
Nach der Mutter Freiheit fühl' ich
Mich von Sehnen oft verzehrt;
Doch umsonst! Die Schwingen sinken
Machtlos hin mir und beschwert.

In Gödöllö verfaßt Elisabeth eine »Novemberphantasie«, die auch wieder das von ihr jetzt so tief empfundene Scheitern ihrer Ehe festhält, obwohl objektiv – jedenfalls von Franz Josephs Seite – keinerlei Veranlassung dazu besteht:

Wo ist der Schlüssel hingekommen?
Ich sucht' ihn ewig nicht hervor,
Den du zu meinem Herz genommen,
Der ging dir längst schon in Verlor! ...

Ach! muß die Liebe denn erkalten,
Gibt's nichts, dass sie wohl fesseln mag?
Kein Band, den wilden Geist zu halten,
Zu binden seinen Flügelschlag? ...

Ich habe heiss um dich gerungen,
Ich wich nur Schritt um Schritt zurück;
Und dennoch wurde ich bezwungen;
In Schutt und Asche lag mein Glück. ...

Hab, armer Freund, dich wohl betrogen,
Als ich mich in dein Herze stahl,
Hätt' mich fast selbst dort festgelogen
Zu unsrer beiden Schmerz und Qual.

Du ahntest nichts von meinen Schwingen,
Was Schwingen hat, ist niemals treu;
Nie lässt sich in den Käfig zwängen,
und wär' er golden auch, was frei.

Unzufrieden, frustriert, enttäuscht sitzt Elisabeth auch im Herbst des folgenden Jahres in ihrem ungarischen Schloß und gibt sich trüben Gedanken hin. Was ist nur in dieser Ehe los? Sind es Vermutungen der Untreue Franz Josephs, die solche Anwandlungen hervorrufen? Die Briefe des Kaisers sind noch immer erfüllt von verliebten Stimmungen und sehnsüchtigen Erwartungen ihrer Nähe, doch Elisabeth nimmt sie entweder nicht wahr oder verdrängt sie.

Zerstört

Ich brauch die Zeit dir nicht zu nennen,
Die uns so innig einst vereint,
Und die wir nie vergessen können,
So endlos fern sie jetzt auch scheint.
Gedenkst du jener süßen Stunden,
Wo ich aus willenlosem Leib
Die Seele dir geküßt vom Munde,
Dass sie fortan stets mein nur bleibt?
Wohl hatt' ich Kämpfe zu bestehen,
Und manches bitt're Leid seither;
Doch unsere Liebe sterben sehen,
Nichts andres traf mein Herz so schwer.

Auch dieses Gedicht hat einen bitteren Unterton:

Lass mich allein, lass mich allein,
Für mich ist's jetzt das Beste;
Das Ganze kann's doch nie mehr sein;
Zu wenig sind die Reste.

Ich hab' dich wohl zu viel geliebt,
Hätt's dir nicht zeigen sollen;
Nun hast du mich zu Tod betrübt,
Und doch will ich nicht grollen.

Du tat'st mir immer schmeichelnd schön,
Stand dir ein Ziel vor Augen;
Doch das erreicht, dann konnt ich geh'n,
Ich war nicht mehr zu brauchen.

Mach mich an's Gehn nun ernstlich dran.
Und kehr ich jemals wieder?
Wie bitter weh du mir getan,
Einst sagen's meine Lieder.

Diese Anflüge von Selbstmitleid und Eifersucht, diese offensichtlich falsche Einschätzung der Situation, aber auch die Revue ihrer eigenen erotischen (fehlgeschlagenen) Erfahrungen stürzen Elisabeth in eine depressive Stimmung, aus der sie keinen Ausweg mehr findet.

In meiner großen Einsamkeit
Mach' ich die kleinen Lieder;
Das Herz, voll Gram und Traurigkeit,
Drückt mir den Geist darnieder.

Wie war ich einst so jung und reich
An Lebenslust und Hoffen;
Ich wähnte nichts an Kraft mir gleich,
Die Welt stand mir noch offen.

Ich hab' geliebt, ich hab' gelebt,
Ich hab' die Welt durchzogen;
Doch nie erreicht, was ich erstrebt.
Ich hab' und ward betrogen!

Keine großen Linien in diesem erotischen Leben, nicht einmal tragische. Keine »Liebesaffäre als Kunstwerk«, nur beziehungslos neben- und hintereinander sich andeutende, zaghaft entwickelnde und wieder verlierende amouröse Abenteuer, die sich alle im Kopf abspielen, sich alle in viele einzelne Ereignisse zersplittern. Und jede ihrer »Liebeserfahrungen« – wenn man sie so nennen will – Hunyady, Esterházy, Middleton, Andrássy, Batthyány – ist nur eine solche Episode. Sie beginnen immer verheißungsvoll schön, jedesmal hängt der Himmel voller romantischer Möglichkeiten, und immer wieder enden sie im Nichts, in einem schwer zu beschreibenden Zustand inneren Unbefriedigtseins. Auch jede ihrer Reisen ist eine solche Episode, glückverheißend beginnend, als schön empfunden, aber endend nicht in der gesuchten Erfüllung der Träume, sondern nur als reflexartiger Antrieb für die nächste Episode.

Wohin auch immer Elisabeth fährt, sie bleibt eine Gefange-

ne, sie zermürbt sich nur in ihren Fluchtversuchen. Auch Franz
Joseph zermürbt sich, aber auf andere Weise: Tage, Wochen und
Monate bringt er gebeugt über der Arbeit am Schreibtisch zu,
findet einfach keinen Zugang zu seinen Gefühlen, verbannt
jeden Anflug von Schmerz in die tiefen Bezirke des Unterbe-
wußtseins.

*J*anuar 1886. Die traditionelle Zeit der »Ballverpflichtungen«.
Bälle, Soireen, Diners, glänzende Feste. Für die meisten pures
Amüsement, für Elisabeth unangenehm. In diesem Jahr geht sie
wieder »ins Geschirr«. Sie erscheint auf inständiges Drängen
Franz Josephs auf einem Hofball, erklärt aber vorher als Bedingung, daß sämtliche elektrischen Beleuchtungskörper abgebaut
werden und nur Kerzenlicht scheinen darf. Sie will nicht, daß
die Spuren des Alters in ihrem Gesicht durch das grelle elektrische Licht bemerkbar werden, Kerzenlicht scheint ihr wesentlich »weicher« und vorteilhafter zu sein. Der sonst so sparsame
Kaiser erfüllt ihr diesen wie alle anderen Wünsche, ohne mit der
Wimper zu zucken.

Winterabend in Wien. Hofball beim Kaiser. Leise rieseln die
Schneeflocken in die blauschwarze Nacht, in der die Gaskan-
delaber mit ihrem gelben Licht fahl und müde schimmern. Lange Reihen von Wagen fahren durch die Augustinergasse, durch
die Stallburg- oder Herrengasse der Hofburg zu. Husaren zu
Pferd mit krapproten Tschakos und gezogenen Säbeln, den Pelz
angezogen, bilden vor dem Burgtor und im Burghof Spalier,
umtanzt von Schneeflocken, die im Licht der Lampen wie Kri-
stalle schimmern. Die Equipagen halten unter der Einfahrt zum
Schweizerhof. Diener mit weißen Eskarpins nehmen sich der
Gäste an, helfen ihnen aus Pelzen, Capes und Uniformmänteln.

Die hoffähigen Gäste begeben sich über die Botschafterstiege, welche reich mit exotischen Pflanzen geschmückt ist, in die
Säle. Wogende Pracht der Toiletten und Uniformen, umflutet
von Licht. Und an den Wänden und auf den Gängen stehen die
Garden des Kaiserhauses im prunkenden Scharlach ihrer Uni-

formen, auf dem Kopf den weißmetallenen Helm mit dem mächtigen weißen Haarbusch, Arciere und Trabanten.

Elisabeths Wunsch hat ein beeindruckendes Erlebnis zur Folge: Tausende von Wachskerzen verbreiten im Zeremoniensaal ein festliches Licht. An den Wänden sind sie in Haltern befestigt, Kristallüster tragen sie an der Decke. Das Blitzen und Gleißen von Schmuck, Ordenssternen und Gold ist unübersehbar. Das Summen des Stimmengewirrs füllt den weiten Saal.

Dreimal klopft jetzt der Oberzeremonienmeister mit seinem Stock auf den Boden. Stille tritt ein. Eine Gasse bildet sich. Die Majestäten kommen. Unter Begleitung des Ersten Obersthofmeisters Prinz Konstantin Hohenlohe betritt das Kaiserpaar den Ballsaal, gefolgt – fein abgestuft im Rang – von Erzherzögen und Erzherzoginnen. Franz Joseph im Weiß seiner Feldmarschallsuniform mit den langen, engen, dunkelroten Hosen, Elisabeth in einem Seidenkleid mit einem Überwurfmantel von violettem Samt. Wie ein Silbernetz über zartlila Seide ist ihre Robe, dazu Perlenschmuck. In der Krone ihres Haares strahlen Diamantsterne und große Rubine. Die Herren im Spalier verneigen sich tief, man hört nichts als das Knistern und Rascheln der seidenen Kleider der Damen beim Hofknicks.

Die Kaiserin nimmt, umgeben von den Erzherzögen und Erzherzoginnen, auf der Estrade Platz, während Franz Joseph sich hinab in den Saal begibt, um einige der Gäste mit einer persönlichen Unterhaltung zu beehren.

Mit dem Eintritt der Majestäten hat der Ball begonnen. Dirigent Eduard Strauß hebt den Taktstock, und auf das Zeichen des Vortänzers, Graf Choloniewski, erklingt von der Galerie herab, wo die Musikkapelle sitzt, der erste Walzer, jubelnd und wiegend, lockend und mitreißend. Ein Erzherzog mit seiner Erzherzogin eröffnet den Tanz, bald folgt Paar auf Paar und gleitet über das spiegelblanke Parkett im Wirbel des Tanzes dahin. Nur Straußsche Musik darf gespielt werden, von Johann, Eduard und Joseph Strauß. Die Musik eines Strauß verkörpert gleichsam die unbestreitbare Schönheit dieser vergehenden Welt habsburgischen Glanzes, verkörpert ihren Sinn für Poesie, für Tradition und gesellschaftliche Kultur...

Die Tanzordnung ist festgelegt, steht in den Ballspenden der Damen, welche die Herren fein säuberlich eintragen, denen die Gunst eines Tanzes gewährt wird. Auf den Walzer folgt eine Polka, dann die erste Quadrille, Tanz auf Tanz.

Es hat sich nichts geändert: Bälle empfindet Elisabeth meist als eine Last, die ihr schließlich unerträglich wird. Von Anfang an ist sie von Lampenfieber befallen, hat sie Angst, bleibt sie von vibrierender Unruhe erfüllt, bis er vorüber ist. Eine Tortur, diese einschnürende Konvention. Franz Joseph dagegen fühlt sich in seinem Element. Ist er nicht vorbildlich in seiner unerschütterlichen Präsenz? Von morgens fünf Uhr an hat er an seinem Schreibtisch gesessen – und jetzt flirtet, scherzt er liebenswürdig und charmant bis in den späten Abend auf dem Ball, ganz wie die Pflicht es verlangt. Alles erledigt er mit gewissenhafter Genauigkeit, Bälle, Gottesdienste, Paraden, Audienzen, Zeremonien. Was bleibt seiner Frau, die in höheren Regionen schwebt, anderes als die Flucht vor solcher Art von Pflichterfüllung?

Bei den Hoffesten schreitet sie als majestätische Schönheit dahin, doch ihr Antlitz ist wie in Stein gemeißelt. Ihre tiefen Augen scheinen in eine weite, unbekannte Ferne zu blicken. Sie wirkt arrogant, stolz und unnahbar, so als ob sie selbst eigentlich nie ganz anwesend wäre.

Dann der verhaßte Cercle. Ihre Fragen an die Damen, die ihr vorgestellt werden, sind oft von erschreckender Einfachheit und Teilnahmslosigkeit. Doch sie lächelt liebenswürdig dazu. »Manchmal scheint es mir, als wäre ich verzaubert, als sähe ich alles durch einen Schleier«, bekennt sie. Der Schleier wird dichter und dichter. Die Verzauberung wächst ins Ekstatische. Sie zieht sich innerlich von allen irdischen Widrigkeiten zurück, spinnt sich ein in ihre Phantasien. Sie lebt für sich allein, in jeder Beziehung. Was gehen die Menschen sie noch an? »Wir müssen versuchen, Eilande aus uns zu machen.«

Marie Wallersee schildert einen solchen Augenblick: »Als ich ein paar Augenblicke zur offiziellen Ansprache vor ihr stand, konnte ich mich nicht enthalten, ihr leise zu sagen, indem ich sie bewundernd ansah: ›Königin Titania!‹ Aber sie bewegte

Hofball im Zeremoniensaal der Wiener Hofburg (1886).
Elisabeth und die Schwester der Kronprinzessin beim Cercle links,
auch der Kaiser und der Kronprinz sind zu sehen,
Kronprinzessin Stephanie fehlt.

leicht den Kopf und stand da, nicht als wäre sie im Ballsaal unter all den Menschen, sondern stünde einsam auf einem Felsen am Meer, so verloren blickte sie ins Weite. ›Nicht Titania, sondern die Möwe, die gefangen ist und im Kastel sitzt!‹ Die letzten Worte waren wieder in natürlichem, sarkastischem Ton gesprochen.«

Das ist nicht nur gegen ihre höfischen Kritiker gesagt, das entspricht ihrer Lebensphilosophie, wie sie auch in folgendem Gedicht zum Ausdruck kommt:

Ich wollt', die Leute liessen mich
In Ruh' und ungeschoren,
Ich bin ja doch nur sicherlich
Ein Mensch, wie sie geboren.

Es tritt die Galle mir fast aus,
Wenn sie mich so fixieren;
Ich kröch' gern in ein Schneckenhaus
Und könnt' vor Wut krepieren.

Gewahr' ich gar ein Opernglas
Tückisch auf mich gerichtet,
Am liebsten sähe ich gleich das
Samt der Person vernichtet.

Zu toll wird endlich mir der Spass;
Und nichts mehr soll mich hindern;
Ich drehe eine lange Nas'
Und zeig Ihnen den H.....n.

Auf dem Hofball stellt Elisabeth amüsiert fest, daß sich Erzherzog Franz Salvator, aus der toskanischen Nebenlinie des Kaiserhauses, um Marie Valerie bemüht. Dem Kaiser paßt das gar nicht, er scheint mit seiner Tochter andere Pläne zu haben und richtet seine Blicke auf den mit ihm verbündeten sächsischen Königshof. Elisabeth spricht mit Valerie über ihre Zukunft und sagt: »Und wenn du einen Rauchfangkehrer zu heiraten dich versteifst, ich lege dir kein Hindernis in den Weg.« Doch so großzügig sie sich ihrer Tochter gegenüber verhält, in ihrem Innern sieht es anders aus, und in das Gedichtbuch werden traurige Verse geschrieben:

Die mir alles hier gewesen,
Meine Sonne und mein Leben,
Ach! die hat mich längst vergessen,
Eh ein Jahr sich hinbegeben.

Am 6. Februar 1886 reist die Kaiserin nach Miramar, verzichtet aber auf die von ihr geplante kleine Seereise, weil Kronprinz Rudolf am 11. Februar schwer erkrankt. Anfang März fährt Elisabeth zusammen mit Marie Valerie zu ihrer gewohnten Frühjahrskurreise nach Baden-Baden, bewohnt mit ihrem Gefolge mehrere Villen und die Dependance des Hotels »Messmer«. Hier trifft sie auch ihre älteste Tochter Gisela. Die Kaiserin lebt sehr zurückgezogen, geht kaum aus, liest viel und beschäftigt sich auch wieder besonders intensiv mit Heine. Meist setzt sie sich irgendwo in den Wald und vertieft sich in seine Reisenovellen.

In einem Sonderzug verläßt Elisabeth am 25. April 1886 die Badestadt, um nach Pest weiterzureisen. Ende Mai besichtigt das Kaiserpaar die eben fertiggestellte Hermesvilla. Auch Stallungen und eine Reitschule gehören dazu. In diesem neu erbauten Haus im Lainzer Tiergarten dominiert eine nicht ganz geschmackssichere Mischung französisch-italienischen Stils in einem farbenfreudigen Prunk. Das Schlafzimmer Elisabeths ist mit farbig gemalten Szenen aus ihrem Lieblingsstück, dem »Sommernachtstraum« von Shakespeare, dekoriert. Hans Makart hatte den Auftrag zur malerischen Gestaltung dieses Schlafgemachs erhalten, die Ausführung aber nicht mehr selbst überwachen können.

In der Inneneinrichtung ist der Kaiser von seinen eigenen Vorlieben abgegangen und hat einen besonders prunkvollen Stil für angemessen gehalten: Ein barockes Prachtbett steht in der Mitte des Schlafzimmers, auch die anderen Möbel sind dem

Barock nachempfunden. Elisabeth hat die Bilder und Plastiken ausgewählt, auch die Hermesstatue vor der Villa.

Die Kaiserin zeigt sich mit dem Ergebnis dieser Villa jedoch nicht ganz zufrieden, es ist eben wieder mehr ein Schloß als ein bequemes Haus, das dazu viel Aufwand und noch mehr Dienerschaft erfordert. Weder besonders schön noch besonders angenehm. Abgeschiedenheit bietet die Villa gleichwohl, vor fremden Blicken geschützt liegt sie am Rande eines meilenweiten Waldes, des früheren Jagdreviers des Hofes. Immerhin kann Elisabeth hier ihre enge Verbindung zur Natur suchen, auf Streifzügen durch den völlig unberührten Wald. Doch die Nähe zum Wald hat auch Schattenseiten: Das Schloß ist bei gutem Wetter feucht, an trüben Tagen wird es zu einer Kulisse der Melancholie.

In ihren Gemächern in der Hofburg hat Elisabeth einen Stil gefunden, der ihr zusagt, auch wenn sie sich selten dort aufhält. Die Appartements der Kaiserin liegen im ersten Stock, zugänglich über die Bellariastiege, während der Kaiser einen Flügel bewohnt, der über der Burgwarte liegt. Marie Wallersee: »Die Hofburg ist ein unförmlicher, höchst ungemütlicher Bau, doch die Zimmer der Kaiserin heimelten sehr an. Sie hingen durch einen Gang und eine Treppe mit einer Art Anbau zusammen, der im übrigen ganz getrennt lag von den Gemächern der Kaiserin. Hier wohnte ihr Vorleser. Die Hofdamen waren in einem anderen Teile der Hofburg untergebracht. Tante Sissis Salon war ganz in Weiß gehalten; daran schloß sich ein unbehagliches Eßzimmer, und dann kam ein Boudoir, das eine Studie in Rot darstellte. Ihr Ankleidezimmer enthielt einen sehr großen Toilettetisch mit einem wahren Schatz von Kristall und Silber. Dahinter lag ein Raum, der mit aller Art gymnastischer Geräte ausgestattet war. In diesem Zimmer nahm die Kaiserin Fechtunterricht; sie sah allerliebst aus in dem kurzen, grauen Rock und dem kleinen Panzer.«

Marie Wallersee macht einen Besuch bei ihrer Tante. Elisabeth ist gerade von einem Besuch einer wohltätigen Anstalt gekommen, Kammerfrauen tragen Mantel und Hut hinaus. »Komm, setz dich«, sagt Elisabeth. »Ich bin abgehetzt, es ist kein Vergnügen, wieder im Geschirr sein zu müssen. Komm mit, ich muß diese Montur herunterkriegen.« Sie geht voraus ins Toilettezimmer. Mit Marie werfen wir einen Blick »durch die offene Tür ins geräumige Schlafzimmer. Die Kaiserin ging auf ein paar Minuten hinein, die Kammerfrauen mußten durch eine andere Türe gekommen sein zum Umkleiden. Ich sah mich einstweilen um. Der mit Silber beladene Toilettentisch enthielt viele mir bereits bekannte Gegenstände. Die sonstige Einrichtung war kostbar. An den Wänden hingen ein paar moderne Bilder, die seltsam von den übrigen abstachen. Die meisten waren Pferdebilder und Jagdstücke. Doch ein Bild heimelte mich an, es stach unter allen anderen heraus und war dasselbe, das auch in Gödöllö im Zimmer der Kaiserin hing. Der bekannte schöne englische Kupferstich ›Titania mit dem Esel‹, nur die Rahmen waren verschieden.«

Erst 1876 hatte Elisabeth in der Hofburg ein eigenes Badezimmer erhalten, man hatte deswegen ihr Garderobenzimmer ausräumen und umgestalten müssen. Eine große Badewanne aus Kupfer, ein separater Waschzuber, Wandarmaturen, im Nebenraum ein hübsch bemaltes WC und ein Waschbecken aus Porzellan. Ein Problem ist und bleibt die Heizung in der Hofburg. Joseph Cachée und Gabriele Praschl-Bichler berichten: »Die Öfen in dem vom Kaiserpaar bewohnten Trakt der Hofburg stammten zum Großteil aus dem 18. Jahrhundert. Es waren weiße Stücke aus Fayence mit Barock- oder Rokokoverzierungen, die in den bewohnten Räumen standen und von den Garderoberäumen und Korridoren, wo sich die Ofentüren befanden, beheizt wurden. ... Sie brachten in den zugigen Räumen nicht die gewünschte Wärme zustande, weshalb Elisabeth in einigen ihrer im Amalientrakt der Hofburg gelegenen Zimmer zusätzliche Kachelöfen einbauen ließ, die bis heute – in ihrem großen Salon zum Beispiel – einen aus dem 17. Jahrhundert stammenden, offenen Kamin flankieren. ... Dieselben Räume der Hofburg waren im Sommer wegen des Hitzestaus, der sich dort bildete, kaum bewohnbar. Dem Kaiser mußte zur Verbesserung des Raumklimas ein elektrischer Ventilator aufgezwungen werden, und die Kaiserin floh die Hofburg ohnehin schon bald, nachdem sie sie bezogen hatte. Zunächst hielt sie sich an heißen Sommertagen in einem eigens für sie in der Meierei der Fasanerie des Schönbrunner Schloßparks eingerichteten ungarischen Bauernzimmer auf. Das Zimmer stand ausschließlich zu ihrer persönlichen Verfügung, das sie als eines der ersten zu einem ihrer Elfenbeintürme erkor. Wenn sie es verließ, sperrte sie es mit einem goldenen Schlüssel ab, über den sie alleine verfügte, und kehrte meist wenig später – die Hofgesellschaft fliehend – wieder dorthin zurück.«

Im Frühling kommt Elisabeth mit ihrer Tochter Valerie in Feldafing an. Hier kommt es zu einem mysteriösen Vorfall, der die Beziehungen der Kaiserin zu ihrer Familie empfindlich stört. Sophie von Alençon, die sich in Possenhofen aufhält, ist an Scharlach erkrankt, doch Elisabeth wurde davon nicht unterrichtet. Eines Morgens fährt Valerie nach Possenhofen, um ihre Cousine, eine Tochter Sophies, zu einem Spaziergang abzuholen. Valerie hat Angst, sich anzustecken, kehrt verstört ins Hotel nach Feldafing zurück. Elisabeth will den Grund ihrer Verwirrung und frühen Rückkehr wissen, doch erst nach längerem Zureden rückt sie damit heraus, daß Tante Sophie an Scharlach erkrankt ist. Elisabeth reagiert hysterisch, läßt sofort packen und reist mit ihrer Tochter ab, ohne sich von den Verwandten zu verabschieden. Flatternd vor Angst und Aufregung schwört sie, nie wieder ihre Verwandten zu sehen, nie wieder nach Bayern zu reisen.

Anfang Juni stirbt Mathildes Mann, Graf Trani, in Paris. Die Kaiserin fährt doch wieder nach Feldafing. Sie ist nicht gerade in bester Stimmung, zieht sich mehr und mehr in sich zurück. Der Tod ihres Schwagers trifft sie, aber noch viel stärker bewegen sie die Nachrichten, die sie über Ludwig bekommt.

*I*ch bin geneigt zu glauben«, hat Elisabeth einmal gemeint, als sie über Shakespeares Hamlet sprach, »daß die Menschen, die man für wahnsinnig hält, die wirklich klugen sind.« Das hätte sie sicherlich auch in bezug auf ihren Cousin Ludwig so gesagt.

Keine Minute lang glaubt sie den Gerüchten, die über seinen Wahnsinn kursieren:

Schliesslich, was ist wohl Verrücktheit?
Thoren gibt's genug und Narren,
Diese für verrückt zu halten,
Mag der Welt oft widerfahren.

Mit den Jahren ist Elisabeths Lächeln nachsichtiger geworden, wenn sie an die schlechte Vorstellung zurückdenkt, die der König sich mit dem Abbruch seiner Verlobung geleistet hat. Die nervösen Störungen, unter denen sie leidet, läßt sie in den Verirrungen Ludwigs nur den Höhenflug seiner poetischen und romantischen Seele sehen. Sie beginnt, ihn nach dem Bild ihrer eigenen Phantasie zu idealisieren. Und beide kommen sich bald wieder näher in einer Art *folie à deux*, stellen Übereinstimmungen in ihrem Bedürfnis nach grenzenloser Freiheit und rauschhafter Flucht in Traumwelten fest.

Obwohl das Verhältnis der beiden ambivalent ist, dürfte das Gefühl einer tiefen Seelenverwandtschaft also doch recht tief gewesen sein. Ludwigs romantische Ader läßt in ihrer Seele verwandte Saiten anklingen. Sicherlich ist Elisabeth ein wenig befremdet von manchen der skurrilen Einfälle Ludwigs, kann sie bisweilen ein Gefühl der Langeweile bei seiner Neigung zu pathetisch-dramatischen Monologen nicht unterdrücken, fühlt sie sich von ihm rasch zu nah bedrängt. Verständlich, daß es immer wieder Zeiten gibt, in denen sie die Besuche auf ein Minimum reduziert. Dann folgen wieder Phasen, in denen sie ihn mit liebevollen Blicken anschaut und er aufblüht.

Die Veränderungen der letzten Jahre kann freilich auch sie nicht übersehen. Ihr ist aufgefallen, daß die einst apollinisch schöne Gestalt Ludwigs unförmig geworden ist, daß sein Gesicht aufgedunsen, der Körper aufgeschwemmt wirkt, die Augen verschwommen blicken.

Sie besucht ihn noch immer auf seiner geliebten Roseninsel im Starnberger See. Ludwig läßt in seinen Gefühlen der Zuneigung zu ihr keinen Augenblick nach. Wenn er sonst keinen

Menschen um sich duldet – Elisabeth will er immer sehen, wenn sie in Bayern ist. Er scheint intuitiv die gemeinsame Welle zu spüren, auf der sie sich beide bewegen. Der Verfall des einst so schönen Mannes berührt sie schmerzlich, wie alles Vergehen im Leben. Für sie sind Ludwigs Bizarrerien, seine Bauwut, seine Drohungen und Flüche, seine Verachtung, die er oft so maßlos herausschleudert, verworren und, nun ja, etwas seltsam, aber doch nicht verrückt. Er ist der Träumer auf dem Thron, dem man vor allem seine Weltflucht vorwirft, wie ihr selbst. Seine Eigenarten stoßen sie nicht ab, sie sieht in ihm eine poetische Seele. Und sie fühlt mit ihm.

Vieles, was bei Elisabeth exzentrisch wirkt, findet sich auch bei Ludwig, wenn auch bisweilen in gesteigerter Form. Die Kaiserin sieht darin nicht so sehr Anflüge von Gestörtheit, sondern eine unübersehbare, deutliche Verwandtschaft, eine profunde Ähnlichkeit in vielerlei Hinsicht: in ihrer Exzentrizität, ihrer oft panikartigen Menschenflucht, ihrer Flucht vor der Repräsentation, ihrer Neigung zur Provokation. Gemeinsam ist ihnen der Sinn für Kunst, die Sammelleidenschaft, das Verlangen nach Schönheit, die Anfälligkeit für Traum und Ekstase, für die letzten Wünsche der Phantasie. Beide haben sie Geschmack an luxuriöser Zurückgezogenheit, Bedürfnis nach Freiheit, eine ängstliche Überempfindlichkeit. Sie beide schaffen sich ihre Traumwelten, bauen Schlösser nach ihren eigenen Visionen und Entwürfen, bilden sich ihre eigene Welt, in die von außen nichts mehr einzudringen vermag, ein Wahnfried, das sie vom Wahn der Welt erlösen soll. Und beide scheitern an der götterlosen, geheimnisleeren Realität des Lebens, Elisabeth seelisch, Ludwig schließlich auch körperlich.

Sie hätte sein Leiden erkennen können, hätte nicht das übersehen sollen, was sie trennt. Vielleicht hätte sie ihm helfen können. Doch im Grunde nimmt sie ihn in seinen gefährlichen Wahnvorstellungen nicht mehr wahr, sie blendet alles aus, was an ihm zunehmend problematischer wird. Bei Ludwig aber, in einer Einsamkeit von phantastischer Pracht lebend, nimmt der Wahn mit der Zeit immer groteskere Züge an. In einem leeren Speisesaal bittet er geisterhafte Gäste zur Tafel, unterhält er sich mit Marie Antoinette, Katharina von Rußland, Hamlet und Julius Cäsar. In einem leeren Theater läßt er Opern nur für sich allein aufführen, fährt in einer von einem Schwan gezogenen Gondel auf dem Starnberger See, berühmte Schauspieler müssen vor ihm rezitieren, während er die ganze Nacht hindurch bis fünf Uhr morgens speist. Er beleidigt seinen Hof, indem er seinen Schneider und seinen Barbier adelt.

Exaltierte Umgangsformen verlangt Ludwig von seinen Bediensteten: Der Kammerdiener Mayr darf sich ihm nur mit einer schwarzen Maske vor dem Gesicht nähern, der Diener Buchner muß auf allen vieren kriechen und vor ihm den Fußboden küssen. Die anderen Lakaien haben an der Tür wie Hunde zu kratzen, bevor sie ins Zimmer treten. In der Politik versteigt sich Ludwig zu paranoidem Eifer: Er befiehlt, ganz München in Brand zu setzen. Er will sein Land verkaufen, dann wieder soll ein Leutnant der Armee die bayerische Regierung übernehmen. Schließlich taucht in einem der Briefe an den von ihm hochgeschätzten Kronprinz Rudolf der Gedanke auf, er wolle ihm Bayern nach seinem Tod hinterlassen.

Verschwörungen, Intrigen, Komplotte wittert Ludwig hinter jeder Tapetentür, inszeniert aber gern auch selbst manches Stück aus dem Tollhaus: Der Fourier Hasselschwerdt erhält den Auftrag, den deutschen Kronprinzen mit einer Bande angeheuerter italienischer Banditen in Mentone zu überfallen, ihn gefangenzunehmen, in eine Höhle zu schleppen und dort bei Wasser und Brot anzuketten.

Ludwig fühlt sich von Empfindungen grundloser Irritation geradezu überschwemmt. Er leidet unter ihnen, scheint sie aber auch zu genießen. Viele dieser Schilderungen, der Anekdoten, Gerüchte, Histörchen machen den Eindruck der Kulissenschieberei und des Theaterdonners, an dem man sich ergötzen kann, weil ja alles, wie jeder weiß, nur Pappmaché und Illumination ist. Doch der König ist zu ungehemmten Haßtiraden ohne jedes Maß fähig. Seine Mutter, die er abgrundtief verabscheut, ist Objekt einer besonders gewaltsamen Vision: »In Gedanken an die Inhaberin des 3. Feldartillerie-Regiments habe ich eine große Wasserflasche an ihrem Kopf zerschlagen«, schreibt er,

König Ludwig II. von Bayern in späteren Lebensjahren.

»habe sie mit den Zöpfen auf der Erde herumgeschleift, ihr die Brüste mit den Absätzen zerstampft.« Seine imaginäre Rachsucht geht sogar so weit, die Leiche seines Großvaters, des Königs Ludwig I., aus der Gruft in der Theatinerkirche zu holen und sie mit Ohrfeigen zu traktieren.

Doch allein mit den Etiketten vom »verrückten König«, der vom Wahnsinn in immer absurdere Manifestationen einer fehlgeleiteten Genialität getrieben wird, ist Ludwig nicht beizukommen. Denn auf der anderen Seite zeigt er immer wieder eine liebenswürdige, charmante Art, die auch Elisabeth bestrickt. Seine Gespräche mit Kronprinz Rudolf in den Jahren 1878 und 1879, einzelne Blätter seiner Tagebücher, deren Aufzeichnungen sich mit Richard Wagner beschäftigen, seine Briefe an den Komponisten, aber auch die Korrespondenz mit Bismarck, wie dieser sie in seinen »Gedanken und Erinnerungen« mitteilt, lassen zunächst noch einen klaren, aufrichtigen Menschen erkennen. Es ist, als ob Ludwig zwei Leben lebte. Und dieses »zweite Leben« ist voll Sinn für Kunst und Lust an der Schönheit, offenbart sich in der trunkenen Verschwendung der Schlösser Hohenschwangau, Herrenchiemsee, Linderhof, Neuschwanstein. Diese Schöpfungen aus einer ungebändigten Phantasie kosten ihn Krone, Freiheit und Leben.

Längst hat seine Bauwut in Verbindung mit seiner haltlosen Finanzwirtschaft den bayerischen Staat in furchtbare Schulden gestürzt. Im Dezember 1885 kann die Finanzlage des Königs nicht mehr anders als desolat und verzweifelt bezeichnet werden. Nur der Sektfabrikant Söhnlein ist für den Preis eines Kgl. bayr. Kommerzienrates noch bereit, ein größeres Darlehen zu gewähren, die Beamten der Finanzverwaltung beschwören den König »alleruntertänigst«, in das Angebot einzuwilligen. Es sei seine einzige Hoffnung. Und dann ist das bayerische Königreich ganz einfach pleite.

Am 8. Juni 1886 stellt Obermedizinalrat Dr. von Gudden in München auf Grund von Aussagen entlassener Kammerdiener eine Diagnose: Paranoia. Die Hofräte Professor Grashey und Dr. Hagen sowie Dr. Hubrich schließen sich dem Gutachten an. Ausführlich werden hier, immer im vorsichtigen Konjunktiv,

Beobachtungen, Beweise, Belege für »Halluzinationen« und »Illusionen«, für »krampfhafte Verstimmungen«, »notorische Erregungen«, Gereiztheiten, Wutausbrüche, für die »zerrütteten Kräfte Seiner Majestät« zusammengetragen. »Das vorliegende Material ist geradezu erdrückend.«

Man beschließt, eine Regentschaft einzusetzen und den König in Gewahrsam zu nehmen. Der erste Versuch dazu mißlingt, der zweite erst hat Erfolg: Gendarmen bringen den Freund Elisabeths in einem geschlossenen Wagen nach Schloß Berg am Starnberger See, dessen Fenster inzwischen vergittert worden sind.

Die Kaiserin wohnt bei ihrer Mutter in Garatshausen, als sie die Nachricht von der Gefangennahme ihres Cousins erreicht. Sie ist aufs äußerste erschüttert, tut die Diagnose der Ärzte mit einer ärgerlichen Handbewegung ab. Sie will Klarheit, sie will es genau wissen und forscht nach, sucht Erkundigungen über den Geisteszustand des Königs einzuziehen. Mit Verwunderung, dann auch mit unwillkürlicher Erleichterung hört sie, daß die Ärzte Ludwig gar nicht selbst begutachtet, sondern sich auf die Aussagen davongejagter und »lügnerischer« (wie sie sagt) Kammerdiener verlassen haben. Sie macht sich Illusionen, täuscht sich über Ludwigs tatsächlichen Zustand, wendet sich sogar an Franz Joseph, er möge doch dafür sorgen, daß Ludwig wieder als König eingesetzt werde. Und der Kaiser, um sie zu beruhigen, verspricht ihr schließlich, er werde darauf dringen, die Absetzung nicht als endgültig, sondern als vorläufig anzusehen.

Doch die hektischen Bemühungen, Ludwig aus der Ferne zu helfen, kommen zu spät. Am Pfingstsonntag, 13. Juni 1886, geht der König mit Dr. von Gudden um halb sieben Uhr abends zu einem Spaziergang in den Park von Schloß Berg. Zwei Wärter folgen ihnen in angemessenem Abstand, kommen aber bald wieder ins Schloß zurück und berichten, der Doktor habe sie zurückgeschickt. Offenbar ein Mißverständnis, denn vermutlich hat dieser ihnen nur durch ein Zeichen, durch eine ungeduldige Handbewegung zu verstehen gegeben, etwas mehr zurückzubleiben, um den König nicht zu sehr zu beunruhigen. Jedenfalls sind sie die letzten, die Ludwig und seinen Arzt lebend gesehen haben. Die beiden kehren von diesem Spaziergang nicht mehr zurück. Schließlich beginnt man am Abend bei Fackelschein nach ihnen zu suchen. Zwei Leichen werden aus dem See gezogen, ihre Körper weisen Spuren eines heftigen Kampfes auf. Die Uhr des Königs ist um sieben Uhr stehengeblieben und weist wohl auf den Zeitpunkt seines Todes hin.

Was genau geschehen ist, wird für immer ungeklärt bleiben. Ob der König den Arzt ermordet und dann freiwillig den Tod im See gesucht hat oder ob Gudden bei dem Bemühen, einen Selbstmordversuch seines Patienten zu verhindern, den Tod gefunden, läßt sich nicht mehr feststellen. Fest steht nur, daß all die Gerüchte, die sofort auch um Elisabeth zu kursieren beginnen, unsinnig sind. Da die Umstände der Tat so unklar bleiben, beginnt sofort die allgemeine Phantasie zu wuchern und äußert sich in abstrusen Theorien. Danach soll die Kaiserin ein Komplott geschmiedet haben, um ihren Freund zu befreien; am anderen Ufer des Sees habe sie einen Wagen für ihn bereitstellen lassen, den er besteigen sollte, nachdem er den See durchschwommen hatte. Der König sei bei diesem Befreiungsversuch ertrunken, nachdem er zuerst den Arzt ermordet habe, um den Weg freizubekommen.

Elisabeth, die sich zu dieser Zeit – gerade von einer Kreuzfahrt durch das östliche Mittelmeer zurückgekehrt – im Hotel in Feldafing aufhält, erfährt von dem Unglück durch ihre Tochter Gisela am Pfingstmontag, als sie mit Valerie beim Frühstück sitzt. Hat er sich umgebracht? Ist er ertrunken? War es Mord? Aufgeregt bestürmt Valerie ihre Schwester mit Fragen, auf die Gisela keine Antwort weiß. Elisabeth hört sich den Bericht schweigend an. Dann steht sie auf, verläßt den Raum und schließt sich in ihr Zimmer ein. Niemand darf zu ihr, sie weigert sich zu essen.

Eine Welt stürzt für sie zusammen. Nur zwei Wochen zuvor hat sich Graf Ludwig Trani, der Mann ihrer Schwester Mathilde, in einem Anfall von Schwermut erschossen. Elisabeth versucht sich aufrecht zu halten, den Glauben an den Freund ihrer Seele nicht zu verlieren: »Der König war kein Narr, nur ein in

Ideenwelten lebender Sonderling«, urteilt sie. Leidenschaftlich, ja trotzig hat sie diese Ansicht auch ihrer Mutter gegenüber vertreten, mit der sie deswegen schon einmal arg in Streit geraten ist. Hat Ludwig etwa in anderen »Ideenwelten« gelebt als sie? Sie bäumt sich gegen den Gedanken an Wahnsinn so vehement auf, weil sie sich um nichts in der Welt eingestehen will, wie nahe sie selber am Rand des Abgrunds lebt. Doch Ludwig hat ihr gezeigt, daß schon ein falscher Schritt den Untergang bringen kann.

Jetzt kann Elisabeth die Behauptung von Ludwigs geistiger Gesundheit nicht mehr länger aufrechterhalten. Nicht einmal vor sich selbst. Sie weiß zu gut, wie ähnlich sie sich in vielem sind. Wenn Ludwigs Geist aber verwirrt, seine Exaltiertheit krankhaft gewesen sein soll, dann muß auch sie selbst das Gespenst des Wahnsinns fürchten.

Elisabeth fühlt sich einer ungeheuren seelischen Erregung ausgeliefert, die sie nicht mehr zu bändigen vermag. Ihr Puls fliegt, ihre Wangen sind blaß, ihr Gesichtsausdruck ist der einer Ekstatikerin. Valerie notiert in ihr Tagebuch ihr tödliches Erschrecken darüber, daß ihre Mutter sich am Abend dieses Tages nach dem Nachtgebet in ihrem Schlafzimmer plötzlich auf den Boden wirft, wo sie einen Augenblick lang ausgestreckt regungslos liegen bleibt. Valerie stürzt sich ratlos über ihre Mutter, jetzt hat sie den Verstand verloren, denkt sie. Weinend klammert sie sich an ihre Mutter. Elisabeth richtet sich wieder auf, sie muß ihr Kind beruhigen und sagt, sie habe nur Gott für ihre rebellischen Gedanken um Verzeihung bitten wollen. »Ich habe mir den Kopf wund gedacht über die unbegreiflichen Ratschlüsse Gottes. Wenn Jehova zuschlägt, ist er schrecklich wie der Sturm.«

Draußen fällt Regen an diesem Abend, ein grauer Vorhang senkt sich über den See, Wind kommt auf, Wellen gehen hoch. Fern auf dem anderen Ufer verhüllen die Nebel Schloß Berg. In dieser Stimmung entsteht das Gedicht »Ich bin schon längst gestorben«: Elisabeths Geist steigt aus dem Grab, um alle die Stätten noch einmal zu besuchen, die sie geliebt hat. Sie weiß: Mit Ludwig ist ein Teil ihrer Seele gestorben. Mit dem wunderbaren, verrückten Ludwig. Sie wird nun noch mehr allein sein, einsamer und rastloser. Die Nacht kommt auch über sie, unabwendbar, düster und mit bitterer Konsequenz.

Ludwigs Leiche hat Elisabeth nicht mehr gesehen. Aufgebahrt im Münchner Schloß, auf einem hohen Katafalk von dunklem Samt, liegt eine einzige Blume auf seiner Brust, ein Jasminzweig. Elisabeths letzter Gruß an den einzigen, unvergeßlichen, wahren Freund.

Dann schreibt sie das Gedicht »Auf den Tod Ludwig II.«

Du Adler vom Felsenhorste,
Dort oben auf schwindelnder Höh,
Den jagenden Wolken so nahe,
Dem sonnenschimmernden Schnee.

Sie haben ihn eingefangen,
Die stolzen Schwingen gelähmt,
In ewige Fesseln geschlagen,
Bis daß er zu Tod sich grämt.

Geheimnisvoll rauschen die Wellen,
Und flüstern es schauernd der Nacht,
»In unserm Schloß hat sich eben
Der Königsaar umgebracht.«

Klagend umkreiset die Möwe
Den Spiegel des lieblichen Sees,
Zur Zeit der blühenden Rosen,
Zur Zeit des bittersten Weh's!

Später einmal fragt die Kaiserin ihren Griechischlehrer Christomanos: »Haben Sie jemals eine Leiche gesehen? Auf allen toten Gesichtern ruht ein Ausdruck von Schmerz und Hohn. Es ist der Hohn des Siegers über das Leben, das so viele Leiden mit sich gebracht und das man endlich überwunden hat.«

In den nächsten Monaten zieht sich Elisabeth völlig zurück, einsam und verloren kreisen ihre Gedanken um den Wahnsinn, der, wie die Zeitungen schreiben, in ihrem Haus wohl erblich ist. Jetzt macht ihr die Blutsverwandtschaft ernsthaft Sorgen. Sie vermag es noch immer nicht zu glauben. Aber ein Flügelschlag der unheimlichen Macht streift auch sie, löst eine entsetzliche Furcht aus. Sie zweifelt und grübelt. Und findet keinen Ausweg. Doch sie fühlt deutlich eine neue, namenlose Angst: die Furcht vor der dunklen Nacht der Sinne und des Geistes. Sie macht sich mit dem Tod vertraut, als erwarte sie, die noch nicht Fünfzigjährige, ihn schon bald.

Elisabeth fährt von Feldafing direkt nach Gastein, wo sie am letzten Julitag ankommt und in der »Villa Meran« absteigt. Kaiser Wilhelm, Bismarck, Fürst Chlodwig Hohenlohe und der österreichische Außenminister Graf Gustav Kálnoky konferieren dort, sie stattet jedoch nur dem alten Kaiser einen ganz kurzen Besuch ab. Sonst lebt sie völlig zurückgezogen, krank, verstört, übernervös. In manchen Nächten verliert sie sich in unheimlichen, mystischen Visionen, spricht sie mit dem Toten.

Für kurze Zeit läßt sie sich auch in Ischl blicken, zieht sich aber weitgehend zum Dichten zurück. Die Unruhe, diese nicht abzuschüttelnde Begleiterin ihres Lebens, führt sie am 12. August wieder nach Gastein, Ende des Monats nach Ischl, von da nach Gödöllö. Nirgendwo hält sie es lange aus. Wieder liest sie viel Heine, vor allem die Gedichte, die sie in einer in dunkelgrünes Leinen gebundenen Taschenausgabe immer bei sich hat. Durch die Lektüre des »Romanzero« wird sie auf jüdische Dichter aufmerksam und beginnt, sich mit dieser Lektüre zu befassen.

Wieder veranlaßt sie ihre unbezähmbare Neugier, hinter das Geheimnis des Wahnsinns zu kommen, sich mit der Psychiatrie zu beschäftigen. In Budapest besucht sie am 11. November eine Irrenanstalt, völlig unerwartet, läßt sich durch die Anstalt führen, um zu sehen, wie die Kranken untergebracht sind.

Auch nach ihrer Rückkehr schaut sie sich Mitte Dezember in Wien eine solche Institution an, die Landesirrenanstalt in Bründlfeld. Wieder taucht sie unangemeldet dort auf, verlangt, daß der erstaunte und ganz aus der Fassung geratene Leiter der Anstalt ihr alles im Haus zeigt. Der Rundgang beginnt, man will ihr nur die ruhigen Abteilungen zeigen, aber sie besteht darauf, auch die »schweren« und »gefährlichen« Kranken zu sehen, selbst die furchtbare Abteilung der Tobsüchtigen. In der Abteilung für paranoide Frauen weicht Elisabeth plötzlich entsetzt vor einer Irren zurück, die sich auf sie stürzt, um ihr den Hut herunterzureißen, und schreit, sie selbst sei die Kaiserin von Österreich. Immer wieder kommt es zu kleinen Zwischenfällen, doch die Irrenanstalten werden zur fixen Idee, die Kaiserin läßt sich von weiteren Besichtigungen nicht abbringen. Beunruhigt zeigt sie sich über die angeschlagene Gesundheit ihres Cousins Otto von Bayern, des zweiten Sohnes König Maximilians, bei dem seit einiger Zeit unleugbare Zeichen von Überspanntheit sichtbar werden.

*E*ine verhältnismäßig lange Zeit, von Januar bis März 1887, ist die Kaiserin in Wien, wie wir aus ihren Notizen in Heinrich Heines Buch »Über Deutschland« erfahren. Am 20. Januar erscheint Elisabeth auf dem Hofball, wo sie wieder Valeries Flirts mit Erzherzog Franz Salvator beobachtet:

> *Duftig weiss wie eine Nixe,*
> *Schwebt mein Püppchen dort umher,*
> *Macht dazwischen tiefe Knickse*
> *In dem Tanze des Lanciers.*
> *Reicht sie aber jenem schlanken Knaben*
> *Dort die Hand zum Tanz,*
> *Dann verrät sich ihr Gedanken*
> *Durch des Auges tiefern Glanz.*

Beunruhigt zeigt sich Elisabeth über ihre Schwester Sophie, Herzogin von Alençon, die eine Affäre mit einem verheirateten Arzt, Dr. Glaser aus Graz, hat. Die Liaison schlägt hohe Wellen, als sie entdeckt wird und die Ehefrau Glasers mit öffentlichem Skandal und mit Scheidung droht. Das Liebespaar flüchtet nach Meran, muß sich dort aber trennen. Pech für die schöne Herzogin, als ihre geheime Korrespondenz entdeckt wird. Die Beziehung hat Sophies Nerven so stark angegriffen, daß sie in psychiatrische Behandlung kommt. Oder ist die Einsperrung in eine Irrenanstalt eine Strafmaßnahme der Familie? Jedenfalls kursiert die Diagnose »geistig nicht zurechnungsfähig«, bis Sophie sich wieder beruhigt hat und zu ihrem Ehemann zurückkehrt.

Anders als im Fall Maries von Neapel und ihrer Affäre im Jahr 1862, reagiert Elisabeth diesmal kritisch auf das »Vergehen« ihrer Schwester, zu der sie sonst ein ausgezeichnetes Verhältnis hat. Vielleicht spürt sie sogar so etwas wie Neid, daß sie selbst den Mut zu außerehelichen Eskapaden nicht aufgebracht hat. Nun hat sie zwar Mitleid mit dem »Opfer einer tollen Leidenschaft«, aber Verständnis findet Sophie bei ihr nicht.

Wie immer reagiert Elisabeth auf solche Belastungen mit Reisefieber. Im März ein kurzer Aufenthalt in Ofen, im April schon Rheumakur in den berühmten südungarischen Herkulesbädern von Mehadia bei Temesvár, einem idyllisch gelegenen Kurort. Sie unternimmt viele ausgedehnte Wanderungen, Picknick mitten im Wald, Schafmilch zum Frühstück, Schlafen bei offenem Fenster, es ist eine Zeit nach Elisabeths Geschmack. Die Bevölkerung ist ganz überrascht, hier nicht eine stolze, unnahbare Herrscherin zu beherbergen, sondern eine einfache Frau, die auf die Menschen zugeht.

Zum 19. Geburtstag von Marie Valerie fährt sie nach Ischl, dann kehrt sie nach Mehadia zurück, wo sie am 28. April zufällig Elisabeth trifft, die Königin und Dichterin »Carmen Sylva«. Wie immer stellen die beiden Übereinstimmungen fest: Distanz zu Amt und Würde, zur Monarchie, Ablehnung des zeremoniellen Lebens, Bekenntnis zur Außenseiterschaft, Interesse an spiritistischen Erscheinungen. Auch Valerie ist von der Königin fasziniert: »*Die* nennt man einen Blaustrumpf, denke ich mir, als ich die lachenden grossen grünen Augen, die noch mit jugendlicher Frische gefärbten Wangen, die schneeweissen auffallend schönen Zähne betrachte. O Carmen Sylva, wenn Du in den Herzen lesen kannst, dann musst Du wissen, dass die unsrigen von jener Stunde an Dein waren – Dein ohne Rückhalt.« Und

Königin Elisabeth von Rumänien, die Dichterin »Carmen Sylva«.

Elisabeth schreibt ihrer Tochter: »Carmen Sylva ist sehr lieb, unterhaltend, interessant, aber sie steht mit den Füßen auf der Erde; sie könnte mich nie verstehen, ich aber sie ja, ich liebe sie. Sie erzählt und fabelt so gern, ihr ist es ein Genuß, und der König (Carol, d.V.) ist derart prosaisch, daß geistig ein Abgrund zwischen ihnen liegt. Natürlich sagt sie dies nicht so rundweg, doch zog ich ihr das aus ihren Nasenlöchern.« Wie ähnlich sie sich in vielem sind. Was mag wohl Carmen der Kaiserin über Franz Joseph aus dem Nasenloch gezogen haben?

Im Mai erwidert Elisabeth den Besuch Carmen Sylvas, fährt nach Rumänien und findet im Königsschloß *Pelesch* in Sinaia herzliche Aufnahme. Die Visite soll ganz privat bleiben, die Kaiserin bittet darum, alle Zeremonien zu unterlassen. So weit es möglich ist, wird diesem Wunsch entsprochen, aber ganz geht es natürlich doch nicht. Elisabeth würde am liebsten nur allein mit der Königin stundenlang in einer Zimmerecke sitzen und mit ihr angeregt über alles sprechen, was sie bewegt. Aber Carmen Sylva ist nicht weltflüchtig, nicht scheu wie Elisabeth. Sie braucht die Anregung anderer Menschen, das Fluidum einer intellektuellen Atmosphäre, in die Elisabeth sich wohl einfangen lassen möchte, es aber nicht vermag. Die Tage in Sinaia vergehen zu rasch. Die Kaiserin muß von der Frau Abschied nehmen, die für sie eine richtige, verstehende Freundin sein könnte.

Noch nach etlichen Jahren hat die Faszination von Carmen Sylva keineswegs nachgelassen, merkwürdigerweise aber beklagt sich die selbst so unruhige Elisabeth ausgerechnet über die Unstetigkeit ihrer prominenten Dichterfreundin: »Ihre Jugendlichkeit ist bewunderungswürdig. Sie ist noch immer der deutsche Backfisch, trotz ihrer exotischen Königskrone und ihrer weißen Haare. Und auch ihre Gefühlswelt ist dieselbe geblieben, obwohl sie inzwischen unglückliche Mutter geworden ist (die Tochter Marie, das einzige Kind des rumänischen Königspaares, ist 1874 im Alter von vier Jahren gestorben, d.V.). Sie ist noch immer so impulsiv und leicht entflammt und rasch versiegend. Darunter leiden auch ihre Werke. Sie hat keine Geduld, in ihren Gedanken sich aufzuhalten und zu vertiefen, als ob sie vergehen würde vor Durst nach Erlebnissen, hinter welchen sie das Unerreichbare zu erreichen hofft. Deswegen findet sie nie die Ruhe, die das einzige Ziel ist.«

Auch Franz Joseph, der das rumänische Königspaar mehrere Male besucht, kommt Carmen Sylva »etwas überschwänglich« vor.

In einem Beitrag für die Weihnachtsausgabe 1906 der »Neuen Freien Presse« hat Carmen Sylva den Besuch Elisabeths in Sinaia noch einmal Revue passieren lassen. Er ist ein beeindruckendes Zeugnis für diese Freundschaft und wenig bekannt genug, um hier einen größeren Passus abzudrucken:

»Mit ihren wunderbaren Märchenaugen, die aussahen wie Edelsteine, wie das Meer, sah sie mir so gerade ins Gesicht, daß ich nicht im Stande gewesen wäre, der Wahrheit auch nur das leiseste Mäntelchen der Konvention umzuhängen. Sie dachte so kühn und so frei und sagte, was sie dachte, in so reizender Form, daß man oft nicht gleich den Humor und den Schalk entdeckte, weil es so trocken herausgekommen war.

Beim ersten Diner sagte sie zu mir: ›Ich habe nicht meine Friseurin mitgebracht, sondern die von meinen Schwestern‹, und als ich sie fragend ansah, fuhr sie in demselben Tone fort: ›Von den Königinnen und Prinzessinnen von der Bühne!‹ Ich hätte gern hell aufgelacht vor Freude, daß sie ihre Stellung von der Seite ansah und auf das Äußere derselben so wenig gab. Sie haßte Etikette und all das Zeug, das man im Laufe der Zeiten unserer Würde hat umhängen wollen, als wäre sie schon so nicht schwer genug. Und als ich zu ihr sagte: ›Deine große Schönheit hilft dir nicht und nimmt dir keine Schüchternheit fort!‹ antwortete sie: ›Ich bin nicht schüchtern, es langweilt mich nur! Da hängt man mir schöne Kleider um und vielen Schmuck, und dann trete ich hinaus und sage den Leuten ein paar Worte, und dann eile ich in mein Zimmer, reiße das alles ab und schreibe, und Heine diktiert mir!‹ ... Sie fand eben in Heine die Verachtung aller Äußerlichkeiten, die sie so tief empfand, sie fand die Bitterkeit, mit der ihr schweres, einsames Schicksal sie erfüllte, und den Schalk, der ihr selbst in dem Nacken saß und ihr so originelle und überraschende Äußerungen entlockte. ... Es war sehr natürlich, daß sie unter allen Dichtern Heine am liebsten haben mußte, weil er eben auch so verzweifelt ist über alle Unwahrheit der Welt und gar nicht genug Worte findet, um das Hohle darin zu geißeln! Sie konnte es unserer Stellung nicht verzeihen, daß wir so viel mit Schein und Unwahrheit zu tun haben und so schwer auf den Kern durchdringen können. Sie konnte es nicht überwinden, daß die Menschen uns olympisch sehen wollen und es nicht gern haben, daß wir weinen und seufzen wie sie. Sie haben uns hoch gestellt, damit wir immer lächeln sollen und ihnen das Gefühl der Sicherheit geben, daß man auf Erden heiter sein kann. Aber eben darin liegt schon eine unerbittliche, grausame Lüge. ...

Es war eine so ungeheure Kraft in ihr. Es war, als müßte sie austoben, was zu viel da war, mit Reiten und Gehen und Reisen und Schreiben, alles so viel als irgend möglich, nur um dem Druck der Verhältnisse zu entrinnen. Sie wollte nicht Pegasus im Joch sein, sie wollte zeigen, daß sie Flügel hätte, und das haben ihr viele verargt. ...

›Die Natur ist sehr grausam!‹ sagte sie zu mir, bei einem der Spaziergänge, bei denen wir am meisten sprachen, da uns niemand hörte. Während man ihr wundervolles Haar kämmte, sah sie es gar nicht an, es lag fast auf der Erde neben ihr, in lauter Ringeln von oben bis unten; sie aber las und schrieb und war in Gedanken versunken, während man ihr den schönsten Schmuck pflegte und ordnete.. ... Sie hatte sich von so vielem befreit, nur um besser denken zu können und um den Menschen zu lehren, daß es auf das Äußere nicht ankommt. Sie scherzte so lieblich und hatte etwas Berückendes in dem Grübchen am Kinn und dem reizenden Lächeln, das um die ernsten Augen spielte. Sie ging immer ohne Handschuhe im Freien und am meisten ohne Hut. Sie wollte Sonne und Luft haben für ihr schönes Haar, das golden schimmerte im Glanz der Morgensonne, so viele goldene Fäden durchzogen das braune, weiche Haar, das am Nacken sich in Löckchen kräuselte. Ihre Stimme war tief und verschleiert, wie von jemand, der selten und wenig spricht und die Stimme aus merkwürdigen Tiefen hervorzuholen scheint. ...

Und dabei das klare, scharfe Urteil über alles! Sie war ihrem

Gatten die vertrauteste Freundin, auch wenn sie nicht bei ihm war, im regen, unablässigen Briefwechsel teilte sie ihm ihre Anschauungen mit. Und das wußte wiederum niemand. Manche, die sie kritisierten und meinten, sie versäume manches, wußten nicht, daß sie ihrem Gatten mehr war als viele, die immer dastehen und aussehen, als wären sie eine Hilfe. ...

Es war alles groß an dieser Frau, ihr Gang, ihr Haar, ihre Gedanken, ihr Blick, der Klang der tiefen, weichen Stimme, die so verhalten war, als wären Wellen von Leidenschaft dahinter.«

Ende Mai, nach der Rückkehr Elisabeths, übernachtet die kaiserliche Familie erstmals in der Lainzer Hermesvilla, bevor im Juni der sommerliche Séjour in Ischl angetreten wird. Die Kaiserin fühlt sich in dem Prunk der neuen Villa nicht sonderlich wohl. Er erscheint ihr wie ein Symbol der zerfallenden Monarchie, die sie in ihrer Lyrik schonungslos beschreibt.

Elisabeths Gedichte wären eine eigene Untersuchung wert. Nicht aus Gründen ihrer literarischen Qualität, die nicht als besonders hoch einzuschätzen ist. Sondern weil sie ihre Realitätsflucht, ihre Traumvorstellung, ihren sarkastischen Humor und nicht zuletzt die Überschätzung der schönen Arabesken ihres eigenen Lebens nur allzu deutlich dokumentieren. Die Lyrik ist ihr »eigentliches Leben«, das sie immer stärker mit dem wirklichen »Leben draußen« verwechselt. Da sie sich unverstanden fühlt, ist es nur verständlich, daß sie glaubt, die geliebten Kinder ihrer Muse, zumeist nichts anderes als hilflose Reimereien, für die Nachwelt aufbewahren zu müssen, von der sie sich Verständnis, Rechtfertigung, vielleicht auch Erkenntnis ihrer wahren Größe verspricht.

Die Gedichte zeigen die Kaiserin, wie sie sich selbst gesehen wissen will. Sie sollen ihr Anerkennung durch ihren Nachruhm als große Dichterin sichern. Sie provozieren, sie verführen zum sarkastischen Lächeln, sie rühren auf merkwürdige Weise auch an.

In die »Mysterien der Natur« hat Heinrich Heine seine prominente Adeptin eingeführt. Und so schreibt sie fast ständig über Erfahrungen in der Natur, über die griechischen Inseln, über Wald und Meer und Gestirne, über die Seen, an denen sie sitzt, über die Berge, auf die sie steigt, so zum Beispiel den Dachstein und den Jainzen in der Nähe von Ischl. Der Jainzen ist Elisabeths »Felsgemahl«, oder wie Valerie es ausdrückt: »Mamas Zauberberg, wo sie dichtet und träumt und selbst mich kaum mehr etwas erstaunen könnte.« Und sie betet die Sonne an:

Ich bin ein Sonntagskind, ein Kind der Sonne;
Die goldnen Strahlen wand sie mir zum Throne,
Mit ihrem Glanze flocht sie meine Krone,
In ihrem Licht ist es, daß ich wohne,
Doch wenn sie je mir schwindet, muß ich sterben.

Tatsächlich erlauben die Gedichte bemerkenswerte Aufschlüsse über die kaiserliche Verfasserin. Oft sind sie kaum mehr als literarische Dutzendware, doch unter einem psychologischen Blickwinkel ungemein erhellend. Elisabeths literarisch-geistige Präferenzen verraten überhaupt viel über das, was sie tatsächlich bewegt: die Dramen Shakespeares, die Dichtungen Byrons, die Romane französischer Autoren, die Schriften Sapphos und Homers, kulminierend im Achilles-Mythos – mit all dem fühlt sie sich über die Grenzen von Zeit und Wirklichkeit hinweg verbunden. Auch die Sammlungen von Heine-Ausgaben, Heine-Bildern und -Reliquien zeigt augenfällig, womit sich ihr Geist unaufhörlich beschäftigt. Es ist eine mystische Verbundenheit, die sie mit dem Dichter erlebt und der sie immer wieder Ausdruck gibt:

Vom Abend bis zum Morgen,
Von Früh bis in die Nacht
Muss ich stets lauschen, horchen,
Ob Du mir nichts gesagt.

Zu ihren Gedichten, mit denen sie sich seit dem Tod Ludwigs wieder viel beschäftigt, fühlt sie sich wie immer von Heinrich Heine angeregt. Im Februar hatte die Kaiserin mit dem Zyklus der »Nordsee Lieder« begonnen, der in der Neujahrsnacht

1886/87 abgeschlossen wird und aus zahlreichen Gedichten besteht, mit denen Elisabeth Formen, Inhalte und Sprachbilder des Gedichtzyklus »Die Nordsee« von Heinrich Heine nachahmt. Auch die »Winterlieder« aus der Zeit Januar bis November 1887 folgen den Spuren des von ihr so geliebten Heine. Er ist für sie immer noch der Dichter ihres Herzens. Überall läßt sie Büsten oder Bilder des Dichters aufstellen, in Lainz, in Gödöllö, in der Hofburg, in Schönbrunn, in Ischl. Wenn sie in Paris ist, versäumt sie nie, sein Grab auf dem Friedhof Montmartre zu besuchen, um es zu schmücken. Sie legt Kränze dort nieder, deren Schleifen die Aufschrift »Kaiserin Elisabeth ihrem Lieblingsdichter« tragen. In einem ihrer Gedichte gedenkt sie dieser Besuche:

> *Ich dachte an ihn, den ich beweinte, und den ich niemals*
> *gesehen hatte,*
> *Nur sein Staub ruhte dort, wo ich niederkniete.*
> *Seine Seele ist endlich glücklich geworden;*
> *Denn sie weilt bei ihm, der gesagt hat:*
> *»Kommt alle zu mir, die ihr mühselig und beladen seid.«*

Die Begegnungen mit Carmen Sylva sind für die Kaiserin ein großer Gewinn. Elisabeth erlebt eine literarisch äußerst produktive Zeit, schreibt wie im Rausch, eilt »ins Reich der Träume« und ruft ihren »Meister« Heinrich Heine zu Hilfe, mit dem sie spiritistisch zu verkehren glaubt. Er diktiert ihr, sie fühlt es:

> *Mir dünkt, daß Du dictiertest,*
> *Zu schreiben nur bleibt mir,*
> *Gedanken und Gefühle*
> *wehst Du auf das Papier.*

Und verzückt schreibt sie am 5. März 1887:

> *Es schluchzt meine Seele, sie jauchzt und sie weint,*
> *Sie war heute Nacht mit der Deinen vereint;*
> *Sie hielt Dich umschlungen so innig und fest,*

Du hast sie an Deine mit Inbrunst gepresst.
Du hast sie befruchtet, Du hast sie beglückt...

»Heine ist immer und überall mit mir, jedes Wort, jeder Buchstabe, was nur in ›Heine‹ vorkommt, ist ein Juwel«, vertraut die Kaiserin ihrer Tochter in einem Brief aus Gödöllö an. Doch Elisabeths Träumereien drohen in Wahnvorstellungen überzugehen, Valerie macht sich ernsthaft Sorgen, als ihr die Mutter »eines Tages schrieb, sie habe, als sie eines Abends im Bett lag und das Mondlicht durch das Fenster fiel, deutlich das Profil des Dichters vor sich gesehen, wie sie es von Bildern her kannte, und dabei die merkwürdige, ziemlich unangenehme Empfindung gehabt, als wolle diese Seele die ihre aus dem Leib herausreißen.« Der Kampf habe einige Sekunden gedauert, und die Kaiserin habe geschrieben: »Die Erscheinung verschwand und ließ mir trotz der Enttäuschung des Weiterlebens eine beglückende Befestigung im zuweilen schwankenden Glauben, eine größere Liebe zu Jehova und die Überzeugung zurück, daß der Umgang von Heines Seele und der meinen von ihm gestattet sei.«

Sie lebt sich schließlich so in seine Gedankenwelt ein, daß sie immer mehr davon überzeugt ist, mit ihm spirituell zu verkehren. Sogar ihr Bruder, Herzog Carl Theodor, der Augenarzt, äußert gegenüber Valerie einmal, wenn ihre Mutter diese Dinge nicht aufgebe, müsse man befürchten, daß sie eines Tages noch einmal ganz »umschnappen« könnte.

Bleiben wir noch einen Augenblick bei Elisabeths spiritistischen Neigungen. Von Aberglauben ist die Kaiserin nicht frei, im Gegenteil. Sie hat Beziehungen zu einem »Schreibmedium«, nimmt an Séancen teil, an Geisterbeschwörungen und Tischerücken, glaubt an Weissagungen und Prophezeiungen. Marie Wallersee hat einige Äußerungen Elisabeths über ihre Neigung zum Spiritismus festgehalten: »Ich gehöre nicht zu denen, deren geistige Sinne verschlossen sind. Und deshalb höre ich, besser gesagt, empfinde ich die Gedanken und das mich betreffende Wollen meines Geistes. ... Diese Bilder kommen mir in wachem Zustand, ebenso wie die Erinnerung im Schlaf ›Traumgebilde‹ erweckt. Aber was ich in wachem Zustand sehe, sind keine Traumgebilde, keine Halluzinationen, wie gewisse Menschen, denen die Begriffe fehlen, behaupten und damit ein nichtssagendes Wort statt einer logischen Erklärung geben. ... Mir gewährt es große Befriedigung und eine tiefe Beruhigung in so mancher Stunde, daß ich mit jenseitigen Geistern in Verbindung treten kann. Doch die Menschen, mit geringen Ausnahmen, verstehen das nicht. Und was unwissende Menschen nicht verstehen, das erklären sie für Unsinn.«

Marie berichtet auch von zahlreichen abergläubischen Regungen und Handlungen der Kaiserin: »Manchmal schlug sie ein Weißei in ein Glas Wasser, und wir versuchten gemeinsam, Vorbedeutungen aus den Gestalten herauszulesen, die es annahm. So oft Elisabeth eine Elster sah, machte sie drei Verbeugungen vor ihr, und bei Neumond flehte sie um die Erfüllung langgehegter Wünsche. Die Kaiserin glaubte fest und steif an die Schutzgewalt des kalten Eisens und ging niemals an Nägeln oder verlorenen Hufeisen vorüber, ohne sie aufzuheben. Vor dem bösen Blick hegte sie eine unbändige Angst und fürchtete den unheilvollen Einfluß derer, die ihn besaßen.«

Immer wieder erzählt die Kaiserin ihren Vertrauten von »Erscheinungen« und Visionen, läßt sie Geisterseher kommen und Karten lesen, glaubt sie an Seelenwanderung und Wahrsagerei, nimmt sie Kontakt mit den Verstorbenen auf. Nicht nur mit denen, die sie gekannt hat, wie ihren Cousin Ludwig, sondern auch mit ihr unbekannten und doch unendlich vertrauten Toten wie Heinrich Heine.

Mit diesem poetischen Helden idealisiert Elisabeth zugleich ihren Vater. Schon Herzog Max hatte Heine verehrt, hatte Gedichte geschrieben, die sich wie nicht gelungene Plagiate lasen.

Im Juli reist Elisabeth nach Hamburg, um dort die Schwester des Dichters, die neunzigjährige Baronin Charlotte Emden kennenzulernen. Vielleicht kann sie ihr Genaueres über das Leben ihres Bruders erzählen. Die Kaiserin hat die Idee für ein Heine-Denkmal, und die Baronin wird ihr sicherlich beim Aussuchen eines treffenden Porträts als Vorlage helfen können. Die Kaiserin wird freundlich empfangen, aber der Besuch endet doch enttäuschend, Elisabeth bekommt kein Autograph, kein Schriftstück Heines, wie sie es erhofft hat.

Das »Buch der Lieder« hat sie künftig wieder dabei, wo immer sie geht und steht. Selbst den Stil ihrer Gedichte gleicht sie Heine an, nicht immer zu deren Vorteil. Elisabeth liebt Heine, weil er so ganz anders war als alle anderen ihr bekannten Dichter, und sie sieht sich mit ihm in der Verachtung aller Scheinheiligkeit auf einer Linie. Und wie der Poet ist auch sie nicht davor gefeit, zynisch zu werden.

Wegen Heine gerät sie später sogar mit Bismarck aneinander. Sie will für ihren Dichter ein Denkmal in Düsseldorf, dem Geburtsort Heines, errichten lassen. Im September 1887 verfaßt sie in Ischl einen überschwenglichen Aufruf in poetischer Form:

Dem Meister wird sein Standbild nun gesetzt.
Dem Dichter all des Lieblichen und Schönen,
Das heute noch des Menschen Herz ergötzt.

Im Oktober 1887 bildet sich in Düsseldorf ein Komitee für ein Heine-Denkmal. Der Dichter Paul Heyse veröffentlicht Anfang November im »Düsseldorfer Anzeiger« einen Aufruf. Die Kaiserin trägt sich mit einer beträchtlichen Summe in die ausgelegten Listen ein und beauftragt den Berliner Bildhauer Ernst Herter mit der Plastik. In Düsseldorf stößt das Projekt keineswegs überall auf Gegenliebe, in der Presse heißt es, die Mitbürger wollten sich von außen her kein Denkmal aufzwingen lassen. Während Zeitungen in Berlin und Wien begeistert auf Elisabeths Plan reagieren und eine lebhafte Propaganda für das Heine-Denkmal entfalten, wird in Düsseldorf in anonymen Flugschriften gegen den Plan Sturm geblasen, tobt in den Gazetten eine hitzige Leserbriefschlacht.

Bismarck wendet sich nach Wien und gibt seine Verwunderung darüber kund, daß die Souveränin eines befreundeten Staates einen Dichter öffentlich ehre, der die Hohenzollern verhöhnt habe und zeit seines Lebens ein Preußenhasser gewesen sei. Diesmal gibt denn auch Franz Joseph nicht eher Ruhe, bis Elisabeth im September 1888 ihren Namen wieder von der Liste

streicht. Das Heine-Denkmal kommt nicht zustande. Das Hof-
marschallamt der Kaiserin liquidiert bei Bildhauer Herter die
bisher entstandenen Kosten. Erst im März 1893 erfährt die Kaiserin, daß der Plan, ein Heine-Denkmal zu errichten, von den
Düsseldorfer Stadtverordneten definitiv abgelehnt worden ist.
Und zwar mit der Begründung, daß man neben einem Ehren-
mal für gefallene deutsche Soldaten des Krieges von 1871 kein
Denkmal für Heine aufstellen könne.

Von Hamburg fährt Elisabeth im Juli weiter nach England,
und zwar von Norfolk in das Seebad Cromer. Hier erlebt sie mit
ihrer Hofdame Sárolta Majláth eine prekäre Situation: An einem
heißen Nachmittag ziehen sich die beiden Damen an einem
einsamen Strand aus, um im Meer zu baden. Beide glauben sich
unbeobachtet, dann entdecken sie draußen im Wasser einen
Schwimmer. Hat er ihnen beim Entkleiden zugesehen? Die beiden sind unsicher, und Elisabeth verarbeitet das kleine Abenteuer in einem witzigen Gedicht:

Lange hatten wir ergangen
Nachmittags uns an dem Strande,
Wo durch Cliffe aufgefangen,
Doppelt heiss die Sonne brannte.

Leider sind wir keine Engel;
Ist auch deine (Sároltas, d.V.) schöne Seele
Frei von Makel, frei von Mängel,
Gibts doch, was den Leib oft quäle.

Keine Büsche, keine Sträuche,
Ja, kein Felsblock selbst zu finden,
Der zum Paravent gereiche,
Wenn wir sittsam hier verschwinden.

Ehe wir uns niederlassen,
Werfen wir besorgte Blicke
Auf die hohen Cliffterrassen,
Nach dem Stande weit zurücke.

Schrecklich! ach zu spät entdeckten
Wir errötend und mit Grauen,
Was die Wogen halb versteckten
Und doch deutlich war zu schauen.

Gibt der tückisch kühne Schwimmer
Preis der Welt, was er gesehen?
Wir zwei rühmen uns des nimmer,
Was heut' Nachmittag geschehen.

Ansonsten geht es schicklich zu im Badeort. Handschriftliche Notizen in Heines Werken dokumentieren wieder die Beschäftigung Elisabeths mit dem Dichter, auch entstehen wieder etliche Gedichte. Nach einem Besuch bei der englischen Königin in Osborne auf der Insel Wight, zu dem Franz Joseph sie gedrängt hat, läßt sie ihren Unmut in einem Gedicht aus:

Der Herrsch'rin dieses Inselreiches
Ihr sollt heut' gelten mein Besuch,
Als hätten wir an Langweil gleiches
Nicht schon an unserm Hof genug.
Mit Möven segeln um die Wette
Im Sturmgebraus, ist Hochgenuss;
Doch hier die steife Etiquette,
Die macht Titania nur Verdruss.

Die Phrasen sind's, die altbekannten,
Man findet sie in allen Landen:
»Wie geht's dem teuern Herrn Gemahl?«
»O bestens lässt er sich empfehlen,
(Wollt' er mich doch mit ihr nicht quälen!)
So schrieb er aus dem Alpenthal.«

Dann gibt es ein Wiedersehen mit Franz Joseph und Valerie »im Alpenthal«, im Schloß Kreuth bei Tegernsee. Zur Feier des Kaisergeburtstages am 18. August ist die ganze Familie traditionell

Weihnachten 1887. Elisabeth feiert ihren fünfzigsten Geburtstag.
Das Kaiser- und das Kronprinzenpaar in der Wiener Hofburg,
mit Marie Valerie und der etwa vierjährigen Elisabeth (»Erzsi«).

vollzählig in Ischl versammelt. Die Kaiserin bleibt hier bis Oktober, bevor sie zu ihrer Herbstreise aufbricht.

Korfu. Der Plan nimmt präzisere Formen an. Ihre Sehnsucht nach dem Süden, nach der homerischen Welt, sie soll Stein werden. Alexander von Warsberg hat in seinem Buch »Odysseische Landschaften«, mit dem sich Elisabeth inzwischen intensiv beschäftigt hat, anhand der Landschaftsbilder im homerischen Epos Spekulationen über den Schauplatz der Odyssee angestellt. Die Kaiserin spürt bei dem Konsul eine ähnlich große Schwärmerei für Griechenland, eine begeisterte Liebe für die Natur und die unberührte Landschaft.

Alexander von Warsberg wird sie wieder begleiten, die Kaiserin will all die Stätten Griechenlands aufsuchen, die er beschrieben hat. Für die Reise steht die alte Yacht »Greif« zur Verfügung, die am 17. Oktober in Triest in See sticht. Es wird eine strapaziöse Irrfahrt durchs Mittelmeer. Korfu wird nach allen Richtungen durchstreift, immer mit dem »ästhetischen Reisemarschall«, dessen »klassische Ekstase« Marie Festetics zunehmend auf die Nerven geht. Nach einem kurzen Ausflug nach Albanien fährt das Schiff an Leukadien und dem Kap der Sappho vorbei nach Ithaka, wo ein mehrtägiger Aufenthalt eingelegt werden soll.

Doch die Anfahrt unter schwierigsten Bedingungen, weil der schlechte Hafen das Schiff ständig schaukeln läßt, stellt die Geduld und Geschicklichkeit der Besatzung auf eine harte Probe. Am 30. Oktober geht es dort ans Ufer, wo Homer zufolge auch Odysseus gelandet ist. Der lange Aufenthalt auf Ithaka läßt den Kaiser in einem seiner Briefe an Elisabeth skeptisch klingen: »Es freut mich, daß Dir Ithaca so unendlich gefällt. Daß es nervenberuhigend und still ist, will ich glauben, aber daß es schöner als Hallstatt sein soll, scheint mir unmöglich, besonders bei der mangelhaften südlichen Vegetation.« Selbst der geduldige Reiseführer fühlt sich am Ende seiner Kräfte und schreibt erschöpft in sein Tagebuch: »Die Übermüdung übertrifft alles, was ich auf meinen gewiß nicht mühelosen Orientreisen erfahren.«

Im November Rückkehr nach Korfu. An ihrem Namenstag,

19. November, befindet sich Elisabeth bereits wieder im Kreis ihrer Familie in Gödöllö, wo sich auch ihr Bruder Carl Theodor einfindet. Nächtelang werden Gedichte geschrieben. Die Begegnung mit Carmen Sylva und Charlotte von Emden sind ihrer Phantasie durchaus förderlich.

Beunruhigt reagiert Elisabeth inzwischen auf die immer inniger werdende Liebe zwischen Valerie und Franz Salvator. Am 9. Dezember gibt Valerie ein Gespräch wieder, in dem Elisabeth ihre Tochter unerträglich unter Druck zu setzen versucht: »Ich liebe doch eigentlich nur Dich, wenn Du mich verläßt, so ist mein Leben aus. Aber so liebt man nur einmal im Leben. Da denkt man nur an das geliebte Wesen, da ist alles auf der einen Seite – von der anderen verlangt man und erwartet man nichts. ... Du mußtest mein eigenes, eigenstes Kind bleiben, mein Kleinod, auf das niemand ein Recht haben darf als ich allein, und alle Liebesfähigkeit meines bis dahin verschlossenen Herzens habe ich dann auf dich ausgeströmt.« Elisabeth, die überfürsorgliche, eigensüchtige Mutter.

Am 24. Dezember feiert Elisabeth ihren fünfzigsten Geburtstag, nicht gerade in bester Stimmung, sie wälzt deprimierende Gedanken über ihr fortschreitendes Alter. Außerdem hat sie ein schlechtes Gewissen, weil sie fast das ganze Jahr von zu Hause und von ihrem Mann weg war. Sie zwingt sich, alle Verpflichtungen als Kaiserin in Wien und Budapest mitzumachen, obwohl wieder ihre Füße zu schmerzen beginnen.

*R*udolf scheint – zumindest vermittelt er diesen Eindruck – anfangs mit seiner Ehe ganz zufrieden zu sein. Stephanie ist jung und einigermaßen hübsch und, nach seiner eigenen Aussage, sehr gescheit und vornehm. Doch das ist nur Gerede für die Ohren, die es hören wollen. Seiner jungen Frau jedenfalls entgeht nicht die notorische Anziehungskraft, die Rudolf auf andere Damen ausübt. Sie hielt seine anfängliche Leidenschaft für Liebe, während es für ihn allenfalls der Reiz des Neuen und Unbekannten war, der ihn zu Stephanie hinzog.

Nur Elisabeth sieht klar. Sie kennt ihren Sohn besser. Sie weiß, er ist nicht dafür geschaffen, etwas auf Grund von Zwang zu ertragen, und wäre es auch noch so schön. Und die Ehe muß für einen so nach Abwechslung verlangenden Menschen eine Fessel sein, die er bald abstreifen wird. Zunächst scheint es, als ob ihre düsteren Ahnungen unbegründet sind. Doch Rudolf will seine Mutter nur beruhigen, wenn er ihr in seinen Briefen versichert: »Ich schwelge in Zufriedenheit. Stephanie ... wird eine treue Tochter und Untertanin ihres Kaisers und eine gute Österreicherin. ... Ich bin sehr glücklich und zufrieden.« Elisabeth glaubt ihm kein Wort. Nur zu bald folgen Briefe ihres Sohnes, die ihre Befürchtungen bestätigen. Der Kaiser hat, nach langem Widerstreben, Rudolfs Wunsch entsprochen und ihn von Prag nach Wien versetzt.

Es ist nicht die Schuld der Kronprinzessin, daß das Glück und die Zufriedenheit, von denen Rudolf spricht, so rasch verschwinden. Die Kaiserin meint, die Ursache dieser frühen Entfremdung in der Selbsttäuschung Rudolfs sehen zu müssen. Sie irrt sich, wahrscheinlich hat ihr Sohn einfach nur kein Talent zum Ehemann. Seine oppositionelle Intelligenz, die Art, wie er über die meisten Erzherzöge und den Hofadel urteilt, die Wahl seiner Gesellschaft – dies alles erschwert und verleidet es ihm, in Wien immer nur die zweite Geige zu spielen. Wie seine Mutter beginnt auch er den Hof zu meiden, läßt er seine Familie im Stich. Es ist nicht, wie man sagt, sein unbeständiges Naturell, das ihn forttreibt; er flieht aus einem Dasein, hinter dessen goldstrotzender Kulisse sich eine große Leere auftut. Es war der Wille des Kaisers, daß der Thronfolger Offizier wird. Rudolf hat ehrlich versucht, diesem Befehl zu gehorchen. Er war Oberst in Prag, dann Generalmajor, nun ist er Divisionär in Wien.

Es hätte alles gut werden können, wenn er Stephanies Liebe hätte erwidern können. Doch er liebt sie eben nicht, er gibt sich nicht die geringste Mühe, sie zu verstehen. Schon bald kann er ihren Anblick nicht mehr ertragen, erscheint ihm seine Frau mit ihrer blassen Haut und ihren hellblonden Haaren nicht mehr als hübsch. Sie kommt ihm bigott und beschränkt vor. Dabei hatte sie sicherlich alle Anlagen, eine fabelhafte, glänzende

Kronprinzessin und später Kaiserin zu sein. Aber an Rudolfs Seite wird ihr das unmöglich. Er stürzt sich wieder in amouröse Abenteuer, betrügt sie nach Strich und Faden in unzähligen flüchtigen Affären. Sie fühlt sich verletzt und macht ihm lautstarke Eifersuchtsszenen. Dann hat auch sie ihre erotischen Liaisons, Seitensprünge, außereheliche Eskapaden. Das Zusammenleben wird für beide unerträglich. Rudolf selbst gibt schließlich zu: »Wir passen nun mal nicht zusammen, wir machen uns das Leben zur Hölle.«

Franz Josephs Hofs ist nicht puritanisch, aber man achtet doch auf die korrekte Wahrung der guten Sitten. Der Kaiser selber ist darin zwar recht streng, es widerstrebt ihm aber, das private Leben der Erzherzöge unter Aufsicht zu stellen, er wünscht nur, »davon nichts zu hören«. Darum berühren ihn die Klagen und Beschwerden auch so peinlich, die ihm über seinen Sohn zu Ohren kommen. Er erfährt aus geheimen Berichten zu seinem größten Mißbehagen von Rudolfs Umgang mit liberalen Journalisten, auch die Beziehung Rudolfs zu dem Bankier Moritz von Hirsch bleibt dem Kaiser nicht verborgen. Die Gesellschaft wird durch Rudolfs »ungarische Freunderln« nicht besser. Der Sohn ist bald dreißig Jahre alt, er hat ein hohes militärisches Amt, es würde sich weder mit der Gesinnung Franz Josephs, noch mit der Stellung des Thronfolgers vertragen, von ihm Rechenschaft zu fordern. Nur in einem Punkt ist der Kaiser unnachsichtig: Er verlangt die Wahrung der Sitte auch in der Ehe. Er will sich die Klagen der Kronprinzessin Stephanie nicht mehr anhören müssen.

Franz Joseph war sich vor der Hochzeit seines Sohnes selbstverständlich darüber im klaren, daß die Entscheidung nur nach Erwägungen der Staatsräson getroffen worden ist. Ehen von Fürstenkindern sind nun einmal Teil der höfischen Politik. Dazu gehört aber ein gewisses Maß Offenheit und Großzügigkeit. Man behält die Form der alten Einrichtung, gibt ihr aber einen neuen Inhalt, in der sicheren Annahme, es den Partnern, ihrem Wissen, ihrer Kunst und Delikatesse überlassen zu können, die Ehe doch halbwegs erträglich zu gestalten.

Der Wiener Hof ist in dieser Kunst nicht mehr sonderlich

geübt. Der weite, weltbürgerliche Horizont des Hofes hat sich mittlerweile kleinbürgerlich verengt. Kaiser Franz, sehr praktisch und nüchtern in der Wahl seiner Gattinnen, ist ein fanatischer Ehemann gewesen, der Hof wurde zur Familie. Die Erzherzöge waren sozusagen verpflichtet, sich an das Beispiel ehelichen Hausfriedens zu halten. Das strenge Regiment der Kaisermutter Sophie gestattete nur bei den jungen Prinzen eine Ausnahme. Sie folgte einer hausbackenen Moral mit der Annahme, daß der junge Mann, der seine Freiheit genießt, später schon einen guten Ehemann abgeben wird. Im übrigen hat sie sich stets auf ihre eigene harte Schule berufen und bei allem Liebesleid mit der simplen Bemerkung abgewunken, daß »solche eingebildete Sachen« ohnehin bald aufhören. Franz Joseph denkt jetzt ungefähr so wie seine Mutter.

Kronprinz Rudolf erkennt zu spät den Widerspruch dieser Konvention, die den Thronanwärter zur staatsräsonablen Heirat zwingt und zugleich die Erfüllung aller Ehepflichten von ihm fordert. Die Kronprinzessin will sich nicht mit einer halben Ehe begnügen, sie bleibt – oder spielt – ganz die liebende Frau, obwohl Rudolf den Rahmen der Ehe gesprengt hat. In dem Konflikt steht Elisabeth ihrem Sohn mitfühlend zur Seite. Doch was vermag sie jetzt noch zu tun? Rudolf hat mehr Kompromißbereitschaft bewiesen als die Kaiserin, er ist anpassungsfähig und weltmännisch genug, über Mißstimmungen rasch hinwegzukommen, die kaum einer Ehe erspart bleiben.

Es sind jedoch nicht die Gegensätze der Ehe, die den Konflikt zuspitzen; die Enge des Hofs, die geschlossene Welt Wiens erst machen ihn gefährlich. Der Wiener Hof ist von einer aristokratischen Gesellschaft umgeben, die sich in schöner Selbstherrlichkeit ihre eignen Gesetze gegeben hat, frei von kleinlichen Bedenken, sicher und selbstbewußt in den Formen einer traditionsbewußten Lebenskultur. Im Kaiserhaus jedoch herrscht ein bürgerlicher, kleinkrämerischer Geist.

Kronprinz Rudolf hat im Sommer 1887, bei seinem Besuch in London, den großen Stil der Lebensführung, die Freiheit neidvoll bewundert, die der Prinz von Wales genießt. Königin Victoria, auf den Alleinbesitz der Macht so streng bedacht wie Kaiser Franz Joseph, ist doch so weise, das Privatleben ihres Sohnes nicht einzuengen. Er lernt die Welt wirklich kennen, er kennt die Bankiers, Industriellen, die maßgebenden Männer des Handels nicht nur dem Namen nach, er hat sich in den Clubs und Amüsierstätten von Paris umgeschaut, schöne Frauen und Künstler kennengelernt. Dieser Freiheit verdankt Edward den klaren Blick für die Realitäten des Lebens, jenes weltmännische Talent, das ihn später befähigt, ein erfolgreicher Manager des *Foreign office* zu werden. Wobei Rudolf nicht wahrnimmt, daß auch Edward als unglückliche Figur gilt, weil Victoria ihn nicht an die Regierung läßt.

Rudolf schämt sich, wie kümmerlich sein Leben neben der grandseigneuralen Herrlichkeit des englischen Prinzen wirken muß. Es wäre dort unvorstellbar, den Thronfolger in den langweiligen Dienst des Offiziers zu zwängen, ihm zuzumuten, seine besten Jahre etwa mit der Detailarbeit eines subalternen Marineurs zu verbringen. Noch schlimmer freilich, dürftig und kleinlich, erscheint ihm die Art, wie man seinen Umgang mit Menschen des öffentlichen Lebens beurteilt und kritisiert. Er verkehrt mit Journalisten, die mit der Zeit seine Freunde werden, weil er auf keinem anderen Weg etwas in Erfahrung bringen kann, weil die Kanzleien ihm verschlossen bleiben, die Minister kein Recht haben, ihn zu informieren. In London wäre es unvorstellbar, daß der Prinz von Wales diese Leute gleichsam auf Hintertreppen, in der Nacht, im geheimen empfängt, wie es Rudolf zu tun gezwungen ist, wenn er den Chefredakteur des »Neuen Wiener Tagblatts«, Moriz Szeps, zu sich lädt.

In der Umgebung des Kaisers ist man jedoch daran interessiert, Rudolfs Beziehungen zum Journalismus in einen Verschwörerroman zu verwandeln. Eine wirklich politische Bedeutung hat Moriz Szeps selbst in Wien nicht, und doch malen ängstliche Gemüter ein Bild, worauf der Leitartikler des kleinen Mannes von Wien als ein gefährlicher Intrigant mit internationalen Verbindungen, als Sendbote dunkler Absichten der Freimaurer und anderer böser Kräfte erscheint. Selbst Elisabeth glaubt an die freimaurerischen Verbindungen Rudolfs.

Es wundert nicht, wenn Rudolf, nervös gemacht, dem Freund

schreibt: »Man ist sehr aufmerksam und mißtrauisch mir gegenüber, und ich sehe von Tag zu Tag mehr, mit welch engem Kreis von Spionen, Denunziation und Überwachung ich umgeben bin. ... Ich hatte Grund zu glauben, daß man in hohen Kreisen unsere Beziehungen kennt; seither habe ich greifbare Vermutungen gesammelt. Futtaki sagt mit, Wodianer hätte ihn vor wenigen Tagen gefragt, ob es wahr sei, daß Sie so viel in die Burg kämen. Sie wissen, Wodianer ist Bankier des Erzherzogs Albrecht. ... Ich kenne leider nur zu gut die Kampfweise meiner Gegner; ich habe es schon in einer bösen, in einer schmählichen Weise durchmachen müssen.« Es ist kein Verfolgungswahn, keine Übertreibung, was Rudolf berichtet; er wird ja auf Schritt und Tritt von Spionen und Nachrichtendienstlern verfolgt, die meist harmlose Vorgänge aufbauschen und entstellt in die Hofburg rapportieren.

Rudolf leidet in diesen Jahren unter Geldsorgen. Obwohl er Sohn des reichen Kaisers und Schwiegersohn des ebenso reichen Königs von Belgien ist, kann man ihn nicht als sehr vermögend bezeichnen. König Leopold ist ein trefflicher Kaufmann und Spekulant, aber kein nobler Vater. Wie peinlich lange haben sich damals vor der Heirat des Erzherzogs Maximilian die Verhandlungen wegen der Mitgift Charlottes hingezogen; schließlich hat Franz Joseph dem Schacher ein Ende gemacht, indem er der Gemahlin seines Bruders eine jährliche Apanage von hunderttausend Gulden aussetzte. Auch Rudolf hat aus Belgien kein Vermögen empfangen, und sein Haushalt, die Erhaltung seiner Jagden, sein Lebensunterhalt erfordern mehr, als er an jährlichen Zuwendungen vom Kaiser erhält. Die Distanz zum Vater macht es ihm schwer, sich ihm mit diesen Sorgen anzuvertrauen.

In dieser Atmosphäre der Beargwöhnung, Sittenrichterei, Klatschsucht und Neugier entsteht zu Lebzeiten Rudolfs die Kronprinzen-Legende.

*A*ls Kaiser Franz Joseph in die mittleren Jahre kommt, ist sein Leben zu einem nüchternen, monotonen Ritual erstarrt. Jeden Morgen weckt ihn sein Kammerdiener Eugen Ketterl um halb vier mit den Worten: »Ich lege mich Eurer Majestät zu Füßen«, und Franz Joseph antwortet stets: »Ich danke Ihnen.« Dann steht er auf, begibt sich in einen winzigen Vorraum, wo ein Diener ihn in einer alten Wanne badet, oder er wäscht sich selbst an einem wackligen Waschtisch. Man kleidet ihn in Unterwäsche aus grober Baumwolle – sein Kammerdiener beneidet ihn nicht darum – und in die einfache Uniform, die zu seinem strengen Geist und seiner schlanken Figur am besten paßt.

Ein kurzes Gebet am Betstuhl, dann schaut ihn sich sein Arzt kurz an, horcht ihn ab. Der Kaiser setzt sich an den kleinen Schreibtisch, von dem aus er das Reich regiert. Doch regiert Franz Joseph sein Reich viel weniger, als daß er es verwaltet. Das, was er regieren nennt, ist im Grunde nichts anderes als die gewissenhafte Verwaltungsarbeit eines fleißigen und pflichtbewußten Beamten, eines unermüdlichen, immer glänzend präparierten und informierten Aktenlesers. Zum Regieren fehlt ihm Intuition, das Gespür für die großen Zusammenhänge. Er nimmt stets allzu scharf nur die Einzelheiten in den Blick, verliert sich oft in Details. Er wäre ein vorzüglicher Hofrat geworden, so hat er selbst einmal in einem Anflug von Selbsterkenntnis von sich gesagt.

Auf dem Schreibtisch erwarten ihn schon seine Akten, am Vorabend aufgehäuft, und er beginnt sofort mit der Lektüre, bei der er sich sorgfältige Randnotizen macht. Die Monarchie wird von diesen feinen Kanzleipapieren förmlich überflutet, die – bedeckt mit den Zügen seiner regelmäßigen Schrift – von seinem Schreibtisch ausgehen. Er bearbeitet und erledigt alles, sauber nach Ressort und Akten eingeteilt, was auf seinen Schreibtisch kommt. Was nicht bis dorthin gelangt, das freilich existiert einfach nicht.

Für jede Schwierigkeit hält er eine eingeschliffene Regel bereit, um sie zu lösen. Schreibt jemand an ihn und hat vergessen, die Anstriche der Buchstaben auszuziehen, so ärgert er sich darüber, und mit sturer Genauigkeit bessert er diese Fehler Buchstaben um Buchstaben aus. Er weiß nur zu gut, was Pflichttreue ist, nur schlägt sie bei ihm oft in Pedanterie um.

Um fünf Uhr nimmt er ein kleines Frühstück ein, bestehend aus Kaffee, Semmeln und Schinken, außer an Fastentagen, und am späteren Vormittag Gebäck. Oft ißt er, ohne von seinen Akten aufzublicken, schlingt etwas in sich hinein, ohne zu bemerken, was er da zu sich nimmt. Der Hausdiener erscheint, um abzustauben und zu fegen, der Kaiser nimmt es nicht wahr. Er läßt sich, wenn es sein muß, einen Zahn an seinem Schreibtisch ziehen, und gleich geht es weiter mit der Arbeit. Er erträgt Schmerzen, ohne mit der Wimper zu zucken, beklagt sich nie, äußert niemals Sonderwünsche. Welchen Dienst auch immer er von einem seiner Diener entgegennimmt, nie versäumt er, sich dafür zu bedanken.

In der Hofburg, aber auch in seinen anderen Residenzen, bewohnt Franz Joseph stets die bescheidensten und unbequemsten Räume. Seiner Umgebung sieht man an, daß hier ein Mann lebt, um den sich keine Frau kümmert.

Auch das Mittagessen wird am Schreibtisch serviert. Minister und Adjutanten eilen herein und wieder hinaus, wie ihnen befohlen wird. Manchmal unterbricht sein Kammerdiener die über gewissenhafter Arbeit abgesessenen Stunden, indem er ihm eine Inhalation gegen seine ständigen Erkältungen hinschiebt. Vielleicht ist auch eine religiöse Feier vorgesehen oder aber, welch große Freude, eine Truppenparade. Bisweilen macht er sich sogar das Vergnügen, die Uniformen eines seiner Regimenter neu zu entwerfen. Doch die einzig wirkliche Erholung des Kaisers ist die Jagd, aber er nimmt niemals ein Gewehr in die Hand, bevor er nicht mit den täglichen Akten fertig ist.

An zwei Tagen in der Woche stehen Audienzen auf dem Programm. Leute, die eine Klage vorzubringen haben, welche von einem Gericht nicht angemessen behandelt werden kann. Bittsteller drängen sich um ihn, wo immer er geht, versuchen oft, seine Füße und Knie zu küssen, wenn sie ihm die Blätter, auf denen sie ihre Nöte geschrieben haben, überreichen. Er nimmt die Gesuche eigenhändig entgegen. Jeden Monat legt er aus seiner Privatschatulle fünfzigtausend Kronen für die Unterstützung Notleidender beiseite. Er will leutselig wirken, doch sinken viele vor ihm nur sprachlos auf die Knie. »Vor mir kniet man nicht«, sagt er dann, verlegen, immer ein wenig unwillig.

»Manchmal denke ich, das Schicksal meines Onkels lag in seinem Gesicht«, schreibt eine Nichte Franz Josephs, die damit andeuten will, daß er nicht so gütig war, wie er aussah. Tatsächlich tritt er gegenüber seinem habsburgischen Clan, aber auch seinen Ministern und Generalen wie der absolute Herrscher auf, der er ist. Was er sagt, das gilt. Widerspruch ist meistens zwecklos. Franz Joseph kann von unglaublicher Sturheit sein, verteilt unberechenbar Zeichen der Zuneigung, entzieht genauso unberechenbar und wie aus heiterem Himmel Gunst, Ämter, Privilegien. Doch beweisen die feinen Fältchen, die sich in den mittleren Lebensjahren in sein Gesicht graben, daß es gewöhnlich einen freundlichen Ausdruck zeigt. Er kann gegenüber seinen mutwilligen Erzherzögen barsch und aufbrausend sein, seine Diener sehen ihn jedoch niemals auch nur im geringsten erregt. Wenn er seinen Untertanen gegenübersteht, verwandelt sich der Blick seiner überanstrengten Augen, und er kann vor Freude und Scheu erröten.

Franz Joseph wird von seinem Volk nicht geliebt, darüber täuschen die heutigen nostalgischen Gefühle für den »guten, alten Kaiser« nicht hinweg. Er will durchaus geliebt werden, nur steht er auf einem allzu hohen Sockel. Außerdem stemmt er sich den politischen Bestrebungen seines Volkes entgegen, nimmt kaum Anteil an der Entwicklung bürgerlicher Künste und Wissenschaften. Er ist alles andere als ein »Bürgerkaiser«, er lernt seine Untertanen nie wirklich kennen. Franz Joseph kommt einfach zu bescheiden daher, als daß seine historische Rolle zu erkennen wäre. Und doch besitzt er mit seiner Höflichkeit gegenüber den einfachen Leuten, seiner gewissenhaften, gerechten Behandlung ihrer verworrenen Probleme, mit seinem Fleiß und seiner Selbstlosigkeit geradezu »unösterreichische« Eigenschaften. Mehr als jeder andere Monarch seiner Zeit ist Franz Joseph schlicht und einfach der erste Diener seines Volkes.

Er dient jeden Tag an seinem Schreibtisch, er geht am liebsten um halb neun zu Bett und haßt alles, was ihn daran hindert, wie zum Beispiel Bankette oder Bälle, die er in jüngeren Jahren noch gern besucht hat. Manchmal fühlt er sich verpflichtet, einer Aufführung in seinem Privattheater, dem Burgtheater, beizuwohnen. Sein Interesse an hübschen Frauen läßt mit den Jahren nach, und nach dem Bruch mit Elisabeth wird sein Namen mit keinem Skandal mehr in Verbindung gebracht.

Elisabeth. Er ist immer überglücklich, wenn sie in die Hofburg kommt oder einige Wochen mit ihm in der kaiserlichen Sommervilla in Ischl verbringt. Er bekommt sie so selten zu sehen, seinen »Engel«. Warum ist sie nur so oft abweisend und ungeduldig ihm gegenüber? Wenn er sie in ihren Appartements in der Hofburg besucht, befiehlt sie, daß alle Fenster und Türen geöffnet werden. Weiß sie nicht, daß er Zugluft haßt und sich leicht erkältet? Bisweilen läßt sie ihn ihr Desinteresse deutlich spüren, wenn er langatmig über seine Truppenparaden spricht, über seine Manöver, kürzlich geborene Königskinder, kürzlich erlegte Gemsen. Gelangweilt sitzt Elisabeth dann oft mit verzogenen Lippen da, kaum eine Antwort murmelnd, tut ihm niemals den Gefallen, eine Bemerkung, die er nicht verstanden hat, zu wiederholen. Bei Tisch spricht sie so leise, daß der schon etwas schwerhörige Kaiser, auf jedes ihrer Worte begierig, sie nicht verstehen kann. Diese zur Schau getragene Gleichgültigkeit schockiert Valerie, die dann immer die Worte ihrer Mutter sofort mit lauter Stimme wiederholt. Einmal bittet sie Elisabeth so diplomatisch wie möglich, doch etwas lauter zu sprechen, doch die Kaiserin zuckt nur die Schultern und meint: »Ja, ich hab' immer eine leise Stimme gehabt. Aber jetzt werde ich richtig redefaul. Ich weiß es selbst.«

Eugen Ketterl erzählt eine Episode von Elisabeths gedanken- und rücksichtslosem Verhalten ihrem Mann gegenüber, die sehr symptomatisch zu sein scheint: »In Gödöllö bekam der Kaiser seine Gattin, selbst wenn sie unter einem Dache wohnten, nur selten zu Gesicht. Wollte Franz Joseph sie morgens besuchen und ging er ohne Anmeldung zu ihr hinüber, erklärten die diensthabenden Geister Ihrer Majestät, die Kaiserin schlafe noch! Manchmal war die hohe Frau schon in den Bergen, von wo sie erst abends mit ihrer unglücklichen Hofdame zurückkehrte und, jetzt todmüde, den Kaiser erst recht nicht empfing. So kam es vor, daß der Kaiser oft zehn Tage lang umsonst zu ihr hinüberging. Wie peinlich das vor dem Personal war, kann sich jeder denken; mir tat der hohe Herr oft in der Seele leid.«

Aber ändern wird sie es nicht. Ihre Egozentrik hat erstaunliche Formen angenommen, keinen Schritt findet er hinein in ihre Traumwelt. Die Leute nennen sie »das Feenkind«, wegen ihrer zerbrechlichen Schönheit, die ihm noch immer einen Stich durchs Herz gibt. Vielleicht hat sie Angst, verrückt zu werden, wer weiß.

Und doch, noch immer sieht er in Elisabeth auch eine andere Frau, die Zärtlichkeit, Einsicht und Mitgefühl besitzt. Er spürt genau, daß er ihr nicht zu genügen vermag. Abgesehen von der Leidenschaft des Liebhabers in stürmischen Stunden hat er seiner Frau kein wirkliches seelisches Verstehen geben können. Dafür aber erträgt er mit bewundernswerter Gelassenheit die Launen und Sonderbarkeiten seiner Sisi, bezahlt bereitwillig und ohne jeden Widerstand die riesigen Summen, die ihre Passionen verschlingen. Wenn sie reist, erhält sie im Monat sechsundvierzigtausend Gulden, dazu pro Jahr weitere zweihunderttausend Gulden für besondere Ausgaben. Und doch kommt sie nie mit diesem Geld aus, nicht weil sie bewußt vergeudet und verschwendet, sondern weil ihr, wie so vielen Angehörigen fürstlicher und hocharistokratischer Häuser, jede wirkliche Vorstellung vom Wert des Geldes fehlt.

Es ist die Ritterlichkeit des geborenen Kavaliers, die Franz Joseph so handeln läßt, aber auch das Bestreben, es an Pflichttreue nicht fehlen zu lassen. Er ist immer besorgt, aller Welt zu zeigen, daß alles, was seine Frau unternimmt, im Einverständnis mit ihm und mit seiner Billigung geschieht. Aus diesem Grund reist er ihr bisweilen auch nach, besucht sie in Kissingen oder in Cap Martin, in Triest oder Territet, zeigt sich in der Öffentlichkeit mit ihr, und wenn er in Wien bleiben muß, folgen ihr seine Telegramme und Briefe um die ganze Welt. Gewissenhaft unterrichtet er sie über alles, was passiert und was er für wichtig hält. Aber auch Elisabeth schickt oft detaillierte Berichte über ihre Reisen nach Hause, die sie mit Gedichten und Zeichnungen ausschmückt. Franz Joseph findet diese Gedichte dann selbstverständlich »genial und urwüchsig«, wobei er freilich in seinem mangelnden Verständnis für Literatur wohl kaum die richtige Bezeichnung getroffen haben dürfte.

Franz Joseph fühlt sich allein gelassen, er ist in sich verschlossen, so unendlich einsam, seitdem Elisabeth den größten Teil des Jahres auf Korfu lebt oder reisend durch die Welt vagabundiert. Er läuft Gefahr, das spürt sie genau, völlig in der täglichen Arbeit aufzugehen und zu erstarren. Rudolfs Verhalten hat, trotz des Respekts vor dem Kaiser, die Entfernung zwischen Vater und Sohn vergrößert: Der Kronprinz vermag die Distanz nicht zu verringern, und der Kaiser ist nicht beredt genug, als daß es ihm gelänge, die Audienz in ein Gespräch zu verwandeln. Auch vor den Töchtern ist der Vater immer zunächst das herrscherliche Familienoberhaupt. Als Gräfin Cornis der Erzherzogin Valerie einmal sagt, sie solle zum Kaiser, der doch ihr Vater ist, zärtlicher sein, antwortet die Tochter: »Aber er ist ja doch die Majestät!«

Nach Jahren der Rebellion scheint sich Elisabeth mit ihrem Schicksal abzufinden, das sie jedoch mit einer hemmungslosen, luxuriösen Melancholie ausfüllt. Bei ihren kurzen und seltenen Besuchen zu Hause bemerkt sie durchaus, daß Franz Joseph sich über ihre Gesellschaft aufrichtig freut. Elisabeth weiß genau, daß ihr Mann unter den langen Zeiten der Trennung leidet. Sie liest es aus seinen ihr unermüdlich folgenden, zärtlichen, drängenden Briefen, in denen er sie anfleht, doch nach Wien zurückzukehren, ein »normales Leben« an seiner Seite zu führen. Sie verschwendet nicht einen ernsthaften Gedanken daran, diesen Wünschen zu folgen, aber als kluge, vorurteilslose Frau, der die öffentliche Meinung weitgehend gleichgültig ist, denkt sie über einen Ausweg nach. Sie weiß auch, daß sie es nicht verstanden hat, Franz Joseph glücklich zu machen. Das Verhältnis Elisabeths zu ihrem Mann ist auf einen Rest bisweilen liebevollen Pflichtgefühls reduziert. Was sie nicht zustande gebracht hat, kann ja vielleicht einer anderen Frau gelingen.

*M*itte Juli 1886 unternimmt Elisabeth eine Wallfahrt nach Mariazell. Etwa um die gleiche Zeit gibt es einige Treffen zu verzeichnen: mit dem deutschen Kaiser und mit Fürst Bismarck in Gastein, mit Erzherzog Franz Salvator in Ischl und mit Katharina Schratt in deren Villa Frauenstein bei St. Wolfgang. Die Freundschaft des Kaisers mit Katharina Schratt erhält damit gleichsam offiziellen Charakter.

Es ist vor allem ein Meisterstück des Takts, das Elisabeth gelingt, als sie Katharina Schratt dem Kaiser nahebringt und die Freundschaft zu ihm anstiftet. Sie hat sich lange nach einer geeigneten Persönlichkeit unter den Damen umgeschaut, doch anfangs findet sie keine, die ihr zusagt. Da kommt ihr der Zufall zu Hilfe. Es ist ihr nicht entgangen, daß Franz Joseph die Hofschauspielerin Katharina Schratt bewundert. Im August 1885 gehörte sie zu den Schauspielern des Burgtheaters, die in Kremsier eine Galavorstellung vor dem Kaiser und seinem Gast, Zar Alexander III., gaben und anschließend zusammen mit den Monarchen einen Imbiß einnahmen. Schon auf dem Industriellenball 1885 hat der Kaiser lange mit Katharina Schratt gesprochen, einer ungewöhnlich hübschen Frau. Kronprinz Rudolf findet die sich anbahnende neue Liaison »merkwürdig«.

Elisabeth kennt ihren Mann, sie weiß nur zu genau, daß der Kaiser die Schauspielerin noch so sehr anschwärmen mag und doch seine strengen Gewohnheiten und die frühe Schlafenszeit nicht aufgeben würde, um diese Bewunderung weiterzutreiben. Es sei denn, er würde von der einzigen Person auf Erden dazu angestachelt, die das Recht hat, seine Gefühle anzusprechen: von ihr selbst.

Bei einem ihrer kurzen Aufenthalte in Wien läßt die Kaiserin – in einer vielleicht zärtlichen, vielleicht auch verzweifelten Stimmung – Katharina Schratt zu einer privaten Audienz zu sich kommen und eröffnet ihr geradeheraus, was sie von ihr erwartet, nämlich eine Gesellschafterin für den Kaiser zu sein.

Von nun an besucht Franz Joseph nach Möglichkeit jede Vorstellung im Theater, bei der sie mitwirkt. Und Elisabeth fördert sein offensichtlich aufflammendes Interesse. Sie besitzt Menschenkenntnis genug, um zu wissen, daß gerade Katharina die geeignete Frau sein könnte, Franz Joseph seine Einsamkeit vergessen zu machen, ohne dabei je die gebotenen Grenzen der Zurückhaltung zu überschreiten.

Geschickt wird die erste »private« Begegnung über Ida Ferenczy eingefädelt, um keinerlei Aufsehen zu erregen. Elisabeth hat den Einfall, daß Katharina Schratt über Idas Wohnung, die sich in unmittelbarer Nähe der Appartements der Kaiserin und mit Eingang am Ballhausplatz befindet, in die Hofburg kommen soll. »Bei Frau v. Ferenczy«, schreibt Franz Joseph der Schauspielerin, »wird die Kaiserin Sie abholen, um Sie in unsere Wohnung zu führen. Wie freue ich mich, Ihnen mein Zimmer und das gewisse Fenster zu zeigen, auf das Sie so oft die Gnade hatten, Ihre Blicke von Außen zu richten.«

Ida Ferenczy übernimmt ihrer Herrin zuliebe diese Rolle und empfängt Katharina immer dann, wenn der Kaiser sie darum bittet. Mit der Zeit kommt es vor, daß Ida beide bewirtet, was Franz Joseph in einem Brief an seine Gemahlin getreulich mitteilt: »Ida gab uns ein Déjeuner, von ihrer Köchin gekocht: Thee, Rostbraten, Schweinsbraten, Würste und Apfelstrudel.«

Endlich hat Elisabeth die Frau gefunden, die ihrem Mann fehlt. Sie selbst ist, wie ihre Mutter, Herzogin Ludovika, zu sagen pflegte, »für Franz Joseph eine zu unbequeme Frau«. Bei der einfachen, stets frohgelaunten Katharina Schratt vergißt der Kaiser die Sorgen seines Daseins. In ihr findet er eine verläßliche, treue Freundin. Sie wird ihn informieren und beraten, ohne sich jemals von einer Clique etwas vorschreiben zu lassen. Und er wird bei ihr ein Glück finden, das der bürgerlichen Seite seines Naturells entgegenkommt.

Katharina ist gerade Anfang Dreißig, als die Kaiserin ihr Leben auf den Kopf stellt, eine anmutige, junge blonde Frau mit großen blauen Augen unter hübsch geschwungenen Brauen, ein wenig mollig, aber schön gewachsen, von jener harmlos-

Katharina Schratt, die »Freundin« des Kaisers.

nüchternen Gemütlichkeit, die man »wienerisch« nennt, und die Franz Joseph so sehr liebt. Sie ist einfach alles, was Elisabeth nicht ist und nicht sein will: fröhlich, frisch, witzig und unbeschwert von überflüssiger Tiefe. Eine Frau, die das Herz am rechten Fleck hat. Immer ist sie gut aufgelegt, stets lebhaft und lustig, sie besitzt Gefühl, doch nicht zuviel, sie ist keinesfalls so sensibel wie Elisabeth, sie ist auch nicht extravagant und sie ist doch hübsch. Jahrelang war sie der umschwärmte Bühnenstar, man hat sie bei jedem Fasching sehen können, ein Füllhorn schwingend oder als irgendeine begehrenswerte Allegorie gekleidet, zum Beispiel als Fruchtbarkeit.

1879 hatte Katharina den bescheidenen ungarischen Gutsbesitzer und späteren Konsul Nikolaus Kiss von Ittebe geheiratet, einen kleinen Adligen, der ihr glücklicher Ehemann wird, sich vollkommen ergeben zeigt und von dem sie ihren Sohn Anton bekommt. Sie trennt sich von dem stets verschuldeten Gemahl, läßt sich aber nicht scheiden.

In den achtziger Jahren, bevor die Heldinnen Ibsens, Schnitzlers und Hauptmanns die Bühne erobern, führt man auf dem kaiserlichen Theater Dramen auf, die ihm den Ruf eintragen, ein »Komtessentheater« zu sein, nur für wohlerzogene junge Mädchen bestimmt. Das kaiserliche Haus stellt sogar einen eigenen Zensor ein, der beim Burgtheater dafür sorgt, daß Gott im Himmel und Franz Joseph auf seinem Thron bleiben. Keine versteckte Kritik an der Habsburger Dynastie, am Adel oder an der Kirche ist erlaubt. Daß Fürsten Mätressen haben – nicht nur in Wien gang und gäbe –, darf nicht einmal angedeutet werden, auch wenn die Schauspielerinnen im wirklichen Leben die Mätressen von Fürsten sind. In den Stücken dürfen Damen von Stand und Rang keinen Ehebruch begehen, die Heldinnen der unteren Schichten sich im letzten Akt nicht dazu versteigen, einen hübschen Adligen zu heiraten. Das Burgtheater ist schließlich keine Operettenbühne.

Vermutlich ist Franz Joseph in erster Linie selber schuld an diesem langweiligen Theater, das ihm geboten wird. Kein Wunder, sein Leben ist verstrickt in die für diese Zeit typischen Probleme: Seine Frau liest sozialistische Literatur, sein Sohn verkehrt mit ungarischen Dissidenten, die jungen Juden wollen Barone werden, die jungen Barone in den Wilden Westen Amerikas auswandern.

1886 wird bekannt, daß Elisabeth dem Hofmaler Heinrich von Angeli den Auftrag erteilt hat, als persönliches Geschenk der Kaiserin für Franz Joseph ein Bild von Katharina Schratt zu malen. Bisweilen lassen sich Elisabeth wie auch Franz Joseph im Atelier blicken, wenn Katharina Modell sitzt. Das Bild wird Elisabeth vermutlich entzückt haben, denn es zeigt Katharina, die »Gänseblume«, noch rundlicher und schelmischer, als sie in Wirklichkeit ist. Und die Schauspielerin erfährt, was es heißt, von einem schüchternen Kaiser umworben zu werden: »Meine gnädige Frau, Verzeihen Sie, daß ich mir erlaube, wieder einige Zeilen an Sie zu richten. Allein da ich nicht weiß, wann Sie Wien verlassen, da ich doch gerne wissen möchte, wo ich Sie bei Wolfgang finden kann und da ich ... den Namen des Hauses, in welchem Sie die Sommermonate zubringen werden, nicht kenne ... so bitte ich mir auf ein Stückerl Papier die Antwort auf folgende Fragen zu schreiben: Wie heißt das Haus oder Villa? Wie lange geht man zu Fuß von Wolfgang dahin? Werden Sie Anfang Juni schon dort sein oder erst später hinkommen? Nochmals bitte ich um Verzeihung wegen meiner Zudringlichkeit. Ihr ergebener Franz Joseph.«

Eine verhuschte, schüchterne Anfrage, doch sie hat Erfolg. Während des Sommers kommt es zu zahlreichen Begegnungen zwischen dem Kaiser und Katharina, manchmal sind auch Elisabeth und Valerie dabei. Die Erzherzogin zeigt sich nicht wenig verstört über die »Eskapaden« ihres Vaters, über die Gerüchte, die herumschwirren. Schweigsam, verdrossen tritt sie der Schauspielerin gegenüber, doch nicht einmal sie ist ganz unempfänglich für Katharinas Munterkeit und wohltuende Anwesenheit. Sie merkt, daß sich auch das Verhältnis zwischen ihren Eltern zu entspannen beginnt. Gegen Ende des Sommers hat sich ein »Kaiserquartett« entwickelt, das so offenkundig »gemütlich« ist, daß alle Gerüchte ins Leere laufen.

Elisabeth sieht ihre Rechnung aufgehen, ihre Voraussicht bestätigt: Franz Joseph empfindet sein Leben durch Katharina

Schratt bereichert, er fühlt sich wohl, wenn er mit ihr zusammen ist, ja er blüht richtig auf. Konventionen haben Elisabeth nie sonderlich gekümmert, locker läßt sie die aufschießenden Befürchtungen der Bedenkenträger am Hof und in der Verwandtschaft an sich abprallen. Es gibt nichts zu mißdeuten an der Beziehung, die Katharina Schratt mit den Majestäten verbindet. Beide, Elisabeth und Franz Joseph, schätzen die unkomplizierte Freundschaft dieser Künstlerin der Bühne und des Lebens, die bis in die Fingerspitzen von der berühmten Wiener Gemütlichkeit durchdrungen ist, eine gelungene Melange von Humor und Gefühl mit ein paar musikalischen Takten bürgerlicher Behaglichkeit. Es ist seit Jahren das erste Mal, daß der frostige, stets umwölkte Kaiserhof wieder Wärme zu spüren bekommt. Dennoch regen sich auch jetzt natürlich wieder Zweifel. Was eine Hofdame in ihr Tagebuch einträgt, daß »man der Kaiserin den freundschaftlichen Verkehr mit der Hofburgschauspielerin Katharina Schratt, die als des Kaisers Freundin gilt, vielfach verüble«, gibt wohl eine weitverbreitete Befürchtung um den guten Ruf des Hofes wieder.

Aber nicht nur am Hof fällt die kaiserliche Verliebtheit auf, die Liaison wird Stadtgespräch, so daß auch Anna Nahowski, die langjährige Freundin Franz Josephs, davon hört und ihrem Geliebten vorhält: »Man spricht überall davon. Im Gasthaus beim Lothringer erzählen es die Schauspieler vom Burgtheater ungeniert. Beim Greißler, Fleischhauer, in jedem Gesellschaftswagen hört man ähnliche Dinge, und da soll ich ruhig bleiben? Bitte fürchten Sie nichts, sagen Sie doch, daß Sie nicht mehr kommen, ich erwarte es.« Der Kaiser versucht zu beschwichtigen: »Glauben Sie nicht das dumme Geschwätz, Frau Schratt ist eine sehr anständige Frau, und ich versichere Sie es ist nichts wie Freundschaft.« Doch Anna ist nicht zu beruhigen: »Er griff nach meiner Hand, welche ich sogleich zurück zog. Majestät sagte ich, während ich nur schwer die Thränen zurückhalten konnte, welche in meinen Augen standen. Nur keine Lüge, sind Sie doch aufrichtig, ich bin ja auf Alles gefaßt. Ich erwarte ja seit einem Jahr den Tag, an dem Sie mir sagen: Ich komme nicht mehr.«

Anna hat Geld für eine schöne Parkvilla in Hietzing bekommen, in der Gloriettegasse, nur vier Häuser weiter, so daß gelegentliche peinliche Begegnungen unvermeidlich sind. Über die finanzielle Dankbarkeit des Kaisers kann sie sich nicht beklagen: Sie kauft noch ein Sommerhaus in den steirischen Bergen, erhält großzügige Zuwendungen (etwa zur Geburt ihrer Tochter Helene) und, als sie im März 1889 eine Erklärung unterschreibt: »Ferner schwöre ich, daß ich über die Begegnung mit Seiner Majestät jederzeit schweigen werde«, ein Geschenk von zweihunderttausend Gulden ausbezahlt. Am 29. Dezember 1888 besucht Franz Joseph sie zum letzten Mal.

Die Kaiserin, die von Anna Nahowski wohl kaum eine Ahnung gehabt haben dürfte, unterhält mit Katharina Schratt die freundschaftlichsten, vertraulichsten und, in gewisser Hinsicht, »anstößigsten« Beziehungen. Sie empfängt sie in der Hermesvilla, die der Kaiser im Park von Lainz bauen ließ. Hier, in der Verlängerung des Schönbrunner Parks, geht Elisabeth mit Katharina spazieren, ohne sich nur im geringsten um das heuchlerische Entsetzen zu kümmern, das ihr vertraulicher Umgang mit einer »Komödiantin« erregt. In der Hermesvilla lädt sie Franz Joseph und Katharina auch zu einem *déjeuner à trois* ein. Eugen Ketterl, der Kammerdiener des Kaisers, berichtet ebenfalls von Elisabeths Wohlwollen: »Die beiden Damen unterhielten sich prächtig miteinander, küßten sich wiederholt.«

Marie Valerie ist von der neuen Errungenschaft ihres Vaters nicht sonderlich erbaut. Sie schreibt nach einem Besuch bei der Schauspielerin am 4. August 1888 in ihr Tagebuch: »Nachmittags zeigten Mama, Papa und ich der Frau Schratt den Garten. ... Sie ist wirklich einfach und sympathisch, aber doch habe ich eine Art Groll, obwohl sie ja nichts dafür kann, daß Papa diese Freundschaft für sie hat, aber die bösen Menschen reden davon und können nicht glauben, wie kindlich Papa diese Sache auffaßt, wie rührend er auch hierin ist, ... ich finde, Mama hätte darum diese Bekanntschaft nicht so unterstützen sollen.« Kaum ein Jahr später, nach der Tragödie von Mayerling, äußert sich Valerie nicht mehr so distanziert: »Frau Schratt speiste mit uns und ging mit uns spazieren. Sie ist eine so gute Seele, daß Mama sie wirklich gern hat; und welch ein Glück, daß Papa doch eine Zerstreuung, ein Interesse hat.« In späteren Jahren, vor allem unter dem Einfluß ihres Gemahls Franz Salvator, steht Valerie dem Verhältnis ihres Vaters wieder kritischer gegenüber: »O, warum hat Mama die Sache selbst so weit getrieben! Wir (sie und ihr Mann, d.V.) beklagen es zusammen ... aber ändern kann und darf man jetzt natürlich nichts daran, ich muß, obwohl es Franz peinlich ist, wieder mit ihr zusammen kommen und darf mir nichts merken lassen.«

Nachdem Elisabeth auf diese Weise, in einer Art »Geheimpakt«, das Leben des Kaisers mit dem der Schauspielerin verknüpft hat, fühlt sie sich frei und berechtigt, im kommenden Winter eine ausgedehnte Orientreise zu unternehmen. Franz Joseph verabschiedet sie in einer Stimmung trauriger Zärtlichkeit, wie ein Mann, der ein höchst köstliches Dessert vor seinen Augen entschwinden sieht und sich bescheidet, seine Mahlzeit mit Früchten und Nüssen zu beschließen.

Doch was ihm in Katharinas Villa in Hietzing serviert wird, stimmt ihn rasch zufrieden. Die Schauspielerin gibt die Rolle der erstklassigen Wiener Köchin mit Bravour, bietet dem Kaiser das, was er nach seiner unermüdlichen Arbeit am Schreibtisch so notwendig braucht, eine Zufluchtsstätte, wo er sich bei einer Tasse Kaffee gemütlich mit ihr unterhalten kann, wo er einmal nicht den Kaiser geben muß, sondern ganz der behagliche Biedermann sein darf, sein geheimes, freilich nur im Unterbewußtsein schlummerndes Wunschbild.

Und ähnelt er nicht jetzt in seiner spartanischen Einfachheit und Anspruchslosigkeit fast schon einem Bürger, mit seinem freundlichen Altherrenlächeln, mit dem Backenbart, der zum Vorbild für die Physiognomie einer ganzen Generation österreichischer Leutnants, Polizeidirektoren und Statthaltereibeamter geworden ist, und mit einem Stapel von Akten, die in gewissenhafter Büroarbeit zu erledigen sind?

Anhand der Briefe Franz Josephs an Katharina kann man sein Werben verfolgen. Die ersten Annäherungen sind so linkisch wie die eines verliebten Leutnants an seine Flamme. Er teilt ihr mit, daß seine Tage unter »schweren Sorgen und vieler Arbeit« verstreichen, daß die Erinnerung an vergangene Tage (auf dem Lande) und die Hoffnung auf künftige ähnliche Tage Lichtpunkte in seinem Leben seien. Alles, was er von ihr begehre, schreibt er, seien »Güte und Freundschaft«. Er zeigt sich besorgt um ihre Ehre und ihren Ruf, es ist ihm peinlich, ein so delikates Thema anschneiden zu müssen, und er entschuldigt sich für den Fall, daß er in diesem Zusammenhang unpassende Ausdrücke verwendet habe.

Dann schlägt er sich die Abende um die Ohren, besucht das Burgtheater, ohne sich um seine gewohnten Schlafenszeiten zu kümmern, nimmt regen Anteil an Katharinas Kostümen, betrachtet sie durch sein Opernglas, ergötzt sich an ihrer »Damentoilette«, konstatiert dankbar, daß sie ihm zuliebe keine Ohrringe mehr trägt. Dann folgen die ersten Geschenke, finanzielle Zuwendungen für die schönen, teuren Kleider, die der kommende Fasching erfordert – »und so wäre ich Ihnen zu innigstem Dank verpflichtet, wenn Sie beiliegenden kleinen Beitrag zu den Kosten Ihrer Toilette in Freundschaft annehmen wollten. Ich halte Sie für eine ausgezeichnete und talentvolle Frau, aber von Ihren finanziellen Talenten bin ich nicht ganz überzeugt...« Damit hat der Kaiser recht, angesichts der ständigen Geldnöte und Spielschulden der Schauspielerin.

Niemals redet der Kaiser seine Freundin in Briefen mit Du an. Er beweist ihr eine so ausgesuchte Höflichkeit, wie sie früher in seinen Schreiben an die Mutter zum Ausdruck gekommen ist. Doch im Winter 1888 ist Katharinas Tugend einem ernsthaften Angriff ausgesetzt, am 14. Februar, zum Valentinstag, legt der Kaiser ein ungewöhnliches Geständnis ab: »Daß ich Sie anbete, wissen Sie gewiß oder fühlen es wenigstens, und dieses Gefühl ist auch bei mir in steter Zunahme, seit ich so glücklich bin, Sie zu kennen.« Und dann: »Sie sagen, daß Sie sich beherrschen werden«, schreibt er, »auch ich werde es thun, wenn es mir auch nicht immer leicht wird, denn ich will nichts Unrechtes thun, ich liebe meine Frau und will ihr Vertrauen und ihre Freundschaft für Sie nicht mißbrauchen.«

Die Beziehung nimmt die Form eines »Bratkartoffelverhältnisses« an, in welchem der Geliebte zärtlich bekocht wird. Franz Joseph gewöhnt sich an, seinen Arbeitstag durch einen Besuch in dem kleinen Haus in der Gloriettegasse, später in der »Villa Felicitas« zu unterbrechen. Dort bereitet ihm Katharina einen Wiener Kaffee, backt für ihn Kuchen, serviert ihm Mehlspeisen oder das von ihm so geliebte Rindfleisch mit Meerrettich, was einen witzigen Kopf zu der Bemerkung veranlaßt, Katharina Schratt sei zweifellos eine Dame, die ihren Kaiser mit Würsten fessele. Hier kann er sich in aller Gemütsruhe den neuesten Wiener Klatsch anhören oder die letzten Berichte der Geheimpolizei lesen.

Auch von unterwegs, ob auf der Gemsjagd in Tirol oder bei einer Zusammenkunft mit dem Zaren in Schlesien, telegraphiert Franz Joseph fast täglich seiner Freundin. Er schickt seine Telegramme an das nächste Telegraphenamt *poste restante*, wenn Katharina auf einer Gebirgswanderung unterwegs ist und keine bestimmte Adresse angeben kann. Wie in seinen Briefen an Elisabeth schreibt Franz Joseph auch an seine Freundin mit der Hand, ja bisweilen setzt er – sparsam, wie er ist – beide Telegramme auf demselben Bogen Papier auf und trennt diese beiden Botschaften an »seine Frauen« durch einen sauberen Bleistiftstrich ab. Elisabeth teilt er mit, daß er bei schönem, aber kaltem Wetter in Budapest eingetroffen sei; Katharina aber fragt er, wie es ihr gehe.

Es gibt unzählige Geschichten darüber, wie Katharina eine hilfreiche Rolle in amourösen, skandalösen, finanziellen und politischen Nöten spielt, in die Franz Josephs exzentrische Verwandtschaft immer wieder gerät. Man kann ein kleines Wunder darin sehen, daß sie immer wieder zur Vermittlerin zwischen dem Kaiser und seinem aus dem Ruder laufenden Clan wird. Franz Joseph legt einen stark ausgeprägten dynastischen Sinn an den Tag, und die Habsburger sind ihm heilig, auch wenn sie unausstehlich sind. Wahrscheinlich trägt Katharinas gesunder Menschenverstand dazu bei, seinen Zorn zu beschwichtigen, Mißverständnisse auszubügeln, ihn in der einen oder anderen Affäre milder zu stimmen.

Entsetzt stellt sie einmal fest, daß Franz Joseph keinem sei-

ner persönlichen Bediensteten zu Weihnachten ein Trinkgeld
oder Geschenk gibt, auch wenn sie weiß, daß er nicht kleinlich
ist, sich vielmehr um ihre Familien in gesunden und in kranken
Tagen kümmert, ihre Kinder auf seine Kosten erziehen läßt. Es
ist ihm einfach nicht in den Sinn gekommen, zu Weihnachten
außerhalb seiner Familie Geschenke zu machen. Unter der
sanften Regie Katharinas lernt er es.

Die Freundin wirbelt wie eine gute Fee durch sein Leben, fegt
manchen liebgewordenen Anachronismus unbekümmert hinweg. Auf die Kamine werden Schmuckstücke aus Silber
und Kristall gestellt sowie massenweise Blumen. Wacklige
Möbel werden entfernt und durch auf Hochglanz polierte
Prachtstücke ersetzt. Abgenutzte Baumwolle muß feiner Seide
weichen. Eine praktische Badezimmereinrichtung, bequeme
Sessel, ein Schreibtisch von angemessener Größe werden in die
kaiserlichen Privatgemächer gebracht, und gegen die Zugluft
werden Wandschirme aufgestellt. In den Gemächern der Kaiserin hängen ein warmer Hausrock und eine Kopfbedeckung
griffbereit, so daß Elisabeth die Fenster so weit aufreißen kann,
wie sie will, wenn ihr Gemahl sie besucht. Wahrscheinlich ist
die gemäßigte Üppigkeit, die uns die Photographien der Wohnräume Franz Josephs gegen Ende des Jahrhunderts zeigen,
das Ergebnis einer langen, listenreichen Verschwörung zwischen »der Freundin« und dem kaiserlichen Kammerdiener
Eugen Ketterl, dem guten Geist in Franz Josephs späten
Lebensjahren.

Nicht immer können sich die beiden durchsetzen. Ein abge-
tretener Teppich, den sie fortgeschafft haben, muß wieder hin-
gelegt werden; der Kaiser sagt, daß die Löcher im Teppich ihm
beim Nachdenken helfen. Aber er zeigt sich nachsichtig und
auch dankbar für Katharinas Bemühungen um seine Bequemlichkeit.

Es muß für ihren herzlichen, empfindsamen Charakter ein
umwälzendes Erlebnis gewesen sein, in die Intimsphäre eines
Mannes berufen zu werden, der so geheiligt ist, daß man seine
abgetragenen Socken und Unterwäsche nicht etwa fortwirft,
sondern öffentlich versteigert. Sie ist sehr dafür zu bewundern,

daß sie allmählich lernt, diesen Mann so zu behandeln, wie es eine Frau mit ihrem Geliebten tut, ohne dabei seine kaiserliche Würde anzutasten. Elisabeth aber, das »edelste Wesen der Erde«, muß Katharinas gesundes Urteil getrübt haben, zumal Franz Joseph nicht müde wird, seine schmerzliche Bewunderung für seine Frau vor der Freundin auszubreiten. Schließlich wird sogar Katharina von der Krankheit angesteckt, die damals überall grassiert: der Elisabeth-Schwärmerei. Die Kaiserin gewöhnt sich an, bisweilen geringschätzig auf die Schauspielerin herabzublicken, hat auch viel Spott für die Freundin ihres »Oberon« Franz Joseph übrig, die der »Titania« Elisabeth nicht gefährlich werden kann:

Dein dicker Engel kommt ja schon
In Sommer mit den Rosen.
Gedulde Dich, mein Oberon!
Und mach nicht solche Chosen!

Sie bringt sich mit ihr Butterfaß,
Und läßt sich Butter bereiten,
Sie macht mit Cognac die Haare naß
Und lernt am Ende noch reiten.

Sie schnürt den Bauch sich ins Korsett,
Daß alle Fugen krachen.
Hält sich gerade wie in Brett
Und »äfft« noch andere Sachen.

Im Häuschen der Geranien,
Wo alles fein und glatt,
Dünkt sie sich gleich Titanien,
Die arme, dicke Schratt.

Die beiden Frauen sind durch Liebe und Abneigung aneinander gebunden. Und da Katharina unfähig ist, Haß in ihrer Seele zu dulden, verwandelt sie Anflüge davon in Schwärmerei für Elisabeth, die so weit geht, daß sie ihr nachzueifern und ihre Heldin in Frisur, Kleidung, Benehmen nachzuahmen beginnt.

Nein, Elisabeth hat sich nicht in ihr getäuscht, wenn sie selbst auch später bisweilen mit der für sie bezeichnenden Inkonsequenz unter Tränen ihren Hofdamen klagt, ihre Ehe sei zerstört, im Grunde sei sie ihrem Gemahl und der Schratt nur im Wege. Von einer Liaison zwischen Franz Joseph und der Schauspielerin, an die nicht nur die Salons des Adels, sondern sogar die eigenen Töchter glauben, kann keine Rede sein. Elisabeth hat nie wirklichen Anlaß, am Charakter der Freundin ihres Mannes zu zweifeln. Doch kann sie die bitteren Anflüge von Eifersucht nicht unterdrücken. Franz Joseph scheint sie zu spüren, wenn er Katharina – noch ganz zu Anfang der Beziehung – in einem Brief am 1. Juni 1888 schreibt: »Über den Eindruck, den Sie hier (bei Elisabeth, d.V.) hinterlassen haben, können Sie sich vollkommen beruhigen. Die Kaiserin hat sich seitdem wiederholt auf das günstigste und liebevollste über Sie ausgesprochen, und ich kann Ihnen die Versicherung geben, daß sie Sie sehr lieb hat. Wenn Sie diese herrliche Frau näher kennen würden, würden Sie gewiß von gleichen Gefühlen erfüllt werden.«

Katharina bekommt die ganze Großzügigkeit des Kaisers zu spüren: Zu der reizenden Villa nicht weit entfernt von Schloß Schönbrunn, wo der Kaiser die meiste Zeit verbringt, später bald noch ein Stadtpalais, in der Nähe der Hofburg, gegenüber der Oper. Und in Ischl wird sie Besitzerin der »Villa Felicitas«, einer Art riesigem Chalet nahe der Kaiservilla. Auch Schmuckstücke werden ihr verehrt, Spielschulden beglichen, sie bekommt Kleider, Möbel und aus dem Privatfonds des Kaisers eine Jahresapanage von immerhin dreißigtausend Gulden. Sie hat nie Anlaß, sich zu beklagen. Aber eifersüchtig wacht sie in all den Jahren über ihre Position als Freundin und Vertraute des Kaisers.

Ein insgesamt positiver Affekt ist zu beobachten: Die Kaiserin gewöhnt sich an, ihren Mann liebevoller zu behandeln als in den letzten Jahren. Zum Neujahrstag 1889 schreibt ihr Franz Joseph: »Glückwünsche ... Dir, mein geliebter Engel ... Ich habe mit heißestem Dank das beseligende Gefühl, daß Deine Liebe mit den zunehmenden Jahren auch zunimmt, statt zu erkalten, und das macht mich unendlich glücklich.«

Das Jahr 1888 beginnt mit dem üblichen Faschingszauber, Elisabeth nimmt sowohl in Wien als auch in Budapest an den Faschingsbällen des Hofes teil. Die Angst, von Valerie »verlassen« zu werden, wird immer größer. Die Kaiserin, in Ofen ohne ihre Tochter, flüchtet in sarkastische Verse:

Verliebt, verliebt! und folglich dumm:
Ich kann dich nur bedauern.
Lang geh ich schon hienieden um,
Mich macht die Liebe schauern...

Was nutzt es, dass ich Mutter ward,
Und dir zu Lieb entsagte
Dem Leben, wo nach Feenart
Ich wild die Welt durchjagte?

Fort zieht es dich aus meiner Näh'
Zu jenem blassen Knaben,
Trotzdem ich ehrlich dir gesteh',
Ich möchte ihn nicht haben.

Du siehst im Geiste um dich her
Der Kinder zwölf schon wogen,
Zwölf Rotznäschen liebst du dann mehr
Als mich, die dich verzogen.

Die Lieb' ist dumm, die Lieb' ist blind!
So steht's im Schicksalsbuche,
Du mußt nun ebenfalls, mein Kind
Dich beugen diesem Fluche.

Ich aber breite trauernd aus
Die weiten weissen Schwingen,
Und kehr' ins Feenreich nach Haus
Nichts soll mich wieder bringen.

Im März bricht die Kaiserin zu ihrer Frühjahrsreise nach England auf, steigt in London im »Claridge Hotel« ab, und vom ersten Tag an geht es mit Marie Valerie kreuz und quer durch die Stadt. Dann reist sie nach Bournemouth weiter, wo sie Seebäder nehmen kann. Am 17. April trifft sie mit ihrer Tochter in Baden-Baden ein, wohnt inkognito im »Europäischen Hof«, reist fünf Tage später schon wieder ab und fährt allein nach München.

Mai in der Hermesvilla. Elisabeth findet, wie immer nach einer Reise, anfangs schwer wieder in das schnurgerade geregelte Hofleben zurück. Rudolf kommt ihr noch schwieriger vor, er verhält sich kühl, beinahe abweisend. Nach dem herzlichen Wiedersehen mit Franz Joseph fällt ihr die Zurückhaltung Rudolfs besonders auf. Doch sie vermag es nicht zu ändern, er ist, wie er ist, und sie liebt ihn so, wie er sich gibt. Dafür ist Franz Joseph um so glücklicher, sie wieder einmal bei sich zu haben.

Ein ruhiger Frühling. Landpartien, und ausnahmsweise nur wenige unvermeidliche Repräsentationspflichten. Elisabeth läßt sich dazu bewegen, an der feierlichen Enthüllung des Maria-Theresia-Denkmals an der Wiener Ringstraße teilzunehmen.

Sie liest wieder viel, vor allem fasziniert sie das 1887 erschienene Buch »She« von Henry Rider Haggard, das zu ihrer Lieblingslektüre wird. Eine mystische Geschichte von Ayesha, jener sagenhaften, jungfräulichen Königin von Kor, die nie altert, alle tausend Jahre aus den Flammen wiedergeboren wird, deren Name längst vergessen ist und die stets verschleiert an einem geheimnisvollen Ort leben soll, und deshalb, obwohl sie keiner je gesehen hat, »She« genannt wird. Sie behält die Kraft, immer wieder lebend aus den Flammen zu erstehen, solange sie sich nicht der Liebe eines Mannes ausliefert. Als Herrin über Leben und Tod richtet sie über andere Menschen ganz nach ihrer Laune, stößt die sich ihr nähernden Menschen immer rasch von sich, aus Angst, die Liebe könnte ihre Schönheit rauben. Eine

Geschichte ganz nach dem Geschmack der Kaiserin. Eine unnahbar kühle Gestalt, wie Elisabeth sie sich erträumt, sie könnte ihr Vorbild sein. Sie empfindet das Buch wie eine Parabel auf ihr Leben. Auch sie möchte schön bleiben wie diese mystische, zweitausend Jahre alte Königin.

Vom 2. Juli bis zum Ende des Monats fahren Elisabeth und Valerie nach Gastein, dann nach Ischl, wo sich auch Franz Joseph und Katharina Schratt, später auch Rudolf einfinden. Der König und der Kronprinz von Portugal treffen in Ischl ein. Nachdem die Gäste wieder abgereist sind, teilt Elisabeth mit, daß sie sich an die Langbathseen zurückziehen und mit niemandem sprechen wolle. Ganz allein wohnt sie für ein paar Tage in einem Jagdhaus direkt am See. Sárolta von Majláth schreibt in dieser Zeit in einem Brief an Ida Ferenczy: »Wenn sie nur wenigstens zufrieden und beruhigt zurückkehren würde; doch je mehr sie nachgrübelt, um so unglücklicher fühlt sie sich; der Herrgott möge es geben, daß sie in irgend etwas ihre Seelenruhe finden könnte, doch glaube ich, daß weder Heine noch Byron imstande sind, ihr diese zu verschaffen; wirklich traurig.«

Nach ihrer Rückkehr fährt die Kaiserin mit Valerie zu den Wagner-Festspielen nach Bayreuth, wo sie im »Hotel Sonne« absteigt und sich diesmal nicht als »Gräfin von Hohenembs« in die Gästeliste eintragen läßt, sondern ganz offiziell als »Ihre Majestät Kaiserin Elisabeth von Österreich«. Am 19. August besucht sie die »Parsifal«-Aufführung und läßt Cosima Wagner in ihre Loge kommen, wo sich die beiden Frauen glänzend unterhalten.

Am 29. August wird in Kreuth der achtzigste Geburtstag von Herzogin Ludovika gefeiert. Elisabeth schreibt eines ihrer schönsten und berührendsten Gedichte:

Ich bitte Gott, Er möge gnädig senden
Dir manchen Sommer noch, wie Du ihn liebst,
Wo Frische dir die Sonnenstrahlen spenden
Und Stunden du im Buchenhain verbliebst.
Nachts aber soll der Mond sein Antlitz wenden
Dir zu, wie Du entzückt mir jüngst beschriebst.

Wem die Natur so lieblich weiss zu blühen,
Vor dem wird lange noch das Alter fliehen!

Nach dem Geburtstagsfest geht es weiter nach Ischl, wo der Séjour fortgesetzt wird. Am 9. September steht schon wieder ein familiäres Großereignis an: das diamantene Hochzeitsfest von Ludovika und Max. Die ganze Verwandtschaft findet sich ein, nur der alte Herzog bleibt in München, er ist schon recht gebrechlich und hat sein Palais schon seit langem nicht mehr verlassen. In dem stillen Possenhofener Schloß wimmelt es von Gästen, ein »Mordsdurcheinander« (Marie Wallersee) ist dieses turbulente Fest, und ein erhebender Anblick die Herzogin Ludovika in der großen Schar ihrer Kinder, Enkel und Urenkel. Elisabeth wird das alles zuviel, ihre Gedanken schweifen schon wieder in die Ferne.

In Gasturi hat für den Oktober ihr Vertrauter und Lehrer Alexander von Warsberg die »Villa Braila« gemietet. Inzwischen ist die anfänglich so überkritische Einstellung Warsbergs längst ins Gegenteil umgeschlagen: Elisabeth erscheint ihm »gescheidt, geradezu bedeutend, intim, vorurtheilslos, kurz wie eine der bezauberndsten Erscheinungen, die mir im Leben begegnet. 4 Stunden ging ich neben oder – wenn der Fußsteig zu schmal war – immer unmittelbar hinter ihr, und machte sie mich unabläßig reden, daß mir der Kehlkopf Abends ganz entzündet war, und machte sie mir die merkwürdigsten, die aufrichtigsten Bemerkungen. Es ist das jedenfalls eine geistig sehr hochstehende Natur, die mich im höchsten Grade interessirt.« Bald kann der Konsul ein Gefühl des Verliebtseins nicht mehr unterdrücken: »Sie ist bezaubernd liebenswürdig. Kann der Frau nicht widerstehen. ... Mir liegt nur an ihr, der Frau«, schreibt er in sein Tagebuch.

Von Korfu ist Elisabeth wieder Feuer und Flamme. Voller Begeisterung schreibt sie an ihre Tochter Valerie: »Ich habe schon viel Schönes gesehen, doch gibt's nichts Schöneres auf der Welt als dieses Scheria (Homers Bezeichnung für Korfu, d.V.). Beim Sternenhimmel ist es noch schöner. Gestern abend schimmerte diese Wunderwelt vor mir auf, und mein Herz kann

Galadiner zu Ehren Kaiser Wilhelms II. in der Hofburg
(Oktober 1888).

sich gar nicht fassen vor so viel ewiger Herrlichkeit.« Kein Wunder, daß die Kaiserin gerade diese Insel mit ihrer üppigen Vegetation, ihren Millionen Olivenbäumen, von denen etliche schon ein halbes Jahrtausend alt sind, als grandiose Kulisse für ihren Märchentraum wählt.

Elisabeth folgt von Korfu aus den Spuren Lord Byrons, fährt über Miramar nach Missolunghi, wo Byron im griechischen Freiheitskrieg tödlich verwundet worden ist. Marie Festetics, inzwischen nicht mehr von robuster gesundheitlicher Konstitution, klagt in ihren Briefen nach Hause über die Strapazen der vielen Besichtigungen und das gräßliche Wetter, »Donner, Sturm und Regen wie am jüngsten Tag«. Zwei Wochen lang am offenen Meer zu wandern sei in dieser Jahreszeit wahrlich kein Vergnügen. Elisabeth aber zeigt sich gerade von den tobenden Naturgewalten begeistert. Als die Reisegesellschaft vor Korfu bei stürmischem Nordostwind das Schiff besteigt, flüchten zwei Kammerfrauen in eine Ecke. Alexander von Warsberg berichtet, wie Elisabeth die beiden ausgerechnet bei Sturm und hohen Wellen dazu zwingen will, »den herrlichen Sonnenuntergang, die Farben auf dem Gebirge hinter Patras zu bewundern, bis die armen Geschöpfe in Jammerlaute ausbrachen, sie sähen gar nichts als die fürchterlichen Wellen«.

Elisabeth aber empfindet diese Naturschauspiele mit religiösen Gefühlen:

Ich wandle hin in Gottes Licht
Und in Jehovas Schatten,
Ich werf mich auf mein Angesicht
An Seines Meers Gestaden,

Ich bet' Ihn an im grossen All,
Ich atme Ihn im Äther,
Ich hör Ihn in der Wogen Fall;
Und durch den Sturmwind geht Er.

Trotz des schlechten Wetters läßt die Kaiserin vor der Insel Santa Maura ankern, besteigt den felsigen »Sapphosprung«. Sie besucht auch wieder Stätten der griechischen Antike und stellt nach ihrer Rückkehr auf Korfu den von Warsberg empfohlenen Professor Romanos ein, der sie in der alt- und neugriechischen Sprache unterrichten soll.

Da trifft die Nachricht ein, daß Elisabeths Vater am 15. November gestorben ist. Die Kaiserin reist auf Anraten Franz Josephs nicht nach München. Herzog Max, einundachtzig Jahre alt, hatte einen Schlaganfall erlitten. Die Ärzte hofften, sein Leben retten zu können, doch drei Tage später war Max tot. Er hatte in den letzten Jahren am Leben in seinem Palais wenig teilgenommen, die Herzogin ist der Mittelpunkt der großen Familie. Elisabeth wird die Parterreräume, in denen der Herzog gehaust und sich eine warme Gemütlichkeit geschaffen hat, nicht mehr betreten. Sie kann die Leere nicht ertragen. Die schöne Unordnung in den Zimmern ihres Vaters ist von ordnenden Händen beseitigt worden.

Nun hat Elisabeth auch ihn verloren, mit dem sie sich ihr ganzes Leben wohl am meisten verbunden gefühlt hat. Sie haben sich zwar wenig in all den Jahren nach ihrer Heirat gesehen, aber innerlich blieb sie ihm treu. Als sie später an seinem Grab steht, fühlt sie sich, als wäre ein Stück ihres eigenen Lebens verschwunden. Er hat sich seine persönliche Freiheit bis zum Ende bewahrt.

Die Kaiserin hält es nun doch nicht mehr auf Korfu, sie reist bald ab und kommt zusammen mit ihrem neuen Griechischlehrer am 1. Dezember in Miramar an, wo sie von ihrem Mann erwartet wird. Franz Joseph erfährt von dem überraschenden Wunsch Elisabeths, auf Korfu ein eigenes Haus zu haben. Sie will die »Villa Braila« kaufen und umbauen. Hier, in dieser imposanten Landschaft, soll ihr Schloß entstehen. Der Kaiser schlägt ihr diesen Wunsch nicht ab, äußert aber seine Befürchtung, daß Elisabeth dann noch weniger bei ihm sein werde. Auch er sehnt sich jetzt nach Ruhe, ist vor den Feierlichkeiten zur vierzigjährigen Thronbesteigung geflohen und bleibt in Miramar. Der zu dieser Zeit nicht mehr gesunde Alexander von Warsberg erhält den Auftrag, für den Bau des Schlosses auf Korfu alles in die Wege zu leiten. Schon von der Krankheit gezeichnet, geht er mit Feuereifer an sein »Lebenswerk« und erarbeitet zusammen mit Elisabeth den Grundentwurf des Vorhabens. Er ist begeistert: »Die Errichtung eines Königsschlosses aus der glücklichen Phäakenzeit, Alkinoos' prächtige Wohnung, gleich dem Strahle der Sonne und dem Schimmer des Mondes. Den Musen nach dem Parnasse und den Göttern selbst zum Olymp hinauf kann die Welt nicht schöner erschienen sein.«

In den Entwürfen zu diesem Palast wirkt vieles zusammen: Elisabeths Vorliebe für die Landschaft Korfus, für das Mittelmeer, ihr Interesse für den Hellenismus, wohl auch der Wunsch, ihren eigenen Göttern einen Tempel zu errichten. Die Kaiserin kennt Griechenland nicht nur als Bildungsgut, es ist eine tiefe Zuneigung, die sie mit der antiken Welt verbindet.

Der Plan wirkt verblüffend einfach, doch wird die Ausführung so kunstvoll, wie sie sich nur Elisabeth ausdenken kann. Es soll ein bezaubernder, verwunschener Marmorpalast werden, auf dem Osthang des Santa-Croce-Berges, voll von antiken Reliefs und Statuen, mit einer Säulenhalle, mit Festsälen, einem Musenhof, hängenden Gärten – eine mediterrane Vision voll verstörender Schönheit. Von dem Gebäude soll eine treppenförmige Terrasse zwischen Hainen von Orangenbäumen, Mimosen und Granatapfelbäumen, Oleandersträuchern und Magnoliengebüschen bis zum Meer hinunter führen. Ein großer Pinien- und Zypressenwald wird den Park umgeben und ihn vor den Blicken Neugieriger schützen.

Alles soll ganz nach ihrem Geschmack sein. Die Kaiserin entscheidet Anfang Dezember zusammen mit Warsberg, das Schloß im pompejanischen Stil zu bauen. Raffaele Carito aus Neapel scheint beiden der geeignete Architekt für ihr Vorhaben zu sein, der Konsul reist mehrmals zu ihm, kommt mit aufregenden Plänen zurück, die er Elisabeth vorlegt und mit ihr bespricht. Die Bauherrin ist in alle Phasen der Planung involviert, sie überwacht später die Bauarbeiten bis in die geringsten Einzelheiten. »Achilleion« soll das Schloß heißen, der leichtfüßige Held aus der Ilias ist ihr ans Herz gewachsen. Er ist ihr nahe, mit seinem Herzen voller stolzer Trauer. Er ist der »herrlichste«, ihr »Geliebter«.

Gegen Ende des Jahres 1888 wirft ein familiäres Ereignis seinen Schatten voraus, dem sich Elisabeth seit langem schon entgegengefürchtet hat. Marie Valerie hofft, mit Erzherzog Franz Salvator ein Glück zu finden, das ihrem Bruder in seiner Ehe mit Stephanie nicht möglich ist. Auf Miramar bittet sie ihre Eltern um die Einwilligung zur Hochzeit. Eine Liebesheirat, endlich einmal.

Am Weihnachtsabend findet die Verlobung statt. »Mama, wie glücklich ich bin, daß ich nicht fortzureisen brauche, wenn ich mich verheirate, sondern immer bei dir bleiben kann«, ruft Valerie aus. Doch Elisabeth weiß nur zu gut, daß es anders kommen wird, daß Valerie in Wahrheit aus ihrem Leben in das ihres Mannes gehen wird.

An diesem Tag feiert die Kaiserin ihren 51. Geburtstag. Auch Rudolf und seine Frau sind anwesend, und der Kronprinz überreicht seiner Mutter als Überraschung ein Bändchen mit Heine-Briefen.

Elisabeth ist an ihrem Geburtstag sehr wehmütig gestimmt. Es ist ihr beinahe unheimlich, schon so lange zu leben. Nun wird auch Valerie sie bald verlassen, ein schrecklicher Gedanke. Und wie wird sich Rudolf seiner Schwester gegenüber später, wenn er den Thron und die Macht bekommen hat, verhalten? Er läßt Franz Salvator deutlich seine Abneigung spüren, zeigt, daß er über diese Verbindung nicht erfreut ist, wie anfangs auch der Kaiser, der Valerie lieber mit dem sächsischen Königssohn vermählt gesehen hätte. Rudolf verhält sich gegen Valerie oft sehr unfreundlich. Elisabeth nimmt ihm das feierliche Versprechen ab, zu seiner Schwester gut zu sein. Dann erst ist sie beruhigt.

Am zweiten Weihnachtstag verläßt die Kaiserin Wien, um gemeinsam mit dem Brautpaar nach München zu fahren, es soll sich der Großmutter zeigen. »Wir standen«, erzählt Baronin Marie von Redwitz, »zum Empfang mit angesteckten Blumen, um die Krepptrauer etwas zu mildern, die wir nach dem Herzog trugen. Zuerst kam die Kaiserin sehr schnell die Treppe herauf. Ich war überrascht bei diesem Anblick, so jung, so schön, so beweglich erschien sie mir trotz ihrer einundfünfzig Jahre. Erzherzogin Valerie brachte vor Glück den Mund nicht auf. Erzherzog Salvator machte einen recht jungen Eindruck, doch den eines hübschen, sympathischen Mannes. ... Die alte Kammerfrau ihrer Mutter begrüßend, sagte die Kaiserin, auf das junge Paar deutend: ›Sehen Sie, Johanna, wenn den jungen Eseln zu wohl ist, gehen sie aufs Eis tanzen!‹« Der Silvesterabend wird bei der Herzogin verbracht. »Es war ungezwungen, heiter, wir vergnügten uns mit Bleigießen. Die Kaiserin sahen wir nicht. Sie nahm nie an den Mahlzeiten der Familie teil. Mit großem Eifer studierte sie Neugriechisch und hatte einen Griechen bei sich. Ihr weiteres Gefolge bestand aus einem Arzt, einem schwedischen Masseur, einer handfesten Abreiberin und der üblichen Dienerschaft.«

*B*ald nach der Geburt ihrer Tochter »Erzsi« hatte sich Stephanie einer Operation unterziehen müssen, und die Ärzte teilten Rudolf lapidar mit, er werde nach menschlichem Ermessen nicht mehr mit einem Erben rechnen können. Wenn es noch eines Anstoßes bedurft hätte: Das Kapitel »Stephanie« ist damit für ihn endgültig erledigt. Ganz Wien weiß überdies längst, daß er eine unglückliche Ehe führt. Der Kronprinz bezieht wieder seine Junggesellenwohnung in der Hofburg, und wenn sich Stephanie in der Hauptstadt aufhält, erscheint er mit ihr nur noch zu offiziellen Anlässen in der Öffentlichkeit. Dafür versammelt er immer öfter seine Freunde um sich, und auch Stephanie hat einen Kreis von Freundinnen, die sie stets mit dem neuesten Klatsch versorgen. Inmitten der Kumpane und Kameraden, Freunde und Freundinnen sind Rudolf und Stephanie nur auf sich selbst angewiesen. Jeder bemüht sich nach Kräften, dem anderen weh zu tun, und sie kennen sich nun so gut, daß sie genau wissen, wie sie dem anderen am wirkungsvollsten zusetzen können. Stephanie klammert sich – voll verletztem Stolz und gekränkter Eitelkeit – an ihren Mann, obwohl er so energisch von ihr fortdrängt und er ihren Anblick nicht mehr erträgt. Sie spürt keinen Funken Liebe, aber sie fürchtet um ihre Stellung. Er hat ihr Leben ruiniert, also wird sie für sein Unglück sorgen. Es ist ihr persönlicher, perfider Racheplan. Und niemand hilft den beiden aus ihrer Verstrickung, am allerwenigsten Elisabeth.

Seit die Kaiserin sich Wien so konsequent entzogen hat, wirkt die Hofburg wie eine Ansammlung leerer Säle und Gemächer. Um so lebhafter wendet sich die Neugierde dem Kronprinzen zu. Er ist populär, man schätzt seine freiere Art, seine Volkstümlichkeit, die Frauen lieben an ihm die österreichische Eleganz und machen es ihm leicht, in den Ruf eines Don Juan zu kommen. Inzwischen hat er seine frühere Vorliebe für literarische Arbeiten aufgegeben, vielleicht aus der Erkenntnis, daß sein Amateurjournalismus doch nur eine der Lust am Opponieren und dem Reiz des Verbotenen entsprungene Neigung gewesen ist. Rudolf ist ein wenig apathisch geworden: »Ich treffe es gar nicht mehr«, schreibt er im November 1888 an Szeps, »mich zu ärgern, über gar nichts, am allerwenigsten über Dinge, die mich betreffen.« Und wenn er auch gleichgültiger geworden ist, so nehmen ihn doch Inspektionen, Konferenzen, Audienzen, Manöver und repräsentative Pflichten in Anspruch.

Aber es bleibt – jenseits des blühenden Hoftratsches und der angeregten Phantasie – noch genug Zeit für die kleinen Abenteuer, für im Versteck verlebte Liebesstunden, Jagdausflüge und Fiakerfahrten im nächtlichen Prater oder zu heimlichen Orten im Wienerwald, wobei der Kronprinz sich immer der Gefahr ausgesetzt sieht, von unerwünschten Augen gesehen zu werden. Die Überwachung des Kronprinzen ist lückenlos und perfekt geworden: Man zählt die Flaschen nach, die der Kronprinz entkorkt, Kellner, von der Polizei zu diskretem Dienst verpflichtet, blicken respektlos durch das Schlüsselloch des *Chambre separée*. Torwärter wissen, wer die unbequemen Stiegen und Gänge zu den abgesonderten Gemächern des Kronprinzen passiert. Wien ist eine kleine Stadt.

Und Stephanie zahlt es ihm heim. Anfangs hat er versucht, sie für seine Neigungen zu interessieren, hat sie sogar, inkognito, in die kleinen Cafés und zum Heurigen mitgenommen, wo es ihr jedoch graust. Sein Werben bleibt verlorene Liebesmüh. Stephanie hat von ihrem Vater eine kritische, harte, arrogante

Natur geerbt, nicht aber die Spur von Intellekt. Die Kronprinzessin organisiert eine eigene Geheimpolizei, um Rudolf zu
bespitzeln. Als ihr einmal zugeflüstert wird, er besuche gerade
seine Geliebte, läßt sie sich zum Haus der Dame fahren, stellt
die Kutsche mit dem kaiserlichen Wappen und den goldenen
Rädern vor dem Eingang ab, schlüpft hinaus und fährt in einem
gemieteten Fiaker nach Hause. Als der Kronprinz aus der Wohnung seiner Herzdame kommt, steht halb Wien davor, um sich
den Spaß nicht entgehen zu lassen.

Mit dreißig Jahren hat Rudolf sexuelle Erfahrungen in einem
derartigen Ausmaß genossen, daß er fürchtet, impotent zu werden. Er leidet an einer Geschlechtskrankheit, er wird zum
Gewohnheitstrinker, der zur Teestunde seinen Cognac aus der
Teetasse hinunterschüttet, er experimentiert mit Drogen, mit
Morphium und Äther, bis er außerstande ist, sich wieder davon
zu lösen. Und er verrät seinen Vater, indem er sich mit ungarischen Separatisten einläßt. Ob er so weit geht, die Dissidenten
nicht nur moralisch zu unterstützen, sondern mit ihnen tatsächlich einen Aufstand zu planen, um seinen Vater zur Abdankung
zu zwingen?

Traurig sieht Elisabeth mit an, daß die ungenutzte Kraft
Rudolfs im Taumel des Vergnügens mündet. Sie hält keine
großen Stücke mehr auf ihn, gleichgültig wendet sie sich ab. Sie
kennt ihn nicht wirklich. Und sie rührt keinen Finger für ihn. Er
ist in letzter Zeit überhaupt sehr verändert, wozu ein seit 1886
bestehendes Blasenleiden viel beiträgt. Er ist seelisch gedrückt
und fast immer gereizt. Elisabeth spürt die Veränderungen, aber
auch sie vermag nicht zu ergründen, was ihm eigentlich fehlt.
Sein blasses Aussehen ist beunruhigend, wenn sie ihn aber
fragt, ob er krank sei, sagt er nein, er sei nur sehr müde. Vielleicht spürt sie ein untergründiges Unbehagen, gibt sich die
Schuld, ihn allzu sehr vernachlässigt, Valerie immer vorgezogen
zu haben. Sie kennt das kleine Jagdschloß Mayerling nicht,
wohin sich ihr Sohn immer öfter zurückzieht, auch Franz Joseph
ist nie dort gewesen.

Es gibt keinen Ausweg. Rudolf trinkt den Becher des Lebens
bis auf den Grund aus. Und was er auf dem Grund erblickt,

erschreckt ihn: eine verzweifelte Leere, das Bild eines – wie es ihm scheint – verpfuschten Lebens. Er versucht, seine zunehmende Schwermut in Arbeit zu ersticken, dann wieder wirft er alles von sich und stürzt sich in einen Taumel rauschhafter Vergnügungen. Er will sich betäuben, will vergessen, was alles schiefläuft in seiner Existenz. Er tanzt verzweifelt um sein Leben, der Champagner fließt in Strömen. Fürstinnen, Schauspielerinnen, Midinetten, Dirnen, eine wie die andere, alle schauen ihn mit großen Augen an, es ist zu verführerisch, mit dem Kronprinzen zu schlafen. Das aber hat im lebensfrohen und toleranten Wien nicht viel zu sagen. Rudolf durchrast die Nächte bis zum Morgen, den Tag bis zur Dämmerung.

Zu Hause hält er es nicht aus, das Leben daheim, im Kreis der Familie kann er nicht mehr ertragen. Auch darin zeigt er sich seiner Mutter sehr ähnlich, die sich freilich erotische Freiheiten wie er niemals herausgenommen hätte.

Rudolf feiert seinen dreißigsten Geburtstag in düsterer Stimmung: »Dreißig Jahre ist ein großer Abschnitt, kein eben zu erfreulicher; viel Zeit ist vorüber, mehr oder weniger nützlich zugebracht, doch leer an wahren Taten und Erfolgen. Wir leben in einer schleppenden, versumpften Zeit; wer weiß, wie lange das noch so fortgehen wird. Und jedes Jahr macht mich älter, weniger frisch und weniger tüchtig, denn die notwendige und nützliche, doch auf die Länge hin ermattende alltägliche Arbeit, das ewige Sichvorbereiten und die stete Erwartung großer umgestaltender Zeiten erschlaffen die Schaffenskraft!« Dunkle Ahnungen verfolgen ihn: »Ich werde niemals regieren – *er* wird mir niemals eine Gelegenheit dazu geben«, wiederholt er mehrfach seiner Schwägerin Louise von Coburg gegenüber. Der Alte in der Hofburg, dieser fast schon zum zeitlosen Mythos gewordene Mann, er wird nie sterben, nie abdanken. Unvermittelt ruft Rudolf, als er mit Jagdfreunden in der Halle irgendeines Schlosses in Ungarn steht: »Ich werde nie Kaiser von Österreich sein, aber der da!« Die Freunde schauen sich um, Rudolf zeigt auf den jungen Erzherzog Franz Ferdinand von Este, der eben die Treppe heraufkommt, den ältesten Sohn von Franz Josephs Bruder Karl Ludwig.

Rudolf wird zunehmend herrisch, aufbrausend. Alle seine geliebten wissenschaftlichen und schriftstellerischen Betätigungen läßt er nun links liegen. Immer düsterer werden seine Gedanken, in den letzten beiden Jahren liest er mit Vorliebe Selbstmordberichte, fragt seine Freunde immer wieder: »Fürchtest du dich vor dem Tode?« Rudolf verliebt sich, wie seine Mutter, in den Tod. Er verfällt der Faszination dieser *Maladie à la Elisabeth*. Erschöpft grübelt er: »Ich suche von Zeit zu Zeit nach einer Gelegenheit, einen Sterbenden zu sehen und seine letzten Atemzüge zu belauschen. Es ist das für mich immer ein merkwürdiger Anblick, und von allen Personen, die ich sterben gesehen habe, ist jede auf eine andere Weise gestorben. Ich betrachte auch aufmerksam die sterbenden Tiere, und ich suche auch meine Frau an diesen Anblick zu gewöhnen. Man muß mit den letzten Notwendigkeiten des Lebens rechnen lernen.«

Doch sein Herz bleibt unbeteiligt bei diesem Flirt. Er hätte es nicht gewagt, mit seiner Yacht durch Stürme zu segeln wie Elisabeth oder allein Gegenden zu durchstreifen, in denen es von Anarchisten wimmelt. Deshalb fragt er seinen Adjutanten, ob er gemeinsam mit ihm Selbstmord begehen wolle. Der Offizier lehnt ab. Der Kronprinz versucht es bei einem anderen Stabsoffizier, holt sich erneut eine Abfuhr. Stephanie, erschrocken über die Drohungen ihres betrunkenen Mannes, sie und danach sich selbst zu erschießen, weint sich bei Franz Joseph aus. Doch der Kaiser, der sein freudloses Leben seit einiger Zeit durch Katharina Schratt angenehm verwandelt sieht, läßt sich von Stephanie, diesen »Obelisken der Taktlosigkeit«, mit ihrem ewigen Gejammer nicht beeindrucken oder gar aus der Ruhe bringen.

1888 schon, so versichern die Freunde, habe Rudolf geplant, mit einer seiner Geliebten zu sterben, bis ins kleinste Detail habe er sich diese Szene ausgemalt. Und tatsächlich besucht Mizzi Kaspar eines Tages den Polizeipräsidenten der Stadt Wien, Baron Kraus. Sie berichtet ihm, daß Kronprinz Rudolf ernsthaft daran denke, sich selbst umzubringen, und daß er sie gebeten habe, ihn zum »Husarentempel« zu begleiten, einem hübschen kleinen Bau auf einem Hügel, um dort mit ihm zu sterben. Mit diesem Bericht an die Polizei hofft Mizzi zu erreichen, daß die

Warnung an den Kaiser weitergeleitet wird. Aber der Polizeipräsident wagt es nicht, Franz Joseph mit dieser Geschichte zu
behelligen. Das Protokoll wandert in die mittlerweile umfangreiche Rudolf-Akte.

Am 5. November 1888 besucht Rudolf den alljährlich statt-
findenden polnischen Ball und begegnet dort einem jungen
Mädchen, dessen große orientalische Augen ihn tief beeindrucken. Fürstin Nora Fugger schreibt in ihren Memoiren,
Rudolf scheine auf ihr »Augenspiel gleich eingegangen zu sein,
was ihr ganz den Kopf verdrehte«. Nach dem Ball unternimmt
er nichts, um seine Bekanntschaft mit der jungen Dame zu vertiefen. Doch am nächsten Tag bekommt er einen schwärmerischen Brief von ihr, in dem sie ihm mitteilt, daß sie ihn gern näher
kennenlernen würde. Mit dem verwegenen Vorschlag, ihn persönlich zu treffen. Sie unterschreibt mit Baronesse Mary Vetsera.

$\mathcal{M}$arie Vetsera, genannt Mary, damals siebzehn Jahre alt, ist
die Tochter jener Baronin Vetsera, die Rudolf einst, wie der Hofklatsch weiß, als eine der ersten in die Mysterien der Liebe eingeweiht haben soll. Die Baronin bewohnt ein Haus im Bot-
schafterviertel, in der noblen Salesianergasse. Die Familie hat
Beziehungen zur Aristokratie; sie empfängt oft jüngere Adlige.
Die Brüder der Baronin – Alexander, Aristides, Hektor und
Heinrich Baltazzi – haben sich als Turf- und Herrenreiter einen
Namen gemacht; Alexander und Aristides haben 1876 sogar ein
englisches Derby gewonnen. Aristides ist der Gemahl der Gräfin Stockau, Hektor hat jene Gräfin Elisabeth Ugarte geheiratet,
die auf den Bällen des Winters 1850/51 Franz Josephs Favoritin
gewesen ist. Heinrich ist mit der Baronin Scharschmidt verheiratet, Alexander Junggeselle.

Mary ist das, was man in Österreich eine »gute Kaiermi-
schung« nennt: slawische und deutsche Einflüsse bei den Vorfahren ihres Vaters, italienische, englische und griechische bei
denen der Mutter. Ihre Eltern haben sich in Konstantinopel
kennengelernt, Albin Vetsera ist dort Legationssekretär der

österreichischen Botschaft, Helene Baltazzi gilt als eines der reichsten Mädchen der Stadt. Es ist keine Liebesheirat, eher eine glänzende Partie, die Albins Karriere befördert: Er wird Gesandter in St. Petersburg, Lissabon und in Hessen.

Durch den Vater, der 1870 von Kaiser Franz Joseph in den Adelsstand erhoben wird, und den immensen Reichtum der Mutter verwöhnt, verkehrt Mary bald in den ersten Kreisen Wiens. Der Vater ist oft abwesend, auch nicht von bester Gesundheit, die lebenslustige Mutter jedoch stürzt sich in das gesellschaftliche Leben der Haupt- und Residenzstadt, gibt in ihrem Salon ausgelassene Empfänge. 1887 stirbt Albin im Alter von zweiundsechzig Jahren an den Folgen eines Schlaganfalls in Kairo.

Die Baltazzis gehören in Wien zu den ambitionierten Familien, die in der Gesellschaft verkehren, ohne jemals ganz dazuzugehören. Ihre Stellung läßt sich durch die Tatsache illustrieren, daß sie Einladungen zu den Bällen »beim Hof« erhalten, jedoch keine zu den intimeren und exklusiveren Bällen »am Hof«. Sie geben das reichlich vorhandene Geld mit vollen Händen aus, versuchen sich zu erkaufen, was ihnen ihrer Ansicht nach zusteht. Man findet sie in den höchsten Gesellschaften, doch sie werden mehr geduldet, als daß man sie ganz für voll nimmt.

Mary – die jüngere der beiden Töchter – ist eine bezaubernde Erscheinung, ja eine hinreißende Schönheit. Ihre schlanke Gestalt ist von tierhafter Geschmeidigkeit und graziöser Beschwingtheit, ihre Brüste sind für ihre siebzehn Jahre fast schon zu voll. In der Vetsera-Biographie von Hermann Swistun wird sie als »körperlich etwas über ihre Jahre gereift« beschrieben. Ein roter, voller Mund, eine kleine Stupsnase, große tiefblaue Augen mit schön geschwungenen Wimpern, überwölbt von fein gezeichneten Brauen. Sie hat langes, dunkelbraunes Haar, wohlgeformte Hände und Füße, überhaupt eine vollendete Figur. Echt wienerisch in ihrem koketten Leichtsinn, geht sie mit einer verführerischen schwebenden Grazie durchs Leben. Temperamentvoll. Unwiderstehlich. Eine kleine Göttin. Unbekümmert widmet sie sich ihren kleinen Interessen, beim

Eislaufen, auf dem Rennplatz, vor dem Spiegel. Die *Jeunesse dorée* von Wien liegt ihr zu Füßen, läßt sich von ihrem lächelnden Mund verzaubern. Sie schlägt alle in ihren Bann: Herzog Miguel von Braganza aus dem portugiesischen Königshaus schwärmt von ihren tiefen, schimmernd blauen Augen. Die Damen der besten Gesellschaft beneiden Mary um ihren blendend weißen Teint und um ihre seidigen Haare.

Ein lebenslustiges Mädchen, ein *Girlie*, dessen Stimmung hin- und herschwankt zwischen Gefühlsausbrüchen und Niedergeschlagenheit. Sie gehört zu einer »aufsteigenden« Familie, die noch nicht arriviert ist und Marys Reize als eine Hilfe für den mühsamen Aufstieg nach oben in die höchsten Kreise ansieht. Deshalb wird sie früh in Seiden und Spitzen, Federn und Pelze einer reifen Frau gesteckt. Mit dem Erfolg, daß sie sich schon mit sechzehn Jahren in eine Affäre mit einem englischen Offizier in Kairo einläßt. Als sie entdeckt wird, dürfte ihr die Mutter höchstwahrscheinlich erklärt haben, daß ihr gesellschaftlicher Fehltritt mindestens so schwerwiegend sei wie ihr moralischer Fauxpas. Man schickt Mary nach Wien zurück, und die Mutter sorgt dafür, daß sie hier mit den richtigen Leuten in Kontakt kommt, die ihr nützlich sein können.

Bei einem Pferderennen in der Freudenau sieht Mary am 12. April 1888 Kronprinz Rudolf zum ersten Mal in der Hofloge aus relativ geringer Entfernung. Sie schreibt in ihren Kalender, daß an diesem Nachmittag »eine Leidenschaft geboren wurde«. Immer wieder bedrängt sie ihre Bekannte Marie Wallersee-Larisch, die Freundin ihrer Mutter und Rudolfs Cousine, sie doch mit Rudolf zusammenzubringen. Doch es dauert, wie gesagt, bis zum November, daß Mary dem Kronprinzen einen Brief schreibt. Und Rudolf antwortet ihr, postlagernd, so wie sie es gewünscht hat. Er trage »das lebhafte Verlangen in sich«, mit ihr zu sprechen, schlägt ein Rendezvous vor.

Die erste private Begegnung zwischen Rudolf und Mary, die schließlich doch von Marie Larisch begleitet wird, findet in der Hofburg statt. Hermine Tobis, Marys frühere Klavierlehrerin und nun in Frankfurt lebende Vertraute, erfährt aus einem »glückseligen« Brief von der restlosen Verliebtheit ihrer früheren Schülerin: »Ich war bei ihm. Marie Larisch nahm mich mit, Kommissionen zu besorgen, dann gingen wir zur ›Adele‹, um uns photographieren zu lassen, für ihn natürlich, und dann gingen wir hinter das Grand Hotel, wo uns Bratfisch (Rudolfs Fiaker, d.V.) erwartete. Wir hüllten unsere Gesichter fest in unsere Boas und fort ging's in sausendem Galopp in die Burg. An einer kleinen eisernen Tür erwartete uns ein alter Diener, welcher uns über mehrere fünstere Treppen und Zimmer führte, endlich vor einer Tür halt machte und uns eintreten ließ. ... Wir gingen hinein, Marie stellte mich vor, und wir waren gleich in ein wienerisches Gespräch vertieft.«

In den folgenden Wochen fliegt die Baronesse geradezu durchs Glück, viele heimliche Treffen, die meisten arrangiert von Marie Wallersee-Larisch. Die kleine Baronesse wirft sich Rudolf an den Hals und hängt an ihm wie eine Klette. Rudolf selbst erklärt, daß sie nicht wie die anderen sei – sie läßt sich wohl einfach nicht abschütteln.

Baronin Vetsera, die zehn Jahre zuvor die Umgebung der kaiserlichen Familie in Gödöllö durch ihre unverhohlene Jagd auf den Kronprinzen amüsiert hatte, ist alles andere als eine lieblose, karrieresüchtige Mutter. Freilich scheint ihr das Techtelmechtel Marys mit dem Kronprinzen nicht ungelegen zu kommen. Eine Romanze zwischen ihrer Tochter und dem künftigen Kaiser ist genau das, was die Familie Baltazzi braucht, um ihren gesellschaftlichen Aufstieg erfolgreich zu Ende bringen zu können. Daher drückt die Mutter beide Augen zu, als das Mädchen beginnt, im Dezembermatsch im Prater spazierenzugehen, um sich mit Rudolf zu treffen, und mit sauberen Stiefeln zurückkehrt.

Manchmal stiehlt Mary sich mit Unterstützung ihres Zimmermädchens Agnes nachts aus dem Haus, vielleicht nur einen Mantel über das Nachthemd geworfen, und begibt sich zu der Ecke, wo der Fiaker Bratfisch auf sie wartet. Bratfisch besitzt eine eigene Kutsche, er ist Rudolfs Leibfiaker, dem er vertraut und der ihm bei manchem Liebesabenteuer verschwiegen zur Seite steht. Im Augenblick hat er die Aufgabe, nachts auf Mary zu warten und sie in die Hofburg zu bringen, wo Rudolf wieder seine frühere Wohnung bezogen hat. Mehrere Male verbringt sie die Nacht in der Hofburg, jedesmal erwartet sie der Fiaker mit einem geschlossenen Wagen an der Ecke Salesianer- und Marokkanergasse und fährt sie bis unter die Brücke des Palais Erzherzog Albrecht. Dort nimmt sie der Türhüter und Kammerdiener des Kronprinzen, Johann Loschek, an einer Seitentür in Empfang und geleitet sie in das Innere der Burg, über Gänge und Treppen zu Rudolfs Räumen.

Mary macht nicht den geringsten Hehl daraus, daß sie in den Kronprinzen verliebt ist. Die Freundschaft mit Rudolf wächst sich bald zu einem öffentlichen Skandal aus. Die Baronesse ist alles andere als diskret, sie kokettiert in aller Öffentlichkeit mit ihm, in der Oper mietet sie eine Loge gegenüber der von Kronprinzessin Stephanie, besucht die Aufführung mit auffallendem Diamantschmuck und einem Diamantdiadem im Haar, wie es üblicherweise nur von verheirateten Frauen getragen wird. Sie fixiert Stephanie so durchbohrend mit dem Opernglas, daß es allgemein auffällt und Aufsehen provoziert. Ungeniert beleidigt sie die Kronprinzessin vor den Augen der ganzen Wiener Gesellschaft, weiß genau, daß sie es mit Stephanie allemal aufnehmen kann. Und ihre Mutter, Baronin Vetsera, läßt den Dingen ihren Lauf, hofft vielleicht sogar auf eine Situation, die den Kronprinzen dazu zwingt, einen »heroischen Schritt« zu unternehmen.

Die Begegnungen mit Rudolf werden nach genau verabredeten Ritualen, unter größter Geheimhaltung und mit dem beträchtlichen Einfallsreichtum Marys vorbereitet. Joseph Graf Hoyos, Rudolfs Freund, verrät in seinen Aufzeichnungen, welche Tricks Mary sich ausdachte, um den Geliebten zu treffen: »So wußte sie eines Abends, da sie mit der Familie das Theater besuchen sollte, dies dadurch zu verhindern, daß sie sich das Haar wusch, sich triefend bei ihrer Mutter, die sie sehr schalt, zeigte, mit der Bemerkung, sie habe gemeint, das Haar würde bald wieder trocken sein, nachdem dies aber nicht der Fall sei, könne sie den Ihren unmöglich in das Theater folgen und müsse daher daheim bleiben.« Kaum sind Mutter und Schwester aus dem Haus, läuft Mary zu dem nur wenige Schritte vom

Oben: Baronesse Mary Vetsera.
Unten: Mayerling, Rudolfs Jagdschlößchen in der Nähe von Baden.

Haus bereitstehenden Fiaker und läßt sich in die Hofburg fahren.

Stephanie sind die Ambitionen der kleinen, liebestollen Baronesse nicht verborgen geblieben. Als der Kronprinz eines Tages ausfährt, folgt sie ihm heimlich in einer geschlossenen Kutsche. Der Wagen des Kronprinzen hält an einer stillen, waldigen Stelle im Prater, wo ein Fiaker mit Mary Vetsera und Marie Larisch auf ihn wartet. Als Rudolf auf den Fiaker zugeht, hält es Stephanie nicht mehr aus; sie steigt aus ihrer Kutsche und macht ihrem Mann in Gegenwart der beiden Frauen eine Szene. Sie wird laut, bricht in Tränen aus, und muß doch allein, ohne Rudolf, wieder abfahren.

Stephanie weiß nicht mehr ein noch aus, sie ist rasend vor Wut und entschließt sich, ihrer Schwiegermutter, die sich für kurze Zeit in Wien aufhält, alles zu sagen. Doch als sie sich anmelden will, begegnet ihr die Obersthofmeisterin mit Ausflüchten. Ihre Majestät fühle sich heute nicht wohl und könne niemanden empfangen. Die Kronprinzessin nimmt darauf ihren Mut zusammen und geht zum Kaiser, erzählt ihm alles: Rudolfs Ausschweifungen, seine Trinkgelage, das Morphium, die Affäre mit Mary Vetsera, dieses ganze verpfuschte Leben. Sie drängt Franz Joseph, ihren Mann für einige Zeit von Wien fortzuschicken, vielleicht auf eine Weltreise. Doch der Kaiser, der geduldig, aber nur mit höflichem Interesse zugehört hat, versucht, Stephanies Ängste zu beschwichtigen, ihre Befürchtungen herunterzuspielen. Er gibt zu, daß Rudolf »ein bisserl blaß« aussehe, Stephanie solle nur gut auf ihn aufpassen und nett zu ihm sein. Dann ist die Kronprinzessin entlassen.

Die Affäre wird bald zum öffentlichen Skandal. Aber Mary kann nicht mehr zurück, der Kronprinz ist ihre erste große Liebe, und ohne ihn will und kann sie nicht leben. Rudolf, der zunächst glaubt, sich in eines von vielen ähnlichen Abenteuern einzulassen, entdeckt bald, daß es diesmal doch etwas anders ist. Er ist sicherlich ein bißchen verliebt, sie jedoch fühlt eine ebenso tiefe und heiße wie hoffnungslose Liebe. Das Verhältnis scheint ihm symbolisch für sein ganzes Leben: »Ich kann nicht das bekommen, was ich will: wenn ich etwas will, so kann ich es nicht bekommen.« So will er wenigstens vergessen.

Romantische Geschichten behaupten, Rudolf sei Mary bedingungslos verfallen. Sie gibt jedenfalls damit an, ihn erobert zu haben. In einem Brief hält sie mit der Auskunft nicht zurück, daß es »am 13. Jänner war, da ich dem Kronprinzen nichts mehr vorenthielt«. Und am 14. Januar schreibt Mary nach Frankfurt: »Liebe Hermine, ich muß Ihnen heute ein Geständnis machen, über das Sie sehr böse sein werden. Ich war gestern von 7 bis 8 Uhr bei ihm. Wir haben beide den Kopf verloren. Jetzt gehören wir uns mit Leib und Seele an.«

Der 13. Januar. Ein ominöses Datum. Spekulationen darüber, was sich so kurz vor der Katastrophe von Mayerling ereignet hat, hat es natürlich viele gegeben. An diesem Tag zum ersten Mal die sexuelle Vereinigung? Oder der Entschluß zum gemeinsamen Selbstmord? Oder die hundertprozentige Feststellung einer Schwangerschaft Marys?

Rudolf schenkt ihr keine Zigarettendose, sondern einen Ring mit der Inschrift I.L.V.B.I.D.T. – *In Liebe vereint bis in den Tod*. Eine melancholische Todessehnsucht spielt bei diesem ungleichen Liebespaar schon bald eine Rolle. Mary muß einsehen, daß es eine dauerhafte Verbindung mit ihrem Geliebten »in diesem Leben« nicht geben kann. »Wenn ich ihm mein Leben geben könnte, ich würde es mit Freuden thun, denn was liegt mir am Leben«, schreibt sie einmal.

Mary ist kindlich-rührend: Beim Schlittschuhlaufen mit ihrem Verehrer, dem jungen Herzog Miguel von Braganza, prahlt sie mit ihrem bevorstehenden Tod. Sie zeigt ihren merkwürdigen Ring auch einem anderen ihrer Kavaliere, dem Grafen Wurmbrandt, und verspricht ihm, er solle ihn bekommen, wenn sie gestorben sei.

Mayerling wird der Ort, an dem sich ihr Schicksal entscheidet. Mayerling, das kleine in der Nähe Badens gelegene Jagdschlößchen des Kronprinzen. Rudolf trifft sich dort oft mit seinen Freunden aus der Künstler- und Gelehrtenwelt, mit Zechkumpanen – und Frauen. »Parc aux cerfs« wird dieses schöne und abgelegene Anwesen genannt, und es gehen

Gerüchte um von romantischen Abenteuern, die sich dort ereignen. Vielleicht sind die Gerüchte übertrieben, doch ist sicherlich genug Rauch zu bemerken, um Feuer zu vermuten.

Auch Stephanie war von dem romantisch gelegenen Jagdschloß entzückt. »Was für ein reizender Ort, um da zu leben«, hatte sie bei ihrem ersten Besuch dort ausgerufen. »Ja, und um dort zu sterben«, hat Rudolf in einer düsteren Anwandlung geantwortet. Sie waren um diese Zeit noch in den Flitterwochen, doch schon damals spürte er ein Unbehagen an der gerade erst begonnenen Ehe. Bald hatte sich der Kronprinz beklagt, daß niemals das Feuer der Liebe aus Stephanies Augen loderte, doch es scheint nicht, daß er sich lange und ernstlich darum bemüht hätte, es anzufachen. »Aus ihren Augen spricht nichts als Mißtrauen«, sagte Rudolf zu einem seiner Freunde. Nach Mayerling hat er Stephanie jedenfalls nie wieder eingeladen.

*D*och Rudolf betrügt sowohl Stephanie als auch Mary noch bis zum letzten Augenblick mit anderen Frauen. Vor allem mit der »süßen Mizzi«, wie er sie nennt, Marie Kaspar, dem hübschen, feschen Wiener Mädel, mit dem er seit Jahren ein Verhältnis hat. Nach Auskunft des Flügeladjutanten Graf Maximilian von Orsini und Rosenberg hat Mizzi ihn des öfteren auf militärischen Manövern begleitet und das Quartier mit ihm geteilt. Rudolf zeigt sich generös: Für sechzigtausend Gulden, so munkelt man, kauft sie sich ein schönes Haus auf der Wieden.

Am Neujahrstag 1889 schreibt Rudolf an seinen Freund Moriz Szeps: »Unheimlich ist die Stille, wie die Stille vor einem Gewitter.« In München ruft der erste Tag des neuen Jahres die Verwandten in das Hotel der Kaiserin; die Gesellschaft wartet, um zu gratulieren. Elisabeth entzieht sich den Glückwünschen. Sie bleibt zwei Wochen in ihrer Heimatstadt. Die Münchner sehen die in Schwarz gehüllte Kaiserin im Englischen Garten flanieren. Einmal besucht sie das Grab Ludwigs. Dann fährt sie nach Wien, für den 31. Januar ist eine Reise nach Ofen geplant. Auch nach fünfunddreißig Jahren gekrönten Daseins hat Elisabeth bei der Rückkehr in die Wiener Burg dasselbe Gefühl wie in den ersten Tagen. Sie hastet, so rasch wie möglich, durch die hallenden Räume. Der gellende Ruf des Postens der Burgwache empfängt sie, dann eilt sie durch den Burghof zum Tor und die Treppen empor, wie über viele Hindernisse hinweg. Erst oben in ihren Gemächern gewinnt sie die beruhigende Empfindung, der von vielen unsichtbaren Rädern bewegten Ordnung des Hofes entronnen zu sein.

Wie eigentümlich, daß die drei Menschen, die den Mittelpunkt dieses großartigen Hofes bilden, der Kaiser, die Kaiserin, der Kronprinz, sich jeder auf seine Art der symbolischen Dekoration zu entziehen versuchen. Der Kaiser lebt verborgen, gleichsam auf kleinstem Raum, er persönlich ist für Luxus jeder Art völlig unempfänglich; die Kaiserin meidet, wo sie kann, die dekorative Pracht; der Kronprinz lebt sozusagen an der Hintertreppe des Schlosses. Sie bewegen sich in einem Zirkel ihres stillschweigenden Übereinkommens, daß tunlichst keiner den anderen stört. Nur in Ausnahmefällen, zu seltenen Anlässen der Repräsentation, kommt es vor, daß der Kaiser und der Kronprinz gemeinsam zu sehen sind. Die Kaiserin ist, auch wenn sie in Wien weilt, unsichtbar. Diese fein abgezirkelte Welt wird ein Ereignis von dramatischer Wucht in tausend Fetzen sprengen.

Der Kronprinz soll, wie es heißt, einen letzten Versuch unternommen haben, seiner trostlosen Gefangenschaft in der ungeliebten Ehe zu entgehen. Er schickt waghalsig ein langes Telegramm an Papst Leo XIII. mit der Bitte, seine Ehe durch besonderen Dispens für ungültig zu erklären, da seine Frau dem Land keinen Thronfolger schenken könne. Ein Akt der Verzweiflung, er bringt den Papst in Verlegenheit, der den Brief prompt an Franz Joseph weiterschickt und dem Kaiser die Entscheidung überläßt.

Schließlich kommt es am Samstag, 26. Januar 1889, zu einer heftigen Auseinandersetzung mit dem Vater. Rudolf ist um neun Uhr früh zur Audienz beim Kaiser, in deren Verlauf der ungestüme Streit entbrennt. Es gibt keine Zeugen dieser Begegnung, weder Franz Joseph noch Rudolf lassen ein Wort über ihre Unterredung gegenüber Dritten verlauten. Die Ursache für diesen Familienstreit im Hause Habsburg bleibt unbekannt, was aber niemanden abgehalten hat, Vermutungen anzustellen. Sicher ist: Der Kaiser greift jetzt selbst ein, ihm platzt der Kragen. Hat er auch Rudolfs ausschweifendes Leben und sein Verhältnis mit der jungen Baronesse zur Sprache gebracht? Scheidung von Stephanie? Für Franz Joseph völlig inakzeptabel. Ein Verrat an jeder Tradition des habsburgischen Hauses. Oder hat der Kaiser Rudolfs Freundschaft mit ungarischen Aufwieglern angesprochen, die offensichtlichen Dissonanzen in Fragen der österreichischen Außenpolitik aufgezeigt? Wie auch immer, es wird so etwas wie eine Generalabrechnung zwischen Vater und Sohn. Vermutlich macht der Kaiser Rudolf Vorwürfe wegen seines Lebenswandels, der Kronprinz soll endlich mit Mary Vetsera Schluß machen. Franz Josephs zur Schau getragene Selbstsicherheit muß Rudolf provoziert haben, der so laut zu schreien beginnt, daß man seine erregte Stimme bis ins Vorzimmer und auf die Gänge hören kann. Am Ende der Audienz, als die Tür zum Vorraum bereits geöffnet ist, will Kammerdiener Beck gehört haben, daß Franz Joseph sagt: »Du bist nicht würdig, mein Nachfolger zu werden.« Der sonst stets unbewegte Kaiser soll, wie es heißt, in eine solche Erregung geraten sein, daß er in eine tiefe Ohnmacht fiel, aus der nur mühsam erweckt werden konnte.

Der Kronprinz verläßt taumelnd das Arbeitszimmer seines Vaters, was von mehreren Bediensteten bemerkt wird, die alle sagen, er sei »fürchterlich verstört« gewesen, habe »geradezu verfallen« ausgesehen und »sichtbar gezittert«.

Rudolf verhält sich offiziell an diesem Sonnabend wie sonst auch: Besprechungen, Korrespondenz, Studien. Am nächsten Abend, Sonntag, 27. Januar, gibt der deutsche Botschafter Heinrich Prinz Reuß eine große Soirée für die Wiener Gesellschaft zu Ehren des Geburtstages Kaiser Wilhelms II., an dem der Kronprinz gegen seinen Willen, aber auf ausdrücklichen Wunsch seines Vaters teilnehmen soll. Bis auf Elisabeth, die in ihren Gemächern einen ruhigen Abend mit Marie Wallersee-Larisch verbringt, erscheint fast der ganze Hof zu diesem glanzvollen Empfang: Franz Joseph in der Uniform der preußischen Ulanen,

Kronprinzessin Stephanie, die Erzherzöge Albrecht, Wilhelm, Karl Ludwig, Rainer. Sämtliche Diplomaten, Würdenträger, Repräsentanten der Wiener Gesellschaft. Unter den vielen Damen der Aristokratie befindet sich auch Baronesse Mary Vetsera.

Franz Joseph unterhält sich gerade mit Erzbischof Ganglbauer, als Rudolf mit seiner Frau Stephanie eintritt. Der Kaiser unterbricht sein Gespräch sofort, geht zu seinem Sohn hinüber und streckt ihm die Hand entgegen. Rudolf ergreift sie wortlos und verbeugt sich tief.

Der Kronprinz spricht zweimal während des Abends mit Mary. Auch wenn er sich mit einem anderen Gast unterhält, wechselt er über die Schulter seines ahnungslosen Gegenübers immer wieder Blicke mit Mary.

Sein Freund Graf Joseph Hoyos berichtet, an diesem Abend habe die »blendende Schönheit« der jungen Baronesse besonderes Aufsehen erregt. »Ihre Augen, die diesmal noch größer erschienen, funkelten unheimlich, sie schien in ihrem ganzen Wesen zu glühen.« Auch Stephanie läßt Mary nicht unbeachtet. Hoyos erzählt der Baronesse etwas von einer »Jagd in Mayerling«. Außerdem plaudert Rudolf mit seiner schönen Schwägerin, Prinzessin Louise von Coburg, und gesteht ihr, daß er auf dieser Welt niemanden lieber habe als Mizzi Kaspar.

Stephanie hat genug von diesem Abend, sie will aufbrechen und läßt ihrem Mann ausrichten, daß sie zu gehen wünsche. Nachdem sich beide von Prinz Reuß verabschiedet haben, gehen sie durch die im Hofknicks verharrenden Damen dem Ausgang zu. Nur Mary bleibt aufrecht stehen und schaut der Kronprinzessin trotzig ins Gesicht. Stephanie zeigt sich über diese Impertinenz so empört, daß sie vor dem Mädchen haltmacht. Es wäre unweigerlich zu einem Eklat gekommen, wenn nicht Baronin Vetsera, entsetzt über das Verhalten ihrer Tochter, sie in einen hastigen Knicks heruntergezerrt hätte. Beim Verlassen der Botschaft streitet das Kronprinzenpaar so laut, daß die Bediensteten es dem Botschafter melden.

Nach der Soirée fährt Rudolf in die Hofburg zurück, Moriz Szeps trifft ihn »in unbeschreiblicher Aufregung« an. »Der Kaiser hat mich vor aller Welt entwürdigt, beschimpft«, sagt der Kronprinz, »nun sind alle Bande zwischen ihm und mir zerrissen. Nun fühle ich mich frei.«

Er fährt noch in dieser Nacht zu Mizzi in die Heumühlgasse, verbringt einige Stunden mit ihr, »trinkt sehr viel Champagner«, wie der ihn bewachende Polizeiagent Florian Meissner, der das Haus auf der Wieden seit einiger Zeit beobachtet, in seinen Bericht schreibt.

Am anderen Morgen, nach nur wenigen Stunden Schlaf, schreibt er ihr einen Brief, von dem jemand, der ihn später liest, sagt, es sei ein zärtlicher Liebesbrief gewesen. Kurz zuvor hat er ihr siebzehntausend Gulden geschenkt.

Montag, 28. Januar. »Ich fahre schon heute«, mit diesen Worten, vormittags vor elf Uhr an den Hofjäger Rudolf Püchel gerichtet, befiehlt der Kronprinz seinen Wagen. »Mein Wagen ist für zwölf Uhr bestellt; ich erwarte aber noch dringend einen Brief und ein Telegramm.« »Um elf Uhr«, so sagt Rudolf Püchel aus, »kam der erwartete Brief. Ich trug ihn ins Schlafzimmer und traf dort den Kronprinzen vor dem Fenster stehend. Er hielt die Uhr in der Hand, drehte an dem Regulator und blickte auf den Franzensplatz hinab, ganz in Gedanken vertieft. Er scheint mein Kommen nicht wahrgenommen zu haben. Nach ungefähr einer halben Stunde traf das erwartete Telegramm ein. Als ich es überbrachte, stand der Kronprinz noch immer im Schlafzimmer vor dem Fenster mit der Uhr in der Hand und sah wieder auf den Franzensplatz hinab. Er öffnete hastig das Telegramm, las es rasch, faltete es wieder zusammen und warf es auf den Tisch. Während ich mich entfernte, hörte ich die Worte: Ja, es muß sein!«

Rudolfs plötzlicher Entschluß, sogleich nach Mayerling zu fahren, stößt den ganzen Stundenplan seiner Kammer um. Mittags, ein Uhr, ist Erzbischof Graf Schönborn zur Audienz beim Kronprinzen gemeldet. Vor halb zwölf Uhr kommt Graf Hoyos in die Kammer des Kronprinzen, um, so bezeugt er, »anzuzeigen, daß ich mit Prinz Coburg vereinbart habe, morgen, Dienstag, mit dem 6-Uhr-Frühzug nach Baden und dann mit dem Wagen nach Mayerling zu fahren, wo wir nach acht Uhr einträfen. Das Kammerpersonal teilte mir zu meinem Befremden mit, daß der Kronprinz soeben nach Mayerling abgereist sei«.

Gegen Mittag wartet also die Kutsche darauf, Rudolf zu seinem Jagdschlößchen zu bringen, etwa zwei Stunden von Wien entfernt. Auf halbem Weg, in einem Ausflugsrestaurant, trifft er Mary, die Bratfisch abgeholt und dorthin gebracht hat. Die beiden fahren gemeinsam nach Mayerling weiter, wo sie bei Einbruch der Dunkelheit eintreffen. Sie verbringen den Abend miteinander, sie speisen zusammen, Bratfisch unterhält sie, indem er ihnen etwas vorpfeift. Es ist eine lustige Gesellschaft.

*D*ienstag, 29. Januar. Am Morgen, zehn Minuten nach acht, erscheinen die beiden Freunde des Kronprinzen, die er nach Mayerling eingeladen hat, um mit ihm zu jagen: sein Schwager, Prinz Philipp von Coburg, und Graf Joseph Hoyos. Rudolf empfängt sie im Morgenanzug, er ist guter Laune, nimmt mit ihnen ein Frühstück ein. Mit keinem Wort erwähnt er, daß Mary Vetsera bei ihm ist, nur Loschek und Bratfisch wissen darüber Bescheid. Der Kronprinz will jedoch an der gemeinsamen Jagd nicht teilnehmen. Er sagt, er habe sich erkältet, als er am Vortag nach Mayerling gefahren sei. So ziehen die beiden Freunde allein auf die Jagd, Prinz Philipp kehrt jedoch bald nach Mayerling zurück, um den Zug nach Wien zu erreichen.

In der Hofburg soll am Abend dieses 29. Januar so etwas wie ein »habsburgisches Familiendiner« stattfinden, zu dem auch Rudolf erwartet wird. Selbst mit der Teilnahme der Kaiserin ist zu rechnen. Am späten Nachmittag erhält Stephanie ein Telegramm aus Mayerling: »Ich bitte Dich, schreibe Papa, daß ich gehorsamst um Verzeihung bitten lasse, daß ich zum Diner nicht erscheinen kann, aber ich möchte wegen starkem Schnupfen die Fahrt jetzt nachmittags unterlassen und mit Josl Hoyos hier bleiben. Umarme Euch herzlichst – Rudolf.«

Prinz Philipp überbringt die Nachricht, daß der Kronprinz nicht erscheinen könne; er berichtet, daß Rudolfs Wagen bei der Hinfahrt in Schnee und Eis steckengeblieben wäre, daß Rudolf, ohne den Pelz auszuziehen, beim Anschieben geholfen habe, dabei ins Schwitzen geraten sei und sich arg erkältet hätte.

Stephanie, offensichtlich peinlich berührt, an diesem familiär bedeutsamen Ereignis ohne ihren Mann teilnehmen zu müssen, erinnert sich: »Als ich in den Saal trat, schien mir, als seien aller Augen auf mich gerichtet. Kaiser und Kaiserin kamen mir mit der Frage nach dem Verbleib Rudolfs entgegen – ich antwortete, er sei verkühlt und wolle sich schonen. Er sei schon lange leidend, und sein Aussehen verursache mir Sorgen. Ich wagte es jedoch nicht, meinen Befürchtungen soweit Ausdruck zu geben, um zu bitten, daß man einen Arzt nach Mayerling sende.«

Rudolf speist in Mayerling mit Joseph Hoyos, der sich über seine liebenswürdige, freundliche Stimmung wundert. Gegen fünf Uhr am Nachmittag ist Hoyos aus den Bergen zurückgekehrt, hat sich in seine Räume in einem Gästehaus des Jagdschlosses begeben. Um sieben Uhr wird er ins Billardzimmer zum Essen mit Rudolf gerufen, sie plaudern ein wenig, reden nur über belanglose Dinge. Daß sich auch Mary Vetsera in Mayerling aufhält, davon hat der Jagdfreund keine Ahnung. Denn während er mit Rudolf an der elegant gedeckten Tafel Rehbraten und Dessert zu sich nimmt und dem Kronprinz über die Resultate der Jagd berichtet, verbringt Mary die Zeit des zweistündigen Abendessens allein in Rudolfs Arbeits- und Schlafzimmer.

Joseph Hoyos in seiner Denkschrift: »Nachdem wir geraucht hatten und es etwa 9 Uhr geworden war, zog sich der Kronprinz, bemerkend, daß er seinen Schnupfen pflegen müsse, mit gewohnter Herzlichkeit zurück.« Rudolf verabschiedet seinen Freund mit einem herzlichen Händedruck und sagt ihm, daß er am nächsten Morgen pünktlich um viertel nach acht zum Frühstück erscheinen werde. Prinz Philipp würde zur gleichen Zeit mit dem Morgenzug aus Wien eintreffen, und sie wollten zusammen einen schönen Jagdtag verleben. Danach geht der Kronprinz in sein Schlafzimmer, wo Mary auf ihn wartet.

Genauso ahnungslos wie Graf Hoyos ist Marys Mutter in Wien. Als ihre Tochter in der voraufgegangenen Nacht nicht nach Hause gekommen war, ahnte Helene Vetsera, daß es mit

Rudolf zu tun hat. Die Baronin ist außer sich. Einige Wochen lang hat sie diese Affäre auf die leichte Schulter genommen, wohl auch in der vagen Hoffnung, Vorteil daraus schlagen zu können. Vielleicht hat jetzt Marys leichtsinniges Gerede über den Tod ihren Verdacht geweckt, vielleicht hat sich Mary auch ihrer Schwester oder ihren Mädchen anvertraut. Jedenfalls wittert sie wohl die Gefahr, in der ihre Tochter schwebt. Trotz des gesellschaftlichen Risikos, das sie eingeht, wenn sie sich in die Liebesangelegenheiten des Kronprinzen mischt, nimmt sie ihren Mut zusammen und begibt sich zum Polizeipräsidenten Baron Kraus, um ihn zu bitten, ihre Tochter zu suchen. Kraus weiß sehr wohl, wo sich Mary aufhält – das zu wissen ist schließlich seine Aufgabe –, aber er sieht keinen Grund, seine Karriere zu gefährden, indem er es der Baronin mitteilt. Er rät ihr, sich an Graf Taaffe, den Ministerpräsidenten, zu wenden. Auch Taaffe erkennt, wie heikel die Angelegenheit ist, immerhin stellt er Helene Vetsera in Aussicht, Rudolf diskret auf das Thema anzusprechen, wenn er zum Familiendiner in die Hofburg komme. Marys Mutter kehrt nach Hause zurück und verbringt eine zweite verzweifelte Nacht.

Vermutlich haben die beiden zu diesem Zeitpunkt bereits eine Reihe von Briefen geschrieben. Rudolf muß seine Briefe zum größten Teil in Wien verfaßt haben, sie beschäftigen sich mit so wichtigen Dingen wie seinem Testament. Marys Briefe haben einen fast leichtfertigen Tonfall. Ihrem Bewunderer, Miguel von Braganza, teilt sie mit: »Wir sind schon sehr neugierig, wie es in der anderen Welt aussieht.« Sie verspricht ihm ihren Pelzkragen, den er sich übers Bett hängen soll. Marie Wallersee-Larisch, die wegen ihres Engagements in dieser Affäre völlig kompromittiert sein wird, macht sie den trefflichen Vorschlag, ihrem Beispiel zu folgen. Auch ihre Schwester Hanna bekommt einen Abschiedsbrief: »Wir gehen Beide selig in das ungewisse Jenseits. Denket hie und da an mich, seid glücklich und heiratet aus Liebe. Ich konnte es nicht thun und da ich der Liebe nicht widerstehen konnte, so gehe ich mit ihm. Deine Mary. Weine nicht um mich, ich gehe friedlich hinüber. Es ist wunderschön hier draußen. Jetzt noch einmal: Leb wohl.«

An ihre Mutter schreibt sie: »Verzeiht mir, was ich getan; ich konnte der Liebe nicht widerstehen. In Übereinstimmung mit ihm will ich neben ihm am Friedhof von Alland begraben sein. Ich bin glücklicher im Tode als im Leben. Deine Mary.« In einem Postskriptum fügt sie hinzu: »Bratfisch hat gestern abend wundervoll gepfiffen.«

Auch Elisabeth erhält einen Abschiedsbrief von Rudolf, der verschwunden ist, dessen Inhalt aber Ida Ferenczy überliefert hat. Überraschenderweise findet sich darin ein Satz, mit dem der Kronprinz auf eine Bemerkung anspielt, die der Kaiser bei seiner letzten Begegnung mit ihm unter vier Augen gesagt haben soll: »Ich weiß sehr gut, daß ich nicht würdig war, sein Sohn zu sein.«

Nachdem die Briefe geschrieben sind, nimmt Rudolf seine Dienstwaffe, einen Revolver, und schießt Mary mit einer Bleikugel in die Schläfe. Er legt ihren Leichnam auf dem Bett zurecht und gibt ihr eine rote Rose in die Hand. Sie trägt nichts als ein leichtes Hemd.

»In Liebe vereint bis in den Tod«. Sind sie das wirklich? Mary hat ihre großen blauen Augen vor dem Knall des Revolvers geschlossen, aber in dem Augenblick, als sie tot war, muß Rudolf gemerkt haben, daß auch von zwei Selbstmördern jeder allein in den Tod geht, und daß er trotz allem ohne Begleitung sterben wird. Wir wissen nicht, welche Gedanken durch seinen Kopf jagen. Ist es Feigheit, was ihn daran hindert, den Revolver gegen sich selbst zu richten? Er stiehlt dem Leben Stunde um Stunde, läßt Mary allein in der anderen Welt erwachen. Er trinkt viel in dieser Nacht, vielleicht denkt er über einen bequemen Ausweg nach. Den Abschiedsbrief an seine Mutter muß er noch einmal geschrieben haben, denn Jahre später vertraut Elisabeth der Kaiserin Eugénie an, er habe ihr geschrieben, daß er nicht sterben wolle, es aber keinen anderen Ausweg für ihn gebe, weil er zum Mörder geworden sei.

Am Morgen des 30. Januar verläßt Rudolf um halb sieben vollständig angekleidet sein Gemach. Er geht in das Zimmer seines Kammerdieners Johann Loschek, weckt ihn und teilt ihm mit, daß er noch eine Stunde schlafen wolle, aber um halb acht geweckt zu werden wünsche. Bratfisch wird angewiesen, zu dieser Zeit mit seinem Fiaker zu warten.

Wie ihm befohlen wurde, klopft Loschek um halb acht an die Tür des Kronprinzen. Keine Antwort. Er klopft lauter. Schließlich bewaffnet er sich mit einem Holzscheit, um damit gegen die Tür zu poltern. Wieder keine Antwort. Ziemlich aufgeregt läuft er zu Graf Hoyos, der mitkommt. Beide bleiben eine Zeitlang rufend und polternd vor der Tür, dann schlägt Hoyos vor, sie aufzubrechen. Loschek gesteht ihm, daß Baronesse Vetsera im Zimmer sei. Der Graf zaudert. Zu seiner Erleichterung fährt in diesen Minuten der Fiaker vor, mit dem Prinz Philipp, vom Bahnhof kommend, aus Wien nach Mayerling zurückkehrt. Die beiden Freunde besprechen sich, beschließen dann, gemeinsam die Verantwortung zu tragen und die Tür aufzubrechen. Aus Respekt vor Mary soll dann nur Loschek eintreten.

Der Kammerdiener betritt das Zimmer, kommt zurück und berichtet, daß er Rudolf und Mary tot auf dem Bett vorgefunden habe, der Kronprinz lehne über den Bettrand, vor ihm habe sich eine große Blutlache angesammelt. Irgendwo hat der Kammerdiener gelesen, daß Strychnin Blutungen erzeuge, und da in Rudolfs Reichweite ein Glas steht, vermutet er, daß dieser vergiftet worden sei.

Mary wird halb nackt im Bett gefunden. Irgendwann im Lauf des letzten Abends muß sie ihr engsitzendes grünes Kostüm mit den schwarzen Zierschnüren abgestreift haben. Ihre Schuhe stehen neben dem Bett, auch der dunkelrote Hut mit den Straußenfedern, die Boa und der Schleier liegen verstreut im Zimmer.

Betäubt vor Schrecken und Trauer, treffen Hoyos und Philipp die nächsten Entscheidungen. Sie schicken ein Telegramm nach Wien, bitten darin dringend den kaiserlichen Leibarzt Widerhofer, nach Mayerling zu kommen. Rudolfs Schwager Philipp von Coburg, der, »vom Schmerz gebrochen, selbst kaum noch aktionsfähig war«, bleibt in Mayerling, um unliebsame Zeugen fernzuhalten, Hoyos wird dem Kaiser die Nachricht persönlich überbringen. Er besteigt die Kutsche, die der Kronprinz so vorausschauend für ihn bestellt hat, wehrt Bratfischs Fragen ab und gelangt rechtzeitig nach Baden, um den Schnellzug nach Wien abzufangen. Da der Zug normalerweise nicht in Baden hält und der Stationsvorsteher sich vorschriftsmäßig weigert, ihn anzuhalten, rückt der Graf schließlich mit der Wahrheit heraus. Daraufhin wird der Zug angehalten, doch sobald er aus dem Bahnhof gedampft ist, telegraphiert der pflichteifrige Beamte die Schreckensnachricht sofort an die Bank Rothschild, der die Bahn gehört.

Als Hoyos in Wien ankommt, ist die Stadt schon voll von Gerüchten, vibriert wie von einem nahen Erdbeben. Selbst die Börse ist bereits in fieberhafter Bewegung, mit ihr Baron Albert Rothschild.

Hoyos springt aus dem Zug in eine Kutsche und fährt in rasender Eile zur Hofburg.

*U*m zehn Uhr elf Minuten nach der Burguhr betrat ich«, so berichtet Graf Hoyos in seiner Denkschrift dem Kaiser, »meinen Fiaker am Josephsplatz zurücklassend, den Schweizerhof und begab mich über die sogenannte Küchenstiege in die Wohnung des Obersthofmeisters des Kronprinzen, Vizeadmirals Grafen Carl Bombelles. Ich traf ihn daheim und teilte ihm das Entsetzliche mit. Wir gingen zu dem Obersthofmeister der Kaiserin, Baron Nopcsa, und mit ihm zu dem Generaladjutanten Grafen Eduard Paar. Es wurde beschlossen, daß das unabsehbare, entsetzliche Unglück zuerst Ihrer Majestät der Kaiserin ... mitgeteilt werde. Die Intervention übernahm Fräulein von Ferenczy.«

Alle hören sich den atemlos hervorgestoßenen, wirren und ungenauen Bericht des Grafen an, aber keiner wagt, das Arbeitskabinett des Kaisers zu betreten und die grausige Nachricht zu überbringen. Graf Paar sagt: »Das kann ich unmöglich, so etwas kann nur Ihre Majestät sagen.« Elisabeth, so denken die Herren, ist die einzige, die das zustande bringen kann. Doch wie es ihr sagen? Baron Nopcsa weigert sich, Fürst Hohenlohe,

Franz Josephs Obersthofmeister, schiebt Graf Paar vor, und der kommt auf die Idee, Ida Ferenczy, seit fünfundzwanzig Jahren die Vorleserin und Vertraute der Kaiserin, solle Elisabeth die Nachricht mitteilen.

Ida nimmt allen Mut zusammen, um mit der Botschaft, die Hoyos aus Mayerling mitgebracht hat, vor die Kaiserin zu treten. Elisabeth hat gerade Griechischstunde in ihrem Salon, als Ida den Raum betritt und darum bittet, den Lehrer zu entlassen. Die Kaiserin hat es nicht gern, daß man sie bei dieser Stunde stört. Als Ida mit der ganzen Beherrschung, deren sie fähig ist, meldet, Baron Nopcsa wolle sie in einer dringenden Angelegenheit sprechen, wehrt Elisabeth zunächst ab und sagt, er möge später wiederkommen. »Er bringt Nachrichten vom Kronprinzen«, sagt Ida. Da entläßt Elisabeth den Lehrer. Als er fort ist, schlüpft Ida aus dem Raum, greift Baron Nopcsa und schiebt ihn vor die Kaiserin.

Wenige Minuten später weiß sie alles. Die schonenden Worte, das Zögern, das halbe Verschweigen können nicht verhindern, daß dieser entsetzliche Schlag Elisabeth mitten ins Herz trifft. Nachdem sie gehört hat, was Nopcsa und Ida zu sagen haben, bricht sie weinend zusammen, wirft sich schluchzend in ihren Sessel. »Wie soll man das dem Kaiser sagen?« Sie hat nicht lange Zeit, sich ihrem Schmerz hinzugeben, faßt sich wieder. Ja, Elisabeth wird zum Kaiser gehen. Seit der Ankunft des Grafen Hoyos ist eine Stunde vergangen. Franz Joseph, in seinem Arbeitszimmer, dem schmalen dunkelroten Kabinett mit dem Blick auf den inneren Burghof, hält Empfänge. Graf Hoyos, Graf Paar, Graf Bombelles warten. Es dauert eine Viertelstunde, fast unendlich lang, bis Ida aus den Gemächern der Kaiserin zurückkehrt.

Elisabeth und Franz Joseph haben vor, in den nächsten Tagen nach Budapest zu reisen. Um sich an diesem Tag von ihnen verabschieden zu können, ist Katharina Schratt für elf Uhr in die Burg bestellt worden. Tränen laufen über Elisabeths Wangen, als sie wortlos auf Katharina zugeht und sie umarmt. Tonlos stammelt sie: »Der Rudolf ist tot!« In kurzen, abgerissenen Sätzen erzählt die Kaiserin, was sie erfahren hat. Und dann sagt sie immer wieder nur: »Wie soll man diesen furchtbaren Schicksalsschlag dem Kaiser mitteilen?«

Franz Joseph betritt ahnungslos das Zimmer, offensichtlich wohlgelaunt und in guter Stimmung. Katharina Schratt findet den Mut, das Schweigen zu brechen: »Majestät, der Kronprinz ist ... sehr krank.« Franz Joseph kann das nicht glauben, die Haltung der beiden Frauen ist zu deutlich. »Ist er tot?« fragt er. Elisabeth nickt. »Ja, er ist tot.«

Was er hört, trifft ihn wie einen Schlag. Als er erfährt, daß Rudolf nicht allein gestorben ist, sondern Mary Vetsera mit ihm, geht ein Ruck durch seinen Körper. Franz Joseph verbirgt sein Gesicht hinter beiden Händen, stöhnt nur: »Das ist ja furchtbar!«

Die Kaiserin erhebt sich. Sie müsse Stephanie und ihrer Tochter Valerie das Geschehene mitteilen. Ida Ferenczy verläßt mit ihr den Raum. Der Kaiser bleibt mit Katharina zurück, und diese Frau muß es verstanden haben, einige Worte voll Trost und Wärme zu sagen. Elisabeth läßt ihn allein. Nicht sie, die Freundin trägt in dieser schweren Stunde das Leid mit dem Kaiser.

Elisabeth ruft Erzherzogin Valerie zu sich. Als Valerie erfährt, daß es um ihren Bruder geht, fragt sie sofort: »Hat er sich umgebracht?« Die Kaiserin wundert sich über diese Frage. »Warum glaubst du das?« fragt sie. »Nein, nein, es scheint, daß ihm das Mädchen Gift gegeben hat.«

Kronprinzessin Stephanie wird gebeten, sich in die Appartements der Kaiserin zu begeben. Dort bestürmen Elisabeth und Franz Joseph sie mit Fragen. Stephanie hat das Gefühl, einem Kreuzverhör ausgesetzt zu sein, ja daß man ihr die Schuld an Rudolfs Tod gibt. Zumindest bildet sie sich das ein. Sie sucht sich zu verteidigen, erinnert den Kaiser daran, was sie ihm alles berichtet hat. Elisabeth hört aufmerksam zu, dann fragt sie: »Möchtest du wissen, wie Rudolf gestorben ist?« Sie erzählt ihr, daß er in Mayerling in seinem Schlafzimmer tot aufgefunden worden sei, neben sich die Leiche von Mary Vetsera.

Dann gibt die Kaiserin ihrer Schwiegertochter ein verschlossenes Kuvert, das Stephanies Namen trägt. Die Kronprinzessin erkennt die Handschrift ihres Mannes, reißt den Umschlag auf.

Das Briefpapier hat einen schwarzen Rand, als ob der lebende Rudolf schon seinen eigenen Tod betrauerte. Sie liest: »Liebe Stephanie, Du bist von meiner Gegenwart und Plage befreit. Werde glücklich auf Deine Art. Sei gut für die arme Kleine, die das einzige ist, was von mir übrigbleibt. Allen Bekannten, besonders Bombelles, Spindler, Latour, Nowo, Gisela, Leopold etc. etc. sage meine letzten Grüße. Ich gehe ruhig in den Tod, der allein meinen guten Namen retten kann. Dich herzlichst umarmend, Dein Dich liebender Rudolf.«

Das ist Rudolfs Rache, denkt Stephanie. Mit seinem Tod will er der ganzen Welt verkünden, wie sehr er mich haßt, daß er es vorzieht, sich das Leben zu nehmen, als weiter mit mir verheiratet zu sein. Und am Ende des Briefes wieder diese entsetzliche Verlogenheit!

Die Nachricht verbreitet sich wie ein Lauffeuer am Hof, erfüllt manche mit sprachlosem Entsetzen, andere, wie die Kronprinzessin, zeigen sich nicht im mindesten überrascht. Im Verlauf einer Audienz, in der sie Graf Hoyos bei sich empfängt, meint sie nur lapidar, »daß sie das Unglück habe kommen sehen«. Die absurdesten Geschichten über die schreckliche Tat kursieren jetzt am Hof, aber niemand weiß auch nur das Geringste über die Motive.

Als Ida Ferenczy in ihre Räume zurückkehrt, wartet dort, außer sich vor Angst und Verzweiflung, eine Dame auf sie: Baronin Vetsera. Sie ist noch einmal beim Ministerpräsidenten gewesen, der ihr gesagt hat: »Gehen Sie zu Ihrer Majestät, nur sie kann helfen.« Und so erscheint diese Frau, die vor einem Jahrzehnt noch davon geträumt hat, prachtvoll gekleidet unter den strahlenden Kronleuchtern der Hofburg offiziell empfangen zu werden, zerrüttet und am Ende ihrer Kräfte, vor den Gemächern der Kaiserin.

Elisabeth geht zu ihr, läßt die Tür offen, so daß Ida das Gespräch mit anhören kann. Die erregte Baronin beginnt zu erklären, daß Mary seit zwei Nächten verschwunden sei und der Kronprinz sie mitgenommen haben müsse. Elisabeth unterbricht sie: »Baronin, nehmen Sie all Ihren Mut zusammen, Ihre Tochter ist tot.« Eine kleine Pause tritt ein. Elisabeth schaut die

Baronin mit eisigem Blick an. Für sie ist diese nur die Mutter des Mädchens, das die Katastrophe heraufbeschworen hat. Sie fragt beherrscht: »Wissen Sie, daß auch mein Rudolf tot ist?« »Mein Kind«, ruft die Baronin entsetzt, »was hat sie getan. Hat sie es getan?« Die Kaiserin verläßt mit hoch erhobenem Kopf den Raum. In der Tür wendet sie sich um und sagt kühl: »Merken Sie sich, daß Rudolf an Herzschlag gestorben ist.«

Erst später erkennt Elisabeth, daß Mary an dem gemeinsamen Sterben keineswegs Schuld trägt. Sie sieht ihr Unrecht ein und bietet der Baronin eine Geste der Entschuldigung an.

Die Kaiserin ist jetzt die Stärkere. Sie gewinnt eine Gewalt über sich, die nichts nach außen preisgibt. »Wir erschauerten vor der Grabesruhe der Königin und dem Ausdruck ihres Auges. Es ist nicht möglich, im Unglück adliger zu sein als diese hohe Frau«, schreibt wenige Tage später ein Teilnehmer der ungarischen Kondolenzdeputation, die mit Gyula Andrássy nach Wien gekommen ist.

*D*er Kronprinz ist tot. Rascher ist noch nie eine Nachricht durch die Doppelmonarchie geeilt. In den letzten Winkeln Österreichs, Ungarns und Böhmens werden schon am Nachmittag des 30. Januar schwarze Fahnen an allen öffentlichen Gebäuden gehißt. Fünfzig Millionen Menschen in diesem riesigen Vielvölkerreich sind über den Tod eines der populärsten Männer der Monarchie entsetzt, können es kaum fassen. »Die trostlose, verzweifelte Aufregung, die sich der ganzen Bevölkerung bemächtigte«, notiert Eduard Hanslick in seinen Erinnerungen, »ist nicht zu beschreiben. Ich habe in Wien die traurigsten Katastrophen erlebt: Revolutionen, unglückliche Feldzüge, verlorene Provinzen, mörderische Verheerungen durch Wasser und Feuer – nichts von alledem war diesem grauenvollen 30. Jänner entfernt zu vergleichen.«

Das offizielle erste Bulletin gibt bekannt, Kronprinz Rudolf sei einem Herzanfall erlegen – eine Idee von Elisabeth. Niemand glaubt es. Immer neue Gerüchte, wilde Vermutungen, Spekulationen laufen um. Man muß sich schon ausländische Zeitungen besorgen, um sich einigermaßen informiert zu fühlen – doch auch die können nur mit den verschiedensten Theorien aufwarten. Und der Hof liefert dem Klatsch und Tratsch durch seine Politik der Vertuschung immer neuen Nachschub. Mit Rudolfs Leiche wird er auch die Wahrheit über seinen Tod begraben. Die Vorgänge in Mayerling sollen im dunkeln bleiben. Und die Tatsache, daß Rudolf die Baronesse Mary Vetsera erschossen hat, sein Tod nur neben ihrem Sterben verständlich wird, diese Tatsache wird erst recht zu verschweigen gesucht.

Der Wiener Korrespondent der französischen Nachrichtenagentur »Havas« muß Österreich verlassen, nachdem er versucht hat, die ungefähre Wahrheit verklausuliert nach Paris zu melden. Franz Joseph übergibt die Akten des »Falles Mayerling« seinem ergebensten Diener und Minister, Graf Eduard Taaffe, zur Aufbewahrung. Im Hausarchiv wird später nur die Denkschrift des Grafen Hoyos deponiert. Die Papiere, die Taaffe in Verwahrung und unter Verschluß genommen hat, bleiben verborgen. Vielleicht hat sie das Feuer beim Brand seines Schlosses in Ellischau vernichtet.

Alle diese Geschichten, diese ganze »Affäre« hat aus Mayerling einen Mythos geschaffen, der sich nicht so zäh gehalten hätte, wäre der Wiener Hof nicht auf den Gedanken verfallen, alles »Anstößige« zu vertuschen. Für alle Welt sieht es so aus, als habe Franz Joseph beim Tod seines Sohnes nur einen Gedanken gehabt: den Ruf seiner Dynastie zu wahren. Die Lüge, Rudolf sei an einem Herzschlag gestorben, bringt nicht nur das Extrablatt der »Wiener Zeitung«, der Kaiser beschäftigt sich auch die nächsten Stunden damit, sie immer wieder neu für die Botschaften zu formulieren, die er an die Höfe ganz Europas telegraphiert. Dann macht die Kunde vom Jagdunfall die Runde. Eine Nachrichtensperre wird verhängt. Einer ausländischen Zeitung läßt man die Falschmeldung zukommen, Mary Vetsera sei in Venedig gestorben. In der Hofburg hört man Geräusche: Eine Menschenmenge, die auf Neuigkeiten wartet, drängt draußen gegen die Tore. Die Wachen werden verstärkt. Es gibt keine Meldung.

Einen Tag später niederschmetternde Enthüllungen für den Kaiser: Dr. Hermann Widerhofer bringt den medizinischen Bericht der Ärztekommission in Mayerling persönlich in die Hofburg. Darin steht, daß Mary schwanger gewesen ist, daß sowohl Rudolf als auch Mary an einer Geschlechtskrankheit gelitten haben. Marie Valerie schildert die Begegnung in ihrem Tagebuch. Der Arzt stottert sich voran, dann sagt er: »Ich kann Eurer Majestät die eine Versicherung geben, daß Seine kaiserliche Hoheit der Kronprinz nicht einen Augenblick gelitten hat. Die Kugel ist direkt in die Schläfe eingedrungen und hat den Tod augenblicklich herbeigeführt.«

Franz Joseph ist wie vom Schlag getroffen. »Was reden Sie von einer Kugel? Das ist nicht wahr, sie hat ihn doch vergiftet. Rudolf hat sich nicht erschossen.« Der Kaiser fragt nach Beweisen.

Der Arzt bleibt standhaft: Die Haltung der Toten, die Richtung der Kugelbahnen, die Lage der Waffe, alles beweise eindeutig, daß der Kronprinz zuerst seine Geliebte, dann sich selbst erschossen hat. Das einzige Zugeständnis, zu dem sich Widerhofer bereit findet, ist die Andeutung, Rudolf habe sich womöglich in einem Augenblick geistiger Verwirrung getötet. Mehrere Abschiedsbriefe finden sich, für den Kaiser ist keiner dabei. Qual und Scham sprechen aus seinen Worten: »Mein Sohn starb wie ein Schneider.«

Er hat *sie* getötet! Seine rechte Hand hielt den Revolver umklammert, aus dem zwei Schüsse abgegeben wurden. Hofrat Dr. Widerhofer und Leibarzt Dr. Auchenthaler haben es nicht geschafft, den rechten Zeigefinger, der gekrümmt am Abzug des Revolvers lag, zurechtzubiegen. Man will den Kaiser schonen, ihm die Gewissensbelastung nehmen, daß es seine Unnachgiebigkeit gewesen sein könnte, die den Sohn in den Tod getrieben hat. Doch nun kommt auch er nicht mehr an den Tatsachen vorbei.

Franz Joseph beginnt, unkaiserlich zu handeln. Er schafft rasch Fakten. Er konfisziert alles, jedes Schriftstück, jeden Brief, den er in die Hand bekommen kann, versiegelt Schreibtische, stellt alle an dem Drama Beteiligten unter Polizeiaufsicht. Ein kaiserlicher Befehl verbannt Baronin Vetsera sofort nach Venedig. Dann macht sich der Kaiser daran, die Kirche zu überlisten. Rudolfs Wunsch, auf dem Friedhof des Klosters Heiligenkreuz in der Nähe von Mayerling begraben zu werden, wird selbstverständlich nicht erfüllt. Er wird in der Kapuzinergruft beigesetzt werden, wie alle Habsburger vor ihm, mit dem kaiserlichen Zeremoniell. Selbstmord? Unmöglich. Fünf Ärzte untersuchen Rudolfs Gehirn, entdecken gehorsam die Spuren einer geistigen Krankheit, die ihn, in einem Zustand der Verwirrung, Hand an sich legen ließ. Nach einem peinlichen kirchendiplomatischen Gezerre und schwierigen Gesprächen mit dem vatikanischen Botschafter, der sich gegen das kirchliche Requiem sperrt, akzeptiert Papst Leo XIII. die von den Ärzten vorgebrachte Erklärung. Rudolfs Leichnam soll in der Hofburgkapelle aufgebahrt werden, inmitten von Kerzen und Kruzifixen. Er wird ein kirchliches Begräbnis mit allem Prunk bekommen.

*E*lisabeth steht schließlich doch fest an der Seite des Kaisers, vermag ihn in seiner Verzweiflung zu stützen. »Ohne sie hätte ich es nicht ertragen«, sagt Franz Joseph später einmal zu Graf Paar. Die Kaiserin ist – neben Katharina Schratt – der einzige Mensch, der Franz Joseph in diesen Tagen Verständnis entgegenbringt. Vielleicht ahnt sie die Tragik in dieser grausamen Verknüpfung von Majestätspflichten und Vatersorgen. Sie kennt Franz Joseph besser, als alle anderen ihn kennen.

Rudolfs Leichnam wird in der darauffolgenden Nacht in einem Leichenwagen aus dem Jagdschloß von Mayerling gebracht und mit der Bahn nach Wien überführt. Um zwei Uhr früh trifft der traurige Kondukt in der Hofburg ein. Elisabeth liegt in ihrem Bett, findet aber keinen Schlaf. Sie hört den gedämpften Trommelwirbel der aufziehenden Wache, die Schritte der Soldaten. Da liegt er nun, da oben, vorbei ein junges Leben, das sie so wenig kannte. In ihrer wilden Verzweiflung will sie gleich zu ihm hinauf, Valerie hält sie zurück. Erst am nächsten Tag, am Mittag des 1. Februar, als Rudolf aufgebahrt ist, darf sie ihn sehen, sie geht mit Valerie und deren Bräutigam Franz Salvator in das Privatgemach des Kronprinzen. Ein Priester betet dort, die Fenster sind mit schwarzen Tüchern verhängt, ein Kreuz und zwei brennende Kerzen stehen am Bett. Da liegt ihr Sohn, einbalsamiert, die Wunden sorgfältig verbunden, mit einem weißen Tuch bis zur Brust zugedeckt. Blumen verströmen einen stickigen Duft.

Weinend fällt Elisabeth auf die Knie nieder, läßt den erlösenden Tränen freien Lauf, die sie zurückgedrängt hat, um dem Kaiser Halt zu geben.

Elisabeths Schmerz steigert sich rasch zur Verzweiflung. Gewiß, sie ist tapfer, standhaft in den ersten Stunden nach dem Unglück. Jetzt treiben sie die ungelösten Fragen an den Rand des Wahnsinns. Was ist genau geschehen? Mußte Rudolf sterben, mußte er sich selber vernichten? Hatte er keinen Freund, keinen Vertrauten, keinen Berater, keinen Helfer? War denn niemand da, dem er sich hätte anvertrauen können?

Die Kaiserin weiß, daß es keinen Selbstmord gibt, bei dem neben der eigenen Schuld nicht auch die Schuld anderer eine Rolle spielt. Es quält sie, daß sie selber nichts von diesen allerletzten Augenblicken geahnt hat, in denen ihr Sohn den Sprung ins unbekannte Dunkel wagt. Rudolfs Abschiedsbrief an Elisabeth beginnt mit den Worten »Meine liebe Mama, ich habe kein Recht mehr zu leben...« Wer nahm ihm dieses Recht, wer trieb ihn dahin, sich dieses Recht selber abzusprechen? Elisabeth sucht das Bild Rudolfs vor ihr inneres Auge zu rufen, seinen Charakter, sein Wesen, um Klarheit aus den anstürmenden Fragen zu gewinnen.

Während der Hof die Totenfeier vorbereitet, verliert sich die Kaiserin in Selbstanklagen und Zweifeln. Gibt es einen Menschen, der mehr weiß als sie, enthält man ihr etwas vor, sagt Rudolfs letzter Brief nicht alles? Wieviel weiß Graf Hoyos wirklich, der die Todesnachricht in die Burg gebracht hat? Er war dabei, er war Rudolfs Freund. Hat er dem Kaiser die Wahrheit gesagt? Weiß er mehr, als er sagt?

Franz Joseph ist in diesen Tagen schwer zu durchschauen. Die Trauer ist ihm anzuspüren, doch wie so oft tritt wieder die düstere Prachtentfaltung des zeremonienbewußten Hofes in den Vordergrund, die jede persönliche Regung, erst recht jeden Gefühlsausbruch als völlig unangemessen erscheinen läßt. Natürlich versäumt es der Kaiser nicht, seinem Sohn, wie man so sagt, »die letzte Ehre zu erweisen«. Rudolfs Leichnam liegt in einem Meer von Blumen und Kränzen, Chrysanthemen, Rosen, Nelken, Orchideen, ganze Gewächshäuser sind ausgeräumt worden. An den beiden Tagen vor der Beisetzung hat die Bevölkerung Gelegenheit, von ihrem Kronprinzen Abschied zu nehmen. Hunderttausend Menschen finden sich vor der Hofburgkapelle ein, aus Platzgründen, aber auch aus Zeitmangel können nur dreißigtausend eingelassen werden.

Die Tage bis zum Begräbnis sind die schrecklichsten, die Elisabeth erlebt. Und doch beherrscht sie sich. Sie läßt den Besuch des belgischen Königspaares über sich ergehen. Dann werden ihre Gemächer für jeden Besucher geschlossen, nur Valerie und der Kaiser haben Zutritt. Franz Joseph bittet seine Frau, dem Begräbnis fernzubleiben, ein Erscheinen in der Öffentlichkeit sei allzu quälend für sie. Er selber bleibt nur mühsam beherrscht. Als er mit Stephanie und der kleinen Erzsi speist, verliert er beim Anblick seiner Enkelin die Fassung und weint.

Wien hat Trauer angelegt, schwarze Fahnen geben der Stadt ein düsteres Aussehen. Am 5. Februar, einem grauen, trüben Tag, ziehen sechs Rappen den schwarzen Leichenwagen von der Hofburg zur Kapuzinerkirche. Von den Köpfen der Pferde wehen schwarze Federbüsche. Schweigend stehen die Menschen, nicht alle sind betroffen, hin und wieder läuft auch ein Grummeln durch die Reihen, das hätten sie grad noch gebraucht, der ganze Fasching sei ruiniert. Worte wie »dumme Weibergeschichten« fallen.

Gleich hinter dem Leichenwagen rollt der Wagen der Majestäten. Der Anblick läßt alles Murren verstummen. Franz Joseph sitzt kerzengerade, versteinert, eine Gestalt von marmorner Härte der Trauer. In der Kapuzinergruft, am aufgebahrten Sarg, verliert der Kaiser seine mühsam aufrechterhaltene Beherrschung, er bricht zusammen und muß gestützt werden, als er sich wieder aufrichtet. Später gesteht er seiner Frau: »Ich habe

Leichenbegängnis des Kronprinzen Rudolf:
Der Wagen hält vor der Kapuzinerkirche, unter der sich die Gruft
des Hauses Habsburg befindet.

mich gut gehalten. Nur in der Gruft, da ging's nicht mehr. Aber so wie heute ist es noch bei keinem Begräbnis zugegangen.«

Valerie ist zu Hause geblieben, nur Gisela hat den Vater begleitet. Die Kaiserin fehlte im Trauerzug. Stundenlang sitzt sie, sonst so ruhelos, in ihrem Zimmer, die Augen starr ins Leere gerichtet. Am nächsten Tag um fünf Uhr nachmittags nimmt sie dann doch an der Vigil teil, die für den toten Kronprinzen in der schwarz ausgekleideten Burgkapelle gelesen wird. Man hat hier alle Insignien und Ehrenzeichen aufgebaut, in der Mitte einen großen Katafalk mit Ordenstafel und Rudolfs Handschuhen. Eine düster-feierliche Musik schafft eine unheimliche Atmosphäre. Als Elisabeth von der Zeremonie zurückkehrt und ihr Boudoir betritt, sagt sie zu Valerie: »Jetzt haben doch alle diese Menschen, die von der ersten Stunde meines Herkommens so viel Böses über mich gesagt haben, die Beruhigung, daß ich vorübergehen werde, ohne eine Spur in Österreich zu hinterlassen.«

Eine zweite Beerdigung, die grausige, groteske Parodie der ersteren: Mary Vetseras letzter Weg zum Stift Heiligenkreuz. Dort wird sie bestattet oder besser verscharrt, würdelos, ohne jedes Mitgefühl.

Nach der Tragödie liegt ihr Leichnam zunächst zwei Tage lang in einem verschlossenen kleinen Raum in Mayerling – in einem Holzschuppen, wie es heißt. Familienangehörige läßt man nicht zu ihr. Beamte werden nach Mayerling geschickt, begleitet von einem Arzt, der bescheinigen muß, daß Mary Selbstmord begangen hat. Obwohl der Arzt vorher zusammen mit anderen einen Obduktionsbericht unterzeichnet hat, wonach Mary vom Kronprinzen getötet worden ist, unterschreibt er jetzt die falsche Darstellung. Auch Alexander Baltazzi, Marys Onkel, und dessen Schwager, Graf Georg Stockau, setzen ihren Namen darunter.

Die beiden Angehörigen treffen mitten in der Nacht in Mayerling ein, identifizieren ihre Nichte. Die Tote befindet sich immer noch dort, wo man sie nach der Obduktion versteckt hat. Sie ist nackt, auf ihrem Körper sind Leichenflecken sichtbar.

Polizeioffiziere üben sich in der Kunst der Verschleierung, setzen ein Protokoll auf, das sorgfältig die wahren Begleitumstände des Todes der Baronesse verschweigt und vertuscht. Und weil es in der Gegend von neugierigen Journalisten nur so wimmelt, befiehlt die Polizei am späten Donnerstagabend, fast achtundvierzig Stunden nach ihrem Tod, den beiden Verwandten Marys, den leblosen Körper des Mädchens anzukleiden und ihn zwischen sich aufrecht in eine Kutsche zu setzen. »Und«, so sagt der Polizeibeamte, »halten Sie den Leichnam so zwischen sich, daß es den Anschein erweckt, als fahre eine lebendige junge Frau mit Ihnen.«

Baltazzi und Stockau holen Marys Leiche aus dem Korb, kämmen ihr Haar, wischen die Blutspuren von ihrem Gesicht. Als der Verband reißt, verbinden sie die Wunde mit Stockaus schwarzseidener Krawatte. Die Unterwäsche wird Mary angezogen, das Korsett, die Seidenstrümpfe und die Stiefelchen werden ihr übergestreift. Dann zieht man ihr das hübsche Kleid an, setzt einen Federhut auf ihren Kopf und bindet einen Schleier davor. Als ihr der Mantel angezogen wird, sinkt der Kopf auf die Brust. Mit Kissen und einem im Rücken befestigten Besenstiel gestützt, wird Mary schließlich in die wartende Kutsche geschafft.

So rollt der Wagen in tiefer Nacht über dunkle, vereiste und zugeschneite Wege, durch Hagel und Sturm dumpfpolternd nach Heiligenkreuz, in seinem Fond die beiden Kavaliere, die Tote in einem eleganten Pelzmantel in ihrer Mitte, ein Hut auf dem Kopf, um die Kopfwunde zu verdecken, als ob sie zum Ball führe. Manche Hänge sind so hartgefroren, daß der Kutscher anhalten und die Pferdehufe mit neuen Eisschrauben versehen muß. Wiederholt bleibt die Kutsche im halbgefrorenen Matsch stecken. Eine Nacht- und Nebelaktion, wie man sie sich grausiger kaum vorstellen kann.

Alexander Baltazzi, eine heitere, gesellige Spielernatur, wird diese düstere Fahrt in der rumpelnden Kutsche, bei der die Tote ständig zur Seite sank und der absurde kleine Federhut immer wieder hinunterfiel, zeitlebens nicht mehr vergessen.

Der Prior von Heiligenkreuz ist nicht wenig überrascht, daß

an diesem Abend so viele Polizeibeamte aus Wien und Vertreter der örtlichen Behörden bei ihm eintreffen. Sie teilen ihm mit, in der Umgebung von Mayerling habe ein junges, adliges Mädchen Selbstmord verübt, ihre Familie bitte um die Erlaubnis, es auf dem Friedhof des Klosters beisetzen zu dürfen. Das Kloster ist bekannt für seine Gastfreundschaft. Aus Mitleid überwindet der Abt seine religiösen Zweifel. Er läßt in der Klosterwerkstatt einen rohen Sarg für Mary zimmern, schickt einen widerstrebenden Bruder in die Kälte hinaus, um in die steinharte Erde ein Grab zu hacken. Um ihnen die Zeit zu vertreiben, läßt der Abt seinen Besuchern eine gute Mahlzeit und eine Menge Wein servieren, sie sind ganz vergnügt, während Mary Vetsera oberhalb von Mayerling durch Nacht und Nebel schwankt.

Um Mitternacht erreicht die gespenstische Kutsche die Friedhofspforte. Kein Leichentuch ist da, um die Tote einzuhüllen. Polizeikommissar Habrda hat die Aufsicht: »Graf Stockau, Herr von Baltazzi, Baron Gorup (der leitende Polizeioffizier der Hofburg, d.V.) und ich hoben die Leiche aus dem Wagen und trugen sie in die Leichenkammer, legten sie in den schon bereitstehenden Sarg, verließen nach einiger Zeit den Friedhof und kehrten ins Stift zurück. ... Das anhaltend schlechte Wetter hinderte die Fertigstellung des Grabes zur anberaumten Stunde. Nur mit Mühe brachte es Kommissär Baron Gorup, der seit sieben Uhr morgens auf dem Gottesacker stand, mit all seinen Aufmunterungen dahin, daß das Grab nach neun Uhr fertig war ... eine halbe Stunde vor Vollendung des Grabes kam ich mit dem Grafen Stockau und Herrn Baltazzi, welche die kirchliche Einsegnung begehrt hatten ... in möglichst unauffälliger Weise auf den Friedhof, woselbst nun erst der Sarg geschlossen wurde. Der Sturm und Regen machte das Begräbnis so schwer, daß die beiden vorgenannten Herren sowie Baron Gorup und ich bei der Beerdigung mithelfen mußten.«

An diesem trüben Morgen um halb zehn wird Marie in die Erde gelegt. Die Herren stehlen sich von dem Grab ohne Inschrift fort, verlassen den zugigen, regennassen Friedhof, ein Wächter wird aufgestellt, der dafür sorgt, daß sich niemand nähert. Polizeipräsident Kraus erhält nach dem Ende des »Zeremoniells« eine Depesche mit der kaltschnäuzigen Meldung: »1.2.1889. 10 Uhr 10. Alles abgetan. Habrda.«

Alles abgetan. Um Mary wird keine Träne geweint. Ihr Leben ist wie ein zur Erde fallender Stern verlöscht, fast spurlos.

Um Rudolfs willen muß Mary Vetsera den Makel des Selbstmords tragen. Ihre Mutter wird in Wien geächtet und von Franz Joseph daran gehindert, sich zu verteidigen. Auf Befehl des Kaisers darf in seinem Reich der Name Vetsera nie wieder öffentlich ausgesprochen werden.

Lügen, Ausflüchte, Willkürakte, Rücksichtslosigkeit, alle Bemühungen, diesen Schwelbrand einzudämmen, nützen nichts. Die Gerüchte, die durch die Stadt Wien und das ganze Reich, ja über die Grenzen hinaus gehen, sind monströser als alles, was der Kaiser sich hätte vorstellen können.

Schließlich sickert doch alles durch. Voller Scham sieht Franz Joseph sich gezwungen, einen Teil der Wahrheit preiszugeben. Die allgemeine Entrüstung zwingt die Regierung, ein Kommuniqué herauszubringen: Am 2. Februar schon veröffentlicht die »Wiener Allgemeine Zeitung« schließlich die offizielle Mitteilung, daß Rudolf »in einem Zustand von Geistesverwirrung« Selbstmord begangen habe. Dazu druckt sie das ärztliche Gutachten über die pathologischen Befunde der Hirnuntersuchung. Das ist aber auch alles. Kein Wort über Mary Vetsera. Und doch weiß bald jeder Bescheid.

Die Neugierde befriedigt das alles nicht. Als der Klatsch keinen neuen Stoff mehr findet, kapriziert er sich auf die Liebesgeschichte: Rudolf und Mary seien ein Liebespaar gewesen, das von dem unerbittlichen habsburgischen Familiengesetz an einer Ehe gehindert wurde und es daher vorgezogen habe, vereint in den Tod zu gehen. Die Legenden werden genährt durch das undurchdringliche Schweigen, mit dem der österreichische Hof die Wahrheit verhüllt. Keiner von all jenen, die irgendwie in die Tragödie von Mayerling verwickelt sind, hat je ein klären-

des Wort fallen lassen. Kein Dokument, das Licht in die mysteriösen Vorfälle bringen könnte, ist jemals gefunden worden. Die
berühmte Romanze trifft die Wahrheit nicht. Niemand hat
geklärt, warum der Kammerdiener Loschek ebenso wie die
Bewohner rund um Mayerling den Knall von zwei Revolver-
schüssen gehört, aber nichts daraufhin unternommen haben.
Oder was Bratfisch dazu bewogen hat, am 30. Januar um sieben
Uhr morgens, also eine halbe Stunde, bevor Loschek nach eigener Aussage an die Tür seines Herrn klopfte, zu einem Förster
zu sagen, es werde an diesem Tag keine Jagd geben, denn Seine Kaiserliche Hoheit sei tot.

Ein Wirbel von abstrusen, aberwitzigen Erklärungen, vor
allem, nachdem ausländische Zeitungen den in Österreich nirgendwo genannten Namen Mary Vetsera ins Spiel bringen.
Nach einer Version habe die Baronesse dem Kronprinzen eine
Kugel durch den Kopf gejagt und sich dann selbst getötet, nach
einer anderen sei Rudolf in Mayerling wegen Verrats verhaftet
und von der Polizei zu Tode geprügelt worden, Mary bei dem
Versuch gestorben, ihn vor seinen Angreifern zu schützen.
Oder: Sie habe ihm den Penis abgeschnitten, woraufhin er sie
erwürgt habe. Oder: Rudolf habe nach einem Sturz vom Pferd
unter so starken Kopfschmerzen gelitten, daß er sich das Leben
nahm. Oder: Der Kaiser habe persönlich Polizisten ausge-
schickt, um seinen Sohn zu ermorden. Oder: Es habe ein wüstes
Saufgelage stattgefunden, in dessen Verlauf der Kronprinz
erschlagen worden sei. Oder: Ein Cousin Marys habe den Schädel des Kronprinzen mit einer Champagnerflasche zerschmet-
tert. Immer wieder treten Leute auf, die jemand gekannt haben
wollen, der selber die grünen Glasscherben im zerschmetterten
Hirn des Kronprinzen gesehen habe.

Noch eine phantasievolle Geschichte: Rudolf habe vor längerer Zeit die entzückende Aglae Auersperg verführt, die beste
Freundin seiner Schwester Valerie. Als die Folgen offenbar wurden, habe sich das Mädchen der Familie anvertraut und sei nach
England verschickt worden. Ihr Bruder habe Rudolf zum Duell
gefordert, das jedoch vom Kaiser verboten worden sei. Es habe
trotzdem ein »amerikanisches Duell« stattgefunden: Wer verlie-

re, nämlich von einer schwarzen und einer weißen Kugel die schwarze zu ziehen, müsse sich innerhalb von einem halben Jahr selbst den Tod geben. Der 30. Januar, heißt es, sei der letzte Termin für Rudolf gewesen, der die schwarze Kugel gezogen hatte.

Auch das Gerücht, daß Rudolf und Mary gar nicht zusammen gestorben sind und kein ursächlicher Zusammenhang zwischen dem Tod der beiden bestehe, kursiert: Rudolf habe Mary zu einer letzten Zusammenkunft aufgefordert, es habe eine Orgie gegeben, er habe ihr gesagt, daß alles zu Ende sei; darauf sei sie in ihr Schlafzimmer gegangen und habe sich vergiftet, Rudolf aber, ohne von ihrem Tod eine Ahnung zu haben, sei zynisch und verzweifelt fortgegangen, um die Nacht mit der hübschen Frau eines Waldhüters zu verbringen. Der Mann, durch einen Auftrag Rudolfs weggeschickt, sei in den ersten Morgenstunden zurückgekehrt, habe seinen Verdacht bestätigt gesehen und Rudolf mit dem Gewehrkolben erschlagen. Er soll die Leiche ins Freie geschleppt und im Schnee liegengelassen haben, sie sei dann am Morgen von Bediensteten gefunden und ins Schloß getragen worden.

Und schließlich gibt es auch noch zu allem Überfluß die Geschichte, daß Rudolf und Mary gar nicht tot, sondern nach Amerika geflüchtet seien. Andere wollen wissen, der Kronprinz sei in Mailand gesichtet worden (ohne die Baronesse), in Mayerling habe man nur einen Unbekannten in sein Bett gelegt. Ungefähr dreißig Versionen, Theorien, Mutmaßungen, mehr oder weniger kurios, sind bis heute über die Tragödie von Mayerling im Umlauf.

Man hat auch versucht, politische Gründe für Rudolfs Freitod glaubhaft zu machen: Er soll in eine Verschwörung von Liberalen verwickelt gewesen sein und sich zum König von Ungarn ausrufen lassen wollen. Doch die wahren Gründe liegen tiefer. Eines ist sicher: Rudolf hat sich nicht seiner unglücklichen Liebe wegen umgebracht, er hat nur Marys Drängen nachgegeben, als er ihr erlaubt, mit ihm zu sterben. Er erschießt sich, weil er sein eigenes Leben als verfehlt ansieht; weil er es nicht ertragen kann, an eine Frau wie Stephanie gekettet zu sein; weil er unheilbar krank ist; weil er fühlt, wie er selbst zum Fiasko wird und unaufhaltsam auf die Nacht des Geistes zugeht; weil er keine Kraft mehr hat, das Leben zu bestehen; weil er niemals sein rechtmäßiges Erbe antreten wird; weil sein Vater so viel stärker ist als er, ein Selbstmord der furchtbarste Schlag und die größte Schande ist, die er seinem Vater antun kann; weil er sich in politische Intrigen verwickelt hat, die durchzuführen er weder Kraft noch Mut genug besitzt, und die nunmehr über ihm zusammenzubrechen drohen.

Darum wird das Bild des Kronprinzen bald bis zur Unkenntlichkeit geschwärzt. Noch eine Geschichte wird in Umlauf gebracht: die Erfindung einer geheimnisumwitterten politischen Aktion Rudolfs mit dem Grafen Pista Károlyi als Verbündetem; das Bemühen, die letzten Augenblicke Rudolfs in der Hofburg, als er auf ein Telegramm wartet, mit dieser Erfindung in Zusammenhang zu bringen; die Verschwörergeschichte von einer geheimnisvollen Kassette der Marie Wallersee-Larisch, die der ins nächtliche Dunkel und in einen weiten Mantel gehüllte Erzherzog Johann in Empfang nimmt, darauf bedacht, die Beweise für Rudolfs beabsichtigten »hochverräterischen Griff nach der Krone des heiligen Stephan« aus der Welt zu schaffen; die übertriebene Schilderung des Lebenswandels Rudolfs, als ob er nicht mehr Herr seiner Sinne gewesen wäre. Man gräbt – im Erklärungsnotstand – nun sogar allerlei Dinge aus, um der Behauptung Nachdruck zu verleihen, daß Rudolfs Gehirn vielleicht schon von Jugend an krank gewesen ist.

Guillaume Windisch-Graetz, Rudolfs Urenkel, ist heute davon überzeugt, daß Rudolf die kleine Baronesse erschossen hat und dann Selbstmord beging. Für ihn »hatte der Kronprinz sechs klassische Gründe, sich umzubringen: eine gestörte Beziehung zu seiner Mutter, die sich kaum um ihn gekümmert hat. Die schlechte Beziehung zum Vater. Die katastrophale Ehe. Die vielen Liebesaffären, von denen keine einzige zur Erfüllung wurde. Sein schlechter Gesundheitszustand. Und das Scheitern seiner politischen Ziele.«

So viele Gründe. So viele Gedanken mögen Rudolf durch den Kopf gegangen sein, in den letzten Tagen und Stunden. Und wenn er die Geliebte mit in den Tod nimmt, wird er es auf ihre

Bitte hin getan haben, zumal sie ihm, wie Elisabeth Kaiserin Eugénie erzählt, gestanden hat, schwanger zu sein. Für Rudolf mag es noch eine barmherzige Tat gewesen sein, Mary aber fällt dem Rausch der Liebe zum Opfer, es erscheint ihr als groß und hehr, mit dem geliebten Mann in den Tod zu gehen.

Die Beamten der Wiener Polizei, die Forstleute, der Abt des Stifts Heiligenkreuz, die Sargtischler und Totengräber, die Marys Leiche unter strenger Bewachung, bei Nacht und Nebel, auf dem kleinen Friedhof begraben haben, werden mit feierlichem Eid zum Schweigen verpflichtet. Manche erhalten sogar neue Papiere, Namen und Personalien, werden in alle Himmelsrichtungen des Landes geschickt. Nur Bratfisch, der Fiaker, trotzt seinem Souverän, er lehnt es rundheraus ab, Wien zu verlassen. Man gestattet ihm schließlich zu bleiben, unter strenger Polizeiaufsicht. Vermögen werden ihm angeboten dafür, daß er »auspackt«. Doch er schweigt eisern.

Ursprünglich ist ein Verhör aller Zeugen geplant gewesen; der Kaiser hat diesen Plan wieder verworfen, und, wie es seiner Natur entspricht, das Grab seines Sohnes für alle Zeiten verschlossen. Er wird nie mehr über diese Katastrophe ein Wort verlieren, er wird, wie immer, in seiner Arbeit Vergessen suchen. »In all den schweren Tagen«, schreibt der preußische Militärattaché, »hat der Kaiser keinen einzigen militärischen Rapport später unterzeichnet als sonst, nicht einmal am 30. Jänner.« Falsch jedoch ist die häufig geäußerte Vermutung, daß Franz Joseph um seinen Sohn nicht getrauert habe. Dem deutschen Botschafter Heinrich Prinz Reuß sagt er: »Wie ich das Leben nunmehr ertragen soll, weiß ich nicht, ohne meinen Sohn, der meine ganze Freude war und für den ich arbeitete.« Besonders tief getroffen hat den Kaiser, daß unter all den Abschiedsbriefen keiner an ihn, den Vater, gerichtet war.

Franz Joseph sucht seinen Schmerz zu vergessen, indem er alles verdrängt. Wie immer geschieht dies bei ihm auf dem schlichten, aber wirkungsvollen Weg der kaiserlichen Verordnung. Der Name seines Sohnes wird von ihm nie wieder erwähnt, er darf überhaupt in seiner Gegenwart nicht genannt werden. Dem Kronprinzen wird kein einziges Denkmal gebaut, sein Name aus allen offiziellen Schriften verbannt. Das ehemalige Jagdschloß Rudolfs wird zu einem Kloster der Karmeliterinnen, selbst die Gebete für seinen Sohn delegiert der Kaiser an die Schwestern dieses Ordens. Mayerling wird völlig umgebaut, kaum noch etwas an diesem Kloster erinnert an das frühere Jagdschlößchen. Aus dem Zimmer des Kronprinzen ist eine Kapelle geworden, an der Stelle des Bettes, in dem Mary und Rudolf tot aufgefunden wurden, befindet sich ein Altar.

Nur die engsten Vertrauten Franz Josephs wissen, wie tief sich der Schmerz in ihn eingräbt. Seine Umgebung versteht nicht, warum der Kaiser sich nur gegenüber Elisabeth und Katharina Schratt geöffnet hat. Monate später noch schildert er seine Verzweiflung in Briefen an seine Freundin. Er schreibt ihr, daß er an nichts anderes denke, daß es ihm aber »eine gewisse Beruhigung« gebe, wenn er darüber reden könne.

Und Stephanie? Sie verschwindet fast augenblicklich in der Versenkung. Eine gewisse Erleichterung über Rudolfs Ableben kann sie nicht unterdrücken, ihre Trauer hält sich in Grenzen. Nachdem sie durch das Drama von Mayerling wieder »frei« geworden ist, schreibt sie: »Eine lange, lange schreckliche Nacht ist für mich vorüber, und ich sehe einen rosigen Morgenschimmer von Hoffnung an dem umwölkten Himmel, einen Lichtstrahl, welcher mir das Aufgehen einer Sonne der Freude verkündet. Wird die Sonne in vollem Glanz aufgehen? Wird sie mich mit ihren Strahlen wärmen und mir die Tränen von den Wangen trocknen? Komm, meine Sonne, komm, du findest eine arme schmachtende Blume, deren Frische von harten Schicksalsfrösten zerstört worden ist.«

Nein, die einzige, die sichtbar um Rudolf trauert, ist Elisabeth.

*E*inige Tage nach der Beisetzung Rudolfs in der Kapuzinergruft fährt, so wird erzählt, ein Fiaker durch die nächtlichen Straßen Wiens zur Kapuzinerkirche am Neuen Markt und hält vor ihrem Portal. Eine schlanke, tiefverschleierte Dame steigt aus. Elisabeth hat an diesem Abend des 9. Februar Valerie und

Ida, die nicht von ihrer Seite gewichen sind, kurz vor neun Uhr gute Nacht gesagt und ist zu Bett gegangen. Wenig später steht sie wieder auf, kleidet sich an, wirft einen Schleier über und verläßt die Hofburg heimlich durch eine Seitentür.

Am Kapuzinerkloster schellt sie den Pförtner heraus und verlangt den Pater Guardian zu sprechen. Man holt ihn herbei. »Ich bin die Kaiserin, ich will zu meinem Sohn.« Sie bittet ihn, er möge ihr die Gruft aufschließen. Der Pater protestiert, daß sie allein in die Gruft hinab will. Doch sie besteht darauf, man solle ihr nur mit einer Fackel hinableuchten.

Der Guardian läßt die Vorhalle der Gruft erleuchten und führt die Kaiserin durch das schwach erhellte Dunkel und das Schweigen der Gewölbe zum Eingang der Gruft. An der Treppe wehrt Elisabeth die ihr angebotene Begleitung ab und geht die Stufen hinab, den Ordensmann in der Halle zurücklassend. Das eiskalte Schweigen der Gruft umfängt sie. Einige Fackeln, welche die Mönche rasch aufgesteckt und angezündet haben, kämpfen mit ihrem schwachen Flackern vergeblich gegen die Düsternis an. Die Pforte hat sich hinter ihr wieder geschlossen.

Oben stehen die Kapuziner und hören, wie unten die Kaiserin von Österreich immer wieder »Rudolf! Rudolf!« ruft. Sie will, daß er ihr sagt, warum er gestorben ist. Eine Stunde lang fleht sie vergeblich um ein Zeichen aus jener Welt der Schatten, in die ihr Sohn gegangen ist und die auch ihr so vertraut ist. Die Mönche, die Nachtwache halten, bekreuzigen sich.

Dann kommt sie mit müden Schritten die Stufen wieder herauf, sieht nicht nach rechts, nicht nach links, geht wortlos an den Mönchen vorbei und fährt allein, wie sie gekommen ist, durch die Nacht zurück in die Hofburg.

Diese Geschichte von Elisabeths nächtlichem Besuch in der Kapuzinergruft fehlt in kaum einer Biographie. Wie er sich tatsächlich zugetragen hat, entzieht sich der historischen Kenntnis. Doch sie ist so bezeichnend, und die Überlieferung entspricht so sehr der Vorstellung, die man sich von Elisabeth gemacht hat, daß sie sich wohl genau so abgespielt haben dürfte.

Am 11. Februar 1889 fährt der Hofseparatzug in Budapest

ein, die Männer des Empfangskomitees ziehen die Hüte, und zum ersten Mal gibt es keine begeisterten »Eljen«Rufe. Eine ungeheure Menschenmenge hat sich am Weg zur Ofener Burg versammelt, nahezu schweigend wird das Königspaar begrüßt. Respektvoller hätten die Ungarn ihr Mitgefühl nicht ausdrücken können.

Elisabeth ist bemüht, sich dem Kaiser gegenüber ihren Schmerz nicht anmerken zu lassen. Aus Ofen schreibt Franz Joseph am 16. Februar an Katharina Schratt: »Äußerlich ist die Kaiserin ruhig und nur mit ihrer Sorge um mein Wohlbefinden und meine Erheiterung beschäftigt, aber ich merke doch, wie ganz der tiefe, stille Schmerz sie erfüllt. Es ist eine große, seltene Frau!«

In den ersten Tagen nach Rudolfs Tod ist sie so tapfer gewesen, jetzt verfällt sie in tiefe Melancholie, bringt die Zeit mit stillem Nachdenken zu. Einerseits verstärken sich ihre spiritistischen Neigungen – sie versucht wiederholt, mit ihrem verstorbenen Sohn »Kontakt aufzunehmen« –, andererseits peinigt sie sich unaufhörlich mit Selbstvorwürfen, weil sie an eine Geisteskrankheit Rudolfs glaubt und die Vorstellung nicht abschütteln kann, sie sei schuld am Tod des Sohnes, an allem Unheil, sie habe das kranke Blut der Wittelsbacher in die habsburgische Familie gebracht. Die Ärzte liefern ihr Mutmaßungen, mit denen sie nichts anfangen kann, erklären ihr wortreich, Rudolf sei nicht mehr normal gewesen, als er starb. Hat man das nicht auch von Ludwig gesagt? Ist alles um sie herum dem Wahnsinn preisgegeben? Und sie selber? Wann schlägt die Stunde für sie?

Die Kaiserin hat immer geahnt, daß sie das Unheil furchtbar treffen wird. Als jetzt der Schlag fällt, steht sie aufrecht, doch ihr Selbst zerbricht. Sie empfindet Rudolfs Tod als Zeichen eines Untergangs. Alles um sie herum stirbt. Und woran stirbt es? Wo liegt ihre Schuld? Wo soll sie nach ihr suchen?

Elisabeths Sehnsucht wächst, »sich ganz in die Wildnis und Einsamkeit zurückzuziehen und den großen Jehova in der Natur anzubeten«, wie Valerie in ihr Tagebuch schreibt. Mitte Februar lautet der Eintrag, »sie hatte schon von Jugend auf das Gefühl und jetzt sei es ihr Gewißheit geworden, daß der große

Jehova sie in die Wildnis führen wolle, wo sie ihre alten Jahre als
Einsiedlerin ganz Ihm geweiht, in Betrachtung und Anbetung
Seiner göttlichen Herrlichkeit zubringen solle«.

Aber daraus wird nichts. Das Kaiserpaar kehrt nach Wien
zurück. Tage voller Fragen und innerer Qualen, voller zermürbender Selbstanklagen. Elisabeth kann die Schuldgefühle nicht
mehr abschütteln, die sie in ihren unerbittlichen Griff nehmen.
Schon immer hat sie sich für Geisteskrankheiten interessiert,
sich einmal vom Kaiser allen Ernstes ein vollständig eingerich-
tetes Irrenhaus gewünscht. Jetzt sieht sie sich selbst dort. Sie
lacht nervös unter beständigem Weinen. Ihre Unrast nimmt zu,
ihre Spaziergänge gleichen immer mehr einem schuldbewuß-
ten Weglaufen. Sie schläft ganze Nächte hindurch nicht, ihre
Fenster im Amalientrakt der Hofburg sind ständig erleuchtet.
Dann läßt sie ihr Bett bald in diesem, bald in jenem Zimmer aufschlagen, so daß sie die Nacht nie in demselben Raum verbringt.

Elisabeth verläßt ihre Gemächer nicht mehr. Sie schließt sich
ein. Nur ihrer Tochter öffnet sie die Tür. Ein unheimliches Vergraben in den Schmerz. Immer wieder beschäftigt sich Elisabeth
mit der Ursache der Katastrophe von Mayerling, grübelt in sich
hinein. Der Kaiser sieht die fortschreitende trübe Stimmung mit
größter Sorge. Er hat sich rascher wieder gefangen, versucht
nun alles, um die Kaiserin abzulenken. In der Öffentlichkeit
steht er besser da als seine Gemahlin, wie Graf Alexander Hübner in seinem Tagebuch vermerkt: »Es ist nicht der geringste
Zweifel, daß das Publikum größten Anteil an dem Schmerz des
Kaisers nimmt, sich wenig um die Tränen der Kaiserin und gar
nicht um jene der Erzherzogin Stephanie kümmert.« Vielleicht
fühlt Franz Joseph sich deshalb bemüßigt, seinen Dank an Elisabeth öffentlich zum Ausdruck zu bringen und schreibt den
Mitgliedern des Reichsrates: »Wieviel ich in diesen schweren
Tagen Meiner inningstgeliebten Frau, der Kaiserin, zu danken
habe, welch' große Stütze Sie Mir gewesen, kann ich nicht
beschreiben, nicht warm genug aussprechen. Ich kann dem
Himmel nicht genug danken, daß Er Mir eine solche Lebens-
gefährtin gegeben hat. Sagen Sie dies nur weiter; je mehr Sie es

verbreiten, umso mehr werde ich Ihnen danken.« Gerüchte schwirren durch Wien, die Kaiserin sei nicht im Trauerzug gewesen, weil sie dem Wahnsinn verfallen sei. Elisabeth bricht das Herz, im wahrsten Sinne des Wortes. In dieser Zeit beginnen ihre Herzbeschwerden. Nach langem Zureden gelingt es, sie zu einer Kur zu bewegen. Sie ist eine schwer zu behandelnde Patientin, sie traut den Ärzten nicht. Auch diesmal, wie so oft, mit Recht, wie sich herausstellen wird. Von Franz Joseph läßt sie sich überhaupt nichts mehr sagen, Valerie klagt in ihrem Tagebuch: »Papa geht ihr so auf die Nerven, was ich trotz aller Liebe für ihn, Mamas Charakter und seinem Mangel an Verständnis für denselben, begreife. Mir wird wirklich oft bang für Mama, wenn sie vor lauter Aufregung zu lachen anfängt, vom Narrenhaus spricht usf. Wenn ich sie dann beschwöre, etwas für ihre Gesundheit zu tun, sagt sie: ›Wozu? Für Papa wäre es eine Erleichterung, wenn ich stürbe und Du wirst dann im Glück mit Franz nicht durch den Gedanken an mein trauriges Leben gestört.‹«

Ende März fährt Elisabeth mit Marie Valerie nach Wiesbaden, bezieht eine Wohnung in der »Villa Langenbeck«. Sechs Wochen bleibt sie hier zur Kur, trägt immer einen großen schwarzen Kreppschleier. In der Karwoche vom 14. bis 22. April fährt sie nach Ischl, um mit dem Kaiser ein trauriges Osterfest zu verbringen, anschließend kehrt sie nach Wiesbaden zurück. Doch dies ist nicht der Ort, der ihr Heilung bringen kann.

Am 22. Mai befindet sich Elisabeth auf der Rückreise nach Lainz, im Hofseparatzug, bestehend aus österreichischen und bayerischen Wagen, insgesamt neun, der vierte ist der Salonwagen der Kaiserin. In einer Kurve in der Nähe von Frankfurt am Main entgleist der Gepäckwagen. Conte Corti schildert diesen Unfall: »Der Zug beginnt heftig zu schleudern und Elisabeth meint: ›Das ist ja ganz unheimlich.‹ Plötzlich erfolgen solche Stöße und die Waggons fliegen so hin und her, daß die Kaiserin ernstlich erschreckt ausruft: ›Der Zugführer muß ja betrunken sein!‹ Der hat die Entgleisung nicht gleich bemerkt, schleppt den von Schwelle zu Schwelle springenden letzten Wagen noch etwa vierhundert Meter weit mit, bis endlich die

Kupplung reißt. Zugleich aber werden die drei vorderen aus den Schienen gehoben und der Zug bleibt mit einem scharfen Ruck stehen. Furchtbare Aufregung. Die Kaiserin, die beim Fenster hinaussehen wollte, was denn los sei, wird durch den plötzlichen Schock fast zu Boden geworfen und kann sich gerade noch am Sitz festhalten. Aus dem umgeworfenen Personenwagen der Dienerschaft hört man Rufe und Schreie. Elisabeth und Valerie stürzen aus dem Wagen. ›Ist jemand verletzt?‹ ruft die Kaiserin in höchster Aufregung. ›Wo ist Franz?‹ schreit Valerie wie wahnsinnig. Es herrscht ein unglaubliches Durcheinander und höchste Verwirrung. Fragen, Schreien, Hinundherrennen. Männer zittern, Frauen weinen, die Friseurin der Kaiserin wird ganz hysterisch.«

Es stellt sich heraus, daß niemand einen Schaden erlitten hat, auch die anderen Begleitpersonen kommen mit dem Schrecken davon. Elisabeth geht nervös am Bahnsteig auf und ab, nach zwei Stunden wird die Fahrt fortgesetzt. Der Unfall drückt schwer auf ihre Stimmung. Am Bahnhof Oberhetzendorf erwartet der Kaiser unruhig seine Frau.

Der Aufenthalt in Lainz bietet für die Kaiserin keine Zerstreuung mehr, seit sie mit dem Reiten aufgehört hat: »Meine Flügel sind verbrannt und ich begehre nur mehr Ruhe.« Aber sie findet keine Ruhe. Mit dem Tod des erst dreiundfünfzigjährigen Konsuls Alexander von Warsberg – des »letzten Griechen«, wie er in Wien genannt wird – am 28. Mai 1889 verliert Elisabeth einen ihrer treuesten Freunde. Marineoffizier Freiherr von Bukovich wird mit der Leitung des Bauvorhabens »Achilleion« betraut.

Im Juni werden der Kaiserin die von Carito ausgearbeiteten Baupläne vorgelegt. Einhundertachtundzwanzig Zimmer soll der Palast haben, gewaltige Erdbewegungen sind nötig, um mit dem Bau und der Anlage des Parks beginnen zu können. Außer dem Hauptgebäude sieht der Plan auch zahlreiche Nebengebäude vor, für die Gärtner, die Wächter, für Stallungen und auch ein Telegraphenamt. In der Nähe der Mole wird eine Maschinenhalle installiert, um elektrischen Strom zu erzeugen und das Meerwasser zu destillieren, das dann nach oben zum

Schloß gepumpt werden soll. Elektrisches Licht, das hier geradezu verschwenderisch installiert wird, um das Schloß in magischer Illumination zu verzaubern, gilt als ein unerhörter Luxus. Für das Vestibül werden Vasen ausgesucht, aus denen elektrisch glühende Blumen leuchten, Putten schwingen Kränze, die mit Glühlampen bestückt sind, auch die Bronzefiguren auf den beiden Loggien halten elektrisch leuchtende Ampeln wie Fackeln empor. Bronzene Lüster im Atrium erhellen mit ihrem geheimnisvoll schimmernden Licht die Fresken, Bilder, Statuen, die antiken Figuren, Grazien und Musen.

Elisabeth beauftragt den Wiener Maler und Makart-Schüler Franz Matsch, das Stiegenhaus in der Art der akademischen Historienmalerei mit einem kolossalen Gemälde zu schmücken. Es wird ihr Werk, dieses Schloß, und niemand wird ihr dreinreden, keinem ist sie verantwortlich.

Im Juni dann der traditionelle Beginn des Séjour in Ischl, wo Elisabeth viele Ausflüge – unter anderem nach Hallstatt und zur Gosaumühle – unternimmt. Oft betet die Kaiserin auch am Jainzen vor der Statue der Madonna, die sie dort errichtet hat.

Im Juli besucht die Kaiserin ihre Verwandten in Feldafing am Starnberger See, obwohl sie drei Jahre zuvor, nach dem Tod König Ludwigs II., gesagt hat, daß sie nie mehr dorthin zurückkehren wolle. Ein handfester Familienkrach bahnt sich an, als sich die Kaiserin mit ihren Brüdern wegen Marie Wallersee-Larisch herumstreitet, der sie vorwirft, die Begegnungen zwischen Rudolf und Mary angestiftet zu haben. Elisabeth verbannt ihre frühere Lieblingsnichte nun, ohne daß diese die Möglichkeit einer Rechtfertigung erhält, rigoros vom Hof. Alle flehentlich vorgetragenen Bitten sind vergebens, die Kaiserin läßt sich nicht umstimmen. Marie wird von »Tante Sissi« nie wieder empfangen.

Auch in Bayern hält es sie nicht, die vertrauten Wege, der See, die Landschaft scheinen ihr verändert. Bald schon, am 15. Juli, begibt sie sich gemeinsam mit Marie Valerie nach Gastein, wo sie wieder in der »Villa Helenenburg« absteigt. Seit dem Frühjahr zeigt die Kaiserin alle Anzeichen einer depressiven Verstimmung, manchmal spricht sie über ihre Todessehnsucht, es fällt sogar der Satz: »Wie beneide ich Rudolf um den Tod, den ich Tag und Nacht ersehne.« Dann wieder ist sie völlig apathisch. Sie hat auch alle Freude am Dichten verloren. Eine bedenkliche Entwicklung in ihrer seelischen Verfassung. Marie Valerie schreibt besorgt in ihr Tagebuch: »Mama sagt, sie sei zu alt und müde zu kämpfen, ihre Flügel seien verbrannt und sie begehre nur Ruhe. Die edelste Tat wäre es, wenn alle Eltern jedes neugeborene Kind sogleich töten würden.«

Kein Wunder, daß die ausländische Presse die geistige Erkrankung der Kaiserin als Tatsache meldet. Die Journale der ganzen Welt sind ohnehin scharf auf jede Nachricht vom Kaiserhof, auf jedes Gerücht und jede Erfindung, seit selbst in Wien kein Wort mehr über den Kronprinzen geschrieben werden darf. Wie eine sich selbst erfüllende Prophezeiung lesen sich die sich überstürzenden Nachrichten in den Zeitungen, die der Welt bereits den Wahnsinn Elisabeths verkünden. In Berlin, in London, in Paris melden die Blätter im April 1889, die Kaiserin von Österreich sei geisteskrank geworden, sie sei von der sogenannten *folie raisonnante* erfaßt, wiege ständig ein Polsterkissen in den Armen und frage ihre Hofdamen, ob der neue Kronprinz von Österreich schön sei.

Elisabeth hat allen Grund, deprimiert zu sein. Die Nachricht, daß Gyula Andrássy schwer erkrankt ist, erschüttert sie tief. Der Blasenkrebs wird bis zuletzt nicht richtig erkannt, und trotz der Behandlung durch einige berühmte Ärzte verschlechtert sich sein Zustand rapide. Baron Franz Nopcsa zeigt der Kaiserin einen Brief, den er von Andrássy bekommen hat: »Du weißt, welche hohe Meinung ich immer von ihrem Geist und ihrem Herzen gehabt habe, aber seitdem ich einige ihrer Gedichte gelesen, ist diese Meinung bis zur höchsten Bewunderung gestiegen. Wenn ich bedenke, daß neben so viel Geist, der auch einem größten Manne zur Ehre gereichen würde, auch so viel Herz Platz hat, kann ich nur kurz sagen, daß es auf der Welt keine zweite solche Frau gibt. Nur das kränkt mich, daß so wenig Menschen wissen, wer sie ist. Ich möchte, daß die ganze Welt es wisse und sie so bewundere wie eine so seltene Persönlichkeit es verdient. Sie hat vielleicht recht, daß sie sich nicht mit

Politik beschäftigen will. Das ist nicht immer eine dankbare Aufgabe, aber bei ihrem großen Verstand wäre es der Fall. Daß sie aber ihren überlegenen Geist und ihr großes Herz ... so versteckt, als ob es sich nicht schicken würde, solche Talente zu zeigen, das kann ich nur bedauern. Ich tröste mich nur mit dem einen, daß ich einer der wenigen glücklichen Menschen bin, die Gelegenheit gehabt haben, eine Frau kennen und bewundern zu lernen, von der so viele Millionen ihrer Untertanen keinen rechten Begriff haben, wer sie ist.«

Elisabeth liest diesen Brief mit freudiger Erregung und reicht ihn an den Obersthofmeister zurück: »Ja, das ist einer der wenigen wahren Freunde auf dieser Welt.«

Mitte August Rückkehr nach Ischl, aber nur für kurze Zeit, schon am 6. September geht es weiter. Diesmal redet ihr sogar Franz Joseph zu, wieder zu reisen, woraufhin sie nach Trient und weiter nach Madonna di Campiglio fährt. Nach ausgedehnten Wanderungen kommt sie über die Mendel am 16. September nach Meran, nimmt Logis im »Schloß Trauttmansdorff«. Sie bittet darum, man möge sie so wenig wie möglich beachten, sie wolle allein mit sich und ihrem Schmerz sein. Die Vorbereitungen der Behörden, jede Berührung mit den Menschen von ihr fernzuhalten, sind gut gemeint. Doch sie erwecken fast notgedrungen den Eindruck, es gelte, eine Geistesgestörte vor den Blicken der Welt zu verstecken. Das wachsende Mißtrauen gegen jede amtliche Verlautbarung des Wiener Hofes, die erregte Phantasie, Neugier und Sensationslust beginnen daher bald die Gestalt Elisabeths zu mystifizieren.

Die Bürokratie Franz Josephs trägt sogar noch dazu bei, den Glauben an die geistige Umnachtung der Kaiserin zu bestärken. In Meran zum Beispiel geht den Behörden folgender Erlaß zu: »Aus Anlaß der Reise Ihrer Majestät der Kaiserin und Königin nach Meran ist auf dem Wege eines der k. k. Statthalterei zugekommenen allerhöchsten Auftrags die Weisung erflossen, die geeignete Veranlassung zu treffen und mit aller Strenge zu überwachen, daß bei der Ankunft Ihrer Majestät der Kaiserin und Königin in Meran jeder Empfang, sei es der Staats-, der Gemeindebehörden, einzelner Korporationen oder der Bevölkerung, unterbleibe. Es ist der Auftrag, daß keinerlei wie immer geartete Ovation stattfinde, vielmehr dem dringenden Wunsche Ihrer Majestät entsprochen werde, in großer Stille in Meran einzutreffen und dort in völliger Zurückgezogenheit verweilen zu können. Es ist zuverlässig dahin zu wirken, daß bei unvermeidlichen Begegnungen mit Ihrer Majestät jede, noch zu gut gemeinte Ovation der Bevölkerung unterbleibe. Ich zähle auf den loyalen und dynastischen Sinn der Bevölkerung, daß diesem Wunsche Ihrer Majestät in jeder Richtung nachgekommen werde, und ich ersuche die Gemeindevorstehung, für eine möglichst weitgehende Verbreitung dieser Anordnung in allen Schichten der Bevölkerung sofort ausgiebig Sorge zu tragen. Ich rechne weiter auf die Mitwirkung der Gemeinden und ihrer Organe in dem Bestreben, alles, was dem oben ausgedrückten Wunsche der Allerhöchsten Frau zuwiderläuft, nachdrücklichst, kräftigst hintanzuhalten und zu verhindern.«

Elisabeths Bitte ist sehr einfach gewesen: Beachtet mich nicht, laßt mich meiner Wege gehen, ich bin hier nicht Kaiserin, ich bin nur eine trauernde Frau, die Ruhe sucht. Doch die Mitteilung dieser Bitte im unterwürfigsten Kanzleistil klingt wie der aufgeregte Trommelwirbel der Ortspolizei. Man respektiert den Wunsch, aber nun weichen die Leute einer Begegnung mit der Kaiserin schon von weitem verkrampft aus, flüchten scheu in die Felder, in die Weinberge, verbergen sich ängstlich, wenn sie ihrer ansichtig werden. Auch den Kindern wird eingeschärft, genau darauf zu achten, daß sie ja nicht in die Nähe der »schwarzen Frau« kommen. Die Kleinen laufen heulend davon, wenn sie sehen, daß die »schwarze Frau« naht. So hatte Elisabeth sich das nicht gedacht.

Eine Dame der Aristokratie, die Elisabeth in Meran zu sprechen Gelegenheit hat, schildert ihren Besuch: »Ich begegnete der Kaiserin und der Erzherzogin Valerie mit Baron Nopcsa und der Hofdame Gräfin Majláth. Die Kaiserin wich der unvorhergesehenen, keineswegs erwünschten Begegnung nicht aus. Sie blieb stehen und sprach, wie es ihre Art war, liebenswürdig mit mir. Sie trug den Hut in der Hand. Ich sah die nicht sehr gepflegten, etwas knochigen Hände, die sie sich nie küssen ließ.

*Die Frau in Schwarz: Elisabeth,
wie sie in der Erinnerung ihrer Zeitgenossen lebt.
Gemälde von Armin Horowitz (um 1895).*

Sie ging hier stundenlang spazieren, meist nur in Begleitung des griechischen Lehrers, eines kleinen Kerls, der Mühe hatte, ihren schnellen Schritten zu folgen. Im Steigen las sie laut griechisch, die Lunge muß demnach sehr gut sein. Sie empfing keinen Menschen; das Volk war unzufrieden, seine Kaiserin nicht zu sehen, und warf ihr das als Pflichtverletzung vor.«

In körperlicher Hinsicht ist Elisabeth wieder gut beisammen und zu stundenlangen Bergtouren fähig, am 5. Oktober macht sie einen Ausflug nach Riva. Der Kaiser kommt am 18. Oktober zu Besuch nach Meran, bleibt zehn Tage, bis ihn die Regierungsgeschäfte wieder nach Wien zurückrufen. Wenige Tage später, am 3. November, verläßt Elisabeth Meran in Richtung Miramar, wo sie von ihrer Yacht erwartet und nach Korfu gebracht wird. Sie will nachsehen, wie ihr großes Bauvorhaben vorankommt. Wieder schließt sie sich ein auf dieser schönen Insel, läßt sich sogar verleugnen, als der deutsche Kaiser seinen Besuch ankündigt. Sie setzt nur ihren Griechischunterricht bei einem neuen Lehrer, Rhoussos Rhoussopoulos, fort.

Die Winterreise der Kaiserin führt nach Sizilien, durch die Straße von Messina nach Palermo, dann mit Berührung Maltas nach Tunis, von dort aus werden die Ruinen von Karthago besichtigt. Ihren Namenstag feiert Elisabeth diesmal nicht, weist alle Glückwünsche ihrer Familie ab. Über das Ministerium des Äußern in Wien läßt sie sogar allen europäischen Höfen offiziell bekanntgeben, daß sie nicht nur in nächster Zukunft, sondern überhaupt für alle Zeit keine Glückwünsche mehr entgegennehmen wolle, da das Wort »Glück« für sie keinen Sinn mehr habe.

Am 4. Dezember 1889, nach einem kurzen Besuch in München, den sie gemeinsam mit Franz Joseph absolviert, kehrt sie nach Wien zurück. Stundenlang steht sie vor ihren Kleiderschränken, sie mustert ihre Garderobe durch, sortiert mit bitterer Entschlossenheit alles aus, was von heller Farbe ist, verschenkt Hüte, Tücher, Kleider, Schirme, Handschuhe usw. Aus ihren Schmuckschatullen verschenkt sie viele Juwelen, Smaragde, Diamanten, Perlen an Gisela und Valerie, aber auch an ihre Enkelin Erzsi. Marie José, ihre Schwägerin, erhält eine Brosche:

»Ein Andenken an die Zeit, wo ich gelebt habe«. Ein großer Ausverkauf ihres bisherigen Lebens. Sie macht einen tiefen Schnitt. Sie wird nie mehr farbige Sachen tragen, sich ab jetzt nur mehr in dunklen Kleidern zeigen.

Valerie überrascht ihren Vater mit einem ungewöhnlichen Vorschlag: Der Weihnachtsabend solle nicht in der düsteren Hofburg verbracht werden, sondern, zum ersten Mal ohne Christbaum und ohne Bescherung, in Triest. Der Vorschlag scheint allen vernünftig zu sein, die ganze Familie braucht und sucht Abstand. Marie Valerie und ihr Bräutigam leisten dem Kaiserpaar in Miramar Gesellschaft, dessen Stimmung auf dem Tiefstpunkt angelangt ist. Amélie, Herzogin in Bayern und Nichte der Kaiserin, verrät: »Wie so oft in früheren Zeiten konnte ich nun wieder bemerken, daß Tante Sisi und Franz Joseph sich, ohne es zu wollen, so leicht gegenseitig verletzen. Er kann ihre außergewöhnliche, feurige Natur nicht verstehen, während ihr für seinen einfachen Charakter und praktischen Verstand das Verständnis abgeht. Und doch liebt er sie so sehr.«

Franz Joseph, der nur wenige Tage nach dem Tod des Sohnes wieder am Schreibtisch sitzt, klammert sich an seine Pflichten. Was sonst ist ihm geblieben? Um ihn aber sinkt sein Haus in den Abgrund. Wie problematisch ist die Machtfülle geworden, wie brüchig der Stolz dieses Geschlechts. Der Kaiser wird Zeuge des eigenen Untergangs. Kaum noch nimmt Elisabeth in diesen Jahren die Nachrichten und Gerüchte um die Kapriolen der Erzherzöge zur Kenntnis. Sie winkt müde ab, als man ihr die Geschichten erzählen will.

»Österreichs idiotische Erzherzöge« – mit diesem verächtlichen Ausdruck faßt Bismarck die Säulen des Hauses Habsburg zusammen. Schon Franz Josephs Brüder sind alles andere als Glanzlichter. Maximilian hat den Kaiser mehr als einmal durch unverhohlene Versuche gekränkt, sich auf seine Kosten Popularität zu verschaffen. Karl Ludwig wird von Marie Wallersee als ein »dicker, alter Mann mit brutalen Instinkten« beschrieben, dessen Hauptbeschäftigung darin bestand, zu reiten, zu jagen und seine Gemahlin in dritter Ehe, die Infantin Maria Theresia von Portugal, zu quälen, die sich ihrerseits wiederum mit einer Liebesaffäre zu ihrem Kämmerer, Graf Cavriani, revanchiert haben soll. Was der dritte Bruder, Ludwig Viktor, sich zuschulden kommen läßt, dringt nicht an die Öffentlichkeit. Er wird wegen seiner homosexuellen Neigungen vom Hof verbannt, Franz Joseph erteilt ihm den kategorischen Befehl, Wien zu verlassen und nach Salzburg zu ziehen.

Erzherzog Otto, Franz Josephs Neffe, erfreut sich besonderer Popularität, ist ein toller, fröhlicher Kumpan, dem die Herzen des Volkes entgegenschlagen, weil er weitgehend frei ist von jeglicher Moral. Von ihm sind besonders pikante Streiche überliefert. So steht er eines Abends splitternackt, nur mit Offizierskappe, Handschuhen und umgeschnalltem Degen bekleidet, auf der Treppe des Restaurants vom »Sacher«, stockbetrunken lallend, er habe halt sehen wollen, »ob unten Kameraden seien«.

Erzherzog Ludwig Salvator, der Bruder des ehemaligen Großherzogs von Toskana, zieht sich auf eine einsame Baleareninsel zurück, läßt sich einen struppigen Bart wachsen und betet die Sonne an. Er lebt dort den Angaben seiner Nichte Prinzessin Louise zufolge ein einfaches Leben, arbeitet in Sandalen und weiten Leinenhosen in seinem eigenen Weinberg, immer eine Yacht in Sichtweite, um mit ihr in See zu stechen, wenn ihn wieder einer seiner Anfälle von Ruhelosigkeit überkommt. Einem Privatsekretär, dem er sehr zugetan ist, läßt er Denkmäler auf seinem geheimnisvollen Anwesen errichten. Er hat das Schicksal Schiffbrüchiger durchlebt, er hat Bücher geschrieben, was bereits nicht einer gewissen Exzentrizität entbehrt. Elisabeth ist das einzige Mitglied der Familie, das Sympathie für ihn übrig hat.

Erherzog Joseph, ein Cousin des Kaisers, erweist sich als besonders klug und tüchtig, denn er mischt sich ebenso unter die Gelehrten wie unter die Geschäftsleute. Er gilt als Autorität auf dem Gebiet der Wissenschaft vom ungarischen Zigeunerleben und wird als Administrator kommerzieller und industrieller Unternehmen sehr geschätzt. Er destilliert einen ausgezeichneten Branntwein, und sein Name figuriert auf der offiziellen Liste der lizenzierten Lieferanten. Außerdem ist er Teilhaber eines Casinos an der Donau, in der Nähe von Budapest. Ein vielseitiger Erzherzog, der sich überall nützlich zu machen weiß und allgemein geachtet wird.

Erzherzog Eugen, ein Bruder von Joseph, wird als Soldat erzogen, aber sein besonderes Fach ist die Religion. Er ist zugleich Hauptmann und Doktor der Theologie. Eine Zeitlang trägt er sich mit dem Gedanken, sein Amt bei den Husaren aufzugeben, um lieber Erzbischof zu werden, aber Franz Joseph will diese Transformation nicht erlauben. Um seinen Neigungen entgegenzukommen, ernennt er ihn jedoch zum Großmeister des Hoch- und Deutschmeisterordens – ein Posten, der an das eigentümliche Gelübde gebunden ist, »so keusch wie möglich zu sein«. Erzherzog Wilhelm, sein Vorgänger in dieser Würde des Großmeisters, hat das Keuschheitsgelübde jedenfalls nicht sehr ernstgenommen. Er jagte unzähligen Liebesabenteuern nach; kein Bordell in Wien, das er nicht regelmäßig aufsuchte.

Sein Bruder Erzherzog Johann Salvator beginnt sein Debüt als Komponist von Opernballetten, schreibt eine Broschüre über den Spiritismus, wird dann liberalistischer Frondeur in der Armee und brennt schließlich als Johann Orth mit einer Operettensoubrette durch, um für immer verschollen zu bleiben.

Ein dritter Bruder, Karl Salvator, läßt allen Prunk hinter sich, mischt sich unter das gemeine Volk. Er fährt in der Eisenbahn mit Vorliebe dritter Klasse. Er erlernt das Schlosserhandwerk und bringt es darin zu einer bewundernswerten Fertigkeit. Die Polizei beobachtet sein Tun und Treiben mit Mißtrauen, doch er läßt sich nicht das geringste zuschulden kommen. Karl Salvator stirbt, wie er gelebt hat, als harmloser Mensch, der nie auffiel und nie jemanden gestört hat.

Erzherzog Leopold Ferdinand, der älteste Sohn des ehemaligen Großherzogs von Toskana, liebt es in jenen Jahren, sich in Iglau, wo er als Offizier stationiert ist, als Dame zu verkleiden und so mit einem Freund spazierenzureiten. Später taucht er als Leopold Wölfling in einem Leben voller Dekadenz unter, nimmt dann Vernunft an und wird Sozialdemokrat.

Erzherzog Leopold, der Generalkommandant der Genietruppe, verschwindet eines Tages – in einer Art epileptischem Dämmerzustand – zunächst spurlos, wird dann doch wieder gefunden und für immer in dem entlegenen Schloß Hornstein in Gewahrsam genommen, wo er bis zu seinem Tod abgeschlossen von aller Welt lebt.

Erzherzog Ferdinand Karl, ein Neffe Franz Josephs, verliebt sich in die Tochter eines Mathematikprofessors, entsagt ihr zuliebe allen Würden und lebt als Karl Burg in München.

Kaiser Franz Joseph weiß nur ein Mittel gegen die allgemeine Auflösung: Disziplin. Mit eisernem Willen hält er den Stürmen stand, unerschütterlich, unberührbar ragt seine Gestalt in ihrer prosaischen Nüchternheit und militärischen Geradheit hervor. Franz Joseph geht einen für die meisten Herrscher unüblichen Weg: Er entwickelt sich nicht vom leutseligen, liebenswürdigen jungen Mann zum finsteren Tyrannen auf machtvoller Höhe, sondern aus dem Despoten der fünfziger Jahre, dem jungen, unerfahrenen Herrscher von unbedingter Härte, wird der »alte Kaiser«, ein Symbol, ja Synonym für altösterreichische Gemütlichkeit, ein Garant für Sicherheit. Die Generation, die den »blutjungen Kaiser« gehaßt hat, ist ausgestorben, und mit ihr der Haß. Was bleibt, ist diese von Tragik umwitterte Gestalt eines Mannes in tiefer Einsamkeit, der mit unerschütterlichem Gleichmut sein Reich regiert. Seine Einsamkeit hat er sich selbst gewählt, man weiß das und fühlt doch mit ihm. Seine Pflichttreue hat er sich anerzogen, man spürt das und bringt ihr doch höchste Achtung entgegen. Er hat sich vom eigentlichen Leben längst ausgeschlossen, bis ihn endlich alle allein lassen.

Für den Neujahrstag 1890 werden alle üblichen Empfänge abgesagt. Elisabeth beschließt, am 30. Januar, zum ersten Jahrestag von Rudolfs Tod, mit dem Kaiser und Marie Valerie nach Mayerling zu fahren. Das Jagdschloß ist inzwischen in ein Karmeliterinnenkloster umgewandelt worden. Auf der ganzen

Fahrt spricht Elisabeth kein Wort. Der Burgpfarrer liest die Messe, das Kaiserpaar betet am Schauplatz der Tragödie. Wie in einem schweren Traum, versteinert, tränenlos, läßt Elisabeth die private Zeremonie über sich ergehen, zeigt keine Regung. Nach der Messe fahren die drei wieder schweigend zurück nach Wien. Die Kaiserin gesteht ihrer Tochter, es sei ihr vorgekommen, »als hätte Rudolf meinen Glauben totgeschossen«.

Der Abschluß des offiziellen Trauerjahres bedeutet für Valerie auch das Ende des langen, geduldigen Wartens. Nun kann sie ihre Hochzeit vorbereiten, auf die Elisabeth allerdings mit allen Anzeichen von Verstörung und Verlustgefühlen reagiert: »Mama ist wie betäubt von tiefer Melancholie und umso mehr, als sie nie begreifen kann, wie man sich die Ehe wünschen und von derselben Gutes erwarten kann« (Marie Valerie).

Anfang Februar erfährt Elisabeth, daß Gyula Andrássys Krankheit unheilbar ist, daß mit seinem baldigen Tod gerechnet werden muß. In einer ernsten Stunde, als im Jahr 1876 seine Mutter starb, hatte die Freundin ihm aus Gödöllö geschrieben: »Eine Bitte habe ich: Trauern Sie nicht übermäßig, denken Sie an Ihre Gesundheit, deren jetzt nicht nur unser Land, sondern die ganze Welt so sehr benötigt. Niemand weiß es besser zu erfassen als ich, was Sie leiden werden. Trost spenden in solchen Augenblicken ist unmöglich, aber daß ein wirklich treues Freundesherz mit Ihnen fühlt, davon können Sie überzeugt sein.« *Sie* vermag es nicht, an ihre Gesundheit zu denken und sich übermäßigen Trauerns zu enthalten.

Am 18. Februar stirbt Andrássy nach qualvollem Krebsleiden in Volosca, Elisabeth fährt zur Beerdigung am 21. Februar nach Budapest. Valerie begleitet sie, und in der Kaisertochter erwachen wieder die alten Ressentiments: ihre Abneigung gegen Ungarn, aber auch das peinliche Gefühl, das sie stets überkam, wenn von Andrássy die Rede war. Valerie sehnt sich nach ihrem trockenen, ruhigen, ganz und gar unromantischen Vater.

Elisabeth versucht, der Witwe Gräfin Katinka ihr Mitgefühl auszudrücken, ein paar tröstende Worte zu sagen, aber sie ist selber völlig ohne Trost, legt am Sarg einen Kranz aus Maiglöckchen nieder. Zu Valerie sagt sie: »Jetzt erst weiß ich, was ich an Andrássy gehabt habe. Zum ersten Male fühle ich mich ganz verlassen, ohne jeden Ratgeber und Freund.«

Es war eine tiefe Freundschaft gewesen, eine intime Beziehung haben Elisabeth und Gyula nie gewagt. Und doch ist immer wieder darüber spekuliert worden. In der amerikanischen Presse war sogar eine Artikelserie veröffentlicht worden, verfaßt von einer Dame der Wiener Gesellschaft, mit vielen Abbildungen, auf denen unter anderem zu sehen ist, wie Elisabeth im Kostüm eines Dompteurs mit Reitstiefeln und wildflatternden Haaren, in der Linken eine Peitsche, in der Rechten einen Revolver haltend, einen Bären in ihrem Zirkus in Gödöllö dressiert. Der Gipfel aber war die Behauptung, Graf Andrássy pflege jeweils alle Diener aus seinem Schlößchen in den Weinbergen von Tokay wegzuschicken, wenn die Kaiserin ihn inkognito besuche, um mit ihm bei altem Tokayerwein Orgien zu feiern.

Diese Geschichte ist gewissermaßen die Kristallisation aus all den Kolportagen, die gewisse Cliquen am Wiener Hof unermüdlich über die Kaiserin und den ungarischen Ministerpräsidenten verbreitet haben. Graf Grünne hat sich später als todkranker Mann in einem Anflug von Reue selbst als mitschuldig an der Entstehung all dieser Fabeln bekannt und Elisabeth um Verzeihung gebeten, die sie ihm auch gewährt hat. Doch die Lügen und Gerüchte sind in der Wiener Atmosphäre nicht einmal als sonderlich boshaft, gehässig oder gar gemein empfunden worden, sondern als völlig natürlich. Da war ein auffallend schöner Mann, Held der Pariser Salons, feurig und elegant, und eine wunderschöne und unglückliche junge Frau. Geheime Begegnungen unter vier Augen, da ist es doch nur plausibel und zu erwarten, daß...

Unbestreitbar hat Andrássy für Elisabeth eine schwärmerische Verehrung empfunden, er hat sie bewundert, und manchmal wird ihn wohl auch der Wunsch durchzuckt haben, mehr daraus zu machen. Aber die Kaiserin war viel zu gehemmt und schüchtern, keinen Mann hat sie jemals richtig nahekommen lassen.

Nun schließt sich Elisabeth in die Trauer um ihren Freund ein, vielleicht auch die eine oder andere »verpaßte Gelegenheit«

bedauernd. Der vierzehntägige Aufenthalt mit Valerie und Franz in Korfu in der zweiten Märzhälfte – unterbrochen durch einen Ausflug nach Athen – läuft nicht ohne Spannungen und Reibungen ab. Der Schwiegersohn zeigt sich an der Landschaft und Kultur des Landes nur wenig interessiert, was Elisabeth nachhaltig verstimmt. Valerie notiert in ihr Tagebuch: »Mama schreibt mir, ich hätte wohl die Rückreise am meisten genossen, da sie nicht dabei war, um mich zu quälen und zu ermüden.« Und da sich Valeries Familie so wenig für ihr »Achilleion« zu begeistern vermag, wird sie, beschließt Elisabeth, es auch nicht erben.

Dann fährt die Kaiserin mit ihrer Tochter zu einem mehrwöchigen Aufenthalt nach Wiesbaden und Heidelberg. In Wiesbaden steigt sie in der »Villa Langenbeck« ab, das Gefolge wird im »Vier Jahreszeiten« einquartiert, Dr. Metzger ins »Rheinhotel« bestellt. Hier zeigt sich die Kaiserin etwas weniger menschenscheu und empfängt am 11. April den Besuch von Kaiser Wilhelm II., wenig später Kaiserin Victoria »Friedrich«, die sie als einfach und sympathisch bezeichnet, für sehr gescheit hält, ja einfach in ihr Herz geschlossen hat. Am 30. April kehren Mutter und Tochter nach Wien zurück.

Im Mai 1890 trifft eine Unglücksnachricht ein: Helene, sechsundfünfzig Jahre alt, ist ernstlich krank, ruft nach ihrer Schwester. Elisabeth eilt sofort von Wien nach Regensburg, wacht dort am Sterbebett. Mit Néné weiß sie sich einig in der Verachtung aller irdischen Dinge. Helene, eine der reichsten Frauen Europas, hat weder für den großen Stil der Thurn und Taxis mit den Schlössern und Gärten, noch für die fürstlichen Repräsentationen viel übrig gehabt. Sie stirbt in Elisabeths Armen. Erschüttert fährt die Kaiserin nach Hause, reagiert mit völliger Verweigerung von Nähe und Kontakt, besonders Franz Joseph hat unter dieser Isolierung zu leiden.

Aufenthalt in Ischl. Alle gehen auf Zehenspitzen, die Adjutanten müssen sich in abgelegenen Räumen aufhalten, um Elisabeth nicht über den Weg zu laufen. Aber es ist hier nicht anders als in Wien, wo man über solchen – wie man es nennt – unangemessenen Rückzug den Kopf schüttelt. Jede Wäschefrau, jeder Kammerdiener kann sich halt erlauben, über die Kaiserin zu urteilen. Sie überschreiten weit ihre Kompetenzen, wenn sie glauben, den Kaiser über jeden »Schmarrn« unterrichten zu müssen.

Melancholisch gestimmt, ordnet die Kaiserin in diesem Sommer ihren Nachlaß, versiegelt ihre Manuskripte und die bereits gedruckten Schriften und verfügt, alles dem »Herrn Presidenten der Schweizer Eidgenossenschaft Bern« auszuhändigen. In Österreich fühlt Elisabeth sich nicht mehr sicher, sie transferiert auch einen erheblichen Teil ihres Vermögens in die Schweiz. Ein handschriftlicher Brief ist dem Nachlaß beigefügt: »Liebe Zukunfts-Seele! Dir übergebe ich diese Schriften. Der Meister hat sie mir dictirt, und auch er hat ihren Zweck bestimmt, nämlich vom Jahre 1890 an in 60 Jahren sollen sie veröffentlich werden zum besten politisch Verurteilter u. deren hilfebedürftigen Angehörigen. Denn in 60 Jahren so wenig wie heute werden Glück u. Friede, das heisst Freiheit auf unserem kleinen Sterne heimisch sein. Vielleicht auf einem Andern? Heute vermag ich Dir diess nicht zu sagen, vielleicht wenn Du diese Zeilen liest – Mit herzlichem Gruss, denn ich fühle Du bist mir gut, Titania. Geschrieben im Hochsommer des Jahres 1890 u. zwar im eilig dahinsausenden Extrazug.«

Die Schweiz hält sich an dieses Vermächtnis. Erst im Jahr 1984 veröffentlicht Brigitte Hamann »Das poetische Tagebuch« der Kaiserin Elisabeth im Verlag der Österreichischen Akademie der Wissenschaften. Die Akademie willigt in den Vorschlag des Schweizer Bundesrates ein, den Erlös der Edition dem Flüchtlings-Hilfsfonds des UNO-Hochkommissariates für Flüchtlingshilfe zu überweisen, um auf diese Weise den Wunsch der Kaiserin zu erfüllen.

Die Familie versucht immer wieder, Elisabeth aus ihrer Erstarrung zu ziehen. Als der vierzehnjährige König Alexander von Serbien kommt, gibt ihm die Kaiserin die Ehre, zum Diner zu erscheinen. Ausflüge werden unternommen, einen Tag ist sie in Wels, am 28. Juni fährt sie nach Gastein, bezieht ihr altes Quartier in der »Villa Helenenburg«. In Ischl aber wartet eine Aufgabe auf sie.

Für Valerie kehrt sie aus der Verlorenheit ihres inneren Hau-

Erzherzogin Marie Valerie mit ihrem Bräutigam
Erzherzog Franz Salvator (1888).

ses zurück. Sie versucht, ihrer Tochter die letzte Zeit im Elternhaus so schön wie möglich zu gestalten, kümmert sich rührend
um ihre Ausstattung. Am 31. Juli wird die Hochzeit Marie Valeries mit Franz Salvator in Ischl gefeiert. Elisabeth ist blaß, als sie
im Wagen des Brautzuges mit Valerie durch die Reihen jubeln-
der Menschen fährt. An der Orgel der Ischler Pfarrkirche spielt
Anton Bruckner eine kleine Messe. Dreiundsechzig Angehörige des Kaiserhauses sind anwesend, die Villa ist zu klein, um alle
Gäste aufzunehmen. Die Hochzeitstafel findet im Kurhaus statt,
die Kaiserin läßt sich entschuldigen. Ein glanzvolles Ereignis,
jedoch ohne Pomp, für Elisabeth voller Wehmut, denn es bedeutet zwangsläufig die Trennung von dem von ihr am meisten
geliebten Menschen.

Auch Valerie empfindet die Hochzeit als einen tiefen Ein-
schnitt nicht nur in ihrem Leben, sondern auch in ihrer Beziehung zur Mutter. Sie fühlte sich oft von Elisabeths Liebe er-
drückt, nun hat sie das Band durchschnitten, das sie so eng an
ihre Mutter gefesselt hat. Frei von jedem Gefühl der Revolte,
fühlt sich Valerie nun fähig, Elisabeth vorbehaltlos zu lieben und
auch Mitgefühl für sie zu empfinden.

In Feldafing, wohin die Kaiserin das junge Ehepaar begleitet,
werden schon bald die Vorbereitungen für die nächste Reise
getroffen. Elisabeth erträgt das »leere Haus« nicht, jetzt hält sie
nichts mehr, ihre innere Unruhe treibt sie fort, schon einen Tag
nach der Abreise von Valerie und Franz fährt sie selbst ab. Doch
sie überschätzt die heilsame Wirkung, die sie sich von der steten Bewegung, dem ständigen Wechsel der Kulisse verspricht.
Die Schatten werden länger, ziehen mit ihr, begleiten sie, wo
immer sie hinflüchtet. Sie verschwinden nicht in der grellen
Sonne Afrikas, sie ziehen mit Elisabeth in die Hofburg ein. Vielleicht lassen sie sich auf dem Meer abschütteln? Sehnsüchtig
wünscht sie sich sogar, im Meer umzukommen:

> *Du willst mich wiegen, schaukeln,*
> *Dein Arm ist ja so weich,*
> *Bis endlich du mich dennoch,*
> *Ziehst in dein nasses Reich.*

Eine Odyssee. Keine zufällige Unrast, sondern ein bewußtes Unterfangen: »Durch die ganze Welt will ich ziehen«, sagt Elisabeth zu ihrer Tochter Valerie, »Ahasver soll ein Stubenhocker gegen mich sein. Ich will zu Schiff die Meere durchkreuzen, ein weiblicher ›Fliegender Holländer‹, bis ich einmal versunken und verschwunden sein werde.«

Im September nimmt sie in Dover das Segelschiff »Chazalie« auf, das ihr der dänische Gesandte in London, Falbe, zur Verfügung stellt. »Mrs. Nicholson« will wieder einmal kreuz und quer durch das Mittelmeer ziehen. Ziellos irrt die Kaiserin umher, kümmert sich weder um politische Umstände noch um Fragen der Etikette, erst recht nicht um ihre nervlich und körperlich strapazierte Begleitung, die »halbkrepierten Passagiere«, wie Marie Festetics sie nennt.

Es wird eine abenteuerliche Reise. Kaum ist die »Chazalie« ausgelaufen, kommt ein furchtbarer Sturm auf, das Schiff schaukelt wie eine Nußschale auf den hochschlagenden Wellen. Elisabeth läßt sich an einen Mast binden und schaut auf Deck, völlig durchnäßt, dem grandiosen Schauspiel der entfesselten Elemente zu, ohne einen Augenblick an Gefahr zu denken: »Ich tue dies wie Odysseus, weil mich die Wellen locken.« Die »Chazalie« kämpft sich in den Hafen zurück, Havarien müssen ausgebessert werden. Marie Festetics wird die Fahrt nie vergessen: »Es war entsetzlich, ein Wunder, daß wir das Ufer erreichten. Niemand kann sich vorstellen, wie es war. ... Was ich in den ersten achtzehn Stunden gelitten habe, ist unbeschreiblich. ... Der Gedanke, wieder auf das Schiff zurückzukehren, ist entsetzlich. Ich bete, daß ich die Kraft nicht verliere. ... Das alles ist auch mir zuviel.«

Die nächste Station ist Paris, dann weiter über Arcachon und La Coruña nach Portugal, im Hafen von Oporto wird der Anker geworfen, die Kaiserin geht an Land, wandert zwei Tage herum, Lissabon wird besucht, wieder Einkäufe, daß es nur so rauscht. Die Hofdamen sind ihren Launen hilflos ausgeliefert. Eine feste Reiseroute gibt es nicht, niemand weiß, wonach es der Kaiserin morgen gelüstet.

»Das Leben auf dem Schiff«, sagt sie, »ist doch mehr als ein

Odyssee über die Meere.

bloßes Reisen. Es ist ein verbessertes Leben. Man befindet sich wie auf einer Insel, von der alle Unannehmlichkeiten und alle Beziehungen verbannt sind. Es ist ein chemisch reines, kristallisiertes Leben, ohne Zeitempfindung. Das Gefühl der Zeit ist immer schmerzhaft.« Wie verwundet muß sie sein, wenn sie die Reduzierung auf die völlige Beziehungslosigkeit das »reine, kristallisierte Leben« nennt. Auf dieser Fahrt über das Meer nimmt sie eine Ziege mit, deren Milch sie besonders liebt. Von dieser Ziege sagt Elisabeth: »Sie macht die Reise ohne jede Begeisterung für das Schöne mit. ... Es ist das Wahre.«

Von Lissabon geht es Mitte September weiter nach Gibraltar, wo bis zur völligen Erschöpfung gewandert wird, dann weiter nach Tanger, auch hier nichts als stundenlanges Gehen. Die Fahrt wird die Nordküste Afrikas entlang fortgesetzt, in Oran, Tenéz und Algier gibt es Landausflüge, strapaziöses »Spazierlaufen«. Nach einem siebenstündigen Spaziergang in der Stadt fragt Elisabeth die Gräfin Festetics: »Können Sie noch gehen, Marie?« Auf das zögerlich geflüsterte »Ja« geht es noch eine Stunde weiter zu Fuß durch die brennend heißen Straßen.

Am 25. September muß das Schiff in Tenéz vor einem Sturm Schutz suchen. »Der Sturm trieb uns in diesen kleinen Hafen herein«, schreibt Marie Festetics erschöpft ihrer Freundin Ida Ferenczy, »und hier setze ich unsere Leidensgeschichte fort. ... Auch am Schiff wird es von Tag zu Tag unerträglicher, die Friseurin wird täglich unverschämter und spielt sich auf die große Dame aus. Da das Schiff klein ist – kann man ihr nicht ausweichen. ... Ihre Majestät erzählt die vertraulichsten Sachen, sie ist sehr lieb und gut, doch oft erschauere ich über die schöne Seele, die in Egoismus und Paradoxen untergeht.«

In Ajaccio auf Korsika besichtigt Elisabeth das Geburtshaus Napoleons, dann reist sie weiter nach Marseille, Toulon, zu den Hyèrischen Inseln mit ihren weiten Pinienwäldern, nach Cannes, Monaco und über Mentone nach Italien. Livorno, Florenz, Pompeji und Capri sind weitere Punkte dieser Reise. Franz Joseph ist verzweifelt, zeigt sich durch den schlechten Briefverkehr beunruhigt, er ist über die Route und die Aufenthaltsorte nur unzureichend orientiert. Kaum bekommt er Kenntnis davon, daß Elisabeth sich in Rom aufhält, ist sie schon wieder weiter nach Pompeji und Capri gereist. Auf der Yacht »Miramare«, die ihr nach Neapel entgegengefahren ist, trifft sie am 25. November in Korfu ein, wo sie einige Tage bleibt, um die Fortschritte am Bau ihres Schlosses in Augenschein zu nehmen.

Am 1. Dezember endlich ein Ende der Odyssee dieses Jahres, die Kaiserin kommt in Miramar mit Franz Joseph zusammen, von hier reisen beide nach Wien weiter. Valerie lädt ihre Mutter nach Lichtenegg bei Wels ein, aber Elisabeth lehnt ab und sagt: »Den 24. Dezember muß man zu Hause feiern, im Nest, mit Baum, wie schön und gemütlich man es nur kann. Meine Freude wird es sein, an diesem Abend aus der Ferne an Euch zu denken. Glück lebt ja nur in der Phantasie.«

*W*ien, im Mai 1891. In einem Mietshaus in der Alserstraße sitzen Abend für Abend zwei junge griechische Studenten in einem Zimmer, dessen Fenster auf einen verfallenen Hof hinausgehen, und arbeiten vor ihren Büchern. Der eine, Anton Christomanos, studiert Medizin und will demnächst sein Physikum ablegen, der andere, sein älterer Bruder Konstantin, arbeitet an einer Dissertation über »Byzantinische Rechtsinstitutionen im fränkischen Recht«. Der trübe gelbliche Schein ihrer Studierlampe erhellt ein Zimmer, dessen Einrichtung die beste Garnitur der Wirtin vorstellen soll und doch nur aus armseligen Plüschmöbeln besteht. Von fern dringt verworren über die Dächer der Lärm der großen Stadt durchs offenstehende Fenster.

Der eine der beiden senkt seinen Kopf tief über anatomische und physiologische Repetitorien, der andere blättert lateinische Zitate nach, wobei seine Gedanken oft abschweifen. Konstantin träumt von fernen Ländern, aufregenden Reisen. Einmal wagt er es, dem Bruder von seinen tief leuchtenden Wünschen zu erzählen: »Fühlst du nicht, wie eintönig und ohne Freude unser Leben verrinnt?«

Eines Tages fliegt ein Brief von einer hohen Exzellenz, einem entfernten Verwandten der Familie der beiden Brüder, auf ihren Tisch, ein Brief, der beide in höchstes Erstaunen versetzt. Er kommt vom Obersthofmeister der Kaiserin, Franz Nopcsa. Einer von ihnen soll sich beim Baron melden, die Kaiserin benötige einen jungen Mann, der ihr Unterricht in Griechisch erteilen und täglich mit ihr einige Stunden spazierengehen soll.

Konstantin beschreibt die Verblüffung: »Wir sahen uns lange sprachlos an. Wir hatten dunkel gehört, daß die Kaiserin Griechisch betreibe, zumal anläßlich des Todes des Kronprinzen konnten wir viel über sie lesen. Aber sonst hatten wir uns nie länger mit ihr beschäftigt.« Sie kennen die mysteriöse Kaiserin nur von Bildern, auf denen »sie so unbeschreiblich schön war«.

Das soll sich ändern. Die Brüder streiten sich lange, wer von ihnen gehen soll, bis sie übereinkommen, daß Anton sich bei Baron Nopcsa meldet. Als er zurückkehrt, ist er ganz gerührt von dessen zuvorkommender Art. Jeden Morgen Punkt zehn Uhr wird ein Wagen vorfahren und den neuen Griechischlehrer abholen.

Die Equipage kommt. Bäckerläden und Tabaktrafiken leeren sich, alles strömt zusammen. Der junge griechische Student von nebenan wird mit einem kaiserlichen Hofwagen abgeholt, schau an. Lippizanerschimmel, galonierter Kutscher und Lakai. Und der Wagen rollt davon, die Menschen starren ihm nach. Anton mit seiner fast schmerzhaften Sensibilität und Menschenscheu muß halb ohnmächtig davongefahren sein.

Als er das erste Mal von der Kaiserin heimkommt, bringt er nur mühsam die Worte heraus: »Sie war außerordentlich gütig zu mir; sie ist viel schöner noch als auf den Bildern; sie spricht ganz leise und langsam mit einer singenden Stimme. Sie hat mich über Papa und Mama und unsere Geschwister gefragt, am meisten über dich. Zuletzt wußte ich nicht mehr, was ich ihr sagen sollte.«

Diesen Abend verleben die Brüder wie ein Fest. Sie sitzen bis nach elf Uhr im Kaffeehaus und blättern alle illustrierten Zeitungen durch. Am nächsten Morgen bei der Ankunft des Hofwagens wieder der gleiche Zusammenlauf. Anton möchte vor

Scham in den Boden versinken. Am Abend kommt er mit feuchten Kleidern heim. Er erzählt, der Regen habe sie sehr weit vom Schloß überrascht, aber sie seien unter den großen Bäumen des Wildparks weitergegangen. Nach der Rückkehr in die Villa habe die Kaiserin befohlen, man solle ein Feuer anzünden und ihm andere Kleider geben. Er muß warten, bis die eigenen Kleider halbwegs trocken sind. Die Kaiserin fragt zweimal, ob er sich nicht erkältet habe. Alles wäre zu ertragen, schließt der Bruder seinen Bericht, wenn nur dieser schreckliche Hofwagen nicht wäre. Wenig später tritt Anton seinem Bruder Konstantin die Stelle ab.

Elisabeth hat dagegen keine Einwände. Anton Christomanos, der angehende Mediziner, scheint ihr auch nicht so recht gefallen zu haben. Daß er Arzt werden will, stimmt sie schon mißtrauisch, sie hält die Medizin für Schwindel, läßt allenfalls die Homöopathie in gewissem Rahmen gelten. Er ist ihr viel zu nüchtern und prosaisch, außerdem vergeht er fast vor Schüchternheit. Elisabeth sah so hoheitsvoll und ernst aus in ihrem enganliegenden Kleid, daß Anton in ihrer Gegenwart vor Befangenheit kaum ein Wort hervorbrachte. Auch die ermunternden Worte der Kaiserin und ihre Liebenswürdigkeit haben nicht vermocht, ihn aus seiner Verlegenheit zu befreien.

»Morgen wirst du zur Kaiserin gehen, sie will dich kennenlernen«, sagt Anton zu seinem Bruder. Nun also Konstantin. In der Tat paßt er besser zu ihr, ein junger Mann von zweiundzwanzig Jahren, voller Phantasie und einer bisweilen exaltierten Romantik, die sie amüsiert. Konstantin ist klug, feinsinnig, in mancher Hinsicht ein typischer Intellektueller. Mit einem kleinen Buckel hat ihn die Natur benachteiligt, als Kind ist Konstantin durch die Unvorsichtigkeit eines Dienstmädchens die Treppe hinuntergefallen und hat sich das Rückgrat gebrochen. Er leidet unter seiner Mißgestalt, durch sein ganzes Leben ziehen sich depressive Stimmungen, fühlt er sich hilflos den Anfällen trostloser Schwermut ausgeliefert. Sein Gesicht zeigt eine blasse Durchsichtigkeit, weiche Züge, mit dunklen, weit in die Stirn fallenden Haaren. Auf Bildern sieht man ihn stets exquisit gekleidet.

Der griechische Student wird Elisabeths neuer Lehrer und Vorleser, dem die unbequeme Ehre widerfährt, neben ihr im gleichen hastigen Schritt, bei strahlendem Sonnenschein oder bei strömendem Herbstregen, mehr zu laufen als zu gehen und ihr dabei zu rezitieren oder sie zu unterhalten. Sie ergänzen einander zu beiderseitigem Vorteil: sie in ihrem traumhaften, irrealen Leben nach geistiger Anregung und Beschäftigung suchend, er voller Phantasie und mit literarischen Ambitionen stets bereit, alles geistreich zu erörtern. Und er legt eine übertriebene Bewunderung und Verehrung für die hohe Herrin an den Tag, die sie immer noch, trotz allem Spott darüber, zu brauchen, bisweilen sogar zu genießen scheint.

Konstantin durchlebt die ersten Wochen in einer Art rauschhafter Trance. Wenn sich abends das Tor des Lainzer Parks hinter ihm schließt, ergreift ihn die unsagbare Angst, er könne den Weg in diesen Wundergarten nicht mehr zurückfinden. »Jedesmal, wenn ich mein Zimmer betrat«, gesteht er, »schnürte sich mir das Herz zusammen, denn aus jedem Winkel, aus jedem Gegenstande schrie mir die Gewißheit entgegen, daß ich hier, in dieser Atmosphäre, die Schwere der gewöhnlichen Existenz und meine innere Einsamkeit nicht mehr würde ertragen können. ... So erwachte ich eigentlich in dieser Zeit immer erst, als der Tag zu Ende ging, um am nächsten Morgen im hellen Sonnenlicht wieder in mein Märchen mich zu begeben.«

Elisabeth hat ihren kleinen Griechischlehrer völlig verzaubert. Im Sommer 1891, als sie nach Ischl abreist, um den Sommer dort zu verbringen, verabschiedet sie sich von Christomanos, der in der unerträglichen Ungewißheit, ob er jemals seine angebetete Schülerin wiedersehen wird, in Wien zurückbleibt. Doch Anfang September schon wird er von Franz Nopcsa für die Monate Dezember bis April wieder verpflichtet. Er reicht in diesem Winter seine Dissertation ein und erhält eine Wohnung in der Hofburg.

Wenn Konstantin von *ihr* spricht, gerät er in Verzückung. In seinen »Tagebuchblättern« hat Christomanos viele Äußerungen der Kaiserin aufgezeichnet und veröffentlicht, Äußerungen, die zweifellos Elisabeths ureigene Gedanken wiedergeben. Wenn sie sich bestimmt auch nicht in der blumigen, gekünstelten Sprache ausdrückte, mit der Christomanos die Gespräche zu Papier bringt. Sein unangebrachtes, immer wieder vergeblich um Empfindungs- und Ausdruckssteigerung ringendes Pathos berührt uns heute peinlich. Das ist nicht Elisabeth, sondern ein mit viel Tusche gemaltes Bild von ihr.

Wir bekommen keinen Eindruck von ihr, sondern nur von ihm selbst, wenn Christomanos erzählt: »Sie schritt durch den Garten, wie wenn ihr inneres Strahlen sie einem bestimmten Ziel zuführen würde. Und die Dinge um sie waren von dieser geheimnisvollen Wallfahrt verständigt. Sie veränderten auch ihr Aussehen, sowie sie sich näherte: die Physiognomie, der Lebenston der Dinge hob sich um eine Nuance, gleichsam ihrer inneren Musik entgegentönend und einen Gleichklang anstrebend. Ich erkannte, daß die Brunnen in ihrer Nähe anders sangen, daß die Umrisse der Felsen in lauter Schönheitslinien sich bogen, ... daß die Blätter der Bäume bei ihrem Erscheinen erbebten.« Nein, Christomanos, das alles haben die Brunnen, Felsen und Blätter ganz bestimmt nicht getan.

Psychologisch interessant jedoch ist dieses Pathos insofern, als es den seltsamen Zauber ahnen läßt, den diese Frau auf den kleinen Mann auszuüben vermag; man kann zumindest das Seltsame, schwer Deutbare nachfühlen, das um sie gewesen sein muß und das alle Menschen, die mit ihr in Berührung kommen, unweigerlich in Bann zieht. Denn nicht nur Christomanos ist ihr ja erlegen, auch die Hofdame Irma Sztáray verfällt in ihren Aufzeichnungen aus den letzten Jahren der Kaiserin – in dem Bemühen, diesen Zauber ihres Wesens auszudrücken – manchmal in dasselbe kitschige, rührselige Pathos.

Elisabeth wehrt dieses Übermaß an Gefühlen ab, sie möchte lieber witzig sein. Doch ihr Begleiter ist immer hochgestimmt und hat stets literarische Reminiszenzen parat. Sie gehen bei Regen und Schnee durch den Schönbrunner Park. Christomanos: »Sehen, Majestät, diesen alten großen Baum mit den schwarzen nackten Ästen, wie er allein dasteht und die Arme verzweifelt in die Höhe reckt? Er ist stärker als der Sturm, er rührt sich nicht. ... Sein Schmerz ist stärker als der Sturm. Er ist wie König Lear.« Die Kaiserin geht gar nicht darauf ein: »Meine Hofdamen haben es besser, sie dürfen zu Hause bleiben und wärmen sich die Füße am Kamin.« Sie wehrt seinen Überschwang immer ab, ironisiert sich selbst und die Dinge, von denen er begeistert mit ihr spricht. Er scheint den feinen Spott nicht zu bemerken.

Wie Elisabeth zu dieser Emphase ihres Vorlesers steht, zeigen andere Aussprüche der Kaiserin, die Christomanos überliefert. Morgens, beim Frisieren während der Griechischstunde, meint er bewundernd: »Majestät tragen das Haar wie eine Krone statt der Krone«, worauf sie nur trocken antwortet: »Nur daß man sich der anderen entledigen kann.« Als sie im Lainzer Tierpark spazierengehen, malt Christomanos wortreich aus, wie er sie vor den Wildschweinen des Parkes zu schützen gedenke, wenn diese sie angriffen. Doch Elisabeth meint nur spöttisch lächelnd: »Seien Sie ohne Sorge, die Eber haben Besseres zu tun, als uns zu attaquieren, sie fressen Trüffel.«

Elisabeth läßt im Umgang mit Christomanos viel Sinn für Humor, für komische Situationen erkennen, hat einen frischen Witz und amüsiert sich oft über diesen Griechen, den sie völlig durchschaut. »Ich kann mir nicht denken«, versteigt sich Christomanos einmal während eines Spaziergangs im Tierpark, »daß irgendein Wesen, das in die Nähe Eurer Majestät kommt, sich Ihrem Zauber zu entwinden vermöchte«. Daraufhin sagt sie: »Es gibt nichts Lächerlicheres als die menschliche Begeisterung. Die Begeisterten sind die unerträglichsten Leute.« Solche Sätze müssen auf ihn wie eine kalte Dusche gewirkt haben, aber getreulich zeichnet er sie auf.

Als er ihr nicht lange darauf mitteilt, er habe ihre Schwester, Sophie von Alençon, unbedingt aus der Nähe sehen wollen, und sei nach Mantelberg gewandert, »um Gelegenheit zu haben, sie in der Nähe des Schlosses zu erblicken«, fragt sie: »Haben Sie auch ihren Hund gesehen? Wer von beiden hat Ihnen besser gefallen?« So spöttelt Elisabeth über den guten Christomanos, für den kaiserliche Würde und Größe etwas Unerreichbares sind. Aber sie ist mit ihm zufrieden, weil er sich im antiken Griechenland auskennt und sie mit ihm über viele

Dinge reden kann, die sie interessieren. Auf ihren Spaziergängen muß er griechische Dramen vorlesen, sie führt lange Gespräche mit ihm über hellenische Kunst und Literatur. Immer wird die Unterhaltung griechisch geführt.

Jeden Tag in der Frühe, wenn sie sich in ihrem Kleid aus Spitzen frisieren läßt, muß Christomanos ihr griechischen Unterricht erteilen. »Das Frisieren dauert immer fast zwei Stunden, und während meine Haare so sehr beschäftigt sind, bleibt mein Geist träge. Ich fürchte, er geht aus den Haaren heraus in die Finger der Friseuse. Deswegen tut mir dann mein Kopf so weh. Wir werden diese Zeit benutzen, um Shakespeare zu übersetzen, da muß das Gehirn notgedrungen sich zusammennehmen.« Dann beginnt sie mit der für sie so faszinierenden Sprache: »Wenn die Griechen griechisch sprechen, so ist es wie Musik.«

Die Griechischlehrer werden oft Zeugen des privatesten Lebens der Kaiserin. So turnt Elisabeth bei jeder sich bietenden Gelegenheit, bisweilen findet sie in Christomanos einen begeisterten Zuschauer, der erstaunt feststellt, daß sie selbst die kurze Zeit vor dem offiziellen Empfang einiger Erzherzoginnen zu gymnastischen Übungen nutzt. In ihrer Tagestoilette hängt sie eines Morgens schon in der Frühe an den zwischen den Türen ihrer Appartements in der Hermesvilla aufgespannten Seilen: »Wenn die Erzherzoginnen wüßten, daß ich in diesem Kleid geturnt habe, sie würden erstarren. Ich hab's nur so nebenbei getan, ich weiß, was man den Fürstlichkeiten schuldig ist«, sagt sie zu dem verblüfft dreinschauenden Christomanos. Der Respekt vor der höfischen Kleiderordnung, bei Elisabeth ohnehin nicht sonderlich ausgeprägt, wird von ihr immer zwischen ironische Anführungszeichen gesetzt.

Selten, sehr selten kommt Franz Joseph zu den frühen Morgenstunden. Er gibt sich liebenswürdig und freundlich wie stets, aber innerlich schüttelt er sich. Wie gräßlich findet er dieses Volk von »obskuren« Sprachlehrern, mit dem sich seine Frau da umgibt. Mit beißender, bisweilen boshafter Ironie spricht er über diese Lehrer, kolportiert dieses und jenes und hat für sie stets nur abfällige Bezeichnungen übrig: Christomanos nennt er

Oben: Alexander von Warsberg. Unten: die Griechischlehrer,
rechts Konstantin Christomanos, links Rhoussos Rhoussopoulos.

den »Buckligen«, Rhoussopoulos den »Großhaxerten«, Thermojannis den »Schreienden« und Marinakis den »Parfümierten«. Ida Ferenczy nennt Christomanos »einen phantastischen Schwätzer«; sie ist wie alle Hofdamen eifersüchtig auf die »Nähe«, die Elisabeth zu ihren Lehrern sucht. Überhaupt nehmen sowohl der kaiserliche Hof wie auch alle späteren Biographen den Griechischlehrern gegenüber eine weitgehend vorwurfsvolle und ablehnende Haltung ein. Polychronis K. Enepekides schreibt: »Die jungen Griechen werden als eine Art Griechisch unterrichtender kleiner Hofnarren hingestellt, die geduldet werden von der kaiserlichen Umgebung, solange Elisabeth selbst ihre schützende Hand über sie hält, sie leben und wirken buchstäblich von Gnaden Ihrer Kaiserlichen Majestät, der Philhellenin und Königin. Selbst der Kaiser findet in seinen Briefen an Elisabeth oder an Katharina Schratt selten ein Wort der Anerkennung für die Arbeit der jungen Griechen, auch dann nicht, wenn er nach Anregung seiner Frau ihnen diesen oder jenen Orden verleiht.«

Dabei sind die Griechen in Elisabeths Umgebung für das psychische und intellektuelle Verständnis der Kaiserin gar nicht hoch genug zu bewerten. Wenn Elisabeth sich auch ihrem näheren und weiteren Umfeld mit ihren Ansichten und Gefühlen kaum verständlich machen kann, mit ihren griechischen Freunden, mit denen sie so viel gemeinsame Zeit verbringt, kann sie sich verständigen: »Das sensitive Wesen einer Frau wie Elisabeth, deren Denken und Tun einer ... traumatischen Seele entsprang, bedarf, um wahrgenommen zu werden, einer seelischen Wahlverwandtschaft« (Polychronis K. Enepekides).

Kehren wir wieder zu Christomanos zurück und damit zum Alltag der Kaiserin. Gegen Mittag, bisweilen auch noch ein zweites Mal am Abend, muß der Lehrer Elisabeth auf ihren Spaziergängen begleiten. Am liebsten geht sie bei allerschlechtestem Wetter nach draußen, wenn der Sturm die Wipfel im Lainzer Tierpark biegt, wenn der Regen in Strömen niedergeht und die gelben Blätter des Herbstes den Boden bedecken. Elisabeth ist immer fasziniert, wenn die Elemente toben, ein solches Wetter, bei dem niemand sonst spazierengeht, gehört ihr ganz allein. Bisweilen äußert sie auf solchen Wegen Gedanken, die blitzartig für einen Augenblick manches Rätsel ihres Lebens zu erhellen scheinen. So sagt sie einmal zu Christomanos: »Man weiß nicht, warum die Frauen ihren Männern untreu werden? Die Antwort ist einfach! Weil sie ihnen treu bleiben müssen. Dieses Gesetz fordert direkt zur Übertretung auf, weil es als Gesetz gilt. Und weiß man denn, ob der Gatte wirklich der Erwählte gewesen ist, den das Schicksal bestimmte?«

Über die Monarchie gibt sie sich nicht den geringsten Illusionen hin. »Nach hundert Jahren«, sagt sie, »wird wahrscheinlich kein einziger Königsthron sein. Alles, was uns für die Ewigkeit erschien, wird nur dagewesen sein, um zu jener Zeit nicht zu sein.« Was kann da noch Bestand haben?

Die Griechischlehrer, zur peripatetischen Übung verpflichtet, sind höflich, doch nicht alle vom Enthusiasmus Christomanos' beflügelt. Sein Nachfolger, der schmächtige Alexis Pali, quittiert, mit dem Ritterkreuz des Franz-Joseph-Ordens ausgezeichnet, schon nach einem Jahr den Dienst. Den ersten Unterricht im Griechischen hatte die Kaiserin von Dr. Nikolaos Thermojannis, Rechtsanwalt und Advokat in Kairo, erhalten, auch er erzählt von dem Eifer seiner Schülerin, die täglich vier, fünf Stunden dem Studium opferte, von den Anstrengungen ihrer Methode, im Laufschritt, bergauf, von Gastein zum Naßfeld beispielsweise, griechische Vokabeln zu skandieren und die Odyssee zu lesen. Rhoussos Rhoussopoulus, Professor der orientalischen Sprachen an der Wiener Universität, hatte den Unterricht fortgesetzt. Elisabeth liebte es besonders, wenn er ihr Heines Gedichte in neugriechischer Übersetzung vortrug.

Nachdem die Kaiserin ihre Pferde aufgegeben hat, müssen stundenlange Märsche, womöglich Bergwanderungen, und die Kunst des Masseurs Metzger die Wirkung des Reitens ersetzen; die Griechischlehrer werden immer mitgeschleppt. Beim Aufstieg von Algier zur Wallfahrtskirche Nôtre Dame d'Afrique durch die Gluthitze verläßt sie der Führer vor dem Gipfel; dem Schritt dieser rasenden Touristin ist er nicht gewachsen.

Wenn die quälenden Gedanken in ihr überhandnehmen, müssen die Griechischlehrer vorlesen. Ist es einer, der mehrere

Sprachen gleich gut spricht, so geht die Lektüre immer abwech-
selnd englisch, französisch oder griechisch vor sich, während er
an der Seite der Kaiserin mit schnellen Schritten promeniert.
Wissenschaftliche Werke wechseln mit Dramen, Balladen und
Gedichten, nur selten läßt Elisabeth sich dazu verführen, einen
Roman anzuhören. Aber es sind täglich mindestens vier bis fünf
Stunden, die sie mit den Lehrern verbringt.

Frederic Barker, der junge Engländer, den die Kaiserin schon
bei ihrem ersten Aufenthalt in Kairo kennengelernt hat, ist ein
Fußgänger nach ihrem Geschmack. Er ist auf den Spaziergängen besonders witzig und unterhaltsam. »Sie fragte mich«, so
erzählt er, »ob ich bereit sei, sie auf einer Reise, zwei Monate
etwa, zu begleiten. Aus den zwei Monaten wurden dreizehn. Es
gab Tage, da ich zwölf Stunden sprach, sang, vorlas. Ich las im
Gehen, ich rezitierte, mitunter setzten wir uns und ich sang
griechische Schäferlieder oder Gedichte zur Gitarre. Sie plau-
derte griechisch, französisch oder englisch mit mir.« In dem
kleinen Kreis, der die ruhelose Kaiserin umgibt, ist Barker die
einzige helle, unsentimentale Seele. Er lehnt es ab, der Kaiserin
zu schmeicheln, und gewinnt vielleicht deshalb ihr Vertrauen.
Von ihm besitzen wir eine nüchterne Schilderung des Gefolges
der Kaiserin, das, wie er sagt, hauptsächlich aus verbitterten
alten Jungfern und streitsüchtigen alten Herren besteht. Marie
Festetics schildert er als eine kleine, dicke, trübsinnige Frau mit
einer scharfen, bösen Zunge, die eifersüchtig über die Kaiserin
wacht. Ida Ferenczy erscheint ihm als hager, sauber und peinlich korrekt, immer ruhig, immer zurückhaltend und nie zu
durchschauen. Auffallend die vielen Eifersüchteleien und Rivalitäten in diesem Gefolge, mit Argusaugen wachen alle darüber,
wer sich gerade wann der besonderen Gunst der Kaiserin
erfreut.

Zum ersten Mal nach langer Zeit zeigt sich Elisabeth am
17. Januar 1891 wieder in der Öffentlichkeit. Sie nimmt an einer
Ballveranstaltung teil, ein mittleres Fiasko, wie Marie Valerie
schreibt: »Viele Damen sollen geschluchzt haben, und das
Ganze glich trotz Diamanten und bunten Federn mehr einem

Begräbnis als einem Faschingsfest. Mama selbst war in tiefster Crèpe-Trauer«. Die Kaiserin zeigt noch immer öffentlich ihre stilisierte Verzweiflung über den Tod ihres Sohnes. Mit ihren eigenen Fehlern setzt sie sich jedoch nicht auseinander, sie macht nur Stephanie Vorwürfe: »Du hast Deinen Vater gehaßt, Du hast Deinen Mann nicht geliebt und Du liebst auch Deine Tochter nicht.« Brigitte Hamann bemerkt dazu: »Daß der unglückliche Rudolf nicht nur bei seiner Frau, sondern auch bei seiner Mutter keine Liebe gefunden hatte, bedachte Elisabeth bei dieser Schuldaufrechnung nicht.«

Erzherzogin Valerie und ihr Mann Franz Salvator werden am 26. und 27. Januar von der Kaiserin in Schloß Lichtenegg bei Wels besucht. Sie schwelgen in Erinnerungen, Elisabeth nimmt Photographien mit nach Hause. Valerie gelingt sogar ein kleines Kunststück: Sie bringt ihre Mutter dazu, normal zu essen.

Für Mitte März werden Valerie und Franz eingeladen, nach Korfu zu kommen, am 18. März trifft die Yacht »Miramare« ein, Elisabeth zeigt ihrer Tochter ganz glücklich die Insel und das Schloß. »Von wo immer ich zurückkomme, hier ist der schönste Punkt der Welt«, sagt sie.

Diesmal fungiert ein gewisser Janko Kephalas als Griechischlehrer Elisabeths. Und auf ihren Spaziergängen wird sie nicht mehr von Marie Festetics begleitet, die dem verschärften Tempo nicht mehr gewachsen ist, es körperlich einfach nicht mehr schafft und deshalb daheim geblieben ist, sondern von der neu ernannten Hofdame Janka Gräfin Mikes. Es werden Ausflüge nach Korinth und Athen unternommen: Die Kaiserin hat seit einiger Zeit eine gewisse Vorliebe dafür, unangesagte Besuche zu machen und gibt auch diesmal ihrer Neigung nach – sie erscheint bei der griechischen Kronprinzessin Sophie und versucht mit ihr, die der Landessprache nicht mächtig ist, eine neugriechische Konversation. Nach der Abreise von Tochter und Schwiegersohn fährt Elisabeth nach Sizilien weiter.

Ende April tritt die Kaiserin ihre Heimreise nach Wien an, lebt fernab von allen Verpflichtungen in der Abgeschiedenheit der Hermesvilla in Lainz. Sie beherrscht das Alt- und Neugriechisch jetzt fast perfekt und übersetzt nahezu ohne Hilfe »Hamlet«,

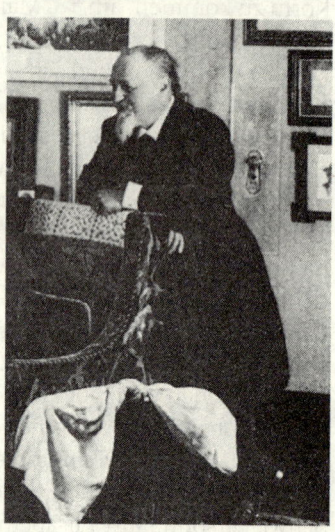

Der Hofstaat Elisabeths. Rechts oben: Vorleserin Ida Ferenczy.
Links oben: Obersthofmeister Baron Franz Nopcsa.
Rechts unten: Hofrat und Leibarzt Dr. Hermann Widerhofer.
Links unten: Hofdame Irma Sztáray.

»König Lear« und den »Sturm«. Franz Joseph kann über diese
in seinen Augen sinnlosen Beschäftigungen nur den Kopf
schütteln. Er hat sich inzwischen endgültig damit abgefunden,
alle mit Repräsentation verbundenen Aufgaben ohne seine Frau
erfüllen zu müssen, die nun bei offiziellen Anlässen in letzter
Zeit immer häufiger von Maria Theresia, der Gemahlin von Erzherzog Karl Ludwig, vertreten wird. Valerie schreibt, daß sie
schwanger ist, aber Elisabeth vermag darüber keine richtige
Freude zu empfinden. Sie fühlt nur, daß sie wieder fort muß.

Anfang Juli fährt die Kaiserin nach Gastein, wo sie sich in der
»Villa Helenenburg« einrichtet, Franz Joseph kommt hierher
von Ischl zu Besuch. Elisabeth macht Ausflüge, Bergpartien,
übernachtet in Almhütten, schlicht und einfach auf Heu. Dann
reist sie weiter, von Gastein nach Feldafing, von dort nach Miramar und Korfu. Das »Achilleion« ist fertig, mit diesem Wohnsitz
zeigt sie sich sehr zufrieden. Eine bereits fertige Statue Heinrich
Heines läßt sie auf die Insel bringen, sie wird in einem kleinen
Tempel aufgestellt. Die nächsten Wochen sind mit der Einrichtung angefüllt, das Budget ist längst überzogen, doch Franz
Joseph übernimmt alle Kosten. Elisabeth schlägt ihm vor, nach
Amerika zu fahren, nein danke.

Das zurückgezogene Leben geht weiter. Nur hin und wieder
bittet sie Katharina Schratt zu sich, die dann mit dem Kaiserpaar speist und mit Elisabeth spazierengeht. Noch immer
besucht Franz Joseph fast täglich seine Freundin, verläßt den
Park von Schönbrunn durch eine kleine, hinter Fliederbüschen
verborgene Pforte und geht zu dem Haus in der Gloriettegasse, wo man die Tür bereits für ihn aufgeschlossen hat. Einmal,
als Katharinas Köchin verschlafen hat und am frühen Morgen
noch abgeschlossen ist, wartet der Kaiser einfach vor der Tür. Er
weiß nicht, daß man läuten kann.

Das Frühstück, das in Katharinas Boudoir serviert wird,
besteht aus geröstetem Brot, frischen Hörnchen, eiskalter Butter und Kaffee mit Schlagrahm. Franz Joseph wird aus einer
Dose aus Zedernholz eine der von ihm bevorzugten langen Vir-
ginia-Zigarren angeboten. Während er raucht, erfreut sich an
den Dutzenden seiner Porträts, mit denen Katharina die Wän-

de vollgehängt hat. Nach dem Frühstück und einem angeregten Gespräch über Truppenparaden, Geburten und Sterbefälle, diplomatische und politische Probleme, gehen die beiden spazieren. Manchmal, wenn Paprikahuhn auf dem Speiseplan steht, bleibt er bis Mittag in dem freundlichen Biedermeier dieses Hauses, in dem neben dem Kamin ein »herrliches Fauteuil« steht und in einem Schrank neben dem Speisezimmer ein schwarzer Hausrock für ihn bereit hängt.

An Tagen, an denen er sie in Schönbrunn erwartet, bereitet er ihren Besuch präzise vor, instruiert einen seiner hundert Köche mit einer von ihm höchstpersönlich getroffenen Menüauswahl, verbringt Stunden in einem Zustand gedämpfter Erregung. Er zieht sich in seinen Ankleideraum zurück, um den Bart zu bürsten, schaut immer wieder in den kleinen Taschenspiegel mit der Inschrift »Portrait de la personne que j'aime«, den sie ihm geschenkt hat.

An manchen warmen Frühlings- und Herbsttagen, wenn die Lampions in Katharinas Garten leuchten, sich Gäste um ihre Springbrunnen versammeln, kommt der Kaiser durch die kleine Pforte im Park von Schönbrunn zu der Abendgesellschaft hinüber. Dort könnte er Johannes Brahms und Anton Rubinstein begegnet sein, oder Moriz Szeps, dem Zeitungsverleger und Freund seines Sohnes. Oder er raucht eine Zigarre mit dem ungekrönten König seiner Welt, dem Kapellmeister Johann Strauß, Katharinas Nachbarn und großem Freund. Sie teilen zwei Leidenschaften miteinander: essen und spielen. Häufig fahren sie zusammen ins Casino nach Baden, oder sie bleiben zu Hause, vertilgen große Mengen Gänseleberpastete und Krebse, trinken *Goulet demisec* dazu. Sobald Strauß einen neuen Walzer komponiert hat, geht er mit seiner Violine zu Katharina hinüber, spielt ihr auf und bittet sie dann um ihre Meinung.

Jede Entrüstung über Katharina Schratt, die in Hofkreisen hochkocht, wird von Elisabeth erstickt. Sie nimmt alle Gelegenheiten wahr, um sich demonstrativ mit ihr zu zeigen, küßt sie zur Begrüßung, geht mit ihr in Ischl spazieren. Das Verständnis, das seine Frau für dieses »Verhältnis« aufbringt, setzt Franz Joseph immer wieder in Erstaunen, er fließt dann über vor dankbaren Gefühlen. 1892, als er einige Tage mit Elisabeth in Gastein verbracht hat, schreibt er ihr nach der Abreise: »Mein unaussprechlich geliebter Engel, meine Stimmung ist melancholisch, mit wehem Herzen. ... Als ich gestern den Berg ... hinunterfuhr und mich traurig und sehnsüchtig nach der Helenenburg umsah, glaubte ich, Deinen weißen Sonnenschirm auf dem Balkon zu erkennen, und die Tränen traten mir in die Augen. Nochmals heißen Dank für Deine Liebe und Güte. ... So gute Tage habe ich jetzt selten.« Elisabeth schreibt ihm, sie sei es tatsächlich gewesen auf dem Balkon, was Franz Joseph beglückt.

Und wenn er sie hat, seine guten Tage, nimmt Katharina daran Anteil. Was mag sie von solchen Bekundungen seiner unerschütterlichen Liebe halten? Vielleicht ist sie sich über die Absurdität dieser Situation nicht so im klaren wie Elisabeth, die sich ihrer Tochter anvertraut. Eines Tages vermag sie sich nicht mehr zu beherrschen, in ihrer Erbitterung sprudelt sie heftig hervor: »Warum bin ich überhaupt geboren worden? ... Mein Leben ist unnütz. Ich bin nur noch ein Hindernis zwischen dem Kaiser und Frau Schratt. Oft komme ich mir in ihrer Gegenwart fast lächerlich vor.« Ein anderes Mal geht sie noch einen Schritt weiter, und man entdeckt in ihrer Seele einen tiefen Riß, eine versteckte Wunde: »Die Ehe«, sagt sie zu Valerie, »ist eine absurde Einrichtung. ... Als Kind von fünfzehn Jahren wurde ich verkauft. Man ließ mich einen Eid schwören, dessen Sinn ich nicht verstand und von dem ich mich nie werde befreien können.«

Dann wieder fragt sie den Kaiser in ihren Briefen mit einer übertrieben wirkenden Dringlichkeit nach seiner Freundin. Sie bittet ihn, ihr die Nummern von Katharinas Häusern und ihrer Stadtwohnung zu schreiben, damit sie im Spielcasino darauf setzen kann. Sie bringen ihr kein Glück. Doch auf das heimliche Glück, das sie empfindet, wenn jedes Jahr am 1. Mai Katharinas Veilchenstrauß auf ihrem Frühstückstisch steht, möchte sie nicht verzichten. Dem Kaiser schreibt sie, sie fühle sich nur noch durch drei Personen ans Leben gebunden: durch ihn selbst, Valerie und »die Freundin«.

Doch Elisabeth plagt den Kaiser immer wieder mit ihrer Launenhaftigkeit, und die Diskussionen, ob sie Katharina nun empfängt oder nicht, füllen ganze Briefe. Wenn Katharina zu Besuch kommt, versucht diese sich unwillkürlich dem Tempo, das die Kaiserin vorgibt, anzupassen. Mit spöttischem Blick schaut Elisabeth hinter sich, wie sich »die Freundin« schnaufend über die Felsen von Cap Martin schleppt oder auf wilden Märschen hinter ihr herzieht. Katharina wandert immer tapfer mit, wird sogar zu einer leidenschaftlichen Bergsteigerin. Auch an Elisabeths strapaziösen Hungerkuren nimmt sie teil. Als die Theorie kursiert, daß die beste Methode, unerwünschtes Gewicht loszuwerden, darin bestehe, Sand zu essen, stürzen sich beide mit Feuereifer darauf. Bei Katharina schlägt diese Diät nicht an.

Der Kammerdiener stellt fest, daß der Kaiser, wenn er gleichzeitig Nachrichten an Elisabeth und Katharina abschickt, oft denselben Wortlaut wählt, seiner Frau aber das vertrauliche Du vorbehält. Als Katharina in Wien krank wird und sich den Ärzten gegenüber unleidlich und grob verhält, wagt einer von ihnen zu Franz Joseph zu sagen: »Sie ist die Kaiserin Nummer zwei.« Der Kaiser widerspricht nicht.

*E*lisabeth, die das Land der Griechen mit der Seele sucht, hat in Korfu die Antike wiedererstehen lassen. Übermächtig ist die Sehnsucht nach dem Süden geworden, dem stillen gewaltigen Meer. Es ist ihr unbegreiflich, daß sie Korfu so lange Jahre vergessen hat. Hier ist ein Schloß nach ihrem Geschmack gebaut worden, es bringt ihre tiefe Zuneigung zur klassischen Welt zum Ausdruck. Ihr unruhiger Geist scheint die griechische Gelassenheit und Harmonie als Ausgleich zu suchen. Ein frappanter Gegensatz: hier die schöne Frau im fortgeschrittenen Alter, in düsteres Schwarz gekleidet, oft unglücklich und innerlich zerrissen, dort eine Welt der Formen, die das Gleichmaß der Dinge widerspiegelt.

Seit ihrer ersten Reise nach Griechenland in den sechziger Jahren liebt Elisabeth die Insel Korfu mit den weiß sich wiegenden Margeritenfeldern an der Küste und den silbergrünen Olivenwäldern, die fern am Horizont in das Violett der Berge Albaniens übergehen. Aus der halbverfallenen »Villa Braila« in der Nähe des Dörfchens Gasturi ist ein Palast geworden, der alle Kunstformen der Antike in sich vereint, die Strenge klassischer Gestaltung ebenso wie den überquellenden Reichtum spätrömischer Formen. Ionisch und dorisch sind die Säulen des Baues, pompejanisch ist die Inneneinrichtung. Der Palast ist in den Berg hineingebaut worden, nahe der Straße, die zum Dorf Gasturi an Benizze vorbei längs des Meerufers führt. 1891 ist das Tuskulum für Elisabeth endlich fertiggestellt. Neun Millionen Goldfrancs soll es gekostet haben, vom Kaiser aus seiner Privatschatulle bezahlt worden sein.

Es ist ein Traum in Weiß, der hoch oben über den Felsen leuchtet. »Das ist mein Asyl«, sagt die Kaiserin, wenn sie es ihren Besuchern zeigt, »wo ich mir ganz gehören darf.« Vielleicht ist der Bau nach strengen Stilkriterien nicht ganz geglückt, aber Meer und Natur sind so wunderbar, daß allein diese Szenerie alles andere aufwiegt.

Als Irma Sztáray das Achilleion zum ersten Mal sieht, ist sie hingerissen von der herrlichen Lage. Es ist Frühling, als sie mit der Kaiserin hier 1895 landet. »Vom Schiffe bringt uns ein Motorboot«, erzählt sie, »in den Hafen des Achilleion, der sich bis dicht an den Garten hinzieht. ... Unter Palmen und reich mit Früchten und Blüten behangenen Zitronen- und Orangenbäumen schritten wir die Serpentinenwege hinan. Wohin der Blick fällt, überall in Blüten prangende Rosenbäume und in Rosen gebettete Veilchen, die uns ihren berauschenden Duft entgegensenden.«

Ein Palast, Achilles geweiht, in ausschweifender Phantasie ausgedacht und realisiert. Er ist an der Stirnseite drei-, an der Rückseite einstöckig. Dieses letztere Stockwerk geht auf eine weite Gartenterrasse mit uralten Bäumen und Palmen hinaus. An der Stirnseite schützt eine hohe weiße Mauer neben dem Laub der Ölbäume die Kaiserin vor neugierigen Blicken. Lächelnd meint sie: »Die Engländer sind ganz verzweifelt, weil sie sich stundenlang auf dem gegenüberliegenden

Hügel postieren und doch nichts sehen können.« Und die Gräfin berichtet: »Auf der obersten Stufe der Treppe, auf halbhohem Postamente, standen die beiden Ringkämpfer, in dem Augenblick dargestellt, in dem sie aufeinander losgehen wollen. Die Originale sind Meisterwerke Canovas. Wir gehen zwischen ihnen durch und befinden uns auf der Terrasse, von wo aus wir auf die Gegend zurückblicken. ... Welch ein entzückendes Bild!«

Den Zugang von der Straße sperrt ein mächtiges eisernes Gittertor. Von hier steigt eine Rampe zur äußeren Vorhalle des Palastes, deren gewaltige Säulen die breite Veranda tragen. Das zweite und dritte Stockwerk treten zurück, so daß zu beiden Seiten der Veranda zwei Loggien entstehen. An der Längsseite, die dem Inneren der Insel zugewendet ist, zieht sich ebenfalls eine Veranda. Von hier schaut man auf Gasturi und Aji Deka, ein malerisches Dörfchen, das wie an den Berg geklebt scheint.

Durch die Säulenvorhalle betritt man das offene Atrium, einen hohen, kühlen, von korinthischen Säulen getragenen Raum. Die Kälte des glatten Marmors ist durch rote Teppiche auf dem Boden gemildert. Die Säulen sind an ihrem Fuß mit rotem Samt umhüllt, und von den glänzenden Marmorwänden hängen rotsamtene Wanddecken herab. Hohe Spiegel werfen das Licht zurück und vervielfachen den Raum. Zu beiden Seiten des Stiegenaufgangs stehen riesige Vasen aus Bronze und Porzellan mit Fächerpalmen, deren Blätter bis zur Decke reichen. Aus dieser Halle führen Türen in die Räume des Palastes, in den Speisesaal, das Spielzimmer und die Appartements der Kaiserin. Ein kleiner Raum, rechts vom Eingang des Atriums, ist als Kapelle eingerichtet, über dem Altar steht »Nôtre Dame de la garde«, die Madonna der Seefahrer. »Ich habe sie selber aus Marseille mitgebracht«, sagt Elisabeth, »sie ist die Beschützerin aller Seeleute«.

Die Marmortreppe, die von der Rampe in den unteren Garten auf die obere Gartenterrasse führt, ist mit Standbildern der Venus, der Artemis und schöner Jünglinge geschmückt. Das ganze Gebäude ist von einer offenen Säulenhalle, einem Peristyl umgeben. Die korinthischen Säulen, die das Dach tragen,

Schloß Achilleion auf Korfu.
Oben: Vorderansicht. Unten: Säulengang mit dem Musengarten.

sind in der unteren Hälfte zinnoberrot gefärbt. Ihre Kapitelle, reich vergoldet und blau und rot bemalt, heben sich klar und zart von dem tiefen pompejanischen Dunkelrot der Wand ab. Große Fresken an den Wänden stellen Szenen aus antiken Sagen dar, die Geschichten von Odysseus, von Apoll und Daphne, von Homer, Theseus und Ariadne. Außerhalb der Säulenhalle stehen die neun Musen in Lebensgröße. Am Ende des Peristyls, gegen das Meer zu, erhebt sich in lichtem Weiß die Marmorfigur der Peri, der Lichtfee aus John Miltons »Paradise Lost«. Sie gleitet auf einem Schwan über die Fluten des Ozeans, ein schlafendes Kind an ihrer Brust haltend. Elisabeth betrachtet fast täglich diese Figur. »Das Peristyl ist der stumme Zeuge der einsamen Spaziergänge der Kaiserin. Hier stört sie niemand, hier wagt sich niemand her, ohne gerufen zu sein«, berichtet Irma Sztáray.

Einige der Marmorbilder und Statuen, so den Apoll Musagetes, hat Elisabeth in Rom, aus dem Besitz des Fürsten Borghese gekauft, doch wurden ihr dabei wohl mehr im 19. Jahrhundert gefertigte Kopien als Originale untergeschoben. Die »dritte Tänzerin« Canovas hat sogar eine Geschichte: Das Modell des graziösen nackten Körpers war Pauline Borghese, die schöne Lieblingsschwester Napoleons. Elisabeth kennt die Vorgeschichte der Statue: »Ich habe den Musen eine junge Gefährtin zugeführt«, sagt sie, »ich hoffe, daß sie freundlich aufgenommen wird. Apoll zumindest schaut sie sehr zärtlich an.«

Die Einrichtung hat Elisabeth bis ins Detail selbst ausgewählt. In ihrer Sammelleidenschaft hat sie alles zusammengetragen und nach Korfu schaffen lassen, was ihr gefällt. Stolz sagt sie: »Deswegen bin ich hier weniger fremd als in Wien.«

Alles in diesem Palast ist antikisierend. Selbst die Statuen, sogar die Bronzeampeln, die zwischen den Säulen des Peristyls an Ketten hängen und abends in einem rötlich zitternden Licht leuchten. Das Tafelservice, das Silber- und Leinenzeug erinnern an das Meer, überall ist ein Delphin unter die Krone getrieben, gestickt oder gemalt. Überhaupt ist der aus den Wellen springende Delphin eine Art Leitmotiv, das sich durch die gesamte Innendekoration zieht. Christomanos sieht in ihm einen

»lachenden Philosophen der See«, aber auch »das persönliche Emblem der meerdurchwandernden Fürstin«.

Das Rauchzimmer ist eine getreue Nachbildung eines in Pompeji ausgegrabenen Saales, auch der Privatsalon Elisabeths ist in diesem Stil gehalten, reiche Fresken an den Wänden verführen zur Heiterkeit und regen die Phantasie an.

Die Möbel in den Gemächern der Kaiserin sind nach pompejanischen Mustern angefertigt. Elisabeth hat »selbst jeden schöngebogenen Schlüssel ... in der Hand gehabt und sogar das Muster der eigens gewebten Stoffe für die Ueberzüge der Möbel bestimmt«, wie Christomanos versichert. Alle Einrichtungsgegenstände stehen auf bronzenen Füßen, ihre Seiten und Flächen zeigen Mosaiken. Die Sessel sind mit Silber und Elfenbein ausgelegt, zierliche Schemel antiken Stücken nachgebildet. Die Polsterung und der Bezug der Stühle, Sessel und Lehnen sind äußerst prunkvoll, aber nicht weich und behaglich, für Menschen des unbeschwingten Durchschnitts sogar entsetzlich unbequem. Franz Joseph würde sich hier nicht wohlfühlen, er hat das »Achilleion« auch nie besucht, sein letzter Aufenthalt auf Korfu datiert aus dem Jahr 1869. Er zieht sich hinter Vorwänden zurück, unaufschiebbare Staatsgeschäfte, politische Spannungen erlauben ihm in diesen Jahren angeblich nicht, die Grenzen des österreichischen Reiches zu überschreiten.

Vom Salon aus gelangt man in das Schreibzimmer und von da in das Ankleidezimmer Elisabeths. »Es ist ganz in blau gehalten. Lächelnd wie der griechische Himmel und durch rosafarbene Fenstervorhänge wie von leichtem Morgenrot überstrahlt«, schwärmt Irma. Neben diesem Toilettezimmer liegt das Schlafzimmer mit dem niedrigen römischen Bett in der Mitte. Auch dieses Bett, das sich kaum fußhoch über dem Boden erhebt, wirkt antik, ebenso wie die mächtigen Vasen aus blauem Glas, die an den Wänden stehen. An die glänzenden Pfosten schmiegen sich Nymphen, die das »traumumwitterte Kissen« tragen, eine Seidendecke ist über das Bett geworfen, so wie Helena den Mägden befahl, das Lager für Telemachos zu bereiten. Auf den Liegen läßt Elisabeth sich von ihrer ungarischen

Masseuse mit Öl einreiben, um ihrer Haut Feuchtigkeit zu geben, oder in feuchte Tücher mit Tang packen.

Von hier öffnet sich das Bade- und das Turnzimmer, wo Elisabeth jeden Morgen ihre gymnastischen Übungen macht. Das Badezimmer ist besonders luxuriös, die Kaiserin hat hier ihre Träume von Hygiene und Bequemlichkeit in Erfüllung gehen lassen, die sie in Wien, in den prächtigen Schlössern, nicht realisieren konnte: In diesem Marmorbad spenden vergoldete Wasserhähne warmes Meerwasser, das ihr, wie sie glaubt, so gut bekommt.

Im mittleren Stock, der vom Garten aus keinen direkten Zugang hat, liegen die Gästezimmer, Wohnräume für den Kaiser und für Marie Valerie.

Um den Palast sind Gärten angelegt, mit uralten Zypressen, mit den schwärmerischen Blüten der Magnolien, mit Lorbeerbäumen, deren Blätter wie aus Bronze gehämmert wirken, mit Statuen antiker Satyren, Faune und Mänaden, mit Grotten, in denen leise murmelnd Quellen rieseln und vor denen riesige Farne den Eingang verhüllen. Dazwischen Blumenbeete mit Rosen und Hyazinthen. Am Springbrunnen steht ein schwarzer Satyr, der auf seinen Schultern einen Dionysos-Knaben trägt. Am Rand des Gartens liegt ein Olivenhain, der sich zur felsigen und tiefen Meeresbucht hinabsenkt. Dort hat sich Elisabeth ein rundes Zeltdach aus farbigem, antik gemustertem Tuch errichten lassen. Hier ist der stille Winkel, den sie ganz besonders liebt. Verborgen hinter dichten Lorbeerbüschen öffnet sich ein weiter Blick auf das Meer. Stundenlang sitzt sie auf einer halbrunden Marmorbank und schaut auf die blaue Wasserfläche hinaus. Eine kleine Insel erhebt sich aus dem Wasser, mit einem von Zypressen umgebenen Einsiedlerhäuschen. Den dort hausenden Mönch kennt Elisabeth, wie Robert Holzschuh berichtet, seit ihrer Korfu-Reise im Juli 1885. Alexander von Warsberg beschreibt ihn als einen struppigen Gesellen, der außerordentlich liebenswürdig auftritt: »So oft ich ihn ansah, lächelten seine schwarzen, dunkel glänzenden, tief eingesenkten Augen freundlichst. Die rechte Hand legte er betheuernd, wie die raphaelischen Gestalten des Mailänder Spozolizio, auf die Brust.«

»Wir werden sehr oft hingehen«, sagt Elisabeth zu Christomanos. »Es ist unten ein Fährmann, der ganz wie der Charon aussieht. Ich lasse mich von ihm zum Eiland rudern, wie eine sehnsüchtige Seele. Wenn ich hinunterkomme, löst er gleich sein Boot, ohne ein Wort zu sprechen. Und ich besteige es und schweige ebenfalls. Drüben auf der Insel empfängt mich immer der Einsiedler. Schweigend begebe ich mich in seine Klause. Er bringt mir Honig und Mandeln, damit ich davon genieße und die Oberwelt vergesse.« Auch Valerie, die am 18. März 1891 mit ihrer Mutter in einem Boot zur Odysseus-Insel fährt, berichtet, daß sie dort den alten Einsiedler angetroffen haben, »der Mama gleich erkannte und sich gar nicht wunderte, daß sie vollkommen griechisch mit ihm sprach ... ein komischer alter Kauz, der mit größter Lebhaftigkeit spricht und gestikuliert.«

Gegen Norden liegen noch zwei Terrassen. Am äußersten Rand leuchtet die Figur des »sterbenden Achilles«, von dem Elisabeth sagt, sie habe ihm diesen Palast geweiht, »weil er für mich die griechische Seele personifiziert und die Schönheit der Landschaft und der Menschen. Er war stark und trotzig und hat alle Könige und Traditionen verachtet. Er hat nur seinen eigenen Willen heilig gehalten und nur seinen Träumen gelebt.«

Ein kleineres Exemplar dieser Plastik aus Stuck ist von Ernst Gustav Herter geschaffen und 1881 auf einer Kunstausstellung in Wien gezeigt worden, wo es der Kaiserin aufgefallen war. Elisabeth gab den Auftrag zu einer großen Marmorstatue, die zunächst vor der Hermesvilla, dann in Korfu aufgestellt wurde. Eine Kopie dieses »Achilles« ließ sie auch für den Park des Schlosses Miramar bei Triest anfertigen. In ihren Gedichten hat sie diese Statue besungen:

Mein Lieb ist aus Stein,
Mein Herz ist aus Stein,
Kalt wie sein Marmor bin ich.

Von hier zur zweiten, der tieferen Terrasse, führen Marmortreppen hinab. Inmitten von Rosen ruht Hermes, der geflügelte Götterbote, eine Kopie der berühmten Herkulaneum-Bronze. Auf

Achilleion.
Oben: Treppenaufgang mit Statuen und elektrischer Beleuchtung.
Unten: Skulptur des sterbenden Achilles im Park.

einer doppelten, halbkreisförmigen Treppe steigt man zur dritten, der »Achillesterrasse« herab. Elisabeth nennt diese Anlagen »meine hängenden Gärten« und meint: »Ich glaube nicht, daß die der Semiramis schöner waren; aber es ist nicht mein Verdienst, daß sie so schön sind: meine Gärtnerin ist die Natur.«

Unterhalb der Marmortreppe befindet sich eine Tropfsteingrotte, aus der künstliches grünes Licht herausleuchtet. Im Hintergrund sind Spiegel angebracht worden, die den Wasserspiegel dieser »Kalypso-Grotte« gleichsam ins Unendliche verlängern. Schattige Laubengänge voller Blüten ziehen sich zu beiden Seiten des »Achilles«, Waldnymphen und ein trunkener Faun schimmern aus dem Grün.

Wie alles im Leben der Schöpferin dieser sonderbar berührenden Welt voll seltsamer Kontraste ist, so fallen auch in diesem Schloß gewisse Dissonanzen auf. Unten im Park steht der Kuppelbau des Heine-Tempels mit der Statue des Dichters, gefertigt von dem Bildhauer Ludwig Hasselriis. Erschöpft lehnt Heine in einem Stuhl, in der herabhängenden Hand hält er ein Blatt mit einem Gedicht:

Was will die einsame Träne?
Sie trübt mir ja den Blick –
Sie blieb aus alten Zeiten
In meinem Auge zurück.
Du alte, einsame Träne,
Zerfließe jetzunder auch...

In einer Welt, die von der Realität abgewandt sein soll, durchbricht er die klassische Harmonie dieses Palastes und konfrontiert den Betrachter mit dem beständigen Zwiespalt in Elisabeths Herzen.

Die Kaiserin hat sich mit dem »Achilleion« ihre eigene Wunderwelt geschaffen. Dieser Palast, fürs Schauen und Träumen geschaffen, soll ihre Heimat werden. Wenn sie wirklich ein Refugium gegen das deprimierende Unglück ihres Lebens gesucht hat, dann müßte Elisabeth jetzt glücklich sein. Sie kann sich zurückziehen, sie hat nun die Ruhe und Einsamkeit, nach der sie sich immer gesehnt hat. Doch die Kaiserin findet auch hier das Glück nicht. Wer sie sieht, wie sie durch die wilden Olivenwälder Korfus wandert, in dem warmen Halbdunkel des silbrigen Laubs, oder am Ufer entlang, an den leuchtenden Margeritenfeldern vorbei mit großen Schritten scheu und verschlossen vor sich hinschreitet, der meint, eine ruhelose, verfolgte Frau vor sich zu haben, die in steter Angst vor dem kommenden Tag leben muß.

*D*ie Morgendämmerung, wenn die Konturen des Tages sich gerade eben aus dem Zwielicht der untergehenden Nacht abzuzeichnen beginnen, verleiht dieser achilleischen Welt einen wunderbaren Zauber. Elisabeth geht dann allein spazieren, sitzt still auf der Marmorbank unter dem Dach aus antik gemustertem Stoff oder betrachtet die Statuen in den Gärten.

»Gestern morgen stand ich auf«, erzählt Christomanos, »und ging über die Götterstiege bis auf die Hermesterrasse. Ein weißer Widerschein erhob sich im Osten hinter dem schwarzen Rücken der Berge. Vom Meer, das man in einer verschwommenen Blässe mehr ahnte als sah, stiegen die Nebel des Morgens herauf. Am Himmel waren fast alle Sterne erloschen, nur ein einziger von erschreckender Größe stand im Zenith. Es war der Sirius. Unter ihm regte sich eine große schwarze Cypresse, deren Wipfel sich im Winde bewegte. ... Da sehe ich sie plötzlich zwischen den Säulen des weißen Palastes wie einen Schatten huschen. Ich war außerordentlich erstaunt, sie um diese Stunde hier zu finden, und wollte mich zurückziehen; aber sie näherte sich rasch und sagte zu mir: Ich bin immer hier, bevor die Sonne aufgeht. ... Sie sollen niemals zu dieser Stunde heraufkommen. Das ist die Zeit, da ich ganz allein sein will.«

Wirklichkeit und Traum mischen sich für Elisabeth auf Korfu zu einem glänzenden Gebilde. Klare Grenzen zu ziehen ist ihr nicht mehr möglich: »Man weiß im Leben nicht, wo die Vernunft und der Wahnsinn sich finden, so wie man auch nicht weiß, ob die Realität der Traum oder der Traum die Wirklichkeit ist.«

Der Wunsch nach Rückzug aus der Welt hat dieses kleine Paradies geschaffen, also entspricht ihm auch die Lebensweise der Kaiserin. Sie ist für ihre Hofdamen in Korfu kaum sichtbar. Elisabeth ist noch immer schlank wie ein junges Mädchen, von einer Grazilität, die sie mit asketischer Lebensweise bezahlt, ihre strahlende Schönheit ist jedoch verblüht. Nach wie vor arbeitet sie hart und kompromißlos an ihrer Erscheinung. Sie will jung bleiben, unbedingt, und es gelingt ihr vielleicht mit dem Körper, nicht aber mit ihrem Gesicht. Der Spiegel, früher ihr bester Freund, weil er ihr immer von neuem ihre Schönheit bestätigte, wird nun ihr ärgster Feind. Und darum haßt sie ihn.

Eine unbestimmte Trauer durchzieht Elisabeths Gemüt. Stets ist sie auch unter der Sonne Korfus in Schwarz gekleidet, selbst ihre ganze Umgebung darf nichts anderes als Schwarz tragen. Wenn sie spazierengeht, nimmt sie auch hier immer einen weißen Sonnenschirm und einen schwarzen Seidenfächer mit.

Die sich aufdrängende Vermutung, sie trage diesen Fächer nur, weil sie in krankhafter Menschenscheu ihr Gesicht vor anderen verbergen wolle, trifft nicht zu. Sie gibt auch eine andere Erklärung: »Der Todesgedanke im Lebenden reinigt wie ein Gärtner, der das Unkraut jätet, wenn er in seinem Garten ist. Aber dieser Gärtner will immer allein sein und ärgert sich, wenn Neugierige in seinen Garten schauen. Deswegen halte ich den Schirm und den Fächer vor mein Gesicht, damit er ungestört arbeiten kann.« Schirm und Fächer als Waffen ihres wahren Lebens. Mit ihnen wehrt sie die andrängende Wirklichkeit ab.

Elisabeth denkt fast ständig an den Tod. Kein Tag vergeht, an dem sie nicht trauert – um den Sohn, aber auch um sich selbst, weil ihr sein Tod als Symbol ihres eigenen Untergangs erscheint. Sie wird älter und spürt die Zeit an sich arbeiten. Ihr zäher Lebenswille, der sie dieses Leben überhaupt hat durchstehen lassen, der sie trotz aller Todessehnsucht zum Dasein verurteilt, ängstigt sich natürlicherweise vor ihm: »Ich aber fürchte ihn«, sagt sie zu Irma Sztáray, »obschon ich ihn oft ersehne, doch dieser Übergang, diese Ungewißheit macht mich zittern, und besonders der furchtbare Kampf, den man bestehen muß, ehe man dahin gelangt.« Die Gräfin versucht sie mit einer Floskel zu trösten: »Jenseits ist Friede und Glückseligkeit.« Aber Elisabeth läßt sich von dem Glauben und dem Vertrauen, die ihre Hofdame beseelen, nicht beeindrucken. »Woher wissen Sie das?« fragt sie scharf. »Von dort ist ja noch kein Wanderer zurückgekehrt!«

Trotzdem aber lebt sie ihr Leben nur noch, um es zu überwinden. »Wenn diese ganze Existenz nur provisorisch ist, wozu braucht man dann die Beständigkeit zu suchen? Man muß Gleiches durch Gleiches unschädlich machen. So überwindet man auch diese Krankheit. Das Leben hat nur den einen Zweck, in seiner jeweiligen Form überwunden zu werden, wie eine Krankheit. Und wenn man es überwinden will, darf man sich vor nichts fürchten, soll man alles wünschen, gegen alles gleichgültig sein...«

Das ist eine resignative, ja pessimistische Philosophie. So wird sie immer mehr der Schatten ihres eigentlichen Selbst. Sie spricht nur mehr im Flüsterton und mit großer Langsamkeit. Doch bemüht sie sich noch, geistig beweglich zu bleiben: »Ich lebe wie ein Student.« Morgens steht sie in aller Frühe auf, manchmal schon gegen halb fünf Uhr, nimmt ein Bad und macht allein ihren Morgenspaziergang. Auf der Terrasse des »Achilleion« läßt sie sich ein Zelt aufschlagen und im Angesicht des blauen Meeres frisieren. Während Fanny die Haarpracht in Fasson bringt, vertieft Elisabeth sich meist in ein Buch. Dann bleibt sie den Morgen über ganz allein im Garten. Danach beginnt sie mit Hilfe des griechischen Vorlesers ihr Studium. Ein blaues Schulheft und ein Bleistift ist alles, was sie dazu benötigt. Neugriechisch ist zu ihrer Lieblingssprache geworden, sie übersetzt Schopenhauer und Shakespeare in diese Sprache. Sie leistet täglich harte Arbeit an Texten, und doch bleibt alles merkwürdig fruchtlos, dient nur dazu, ihren Tag auszufüllen. Ängstlich ist sie bemüht, ihre Kenntnisse vor anderen zu verheimlichen, was jene, die ihre Genialität und Intelligenz erkennen, wie einst auch Graf Andrássy, immer von neuem schmerzlich bedauern.

Gegen elf Uhr macht sie sich auf den Weg zu einem Spaziergang über die Insel, von dem sie oft erst nachmittags heimkehrt.

Die blumigen Hügel und Täler, die verstreut stehenden oder malerisch gruppierten Baumriesen, dazu das lebhafte Treiben der Bevölkerung Korfus, das alles fesselt sie. Sie bewundert die schönen Gestalten der wasserschöpfenden Mädchen an den zahlreichen Brunnen der Insel. An den Mahlzeiten ihres Gefolges nimmt sie selten teil, obwohl sie immer prächtig und reichhaltig sind. Das Meer liefert die köstlichsten Schätze – Fische, Hummer und andere Schalentiere – auf die Tafel.

In diesen Jahren entwickelt Elisabeth, die Rudolf einmal »die Philosophin auf dem Thron« genannt hat, ihre eigene Lebensphilosophie. Äußerlich eine Mischung aus Mystik, Fatalismus und Ironie, zeigt sie doch einen Menschen, der furchtlos tief in das Wesen der Dinge eindringt. »Wir sind ein Stück dieser Welt«, sagt sie zu ihrem Vorleser, »warum wollen wir so viel wissen und grübeln? Glauben Sie, daß die Ölbäume darüber nachdenken, warum die Mohnblumen rot sind, oder warum die Wolken des Abends leuchten? Auch die Felsen machen sich keinen Begriff von der Meteorologie. Alle diese Wesen leben in einer Tiefe, wo es keine Geheimnisse gibt – wie sie alle aufeinander und ineinander leben, nur wir haben uns außerhalb der Welt gestellt. Wir haben alle Brücken und Bande abgebrochen. ... Unser Geist und Verstand sollte uns wieder jenes Gefühl von der Welt geben, welches die anderen Dinge in ihrem Unterbewußtsein besitzen.«

In solchen Gedanken erfühlt sie die Entgötterung des europäischen Menschen, die ein Jahrhundert der fortschreitenden Technisierung mit sich bringt. Der Zusammenhang mit dem Metaphysischen geht dem neuzeitlichen Menschen immer mehr verloren. In Elisabeth aber ist dieser Zusammenhang noch lebendig. Mit scharfem Blick zieht sie eine Trennlinie zwischen Kultur und Zivilisation: »Die Kultur ersticken heißt Zivilisation. Sie ist im Westen zu Hause. Sie ist eine Ablenkung und Fälschung der natürlichen Ziele der Existenz. Zivilisation sind die Tramways, Kultur die schönen freien Wälder. Zivilisation ist Belesenheit, Kultur sind die Gedanken. Die Zivilisation beansprucht jeden einzelnen Menschen für sich und zwingt alle in einen Käfig hinein. Die Kultur hat jeder Mensch in sich als Erbteil aller seiner Vorexistenzen, nimmt sie in sich auf mit jedem Atemzuge, und darin liegt die große Einheit. Es gibt auch Abstufungen der Kultur und der Zivilisation, die aus entgegengesetzten Richtungen kommen und sich begegnen. Wo sie zusammenprallen, da bricht die stumme Klage des Lebens aus. Die Opfer sind die armen, durstigen Leute, denen man die Kultur genommen hat und ihnen dafür die Zivilisation unerreichbar aus der Ferne zeigt.«

Elisabeth, erkenntnishungrig und weisheitsdurstig, findet mit der Zeit zu einer erstaunlichen Tiefe der Gedanken. Sie liest sich nichts zusammen, sie traut ihrem eigenen Denken. Schmerzlich empfindet sie diesen Abgrund zwischen sich in ihrer Einsamkeit und der Welt, und viel Energie bringt sie auf, sich darüber hinwegzutrösten. Sie fühlt sich vom Zwiespalt zwischen Erkenntnis und Existenz zerrissen.

Glücklich fühlt sich Elisabeth nur in der Natur, weil sie nur dort so sein kann, wie sie sich wirklich lebendig fühlt: »Wir sollen uns über das Herz der Erde beugen und seinem Pochen lauschen. Dort fließen wie in einem Muschelbecken die großen Harmonien zusammen, alle Sonnenstrahlen, die nie erloschen, und die Träume, die noch nicht geboren sind, die Freuden der Blumen, die Schwermut der Herbste, die Sehnsuchten der Flüsse in die Ferne und das Schweigen der Wolken. Wir sollen zurückkehren, von wo wir gekommen sind – so werden wir als Sieger über uns selbst siegen. Was wir erst mit Hilfe des Todes tun können, sollten wir ganz allein und schon im Leben vollbringen.«

Diese mystische Liebe zur Erde, diese Fähigkeit, mit der Natur zu denken und zu fühlen, ist ein Abenteuer, das Wagnis der vollkommenen, ekstatischen Verschwendung. Sie läßt Elisabeth nicht nur für einen Augenblick lang in das Göttliche eintauchen, sondern in den tiefsten Schichten der eigenen Existenz mit allen Wesen und Wirklichkeiten, die es gibt, kommunizieren. Diese Hingabe ist ein großes Geschehenlassen. Die mystischen Visionen sind nicht, wie oft angenommen wird, dunkel und verschwommen, sie lassen die Welt vielmehr in einem klaren Licht sehen, in scharfer, deutlicher Kontur. Sie sind keine

Elisabeth auf Korfu.
Gemälde von Friedrich August von Kaulbach (posthum, nach 1898).

rätselhafte und dunkle Dramatik, sondern helles und höchstes Erkennen. Elisabeths Naturmystik, ihre Leidenschaft für Schönheit, ihre sympathische Ader hebt alle Schwerfälligkeit auf, erfüllt sie mit Leichtigkeit, ja mit Grazie.

Emile M. Cioran, der große Philosoph der Melancholie, sieht in Elisabeths »Manien«, in Reiten, Gymnastik, Pflege des Körpers usw. nur »Vorwände«, sich von tödlicher Langeweile ablenken zu können. »Ich selber glaube, daß sie unfähig war, eine wirkliche Leidenschaft zu empfinden, eine Liebe. ... Sie hat sich vielleicht zum Spiel verliebt, aber im Grunde war ihre Haltung mit zunehmendem Alter konkreten menschlichen Beziehungen gegenüber recht eigen. Sie nannte das Meer ihren ›Beichtvater‹ und einen Baum in Gödöllö ihren ›Vertrauten‹, ihren ›besten Freund‹. Von diesem Baum sprach sie in fast innigen Tönen: ›er weiß alles, was in mir ist und was in der Zeit geschieht, solange wir entfernt sind.‹ Auf seine Treue baute sie: ›Er wird es auch niemandem sagen.‹ Das ist sehr wichtig für sie, daß sie den Menschen nicht vertraute, sondern dem Meer und diesem Baum. Dadurch hat sie sich außerhalb der Menschheit gestellt – das macht ihre Größe aus. ... Meiner Ansicht nach ist das, was sie über den Baum in Gödöllö sagt, das wichtigste, was sie geäußert hat. Auch philosophisch gesehen. Hier liegt der Höhepunkt, alles andere ist damit verglichen nur nebensächlich, denn das heißt, daß alles für sie letztlich irreal war, daß die Wirklichkeit für sie nur Rauch ... war. Ich glaube, daß ihre Leiden durchaus real waren, aber sie wurden von der Schwermut umgewandelt. Die Lawine von entsetzlichen Unglücksfällen, die auf sie einschlug, war quasi nur ein Beweis, eine Bestätigung dafür, daß sie sich in ihrem ursprünglichen Lebensgefühl nicht geirrt hatte.«

Vertrauen, die einfache Zuversicht, die gelassen lächelnde Hoffnung, alles das bleibt Elisabeth fremd. Sie zweifelt an allem. In manchen Stunden ist ihr Gott Jehova, der strafend und zürnend in rächender Härte über den Menschen thront. Sie fühlt sich dann kleinmütig, duckt sich unter den Schlägen dieses Gottes. Öfter jedoch ergibt sie sich einem fast orientalischen Schicksalsglauben: »Die meisten Menschen wollen nicht«, sagt sie, »daß ihnen die Bande des Schicksals und des Lebens gelöst werden. Sie glauben auf diese Weise den Gefahren ferner zu rücken. Aber wir hören trotzdem nicht auf, im Banne des Schicksals zu leben, und dieser Schatten lauert auf jedem Fleck von Licht. Das Gemeinsame bei allen Menschen ist nicht der Geist, sondern das Schicksal.« Manchmal erwählt dieses Schicksal einen, und diese Vorstellung befriedigt offenbar ihren Stolz und läßt sie viele Dinge leichter ertragen.

Emile M. Cioran hält diesen Schicksalsglauben für ein Leitthema Elisabeths: »Immer wieder betonte sie, sie sei auf der Suche nach ihrem Schicksal. Alles wurde in diesem Sinne gedeutet. ... Für sie bedeutet Schicksal ein gefühlsmäßiges Erlebnis, nicht wie bei den Deutschen meistens eine Idee, eine lineare Idee. Der östliche Fatalismus spricht aus ihr, wenn sie von sich selber sagt, es würde mit ihr ein tragisches Ende nehmen, aber niemand sei dafür verantwortlich, es sei nichts zu machen, denn es gehöre eben dazu... In diesem Sinne behauptet sie auch, daß nichts sie beeinflussen könne, weil sie sich ihren inneren Stimmen ganz überlassen würde.«

Die Kaiserin gehört zu jenen, die sich zeitlebens gezwungen sehen, sich mit der eigenen Individualität auseinanderzusetzen, vom Schein der Dinge zum Sein durchzudringen. Darum fühlt sie sich von so vielen Dingen und Errungenschaften des modernen Lebens massiv gestört, weil diese sie vom metaphysischen Urgrund des naturhaften Daseins entfernen. Elisabeth ist ein Kind des saturnischen Zeitalters, wo zwischen den Menschen, der Natur und den Göttern Friede herrscht. Und sie spürt genau, daß sie in die moderne Welt nicht hineinpaßt: »Die Leute wissen nicht, was sie mit mir beginnen sollen, weil ich in keine ihrer Traditionen und längst anerkannten Begriffe hineinpasse. Sie wollen nicht, daß man ihre Schubladenordnung störe. So gehöre ich denn mir ganz allein. Auf meinen Spaziergängen laufe ich auch wenig Gefahr, zivilisierten Menschen zu begegnen, denn sie ziehen mir nicht nach in die Einöden. Da haben sie wohl Besseres zu tun. Das sind meine langen Einsamkeiten, aus welchen ich erkenne, daß man die Schwere seiner Existenz am meisten fühlt, wenn man im Kontakt mit den Menschen ist.

Das Meer und die Bäume nehmen uns alles Irdische ab. Wir werden selbst einer von den Zahllosen. Jeder Verkehr in der menschlichen Gesellschaft ist eine Ablenkung von diesem Aufgehen, er verschärft die Empfindung unserer eigenen Individualität, die immer weh tut. Es gibt aber Menschen, die mir ebenso angenehm sind wie die Bäume und das Meer. Das sind die Fischer, die Landleute und die Dorfnarren, Leute, die wenig unter den vielen Menschen sich bewegen und viel mit den ewigen Dingen verkehren. Sie geben mir mehr, als ich ihnen je als Kaiserin geben könnte. Deswegen verlasse ich sie immer mit großer Dankbarkeit: sie befreien mich von etwas Fremdem und Beengendem, was an mir haftet und mich bedrückt.«

Elisabeths Tag im »Achilleion« endet früh. Am Abend nimmt sie wieder ein Bad in der Marmorwanne, die aus dem Besitz des Fürsten Borghese in Rom stammt. Die Kaiserin hat viele wertvolle Stücke seiner antiken Sammlungen für das Schloß erworben. »Sogar seine Götter sind jetzt verkäuflich«, hat sie angesichts des fürstlichen Bankrotts gescherzt.

Auf allen Reisen führt Elisabeth ein Bild Heinrich Heines mit sich, und es ist ihr zum täglichen Ritual geworden, abends von »ihrem Dichter« Abschied zu nehmen. In Korfu geht sie nach Sonnenuntergang zur Statue Heines:

Doch lange jeden Abend
Steh' ich vor Deinem Bild,
Es in mein Herz begrabend,
Dass es die Qual dort stillt.

Und nun ins Reich der Träume
Nur da ist endlich Ruh'
Für meine arme Seele;
Denn, Meister, da bist Du!

Auch Valerie beschreibt diese Szene in ihrem Tagebuch: Elisabeth, nachts das Profil Heines anschauend, habe »die merkwürdige ... aber angenehme Empfindung ... als wollte diese Seele die übrige lostrennen aus dem Körper«.

Abends um neun Uhr liegt die Kaiserin dann im Bett. Unter dem Kopfkissen das »Buch der Lieder«. Sie schläft nur sehr wenig, es sind schlaflose, »weiße« Nächte, die sie liebt, weil sie dann völlig allein sein kann. Oft erhebt sie sich nach Mitternacht und geht, nur leicht bekleidet, einen Schleier um den Kopf gehüllt, durch die Zypressenalleen, hält Zwiesprache mit den Marmorstatuen im Park.

Nach Elisabeths Tod beginnt der Verfall des Anwesens. Erzherzogin Gisela verkauft es 1907 an Kaiser Wilhelm II., der bald die Heine-Statue entfernen läßt, angeblich aus künstlerischen Gründen, aber es ist wohl die hohenzollern-kritische Haltung Heines, an der er sich stört. Nach dem Ersten Weltkrieg geht das »Achilleion« in den Besitz des griechischen Staates über, jahrzehntelang steht es verwildert und verlassen, die steinernen Terrassen zerbröckeln, die Statuen im Park sind zum großen Teil entfernt, in alle Welt zu Spottpreisen verkauft worden. Nur die Zypressen ragen in feierlichem Schweigen in das unwahrscheinlich kristallene Blau des Himmels. Hin und wieder werden Touristen von griechischen Führern durch das Schloß geschleust. Im Zweiten Weltkrieg dient der Palast zunächst als Militärhospital, dann wird er von italienischen und deutschen Truppen requiriert. Nach dem Krieg residieren hier Professoren der Technischen Hochschule von Korfu, bevor 1962 ein vielfrequentiertes Spielcasino daraus wird, auch ein James-Bond-Film spielt in dieser Kulisse (»For your eyes only«). Heute ist das Casino umgezogen in ein Hotel, das »Achilleion« aufwendig restauriert worden – noch immer ein Ort, wo man das Glück sucht und selten findet.

*I*m November 1891 verläßt die Kaiserin Korfu und reist für fast drei Wochen nach Kairo, dann kehrt sie über »ihre Insel« nach Wien zurück. Unruhe in der Monarchie, der Gegensatz zwischen Slawen und Deutschen verschärft sich, auch in Ungarn gärt es wieder. Elisabeth bekennt: »Ich möchte, ich könnte helfen.« Der Kaiser fragt sie um ihre Meinung, manchmal hat sie einen Ratschlag parat, gibt ein ruhiges, unbeeinflußtes Urteil ab. Aber in die große Politik mischt sie sich nicht mehr ein.

Mitten aus den lästigen Verpflichtungen des Jahresanfangs erreicht die Kaiserin am 25. Januar 1892 ein Telegramm aus München: Ihre Mutter, die vierundachtzigjährige Ludovika, ist an Lungenentzündung erkrankt. Seit dem Tod ihres Enkelkindes Rudolf war ihre Gesundheit angegriffen. Um vier Uhr morgens stirbt sie, ohne daß Elisabeth sie noch einmal sehen konnte. Eine Gipsmaske wird abgenommen, nach der ein Marmorbild für die Kapelle des Münchner Palais geformt wird, mit der Inschrift: »Matri et Socrui Desideratissimi«, der »besten Mutter und Schwiegermutter, die man sich wünschen kann«. In der Nacht, als Ludovika stirbt, bekommt Valerie »zu frühe, aber doch glücklich eine Tochter«. Die Kleine wird selbstverständlich auf den Namen Elisabeth getauft.

Elisabeth hatte auf die Nachricht von Valeries Schwangerschaft ziemlich rüde reagiert und einen deprimierenden Brief geschrieben: »Mir scheint die Geburt eines neuen Menschen ein Unglück, es lastet solch ein Druck auf mir, daß ich es oft wie einen physischen Schmerz empfinde und am liebsten tot sein möchte.« Als Valerie sich einige Monate später in der Hofburg blicken ließ, mußte sie sich von ihrer Mutter anhören, ihr Anblick, so dick und unförmig, sei unerträglich.

Doch je näher der Termin der Entbindung rückte, um so mehr vergaß Elisabeth ihren Egoismus und ihren Vorsatz, sich in nichts einzumischen. Aufgeregt versorgte sie ihre Tochter mit ständigen Anweisungen, verbannte sie den an einer leichten Grippe erkrankten Franz Salvator in einen abgelegenen Flügel der Hofburg und machte Valerie schließlich so nervös, daß sie ihr Kind einen Monat zu früh zur Welt brachte. In der hektischen Atmosphäre vergaß man sogar, den Vater zu benachrichtigen: Er erfuhr erst einen Tag später von der glücklichen Geburt seiner Tochter, sprang ungeduldig aus dem Bett und lief barfuß durch die kalten Gänge ins Zimmer seiner Frau.

Es ist ein sehr belastender Winter für Elisabeth gewesen: Valerie lag mit einer schweren Lungenentzündung im Wochenbett, ihr Schwiegersohn war lange Zeit mit einer Rippenfellentzündung ans Bett gefesselt, und sie selbst litt an einem schlimmen Ischias. Das Weihnachtsfest hat Elisabeth in Wien verbracht, zum letzten Mal. In den folgenden Jahren wird sie die Weihnachtsabende irgendwo in Europa verbringen, allein in irgendwelchen Hotelsuiten, ohne ihren Mann, ihre Kinder, ihre Angehörigen.

Mit einiger Erleichterung notiert Valerie in ihrem Tagebuch die Abfahrt Elisabeths: »Am 6. März reiste Mama nach Miramar ab und von dort, sobald sie über mein Befinden ganz beruhigt war, weiter nach Korfu. Dieser Winter war eine schwere Prüfungszeit für sie gewesen, und ihre Nerven brauchen wahrlich Ruhe. Aber ein Gutes hatte dieser Winter doch gehabt: in der steten Sorge um mich waren sich Papa und Mama näher gekommen, sie hatte doch eine Stütze, eine Hilfe an ihm gefunden, und dies Gefühl hat ihm gewiß wohlgetan.«

Auf dem Bahnhof Grignano bei Triest steigt die Kaiserin aus; der Park reicht bis hierher. Was zieht Elisabeth in dieses düstere, verwunschene Schloß, das angefüllt ist mit traurigen Erinnerungen, mit Bildern und Möbeln noch aus Maximilians Tagen? Die Stühle tragen das mexikanische Wappen, den Adler mit der Schlange im Schnabel; alte, nachgedunkelte Porträts der spanischen Habsburger blicken von den Wänden der Säle. Im Park steht das Schlößchen der wahnsinnig gewordenen Kaiserin Charlotte. Das Gebäude ist leer, die Fenster sind fest verschlossen, Rosen klettern an Mauern und Veranda hoch. Wortlos geht die Kaiserin einige Male um die Villa, dann sagt sie nur: »Ein Abgrund von dreißig Jahren, mit lauter Schrecken gefüllt. ... Charlotte soll sehr dick geworden sein.«

In Pola wartet ihre Yacht »Miramare«. Kurs auf Korfu. Hier verbringt sie das Frühjahr. Sie schreibt auch wieder, wie ein Gedicht aus dem Besitz von Giovannina Bontempo, der Frau des Schloßverwalters zur Zeit der Kaiserin, beweist. Es ist auf den 27. März 1892 datiert und widerlegt – worauf Robert Holzschuh hinweist – die in allen Biographien einhellig vertretene Auffassung, die Kaiserin habe nach dem Tod ihres Sohnes Rudolf keine Gedichte mehr geschrieben:

Die Dichter singen von Liebe,
Sie ist ihnen Leben und Licht!
Man sagt, das ganze Weltall
Sei nur ein Liebesgedicht.

Ich kenne einen Dichter,
Von Liebe spricht er nie!
Kennt er die Liebe gar nicht?
Glaubt er nur nicht an sie?

Doch, sie schreibt nach wie vor, Briefe, auch Gedichte. »Die Kaiserin schreibt sehr rasch«, berichtet Konstantin Christomanos, »beim Halten der Feder krümmt sie die Finger, offenbar noch eine Gewohnheit aus ihrer Kindheit, welche sie auch wahrscheinlich nur deshalb beibehalten hatte, weil ihre Lehrer sie rügten. Überhaupt hat ihr ganzes Gebaren beim Schreiben etwas kindlich Anmutiges und Unbeholfenes im Gegensatz zu ihrer sonstigen majestätischen Haltung inmitten der Bäume und Blumen. Sie fixiert das Papier und die Spitze der Feder, und es ist als ob sie ihre Feder nötigen möchte, fein und rein zu schreiben. Aber die Buchstaben quellen ungestüm und sich überhastend hervor, von jeder Konvention befreit. ... Dann macht sie große Tintenflecke mit violetter Tinte, mit der sie einzig und allein aus einem goldenen Tintenfaß schreibt; dünnes Fließpapier liegt um sie gestreut, und sie trocknet damit jede Seite ab mit dem Ballen der Hand daraufschlagend.«

Randbemerkungen eines Lebens, das ereignislos durch die Zeit rauscht. Obwohl sie nach wie vor attraktiv ist, spürt Elisabeth unaufhaltsam ihre Schönheit schwinden. Sie läßt sich schon lange nicht mehr photographieren, es existieren keine Bilder, die sie im fortgeschrittenen Alter zeigen. Ihr Vorleser Konstantin Christomanos jedoch schwärmt die Vierundfünfzigjährige an, wie sie mit offenem Haar vor ihm steht: »Ihr Anblick in solcher Gestalt, wenn sie die Krone aufgelöst hat und nicht mehr die Stirne unter ihrem Gewicht neigen muß, ist womöglich noch anmutiger und dabei majestätischer, ihrem wahren Wesen angemessener. Sie ist dann auch äußerlich Dryade, mehr Nymphe und Nereide. Eine ungeahnte Jugend erstrahlt ihrem Antlitz, ein Glück fast aus ihren Augen...«

Lassen wir es dabei bewenden. Elisabeth gewöhnt sich an, über ihr »fortschreitendes Alter« zu klagen, merkwürdig kontrastiert dazu eine vermutlich sehr wahrheitsgetreue Schilderung, die Christomanos über eine Begegnung am 1. Januar 1892 gibt. Die Kaiserin läßt ihn vor dem Ausfahren nochmals in den Salon rufen: »An der offenen Türe zwischen dem Salon und ihrem Boudoir waren Seile, Turn- und Hängeapparate angebracht. Ich traf sie gerade, wie sie sich an den Handringen erhob. Sie trug ein schwarzes Seidenkleid mit langer Schleppe und von herrlichen schwarzen Straußfedern umsäumt. Ich hatte sie noch nie so pompös gekleidet gesehen. Auf den Stricken hängend, machte sie einen fantastischen Eindruck, wie ein Wesen zwischen Schlange und Vogel. Um sich niederzulassen, mußte sie über ein niedrig aufgespanntes Seil springen. ›Dieses Seil‹, sagte sie, ›ist dazu da, damit ich das Springen nicht verlerne. Mein Vater war ein großer Jäger vor dem Herrn, und er wollte, daß wir wie die Gemsen springen lernen.‹«

Diese Schilderung belegt, daß Elisabeth sich auch mit fünfundfünfzig Jahren in Szene zu setzen weiß: der schwarze Vogel, ätherisch durch die Lüfte fliegend, federleicht, frei und grenzenlos, ihre Lieblingsrolle. Ihr Gesicht aber verbirgt sie nach wie vor in der Öffentlichkeit, unausdenkbar, daß sie jemals ohne Fächer oder Schirm ausgeht. Auch darüber berichtet Christomanos: »So gingen wir ... den Weg zur Gloriette gegen das Schloß zurück. Ich blickte da wieder zu jenem Schirme und jenem Fächer auf – dem berühmten schwarzen Fächer und dem allbekannten weißen Schirme – treuen Begleitern ihrer äußeren Existenz, die fast zu Bestandteilen ihrer körperlichen Erscheinung geworden. In ihrer Hand sind sie nicht das, was sie bei anderen Frauen bedeuten, sondern nur Embleme, Waffen und Schilde im Dienste ihres wahren Wesens. Wenn sie hoch auf dem Gipfel eines Berges steht ... dann schließt sie den weißen Schirm, dann senkt sie den schwarzen Fächer von der Blässe ihres Antlitzes.«

Getreu ihrem Wahlspruch »Der Wechsel ist der Reiz des

Lebens« beendet auch Konstantin Christomanos, der die Kaiserin auf der Reise nach Griechenland begleitet hat, seine Dienste laut Vertrag Ende März 1892. Er macht sich keine Illusionen: »Selbstverständlich ist mein Kommen, mein Hiersein und mein Gehen für ›Sie‹ nur eine Episode. ... Aber für mich ist diese Episode das Leben selbst gewesen.«

Anfang Mai, nach einem Ausflug nach Athen, trifft Elisabeth wieder in Österreich ein, besucht in Lichtenegg Marie Valerie. Im Juni macht sie eine Kur in Karlsbad, von Marie Festetics begleitet. Durch exzessive Hungerkuren und stundenlange Eilmärsche so geschwächt, daß sie unter Schwindelanfällen leidet, fällt sie einmal sogar in Ohnmacht.

Immer schneller dreht sich das Reisekarussell: Von Karlsbad nach Bayern, dann in die Schweiz, hoch auf den Rigi, nach Zürich, nach Kaltbad, nach Luzern, in neun Stunden hat sie die ganze Stadt gesehen. Ende September nach Gödöllö, schöne Herbsttage, die nur dadurch getrübt werden, daß jetzt auch die letzten Reste der nicht mehr benötigten Jagdpferdestallungen aufgelöst werden. Im November in Wien, im Winter über Sizilien und die Balearen nach Spanien, wo die Weihnachtstage damit verbracht werden, Valencia, Malaga und Granada zu besichtigen. Ein Halbjahresprogramm, wohlgemerkt. Franz Josephs Briefe folgen ihr nach wie Zugvögel, fast jeden Tag erhält sie Nachrichten von zu Hause.

Der »Ball bei Hof« 1893 – die Kaiserin ist kurz in Wien – wird wieder zu einer tristen Angelegenheit, wie der Geologe Eduard Suess in seinen Erinnerungen schildert: »Alles alte kaiserliche Pracht. Jeder Armleuchter scheint seine Erlebnisse erzählen zu wollen. Hart an der Türe zu dem innersten Saale steht in seiner roten Husarenuniform der Zeremonienmeister Graf Hunyady mit dem langen weißen Stab, und wie an einem Ecksteine strömt an ihm eine Milchstraße von jugendlicher Schönheit vorüber, die ganze Schar der neuen weiblichen Generation des Adels, die ihrer Kaiserin huldigen will, alles weiß und ohne anderen Schmuck als die eigene Anmut. In der Mitte des Saales aber zwei schwarze Gestalten, die immer trauernde Kaiserin mit ihrer Obersthofmeisterin, und es war, als würden alle die strahlenden Brillanten, mit denen die umstehenden Mütter sich geschmückt, vor diesem tiefen, glanzlosen Schmerz verlöschen und als würde jedem der tief sich verbeugenden jungen Wesen gesagt, wieviel Herrlichkeit und wieviel Kummer das Leben zu vereinigen imstande ist.«

Als sie von der spanischen Königin eine Einladung bekommt, schlägt Elisabeth sie mit dem Hinweis auf ihren Ischias aus. Man ist darüber verstimmt, aber was soll's, weg, weiter weg, nach Cádiz, nach Gibraltar, nach Mallorca, nach Barcelona, anschließend wieder an die Riviera, von dort nach Turin. Von Italien geht es wieder nach Genf und dann nach Territet. Elisabeth bittet den Kaiser, doch einmal auszuspannen, und tatsächlich trifft Franz Joseph im März 1893 zu einem kurzen Besuch ein. Ganz wohl ist ihm in der Schweiz nicht, immer wieder warnt er vor diesem Zufluchtsort der europäischen Anarchisten. Immerhin ist das Verhältnis des Kaiserpaares wieder im Lot, und Marie Festetics schreibt begeistert an Ida Ferenczy: »Ihre Majestät ist besonders gut gelaunt, und auch er glänzt im Glück. Ihre Majestät freute sich wirklich auf ihren Gemahl und kann nur sagen, daß der Herr ganz in ihrer Tasche steckt.«

Entspannt geht Elisabeth mit Franz Joseph einkaufen, sie unternehmen lange Spaziergänge, meist umlagert von Zeitungsreportern, gegen die Paparazzi weiß sich die Kaiserin inzwischen zu wehren. In einem Brief nach Bayern läßt sie durchblicken, daß ihr Franz Joseph alles andere als gleichgültig ist: »Ich bin froh, dass der Kaiser endlich einmal eine kleine Vakanz hat und nirgends könnte er sie besser geniessen als eben in einer Republik. Er ist gut aufgelegt, geniesst seine Freiheit, die schöne Gegend und die ausgezeichnete Kost.«

Nach seiner Abreise bleibt Elisabeth keinen Tag still: Die nächsten Stationen der Odyssee sind der Comer See, Mailand, Genua, Neapel. In einem Brief gesteht die Kaiserin ihrem Mann, daß sie den Gedanken verfolge, das »Achilleion« wieder zu verkaufen, sie scheut mehr denn je davor zurück, sich an irgendeinen Ort zu binden, und sei er auch noch so schön. Sie will jederzeit ihrem Impuls, wieder aufzubrechen und anderswohin zu reisen, nachgeben können.

Franz Joseph fällt aus allen Wolken. In seiner bedächtigen Art schreibt er ihr einen langen Brief: »Wenn ich auch schon seit einiger Zeit merkte, daß Dich Dein Haus in Gasturi nicht mehr freut, seit es fertig ist, so war ich doch durch Deinen Entschluß, es jetzt schon zu verkaufen, etwas erstaunt und ich glaube, daß Du Dir die Sache doch noch überlegen solltest. ... Valerie und ihre wahrscheinlich zahlreichen Kinder werden auch ohne den Erlös für Dein Haus nicht verhungern und es wird sich doch ganz sonderbar machen und zu keinen angenehmen Bemerkungen Anlaß geben, wenn Du gleich, nachdem Du die Villa mit so vieler Mühe, mit so vieler Sorgfalt und mit so vielen Kosten gebaut, so Vieles hintransportiert hast, nachdem noch in aller letzter Zeit ein Terrain dazu gekauft wurde, plötzlich den ganzen Besitz losschlagen willst. ... Für mich hat Deine Absicht auch eine traurige Seite. Ich hatte die stille Hoffnung, daß Du, nachdem Du Gasturi mit vieler Freude, mit so vielem Eifer gebaut hast, wenigstens den größten Theil der Zeit, welche Du leider im Süden zubringst, ruhig in Deiner neuen Schöpfung bleiben würdest. Nun soll auch das wegfallen und Du wirst nur mehr reisen und in der Welt herum irren.«

In Wien wächst wieder die Kritik an der Kaiserin, die wildesten Gerüchte wirbeln durch die Stadt, fast eine Hetze bricht los. Sie sei wahnsinnig, völlig verrückt geworden, geisteskrank wie ihr Cousin König Otto in Bayern, weiß die Fama. Elisabeth fühlt sich in ihren Fluchtimpulsen dadurch nur bestärkt.

Überall, wo sie hinkommt, kauft die Kaiserin Unmengen ein, billige Souvenirs, aber auch sehr teure Sachen, die Yacht wird mit Waren vollgestopft. Obersthofmeister Nopcsa, für seine rigorose Sparsamkeit bekannt, ringt die Hände. Doch dieser Kaufrausch täuscht nicht darüber hinweg, daß Elisabeth wie eine langsam niederbrennende Kerze erlischt. »Das Unglück ist stärker als das Leben, und der Wahnsinn wahrer«. Ihre schwermütigen und melancholischen Stimmungen lassen sich kaum mehr aufhellen, nur selten kann sie für einen Tag noch einmal jene Sisi sein, die in Rosenheim beim Pferdewechsel entwischte, ein witziges, heiteres Mädchen. In solchen Momenten ist sie für ihre Umgebung nicht wiederzuerkennen. Diese Ausgelassenheit folgt unvermittelt auf Tage, in denen sie sich voll düsterer Todessehnsucht dahinquält. Doch es ist nur ein Aufblitzen, allzu rasch ziehen die Wolken wieder auf. Die Gedanken an Freitod wischt sie immer zur Seite, sie will dem Schicksal nicht vorgreifen, sie will immer noch tiefer erkennen.

In diesen langsam sich hinziehenden Jahren bewahrheitet sich ein Satz, der das reine Erschrecken ist: »Es gibt für jeden Menschen einen Augenblick im Leben, da seine Seele stirbt. Dies braucht keineswegs der Zeitpunkt zu sein, wo er körperlich stirbt.« Elisabeths Leben ist ein langer Abschied. Sie ist auf keinen Fall die »Mater dolorosa«, als die man sie gern zeichnet, als eine sich im Schmerz um Rudolfs Tod verzehrende mütterliche Seele. In Wirklichkeit stand sie ihm oft fremd gegenüber. Die Wahrheit ist viel bitterer: Die Trauer einer Mutter ist schmerzvoll und tief, aber naturgegeben. Elisabeth erlebt ihre Melancholie jedoch als metaphysische Bestimmung, darum leidet sie unheilbar und sagt etwas, das sie in die Nachfolge Hölderlins und Nietzsches stellt: »Man muß sein Leid lieben, nur das gibt Ruhe, und die Ruhe ist die Schönheit auf dieser Welt.«

Ein Familienereignis ruft Elisabeth im Mai 1893 nach Lainz zurück: Verlobung ihrer Enkelin Augusta, der Tochter Giselas, mit Erzherzog Joseph August. Im selben Monat erscheint sie auch, nach sehr langer Zeit, wieder bei einer Hofgesellschaft, widerlegt offensiv alle Gerüchte über ihre angebliche Geisteskrankheit. Als wie gräßlich muß sie es empfinden, solchen Nachreden nur aus dem Weg gehen zu können, indem sie in aller Öffentlichkeit ihre psychische Gesundheit demonstriert.

Von ihrer Hofdame Janka Mikes begleitet, fährt Elisabeth im Juli nach Gastein, wo sie wie früher in der »Villa Helenenburg« absteigt und von Valerie besucht wird. Die unterschiedlichsten Stimmungen wechseln einander ab, mal zeigt sich die Kaiserin ganz freundlich und natürlich, dann wieder traurig und verschlossen. In den folgenden Wochen unternimmt sie einen Ausflug nach Venedig, übersiedelt dann in die Ofener Burg, um auch in Ungarn die Gerüchte um ihre Person zu entkräften und einer wachsenden Verstimmung zu begegnen.

Nach einem kurzen November-Aufenthalt in Wien, wo sie

auf einem Empfang zu Prinz Reuß sagt: »Ich bereite mich darauf vor, Urgroßmutter zu werden, und da wird man mir doch wohl erlauben, mich immer mehr von der Welt zurückzuziehen«, bricht sie am 1. Dezember zu ihrer Winterreise auf: Miramar, Algier, Madeira. Auf der Insel beschäftigt sie sich mit Übersetzungen, macht große Spaziergänge.

Franz Joseph leidet sehr darunter, daß er sie jetzt gar nicht mehr oder nur ganz kurze Zeit zu Gesicht bekommt. Und wenn er ihr hinterherfährt, verhält sie sich fast immer ausweichend, ist immer mit ihren Gedanken irgendwo anders, nur nicht bei ihm, und wartet stets ungeduldig darauf, wieder abzureisen zu können. Der Kaiser bezeugt ihr seine Anhänglichkeit mit melancholischer, rührender Zärtlichkeit, ohne ihr jemals den geringsten Vorwurf zu machen. So schreibt er ihr gegen Ende Dezember 1893, während sie sich in der Nähe von Algier aufhält, daß er sich nun langsam an die Einsamkeit gewöhne. Er vermisse die Stunden, die er mit ihr bei den Mahlzeiten und am Abend verbracht hat. Zweimal habe er bereits ihre Appartements betreten, die mit Überzügen verhüllten Möbel hätten ihn schmerzhaft an ihr Fernsein erinnert. Er wünscht ihr Glück, bittet sie wehmütig, ihm ihre Nachsicht und Güte zu bewahren, erhofft für sie beide nur noch ein wenig Ruhe und ein Leben, das weniger von Unglücken bestimmt ist. Er spürt deutlich das Alter, Elisabeths Zuneigung und die seiner Freundin Katharina seien nun »die einzigen Lichtpunkte« in seinem Leben. Und der rührende Brief endet mit der Versicherung, daß er in Gedanken stets bei ihr sei und sich nach ihr sehne.

*J*a, wohin? – Es ist ganz gleichgültig – irgendwohin!« Das ist Elisabeths Antwort in diesen letzten Jahren auf die Fragen ihrer Hofdamen, wohin sie nunmehr reisen wolle. Die Welt wird zu einem Riesenrad, das sich immer im gleichen Rhythmus dreht. Städte, Badeorte, Hotels – Caux, Biarritz, Territet, Cap Martin, Korfu, Paris, Amsterdam, Wiesbaden, Kissingen, Ischl, München, Budapest fliegen jedes Jahr kaleidoskopartig an

Elisabeth, Königin von Ungarn.
Gemälde von Gyula Benczúr (posthum, 1899).

ihren Augen vorüber. Sie reist, die Angst vor der Langeweile scheint sie zu treiben, doch es ist in Wahrheit eine quälende innere Unruhe, verursacht von dem Wissen um die tödlich-leere Unerfülltheit ihres Lebens, das sie nicht betäuben kann. Wenn es ihr nicht gelingt, sich durch rasch einander ablösende Eindrücke zu fesseln, ergreift sie eine unbestimmte Melancholie. »Nie zieht ins Herz Genügen ein.« Ihr Weg scheint endlos.

Ganz Europa kennt die »Dame in Schwarz«, wie sie genannt wird, die schlanke, einsame Frau, die sich in den Hotels als »Elisabeth, Königin von Ungarn« einträgt und dann nur ungarisch spricht, oder, ihre Rolle wechselnd wie ein Chamäleon, sich als Frau Folna oder als reiche Griechin Frau Megaliotis ausgibt, oder als Mrs. Nicholson das Mittelmeer bereist.

Wie das Auge im Sturm dieses raschen Reisefiebers steht sie ganz still, eine strenge Erscheinung, im immer gleichen Schwarz, umweht von Trauer und Einsamkeit. So sieht sie sich, so stilisiert sie sich selbst. Wem es gelingt, einen Blick hinter den Fächer zu werfen, den trifft der Blick ihrer Augen in der gleichen Härte der Abwehr wie immer. Nur in den Stunden, in denen sie allein mit sich ist oder zusammen mit den wenigen Vertrauten, die sie an sich heranläßt, verschwindet vielleicht dieser stählerne Glanz aus ihren Augen. Sie schaut dann fragend, namenlos traurig, wehmütig. Valerie schreibt klagend in ihr Tagebuch: »Mamas Lebensweise läßt immer weniger Zusammensein übrig. ... Es ist eine drückende Atmosphäre. ... Oft wissen wir kaum, was wir zusammen reden sollen.« Immer spricht Elisabeth nur über »die traurigsten Dinge«.

Die »Seemöwe« ist flügellahm geworden. Je unverständlicher ihr die Welt wird, auf die sie sich, wenn überhaupt, nur unwillig einläßt, um so reicher entwickelt sich in ihr ein ungeheuer intensives geistiges Innenleben.

Tief in ihrem Inneren fühlt Elisabeth eine Neigung für alles Reine, Schlichte, Ungekünstelte. Sie verachtet die Macht, aber sie schätzt doch den Luxus, nimmt den Reichtum als selbstverständlich hin. Die Freiheit, die sie so liebt, gründet sich auf dem lässigen Beiseiteschieben aller materiellen Dienstleistungen, die andere für sie erledigen, ist die Herrschaft einer Laune, der sich jeder in ihrer Umgebung zu fügen hat.

Nicht nur deshalb gleichen ihre Reisen immer mehr Fluchten. Was könnte sie in einer Welt schon entdecken, in der letzten Endes alles gleich ist? Während ein Weltenbummler aus Neugier und Müßiggang neue Länder, Städte, Hotels, Museen, Theater aufsucht, spürt Elisabeth nur ein Fieber, die immer neue Vorspiegelung von Illusionen. Wenn sie auch in alle Himmelsrichtungen reist, kehrt sie doch immer wieder an die gleichen Orte zurück, kreuz und quer durchs Mittelmeer und die Länder des atlantischen Europa. Ihre kleinen Abenteuer sind wohlkalkuliert, es kann ihr nichts Gravierendes passieren. Überall findet sie luxuriöse Hotels, bequeme Reiseverbindungen, überallhin folgen ihr die Yacht und der Salonwagen. Die Engländer haben ihr von Tasmanien erzählt, der letzten der großen südlichen Inseln auf dem Weg zum Pol, haben von ihrer Schönheit geschwärmt, und Elisabeth empfindet Sehnsucht nach Tasmanien, ein aus glühendem Verlangen und schmerzlicher Ungeduld gemischtes Gefühl. Aber sie wird darauf verzichten, einen so weiten Streifzug zu unternehmen.

Die Reisen erlauben ihr auch immer eine Flucht vor den Menschen. Elisabeth ist nicht misanthropisch, wie oft behauptet wird. Sie ist es nur einfach leid, sich anstarren zu lassen, immer nur in ihrer Rolle als Kaiserin gesehen, nie als Mensch wahrgenommen zu werden. Verläßt sie beispielsweise den Lainzer Tiergarten, welcher in der Zeit, in der sie sich in der Hermesvilla aufhält, für die Öffentlichkeit gesperrt ist, finden sich am Parktor regelmäßig Schaulustige ein. Sie steigt dann blitzschnell, hinter dem Fächer ihr Gesicht verbergend, in ihren geschlossenen Wagen, reißt die Vorhänge vor die Glasscheiben, so daß niemand sie sehen kann, und fährt im schärfsten Tempo davon. Zugleich mit ihrem weißen Schirm, der ihr Gesicht vor der Sonne schützt, hat sie ihren schwarzen Fächer immer parat; blitzschnell öffnet sie ihn, sowie sie einen Photoapparat bemerkt.

Elisabeths Scheu vor der Öffentlichkeit steigert sich noch, als sie erfährt, daß einige Briefe ihres Sohnes Rudolf im Handel angeboten werden. Ein unerträglicher Gedanke, daß einmal ihre intimen Aufzeichnungen herumgereicht werden könnten. Auf die Frage, warum sie nicht ein Tagebuch führe, gibt sie zur Antwort, sie fürchte die Neugier der Menschen. Sie hat nur immer ein altes, gebundenes Heft bei sich, in das sie täglich ihr Gewicht einträgt, die Seiten sind voll mit Randbemerkungen. Niemand soll dieses Heft zu sehen bekommen, sie schließt es sogar vor ihren Hofdamen weg.

Das Gewichtsjournal dokumentiert noch immer ihre Angst davor, zuzunehmen. In Menton, wohin sie dieses Jahr fährt, gibt Elisabeth beim Anblick der hemmungslos essenden und naschenden Gäste im Restaurant »Rumpelmayer« einen ernährungsphilosophischen Kommentar: Die meisten Menschen essen immer »viel zu viel« und »vielerlei«, achteten weniger auf die Speisen als auf die Präsentation, und die Speisen würden nur auf die Erscheinung, nicht auf ihre Wirkung hin zubereitet. Anregende Getränke müßten dann her, um die Schwere im Magen und im Gehirn zu vertreiben.

Selbst mit Franz Joseph oder mit ihrer Lieblingstochter Valerie zusammen zu sein, kostet sie jetzt zuweilen Überwindung. Sie weigert sich hartnäckig, in der Öffentlichkeit zu erscheinen. In der Hofburg zeigt sich Elisabeth zum letzten Mal bei einem Fest, als der Zar und die Zarin von Rußland 1894 nach Wien kommen. Am Arm des Zaren erscheint sie im Zeremoniensaal und hält Cercle, und alle Anwesenden stellen überrascht fest, daß sie mindestens zwanzig Jahre jünger aussieht als die anderen gleichaltrigen Damen. In der Krone ihres schweren dunklen Haares findet sich noch keine graue Strähne. Wie sie das alles haßt, diese »Maskerade einer Kaiserin«.

In ihren letzten Jahren verliert Elisabeth ihre weibliche Eitelkeit. Sie scheint vor dem Alter zu kapitulieren, was sie anzieht, ist ihr nicht mehr so wichtig. Früher sind ihre Toiletten als kostbar und geschmackvoll berühmt gewesen, jetzt beschränkt sie sich auf einfache schwarze Sergekleider. Wenn sie spazierengeht, nimmt sie ein Reservekleid mit, auf der Hälfte des Weges wechselt sie dann plötzlich hinter irgendeinem Busch oder Baum das Kleid, während der sie begleitende Vorleser so lange taktvoll zur anderen Seite zu schauen hat.

Nur ihre Diäten gibt sie nicht auf, ja sie wird darin noch rigo-roser als früher. Es kommt vor, daß sie sich tagelang nur von Orangen ernährt, an anderen Tagen nimmt sie nur Milch zu sich. In Aix-les-Bains werden einmal zwei bestimmte Milch-kühe für 1 473 Franken erworben und nach Wien transportiert, weil ihre Milch der Kaiserin besonders zugesagt hat.

Auch die unermüdlichen Spaziergänge werden in vollem Umfang weiter unternommen. Noch immer sind es die weite-sten und schwierigsten Wege, die ihr am reizvollsten erschei-nen. Dabei klagt sie über heftige Ischias- und Knieschmerzen, die sie besonders im Winter oft so sehr quälen, daß sie mitten in den intensivsten Gesprächen mit ihrem Vorleser niederkniet, das Bein entblößt und ihr schmerzendes Knie mit Schnee kühlt.

Das Jahr 1894 wird zu einer einzigen Hetzjagd. Sie fährt mit der Yacht »Greif« nach Alicante, wo sie den Erzherzog Ludwig Salvator trifft, der ganz aus der Schablone eines Prinzen her-ausfällt, was Elisabeth natürlich entzückt. Er ist ebenso ein Wel-tenbummler wie sie, unkonventionell, unterhaltsam. Sie ge-nießt die Tage mit ihm. Ende März tritt ein neuer Vorleser seinen Dienst an: der Grieche Alexis Pali, den die Kaiserin manchmal im Scherz ihren »Spazierstock« nennt.

Dann reist sie nach Cap Martin weiter, wo sie Eugénie besucht, wie immer, wenn sie an der Riviera ist. Auch Franz Joseph kommt hierher und bleibt bis Mitte März. Elisabeth ist ausnahmsweise guter Laune, sie gehen viel gemeinsam spazie-ren. Hier erfährt die Kaiserin in einem Telegramm, daß Elisa-beth, Giselas älteste Tochter, den Grafen von Seefried geheira-tet hat.

Franz Josephs Briefe folgen Elisabeth, wo immer sie hinfährt, eine melancholische, unendlich sehnsüchtige Stimmung zieht durch diese Zeugnisse einer unerschütterlichen Zuneigung: »Ich bin so glücklich, daß Du an mich gedacht hast«, schreibt er ihr, allein zurückbleibend in der Hermesvilla, am 24. Juni 1894 nach Campiglio, nachdem er von ihr ein langerwartetes Tele-gramm erhalten hat. »Auch ich denke viel und mit Sehnsucht an Dich und hoffe nur, daß Du mit Deinem Aufenthalt in der reinen, scharfen Bergluft zufrieden bist. Wie Du mir abgehst, kann ich nicht sagen, es ist so leer, so einsam in der Villa. Ich bin vorgestern Abend wieder in Deine leere, aber noch mit Blumen erfüllten Zimmer gegangen und habe sie mir mit Wehmuth angesehen.«

Im Jahr 1894 begleitet erstmals die junge Gräfin Irma Sztáray als »provisorische Hofdame« die Kaiserin auf ihren Reisen. Irma gewinnt bald Elisabeths ganze Sympathie, erhält etwas später auch den Titel »Hofdame«.

Es folgen Monate, die in ihrem Ablauf wie die Wiederholung eines Filmes wirken: April in Österreich, Mai in der Hermesvilla, kurz in Bayern, etwas länger in Madonna di Campiglio in Südtirol, Juli in Ischl (Besuch von Valerie mit ihren Kindern Elisabeth Franziska, Franz Karl und Hubert), September auf Korfu, Valerie und ihr Gemahl Franz Salvator kommen für vier Tage auf die Insel. Der Oktober wird in Gödöllö verbracht, im Dezember steht die obligatorische Winterreise mit dem Schiff an, die über Triest nach Algier führt, in der Begleitung von Alexis Pali und Irma Sztáray. In Ungarn hat sie sich zuletzt nicht mehr so wohl gefühlt, die Gerüchte holen sie auch hier ein, nur mit äußerster Überwindung nimmt sie an den wichtigsten Empfängen teil. Siebenundfünfzig Jahre ist Elisabeth alt, durch Turnen und Training ist sie gelenkig geblieben. Auf einem Ausflug, als gerade niemand in der Nähe ist und sie sich unbeobachtet fühlt, führt sie mit größter Grazie ein Turnstück aus, zu dem manch eine Zwanzigjährige nicht fähig wäre.

Nur die Natur, die Schönheit der Landschaft wirken beruhigend auf sie. Sie vergißt die Menschen, sie wird lebenswacher, schmerzwacher, wenn sie die Natur auf sich wirken lassen kann. Dann ist sie imstande, die Allgewalt, die unerschütterliche Ruhe der transzendenten Gesetze zu erkennen. Nie wird sie müde, das Meer und die Berge zu betrachten, nichts kann sie so sehr ergreifen wie der Anblick des Sturmes und der Elemente in Aufruhr. Nichts versetzt sie so sehr in Bewunderung wie die hohen Alpengipfel, die prächtigen Formen der Felsstürze, ihre schwindelerregenden Abgründe, ihre gezackten Grate, das faszinierende Spiel von Licht und Schatten in den Bergen.

Irma Sztáray schildert in ihren Erinnerungen, wie die Kaise-

*Familiendiner mit den beiden Enkelsöhnen Georg und
Konrad von Bayern. Die Kaiserin sitzt zwischen den Schwiegersöhnen
Prinz Leopold von Bayern und Erzherzog Franz Salvator,
der Kaiser zwischen seinen Töchtern Gisela und Marie Valerie.*

rin eine Reise in die Dolomiten unternimmt, in jenen Teil der Alpen, deren glühende Farben und schroffe Konturen aus der Ferne wie eine traumhafte Akropolis scheinen. »Die schönsten Augenblicke der hier verbrachten Tage«, schreibt Irma, »genossen wir jedoch immer erst bei Einbruch der Abenddämmerung. Es ist mir nicht möglich, die Wirkung zu schildern, die es auf die Seele der Kaiserin übte, wenn ihre Blicke an der ›Roten Wand‹ des Rosengartens hingen, während der Dolomit allmählich sich mit Rosenröte überzog und dann, wie von einem inneren Feuer erwärmt, zu glühen begann. Wenn die Stunde dieses Schauspiels nahte, begab sie sich auf den Hügel hinter dem Hotel, wo sie wie festgewurzelt, in stummer Bewunderung dieses herrlichen Naturschauspiels verweilte, bis es langsam verblaßt war.«

Elisabeths Eskapaden setzen ihre Umgebung noch immer in Erstaunen. Wie oft hat man das an ihr erlebt, diese Kapricen, diese raschen Umschwünge in der Stimmung. In Paris befällt sie die Idee, die Kirche Notre Dame im Mondschein zu besichtigen. Nach der Besichtigung besteht sie darauf, in ein ganz gewöhnliches Wirtshaus geführt zu werden, wo es Zwiebelsuppe gibt.

Aber ihre Ängste wird sie nicht mehr los. Wenn sie im Wagen fährt, überkommt sie nach dem Zeugnis von Irma Sztáray meist ein Gefühl der Angst, das sie zur Flucht zwingen will und sie doch lähmt, das ihr mit unsichtbarem Griff die Kehle zuschnürt. Von einem Tag zum anderen erfaßt sie eine ganz unerklärliche, unüberwindliche Abneigung gegen Orte, die sie bisher besonders geliebt hat. So mag sie plötzlich Cap Martin nicht mehr leiden. Und selbst die Marmor gewordene Erfüllung ihrer Träume, das »Achilleion«, verursacht zunehmend Überdruß.

Körperlich zeigt Elisabeths anstrengender Lebensstil nun Wirkungen, die sie nicht mehr übersehen kann. Schwere Neuralgien plagen sie. Die Ärzte bewundern ihre Selbstbeherrschung, sie muß furchtbare Schmerzen haben, doch sie erträgt alles schweigend.

Die Dichter bleiben bei ihr. Gedichte von Heine zu lesen oder einen Akt Shakespeare bereitet ihr noch immer größtes Entzücken. Stellen, die sie besonders liebt, deklamiert sie gern, und sie spricht dann hinreißend schön. Die Gestalten der Bühne bevölkern ihre Phantasie, in ihrem Lieblingsstück, dem »Sommernachtstraum«, lebt sie förmlich. Versucht man aber in diesen Jahren, sie für etwas Neues zu interessieren, so mißlingt dieses Vorhaben. Nicht, weil sie nicht mehr aufnahmefähig wäre, nein, sie will nur in der Sphäre bleiben, in der sie sich eingerichtet hat. Die Welt da draußen geht sie nichts mehr an.

Nur Familienereignisse nimmt sie noch zur Kenntnis. Am 4. Januar 1895 bekommt Elisabeth, die älteste Tochter Giselas und des Prinzen Leopold von Bayern, verheiratet mit Otto von Seefried auf Buttenberg, eine Tochter. Die Kaiserin ist Urgroßmutter geworden.

Mitte Januar 1895 fährt Elisabeth nach Algier, wo sie im »Hotel Splendide« absteigt. Vor allem die Gräber der muslimischen Heiligen und das gefährliche arabische Stadtviertel finden ihr Interesse. Die Detektive bestehen darauf, sie bei ihren Ausflügen zu begleiten. Die stickige Luft, die flachen Häuser mit den kleinen Fenstern, die engen Gassen bedrücken die Kaiserin. Sie denkt an die Frauen, die hinter diesen Mauern ihr Leben verbringen. »Ein furchtbares Leben«, sagt sie, »wie bedauere ich diese armen Geschöpfe. Ich kann nie genug Luft haben, und der Gedanke, daß ich so leben müßte, erfüllte mich mit Schaudern.« Sie atmet auf, als das arabische Stadtviertel hinter ihr liegt.

Elisabeth spielt mit dem Gedanken, weiter in die Wüste zu ziehen. Sie stellt es sich malerisch vor, auf schwankendem Kamelrücken durch das Sandmeer zu ziehen. Aber es wird nichts daraus, denn auf dem Atlas, den sie passieren muß, liegt hoher Schnee. So entschließt sie sich kurzerhand zur Rückkehr an die Riviera, nach Cap Martin. Sie kauft wieder Kühe, deren Milch ihr besonders gut schmeckt. Im Februar kommt Franz Joseph zu Besuch, entsetzt stellt er fest, daß seine Frau noch viel strenger als je zuvor fastet, sich sehr einseitig ernährt, manchmal nichts zu sich nimmt als nur Milch. Als Mathilde zu Besuch kommt, hellt sich die Stimmung Elisabeths auf. Sie besucht mit ihr Nizza, Monte Carlo und andere Orte, auch verschiedene Palasthotels auf der Suche nach eventuellem Logis, weil ihr Cap Martin nicht mehr gefällt.

Die Anwesenheit der Schwester lenkt Elisabeth etwas von

ihren traurigen Gedanken ab. In der freien Luft des Südens blüht sie auf. Sie ist sogar, was jetzt immer seltener vorkommt, mitteilsam und gesprächig. Nur nimmt die lebendige und geistreiche Unterhaltung fast stets eine schwermütige Wendung. Sie verstummt plötzlich und wird ganz wortkarg.

Auf ihren Reisen geht Elisabeth an nichts vorüber. Sie will immer alles kennnenlernen, alles wissen. Im Hafen von Marseille wagt Elisabeth wieder einmal ein Abenteuer, sie läßt sich zusammen mit ihrer Hofdame in das kleine Restaurant »Au boeuf sanglant« (Zum blutigen Ochsen) führen, eine Seemannskneipe, für Besuche vornehmer Damen nicht gerade geeignet. Das Lokal ist voll südfranzösischem Lärm, Alkoholdunst und Rauch, und die vierschrötigen Männer sind nicht wenig erstaunt, die beiden Damen an einem der Tische Platz nehmen zu sehen. Man macht ihnen ritterlich Platz, die derben Reden verstummen, solange die Damen anwesend sind. Elisabeth und Irma Sztáray frühstücken unter den einfachen Seeleuten vorzüglich.

In Monte Carlo bewegt sie Franz Joseph zum Besuch des Spielcasinos, unerkannt gehen sie zwischen den Spieltischen umher, von niemandem gestört beobachten sie die Menschen aus unmittelbarer Nähe. Nach einer Stunde ist der Spaß vorbei. Vielleicht ist es ein ihnen heimlich folgender Polizist in Zivil oder die Aufmerksamkeit, welche die markante Gestalt Franz Josephs auch in bürgerlicher Kleidung erregt, jedenfalls wird das Kaiserpaar enttarnt und muß fliehen. Eine italienische Zeitung bauscht diese harmlose Episode in einer Meldung auf, die Außenministerien in Wien und Rom korrespondieren beflissen miteinander. Es stellt sich heraus, daß der Besuch in Monte Carlo ohne jeden Zwischenfall verlaufen wäre, hätte nicht ein Besucher aus Wien, ein Kommerzialrat, von dynastischen Gefühlen allzu heftig bewegt, den Blick der Spieler von den grünen Tischen auf sich und das Kaiserpaar gelenkt.

Als am 18. Februar die Nachricht vom Tod des Erzherzogs Albrecht eintrifft, kehrt Franz Joseph umgehend nach Wien zurück. Auch Elisabeth verläßt die sonnige Riviera und reist nach Korsika, wo sie von Schneestürmen überrascht wird. Sie folgt in Ajaccio den Spuren Napoleon Bonapartes, nur von einem kleinen Gefolge begleitet. Ein Teil der Reisegesellschaft bleibt an Bord der Yacht, an Land wird die Kaiserin von Alexis Pali, dem griechischen Vorleser, Irma Sztáray und General von Berzeviczy, dem stellvertretenden Obersthofmeister, begleitet.

Dann geht es weiter nach Korfu. Hier erhält Rudolf ein Standbild, am 22. April wird das vom italienischen Bildhauer Antonio Chiattone aus Lugano in Marmor gemeißelte Denkmal aufgestellt und feierlich enthüllt: Auf breitem Sockel eine abgebrochene Säule, auf dem Piedestal ein Medaillon mit dem lebensgroßen Bild des Kronprinzen. Ein weiblicher Genius mit weitausschwingenden Flügeln lehnt an der Säule und hält seine Arme schützend über Rudolf.

Gisela kommt zusammen mit ihrem Gemahl Prinz Leopold zu Besuch, nur für einige Tage. Auch Elisabeth bleibt diesmal nicht lange auf Korfu, reist nach Venedig weiter. Doch hier, in der einst österreichischen Stadt, wartet die wenig angenehme Aufgabe auf sie, in jenen Räumen, die sie früher bewohnt hat, das italienische Königspaar aufzusuchen. Rasch fährt sie nach Wien weiter.

Vom Mai bis Juni wohnt Elisabeth in der Hermesvilla. Sie stellt einen neuen griechischen Vorleser ein, Mauro Marinakis, der sie auch auf den nächsten Reisen begleitet und bis Frühjahr 1896 in ihren Diensten bleibt. Mit ihm und Gräfin Mikes fährt die Kaiserin in den ungarischen Kurort Bártfa (Bartfeld), wo sie den Juli verbringt. Im August der obligatorische Ischl-Aufenthalt, der nur von einem Besuch Carmen Sylvas und ihres Gemahls, König Carol von Rumänien, unterbrochen wird.

Elisabeth schmiedet ihre Reisepläne immer ein Jahr im voraus, im September stehen wieder die Schweiz und Frankreich auf dem Programm. Sie macht eine Kur in Aix-les-Bains, besucht Genf, Territet und Caux, das sie sehr liebt. Überall, wo es ihr gefällt, bleibt sie eine Weile, bis Sehnsucht und Unrast sie wieder forttreiben an einen anderen Ort. Merkwürdig froh in ihrem ganzen Wesen ist sie während ihres Aufenthaltes am Genfer See, besonders an dem einzigartigen schönen Fleckchen Erde bei Territet und Montreux. Die von den Bergen der Alpen umgebene, üppig grüne Landschaft mit dem tiefblauen See entzückt sie jedesmal von neuem. »Aber so wie diesmal«, sagt Irma Sztáray, »hatte ich die Kaiserin noch nicht gesehen«.

Diese schönheitstrunkene Stimmung Elisabeths hält noch in Zürich an, wo sie im Hotel »Baur au Lac« mit Berzeviczy und ihrer Hofdame ein üppiges Frühstück einnimmt. Bisweilen ist sie für kulinarische Genüsse nicht unempfänglich, besonders, wenn es französische Austern gibt, die weist sie nie zurück. »Ein heiteres Kind könnte nicht mehr in seinem Element gewesen sein wie sie an diesem Tage«, erzählt Irma weiter. »Sie strahlte von Geist und Witz, und ich kam aus dem Lachen nicht heraus.«

In diesem Herbst wird Baron Franz Nopcsa im Alter von einundachtzig Jahren pensioniert. Elisabeth erhält einen neuen Obersthofmeister, Generalmajor Adam von Berzeviczy, der in der Armee einen Ruf als hervorragender Reiter hat. Die Kaiserin mag ihn sehr, weil er Humor hat und ihr gegenüber kein Blatt vor den Mund nimmt.

Im Oktober Station in Gödöllö, im November in Wien. Besuch in Wels bei ihrer Tochter Valerie und ihrer mittlerweile stattlichen Kinderschar. Elisabeth zeigt sich als Großmutter von einer neuen bezaubernden Seite. Ihr Gemüt hellt sich etwas auf, die Augen strahlen Wärme und Freude darüber aus, daß wenigstens eines ihrer Kinder glücklich geworden ist. Doch selbst die Liebe zu Valerie hält sie hier nicht fest. Ende des Jahres ist sie schon wieder mit Irma Sztáray an der Riviera, in Cap Martin. Sie bleibt bis zum Februar des nächsten Jahres.

*D*as Jahr 1896 fordert von Elisabeth, das Wanderleben zu unterbrechen, und für einen festlichen Augenblick wieder Königin zu sein: Ungarn rüstet zum Millennium, zur Feier seines tausendjährigen Bestehens. Das Frühjahr verbringt die Kaiserin jedoch in Korfu, wo sie sich wieder mit der Übersetzung der Dramen Shakespeares ins Griechische beschäftigt. Auch die Riviera steht auf ihrem Fahrplan, in Cap Martin bei Mentone besucht sie wieder Kaiserin Eugénie, die sich von der Welt zurückgezogen hat und den Winter an diesem verführerischen Ort verbringt. Zur Erinnerung an Korsika hat sie ihrer Villa den Namen »Cyrnos« gegeben. Beide Frauen verstehen sich jetzt noch besser als früher, die alte Konkurrenz besteht nicht mehr, unbefangen und freundlich gehen sie miteinander um. Elisabeth ist voll zärtlicher Aufmerksamkeit für die alte Dame, die hier ein großes Leben zu vergessen sucht.

Im März kommt der Kaiser, um seine Frau dafür zu gewinnen, mit ihm nach Budapest zu reisen. »Für derlei taug' ich nicht mehr«, antwortet Elisabeth. Doch Franz Joseph gelingt es, sie umzustimmen. Sie hat zwar Bedenken – »ich fürchte, bei dem Fest ein trauriges Schauspiel zu bieten« –, doch sie läßt sich dann doch überreden, mit nach Budapest zu fahren und sagt ihr Erscheinen zu.

Zum Abschied des Kaisers gibt Elisabeth an Bord der »Miramare« ein Déjeuner; ihre Gäste sind die Kaiserin Eugénie und der Prinz von Wales.

Die Kaiserin erscheint zum letzten Mal in Ungarn. »Wenn ich unter den Leuten mich bewege, so gebrauche ich nur jenen Teil von mir, der mir mit ihnen gemeinsam ist, es ist wie ein altes Kleid, das man von Zeit zu Zeit aus dem Schrank herausnimmt und auf einen Tag anzieht.« Sie zieht dieses »alte Kleid« der Majestät des Kaiserhauses nur mit äußerstem Widerstreben an.

Ungarn – wie weit ist das weg, wie lang ist es her. Selbst die Namen Esterházy, Batthyány und Andrássy haben ihren Klang verloren. Doch etwas in ihrer Seele schwingt immer noch, wenn sie an ihre geliebten Ungarn denkt. Sie ist keineswegs vergessen worden, das Jahr 1867 in der Erinnerung noch immer lebendig. Franz Deák hat sie einst als »erhabenste Ungarin der Nation« gefeiert. Als man ihm für seine Verdienste alle nur erdenklichen Ehrengaben und Titel verleihen wollte, hat er sich mit einem Paar von Elisabeth bestickten Pantoffeln begnügt. Und es ist unvergessen, daß sie 1876 an seinem Sarg Tränen vergossen hat. Sie fühlt, daß sie diesmal kein »plötzliches Unwohlsein« vortäuschen kann.

Mai 1896. Als die Königin in Budapest eintrifft, empfängt

Elisabeth und Franz Joseph im offenen Landaulet vor dem Westbahnhof in Budapest (um 1895).

Franz Joseph sie am Bahnhof. Im offenen Wagen fahren sie durch die Straßen, an denen Zehntausende stehen, zum Schloß. Immer wieder braust ihnen das vertraute »Eljen« der Menge entgegen, Elisabeths Blicke gehen über alles hinweg, sie ist in ihren Gedanken weit fort, den Beifall der Menge scheint sie nicht zu hören. Ihre Leblosigkeit wirkt erschütternd. Franz Joseph, mit aufgeräumter Miene immer wieder die Hand an die schwarzsamtene Offizierskappe legend, bildet zu ihr einen geradezu beschwingten Kontrast.

Am 2. Mai eröffnet der König die Millenniumsausstellung. Die Kronwache in ihren silberverschnürten roten Uniformen, auf dem Kopf den silbernen altungarischen Helm mit der aufrechtstehenden Feder, ist aufgezogen. Sechs Lippizanerschimmel ziehen die Galakarosse, in der sich die Majestäten zum riesigen Ausstellungszelt begeben. Baron Desider Bánffy, der ungarische Ministerpräsident, hält die Festansprache. Die riesige Menschenmenge, das feierliche Gepränge ist zuviel für Elisabeth, die sich jäh aus ihrer Traumwelt herausgerissen und nun plötzlich in den Glanz ungarischer Feste versetzt sieht. An der Seite ihrer Obersthofmeisterin verläßt sie sehr bald die Ausstellung. Ungarn, ihre Liebe, ihre Wunde, unablässig kommen die Erinnerungen hoch an Stunden, die unendlich schön gewesen sind.

Obwohl das Millennium ein rauschendes, überschwengliches Fest ist, erscheint Elisabeth nur in Schwarz. Sie trägt ein Damastkleid, nach ungarischer Art geschnitten, aber mit Jett verziert, mit schwarzem Hemd, Schürze und Schleier, die der ungarischen Tracht zufolge auch bei Trauer unbedingt weiß hätten sein müssen. Doch die Königin will selbst für ihre Magyaren ihre Gewohnheit nicht ändern und läßt sich nur in Schwarz blicken.

An der Hoftafel nimmt Elisabeth nicht teil, doch sie erscheint, das Gesicht verhüllt von einem schwarzen Schleier, an der Seite Franz Josephs zur Festmesse in der Mathiaskirche. Vor neunundzwanzig Jahren hatte hier die Stephanskrone ihre Schulter berührt. Und jetzt? In dieser allgemeinen Feststimmung wirkt sie beinahe deplaciert, wie Fürst Philipp Eulenburg, der deut-

Festakt anläßlich des Millenniums in Budapest (8. Juni 1896).

sche Botschafter in der Donaumonarchie, schildert: »Über allen
Eindrücken des Zaubers dieser Messe, die sich wohl kaum
jemals zu solchem Bilde der Schönheit und des Glanzes wiederholen wird, bleibt jedoch der tragische Eindruck einer unter
tiefem schwarzen Schleier verborgenen hohen Frau bestehen –
der Kaiserin Elisabeth. Umgeben von dem bunten strahlenden
Glanz des versammelten ›Erzhauses‹ in der erhöhten Loge, saß
diese verschleierte, vollkommen schwarze Gestalt. Profan aus-
gedrückt: wie ein Tintenfleck auf einem sehr schönen bunten
Gemälde.«

Was hat sie hier verloren? Der Blick ihrer Augen schweift in
eine unbekannte Ferne. Selbst als in der Rede des Fürstprimas
von Ungarn ihr Name fällt, rührt sie sich nicht. Franz Joseph
dagegen hört mit lebhafter Aufmerksamkeit zu.

Der Tod ihres Schwagers, Erzherzog Karl Ludwig, unterbricht
die Feierlichkeiten in Budapest. Elisabeth fährt nach Lainz, in
die Hermesvilla. In ihrem Schlafgemach befindet sich eine
bronzene Statue der Niobe, die nachts grün beleuchtet werden
kann. In diesen Nächten, in denen sie keinen Schlaf findet,
schaltet sie dieses mystisch-grüne Licht ein, das in seltsamem
Zauber die braungoldene Gestalt der unglücklichsten Frau der
Antike in einen Schimmer taucht. In Schönbrunn unternimmt
Elisabeth ausgedehnte Spaziergänge mit Katharina Schratt,
dann muß sie wieder nach Budapest zurück, wo am 6. Juni der
neue Flügel der Ofener Burg eröffnet wird, für dessen Bau sie
sich so sehr eingesetzt hat.

Das Millenniumsjahr erreicht seinen Höhepunkt. Sämtliche
Städte und Komitate haben Delegationen entsandt, die mit dem
traditionellen Wappenbanner vorausziehen. Der mittelalterlich-
pompöse Vorbeimarsch ist lang und glanzvoll. Alles paßt
zusammen und gibt ein beeindruckendes Bild: die rassige
Schönheit der Pferde, die Pracht der gestickten Gewänder stattlicher Reiter, die fein ziselierten Waffen, die Pelze und Harni-
sche. Die Stephanskrone wird mit den Insignien auf einem rot-
samtenen Kissen in einer Staatskarosse mitgeführt, die von acht
Vollblütern mit weißen Schabracken gezogen wird. Es wirkt wie
eine einzige Reminiszenz an die Zeremonien von 1867.

Der Festzug zieht in die Burg von Ofen ein, um dem Königspaar zu huldigen. Elisabeth sieht vom Balkon des Schlosses zu,
wie die Gruppen der Reiter auf tänzelnden Pferden einher-
sprengen, und dieser Anblick weckt noch einmal ihr altes Reiterblut. Mit einem glücklichen Lächeln gibt sie ihrer Bewunderung für einzelne Gruppen Ausdruck. Die brausenden
Hochrufe, die Verehrung, die sie in allen Augen liest, die Bege-
sterung des Volkes, das sie nicht vergessen hat, die Liebe, die
sich in jeder Geste ausdrückt, das alles verdrängt für einen
Augenblick ihren Kummer, und sie vergißt sogar ihre notorische
Abneigung vor feierlichen Zeremonien. Sie ist die Königin hier,
die Königin der ungarischen Nation. Blaß vor Erregung nimmt
Elisabeth die Huldigungen entgegen.

Am Nachmittag desselben Tages empfängt das Königspaar
im Thronsaal der Burg die Reverenz des Reichstages. Augenzeugen berichten, wie Elisabeth neben dem König auf dem
Thron sitzt in ihrem schwarzen ungarischen Festgewand, mit
dem langen schwarzen Schleier über dem Haar, um den Hals
eine Kette aus schwarzen Perlen, sehr bleich und zu keinem
Wort fähig. Kalman Mikszáth hat eine poetische Schilderung
dieser Szene gegeben: »Es war alles schwarz an ihr, alles, alles,
nur ihr Gesicht war weiß und unsagbar traurig. ... Ihre langen
Augenwimpern sind gesenkt, von ihren lebhaften lieben Augen
ist nichts zu sehen; sie sitzt dort still, fast gefühllos, als ob sie
niemanden sehen, nichts hören würde. Ihre Seele, ach ihre Seele könnte anderswo weilen. Keine Bewegung, kein Blick deutet
ihr Interesse an. Mit ihrem traurigen, blassen Gesicht ist sie
einer weißen Statue ähnlich. Sie trägt ihre große Trauer überall
mit sich und die Herren Stabträger klopfen umsonst dreimal,
diese große Trauer läßt sich davon nicht verscheuchen, sie verfolgt sie auch hierher.«

Der Präsident des Reichstages, Desider Szilághyi, hält eine
schöne Ansprache. »Der König wird langsam aufmerksam. Ein
Wort, ein Gedanke ergreift ihn und seine Augen hängen an den
Lippen des großen nationalen Redners – aber von dem Gesicht
der Königin kann man nichts ablesen. Nichts, gar nichts. Es ist
so blaß und bewegungslos.« Als er den »gottgesegneten Einfluß

des Schutzengels der Nation« erwähnt, wird Elisabeth noch blasser, zuckt aber nicht einmal mit den Wimpern, und als er ihren Namen nennt, braust das »Eljen, Erzsebét« minutenlang, bis der Enthusiasmus sich schließlich wieder beruhigt. »Das weiße Antlitz der Königin rötete sich, sie konnte ihre Ergriffenheit nicht länger verbergen.« Alles Blut steigt wie eine dunkle Welle in ihre Wangen. Ganz leicht deutet sie eine Verneigung an, Tränen treten in ihre Augen. »Das ganze dauert nur eine Minute. Ihre Augen haben sich weit geöffnet und es schimmerte aus ihnen der alte Glanz hervor.« Sie fühlt, für einen Augenblick hat ihr Herz wieder mit dem Puls der Nation geschlagen.

Als das Fest zu Ende ist, sagt sie zu Franz Joseph: »Mir ist, als wäre ich selber tausend Jahre alt.«

Eine ungarische Zeitung schreibt zum Millenniumsjahr eine Eloge auf die Königin: »Was ist es, was uns mit unaussprechlicher Dankbarkeit erfüllt, sobald wir Elisabeths Namen vernehmen? Es ist das Gefühl, von dieser edlen Frau, die als fremde Prinzessin zu uns kam und durch eine glückliche Fügung unsere Königin wurde, im Innersten verstanden worden zu sein. Elisabeths geniale Intuition, ihr adeliger Sinn hat es erfaßt, daß unser Stolz und das Beharren auf unseren alten Rechten weder durch Gewalt noch durch Schmeicheleien zu besiegen sind. Sie hat dieses Land, das ihr Land wurde, lieben und schätzen gelernt, sie spricht unsere Sprache, sie schätzt unsere Literatur, sie hat erkannt, daß ein seiner Freiheit sich bewußtes Volk nur durch das Band geistiger Anteilnahme gewonnen werden kann. Elisabeth ist Ungarns gute Vorsehung. ... Solange sie lebt, wird sie unser guter Engel sein!«

Nach den Festlichkeiten in Budapest schließt die Kaiserin sich wieder in die Hermesvilla ein, nur mit trüben Gedanken beschäftigt, vielleicht in der stillen Hoffnung, der Tod möge nun kommen, um sie von der Last zu befreien, die sie nicht loswerden kann. Es scheint zwar, daß sie sich trotz allem doch vor dem Sterben fürchtet, doch möchte sie den Kaiser nicht überleben. »Nein, das will ich nicht. Jeden Schicksalsschlag habe ich ertragen. Das aber könnte ich nicht«, sagt sie. Außerdem denkt sie es sich schrecklich, daß ihre Familie einmal Zeuge ihrer Todes-

Oben: Elisabeths Testament vom 14. Juni 1896,
unterzeichnet in der Hermesvilla.
Unten: Herzogin Sophie von Alençon, die Schwester Elisabeths,
mit ihrem Gemahl Herzog Ferdinand von Alençon.

qualen sein könnte. »Ich will, daß bei meinem Tode niemand anwesend ist. Ich will allein sterben.«

Dann drückt sie in ihrem Testament, das sie am 14. Juni neu verfaßt, den Wunsch aus, ganz ohne Prunk in Korfu begraben zu werden. Unter den dunklen Bäumen, vom Meer umspült und mit Blumen umgeben, will sie in antiker Erde ruhen. Später jedoch äußert sie ihrer Tochter gegenüber, sie wolle doch lieber im Tode bei Rudolf sein. In einem »guten, großen Sarg«, sehnt sie sich danach, Ruhe zu finden in der Gruft, wo auch er Ruhe vor dem Leben gefunden hat.

In diesem Testament erklärt Elisabeth ihre beiden Töchter Gisela und Marie Valerie sowie ihre Enkelin Elisabeth, die Tochter des Kronprinzenpaares, zu Erbinnen ihres Nachlasses. Sie regelt auch das »Vorausvermächtnis«, bestimmt, daß Gisela das »Achilleion«, Valerie die Hermesvilla als Legat erhalten soll, wobei sie dem Kaiser einen »lebenslänglichen Fruchtgenuß« an diesen beiden Häusern einräumt, ein Nutzungsrecht, von dem Franz Joseph allerdings nie Gebrauch machen wird. In weiteren Paragraphen regelt sie die Sicherung des Lebensunterhalts von Ida Ferenczy sowie ihrer Schwester Mathilde.

Nachdem die Kaiserin ihre Angelegenheiten geordnet hat, steht wieder der Sommer-Séjour in Ischl auf dem Programm. Am 24. September kommt hier ein weiteres Enkelkind Elisabeths, die kleine Hedwig, zur Welt, eine Tochter Valeries, deren Familie immer größer wird. In den ersten Dezembertagen geht es nach Biarritz, Bertha von Suttners »Die Waffen nieder« ist die einzige Lektüre, fasziniert stellt Elisabeth eine tiefe Übereinstimmung mit ihren Gedanken fest.

Zu Beginn des Jahres 1897 verschlechtert sich Elisabeths Gesundheitszustand erheblich. Ihr Herz ist angegriffen. Die immer schlimmer werdenden Neuralgien schicken Schmerzströme durch ihren Körper. Trotzdem ist sie ständig unterwegs, hat jedoch kaum noch Anteil an den Ereignissen des vergangenen Jahres genommen, wie etwa dem Besuch, den Franz Joseph

1896 in Bukarest dem rumänischen Königspaar abstattet oder am Besuch des Kaisers bei Zar Nikolaus II. in Petersburg. Nachdem sie noch auf Bitten des Kaisers – obwohl ungern – das junge russische Herrscherpaar, den Zaren und seine schöne Gemahlin Alexandra in Wien empfangen hat, fährt sie bald nach Biarritz weiter.

Mitte Januar ist sie in Cap Martin. Dieser Aufenthalt steht im Zeichen wechselnder Stimmungen und einer bald besseren, dann wieder schlechteren körperlichen Verfassung. Marie Valerie kommt mit ihrem Mann hierher, und auch der Kaiser besucht seine Frau. Sie alle sind erschütterte Zeugen der hochgradigen Nervosität Elisabeths und zutiefst beunruhigt über ihre pessimistischen und eine grenzenlose Verzweiflung offenbarenden Ansichten. Valerie schreibt: »Wollte sie nur herauskommen aus dieser großen Einsamkeit, sich für irgend etwas interessieren, um auf andere Gedanken zu kommen – ich bin überzeugt, das würde viel zu ihrer Besserung beitragen. So aber hängt sie nur ihren trüben Gedanken nach, und kommt sie mit jemandem zusammen, so wird wieder nur von der Gesundheit gesprochen!«

Dazu allerdings besteht auch aller Anlaß. Die Ärzte stellen eine schwere Anämie fest. Hofrat Kerzl wird hinzugezogen, jener Leibarzt Franz Josephs, der den Kaiser jeden Morgen zu besuchen pflegt und von dem dieser sagt, wenn er sich wirklich krank fühlt: »Lassen's heut den Kerzl net kommen, mir ist nicht gut.«

Doch die Anwesenheit Franz Josephs, der den größten Teil des Tages mit Regierungsgeschäften zubringt, also Akten zu studieren und Telegramme zu empfangen und abzusenden, regt Elisabeth nur noch mehr auf. Sie lehnt es ab, zu den gemeinsamen Mahlzeiten zu erscheinen, erträgt ihn allenfalls bei Spaziergängen und atmet auf, als er wieder abreist. Von Biarritz reist sie in diesem Jahr zum Genfer See nach Territet und trifft dort zufällig mit dem Thronfolger Franz Ferdinand und dessen Leibarzt Dr. Viktor Eisenmenger zusammen. Dieser untersucht die anfangs gegen ihn sehr eingenommene Kaiserin und stellt eine überraschende Diagnose: »Ich fand bei der sonst gesunden Frau

Galadiner zu Ehren des russischen Zarenpaares im Zeremoniensaal der Wiener Hofburg (1896). Von links: Kronprinzessin-Witwe Stephanie, Kaiser Franz Joseph, Zarin Alexandra Feodorowna, Kaiserin Elisabeth, Zar Nikolaus II., Erzherzogin Maria Josepha.

ziemlich starke Hautschwellungen, besonders an den Knöcheln. Ein Zustand, den die Ärzte damals sehr selten zu sehen
bekamen und der erst im Krieg zu einer traurigen Berühmtheit
kam. Hungerödem!«

Elisabeth fährt nach Lainz zurück, in die Hermesvilla. Sie hält
eine strenge Diät, die nur aus Milch und Eiern besteht. Ihr
Gewicht sinkt auf sechsundvierzig Kilogramm, erschreckend für
eine Frau von 172 Zentimeter Größe. Dazu kommen wieder
Torturen, die alles andere als stabilisierend auf den Gesundheitszustand der Kaiserin wirken. Ihre Dienerin Marie Henike
berichtet von Dampfbädern »und darauf 7 Grad Vollbad, das
würde vielen Menschen eine Ohnmacht machen, den Tod bringen. Ihre Majestät gibt auch zu, immer Ohrensausen darauf
gehabt zu haben«. Und die unsägliche »Schwitzcour – jeden
Abend sehr warm angezogen einigemale den Berg schnell her-
aufgehen. ... Das war auch gegen das Dickwerden – Ihre Majestät sah immer so abgehetzt aus«. Franz Joseph fühlt sich
genötigt, Katharina Schratt, die üblicherweise keine Diät aus-
läßt, Elisabeth als warnendes Beispiel vor Augen zu stellen:
»Wenn Sie über das leider recht schlechte Aussehen derselben
(Elisabeths, d.V.) erschrecken sollten, so bitte ich Sie, es nicht zu
zeigen, auch mit der Kaiserin nicht zu viel über Gesundheit zu
sprechen, sollte das aber nicht zu vemeiden sein, ihr Muth zu
machen, vor allem aber ihr keine neue Kur und kein neues Mittel anzurathen. Sie werden die Kaiserin sehr matt, sehr leidend
und besonders in sehr deprimierter Stimmung finden. Wie
bekümmert ich bin, können Sie sich denken.«

In Lainz erhält Elisabeth die Nachricht von einem weiteren
schweren Schicksalsschlag.

Die Damen der französischen Aristokratie eröffnen im Frühjahr 1897 einen Wohltätigkeitsbasar in Paris. Elisabeths jüngste
Schwester Sophie, vor langer Zeit einmal die Braut König Ludwigs, die dann einen Enkel des »Bürgerkönigs« Louis Philippe,
den Herzog Ferdinand von Alençon aus dem Haus Bourbon-
Orléans geheiratet hat, ist eine der eifrigsten Komiteedamen,
die sich in den Dienst der Wohltätigkeit gestellt haben. Es ist ein
glänzendes gesellschaftliches Ereignis, zu dem der höchste

Adel, die Fürstlichkeiten und der Reichtum der Welt zusammenströmen.

Am 5. Mai 1897 ereignet sich auf diesem Basar in Paris ein Unglück, das die ganze Welt erschüttert: Mit einem Mal steht das Zelt, in dem sich über tausend Personen aufhalten, in Flammen. In dem leichtgebauten Raum ist plötzlich die Lampe eines Kinematographen explodiert, ein Celluloidstreifen dieser neuartigen Erfindung, die man vorführt, hat Feuer gefangen. Die Flammen springen auf einen Fenstervorhang über, Schreie des Entsetzens aus einem Meer von Brand und Rauch. Sophie von Alençon, die sich in der Menge befindet, ist es bereits gelungen, sich ins Freie zu retten. Doch als sie bemerkt, daß sich einige junge Mädchen ihres Verkaufsstandes noch in dem brennenden Zelt befinden, eilt sie zurück, um sie zu retten. »Le devoir avant tout« (Vor allem die Pflicht) – sind ihre letzten Worte. Sie kehrt aus der Flammenhölle nicht zurück.

Die Panik ist so groß, daß sich viele der vor Todesangst fast wahnsinnigen Menschen nicht retten können. Einhundertdreizehn Personen, vor allem Damen der Pariser Gesellschaft, finden den Tod im Feuer. Unter den verkohlten Leichen fahndet man vergebens nach Sophie. Der Herzog von Alençon, selbst verletzt, sucht seine Frau zusammen mit ihren Schwestern Marie und Mathilde wie ein Irrsinniger fast die ganze Nacht in den Spitälern.

In Lainz durchlebt Elisabeth Stunden qualvoller Ungewißheit, die ersten Telegramme sind unklar, man hat nicht anzugeben vermocht, ob Sophie unter den Toten ist. Vielleicht lebt sie doch noch? Sie ist ihre Lieblingsschwester gewesen, romantisch, ihr äußerlich ähnlich, nur viel zarter und zerbrechlicher. Die Stunden ziehen sich hin. Endlich kommt die niederschmetternde Gewißheit: Man hat ihren Trauring an der Brandstelle entdeckt. Tage später findet man Reste eines verkohlten Schädels, der ihrer sein könnte.

Dann unternimmt Ferdinand von Alençon es zusammen mit dem Zahnarzt der Herzogin, unter den Leichen zu suchen. Mit Hilfe der Mundkarte endeckt man endlich den furchtbar verstümmelten und verkohlten Leichnam. Ob die Körperteile, die mit dem Schädel bestattet werden, zum Leib Sophies gehören, vermag niemand zu sagen. Als die schauerlichen Einzelheiten des Unglücks nach Wien gelangen, fürchten alle, daß die Aufregung Elisabeths geschwächten Körper und ihre Nerven mitnehmen werden.

Am Abend dieses Tages meint die Kaiserin über das Unglück ihres Hauses: »Es schreitet fort, es ist schlimmer geworden.« Die Nachricht vom Tod Sophies drückt sie tief nieder und stürzt sie in Verzweiflung. Sie versinkt in depressive Stimmungen. Die Gesichter der Toten ziehen vor ihrem inneren Auge vorbei: Ihr Sohn Rudolf hat sich das Leben genommen, ihr Schwager Maximilian ist von den Kugeln eines Erschießungskommandos getötet worden, ihre Schwägerin Charlotte vor Schmerz wahnsinnig geworden, ihr Cousin Ludwig im Starnberger See ertrunken, ihr Schwager Graf Trani hat sich jämmerlich in einem Hotelzimmer erschossen, Johann von Toskana ist auf See verschollen, ihre Nichte, die Erzherzogin Mathilde, ist ebenfalls lebendig verbrannt. Und jetzt ihre Schwester Sophie. Wer ist nun an der Reihe? Es gibt ja beinahe nur noch sie.

Der Gedanke an ihr eigenes, vielleicht nahe bevorstehendes Ende verstärkt sich. Und doch sagt sie in einem Anflug von Fatalismus: »Ich bin immer bereit, meinem Schicksal zu begegnen, nichts kann mich davor bewahren an dem Tag, an dem es mich treffen soll. Oft macht das Schicksal seine Augen zu, aber früher oder später öffnet es sie wieder und schaut uns an. Die Schritte, welche man vermeiden müßte, um dem Schicksal zu entgehen, sind immer solche, die man gerade unvermeidlich macht. Ich bin mir voll bewußt, daß jeder Schritt an jedem Tag meines Lebens ein solcher Schritt sein kann.«

In dieser Überzeugung mißachtet sie den Schutz, den die Geheimpolizei in den Ländern, die von anarchistischen Anschlägen besonders bedroht sind, anbietet. Im Gegenteil, sie sucht sich nach Möglichkeit der Begleitung der Detektive und Leibwächter zu entziehen. Niemand soll ihrem Schicksal in den Arm fallen können. Sie will nicht, daß diese Schatten ihr auf Schritt und Tritt folgen.

Dann bietet sich Xavier Paoli von der Sûreté, der französi-

schen Polizei, zu ihrem Schutz an. Seine Aufgabe besteht darin, königliche Gäste in Frankreich wie ein Schatten zu begleiten
und sie vor Attentaten zu schützen. Anfangs wehrt sich Elisabeth heftig, und Obersthofmeister Berzeviczy bescheidet Paoli,
als er sich vorstellt und seine Dienste anbietet, zunächst lakonisch: »Wir werden niemanden brauchen.« Doch Paoli zeigt
Takt und Verschwiegenheit, auch weiß er sich beliebt zu
machen, ist immer bei der Hand, wenn man ihn braucht, und
nie im Weg, wenn seine Anwesenheit unerwünscht ist. Er beobachtet mit den kühlen Augen eines Detektivs, dem auch noch
das geringfügigste Detail auffällt. Von ihm erfahren wir viel von
Elisabeths Exzentrizitäten: daß die Kaiserin in destilliertem
Wasser zu baden pflegt, daß sie nur einen Zwieback zu ihrem
Frühstückstee genießt, daß sie zur Stärkung im Lauf des Vor-
mittags Fleischsaft zu sich nimmt, der aus mehreren Pfund
Rindsfilet in einem besonderen Apparat hergestellt wird, daß ihr
Diner aus eisgekühlter Milch, rohen Eiern und einem Glas
Tokayer besteht. Paoli berichtet auch von den ausgedehnten
Spaziergängen, die ihm eine besondere Verantwortung auferle-
gen. Sie legt oft fünfzehn bis zwanzig englische Meilen an
einem Tag zurück, geht gewöhnlich »in einem schwarzen
Sergekleid, das so einfach war, daß keine wohlhabende Kauf-
mannsfrau sich darin hätte sehen lassen mögen.«

In Paris, Biarritz und an der Riviera folgt Paoli der Kaiserin auf
Schritt und Tritt. Sie trägt immer eine volle Geldbörse mit sich,
verteilt großzügig, ganz nach Lust und Laune, Almosen. In Cap
Martin, wo ihr Eugénie ein Hotel empfohlen hat, empfängt sie
bisweilen den Besuch des Kaisers, der aber von ihr nicht viel zu
sehen bekommt. Nur manchmal nimmt sie die Hauptmahlzeit
mit ihm ein, beim Frühstück ist sie meist allein. Diese Besuche,
sind sie überhaupt noch mehr als ein Tribut an den »äußeren
Schein«, an dem Franz Joseph offenbar noch immer viel gelegen ist?

Als wichtiger und bedeutsamer bewertet Paoli eine Tatsache,
die seine Arbeit ungemein erschwert: Elisabeth widerstrebt es,
ihm das Ziel ihrer Wanderungen und Spaziergänge bekanntzu-
geben. Irgendwie gelingt es ihm aber doch immer, die Informa-

tion zu bekommen. Auf seine Vorhaltungen entgegnet die Kaiserin nur: »Beruhigen Sie sich, mein lieber Herr Paoli, es wird mir nichts passieren. Was sollte man auch einer armen Frau tun? Überdies sind wir alle nicht mehr als ein Mohnblumenblatt oder eine kleine Schaumwelle auf dem Wasser.«

Er versucht, sie mit Hinweisen auf drohende Gefahren zu beunruhigen, sie zu mehr Vorsicht zu bewegen. Vergeblich. Eine Bewachung lehnt sie ab: »Was?« ruft sie aus. »Immer neue Befürchtungen? Ich wiederhole, daß ich keine Angst habe, und, wohlgemerkt, ich verspreche nichts.«

Elisabeth hat sich oft vorgestellt, sie würde einmal auf hoher See an Bord ihrer Yacht »Miramare« sterben. Mit spöttischem Lächeln wird sie noch wenige Tage vor ihrem Ende sagen: »Was wäre es weiter, wenn ich ertränke? Die Leute würden sagen, warum ging sie auch aufs Meer? Warum reist sie überhaupt? Warum blieb sie nicht in der Hofburg? Aber vielleicht wird das Ende meines Lebens noch überraschender werden sogar für eine Kaiserin. Das Selbstvertrauen und der Hochmut der Menschen bekommen vom Schicksal oft Ohrfeigen. Wenn mir so etwas widerführe, würde mir dies für manches Ersatz leisten.«

Das Schicksal wird ihr diesen letzten Wunsch erfüllen.

Mit zunehmender Ruhelosigkeit sucht Elisabeth zugleich die Einsamkeit. Was sie von Ort zu Ort treibt, ist nur ungefähr zu erahnen, und man gelangt oft zu ganz widersprüchlichen Vermutungen. Sie spricht davon, daß sie den Tod fürchtet, und hat doch nichts mehr im Leben, was ihr das Dasein lebens- und liebenswert gemacht hätte. Allem Anschein nach fühlt sie sich – und in gewissem Sinn nicht zu Unrecht – als eine Frau, die sich selbst überlebt hat. Etwas in ihr ist gestorben, wie sie zugibt, und nach diesem »Tod« scheint ihr das Leben kaum mehr als ein mechanischer Kreislauf physiologischer Prozesse zu bedeuten. Das Glück ist ihr weder in der Familie noch auf den verschwiegenen Wegen der Liebe begegnet. Sie hat nur ein tragisches Lebensgefühl ohne den verklärenden Hauch der Liebe. Und sie fühlt den Tod näher kommen.

Elisabeth kommt sehr krank und in stark depressiver Stimmung Ende Mai in Kissingen an, wo sie Professor Sotier untersucht. Sie will sich hier von den Aufregungen um Sophies Tod erholen. Wenn ihr auch anfangs die Kur körperlich etwas Erleichterung bringt, die inneren Wunden heilen nicht. Elisabeths Unruhe wächst. Eine Kur in Langenschwalbach folgt der in Kissingen und im Sommer wieder der Aufenthalt in Ischl. Am 31. Juli überflutet ein schweres Hochwasser die kleine Stadt, Elisabeth öffnet den schönen Kaiserpark, ab 3. August bleibt er für das Publikum zugänglich. Für die Geschädigten des Hochwassers veranlaßt sie eine Spendenaktion, gibt selbst einen großen Beitrag und nimmt persönlich Spenden entgegen.

Doch von Ischl vertreibt sie der Regen Ende August nach Bozen, dann reist sie an den Karersee weiter, ihre Schmerzen werden immer ärger. Auch die Traubenkur im sonnendurchglühten Meran, die sie ab Mitte September wieder versucht, bringt nicht den erhofften Erfolg. Ihre Nervosität steigert sich noch. Elisabeths Unruhe findet nirgends den Ort, wo sie sich erholt, wo sie sagen könnte: Hier will ich bleiben, hier kann ich gesund werden. Gegen Ende September besucht sie Valerie in ihrem Heim auf Schloß Wallsee. Um diese Zeit geht wieder der verdammte Klatsch um Franz Joseph und Katharina Schratt los. Elisabeth läßt sich davon nicht beirren, hält ihre schützende Hand über die Freundin des Kaisers. Am 2. November, dem Allerseelentag, betet sie mit dem Kaiser in der Kapuzinergruft lange am Sarg Rudolfs.

Im Lauf des Monats ist sie dann wieder in Biarritz, die Sehnsucht nach der wilden Schönheit des Meeres ist geblieben. Sie geht am Strand spazieren und wird mehrfach durch die überschäumenden Wellen völlig durchnäßt. Wieder neuralgische Beschwerden, doch trotz der fürchterlichsten Ischiasschmerzen will sie baden, man muß sie mit sanfter Gewalt davon abhalten. Das Wasser ist viel zu kalt. »Ein kalter Regen rieselte unablässig, das Thermometer sank unter Null. Wir fröstelten und froren«, klagen die Hofdamen. Die Kaiserin ist schlaflos, nervös, aber von den Ärzten will sie nichts wissen.

Doch Franz Joseph schickt ihr wieder Dr. Kerzl hinterher. Der ist entsetzt über die merkwürdige Lebensweise der Kaiserin, über das Karlsbader Wasser, das sie in Mengen trinkt, warum nur, warum, über die karge Ernährung. Immer das Diktat der Waage! Er redet ihr die Wasserkur aus, und eine Weile hält sich Elisabeth an seine Anweisungen. Und bitte, sie solle doch etwas mehr essen und vielleicht auch ein bißchen mehr Wein trinken.

In Biarritz werden wieder Kuren unternommen, Schwefel- und Eisenpillen geschluckt. Ihrer Gesundheit ist das alles nicht gerade förderlich. Valerie, die zu Besuch kommt, findet ihre Mutter mager und blaß, auch Franz Joseph, der herbeieilt, kommt sie schwach und müde vor. Wenn sie nur mehr essen würde. Dem Kaiser gelingt es nicht, sie zu einem ausgewogeneren Speiseplan zu bewegen.

Die Ärzte empfehlen ihr wieder einmal ein wärmeres Klima, die Kanarischen Inseln. Doch sie geht, anstatt dem Rat zu folgen und in der tropischen Sonne ihre Gicht loszuwerden, wieder zu dem berühmten Masseur Dr. Metzger nach Paris. Wenigstens ist sie in Paris nicht ganz allein, Mathilde und Marie sind bei ihr. Die ehemalige Königin von Neapel ist bei Elisabeth als Gesellschafterin beliebt, weil sie viel liest und die Kaiserin sich mit ihr immer über Literatur austauschen kann. Aber diesmal ist sie nicht sehr gesprächig. Sie raucht auch sehr viel, was Elisabeth nicht tut. Mathilde, der »Spatz« der Familie, hat nach dem Tod ihres Mannes eine Gewohnheit der Kaiserin übernommen: Sie ist ständig auf Reisen. Besonders wohl fühlt sie sich, wenn sie als Fräulein Nelly Schmidt ein bescheidenes bürgerliches Dasein führen und in kleinen, einfachen Pensionen absteigen kann.

Ihren sechzigsten Geburtstag am 24. Dezember verbringt Elisabeth mit ihren beiden Schwestern in Paris, im »Hotel Dominici«. An den Gräbern ihrer Schwester Sophie und Heinrich Heines legt sie Kränze nieder.

Die Kaiserin kann die furchtbaren Qualen ihres Körpers kaum noch ertragen. Aber sie verbietet strikt, dem Kaiser zu berichten, wie sehr sie leidet. Franz Joseph erfährt natürlich doch von dem traurigen Gesundheitszustand seiner Frau und ist in größter Sorge um sie, besonders da er befürchtet, sie werde die geplante Ozeanreise antreten. Neben den drückenden politischen Problemen quält ihn die Angst, wieder wochenlang von Elisabeth ohne Nachricht sein zu müssen. Er hält aber auch nichts von ihrem Masseur: »Wenn Dich nur nicht Metzger zu sehr malträtiert«, schreibt er besorgt nach Paris, »Dich ganz wieder in seine undelikate und gewinnsüchtige Gewalt bekommt und mit Dir Reklame macht.« Die kräftigen Massagen tun ihr gut, doch es scheint, daß der Kaiser nicht unrecht hat, denn Metzger behauptet, die Kaiserin müsse sich mindestens ein halbes Jahr seiner Behandlung unterziehen, also so lange in Paris bleiben. Das lehnt sie jedoch kategorisch ab, sie läßt sich von niemandem vorschreiben, wie lange sie sich an welchem Ort aufhält. Auch Franz Josephs Warnung verfehlt ihre Wirkung nicht. Elisabeth reist überstürzt ab.

Das Jahr 1898 beginnt. Die Schmerzen der Kaiserin verschlimmern sich. Heftige Ischiasanfälle zwingen Elisabeth, wieder in den Süden zu reisen. Am Neujahrsabend begibt sie sich in Begleitung ihrer Schwester Mathilde von Paris nach Marseille und reist von dort zur See auf ihrer Yacht weiter nach San Remo. Der Arzt, den sie dort aufsucht, Professor Nothnagel, stellt bei ihr eine Nervenentzündung fest, eine sehr schmerzhafte, aber nicht lebensgefährliche Krankheit. Es gibt Tage, an denen Elisabeth kein Glied bewegen und kaum gehen kann. Sie wird gefügig, möchte ganz in San Remo bleiben. Die Liebe zu Korfu ist erloschen. »Vielleicht«, sagt sie, »findet sich ein reicher Amerikaner, der das Achilleion kauft; es steckt ein Heidengeld darin, meine Kinder hätten einen Nutzen davon...«

Anfang 1898 wird der größte Teil der Einrichtung des Traumpalastes in die Hermesvilla nach Lainz verfrachtet. Elisabeth denkt daran, sich eine neue Residenz an der italienischen Riviera zu suchen, spielt mit dem Gedanken, hier in San Remo die »Villa Rosa« zu kaufen. Irma Sztáray rät ihr davon ab, sie weiß nur zu gut, daß Elisabeth viel zu ruhelos ist, um sich irgendwo für immer niederzulassen. Nachdem sie auch beim Kaiser keine Unterstützung findet, gibt sich Elisabeth schließlich schweren Herzens geschlagen: »Sie haben recht«, meint sie zu ihrer Hofdame, »lassen wir es also.«

Noch einmal hilft der Kaiserin ihr gestählter Organismus über die Krankheit hinweg. Langsam erholt sie sich und kann mit Irma wieder kleine Spaziergänge unternehmen. Aber so wie früher wird es nie wieder sein.

Irma Sztáray, die ungarische Hofdame der letzten Jahre, ist Elisabeth von all ihren Damen die liebste gewesen. Diese lohnt ihr die Zuneigung mit einer schwärmerischen Verehrung und einer aufopfernden Nähe, welche die Kaiserin als sehr wohltuend empfindet.

Die Schlaflosigkeit nimmt unter der Behandlung des Professors ab. Doch immer noch gibt es schlechte Nächte genug, und Elisabeth klagt oft, wie qualvoll sie das Morgengrauen erwarte. Zwei Monate dauert der Aufenthalt in San Remo, dann reist sie mit ihrer Schwester am 1. März weiter über Turin nach Territet zu den leuchtenden Schneefeldern von Caux. Mathilde verabschiedet sich, um München zu besuchen, Elisabeth bleibt in der Schweiz, in ihrer Begleitung Irma Sztáray und Frederic Barker, ihr Partner in griechischer Konversation. Aber dieser Aufenthalt strengt sie sehr an.

In ihrem Buch »Die letzten Tage der Kaiserin Elisabeth« gibt uns Irma Sztáray wertvolle Einblicke in das Alltagsleben der Jahre 1897 und 1898. »Es ist eigentümlich«, schreibt sie, »daß die Kaiserin, nachdem sie mich tagelang nicht gesehen, bei unserer Begegnung sozusagen den Faden des Gespräches bei dem Worte wieder aufnimmt, bei dem es abgebrochen wurde. Ich schließe daraus, daß sie in ihrer Einsamkeit so ganz ihrem Innenleben angehört, daß sie alles, was sich auf die Außenwelt bezieht, ausschaltet. Die Gedanken, die sich auf diese beziehen, spinnt sie nicht weiter fort, doch findet sie den Faden und nimmt ihn sofort wieder auf, sobald sie von außen den Impuls dazu empfängt«. Das ist sehr sensibel beobachtet. Zunehmend wächst Elisabeth in ihre Traumwelt hinein, immer dichter werden die Schleier der Melancholie, ihr Blick immer wesenloser und unsteter. Menschen um sich zu sehen, wird ihr zunehmend unerträglich.

Sonderbarerweise scheint sie es aber zu lieben, sich auf den Boulevards der großen Städte unerkannt unter die Menge zu mischen. Oder sie streift stundenlang durch die Docks von London und Manchester, durch die Häfen von Antwerpen, Rotterdam, Marseille, Genua, durch die Arbeiter- und Armenviertel von Barcelona, Neapel, Smyrna, Kairo, Algier. Diese Spaziergänge, die stets unerwartet unternommen werden, stürzen ihre Begleitung immer wieder in gelinde Verzweiflung. In der wogenden, unbekannten, sich stoßenden Menge hat Elisabeth das berauschende Gefühl, den auf sie einstürmenden gesellschaftlichen Zwängen entrückt zu sein. »Dort wenigstens«, bekennt sie, »fühle ich mich nicht bedrückt wie an unseren Hofbällen.«

Von Caux geht die Reise weiter zu einer Badekur nach Kissingen, wohin auch Franz Joseph am 25. April kommt. Der Kaiser ist wieder über ihr schlechtes Aussehen entsetzt, vor allem auch darüber, daß die so gute und ausdauernde Wanderin sich nur mehr müde und schleppend fortbewegen kann. Keine großen Spaziergänge, erst recht kein »Spazierlaufen« mehr. Kleine Rundgänge auf geharkten Parkwegen. Die beiden verbringen acht harmonische Tage miteinander, bemühen sich, einander keine Last zu sein, und vermeiden Gespräche, die sich auf das Gemüt niederschlagen. Die Stimmung Elisabeths ist ohnehin sehr niedergedrückt, ihre Gedanken kreisen um den Tod und ähnliche düstere Themen. Im Mai erfährt sie etwas Ablenkung und Aufheiterung, als Valerie auf Wunsch Franz Josephs zu Besuch kommt. Aber auch die Lieblingstochter der Kaiserin muß sich dunkle Gedanken machen: »Die tiefe Traurigkeit, die Mama früher doch nur zeitweilig umfing, verläßt sie jetzt nie mehr. Da gibt es keinen, auch nur vorübergehenden Sonnenblick mehr – alles ist düster, trostlos. Die beiden Worte: hoffen und sich freuen hat Mama für immer aus ihrem Leben gestrichen, sagt sie. Ihre psychische Kraft war eben ihre größte Freude – und diese Kraft hat sie verlassen.«

Von Kissingen fährt die Kaiserin zur Nachkur nach Bad Brückenau und von dort nach Wien, wo sie sich von allem abschließt und sich sogar standhaft weigert, einen neuernann-

Das Kaiserpaar bei der Kurpromenade in Bad Kissingen.

ten Gesandten zu empfangen. Sie fühlt sich krank in der Hermesvilla. »Sie verbarg ihr schmales, eingefallenes Gesicht; sie ertrug es nicht mehr, Menschen in ihrer Nähe zu sehen. Selbst das Zusammensein mit den Kindern wurde ihr beschwerlich« (Irma Sztáray). Die kalten Abende und die frühen Nebel im Lainzer Tiergarten vertreiben sie von dort. Am 2. Juli fährt sie nach Ischl, trifft dort wieder mit Franz Joseph und Valerie zusammen, wartet aber nicht den Geburtstag des Kaisers ab.

Am 3. Juli 1898 erscheint ein offizielles Bulletin über ihren Gesundheitszustand: »Ihre Majestät die Kaiserin und Königin wird sich Mitte Juli nach Nauheim begeben, um die dortigen Bäder zu brauchen. Ihre Majestät hat lange an Blutarmut gelitten, die infolge heftiger Nervenentzündung (Neuritis), verbunden mit langwöchentlicher Schlaflosigkeit, im letzten Winter in bedeutendem Maße zugenommen hat. Außerdem hat eine Herzerweiterung stattgefunden. Unter vollkommen ruhigen Verhältnissen gibt die Krankheit zu ernsten Besorgnissen keinen Anlaß. Aber die Ärzte raten Ihrer Majestät auf das Eindringlichste, sich in dem genannten Bad einer Kurbehandlung zu unterziehen, um den Herzmuskel zu stärken.«

Als sie sich von Franz Joseph und ihren Töchtern in Ischl verabschiedet, stehen Elisabeth Tränen in den Augen. Sie weint selten vor Menschen. Der Abschied muß ihr diesmal besonders schwergefallen sein.

Sie folgt den Ratschlägen ihrer Ärzte und bricht nach Nauheim auf, doch macht sie einen Umweg über München. Ein Spaziergang durch die Stadt, begleitet von Gräfin Sztáray, läßt viele Erinnerungen wach werden. Sie bleiben vor Schaufenstern, Kirchen und alten Häusern stehen, am Englischen Garten hält sie noch einmal vor den Fenstern des Palais Biederstein inne und zeigt hinauf zu ihrem früheren Mädchenzimmer. »Wie anders war ich damals«, sagt sie wehmütig. Ganz vergessen hat sie ihre Abneigung gegen das Stadtpalais ihrer Eltern. Jetzt hüllt die Vergangenheit alles in einen verklärenden Zauber. War nicht die Jugend ihre glücklichste Zeit? Noch einmal geht sie in ihr geliebtes Hofbräuhaus, und in einem eigenartig jähen Wechsel der Stimmung vermag sie sich darüber zu amüsieren, daß es ihrer ungarischen Begleiterin nicht gelingen will, einen riesigen Maßkrug Bier zu leeren.

Kur in Nauheim. Sie steigt mit ihrer Kammerfrau Marie Henike in der »Villa Kracht« ab. Fünf Wochen bleibt Elisabeth in Behandlung von Professor Schott. Ihr Herz kräftigt sich deutlich, sie erholt sich zusehends, verliert auch ihre Traurigkeit. Doch wie haßt sie dieses Leben voll strenger Regelungen, voll erzwungener – nicht selbst auferlegter – Diäten mit wenig Bewegung und langen Phasen des Stilliegens, nur Frederic Barker leistet ihr wieder angenehme Gesellschaft. Manchmal geht sie aus, wandert, doch überall das aufdringliche Badepublikum, die Neugier der Schaulustigen, ein Menschenauflauf, wo immer sie erscheint. Sie muß hohen Besuch empfangen: das Großherzogpaar von Hessen, die Kaiserin Augusta Victoria kommen, auch Kaiser Wilhelm II. stattet ihr eine Visite ab. Der ganze Ort ist auf den Beinen, als er vor der »Villa Kracht« hält. Ihr zu Ehren fährt er – worauf er sogleich hinweist – in einem mit zwei ungarischen Schimmeln bespannten Wagen vor, den ein ungarischer Kutscher lenkt. Eine halbe Stunde bleiben sie im Gespräch, und der Kaiser verläßt sie nicht unbeeindruckt, er äußert später, sie sei die geistvollste Frau gewesen, die er jemals kennengelernt habe.

Sie erholt sich, und Professor Widerhofer, den Franz Joseph nach fünf Wochen Aufenthalt schickt, um sich nach dem Gesundheitszustand Elisabeths zu erkundigen, findet, daß sie schon lange nicht mehr so wohl gewesen sei. Dieses Gefühl, wieder einmal über den kranken Körper gesiegt zu haben, stimmt auch Elisabeth etwas heiterer. Und wie ein endlich aus der Gefangenschaft befreiter Vogel verläßt sie Nauheim am 29. August in aller Heimlichkeit, ohne daß jemand davon weiß.

Die Reise führt über Homburg vor der Höhe und Frankfurt am Main (wo sie sich auf dem Bahnhof geschickt der Neugierde des Reisepublikums zu entziehen versteht) in die Schweiz, nach Caux bei Montreux. Die Reise wird mit vergleichsweise kleinem Gefolge unternommen, nur zwölf Personen fahren mit: Irma Sztáray, der Kämmerer, General von Berzeviczky, der Sekretär der Kaiserin Dr. Kromar, ihr Vorleser Frederic Barker,

Elisabeth (links) und ihre Hofdame Irma Sztáray in Territet (1898).

die beiden Kammerfrauen Marianne Meissl und Marie Henike. Und schließlich eine aus sechs Personen bestehende Dienerschaft, zwei Domestiken und vier Zofen.

In Caux trifft die Reisegesellschaft am 30. August ein und belegt im »Grand Hotel« fünfzehn Zimmer im ersten Stock. Elisabeth bewohnt drei Räume, die auf den großen Balkon hinausführen, der mittlere Raum dient als Salon. Auf ihren Wunsch werden einige Klingelleitungen verlegt, die es ihr erlauben, jede Person der Begleitung zu sich zu rufen, ohne daß sie Dritte zu belästigen braucht.

Elisabeth unternimmt mehrere Ausflüge nach Evian, Thonon und Aix-les-Bains. Die über dreitausend Meter hohen Dents-du-Midi kann sie nicht genug bewundern, er erinnert sie an ihre Heimat, an den Dachstein. Sie erlebt einen herrlichen Sonnenuntergang. Am nächsten Tag fährt sie mit der Zahnradbahn auf den zweitausend Meter hohen Rocher-de-Naye mit seinem grandiosen Ausblick auf den Genfer See. Sie hat Obst mitgenommen, Trauben und Pfirsiche, die ihr die Baronin Rothschild geschickt hat.

Am 5. September läßt sie im Hotel »Beau Rivage« in Genf für drei Frauen und einen Diener Zimmer bestellen. Gegen einen Aufenthalt in Genf aber hat Berzeviczy gewisse Bedenken, es ist gerade in diesen Jahren Treffpunkt vieler Anarchisten. Elisabeth macht eine abwehrende Handbewegung: »Was kann mir denn in Genf passieren?« Als Berzeviczy jedoch immer wieder darauf dringt, wenigstens eine männliche Begleitung mitzunehmen, denn er selbst soll in Caux bleiben, willigt sie ein und sagt: »Nun gut, dann will ich Sekretär Kromar mitnehmen, obschon ich nicht weiß, was es mir nützen könnte, wenn er, während ich spazierengehe, im Hotel ruht.«

Sie unternimmt eine Dampferfahrt nach Evian, die Elisabeth etwas enttäuscht, aber die Heimfahrt nach Territet ist schön. Von Franz Joseph bekommt sie zärtliche Briefe, die Kaiserin fühlt sogar etwas Heimweh. Tagsüber debattiert sie mit Frederic Barker auf ihren langen Spaziergängen. Der 7. September ist ein Ruhetag, weil der Kaiserin die langen Haare gewaschen werden.

Marie, ihre Schwester, hat so viel vom Schloß der Baronin Julie Rothschild und dem Park mit seinen Gewächshäusern geschwärmt, daß Elisabeth die Sehenswürdigkeit unbedingt mit eigenen Augen bewundern will.

Sie nimmt eine Einladung der Baronin nach Pregny an. Die Privatyacht, die ihr angeboten wird, schlägt Elisabeth aus, weil sie erfahren hat, daß die Schiffsmannschaft, wie alle Bediensteten der Rothschilds, kein Trinkgeld annehmen darf. Es ist ihr unangenehm, Dienste von Leuten in Anspruch zu nehmen und sich in keiner Weise erkenntlich zeigen zu können. Am 9. September fahren die Kaiserin, Irma Sztáray und ein Diener, der die Mäntel trägt, mit dem fahrplanmäßigen Dampfer um neun Uhr früh von Territet ab und treffen mittags in Genf ein. Es ist ein wundervoller Septembertag. Die schöne Herbststimmung, die über dem See und den Ufern liegt, läßt in Elisabeth ein wenig Hoffnung einkehren, daß sie bald wieder größere Seereisen wird machen können. Sie spricht immer wieder von ihrem Plan, auf die Kanarischen Inseln zu reisen und dann noch einmal nach Korfu.

Ankunft in Pregny. Von der Villa Rothschild weht die habsburgische Flagge, die Baronin läßt sie einziehen, als man ihr sagt, daß die Kaiserin unerkannt bleiben will. Die außerordentlich vornehme Art, mit der die Baronin ihren seltenen Gast empfängt, berührt Elisabeth angenehm. Sie erzählt, daß sie und ihr Mann, Adolphe de Rothschild, Marie von Neapel zur Seite gestanden haben, als sie vor Jahren in Gaeta im wahrsten Sinne des Wortes um die Krone gekämpft hatte. Und später, als der König von Neapel den Thron verlor, waren es wieder die Rothschilds, die dem ins Exil getriebenen Paar großzügige Hilfe zukommen ließen.

Rundgang durch das Schloß. Die Sammlungen weltberühmter Bilder, Gobelins, Porzellane und alter Möbel wirken wie ein Museum. Eine Besichtigung der berühmten Rosengärten und Glashäuser der Baronin schließt sich an, Elisabeth wandert von einem Gewächshaus ins andere, kann sich nicht satt sehen an den Farben und Formen der Orchideen. Als die Gastgeberin vorschlägt, zur Erinnerung an den Tag eine Photographie von der Kaiserin inmitten der Orchideen machen zu lassen, wird Elisabeth für einen Moment schwach, obwohl sie sich seit dreißig Jahren nicht mehr vor einen Apparat gesetzt hat. Dann lehnt sie doch freundlich, aber bestimmt ab.

Auch von dem Déjeuner zu dritt, auf kostbarstem altem Meißner Porzellan serviert, der Tischdekoration und der diskreten Tafelmusik eines unsichtbaren Orchesters, das leichte italienische Melodien spielt, ist sie entzückt. Sie schickt die Menükarte dem Kaiser und ihrer Schwester mit der Anmerkung, noch nie ein so gutes Eis gegessen zu haben. Sie trinkt sogar Champagner, was sie seit langem nicht mehr getan hat, stößt mit der Hausherrin an. Im Gespräch mit der Baronin fällt ein berühmter Satz: »Je voudrais que mon âme s'en volasse vers le ciel par une toute petite ouverture du cœur« (Ich wünschte, meine Seele erhöbe sich zum Himmel durch eine winzige Öffnung meines Herzens). Sie ahnt nicht, wie nah ihr die Erfüllung dieses Wunsches schon ist. Am Nachmittag verläßt man das Schiff und reist im Wagen weiter nach Genf, wo Elisabeth als Gräfin Hohenembs im »Hotel Beau Rivage« absteigt.

Dann flanieren Elisabeth und Irma Sztáray durch die abendliche Stadt, gehen durch die anfangs noch belebten Straßen bis zum Boulevard du Théâtre, jenseits der Rhône. Bei Dunier kauft die Kaiserin einen kleinen Intarsientisch, ein Geschenk für Valerie, und beauftragt die Hofdame, am nächsten Tag alles für den Versand vorzubereiten.

Auf der Terrasse der berühmten Konditorei Désarnod nehmen sie Platz, bestellen mehrere Portionen Eis, genießen den herrlichen Abend voll südländischem Flair. Doch plötzlich wird es finster, das elektrische Licht der Stadt fällt aus. In den dunklen Straßen zwischen der Place Bel Air und der Montblanc-Brücke verläuft sich die Kaiserin, sie kann die Brücke nicht finden. Ihr guter Orientierungssinn führt sie schließlich aus dem Gewirr der menschenleeren Gassen wieder heraus. Irma gibt zu, von panischem Schrecken ergriffen gewesen zu sein, während die Episode der Kaiserin nicht das geringste auszumachen schien. Um zehn Uhr abends erreicht sie mit der Gräfin das Hotel.

Irma notiert in ihr Buch: »Die Kaiserin bestellte ihr Frühstück für den nächsten Morgen und ging zur Ruhe. Ich schrieb noch einen Brief. Während des Schreibens blickte ich durch das offene Fenster auf die Bergriesen, die in der Dunkelheit näher zu kommen schienen. ... Nur der Montblanc blieb unsichtbar. Ich hatte eine unruhige Nacht. Als ich in später Morgenstunde eingeschlafen war, schreckte ich aus dem Traume auf, wie von einer gellenden Stimme angerufen; mein Blick fiel auf den Montblanc, dessen Gipfel im Morgenrot glühte.«

*D*er 10. September ist ein schöner, wolkenloser Tag, überflutet von milder Herbstsonne. Um neun Uhr morgens sitzt Elisabeth beim Frisieren, Irma meldet sich an. Die Kaiserin sieht frisch aus, aber auch sie klagt, daß sie schlecht geschlafen habe. »Ich weiß nicht, wie es kam, ich konnte nicht einschlafen. Eine Weile hörte ich den italienischen Sängern zu, dann störte mich das Licht des Leuchtturms. Ich hatte nicht die Kraft aufzustehen, um die Fenster zu schließen. Es mochte gegen zwei Uhr morgens gewesen sein, als ich einschlief. Dann weckte mich der Mond...«

Irma fragt, ob es dabei bleibe, an diesem Mittag das Schiff nach Territet zu nehmen und von dort mit der Zahnradbahn nach Caux zurückzukehren. »Ja«, sagt die Kaiserin, »um ein Uhr vierzig fahren wir. Das Personal kann mit dem Zwölf-Uhr-Zug vorausfahren; ich liebe die großen Aufzüge nicht...«

Elisabeth befindet sich den Morgen über in ungewöhnlich guter Stimmung. Um elf Uhr verläßt sie mit der Gräfin das Hotel. Die Kaiserin spaziert in der Stadt umher, freut sich über das internationale Flair, will sich bei Baecker, dem Instrumentenbauer und Musikalienhändler in der Rue Bonivard, das Orchestrion der Adelina Patti anhören, ein mechanisches Musikinstrument mit Orgel, Klavier und Geigenwerk. Baecker setzt sofort das Instrument in Bewegung, das die Musik eines ganzen Orchesters wiedergibt, legt Walzen mit Arien aus »Aida«, »Carmen«, »Rigoletto« ein. Dann »Tannhäuser«, die Lieblingsoper der Kaiserin. »Ich liebe sie mehr als Lohengrin. Es liegt in ihrer Musik etwas Mystisch-Fatalistisches wie im Geschick ihres Helden«, sagt sie. Elisabeth kauft einen riesigen Musikapparat mit vierundzwanzig Platten für Valerie und ihren Mann in Schloß Wallsee. Als Baecker ihr das Gästebuch vorlegt, sagt sie lächelnd auf ungarisch zu Irma: »Schreiben Sie nur Erzsébet Királnyé (Königin Elisabeth), das versteht er ohnedies nicht, und bis es ihm jemand erklärt, bin ich schon über alle Berge.«

Von hier aus gehen sie ins Hotel zurück, um sich für die Reise anzukleiden. Die Kammerfrau, die Friseuse und der Lakai ihrer Bedienung sind schon vorausgefahren. Elisabeth kommt in ihr Zimmer, wegen der großen Hitze hat man die Fensterläden im Salon der Appartements geschlossen. Sie legt Fächer und Sonnenschirm auf den Tisch, stößt die Läden auf und läßt die Sonne herein. Dann tritt sie vor den Spiegel, nimmt den Hut ab, zieht die weißen Glacéhandschuhe aus und bestellt ein Glas Milch. Irma Sztáray wird unterdessen auf ihrem Zimmer ein Mittagessen serviert. Für das Dessert ist keine Zeit mehr, sie zieht ihre Jacke an, greift nach Tasche und Handschuhen und verläßt den Raum mit raschen Schritten. Im Vorzimmer der Kaiserin zögert sie. Die Etikette verlangt, daß sie sich nicht melden darf, bevor sie gerufen wird. Aber die Zeit drängt, sie klopft leise an die Tür und tritt ein.

»Mir schien es«, so berichtet die Gräfin, »als bliebe die Kaiserin zu lange; ich wurde von einer unbegreiflichen Nervosität ergriffen.« Elisabeth steht in der offenen Balkontür, trinkt in aller Ruhe ihr Glas Milch. »Majestät, es ist gleich halb zwei«, drängt Irma auf ungarisch, »gehen wir, wir verspäten uns. In wenigen Minuten geht der Dampfer.« Die Kaiserin ist so leicht nicht zur Eile zu bewegen. Gedankenverloren sagt sie: »So klar wie heute habe ich den Montblanc noch nie gesehen.« Wenigstens wird ein Diener zum Schiff geschickt, um die Abfahrt hinauszuzögern.

»Bitte stellen Sie sich vor, wir versäumten den Dampfer, Majestät«, klagt Irma, »wir wären dann beide allein hier in Genf!« Lachend tritt Elisabeth vor den Spiegel, setzt den schwarzen Hut auf, zieht die Handschuhe an, ergreift Fächer und Sonnenschirm.

Um zwanzig Minuten vor zwei Uhr soll der Dampfer über

den Genfer See nach Caux ablegen. Genau um 13.35 Uhr verläßt Elisabeth mit Irma zusammen das Hotel, um sich an Bord des Schiffes zu begeben. Sie gehen am Seeufer, am Quai du Montblanc entlang, am Denkmal Karls von Braunschweig mit dem Löwen vorbei. Die Kaiserin, »heiter wie ein sorgloses Kind, das es nicht für sich behalten kann, wenn ihm etwas auffällt«, zeigt auf die Bäume: »Sehen Sie, Irma, die Kastanien blühen. Auch in Schönbrunn gibt es solche Kastanien, die zweimal im Jahr blühen, und der Kaiser schreibt mir, daß auch sie in voller Blüte stehen.«

Die Gräfin mahnt zur Eile, das Schiff werde nicht warten. In der Ferne läutet die Schiffsglocke. Doch Elisabeth läßt sich nicht drängen. Schon scheint es zweifelhaft, ob sie das Schiff überhaupt noch erreichen. Noch einmal läutet die Schiffsglocke. »Majestät, das Schiffssignal«, ruft die Gräfin und eilt unwillkürlich einen Schritt voraus.

Im selben Moment steht von einer Bank auf dem Quai du Montblanc, beim Hotel de la Paix, vor dem drüben auf der anderen Straßenseite die Kutscher mit ihren Wagen stehen, ein junger Mann auf. Er bewegt sich auf eigenartige Weise, springt von einem Baum zum anderen, als ob er verfolgt würde und sich verstecken wolle. Kreuz und quer über das Trottoir hüpfend, nähert er sich der Kaiserin. Er springt vor, stürzt auf Elisabeth zu, macht eine Bewegung, als ob er stolpere, und stößt mit der Faust gegen die Brust der Kaiserin, die lautlos zurücksinkt. Der Mann sucht das Weite, wird aber bald von zwei Kutschern festgehalten, die ihn der Polizei übergeben.

Der Aufschrei der Gräfin ruft Leute herbei. Ein Kutscher hilft, die Kaiserin aufzurichten. Sie schlägt die Augen auf, ist bei Bewußtsein. Ihre Augen glänzen, ihr Gesicht ist gerötet, das Haar hat sich beim Sturz gelockert, das Kleid ist beschmutzt. Einen Augenblick später erhebt sie sich wieder. Ihre Begleiterin hat keine Ahnung, was eigentlich geschehen ist, denn die Waffe in der Hand des Attentäters hat sie nicht bemerkt. »Wie fühlen Sie sich, Majestät? Ist Ihnen nichts geschehen?« fragt sie besorgt. »Nein«, antwortet sie lächelnd, »mir ist nichts geschehen.« Der Kutscher bürstet Elisabeth den Staub aus dem Kleid.

Das Kleid, das Elisabeth am Tag ihrer Ermordung getragen hat.

Einige Passanten, die den brutalen Überfall mitangesehen haben, stürzen herbei, auch der Portier vom »Hotel Beau Rivage« kommt eilig und bittet inständig darum, doch ins Hotel zurückzukehren. Elisabeth lehnt jede Hilfe ab. » Warum? Es ist mir ja nichts geschehen. Eilen wir, sonst versäumen wir das Schiff«, sagt sie.

Sie setzt sich den Hut auf, nimmt Fächer und Schirm, grüßt freundlich die Passanten. Während sie mit der Gräfin an Bord des Dampfers geht, meint sie, Haar und Hut richtend, nachdenklich: »Was wollte denn dieser Mensch eigentlich?« Und nach einer Weile: »Vielleicht wollte er mir die Uhr wegnehmen.« Irma Sztáray bietet ihren Arm an, doch Elisabeth scheint keine Hilfe zu brauchen, frisch und munter geht sie rasch weiter. Dann, nach ein paar Schritten: »Nicht wahr, jetzt bin ich blaß?« »Ein wenig«, antwortet Irma, »vielleicht vom Schrecken.«

Da hört man den Portier des Hotels, der den Damen nacheilt. Man habe den Mann ergriffen, stößt er hervor. Die Kaiserin scheint nicht zu verstehen. »Was sagt er?« fragt sie. Plötzlich verzieht sie das Gesicht. »Ich glaube, die Brust schmerzt mich ein wenig ... ich bin mir nicht sicher.«

Elisabeth schreitet über den Anlegesteg, geht mit leichten Schritten über die Schiffsbrücke, erreicht den Dampfer, da wird ihr schwindlig, sie beginnt zu wanken. »Jetzt Ihren Arm...«, sagt sie zu Irma.

Gleich darauf wird die Kaiserin ohnmächtig, die Gräfin umfängt sie, kann sie nicht halten, fällt auf die Knie. »Einen Arzt! Einen Arzt! Wasser!« Irma Sztáray bemüht sich mit einigen anderen Damen, Elisabeth wieder ins Bewußtsein zurückzurufen, doch diese liegt totenbleich mit geschlossenen Augen in den Armen der knienden Gräfin. Noch immer ahnt niemand, was eigentlich geschehen ist. Irma glaubt, die Kaiserin habe einen Herzanfall erlitten.

Elisabeth wird auf eine Bank gelegt. Ein Herr tritt hervor, bietet die Hilfe seiner Frau an, die sich auszukennen scheint, sich jedenfalls auf Krankenpflege versteht. Madame Dardelle benetzt Elisabeths Stirn und Schläfen mit Wasser. Ein anderer Herr, M. Deysset, schlägt vor, es sei besser, die Dame auf das

Verdeck zu bringen, dort sei die Luft kühl. Man legt die Kaiserin oben auf eine Bank. Mme. Dardelle bringt Eau de Cologne, Irma schneidet die Miederschnüre auf, reibt die Stirn mit dem Kölnisch Wasser ein. Auch ein Stückchen in Äther getauchter Zucker, die kühlere Luft, die nun vom See kommt, scheinen belebend zu wirken.

Noch einmal kommt Elisabeth zu sich, blickt wie aus einem Traum erwachend um sich, richtet sich langsam auf. Mit schwacher Stimme sagt sie zu der fremden Dame: »Merci.« Ihr verschleierter, unsicherer Blick schweift über das Schiff. Dann suchen ihre Augen den Himmel, bleiben an der Spitze der Berge haften und werden plötzlich seltsam groß und fragend: »Was ist denn jetzt mit mir geschehen?« fragt sie Irma erstaunt mit lauter, klarer Stimme. Es sind ihre letzten Worte. Bewußtlos sinkt sie wieder zurück.

Um ihr Erleichterung zu verschaffen, öffnet Irma ihr den kleinen schwarzen Seidenfigaro über der Brust, reißt die Bänder auseinander und bemerkt mit Entsetzen auf dem darunter befindlichen Batisthemd oberhalb des Herzens einen kleinen Blutfleck in der Größe eines Geldstücks. Das Hemd beiseiteschiebend, entdeckt sie eine kleine dreieckige Wunde, an der ein Tropfen getrocknetes Blut klebt.

Irma Sztáray ruft den Kapitän des Schiffes herbei, die kranke Dame an Bord sei die Kaiserin von Österreich. »Man darf sie nicht so sterben lassen, ohne ärztliche Hilfe, ohne kirchlichen Beistand, bitte, kehren Sie sofort um.« Kapitän Roux nickt, verliert kein weiteres Wort. Der Dampfer wendet und kehrt nach Genf zurück.

Vor der Einfahrt in den Hafen wird in aller Eile eine improvisierte Tragbahre aus Segeltuch gemacht, sechs Männer heben die Kaiserin, Irma deckt die schmale Gestalt mit dem großen schwarzen Mantel zu. »Die Agonie war so sanft, ohne jedes Zeichen des Kampfes, doch in diesem Augenblick wandte sie unruhig den Kopf zur Seite.« Ein fremder Herr hält den weißen Schirm Elisabeths sorgsam über sie. So kommt dieser traurige Zug mit der Kaiserin ins Hotel zurück, das sie kaum eine Stunde zuvor ganz froh verlassen hat. Man ruft nach Ärzten, nach einem Priester. Schon hat sich eine erregte Menschenmenge angesammelt.

Kurz nachdem man Elisabeth im Zimmer auf ein Bett gelegt hat, seufzt sie zweimal tief auf, fällt dann wieder in Agonie. Im Hotel sind zwei Ärzte zur Stelle, Dr. Golay und Dr. Mayer, die Frau des Hoteliers und eine englische Pflegerin assistieren ihnen. Golay versucht mit einer Sonde in die Wunde einzudringen. Unmöglich, die Wundöffnung in der Haut hat sich nach der Entfernung des Mieders verschoben. »Es ist keine Hoffnung mehr«, sagt der Arzt, »gar keine Hoffnung.« Ein Priester betritt das Zimmer, erteilt das Sterbesakrament und die Generalabsolution. Noch immer lebt Elisabeth, schwach und leise atmend. Erst um zwanzig Minuten nach zwei Uhr spricht der Arzt das Wort aus: »Tot.«

Die Schlagader des linken Arms wird geöffnet, es kommt kein Tropfen Blut. Die Ärzte verlassen das Zimmer.

*W*er ist der Mörder? Vor dem Untersuchungsrichter Charles Léchet steht ein junger Mann von gedrungenem Körperbau, mit südländischem Gesicht, ein italienischer Anarchist. Luigi Lucheni, am 21. April 1873 in Paris geboren, also fünfundzwanzig Jahre alt. Zuletzt in Lausanne gemeldet, wo er als Maurer auf dem Baugelände des neuen großen Postgebäudes arbeiten will. Die Mutter ist Italienerin. Er hat weder sie noch den Vater gekannt. Seine Kindheit verlebt er im Waisenhaus in Parma. Im Alter von zehn Jahren entlassen, arbeitet er in den verschiedensten Gewerben, an vielen Orten. Als Zwanzigjähriger wird er Soldat, dient in Neapel, dann als Kammerdiener dem Prinzen von Aragonien.

Luigi Lucheni ist stolz auf seine Tat, er lacht und singt, als er verhaftet und ins Strafgefängnis Saint-Antoine gebracht wird. Endlich, sagt er in endlosen Verhören zum Generalstaatsanwalt G. Navazza, der den Fall aufklären soll, wird sein Name berühmt werden, alle Zeitungen der Welt werden von ihm reden. Nein, sagt er aus, er persönlich habe nichts gegen die Kaiserin von Österreich, nur seine Pflicht habe er erfüllt. Er fühle keinerlei persönlichen Haß gegen Elisabeth. Er ist auch nicht, wie viele Italiener, empört darüber, daß Österreich sein Vaterland so lange unterdrückt hat. Seine Gesinnungsgenossen werden ihm aber sicherlich dankbar sein, daß er wenigstens einen der Reichen und Mächtigen getroffen hat. Sein ganzes Leben habe er dem anarchistischen Prinzip geopfert.

Als er gefragt wird, ob er dieselbe Tat wieder begehen würde, sagt Lucheni ohne Zögern und mit triumphierendem Lächeln: »Natürlich.« Auf die Frage, warum er die Kaiserin von Österreich getötet hat, antwortet er, daß er es »im Kampf gegen die Großen und Reichen« getan habe: »Ein Lucheni tötet eine Kaiserin, aber niemals eine Wäscherin.«

Ein Wahnsinniger? Die Ärzte finden keine Spuren. Ein Verdacht, der sich von homosexuellen Neigungen in Neapel und zweifellos auch von der Zeit als Kammerdiener herleitet, doch keinerlei sexualpathologische Merkmale.

Lucheni ist bekennender Anarchist, doch er sagt nur allgemeine Sätze daher wie eine gelernte Aufgabe. Wie kam er auf die Idee, eine Frau zu töten, die zwar Kaiserin ist, sich von allen politischen und öffentlichen Dingen aber stets fernhält?

Lucheni sagt aus: »Ich kam nach Genf mit dem Vorsatz, eine hochstehende Persönlichkeit zu töten. Es sollte ein Souverän fallen, welcher, war mir gleichgültig. Man hatte mir gesagt, der Herzog von Orléans sei in Evian; ich war entschlossen, ihn zu töten. Ich suchte ihn in Evian, in Genf. Ich konnte ihn nicht erwischen; er reiste mir jedesmal vor der Nase davon...«

»Der Dolch«, fragt Untersuchungsrichter Léchet, »den Sie bei dem Trödler in Lausanne gekauft und dann sorgfältig zugerichtet haben, war also für den Herzog von Orléans bestimmt?« Lucheni nickt. Und so wird schließlich Elisabeth durch einen dummen Zufall das unglückliche Opfer der Idee eines Fanatikers.

Lucheni strotzt vor Selbstbewußtsein, daß er der Auserwählte einer Mission ist, die vollbracht werden mußte. Er ist stolz, ein »individueller Anarchist« zu sein, behauptet, er habe aus eigenem Antrieb gehandelt, nicht im Auftrag irgendeiner Organisa-

Luigi Lucheni, der Attentäter.

tion. Von dem triumphierend dreinschauenden, von seiner Tat innerlich völlig unberührten Mörder ist keine Antwort zu bekommen, die den Grund für das Attentat deutlicher machen würde. Über die Vorbereitungen zu seiner Tat zeigt er sich jedoch sehr auskunftsfreudig: Da er zu arm sei, sich ein Messer zu kaufen, habe er eine Feile in einen Holzgriff eingebohrt. Er behauptet, die Kaiserin im Jahre 1894 in Budapest gesehen und ihr Bild in der Erinnerung behalten zu haben. Er kann aber keine Erklärung dafür abgeben, wie er nach Budapest kam, was er dort gesucht hat, er weiß auch auf die Frage nichts zu erwidern, wer ihn, den Ausländer, auf die Kaiserin aufmerksam gemacht haben soll. Lucheni sagt, er habe Elisabeth wiedererkannt, von deren Anwesenheit er in Genf erfahren hat. Als die Diener Gepäck aus dem Hotel trugen, habe er daraus sofort geschlossen, daß die Kaiserin den Dampfer um 13.40 Uhr nehmen wolle.

Keine Hintermänner, keine von langer Hand geplante Aktion? Wurde Elisabeth nicht von einer Mordsekte verfolgt? Hat man ihren Namen, den sie am liebsten hinter Pseudonymen verbarg, nicht auf die Liste eines dubiosen Rachekorps gesetzt? Auf dem Tisch der kantonalen Gerichtspolizei häufen sich Briefe mit Anzeigen aus der Bevölkerung, man durchforscht die Kreise der politischen Emigranten, sucht die verborgensten Winkel der Schweiz nach Helfershelfern Luchenis ab. Bald muß man aber erkennen, daß der Anarchist wohl die Wahrheit gesagt hat, als er zu Protokoll gab: »Ich habe ohne Mithilfe, aus eigenem Antrieb gehandelt, ich allein bin für die Tat verantwortlich.« Lucheni streitet alles ab, er verrät nicht, ob er am 5. September an einer Anarchistenversammlung in Thonon teilgenommen hat, in deren Verlauf der Tod der Kaiserin beschlossen worden sein könnte.

Auch die Sicherheitsvorkehrungen und die Vorsichtsmaßnahmen kommen zur Sprache. Die Polizei weist jeden Vorwurf der Fahrlässigkeit von sich. Sie glaubt zu wissen, welches der regierenden Häupter bedroht ist, es habe keinen Anhaltspunkt dafür gegeben, daß die Kaiserin von Österreich jemals die Aufmerksamkeit anarchistischer Verschwörer auf sich gelenkt hätte. Trotzdem sind, sobald sie den Boden der Schweiz betreten hat, Vorkehrungen zur Sicherheit ihrer Person getroffen worden. Der Chef der Polizei des Kantons Waadt, Vivrieux, bestreitet, die Kaiserin unbewacht gelassen zu haben; er selber hat den Sicherheitsdienst angeordnet und für mitreisende Agenten gesorgt, deren Pflicht es war, der Kaiserin auf ihren Ausflügen zu folgen. Doch auch diesmal hat Elisabeth die ihr folgenden Detektive bemerkt und sich die ihr lästige Überwachung in so bestimmtem Ton verbeten, daß Vivrieux sich einschüchtern ließ und am Tag vor dem Attentat seine Leute zurückzog.

Völlig aufgebracht reagieren die Frauen Wiens auf die Tat des Anarchisten. Sechzehntausend Frauen unterzeichnen einen Brief, in dem ihre Wut und Empörung zum Ausdruck kommt. Sie laden brutale Flüche auf Lucheni ab: »Mörder, Bestie, Ungeheuer, reißendes Tier, die Frauen und Mädchen Wiens seufzen danach, Dein furchtbares Verbrechen, das Du an unserer geliebten Kaiserin begangen hast, zu rächen. Weißt Du, reißendes Tier, was Du verdienst? Höre, Ungeheuer: wir wollen Dich auf einen Tisch legen – wir, die wir ein gutes Herz haben, wir könnten mit Vergnügen zuschauen, wie man Dir die beiden Arme und Füße abschnitte. Um Deine Schmerzen zu versüßen, würden wir Deine Wunden mit Essig waschen und sie dann mit Salz trocknen. ... Sei verflucht während Deines ganzen Lebens, Elender, grausames Ungeheuer. Was Du ißt, das bekomme Dir nicht. Dein Körper möge Dir nur Schmerzen bereiten und Deine Augen geblendet werden. Und Du sollst leben in ewiger Finsternis. Das ist der heißeste Wunsch der Frauen und Mädchen von Wien.«

Da der Kanton Genf die Todesstrafe abgeschafft hat, wird Lucheni genau einen Monat nach seiner Tat zu lebenslänglichem Zuchthaus verurteilt. Er erhängt sich im Jahr 1910 in seiner Zelle.

*W*ien, 10. September. Ein klarer, azurblauer Himmel wölbt sich über dem Schönbrunner Park.

Am Morgen hat Franz Joseph durch seine Tochter Marie Valerie gute Nachrichten von der Kaiserin erhalten. Sobald er ein wenig Zeit hat, schreibt er Elisabeth einen zärtlichen Brief: »Édes szeretett lelkem (Meine süße, geliebte Seele). ... Sehr erfreut hat mich die bessere Stimmung, die Deinen Brief durchweht, und Deine Zufriedenheit mit dem Wetter, der Luft und Deiner Wohnung samt Terrasse, welche einen wunderbaren Ausblick auf Berge und See gewähren muß. Daß Du dennoch eine Art Heimweh nach unserer lieben Villa Hermes gefühlt hast, hat mich gerührt...« Er berichtet ihr alles, was er am Tage vorher getan hat, erwähnt natürlich auch Katharina Schratt, die sich gerade in den Bergen befindet. Am selben Abend, fügt er hinzu, werde er zu einem Manöver abreisen, er verspreche sich viel Vergnügen davon. Der Brief schließt mit den ungarischen Worten: »Isten veled szeretett angyalom« (Adieu, geliebter Engel), »Dich von ganzem Herzen umarmend, Dein Kleiner.«

Nachmittags um vier Uhr sitzt der Kaiser allein in seinem Arbeitskabinett am Schreibtisch und studiert das Programm der bevorstehenden Manöver. Da läßt sich plötzlich sein Generaladjutant, Graf Paar, melden, um eine dringende Mitteilung zu machen. Ein Telegramm von Irma Sztáray ist in der Hofburg eingetroffen: »Ihre Majestät die Kaiserin wurde schwer verwundet. Bitte dies Seiner Majestaet dem Kaiser schonungsvoll zu melden.« Paar hat unverzüglich eine Equipage vorfahren lassen und ist nach Schönbrunn geeilt, wo sich der Kaiser gegen seine übliche Gewohnheit den ganzen Tag über aufhält.

Seit langem daran gewöhnt, sich über nichts mehr aufzuregen, befiehlt Franz Joseph, den Generaladjutanten vorzulassen. Während er seine Brille abnimmt, sagt er im ruhigsten Ton der Welt: »Was ist denn, mein lieber Paar?«

Blaß, mit verzerrtem Gesicht, stottert der Graf, der das Telegramm in der Hand hält: »Majestät – Majestät werden heute abend nicht abreisen können. Ich habe leider eine sehr schlechte Nachricht erhalten. Ein Telegramm aus Genf: Ihre Majestät die Kaiserin ist schwer verletzt.«

In diesem Augenblick wird eine zweite Depesche gebracht. Der Kaiser nimmt sie mit einer raschen Bewegung an sich, reißt sie selbst auf und liest: »Ihre Majestät die Kaiserin soeben verschieden.« Er schwankt, läßt sich in den Schreibtischsessel fallen und bricht, den Kopf auf die Arme gestützt, in ein verzweifeltes Weinen aus. Graf Paar hört ihn leise sagen: »Mir bleibt auch nichts erspart auf dieser Welt.« Und: »Sie wissen nicht, wie ich diese Frau geliebt habe.«

Nachdem der Kaiser sich wieder ein wenig gefangen und aufgerichtet hat, läßt er den Außenminister Graf Goluchowski eintreten, der in aller Eile benachrichtigt worden ist und inzwischen die Todesnachricht über die Berner Gesandtschaft erhalten hat. Er ist mit der Vorbereitung der Abreise des Kaisers zu den seit langem geplanten Korpsmanövern nach Leutschau in der Slowakei beschäftigt. Vor den beiden Männern spricht Franz Joseph herzzerreißend über seine Frau. Dann ergreift ihn der Zorn, und er ruft aus: »Warum hat dieser Mensch das getan? Warum hat er sie ermordet, die nie jemandem ein Leid getan hat?«

Gegen sechs Uhr abends flackert die Nachricht vom Tod der Kaiserin durch die Straßen von Wien. Kaum jemand vermag es zu glauben, dann kommen die ersten Extrablätter, sie werden den Zeitungsjungen aus den Händen gerissen. Wer eines ergattert hat, liest es den Umstehenden laut vor. Sofort wird in der ganzen Stadt die Prachtbeleuchtung gelöscht, alle Vorstellungen der Theater und der Hofoper abgesagt, in den Kaffeehäusern verstummen die Musikkapellen. Zwei Stunden später sind auf dem Stephansplatz und in den umliegenden Straßen der Inneren Stadt einige Zehntausend Menschen zusammengeströmt. »Der Wagenverkehr kam zu Erliegen«, melden die Korrespondenten, »die Menschen standen in dumpfer Verzweiflung, viele weinten.«

Kurz nach Anbruch der Dunkelheit finden die ersten Demonstrationen gegen italienische Arbeiter statt, in den Lokalen werden sie beschimpft. »Die Italiener nehmen uns das Brot weg und ermorden unsere Kaiserin.« Als patriotische Lieder angestimmt werden und Ausschreitungen drohen, fliehen sie verängstigt durch die Hintereingänge ins Freie. Die Polizei greift ein, um die aufgeregte Menge zu beruhigen. In der Hofburg treffen inzwischen die ersten Beileidstelegramme ein, von Kaiser Wilhelm, Königin Victoria, Felix Faure, dem Präsidenten der französischen Republik, von William McKinley, dem amerikanischen Präsidenten.

Dann gärt es auch in der Provinz. Triest ist der Schauplatz von spontanen Demonstrationen gegen die Italiener, mehr als viertausend Menschen ziehen, mit dem Hut in der Hand, schweigend durch die Straßen, zerstreuen sich dann wieder friedlich. Bei einem Konzert im Volksgarten und am »Teatro Politeama Rosetti« kommt es jedoch zu Handgreiflichkeiten. Gegen die Redaktionsgebäude italienischer und jüdischer Zeitungen fliegen Steine.

In Wien beruhigt sich die Lage wieder. Die Blumenhandlungen der Stadt rüsten zum Geschäft des Jahres. Eines der größten Blumengeschäfte der Residenz liefert allein achthundert Kilogramm Lorbeerblätter. Schätzungsweise eintausend Kränze werden den Sarg der Kaiserin schmücken.

Fieberhaft brandet um Elisabeth jetzt das Leben. Wenige Tage zuvor hat sie noch gesagt: »Ich wünsche mir einen schnellen, schmerzlosen Tod.« Sie ist gestorben ohne zu leiden, ohne zu wissen, daß sie ihr Leben beschließt. Schmerzlos und ohne Todeskampf sinkt sie in die Ruhe, die kein Ende mehr nimmt.

Kommissare der Polizei, Untersuchungsrichter, Staatsanwälte, Fragen über Fragen, Ärzte, Geistliche, Verhöre, Vereidigungen. Telegramme werden abgesandt. Der Totenbeschauer trifft ein, einige Beamte im Schlepptau. Irma wird belehrt: »Sie wissen wohl, daß alles, was Sie hier aussagen, unter Eid gesprochen ist?« Das schweizerische Gesetz fordert die Obduktion der Leiche noch im Land, bevor sie in die Heimat überstellt wird. Eine Kommission läßt sich blicken, es ist eine genaue Untersuchung erforderlich.

Klosterfrauen kommen, die katholische Geistlichkeit, angeführt vom Bischof von Fribourg. Dann verbringt Irma einige Zeit allein mit ihrer Kaiserin: »Die traurigsten Stunden meines Lebens zogen an mir vorüber in dieser Kirchhofstille. Dies war unser letztes Zusammensein zu zweien. Aber wie unüberbrückbar war der Gegensatz zwischen meiner aufgewühlten Seele und ihrer friedlichen Ruhe. ... Wie meine Seele mit der Verzweiflung rang, so kämpfte das Tageslicht mit dem Schatten. Die Kerzenflammen flackerten in trübem Glanze, erwarteten ungeduldig die Finsternis.«

Abends um acht Uhr kommen General Berzeviczy, der sofort aus Caux herbeigeeilt ist, und das Personal an, bald darauf Graf Kuefstein, der österreichische Gesandte in Bern. Gegen zehn Uhr wird die Leiche der Kaiserin in einen provisorischen Sarg gebettet, in den fortwährend Eisstücke gegeben werden. Bis nach Mitternacht halten Irma, Berzeviczy und Kuefstein die Totenwache.

Sonntag, 11. September. Im »Hotel Beau Rivage« läßt nichts darauf schließen, daß hier eine tote Kaiserin ruht. Der Hotelbetrieb läuft routiniert wie üblich, Reisende kommen und gehen. Erst mittags werden im Vestibül Kondolenzlisten ausgelegt.

Am Nachmittag um zwei Uhr findet die Autopsie durch die Ärzte Professor Auguste Reverdin, Dr. Gosse und J. A. Megévaud statt, sie dauert eine knappe Stunde. Irma Sztáray ist dabei, ebenso eine Reihe offizieller Persönlichkeiten. Die Leiche wird geöffnet. Professor Reverdin schneidet den Brustkorb auf, um die Art der Wunde festzustellen. Der tödliche Stoß ist offensichtlich so heftig geführt worden, daß dabei die vierte Rippe zersplitterte. Elisabeths Herz, durchaus gesund, ist nach innen verblutet. Acht und einen halben Zentimeter tief ist die Mordwaffe in den Körper eingedrungen ist, hat Lunge und Herz durchbohrt und ist bei dem unteren Teil der Herzkammer herausgetreten. Doch da die Waffe außerordentlich scharf war, hat die Wunde nur wenig geblutet. Es hat geraume Zeit gedauert, bis der Herzbeutel sich mit Blut gefüllt hat, der Tod trat erst nach der durch den Blutzufluß bedingten Anschwellung des Herzbeutels ein.

Im Auftrag des Generalprokurators photographiert Doktor Golay die Wunde, die Aufnahmen nimmt der Generalstaatsanwalt für das Gericht in Verwahrung. Die Waffe, die in der Rue des Alpes von einem Portier gefunden wurde, ist eine hergerichtete dreikantige Feile mit Holzgriff, die scharf geschliffene Klinge zehn Zentimeter lang.

Nach der Obduktion wird der Leichnam Elisabeths von den Ärzten einbalsamiert, am Abend dann wieder in den provisorischen Sarg gebettet und so feierlich wie nur möglich aufgebahrt. Irma zieht der toten Kaiserin ihr »schönstes schwarzes Seidenkleid« an, das, welches sie von allen ihren Kleidern am meisten geliebt hat, legt dann einen Kranz aus Veilchen, den Lieblingsblumen der Kaiserin, auf den Sarg. »Jetzt machte ich das Zeichen des Kreuzes über sie und drückte ihr die Augen zu«, berichtet die Gräfin. »Mit Hilfe der Wärterin ordneten wir nach Möglichkeit das Sterbegemach. Auf einen Tisch neben ihr stellte ich ein Kruzifix zwischen vier brennende Kerzen. Und die Herbstastern brachten wir aus dem Salon herein. Mochten sie sie immerhin umblühen, da sie sie jetzt nicht mehr an die Vergänglichkeit erinnern konnten.«

Die Haare liegen wie eine Krone um Elisabeths Kopf, die gefalteten Hände halten ein kleines Kreuz aus Perlmutt und den Rosenkranz. Auf der Brust, an der Stelle des Herzens, ein weißer Orchideenstrauß, den Baronin Julie Rothschild in Erinnerung, wie schön Elisabeth diese Blumen fand, geschickt hat. Über dem Körper liegt ein weißes Spitzentuch mit der Aufschrift »Repose en paix«. Durch einen leichten Schleier ist ihr Gesicht zu erkennen. Sie sieht aus, als ob sie schliefe.

»Auf dem Tische«, berichtet Conte Corti, »liegen die Dinge, die die Kaiserin stets und auch auf ihrem letzten Gange getragen hat. Ungewohnt verlassen, als fragten sie, was mit der Herrin sei, was nun mit ihnen geschehe. Die kleine, einfache Goldkette mit dem Ehering, den Elisabeth nie auf der Hand, immer vom Halse herabhängend unter dem Kleide getragen. Der unvermeidliche, einfache Lederfächer, die Uhr aus Chinasilber, auf der vorne das Wort Achilleius eingraviert ist, mit dem abgenützten, kleinen Lederbändchen mit Steigbügel. Das Armband mit zahllosen, meist mystischen Anhängseln, dem Totenkopf, dem Sonnenzeichen mit drei Füßen, der goldenen Hand mit ausgestrecktem Zeigefinger, Marienmedaillen und byzantinischen Goldmünzen. Dann zwei Medaillons, eines mit den Haaren des Kronprinzen, ein anderes mit dem einundneunzigsten Psalm der Bibel.«

Oben: Aufbahrung im Salon des Hotels Beau Rivage.
Unten: Abholung der Leiche zur Totenfeier.

Die Wände und Fenster des Zimmers sind mit schwarzem Tuch verhängt, auf dem kleine Silberkreuze leuchten. Riesige Kerzen auf silbernen Kandelabern umgeben den Katafalk, der Raum ist mit Palmen geschmückt, auf schwarz drapierten Betstühlen sprechen Priester und Nonnen abwechselnd Gebete. Nur wenige Personen finden Platz in dem Salon, der mit Blumen und Kränzen überfüllt ist. Berzeviczy empfängt persönlich die wenigen Besucher, denen der Eintritt gestattet wird, und nimmt die Beileidsbekundungen im Namen des Kaisers entgegen.

Während des Sonntags treffen in der Wiener Hofburg weitere Beileidsdepeschen ein, von Papst Leo XIII., Umberto, dem König von Italien, dem russischen Zarenpaar Alexandra und Nikolaus, von sämtlichen regierenden Häusern und Monarchen Europas, ja der ganzen Welt. Katharina Schratt, die sich im Salzburger Land aufhält, reist auf schnellstem Weg nach Wien zurück, wo sie am Morgen des 11. September eintrifft. Der Kaiser wird von ihrer Ankuft verständigt, findet trotz aller Aufregungen noch Zeit, ihr ein paar Zeilen zu schreiben: »Theuerste Freundin ... Ich erwarte Sie von 11 Uhr an und bitte nicht durch den Garten, sondern durch meine Kammer zu kommen. Auf Wiedersehen! Ihr Franz Joseph.«

Kurz vor elf Uhr abends Uhr fährt von Wien der Hofsonderzug nach Genf ab, der die Leiche der Kaiserin überführen soll. Der gesamte Hofstaat Elisabeths, an seiner Spitze Obersthofmeister Franz Graf Bellegarde und Obersthofmeisterin Theresia Gräfin Harrach, begleitet den Zug, dessen Waggons mit schwarzgrünem Tuch ausgeschlagen werden. Schwarzseidene Tücher verschließen die Fenster, auf den Boden werden schwarze Teppiche mit weißen Kreuzen gelegt. In der Mitte des größeren Abteils steht der Katafalk, im kleineren Abteil befinden sich drei Sitzplätze. Öllampen verbreiten ein trübes Licht.

Elisabeths letzte Reise. Einmal hatte sie sich gewünscht, am Meer begraben zu werden, »so daß die Wellen sich an meinem Grab brächen. Dann würden alle Sterne des Himmels auf mich herabscheinen und die Zypressen würden viel länger als die Menschen um mich trauern«. In ihrem Testament hat sie verfügt, ihre letzte Ruhestätte solle die Insel Korfu sein. Diesen Wunsch jedoch erfüllt man ihr nicht. Franz Joseph ordnet die Überführung des Leichnams nach Wien in die Gruft der Kapuzinerkirche an.

In drei Särgen liegt die tote Kaiserin, zwei ineinander liegende Bleisärge werden von einem mit Bronze verzierten, auf Löwenpranken ruhenden Sarg aus Eichenholz umschlossen. Bevor man die Särge zu verlöten beginnt, wird in Gegenwart der schweizerischen Behörden sowie Graf Kuefsteins und General Berzeviczys ein Protokoll aufgenommen, das die Identität der Toten bestätigt. Der Sarg hat zwei Glasfenster, und durch zwei verschließbare Türen läßt sich der Sargdeckel oberhalb der Fenster öffnen, so daß es möglich bleibt, in das Innere des Sarges zu schauen. Ein Schlüssel wird Berzeviczy, der andere dem Zeremonienmeister übergeben.

Am Nachmittag um fünf Uhr nimmt der greise Bischof von Fribourg, Deruaz, die Einsegnung der Leiche vor.

Mittwoch, 14. September. Genf nimmt Abschied von Elisabeth. Die Nacht über haben zwei Gendarmen vor dem Hotel Wache gestanden. Bei Sonnenaufgang werden die Fahnen auf halbmast gesetzt. Schon um sechs Uhr beginnen sich die Straßen zu beleben, strömen die Menschen zum Quai, um sieben Uhr steht die Menge so dicht, daß sie von Polizisten zurückgehalten werden muß.

Bundespräsident Ruffy und die Bundesräte fahren zum »Hotel Beau Rivage«, wo sie vom Genfer Staatsrat erwartet werden. Kurz vor acht Uhr wird der Sarg mit der sterblichen Hülle der Kaiserin Elisabeth von Dienern in schwarzer Livree die Treppe hinuntergetragen, im Gefolge die Grafen Kuefstein und Bellegarde, die Gräfinnen Harrach, Festetics und Sztáray (ununterbochen weinend), General Berzeviczy und andere Mitglieder des Hofstaats. Punkt acht Uhr öffnen sich die Türen des Hotels, acht Träger bringen den Sarg zum bereitstehenden Leichenwagen, er wird in ein schwarzes, silberbesticktes Tuch gehüllt, dann setzt er sich langsam in Bewegung.

Die Stadt Genf trägt Trauer. Alle Geschäfte sind geschlossen, auch alle Büros und Werkstätten. Beamte, Angestellte und Arbeiter haben einen freien Tag bekommen, um am Trauerzug teilnehmen zu können. Wohl mehr als die Hälfte der Bevölkerung Genfs folgt dem Aufruf. Auf dem tiefblauen See, über den die Herbstsonne silberne Reflexe wirft, regt sich kein Schiff, kein Segel. Nur die »Clémence«, die große Glocke der Genfer Kathedrale läutet dunkel und schwer mit ihrem tiefen Ton.

Die dumpfen Glockenschläge leiten die einfache, aber ungemein ergreifende Trauerkundgebung des schweizerischen Bundesrates ein, die »Manifestation de regret et de sympathie«. Ohne jegliche Glanzentfaltung, ohne militärisches Gepränge hinterläßt diese Kundgebung einen tiefen Eindruck.

Die Fenster der Appartements im »Hotel Beau Rivage« sind dicht verhängt. Eine halbe Stunde defiliert der Trauerzug am Hotel vorbei. Alle Teilnehmer werfen einen Blick auf den ersten Stock, viele grüßen stumm durch eine Verneigung. Der Quai ist überflutet von der Menge, jede Minute gehen dort wohl mehr als tausend Menschen eng aneinander gedrängt vorbei. Und noch immer ist es still.

Mit gesenkten Säbeln ziehen die Schweizer Soldaten, die Polizeigarde in ihren rotgelben Uniformen, die Mitglieder der schweizerischen Regierung, hinter ihnen die Abgesandten der Stadtbehörden, die Repräsentanten von siebenundvierzig Gemeinden des Kantons, Professoren und Studenten der Universität, der endlose Zug trauernder Bürger am Hotel vorüber und geben dem von sechs Pferden gezogenen, über und über mit Blumen bedeckten Trauerwagen mit dem Sarg das letzte Geleit.

Elisabeths Sarg wird über den trauerbeflaggten Quai und die Rue du Montblanc zum Bahnhof gefahren. Die Sonne scheint über der frühherbstlichen Landschaft. Ein heller Abschied ist diese in Licht, Wärme und Blüten gehüllte Fahrt zum Bahnhof.

Vom Genfer Bahnhof aus tritt der Hofzug seine lange Reise nach Wien an. Zehntausend Menschen warten in Lausanne, auch in Bern und Zürich drängen sich Tausende auf den Perrons und vor den Bahnhöfen, nachts um halb zwölf wird Buchs

Gedenkfeier und Leichenzug in Genf.

erreicht. In jeder Stadt läuten sämtliche Kirchenglocken. Bei der Durchfahrt durch das Fürstentum Liechtenstein läuten die Glocken sogar ununterbrochen. Düstergrauer Himmel über Innsbruck, wo der Zug gegen halb acht Uhr morgens eintrifft, lautlos und langsam fährt er in den Bahnhof ein, eine unübersehbare Menschenmenge hat sich auf dem Bahnhofsplatz und entlang der Bahnstrecke eingefunden. Kurz nach zwei Uhr nachmittags wird Salzburg erreicht, gegen sechs Uhr abends Linz.

Die Metropole der Donaumonarchie bereitet sich auf das Begräbnis und die Hoftrauer vor. In den Zeitungen erscheinen präziseste Ratschläge, vor allem Kleidungs- und Uniformierungsvorschriften, um den Lesern Verstöße gegen die Etikette zu ersparen. Die Haupt- und Residenzstadt hat zu einer großen Feier gerüstet. Die Ringstraße ist schwarz beflaggt.

Der Kaiser hat Schönbrunn seit dem Empfang der Unglückstelegramme nicht verlassen, allerdings ist Marie Valerie bei ihm, die unmittelbar nach der Todesnachricht, die sie in Schloß Wallsee erhalten hat, noch am selben Abend nach Schönbrunn gefahren ist. Sie sieht Tränen in den Augen ihres Vaters, »aber fassungslos war er auch da nicht, und bald darauf wieder ruhig wie damals nach Rudolfs Tod. Wir gingen zusammen in die Sonntagsmesse und dann durfte ich diesen ganzen ersten Tag fast ununterbrochen bei ihm verbringen, neben seinem Schreibtisch sitzend, während er arbeitete wie sonst, mit ihm die von Genf kommenden genaueren Nachrichten lesend, ihm helfend, die Kondolenzbesuche der Familienmitglieder zu empfangen.« Die Lieblingstochter der Kaiserin tröstet sich über den Schock der Todesnachricht hinweg: »Nun ist es gekommen, wie sie es immer wünschte, rasch, schmerzlos, ohne ärztliche Beratungen, ohne lange, bange Sorgentage für die Ihren.«

Franz Joseph verbringt die meiste Zeit in seinem Arbeitszimmer, die Empfänge absolviert er ruhig und gefaßt. Er prüft selbst

die ihm vorgelegten Entwürfe für die Überführung der Leiche
nach Wien und für das Leichenbegängnis, fügt Ergänzungen
hinzu. Die Wiener ziehen nach Schönbrunn hinaus, eine Menge von mehreren tausend Menschen findet sich vor dem Schloß
ein.

Donnerstag, 15. September. Der Sarg mit Elisabeths Leichnam wird am Abend gegen zehn Uhr in Wien erwartet.

Seit dem frühen Nachmittag haben Menschenmassen die
Ringstraße in ein düsteres Meer verwandelt, gegen Abend hin
hat sich die Stadt ganz gefüllt. Von allen Häusern wehen
schwarze Fahnen, Balkone, Portale, Laternen, alles wird mit
Trauerstoff verkleidet. Über die Mariahilfer Straße bewegt sich
ein immer größer werdender Korso, der sich noch verstärkt, als
mit Einbruch der Dämmerung Comptoirs und Geschäfte
schließen. »Um halb sieben«, berichtet die »Neue Freie Presse«,
»tauchte sich die Straße in eine Flut von Licht, die Gasfackeln
wurden angezündet. Man hatte von den Kandelabern die Laternen und die Brenner entfernt, und in breitem Strom schoß die
glühende Lohe aus den schlanken Rohren, die Straße mit hellem Feuerschein übergießend. Von weitem hatte es den
Anschein, als stünde die ganze Riesenzeile in Brand. ... Auch der
Westbahnhof trug Trauergewand, mächtige Fahnen wehten von
den Türmen und Giebeln. Die weite Riesenhalle des Bahnhofs
war von elektrischem Licht durchflutet, machte aber doch einen
feierlichen Eindruck, weil sie ganz leer stand, wodurch sie zweimal so groß als sonst erschien, und weil sie in ihrer ganzen Länge an der Ankunftsseite mit einem schwarzen Teppich bespannt
war. ... Da tauchten bei der Ausfahrt der Halle den Schienen
entlang erst wenige, dann immer mehr tanzende, rotglühende
Lichter auf ... zwischen diesen unheimlich flackernden Flam-
menlinien fuhr der Trauerzug langsam dem Bahnhof entgegen.
Die zwei Lampen an der Lokomotive kennzeichneten seinen
Weg.«

Gedämpfter Trommelwirbel, aus den Fenstern des Leichen-
zuges dringt kein Licht. Diener tragen den Sarg auf den Perron,
da er auf den Schultern getragen wird, schwebt der Sarg gleichsam in der Luft und ist weithin sichtbar. Die tote Kaiserin hält

ihren Einzug in Wien, der Stadt, die sie nun nie mehr verlassen wird.

Der ganze Bahnhof ist schwarz ausgeschlagen, die elektrischen Lampen und Gaslaternen mit schwarzem Flor umkleidet, was dem gesamten Gebäude eine düstere Atmosphäre verleiht. Der Hofsalon ist zu einer improvisierten Kapelle umgestaltet worden. Dort nimmt Hof- und Burgpfarrer Laurenz Mayer in einer kurzen Zeremonie die Einsegnung vor.

Leutnant Franz Karl Ginzkey ist gemeinsam mit anderen Offizieren zum Empfang am Westbahnhof beordert worden: »Drei Tage nach der Ermordung Elisabeths in Genf erging an sämtliche Offiziere der Garnison Wien der Befehl, sich abends in Paradeadjustierung am Westbahnhof einzufinden. ... Jedem, der daran teilnahm, blieb das Bild wohl unvergeßlich. An die tausend Offiziere standen die Einfahrtshalle entlang, schweigend salutierend, als der Zug langsam und lautlos herankam. Es wehte etwas ergreifend Stilles, Eisiges über uns alle hin, es war nicht menschliche Tragik allein, es war Hauch eines Weltgeschehens, einer Erschütterung. ... Der Zug war kaum zum Stehen gebracht, als das schweigende Bild sich veränderte. Lakaien sprangen ab, Türen rollten auf, es galt, den ganz unter Kränzen begrabenen Sarg hervorzuholen. Und nun geschah, was keiner von uns Tausenden eine Sekunde vorher für möglich gehalten – die den Kränzen zunächst stehenden Offiziere bemühten sich, eine Blüte oder ein Blatt davon zur Erinnerung zu erhaschen, andere sahen es und drängten sich gleichfalls vor, und so mag es gekommen sein, daß in der weiteren Folge jede Ordnung und Ordnungsmöglichkeit verschwand; der wilde Knäuel durcheinanderwogender Männer wälzte sich zur Halle hinaus, auf den Platz vor dem Westbahnhof. Ich selbst trieb gleich den anderen machtlos im Strom dahin, ich hatte kaum ein Ziel vor Augen und befand mich plötzlich, ich wußte nicht wieso, dicht hinter dem Leichenwagen der Kaiserin. Berittene Offiziere suchten Ordnung zu machen, es war jedoch bereits zu spät, der Trauerzug setzte sich in Bewegung: und ehe ich noch zur Besinnung gelangt war, sah ich mich rechts und links von mehrfachen Reihen berittener Leibgarden eingeschlossen, es gab keine Möglichkeit mehr, zu entrinnen, ich mußte, um nicht böses Aufsehen zu erregen, hinter dem Sarg der Kaiserin verbleiben.

Ich war mit dem gestrengen Wesen des Hofzeremoniells genügend vertraut, um die Unmöglichkeit meines Falles zu erfassen. Der Prunk und die Würde eines ganzen Hofes waren aufgeboten worden, um die tote Monarchin auf ihrem letzten Wege in die Burg zu begleiten, und ein kleiner, bürgerlicher Leutnant des 97. Infanterieregiments schritt als erster hinter dem Sarge, so nahe hinter ihm, daß er ihn mit ausgestreckter Hand hätte berühren können! Ich entsinne mich noch der vernichtenden Blicke der österreichischen und ungarischen Leibgarden, es waren durchwegs Stabsoffiziere, die mir unglückseligem Leutnantswurm am liebsten mit dem funkelnden Pallasch den Schädel eingeschlagen hätten. Und doch, es gab kein Entrinnen mehr, mir blieb in aller Zerknirschung nichts anderes übrig, als den ganzen langen Weg die Mariahilfer Straße entlang und über den Ring bis ans Äußere Burgtor hinter dem Sarge der Kaiserin zurückzulegen.

Es war schon dunkel geworden, die Nacht, aus sternenlosem Firmament niederstürzend, führte einen phantastischen Kampf mit den Gaslaternen, die, hoch aufzischend, als Fackeln brannten. Ganz Wien war zusammengeströmt in der langen Flucht der Mariahilfer Straße. Ich schritt durch eine unabsehbare Schlucht von Menschen, Gesicht an Gesicht war aufgetürmt bis über die Höhe der Dächer hinaus, vom wechselnden Licht gespenstisch überhuscht, ich sah zuletzt keinen einzelnen mehr. Die Masse war eins geworden, etwas Besonderes, etwas schweigend Erstarrtes. ... In diesem Augenblicke, wer konnte es mir verwehren?, erblickte ich die Seele der Stadt mit den Augen der toten Kaiserin. ... Jetzt waren sie einander ebenbürtig ... nun schien auch mir, dem kleinen Leutnant, Elisabeth, die Tote, gleich einer lieben Schwester.«

Von der Ecke der Hofstallungen sieht man im Licht der Gasfackeln einen breiten dunklen Zug sich herabbewegen. Husaren, Hofwagen, Reiter, Lakaien in schwarzer, spanischer Livree mit gepuderter Spitzenperücke unter dem breiten Dreispitz.

Trauerzug mit dem Sarg Elisabeths in Wien (17. September 1898).

»Wie eine nächtliche Vision«, berichtet die Zeitung, »zog dieses düstere Trauergepränge geheimnisvoll und lautlos vorüber, indem man nicht einmal den Hufschlag der Pferde auf dem zuvor mit Sand bestreuten Pflaster vernahm.« Um elf Uhr hat der Zug die Hofburg erreicht, der Leichenwagen hält an der Botschafterstiege.

In dem Testament, das Elisabeth zwei Jahre vor ihrem Tod verfaßt hat, wünschte sie, einfach und ohne Prunk bestattet zu werden. Diesem Willen entspricht der Hof nicht. Er folgt auch jetzt seinen uralten Satzungen, doch werden einzelne Bestimmungen revidiert. Früher war es Brauch, die Leichen der Habsburger nicht vollständig in der Kapuzinergruft zu bestatten: Die Herzen wurden in der Augustinerkirche, die Eingeweide im Stephansdom aufbewahrt. Noch beim Tod von Erzherzog Franz Karl, des Vaters Franz Josephs, galt diese dreifache Bestattung. Elisabeth macht jetzt eine Ausnahme. Das Gesetz des Hauses Habsburg sieht als letzte Ruhestätte für sie jedoch wie für die Kaiserinnen vor ihr die Kapuzinergruft vor.

Noch einmal läuft der düstere Prunk der Trauerzeremonie ab, deren Formen bis in die Zeit Philipps II. zurückreichen. Der dunkle Raum der Hofburgkapelle empfängt den Sarg, auf den vier Kronen gelegt werden: die Kaiserkrone Maria Theresias, die Krone der Königin von Ungarn, die Krone der Erzherzogin von Österreich, die Krone der Prinzessin. Daneben auf einem Polster die persönlichen Dinge, wirklichen Insignien Elisabeths: ein Paar weiße Handschuhe und ein Fächer.

Aufrecht empfängt Franz Joseph seine tote Gemahlin. Man sieht, welche Mühe er hat, seine Erregung zu beherrschen. Er steht allein da vorn, erst in gebührendem Abstand die beiden Schwiegersöhne, Prinz Leopold von Bayern und Erzherzog Franz Salvator, dann die beiden Töchter Gisela und Marie Valerie. Als die Diener den Sarg die Stufen zum Altar der Kapelle hochtragen, geht ihnen der Kaiser einige Schritte entgegen.

Reglos, mit gefalteten Händen, begleitet er den Sarg. Die Töchter knien in den Betstühlen nieder.

Ein Augenzeuge berichtet: »Als der Hofburgpfarrer ein Gebet spricht, sieht man, daß der Kaiser seine Standhaftigkeit verliert. Seine Hände zittern, die Lippen bewegen sich krampfhaft. Die Stimme des Priesters wird lauter und feierlicher. Er ruft den Namen Elisabeths. Da füllen sich die Augen Franz Josephs mit Tränen, und er versucht es nicht mehr, dieser inneren Gewalt Einhalt zu tun. Seine gerade Haltung läßt nach, er beugt sein Haupt und berührt mit der Rechten, liebevoll und sich stützend, die Bahre Elisabeths.« Ein Zittern geht durch seinen Körper, während Gisela, Valerie und die anderen Familienmitglieder, erschüttert von diesem Schmerz, in den Betstühlen weinend beten.

Graf Bellegarde, Obersthofmeister der Kaiserin, übergibt dem Obersthofmeister des Kaisers, Prinz Liechtenstein, in einer feierlichen Geste die Sargschlüssel. Franz Joseph sinkt auf die Knie, hebt beide Arme und legt sie um den Sarg wie um einen geliebten Körper. Als er aufsteht und den Erzherzögen ein Zeichen gibt, bemerkt er Irma Sztáray. Er geht auf sie zu, fragt: »Hat sie sehr gelitten?« Die Gräfin ist so erschüttert, daß sie niedersinkt, so daß ihr der Kaiser unter die Arme greifen muß, um sie zu stützen.

Fast zwei Tage, den ganzen Freitag und den halben Samstag, bleibt der Sarg in der Hofburgkapelle ausgestellt. Sie läßt zur Entfaltung großer Trauerfeierlichkeiten wenig Raum. Die Wände sind auch hier schwarz drapiert, als einzigen Schmuck tragen sie das Wappen der Kaiserin mit der Inschrift »Elisabetha Imperatrix Austriae, Regina Hungariae«. In der Mitte steht der Holzsarg. Zwei Nonnen, mehr Wachspuppen als lebende Wesen, knien im stillen Gebet. Auf den Stufen vor dem Katafalk stehen vier Leibgardisten.

Die Beisetzung der Kaiserin ist die imposanteste Trauerkundgebung, die Wien je gesehen hat. Die ganze Stadt ist in Schwarz gehüllt. Für die Journalisten ist dieser Samstag, der 17. September, ein anstrengender, aufregender und vor allem langer Tag. Die »Neue Freie Presse« postiert über ganz Wien eine Reihe von

Beisetzung in Wien:
Der Sarg Elisabeths wird in die Kapuzinerkirche getragen.

Reportern – auf den Straßen, den Bahnhöfen, an der Hofburg, auf dem Neuen Markt, in der Kapuzinerkirche, um in ihrer letzten Abendausgabe eine lückenlose Berichterstattung über die Ereignisse liefern zu können.

Um sechs Uhr morgens bereits setzt der Menschenstrom zur Hofburg ein. Von den Bahnhöfen wird die Ankunft der hohen Trauergäste gemeldet. Gegen elf Uhr herrscht an der Burg bereits ein lebensgefährliches Gedränge, vor zwei Uhr nachmittags wird der Neue Markt durch die Sicherheitswache abgesperrt, die Fenster und Balkons aller Häuser des Platzes und die Trottoirs vor den Hotels »Krantz« sowie »Meissl und Schaden« sind voller Menschen. Dann ziehen Bataillone auf. Zehn Minuten vor vier Uhr öffnet sich das große Zufahrtstor zur Burg, die kaiserliche Equipage mit Franz Joseph, dem trauernden Kaiser von Österreich.

Alle Glocken der Stadt Wien läuten, angeführt von der »Pummerin« des Stephansdomes. Der Trauerzug geht – ohne den Kaiser – über den Inneren Burgplatz, den Michaeler- und Josephsplatz durch die Augustiner- und Tegethoffstraße zur Kapuzinerkirche am Neuen Markt. Die Auffahrt des Hofes erfolgt traditionell durch die Gluckgasse, damit er sich nicht mühsam den Weg durch die Menschenmenge auf dem Neuen Markt bahnen muß.

Kurz nach vier Uhr ziehen die Trauergäste in die Kapuzinerkirche ein. Franz Joseph betritt die Kirche vom Refektorium aus, an seiner Seite Kaiser Wilhelm; Gisela und Valerie folgen. Von draußen hört man kurze Kommandorufe und Trommelwirbel. Der Sarg wird zum Altar getragen, vor dem die Bischöfe warten. Die Kirche kann nur einen Bruchteil der Menschen, die gekommen sind, um von Elisabeth Abschied zu nehmen, fassen.

Als Fürsterzbischof Kardinal Gruscha die Stimme zum letzten Segen erhebt, gibt Hans Richter den Sängern der Hofmusikkapelle das Zeichen für das *Libera me*: »Errette mich, o Herr, vom ewigen Tode am Schreckenstage, da Himmel und Erde erzittern und du kommst, die Welt zu richten.«

Glockengeläut und der dumpfe Trommelwirbel verstummen, in der Kirche herrscht Stille. Der Obersthofmeister geht auf den

Kaiser zu und meldet mit tiefer Verbeugung, daß der Sarg nun zur Ruhestätte, der Gruft unterhalb der Kirche, getragen wird. Ein Augenzeuge: »Man hörte die Schritte der Träger auf den Steinstufen. Sie setzten den Sarg nieder und verließen das Grabgewölbe. Es blieben der Kaiser, Kardinal Gruscha und der Pater Guardian der Kapuziner zurück. Franz Joseph kniete nieder. In dem Dunkel der Gruft nahm er von Elisabeth den letzten Abschied.« Der Guardian der Kapuziner erhält die Schlüssel.

Schönbrunn, am Abend. Der Kaiser ist allein.

Einige Zeit später, als alle Zeremonien vorüber sind, die Trauer verklungen, die großen Gesten schon wieder vergessen, trifft in Wien ein Gruß aus der Ferne ein: Frauen aus Ägypten schicken Jerichorosen und Lotosblumen mit einem Zweig des alten Feigenbaums, unter dem sich – der Legende nach – Maria auf der Flucht vor Herodes ausgeruht haben soll. Die Schleife des Gebindes trägt die Inschrift: »Flores etiam miseri desertorum te salutant« (Die armen Wüstenblumen grüßen dich).

Aus Gödöllö schreibt Franz Joseph am 16. Oktober 1898, einen Monat nach der Beisetzung, einen Brief an Katharina Schratt: »Der gestrige Tag war für mich wieder ein besonders trauriger, da ich so vieles wiedersah, was mich schmerzlich, aber doch auch mit einer Art wehmüthiger Befriedigung an unsere theuere Verklärte erinnerte. In Ofen habe ich alle ihre Zimmer im ersten Stocke und zu ebener Erde durchwandert. Es war Alles wie sonst zu ihrem Empfange bereit, jeder Gegenstand an seinem Platze, auch die Waage, auf welcher sie täglich ihr Gewicht messen ließ. Der neue Balkon mit der schönen Aussicht auf Pest und auf die Donau, der sie voriges Jahr so freute, war mit allen éléganten Meubeln geziert und doch Alles leer, ohne Leben und keine Hoffnung auf Wiedersehen in diesem Leben.«

Lebendig bleibt nur die Erinnerung.

Dies ist keine Bibliographie mit dem Anspruch auf Vollständigkeit, sondern eine Aufstellung der Bücher, denen ich bestimmte Fakten, Daten, Schilderungen, Beschreibungen und Zitate entnommen habe und die mir zum Verständnis besonderer Probleme gedient haben. Auch belletristische, erzählerische Titel bis hin zur Unterhaltungsliteratur wurden aufgenommen, auch wenn sie selbstverständlich nicht als Quelle verwendet wurden.

Das Literaturverzeichnis soll den Leserinnen und Lesern die Möglichkeit geben, sich mit den Quellen, die mir zur Verfügung standen, bekanntzumachen.

EUGEN D'ALBON: Unsere Kaiserin, Wien 1890.

AUGUST VON ALMSTEIN: Ein flüchtiger Zug nach dem Orient, Wien 1887.

RAPHAEL VON AMBROS: Festzug zur Feier der silbernen Hochzeit des Kaiserpaares Franz Joseph und Elisabeth, Wien 1979.

HELMUT ANDICS: Die Frauen der Habsburger, Wien 1969.

JULIUS GRAF ANDRÁSSY: Ungarns Ausgleich mit Österreich vom Jahre 1867, Leipzig 1897.

DIE ANKUNFT am 22. April und der Einzug Ihrer königlichen Hoheit der durchlauchtigsten Herzogin Elisabeth, Kaiserin-Braut, am 23. April 1854 in Wien, Wien 1854.

GERTRUDE ARETZ: Kaiserin Elisabeth von Österreich in 200 Bildern, Wien 1937

NICOLE AVRIL: Elisabeth. Portrait einer Kaiserin. Ein biographischer Roman, München 1995.

EUGENE BAGGER: Franz Joseph. Eine Persönlichkeits-Studie, Zürich/ Leipzig/Wien 1927.

HEINRICH BALTAZZI/HERMANN SWISTUN: Die Familien Baltazzi-Vetsera im kaiserlichen Wien, Wien/Graz 1980.

REINHOLD BAUMSTARK (Hrsg.): Wittelsbach. Kurfürsten im Reich – Könige von Bayern. Vier Kapitel aus der Geschichte des Hauses Wittelsbach im 18. und 19. Jahrhundert, München 1993.

WILHELM BEETZ: Die Hermes-Villa in Lainz, Wien/Leipzig 1929.

HEINRICH BENEDIKT: Damals im alten Österreich, Wien 1979.

ZSOLT BEÖTHY: Erinnerung an die Königin Elisabeth von Ungarn. Rede gehalten bei der Trauerfeier der Universität, Leipzig 1920.

FRIEDRICH FERDINAND GRAF VON BEUST: Aus drei Vierteljahrhunderten. Erinnerungen und Aufzeichnungen, 2 Bde., Stuttgart 1887.

VIKTOR BIBL: Kronprinz Rudolf, Leipzig 1938.

VIKTOR BIBL: Der Zerfall Österreichs, Wien 1922.

VIKTOR BIBL: Von Revolution zu Revolution, Wien 1924.

BIBLIOGRAPHIE der Habsburg-Literatur. 1218 bis 1934. Zusammengestellt von Johann Kertész. 192 Spalten, Budapest 1934.

DÖRTHE BINKERT: Die Melancholie ist eine Frau, Hamburg 1995.

MARIE BLANK-EISMANN: Der Schicksalsweg einer Kaiserin, 2 Bände, Dresden 1937.

WILFRIED BLUNT: Ludwig II., König von Bayern, München 1970.

GOTTFRIED VON BÖHM: Ludwig II., König von Bayern, Berlin 1922.

GIOVANNI BORGESE: Die Tragödie von Mayerling, Heidelberg 1927.

JEAN DE BOURGOING: Elisabeth, Kaiserin von Österreich, Herzogin in Bayern, Wien 1956.

BRIEFE KAISER FRANZ JOSEPHS an Kaiserin Elisabeth. 1859 bis 1898. Zwei Bände. Herausgegeben von Georg Nostitz-Rieneck, Wien/München 1966.

BRIEFE KAISER FRANZ JOSEPHS I. an seine Mutter. 1838 bis 1872. Herausgegeben und eingeleitet von Franz Schnürer, München 1930.

BRIEFE KAISER FRANZ JOSEPHS an Frau Katharina Schratt. Herausgegeben von Jean de Bourgoing, Wien 1949.

FRANZ JOSEPH I. in seinen Briefen. Herausgegeben von Otto Ernst, Wien/Leipzig/München 1924.

PAUL BURG: Elisabeth von Österreich, Leipzig 1927.

A. DE BURGH: Elisabeth. Kaiserin von Österreich und Königin von Ungarn. Blätter der Erinnerung, Wien 1901.

PAULA VON BÜLOW: Aus verklungenen Zeiten, Leipzig 1924.

JOSEF CACHÉE: Die k. u. k. Hofküche und Hoftafel, Wien/München 1985.

BARBARA CARTLAND: The private life of Elizabeth, Empress of Austria, London 1959.

RAYMOND CHEVRIER/PIERRE WALEFFE: Sissi, Genf 1970.

CATHERINE CLÉMENT: Der unvollendete Walzer. Roman, München/Zürich 1996.

CONSTANTIN CHRISTOMANOS: Tagebuchblätter, Wien 1898.

CONSTANTIN CHRISTOMANOS: Das Achilles-Schloß auf Corfu, Wien 1896.

CONSTANTIN CHRISTOMANOS: Elisabeth de Bavière, Impératrice d'Autriche, Paris 1933.

ANNA CLAUD-SAAR: Kaiserin Elisabeth auf Kap Martin, Zürich 1902.

EGON CAESAR CONTE CORTI: Leopold I. von Belgien, Wien 1922.

EGON CAESAR CONTE CORTI: Maximilian und Charlotte von Mexiko, 2 Bde., Wien 1924.

EGON CAESAR CONTE CORTI: Elisabeth, die seltsame Frau, Salzburg 1934.

EGON CAESAR CONTE CORTI: Vom Kind zum Kaiser, Wien 1950.

EGON CAESAR CONTE CORTI: Mensch und Herrscher, Wien 1952.

GORDON A. CRAIG: Königgrätz, Wien 1966.

ANTON CSENGERY: Franz Deák, Leipzig 1877.

LUCILLE DECAUX: Maximilian und Charlotte. Glanz und Untergang eines Kaiserpaares, Berlin 1938.

F. A. DORFMEISTER: Kaiserin Elisabeth von Österreich, Wien 1898.

DENKSCHRIFT zur Enthüllung des Kaiserin-Elisabeth-Denkmales in Wien, Wien 1907.

ALOYS DREYER: Herzog Maximilian in Bayern, München 1909.

KAISERIN ELISABETH: Das poetische Tagebuch. Herausgegeben von Brigitte Hamann, Wien 1984.

KAISERIN ELISABETH im ungarischen Zigeunerlager, Cöthen 1905.

KAISERIN ELISABETH ALBUM (Spitzen und Porträtausstellung), Wien 1906.

ELISABETH VON ÖSTERREICH. Einsamkeit, Macht und Freiheit. Katalog zur 99. Sonderausstellung des Historischen Museums der Stadt Wien. Hermesvilla. Lainzer Tiergarten, Wien 1987.

ELISABETH, Königin von Ungarn. Erzsébet, a magyarok királynéja. Ausstellungskatalog, Wien 1991.

OTTO ERNST (Hrsg.): Franz Joseph in seinen Briefen, Wien 1924.

PHILIPP FÜRST ZU EULENBURG-HERTEFELD: Das Ende Ludwigs II. und andere Erlebnisse, Band I, Leipzig 1934.

JACQUES LA FAYE: Elisabeth von Bayern, Kaiserin von Österreich und Königin von Ungarn, Halle 1914.

CHARLES FAUCON: L'Impératrice Elisabeth d'Autriche, Paris 1891.

MAUREEN FLEMING: A Caged Bird. A romantic biography of Elizabeth of Austria, London 1933.

HANS FLESCH-BRUNNINGEN: Die letzten Habsburger in Augenzeugenberichten, Düsseldorf 1967.

MAURICE CONTE FLEURY: Memoiren der Kaiserin Eugenie, 2 Bde., Leipzig 1921.

EMIL FRANZEL: Kronprinzen-Mythos, Wien 1963.

E. FRIEDMANN/J. PAVES: Kaiserin Elisabeth, Berlin 1898.

VIKTOR VON FRITSCHE: Bilder aus dem österreichischen Hof- und Gesellschaftsleben, Wien 1914.

NORA FUGGER: Im Glanz der Kaiserzeit, Wien 1932.

HERBERT FUHST: Mary Vetsera im Lichte ihrer Abstammung, Berlin 1931.

OTTO GEROLD: Die letzten Tage Ludwigs II., Zürich 1903.

MARION GILBERT: Elisabeth de Wittelsbach, Impératrice d'Autriche, Reine de Hongrie, Paris 1932.

WALTER GÖRLITZ: Franz Joseph und Elisabeth. Die Tragik einer Fürstenehe, Stuttgart 1938.

ROBERT GOFFIN: Elisabeth, l'impératrice passionnée, Paris 1939.

H. GOLDSCHEIDER: Die Rundreise Allerhöchst Ihrer kaiserlichen und königlichen Majestäten in Ungarn, Arad 1857.

MARIE GOURAUT-D'ABLANCOURT: Sophie, Madame la Duchesse d'Alençon et son temps, o. J.

FRANCIS GRIBBLE: Franz Joseph, Berlin 1922.

BRIGITTE HAMANN: Rudolf. Kronprinz und Rebell, Wien 1978.

BRIGITTE HAMANN (Hrsg.): Rudolf. Majestät ich warne Sie. Geheime und private Schriften, Wien 1979.

BRIGITTE HAMANN: Elisabeth. Kaiserin wider Willen, Wien 1982.

BRIGITTE HAMANN (Hrsg.): Elisabeth. Bilder einer Kaiserin, Wien 1982.

BRIGITTE HAMANN: Das Leben des Kronprinzen Rudolf von Österreich-Ungarn nach neuen Quellen, Diss. Wien 1977.

JOAN HASLIP: Elisabeth von Österreich, München 1966.

JOAN HASLIP: Maximilian. Kaiser von Mexiko, München 1972.

FRANZ HERRE: Kaiser Franz Joseph von Österreich. Sein Leben – seine Zeit, Köln 1981.

STELLA K. HERSHAN: In Freundschaft – Elisabeth. Roman, Berg 1992.

FERDINAND VON HOCHSTETTER: Madeira, Wien o. J.

ROBERT HOLZSCHUH (Hrsg.): Die letzte Griechin. Kaiserin Elisabeth auf Korfu, Aschaffenburg 1996.

JOSEF ALEXANDER GRAF VON HÜBNER: Neun Jahre der Erinnerungen eines österreichischen Botschafters in Paris unter dem zweiten Kaiserreich 1851–1859, Berlin 1904.

WILHELM KARL PRINZ VON ISENBURG: Stammtafeln zur Geschichte der europäischen Staaten, zwei Bände, Marburg 1953.

FRITZ JUDTMANN: Mayerling ohne Mythos, Wien 1968.

OTMÁR KLEINSCHMIED: Kaiserin Elisabeth. Lebensbild für Volk und Jugend, Linz 1905.

MATHILDE BARONIN KIELMANNSEGG: Elisabeth, Wien 1902.

EUGEN KETTERL: Der alte Kaiser wie ihn nur einer sah. Der wahrheitsgetreue Bericht des Leibkammerdieners, aufgezeichnet von Cissy Klastersky, Wien 1929.

ADOLPH KOHUT: Kaiser Franz Josef I. als König von Ungarn, Berlin 1916.

E. M. KRONFELD: Franz Joseph I. Intimes und Persönliches, Wien 1917.

DIETER KÜHN: Der wilde Gesang der Kaiserin Elisabeth, Frankfurt am Main 1982.

RICHARD KÜHN (Hrsg.): Hofdamen-Briefe um Habsburg und Wittelsbach, Berlin 1942.

BETTY KURTH: Das Lustschloß Schönbrunn, Wien o. J.

HAROLD KURTZ: Eugenie, Kaiserin der Franzosen, Tübingen 1965.

OSWALD KUTSCHERA-WOLORSKY: Die Wiener Hofburg, Wien o. J.

MARIE GRÄFIN LARISCH-WALLERSEE: Meine Vergangenheit, Berlin 1916.

MARIE GRÄFIN LARISCH-WALLERSEE: Kaiserin Elisabeth und ich, Leipzig 1935.

HANS LEICHT (Hrsg.): Ein Harem in Bismarcks Reich. Das ergötzliche Reisetagebuch des Nasreddin Schah, Stuttgart 1975.

ANN TIZIA LEITICH: Elisabeth von Österreich, Lausanne 1971.

STEPHANIE FÜRSTIN LONVAY: Ich sollte Kaiserin werden, Leipzig 1935.

ALEXANDER MAHAN: Famous Women of Vienna. Empress Elizabeth, Wien 1929.

GEORGE R. MAREK: The eagles die. Franz Joseph, Elisabeth and their Austria, London 1974.

SÁNDOR MÁRKI: Erzsébet Magyarország Királynéja 1867–1898, Budapest 1899.

GEORG MARKUS: Kriminalfall Mayerling. Leben und Sterben der Mary Vetsera. Mit den neuen Gutachten nach dem Grabraub, Wien/München 1993.

STEPHAN VON MÁROSZY: Elisabeth, die Märtyrerin auf dem Kaiserthrone, im Spiegel der Wahrheit, Leipzig 1912.

MARIA MATRAY/ANSWALD KRÜGER: Der Tod der Kaiserin Elisabeth von Österreich oder: Die Tat des Anarchisten Lucheni, München/Wien/Basel 1970.

MAXIMILIAN FERDINAND, Erzherzog von Österreich: Aus meinem Leben. Reiseskizzen, Aphorismen, Gedichte, Leipzig 1868.

MICHAEL MEIER: Das Achilleion, München 1963.

LUDWIG MERKLE: Sissi. Die schöne Kaiserin, München 1996.

OSKAR VON MITIS: Kronprinz Rudolf, Leipzig 1924.

PETER MÜLLER: Die Ringstraßengesellschaft, Wien 1984.

ADOLPH CARL NASKE: Gedenkbuch über die Vermählungsfeierlichkeiten S. k.k. apost. Majestät Franz Joseph I. von Österreich mit Elisabeth, Herzogin in Bayern, Wien 1854.

ERICH NITSCHKE: Kaiserin Elisabeth von Österreich, Leipzig 1927.

L. K. NOLSTON: Ein Andenken an weiland Kaiserin und Königin Elisabeth, Budapest 1899.

MARY CUNCLIFFE OWEN: The Martyrdom of an Empress, London 1899.

MAURICE PALÉOLOGUE: Vertrauliche Gespräche mit der Kaiserin Eugenie, Dresden 1928.

MAURICE PALÉOLOGUE: Kaiserin Elisabeth von Österreich, Bern 1946.

ILKA PALMAY: Meine Erinnerungen, Berlin 1911.

ALAN PALMER: Franz Joseph I. Kaiser von Österreich, König von Ungarn, München/Leipzig 1995.

HEINRICH PENN: Elisabeth, Wien 1898.

A. PERQUER: L'imperatrice Elisabeth d'Autriche à Sassetôt-Mauconduit en 1875.

GABRIELE PRASCHL-BICHLER/JOSEF KORZER-CACHÉE: »...von dem müden Haupte nehm' die Krone ich herab. Kaiserin Elisabeth privat, Wien/München/Berlin 1995.

GABRIELE PRASCHL-BICHLER: Kaiserin Elisabeth. Mythos und Wahrheit. Mit Beiträgen von Gerti Senger und Walter Hoffmann, Wien/München/Berlin 1996.

ARMAND PRÉVIEL: La Vie Tragique de l'Impératrice Charlotte, Paris 1930.

LUDWIG VON PRZIBRAM: Erinnerungen eines alten Österreichers, Stuttgart 1910.

P.V. RADICS: Fürstinnen des Hauses Habsburg in Ungarn, Wien 1896.

PRINCESS CATHERINE RADZIWILL: The Austrian Court from Within, London 1916.

ERWIN H. RAINALTER: Arme schöne Kaiserin. Elisabeth von Österreich. Roman, Hamburg 1954.

JOHANN RAINOLDER: Elisabeth, Wien 1854.

HANS UND MARGA RALL: Die Wittelsbacher in Lebensbildern, Graz 1986.

JOSEPH REDLICH: Kaiser Franz Joseph von Österreich, Berlin 1928.

MARIE FREIIN VON REDWITZ: Hofchronik 1888–1921, München 1924.

ALOIS RICHTER: Die numismatischen Denkzeichen auf die Kaiserin und Königin Elisabeth, Wien 1912.

WERNER RICHTER: Kronprinz Rudolf von Österreich, Zürich 1941.

WERNER RICHTER: Ludwig II., König von Bayern, München 1973.

FRANZ RIPKA: Gödöllö, Wien 1898.

FRANZ RIPKA: Königin Elisabeth in Gödöllö. 1867 bis 1897, Budapest 1901.

ROBERT ROSTOK: Erinnerungsblätter an weiland Ihre Maj. Kaiserin und Königin Elisabeth, Wien 1903.

FRIEDRICH SAATHEN (Hrsg.): Anna Nahowski und Kaiser Franz Joseph. Aufzeichnungen, Wien/Köln/Graz 1986.

BEATE SCHACHINGER: Sisi. Katalog des Niederösterreichischen Landesmuseums, Wien 1994.

CARLO SCHARDING: La tragédie d'Elisabeth. Des »inedits« que dévoilent le mystère de »Sissi«, Aubange 1979.

IRMGARD SCHIEL: Stephanie, Stuttgart 1978.

LORENZ SCHLAUCH: Das Andenken der Königin Elisabeth, Budapest 1899.

EMIL SEELIGER: Abendsonne über Habsburgs Reich. Markgraf Bela Pallavicini erzählt, Wien/Leipzig 1935.

PAUL SETHE: Europäische Fürstenhöfe – damals. Berlin/Wien/Frankfurt am Main 1936.

RICHARD SEXAU: Fürst und Arzt. Dr. med. Herzog Carl Theodor in Bayern, Wien 1963.

SISIS FAMILIENALBUM. Private Photographien aus dem Besitz der Kaiserin Elisabeth, Dortmund 1980.

SISIS KÜNSTLERALBUM. Private Photographien aus dem Besitz der Kaiserin Elisabeth, Dortmund 1981.

LEO SMOLLE: Elisabeth, Kaiserin von Österreich und Königin von Ungarn, Wien 1904.

BRIGITTE SOKOP: Jene Gräfin Larisch. Marie Louise Gräfin Larisch-Wallersee, Vertraute der Kaiserin – Verfemte nach Mayerling, Wien/Köln/Weimar, 3. verb. Auflage 1992.

GABRIELE STADLER: »Hätt' ich meine Weltschmerztage...« Kaiserin Elisabeth von Österreich und ihre Gedichte, München 1982 (Bayerischer Rundfunk).

EDUARD STADLIN: Festzug der Stadt Wien den 27. April 1879 (zur Feier der silbernen Hochzeit Ihrer Majestäten des Kaisers und der Kaiserin, Wien 1879.

CHRIS STADTLAENDER: Sissi. Die geheimen Schönheitsrezepte der Kaiserin und des Hofes, Wien 1995.

FERDINAND STAMM: Fromme's Oesterreichischer Fest-Kalender zur Feier der Silbernen Hochzeit des Allerhöchsten Kaiserpaares Franz Joseph und Elisabeth am 24. April 1879, Wien 1879.

WILLIBALD STAVENHAGEN: Über die Belagerung von Gaeta, Wien 1906.

GUSTAV STEINBACH: Franz Deák, Wien 1888.

WOLFRAM VON DEN STEINEN: Kaiserin Elisabeth. Privatdruck, Olten 1964.

JULIANA VON STOCKHAUSEN: Im Schatten der Hofburg. Gestalten, Puppen und Gespenster. Aus meinen Gesprächen mit Prinzessin Stephanie von Belgien, Fürstin Lonvay, der letzten Kronprinzessin von Österreich-Ungarn, Wien 1951.

VINCENZ STROKA: Am Sarge der Kaiserin Elisabeth, Krakau 1898.

EDUARD SUESS: Erinnerungen, Leipzig 1916.

HERMANN SWISTUN: Mary Vetsera. Gefährtin für den Tod,Wien/Graz 1983.

CARMEN SYLVA: Die Kaiserin Elisabeth in Sinaia, in: Neue Freie Presse 25. Dezember 1908.

IMRE SZÁLAY: Das Königin Elisabeth Gedenkmuseum, Budapest 1908.

IRMA GRÄFIN SZTÁRAY: Aus den letzten Jahren der Kaiserin Elisabeth, Wien 1909.

CLARA TSCHUDI: Elisabeth. Kaiserin von Österreich und Königin von Ungarn, Leipzig 1901.

KARL TSCHUPPIK: Kaiserin Elisabeth von Österreich, Wien 1929.

M. J. TUWORA: Aus dem Leben unserer Kaiserin und Königin, Linz 1898.

HENRY VALLOTTON: Elisabeth, die tragische Kaiserin, München 1950.

PAUL COMTE VASILI: La société de Vienne, Paris 1885.

HELENE VETSERA: Denkschrift, Wien 1889.

JULIANE VOGEL: Elisabeth von Österreich. Momente aus dem Leben einer Kunstfigur, Wien 1992.

JOHN WELCOME: Die Kaiserin hinter der Meute. Elisabeth von Österreich und Bay Middleton, Wien/Berlin 1975.

FRIEDRICH WEISSENSTEINER: Die rote Erzherzogin, Wien 1982.

ANTON WERNER: Die Festtage Wiens vom 22. bis 30. April. Vollständige und getreue Beschreibung aller Hof-, städtischen und Privat-Fest- und Feierlichkeiten, welche bei der allerhöchsten Vermählung Seiner Majestät des Kaisers in Wien und dessen Umgebungen stattgefunden haben, Wien 1854.

EDUARD VON WERTHEIMER: Graf Julius Andrássy. Drei Bände, Wien o. J.

ERIK G. WICKENBURG: Barock und Kaiserschmarrn, München 1961.

LEOPOLD WÖLFLING: Habsburger unter sich, Berlin 1921 (neu ediert unter dem Titel »Als ich Erzherzog war«, Wien 1988).

EUGEN WOLBE: Carmen Sylva, Leipzig o. J.

CONSTANTIN WURZBACH: Das Elisabethbuch, Wien 1854.

KONRAD WURZBACH: Biographisches Lexikon des Kaiserthums Österreich, 60 Bände, Wien 1868.

COUNTESS ZANARDI-LANDI: The Secret of an Empress, London 1914.

PAUL GERHARD ZEIDLER: Elisabeth, Kaiserin von Österreich, Königin von Ungarn, die Leidgekrönte. Roman, Berlin 1923.

DAS ZEITALTER KAISER FRANZ JOSEPHS. Zwei Bände. Katalog zur Niederösterreichischen Landesausstellung, Schloß Grafenegg 1984.

PETER ZIEGLER: Die ruhelose Kaiserin. Elisabeth von Österreich auf Reisen, St. Michael/Kärnten 1981.

Über das enge Verhältnis von Kaiserin Elisabeth zu Griechenland informiert auf anschauliche Weise das Buch

Die letzte Griechin

Die Reise der Kaiserin Elisabeth
nach Korfu im Frühjahr 1892

Herausgegeben und kommentiert von Robert Holzschuh, erschienen in Aschaffenburg 1996.

BASTEI LÜBBE

Tatiana
Fürstin Metternich
(Hrsg.)

Léontine

Das Tagebuch der Tochter
Metternichs

Band 61408

**Tatiana
Fürstin Metternich
(Hrsg.)**

Léontine

Dieses intime Tagebuch der Prinzessin Léontine Metternich
führt in das biedermeierliche Wien der Jahre 1826 bis 1829
und schildert die Lebensumstände der 14- bis 18jährigen
Prinzessin, die kleinen und großen Bälle, an denen sie teilnimmt, die Konflikte der Heranwachsenden und ihre große
Liebe zu ihrem älteren Bruder Victor. Es ist aber auch das
erstaunliche Porträt einer außergewöhnlichen Vater-Tochter-
Beziehung, denn Léontine wird nach dem Tod ihrer Mutter
zur Stütze des Fürsten Metternich, des Mannes, der eine
ganze Epoche prägte.

Private Briefe des Fürsten Metternich, Léontines und Victors
machen dieses Buch zu einem einzigartigen Dokument, das
auf sehr persönliche Weise eine versunkene Ära lebendig
werden läßt.

**BASTEI
LÜBBE**

Band 61406

J. Cachée/G. Praschl-Bichler

Sie haben's gut, Sie können ins Kaffeehaus gehen

Jeder kennt die historische Figur des Kaisers Franz Joseph, sein Wirken als Staatsmann und nicht zuletzt die Geschichte seiner Gemahlin, der Kaiserin Elisabeth von Österreich. Doch nur wenige kennen den privaten Menschen Franz Joseph von Habsburg, der einmal – vielleicht mit etwas Neid – einem Journalisten sagte: »Sie haben's gut, Sie können ins Kaffeehaus gehen!«

Diese etwas andere Biographie stellt einen Kaiser dar, wie er nicht in den Geschichtsbüchern steht: bürgerlich, familiär, manchmal starrköpfig, zuweilen auch verwegen keck, großzügig und kleinlich zugleich – eben menschlich. Sie führt den Leser in die Privatgemächer des berühmten Habsburgers und zeigt an Hand von Briefen, privaten Notizen und zahlreichen Abbildungen die andere Seite eines Mannes, dem das Schicksal das Amt des Kaisers von Österreich in die Wiege legte.